OVERVLOED EN ONBEHAGEN

SIMON SCHAMA

OVERVLOED EN ONBEHAGEN

DE NEDERLANDSE CULTUUR IN DE GOUDEN EEUW

VERTAALD DOOR
EUGÈNE DABEKAUSSEN,
BARBARA DE LANGE
EN TILLY MATERS

1989 *UITGEVERIJ* CONTACT AMSTERDAM

Eerste druk maart 1988
Tweede druk oktober 1989
© 1987 Simon Schama
© 1987 Nederlandse vertaling Eugène Dabekaussen, Barbara de Lange en Tilly Maters
Oorspronkelijke titel *The Embarrassment of Riches*
Omslagontwerp Pieter van Delft, ADM International bv, Amsterdam
Omslagillustratie 'De zogenaamde Delftse burgemeester', Jan Steen, 1655, Penrhyn Castle
Met toestemming van Lady Janet Douglas-Pennant
Typografie Wim ten Brinke, bNO

CIP-GEGEVENS KONINKLIJKE BIBLIOTHEEK, DEN HAAG
Schama, Simon
Overvloed en onbehagen / Simon Schama ; vert. [uit het Engels] door Eugène Dabekaussen, Barbara de Lange en Tilly Maters. - Amsterdam : Contact
Vert. van: The embarrassment of riches : an interpretation of Dutch culture in the Golden Age. - New York : Knopf, 1987
ISBN 90-254-6838-1
SISO 934.5 UDC 930.85(492)"16" NUGI 644
Trefw.: Nederland ; cultuurgeschiedenis ; 17e eeuw

VOOR GINNY, UIT HET DIEPST VAN MIJN HART

'Laten zij die overvloed hebben eraan denken dat ze zijn omgeven met doornen, en laten ze goed oppassen dat ze er niet door geprikt worden.'

    JOHANNES CALVIJN
    Commentaar op Genesis
    1 3:5,7

INHOUD

	WOORD VOORAF	11
INLEIDING	HET BATAAFSE TEMPERAMENT	15
DEEL EEN	WORDEN	25
HOOFDSTUK I	MORELE GEOGRAFIE	27
	1 Het mysterie van het waterhuis	27
	2 Waterproeven	36
HOOFDSTUK II	DE VADERLANDSE SCHRIFT	63
	1 Onzekere grenzen	63
	2 Kroniek	80
	3 De Schrift	103
DEEL TWEE	DOEN EN NIET DOEN	135
HOOFDSTUK III	FEESTEN, VASTEN EN TIJDIGE BOETEDOENING	137
	1 Walvissen op het strand; tekenen aan de wand	138
	2 Gebed voor de maaltijd	159
	3 Stygische vuren en aqua fortis	196
HOOFDSTUK IV	DE ONBESCHAAMDHEID VAN HET OVERLEVEN	228
	1 Tussen Mars en Mercurius	228
	2 'Dat onverteerde braaksel van de zee'	263
HOOFDSTUK V	OVERVLOED EN ONBEHAGEN	295
	1 Een hoorn des overvloeds	296
	2 In het rijk van Koningin Geld	328
	3 Ongebreideld geld: 'Ik investeer, hij speculeert, zij gokken'	348

Inhoud

DEEL DRIE	LEVEN EN GROEIEN	377
HOOFDSTUK VI	HUISVROUWEN EN HOEREN: HUISELIJKHEID EN WERELDSHEID	379

    1 Properheid en godsvrucht   379
    2 De heroïsche huisvrouw   400
    3 Verleidingen en verschrikkingen   431

HOOFDSTUK VII	IN DE REPUBLIEK DER KINDEREN	480

    1 Kleine deugnieten   480
    2 Tussen molentje en loopwagen   486
    3 *Ex nugis seria*: kinderspel?   496
    4 Veilig(e) kinderen maken: het dagboek van een Nederlandse vroedvrouw   515
    5 De krakeling en het jonge hondje   544

DEEL VIER	WATERSCHEIDINGEN	561
HOOFDSTUK VIII	BINNEN, BUITEN	563

    1 Deuren   567
    2 Wormen   594

    LUCTOR ET EMERGO   609

BIJLAGEN	DE PRIJZEN VAN DE CULTUUR	613

    1 De bibliotheek van een Zeeuws patriciër   614
    2 De schilderijen van twee Amsterdamse burgers   616
    3 De inboedel van een Amsterdamse herberg   617
    4 Het inkomen van een Friese vroedvrouw   618

NOTEN   619

EEN BIBLIOGRAFISCHE GIDS BIJ DE GESCHIEDENIS VAN DE NEDERLANDSE 'MENTALITÉ'   653

REGISTER   667

VERANTWOORDING VAN DE AFBEELDINGEN   681

De vertalers danken René van Stipriaan voor het opsporen van de oorspronkelijke Nederlandse bronnen, Lotte C. van de Pol voor het doorlezen van de paragraaf 'Verleidingen en verschrikkingen' en Jan Baptist Bedaux voor advies over de Nederlandse titels van schilderijen en prenten. Hun speciale dank gaat uit naar Sjoerd de Jong die de hele tekst kritisch heeft doorgelezen.

EUGÈNE DABEKAUSSEN, BARBARA DE LANGE EN TILLY MATERS

WOORD VOORAF

> Ik ben wat uitvoeriger geweest in de beschrijving van deze plaats etc., omdat ze in zo veel opzichten afwijkt (en in enkele uitblinkt) en ook omdat ik me aangetrokken voel tot de Zeden van het Land.

Dit schreef de reiziger Peter Mundy over zijn verblijf in Holland in 1640. Voor mij geldt hetzelfde excuus, al pleit dat me nog niet vrij. Zijn beschrijving telde twintig pagina's, de mijne een paar meer. Het was niet mijn bedoeling dat de vorm van dit boek een afspiegeling zou zijn van de strekking ervan: het probleem van de overvloed. En het resultaat is nog pijnlijker omdat ik me ongeveer met hetzelfde bezighoud als Peter Mundy: de materiële en geestelijke curiosa die een cultuur kenmerken: 'zeer kostbare en curieuze woningen, vol plezier en huiselijkheid', maar ook ingelegde walvisogen, stuiverprenten en de Grote Ton van Amsterdam. Dus als ik over cultuur schrijf, bedoel ik niet Cultuur. U zult hier niets vinden over theater, poëzie of muziek, en de overvloed aan afbeeldingen is bedoeld als spiegel van een mentaliteit, niet als voorwerpen van Kunst. Wat is dan de Nederlandse cultuur die hier wordt beschreven? Een verbondenheid die ontstond als gevolg, niet als oorzaak van de vrijheid en die eerder werd bepaald door gemeenschappelijke gewoonten dan voorgeschreven door instituties. Het was de manier waarop in een bepaalde tijd een bijzondere – zeer bijzondere – ruimte werd gedeeld, om het verschil aan te geven tussen een nieuw 'wij' en een oud 'zij'. Het vormde uiteindelijk wat Maurice Halbwachs een 'collectieve herinnering' noemde: het produkt van de ontmoeting tussen nieuwe historische ervaring en geografische beperkingen.

Het uitgangspunt van dit boek is weliswaar geïnspireerd op Halbwachs' sociale theorie, maar ik ben aan veel meer personen en instellingen grote dank verschuldigd. Het boek begon als de Erasmuslezing van 1978 over de beschaving der Nederlanden, en ik dank Harvard University voor de mogelijkheid om enkele zeer onwaarschijnlijke hypothesen te ventileren. Sindsdien zijn veel vrienden en collega's zo vriendelijk geweest inhoudelijk commentaar op die vrij wilde theorieën te leveren en me te helpen ze een iets degelijker basis te geven. Als het een bizar in plaats van overtuigend werkstuk is, ligt dat beslist niet aan hen. Speciale dank ben ik verschuldigd aan Gary en Loekie Schwartz voor hun vriendschap, gastvrijheid en informatie over zaken die de kern van de Nederlandse cultuur raken. Een aantal Nederlandse kunsthistorici heeft veel tijd en geduld aan mijn ideeën besteed, en hopelijk nemen ze het me niet kwalijk als ik hen bedank voor het feit dat ik me nu even goed thuisvoel in hun discipline als in de mijne. In het bijzonder dank ik Barbara Haeger en Ivan Gaskell, die ik met veel ideeën heb lastig gevallen toen het nauwelijks meer dan vage noties waren en die me hebben geholpen er kritischer over na te denken. Al waren Svetlana Alpers en ik het over sommige kwesties niet eens, toch ben ik haar zeer dankbaar voor haar altijd stimulerende en vruchtbare gedachten over de Nederlandse beeldtaal en haar vriendelijke aanmoedigingen. Ann Jensen Adams, Ronni Baer, Christopher Brown, Margaret Carroll, David Freedberg, Egbert Haverkamp-Begemann, Sandra Hindman, Eddy de Jongh, Otto Naumann, Seymour Slive, Peter Sutton en James Welu waren allemaal zo vriendelijk me te laten profiteren van hun kennis en me te behoeden voor enkele kolossale blunders in mijn interpretatie van de Nederlandse kunst. Ik wil ook Benjamin Kaplan en Christopher Wood bedanken, wier onderzoek naar de Nederlandse monetaire beeldtaal me heeft geholpen mijn eigen hypothesen over dit onderwerp helderder te maken. Frances Gouda was zo vriendelijk me te laten profiteren van haar grote kennis van de Nederlandse sociale geschiedenis en me te behoeden voor enkele (maar ik vrees niet alle) blunders. Bernard Richards bezorgde me intrigerende interculturele verwijzingen over vuil en properheid in de Engelse literatuur.

In Nederland hebben een aantal instellingen en hun staf me zeer geholpen met prenten en zeldzame boeken. Dit hele project zou onmogelijk zijn geweest zonder de generositeit en wijsheid van wijlen Meyer Felte, de uitzonderlijke antiquaar uit Den Haag, die me terzijde stond met zijn kennis van populaire teksten en zeldzame boeken. Ik dank ook de heer Nix van de Atlas van Stolk in Rotterdam, mej. Isabella van Eeghen van het Gemeente Archief van Amsterdam, J.P. Filedt Kok van het Rijksprentenkabinet en de staf van de afdeling Oude Drukken in de Koninklijke Bibliotheek te Den Haag. Op Harvard hebben Susan Halpern en de staf van de Houghton Library en Ruth Rogers van de Kress Library, Harvard Business School, met hoffelijkheid en vindingrijkheid gereageerd op mijn irritante gewoonte om op korte termijn het onmogelijke te eisen. Een van de grote genoegens van dit onderzoek was om de prentenverzameling van Kress steeds beter te zien worden.

Ik wil ook Boyd Hill, Richard Unger, Kent Gerard, Ivan Gaskell en Jan de Vries danken voor het ongepubliceerde materiaal dat ze ter beschikking hebben gesteld. De Guggenheim Fellowship Foundation heeft onderzoek naar neerlandofobie en patriottisme mogelijk gemaakt, en de Carl and Linda Geyser Foundation stelde geld ter beschikking om het werk aan tekst- en beeldmateriaal in Nederland te voltooien. Van onschatbare waarde was Christopher Michaels' hulp bij de moeilijke taak foto's te krijgen en de toestemming ze te reproduceren, waarvoor ik hem zeer dankbaar ben.

Aan Michael Sissons – vriend, agent en engelbewaarder – heb ik het te danken dat ik als schrijvend historicus heb kunnen overleven. Peter Watson is een welwillend en wijs adviseur geweest. En ik dank Helen Fraser van Collins en Carol Brown Janeway van Knopf dat ze het niet opgaven of flauwvielen bij het zien van het manuscript.

Talloze vrienden en collega's op mijn vakgebied hebben me in de loop der jaren gesteund in wat steeds meer een onhaalbare onderneming moet hebben geleken. Sir John Plumb moedigde me aan om mijn eerste theorieën over de properheidsmanie in de Nederlandse cultuur uit te werken tot een meer gefundeerde beschrijving van het gedrag der Nederlanders. Veel van wat dit boek heeft te zeggen, komt voort uit zijn verhelderende benadering van de sociale geschiedenis van de cultuur. Robert Darnton heeft me geduldig aangehoord en zijn best gedaan om troebel drab om te zetten in helder water. T.J. Clark, John Clive, Peter Gay, Aron Rodrigue, Quentin Skinner, Keith Thomas en Emily Rovetch Whitman hebben me geholpen preciezer na te denken over de implicaties van culturele generalisaties. Ik dank de leden van het Cambridge Seminar in Early Modern History, en met name David Harris Sacks, voor hun inspirerende historische collegialiteit tijdens onze bijeenkomsten de afgelopen vijf jaar. Het Center for European Studies in Harvard verschafte het beste intellectuele en persoonlijke gezelschap dat een historicus zich maar wensen kan. En aan John Brewer ben ik de meeste dank verschuldigd: voor zijn intellectuele energie, scherpe voorstellingsvermogen, en onverwoestbare vriendschap.

Mijn hartelijke dank gaat ook uit naar Anton van der Lem voor de nauwgezette zorg waarmee hij fouten in de Engelse editie aanwees en voor zijn werk bij het aanvullen van recente historische bronnen.

Alle geschiedschrijving neigt naar autobiografische bekentenis en ik vermoed dat mijn eigen ervaring van familiegenoegens en -avonturen voor een groot deel debet is aan de centrale rol die de gezinscultuur in dit boek speelt. Mijn 'andere' familie, de Slotovers, heeft me in vele jaren van dierbare vriendschap zo gul laten delen in hun huiselijk geluk dat sommige zegeningen van het zeventiende-eeuwse idealisme echt haalbaar lijken. Mijn kinderen Chloë en Gabriel hebben me meer inzicht gegeven in de opwindende wereld van het kind dan je uit archieven kunt halen. Het geluk in de geschiedenis van mijn eigen gezin tijdens dit project is geheel en al te danken aan mijn geliefde vrouw, Ginny. Zelfs een dik boek lijkt een schamel offer voor de overvloedige rijkdommen die haar gezelschap me dagelijks schenkt.

LEXINGTON, MASSACHUSETTS, 1988

INLEIDING

HET BATAAFSE TEMPERAMENT

Het is een speciale gave van de Nederlanders om tegelijk vertrouwd en ondoorgrondelijk te lijken. Iets dergelijks ging door het hoofd van de opmerkzame Henry James toen hij in 1874 een Hollandse dienstmeid de stoep zag schrobben. Wat doodnormaal moest zijn, leek bij nader inzien een beetje vreemd, een beetje dwangmatig zelfs. En het was des te vreemder omdat er oppervlakkig gezien eigenlijk niets schoon te maken viel. De stoep langs de grachten werd 'regelmatig geveegd met de bezem en geschrobd met de borstel en angstvallig met zeepsop bemest'. Maar hoe schoner iets leek, des te meedogenlozer werd het geschrobd.

> Wat kon die paar smetjes anders hebben voortgebracht dan spontane generatie: er zijn geen smetjes op de weg... noch op de bomen waarvan de stammen naar alle waarschijnlijkheid iedere morgen zorgvuldig worden afgesponst. Het smetje bestaat kennelijk slechts als een soort mathematisch punt, dat zich kan uitbreiden in het Bataafse brein van de goede vrouw, en het gedoe met de koperen ketel is, zoals de metafysici zouden zeggen, zuiver subjectief. Het is een noodzaak, niet voor het huis maar voor haar eigen temperament.[1]

De mysteries van dat temperament zijn het onderwerp van deze bundel essays. Ook zij hebben als uitgangspunt dat er meer achter het gedrag van de Nederlanders school dan aan de oppervlakte zichtbaar was. Ze zijn bedoeld als beschrijving van de culturele eigenaardigheden van de Nederlanders in de lente van hun bestaan als natie. Het is een informele beschrijving die niet veel vertelt over instituties, theologieën of economische structuren. In plaats daarvan heb ik geprobeerd de paradoxen van het Nederlanderschap te verkennen in het kader van sociale overtuigingen en gedragingen. Het boek bevat dus veel meer over pijp roken en stoepen schrobben dan over de Synode van Dordrecht of de economische achtergronden van de Engelse Oorlogen. Ondanks deze aandacht voor het alledaagse heb ik geprobeerd de verwijdering tussen de sociale en de politieke geschiedenis, die eerder kenmerkend is voor de historische discipline dan de historische werkelijkheid, te vermijden. In de Nederlanden (net als in andere Europese republieken) waren sociale en politieke geschiedenis zo nauw met elkaar verweven dat het ideale gezin een miniatuur van de ideale samenleving vormde. Ik wilde vooral weten hoe de Nederlanders zichzelf in de loop der tijd vormden. Wat stimuleerde hun gemeenschapszin; wat maakte dat ze zich met elkaar verbonden voelden; wat bracht de verzameling gewoonten voort die typerend voor hen werd?

Wanneer ik het zo nonchalant over de Nederlanders heb, zal de veeleisende sociaal-historicus willen dat ik dit preciseer. Wat ik eigenlijk bedoel, zal men zeggen, is de Nederlandse elite: die bovenlaag van de bezittende klasse die het zich kon veroorloven haar cultuur te laten doorgaan voor het nationale erfgoed. Voor een deel is dat waar. Dit boek is zeker niet bedoeld als een geschiedenis van de volkscultuur, als daarmee de denkbeelden van de paupers, ongeletterden en vagebonden worden bedoeld. Het is hoe dan ook uiterst moeilijk om aan de hand van documenten de cultuur van de laagste klasse in Nederland te reconstrueren, omdat die documenten voornamelijk bestaan uit aanklachten. Op dit gebied is in de sociale geschiedenis in Nederland een veelbelovend begin gemaakt.[2] Maar al was de cultuur van dit boek niet de cultuur van alle Nederlanders, ze was evenmin het exclusieve bezit van zeer weinigen. Ze werd in hoge mate gedragen door die zeer brede laag van de bevolking tussen ambachtslieden en kooplieden die in Nederland de 'brede middenstand' heet. Ze omvatte een wereld die overwegend stedelijk en voor die tijd verrassend geletterd was en ze voedde een markt, belust op prenten, verluchte verhalen, gedichten en polemieken. Ze bestond in en berustte op een naar zeventiende-eeuwse maatstaven opmerkelijk stabiele samenleving. En die samenleving was zo stabiel omdat de mensen goed gevoed en, het allerbelangrijkste voor deze huiselijke cultuur, fatsoenlijk gehuisvest waren.

Dit betekent niet dat ze voor het gemak als bourgeoiscultuur geclassificeerd kan worden. De strekking van het boek strookt niet met het soort functionalisme dat cultuur beschouwt als het produkt van sociale klasse en dat uitgaat van een soort gedragssegregatie waarbij 'elitecultuur', 'volkscultuur' en 'bourgeoiscultuur' toevallig dezelfde ruimte delen maar elkaar passeren als schepen in de nacht. In de Nederlanden, waar de contouren van een klasse berucht moeilijk aan te geven zijn, en waar cultuur niet mag worden teruggebracht tot uitgebreide belastingcijfers, heeft het weinig zin om een al te scherpe grens tussen volk en elite te trekken. Bij welke cultuur hoorde een calvinistische preek: bij die van de patriciër of die van de plebejer? Wie kocht een genreschilderij van vier gulden of een tienstuiverprent: een geleerde of een winkelier? Wie deed mee aan de verering van vaderlandse helden als De Ruyter en Tromp: een koopman of een visser? In één en hetzelfde jaar, 1655, werd hetzelfde werk, de huwelijkshandleiding in verzen *Houwelijck* van Jacob Cats, gepubliceerd in folio met lijngravures voor de hogere standen en in duodecimo met houtsneden voor de lagere standen. Hoewel in de eenvoudige versie emblemata door elkaar werden gehaald – 'Eenvoud' voor het hondje en 'Leerzucht' voor het schaap, in plaats van andersom –, veronderstelt alleen al het feit dat de tekst hetzelfde is een leescultuur die dwars door de sociale structuren heen loopt. Dus al is dit meer een geschiedenis van vormers dan van gevormden, de algemene geldigheid ervan staat voor mij buiten kijf.

Het Bataafse temperament

Experiens Silleman, 'Maeghde-Wapen', gravure, frontispice, van Jacob Cats, *Houwelijck*, Amsterdam, 1655. Houghton Library, Harvard University

Mijn onderwerp is de eenheid van de natie, een eenheid die vóór de Franse Revolutie niet zou hebben bestaan. Maar wanneer zeventiende-eeuwse schrijvers en predikanten het hebben over hun 'vaderland', neem ik ze in zoverre serieus dat ik niet veronderstel dat onder het mom van deze term het klassebelang wordt nagestreefd. En met een benadering waarin patriottisme of burgerzin wordt opgevat als een eenheid van gemeenschappelijke cultuur, blijft de Nederlanden tenminste het aloude cliché bespaard dat ze in wezen bourgeois zijn. Al sinds lange tijd leidt de cultuur der Nederlanden een kwijnend bestaan in deze sombere begrippenkerker. In het vlotte proza van een recente geschiedenis heet het dat de Nederlandse economie in haar tijd de 'hegemonie' bezat, en dus was de staat onvermijdelijk 'een essentieel instrument van de Nederlandse bourgeoisie om een economische hegemonie te consolideren die ze oorspronkelijk in de sfeer van de produktie had bemachtigd en vervolgens had uitgebreid tot de handel... Hoe is het mogelijk,' vervolgt de schrijver, 'dat die hegemonie niet in de cultuur tot uitdrukking zou komen?'[3] Ja, hoe is het mogelijk! Zelfs een erudiet en scherpzinnig historicus als Huizinga ontkwam niet aan de dooddoener die zowel te veel als te weinig zegt.[4] Dus zijn de Nederlanders alleen maar uit hun uitzonderingspositie verlost om te kunnen getuigen van de ontwikkeling van het Europese kapitalisme.[5] Doorgaans krijgen ze de rol toebedeeld van estafetteloper in het derde onderdeel van de race waarin het kapitalisme van de internationale middeleeuwse kooplieden via het bankwezen van de renaissance naar de Nederlandse internationale stapeleconomie werd gebracht en vandaar in een sprint naar de eindstreep van de Engelse industrialisatie. De vragen die over de Nederlandse geschiedenis worden gesteld, betreffen de start, hoe het had kunnen

Anonieme houtsnede, titelpagina van Jacob Cats, *Houwelijck*, Dordrecht, 1655. Houghton Library, Harvard University

zijn. Waarom fungeerden de Nederlanders als de commerciële broedmachine maar wisten ze de industriële eieren niet uit te broeden? (Wat op hetzelfde neerkomt als de vraag: waarom waren de Nederlanders toch zo hardnekkig zichzelf?) En bij al die vragen wordt er onveranderlijk van uitgegaan dat de Nederlandse zaak om zaken draaide en dat hun politiek, religie en zelfs hun kunst op een of andere manier allemaal gehoorzaamden aan die ijzeren wet. Het resultaat is een deprimerend soort historische onveranderlijkheid, waardoor de Nederlanders, bourgeois als ze waren, alles waren wat in de moderne tijd voor bourgeois doorgaat. In deze sociale genealogie zijn de slappe hoeden van de regenten van Frans Hals directe voorgangers van Daumiers hoge hoeden en geklede jassen. De rode draad in deze continuïteit is, zo wordt aangenomen, de onmiskenbare bourgeoisverslaving aan het prozaïsche, het letterlijke, het sobere – de emotieloze objectivering van de wereld en de reductie van mysterie tot koopwaar. Het is vreemd hoe moeilijk die clichés te gebruiken zijn voor een koopman van Venetië en hoe vanzelfsprekend ze in Nederland lijken, alsof de overgang van satijn naar zwart fluweel een soort sociale mutatie van patriciër tot bourgeois had teweeggebracht.

In het centrum van de Nederlandse wereld stond een burger, geen bourgeois. Er is een verschil, en het is meer dan een vertaalnuance. Want de burger was in de eerste plaats poorter en pas in de tweede plaats *homo oeconomicus*. En de burgerplichten waren een voorwaarde voor de kansen op welvaart. Als er één verbindende schakel was tussen hun zorg om het gezin, de lotgevallen van de staat, de macht van hun rijk, de omstandigheden van hun armen, hun plaats in de geschiedenis en hun precaire geografie, was het wel de obsessie met de morele dubbelzinnigheid van de voorspoed. Veel in mijn relaas betreft de manier waarop ze omgingen met die dubbelzinnigheid. Het is geen nieuw inzicht, maar wel een inzicht dat misschien is blijven steken in de methodologische modder van het materialisme. Erasmus wist er alles van. In zijn ongewoon milde kijk op Batavia schreef hij:

> Wat zeden en gewoonten betreft is er geen volk dat meer open staat voor medemenselijkheid en vriendelijkheid en minder geneigd is tot onbeschaafd en gewelddadig gedrag. Het is recht door zee, kent geen ontrouw of bedrog noch ernstige ondeugden, behalve misschien dat het graag plezier maakt en vooral graag feestviert. De reden daarvan is, denk ik, de overvloed aan al wat iemand tot plezier kan verleiden; voor een deel dankzij de grote invoer van goederen en voor een deel dankzij de natuurlijke vruchtbaarheid van het gebied... met zijn vele bevaarbare rivieren vol vis en omgeven met grazige weiden... Men zegt dat geen enkel ander land zo veel steden telt op zo'n klein gebied... het kleine aantal grote geleerden, vooral op het gebied van de klassieken, is misschien te wijten aan het luxueuze leven, of misschien geven ze meer om zedelijke uitmuntendheid dan uitmuntendheid in de wetenschap.[6]

Historici hebben iets weg van goudzoekers. Als ze na jaren ploeteren eindelijk op een kostbaar klompje bewijs stoten, zijn ze geneigd dat te verstoppen, en slechts enkele bevoorrechten er een blik op te gunnen terwijl ze borden met 'verboden toegang' plaatsen om binnendringers op een afstand te houden. Ze overdrijven ook graag over de unieke waarde van hun gelukkige vondst. Ik vorm daarop geen uitzondering. Door al te nadrukkelijk te wijzen op de eigenaardigheden van de wereld der Nederlanders, lijkt die wereld waarschijnlijk uitzonderlijker dan ze is. Ongetwijfeld zullen degenen die meer weten van de sociale geschiedenis van andere zeventiende-eeuwse culturen, onmiddellijk kenmerken en attitudes herkennen die hier in een Nederlandse context zijn geplaatst. De culturele reacties – vooral op het protestantse gezin – hebben duidelijk een gemeenschappelijke bron waaruit meer dan één maatschappij haar regels putte. De werkelijke uitzonderlijkheid van de Nederlandse wereld ligt niet in deze individuele attitudes en gebruiken, maar in de manier waarop ze in het collectieve bewustzijn met elkaar werden verbonden. De Nederlandse schilders werkten met dezelfde pigmenten als hun Italiaanse en

Vlaamse collega's, maar op een of andere manier was het produkt onmiskenbaar anders. En waar het mij om gaat is hoe dat tot stand kwam.

Want de Nederlandse situatie had iets dat het land onderscheidde van andere staten en naties in het Europa van de barok. Dat iets was de voorlijkheid. Het was in twee generaties een wereldrijk geworden, de meest geduchte economische macht die zich over de aardbol uitstrekte, van Van Diemens Land tot Nova Zembla. Maar de Nederlanders waren claustrofobische wereldreizigers. Al die macht en kolossale rijkdom werden uiteindelijk samengepakt in de enge ruimte tussen de Schelde en de Eems: een gonzende bijenkorf van nog geen twee miljoen mensen. Hun buitensporige succes steeg hen naar het hoofd, maar bezorgde hun ook een gevoel van onbehagen. Zelfs uit documenten vol onverholen eigendunk spreekt de angst voor overvloed, de overdaad die zich verhief als een vloedgolf – een woord dat zowel waarschuwing als euforie inhoudt. Een van de aartsvaders van de Nederlandse cultuur, de erasmiaan Dirk Volckertszoon Coornhert, schreef *De Comedie van de Rijckeman*, waarin het personage Overvloed, in de gedaante van een welgeschapen dienstmeisje dat echter oogkleppen voor heeft, met Geweten en 'Schrijftuerlijk bewijs' ('een out en eerbaar Pastoor') strijdt om de ziel van de rijke man. In het begin van het stuk klaagt Overvloed dat ze, hoewel ze smakelijk eet, hoewel 'Mijn Tonge laept wyntgen van granaten' en ze mooie kleren heeft, toch neerslachtig en verdrietig is.[7] Misschien is het dus geen verrassing als we in de Nederlanden ontdekken wat de Tocqueville over een andere voorlijke hoorn des overvloeds, het negentiende-eeuwse Amerika, opmerkte: 'die vreemde melancholie die de inwoners van democratische landen in al hun overvloed vaak kwelt, en de levensmoeheid die hen soms overvalt onder rustige en comfortabele omstandigheden'.[8] Het gaat misschien te ver om 'melancholie' en 'levensmoeheid' in verband te brengen met het temperament van zeventiende-eeuwse Nederlandse burgers, al is hun kunst doordrongen van een besef van vergankelijkheid – vergankelijkheid van henzelf en van hun aardse goederen. Maar de voortdurende gewetenswroeging over hun zelfvoldaanheid heeft in ieder geval het gevoel voortgebracht dat we onbehagen noemen.

Terwijl ik door de Nederlandse stad doolde en haar culturele stoffering leerde kennen, ben ik ver van de rechte en smalle weg van de historische methode afgedwaald. Mijn enige methodologische gids was schaamteloos eclecticisme. Op het eerste gezicht is het misschien nieuwerwets om andere disciplines te benaderen als een diefachtige ekster, maar in feite is het heel ouderwets. Het is een voortzetting van de traditie van de eerbiedwaardige negentiende-eeuwse compendia over zeden en gewoonten, die deels folklore en deels oudheidkundige bloemlezing waren en die bij alle methodologische onschuld een schat aan mysterieuze en complexe kennis herbergen. De achttiende eeuw had al de eerste grote etnografieën over Nederland opgeleverd, produkten van encyclopedisch sociaal onderzoek. De schrijvers hadden de typisch achttiende-eeuwse drang tot het verzamelen en classificeren van gegevens over ieder materieel en maatschappelijk verschijnsel in hun land. Terwijl sommige natuuronderzoekers zich specialiseerden in zeeschelpen of tropische flora en fauna, hielden schrijvers als Kornelis van Alkemade zich bezig met drinkhoorns, bokalen voor ceremonieel gebruik, zoutvaten en de geschiedenis van inheemse feesten.[9] Een nog grotere alleseter was de arts Le Francq van Berkhey, die in zijn *Natuurlyke Historie van Holland* een uitputtende beschrijving van de habitat opnam, met delen over maatschappelijke gebruiken en gewoonten, letterlijk van de wieg tot het graf. Deze delen bevatten gravures van in details weergegeven voortplantingsorganen van de koe, of menselijke begrafenisrituelen van de verschillende sociale klassen waartoe de achtergeblevenen behoorden.[10]

Het is dus niet bijzonder gewaagd om een werkdefinitie van cultuur te ontlenen aan de sociale antropologie. In deze oude traditie volg ik Mary Douglas' omschrijving van een culturele tendens als 'een reeks overtuigingen aaneengekoppeld in een patroon van relaties'.[11] Maar in hetzelfde essay benadrukt ze dat deze overtuigingen, willen ze fungeren als de matrijs van een cultuur, moeten 'worden behandeld als onderdeel van het [sociale] gedrag en niet los daarvan'. Ik heb geprobeerd me aan deze nogal durkheimiaanse stelregel te houden bij dit in wezen beschrijvende onderzoek waarin het accent ligt op sociale processen in plaats van sociale structuur, op gewoonten in plaats van instituties. Overtuigingen en gebruiken beïnvloeden elkaar en vormen een, wat Emile Durkheim noemde, 'duidelijk systeem met een eigen leven:... het *collectieve of gemeenschappelijke geweten*... het is per definitie over de gehele samenleving verspreid. Toch kent het bepaalde toestanden die het tot een afzonderlijke werkelijkheid maken'.[12]

Om deze nauwelijks grijpbare prooi – de *conscience collective* – in haar natuurlijke omgeving in actie te zien, en niet uitgestrekt en opengesneden op de snijtafel van de socioloog, heb ik zowel tekst- als beeldmateriaal gebruikt. Zelfs dat heeft een eerbiedwaardige traditie, want Le Francq van Berkhey vond het heel gewoon om een specifieke verzameling gebruiken of bepaalde ingrediënten uit het nationale dieet aanschouwelijk te maken aan de hand van stillevens of genreschilderijen. Het lijkt zo voor de hand liggend en vanzelfsprekend om gebruik te maken van de onuitputtelijke rijkdom van de Nederlandse kunst – niet alleen panelen en doeken, maar ook architectuur, sculptuur en de overvloed aan decoratieve kunst op glas, keramiek en wandtapijten – dat een culturele geschiedenis, zelfs een antropologisch getinte, die ze buiten beschouwing laat, moeilijk voorstelbaar is. 'Welk ander volk,' schreef de negentiende-eeuwse criticus en politicus Théophile Thoré, 'heeft zijn geschiedenis geschreven met zijn kunst?' Volgens hem was de Nederlandse kunst, in tegenstelling tot die van de Italiaanse renaissance, bij uitstek de beschrijving van het hier en nu, van *'la vie vivante'*, verankerd in een bepaalde tijd en ruimte. Het was de beschrijving van 'de mensen en de dingen, de gevoelens en gewoonten, het doen en laten van een hele natie'.[13] En het feit dat veel Nederlandse kunst het karakter heeft van sociaal document, maakt haar tot een onweerstaanbare bron voor de sociaalhistoricus.

Maar het kan gevaarlijk zijn om kunst als historische bron te gebruiken. Thoré ging er ook van uit dat de kunst 'een soort fotografie van hun grote zeventiende eeuw' was, een frase waarmee steeds opnieuw is verwezen naar het soort beschrijvende letterlijkheid dat het empirische ethos van de prozaïsche bourgeois zou weerspiegelen. Er zijn ongetwijfeld schilderijen waarin met onvervalst naturalisme is vastgelegd wat zich voor het oog van de kunstenaar bevond. Maar in een andere passage herinnerde Thoré zijn lezers eraan dat 'niets minder werkelijk is dan de werkelijkheid in de schilderkunst. En wat zo heet, hangt geheel af van een manier van kijken.'[14] En tenzij men veronderstelt dat het normaal was om manden met kleppers van leprozen en krukken van kreupelen in de keukens te hangen, zoals op de schilderijen van Jan Steen, zal het duidelijk zijn dat op zeer veel Nederlandse schilderijen en nog meer gravures de waarneming van het oog werd gefilterd door de lens van de moraal. Zelfs van Jacob van Ruisdael is bekend dat hij omwille van de symboliek landschappen herordende of bedacht – de beroemdste voorbeelden zijn zijn versies van *De joodse begraafplaats*.[15] Met dit zwaarwegende voorbehoud in gedachten heb ik de Nederlandse kunst niet gebruikt als letterlijke weergave van de maatschappelijke ervaring, maar als document van overtuigingen. Waar teksten vergezeld gaan van afbeeldingen, zoals in emblematoboeken of in de talloze handleidingen met gravures die floreerden in Nederland, is een directe historische interpretatie van de betekenis mogelijk en ik heb daar dankbaar gebruik van gemaakt. Waar, zoals in de genreschilderkunst, de betekenis misschien verborgen is maar wel iconografisch te interpreteren lijkt aan de hand van verwante emblematische voorstellingen, heb ik me van die wetenschappelijke techniek bediend, zonder, naar ik hoop, de speciale kwaliteiten die inherent zijn aan een kunstwerk uit het oog te verliezen.

Verrassend genoeg noodt de Nederlandse kunst de cultuurhistoricus dus om onder de oppervlakte van de schijn te kijken. Doordat die kunst niet alleen een uiterlijke wereld illustreert maar ook een innerlijke wereld belicht, balanceert ze tussen moraal en materie, tussen het blijvende en het vergankelijke, het concrete en het denkbeeldige, op een wijze die typisch Nederlands was. En het wemelt zo van de paradoxen dat de cultuur haast lijkt te zijn opgezet als een contrapuntische compositie. Thoré vond *nature morte* een volstrekt ontoepasselijke term voor de stapels fruit, bloemen of vis die op sommige Nederlandse schilderijen zorgvuldig waren gerangschikt op wit tafellinnen en op andere uit zilveren en glazen schalen puilden. 'Nature *morte*' was een misplaatste benaming, schreef hij, want deze dingen leven nog, ze ademen. Leven in dood; levendigheid in onbeweeglijkheid; de illusie van vitaliteit en de werkelijkheid van inertie: het was of men al deze tegenstellingen met opzet op elkaar liet botsen. Paul Claudel, die tachtig jaar na Thoré met uitzonderlijke intelligentie en gevoeligheid over de Nederlandse schilderkunst schreef, had als katholiek natuurlijk al oog voor het verval van de sterfelijke wereld, maar ook hij bespeurde deze gepreoccupeerdheid met wat hij *désagrégation* – uiteenvallen – noemde. Stillevens werden volgens hem vastgelegd op hun 'toppunt', het moment van volmaakte rijpheid voordat de ontbinding intreedt. Schuttersstukken als *De nachtwacht* verbeeldden de *désagrégation* van de groep, zowel een vertrekken als een opbreken. De bezielde en onbezielde wereld der Nederlanders verkeerde dus in een staat van organische beweging, een ononderbroken cyclus van opbouw, verval en wederopbouw. Dit was wat Claudel met een prachtige term *élasticité secrète* noemde; de wezenlijke kinetische eigenschap van een land waar zelfs geen duidelijke grens tussen de elementen land en water leek te bestaan, en waar de immense hemelruimte eeuwig leek te veranderen. En dit sterke besef van de veranderlijke wereld logenstrafte volgens hem het idee dat de Nederlanders hun leven sleten als aardse bourgeois die zich vastklampten aan het concrete. Was het landschap niet zelf, peinsde hij, 'een soort voorbereiding op de zee, een afvlakking van alle reliëf... via het gras een aankondiging van het water, zozeer dat het niet overdreven lijkt te stellen dat in de Nederlandse kunst de werkelijkheid als het ware vloeibaar wordt gemaakt'.[16]

Dat is misschien wat overdreven. Maar het is voor de cultuurhistoricus een ontnuchterende waarschuwing dat het collectieve beeld dat hij probeert te achterhalen, wellicht op zijn hoogst een vluchtig en schimmig beeld is, als de contouren van de huizen die Proust weerspiegeld zag in de Maas bij Dordrecht, en die met ieder golfje van het avondlijk tij meer van hun samenhang verloren.[17]

DEEL EEN

WORDEN

Hendrick de Keyser, Toegangspoort van het Amsterdamse Tuchthuis (Rasphuis). Foto: Robert Slotover

HOOFDSTUK I

MORELE GEOGRAFIE

1 HET MYSTERIE VAN HET WATERHUIS

Hartje zomer ruikt Amsterdam naar patat, shag en verschaald bier. In nauwe straten, waar de dichte mensenmassa's daar nog een eigen geur aan toevoegen, hangen die dampen als een heiige walm in de lucht. In de Kalverstraat, de oude en lawaaierige steeg die vanaf de Dam zuidwaarts kronkelt, stolt de stroom toeristen om vier uur 's middags tot één grote kleverige brij. Maar in Amsterdam lokken de stegen; brede straten stoten af. Het lawaai en de vrolijke platheid van de Kalverstraat zijn het typisch Nederlandse antwoord op de onpersoonlijke breedte van de boulevard, een vorm van stedelijke praalzucht die het nooit goed heeft gedaan in hun steden. Dezelfde toeristen die in Parijs naar de Champs-Elysées of in Londen naar Piccadilly trekken, mijden in Amsterdam instinctief het brede, pompeuze Rokin en zoeken het zweterige gedrang van de Kalverstraat op.

Deze eindeloze colonne mieren op weg naar het Rembrandtplein (ooit de Botermarkt), wordt hier en daar doorsneden door dwarsstraten, waarvan één, de Heiligeweg, nog steeds de middeleeuwse naam draagt. Op deze nu volledig wereldse plek banen eind juli, wanneer de schoolvakantie ten einde loopt, kleine groepjes kinderen zich dwars door de menigte en tegen de stroom in een weg naar een schaduwrijke poort. Vóór de Reformatie ontleende de straat haar naam aan de verschillende religieuze stichtingen die deze buurt moesten delen met kraampjes van handelaars en winkels van handwerkslieden. Op de plaats van het gebouw waar de kinderen in verdwijnen, zwemvliezen en bonte badhanddoeken onder de arm, stond ooit het klooster van de Zusters van de Heilige Clara, het Clarissenklooster. In de hal bevestigen hol gejoel en chloorlucht dat het een van Amsterdams openbare zwembaden is. En hier was het, zo melden zeventiende-eeuwse reizigers, dat mensen voor een grimmige keuze werden geplaatst: verdrinken of Nederlands zijn.

Na Erasmus verloor het Nederlandse humanisme zijn gevoel voor humor, zodat de vroede vaderen de metamorfose van waterhuis in zwembad waarschijnlijk niet grappig gevonden zouden hebben. Het beeldhouwwerk dat ze bij de ingang van het huis aan de Heiligeweg plaatsten, heeft in elk geval niets vrolijks. De onheilspellende groep op de poort, die weergeeft hoe Amsterdam CASTIGATIO (straf) uitdeelt aan zwaar geboeide en geketende delinquenten – Michelangelo's gevangenen gezien door de ogen van de schout – werd aan het eind van de zeventiende eeuw toegevoegd.[1] De angstaanjagende dorsvlegel die ze in haar rechter hand hield, is kort geleden op geheimzinnige wijze verdwenen, misschien omdat hij niet strookte met Amsterdams huidige geest van soepele vrijzinnigheid. Verder naar beneden, vlak boven de sluitsteen van de boog, bevindt zich een veel ouder bas-reliëf, dat uit 1607 dateert en is gebeeldhouwd door Hendrick de Keyser, de grootste van de generatie laat-renaissancistische Amsterdamse architecten en beeldhouwers. Het is een groep voor een wagen gespannen leeuwen en tijgers die in elkaar krimpen onder de zweep van de voerman. De begeleidende spreuk, *Virtutis est domare quae cuncti pavent* (Het is een deugd te temmen wat allen vrezen), is ontleend aan *Hercules furens*[2] van Seneca, een schrijver die geliefd was bij de humanistische magistraten wier burgerlijke boodschap in de spreuk werd uitgedrukt. Het zal dan ook geen verrassing zijn dat de poort in de Heiligeweg ooit openging voor nieuwe bewoners van het eerste verbeterhuis van de stad, het Tuchthuis. Een werk met dezelfde penale iconografie van De Keyser is door het beroete metselwerk heen nog te onderscheiden aan het poortje van het Spinhuis aan de Oudezijds Achterburgwal, waar vanaf 1597 'gevallen vrouwen' – zwerfsters, hoeren en dieveggen – naar toe werden gestuurd voor een fikse portie heropvoeding aan weefgetouw en spinnewiel. Ook hier wordt de opgeheven arm kracht bijgezet door een stichtend motto dat De Keyser in 1607 liet schrijven door de humanistische dichter en historicus Pieter Corneliszoon Hooft. 'Schrik niet,' laat hij de huismoeder verklaren terwijl ze kordaat de onboetvaardigen aanpakt, 'ik wreek geen quaat maar dwing tot goet. Straf is mijn hant maar lieflyk myn gemoet.'

Deze naargeestige tehuizen werden aan het eind van de zestiende eeuw[3] gesticht op aanbeveling van vroegere toezichthouders op de landloperij. Door hun situering op de plekken van de ontbonden religieuze ordes markeerden ze de overgang van vrijwillige kerkelijke aalmoezen naar de agressieve maatschappelijke interventie die kenmerkend was voor zowel de katholieke als de protestantse humanistische hervorming.[4] Omstreeks het midden van de zestiende eeuw probeerden magistraten in veel van de grotere Europese steden de snel groeiende horden bedelaars, berooide migranten van het platteland en wat in hun ogen hele legers van kleine criminelen waren, aan te pakken met andere middelen dan de niets ontziende wreedheden – brandmerken, verminken, lijfstraffen en bloedige executies – van de traditionele straf en afschrikking. De twee doelstellingen, financiële steun en strafrechthervorming, vormden samen een ambitieus heropvoedingsprogramma, dat de boosdoener moest verbeteren en tegelijk straffen voor zijn zonden en misdaden uit het verleden. De arts en hoogleraar in de medicijnen, dr Sebastiaan Egbertszoon, die een van de belangrijkste initiatiefnemers van het Amsterdamse tehuis was en de hervorming als een soort klinische therapie voor de delinquent beschouwde, meende: 'Omme de tuchtelinge recht te mogen doen ende de onduecht voor toekomende te mogen verhinderen, *dient wel bedacht, wat oorsaecken hem daer toe hebben gebracht.*'5

In juli 1589 verklaarde de vroedschap van Amsterdam, zich ervan bewust dat de doodstraf niet geschikt was voor jonge misdadigers, dat ze van plan was een gesticht op te richten voor 'alle vagabonden, quaetdoenders, rabauwen ende dyergelyck', die tot 'castyemente' gevangen moesten blijven. Het Londense stadsbestuur had al in 1555 om dezelfde redenen Bridewell gesticht, maar het schijnt dat de Amsterdamse magistraat weinig aandacht aan dit voorbeeld schonk en zich in plaats daarvan beriep op een eigen Nederlandse hervormingstraditie. In 1530 had het stadsbestuur van Gouda voorgesteld een tuchthuis voor jeugdige delinquenten te stichten, en de dichter, geleerde, graveur en moralist Dirk Volckertszoon Coornhert had niet lang na zijn gevangenneming door het Spaanse regime een invloedrijk traktaat, *Boeventucht*, over de kwestie geschreven, ongetwijfeld extra geïnteresseerd in het vraagstuk van rechtvaardige of onrechtvaardige straffen.[6] Maar het was een telg uit een welvarend geslacht van kooplieden, Jan Laurenszoon Spiegel, die op de verklaring van de magistraat reageerde door de plek van het voormalige Clarissenklooster voor te stellen, en in een uitvoerig memorandum zijn voorstel voor 'de correctie en verbetering' van de delinquenten uiteen te zetten.

Het plan van Spiegel was voor die tijd redelijk verlicht: het probeerde een evenwicht te vinden tussen de vereiste dosis tucht en werk en zedenlessen als stimulans tot rehabilitatie. Hij stelde dat de identiteit van gevangenen geheim moest blijven, zodat ze bij hun terugkeer in de normale maatschappij niet gebrandmerkt waren. Het eten moest voldoende maar eenvoudig zijn: bruin brood, gort, pap, erwten en bonen; één of twee maal per week een beetje varkensvlees of stokvis. Het moest in ieder geval zo gevarieerd zijn dat het een straf was om op water en brood te worden gezet. Tijdens de ontspanning in de vorm van balspelen en dergelijke moest er energiek en flink worden gesport. Gevangenen die zich wilden beteren moesten een vak leren, en alleen zij die in hun luiheid volhardden, moesten worden gedwongen tot hard, eentonig werk zoals het raspen van hout. En het programma voor economische rehabilitatie moest worden voltooid met loon naar werken.

Het Amsterdamse Tuchthuis, dat in 1595 aan de Heiligeweg zijn poorten opende, beantwoordde in de praktijk niet aan het idealisme van Spiegel. Het schijnt dat men de eerste tijd heeft geprobeerd het principe van de anonimiteit van de gevangenen te eerbiedigen, en men ging zelfs zover hen onder dekking van de duisternis binnen te laten. Maar toen Jan van Hout, de dichter en stadssecretaris van Leiden, in 1597-1598 het huis bezocht met het oog op een zelfde soort voorziening voor zijn stad, was het al onmiskenbaar veranderd in een tuchtschool voor kleine criminelen in plaats van een heropvoedingsgesticht.[7] Verschillende categorieën gevangenen werden bij elkaar gezet zonder dat men zorgde voor verschillen in accommodatie of werkregime. Inbrekers, zakkenrollers en andere beroepsmisdadigers werden gevangengezet bij landlopers, bedelaars en hardnekkige ordeverstoorders: degenen die waren veroordeeld wegens dronken vechtpartijen of gewelddadige opstootjes.

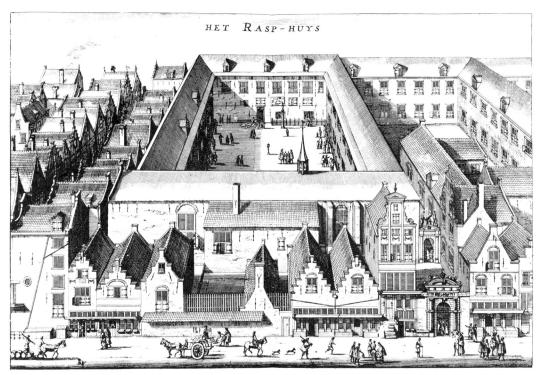

Anoniem, 'De Heiligeweg met het Rasphuis', uit Philipp von Zesen, *Beschreibung der Stadt Amsterdam*, 1663. Houghton Library, Harvard University

De magistraat ging het huis gebruiken als verblijf voor recidivisten die zich niet aan eerdere verbanningen hadden gehouden of zich niet hadden laten afschrikken door geseling. Coornherts opvatting over heropvoeding van jeugdige delinquenten werd overgenomen, maar op een manier die zijn humanistische programma van disciplinaire pedagogie vertroebelde. Adolescenten die een of andere verschrikkelijke misdaad tegen het gezin en de wet tegelijk hadden gepleegd – hun ouders bestelen of met geweld bedreigen – konden na een rechtszitting op de gebruikelijke manier worden opgesloten. Deze jonge criminelen, die werden onderworpen aan hetzelfde werkprogramma als de overige gevangenen, waren soms wel heel jong. In 1620 werd een dertienjarige die zich schuldig had gemaakt aan doodslag, 'wegens zijn jeugd' opgesloten, nadat hij eerst in het openbaar was gegeseld en gebrandmerkt en, door een zwaai boven zijn hoofd met een zwaard, symbolisch onthoofd. In 1637 werd een tienjarige opgesloten wegens diefstal.[8] Maar er was nog een categorie kinderen, die met de willekeurige term 'wetteloos' werden aangeduid en die door hun eigen ouders konden worden gestuurd, waarna ze naar goeddunken van de regenten van het tehuis werden opgesloten totdat hun familie om vrijlating verzocht. De kosten van deze 'wittebroodskinderen', zo genoemd omdat ze beter voedsel kregen, werden gedragen door hun familie. In 1603 werd ten noorden van het hoofdgebouw een speciale afdeling geopend om hen te vrijwaren van de slechte invloed van het tuig van het eigenlijke Tuchthuis.

De vonnissen waren soms onvoorspelbaar. In 1614 werd in een verordening tegen bedelen door gezonde mensen de strafmaat bepaald op zes weken voor de eerste overtreding en zes maanden bij herhaling. In de praktijk kon de opsluiting veel langer duren, maar nooit korter. In het tuchthuis van Utrecht, opgezet naar het voorbeeld van dat van Amsterdam (en waarvan de archiefstukken uitvoeriger zijn), duurde het gemiddelde verblijf in de jaren 1620-1630 drieëneenhalf jaar. De gevaarlijkste misdadigers konden levenslang krijgen en degenen die er voor 'verbetering' heen waren gestuurd, konden gewoon naar goeddunken van de magistraat voor onbeperkte tijd worden vastgehouden.[9] In Amsterdam waren straffen van drie, vijf of zelfs zeven jaar niet ongebruikelijk, en het lot van degenen die door de magistraten te onverbeterlijk of gevaarlijk werden geacht om op de maatschappij los te laten, was levenslange opsluiting. In januari, voor het aftreden van het zittende stadsbestuur, hielden de schout en het college van negen schepenen in het huis een revisiezitting, waarbij ze een vonnis konden verlichten of verlengen al naar gelang de rapporten over het gedrag van de gevangenen in het voorafgaande jaar. Geen wonder dus dat het huis gedurende het grootste deel van de zeventiende eeuw tamelijk vol was. In 1598 waren er 70 gevangenen en toen Thomas Bowrey het in 1698 bezocht waren er 117.[10]

De humanistische hoge heren die deze huizen uitvonden, meenden dat ze in de geest van Erasmus handelden. Magistraten en geleerden, dichtende bemoeials vol burgerzin – als Coornhert en Spiegel – zou men kunnen beschouwen als de erfgenamen van zijn rusteloze christelijke geweten en zijn schoolmeesterachtige benadering van maatschappelijke ongelijkheid. Maar ze misten duidelijk zijn ironische gevoel voor verhoudingen. De verbeteringsgestichten waren een bloedserieuze zaak, vooral wat het arbeidsethos betrof. De eerste nijverheid die er werd beoefend was het weven van 'trijp', en aan de opdracht om degenen die daartoe bereid en geschikt waren een echt vak te leren, werd schijnbaar voldaan door ze andere soorten grof textiel als fustein en bombazijn te laten weven. Maar het Amsterdamse huis werd beroemd door een heel ander soort werk. In 1599 gaf de stad de regenten van het Tuchthuis het monopolie op brazielhout in poedervorm voor haar ververijen, en sindsdien heette het in de volksmond het Rasphuis. Want dat was de methode om van leeglopers, klaplopers, landlopers en andere nietsnutten nijvere, verantwoordelijke leden van de maatschappij te maken. Maar het werk was zo slopend en het loon zo schamel dat het verschil tussen rehabilitatie en straf de gevangenen ontgaan zal zijn. En aangezien het voortbestaan van de inrichting afhankelijk werd van de opbrengsten van het brazielhout, zijn er redenen om aan te nemen dat het middel belangrijker werd dan het doel. De gevangenen werkten soms wel veertien uur en moesten met twaalfbladige zagen minstens veertig (en vaak wel zestig) Amsterdamse ponden raspen. Als beloning kregen ze achteneenhalve stuiver per dag, een mager loon waarmee ze zich 's zaterdags misschien op een witbrood konden

Anoniem, 'Raspers', uit Philipps von Zesen, *Beschreibung der Stadt Amsterdam*, 1663. Houghton Library, Harvard University

trakteren. Als ze in staat waren meer dan de voorgeschreven hoeveelheid te doen, konden ze een hele gulden voor iedere honderd pond meer verdienen. En de regenten introduceerden zelfs een element van gedwongen sparen in hun systeem van loon naar werken door iedere week twee stuivers van het loon van iedere gevangene in een potje te stoppen dat de gevangene bij zijn vrijlating werd overhandigd.[11]

De gevangenen moesten niet alleen in sociaal en economisch opzicht, maar ook in geestelijk opzicht worden verlost. Dagelijkse gebeden en catechese, 's ochtends, 's avonds en ook voor en na de maaltijd, onder leiding van de 'zielentrooster' waren natuurlijk verplicht. Het lezen van de bijbel en het zingen van psalmen werden aangemoedigd, en 's zondags moest men een preek uitzitten. Op winteravonden werd vanaf het invallen van de schemering tot zeven uur en in de 'vrije tijd' om drie uur 's middags lesgegeven op een soort 'school'. Het waren rudimentaire lessen, bedoeld om de eerste beginselen van het geloof te onderwijzen aan de hand van bloemlezingen van uitspraken van de apostelen en uitgaven van de Wijsheden van Salomo (Spreuken, Prediker en Ecclesiasticus, speciaal uitgegeven voor gebruik in verbeterhuizen). Dit zedelijke regime gold ook hun taalgebruik en gedrag. Zo waren de bijnamen die bij dieven en prostituées geliefd waren, verboden, evenals hun eigen bargoens, in Amsterdam bekend als kramerslatijn. Eigen gewoonten of vasthouden aan de gewoonten van het oude slechte milieu waren per definitie overtredingen van de verbeteringsregels. Vloeken, schreeuwen en bovenal roken waren streng verboden. De lijdende voorwerpen van dit intensieve zedelijke toezicht werden geacht passieve, doorzichtige vaten te zijn waarin de zuivere melk van de christelijke verlossing kon worden geschonken.

Spiegel had een zekere mate van geheimhouding en privacy voorgesteld om de 'patiënten' die aan de zorgen van het huis waren toevertrouwd, een minimum aan waardigheid te laten behouden. Maar in de praktijk kwam dat neer op strenge en

Morele geografie

Anoniem, 'Tucht in het Rasphuis', uit Johannes Isacius Pontanus, *Rerum et Urbis Amstelodamensium Historia*, Amsterdam, 1611. Houghton Library, Harvard University

voortdurende observatie. In de eerste weken en maanden na de opname werden de gevangenen geobserveerd om te zien of er tekenen van burgerlijk leven door de oude korst van ondeugd probeerden te breken. De nieuwe gevangenen die de grimmige poort van De Keyser waren binnengegaan, werden naar een onderaardse cel gebracht, waar ze een tijd zonder licht in eenzame opsluiting zaten voor een eerste observatie, waarna ze werden bezocht door een van de regenten, die hen op de hoogte stelde van de regels. Deze eerste fikse dosis correctieve 'medicijn' was ook bedoeld als voorbereiding op het regime dat de 'patiënt' wachtte in het licht. En na 1630 waren het niet alleen meer de 'binnenhuisvader' en zijn cipiers die hun kostgangers observeerden. Voor een koperstuk mocht het grote publiek kijken naar de zwoegende gevangenen in het Tuchthuis en in het Spinhuis voor de vrouwen. De gestichten zagen dit als een mooie bron van inkomsten, al waren er tegen de achttiende eeuw bezoekers die het stuitend vonden (één klaagde dat 'ze een dom schouwspel van hen maakten als waren het beesten'). In de kermistijd was de toegang gratis en kwamen hele drommen mensen om zich te vergapen aan deze ongelukkigen, en vooral om de hoeren in het Spinhuis uit te jouwen, en hun lot moet dan ook extra beklagenswaardig zijn geweest. De oorspronkelijke opzet om de gevangenen te vrijwaren van openbare schande was dus volledig overboord gegooid. De alternatieve moraal – zowel humanistisch als streng calvinistisch – was nu dat de schande van de vertoning in het openbaar een begin van zelfverbetering kon zijn. Althans, dat was de theorie.

Hoe dan ook, het Rasphuis en Spinhuis werden verplichte attracties bij een toeristisch bezoek aan Amsterdam. Rondgeleid door burgemeesters en schepenen, die maar al te trots waren op hun modelinrichtingen voor heropvoeding, legde een stoet bezoekers uit Engeland, Frankrijk, Italië, Duitsland, Scandinavië en zelfs Hongarije zijn bezoek vast en publiceerde zijn indrukken. Velen waren onder de indruk van het schrikwekkende systeem van disciplinaire straffen waar het gestichtsregime op steunde. Die straffen varieerden volgens één bron[12] van onthouding van het vleesrantsoen tot zweepslagen aan de paal met de bullepees. Op 13 november 1618 werden op één dag maar liefst twintig gevangenen (ofwel ongeveer een kwart van de gedetineerden) wegens wangedrag gegeseld. Nog erger was het toestel waarmee de gevangene, met het hoofd in een bankschroef, over een bank werd gebogen, terwijl het lichaam werd gegeseld met de roede. En of deze 'correctieven' nog niet gruwelijk genoeg waren, vermeldde een groot aantal reizigers ook een straf voor de onverbeterlijke luiaards die te verschrikkelijk is om te geloven. Dat was het 'waterhuis' ofwel de verdrinkingscel. Jean de Parivals nuchtere notitie uit 1662 is een laconieke – maar veelzeggende – beschrijving van die angstaanjagende straf: 'Als ze niet willen werken, worden ze als ezels vastgebonden en in een kelder gezet die volstroomt met water, zodat ze die gedeeltelijk moeten leegpompen willen ze niet verzuipen.'[13]

Je kunt dit amper lezen zonder ongelovig met de ogen te knipperen. Maar karavanen toeristen van het begin tot het einde van de zeventiende eeuw noemen het in hun verslagen. De Hongaarse schoolmeester Martin Szombor, die er in 1618 was, schreef over het 'waterhuis om jongens te temmen die niet wilden werken'.[14] Marmaduke Rawdon uit York beweerde dat hij in 1662 met eigen ogen zo'n ruimte had gezien en Edward Brown schreef dat zijn gidsen hem uitdrukkelijk hadden verteld over de 'grote cisterne' waar de delinquenten in werden gezet, 'met als enige redmiddel een pomp zodat ze moeten werken om in leven te blijven'.[15] De cel wordt genoemd door onder anderen de Levantijnse koopman Robert Bargrave in 1634, William Aglionby, een Fellow van de Royal Society, in 1671, de Franse geleerde Maximilien Misson in 1688, die er nog aan toevoegde dat de cel binnen een kwartier volliep als de pomp niet werd gebruikt, William Montague in 1696, Thomas Bowrey in 1698, Thomas Nugent in de jaren 1730-1740 en zelfs door Joseph Marshall, de schrijver over economie, die de magistraten feliciteerde met zo'n 'voortreffelijk instrument'.[16]

Hoewel Marshall bij vele andere aspecten van Nederland blijk geeft van een scherp opmerkingsvermogen, is zijn beschrijving van het waterhuis verdacht onnauwkeurig. Hij kreeg de indruk dat de onverbeterlijke luiaards 'bij de wet' moesten verdrinken als ze niet zo hard mogelijk pompten. Maar in ongeveer dezelfde tijd dat Marshall Amsterdam bezocht, tussen 1760 en 1770, deed de officiële stadshistoricus van Amsterdam, Jan Wagenaar, die de straffen voor misdadigers gedetailleerd beschreef, de cel af als louter een gerucht. In de meest recente geschiedenis van de strafrechtspleging wordt de mening van Wagenaar overgenomen, hoewel misschien nadrukkelijker dan Wagenaar bedoelde.[17] Een feit is dat de reisverslagen, waarvan vele (maar niet alle) uit de tweede hand waren, moeten worden gezien tegen de achtergrond van het veelzeggende zwijgen van de Nederlandse bronnen uit die tijd, met inbegrip van stadsbeschrijvingen als de *Beschryving der stat Amsterdam* uit 1665 van Tobias van Domselaer en Olfert Dapper, die een zeer gedetailleerd overzicht in tekst en gravures van de stad gaf.[18]

Was het waterhuis een bizarre fabel, een sadistisch verzinsel, gebrouwen uit halfverteerde brokken geruchten? Er was natuurlijk de donkere en benauwde cel waarin de gevangenen bij aankomst werden opgesloten en waarnaar ze voor korte perioden van eenzame opsluiting terugkeerden wanneer ze de regels van het huis overtraden. In Van Domselaers beschrijving ligt de cel onder de grond en was ze 'vochtig'. Maar met 'vochtig' bedoelde hij waarschijnlijk niet dat ze helemaal kon onderlopen. De archiefstukken van het Tuchthuis werpen evenmin enig licht op de zaak, want van de zeventiende-eeuwse stukken zijn alleen fragmenten bewaard gebleven. Maar ondanks alle lacunes in onze kennis kan niet worden uitgesloten dat dit hardvochtige experiment in gedragstherapie ooit is uitgevoerd. Er is in ieder geval één vroeg-zeventiende-eeuwse Nederlandse bron, de *Historie van de Wonderlijcke Mirakelen... In een plaats ghenaempt het Tucht-huys*, een in 1612 gepubliceerde persiflage met een cynische beschrijving van de 'miraculeuze' gedaanteverwisselingen die in de inrichting tot stand kwamen, waarin een gedetailleerde beschrijving van de cel voorkomt.

In de gang of hal van het huis was stromend water en daarnaast lag een kamer met twee pompen, een aan de buitenkant en een aan de binnenkant. De patiënt werd erheen gebracht en daarna werd water de kamer in gepompt, eerst tot zijn knieën, dan tot zijn middel en als hij nog niet wilde werken tot zijn oksels, en ten slotte tot aan de lippen. Dan, bang om te verdrinken, begon hij hard te pompen tot de kamer leeg was en kwam hij tot de ontdekking dat hij van zijn zwakte genezen was.[19]

Ondanks de satirische toon is deze beschrijving topografisch zo gedetailleerd dat het niet slechts een wrede grap kan zijn. En toen sir John Carr bijna twee eeuwen later het oude Rasphuis bezocht (in 1694 waren een nieuw en veel ruimer werkhuis en een Verbeterhuis speciaal voor jeugdige delinquenten gebouwd), werd hem uitdrukkelijk 'een cel in de hoek van de binnenplaats' getoond die voor de waterstraf was gebruikt. Maar het was ook duidelijk dat dit middel al generaties lang niet meer was gebruikt, wat het verslag van de Blainville uit 1705 bevestigt dat de straf niet meer was toegepast nadat een verstokte 'schurk' de voorkeur had gegeven aan verzuipen boven pompen.[20]

Dit, en de belangstelling van de magistraten van Dantzig voor de inrichting en deze straf en hun poging een gewijzigde versie (met touw en put) te bouwen, lijken erop te wijzen dat het waterhuis misschien toch, althans een tijdlang, zijn heilzame intimidatiefunctie heeft vervuld. Maar stel dat het alleen een populaire en regelmatig terugkerende mythe was, zou dat dan iets afdoen aan het historische belang ervan? Nee, althans niet in het domein van de cultuur, waarin geloof en gerucht even belangrijke maatschappelijke werkelijkheden waren als concrete daden. Dit was immers een cultuur die doortrokken was van symbolische en geritualiseerde boodschappen. Het slagzwaard dat de beul boven het gebogen hoofd van de crimineel op het schavot zwaaide, was geen loos ritueel. En in een tijd waarin allerlei gruwelijke openbare vergeldingsmaatregelen bestonden – het splijten van neuzen, radbraken van lichamen, doorboren van tongen, zelfs uitsteken van ogen – zullen angstaanjagende dwangmiddelen tegen luiaards niet bijzonder barbaars hebben geleken. Dus als het verhaal van het waterhuis voor de stoet gegoede reizigers al niet uit de toon viel bij de andere Amsterdamse voorzieningen voor delinquenten, moet voor degenen onder het gewone volk die misschien een periode in het huis aan de Heiligeweg te wachten stond, alleen al het gerucht nog veel overtuigender zijn geweest.

Als mythe over bestraffing – en meer nog als officiële terreur – ontleende het waterhuis zijn psychologische overtuigingskracht aan de waterrijke diepten van de Nederlandse cultuur. Rond dit soort pedagogie had de Nederlandse identiteit zich juist uitgekristalliseerd: morele geografie. De beangstigende ervaring die de 'patiënt' *in extremis* moest ondergaan, was dus bedoeld als een geïntensiveerde herhaling van de Nederlandse oerervaring: de strijd tegen het wassende water. Was het wapen van Zeeland niet een leeuw die de golven overwint, onder het motto *Luctor et Emergo*, Ik worstel en kom boven? De beproeving (of de dreiging ervan) was een traumatische ervaring, bijna zoiets als een sterke elektrische schok. Geschokt tot in de kern van het bestaan, zo moet men hebben geredeneerd, zou zelfs de meest kwaadaardige en verdorven persoon de inzet en het doorzettingsvermogen tonen dat hem uiteindelijk tot een waardig lid van de Nederlandse gemeenschap zou maken. En niet geheel zonder opvoedkundige reden werden sommige gevangenen na hun ontslag uit de inrichting te werk gesteld in de polders van Heerhugowaard bij Alkmaar, waar een voorloper van een 'open' gevangenis het proces van zowel geografische als morele herwinning moest bevorderen. En het was de bedoeling dat deze 'patiënten', eenmaal genezen, de speciale morele geografie zouden erkennen die hen zou waarmerken als echte Nederlanders.

Nat zijn betekende gevangen, werkeloos en arm zijn. Droog zijn betekende vrij, werkzaam en bemiddeld zijn. Dit was de les van het waterhuis.

2   WATERPROEVEN

Of het waterhuis nu werkelijkheid of fantasie was, het idee sproot voort uit de vooronderstelling dat overleven tegen alle ellende in het begin van zelfrespect was: een hervinden van de identiteit. Voor de eerste generatie van vaderlandse lofredenaars stond het Nederlanderschap vaak gelijk met het onder Gods hoede omzetten van rampspoed in fortuin, zwakte in kracht, water in land, modder in goud. De speciale lotsbestemming die de Nederlanders voor zich opeisten, gekenmerkt door lijden en verlossing, was niet zo typisch Nederlands als de Nederlanders dachten. Maar de mysterieuze manieren waarop de geografie de morele analogie versterkte, maakten hun collectieve zelfbeeld des te overtuigender. Mensen die overstromingen hadden getrotseerd en overleefd, kon nauwelijks ontgaan hoezeer de *beproeving* hen onderscheidde van anderen. Het op de proef stellen van het geloof door tegenspoed was dus een wezenlijk element van de nationale cultuur.

De beproeving van het water als lakmoestest van zedelijke waarachtigheid kon binnen hetzelfde culturele kader worden omgekeerd om wat onmiskenbaar vreemd was te isoleren. Een misdaad die te afgrijselijk was om Nederlands te zijn, kon worden bestraft met een verdrinkingsdood waaraan niet viel te ontsnappen. Vóór de Reformatie was radicale ketterij bijna het onnatuurlijkste dat men zich kon voorstellen, en in 1535 werden achtentwintig mannen en vrouwen in zakken gestopt en in het IJ gegooid. Na de protestantse 'Alteratie' – een wonderlijk eufemistische benaming – in Amsterdam in 1578 waren het misdaden tegen het gezin of de 'natuurlijke' seksuele orde die loutering door water vereisten. In 1598 werd een vrouw in het openbaar op het schavot verdronken in een waterton wegens het ontvoeren en mishandelen van een kind, en in 1641 werd een moeder wegens kindermoord op dezelfde wijze terechtgesteld.[21] Toen in 1730 een golf van sodomieprocessen over de hele Republiek ging, werden enkele van de personen die schuldig waren bevonden, prompt veroordeeld tot de ouderwetse verdrinkingsdood in het IJ, met gewichten van honderd pond aan hun nek. Degenen die ook werkelijk werden terechtgesteld, werden eerst gewurgd zodat hun de verschrikking van de straf bespaard bleef; maar het vonnis werd in al zijn gruwelijkheid voorgelezen en in enkele gevallen postuum ten uitvoer gebracht. Emmanuel Valck, een ongelukkige dominee uit Vianen, die was veroordeeld wegens deze 'onnatuurlijke misdaad', pleegde zelfmoord in de gevangenis, maar zijn stoffelijk overschot werd toch op een kar geladen en bij Den Briel in zee gegooid, zodat het louteringsritueel naar behoren werd voltooid.[22]

Deze lugubere schouwspelen – zowel de verdrinking met, als de verdrinking zonder ontsnapping – waren aangrijpende lessen in de van God gegeven functie van de rampspoed in de Nederlandse cultuur. Zoals in de calvinistische ethiek overduidelijke welvaart werd beschouwd als een teken dat men vermoedelijk tot de uitverkorenen behoorde, zo was overwinning op het noodlot een teken dat men vermoedelijk de genade deelachtig zou worden. Het verwante idee van redding door ingrijpen van de voorzienigheid stond hiermee in verband. Die redding werd niet alleen geschonken uit goddelijk mededogen, maar ook als speciale beloning voor trouw aan Gods wet, zelfs in tijden van diepe wanhoop. In 1668 bevatte een triomfale bloemlezing van verzen en prozastukken met de titel *'t Verheerlijckt Nederland* een sombere herinnering van de calvinistische schrijver en predikant Jacobus Lydius aan de 'veertig moort-jaeren' van de oorlog tegen Spanje: 'Doch die Godt tot groote heerlijckheydt verheffen wil, besoeckt hy eerst met nare ghevaren, ende uytterste onheylen. En waerlijck was 't gewelt van dese rampen soo groot, dat men licht afmeten kost dat het ons van den Hemel tot een beproevingh opgheleydt was, willende dien onsterflijcken Godt eens onderstaen of de deught en stantvastigheydt van dit volck in sware saecken te lijden en uyt te voeren onkreuckbaer blijven soude.'[23] Trouw tijdens ontbering bracht dus zowel verlossing in deze wereld als zaligheid in het hiernamaals. Dezelfde schrijver merkte later op: 'Want alst met onse saecken by na aen't sincken gekomen was, ende alle oogenblick den boom van onsen staet stond neer te ploffen; Soo is Godt buyten hope onversiens met sijn hulp ons by geweest...'[24]

De redding ter elfder ure, de vaderlandse pendant van de ram in de struiken, was een vast onderdeel in veel kronieken en verhalen in versvorm over de Tachtigjarige Oorlog. De inneming van Den Briel door de Watergeuzen, het beleg van Alkmaar, Voorne en Bergen op Zoom leenden zich allemaal voor deze dramatische verhalen. Later, in de zeventiende eeuw, toen de Republiek in 1672 de nachtmerrie van een gecombineerde aanval door de Engelse en de Franse vloot boven het hoofd hing, zou een 'miraculeuze eb' de samenvoeging van de vijandelijke vloten hebben vertraagd tot De Ruyter en Cornelis Tromp ze afzonderlijk konden aanvallen en verslaan.[25]

Geen enkele episode in de vroege geschiedenis van de Nederlandse onafhankelijkheidsstrijd leek zo'n duidelijk voorbeeld van goddelijk ingrijpen als het ontzet van Leiden in 1574. Dat jaar hadden de Spanjaarden de stad van mei tot september belegerd in een wijde boog van Den Haag in het zuiden tot de weg naar Haarlem in het noorden. Er was geen garnizoen van reguliere troepen; de bewapende militie der schutters was de enige steun van het verzet dat door hongersnood en ziekte steeds zwakker werd. Omdat Haarlem zelf na een lang beleg in handen van de Spanjaarden was gevallen, leek de situatie in het hart van Holland Willem van Oranje wanhopig genoeg om een plan van systematische inundatie uit te voeren.[26] Op 3 en 4 augustus werd de IJsseldijk doorgestoken en in de weken daarna werden nog vele andere rivierdijken doorgestoken, waardoor grotere stedelijke centra als Gouda en Rotterdam werden geïsoleerd. Maar om Leiden te helpen moest het water zo hoog staan dat alle Spaanse troepenbewegingen werden lamgelegd én een opstandelingenvloot tot vlak bij de stadsmuren kon zeilen om Leiden te ontzetten. En dankzij een zware noordwesterstorm die midden september over de Haarlemmermeer raasde, werd de stad uit haar beproeving verlost. In de in het Nederlands geschreven verhalen die bij de eerste generatie van vrije Nederlanders populair werden, zoals het propagandistische werk van de rederijker Jacob Duym, werd het beleg van Leiden voorgesteld als hét nationale wapenfeit, toen zee, wind en polders aan de zijde der rechtvaardigen hadden gestreden.[27] De Leidse stadshistoricus Orlers verluchtte zijn stadskroniek met aanschouwelijke gravures van belegerde burgers die hun magen moesten vullen met katten, honden, gras en wortelen en van zogende moeders die geen melk meer hadden.[28] Slechts gebeden, psalmen en de zelfopofferende aansporing van burgemeester Van der Werff voorkwamen algehele wanhoop. Daarna, toen de nood het hoogst was, zond de almachtige God de grote wind uit het noorden om de harten der Midianieten (ook wel bekend als Alva's Spaanse troepen) van vrees te vervullen – en toen het water steeg braken ze dan ook hun kamp op. Aldus werd het volk onder algemene dankzegging en vreugde verlost uit zijn beproeving. Zo luidde een van de invloedrijkste stichtingsverhalen: een getuigenis van goddelijk ingrijpen en godvrezende geschiedenis. De kroniek werd een patriottische Hag-

Morele geografie

J. Lanckaert, Tapijt met het ontzet van Leiden. Stedelijk Museum 'De Lakenhal', Leiden. Foto: A. Dingjan

gada compleet met een herdenkingsmaal waarin met brood en haring – het voedsel van de verlossing – de beproevingen van de honger en de bevrijding opnieuw beleefd werden. Het was niet alleen een herinnering aan de overwinning op de Spanjaarden maar ook aan het noodzakelijke lijden en de verdiende beloning. En ook in andere tijden werd de beproeving herdacht om de eigen, unieke geschiedenis opnieuw te wijden. Zo was er in 1830, na de traumatische vernedering van de Belgische revolutie, dringend behoefte aan herinneringen aan de eigen identiteit van de Noordelijke, protestantse Nederlanden om het nationale zelfrespect op te vijzelen. Het is dan ook geen verrassing dat het vertroostende heldendrama van Leiden een van de favoriete onderwerpen in een golf van historiserende schilderkunst was.

Aangezien vrijheid de beloning was voor het doorstaan van beproevingen, is het misschien niet verwonderlijk dat men in de zeventiende eeuw een uitgesproken voorliefde voor rampverhalen had. Het genre was een logisch voortvloeisel van de reis- en ontdekkingsliteratuur waarin altijd al sprake was van – echte of gefingeerde – bloedstollende ontmoetingen en ontsnappingen op het laatste moment. Daar voegden de Nederlanders verhalen aan toe over schipbreuken met in de hoofdrol onversaagde zeehelden, wat ze min of meer tot hun specialiteit maakten. En dankzij bekwame graveurs en de snelle ontwikkeling van een goedkoop octavoformaat voor volkslectuur konden uitgevers als Joost Gillis Saeghman en Joost Hartgers hele series dramatisch geïllustreerde zeemansverhalen produceren.[29] Daarin werden – op zichzelf al dramatische – ontdekkingsreizen vermengd met fantastische elementen ontleend aan het oude repertoire van zeemonsters en gemuteerde mensachtigen. Het genre werd verrijkt met gravures of houtsneden van schepen in verre streken of barre omstandigheden, vastgelopen in het poolijs of geteisterd door tropische stormen, en van gevechten met huiveringwekkend getatoeëerde wilden. Saeghman, die in dezelfde tijd dat hij op grote schaal deze heldenverhalen produceerde ook mooie folio-edities met dure gravures voor de literaire elite en almanakken voor iedereen uitgaf, had al vroeg succes gehad met het betrekkelijk sobere journaal van de zeevaarder en ontdekkingsreiziger Van Linschoten. Als gehaaid ondernemer zag Saeghman dat er behoefte bestond aan heldenfiguren en hij schrok niet terug voor oneerlijke praktijken als het materiaal hem toevallig ontbrak. Zo plagieerde hij voor het frontispice van de eerste druk van Van Linschotens reizen de gravure uit een boek waarin de veldtochten van (nota bene) een Spaanse generaal werden verheerlijkt en stelde deze voor als de Nederlandse held.[30]

Het rijke genre van spannende, bloedstollende reisliteratuur bestond dus altijd uit feiten en fabels. Enkele van de populairste geschriften, zoals het journaal van Joris van Spilbergen, bleven vrij dicht bij de feiten; in andere, zoals de dagboeken van Paulus Olofsz. Rotman (1657), lijken de verhalen aangedikt. Hoe dan ook, schipbreuken en rampen kwamen zo vaak voor dat deze onmisbare onderdelen van het verhaal helemaal niet verzonnen hoefden te worden, en twee bestsellers, *Ongeluckige Voyagie van 't Schip Batavia* (1647)[31] en Janssen van der Heidens *Schipbreuk bij Bengalen* waren authentieke verhalen van de zee. Het prototype van het rampenverhaal, en verreweg het populairst en tijdloos, was het *Journael ofte gedenckwaerdige beschrijvinghe van de oost-indische reyse van Willem Ysbrantsz. Bontekoe van Hoorn*, in 1646 voor het eerst uitgegeven door Jan Jansz. Deutel in een populair kwartoformaat.[32] Alle ingrediënten voor een grote ramp, die in onze twintigste-eeuwse pulpromans en B-films zo omstandig geconstrueerd worden, waren in het journaal van Bontekoe al aanwezig. In de lange geschiedenis van dit soort raadselachtige heldenverhalen bevindt het zich halverwege de Argonauten uit de oudheid en de Hollywoodfilm *Poseidon Adventure*, en evenals deze was het bedoeld voor een publiek dat verwachtte dat voorspoed werd vergolden met rampspoed waaraan alleen de deugdzamen en heldhaftigen konden ontsnappen. Het was extra spectaculair en profetisch omdat Bontekoes schip, de *Nieuw Hoorn*, het zeventiende-eeuwse equivalent was van een luxe-passagiersschip of wolkenkrabber: een Oostindiëvaarder van 1100 Hollandse ton, met aan boord een bemanning en een troepenmacht van tweehonderdzes man. (Het gemiddelde Nederlandse fluitschip had een bemanning van zes tot twaalf koppen.) De rampen moesten zich op navenant grote schaal afspelen; in Bontekoes verhaal was het een brand op volle zee in de Oostindische Soendastraat in november 1619, waardoor de kruitvaten plotseling explodeerden. De kapitein, die hoog de lucht in wordt geblazen en in zee terechtkomt, overleeft op wonderbaarlijke wijze en wordt, vastgeklemd aan een rondhout, teruggevonden. Dan volgt de verplichte beproeving, waarbij tweeënze-

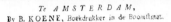

Anonieme houtsneden uit Bontekoe, *Gedenckwaerdige beschrijvinghe*, Amsterdam, z.j. Houghton Library, Harvard University

ventig overlevenden in een bootje op zee rondzwalken. Gedurende die overgangsrite worden het humanistische ideaal van gemeenschapszin en het calvinistische gebod van gehoorzaamheid aan de goddelijke wil zwaar op de proef gesteld en wordt kannibalisme slechts voorkomen door de onwankelbare vroomheid van de godvruchtige kapitein.

> De benautheydt wierde hoe langher hoe swaerder en grooter, en het Volck begon soo wanhopigh, mistroostigh en wreed op malkanderen te sien, dat het leeck datse malkander bykans souden aenghetast hebben om te eten; Ja spraecken daer van onder malkander, en vonden goedt de Jonghens eerst op te eten, Die op zijnde, wilden sy daer om werpen, wie men dan aentasten soud'; waer over ick in mijn geest seer ontroert wierde, en uyt grooter benautheyt badt ick Godt almachtigh, dat het sijn Vaderlijcke ontfermhertigheydt, daer toe doch niet soude laten komen, en ons niet versoecken boven 't vermoghen, wetende wat maecksel dat wy waren... Doch ik verspack haer (met Godts hulpe) en bad voor de jongens, en seyde: Mannen, laet ons dat niet doen, God sal wel een uytkomst geven, want wij konnen niet ver van Landt zijn.[33]

Hij krijgt drie dagen respijt voor de eerste jongens worden opgegeten en natuurlijk komt op de derde dag eindelijk land in zicht. Dan volgen verschrikkelijke schermutselingen met moorddadige inboorlingen gewapend met vergiftigde assegaaien, aan wie het christelijke gezelschap, sterk uitgedund, ontsnapt om veilig naar Batavia te worden gebracht, waar ze niet al te meelevend worden ontvangen door gouverneur Jan Pieterszoon Coen ('Wat helpt het, dat is een groot ongeluck... Jonghen, brenght my de gouden kop hier, hy liet daer Spaensche wijn in schencken, en seyde: Geluck Schipper, ik brengh u eens [drink u toe]').[34]

De Nederlandse uitgevers die dit soort epen publiceerden, waren de eerste handelaars in salonrampen. Bontekoes geschrift werd in vijftig jaar acht maal herdrukt en tot 1800 zeventig maal, waarmee het een van de bestsellers op de Nederlandse markt voor populaire boeken was. De uitgevers die op deze sensatiemarkt opereerden, waren meesters in het vinden van steeds nieuwe thema's en nog exotischer locaties om de belangstelling levend te houden. Toen hun lezers genoeg kregen van schipbreuken en helden in de tropen, kwamen ze met kapiteins die zeerovers werden als Claes Compaan of het verbluffende verhaal van meervoudige moord en orgiën dat de bladzijden van het *Ongeluckige Schip Batavia* kleurde.[35] Daarna werden de lezers vergast op de spectaculaire reizen naar de noordpool van Frederick Maarten, verlucht met gravures van poolberen, walrussen en minder makkelijk te identificeren ruigharige vleeseters.

Deze literaire successen waren alleen maar mogelijk doordat werd voldaan aan een diepe behoefte aan rampverhalen bij de Nederlandse lezers. Die verslaving berustte voor een deel op de eeuwige aantrekkingskracht van het indirect beleefde gevaar en de behoefte aan burgerhelden in een jonge republiek die de keizerlijke aura der Habsburgers had afgewezen. Dit was pioniersliteratuur, vergelijkbaar met de wild-westverhalen die een andere jonge republiek besef van moed, zonde en deugd had bijgebracht. Maar net als dit latere genre maakte deze literatuur gebruik van bepaalde manieren van zelfbeschrijving die al verankerd waren in de inheemse cultuur. Evenals de geschiedeniskronieken waren de schipbreukverhalen parabels van een manifeste nationale lotsbestemming en ontwikkelden ze zich volgens een vaste morele formule. (Dat doen ze nog steeds.) In veel verhalen lag de nadruk op het onverwachte van de catastrofe, juist op momenten dat de vooruitzichten het gunstigst waren. (Het is geen toeval dat Saeghman daarnaast gespecialiseerd was in almanakken, die onder meer de waarschijnlijkheid van bepaalde sterrenconjuncties aangaven.) Het onderwerp van vergelding (in dit geval een rijkbeladen vrachtschip) is bijna altijd een symbool van wereldse ijdelheid en wordt vaak van binnenuit verwoest door een verderfelijke of zedeloze daad die roept om wrekende gerechtigheid. Het vuur op de *Nieuw Hoorn* ontstond toen een bemanningslid met een niet-afgeschermde kaars het drankrantsoen van de bemanning uit een brandewijnvat ging halen. Het 'razende inferno' verspreidde zich vervolgens naar de nabijgelegen kruitvaten en veroorzaakte een rampzalige explosie. Het 'Ongeluckige Schip Batavia' loopt op de klippen van de Houtmanrotsen bij Australië in de nacht dat de kapi-

Morele geografie

Anonieme gravure uit Bontekoe, *Gedenckwaerdige beschrijvinghe*, Hoorn, 1646. Houghton Library, Harvard University

Willem van de Velde de Jonge, *De windstoot*, 77 × 63,5 cm. Rijksmuseum, Amsterdam

tein, Adriaen Jacobszoon, een muiterij had gepland tegen vlootcommandant Pelsaert.[36]

Dit alles speelde in op de angst van de Nederlanders voor onvoorziene tegenspoed, erin gehamerd door predikanten die verkondigden dat het teken aan de wand eerder zou verschijnen naarmate het feest overdadiger was. Het uitpuilende vrachtschip werd een zinnebeeld van het vaderland zelf, al was het eigenlijk afkomstig van een oud en heel ander symbolisch repertoire. Het middeleeuwse cliché van het schip als moederkerk, de allegorische parabel van het Narrenschip en het humanistische beeld van het Schip van Staat werden gecombineerd tot één metafoor van de Nederlandse samenleving, zwalkend op de 'grote historische oceaan', om een andere uitdrukking uit de volksliteratuur te gebruiken. Of deze symbolische bijbetekenissen werden vertaald in maritieme beeldspraak is een onbeantwoorde maar interessante vraag. Een laat-zestiende-eeuws schilderij, ooit toegeschreven aan Bruegel, toont een stampend schip in een kolkende zee, met het spreekwoordelijke detail 'een vat voor een walvis werpen', een zinspeling op het afwenden van ongeluk door wereldse goederen overboord te gooien (Jona op de Doggersbank).[37] In de schilderijen van de vroegste Nederlandse zeeschilders, zoals Hendrick Vroom, is misschien nog iets van de beeldspraak van het op de proef gestelde geloof behouden, en zelfs sommige werken van Willem van der Velde de Jonge, bijvoorbeeld *De windstoot*, lijken in hun onnatuurlijke belichting nauw verwant aan het soort gravures dat de sage van Bontekoe een bijbelse ondertoon gaf.

Nieuw Hoorn heeft in ieder geval een onmiskenbaar moraliserende strekking. Het schip zelf stond niet onder commando van de kapitein maar van een koopman, Heyn Rol, de agent van de Oostindische Compagnie die zich aan boord van het schip bevond om tijdens de reis de commerciële belangen van de Compagnie te behartigen. En dit leverde het bruikbare verhaalmotief van het schip dat al in groot gevaar verkeerde omdat het in dienst van het geld stond. Voor andere zeevarende naties, met name Engeland, was het gebruikelijk en noodzakelijk om de Nederlanders ervan te beschuldigen dat ze sjoemelden met hun scheepsbouwbestekken (door jong hout en dergelijke te gebruiken). Wanneer Bontekoe vanaf zijn versplinterd rondhout de *Nieuw Hoorn* ziet zinken, herinnert hij op gepast prekerige toon aan het vaste verband tussen hebzucht, zonde en rampspoed: 'O, Godt! hoe is dit schoone schip vergaen, gelijck Sodoma en Gomorra.'[38]

Lijden wordt vergoed en onthouding (elkaar niet opeten) wordt beloond met wonderen. En in tijden van nood gehoorzaamt de koopman natuurlijk de godvruchtige kapitein, die een haast mozaïsch karakter krijgt en de hulp van de almachtige God afsmeekt om zijn kudde in veiligheid te brengen. 'Ja, met diep versuchten bad ick: "O Heere, wijst ons de wegh en geleydt my; doch oft uwe wijsheyd voor goet en best insagh mij niet in salvo [behouden] by onse Natie te brengen, so laet doch (ist u Goddelijcke wil) eenighe van 't volck te recht komen, opdat men weten mach, hoe dat het met ons en het schip ghegaen is."'[39] Het belang van deze louteringsfase in de beproeving werd zowel in de tekst als in de gravures duidelijk gemaakt door een reeks goddelijke ingrepen tijdens de 'dolingen' op zee. Toen de nood het hoogst was, schreef Bontekoe: 'Op een dagh (also het leeck dat wy 't niet langer konden harden sonder eten) gaf Godt almachtigh datter mieuwen over de boot quamen vliegen, ghelijck oftse gevangen wilden wesen, want sy vlogen ons bynae in de handen en lieten haer grijpen...'[40] En een paar dagen later, nadat ze de neuzen van hun laarzen hadden opgegeten en musketschroot moesten kauwen en hun eigen urine drinken, schoot op wonderbaarlijke wijze een school vissen uit de zee omhoog en vloog hun boot in. De overeenkomst met manna en kwartels in de zilte woestijn is allerminst toevallig. Een beproeving moest tevens een overgangsrite zijn, of, exacter geformuleerd, een overgang niet alleen van Europa naar Indië maar ook van een staat van zonde naar een staat van genade – met de pelgrim in de gedaante van de kapitein. (Een van de populairste zeventiende-eeuwse miscellanea van legenden, fabels, parabels en vertellingen was *De Groote Historische Oceaen* van de vrome schoolmeester Simon de Vries.) En in het verhaal van Bontekoe zijn Oostindische vliegende vissen en jan-van-genten de instrumenten van de goddelijke barmhartigheid en tekens op de weg naar redding en verlossing. Uiteindelijk, zo stelde Bontekoe, zegevierden zelfopoffering, godsvrucht en onthouding (onder psalmgezang voorgegaan door de kapitein) over de heidense verschrikking en de wanhoop van de scepticus.

In deze beschrijvingen was de voorwaarde voor verlossing dat wereldse status en goederen plaats maakten voor nederigheid en berouw. Op drift geraakt in die 'grote

Morele geografie

Anonieme houtsnede uit Bontekoe, *Gedenckwaerdige beschrijvinghe*, Amsterdam, z.j. Houghton Library, Harvard University

historische oceaan' wordt de kleine bemanning, gelouterd door de beproeving, geleid door een kapitein die zowel prins als bisschop, leider als herder is: een waarlijk godvruchtige kapitein. Getroost en geleid door zijn geloof (en zijn regels) worden de mannen door de tegenspoed gedwongen in onderlinge harmonie te leven. Hoe groot hun geschillen ook waren, als ze wilden overleven mochten ze niet vervallen in een hobbesiaanse toestand van dierlijke chaos. En zo wordt de meest extreme vorm van beestachtig eigenbelang – kannibalisme – voorgesteld als de antithese van de 'vaderlandsche eenheid', in de geschiedeniskronieken het ethos van de eendracht. Gevaar, beproeving en spanning moesten de solidariteit opwekken die wordt uitgedrukt in het vaderlandse motto 'Eendracht maakt macht'. Het was dus niet verwonderlijk dat de Hoornse uitgever Jan Deutel de oude Bontekoe vijfentwintig jaar na de schipbreuk probeerde over te halen zijn journaal te publiceren. Want het was niet alleen een vaderlands exemplum (al krijgt dat de nadruk in Deutels inleidende opdracht), het was ook een parabel van de christelijke samenleving, evenzeer als Bunyans beroemde *Pilgrim's Progress*, dat omstreeks dezelfde tijd werd geschreven. 'Want wie en sal sich niet op het hoochste verwonderen,' schreef Deutel in zijn 'Voor-reden aen den Leser', 'wanneer hy leest, hoe dat een Mensch (daer het dickwils soo haest mede ghedaen is) door soo veel ghevaer en teghenspoet, ja soodanighe, waer in het hopen, na eenighe uytkomste, scheen te zijn als wanhopen, door des Heeren genade is ter behouder plaets ghebracht.'[41]

Het idee van een gemeenschappelijke identiteit, gered uit de zondvloed en waterdicht gemaakt in tijden van gevaar, was niet zomaar een heroïsche metafoor of een stichtende allegorie. Nog los van de (nu twijfelachtige) betekenis van de binnenzeeën en rivierbarrières als verdediging tegen de Spaanse legers,[42] kan niet nadrukkelijk genoeg worden gesteld dat de periode tussen 1550 en 1650, toen de politieke identiteit van een onafhankelijke Nederlandse natie werd gevormd, ook een tijd van ingrijpende veranderingen in het Nederlandse landschap was. Zowel in politiek als in geografisch opzicht was deze periode dus beslissend voor het ontstaan van een zelfstandige, noordelijke, Nederlandse natie. In het latere historische bewustzijn van dit volk waren deze twee processen onafscheidelijk met elkaar verbonden. De negentiende-eeuwse nationalistische historicus Robert Fruin heeft opgemerkt dat herinneringen aan grote overstromingen in de late middeleeuwen, van generatie op generatie overgeleverd in geschreven en mondelinge folklore – fabels, balladen en sprookjes – de zestiende-eeuwse Nederlanders het idee gaven dat ze de uitverkoren en gezegende overlevenden van de zondvloed waren.[43] En natuurlijk dreven calvinistische predikanten deze analogie nog verder door. In hun retoriek waren de overlevenden voorbestemd te erven; het land was niet alleen herwonnen maar ook verlost, en tegelijkertijd ondergingen land en overlevenden een morele transformatie. Het onttrekken van land aan water was dus beladen met bijbelse betekenis. 'Maer... lant te maecken dat behoort Godt alleen toe,' schreef de grote zestiende-eeuwse waterbouwkundige Andries Vierlingh, God, 'die sommige menschen begracit met zijn godlijcke gave ende het verstant ende cracht te gevene dat te achtervolgenne ende effectueren...'[44] Met andere woorden, door de speciale genadegave Gods hadden de Nederlanders als het ware toestemming om land te scheppen. Daarom hadden ze een heilig recht op hun land, waardoor trouw aan wereldlijke heren of heersers was uitgesloten. Ze waren vastberaden niet aan vreemde tirannen af te staan wat ze moeizaam op de zee hadden veroverd, en die vastberadenheid was gebaseerd op het *historische* recht op het door de voorouders gewonnen land, het *morele* recht van hen die eigenhandig het land hadden geschapen en het *bijbelse* recht dat het overleven van de zondvloed op zichzelf al een teken van goddelijke uitverkiezing was. Aan de hand van deze drieledige historische zelflegitimatie is ook de nationalistische onverzettelijkheid van soortgelijke pionierscultures beter te verklaren: de Boerentrekkers van het Zuidafrikaanse 'veldt', de vrome kolonisten van het vroege Amerikaanse Westen, zelfs de agrarische pioniers van het zionistische Palestina. Al die groepen zagen zich als reïncarnaties van de bijbelse kinderen Israëls, gewapend met een nieuwe versie van het verbond van Kanaän. En die op toewijzing van godswege gebaseerde aanspraak op land werd versterkt door de rechten die ze aan hun directe arbeid ontleenden. Dit recht ging volgens hen uiteindelijk vóór de wereldlijke aanspraken van de wettige soeverein of leenheer.[45]

Achteraf gezien leken de grote overstromingen van de veertiende en vijftiende eeuw een duidelijke cesuur in de vroege Nederlandse geschiedenis. In economisch opzicht maakten ze een einde aan de entrepotfunctie van de havens aan de Scheldemonding, doordat er een brede, nieuwe zeearm ontstond die Dordrecht van Geertruidenberg scheidde en de verbinding tussen Zuid-Holland en het welvarende Vlaanderen verbrak. Zeeuws-Vlaanderen was zwaar getroffen door de overstroming en de nieuwe zeearm bespoedigde een verschuiving van de handel naar het noorden. De grootste ramp vond plaats op 18 en 19 november 1421, toen een hevige westerstorm een gat sloeg in de zeewering bij Broek en in de binnendijken op het punt waar Maas en Waal samenstroomden. Op Sint-Elisabethsdag werd vijfhonderd vierkante kilometer land door zeewater overstroomd, tot aan Heusden toe,

Morele geografie

Anonieme houtsnede, 'Batavia', uit Sebastian Munster, *Cosmographia Universalis*. Houghton Library, Harvard University

Romeyn de Hooghe, naar Arnold Houbraken, 'De Sint Elisabethsvloed', uit *Schouburgh der Nederlandse Veranderingen*, Amsterdam, 1684. Houghton Library, Harvard University

waardoor Dordrecht opnieuw een stad op een eiland werd (zie p. 49). In vroege verslagen is sprake van honderdduizend doden en zevenentwintig verdronken dorpen – een apocalyps van de zee – maar volgens betrouwbaardere moderne beschrijvingen waren het tienduizend doden en twintig verdronken dorpen, ook een zware tol. De hele vruchtbare en dichtbevolkte Groot Hollandse Waard kwam voorgoed onder water te liggen, waardoor een lugubere binnenzee ontstond, weergegeven op een anoniem paneel van omstreeks 1500, met torenspitsen van verdronken kerken die naar verluidde omhoogstaken tussen riet en nestelende waadvogels. Rond de Oosterschelde haalden vissers behalve hun normale vangst aan garnalen en sprot ook schedels en botten op, en tot op de dag van vandaag vertellen schippers lugubere grappen over tanden die in hun netten blijven hangen en die ze verkopen aan plaatselijke tandartsen. En het duurde generaties voor de dorpen en gehuchten die het wel hadden overleefd zich herstelden en nog lang stonden ze bloot aan de piraterij en plunderingen van de stakkers die voor de overstroming waren gevlucht.[46] Vermoedelijk was de blijvende herinnering aan deze overstroming verantwoordelijk voor het beeld van Nederland als verdronken land in *Cosmographia universalis* van Sebastian Munster uit 1552 (zie p. 47).[47]

De zondvloeden van de late middeleeuwen speelden dezelfde rol in de collectieve herinnering van de Zuidhollanders en Zeeuwen als de bezoekingen van de zwarte dood in Vlaanderen en Italië. Meer dan twee eeuwen later beeldde Romeyn de Hooghe de Sint-Elisabethsvloed nog af als de oerramp van de Nederlandse natie (zie p. 47). De rampen leken een voorteken van een apocalyptisch einde van een zondige wereld, een scheiding der zielen, of – een belangrijk beeld voor de Nederlanders – een schone lei van zonden vrij. Uit die vreselijke vergelding moest een nieuwe en schonere wereld herboren worden, en daartoe werd het verhaal van Noach aangepast aan het beeld dat de Nederlanders van zichzelf hadden: een volk gezegend met kinderlijke onschuld. Volgens een van de populairste legenden van de zestiende eeuw zou op de plek waar de dijk van de Alblasserwaard de stormvloed had weerstaan, een wieg zijn aangespoeld. Op het dakje zat een kat en erin lag een springlevende baby.[48] Daaraan ontleende de lange waterkering van dijken en molens die langs de wilde en angstwekkend diepe Lek was opgericht om verder landverlies te voorkomen, de naam Kinderdijk. En een stormvloedsvondeling als belichaming van de nationale onschuld komt ook voor in het vaderlandse toneelstuk *Batavierse Vryagiespel* van Theodoor Rodenburg, waarin nog een kind in zijn wieg in het water terechtkwam in verband met de militaire inundaties van 1574.

De beoefenaars van de politieke geschiedenis vergeten soms dat de strijd om de nationale onafhankelijkheid samenviel met een bijzonder woelige fase in de strijd tegen het water. De felheid waarmee deze laatste strijd werd gevoerd maakte de 'vaderlandse' inundaties van 1574 des te schrijnender. Maar in veel andere opzichten werden de beide gevechten in het denken van die tijd aan elkaar gekoppeld. Met het verval en de ineenstorting van de politiek in de Nederlanden stortten vreemd genoeg ook de dijken in. Er waren weliswaar al ruim voor het midden van de eeuw zware overstromingen geweest, met name in 1502, 1509, 1530, 1532 en 1551-1552,[49] maar vanaf 1560 werden ze rampzalig. In 1565 brak de Diefdijk, die de Betuwe tussen Nijmegen en Rotterdam in de lengte doorsneed, waardoor de regelmatig overstroomde maar vruchtbare Alblasserwaard onder water kwam te staan. Maar vijf jaar later verzonk al deze ellende in het niet bij een verschrikkelijke noordwester storm die over de hele linie, van Vlaanderen tot de Deense kust, de

Morele geografie

Meester van het Sint Elisabethspaneel, *De Sint-Elisabethsvloed, 18-19 november 1421*. Paneel, 127 × 110 cm. Rijksmuseum, Amsterdam

Willem Schellincks, *Doorbraak van de Sint-Antoniesdijk bij Houtewael in 1651*, 47 × 68 cm. Amsterdams Historisch Museum

Noordzeeweringen wegsloeg. De geschiedschrijver P.C. Hooft gaf een emotionele beschrijving van de ramp: dorpelingen die in hun bed werden verrast, vee dat in de stallen verdronk, water dat in de kerk van Scheveningen en de straten van Dordrecht en Rotterdam drie voeten diep stond. Alleen al op de Zeeuwse eilanden eiste de storm over de drieduizend mensenlevens, schreef hij, en in het gehele overstroomde land 'niet minder dan honderdduizend'.[50] Maar ook Hooft legde feilloos verband tussen de beroeringen der hemelen en die van de staat. De Spanjaarden, zo merkte hij op, meenden dat deze ramp de toornige straf was voor de godslasterlijke beeldenstorm van de calvinisten, terwijl de protestanten de ramp als een voorteken voor naderende omwentelingen beschouwden.[51]

In geschiedeniskronieken fungeerden vloedgolven niet alleen als metafoor voor de eb en vloed van het nationale lot, maar kregen ze ook praktisch de rol van historisch agens: nu eens als verwoester, dan weer, zoals in 1574, als redder. En zoals de twee vormen van verzet – tegen het absolutisme en de zee – samenhingen, zo hingen ook de nationale en territoriale landwinning met elkaar samen. Het was een bekend feit dat de twee vaderlandse martelaren, Egmond en Brederode, in de jaren

Morele geografie

Jan Steen, *Het gebed voor de maaltijd*, 1660, 52,7 × 44,4 cm. Lady Ashcombe Collection, Sudeley Castle, Gloucestershire

Anoniem, *De polder Het Grootslag*, omstreeks 1595. Rijksmuseum Zuiderzeemuseum Enkhuizen, in bruikleen van de stad Enkhuizen

na 1540 hadden gewerkt aan de drooglegging van meren en moerassen op hun landgoederen. En de voltooiing van de herstel- en drainagewerkzaamheden vier jaar na de inundatie van 1574 werd begroet als een belangrijke publieke prestatie (wat het ook was). In latere geschiedenissen werd erop gewezen dat het vaderland politiek vorm kreeg aan het begin van de zeventiende eeuw, toen ook nieuw land werd veroverd op het water. Dit betekent niet dat er in die periode geen verwoestende overstromingen waren: in 1624 bij het IJ en in 1651 de spectaculaire doorbraak van de Sint-Antoniesdijk (zie p. 50). Maar dat werd, althans in het officiële denken, gecompenseerd door de uitgestrekte gebieden met grazig weideland die gewonnen werden op de zee. De uitvinding van het windmolengemaal en enorme kapitaalsinvesteringen betekenden een versnelling van de drooglegging. Tussen 1590 en 1640 werd ongeveer tachtigduizend hectare land gewonnen, waarvan meer dan een derde door drooglegging. De indrukwekkendste projecten waren die in het Noorderkwartier, het gebied ten noorden van Amsterdam, waar tegen 1640 het landbouwareaal met veertig procent was toegenomen en het directe achterland werd gevuld met behulp van drieduizend man en zo'n duizend paarden. Bij de binnenzee bouwde Jan Adriaenszoon Leeghwater een batterij van drieënveertig windmolens met een pompvermogen van vier voet en een systeem van ringdijken om zevenduizend hectaren van de allervruchtbaarste alluviale grond droog te leggen, zowel voor de landbouw als voor het creëren van de buitens voor het stadspatriciaat dat dit alles met zijn kapitaal mogelijk had gemaakt. De dichter Vondel was zo onder de indruk van deze prestatie dat hij er, in het soort lyrische hyperbool dat was voorbehouden aan militaire overwinningen, een gedicht over schreef.

De drooglegging van de Beemster (1610), Purmer (1622), Wormer (1625) en Schermer (1631) veranderde alle sectoren van de Noordhollandse economie. De waardevolle extra landbouw- en weidegrond kon niet alleen de explosief groeiende bevolking van Amsterdam (31 000 in 1578, 150 000 tegen 1648) van voedsel voorzien, maar ook haar dichtbevolkte industriële achterland rond de scheepswerven langs de Zaan en de bleekgronden van Haarlem. Tot op zekere hoogte hield het proces zichzelf in stand, want de projecten werden grotendeels gefinancierd door syndicaten van stedelijke kapitalisten, die, zoals Dirk van Os, een directeur van de Oostindische Compagnie, voor het merendeel in Amsterdam gevestigd waren. Johan van Oldenbarnevelt, de landsadvocaat van Holland, zette zich in 1607-1608 persoonlijk in voor het Beemsterproject en wist zakenlieden over te halen om bijna anderhalf miljoen gulden te investeren. In 1612, toen het project was voltooid, inden de honderddrieëntwintig investeerders renten van de tweehonderdzeven nieuwe boerderijen die in totaal een kwart miljoen gulden, ofwel zeventien procent van hun inleg, beliepen.[52] De beleggers vergaarden een fortuin, en een deel van die winsten werd weer in de handel en nijverheid gepompt.

De omvang van deze kapitaalwinsten deed niets af aan het gevoel van moreel eigendom dat het creëren van land met zich meebracht. En de geografische wortels van de republikeinse vrijheid hadden ook een zekere historische ondergrond. Want juist het eeuwige overstromingsgevaar in de toch al waterrijke landen van Holland, westelijk Utrecht, Vlaanderen, Friesland en Zeeland had de respectievelijke heren (vooral de bisschoppen van Utrecht en de graven van Holland) er al in de elfde eeuw toe gebracht om boeren die de streek wilden ontginnen en bebouwen de status van halfvrije pachter aan te bieden. Het weiden van kudden en de vestiging van vissers- en boerengemeenschappen moesten een verder opdringen van de zee tegengaan, en de landheren behielden alleen een tiendrecht op een deel van de opbrengst, waardoor de feodale tradities nog meer werden teruggedrongen in het algemene belang van de welvaart op het platteland. Waar paard en wagen werden vervangen door boot en schuit, was het feodale systeem niet in staat de bescherming te bieden of ook de druk uit te oefenen waarop zijn macht berustte. De stabilisering van de feodale hiërarchieën die tegen het einde van de middeleeuwen elders in Europa plaatsvond, deed zich in de Nederlanden dan ook niet voor. En toen eenmaal de arbeidsextensieve veehouderij werd gecombineerd met visserij, tuinbouw, graanimport en interregionale binnenvaart, was de overheersing van het platteland door vrije boeren en stedelijk handelskapitaal niet meer terug te draaien.

De vloedsamenleving bracht dus zowel bevrijding als afschrikking. Want de functionele noodzaak en de historische rechtvaardiging die de basis vormden van de sociale afhankelijkheid in de rest van het Europese platteland, waren verdwenen. Als eerbiediging van maatschappelijke regels berustte op het wederzijdse belang bij materiële veiligheid, waren het veeleer de dijkgraaf en de lokaal gekozen heemraden dan een of andere leenheer die dit konden eisen. De autonome belastingheffing in plaatselijke gemeenschappen voor waterbouwkundige projecten vormde de territoriale basis voor hun opvatting van het 'opklimmende' politieke gezag, dat van onderaf werd verleend (of althans goedgekeurd) en niet van bovenaf werd gedelegeerd. Vanaf de middeleeuwen deelde de graaf van Holland de zeggenschap over de essentiële onderhouds-, herstel- en uitbreidingswerkzaamheden aan de zeeweringen met de plaatselijke heemraden (een veelzeggende benaming). Toen deze lichamen in de dertiende eeuw werden verenigd in grotere hoogheemraadschappen, verloren ze niets van hun feitelijke onafhankelijkheid. Hoewel de vertegenwoordiger van de graaf zitting bleef houden in de raden, werd hij volgens gewoonte benoemd op voordracht van die raden.[53]

Een groot deel van deze ingewikkelde en eigenaardige geschiedenis werd omstandig uitgelegd aan de Habsburgse keizer Karel V in een beroemde petitie die de Staten van Holland hem in 1543 aanboden. Sinds de vijftiende eeuw had men ingezien dat extra belastingen nodig waren voor stormvloedkeringen, maar de plaatselijke waterschappen hadden daar niet veel voor gevoeld omdat ze het beschouwden als een voorwendsel om hun gezag uit te hollen, en onder het bestuur van de hertogen van Bourgondië werd dit over het algemeen gerespecteerd, net zoals de onafhankelijkheid van de oudere steden en provincies werd gerespecteerd. Karel V en zijn raadsheren gaven echter de voorkeur aan een renaissancemodel van uniform bestuur waarin geen plaats was voor versnippering van jurisdictie. En zo begon de keizer in 1544 aan de organisatie van een gecentraliseerde, overkoepelende waterstaat, wat, hoe goed bedoeld ook, onmiddellijk op verzet stuitte, dat in Assendelft en Edam op gewelddadige wijze tot uitdrukking kwam. De bezwaren van deze gemeenschappen tegen door de keizer benoemde dijkgraven waren een combinatie van uiterst praktische argumenten en meer algemene, ideologische aanspraken. Men stelde dat de benoemde functionarissen als vreemdelingen niets konden weten van de plaatselijke waterstaat of de gebruiken en gewoonten van de gemeenschappen waarin ze waren aangesteld. Andries Vierlingh, die jarenlang dijkmeester van de prinsen van Oranje was geweest, zou zich later in sarcastische bewoordingen uitlaten over onervaren en onwetende baantjesjagers, de 'muijlen en de nachttabaerten', die als beschermelingen van het hof of hooggeplaatste verwanten waren benoemd en wier onbekwaamheid het land letterlijk in gevaar had gebracht.[54] Hieruit volgde dat de benoeming van deze bemoeizieke buitenstaanders een onwettige inbreuk was op de plaatselijke privileges, die essentieel waren in het leven van de burgers, een inbreuk die ze zonder overleg of toestemming moesten gedogen. Er werd op gewezen dat de hoogheemraadschappen (de hoogste bestuurscolleges van ieder waterstaatsgebied) de wettelijke bevoegdheid hadden belasting te heffen en te besteden, zodat de uitvoerende macht terecht bij hen lag. En er werd bovendien gesuggereerd dat de hervorming was ingegeven door fiscale belangen en niet door zorg om een efficiënte waterhuishouding.

Een situatie die halverwege de zestiende eeuw al gespannen was door religieuze twisten, werd dus alleen maar verergerd door de opmerkelijk directe relatie tussen de belastingen, geheven voor de waterstaat in de Noordelijke Nederlanden en het voor iedereen waarneembare goede doel waarvoor ze werden aangewend. De Bourgondische autoriteiten hadden op algemene kosten al dijken en dammen in Kennemerland en Friesland laten aanleggen, maar ze hadden daarbij zorgvuldig rekening gehouden met plaatselijke gevoeligheden. Hoewel dit prebureaucratische bestuursmodel zo communautair was als men in het vroeg-moderne Europa maar kon verwachten, was het alleen uitvoerbaar in kleine bestuurseenheden. Als onderdeel van de aspiraties van renaissancistische keizerrijken stuitte het op plaatselijk niveau al gauw op verzet. De rondreizende functionarissen van de Habsburgers werden onvermijdelijk gebrandmerkt als parasitaire tussenpersonen die zich de functies toe-eigenden van het zelfbestuur dat in de hoogheemraadschappen nog bestond. Hoe indrukwekkend hun geloofsbrieven ook waren, het verre gezag dat zij zeiden te vertegenwoordigen werd onmiddellijk van bijbedoelingen verdacht. Het overhevelen van plaatselijke belastingen, vooral die op plaatselijke produkten of handelstransacties, om onduidelijke redenen van staat waarover de plaatselijke gemeenschap geen zeggenschap had, werd beschouwd als een komplot ter ondersteuning van onaanvaardbare geloofsdwang en het buitenlandse leger dat daarvan het botte instrument zou zijn.

Deze achterdocht was grotendeels ongerechtvaardigd. Naar het schijnt wilde Karel V – wiens raadgevers voor een groot deel zelf uit de Nederlanden kwamen – een gecentraliseerde staatsstructuur om de zeeweringen beter te kunnen beveiligen. Maar toen het zaad van de achterdocht eenmaal was geplant, groeide het uit tot duizenden onuitroeibare geruchten. In de jaren na 1760 konden de Britse regeringen, hoe nadrukkelijk ze ook verklaarden dat de belasting op zegels en thee gebruikt zou worden voor de verdediging van de Amerikaanse koloniën, het publiek er niet van overtuigen dat het geen onderdeel was van een komplot hun vrijheid te verruilen voor een bemoeizuchtig, willekeurig, *nieuw* despotisme. Een dergelijke soort angst had in het zestiende-eeuwse Nederland tot gevolg gehad dat moreel gewettigde bijdragen veranderden in moreel verwerpelijke, gedwongen vorderingen. Uit de belastingkohieren van het begin van de zeventiende eeuw blijkt dat de heffingen die de Nederlandse overheid oplegde, veel hoger waren dan de beruchte tiende penning van de draconische gouverneur van Filips II, de hertog van Alva. Niettemin werden ze zonder protest aanvaard, juist omdat er geen enkele achterdocht ten aanzien van de inning of besteding bestond.

Juist of onjuist, de parallel tussen het gevecht tegen de 'tiran' zee en het gevecht tegen de 'tiran' Spanje had niet alleen te maken met gelijktijdigheid. Voor degenen die deze strijd op twee fronten streden, was er een oorzakelijk verband. Het feit dat Willem van Oranje de dijkgraaf van Holland en West-Friesland benoemde, betekende dat hij, hoewel met tegenzin, een *de facto-*, zo niet *de jure-*gezag aanvaardde. En in het *Tractaet van Dyckagie* beschreef Vierlingh de strijd tegen het water in bewoordingen die ook voor de oorlog tegen Spanje hadden kunnen worden gebruikt, 'want uwen vijant Oceanus nacht noch dach en rust noch en slaept maar compt als een brijsende leeuw souckende om al te vernielen datter ontrent is'.[55] En hoewel Vierlingh omstreeks de oprichting van de Unie in 1579 stierf, maakt hij op minstens één plaats een expliciete vergelijking met de noodzaak van een unie in de strijd tegen het water: 'Sulcke vijanden moeten met macht wederstaen worden gelijck als Brabant, Hollant, Zeelant, Vlaenderen, Henegouwe, Artoijs ende andere landen tsamen beter wederstaen hebben de vijanden van den lande dan één lant, wesende frontier, apart soude... Soo ist oock in de dijckagie, de buijtenvijandt behoort wel wederstaen te worden uuijt de gemeene beurse ende met gemeene macht.'[56]

De waterproef en de vuurproef werden dus rechtstreeks met elkaar in verband gebracht als ervaringen die een beslissende rol hebben gespeeld bij het ontstaan van de Nederlandse natie. De morele overeenkomsten werden herhaaldelijk breed uitgemeten in de historische zedenpreken die in de werken van Vierlingh en Leeghwater voorkomen. Vierlingh deed zich graag voor als een ruwe oude zeerot, maar in werkelijkheid stamde hij uit een patriciërsgeslacht, bezat tamelijk veel land en had duidelijk een veelzijdige humanistische opvoeding genoten. De rondborstige nuchterheid die hij graag uitstraalde, weerhield hem er bijvoorbeeld niet van Cato of Ovidius te citeren als dat toepasselijk leek in een passage over de veiligheid van golfbrekers of het graven van sloten. Zijn verhandeling zit vol aforismen ontleend aan de standaardwerken van de noordelijke humanisten van Coornherts en Spiegels generatie. Het is dus niet overdreven te stellen dat Vierlingh, bij al zijn aandacht voor de technische details van de bouw en het onderhoud van dijken, een humanistische filosofie van de waterbouwkunde formuleerde. Hij gaf de voorkeur aan rede boven kracht, want als het water alleen op barrières stuit, zal het dat met rente terugbetalen. Maar het water kan worden getemd door het te 'overreden' met stroomlijning en kanalen. De klassieke humanistische deugden geduld, volharding, vindingrijkheid en matigheid spelen een grote rol in zijn geschrift, en de 'rabauwen en botteriken' die voor dijkmeesters doorgaan, worden beticht van de klassieke ondeugden van onwetendheid, luiheid, gemakzucht, drankzucht en hoerenloperij.[57] In de ogen van de morele geograaf mag men nooit tijd verspillen, maar moet men die nuttig besteden (een gedachte die eerder humanistisch dan calvinistisch is). Een vernuftige toepassing van eenvoudige, van God gegeven materialen kan grootse dingen opleveren. Kijk naar de 'dammekens': het zijn slechts gevlochten wilgetakken met klei verzwaard, maar wat bieden ze niet een voordeel bij zulke lage kosten.[58] In hetzelfde humanistisch-pedagogische jargon noemde Vierlingh het water een woest natuurelement dat geschoold en geoefend moest worden: voordat het heilzaam kon werken, moest het worden onderworpen aan de wil van de beschaafde mens. De golven en stromingen van de getijden waren, zo schreef hij, als groene takken die als ze jong zijn gebogen kunnen worden of als stoute kinderen die in hun jeugd moeten worden opgevoed.[59] Wat zich tegen deze verbetering verzette, heette asociaal en moest, om een vaak door Vierlingh gebezigde term te gebruiken, 'geworcht' worden voordat het samen met andere woeste wateren een vijandige en gewelddadige macht kon vormen.

Omgekeerd vertoonde de Nederlandse gemeenschap op momenten van het grootste gevaar de meeste deugd en saamhorigheid. Vierlingh schreef hierover in de bevlogen taal van de saamhorigheid. De vijand buiten moet worden weerstaan met 'de gemeene beurse ende met gemeene macht... geeft ghij de zee toe, hoe zij meer sal willen hebben ende innestromen...'. In een beschrijving van een dergelijke noodtoestand schilderde hij een tafereel van burgerlijke onbaatzuchtigheid en eensgezindheid dat het officiële ideaal van de Nederlandse burger bleef:

> ...ende siende overal tperijckel daer tlant in was deur de steijlicheijt van de afgevallen dijcken, hebbe ik tsanderdaechs den trommel te landewaerts omme doen slaen, adverterende eenen iegelijcken: zoo wie wercken woude dat hij commen zoude op den dijck, men zoude hen te wercke stellen, de vrouwen die geen cordewagens en hadden souden met heur veurschoot eerde aendraegen, andere dede ick borriën maecken van plancken, andre drogen deerde met sacken bij foute van cordewagens, soodat ik soo veul volcx creech dat ick alle gaten versach met eenen aenclamp...[60]

Bovendien was de bedreigde deugdzame gemeenschap het tegenovergestelde van een hof dat zijn tijd in ledigheid doorbracht. Er was geen plaats voor aristocratische manieren. Wie status boven plicht stelde, kon geen aanspraak maken op de voordelen ervan. Vierlingh keek neer op '... de muijlen, de nachttabaerten ende welgebonte rocken en zijn daer [aan de dijk] geen waere maer worden van de merct gekeurt... tensij saecke zij sulcken handele geüseert, gedaen ende geachtervolcht hebben: luijden die de vette leersen aen been ende den arbeijt verdragen mogen, want in tijden van stormen, regenen, wint, hagel ende sneeuw de dijkgraven ofte sulcke personen last hebbende in sulcken weder heur officie eerst connen te rechte exerceren...'.[61] De tegenhangers van deze geharde republikeinse helden waren mensen als 'een raetsheere in 's Gravenhage... welcke raetsheer gerecommandeert was deur vrienden ende maegen, diewelcke de wijste niet en was van zijn vrienden soo men sach aen zijne dagelijckxe handelinge, want hij altijts met peperkouck was gestoffeert ende broijde pauwenejeren uuijt in zij brouck'.[62]

Vierlingh en Leeghwater vulden elkaar aan in deze 'hydrografische' cultuur. De een was de rampenexpert, een vrome kapitein en bedwinger der elementen, de ander was de ingenieur van de overvloed, die door deugd en vernuft welvaart schiep uit modder en zout water. Leeghwater, 'Jan Wind' zoals hij door het volk werd genoemd, wilde het Nederlandse epos van de landwinning bekronen met het meest ambitieuze project van allemaal: de drooglegging van de Haarlemmermeer. Deze enorme binnenzee, waar nu straalvliegtuigen landen op de luchthaven Schiphol, was zo'n vijf meter diep en 18 000 hectare groot. Leeghwaters plan was van waarlijk faraonische omvang: het vereiste honderden windmolens, duizenden arbeiders en een investering van drieëneenhalf miljoen gulden. En hoewel Anthonie de Hooch een beginconsortium bijeen wist te brengen, schrokken zelfs de stoutmoedigste ondernemers onder het Nederlandse patriciaat terug voor het risicodragend kapitaal dat ervoor nodig was. De Haarlemmermeer moest wachten op de komst van de stoomkracht in de negentiende eeuw voor hij kon worden bevolkt met de bedrijvige boeren en het vette vee van Leeghwaters droom.

Ook zonder deze ultieme prestatie is het niet overdreven te stellen dat de Nederlandse samenleving een vloedkarakter droeg, zoals archeologen ook de oude culturen van de Nijl en de Ganges zouden kunnen omschrijven. In de zeventiende eeuw associeerden de vijanden van Nederland dit semi-aquatische bestaan al snel met dat van minderwaardige amfibieën – kikvorsen in plaats van leeuwen – zoals de propagandisten van Oliver Cromwell smaalden. Maar een van hen, Owen Felltham, die de Republiek had beschreven als 'een totaal moeras', 'het achterwerk van de wereld' en 'een groene kaas in pekel' en die dus zeker geen kritiekloze bewonderaar was, gaf toe dat de Nederlanders het water op heroïsche wijze bedwongen. Ze waren, schreef hij in 1649, 'in zekere zin goden, want zij stellen paal en perk aan de oceaan en laten die komen en gaan naar eigen goeddunken'.[63] Paradoxaal genoeg zouden de Nederlanders zich niet gevleid hebben gevoeld door het feit dat hun een godgelijke macht werd toegeschreven, want dat riep onvermijdelijk associaties met hybris op. Ze beseften maar al te goed dat hun veiligheid en welvaart afhingen van Gods zegenrijke goedertierenheid en genade. En dat vereiste weer gehoorzaamheid aan Zijn geboden. Men zou kunnen zeggen dat ze leefden in een gekerstende vloedcultuur, in die zin dat het gedrag van het water hun veiligheid en vrijheid bepaalde. Uit het feit dat de vloed kwam als zegening of vervloeking, overwinning of wrekende gerechtigheid, vriend of vijand, kwartiermaker of verwoester, konden ze opmaken of ze nog steeds de bescherming van de almachtige God genoten. Dat dit het geval was tijdens de tachtig jaar van de oorlog tegen Spanje werd nooit betwijfeld, zeker niet door de uitgesproken calvinistische kroniekschrijvers, predikanten en historici. In de triomfale bloemlezing *'t Verheerlijckt Nederland*, die in 1668 aan De Witt werd aangeboden ter gelegenheid van de goede afloop van de Tweede Engelse Oorlog, sloeg Jacobus Lydius een toon aan die zowel vermanend als zelfvoldaan klonk: 'Hier kon men aenschouwen hoe dat de vyanden der Nederlanderen dickwils met kleyne macht te lande geslagen ter zee verstroit en vernielt en wedersins menighmael verplet en verwonnen zijn, opdat sy het met een vast vertrouwen op Godt souden verlaten die allesins een verschrikklick weeld-teken der Nederkinderen geweest is.'[64] Evenzo sprak Willem van Oranje in 1573 van 'een vast verbond' met de 'Potentaet der Potentaeten', dat natuurlijk belangrijker was dan aardse trouw aan zomaar een koning van Spanje.

In het volgende hoofdstuk volgt meer over de analogie met het volk van Israël, het verbond dat de oorsprong was van een nationale cultuur en het gebruik van de Exodus-metafoor (van de vleespotten in het zuiden naar de vrijheid in het noorden) om het nationale geboorterecht te rechtvaardigen. Maar het moet al duidelijk zijn dat in Nederlandse preken en traktaten de verwijzing naar de zondvloed, die een einde maakte aan de ene wereld en een nieuwe bezegelde met een verbond, niet toevallig was. Net zomin als de steeds terugkerende vergelijking tussen het verdrinken van de legers van de farao in de Rode Zee en het water dat Leiden van zijn belegeraars had verlost. In al deze gevallen had het verbond van God met Zijn uitverkoren volk het kwaad vernietigd en er een nieuwe en godvruchtige orde voor in de plaats gesteld. In het voorwoord bij zijn verhandeling over de geschiedenis van het jodendom, *De Republica Hebraeorum* (1617), legde Petrus Cunaeus expliciet verband tussen de oude en de nieuwe verbondenen: 'Uw Hoog-moogende Heeren... stel ik by desen een Republijk voor Oogen, die niet alleen d'alderheyligste, maar ook van Loffelijke Voorbeelden d'aldervrugtbaarste onder alle is geweest... Nadiense geen sterflijk mensch, maar God tot een autheur ende stigter heeft. Wiens Dienst en onvervalste Religie Gy aangenomen, en tot nu toe Verdedigt hebt.'[65]

De menigten die samenstroomden om de grote virtuozen van de calvinistische prediking aan te horen (en die drie uur te vroeg kwamen om een zitplaats te bemachtigen bij de grote Borstius uit Dordrecht),[66] moet de boodschap dat de hele zin van hun bestaan als natie deel uitmaakte van een goddelijk plan voor de wereld, met vreugde en angst hebben vervuld, wat precies de bedoeling van de predikanten was. Het idee dat ze het instrument waren waarmee de hovaardigen en zondaars werden gestraft, moet een ontzagwekkend gevoel van historische verantwoordelijkheid hebben gegeven. Het hielp de Nederlanders ook zich te verzoenen met hun kwetsbare positie in Europa en hun uitzonderingspositie als handelsrepubliek, ingeklemd tussen absolutistische monarchieën. Maar of ze het nu wilden of niet, het onmiskenbare feit dat hun geschiedenis een perkamentrol was waarop God Zijn goddelijke plan schreef, maakte het van het grootste belang trouw te zijn aan het verbond om Zijn bescherming te behouden. De almachtige God had hen begiftigd met het vernuft en de wil het water te overwinnen, en het zelfs tegen hun vijanden te keren; en Hij had hen tot grote rijkdom en macht gebracht, opdat ze Zijn almacht des te beter konden verkondigen (in plaats van hen ervan te verlossen in deze aardse wereld). De uiterlijke tekenen van deze weelde moesten dus getuigen van Gods goedertierenheid, en de decoratie in het nieuwe Amsterdamse stadhuis, voltooid in de jaren 1660-1670, verwees dan ook naar de tempel van Salomo. Dominees die preekten tegen de duivelse trots, waarschuwden de wereldlijke magistraten dat alle ceders van Libanon niet zouden baten als dergelijke gebouwen tempels van afgoderij zouden worden.

Het lot van Salomo's koninkrijk werd nog eens benadrukt door andere bijbelse vermaningen in woord en beeld: het feest van Belsazar, het gouden kalf. De boodschap was dezelfde. Als goud en gewin in de plaats van godsvrucht kwamen, zou het nieuwe Jeruzalem de weg van het oude gaan en net als Ninivé en Babylon in vergetelheid raken. Zoals ze uit het water waren verrezen, zouden ze er weer door bedekt worden. In 1653, toen de Alblasserwaard weer onderstroomde, woedde de pest in de steden en ging het slecht in de oorlog met Engeland; overal in Nederland werden 'strafpredikaties' gehouden. En in een vloed van woorden jeremieerde Lydius tegen de ongehoorzamen:

Anonieme ets, 'Doorbraak van de Lekdijk, januari 1638', uit *Staatkundige Historie van Holland*, Amsterdam, 1756-1782. Atlas van Stolk, Rotterdam

> *Sonden zijn de droeve vloeden*
> *Tot vernieling van een land*
> *Sonden zijn de sware roeden*
> *Die de Heer neemt in de hand.*[67]

Met deze regels viel bijna niet te winnen. Het succes van de Nederlandse samenleving – de materiële welvaart als beloning voor beproeving – werd zelf een gevaar wanneer het in overvloed omsloeg. In *Wereldt-hatende Noodtsaeckelijck* schreef de dichter Jan Krul: 'Hoe dat die overvloed van schatten 't hart beswaren begraeft hy die niet in al 't diepste van baren.'[68] En in een ander stichtelijk werk werd de grote brand in De Rijp in 1655 toegeschreven aan 'een uitbreecken van Godt's oordeel en roede over zyne inwoners van hunne zucht naar rijkdommen'. De toneelschrijver Vondel, geen calvinist, waarschuwde ook dat Amsterdam onder een overvloed aan 'stof' werd bedolven en bedorven. En in Jan Steens ontroerende schilderij van een eenvoudig gezin in gebed voor de maaltijd (zie p. 51) hangt een vermaning, gebaseerd op Spreuken 30:7-8, aan de wand:

> *Drie dingen wensch ik en niet meer*
> *voor al te minnen Godt den heer*
> *geen overvloet van Ryckdoms schat*
> *maer wens om tgeen de wyste badt*
> *Een eerlyck leven op dit dal*
> *in dese drie bestaet het al.*[69]

Morele geografie

Het was een stelregel in de Nederlandse cultuur dat wat de zee gaf, de zee ook weer kon nemen. Tegenover de angst om te verdrinken in armoede en ellende stond dus de angst om te verdrinken in weelde en zonde. Zelfs met Gods hulp vereiste de verdediging van de moeizaam bevochten vrijheid van de natie de kracht en macht die het water hun had gegeven. Maar als de Nederlanders zouden gaan zwelgen in eigendunk en overvloed, zouden ze de wrekende gerechtigheid over zich afroepen, in de vorm van de woeste elementen of de hebzucht van aanmatigende buren. Het wapen van Holland had als embleem de klimmende leeuw die een vruchtbare, omheinde tuin bewaakt. Zijn zwaard was weliswaar geheven, maar hoe het doeltreffend en deugdzaam te hanteren bleef het probleem van de wereldlijke hoeders van het nieuwe Israël. Salomo moest wijs blijven, Josia rein en Hizkia berouwvol – anders zouden de burcht en de tempel erin worden verwoest.

Er bestonden geen gemakkelijke oplossingen voor deze dilemma's. De calvinisten predikten christelijke gehoorzaamheid, maar hun leer legde de verantwoordelijkheid voor het bepalen van de grenzen tussen fatsoen en overdaad in handen van de wereldlijke autoriteiten. En veel van deze magistraten lieten zich leiden door het precalvinistische principe van humanistische matigheid. Het uitgebreide repertoire aan sociale gedragsregels – met betrekking tot eten, drinken, kleding en de verhouding tussen de seksen – dat men als typisch Nederlands is gaan beschouwen, was het resultaat van een bijzondere historische situatie. Dit betekent niet dat alleen zij het soort leiding kenden dat op dit gebied werd geboden. Zoals het humanisme in zijn sociale literatuur een internationale taal sprak, zo bestond er daarna een calvinistisch of puriteins soort adviezen dat de officiële grenzen overschreed. En ook buiten de grenzen van protestants Europa manifesteerde zich deze morele tweeslachtigheid van het materialisme wanneer men in het belang van de samenleving de zeden probeerde te bewaken. Maar terwijl de spanningen van een kapitalisme dat zich moreel wilde legitimeren, overal gelijk waren, in het zestiende-eeuwse Venetië, het zeventiende-eeuwse Amsterdam of het achttiende-eeuwse Londen, waren de maatschappelijke vormen en stijlen die ze voortbrachten voor iedere gemeenschap anders. Het kan het best worden samengevat als godvruchtig patriottisme, per definitie zowel een algemeen als plaatselijk verschijnsel.

De poging het materialisme moreel aanvaardbaar te maken, schiep specifieke culturele preoccupaties. Een telkens terugkerend thema is het drama van de verleiding, zodat het niet verwonderlijk is dat zowel de vrouw van Potifar als de uitgehongerde Ezau in zeventiende-eeuwse teksten en beelden opduikt. Maar de meest diepzinnige en poëtische analyse van deze kwelling was calvinistisch noch Nederlands: Goethes *Faust*. Terwijl Faust op zijn sterfbed zijn laatste woorden spreekt, krijgt hij een verlossingsvisioen dat de morele geografie van de Nederlandse vrijheid exact weergeeft. Hij roept een groots visioen van herwinning op, waarin zowel zielen als land gered zouden worden van het verderfelijke moeras en de aanstormende vloed. Daardoor werden de mensen waarlijk vrij en hun vrijheid werd niet door verleidelijke ledigheid, maar door eeuwige confrontatie met gevaar en beproeving bestendigd.

Nur der verdient sich Freiheit
Der täglich sie erobern muss

Nog terwijl Faust een nieuw land bezingt – 'Een ring sluit om de golven heen' – neemt Mephistopheles de rol van tirannieke tegenstander, voorbode van al wat vloeibaar wordt, op zich. Ondanks Fausts late onbaatzuchtigheid sluit Mephistopheles zich aan bij Neptunus, 'de waterduivel', om Fausts barrières te breken en zijn lichaam op te lossen in onweerstaanbare, onherstelbare vloeibaarheid. Maar terwijl Mephistopheles triomfeert als de vorst van de fatale vloed, handhaaft de geest van Faust zich in een laatste uitbarsting van de zuiverste gemeenschapszin: de allernobelste verdrinkingsdood. Het nieuwe land dat hij verheerlijkt, is gezuiverd van slechte invloeden en verdedigd tegen rampspoed. Het is de moraal van het Nederlandse landschap in extatische verzen:

De heuvlen langs loopt een moeras,
Verpestend als het reeds bereikte.
't Indrogen van die rotte plas,
Dit laatste ware 't hoogst bereikte.
Miljoenen zal'k daardoor een woonstee geven,
Wel niet om veilig, maar toch vrij te leven.
De beemden groen en vruchtbaar; mens en vee
Voelen zich dra in 't nieuw gebied tevree,
Onmiddlijk door de duinenreeks beschermd
Door 't koen-bedrijvig werkvolk opgebermd.
Een paradijs lijkt binnenwaarts het land.
Daarbuiten raze vloed tot aan de rand
En poge brokklend door een bres te spuiten,
Gemeenschapszin rept zich het gat te sluiten.
Ja, aan dit streven heb 'k mij gans gegeven,
Dit weet mijn wijsheid thans voorgoed:
Slechts hij verdient de vrijheid en het leven,
Die daaglijks ze veroovren moet.
Zo leven hier, omringd door het gevaar,
Kind, man en grijsaard moedig jaar op jaar.
Zulk nijver wroeten lacht mij aan,
Op vrije grond met een vrij volk te staan...

(Solch ein Gewimmel möchte ich sehn
Auf freiem Grund mit freien Volke stehn.)[70]

HOOFDSTUK II

DE VADERLANDSE SCHRIFT

*Maar boven al bedank ik hem
Die Holland maakt Jeruzalem*

JACOBUS LYDIUS
't Verheerlijckt Nederland, 1668

*Zij zijn de Israëlieten, die door
de Rode Zee gaan. Het water ommuurt hen
en zal, als ze de sluizen openen,
hun vijanden doen verdrinken*
OWEN FELLTHAM
A Brief Character of the Low Countries, 1652

1   ONZEKERE GRENZEN

Wie dachten de Nederlanders nu eigenlijk dat ze waren?
    Wanneer de burgers van de Republiek de Spiegel der Tijden raadpleegden, wat zagen ze daar dan in weerspiegeld? Welk beeld hadden ze van zichzelf en hun land, geplaatst in de historische tijd en de geografische ruimte? Hoe scherp waren hun trekken getekend?
    Dat hing voor een groot deel af van stand en generatie. Romeyn de Hooghe had, zoals het een etser, kroniekschrijver en propagandist betaamde, geen enkele moeite zijn land te omschrijven. In zijn *Spiegel van Staat der Vereenigde Nederlanden* uit 1706 stelde hij: 'Het Vereenigde Nederlanden is verre de loflykste, vryste en veyligste van all die, welke op de wereld bekent zyn.'[1] Hij had ook nog kunnen vermelden dat het het rijkste land was, maar overeenkomstig het nationale karakter dat hij probeerde te definiëren, onthield hij zich van uitingen van zondige trots. De zelfgenoegzame toon die De Hooghe in zijn boek aansloeg, was begrijpelijk voor die tijd. De Nederlandse Republiek had, zij het met moeite, in 1672 een oorlog overleefd die bedoeld was om haar te ontmantelen en ze had bovendien het genoegen mogen smaken dat de coalitie van haar vijanden twee jaar later uiteenviel. Onder aanvoering van Willem III – onderwerp van de exorbitante propaganda van De Hooghe –

Romeyn de Hooghe, 'Allegorische voorstelling van de Zeven Provinciën', gravure uit *Spiegel van Staat der Vereenigde Nederlanden*, Amsterdam, 1706. Houghton Library, Harvard University

waren de Nederlanden vervolgens de spil geworden van een alliantie tegen het streven naar hegemonie van Lodewijk XIV. In de geschiedenis van hun eigen land lazen de Nederlanders dus dat hun land niet alleen plaatselijke betekenis had. Hun lot was, zo werd hun verteld, verbonden met grote wereldconflicten, oorlogen om het bezit van de ziel, het land en de belastingen van de mens. Was voor de eerste generatie van de gouden eeuw het terugdringen van de Spaanse Contrareformatie het mondiale belang van de strijd tegen Spanje, de laatste generatie zag haar eigen offers aan geld en bloed als een onderdeel van een door God beschikte oorlog tegen de katholieke tirannie. Als Filips II de rol van farao speelde in deze eschatologie, kreeg Lodewijk XIV de rol van Sanherib tegenover koning Willem als Hizkia. De *Spieghel der Jeught of Spaanse Tyrannie*, waaruit generaties Nederlandse schoolkinderen de heilige vrijheidsoorlog in de eerste helft van de eeuw leerden kennen, werd in 1674 aangevuld met *De Fransche Tyrannie*, waarin veel van dezelfde gruwelverhalen voorkwamen, alleen met andere data en andere legers.[2]

Jaren van crisis en aanhoudende militaire inspanningen hebben de Nederlanders vermoedelijk het idee gegeven dat zij de symbolische belichaming waren van het verzet tegen het katholieke absolutisme. Maar tegenover deze negatieve identiteit stond een positieve synthese van gedragskenmerken die te zamen een herkenbaar portret van hen vormden. De Hooghe heeft het onderscheid tussen Nederland en de andere naties van Europa fraai geformuleerd: 'Deeze landen verschil is zeer zonderling de glorie in andere Landen is uyterlyke vlaggen gelegen, hier is de manier van zedig en zuynig Huyshouden, elders is er een eer in geleegen geld niet te achten te spillen in balementen, plaisiren heerlyke toestel, ruyme betaling... hier in geen schulden te hebben, niet te borgen, contant af betalen.'[3] In zijn beschrijving vormden de Nederlanders ook in andere opzichten een uitzondering, met name in hun 'ingespanne drift, tegen een eenhoofdige Oppermacht'; hun achting voor de handel in plaats van voor de adel; hun afkeer van bijgeloof: 'Zy zyn vry minder bygelovig als veele volkeren, zo dat men in de Zeeven Landen, noch toveren, noch mirakelen ziet, en de verschyningen van Geesten, Spoken en Kaboutermannekens zyn daar praatjens voor de spinrok van slechte Wyfjes.'[4] Toch waren de Nederlandse vrouwen ijverig, proper en kuis; hun mannen werkten al even hard, waren zuinig en kwamen hun contractuele verplichtingen stipt na. Duelleren werd veroordeeld in het vaderland; relletjes bleven tot een minimum beperkt en beroering onder de burgerij kwam, dankzij de zegeningen van het 'goede bestier', zelden voor.

Deze vertrouwde lijst van eenvoudige deugden kwam min of meer overeen met de geijkte lofprijzingen waarmee sommige (geenszins alle) buitenlandse commentatoren de Republiek overlaadden. Hierdoor ontstond ook het stereotype van de oprechte, eenvoudig geklede, godvrezende burger, juist toen dit nauwelijks meer overeenkwam met de maatschappelijke werkelijkheid. De pruikentijd die zich voor De Hooghe uitstrekte, zou nu juist gekarakteriseerd worden door de geleidelijke afbraak van de maatschappelijke en morele consensus die hij idealiseerde. De eerste helft van de achttiende eeuw zou worden gekenmerkt door weelderige extravagantie, politieke verstarring en steeds meer belastingoproeren.[5] Maar de geruststellende clichés bleven bestaan ondanks het feit dat ze niet strookten met de werkelijkheid. Onder het vaandel van het geïdealiseerde beeld van de 'ware' Nederlanden uitten schrijvers van nostalgische gedichten en later, in de jaren 1780-1790, van reveillepolemieken hun grieven tegen de patriciërs die ze ervan beschuldigden het vaderland te hebben verraden.[6] En de negentiende-eeuwse hartstocht voor het vaststellen van de eigen nationale kenmerken (vooral na de rampzalige vereniging van de Noordelijke en de Zuidelijke Nederlanden) deed traditionele wijsheden over wat de Nederlanders tot Nederlanders maakte herleven. Overgeleverde anekdoten, populaire geschiedenis en de verderfelijke relatie tussen toerisme en zelfverachting hebben de clichés tot op de dag van vandaag levend gehouden. Eén blik op de reisliteratuur maakt duidelijk dat nog steeds vingers in dijken worden gestopt, windmolens de wacht houden bij loeiende kudden en het hele land is blijven stilstaan in een toestand van eeuwenoude schilderachtigheid.

Niet alles hiervan is volksmythe. De windmolens houden wel degelijk de wacht bij loeiende kudden en er zijn ook Nederlanders die vinden dat openheid en bezonnenheid nationale eigenschappen zijn. Maar in dit stadium van mijn betoog gaat het niet om de waarheid of onwaarheid van deze generalisaties, maar om de manier waarop ze in het collectieve zelfportret zijn terechtgekomen. Romeyn de Hooghe loste het hele vraagstuk – op welk moment de Nederlanders Nederlanders zijn geworden – op door in navolging van veel vroegere geschiedschrijvers de meeste eigenschappen die hij graag in zijn tijdgenoten belichaamd zag, toe te schrijven aan de Bataven uit de oudheid. Zo vertoonden de eerste bewoners van de veenlanden of hol-landen van de Nederrijn het doorzettingsvermogen, de eenvoud en de afkeer van tirannieke vorsten die zich zeventienhonderd jaar later weer zouden manifesteren in hun Nederlandse nakomelingen.[7] Dit idee van historische continuïteit zou een grote en blijvende invloed uitoefenen, waardoor de fabel van de burgers in berehuiden altijd meespeelde in de volksverbeelding over de nationale oorsprong in een ver verleden.[8] Het succes van de 'Bataafse mythe' wees op een opkomend patriottisch zelfbewustzijn, en verderop in dit boek zal ik moeten terugkomen op de geschiedenis en inhoud ervan. Maar deze mythe geeft geen antwoord op de moeilijke vraag wanneer de Nederlanders zich precies als een afzonderlijk volk gingen beschouwen.

Eén ding is zeker: het sterk ontwikkelde nationale gevoel was het gevolg, niet de oorzaak van de opstand tegen Spanje.[9] In 1609, toen het bestand werd getekend dat de Republiek een adempauze van twaalf jaar gaf, was het nog verre van duidelijk waar het vaderland precies lag. Op kaarten, meestal met de Nederlanden ingetekend in de *leo belgicus*, werd het haast altijd geïdentificeerd met de zeventien onverdeelde provincies, niet met alleen de zeven van de noordelijke staat. Er ontbrak zelfs een algemeen erkende nomenclatuur. Nederlandse historische kronieken waarin herhaaldelijk sprake is van 'patriotten', zijn bijna opzettelijk vaag over de precieze definitie van *patria*. 'Landen der Verenigde Nederlanden' werd gebruikt in officiële verdragen en documenten als aanduiding van de provincies die in 1579 de Unie van Utrecht hadden ondertekend, maar het was een zuiver formele titel. Hugo de Groot heeft het meer dan eens over 'Republicq', en 'republiek' was tegen de tijd dat de Vrede van Munster werd gesloten, in 1648, de algemene term, maar er bleven verkeerde benamingen bestaan, vooral in buitenlandse geschriften. De term *'The United Provinces'* die gewoonlijk op Engelse kaarten voorkomt, is misleidend omdat hij suggereert dat de zeven vrijwel soevereine staten die zich voor een gemeenschappelijke verdediging aaneengesloten hadden, als provincies ondergeschikt waren aan een of ander hoger nationaal gezag. De Franse term *'Pays-Bas'* (Lage Landen) werd willekeurig voor de Nederlanden ten oosten en ten westen van Schelde en Maas gebruikt, en de gewoonte om het hele land te noemen naar één enkele provincie, Holland (hoe wezenlijk ook voor het behoud van het land), was nog het meest in strijd met een nauwkeurige beschrijving.

Ter verdediging van deze uiterst onnauwkeurige terminologie moet worden aangevoerd dat de Nederlanders met opzet een slag om de arm hielden als het ging om de grenzen van hun grondgebied, vooral in de eerste helft van de zeventiende eeuw. Grenzen vormden natuurlijk het voornaamste geschilpunt tussen strijdende partijen. Hoewel de pragmatisch ingestelde Statenpartij, onder leiding van Oldenbarnevelt, formeel nooit heeft afgezien van een eventuele herovering van Vlaanderen en Brabant, was ze bereid de scheidslijnen die bij het bestand waren bereikt, te er-

De vaderlandse schrift

Joh. Doetichum, *Kaart van de Nederlanden*, 1598. Rijksprentenkabinet, Amsterdam

kennen als *de facto*-grens. Men betoogde dat de belangen van de kwetsbare nieuwe natie, vooral haar handelsbelangen, meer gediend waren met vrede dan met oorlog – een oordeel waar lang niet het hele regerende patriciaat van de Nederlandse steden, en vooral niet dat van Amsterdam, mee instemde.[10] Doordat de meningen sterk verdeeld waren en de achterdocht jegens de bedoelingen van de Spanjaarden bleef, konden de militante calvinisten en de militaire entourage aan het hof van stadhouder Maurits voldoende steun verzamelen om Oldenbarnevelt af te zetten en diens beleid, zowel op godsdienstig als op diplomatiek gebied, radicaal te veranderen.[11] Daarna heerste een oorlogszuchtige stemming, die in 1621 culmineerde in een hervatting van de oorlog, en deze concentreerde zich precies in de gebieden in het zuiden en westen die de sleutel tot de 'verloren' provincies leken. Veel van de invloedrijkste calvinistische predikanten die in 1618 zegevierden, waren zelf afkomstig uit het zuiden, en ze moesten er niet aan denken dat de grote steden in het hart van de Nederlanden – Antwerpen, Leuven, Gent – werden overgeleverd aan de paapse afgoderij en de heerscharen van de antichrist.

Pas toen de eindeloze veldtochten van Maurits en later van Frederik Hendrik vastliepen in langdurige belegeringen, vruchteloze opmarsen en terugtochten over minimale stukken grondgebied, begon dit hartstochtelijke irredentisme te verflauwen. In dezelfde tijd, de jaren dertig en veertig, begon het typisch Vlaamse en Brabantse karakter van de zuidelijke diaspora te versmelten met een ruimere, en andere, Noordnederlandse identiteit. Vanaf het midden van de zeventiende eeuw maakte men zich wat het zuiden betreft meer zorgen om de Franse expansiedrift dan dat men wilde profiteren van de zwakte der Spanjaarden. Vanaf 1635 was Frankrijk bij verscheidene gelegenheden met plannen gekomen om de Spaanse Nederlanden te verdelen tussen Frankrijk zelf en de Republiek. Al op die vroege datum, toen de oorlog met Spanje nog in volle gang was, werd de verleiding van de hereniging tenietgedaan door het minder aanlokkelijke vooruitzicht dat Frankrijk een directe buur en Antwerpen weer een rivaal van Amsterdam zou worden. De plannen van De Witt uit de jaren vijftig en zestig om een quasi-onafhankelijke 'Belgische' republiek naar Zwitsers model te creëren, die onder auspiciën zou staan van een Frans-Nederlands co-protectoraat, konden de traditionele bezwaren nog steeds niet wegnemen. De verwijdering tussen Lodewijk XIV en de Republiek ontstond paradoxaal genoeg dus doordat de Staten-Generaal weigerden hun eigen gebied uit te breiden tot het oude hart van de Nederlanden! En deze 'Klein-Nederlandse' politiek kwam de Republiek duur te staan en confronteerde haar met een ambitieuze en gekrenkte koning.[12]

Het had echter bijna een eeuw geduurd voordat de Nederlanders 'het vaderland' uitsluitend vereenzelvigden met de zeven provincies, Drenthe en de gebieden in Vlaanderen, Brabant en Limburg die direct onder hun bestuur stonden. Zelfs toen waren er nog groeperingen onder de bevolking, en dat waren niet alleen calvinisten, die hunkerden naar een 'hereniging' over de riviergrenzen heen. De Nederlandse katholieken, die meer dan een derde van de bevolking uitmaakten, hadden het meest te winnen bij een dergelijke hereniging, die natuurlijk niet tot stand moest komen door wapengeweld maar door een schikking waarbij in noord en zuid wederzijdse en openlijke geloofsvrijheid gewaarborgd werd – een regelrechte hersenschim. Omdat ze in de Republiek slechts geduld werden, konden ze die ideeën niet openlijk verkondigen. En misschien bracht Vermeer, die zich later tot het katholicisme zou bekeren, een dergelijke nostalgische kijk op de oude Nederlanden en hun kunst tot uiting in zijn *Allegorie van de schilderkunst*, het werk waarvoor zijn weduwe na zijn dood de meeste moeite heeft gedaan om het in bezit van de familie te houden.[13] Op de kaart die een opvallende plaats inneemt boven de figuur van de schilder (ooit beschouwd als een zelfportret), is het vaderland niet weergegeven in zijn nieuwe gedaante, als de zeven provincies van de Republiek, maar als de zeventien provincies van de humanistische renaissance.[14]

De grillige vorm van het nieuwe land was dus meer bepaald door het verloop van de oorlog en pragmatische politieke overwegingen dan door de geografische ligging of een natuurlijk stamgevoel voor bloed en bodem. De Noordzee was vanzelfsprekend een onoverwinnelijke natuurlijke barrière; en in het oosten werd de Eems algemeen beschouwd als de grens die de 'Nederlanden' (in welke vorm dan ook) scheidde van onbetwistbaar Laagduitse staten als Oost-Friesland, Bentheim, Munster en Gulik. Dit weerhield Hendrik VIII er niet van de onaantrekkelijke Anna van Kleef te beschrijven als zijn Vlaamse merrie. Zelfs al zou in het zuiden en westen, waar de Waal, Maas en Schelde in zee uitmondden, de logica van de geografie zijn gevolgd, dan nog is nauwelijks voorstelbaar wat voor territoriale samenhang een rivierdelta had kunnen verschaffen.

Was het vaderland dan daar waar de moedertaal werd gesproken, zoals de historicus Pieter Geyl geloofde?[15] Wat was eigenlijk die moedertaal? Vlaams bleef natuurlijk het dialect van de 'bezette' provincies; het Fries overheerste in de landelijke gebieden van de noordelijke provincie en 'Oosters', een Laagduits dialect, Nederlands noch *Plattdeutsch*, was de spreek- en schrijftaal in een groot deel van Gelderland. Sociale en culturele verschillen zorgden voor verdere complicaties. Evenals de meeste adellijke rebellen wier levensloop het lot van de nieuwe natie bepaalde, sprak en schreef Willem van Oranje Frans, de taal waarin zijn officiële rechtvaardiging van de opstand, de *Apologie*, was geschreven. En net als bij hun geleerde collega's in heel Europa was Latijn de voertaal in de humanistische kringen in Leiden (de stichting van de universiteit in 1575 was zoiets als een culturele onafhankelijkheidsverklaring). Dit betekent niet dat er in het begin van de Nederlandse Republiek geen geschiedschrijving of literatuur in de landstaal was. De grootste komedieschrijver Bredero mocht graag de pretenties van de verfransten, veritaliaansten en verspaansten hekelen en verlustigde zich in de robuuste schoonheden van het Nederlands.[16] Bredero's ongegeneerde plezier in het Nederduytsch had te maken met zijn vorming in de nog steeds florerende rederijkerskamers, deels toneelgezelschappen, deels scholen voor retorici en deels rijmelaarsgenootschappen. En als rederijker, lid van de Amsterdamse kamer In Liefde Bloeyende, publiceerde de humanistische schrijver Hendrick Laurensz. Spiegel zijn vurige verdediging van de deugden der moedertaal. De *Twe-spraack van de Nederduytsche Letterkunst*, een spellingsboek, etymologie en grammatica in één, was veelzeggend genoeg het produkt van een samenwerking tussen verschillende auteurs, allen vertegenwoordigers van de naar het noorden verplaatste bloem der Nederlandse cultuur. Het verscheen in 1584 onder het impressum van Plantijn, de grote Antwerpse uitgever wiens firma naar Leiden was verhuisd om aan de legers van Parma te ontkomen, en had een emblematisch frontispice van Hendrick Goltzius, het grootste genie van de Haarlemse school en de leerling van Spiegels collega Coornhert, die zelf ook een bijdrage aan het boek had geleverd. Het was dus ook het produkt van alle grote centra van de Nederlandse cultuur, in heden en verleden: Antwerpen, Leiden, Haarlem en Amsterdam. Bovendien was het werk, hoe bescheiden ook, geen gewone lexicografie, maar droeg het met grote trots de specifieke kwaliteiten van de Nederlandse taal uit. 'De ryckheyd blyckt eerstlyck dat wy van letteren, zo enckele als t'samenghevoeghde, dubbelklinkers, tweklancken ende verscheydenheyd van silben... ryker zyn dan al ander talen ons bekent,' roemde Spiegel,[17] en ze moest gezuiverd worden van Franse bastaardwoorden en Latijnse archaïsmen. In tegenstelling tot de oude talen was het Nederlands (net als de mensen die het spraken, suggereert de tekst) op de een of andere manier 'waarachtiger' omdat het dichter bij de natuur stond. Daarmee werd gedoeld op de onomatopee, die men bijzonder nuttig achtte omdat de uitspraak het begrip bevorderde. Wie kon zonder te zuchten het woord 'zucht' uitspreken of 'trommel' zeggen zonder als een trommel te klinken?[18]

In al zijn opmerkelijkheid is de *Twe-spraack* een bij mijn weten uniek voorbeeld van bewuste taalkundige propaganda ten tijde van de Opstand. En de gedreven toon was ongetwijfeld een reactie op de hachelijke situatie waarin de Nederlanders in 1585 verkeerden, toen met de verovering van Antwerpen door de legers van Parma de oude banden tussen noord en zuid op traumatische wijze werden doorgesneden. In dezelfde tijd werden ook enkele geschiedenissen in het Nederlands vertaald, maar de beroemdste en meest gelezen geschiedenissen dateren van na de wapenstilstand in 1609. Opvallend genoeg ontstond pas met de vestiging van de eigen identiteit van de nieuwe staat in de jaren twintig en dertig een nieuwe generatie grammatica's en woordenboeken, van de hand van geleerden als Petrus Montanus en V.F. Plempius. Hoe dan ook, het lijkt redelijk te veronderstellen dat een door de taal gevormd gevoel van verbondenheid het gevolg, en niet de oorzaak van de onafhankelijkheidsstrijd was. Pas in 1650 kon Vondel met onverhulde voldoening vaststellen dat de taal volwassen was geworden, want: 'Deze spraeck wort tegenwoordigh in 's Gravenhage, de Raetkamer der Heeren Staten, en het hof van hunnen Stedehouder, en Amsterdam, de maghtighste koopstad der weerelt, allervolmaecktst gesproken, by lieden van goede opvoedinge, indien men der hovelingen en pleiteren en kooplieden onduitsche termen uitsluite.'[19]

De landsgrenzen mochten dan grillig langs wisselende oorlogsfronten kronkelen en de cultuurgrenzen uitlopen in taalverwarring, maar was de vroege Republiek dan tenminste verenigd in het geloof? Ook hier logenstraft de historische werkelijkheid de simplificaties van het negentiende-eeuwse determinisme, waarin gesteld werd dat de Republiek de politieke uitdrukking van een opstandige gemeenschap van vrijen en vromen was. Want het is in veel, zo niet alle opzichten een misvatting te denken dat de Nederlandse Republiek en het orthodoxe calvinisme onderling verwisselbaar waren. Het calvinisme was weliswaar de officiële en geprivilegieerde Kerk, maar het is er nooit in geslaagd de staatskerk te worden, en het was nog minder het bindende element in de vaderlandse verbondenheid. Alleen al de cijfers weerspreken dat. Eén kerkhistoricus schatte dat omstreeks 1600 (dat wil zeggen toen de Republiek ontstond) niet meer dan tien procent van de bevolking calvinistisch was.[20] Dit lijkt een onwaarschijnlijk lage schatting, maar gedurende het grootste deel van de geschiedenis van de Republiek is het zeker nooit meer dan ongeveer vijfenvijftig procent geweest. Rest dus een aanzienlijke minderheid van de bevolking, leden van de onhervormde Katholieke Kerk of andere (veelal elkaar bestrijdende) reformatorische gezindten die zich voor het merendeel ongetwijfeld als vaderlanders hebben beschouwd. En zelfs voor degenen die zich rekenden tot de Gereformeerde Kerk, was er maar één predikant op negenhonderd gelovigen.[21]

Cijfers zeggen natuurlijk niet alles. De calvinisten alleen mogen dan niet de Republiek hebben gemaakt, de Republiek zou er zeker niet zijn gekomen zonder de calvinisten. Hun gewelddadige beeldenstorm van 1566 was de eerste klap in het gezicht van het contrareformatorische Spanje.[22] En in weerwil van het cliché dat het calvinisme het geloof van het gewone volk en de kleine burgerij was, bevonden zich onder vrijwel alle lagen van de bevolking, inclusief de adel, grote aantallen overtuigde calvinisten (vooral in het zuiden). Later, in (de veel voorkomende) tijden van nood gedurende de Tachtigjarige Oorlog, schaarden de andersdenkenden zich achter de vurigste verdedigers van het geloof en putten ze moed uit de preken over het zwaard van Gideon en de slinger van David. Toen de Spaanse legers de burgers en boeren letterlijk naar het leven stonden, werd de wil tot overleven en vechten gesterkt door het onwankelbare calvinistische geloof van de Nederlanders dat ze een uitverkoren volk waren.[23] Maar toen het directe lijfsgevaar week en het oorlogstoneel verder weg kwam te liggen, in Brabant of Brazilië, verloor het militante calvinisme als het geloof van het vaderland in nood zijn greep op een land dat niet geschikt was voor theocratische uniformiteit. Paradoxaal genoeg verhinderden dezelfde instellingen die het calvinisme een kans gaven, dat het oppermachtig werd. Het koppige vasthouden aan plaatselijke autonomie dat de Habsburgse centralisatie onmogelijk maakte, was evenmin bevorderlijk voor calvinistische uniformiteit. In artikel XIII van de Unie van Utrecht werd, overeenkomstig het geprononceerde federalisme van de Unie, het recht van iedere provincie om een eigen godsdienstig beleid te voeren, vastgelegd.[24] In een nadere verklaring werd die vrijheid slechts in zoverre beperkt dat onderdrukking van het protestantisme door het katholicisme onmogelijk werd gemaakt, maar de tolerante, zelfs vrijzinnige opvatting van de godsdienstuitoefening bleef behouden. Het was dus niet toevallig dat er de hele eerste eeuw van de Nederlandse vrijheid maar één nationale synode was. En in alle lagen van de piramidale structuur van de Gereformeerde Kerk, van de provinciale synoden tot de regionale classes en plaatselijke kerkeraden, werd het bestuur van de geestelijkheid altijd gematigd door, en op belangrijke punten ondergeschikt gemaakt aan het wereldlijk gezag. Ironisch genoeg was het juist de calvinistische leer die het de dominees moeilijk maakte. In wezenlijke zaken (de inzegening van huwelijken of het beheer van liefdadigheidsinstellingen) waren ze verplicht het gezag aan de magistraat over te dragen. Bovendien moesten diezelfde vrome leken, zoals ouderlingen en diakens, zelf hun personeel leiden en betalen. In centra als Amsterdam, waar een bijzonder militante geestelijkheid regelmatig overhoop lag met een doorgaans tolerante meerderheid van regenten, werden zelfs officiële vertegenwoordigers van het wereldlijk gezag, de 'politieke commissarissen', afgevaardigd om de kerkelijke classes en synoden hun opvattingen voor te leggen.[25]

De strenge calvinisten gingen er bij deze regeling van uit dat er over de hoofdzaken een Gode welgevallige overeenstemming tussen het geestelijke en het wereldlijke gezag bestond. En de meningsverschillen die toch ontstonden, moeten niet worden overdreven. Over het algemeen heerste er grote eensgezindheid tussen leken en geestelijken over hun gezamenlijke ondernemingen. Maar die consensus was geenszins vanzelfsprekend of blijvend in de veeltalige, grootsteedse verhoudingen van een handelsrepubliek. En leken en geestelijken verschilden nogal eens van mening over de belangrijke vraag hoe uniform het geloof en de geloofsbeoefening in de Republiek moesten zijn. De magistraat, waaraan de Kerk zelf de bestuurlijke taken had opgedragen, besefte maar al te goed dat iedere poging een orthodoxe republiek te creëren niet tot een verenigd maar tot een versplinterd land zou leiden. In plaats daarvan schiep de overheid noodgedwongen een heterodoxie. Alleen in 1618, toen Oldenbarnevelts bestand met Spanje werd voorgesteld als een in zowel godsdienstig als politiek opzicht zwakke zet, was er een mogelijkheid geweest om het militante geloof op te leggen. Dit incidenteel doorbroken erastianisme had de grootste gevolgen voor de omvangrijke katholieke minderheid, die gedwongen was de eredienst in discrete beslotenheid te houden, maar die zeker niet systematisch onderdrukt werd. Dit kwam niet door gebrek aan waakzaamheid van het kerkelijk gezag. De ene synode na de andere klaagde bitter over de brutaliteit waarmee de katholieken hun godsdienst bleven beoefenen, maar juist de herhaling van die klacht is een teken dat er weinig aandacht aan werd geschonken.[26] Zelfs wanneer het mogelijk leek een militaire verovering te combineren met een religieuze, zoals te 's-Hertogenbosch in 1629, verzette de stadhouder zelf zich tegen iedere vorm van georganiseerde zending.[27] En Frederik Hendrik was al evenmin van plan de meer arminiaanse, 'remonstrantse' minderheid uit te roeien tegen wie de staatsgreep van 1618-1619 van zijn broer Maurits was gericht. In Nijmegen, een andere strategische stad in het grensgebied van de orthodoxie (en vol katholieken), herstelde de stadhouder, die het recht had leden van de vroedschap te benoemen, zelfs twee belangrijke figuren, Christoffel Biesman en Johann Biel, die tijdens de zuiveringen van 1618 uit hun ambt waren ontzet, in hun functie. Ofschoon in de hele Republiek alleen leden van de Gereformeerde Kerk ambten mochten vervullen, werd duidelijk gemaakt dat een loyaliteitsverklaring voldoende was voor hun rehabilitatie.[28] En wat gold voor Nijmegen en Den Bosch, gold *a fortiori* voor steden als Amsterdam die zich niet van harte bij de Gereformeerde Kerk hadden aangesloten. In 1627, nog geen tien jaar na de zuivering onder leiding van de militante calvinist Reinier Pauw, was diens factie een zwakke minderheid in de Amsterdamse vroedschap geworden. De anti-remonstrantse rellen op paasmaandag van 1626 hadden de meerderheid er trouwens van overtuigd dat onrust een te hoge prijs was voor rechtzinnigheid. En met de benoeming van Andries Bicker tot burgemeester in 1627 begon een lange periode waarin sociale rust werd verkozen boven rechtzinnigheid.[29]

Dat de regenten van de Republiek zich over het algemeen een gematigde houding konden veroorloven tegenover de eisen van de orthodoxie, kwam onder meer doordat zelfs binnen de Calvinistische Kerk ernstige meningsverschillen over de leer en het morele leiderschap bleven bestaan. En hoe trivialer de kwestie was, des te meer werd er gemuggezift. Zo vormden orgels een belangrijke bron van twisten in de jaren dertig, toen niemand minder dan Constantijn Huygens, de geleerde en machtige secretaris van stadhouder Frederik Hendrik, zich opwierp als verdediger van het kerkorgel.[30] Huygens zelf was een virtuoos componist die niet minder dan achthonderd werken had gemaakt. Maar hij was ook een vroom calvinist die trots was op zijn vroomheid en met uitsluitend religieuze argumenten het gebruik van het orgel verdedigde. Het besluit van de Synode van Dordrecht in 1574, waarin bepaald was dat ze verwijderd moesten worden of niet meer gebruikt en onderhouden mochten worden, had, zo betoogde hij, geleid tot de onmogelijke situatie dat ze werden geduld als nutteloze ornamenten of storende voorwerpen in de kerk die niet actief bijdroegen tot de verheerlijking van God. Huygens werd fel bekritiseerd door een predikant in zijn eigen Den Haag, een zekere Johan Janszoon Calckman, die de muziek als een heidense uitvinding verwierp en zich beriep op de veroordeling van de Corinthische psalmen door Paulus.[31] Geconfronteerd met deze strijd tussen zuiverheid in de leer en vrome geleerdheid deed de Kerk wat ze altijd deed in geval van nood: ze liet de plaatselijke raden zelf beslissen. In 1638 gaf de Synode van Delft de kerkgemeenten officieel het recht te bepalen of ze orgelmuziek in de kerk wilden, een besluit dat in feite een overwinning voor de gematigden betekende.[32]

De Kerk liet zich bij geschillen dus leiden door een heilzaam gebrek aan consequent beleid. En ook op andere gebieden waar de raden graag de wet hadden voorgeschreven — werken op zondag, het houden van kermissen en markten, 'heidense' feesten als Sinterklaas en verfoeilijke grillen als de mode om lang krullend haar te dragen die de Republiek in de jaren veertig teisterden en aanleiding waren tot felle donderpreken vanaf de kansels — stelde de Kerk zich eerder vermanend dan autoritair op. En zolang de magistraat zelf de orthodoxie beleed maar de heterodoxie praktizeerde, had ze geen andere keus. Door dit religieuze pragmatisme werd het oude erastianisme dat Willem van Oranje had aangehangen, weer grotendeels in ere hersteld. Dit betekende in het bijzonder dat naast de calvinistische meerderheid, minderheden van lutheranen, remonstranten, doopsgezinden en joden niet alleen werden getolereerd maar zelfs konden gedijen, hun eigen gewijde en geleerde teksten konden publiceren en zelfs theologische seminaries openen.

De institutionele versnippering van de Republiek die verhinderde dat het calvinisme de staatsgodsdienst van de Nederlanders werd, ondermijnde ook andere impulsen tot nationale eenwording. 'Nationale eenwording' is in het geval van de Nederlanders zelfs een innerlijke tegenspraak, want ze waren nu juist een natie geworden om geen staat te worden. Simon Groenveld, die deze paradox scherpzinnig heeft beschreven, gaat mijns inziens iets te ver wanneer hij stelt dat de 'meeste Nederlanders' alleen hun eigen stad, streek of provincie als eigen gemeenschap zouden hebben erkend.[33] Maar hij heeft zonder meer gelijk met zijn bewering dat de Nederlandse opstand niet alleen was gericht tegen de onrechtvaardigheden van de religieuze politiek van Filips II, maar ook tegen de meeste tendensen — uniforme belastingheffing, professionele bureaucratie, rechtspraak door de uitvoerende macht, dynastiek absolutisme, uitholling van stedelijke en heerlijke privileges – die kenmerkend waren voor de staat op het hoogtepunt van de renaissance. Nederlander zijn was provinciaal, dorps, traditioneel en gewoon zijn. Het betekende dat de macht van de lokale gemeenschap alleen onder bepaalde voorwaarden en condities aan het hogere gezag werd overgedragen, zoals algemene instemming (met militaire inkwartiering en nieuwe belastingen bijvoorbeeld), het recht om gevolmachtigde afvaardigingen terug te roepen en om ongeautoriseerde stemmen nietig te verklaren. Vooral tijdens de eerste, lange periode van gewapend verzet tegen Spanje, van 1570 tot 1609, waren de Nederlanders meer verenigd door wat ze gezamenlijk verafschuwden dan door wat ze collectief aanvaardden. Ze voerden een beleid van ad hoc-maatregelen en noodoplossingen dat zich in de loop van de tijd stabiliseerde tot een institutioneel evenwicht.

Deze uitgesproken pragmatische visie op de vorming van republikeinse instellingen paste niet goed in de negentiende-eeuwse visie van een ontluikende natie. Vanaf de Amerikaanse Revolutie hebben geschiedschrijvers onafhankelijkheidsoorlogen gewoonlijk beschouwd als het onontkoombare produkt van een diepgewortelde historische onverenigbaarheid. Achteraf ontdekte men dat nieuwe nationale identiteiten al latent aanwezig waren in de oude gemeenschap, slechts wachtend op hun bevrijding. De politieke gebeurtenissen die tot de ontwrichting van die gemeenschap leidden, worden in die opvatting gedegradeerd van oorzaken tot aanleidingen, en het ontkiemen van een embryonale identiteit wordt een natuurlijk proces genoemd. De metafoor van biologische noodzakelijkheid werd veel gebruikt in de Verlichting en de eeuw daarna. Zo werd het gebruikelijk om in deze trant over de historische noodzakelijkheid van de Amerikaanse vrijheid te schrijven, zodat het meest veelzeggende woord van de *Declaration of Independence* misschien wel het eerste was: 'When'.

Het is dus niet verwonderlijk dat zowel John Adams na 1780 als John Lothrop Motley na 1840 de oorsprong van de Nederlandse natie beschreven op basis van historicistische vooronderstellingen over de geboorte van de Amerikaanse vrijheid. Het ontstaan van Nederland was volgens hen dan ook onderdeel van het onderbroken epos van de noordelijke nationale vrijheid.[34] Maar niet alleen neerlandofiele buitenlanders beschreven de geboorte van de Republiek der Nederlanden op deze al te deterministische wijze. Want al waren fundamentalistische calvinisten als Groen van Prinsterer en constitutionele liberalen als Bakhuizen van den Brink en diens leerling Robert Fruin het volkomen oneens over de vraag door wélke waarden de nieuwe natie was gecreëerd, ze waren het er wel over eens dat deze natie de uitdrukking was van een al bestaand Nederlands ethos. Zelfs Pieter Geyl, die er de ketters geachte mening op na hield dat de grenzen van de Republiek willekeurig tot stand waren gekomen, wilde daarmee alleen maar wijzen op de *natuurlijkheid* van de grotere culturele gemeenschap van Nederlandstaligen aan weerszijden van Maas en Schelde.

Historici spelen maar al te graag het saaie spel van de opstandige nieuwe generatie. Het dogma van mijn leermeester zal mijn ketterij zijn en zo zal ik de geschiedenis ingaan. Misschien is de geschiedenis van de Nederlandse opstand ooit al te deterministisch opgevat, maar nu lijkt het tegendeel het geval, zodat de opstand niet meer dan een toevallige oneffenheid op het oppervlak van het onverbiddelijk monotone historische continuüm is. (Hetzelfde lot schijnt te zijn weggelegd voor alle gebeurtenissen die, naar men in de negentiende eeuw terecht of ten onrechte dacht, hun wereld hadden gevormd: de Engelse Burgeroorlog, de Franse Revolutie enzovoort.) Maar men kan met recht stellen dat de wirwar van onzekerheden waartoe de hedendaagse geschiedschrijving de Nederlandse opstand heeft gereduceerd, de spanningen van degenen die hem hebben meegemaakt goed weergeeft. Willem van Oranje werd pas de vader des vaderlands nadat hij vermoord was en zijn houding tegenover de rebellie zelf was uiterst ambivalent. Zijn eigen stadhouderschap was tenslotte per definitie een door de koning ingesteld rentmeesterschap, en niet de belichaming van een natuurlijk leiderschap waarvoor hij alleen God verantwoording schuldig was. Uiteindelijk wilde hij zoals bekend rekenschap afleggen voor een 'hogere' overheid, maar er was een draconisch beleid van Filips II voor nodig om hem zover te krijgen. Pas in zijn *Apologie* (de titel is veelzeggend) uit 1581 noemt hij zich 'een absolute en vrije vorst'. Alva's regime, de bedreiging die het vormde voor de traditionele privileges van steden en standen en ten slotte de gruweldaden van het Spaanse leger slaagden erin Nederlanders voor wie het militante calvinisme en de rabiate beeldenstorm bijna even stuitend waren als de inquisitie, in het kamp der opstandelingen te drijven. Voor humanistische magistraten en adellijke landheren was het de Spaanse kroon, en niet zijzelf, die een radicale breuk met de traditie had veroorzaakt. Zeker tot 1789 beriepen de erfgenamen van revoluties zich altijd op van oudsher voorgeschreven wetten en gewoonten ter rechtvaardiging van verzet tegen een gezag dat op verkeerde wijze veranderingen doorvoerde. Maar in het geval van Nederland bleef dit uiterst voorzichtige, juridische en conservatieve argument (zoals geformuleerd door De Groot, P. C. Hooft of door François Vrancken in de *Deductie*) het voornaamste element in de wettiging van de opstand. Het betekende echter ook dat het gemakkelijker was Filips II af te zweren dan te bepalen aan wie of wat de soevereiniteit moest worden overgedragen. Tussen 1570 en 1580 gingen de Staten voorzichtig aanspraak op soevereiniteit maken om Willem de 'hoge overheid' te kunnen verschaffen die hij nodig had om de oorlog voort te zetten. En in een soortgelijke militaire noodsituatie in 1585 waren ze opnieuw gedwongen drastische maatregelen te nemen en de graaf van Leicester aan te stellen als 'gouverneur-generaal' onder 'voogdijschap' van koningin Elizabeth I. De Staten-Generaal gingen ervan uit dat de koningin alle plaatselijke privileges, gebruiken en vrijheden waarvoor de Nederlanders gevochten hadden, zou respecteren. Deze vanzelfsprekende beknotting van het koninklijke gezag maakte een Engels-Nederlandse toenadering onmogelijk. Het is aantoonbaar dat de Staten-Generaal pas nadat al deze 'lukrake improvisaties' op niets waren uitgelopen, openlijk de soevereine macht op zich namen.[35]

De Nederlanders aanvaardden uiteindelijk de onafhankelijkheid, maar ze deden dat zo onopvallend mogelijk. De Unie van Utrecht, die doorgaans als de 'stichtingsakte' van de Republiek wordt beschouwd, was nadrukkelijk geen grondwet.[36] Ze was veeleer een verdrag voor gezamenlijke verdediging tussen de aangesloten staten, die binnen het aldus gevormde bondgenootschap soeverein bleven. Het bevatte geen bepalingen over gemeenschappelijke regeringsinstellingen, en de Staten-Generaal waren alleen gemachtigd te besluiten wat tevoren in afzonderlijke vergaderingen van de afzonderlijke staten was goedgekeurd. Artikel v betrof de fondsen die nodig waren om de gezamenlijke oorlog te voeren, en toekomstige stadhouders en raadpensionarissen (met name Simon van Slingelandt aan het begin van de achttiende eeuw) meenden dit te mogen interpreteren als uitgangspunt voor een gemeenschappelijk belastingstelsel. Of dat ook de bedoeling was van de opstellers van het artikel is de vraag; hoe het ook zij, de totale som die in een bepaald jaar moest worden opgebracht werd in proportionele 'quota' over de provincies verdeeld. Het leeuwedeel moest natuurlijk door Holland worden opgebracht – ongeveer achtenvijftig tot zestig procent – maar de provincies mochten zelf bepalen hoe ze het geld bijeenbrachten.[37]

Niet alleen bestond er geen uniform belastingstelsel in de Republiek, maar ook munten, gewichten en maten verschilden van provincie tot provincie, en soms zelfs van stad tot stad. Dit gebrek aan institutionele samenhang van de Republiek (dat zo schokkend was voor de post-cartesiaanse politieke rekenaars en staatkundigen van de zeventiende en achttiende eeuw) was in al deze opzichten volledig in overeenstemming met haar bestaansreden.

De aan het huis van Oranje toebedeelde rol veranderde hierin weinig. De functie van de stadhouder was totaal niet vergelijkbaar met die van de vorstenhuizen in het Europa van de barok, die door God waren gezalfd en met absolute macht bekleed. Hoezeer de prinsen van Oranje ook leden onder de beperkingen van hun macht, alleen Willem II deed een vastberaden poging zich los te maken door het leger, de Gereformeerde Kerk en zijn partij van orangistische regenten te bundelen tot een geduchte hofpartij. Maar deze manoeuvre, die gepaard ging met de zuivering en arrestatie van weerspannige staatsgezinde regenten in Dordrecht en een gewapende expeditie naar Amsterdam in 1650, eindigde abrupt met zijn vroegtijdige dood in datzelfde jaar. Een herrezen anti-orangistische groepering profiteerde van het plotselinge machtsvacuüm en legde het stadhouderschap en de dynastieke politiek, die volgens haar in strijd waren met de ware belangen van de Republiek, nog meer aan banden. Volgens het principe van decentralisatie moest iedere provincie in ieder geval haar eigen stadhouder benoemen, die niet per se dezelfde prins van Oranje noch iemand uit hetzelfde dynastieke geslacht hoefde te zijn. De Friese tak, waaraan in de achttiende eeuw het stadhouderschap van Holland en Zeeland werd verleend, was in de hele voorgaande eeuw een aparte tak geweest. De soevereiniteit lag, zo werd nog eens vastgesteld, bij de Staten van de afzonderlijke gewesten, en de stadhouder moest hun bevelen opvolgen zoals hij ooit de bevelen van de koning had opgevolgd. Dus in Nederland was zelfs geen sprake van een situatie met een 'koning in het parlement' zoals onder de latere Stuarts. Het proces waarin de dynastie werd teruggebracht tot een minder belangrijk symbool zonder veel politiek gewicht, werd onder de gebroeders De Witt voortgezet met een poging de scheiding tussen het stadhouderschap en het kapitein-generaalschap en admiraal-generaalschap 'eeuwig' te maken. Pas door de catastrofe van 1672, toen bijna het halve land door de Fransen werd bezet, kwam er tijdens een onweerstaanbare uitbarsting van orangistische vaderlandse gevoelens een ommekeer in dit beleid. Willem III sloeg hier munt uit en presenteerde zich opnieuw als de belichaming van de nationale wil, en dankzij zijn onverzettelijke standvastigheid konden de Nederlanders zich op spectaculaire wijze herstellen. Maar zelfs toen gedroeg Willem zich niet als echte koning, en zag hij na het eerste verschrikkelijke bloedvergieten in Den Haag af van wraak op zijn vijanden.

Het huis had (en heeft) dus zijn vaderlandse aureool. Zijn moed en charisma zijn onlosmakelijk verbonden met het voortbestaan van een eigen en specifieke Nederlandse nationale identiteit. Het imposante grafmonument dat Hendrick de Keyser in de Nieuwe Kerk van Delft bouwde voor de vermoorde Willem van Oranje, werd in de zeventiende eeuw een pelgrimsoord. Onder stadhouder Frederik Hendrik (1584-1647) en diens ambitieuze vrouw Amalia van Solms werd op systematischer wijze geprobeerd een hofcultuur te creëren als die van de Stuarts, aan wie het huis van Oranje door huwelijk was geparenteerd. Eenvoudige villa's als Ter Nieuwburch en Honselaarsdijk werden volgens de toen in Frankrijk heersende classicistische stijl omgebouwd tot fraaie paleisjes, inclusief formele tuinen, allegorische standbeelden en plafonds met toepasselijke historietaferelen ter verheerlijking van de krijgshaftigheid en de door de hemel beschermde geschiedenis van het geslacht.[38] Na de dood van Frederik Hendrik droeg de prinses-douairière Pieter Post op de Oranjezaal in Huis ten Bosch te ontwerpen en te decoreren als een mausoleum ter nagedachtenis van haar echtgenoot. De Oranjezaal, waarvan de stijl sterk is beïnvloed door de allegorische historiestijl die Rubens gebruikte voor Jacobus I in Whitehall en Marie de Médicis in het Luxembourg, was de luisterrijkste uitdrukking van dynastieke aspiratie in de Republiek. Maar dat was natuurlijk een tegenstrijdigheid en de vorstelijke paleizen bleven een ongewoon verschijnsel in het openbare leven van Nederland, gereserveerd voor de plechtige ondertekening van verdragen, de ontvangst van bezoekende vorsten en de ondersteuning van de enigszins tweeslachtige dynastieke politiek die het huis van Oranje gedurende de hele zeventiende eeuw voerde. Typerend genoeg waren de kunstenaars die voor de 'propagandistische' historietaferelen van de Oranjezaal werden gevraagd, ofwel beroemde Vlamingen als Jacob Jordaens, leerlingen van Rubens (die in 1640 was gestorven) als Pieter Soutman en Theodorus van Thulden, ofwel Nederlandse kunstenaars die waren gespecialiseerd in de voorname heroïsche stijl en neerkeken op de mindere genres, zoals Pieter de Grebber, Adriaen Hanneman, Jan Lievens en Gerrit van Honthorst.[39]

Er waren natuurlijk geen kroningen in de Nederlandse Republiek, noch uitgebreide, officiële audiënties. De Nederlandse versie van de koninklijke intocht, de *joyeuse entrée*, ging terug tot de Bourgondische tijd in de late middeleeuwen en werd regelmatig opgevoerd om bezoekende vorsten te verwelkomen en, incidenteel, om na een overwinning de stadhouder en zijn gevolg toe te juichen. Het was echter geen slaafse knieval voor een cryptomonarchale veroveraar. Een formele erkenning door de bezoekende hoogheid van de rechten en privileges die in het stadsrecht en gewoonterecht waren vastgelegd, was in de ceremonies opgenomen. Zo was de symbolische betekenis die de triomfboog onder Augustus, Trajanus en Hadrianus had, op geraffineerde wijze omgekeerd. Hij symboliseerde niet de aanvaarding van het cesarisme, maar de barrière die de militaire macht moest passeren om – letterlijk – weer toegang te krijgen tot de burgermaatschappij. Daarmee aanvaardde de overwinnaar, die ooit pronkte met zijn oorlogsbuit, de voorwaarden die aan zijn 'soevereiniteit' waren gesteld. De koninklijke hoogheden respecteerden dit ritueel, zelfs in het bezette zuiden waar de opeenvolgende gouverneurs van de Habsburgers in de zeventiende en achttiende eeuw inzagen dat ze tactvolle concessies moesten doen aan de burgerlijke eigenliefde in Brussel, Gent en Antwerpen. Keizer Jozef II, die dit soort kapsones minachtend afdeed als de obscure restanten van ontsporingen uit het verleden, haalde zich een heftig oproer op de hals toen hij probeerde ze te onderdrukken. In de Republiek der Nederlanden was het gejuich waarmee een stadhouder werd begroet, een nog nadrukkelijker uiting van verzet tegen het cesarisme. In tijd van oorlog verkeerde de stadhouder dus in een moeilijke positie, omdat hij deels militair bevelhebber en deels benoemd officier was; in vredestijd was zijn rol nog meer die van president-patriarch in plaats van koning-regent. Maar of het huis van Oranje-Nassau nu een actieve of passieve rol in de politiek speelde, het was ondenkbaar dat de Republiek zich als niet meer dan een uitvloeisel van de dynastie zou ontwikkelen, zoals Moskovië door de tsaristische hegemonie veranderde in Rusland, of het Heilige Roomse Rijk in de zeventiende eeuw opging in het rijk dat toebehoorde aan de Habsburgse dynastie.

Recapitulerend: de onafhankelijkheid van de Republiek der Nederlanden was uitsluitend het produkt van historische toevalligheden en omstandigheden – politieke, religieuze en militaire – die haar toekomstige karakter op geen enkele manier vooraf hebben bepaald. En evenmin ontleende ze haar identiteit aan de uitwerking van een of andere ijzeren wet van sociale of economische evolutie. Eenmaal bevrijd van koninklijk gezag moest ze zich zonder een van de vanzelfsprekende kentekenen van territorium, stam, taal of dynastie die traditioneel als criteria voor nationaal bewustzijn werden beschouwd, zelf vorm geven. Het vacuüm dat ontstond door de ineenstorting van de monarchie, werd opgevuld door de tegenstrijdige (maar elkaar niet uitsluitende) invloeden van calvinisme, humanisme en handelspragmatisme. Op zichzelf gaven deze geen pasklare antwoorden op de vragen die de burgers van het nieuwe land zich moesten stellen, namelijk: wie zijn wij? Waar komen we vandaan? Waar gaan we naar toe?

De opmerkelijkste uitvinding van een land dat beroemd zou worden om zijn vernuft, was zijn eigen cultuur. Uit elementen van eerdere incarnaties schiepen de Nederlanders een nieuwe identiteit. Het was een reactie op iets dat anders een onaanvaardbaar negatieve rechtvaardiging zou zijn geweest: opstand tegen koninklijk gezag. In tegenstelling tot de Venetianen, die door hun historische mythologie een geschiedenis van onheuglijke ouderdom en continuïteit bezaten, hadden de Nederlanders gekozen voor een onherroepelijke 'breuk' met hun feitelijke verleden en waren ze nu gedwongen het verleden opnieuw uit te vinden om de wond te helen en het staatslichaam weer gezond te maken. In de praktijk was het van het grootste belang de loyaliteit van het volk uitsluitend voor het nieuwe vaderland te mobiliseren. De cultuur van de Noordelijke Nederlanden moest dus iedereen die binnen de grenzen van de nieuwe Republiek leefde, verbinden met een nieuwe gemeenschappelijke lotsbestemming, het recente verleden als vreemd en onzuiver brandmerken en de toekomst als patriottisch en zuiver herdopen.

Daartoe putte men uit drie soorten bronnen. De eerste greep verder terug dan het directe verleden, naar een denkbeeldige of sterk geflatteerde Nederlandse oudheid en een al even duistere middeleeuwse geschiedenis. In oudheidkundige kronieken als de *Divisie-kroniek* (een eeuw voor de Nederlandse onafhankelijkheid geschreven, maar in de zeventiende eeuw aangepast aan de behoeften van die tijd) werden de unieke kwaliteiten van de Nederlandse natie – haar energie, eenvoud en vrijheidsliefde – op primitieve wijze geopenbaard.

De tweede bron, die de eerste aanvulde, was de eigentijdse geschiedenis, beschreven in erudiete boekdelen in het Latijn en in volkskronieken in het Nederlands, in geïllustreerde gedichten en prozaverhalen, in balladen, toneelstukken, herdenkingsfeesten en dagen van gebed en dankzegging. Door fantasievolle heropvoeringen en voordrachten over de (waarlijk) heroïsche strijd moesten toekomstige generaties Nederlanders indirect de verschrikking en de euforie van de Opstand ervaren. Hun nationale identiteit was het kristallijnen residu van het vuur van de historische ervaring.

Ten slotte was er de associatie op basis van analogie. Ogenschijnlijk was dit de meest indirecte culturele bron, maar het werd onmiskenbaar de effectiefste manier om de Nederlanders in een voor iedereen herkenbare gemeenschap bijeen te brengen. Er waren twee sterk verschillende analogieën voorhanden, de Bataafse en de Israëlitische, en er wordt wel eens gedacht dat ze langs sterk verschillende wegen op sterk verschillende culturele groeperingen werden overgebracht. Het is een feit dat het bijbelse idioom de predikanten in de mond bestorven lag, terwijl Tacitus' geschiedenis van de Bataafse opstand tegen Rome door humanistische geleerden en beschaafde heren werd gekoesterd. Maar ik weet zeker dat deze heroïsche *exempla* in het denken van veel mensen, geleerde en gewone, elkaar overlapten en versmolten, zoals ook op de muren van het 'achtste wereldwonder', het nieuwe stadhuis van Amsterdam, zowel Romeinse als bijbelse zedenlessen te zien waren. De historische kroniek leverde het geruststellende bewijs dat de stoïcijnse deugden van opoffering voor het vaderland, integriteit en grootmoedigheid altijd al in de Nederlandse cultuur belichaamd waren geweest. Maar de bijbel wierp een stralender licht op de toekomst en het verleden van Nederland. En dit was natuurlijk de bijbel van het Oude Testament. De evangelies van het Nieuwe Testament hadden een duidelijk universele betekenis, en een in laatste instantie persoonlijk thema (althans voor een protestant). Maar het Oude Testament was de vaderlandse Schrift, de kroniek van een door God uitverkoren volk dat in zijn geschiedenis Gods licht moest openbaren. Door hun lotgevallen, overwinningen, gevangenschappen, omzwervingen en profetieën – verteld via het gedrukte woord van de bijbel, het gesproken woord van de kansel, de verhalende dramatiseringen van het historiestuk en de overtuigende beelden van de prentkunst – konden de Nederlanders die lastige vragen over hun eigen identiteit beantwoorden.

Wie waren ze? Ze waren de nieuwe/oude Bataven, hoeders van de 'waare vrijheid'. Ze waren herboren Hebreeërs, kinderen van het Verbond.

Waar kwamen ze vandaan? Van slavernij en afgoderij via beproeving naar vrijheid en godvrucht.

Waarheen zouden ze gaan? In hun lotsbestemming zouden ze Gods plan voor de wereld openbaren en in eerzaamheid, voorspoed en roem zouden ze leven zolang ze Zijn geboden zouden gehoorzamen.

2 KRONIEK

Het Nederlandse patriottisme was niet de oorzaak maar het gevolg van de opstand tegen Spanje. Maar ook al werd het achteraf uitgevonden, het was al snel de bindende kracht voor mensen die vonden dat ze huis en haard verdedigden. Hoewel huis en haard eerder Leiden of Haarlem dan een of andere nieuwe, abstracte eenheid betekende, was een gemeenschappelijk vaderland ongetwijfeld een troostrijk en hoopgevend idee voor burgers die zich anders niet alleen fysiek belaagd maar ook hopeloos geïsoleerd zouden hebben gevoeld. Het is dan ook niet verwonderlijk dat in de periode van de grote belegeringen tussen 1570 en 1580 op munten en penningen de eerste tekenen van een nationale identiteit zichtbaar werden.[40] Het was het symbool van een beleg – een omheining van palissades verdedigd door een klimmende leeuw – dat in 1573 veranderde van een zuiver plaatselijk in een vaderlands embleem. Want volgens de achttiende-eeuwse oudheidkundige Kornelis van Alkemade aanvaardde graaf Willem VI van Holland na een langdurig beleg van de versterkte stad Hagesteyn in 1406 bepaalde door de verdedigers gestelde voorwaarden ten aanzien van hun rechten en vrijheden. En als bevestiging van de overeenkomst gaf hij een nieuw zegel uit met de afbeelding van een omheind gebied, dat de beperkingen van de feodale macht symboliseerde. In 1573 werd een penning geslagen

De vaderlandse schrift

Penningen uit Gerard van Loon, *Beschryving der Nederlandsche Historipenningen*, 's-Gravenhage, 1723-1731. Kress Library of Business and Economics, Harvard University

met het motto *Libertas Patria*, waarop een maagd was afgebeeld die de vrijheidshoed droeg en gezeten was in een omheind gebied, de Hollandse Tuin.[41]

In de jaren zeventig en tachtig van de zestiende eeuw werden dit de standaardmotieven van de vaderlandse iconologie. De hoed werd vele malen afgebeeld, vaak op een piek of lans en in de handen van de maagd, die op haar beurt werd vereenzelvigd met de Hollandse Maagd. Voor zover ik weet werd in 1575 de hoed voor het eerst afzonderlijk op een penning afgebeeld, met de inscriptie *Libertas Aurea*, Gouden Vrijheid. De achttiende-eeuwse numismatisch historicus Van Loon legde uit dat het embleem was ontleend aan numismatische en literaire Latijnse bronnen en dat het een zinspeling was op de gewoonte om van slaven die zouden worden vrijgelaten het hoofd kaal te scheren en de daarvan afgeleide uitdrukking 'bij de hoed te worden geroepen', ter aanduiding van de geboorte van de persoonlijke vrijheid.[42]

Op vrijwel al deze emblemen – op munten, penningen, propagandaprenten, frontispices en zegels – kwamen leeuwen voor: klimmende leeuwen met het krijgszwaard, uit het water oprijzende strijdlustige leeuwen, zoals op het wapen van Zeeland en de leeuw van de Unie zelf, met in de rechterklauw de zeven pijlen van de zeven verenigde provincies. Na 1609 werd dit vaderlandse heraldieke repertoire in polemieken het meest agressief toegepast door de partij die het minst gelukkig was met het bestand met Spanje. En hoogst waarschijnlijk was de prent die Willem Buytewech in 1615 als satire op het bestand maakte, vervaardigd in opdracht van een patriciër die tegen Oldenbarnevelt was (zie pag. 82). Het omheinde gebied was nu de groene, weelderige 'tuin', het symbool van de door God gezegende welvaart der Nederlanden, en in die tuin troonde de Hollandse Maagd, bevallig en kwetsbaar. In het midden van de tuin staat een oranjeboom met een afgeknotte stam ter nagedachtenis van de vermoorde Willem van Oranje en twee bloeiende takken die de stadhouders Maurits en Frederik Hendrik symboliseren. Bij het hek verdedigt de leeuw zijn tuin tegen een schijnheilige vrouw achter wier glimlachende gelaat van de vrede de grimmige uitdrukking van de krijger schuilgaat en die met een luipaard een menigte soldaten aanvoert.[43]

Willem Buytewech, *Allegorie van de onbetrouwbaarheid van Spanje en de vrijheid en welvaart van de Republiek*, ets, gravure en droge naald. Verzameling David Kiehl, New York

Veel van deze elementen van de vaderlandse iconologie werden voortdurend vernieuwd, verfraaid en uitgewerkt. Was het beeld van de weelderige tuin als metafoor van de natie op zichzelf al een opvallende afwijking van het heraldieke bestiarium der vorstendommen, nog opvallender was het munten van de Hollandse koe – vet, vruchtbaar en vreedzaam (en het symbool van de voorspoed in landbouw en handel) – als verbeelding van de zelfvoldaanheid.⁴⁴ Deze republikeinse beeldtaal was weliswaar nieuw en fantasievol, maar omwille van de legitimiteit moest worden gesteld dat ze eigenlijk zeer oud was. Stadhouder Maurits werd in 1618, na zijn triomfale intocht in Amsterdam, naar de stadspoort aan het Overtoom begeleid door een konvooi van twintig schuiten, die waren versierd door de Nederduytsche Academie, de opvolger van de rederijkerskamer als hoeder van de landstaal. En 'In de vierthiende Schuyt zaten eenige personen gekleedt na de oude wijze van des Lands bedieninge de *getrouwe Nederlanders*' (cursivering van mij).⁴⁵

Penning uit Gerard van Loon, *Beschryving der Nederlandsche Historipenningen*, 's-Gravenhage, 1723-1731. Kress Library of Business and Economics, Harvard University

Naar alle waarschijnlijkheid bestond het kostuum onder meer uit de ceintuurloze, lange toga met wijde mouwen die het archetype van de Oud-Nederlandse kleding in het grijze verleden was geworden. En de bron voor dergelijke kostuums was hoogst waarschijnlijk de invloedrijkste van de eerste generatie historiekronieken: de *Cronycke van Hollandt, Zeelandt ende Vrieslandt*. De *Divisie-kroniek*, zoals ze ging heten, was voor het eerst gepubliceerd in 1517 en door Cornelius Aurelius, een augustijner kanunnik, samengesteld uit laat-middeleeuwse overleveringen en ridderverhalen, plaatselijke legenden en kronieken, en een oppervlakkige lezing van Tacitus' *Germania*, de voornaamste bron voor de geschiedenis van de oude *Batavi*.[46] Hoe gebrekkig de *Divisiekroniek* ook was, ze gaf het eerste overzicht van de Nederlandse geschiedenis van de oudheid tot de zestiende eeuw, op een toegankelijke wijze onderverdeeld, zoals de naam al zegt, in hoofdstukken. Het is niet verwonderlijk dat het werk tijdenlang als geschiedenisboek op scholen werd gebruikt, en van 1538 tot 1802 drieënvijftig edities kende.[47] Ook toen de Dordtse oudheidkundige Wouter van Gouthoeven het in 1620 naar aanleiding van de nieuwe situatie van Nederland bijwerkte, zorgde hij ervoor dat het een 'oude chronijcke' bleef (zie p. 84).[48]

Juist deze vrije mengeling van feit en fictie, fabel en geboekstaafde geschiedenis was de oorzaak van de populariteit en het lange leven van de *Divisie-kroniek*. In de vroege vorm gaf het boek nauwelijks een eigen karakter aan het Nederlandse verleden, al was het alleen maar omdat de laat-middeleeuwse, Nederlandse ridderverhalen weinig afweken van de geijkte Gallische, Germaanse en Latijnse overlevering. Amadis de Gaule, de Ridder van de Zwaan en het vliegende ros Beiaard doken in Vlaams-Bourgondische uitmonstering opnieuw op naast authentiekere produkten van de Lage Landen als Tijl Uilenspiegel en de immer voorbeeldige Lijdzame Griseldis.[49] Plaatselijke oudheidkundigen, die in steden met een echt middeleeuws verleden als Dordrecht, Haarlem, Utrecht en Middelburg werkten, wilden de schaarse bronnen nogal eens verfraaien met verzonnen verhalen over hun stichting door de eeuwige Trojaanse balling, een tak van de Scythen die als de oer-Bataven werden

Anonieme houtsnede. Titelpagina uit Wouter van Gouthoevens uitgave van *d'Oude chronijcke ende historien van Holland*, 1636. Houghton Library, Harvard University

Anonieme houtsnede. 'Portret van graaf Floris de Dikke' uit Wouter van Gouthoevens uitgave van *d'Oude chronijcke ende historien van Holland*, 1636. Houghton Library, Harvard University

beschouwd, of zelfs volledig mythische plaatselijke helden, bij voorkeur in de nacht verwekt door een bezoeker van de Olympus. Cornelius Aurelius hield zich net als zijn tijdgenoot Gerardus Geldenhauer, de kroniekschrijver van Gelderland, vooral bezig met de oorsprong van bepaalde plaatsnamen. En hij maakte daarbij handig gebruik van assonantie om valse stambomen te fabriceren. Volgens een populaire fabel, die het mikpunt werd van de vernietigende spot van de Leidse humanist Scriverius, zou Haarlem gesticht zijn door een 'Heer Lem' en Medemblik door Medea![50] Wouter van Gouthoeven hield een van de meer bestendige mythen levend: de oude Bataven zouden hun naam hebben ontleend aan de gevluchte prins Bato van de stam der Hermonduren, uit Hercinia – ergens in de zompige moerassen van Midden-Europa.[51] Het eiland in de Rijn waar hij zijn toevlucht zocht, ging Batavia heten. Zijn broer Salandus, die zich verder naar het westen vestigde, stichtte 'Salando', dat Zeeland werd. En ter ere van hun overleden vader Mitellus werd de hoofdstad Middelburg genoemd. Dat deze afleidingen overtuigender leken dan bijvoorbeeld 'land aan zee' of 'burcht in het midden', komt voort uit de voorliefde van oudheidkundigen voor het geheimzinnige en hun afkeer van het vanzelfsprekende.

De gapende leemten in het continuüm van de vroege Nederlandse geschiedenis werden gevuld met fantasierijke reconstructies. Net als bij de Vlaamse en Italiaanse steden was een rol in de kruistochten onontbeerlijk ter ondersteuning van de historische geloofwaardigheid, vooral in steden die beweerden dat hun stadsrechten niet aan feodale toekenning waren ontleend. Haarlem koesterde het verhaal van zijn legendarische deelneming aan de verovering van Damiate in de Nijldelta, en liet het rond 1630 door Cornelis Claesz. van Wieringen voor het stadhuis schilderen, en het ook vastleggen in glas, als de Haarlemse bijdrage aan de beroemde serie historieramen in de Janskerk te Gouda. Leiden gaf hoog op van haar Latijnse naam, Lugdunum Batavorum (officieel pas daterend van 1575), en maakte er tevens aanspraak op de eerste hoofdstad van de Batavi te zijn; Dordrecht beriep zich erop de oudste middeleeuwse stapelplaats te zijn en Alkmaar beweerde dat het de oudste zetel van de graven van Holland was. Hoe ouder de stamboom was, des te sterker was de aanspraak op een 'echt Hollandse' herkomst. Soms doken in deze half herinnerde, half verzonnen verhalen vage figuren uit het schemerduister van het vroeg-middeleeuwse verleden van Nederland op die deze kerk of dat landgoed zouden hebben gesticht. Zo zouden Willibrordus en Sint-Swigberdus de eerste apostolische evangelisten in Utrecht en Holland zijn geweest en bij de boosaardige Radboud, koning der Friezen, de duivel hebben uitgedreven, een beproeving die zijn onderdanen genas maar de koning het leven kostte. In Van Gouthoevens editie van de *Divisiekroniek* maken niet alleen de bekende graven met hun familie en gevolg hun opwachting, maar ook minder belangrijke, maar kleurrijke figuren als de burggraaf Jan van Wassenaer, de heren van Assendelft en Wijngaerden, en vrouwe Jacoba en hertog Jan van Beieren. Voor het volk was er echter niets dat de fragmenten en flarden van de oude overlevering onderscheidde van de wonderbaarlijke verschijningen, zeegoden, onkwetsbare baronnen en behekste molenaars uit de fabelgeschiedenissen die op kermissen en markten werden gezongen, voorgedragen en verbeeld.

Er was natuurlijk een rijke literatuur van spreekwoorden, die in de zestiende eeuw door Vlaamse geleerden was gebundeld, en ook de geschiedenis van de Hoekse en Kabeljauwse twisten in Holland en Zeeland in de veertiende en vijftiende eeuw was opgetekend, zij het op eenvoudige wijze. Maar geen van beide bronnen was bruikbaar als uitgangspunt voor een eigen noordelijke of 'Nederlandse' geschiedenis. De gelaatstrekken van de graven van Holland werden (met enige fantasie) ontleend aan de grafsculpturen die overvloedig aanwezig waren in de grote kerken van bijvoorbeeld Dordrecht, Haarlem en Utrecht, om te worden afgebeeld in de geschiedenis van Scriverius, die terugging tot en met Dirk I in 863. Sommige graven kregen de reputatie typisch Nederlandse eigenschappen te belichamen. Zo werd graaf Willem III afgeschilderd als de Nederlandse Salomo, die op zijn ziekbed nog de kracht wist te verzamelen om een van zijn eigen baljuws, die ervan beschuldigd werd een koe van een boer te hebben gestolen, te laten berechten en terechtstellen. En toepasselijk genoeg schilderde Claes van der Heck dit onderwerp speciaal voor de Schepenkamer van het Alkmaarse stadhuis.[52]

Al dit eclectisch gerommel met mondelinge en geschreven bronnen was voor de eerste generatie nationalistische historici aan het einde van de zestiende eeuw veel te onsystematisch. Schrijvend in het centrum van geleerdheid, de universiteit van Leiden, wilden ze een bruikbaar nationaal verleden scheppen, gebaseerd op degelijker bronnenmateriaal dan overleveringen en fabels. Zo rekende Lipsius af met het interessante personage van de dolende prins Baeto (al werd hij door Hooft in 1617 gered als held van het gelijknamige toneelstuk). Scriverius, die zich in het voorwoord bij zijn geschiedenis presenteerde als 'Vaderlandse Vriend', deed de sterke verhalen over 'Heer Lem' af als pure sprookjes. 'O arme ende Ydele Glorie,' klaagde hij, 'die niet dan op fabels en is gegrondvest.'[53] Een reeks serieuze en kritische historici, beginnend met vader en zoon Janus Dousa, en onder anderen Simon van Leeuwen, Arnoldus Buchelius en Hugo de Groot, hield zich daarentegen nauwkeurig aan Tacitus en andere betrouwbare Latijnse bronnen als Plinius en Strabo om het verhaal van de Bataven en hun onvermoeibare oorlog tegen de tirannie van het Romeinse rijk te vertellen.[54] Scriverius, die zich misschien nog het meest bekommerde om de authenticiteit van teksten, was wel zo avontuurlijk om gebruik te maken van de archeologie – potscherven en reconstructies van plattegronden – voor zijn versie van de Bataafse en vroeg-middeleeuwse geschiedenis. Maar Janus Dousa pater was het toonbeeld van de nieuwe vaderlandse geleerde, want hij was zowel humanistisch historicus als ambtenaar, door de Staten-Generaal afgevaardigd naar het hof van Elizabeth, en bibliothecaris en curator van de universiteit van Leiden. Belangrijker nog voor de vereniging van de eigentijdse met de vroege geschiedenis was dat Dousa de taak kreeg een kritisch archief op te zetten van alle oorkonden die te maken hadden met de soevereine status van de steden en provincies van de nieuwe unie.

Deze nieuwe aandacht voor wetenschappelijke authenticiteit stond het verzinnen van een klassiek verleden dat het heden flatteerde en legitimeerde, natuurlijk niet in de weg. Of het nu ging om zogenaamde geschiedenissen van de oude Bataven, zoals *Liber De Antiquitate Republicae Batavicae* (1610) van Hugo de Groot, of om werken over contemporaine gebeurtenissen, zoals *Belgische ofte Nederlantsche Historie, van Onsen Tijden* (1605) van Emanuel van Meteren, de Nederlanders behielden in deze geschriften door de eeuwen heen in weerwil van alle tirannie en onderdrukking een eigen politieke en culturele identiteit. En toneelstukken als de *Trouwen Batavier* (1609) van Theodoor Rodenburg, *Baeto* van P. C. Hooft (waarin de stichter van de natie werd voorgesteld als het slachtoffer van een hofintrige in de stam, dat in ballingschap moest gaan in het land dat Batavia werd) en later *De Batavische Gebroeders* van Joost van den Vondel, waren epische verheerlijkingen van het stichtingsdrama, onder het doorzichtige mom van klassieke geschiedenis. De beeldende kunst, zowel de schilderkunst als de grafiek, bevat veel minder aanwijzingen voor de populariteit van de Bataafse historische mythologie. Rembrandts verminkte meesterwerk *Het eedverbond van de Batavieren onder Claudius Civilis* is nog steeds de spectaculairste onorthodoxe versie, maar de beeldtraditie werd voor het

Anonieme gravure. Titelpagina uit Petrus Scriverius, *Beschrijvinghe van Out Batavien... Mitsgaders d'Afcomst ende Historie der Edelen Hooggeboren graven van Hollant, Zeelant en Vrieslant*, Amsterdam, 1636. Houghton Library, Harvard University

Anonieme houtsnede uit Petrus Scriverius, *Beschrijvinghe van Out Batavien...*, Amsterdam, 1636. Houghton Library, Harvard University

eerst vastgelegd door Otto van Veen, die in het eerste decennium van de eeuw een serie van twaalf panelen over de opstand van de Bataafse leider schilderde en zich daarbij trouw aan de beschrijving van Tacitus hield (zie p. 88). Evenals in de kronieken werd het verhaal verteld in een reeks epische tableaus: de eed op het verbond in het Schakerbos, de benoeming tot veldheer van Brinio (de tweede leider), de nederlaag van de Romeinen op de Rijn, het verraad van binnenuit, de overwinning van Cerealis, de Romeinse generaal, en ten slotte de eervolle verzoening tussen Civilis en Cerealis. De Bataven, in een combinatie van middeleeuwse kleding en het bijbels-klassieke kostuum dat in de renaissance voor historieschilderingen werd gebruikt, tonen in alle taferelen moed, volharding, kracht en grootmoedigheid.[55] Of de cyclus nu in opdracht is gemaakt of niet, in 1613 kochten de Staten-Generaal hem aan voor hun vergaderzaal in Den Haag, net in de tijd dat er sprake was van een eervolle oplossing van conflicten. Maar uit dit ene schilderij kan nog niet worden afgeleid dat Van Veen een patriottisch schilder was. Hij had een mooi schilderij van de uitdeling van haring en wittebrood na het ontzet van Leiden gemaakt – een van de vaste thema's in de vaderlandse traditie – maar zijn loopbaan verliep in een richting die precies tegengesteld was aan die van de grote generatie die van het zuiden naar het noorden was gekomen, want hij vestigde zich in Brussel en werkte aan officiële opdrachten van het aartshertogelijke hof van de Habsburgse heersers Albertus en Isabella.

De gedrukte beschrijvingen van de Bataafse geschiedenis, vooral die in het Nederlands, moesten bepaalde elementen bevatten, wilden ze voor protonationale teksten doorgaan. Ten eerste: zelfs als ze voor semi-populair gebruik bedoeld waren (dat wil zeggen van het niveau van octavo met houtsneden waren) moesten ze de kentekenen van humanistische geleerdheid dragen: overvloedige verwijzingen

Otto van Veen (Vaenius), *De samenzwering van Claudius Civilis en de Bataven in het Schakerbos*, 1612-1613, paneel, 38 × 52 cm. Rijksmuseum, Amsterdam

naar Tacitus, Plinius, Strabo – iedere klassieke bron waarin de Bataven werden vermeld. Ten tweede: zelfs als de uitgebreidere Latijnse nomenclatuur van het land werd gebruikt (zoals in *De Rebus Belgicis* van De Groot), was het van het grootste belang een duidelijk onderscheid te maken tussen de Bataven en de naburige volkeren als de Belgen, Galliërs en Friezen, die alle ooit onder het Romeinse juk waren gekomen. In de beschrijving van hun onzekere herkomst ten zuiden van de Rijn mocht hun andere naam, Kaninefaten, worden gebruikt. Maar eenmaal verhuisd naar hun waterrijke noordelijke bastion, werden en bleven het Bataven. Op zijn eigen innemende wijze ging Scriverius uitvoerig in op de relatie tussen geografie en vrijheid. 'Batavia was in voortijden,' zo schreef hij, 'een wilde, woeste ende onbewoonde landouwe.'[56] Juist de ijver en het doorzettingsvermogen van de Bataafse immigranten gaven hun het recht op binnenlandse vrijheid zonder inmenging van vreemde mogendheden. Binnen de gordel van hun waterbarrières konden ze zich volgens hun eigen zeden en gewoonten ontwikkelen.

Uit de enigszins magere ingrediënten stelde Hugo de Groot een versie van de Bataafse geschiedenis samen die vleiend en herkenbaar tegelijk was. Het zal niemand verbazen dat het een volkje was van flinke, zuinige, nijvere, deugdzame, dappere en gastvrije (zij het een tikje drankzuchtige) lieden, netheids- en vrijheidslievend. Omdat ze onoverwinnelijk waren, kregen ze een speciale ontheffing van schatplicht aan Rome, een republikeins *sine qua non* dat erg belangrijk was voor de Nederlanders.[57] Ze duldden geen enkele absolute vorst, maar regeerden door middel van volksvergaderingen die regelmatig bijeenkwamen. De Groot noemde ze de

Ordini Batavorum, en in de Nederlandse vertaling van zijn werk heten ze 'staten' – de term voor de soevereine besturen van de zeven provincies. Volgens Van Gouthoeven kwamen de vergaderingen eens per maand bijeen en kon iedere 'burger' er zijn klachten naar voren brengen. De Groot, Scriverius, Gysius, Hooft en Van Gouthoeven hebben geen van allen een goed woord over voor de Latijnse bronnen waarin Brinio of Civilis koningen worden genoemd en stellen nadrukkelijk dat geen vorst of zijn 'raad' bindende besluiten kon nemen zonder de goedkeuring van de 'vergadering'.

Hugo de Groot waagt zich zelfs aan een beschrijving van de Bataafse zeden en gewoonten. Ze dronken een bier van gemout koren en droegen wijde kleren in effen kleuren. Van Gouthoeven geeft meer details en beschrijft de zilveren gespen waarmee ze hun mantels bij de hals vastmaakten. Scriverius verlevendigt zijn tekst met vrije fantasieën op archeologische artefacten, maar daarmee gingen de Bataven wel heel erg op provinciale Romeinen lijken. Volgens De Groot lieten de mannen hoofd- en baardhaar groeien om zich te onderscheiden van de Romeinen en de geromaniseerde volken. De episode waarin Claudius Civilis zijn haar liet knippen (vóór zijn verzoening met Rome) verwees dus zowel naar de oudheid als naar Samson. Ze leidde tot een felle discussie in 1644, toen fanatieke predikanten als Borstius het dragen van lang haar een smerige heidense gewoonte noemden, terwijl humanistische historici als Boxhorn de lange lokken verdedigden omdat hun heldhaftige voorouders ze ook hadden.[58] Bataafse vrouwen zouden hun haar hebben geverfd met henna en hun kleren met meekrap (een gewas dat in de zeventiende eeuw werd verbouwd in Zuid-Holland en Zeeland). Net als hun Nederlandse afstammelingen stonden ze bekend om hun kuisheid voor het huwelijk. (Van Gouthoeven gaf toe dat er in de oudheid Bataafse vrouwen waren van wie bekend was dat ze met een man samenwoonden, maar om die reden was het hun absoluut verboden te trouwen, 'hoe schoon, hoe rijc oft hoe jonge sy was'.[59]) De overeenkomst met de tijdgenoten van De Groot was des te groter omdat hij beweerde dat de bruidsschat na het huwelijk hun eigendom bleef en ze er als weduwen vrij over konden beschikken, een typisch Nederlandse regeling. Kinderen werden door hun eigen moeders gezoogd en opgevoed volgens de regels van de gezinsdiscipline die in zedelijk opzicht streng maar in fysiek opzicht mild waren.

Dit zoeken naar parallellen was niet zonder haken en ogen. Zowel het heidendom van de Bataven als hun dienst in de Romeinse legioenen (beschreven in alle belangrijke Latijnse geschiedenissen) pasten slecht in dit groepsportret van een ontembaar en deugdzaam volk. Dat werd opgelost door hen voor te stellen als de eerste bekerlingen van het christelijke evangelie, en hun krijgsdienst voor Rome werd uitgelegd als een vrijwillige daad van een vrije bondgenoot, niet als een verplichting van een onderworpen volk. In Rome, zo heette het, werden Bataafse krijgers, vooral hun ruiters, tot de geduchtste 'bondgenoten' van het rijk gerekend, en zonder hen had Claudius noch Caesar Brittannië kunnen veroveren. Civilis zelf werd doorgaans afgeschilderd als een veteraan die een vaderlandse opstandeling werd toen de vrijheden van het vaderland werden bedreigd door een wederrechtelijke uitbreiding van de directe keizerlijke macht.

Al deze kronieken te zamen wekten de indruk dat er bij de val van Rome al een Bataafse natie (het woord 'natie' werd expliciet gebruikt) bestond. Volgens deze preformatietheorie van de nationale identiteit waren de meeste specifieke eigenschappen waardoor de Nederlanders zich onderscheidden van andere volkeren, al in de kiem of in eerste aanleg aanwezig in het oude Batavia. De relatie tussen habitat en staatsvorm, tussen water en vrijheid, was door gewoonte veranderd in een normatief principe. En het belangrijkste aspect van dit mechanisme waarmee men zich een historische identiteit wilde verschaffen, was de verwerping van de absolute heerschappij. Wat er naderhand in de middeleeuwen ook was gebeurd, zo stelde men, deze essentiële eigenschappen van de Bataven waren blijven bestaan. De Friezen waren verdreven uit Holland, de Brabanders lagen overhoop met de Gelderlanders, maar zeven eeuwen lang, van graaf Dirk I tot keizer Karel V (door Scriverius de dertigste graaf van Holland genoemd), werden de beperkingen op de soevereiniteit door de Nederlanders gehandhaafd en door hun slechts in naam regerende heersers geaccepteerd. Hooft, Van Meteren, Van Gouthoeven, Gysius en De Groot beweerden allemaal dat de graven van Holland instemden met de traditionele beperkingen en dat er pas na de komst van de ambitieuze hertogen van Bourgondië in de vijftiende eeuw aanwijzingen waren voor een onwettige concentratie van dynastieke macht. De Groot wees er met nadruk op dat het gezag van de graven binnen hun eigen rechtsgebied door de middeleeuwse keizers van het Heilige Roomse rijk was erkend als een *imperium in imperio*, vrij van inmenging van bovenaf. Analoog hiermee werden de plaatselijke, door de graven geëerbiedigde soevereiniteiten echt de baas in eigen huis.

De Groot, Hooft en Gysius gaven een gedetailleerde opsomming van deze beperkingen op het absolutisme, die volgens hen een wezenlijk onderdeel van de oeroude 'Bataafse grondwet' was.[60] Naast deze droge inventarisatie van de voorwaarden waaronder de graven regeerden, illustreerden ze met voorbeelden uit middeleeuwse annalen hoe dit in zijn werk ging. Er werd bijvoorbeeld gesteld dat de Staten (een lichaam dat volgens De Groot de directe opvolger van de Ordines Batavorum uit de oudheid was) toestemming moesten geven voor ieder voorgenomen huwelijk van een graaf of alleen regerende gravin. Zo kon vrouwe Ada, dochter van graaf Dirk VII, huwen met de graaf van Loon omdat de Staten daarin toestemden. Aanvaarding van dit principe betekende natuurlijk dat de Staten beslissingsbevoegdheid hadden in gevallen van omstreden of onzekere opvolging, een extra macht die in sommige gevallen zelfs boven het eerstgeboorterecht prevaleerde. Sicco, de oudste van de twee zonen van Arnoud, de derde graaf, werd door de Staten gepasseerd ten gunste van Dirk, de jongere zoon. Toen deze kinderloos stierf, bepaalden de Staten weer dat Floris, de jongste, de volgende graaf zou worden.[61] Erfelijkheid was dus nog geen voldoende voorwaarde voor soevereiniteit, althans niet in Nederland, iets dat waarschijnlijk in goede aarde zou vallen in een land dat, zoals men zei, had geleden onder de onvoorspelbare huwelijkspolitiek van de Bourgondische en Habsburgse vorstenhuizen.

Ook de andere essentiële bepalingen van het Bataafse bestuur waren een afspiegeling van zeventiende-eeuwse ideeën en in feite een retrospectieve formulering van criteria voor de legitimiteit van de natie. De Groots tweede bepaling was dat alleen degenen die in het vaderland geboren waren konden worden benoemd tot raadsheer, belastingambtenaar, schout of baljuw – een principe dat tijdens het regime van Granvelle en Alva duidelijk was geschonden. Ten derde hadden de Staten de vrijheid te vergaderen, ongeacht of ze door de graaf bijeengeroepen waren. Ten vierde mocht geen nieuwe belasting, tol of accijns geheven worden zonder toestemming van de Staten. Ten vijfde moesten alle oorlogshandelingen door de Staten worden goedgekeurd en mocht de machthebber geen oorlog tegen zijn eigen territorium voeren. Ten zesde – een opmerkelijke indicatie voor opkomende nationale gevoelens – moesten de graven in hun officiële correspondentie en staatsstukken de Nederlandse taal gebruiken. Ten zevende konden alleen de Staten opdracht geven tot het slaan van munten. Ten achtste mocht nooit enig deel van het rijk aan 'vreemdelingen' worden overgedragen. Ten negende mochten de Staten nooit buiten Holland en West-Friesland bijeenkomen. Ten tiende was het uitdrukkelijk verboden om de graaf rechtstreeks of via de benoemde stadhouder schattingen of geschenken aan te bieden. Ten elfde was de rechtspraak voorbehouden aan de officiële rechterlijke macht. En ten slotte, zo luidde het in de krachtige taal van Hooft en De Groot: 'De oude Gewoonten en wetten sullen onverbreekelijk blijven en indien de vorst daer teghen eenigh besluyt neeme niemandt sy aen dat besluyt gehouden.'[62]

Geformuleerd als een vanzelfsprekend axioma of een empirische waarheid vertoonde deze vrijbrief voor verzet veel invloed van bepaalde politieke ideeën over de grenzen van de gehoorzaamheid, uitgewerkt door generaties humanistische en vooral calvinistische schrijvers.[63] Evenals bij hun Franse en Zwitserse collega's kwamen theoretische bespiegeling en historisch onderzoek voort uit de politieke behoeften van hun tijd. Maar in de Nederlanden moesten de theoretische en juridische aspecten wijken voor de dringende behoefte aan een morele rechtvaardiging voor de opstand – een mantel van legitimiteit die de naaktheid van de afgezworen trouw moest bedekken. De nieuwe natie ontleende haar legitimiteit aan het fysieke leed dat ze tijdens de oorlog had moeten ondergaan, wat echter niet eenvoudigweg kon worden uitgedrukt als een misdaad tegen de natuur, maar wel als een schending van de geschiedenis. Zo werd ieder onderdeel van de 'oude' Bataafse grondwet negatief gedefinieerd als het principe dat aantoonbaar door de Habsburgers was aangetast. En aangezien De Groot betoogde dat legitimiteit door precedent werd overgedragen, liet hij ook de oligarchie delen in de voordelen ervan, met het argument dat de plaatselijke soevereiniteit altijd had toebehoord aan de 'oudste en vroomste familiën'.[64] Hij stelde dat ook dit karakteristiek was voor de Bataven. Maar paradoxaal genoeg moest de geschiedenis een beroep doen op de natuur om haar aanspraken kracht bij te zetten. De Groot stelt de retorische vraag: waarom zou men precedenten eerbiedigen? Omdat het ons bij onze geboorte is ingeprent ouderen te eerbiedigen, is het voor ons natuurlijk ons te onderwerpen aan de wetten, gebruiken en gewoonten die van oudsher gelden en voorgeschreven zijn.[65]

De 'ontdekking' van een nationale stamboom, compleet met een Bataafse etnologie en zelfs archeologie, moet een geruststellend effect hebben gehad in een wereld waarin nieuw zijn eerder angstaanjagend dan bemoedigend was. Hoezeer de calvinistische predikanten de Nederlanders ook op het hart drukten zich te beschouwen als herborenen in een nieuw leven, gezuiverd van het vuil van afgoderij en rooms bijgeloof, het was geruststellender om kinderen van een oud en vruchtbaar geslacht te zijn dan onnozele wezen, overgeleverd aan de wolven. Maar bovendien was er de angst (niet alleen bij predikanten) dat een geloof in nationale continuïteit het vaderlandse ethos zou kunnen aantasten als dit aanleiding zou zijn tot onverantwoordelijke ideeën over onvoorwaardelijke verdraagzaamheid. Midden in de oorlog met Spanje hoefde men zich natuurlijk geen zorgen te maken over zelfvoldaanheid, maar toen in de jaren dertig en veertig het strijdtoneel zich van het centrum van Nederland naar elders verplaatste, achtte de 'stichtersgeneratie' van de Nederlandse Republiek het noodzakelijk de herinnering aan de beproevingen levend te houden als oproep tot voortdurende waakzaamheid. Gysius stelde in zijn *Oorsprong en Voortgang der Neder-landtscher Beroerten ende Ellendicheden* (1616) dat hij de gebeurtenissen van zijn tijd had opgetekend om de volgende reden: 'Wy Nederlanders hier in de Geunieerde Provintien hebben onse Vryheyt met de wapenen bevochten ende wy moetense oock met de selve wapenen staende houden even doende gelijk de Crane des slapende eenen steen in den Clau houdt op dat sy niet al te diep in den slaep vervallende van haer vyanden overrumpelt ende verscheurt en worde.'[66] Als ijveraar voor kerk en vaderland had Gysius ernstige bedenkingen tegen het door Oldenbarnevelt bereikte bestand, maar ook wie niet tot de 'oorlogspartij' behoorde geloofde dat het belangrijk was toekomstige generaties ervan te doordringen dat hun vrijheid duur was betaald. En het was evenmin voldoende de gebeurtenissen tijdens de opstand en de oorlog vast te leggen als een historische sage. De volgende generaties moesten de verschrikking en de euforie, de haat en de smart, het geloof en de vreugde tijdens de lange oorlog ervaren alsof ze er zelf bij waren geweest. Door er voortdurend aan herinnerd te worden, zouden ze toetreden tot een gewijde gemeenschap van herdenking en de eigen nationale identiteit herbevestigen. Wilhelmus Baudartius geloofde dat wat de Nederlanders was overkomen 'te diep gewortelt [is] in de Gemoederen der Ingezetenen dat sy nu noch ten eeuwigen dagen sullen vergeten', maar toch schreef hij zijn geschiedenis opdat ouders 'haer kinderen dagelicx inscharpen wat haer voorouders is geschiet en wat sy noch te verwachten hebben van zulke wreede wolven en tyrannen zo sy niet toe en sien'.[67] Zijn beschrijving en vele andere mondelinge en schriftelijke geschiedenissen, drama's in versvorm, rijmelarijen, historieprenten, herdenkingsplechtigheden, gebruiksvoorwerpen met inscripties en sierobjecten moesten allemaal de onderlinge verbondenheid bevorderen, zoals de Haggada dat voor de joden deed. Ze herhaalden het proces waarin de natie heilig en vrij tegelijk werd en herinnerden de Nederlanders eraan dat hun vrijheid afhing van hun heiligheid.

Terwijl de historiekronieken over oudheid en middeleeuwen over het algemeen zijn geschreven in de plechtige en doorwrochte stijl die kenmerkend was voor oudheidkundigen, waren de eigentijdse, epische geschiedenissen geschreven in de meer dramatische en betogende trant die aansloot bij hun didactische bedoeling. Sommige, zoals *De Rebus Belgicis* van Hugo de Groot, *Oorsprong en Voortgang* van Gysius en *Corte historische beschryvinghe der Nederlandscher oorlogen* (1639) van Jacob Duym, vloeiden of op natuurlijke wijze voort uit het feit dat de schrijvers zich richtten op het legitimeren van de daden van hun voorouders, of werden als vervolg in hetzelfde deel opgenomen. Andere leken voortzettingen – zoals Nicolaes de Clercks besluit bij de kroniek van Oud Holland door Van Gouthoeven – maar waren in werkelijkheid met veel meer polemisch venijn geschreven, met de bedoeling reacties los te maken bij de tijdgenoten. Sommige, zoals de beroemdste van alle grootschalige geschiedenissen, de *Neederlandsche Histoorien* van Pieter Hooft of de *Belgische ofte Nederlantsche Historie, van Onsen Tijden* van Emanuel van Meteren waren een combinatie van dramatische verhalen en redelijk betrouwbare gegevens. Andere bestonden uit strijdlustige propaganda zonder historische scrupules en geschreven om te voldoen aan de vraag naar populaire kronieken, zoals de titels al aangeven: *Morghen-Wecker der Vrye Nederlantsche Provintien* van Wilhelmus Baudartius, de *Spieghel der Jeught* uit 1614, een gepopulariseerde versie van de *Morghen-Wecker*, vervaardigd door Joh. Polliet en voor 1740 negenentwintig keer herdrukt, of het Dordtse *Martelaar's Boek* uit 1612.

Hoezeer de eigentijdse geschiedenissen ook verschilden qua stijl en betrouwbaarheid, ze hadden bepaalde gemeenschappelijke kenmerken die ze onderscheidden van de oudheidkundige kronieken. De nadruk lag niet op de continuïteit maar op de discontinuïteit en op de onvermijdelijkheid van de breuk met Spanje. Maar de schrijvers wilden tegelijkertijd de vaste helden van de opstand – Oranje, Brederode, Hoorn en zelfs de Watergeuzen – karakteriseren als uiterst verdraagzame mensen die ondraaglijk leden onder de Spaanse botheid en wreedheid. Daarom moesten de duivelse excessen van het Spaanse regime in zo schril mogelijke kleuren worden afgeschilderd. Zo bevat de kwarto-editie uit 1616 van Gysius' boek als frontispice een gravure met de figuur van Spanje, die op het punt staat een dolk in de borst van de Hollandse Maagd te stoten – tegen een achtergrond van aan galgen bungelende lijken, smeulende brandstapels en boosaardige priesters. Deze barbarij en de daaropvolgende opstand kwamen, zo suggereerde men, voort uit een fundamentele onverenigbaarheid van nationale temperamenten. Opvallend is de vanzelfsprekendheid waarmee men stelde dat het Nederlandse en het Spaanse karakter hoe dan ook te sterk verschilden voor een duurzame verzoening. Baudartius en Duym gingen uitvoerig in op de Spaanse neiging tot 'hoogmoed' – een eigenschap die sluw werd afgezet tegen de typisch Nederlandse deugden bescheidenheid en nederigheid. Het ene was, zo stelde men, een teken van aanmatiging in het aangezicht Gods, het andere een onderwerping aan Zijn wil. De politiek van de Spaanse koning en diens raadsheren werd ingegeven door aristocratische obsessies en fanatieke dogma's die totaal niet pasten in een land dat was ontstaan dankzij voortreffelijke burgerlijke deugden. En een burger zijn was niet, zoals men misschien zou denken, hetzelfde als een bourgeois zijn, maar betekende leven volgens christelijke fatsoensnormen, de erasmiaanse manier van leven. Hoe dan ook, een burger uit een dergelijk land stond onverschillig of vijandig tegenover de feodale obsessies met oorlog, land en eer, die werden beschouwd als de heersende waarden aan het Spaanse hof. •

De geschiedenis van de opstand en de oorlog was dus een uitwerking van deze al gepolariseerde collectieve eigenschappen, zodat het typisch Nederlandse kon worden losgemaakt uit een toevallig ongeschikt loyaliteitskader en overgebracht naar een kader dat door het regionale karakter bepaald kon worden. En deze scheiding werd onherroepelijk doordat de kronieken voortdurend herinnerden aan het onfatsoen of zelfs de onmenselijkheid van de Spanjaarden. Een groot deel van de verhalen was dan ook gewijd aan de wreedheden begaan in naam van de koning, die met veel persoonlijke en topografische details werden beschreven. Hoe gruwelijker de wreedheden, des te gedetailleerder de beschrijving, zo leek het devies, een schrijftrant die sterk was beïnvloed door de vroegere zestiende-eeuwse kronieken van de Spaanse wandaden in Indië en soortgelijke versies van de Franse godsdienstoorlogen. Overbodig te zeggen dat de monumentale beschrijving door de dominicaner priester Las Casas van de gruweldaden gepleegd in het Spaanse rijk, in het Nederlands werd vertaald en dat er royaal uit werd geput voor een noordelijk equivalent van de 'Zwarte Legende'. Zo gebruikte de schrijver en uitgever Jan Evertszoon Cloppenburgh Las Casas als inleiding tot zijn eigen geschiedenis van het bloedbad tijdens de Bartholomeusnacht en de oorlog in de Nederlanden.[68]

De eigentijdse geschiedenissen waren alle volgens een bekende formule geschreven, of ze nu waren uitgegeven in grootse stijl (Hooft) in folio-edities geïllustreerd met gedetailleerde kopergravures, of voor een groter publiek, met rijmelarijen en primitieve prenten (Baudartius). Ze begonnen met de reis van Filips II naar de Nederlanden in 1549, diens troonsbestijging in 1555 of de verspreiding van de inquisitie, en het zich geleidelijk ontwikkelende conflict werd aaneengeregen door middel van een aantal dramatische tableaus. Ze waren in vermanende stijl geschreven en gingen vergezeld van gravures die zowel heroïsch als gruwelijk waren en zich zoals ze op de pagina gedrukt waren in het collectieve geheugen moesten griffen. Het was een vertoning van het macabere melodrama van het renaissancetheater, met als *dramatis personae* zijzelf of hun voorvaderen. Hooft gebruikte het leed dat de muitende Spaanse troepen de grootmoeder van zijn vrouw in Antwerpen hadden aangedaan, om de verteller, en bijgevolg de lezer, zich zoveel mogelijk te laten vereenzelvigen met de slachtoffers. En zijn beschrijving van de gewelddaden die de soldaten in 1576 in die stad begingen, is onvergetelijk, juist omdat hij algemeenheden combineerde met schokkende details.

De aangrijpendste martelaarsgeschiedenis (met gravures natuurlijk) ging over

De vaderlandse schrift

Anoniem, 'De Bloedraad', uit *Waarachtighe Beschrijvinghe ende Levendighe Afbeeldinghe vande Meer dan onmenschelijke ende Barbarische Tyrannije bedreven by de Spaengiaerden in de Nederlanden*, Amsterdam, 1621. Houghton Library, Harvard University

een bruidspaar dat in eigen huis door Spaanse muiters werd aangevallen. De bruidegom wordt vermoord en aan de voeten van zijn bruid geworpen, wier moeder vervolgens in haar armen sterft. Hooft wendde zijn hele poëtisch en dramatisch talent aan, nu eens niet geremd door humanistische plechtstatigheid, in passages als de volgende: 'Deeze weduw, eer zij vrouw was, slaat een jammerlijk geluid, slingert om, als vertwijfelt en werpt zich in de schoot haarder moeder die zelve de ziel tussen de lippen had.' Ze werd vandaar op bevel van een Spaanse kapitein meegesleurd naar het kasteel. Haar vader, die deze gruwelen overleeft, wordt op de vlucht vermoord en vervolgens wordt zijn dochter aangerand. De kapitein '... stroopt haar, keeten, kleynoodje, en alle kleederen af, en dat zuiverlyk lichaam, van booven tot onder met overstrenge roeslagen. Noch liet d'onmenschelyke wreedheit het hierby niet. Met de versche smart, jaaght hy haar moedernaakt en leekende van bloedt door ontallyke quetzuuren, die niet dan eere schenen, naa de stadt toe die in lichte loogh stond'. Daar wordt ze uit haar laatste schuilplaats gesleurd en afge-

Frans Hogenberg(?), 'De Spaanse Furie te Antwerpen', gravure uit Joannes Gysius, *Oorsprong en Voortgang der Neder-landtscher Beroerten ende Ellendicheden*, Leiden, 1616. Houghton Library, Harvard University

maakt door een andere schurk, waarna haar lijk op straat wordt achtergelaten.⁶⁹ In Hoofts gruwelijke panorama wordt heel Antwerpen een tafereel uit een Nederlandse apocalyps: 'Die werelt onlanx van een stadt, was nu een naar toonneel van afgryslykheit. Van treê tot treê, verslaaghe menschen en paarden. De straaten geverwt, en plas, van hun vermengde bloedt... Een groot deel der Hoogduitschen lagh verbrandt in de harnassen, op de markt; den eene arm oft been, den andre hooft oft schouder af.'⁷⁰

Deze schrikbeelden moesten toekomstige generaties eraan herinneren dat de geboorte van de natie een beproeving en kwelling was geweest. En terwijl het misschien moeilijk was Nederlandse kinderen de episoden die leidden tot de Pacificatie van Gent of zelfs de Unie van Utrecht in het geheugen te prenten, waren de taferelen van moord en doodslag maar al te makkelijk te onthouden. In Gysius' kroniek is de verteller een vader die zijn zoon onderwijst in de vaderlandse Schrift. Bij de passage waarin de Spaanse troepen mensen levend villen en hun huid over hun regimentstrommels spannen, roept de zoon (begrijpelijkerwijs): 'Vader! De hayren staen mij te berge als ick u hoore deese dinghen met sulck yver vertellen.'⁷¹

De Spaanse Zwarte Legende vormde dus de kern van de volksgeschiedenis. Maar niet alle tableaus waren zo bloederig. De angstaanjagende taferelen met ketterverbrandingen in Spanje waarmee zo veel kronieken begonnen, werden afgezet tegen de gezegende eenvoud van calvinistische predikanten die hun kudden onder de eiken van Vlaanderen en Brabant toespraken. Dan volgde een stoet van gemakkelijk herkenbare gebeurtenissen: de beeldenstorm van 1566, de komst van Alva en de instelling van de Bloedraad, de gevangenneming en terechtstelling van Egmond en Hoorn in 1568, de misnoegde omzwervingen van Willem van Oranje, de inname van Den Briel door de Watergeuzen, de Spaanse opmars in het zuiden van Nederland en de plundering van Rotterdam, de plundering van Mechelen en het bloedbad van Naarden in 1572, de grote belegeringen van Haarlem, Alkmaar en Leiden, de ramp van Oudewater in 1575 waarbij de stad in brand werd gestoken om te voorkomen dat ze in handen van de Spanjaarden viel, de Spaanse furie in Antwerpen, de mislukte vrede en het ontstaan van de unies van Atrecht en Utrecht, de moord op de prins in Delft en de onheilspellende heroveringen van Parma in het zuiden. De geschiedenissen die het verhaal tot in de zeventiende eeuw voortzetten, benadrukten de internationale aspecten van het conflict, alsof de uitkomst van de strijd in de Nederlanden beslissend zou zijn voor het succes of de nederlaag van de Contrareformatie. De landvoogdij van Anjou en Leicester maakte echter de weg vrij voor de zelfverheerlijking bij de overwinningen van prins Maurits en voor de spectaculaire schepping van een Nederlands rijk, in Oost en West, die grotendeels ten koste van de katholieke vijand ging.

Het was belangrijk om voor deze bewogen periode precies vast te stellen wie de helden en wie de schurken waren. Met behulp van vignetten, gegraveerd naar officiële portretten, konden de hoofdpersonen geïdentificeerd worden, maar deze stijl had het nadeel dat zelfs de gezichten van beruchte figuren als Granvelle of Filips II de respectabele trekken van de oorspronkelijke portretten vertoonden. Op sommige afbeeldingen stampte Alva, de meest gehate figuur van allemaal, hard op de nek van ketters; zelfs dat was echter geen polemische kritiek maar afgeleid van klassieke Hercules-conventies. Hoewel karikaturen al gebruikt waren in de populaire schotschriften en pamfletten van de Duitse Reformatie en de Franse godsdienstoorlogen,[72] waren ze nog niet ingeburgerd als illustraties bij werken over de geschiedenis der Nederlanden. Er waren wel gegeneraliseerde versies van bepaalde gebeurtenissen, waarin bepaalde personen (soms met name genoemd in bijschriften) worden gehekeld of verheerlijkt. De Nederlandse martyrologie werd al gevestigd in het eerste decennium van de eeuw. De dood van Willem van Oranje was weergegeven in talloze pamfletten, prenten en geschiedenisboeken, en zelf was hij vereeuwigd op een gebrandschilderd raam in de Janskerk van Gouda, dat het ontzet van Leiden weergeeft en in 1603 werd voltooid (zie p. 117). Mindere goden kregen ook een plaats in het nieuwe nationale pantheon. De 'twee Batenburgers', Gijsbert en Diederick, waren jonge edellieden uit de provincie Gelderland die in 1568 in Brussel hetzelfde lot als Egmond en Hoorn ondergingen, omdat ze zich achter de 'afvallige' adel hadden geschaard. 'Wy Baenders-Heren van 't moedich Duytsche bloet/En Batons oud gheslacht in Gelderland gegoet,' luidde Gysius' lofdicht, en ze gingen de geschiedenis in als de onschuldigste slachtoffers van Alva's onlesbare bloeddorst. Hun terechtstelling, in talloze versies tot in details weergegeven, werd het voor-

Frans Hogenberg(?), 'De inname van Den Briel door de Watergeuzen', gravure uit Joannes Gysius, *Oorsprong en Voortgang der Neder-landtscher Beroerten ende Ellendicheden*, Leiden, 1616. Houghton Library, Harvard University

Anonieme houtsnede. 'De moord op Willem van Oranje in Delft', uit J.E. Cloppenburgh, *Le Miroir de la Tyrannie Espagnole*, Amsterdam, 1620; ook gepubliceerd in *Spieghel der Jeught*. Houghton Library, Harvard University

beeld van de volmaakte vaderlandse dood. Er waren anderen die uit een nog grotere anonimiteit tot het vaderlandse walhalla werden bevorderd. Jan van Duyvenvorde, de commandant van het Leidse garnizoen, was een van hen, en nog bekender was Kenau Hasselaer, de geduchte matrone van Haarlem, die tijdens het beleg aan het hoofd van de vrouwen van de stad naar de stadsmuren trok en daar dreigde met een indrukwekkend arsenaal aan keukenmessen, ijzerwaren en ketels met kokende vloeistoffen om over de hoofden van de aanvallers uit te storten.

De moed van gewone mannen en vrouwen, wier trouw aan de huiselijke deugden in schril contrast stond met de perverse wreedheid van hun folteraars, was een belangrijk element in deze bewust vaderlandse geschiedenissen. Hoewel er gruwelijke voorvallen te over waren, koos men gebeurtenissen die typerend waren voor de manier waarop de Spanjaard het Nederlandse huishouden (geboorte, huwelijk, zorg voor zieken en bejaarden) geweld aandeed, en voor de standvastigheid waarmee de slachtoffers te midden van dood en verderf hun sociale banden probeerden te handhaven. Tijdens de lange maanden van het beleg van Leiden, zo vertelt Hooft ons, konden zogende moeders geen melk meer geven en werden velen van hen dood in de straten aangetroffen, hun baby's in de armen geklemd.[73] In Oudewater, waar in 1575 een verschrikkelijke slachting onder de bevolking plaatsvond, werd een zwangere vrouw vermoord en werd de foetus in de baarmoeder afgemaakt, een grueldaad die daarna een vast onderdeel van de illustratie van de gebeurtenis werd. Ook in Naarden werd, drie jaar eerder, de zwangere Lambertge Claesdogter verkracht, vermoord en in een put gegooid, terwijl Margriet Claesdogter, die een kind van zes maanden zoogde, midden in de winter de sneeuw in werd gejaagd, waar ze 'miraculeus' overleefde zodat ze haar verhaal in het naburige Huizen kon vertellen.[74] Zoals in Hoofts beschrijving van de ontheiliging van een huwelijk in Antwerpen, werd de

De vaderlandse schrift

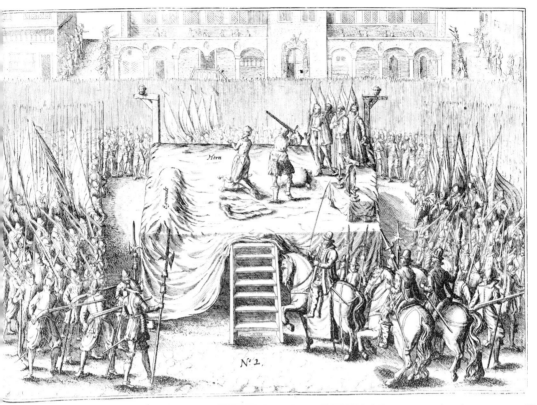

Anonieme gravure. 'De executie van Egmond en Hoorn', uit *Waarachtighe Beschrijvinghe ende Levendighe Afbeeldinghe*, 1620. Houghton Library, Harvard University

Anonieme houtsnede. 'Kenau Simonsdr. Hasselaer bij de belegering van Haarlem', uit Johan van Beverwijck, *Van de Wtnementheyt des Vrouwelicken Geslachts*, Dordrecht, 1643. Houghton Library, Harvard University

Anonieme houtsnede. 'Bloedbad te Oudewater', uit J.E. Cloppenburgh, *Le Miroir de la Tyrannie Espagnole*, Amsterdam, 1620. Houghton Library, Harvard University

Anonieme houtsnede. 'Bloedbad te Naarden', uit J.E. Cloppenburgh, *Le Miroir de la Tyrannie Espagnole*, Amsterdam, 1620. Houghton Library, Harvard University

Spaanse barbarij afgemeten aan de onverschilligheid voor de familie- en vriendschapsbanden die voor de Nederlanders zo bijzonder waren. Zelfs in de Bataafse kronieken werd een hecht gezinsleven een nationale karaktertrek genoemd. Want Hooft benadrukt in zijn vertaling van Tacitus een ogenschijnlijk onbelangrijk detail – namelijk dat Claudius Civilis ervoor zorgde dat vrouwen en kinderen zich bij de veldslag met de Romeinen helemaal in de achterhoede bevonden – met een Tempesta/Vaenius-gravure als loflied op het gezinsleven (zie p. 101).

De tegenstelling tussen de Nederlandse familiezin en de minachting daarvoor van buitenlanders had niet treffender uitgebeeld kunnen worden. Maar omdat de kroniekschrijvers een krijgsvolk wilden schilderen dat erop uit was alle huiselijke onschuld en vredigheid met wortel en tak uit te roeien, moesten ze hun teksten onvermijdelijk aandikken om ze aangrijpender en gruwelijker te maken. Toch was wat de Spanjaarden deden, hoe verschrikkelijk ook, in die tijd niet uitzonderlijk, met name tijdens de grimmige en langdurige belegeringsoorlogen. Callots gravures van de *Grandes Misères de la Guerre* en Gelnhausens *Simplizissimus*-verhalen over de Dertigjarige Oorlog bevestigen dat soldaten, boeren en stedelingen allemaal hetzelfde verschrikkelijke lot te wachten stond. En al werden de gruwelen in mondelinge getuigenissen of dubieuze geruchten overdreven, er zijn bewijzen te over voor de blinde slachtingen en systematische martelpraktijken waarmee de burgerbevolking werd geterroriseerd en tot absolute onderwerping gedwongen. De waarheid of onwaarheid van deze beschrijvingen was minder belangrijk dan het feit dat ze medeleven en vaderlandse gevoelens wekten. De gewoonte om het zwaarst mishandelde slachtoffer met naam en toenaam te noemen maakte wat anders een algemene beschrijving van een oproer zou zijn geweest, extra geloofwaardig en schiep een aparte klasse van helden en martelaren onder de gewone mensen. Zo kreeg

Antonio Tempesta naar Otto van Veen, 'Civilis overwint de Romeinen terwijl de vrouwen en kinderen terzijde staan', uit P.C. Hooft, *Neederlandsche Histoorien*, Amsterdam, 1642. Houghton Library, Harvard University

Anonieme houtsnede. 'Bloedbad te Zutphen', uit J.E. Cloppenburgh, *Le Miroir de la Tyrannie Espagnole*, Amsterdam, 1620. Houghton Library, Harvard University

Gijsbrecht Bont, een zeventigjarige burger van Naarden, eerst een mes in zijn hals en werd hij vervolgens gedwongen zijn eigen bloed te drinken voor hij werd vermoord. Gewelddaden tegen ouderen, die in de Nederlandse cultuur met speciale eerbied en genegenheid werden bejegend, was nog zo'n 'misdaad tegen de natuur' die gebruikt kon worden om de vijand te ontmenselijken. Op het hoogtepunt van het Naardense bloedbad, zo verhaalden de kronieken, vierden de Spanjaarden hun moordlust bot op hulpeloze bedlegerigen als de oude gewezen schout Cornelis Gijszoon en de linnenwever Arent Lambertszoon. Ook anderen die de openbare en pastorale zorg van de gemeenschap symboliseerden – twee doofstommen, de bewoners van het plaatselijke gasthuis (van wie sommigen over de tachtig) en de bedelaar Claes Hondslager – werden over de kling gejaagd.[75] In Mechelen werden in 1572 de nonnen, nota bene geloofsgenoten van de soldaten, gewoontegetrouw verkracht terwijl hun klooster werd geplunderd, en in november van datzelfde jaar werden in Zutphen mannen, vrouwen en kinderen naakt de met ijsschotsen bedekte rivier ingejaagd, waar ze bevroren, verdronken of stikten.

Voor de zeventiende-eeuwse lezers van deze kronieken werden de gruweldaden niet alleen afgeschilderd als 'onnatuurlijke wreedheden' in de renaissancistische zin van het woord, maar ook als onderdeel van systematische heiligschennis. En niet alleen kerken en stadhuizen werden ontwijd, maar ook de instellingen die de Nederlanders het dierbaarst waren: het heilige huwelijk of de verering van de voorouders. De koning van Spanje, uit wiens naam deze schanddaden werden begaan, ging men dan ook zien als Behemoth, vastbesloten de banden die gemeenschappen en zelfs gezinnen bijeenhielden, te vernietigen. Om hem te weerstaan moest men zich wapenen met het geloof en de vitale instellingen van huis en haard verdedigen.

In 1621, toen na het korte Twaalfjarige Bestand de oorlog werd hervat, wekten deze rauwe verhalen, vaak geschreven door calvinistische predikanten, de angst en de vastberadenheid op die nodig waren voor een nieuwe ronde van 'offers voor het vaderland'. De generatie 'ballingen' uit het zuiden of de verdedigers van Haarlem en Alkmaar hoefden niet aan het belang van de nationale eenheid te worden herinnerd, voor hen waren de geschiedenissen niet meer dan de schriftelijke neerslag van hun beproevingen. Maar voor de bevolking van de Nederlandse steden in het tweede kwart van de eeuw, die een ongekende welvaart genoten, leek de oorlog misschien steeds meer een onbelangrijke, formele kwestie. Het slagveld lag tenslotte niet meer in de polders of bij de stadsmuren van Haarlem en Dordrecht. Het had zich verplaatst naar de Atlantische en Indische Oceaan of naar de garnizoenssteden van Brabant en Limburg. Niet dat een Amsterdamse koopman, hoe commercieel ingesteld ook, zou hebben durven voorstellen Maastricht of Breda op te geven, maar zijn steun aan een bepaalde campagne zou wel eens evenzeer kunnen afhangen van de rentevoet als van zijn patriottisch vuur. Voor sommige gemeenschappen bleef de oorlog een ramp, ook al vormde hij eerder een bedreiging voor hun levensonderhoud dan voor hun leven. De vissersdorpen van Zeeland en Zuid-Holland waren een gemakkelijke prooi voor de kapers die vanuit Duinkerken voor de Spaanse kroon opereerden. Maar de hoge kosten van een effectieve konvooiering betekenden dat hun nood eerder gelenigd zou worden door vrede dan door meer geweld.[76] Bovendien bestonden de legers van de Republiek, ook toen ze onder de stadhouders Maurits en Frederik Hendrik beroepslegers werden, in toenemende mate uit huurlingen, onder wie steeds minder autochtone Nederlanders. Het is dan ook niet verwonderlijk dat men, vooral in Amsterdam, het leger er steeds meer van verdacht de oorlog uit eigenbelang voort te zetten, tegen het algemeen belang van de Republiek in. En het element dat van oudsher de rechtstreekse betrokkenheid van de steden bij de verdediging van het vaderland had vertegenwoordigd – de stedelijke schutterijen – verloor tegen 1630 juist aan militaire betekenis. Hun exercities waren meer elitair vertoon en oligarchische bravoure dan de oefening van gewapende burgers, en ze ontleenden hun bestaansrecht evenzeer aan het gevaar van een al te machtige Oranjedynastie als aan de dreiging van de Spanjaarden.

Geconfronteerd met deze terugval riepen de kroniekschrijvers in hun bezielende voorwoorden en rituele opsommingen van helden en horreurs op tot nieuw patriottisme. Ze maakten niet alleen de haat tegen de oude vijand weer levend, maar herinnerden de zorgelozen er ook aan wat voor genade ze konden verwachten als een nieuwe Parma ooit de rivieren zou oversteken. Ook andere collectieve herinneringen droegen bij tot de eendracht. Steden die een gedenkwaardige rol in de oorlog hadden gespeeld, stelden herdenkingsrituelen in om hun toekomst te verbinden met een heroïsch verleden. In Enkhuizen, Monnickendam en Hoorn (handels- en vissershavens aan de Zuiderzee) werd (en wordt) ieder jaar een zeeslag tussen Nederlanders en Spanjaarden opgevoerd, compleet met brandende scheepswrakken en lofzangen. In Leiden werd (en wordt) ieder jaar op 3 oktober symbolisch brood en haring – het voedsel dat meteen na het ontzet werd uitgedeeld – onder de burgerij verdeeld, als een soort historisch Avondmaal. Na 1606 werd Jacob Duyms orangistische propagandastuk *De Belegering der stad Leyden* regelmatig opgevoerd, met zijn rolbezetting van verhongerende zuigelingen, vijandelijke dons die het water om zich heen zagen stijgen en burgemeester Van der Werff die als een ware heilige zijn volk opriep tot geloof en opoffering voor God en vaderland.[77] In de zeventiende eeuw werd soms het 'ellendevoedsel' op tafels uitgestald – raapzaadkoeken, rattevlees, gekookte huiden en pap van gestampte schors – dat volgens de Leidenaars het rantsoen van de vaderlanders was geweest. De herinnering aan de zware beproeving werd ongetwijfeld levend gehouden door het motto op de gevel van het stadhuis, 'God behoede ons', te zamen met een sacramentele voordracht over de verlossing van de stad. In sommige steden, zoals Oudewater, werden schilderijen met voorstellingen van de belegeringen en slachtingen op opvallende plekken opgehangen zodat het volk ze kon bekijken. Maar de schilderkunst was niet het uitverkoren medium voor het overbrengen van de vaderlandse Schrift. De prentkunst was de voornaamste overdraagster van de beelden, die trouwens in dienst stonden van de tekst en niet omgekeerd. Want in dit soort nationale verbondenheid was het in de eerste plaats het gesproken en geschreven Woord dat van de oude Nederlanders nieuwe Nederlanders maakte.

3 DE SCHRIFT

Stel u een toonbeeld van erasmiaanse deugd voor: een Nederlandse jongen van twaalf jaar, bijdehand, goed christelijk en nieuwsgierig naar zijn plaats in het zeventiende-eeuwse plan der dingen. Oudheidkundige werken zouden hem hebben geleerd dat hij een nieuwe Bataaf was, een loot van een oude stam. Geschiedenissen uit zijn tijd zouden hem eraan hebben herinnerd dat hij de erfgenaam van een generatie martelaren was en dat de mantel van zijn vrijheid was gedrenkt in hun bloed. Maar zijn bewustzijn werd niet uitsluitend door gedrukte teksten of beelden gevormd. Iedere zondag (op zijn minst) werd er van de kansel een waterval van retoriek over hem heen gestort, waarin het lot van de Hebreeërs werd opgeroepen alsof de gemeente zelf een stam van Israël was. Het onderscheid tussen de geschiedenis en de Schrift vervaagde wanneer de Nederlandse onafhankelijkheid en macht werden toegeschreven aan de goddelijke uitverkiezing van een nieuw volk dat een lichtend voorbeeld voor de naties moest zijn.[78] In deze Nederlandse aanvulling op het Oude Testament waren de Verenigde Provinciën het nieuwe Zion, Filips II de koning van Assirië en Willem van Oranje de godvruchtige aanvoerder van Juda. De jongen, die we Jakob Izaakszoon zouden kunnen noemen, moest leren dat hij een kind Israëls was, een van de 'Nederkinderen', die de bescherming van de almachtige God genoot zolang hij Diens geboden in acht nam. De natie waartoe hij behoorde, was uit de slavernij verlost en tot welvaart en macht gekomen dankzij het verbond

103

met de Heer. Als deze natie het pad der rechtschapenheid zou verlaten, zou haar dezelfde vernedering wachten als ooit Israël en Juda had getroffen. Als de jongen een man was geworden, moest uit zijn gedrag blijken dat hij dit verbond aanvaardde, en dan zou hij met zegeningen overladen worden.

Dit soort bijbelse vermaningen behoorde merendeels tot de taal die alle calvinistische en puriteinse culturen in het begin van de zeventiende eeuw gemeen hadden.[79] De Abrahams, Izaaks en Jakobs waren niet alleen in Leiden en Zierikzee te vinden, maar ook in Rouaan, Dundee, Norwich en Bazel. De verwerping van de post-bijbelse hagiografie en het door de opvolgers van Petrus in Rome opgeëiste wettige gezag was een wezenlijk onderdeel van de Reformatie, wat de Schrift een navenant hogere status verleende. Voor calvinisten en andere aanhangers van de 'radicale Reformatie' kreeg de Schrift een nog belangrijker plaats in de eredienst door de afschaffing van het traditionele ritueel en de bemiddeling van de geestelijkheid en door de voorkeur voor directe vormen van Avondmaalviering. Door voortdurend bijbellezen, zang en exegese in calvinistische kerken, scholen en huizen raakten de gelovigen vertrouwd met het geringste wapenfeit van de aartsvaders, richteren, koningen en profeten, terwijl ze zich ooit hadden beziggehouden met de haarkleur van een heilige of de stralen van zijn nimbus. Bovendien was het Oude Testament – meer 'van deze wereld' dan het Nieuwe Testament met zijn volkomen gewijde karakter – in combinatie met de calvinistische obsessie met deugdzaamheid een bron van stichtende wijsheid en historische waarheid zonder enige godslastering. Daardoor werd het Oude Testament verlost van zijn status in de katholieke theologie als een noodzakelijke inleiding, een 'tweede fase' in de teleologie van de erfzonde en uiteindelijke verlossing, en ontstond er weer een soort complementaire symmetrie in de relatie tussen de twee boeken. In het wereldbeeld van de katholieken werd de stichtende functie van de oudtestamentische verhalen overschaduwd door het onoverkomelijke verschil tussen christenen en joden die, als het ware, de oorspronkelijke godsmoordenaars waren. In de calvinistische opvatting kon de kroniek van de uiteindelijke verlossing alleen begrepen worden aan de hand van de geschiedenis der joden, door wie de Almachtige Zijn wil had voltrokken.

In de praktijk betekende dit dat het bestaan in de wereld van de calvinisten was doortrokken van bijbelse zinspelingen, analogieën en voorbeelden. De verhalen van het Oude Testament leken immers rijk aan betekenis voor een wereld die men verdeelde in een godvruchtig en in een heidens kamp, waarin men werd bedreigd door pest, vuur en hongersnood en waarin onvoorstelbare wreedheden de brede weg naar de apocalyps markeerden. Dus vluchtten de scharen der rechtschapenen naar hun nieuwe Zions of herbouwden hun verwoeste Jeruzalems, en noemden hun huizen, hun kinderen en soms hun instellingen naar de woonsteden Israëls. De bijbel werd een bron van analogieën voor de geschiedenis van hun tijd en een talisman die hen bezielde op het slagveld. Dankzij de overvloedige details was hij toepasbaar op alle mogelijke situaties. Als de vijanden zo slecht waren dat ze moesten worden uitgeroeid, heetten ze Amalekieten, die niet gespaard mochten worden. Als de vijanden toevalligerwijze een stuk land bezetten dat de Heer duidelijk voor het volk van Zijn verbond had bestemd, heette het dat ze op Kanaänitische of Midianitische wijze tegenwerkten. Als hun zonden zo weerzinwekkend waren dat ze er zonder meer om vroegen te worden vernietigd, waren het natuurlijk Sodomieten of, minder verfoeilijk, Filistijnen. En wat de goddelijke heerscharen betreft, als ze werden aangevoerd door een gezalfde prins, was dat meestal David, en als ze in groot gevaar verkeerden, was het Hizkia. Was hij een gewone generaal, dan werd het Jozua, en waren de versterkingen ontmoedigend klein, dan werd Gideon erbij gehaald – zijn geschiedenis had de opbeurende boodschap dat de overwinning naar kleine bataljons zou gaan, als ze maar even sluw als gelovig waren.

Aangezien al deze aspecten van de metafoor van Zion in heel calvinistisch Europa voorkwamen, lijkt het misschien onlogisch te betogen dat ze in de Noordelijke Nederlanden bijdroegen tot een gevoel van een *eigen* identiteit. En zelfs al was dit aantoonbaar de bedoeling van hen die deze metafoor gebruikten, hoe zou je kunnen laten zien wat de praktische gevolgen voor de verbondenheid waren? Zou het niet kunnen zijn dat al deze bijbelse retoriek slechts opgeklopt gefulmineer was en beperkt bleef tot kansel en toneel, zonder betekenis voor de harde, dagelijkse praktijk van de Nederlandse maatschappij? Anders gezegd, kan men stellen dat het zelfbeeld van de Nederlanders gekleurd was door hun obsessie met het Oude Testament? En in hoeverre werd hun gedrag beïnvloed door hun visioenen van een dobberende ark, het gouden kalf in de woestijn, het gat in de hersenpan van Goliath of de tempel van Nehemia die uit de ruïnes van Jeruzalem verrees?

Het antwoord op beide vragen is in wezen hetzelfde. Het soort bijbelse taal dat zich in de Nederlanden had ontwikkeld, was altijd al sterk gericht op de regulering van maatschappelijk gedrag. Dit gold evenzeer voor de zestiende-eeuwse Antwerpse humanisten als de zeventiende-eeuwse Leidse calvinisten. In de begintijd van de Nederlandse Republiek – tussen 1580 en 1660 – droeg deze taal bij tot een gevoel van eigen identiteit doordat ze de eigentijdse wereld belichaamde en weerspiegelde. Als ze al niet de oorzaak was, was ze wel zelfbevestigend, een taal ontleend aan de mythe die de collectieve waarneming van de werkelijkheid moest reconstrueren.

We moeten onderscheid maken tussen historisch feit en contemporaine mentaliteit. Het onbetwistbare historische feit dat de Nederlandse bijbelse retoriek in vrijwel dezelfde vorm kon worden gereproduceerd in Genève of Praag, bewijst nog niet dat in al deze plaatsen de calvinisten zich achter één gemeenschappelijke zaak schaarden die alle andere verschillen ophief. Vaak was juist het tegendeel het geval. De bereidheid om de belegerde broeders in La Rochelle of de Grisons in hun benarde situatie bij te staan, bleef in Nederland beperkt tot het lenen van geld (dat ook aan niet-calvinisten of niet-protestanten werd geleend) of, in het uiterste geval, het aanbieden van asiel. Tijdens de Dertigjarige Oorlog waren er te veel soorten protestanten en te veel nationale, dynastieke en territoriale belangentegenstellingen die de vorming van een hechte calvinistische eenheid in de weg stonden. De oppervlakkige religieuze verwantschap tussen het Puriteinse Gemenebest en de Nederlandse

Republiek kon de bittere maritieme geschillen waar in 1652 de Eerste Engelse Oorlog uit voortvloeide, niet verzachten. Toen Cromwell die verwantschap drie jaar later gebruikte om zijn verbijsterende voorstel tot een goddelijke unie tussen de twee republieken te rechtvaardigen, ontmoette hij in Den Haag slechts ongelovige verbazing.[80]

Toch vertoonde de manier waarop de Engelse puriteinse retoriek een ontluikend patriottisme aanwakkerde, meer verwantschap met de Nederlandse stijl dan met die van andere calvinistische bolwerken, waar ze werd gebruikt om de suprematie van de Kerk zelf te handhaven. Dit ging het gemakkelijkst op het niveau van cellen, conventikels en consistories waar het calvinisme binnen een groter gebied in de verdediging was of werd gemangeld tussen grote mogendheden. Belaagde enclaves in Frankrijk, Bohemen of Hongarije konden verwijzen naar de volharding van Juda, maar ze bleven bezorgd over de horden Meden en Perzen aan hun poorten. Wat dit betreft kan Genève trouwens eerder worden beschouwd als een groot, door zijn ligging beschermd conventikel dan als een miniatuurstaat. Waar het hele sociale organisme groter en dus complexer was, zoals in Engeland, moest de bijbelse taal uit andere bronnen van nationale verbondenheid putten om weer een nieuw godvruchtig patriottisme te scheppen. Aangezien de Engelse (en Schotse) historische identiteit grotendeels lang voor de Reformatie was ontstaan, en zo spectaculair tot bloei was gekomen onder de eclectische bescherming van het elizabethaanse akkoord, was dit altijd al onwaarschijnlijk, en door de Burgeroorlog compleet onmogelijk. Het puriteinse Zion-Albion bleef beperkt tot de culturele stijl van één sekte, die het overwicht van het leger probeerde te gebruiken om deze aan alle anderen op te leggen. En omdat inmiddels is aangetoond dat het *New Model Army* lang niet zo eensgezind was als men ooit had aangenomen, is het niet verwonderlijk dat deze vrome onderneming van begin af aan gedoemd was te mislukken.[81] De Restauratie maakte een uitzonderlijk snel en definitief einde aan dit Anglo-zionistisch evangelisme. Daarna bleef het de taal van een sekte, diep begraven onder de korst van de Engelse cultuur tot het onder invloed van Blakes afkeer van het classicisme en de eerste grote golf van romantisch-chiliastische hartstocht weer naar boven kwam.

In de Republiek der Nederlanden was het Hebreeuwse zelfbeeld veel meer een band die het land verenigde dan een dogma dat het verdeelde. Van kansel en psalmboek bereikte het de schouwburg en de prentenhandel, waarbij het calvinistische fundamentalisme werd afgezwakt, maar precies om die reden als nationale cultuur aan kracht won. Juist omdat het Nederlandse hebraïsme niet uitsluitend calvinistische wortels had, maar terugging tot een oudere en dieper liggende humanistische reformatie, had het zo'n algemene aantrekkingskracht. Het waren dus niet alleen fanatieke predikanten als Borstius en Wittewrongel die gebruik maakten van de bijbelse taal, maar ook humanisten als Coornhert, die een toneelstuk schreef, de *Comedie van Israel*, dat in die tijd speelde, crypto-arminianen als Hooft en de hartstochtelijk patriottische maar uiteindelijk katholieke Vondel. En hoe flexibel en veelomvattend deze taal was bleek uit het feit dat rivaliserende politieke richtingen

De vaderlandse schrift

eruit konden putten om hun respectievelijke standpunten te rechtvaardigen. Aan deze verstrengeling met de profane geschiedenis ontleende de Nederlandse schriftgeleerdheid haar enorme kracht. Ze werd niet gebruikt om de seculiere wereld in te lijven in de gewijde wereld, maar om aan de grillen van de geschiedenis (waarvan de Nederlanders soms zeer te lijden hadden) het opflikkerende licht van de goddelijke leiding toe te schrijven.

Deze vaderlandse Schrift kwam behalve in gedrukte teksten ook in visuele en zelfs muzikale vorm tot uitdrukking. Soms kwamen de drie samen, zoals in de opmerkelijke historische compilatie van de Zeeuw Adriaen Valerius, de *Nederlandtsche Gedenck-Clanck*.[82] Dit was waarlijk een Nederlandse Haggada, een geschiedenis van slavernij en bevrijding (enigszins slaafs overgenomen uit de kroniek van Van Meteren) in proza en poëzie, en (wat origineler was) afgewisseld met zang en dans ter herinnering aan saillante gebeurtenissen. Het derde element werd gevormd door prachtige historiegravures, met als centrale figuur de *Leo Belgicus*, nu eens gemarteld in de bankschroef van 'Ducdalf' (de hertog van Alva), dan weer pronkend met de lans en hoed der vrijheid of de prins van Oranje opdragend het vaderland te verdedigen. Valerius was een rederijker, wat in de Nederlanden inhield dat hij leraar, prediker en acteur tegelijk was. Net als de *Spieghel der Jeught*, uit 1614, die de schrijver opdroeg aan 'de schoolmeesters der Vrije Nederlanden', was zijn werk bedoeld als een aanschouwelijk lesboek voor de jeugd. En door de wisselwerking van beeld en lied met het gedrukte woord moest het inprenten van de fel anti-Spaanse boodschap van de *Gedenck-Clanck* zelf al een verheerlijking van het vaderland zijn.

De *Gedenck-Clanck* eindigt met een speciaal gebed over het verbond tussen God en Zijn volk dat steeds terugkeerde in preken en geschiedenissen. Het ging vergezeld van een allegorische gravure van de zeven zusterprovincies en de prinsen van Oranje-Nassau geknield voor de vrijheidshoed, met daarboven het heilige tetragram, een teken dat eerder het begin van de opstand had aangeduid. De tekst van het gebed is zo'n volmaakt voorbeeld van de eenheid tussen de bijbelse analogie en de eigentijdse ervaring die het nieuwe nationale gevoel heiligde, dat het waard is het uitvoerig te citeren:

> Almachtige God! Lieve, barmhertige Hemelsche Vader! Ghy die zyt de sterckte der kleyne, den troost der verdruckte, en een oorspronck en fonteyne aller goetheyd en genade! Wy arme ellendige sondaren bekennen voor u, gelyck de waerheyd is, dat wy in ons lieve Vaderland oogen-schijnelick dickmael hebben gesien, ende tastelyck gevoeld uwe groote macht ende genade, uwe ondoorgrondelycke wijsheydt, ende lieflijcke gunste ende hulpe t'onswaerts, als wy van wreede tyrannen ellendig waren gedreygt ende aengetast; selfs als wy (om te ontgaen de bloedige klauwen onser vyanden) genootsaeckt waren met groote armoede, ende siecke swacke leden, met huysvrou ende kinderen, met pack en sack onse huys, vrienden, neering' en

lieve Vaderlandt te verlaten, ende gaen dolen mosten langst den velden ende wegen naer vreemde landen, also uyt krachte der Spaenscher Placcaten, seer veel bloet der vrome werde vergoten, en wy t'samen genoechsaem geworden waren als een uytvaechsel ende spot vande werelt. O Heere! daer alles soo qualijck met ons geschapen stont, hebt ghy ons weder gebracht in een lant daer ghy ons hebt verrijckt door neering' ende welvaren; en ons hier so t'onsen besten geleyd, even als ghy de kinderen van Israel geleyd hebt uyt Babilonische gevangenisse; de wat'ren voor ons deylende, ende ons daer droogs-voets door brengende, als u lieve volc wel eer door de leytsluyden Moyses ende Josua gebracht werde in 't beloofde land. Ghy hebt ons Heere over groote weldaden gedaen! Ende al ist dat wy die naer weerde niet en hebben erkent, soo hebt ghy ons nochtans daer over niet hard, maer Vaderlyck weder besocht ende gestraft, sulcks dat uwe besoeckingen ons altydt hebben gedient tot een kinderlycke tucht. Ghy hebt de sonden van u volck haer niet toe gerekent, ende daerom hebt ghyse bevrijt van 't jock der Moabiten voor Ahod; ende als eene Deborach ende Barach tot ons uytgeschickt, wiens machten voor ons te velde togen; ende eenen kloeckmoedigen Gedeon, die het Madiaens geweld heeft bestreden. Daer zyn ons Heere! door uwe goedigheyt gegeven veele kloecke mannen, Jephta, Samson, ende meer andere, om de woedende Leeuwen, Draken en Beyren, die ons wouden verscheuren, te verslaen. Ja den couragieusen ende getrouwen David, een besonder spiegel der vromicheyd ende stantvastigheyd, en heeft ons niet ontbroken; noch ook eenen Salomon die met wijsheyd en wonderlycke voorsichtigheyd alle Wysen te boven ging. Sulcx dat men siet onder 't beleyt van so voortreffelycke Vorsten ende Helden, 'thelder licht van u Goddelyck woort ende waerheyd klaerlicken uytgebreyd, u heylig Evangelium onvervalscht verkondigt ende vele luyden die in d'Afgoderye versopen lagen, ende uyt den kelck der Babelsche Hoere hadden gedroncken, op den rechten weg gebracht, ende hier nu op schoone begraesde weyden, in water-rijcke Landen overvloeyende van melck ende honich, ende in vaste bemuyrde Steden gesteldt... Heere uwen Vaderlycken segen ende genade is over ons ten allen tyde wonderlyck ende groot geweest! Ghy hebt het al gedaen! Ghy maeckt de gulden vryheyd ende oude wetten der Vereenigde Nederlanden, spijt den al-benijdenden vyand, voor al de werelt meer ende meer bekent; ende bewyst dat ghy u lieflijck verbont der genaden, metten geloovigen ende haren sade opgericht, wilt volvoeren, ende door haer, in allen deelen der Werelt, doen aanwassen ende groeyen, door het krachtich bestieren uwes H. Geestes.[83]

Zoals de tekst van het gebed een eclectische mengeling van bijbelse analogie, historische ervaring en vrome vermaning is, zo is ook de iconografie van de gravure een vrije combinatie van conventies. Het 'zusterschap' der zeven provinciën gaat ge-

De vaderlandse schrift

Anonieme gravure. 'Nederlands Dank-Offer over de Behoudenis haarer Vrijheid', uit Adrianus Valerius, *Neder-landtsche Gedenck-Clanck*, Haarlem, 1626. Atlas van Stolk, Rotterdam

kleed in klassieke gewaden, het hoofd omkranst met de lauweren van de victorie. Naast hen liggen hoornen des overvloeds, symbolen van de schatten die hun welverdiende beloning waren, maar in plaats van gewone hoornen des overvloeds zijn het zakken vol munten, die de bron van de rijkdommen op onverbloemdere wijze aanduiden. De wapenschilden van de respectievelijke gewesten waren tegen 1626, het jaar van publikatie van de *Gedenck-Clanck* (en een jaar na de dood van Valerius), bekende conventies en zeker de gelaatstrekken van de stadhouder-prinsen zullen voor de gewone lezer direct herkenbaar zijn geweest. Evenzo zijn de verzamelde vaderlandse gelovigen op de achtergrond, die in smekende houding neerknielen voor een massa wuivende banieren en pieken, in eigentijdse kleding weergegeven om de identificatie te vergemakkelijken. Maar al deze figuren bidden voor beelden die klassiek en vroom, humanistisch en calvinistisch tegelijk zijn: de vrijheidshoed, afgeleid van de beloning die bevrijde slaven in de tempel van Feronius in Rome kregen, maar daarboven weer de goddelijke aura die allen hult in de beschermende stralen die uitgaan van het mystieke tetragram Jahweh.

Dit ratjetoe van contemporaine geschiedenis, archaïsche zinspeling, bijbelse vroomheid en vaderlandse hymne heeft een onmiskenbare, pure zeggingskracht.

Valerius behoorde tot de provinciale elite in Veere en was een Franse vluchteling van de tweede generatie die, als zoveel anderen, door de oorlog was opgeklommen, in zijn geval tot controleur der 'convooien en licenten' van de Zeeuwse haven en, belangrijker nog, tot vestingmeester van de stad. Kortom, hij stond als musicus en historicus in de voorste linie, en zijn werk was speciaal voor het grote publiek bestemd. De heroïsche toon die hij keer op keer aansloeg, moest de Nederlanders ervan verzekeren dat ze de helden van de nieuwe Schrift waren: de moderne Makkabeeën. (In de geschiedenis van Van Reyd uit 1644 werden de vijf broers uit het geslacht Nassau inderdaad vergeleken met de zonen van Mattathias.)[84] Neerlands Israël was derhalve een bezielende vaderlandse leuze, en bovendien een leuze die na afloop van de oorlog tegen Spanje niet aan kracht inboette. In 1651 opende de raadpensionaris van Holland, Jacob Cats, de Grote Vergadering van de Staten door haar nadrukkelijk toe te spreken als 'Gij Kinderen van Israël', en in 1668 schreef Lydius in een van zijn lofzangen uit het triomfjaar van de Vrede van Breda:

> Maar boven al bedank ik hem
> Die Holland maakt Jeruzalem[85]

Het Oude Testament was natuurlijk al lang een onuitputtelijke bron van parabels en allegorieën voor de renaissance-humanisten die zochten naar *exempla virtutis*. En in de onderwerpkeuze voor historieschilderijen, didactische prenten en toneelstukken in versvorm volgden de Nederlanders vaak Italiaanse, Boheemse en Vlaamse voorbeelden, vooral als ze bepaalde figuren koppelden aan specifieke morele kwaliteiten of gebreken. Zo duikt Elisa, een favoriet in de renaissance, in gepast profetische gewaden weer op in Ferdinand Bols schilderij voor de regenten van het Amsterdamse leprozenhuis.[86] Doordat hij de geschenken van de Syrische generaal Naäman afwijst, bevestigt hij de superioriteit van onbaatzuchtigheid boven aards gewin. Tot de andere steeds terugkerende thema's hoorden de vrouw van Potifar versmaad door Jozef (lust verslagen door onschuld en standvastigheid), het lijden van Job en Tobias (volharding in tegenspoed) en Abraham en Jefta die hun eigen gezin offerden, het offer van Abraham afgewend door voorbeeldige trouw aan het goddelijk gebod, dat van Jefta voltrokken als straf voor lichtzinnig gezworen eden.[87]

Naast deze oude bekenden uit het renaissance-repertoire kregen andere figuren in hun Nederlandse versie een duidelijker lokaal en inheems accent. In de toneelstukken *Esther* (1618) en *Samson* (1619) maakte Abraham de Koning veelvuldig gebruik van Nederlandse verwijzingen en toespelingen om de lotgevallen van de oude Hebreeërs te verbinden met die van de nieuwe Israëlieten. Om voor de hand liggende redenen bleef de geschiedenis van Esther, waarin de berekende boosaardigheid van een bloeddorstige raadsman (Haman/Alva) werd afgezet tegen de rehabilitatie van een onschuldige vaderlandse held (Mordechai/Oranje), een geliefd onderwerp. Jacob Revius, in *Haman. Treurspel* (1630), Nicolaes Fonteyn, in *Esther ofte 't beeld der ghehoorsaamheid* (1638), en Johannes Serwouters, in *Hesters; oft*

Ferdinand Bol, *Naäman en Elisa*, 1661, olieverf op doek. Amsterdams Historisch Museum

Verlossing der Jooden (1659), accentueerden de interessante parallellen, met een gedramatiseerd portret van een voorbeeldig huwelijk op de koop toe. Jan Steen, die het Esther-thema ten minste vijf maal schilderde, gaf een hoogst theatrale voorstelling van de belangrijkste taferelen die, zoals wel is gesuggereerd, sterk was beïnvloed door de toneelversies van het verhaal (zie p. 117).[88]

En zoals Esther werd veranderd in een heroïsche huisvrouw, moedig en gehoorzaam tegelijk, zo verscheen Jeruzalem in deze bijbelse analogieën als een Hebreeuws Leiden of Amsterdam. Op een van de bekendste gedenkpenningen van het Leids ontzet is te zien hoe de Assyrische koning Sanherib in doodsangst vlucht voor de beschermengel van Juda, vlak voor de poorten van Jeruzalem (zie p. 113).[89] Op de keerzijde was weergegeven welk lot het Spaanse leger voor Leiden had getroffen. In Vondels tragedie in verzen *Hierusalem Verwoest* uit 1620 wordt de verwoesting van de tweede tempel door Titus en het verzet van de joden, zoals verhaald door Josephus, voorafgegaan door een vertroostende moraal. Een ramp lijkt misschien onafwendbaar, schreef Vondel, maar: 'De proeve hier van hebben wy naest eenige jaren herwaerts gehad in deze onze vereenighde Nederlanden, die met de hulpe des Alderhooghsten zoo vele gevaren geluckighlijck zijn voorby gezeylt...'[90]

David en Salomo werden beiden voor plaatselijk, vaderlands gebruik ontleend aan het renaissance-repertoire van bijbelse helden. Men gebruikte Salomo meestal niet om een wijs persoon maar om een wijs bestuur op te hemelen (hij kreeg een prominente plaats in het nieuwe Amsterdamse stadhuis). Maar David werd gebruikt als personificatie van de strijd van de kleine natie tegen een geweldige overmacht, en de rederijkerskamer 'Het Boek' voerde dan ook voor de prins van Oranje een tableau vivant op van David met het hoofd van Goliath toen de prins in 1577 Antwerpen bezocht.[91] David was natuurlijk ook de vaderlandse prins zelf, die schoorvoetend zijn lot aanvaardde en vervolgens een onwankelbare moed toonde. In de prachtige hymne, *Wilhelmus van Nassouwe*, die zowel aan Coornhert als aan Philips Marnix van St.-Aldegonde, de produktieve propagandist van Willem van Oranje, is toegeschreven en die opmerkelijk genoeg het eerste echte volkslied in de geschiedenis was, identificeert de prins zich met David, die achtereenvolgens ten strijde trekt tegen de heerszuchtige Filistijnen en een wraakgierige koning.

> *Als David moeste vluchten*
> *Voor Saul den tiran,*
> *Zo heb ik moeten zuchten*
> *Met menig edelman.*[92]

Het *Wilhelmus* was zo populair omdat de combinatie van de Schrift en historische kroniek het geruststellende zelfbeeld van Neerlands Israël dat de Nederlanders als hun eigen, heroïsche identiteit hadden aangenomen, goed weerspiegelde. Het idee van een nieuw uitverkoren volk dat onder bescherming van de banier des Heren voor een vrome zaak strijdt, komt voor in enkele van de vroegste bewijsstukken voor het bestaan van een vaderlandse volkscultuur. En dat ook elders in de puriteinse en calvinistische retoriek deze taal werd gebezigd, doet niets af aan haar kracht als een vroeg nationalistisch credo. Per slot van rekening deed ook het historiserende en gotiserende mediaevisme van veel negentiende-eeuwse nationalistische stromingen niets af aan de polariserende werking ervan. En in de meest militante centra van verzet tegen de Spanjaarden, de zeehavens van Zeeland en Zuid-Holland, wekten de Geuzenliederen patriottische gevoelens doordat ze de vijand afschilderden als afgodische Filistijnen en Willem van Oranje ophemelden als de nieuwe leeuw van Juda.[93] In de decoratie van de tijdens de oorlogsjaren gebouwde openbare gebouwen werd deze parallel nog eens geaccentueerd. In Venlo lieten de stadsregenten voor het stadhuis een 'belegering van Bethel' schilderen om daarmee een plaats op te eisen in de rijen der vaderlandse martelaren. Een nog spectaculairder gedenkteken vormden de twee grote gebrandschilderde ramen in de Janskerk te Gouda, die beide, direct en indirect, naast elkaar, het beleg van Leiden als onderwerp hadden. Het door Delft geschonken raam, dat werd gemaakt door Dirck Verheyden en Dirck van Douwe en een beroemd en prachtig portret van Willem van Oranje bevat (zie p. 117), is in feite een historiekroniek in glas, compleet met de te hulp schietende vloot van Boisot. In het raam ernaast, dat van Leiden zelf, is dezelfde gebeurtenis vereeuwigd – het was ook ontworpen door dezelfde kunstenaar, Isaac Nicolai van Swanenburgh – maar dan in de vorm van de belegering van Samaria door de Syrische koning Benhadad. Het is buitengewoon ironisch dat dezelfde kerk ook ramen bevat die een halve eeuw tevoren door zowel Filips II als Willem van Oranje waren geschonken.

De meest overtuigende van alle bijbelse analogieën voor de vaderlandse geschie-

De vaderlandse schrift

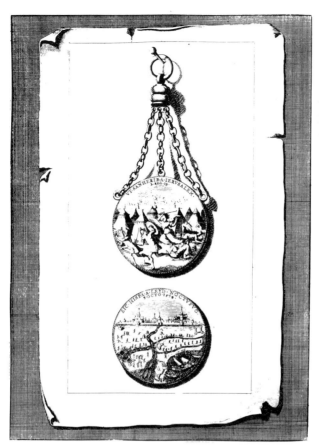

De belegeringen van Jeruzalem en Leiden. Gravure uit Gerard van Loon, *Beschryving der Nederlandsche Historipenningen*, 's-Gravenhage, 1723-1731. Kress Library of Business and Economics, Harvard University

denis was de Exodus. Kort geleden heeft Michael Walzer erop gewezen dat het verhaal bijna altijd werd gebruikt als metafoor voor revolutie, maar ook diende het – misschien vooral in de vroeg-moderne tijd – als referentiepunt voor godvruchtig nationalisme. In de hele zestiende en zeventiende eeuw hebben calvinistische schrijvers, niet in de laatste plaats Cromwell en Milton, de Exodus aangehaald als rechtvaardiging van een radicale breuk met afgodendienst en het sluiten van een verbond van vrije mensen.[94] Maar ofschoon de metafoor gemeengoed was, had ze een zeer letterlijke betekenis voor een eerste generatie Nederlanders, van wie er 150 000 de vleespotten van het zuiden hadden verlaten, ontzagwekkende waterbarrières waren overgestoken en een land van overvloed hadden bereikt. Vervolging, een vertrek onder traumatische omstandigheden, omzwerving, vestiging en de verdediging van een goddelijke natie waren voor die immigranten (die in meerderheid natuurlijk vromere calvinisten waren dan de 'oude' bewoners van het noorden) niet alleen analogieën die vanaf de kansel werden gepreekt, maar ook episoden in de geschiedenis van de eigen stam. Het is dan ook niet vreemd dat het verhaal van de Exodus overal in de vroeg-moderne Nederlandse cultuur voorkomt: in volksliedjes als het *Nieuw Liedeken van den slach voor Bergen* (op Zoom), waarin het lot van het Spaanse leger nog eens wordt vergeleken met de door de Rode Zee verzwolgen Egyptenaren, op kostbare voorwerpen voor de rijken als plaques van gedreven zilver, en op eenvoudige wandtegels voor de minder bedeelden.[95] Op het toneel werd de betekenis van de Exodus voor de tijdgenoten ondubbelzinnig uitgelegd. Een ander tableau vivant dat de rederijkers in Brussel en Antwerpen voor Willem van Oranje opvoerden, was natuurlijk *Mozes bevrijdt de joden*. En in 1612, nog maar drie jaar na het sluiten van het bestand met Spanje, schreef Vondel zijn heldendicht *Pascha*, dat eindigde met een specifieke 'Vergelijckinghe vande verlossinge der kinderen Israels met de vrijwordinghe der Vereenichde Nederlandtsche Provincien'. Natuurlijk wordt Filips II in de heroïsche coda vergeleken met de farao:

> Den eenen Jacobs huys verdruckt met slavernij
> En d'ander t'Nederlandt verheert met tyrannij[96]

Vondels eigen doopsgezinde familie had in 1585 meegedaan aan de grote exodus uit Antwerpen, toen de stad was gevallen voor Parma. Na een kort verblijf in Keulen, waar in 1587 de latere toneelschrijver werd geboren, kwam de familie in 1596 naar de Republiek. Dus al had Vondel de ontworteling en de tocht naar de vrijheid niet zelf meegemaakt, toch moet dit gemeenschappelijke lot van de zuidelijke ballingen een grote rol hebben gespeeld in zijn opvatting van de Nederlandse geschiedenis. En diezelfde beslissende volksverhuizing heeft in Haarlem tussen 1580 en 1630 de eerste echt Nederlandse kunstenaarsschool gevormd. De maniëristen die zich in die stad rond de briljante persoonlijkheden van Goltzius, Cornelis van Haarlem en Karel van Mander verzameld hadden, hadden een onmiskenbaar zuidelijke inslag, en hun thema's, vooral die van hun grafiek, verwezen vaak naar hun eigen, contemporaine geschiedenis. Cornelis, die in 1580 in Antwerpen was geweest, kreeg de opdracht schilderijen te maken voor het Haarlemse Prinsenhof (de residentie van de prins van Oranje wanneer hij in de stad verbleef), met name een schilderij ter vervanging van een door de Spanjaarden beschadigd paneel van Maarten van Heemskerck. Dit werk – de *Kindermoord te Bethlehem* – en een wellustige *Monnik en non* (het 'Wonder van Haarlem') moeten rechtstreeks op de eigentijdse gevoelens hebben gewerkt.[97]

Dat Haarlem in cultureel opzicht veelzijdiger en in religieus opzicht vrijzinniger bleef dan Leiden, deed niets af aan haar belang als smeltkroes waarin een zelfbewuste Nederlandse cultuur ontstond. Evenals de jonge Vondel was Karel van Mander doopsgezind; Goltzius en Coornhert bleven katholieken van humanistische signatuur. Maar hoezeer hun stijl en thematiek ook overeenkwamen met het 'internationale' maniërisme, geen van hen bleef ongevoelig voor de bijzondere ervaring van de Nederlandse opstand. Coornhert zelf was de levende schakel tussen het nieuwe Nederlandse Haarlem en de briljante Vlaamse cultuur van Plantijn en Bruegel.[98] Hij was ook secretaris en later afgevaardigde van Haarlem, werd in 1567 gevangenge-

De vaderlandse schrift

Hendrick Goltzius, *Dirk Volckertszoon Coornhert*, ets, 1591. Fogg Art Museum, Harvard University

nomen door de Spanjaarden en verbleef voor zijn terugkeer naar Nederland als balling in onder andere Xanten, samen met zijn jonge leerling Goltzius. En hoewel hij uiteindelijk van de macht vervreemdde doordat hij zowel de calvinistische excessen als de Spaanse wreedheden aanklaagde, is het volstrekt ondenkbaar dat Coornhert zichzelf niet als een Nederlandse patriot beschouwde.

Hetzelfde geldt ongetwijfeld voor zijn metgezel en leerling Goltzius. Enkele van zijn beste gravures uit de jaren zeventig en tachtig hebben direct te maken met de woelige tijden en zijn eigen emigrantengemeenschap. Zo graveerde hij in 1580 het portret van Jacques de la Faille, de bevelhebber van de negende schutterscompagnie te Antwerpen, omringd met oorlogsattributen, hoewel het een huwelijksportret was (zie p. 116).[99] En ook al was het motto van de geportretteerde *jamais faille*, Parma's verovering dwong hem naar Haarlem te vluchten, waar hij een rederij begon. Het was ook Goltzius die in het jaar dat Willem van Oranje werd vermoord, de prachtige serie van twaalf gravures van diens begrafenis en graf maakte, en in 1586 een andere serie van de graven van Holland voor de kroniek van Blyenburgh.[100] En tussen 1582 en 1587 graveerde hij een spectaculaire serie studies van militairen, onder meer een *Lansdrager* tegen de achtergrond van een bloedige infanterieslag, en met een inscriptie die als volgt begint:

Des lants weluaert moet zijn bewaert bijden getrouwen,
Die aen elcken cant voor tvaderslant haer trouw bewijsen.[101]

Hendrick Goltzius, *Jacques de la Faille*, ets en gravure, 1580. Fogg Art Museum, Harvard University

Hendrick Goltzius, *De lansdrager*, gravure, 1583. New York Public Library

Dit betekent niet dat de Haarlemse maniëristen zich hoofdzakelijk met historische thema's bezighielden. Maar er is vaak gedaan alsof ze alleen belangstelling voor extravagante vormexperimenten hadden. Wat de inhoud betreft heeft men doorgaans aangenomen dat ze uit louter artistieke overwegingen voor heroïsche en bijbelse renaissancethema's kozen. Zeker voor de veel voorkomende Exodus-thema's is dit hoogst onwaarschijnlijk. Minstens drie belangrijke gravures van Goltzius uit deze periode zijn uitdrukkelijk gebaseerd op de bekende verwijzingen naar vaderlandsliefde en de Schrift. In de *Straf der Tirannie* valt Lucifer ter aarde in tegenwoordigheid van zes verdoemde koningen die aan de poort van de hel staan (zie p. 121).[102] En in de cartouche midden boven wordt het leger van de farao verzwolgen door de Rode Zee, een motief dat Goltzius ook gebruikte als hoofdthema voor de sterk verwante *Straf van het Kwaad*. Om iedere twijfel aan het rechtstreekse verband tussen het onderwerp en de eigentijdse gebeurtenissen weg te nemen, is in een cartouche onder in dezelfde gravure de Nederlandse leeuw tegenover de wilde beer weergegeven. Het zal dan ook niemand verbazen dat Willem van Oranje in

De vaderlandse schrift

Jan Steen, *Esther, Ahasveros en Haman*, olieverf op doek. The Cleveland Museum of Art.

Willem van Oranje. Detail van een gebrandschilderd raam door Dirck Jansz. Verheyden en Dirck Reiniersz. van Douwe naar Isaak Nicolai van Swanenburgh, *Het ontzet van Leiden*, 1603. Sint-Janskerk, Gouda

Cornelis van Haarlem, *De doortocht door de Rode Zee*, olieverf op doek. The Art Museum, Princeton University.

1581 expliciet tussen taferelen uit het leven van Mozes wordt weergegeven: de zuilen van rook en vuur, het ontvangen van de tien geboden op de berg Sinaï en het hoogste bewijs van goddelijke bescherming, de doortocht door de Rode Zee (zie p. 122-123).

Het verband tussen het Exodus-verhaal en de geschiedenis van het vaderland is niet altijd zo ondubbelzinnig. Het zou prachtig zijn als we de verbluffende *Mozes* van 1583 in verband konden brengen met Vondels vaderlandse leider, of zelfs als prototype van de versies van Bol en Rembrandt uit het midden van de zeventiende eeuw konden beschouwen. En verwante episoden van het verbond, zoals het offer van Izaäk dat in dezelfde prent is opgenomen, wijzen er misschien op dat dit mogelijk is. Maar men kan met evenveel recht een verband zien met de traditionele mozaïsche iconografie, zoals Michelangelo's graftombe voor Julius II, of met het feit dat de kunstenaar zelf Mozes als een van de zes profeten van de annunciatie weergaf. En andere kunstenaars maakten Exodus-taferelen met al even tantaliserende mogelijkheden. Wat moeten we bijvoorbeeld denken van het schilderij *De doortocht door de Rode Zee* van Cornelis van Haarlem? Zijn figuren dragen de conventionele fantasiekostuums van andere maniëristische voorstellingen van de Exodus, met name die van Joachim Wttewael. Maar de doortocht door de zee was een uiterst ongebruikelijk onderwerp (in vergelijking met dat van de koperen slang of het gouden kalf), en had specifiek historische bijbetekenissen, zoals uit de gravures van Goltzius valt op te maken. En een sterke aanwijzing dat de inlijving van het Exodus-verhaal in de vaderlandse Schrift quasi-officieel was geworden, is het raam dat Isaac Nicolai van Swanenburgh, Leidens eigen historieschilder, had ontworpen voor de Janskerk van Gouda.[103] Op een later tijdstip maakte de Utrechtse kunstenaar Abraham Bloemaert een stel nog suggestievere tekeningen, één van de ondergang van de

De vaderlandse schrift

Ferdinand Bol, *Mozes met de tafelen der wet*, 1661-1662. Koninklijk Paleis (voorheen stadhuis), Amsterdam. Foto: Tom Haartsen

Gerrit Berckheyde, *Het Stadhuis op de Dam te Amsterdam*, Rijksmuseum, Amsterdam

farao in de Rode Zee, en de andere met als onderwerp de *Rituele reiniging van de Israëlieten* (zie p. 124). Als duidelijk dramatische episode uit Leviticus lijkt dit laatste onderwerp onverklaarbaar, maar het heeft grote betekenis voor de Nederlandse obsessie met bezoedeling en zuivering. Want juist zo'n proces van rituele reiniging moest, zeiden de predikers, de opnieuw geheiligde natie schoonwassen van de smetten van een afgodisch en vreemd verleden.[104]

Het loutere feit dat Mozes lange tijd een belangrijke plaats in de christelijke eschatologie had ingenomen, hoeft dus niet uit te sluiten dat hij werd ingelijfd in een meer plaatselijke cultuur. In de traditionele katholieke leer had Mozes, net als David, gefungeerd als de profetische voorbode van de terugkeer van de Messias, en in die hoedanigheid verschijnt hij ook op het graf van de strijdbare neoplatonist

De vaderlandse schrift

Hendrick Goltzius, *Straf der Tirannie*, gravure, omstreeks 1578. Metropolitan Museum of Art, New York

Julius II. De Nederlandse Mozes, 'ons Moyses' zoals een pamflet zijn laatste incarnatie als Willem van Oranje noemde, behield het heroïsche karakter van het traditionele christelijke stereotype evenals zijn 'keren', hoorns van licht. Maar overeenkomstig de polariserende rol van de Exodus in wat misschien een nationalistisch (in tegenstelling tot universalistisch) christendom kan worden genoemd, bracht hij eerder tweespalt dan eenheid. Geassimileerd in een aristocratie, vindt (of eigenlijk hervindt) Mozes zijn ware identiteit door het directe woord van God. Vervolgens brengt hij dit hervonden gevoel van anders-zijn over op de gevangen en half geassimileerde Israëlieten. Hij roept hen in feite op om vreemdeling te worden, te beginnen aan een grote uittocht die zowel vertrek van huis als thuiskomst betekent. Als hij dit heeft volbracht, is zijn tweede grote opdracht hun de betekenis en de grenzen van die nieuwe identiteit te verschaffen in de vorm van wetten en sociale voorschriften die hun anders-zijn moeten handhaven. Geen wonder dus dat Vondels Mozes in *Pascha* nu eens klinkt als de eerste grote patriot van de wet, de landsadvocaat Oldenbarnevelt, dan weer als een oude magistraat die het niet kan laten slappelingen de les te lezen en uit te weiden over de gruwelen van de tirannie en over de

Hendrick Goltzius, *Willem van Oranje*, gravure, 1581. Fogg Art Museum, Harvard University.

Hac duce clarescit mihi nox. *Hac protegor vmbra*

Hendrick Goltzius, detail van *Willem van Oranje*. Fogg Art Museum, Harvard University.

Hendrick Goltzius, detail van *Willem van Oranje*. Fogg Art Museum, Harvard University.

wispelturigheid van het gepeupel. Maar de reïncarnatie van Mozes in een van deze twee eigentijdse versies van de wetgever-staatsman was minder voor de hand liggend dan zijn reïncarnatie in de vader des vaderlands Willem, die eveneens zijn identiteit 'vond' terwijl hij nog een trouw lid van de keizerlijke adel was, die eveneens door een onwillige farao tot een gewelddadige opstand was gedwongen, die eveneens zijn eigen leven voor die zaak in de waagschaal had gesteld en die, nadat hij zijn volk uit de slavernij had bevrijd, stierf in het zicht, en niet in het zekere bezit van het beloofde land.

> *O wonderbaerlijck schict sich Moyses met Orangien!*
> *Den een strijdt voor de Wet, den and'ren slaet de trom,*
> *En vrijt met synen arm het Euangelium;*
> *Den eenen gaet d'Hebreen de roode golven banen,*
> *En d'ander leyt de syn door eenen vloet van tranen,*
> *Al recht door't gholvigh Meyr van klibber breyn en bloedt.*[105]

In de Nederlandse (en andere calvinistische) versies van de Exodus herkreeg de Schrift dus in allerlei opzichten veel van de oorspronkelijke nadruk op de Pentateuch. Maar daarmee waren de Nederlanders nog geen filosemieten, zoals sommige historici wel hebben geopperd, want de zogenaamde Hebreeërs van het boek hadden

Abraham Bloemaert, *Rituele reiniging van de Israëlieten*, zwart krijt en gewassen in blauw-groen. National Gallery of Art, Washington D.C.

meer weg van de archetypische Bataven dan van de donkere, Ladino sprekende maranen die ze in de Sint-Antoniesbreestraat van Amsterdam in levenden lijve tegenkwamen.[106] Maar afgezien van deze niet geringe complicatie werd het Exodus-verhaal voor de Nederlanders wat het voor de bijbelse joden was geweest: de wettiging van een grote historische breuk, een breuk met het verleden waardoor met terugwerkende kracht een collectieve identiteit geschapen kon worden. De in het begin van dit hoofdstuk genoemde historische waarheid was dat die identiteit in de zestiende eeuw allerminst duidelijk was. Het was een uitzonderlijk trieste combinatie van onbekwaamheid, wreedheid en fanatisme die de verdeelde en vaak wankelmoedige Nederlanders verenigde achter de banier van geloof, vaderland en vrijheid (niet per se in die volgorde). En later werden die onzekerheden gehuld in vaderlandse mythologie, waarin het goddelijk gebod zich even zeker openbaarde alsof het uit het brandende braambos was verkondigd en in stenen tafelen was uitgehouwen.

Maar toen individuele Nederlanders probeerden te achterhalen wat die tafelen precies geboden, boette de bijbelse analogie in aan helderheid en samenhang. De openbaring op de berg Sinaï was een praktische oplossing voor de problemen die samenhingen met zowel het gezag dat die geboden uitvaardigde als de inhoud die de herboren Israëlieten moesten onderschrijven. Maar hun Nederlandse tegenhangers misten een vergelijkbare, onbetwistbare bron van gezag waarmee al degenen die zich als Nederlanders beschouwden automatisch konden instemmen. Ze kenden het burgerlijk recht van hun respectievelijke steden of gewesten, neergelegd in edicten, maar de rechtzinnigste geestelijken stelden dat dit recht in alle opzichten ondergeschikt was aan de goddelijke wet, neergelegd in synodale besluiten. Een even groot probleem was dat er buiten de Gereformeerde Kerk grote aantallen vaderlanders waren die zich (in het gunstigste geval) niets aantrokken van de instellingen van Calvijn en de besluiten van de Nederlandse synoden. Zolang de strijd tegen een vijand wiens onloochenbare beestachtigheid bewees dat goddeloosheid en wetteloosheid synoniemen waren voortduurde, bleef dit conflict onuitgesproken. Maar toen de Nederlanders in de jaren na het bestand van 1609 afzwering en opstand inruilden voor het opbouwen van de staat, waren de verschillende versies van de stichtingsexodus niet meer met elkaar te verzoenen.

In het Hebreeuwse patriottisme was altijd de mogelijkheid van een schisma tussen Israël en Juda aanwezig geweest. Die humanisten – van Coornhert tot De Groot – voor wie tolerantie de rechtvaardiging van de opstand was, legden ook meestal de nadruk op de voortzetting van gewoonterecht, plaatselijk zelfbestuur en historische voorschriften. In dit opzicht hadden ze meer aan het epos van de Bataven, dat het middeleeuwse feodalisme had overleefd en ongeschonden voortleefde in gemeentelijke en provinciale vrijheden, dan aan een pas geopenbaarde mozaïsche wet. Omgekeerd legden de predikanten en calvinistische patriciërs, die om de vestiging van het ene goddelijke geloof in opstand waren gekomen, eerder de nadruk op de beslissende overgang van stam tot natie, die van van top tot teen, naar lichaam en ziel, was gezuiverd van de oude 'heidense' ideeën.

Daarom is het des te opmerkelijker dat het frappantste voorbeeld van mozaïsche iconografie, midden in het Amsterdamse stadhuis, niet de invloed van de fanatieke calvinisten weerspiegelde, maar het polemische vernuft van hun 'rekkelijke' tegenstanders in het Amsterdamse patriciaat. *Mozes met de tafelen der wet* (1661-1662) van Ferdinand Bol (zie p. 119) wordt door kunsthistorici vooral gezien als het stijve en lompe alternatief van wat misschien wel een van Rembrandts beste late historieschilderijen was geweest, uitgevoerd in 1659.[107] Er is van Rembrandts schilderij slechts een fragment over, maar dat is meer dan genoeg om te zien dat de leerling geen partij was voor zijn leermeester (zie p. 128). Zoals Albert Blankert heeft aangetoond is het schilderij van Bol gedeeltelijk ontleend aan een *Hemelvaart van Maria* van Rubens, maar Bol streefde naar een barok monumentalisme – een soort protestantse variant van de grote altaarstukken van het zuiden – dat hij bij lange na niet waar kon maken. Wat tweederangs heet kan echter eersterangs historisch materiaal zijn, en in al zijn theatrale luister is Bols *Mozes* het bombastische bewijs dat het bijbelboek Exodus het strijdtoneel voor de tegengestelde opvattingen over de relatie tussen Kerk en staat was geworden.

Het was veelbetekenend dat Bols schilderij ontstond naar aanleiding van een opdracht voor een schoorsteenstuk voor de Schepenkamer in het stadhuis van Van Campen. Dit indrukwekkende nieuwe gebouw, waarvoor sinds 1643 plannen bestonden en waarvan de bouw was versneld doordat het oude stadhuis in 1652 door brand werd verwoest, was veel meer dan een verfraaiing van de stad of de herbouw van een bestuurszetel. In schaal en stijl verschilde het volkomen van andere stadhuizen in de Nederlanden of zelfs in Noord-Europa. Net als bij het dogenpaleis in Venetië moesten Van Campens formele classicisme en Artus Quellijns barokke sculpturen en friezen het wereldrijk-ethos van wat praktisch een stadstaat was uitdragen (zie p. 120). De bescheiden paleizen die voor de Oranjes waren gebouwd, staken daar, zelfs na de uitgebreide toevoegingen van stadhouder Frederik Hendrik, pover bij af. De grandeur en verheven verhoudingen van het gebouw leken een weerspiegeling van de onevenredig grote macht die de stad en haar regenten in de Republiek uitoefenden.[108]

Het nieuwe stadhuis werd gebouwd in een belangrijke periode van de geschiedenis. De eerste steen werd gelegd in 1648, het jaar van de Vrede van Munster die een einde maakte aan de Tachtigjarige Oorlog. Het Nederlandse koopmanspatriciaat hoopte dat de vrede een periode van commerciële voorspoed zou inluiden, vrij van de belastingdruk van een ononderbroken oorlog. Als zodanig werd de vrede verworpen door de partijen in de Republiek, met name de dominees van de Gereformeerde Kerk en de orangisten, die haar een pact met de duivel noemden. Het ongenoegen van de jonge stadhouder Willem II over de voorgestelde troepenafdanking was zo groot dat hij in 1650 overging tot een gewapende campagne tegen Amsterdam en een actie tegen andere steden (beginnend met Dordrecht, de oudste stad) om de magistraat te zuiveren en te vervangen door facties die de bevelen van de prins wilden opvolgen.[109] Sinds de religieuze beroering die had geleid tot de val en executie van Oldenbarnevelt in 1619, was dit de ernstigste binnenlandse crisis in de geschiedenis van de jonge Republiek, die neerkwam op een dynastieke coup en maar al te sterk deed denken aan de tactiek van Willems schoonfamilie, de Stuarts. In de Nederlanden kwam het niet tot een burgeroorlog vanwege een bizarre combinatie van verdedigingstactiek en voorzienigheid. Aanvankelijk maakte Amsterdam, daartoe aangespoord door de bikkelharde 'Bickerse Liga', zich op voor een belegering. Een krachtmeting bleef de stad bespaard doordat het leger van de prins kans zag in dichte mist te verdwalen. Gebruik makend van dit respijt stelde de pragmatischer ingestelde factie van de De Graeffs in de Amsterdamse vroedschap prompt als uitgangspunt voor een compromis het aftreden van Andries en Cornelis Bicker voor. Aldus geschiedde, maar de plotselinge dood van de stadhouder, die in oktober 1650 aan pokken overleed, maakte een einde aan zijn pogingen om met militaire intimidatie zijn positie te versterken. Deze toevallige maar cruciale gebeurtenis had een ingrijpende verandering in het machtsevenwicht in de Republiek voorkomen. Maar de op het nippertje ontsnapte Amsterdamse regenten en hun collega's in de andere grote steden van Nederland maakten van de jeugdige leeftijd van Willems zoon gebruik om te voorkomen dat de stadhouder opnieuw zo veel macht kreeg. Het verst ging hierin Johan de Witt, die het stadhouderschap probeerde te reduceren tot een zwak symbolisch ambt, maar het Amsterdamse patriciaat was het meest geïnteresseerd in het plaatselijke bestuur. Het formele recht van de stadhouder om schepenen te kiezen uit een dubbele lijst, ingediend door de uit zesendertig leden bestaande vroedschap, verviel en voor de eerste keer besloten de regenten om zelf de negen personen van de rechtbank te benoemen. Zo zou de Schepenkamer in het stadhuis gebruikt worden door een rechtscollege dat zijn legitimiteit ontleende aan een autonome regentensoevereiniteit.

De keuze van de hoofdstukken 32-35 uit Exodus om deze juridische onafhankelijkheid te symboliseren, had echter meer te maken met de rol van de Kerk in het geschil dan met leedvermaak over het debâcle van haar dynastieke bondgenoot. Het voornaamste probleem bleef tenslotte de voortdurende crypto-theocratische aspiratie van de synoden der Gereformeerde Kerk. Hoewel de dood van Willem II de Statenpartij en in het bijzonder Amsterdam had verlost van hun lastigste tegenstander, bleven de kerkelijke bondgenoten van de stadhouder aandringen op een sterk leger, een krachtige buitenlandse politiek en een godvruchtige republiek – belichaamd in bijvoorbeeld een strengere censuur en wetten tegen ontheiliging van de dag des Heren. Nog afgezien van de praktische problemen bij een ingrijpen in de kerkelijke hiërarchie teneinde de Kerk in te tomen, was een dergelijke vrijzinnige politiek uitgesloten doordat een factie ín het patriciaat de vrome zaak was toegedaan. Vanaf het eerste begin van Amsterdams aarzelende en wat late bekering tot de protestantse zaak in 1578 bestond er in de vroedschap een fel calvinistische groepering die aandrong op grotere strengheid in de leer. Hoewel die groepering meestal een minderheid in de zesendertig leden tellende vroedschap vormde, kon ze niet onbeduidend worden genoemd, in sociaal noch in politiek opzicht. Enkele van de rijkste en machtigste grote patriciërsfamilies – de Pauws en de Backers – stonden achter de kerkelijke strijd tegen de 'laksheid' en profiteerden soms van de druk van externe gebeurtenissen om de rest van de vroedschap hun wil (en hun aanhangers) op te dringen. Dat was in 1618 gebeurd en dreigde weer te gebeuren in de jaren veertig. Hoewel het hoogst onwaarschijnlijk was dat een tijdelijk overwicht ooit kon worden omgezet in een geïnstitutionaliseerde overheersing, was de rekkelijke meerderheid zo verstandig symbolische (en dus belangrijke) concessies te doen aan het openbare vertoon van vroomheid van hun tegenstanders. Toen er na 1642 sprake was van een algehele herinrichting van het Damplein, stelde men de leider van de calvinistische groep, Jacob Backer, tevreden door de Nieuwe Kerk, herbouwd na een brand in 1645, een prominente façade op het zuiden te geven. Aan de Dam en tegenover het stadhuis gelegen, zou ze het gezag van de Kerk naast dat van de magistraat, die in het stadhuis zetelde, symboliseren. Backer en de dominees namen echter geen genoegen met architectonische gelijkheid. Na een felle campagne werd ten slotte besloten een immense toren te bouwen die hoog boven de koepel van het stadhuis zou uitsteken en daarmee de gepaste onderwerping van de aardse aan de goddelijke macht zou demonstreren.

Met Backers dood in 1647 verloor de toren zijn krachtigste en invloedrijkste pleitbezorger in de vroedschap, en de hoge spits werd nooit gebouwd. Maar het plan om de Nieuwe Kerk in het algehele ontwerp van de Dam op te nemen ging wel door.

Rembrandt van Rijn, *Mozes met de tafelen der wet*, 1659, 168,5 × 136,5 cm. Staatliche Museen, Gemäldegalerie, Berlijn. Foto: Jörg P. Anders

En de mislukte coup van de stadhouder tegen Amsterdam in 1650 had ervoor gezorgd dat de militante geestelijkheid in de daaropvolgende jaren alleen maar nog hardnekkiger voor haar zaak ijverde. Economische depressie, een verschrikkelijke pestepidemie en tegenslag in de zeeoorlog met Engeland waren de trieste oorzaken van een calvinistisch reveil. In 1654 was Vondels controversiële toneelstuk *Lucifer* aanleiding tot een nieuwe campagne tegen het wereldse drama en een actievere vervolging van het 'notoir samenleven' die ook Rembrandt en Hendrickje Stoffels trof. In 1655 wist dr Tulp, geneesheer en magistraat, er een weeldewet door te krijgen, waaruit zowel de kerkelijke als de humanistische verontrusting over de hang naar luxe in de stad bleek. Tegen deze achtergrond besloten de gematigde regenten, genietend van de luister van hun nieuwe stadhuis, de theocratie een iconografische terechtwijzing te geven op de meest toepasselijke plaats: in de zetel van hun gezag.

Daarbij grepen ze schaamteloos terug op de bijbelpassages die de remonstrantse dominee Uytenbogaert aan het begin van de eeuw in zijn felle strijd tegen de gomaristische geestelijkheid had gebruikt. Handig inspelend op de ultracalvinistische obsessie met bijbelse identificatie had Uytenbogaert, uitgaande van het Oude Testament, aangedrongen op een scheiding tussen het wereldlijke en het geestelijke gezag, waarbij het eerste uiteindelijk het gemenebest moest besturen. Het was Mozes en niet Aäron, zo betoogde hij, die het goddelijk leiderschap over de kinderen Israëls gekregen had, en na de dood van Mozes was dat leiderschap eerst overgegaan op richteren en daarna op koningen. De priesters en profeten waren het morele geweten van de staat, ze vormden een aparte kaste, maar hun was nooit de regeringsmacht toevertrouwd. Het schoorsteenstuk voor de Schepenkamer moest de enige gelegenheid afbeelden waarbij het bestuur in handen van de priesters was gelegd, met duidelijk rampzalige gevolgen. De Mozes van Bol daalt met de tafelen der wet in zijn armen af van de berg Sinaï en moet de taferelen van godslasterlijke zonde en chaos in het kamp der Israëlieten aanschouwen. Ze erkennen hun zondigheid en knielen om vergiffenis smekend voor hem neer – de kleding van de figuur links, in profiel gezien, moet misschien het berouw van de priesterkaste symboliseren.

Dit was een slimme manier om de kerkelijke polemiek tegen laks bestuur min of meer om te keren. Met Aärons dwaze goedkeuring van het gouden kalf als bijbelse context, kreeg de geestelijkheid impliciet de schuld van de losbandigheid en verkwisting die ze ritueel bestreed. Dit bestuurlijk onvermogen werd nog eens geaccentueerd in een marmeren fries onder het schilderij waarop het hele repertoire aan dronken wellust, herrie en rotzooi levendig is weergegeven (zie p. 130). Vondel, ongetwijfeld blij met deze repliek op dominees als Langelius, die verantwoordelijk was voor het verbod van zijn toneelstuk, en zich als katholiek er maar al te goed van bewust hoe belangrijk een terughoudende justitie was, had al in 1659 een toepasselijk gedicht gepubliceerd, *Op het ontfangen van Moses wet in de kamer der heeren Schepenen*. Hoewel het misschien was bestemd voor Rembrandts origineel, deed het substituut van Bol niets af aan de toepasselijkheid ervan:

> *Hebreeusche Moses heeft de Wet van Godt ontfangen,*
> *Waermede hy naer 't volck van boven wederkeert,*
> *Dat hem eerbiedigh groet, en welkomt met verlangen.*
> *De vrye staet luickt op, als 't volck de wetten eert.*[110]

En in een ander gedicht, waarin het schilderij van Bol met name wordt genoemd, zinspeelde Jan Vos op de specifieke eigenschappen die nodig waren om de wet ten uitvoer te leggen.

> *De Wet wordt Mozes, voor heel Israël, gegeeven.*
> *Wie 't volk beheerschen zal vereist een starkenhandt.*
> *De wetten zijn tot schrik van al die heilloos leeven*
> *Waar wijze wetten zijn behoudt de deugdt haar stant.*[111]

Kunsthistorici als Katharine Fremantle en Albert Blankert die onderzoek hebben gedaan naar de iconografie van het Amsterdamse stadhuis, hebben zich over het algemeen verwonderd over de prominente plaats van een bijbels onderwerp in wat, over het geheel genomen, een klassiek decoratieschema was. En inderdaad zijn de onderwerpen van de schilderingen in de vele kamers van het gebouw overwegend aan de literatuur van de oudheid ontleende, toepasselijke *exempla*. Tenslotte was het de literatuur die de Latijnse humanistische opvoeding der patriciërs onderscheidde van de bijbelse scholing van het volk dat ze regeerden. Maar het is een dubieus compliment aan de alomtegenwoordige tale Kanaäns dat de oligarchie in de

Artus Quellijn, *De aanbidding van het gouden kalf*, marmerreliëf. Koninklijk Paleis (voorheen stadhuis), Amsterdam. Foto: Rijksdienst voor de Monumentenzorg

belangrijkste geschillen – en belangrijker geschillen dan die tussen Kerk en staat waren er niet – graag het ideologische vocabulaire van haar tegenstanders leende om gelijk te krijgen.

Er is in ieder geval geen reden te veronderstellen dat een beroep op de vaderlandse Schrift indruiste tegen humanistische gevoelens, vooral niet van een humanisme dat het calvinisme op zijn minst lippendienst bewees. Los van het feit dat volgens beide groeperingen de Nederlanders de erfgenamen van de Hebreeuwse lotsbestemming waren, vond het patriciaat in het midden van de eeuw net als de geestelijkheid dat losbandigheid, verkwisting, weelde en hebzucht alles wat de grondleggers van de Republiek hadden opgebouwd dreigden te vernietigen. De angst hiervoor werd eerder versterkt dan verzwakt door een oude, moraliserende traditie die zeker terugging tot Seneca. En het is vermeldenswaard dat de moraal van het verhaal van het gouden kalf voor patriciërs en predikers gelijk was. Het twistpunt was meer wie verantwoordelijk was voor deze dwalingen en wie voor de bestraffing ervan. Met andere woorden, wie bewaakte de nationale zeden?

Ook al bleef deze kwestie onopgelost, tegen het midden van de zeventiende eeuw was het in ieder geval geen probleem meer de ideale Nederlander te herkennen. 'Deugd, kloekmoedigheid en yver' waren de eigenschappen die de Nederlanders zich toekenden en die ze in de jaren van bloei probeerden hoog te houden. Zoals het een natie die afstamde van David en gehoorzaamde aan de wet van Mozes betaamde, moest ze godvrezende vastberadenheid paren aan moed, vindingrijkheid en gezonde levenslust, om des te beter te kunnen leven volgens het klassieke voorschrift van matigheid en het bijbelse gebod van bezonnenheid. De vaderlandse Schrift, het boek van een collectieve identiteit, was dus even veelomvattend als flexibel. Door de 'oude', zeventienhonderdjarige geschiedenis van de Bataafse vrijheid te combineren met het idee van een nationale wedergeboorte door beproeving, exodus en verlossing, kon een moreel monopolie dat in die tijd andere landen in de burgeroorlog had gestort, vermeden worden. En juist omdat in het grootste deel van de eeuw het gevaar en de druk van buiten zo groot bleven, was de nationale cultuur in haar beginperiode als een ark, gebouwd om alle verschillende soorten te herbergen die zich vastklampten aan de door het verbond beloofde collectieve toekomst teneinde een afschrikwekkende overmacht te trotseren.

Dit leidde tot verschijnselen die in het zeventiende-eeuwse Europa inderdaad zo uitzonderlijk waren als de Nederlanders veronderstelden. Joost van den Vondel was slechts een van de vele vooraanstaande katholieken die daarom niet minder vaderlandslievend waren. De gevels van de Amsterdamse grachtenhuizen – de belichaming van de Nederlandse patriciërsstijl – danken hun karakteristieke uiterlijk grotendeels aan het genie van een andere katholiek, Philip Vingboons. Vingboons werd allerminst verbannen naar een onaanzienlijk hoekje van de samenleving, integendeel, hij was halverwege de eeuw de beroemdste en meest gezochte architect van de elite, de onbetwiste opvolger van Hendrik de Keyser. Bovendien verhinderde zijn geloof niet dat hij zowel van katholieken als calvinisten opdrachten kreeg. De schilders van voor ons gevoel oer-Nederlandse voorstellingen blijken vaak al even vrijzinnig in de leer. Zowel Vermeer met zijn verfijnde interieurs als Steen met zijn chaotische keukens was katholiek. Rembrandt kwam uit een gezin waarin de vader calvinist en de moeder praktizerend katholiek was. Zelf voelde hij zich nu eens aangetrokken tot de remonstranten, dan weer tot de doopsgezinden en tot hoogst onorthodoxe sekten als de collegianten en de waterlanders, die met hun nadruk op uiterste bijbelse eenvoud in de smaak vielen bij een christen voor wie de bijbel een bloemlezing van het menselijk drama was. En hij schilderde en etste met evenveel overtuiging en sympathie rabbi's, predikanten en mennonitische lekenpredikers.

Het zou dus een vergissing zijn om de verschillende elementen waaruit de nationale persoonlijkheid was opgebouwd, gelijk te stellen met bepaalde religieuze gezindten of sociale klassen, en dit geldt zeker voor een simplistisch onderscheid tussen het calvinistisch-bijbelse gewone volk en het humanistisch-Bataafse patriciaat. Deze culturele elementen maakten deel uit van één en hetzelfde collectieve ethos, zoals ze ook konden voorkomen in één enkel gezin of zelfs in het leven van één individu. Vondel begon immers als vroom doopsgezinde en eindigde als vurig katholiek. De rederijker Jan Baptist Houwaert deed volledig recht aan al deze facetten van de vaderlandse persoonlijkheid toen hij Willem van Oranje in 1582 prees als de belichaming van:

> *Davids sachtmoedigheyt, Salomons prudentie,*
> *Cyrus memorie, Tullius eloquentie*
> *Regulus getrouwicheyt, Probus goet leven...*[112]

En al werden Rembrandts historiestukken misschien overheerst door de Schrift, hij was even goed thuis in de grote klassieke thema's wanneer deze aansloten bij het Nederlands-humanistische repertoire. In het jaar dat hij de Mozes schilderde, 1659, nam hij ook de belangrijke opdracht voor de *Claudius Civilis* aan, een schilderij voor een van de grote monumentale ruimten in het stadhuis. En de schrijver van *'t Verheerlijckt Nederland* combineerde in zijn lofzang bijbelse wonderverhalen, adagia van Cicero en een stichtende versie van de zeventienhonderd jaar oude traditie der Bataafse vrijheid.[113]

Net als in de iconografische mengelmoes van de *Neder-landtsche Gedenck-Clanck* konden al deze elementen worden gecombineerd zonder dat veel aandacht werd geschonken aan de onderlinge samenhang. De boodschap bleef gelijk, of deze nu werd uitgedrukt in bijbelse profetieën of in oude humanistische leerstellingen, ontleend aan Seneca, Ovidius of Plinius en aangevuld met renaissance-ethiek. De zin van de Nederlandse geschiedenis was de openbaring van een goddelijk plan voor de wereld. God had de 'Nederkinderen' uitverkoren tot Zijn instrument en hun heldendaden waren in feite Zijn wonderen, hun overwinningen even verbluffend als de zon die stilstond boven Ai. De veertig 'moort-jaeren' hadden volgens iedere menselijke logica een woestenij moeten opleveren. In plaats daarvan woonden de mensen van Gods volk in een aards paradijs, dat niet alleen zelf vruchtbaar was maar in zijn uitpuilende pakhuizen ook over alle rijkdommen van de wereld beschikte. Het behoefde nauwelijks betoog dat dit de beloning was voor trouw aan Zijn verbond. En zolang het volk standvastig en gezagsgetrouw bleef, zou het voorspoed kennen en machtig worden. Maar 'een Republiek met als fundament goddeloosheid en knechtschap' verdient geen lof, verdient zelfs geen toekomst.

In dit soort teksten werd de euforie altijd getemperd door voorzichtigheid, zo niet onheilsverwachting. In 1668, toen *'t Verheerlijckt Nederland* verscheen, leek de Republiek alle reden voor zelfvoldaanheid te hebben. Haar vloot had het jaar daarvoor die van de Engelsen verslagen, de Engelse schepen op de Medway in brand gestoken en het vlaggeschip, *The Royal Charles*, buitgemaakt. De bepalingen van de Vrede van Breda, die een einde maakte aan de Tweede Engelse oorlog, waren in grote trekken gunstig voor de Nederlanden.[114] Dankzij het formidabele tactische vernuft van De Witt bleven de voornaamste rivalen van de Republiek onderling verdeeld en was de Republiek het middelpunt van een ingewikkeld netwerk van diplomatieke betrekkingen die ze naar believen leek te kunnen aanhalen of laten vieren. Elke vorm van zelfvoldaanheid op dit punt werd in het Rampjaar 1672 wreed verstoord, maar zelfs in 1668 kon het heden onmogelijk zonder de obligate vermaningen en onheilsverwachtingen worden beschouwd. Ook hier kwam de Schrift goed van pas. Als de heroïsche periode van de vroege Nederlandse geschiedenis kon worden uitgedrukt in termen van exodus en verovering, godvruchtige leiders als opvolgers van Mozes – Jozua en Gideon – heersers zo dapper als David en zo wijs als Salomo, rees nu de vraag hoe deze vaderlandse Schrift verder zou gaan. De hoofdstukken na 1 Koningen 11 beloofden niet veel goeds. De Nederlanders noemden Amsterdam graag hun Jeruzalem waarin de tempel van de vrijheid (het stadhuis) of van de reinheid (de Zuiderkerk) was opgericht. Ze waren zich echter maar al te goed bewust van de rampen die volgden op Salomo's bewind: de scheuring van de koninkrijken en de uiteindelijke verwoesting en gevangenschap. Johan de Witt zette zijn argumenten voor de afschaffing van het stadhouderschap dan ook kracht bij door te stellen dat dergelijke rampen daarmee zouden worden voorkomen. De Israëlieten hadden er, zo betoogden hij en polemisten als Pieter de la Court, verkeerd aan gedaan een koning te nemen.[115]

Terwijl God hen zou behoeden voor vijanden van buitenaf, zou het echte gevaar van binnenuit komen. En ondanks het conflict over de regeringsvorm, dat aan het eind van de jaren zestig heviger werd, wezen alle onheilsprofeten op het gevaar van het materialisme. Het belangrijkste middel waarmee de Heer de 'standvastigheid' van Zijn volk op de proef stelde, was, ironisch genoeg, dus juist het succes van dat volk. Het woord dat steeds weer opduikt in beschouwingen over het lot van de natie, is 'overvloed'. Als het goud zou eindigen als gouden kalf, zou het verbond worden verbroken, de goddelijke bescherming worden ingetrokken en het dwalende volk worden teruggeworpen in het oerelement waar het vandaan kwam. Het beeldhouwwerk van het Amsterdamse stadhuis bevatte nog meer veelzeggende verwijzingen naar de Schrift. Bij de ingang van de Vroedschapszaal, waar de verzamelde zesendertig vroedschapsleden vergaderden, waren twee cartouches. Het eerste toonde Jozef als uitlegger van de droom van de farao: voor wie al te zeer zwelgde in overvloed een herinnering dat op de zeven vette jaren zeven magere jaren zouden volgen. En ertegenover, nog dreigender, bevond zich de figuur van Jeremia, wiens klaagzangen de nietigheid en vergankelijkheid van wereldse macht bevestigden.

Rijkdom was dus allerminst een geruststellend teken van de voorbeschikte uitverkorenen, zoals Weber heeft betoogd, maar een morele onruststoker voor het geweten in die tijd. Zonder rijkdom zou de Republiek instorten, met rijkdom zouden de Nederlanders ten prooi kunnen vallen aan valse goden, Mammon en Baäl, en hun eigen val bewerkstelligen. Er was een stel regels en conventies nodig om de rijkdom te kunnen verwerken op een manier die strookte met de goddelijke doelstellingen waarvoor de Republiek was geschapen. Winst was beslist niet een van die doelstellingen, maar belasting en liefdadigheid wel, en dit laatste was een bewijs voor het humanistische geloof in het verlossende karakter van goede werken, in weerwil van de ontkenning daarvan in de calvinistische theologie. Maar er zouden geen Nederlandse tien geboden komen, noch enige vorm van moreel toezicht op maatschappelijk gedrag. In de meeste Nederlandse steden was de magistraat niet genegen de kerksynoden de uitvoerende macht te geven die deze begeerden, en dwalende gelovigen kregen voornamelijk kerkelijke straffen – zoals uitsluiting van de Avondmaalviering. Desondanks was de Nederlandse maatschappij tijdens de bloeiperiode van de Republiek nauwelijks de poel van zonde die vertoornde predikanten zo graag schilderden. Er waren weliswaar geen officiële regels voor maatschappelijk gedrag, maar er bestond wel een uitgebreide verzameling informele, inheemse en huiselijke zeden die fungeerden als de membranen rond het bedrijvige, energieke organisme. Sommige waren van klassieke, andere van bijbelse oorsprong; vele waren geworteld in oude volksfetisjen van de Lage Landen; de meeste kregen voor eigentijds gebruik een laagje calvinisme. Alle hadden te maken met een typisch Nederlands probleem: hoe een morele orde bínnen een aards paradijs te scheppen.

DEEL TWEE

DOEN EN NIET DOEN

HOOFDSTUK III

FEESTEN, VASTEN EN TIJDIGE BOETEDOENING

Toen vreesden de zeelieden, en riepen een iegelijk tot zijnen god, en wierpen de vaten die in het schip waren, in de zee, om het van dezelve te verlichten;

Want dit woord geraakte tot den Koning van Ninevé, en hij stond op van zijnen troon, en deed zijn heerlijk overkleed van zich, en hij bedekte zich met eenen zak en zat neder in de asch; en hij liet uitroepen, en men sprak te Ninevé, uit bevel des Konings en zijner grooten, zeggende: Laat mensch noch beest, rund noch schaap iets smaken...
JONA 1:5 EN 3:6-7

De zeventiende-eeuwse Nederlanders waren misschien wel de eersten die hun ongekende voorspoed met hun tanden moesten betalen. En sindsdien betalen wij allemaal die prijs.
HARVEY EN SHELDON PECK, Discover, *tijdschrift voor orthodontisten, oktober 1980*

Hier ligt de waard van The Lion
Die stierf in levendige hoop op Zion
Zijn zoon houdt de zaak in ere
Berustend in de wil des Heren.
Grafschrift op het kerkhof in Malvern

...een landt was toegezeyt, dat vloeyde van honig en melk, waarlijk het is ons Hollandt, en hier in Amsterdam, waar is een landt en stat daar de melk en kaas zoo goet en overvloedig is als hier? daar zulk een markt vol kaas en boter alle weeklijke 'maandagen ter koop wordt gebracht? met waarheyt mag men zeggen dat dit ons Hollandt als van boter, kaas en melk overvloeyt, en zulk een zegen heeft

deze plaats zoo mildelijk van Godts handt ontfangen.
MELCHIOR FOKKENS, *Beschryvinge der Wijdt-Vermaarde
Koop-Stadt Amstelredam*, 1665

Het gevaar bestond dat Abraham al te veel behagen zou
gaan scheppen in zijn fortuin. Daarom kruidt God de
zoetheid van de voorspoed met azijn...
JOHANNES CALVIJN, *Commentaar op Genesis* 13:5-7

1   WALVISSEN OP HET STRAND; TEKENEN AAN DE WAND

Op 3 februari 1598 strandde een vijftien meter lange potvis op de zandbanken van Berckhey, een vissersdorp tussen Katwijk en Scheveningen. Hij werd met touwen aan land getrokken en bleef daar vier dagen liggen, zwakjes trillend met zijn vinnen en horden mensen trekkend die uit nieuwsgierigheid hun angst vergaten. Voordat hij ten slotte de geest gaf was hij al aan het rotten. Hugo de Groot schrijft hierover in zijn *De Rebus Belgicis*: 'nae dat hij op 't drooghe was gestorven, en met d'ingewanden gebarsten lagh, van sigh gaf, met soo groot eene besmettingh der see lught, dat er eenighe kijkers siekten en ook selfs den dood gehaelt hebben.'[1] Maar de 'swaeren stank'[2] had het aroma van de winst. Nadat de staat in de persoon van een ambtenaar van de Rekenkamer van het gewest Holland beslag had laten leggen, werd het kadaver openbaar geveild. De prijs was 136 gulden, een koopje, gezien de traan die uit zijn spek kon worden gewonnen en verkocht aan plaatselijke zeepziederijen en de tanden die voor decoratieve doeleinden konden worden gebruikt.

De leviathan stierf beroemd en nuttig. Voordat er niets dan traan en been van hem over was, werd hij grondig bestudeerd. Zijn kop met de ontzaglijke tanden werd als aandenken aangeboden aan Jan van Nassau, die niet alleen militair bevelhebber was maar ook een humanistisch beschermheer.[3] De kroniekschrijver Pieter Christiaenszoon Bor maakte schetsen en aantekeningen die hij verwerkte in zijn vaderlandse geschiedenis, die de basis vormde voor de vele latere beschrijvingen van de stranding, waarschijnlijk ook voor die van Hugo de Groot.[4] Uit Leiden kwamen doktoren en geestelijken gewapend met reukballen en meetlatten om zijn imposante maten te meten. De grootste Haarlemse meester, Hendrick Goltzius, die een tekening had gemaakt van een in 1594 bij Zandvoort gestrande griend, maakte een gedetailleerde en prachtige tekening waarvan zijn leerling Jacob Matham een gravure maakte.[5] Matham nam de beroemde fout van Goltzius, die de vin van de walvis voor diens oor aanzag, over, maar verder was de gravure anatomisch correct en ze werd het prototype voor een reeks prenten.[6] Ze werd gebruikt als illustratie in *Piscium Vivae Icones* van Collaert, in spiegelbeeld gebruikt als illustratie van een

Jacob Matham naar Hendrick Goltzius, *Gestrande walvis bij Berckhey*, 1598. Hart Nautical Collections, M.I.T. Museum, Cambridge, Mass.

andere stranding bij Ancona in Zuid-Italië in 1601, en werd in Nederland een obligaat onderdeel van alle grote geschiedenissen van die tijd, zoals Hoofts *Neederlandsche Histoorien* en (van platen voorzien door Bernard Picart) in Jean Leclercs indrukwekkende *Histoire des Provinces Unies* uit het eind van de zeventiende eeuw.

Dankzij deze beschrijvingen werd de potvis van Berckhey een apart hoofdstuk in de natuurlijke historie van de Republiek – evenzeer deel van de collectieve herinnering als veldslagen en belegeringen. En zoals bij al dergelijke kronieken hebben tekst en beeld ons veel te zeggen over de specifieke Nederlandse houding ten opzichte van fortuin, natuur en geschiedenis.

Mathams gravure is op het eerste gezicht een typisch voorbeeld van hun macht over de natuur, hoe imponerend de natuurverschijnselen ook zijn. Dat het abnormale opgaat in het normale maakt de prent zo frappant, vooral in het licht van Goltzius' maniëristische voorkeur voor het fantastische. Hij heeft het enorme kadaver geplaatst in het naturalistisch weergegeven duinlandschap van de Noordzeekust en het drukke tafereel bevolkt met hetzelfde maatschappelijke scala dat telkens terugkeert in de winterlandschappen van Avercamp of de landschappen van Esaias van de Velde. De nadruk op het alledaagse – vissers die hun werk doen, andere dorpelingen die het vet in emmers wegdragen – reduceert de gebeurtenis zo niet tot een cliché, dan toch zeker tot overzichtelijke proporties. En de commercie, die een aanvang neemt met de geheven bijl boven het hoofd van de figuur naast de vin, mag dan een van de opvallendste elementen van het tafereel zijn, minstens zo opvallend is de zorgvuldige opmeting van de walvis. Deze interesse voor afmetingen bleek al uit de schets van Goltzius uit 1594, maar de potvis had iets wat wel heel interessant was. Een aantal mannen meet de afstand vanaf de staartvinnen langs de rug van het dier, terwijl een andere groep met een meetlat de penis opmeet die, zo vertelt Bor ons, 'want hy hadde sijn manlijk-lit uytstekende dood zijnde 3 voeten lange'.[7] De geslachtsorganen van de grotere walvissen waren zo ontzagwekkend dat 'een yard' (zoals de Engelse waarnemer het formuleert) werd bewaard in het anatomisch theater in Leiden, samen met een kopie van de gravure van Matham en andere onwaarschijnlijke zaken als 'de ingewanden van een man waarvan een overhemd is gemaakt' en (het andere uiterste) 'een botje van de penis van een bever'.[8] De tekst van Bor vertelt ons weliswaar dat de walvis een 'groot leelijk Beest' was, maar bestaat voor het grootste deel uit een opsomming van de anatomische gegevens: ogen, vijftien voet vanaf de bek; onderkaak zeven voeten lang; rij van tweeënveertig tanden, 'wit als yvoren', en een staart van dertien voet lang.[9]

Het zou echter een grote vergissing zijn te veronderstellen dat dergelijke verschijningen slechts aanleiding gaven tot zoölogische of commerciële berekeningen. Zelfs Bor geeft toe dat de aanblik van de walvis 'groot getier en misbaar' veroorzaakte.[10] En de stranding van de walvis was een historische gebeurtenis in de volste zin van het woord, een omen in het ononderbroken continuüm tussen verleden en toekomst. Als zodanig had de gebeurtenis zowel een omineus als illustratief aspect. Een eerdere stranding in 1577 was aanleiding tot een vers in de volkstaal bij een gravure, waarin de stervende walvis te kennen geeft dat hij uit Spanje afkomstig is, naar de Nederlanden is gezonden om kwaad te stichten, maar dat dit werd verijdeld en dat hij nu rottend aan een ellendig einde komt.[11] In zijn beschrijving van de walvis van Berckhey maakt Hugo de Groot een veelzeggend onderscheid tussen twee verschillende soorten reacties bij de toeschouwers. De ontwikkelder mensen, schreef hij in *De Rebus Belgicis* (in het Nederlands vertaald als *Nederlandtsche Jaerboeken en Historien*), interesseerden zich het meest voor de oorzaken van de benarde toestand van het dier; ze vroegen zich af of stormen het misschien het strand op hadden gedreven. Maar anderen, uit het gewone volk, hadden het over de voorspellende betekenis ervan; daarbij 'voorseyden eenighe van Hollandt, ooverwinnaars van soo vreeslijk een gediertre, rijken buyt en seeghe oover hunne vyanden, andere spelden door dit voorspook dat hen swaere rampen booven 't hoofd hingen'.[12] Een andere versie van de walvis van Berckhey waarin een profetisch verband werd gelegd met het historische drama van de Nederlanden, was een prent waarop het dier was afgebeeld samen met een kaart van het vorstendom Kleef dat in augustus 1598 werd bezet door Spaanse troepen, en met een illustratie van de wreedheden die deze in de steden van Kleef hadden begaan.[13] Deze historische gebeurtenis werd dus gezien als de vervulling van de voortekenen, belichaamd in de gestrande walvis.

Tussen 1531 en het eind van de zeventiende eeuw zijn er op de duinstranden van de Nederlandse kust, vanaf de Vlaamse kust ten westen van Antwerpen tot Beverwijk iets benoorden Haarlem, minstens veertig walvissen gestrand.[14] Cetologen vragen zich af of een of andere paniek misschien de oorzaak van massale strandingen is. Maar verdwaalde enkelingen zijn kennelijk iets anders. Recent onderzoek heeft uitgewezen dat in modderige, licht glooiende kustgebieden het fijngevoelige systeem van echopeiling waarmee walvissen hun weg vinden, in de war raakt. (Een andere hypothese schrijft dit toe aan een infectie of ziekte.) Sonarpulsen worden of van alle kanten ontvangen of helemaal niet, wat begrijpelijkerwijs de navigatie verstoort. De Noordzeekust, die aan deze specificaties voldoet, was voor de reuzezoogdieren van de zee dus even verraderlijk als voor schepen zonder loods. De door de voorzienigheid gegeven geografie die het vaderland behoedde voor wraakzuchtige galjoenen, was ook fataal voor de trekkende walvisvrijgezellen.

Wetenschappelijk onderzoek naar dit verschijnsel bleef, en dat is niet verwonderlijk, beperkt tot oppervlakkige en snelle hypothesen, vaak over stormen op zee, alsof de walvis een soort stuurloos schip was. Maar het feit dat alle gestrande walvissen mannetjes waren, kan niemand zijn ontgaan, en enkele vroege commentatoren opperden volgens een typisch renaissancistische redenering dan ook de mogelijkheid dat het zoeken naar een partner het gedrag van het dier beïnvloedde. In feite schijnen de mannetjes de wijfjes niet te hebben gezocht maar juist verlaten, maar over deze zaken waren nog zeer weinig wetenschappelijke gegevens bekend. De eerste teksten die de walvis uit de zeedemonologie haalden, waren die van de Franse naturalisten Pierre Belon en Guillaume Rondelet, beide gepubliceerd in de jaren vijftig van de zestiende eeuw.[15] Maar zelfs toen de walvissen geen zeemonsters meer waren, bleven ze als vissen geclassificeerd totdat John Ray – en later Linnaeus – ze indeelde bij de zoogdieren. Ze werden ook maar zelden anatomisch ontleed, al slaagde Leeuwenhoek erin een in brandewijn bewaard oog dat hem door een walvisvaarder was gebracht, te ontleden. En als de geleerden al niet zeker waren van de anatomie en gewoonten der walvissen, zal het gewone volk hun verschijning, vooral buiten hun natuurlijke element, beslist nog als een abnormale en omineuze gebeurtenis hebben gezien. De walvisvangst, waarbij in de bloeiperiode, tegen 1700, bijna veertienduizend mensen en tweehonderdvijftig grote schepen betrokken waren, zou veel bijdragen tot de ontmythologisering van de walvis, maar een eeuw tevoren stond de industrie nog in haar kinderschoenen. Pas in 1596 ontdekten De Rijp, Willem Barendsz. en Jacob van Heemskerk enorme scholen Groenlandse walvissen op Nova Zembla toen ze op zoek waren naar de onvindbare noordoostelijke route naar Indië. De eerste Nederlandse walvisexpeditie naar de noordpool werd

Esaias van de Velde, *Gestrande walvis*, 1617. Kendall Whaling Museum, Sharon, Mass.

ondernomen in 1612, en twee jaar later werd de Noordse Compagnie opgericht.

Maar voor de algemene opvattingen over walvissen is de politieke en militaire chronologie belangrijker dan de economische geschiedenis. Want hoewel walvissen ook buiten de periode 1570-1650 strandden, maakten ze juist in deze jaren furore in gravures, rijmelarijen en moreel-polemische pamfletten. En dit was precies de periode waarin angsten en onzekerheden van oorlog en godsdiensttwist de Nederlandse cultuur vorm gaven. Het is dan ook niet verwonderlijk dat de gestrande walvis herhaaldelijk fungeert als commentaar op de nationale successen of als een voorteken van naderend onheil. Het jaar van de walvis van Berckhey, 1598, was een tamelijk goed jaar voor de veldtocht van Maurits, zodat Hugo de Groot over de boodschap van de walvis zowel optimistische als pessimistische geluiden onder het volk kon opvangen. Maar de meesten zagen het als een onheilsboodschap. In een opschrift bij een gravure van een gestrande walvis bij Noordwijk staat onder de lijst met afmetingen: 'God Wende 'tQuaed van ons en 't Lieve Vaderland.'[16]

Uit een verslag van januari 1616 van de Britse ambassadeur in Den Haag, sir Dudley Carleton, blijkt dat de strandingen als een soort morele mijlpalen fungeerden in de gevoelens van de tijdgenoten over begin en eind van vijandigheden: 'juist op de plaatsen en momenten dat deze beroering plaatsvindt, veroorzaken zij [de walvissen] de grootste consternatie; te meer daar men zich herinnert dat er bij het uitbreken van de oorlogen in deze landen twee ongeveer even grote dieren aan land dreven in de Schelde onder Antwerpen en één in Nederland bij het sluiten van het bestand.'[17] De verschijningen konden als commentaar op zowel binnenlandse als buitenlandse conflicten worden geïnterpreteerd (al dacht men toen dat deze twee dingen nauw met elkaar verbonden waren). In 1617 werd een vijftieneneenhalve meter lange walvis die iets verder in de richting van Scheveningen was aangespoeld, door Willem Buytewech gegraveerd naar een ruwe schets en later geschilderd door Esaias van de Velde.[18] Buytewech was veel minder geneigd de walvis een allegorische betekenis toe te dichten en zijn gravure is dan ook even boeiend als vrij van metafo-

Feesten, vasten en tijdige boetedoening

Gravure uit Jacob Cats, *Emblemata*. Houghton Library, Harvard University

ren. Maar 1617 was ook het kritieke jaar in de strijd tussen de calvinistische oorlogsgezinden en hun remonstrantse tegenstanders, een geschil waarin kwesties van buitenlands beleid onlosmakelijk verbonden waren met theologie. In de prent verschenen bij Broer Janszoon, die ook courantier was bij het leger van prins Maurits, werd de walvis van Buytewech een waarschuwing van God voor een onverantwoordelijk bestand en een zondig compromis met de legers van de antichrist.[19]

Het zou misleidend zijn te suggereren dat de ideeën over de walvis zich volgens een eenvoudige chronologie ontwikkelden van morele zinspeling tot nuchtere classificatie. De walvissen kwamen via andere media in het morele bestiarium terecht, zoals het emblemataboek waarin Jacob Cats hen gebruikte als voorbeeld van spierkracht in plaats van denkkracht. Maar het is een feit dat toen de positie van de Republiek in Europa veiliger leek, gravures van gestrande walvissen met een of andere profetische boodschap betrekkelijk zeldzaam werden. Een andere belangrijke factor was de omvang van de walvisindustrie zelf. Na de opheffing van het monopolie van de Noordse Compagnie in 1642 ontstond er een enorme groei. En er was navenant meer aandacht voor het naturalistische element in de weergave van walvissen. Er waren wel vroege schilderijen (bijvoorbeeld het prachtige schilderij van Cornelis van Wieringen) van het vangen en koken van walvissen bij Spitsbergen, maar pas na 1660 namen zeeschilders als Abraham Storck en Ludolf Bakhuysen walvistaferelen in hun algemene repertoire op.

Maar de vroege periode, toen de gestrande walvis nog fungeerde als boodschapper van de voorzienigheid, onthult het meest over de spanningen in de jonge nationale cultuur. De allereerste afbeeldingen, uit 1577, getuigen van de grootste ontsteltenis. De prachtige gravure van Jan Wierix toont een school van dertien walvissen bij de kust van Ter Heijde, waarvan er drie gestrand zijn, en figuren die in pa-

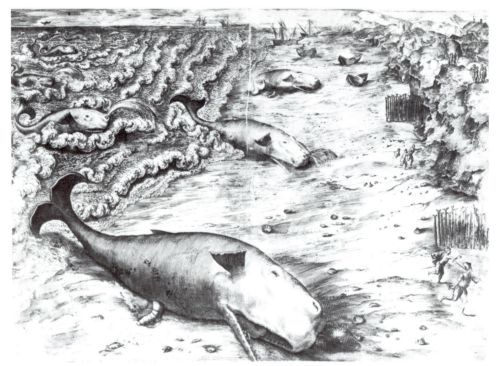

Jan Wierinx I, gravure, 1577. In een andere staat herdrukt als 'Waerachtige Conterfeytinghe...', Delft, 1577. Forbes Collection, ND 3520, Hart Nautical Collections, M.I.T. Museum, Cambridge, Mass.

niek van het tafereel wegrennen. In een andere staat bevatte de prent een opschrift van Willem Haecht, waarin de ramp een voorspelling wordt genoemd waarin God de Nederlanders de gevaren en zorgen toont die hen hebben overvallen en die nog steeds met hen zijn. Het jaar 1577 was natuurlijk een kritiek jaar in de vroege periode van de Nederlandse opstand: de Pacificatie van Gent, gesloten in november 1576, stond op instorten omdat de nieuwe landvoogd Don Juan samenwerking met Willem van Oranje en de generaliteit afwees. Dat jaar deed de prins zijn intocht in Brussel, maar een verdere scheuring leek onvermijdelijk. In dit gespannen klimaat konden de walvissen, die op de prenten 'monsters' werden genoemd, als voorboden van ellende worden beschouwd en als doeltreffende propaganda worden aangewend door Marnix en de polemisten van de vaderlandse waakzaamheid.

Dit verband tussen voortekenen en de eigentijdse geschiedenis is ook aanwezig in de meest gedetailleerde en grandioze prent: die door Jan Saenredam van een stranding in december 1601.[20] In sommige opzichten volgt zijn versie het prototype van Goltzius/Matham. De duinen bij Beverwijk, de mensenmassa op het strand en de deinende vissersboten in de verte zijn realistisch weergegeven. Maar de menigte is uitgegroeid tot een klein leger en waar op de prent van Matham ongeregelde bedrijvigheid te zien is, trekt dit leger in koetsen, te paard en te voet op naar het enorme

Jan Saenredam, *Gestrande walvis bij Beverwijk*, gravure, 1602. Hart Nautical Collection, M.I.T. Museum, Cambridge, Mass.

gevaarte van de potvis. Met andere woorden, de compositie en stoffering van de prent van Saenredam leggen de nadruk op het theatrale van de gebeurtenis. Hij heeft niet nagelaten zichzelf al schetsend op de voorgrond weer te geven, en op de plaats waar eerst de ijverige penismeter stond, staat nu een groepje aristocraten. Misschien werd de penis, vaak geïnterpreteerd als teken van de weerzinwekkendheid van het dier, op discrete wijze verborgen wegens de meer verheven sfeer van de prent, het ontwikkelde publiek en de voorname positie van degene aan wie het kunstwerk was opgedragen – graaf Ernst Casimir van Nassau-Dietz, die op een belangrijke plaats op de voorgrond is weergegeven.

Ernst Casimir was niet alleen een neef van stadhouder Maurits en lid van de Friese tak van het huis Nassau (en toekomstig stadhouder van Friesland, Groningen en Drente), hij was, zoals blijkt uit de opdracht in de cartouche, ook een held van de vrije Nederlanden, generaal in het Nederlandse leger. Daarom alleen al is het veelzeggend dat hij in de compositie is opgenomen. Maar het zijn de vele details boven in de voorstelling zelf die de prent van Saenredam tot zo'n rijke bron maken. Deze verwijzen allemaal, direct of indirect, naar een reeks rampen die tussen het einde van 1601 en de zomer van 1602 had plaatsgevonden. Dat was zo'n kritieke periode dat de zoekers van voortekenen en samenstellers van almanakken het heel druk

Detail van Jan Saenredam, *Gestrande walvis bij Beverwijk*

hadden. De strategisch uiterst belangrijke haven van Oostende werd belegerd door het leger van aartshertog Albertus en er waren Italiaanse versterkingen onder aanvoering van de gevreesde Spinola in aantocht. Erger nog, uit Spanje kwamen berichten dat een nieuwe grote armada van ongeveer tachtig schepen onder aanvoering van de markgraaf van Santa Croce op het punt stond uit te varen naar de Nederlanden. In deze omstandigheden is het nauwelijks verwonderlijk dat de stranding van de walvis bij Beverwijk als een slecht voorteken werd beschouwd, of dat deze gebeurtenis in verband werd gebracht met een hele reeks soortgelijke natuurrampen die allemaal in de cartouches werden genoemd. Onder de slechts licht geruststellende figuur van de Nederlandse leeuw die de omheinde tuin verdedigt, is de aarde letterlijk in beweging, op wielen, voortgejaagd door de wind (mogelijk een toespeling op de uitvinding van de zeilwagen door de wiskundige Simon Stevin). Links en rechts zijn een zons- en een maansverduistering te zien. In een derde staat van de prent werd nog het detail toegevoegd van de dood die pijlen afschiet naar de Amsterdamse Maagd. Al deze details zijn abusievelijk voor algemene pessimistische allegorieën gehouden, maar in feite zijn het verslagen.[21] Want er was een zonsverduistering geweest op kerstavond 1601, vier dagen na de stranding, en een aardbeving in Nederland op 2 januari 1602. In juni daarop vond een totale maansverduistering plaats, en een bijzonder zware pestepidemie had Amsterdam getroffen tijdens de winter van 1601-1602. Het is dan ook niet verwonderlijk dat het gedicht van de historicus Theodorus Schrevelius in het bijschrift verwijst naar 'het onheil en de bloedbaden' die op dergelijke gebeurtenissen volgen, en met name naar de militaire nederlagen na de stranding van de walvis van Berckhey in 1598.

Als zo vele 'rampenprenten' uit deze periode is die van Saenredam orakel en beschrijving tegelijk, en wie beweert dat ze ofwel symbolisch ofwel feitelijk is, houdt nodeloos vast aan een foutieve dichotomie. De Nederlandse voorspellers mogen hemel en aarde hebben afgespeurd naar iets ongunstigs, ze stonden met beide benen op de grond. De hele zeventiende eeuw was de Republiek ook voor sceptische staatslieden en diplomaten te onveilig om het zonder de goede raad van voortekenen te kunnen stellen. Dit samengaan van bijgeloof en realpolitik bleef natuurlijk niet beperkt tot de Nederlanden. Maar de Nederlanders, met hun zelfbeeld als kinderen des verbonds, die het voor de wind ging onder de speciale bescherming van de Heer, maar die blootstonden aan verschrikkelijke gevaren als deze ooit zou wegvallen, hadden er groot belang bij vast te stellen waar ze met de Almachtige aan toe waren. En juist omdat dit niet zonder meer viel af te leiden uit hun materiële welvaart, namen hun angstige voorgevoelens toe wanneer er iets 'onnatuurlijks' gebeurde. Het besef dat ze in korte tijd grote rijkdommen hadden verworven, versterkte die angsten juist in plaats van ze te verminderen. In het hele scala van voortekenen en voorboden was het bijzondere van de gestrande walvis dat hij met zijn imposante lijf associaties met rijkdommen opriep en er tegelijk aan herinnerde dat deze rijkdommen als straf teloor konden gaan. De grote leviathans met hun door het zand van de Noordzee verstoorde sonars trokken niet alleen van de Atlantische Oceaan naar de Poolzee, maar ook van het rijk van mythe en moraal naar dat van materie en handelswaar, waarbij ze soms strandden op de onderzeese hellingen van de Nederlandse culturele tegenstrijdigheden.

Deze tweerichtingenstroom van associaties dateerde van voor de stichting van de vrije Noordelijke Nederlanden. Het werk *De storm*, dat lange tijd werd toegeschreven aan Pieter Bruegel de Oude, maar nu aan Joost de Momper, is een vroeg voorbeeld van dit syndroom (zie p. 153). Te midden van de storm dicht bij het kwetsbare schip schilderde de kunstenaar de open muil van een grote vis of een zeemonster. Dit is niet de eerste keer dat kaken van zeedieren in de Nederlandse kunst opduiken. Zo is in Bruegels gravure van *Het Laatste Oordeel* de mond van de hel volgens laatmiddeleeuwse conventies weergegeven als die van een grote vis. In de beroemde vroege prent gemaakt voor Hieronymus Cock, *De grote vissen eten de kleine*, gebruikte Bruegel het beeld van onbeperkte eetpartijen ter illustratie van een Vlaams spreekwoord dat de wereldse eerzucht hekelt. In beide gevallen is het opgeslokt worden het gevolg (of het afkopen) van de zonde. *De storm* is een variatie op deze sombere thema's. Geconfronteerd met de muil van het monster/de hel gooit men een vat in de golven, precies zoals de bemanning van het schip van Jona de lading overboord gooide om minder diepgang te krijgen. Maar zoals we al in een eerder hoofdstuk zagen,[22] betekende 'een vat voor een walvis gooien' in de volkstaal ongeluk afwenden. En op secundair niveau betreft het gezegde de verzoening en het berouw door het verzaken van wereldse goederen, een eeuwig christelijke en actuele humanistische moraal. Er is gesteld dat dit een toespeling is op de beeldenstorm van 1566, door Philips van Marnix van St.-Aldegonde omschreven als een 'krankzinnige verdwazing',[23] maar de leer van boetedoening door verzaking van de wereld lijkt een meer dan voldoende verklaring voor de aantrekkingskracht die dit thema op een humanistisch schilder had, ook al blijft de precieze allegorische bedoeling in zilte nevelen gehuld.

Er was natuurlijk nog een werk over het afwerpen van wereldse ijdelheid, het in de diepte zinken van de ziel en de verlossing door boetedoening, en dat was het bijbelboek Jona. In een van de geur van zonde en vis doortrokken cultuur moest het lot van Jona wel diepe indruk maken. En dat het thema van halverwege de zestiende eeuw tot halverwege de zeventiende eeuw zo vaak in de Nederlanden is gegraveerd is veelzeggend, want elders kwam het zelden voor. En waar het voorkomt in de Italiaanse kunst, zoals op het plafond van de Sixtijnse kapel, speelt de 'grote vis' een veel zwakkere rol tegenover de profeet dan in de noordelijke versies. En hoe flamboyanter de maniëristische behandeling van het Jona-thema was, des te aantrekkelijker dit onderwerp leek, getuige de tekeningen van Maerten de Vos, gegraveerd door de gebroeders Wierix en Crispijn van de Passe, en die van Dirck Barendszoon, gereproduceerd door Jan Sadeler. De meest dramatische waren de tekeningen van Willem Buytewech gegraveerd door Jan van de Velde II.[24] En ook buiten papier en inkt zijn bewijzen te vinden voor de populariteit van het bijbelboek: gegraveerd op kroezen, gedreven in zilver en, hoogst spectaculair, weergegeven in een van de ramen van de Janskerk van de grote meester-glazenier Dirc Crabeth (zie p. 154). Toepasselijk genoeg werd het venster geschonken door het viskopersgilde, maar het verhaal van Jona ontleende zijn plaatselijke betekenis aan meer dan nautische lotsverbondenheid alleen. Geen enkel ander oudtestamentisch bijbelboek, behalve misschien dat met het verhaal van Jacob, verbindt met zo veel zeggingskracht menselijke zwakte en profetische lotsbestemming. De beproevingen van een voorbeschikte opdracht waren een bijzonder vertrouwd thema in de Nederlanden, en de angst, wroeging en woede van Jona waren bekende emoties voor de noordelijke prediker en diens kudde.

Omdat Jona zich aan de opdracht van God onttrekt, is hij er de oorzaak van dat de door storm overvallen zeelieden hun wereldse goederen overboord moeten gooien in een vergeefse poging de storm tot bedaren te brengen. Het lot, geworpen om een raadsbesluit van God en niet van de heidense Fortuna te vragen, wijst Jona als de schuldige aan, en hij wordt overboord gegooid, 'aan zijn lot overgelaten'. Zo is hij een zoenoffer geworden, het 'vat dat voor de walvis wordt gegooid' dat het ongeluk afwendt van de onschuldige. Nu wordt de walvis zelf het instrument waaraan Jona had proberen te ontkomen, het middel waardoor hij zijn opdracht terugkrijgt in een gebed 'uit den buik des grafs' (Jona 2:2) tot de – niet-aanschouwde – heilige tempel. In zijn mobiele vagevuur reist Jona van zonde naar verlossing, van duisternis naar licht en van water naar het droge. In Ninevé gaat de rol van profetisch boodschapper weer over van dier op mens als hij de Assyriërs hun naderende vernietiging preekt. Aldus gewaarschuwd voltrekt de koning zijn boeteritueel, hult zich in rouwgewaad en gebiedt zijn onderdanen hun berouw te tonen door te vasten. Hierdoor weten ze een ramp af te wenden, tot groot ongenoegen van Jona over de onvervulde profetie. Het boek eindigt met de scherpzinnige parabel waarin de wonderboom die Jona schaduw biedt het laatste zoenoffer wordt, en de worm die de boom doet verdorren het laatste goddelijke instrument is dat de profeet duidelijk maakt wat verlossende boetedoening is.

Misschien was hier sprake van een soort metaforische verdichting, waarbij de ontzaglijke omvang van de gestrande walvissen van de Nederlanden spreekwoord, profetie en parabel belichaamde. Ongeroepen (behalve door God die de geschiedenis loodst) en uit hun element geworpen, werden ze gebruikt door predikanten en leken als een versie van het bijbelboek Jona voor moderne goddelozen. In al hun schrikwekkendheid vormden ze een goede herinnering aan de gevolgen van ongehoorzaamheid aan Gods wet. Anderzijds bood het feit dat God Ninevé spaarde de geruststellender moraal dat door oprechte boetedoening verlossing *in extremis* toch nog mogelijk was.

Terwijl walvissen slechte tijdingen brachten aan zondaars, vormden ze goed nieuws voor de kapitaalkrachtige kooplieden met een neus voor dikke winsten en de durf om grote risico's te nemen. Het was de vraag of het omzetten van walvissen in winst het soort laakbare gewinzucht was dat misschien weer zo'n aanval van het Jona-syndroom op het strand van Berckhey zou veroorzaken. Je zou willen dat de walvis, in zijn dubbele kwaliteit van symbool en handelswaar, deze aardige zelfversterkende eigenschap bezat. Maar wat het godvruchtige vissersvolk van de Hollandse kustplaatsjes mogelijk verontrustte, was voor de leden van de Noordse Compagnie misschien alleen maar aanleiding zich in de handen te wrijven en te verkneukelen. En in het midden van de zeventiende eeuw – toen de prenttraditie van de gestrande walvissen leek uit te sterven (maar het verschijnsel zelf niet) – begon er voor de walvisindustrie een periode van spectaculaire bloei. In het begin was het een geheimzinnige en gevaarlijke handel geweest, zowel voor de zeelieden op hun poolreizen naar Spitsbergen als voor de kooplieden die geld staken in zo'n riskante en kostbare onderneming.[25] Die risico's werden voor een deel verminderd doordat de Compagnie na haar stichting in 1614 praktisch het monopolie bezat en de prijzen van balein en traan in de gaten werden gehouden. Tegen de jaren dertig was Smeerenburg op Spitsbergen ingericht als basis voor de harpoeneerboten en als verwerkingsplaats tijdens het seizoen. In 1637 werd op het eiland Marken bij Amsterdam de eerste traankokerij in eigen land geopend, en omdat vijf jaar later de reizen van de Compagnie werden beperkt tot twintig per jaar, verloor ze in feite haar monopolie en was de vangst voor iedereen vrij. Toen de vraag toenam speelden de handelaars die grote risico's durfden te nemen daarop in met wat naar Nederlandse maatstaven enorme, arbeidsintensieve schepen waren met een zeventig- tot honderdkoppige bemanning. Bij een geslaagde jacht werden soms tien of meer walvissen

Anonieme houtsnede, kinderportret, *Stiers Wreedtheydt*, vermoedelijk achttiende-eeuws. Atlas van Stolk, Rotterdam

gevangen, die het equivalent van ongeveer driehonderd vaten traan opleverden. In de tweede helft van de eeuw (1721 was het topjaar van deze nijverheid) hadden de Nederlandse walvisvaarders het overbeviste Spitsbergen en Nova Zembla verlaten en voeren ze naar de Beringstraat, Straat Davis, de Baffinbaai en de Witte Zee. Bijna tienduizend mensen leefden van de walvisindustrie in Holland, terwijl een hele Amsterdamse wijk in het noordwesten van de stad vol kwam te staan met de traankokerijen en pakhuizen van deze bedrijfstak. De grootste traanbak had een capaciteit van bijna zestienduizend liter, en aan de Brouwersgracht en op de kop van de Keizersgracht maakten gevelstenen met namen als 'De Walvis' of 'Groenland' ongegeneerd reclame voor de in de pakhuizen opgeslagen waren.

Het is een feit dat de traankokerijen om voor de hand liggende redenen in de stad bekendstonden als 'stinkerijen', maar zoals zo vaak het geval was in Amsterdam hielden de burgers hun neus dicht en spekten hun beurs. Impliceert dit alles een culturele chronologie waarin de walvis uit het rijk der mythen en overgeleverde spreekwoorden naar een bijbels, omineus element vol profetieën zwom, om te eindigen als grondstof in een fabricageproces? Het is een feit dat de verschijning van (al

Feesten, vasten en tijdige boetedoening

Anoniem, *Afbeeldinge en Beschryvinge van de drie aenmerckens-waerdige Wonderen in den Jare 1664 't Amsterdam in en daeromtrent voorgevallen, afzonderlijk uitgegeven en in de Hollandse Mercurius*, 1665. 'De Pestilentie', Koninklijke Bibliotheek, Den Haag

Anoniem, *Afbeeldinge en Beschryvinge van de drie aenmerckens-waerdige Wonderen in den Jare 1664 't Amsterdam in en daeromtrent voorgevallen, afzonderlijk uitgegeven en in de Hollandse Mercurius*, 1665. 'De Komeet', Koninklijke Bibliotheek, Den Haag

Anoniem, *Afbeeldinge en Beschryvinge van de drie aenmerckens-waerdige Wonderen in den Jare 1664 't Amsterdam in en daeromtrent voorgevallen, afzonderlijk uitgegeven en in de Hollandse Mercurius*, 1665. 'Omgevallen bomen', Koninklijke Bibliotheek, Den Haag

dan niet openlijk moraliserende) prenten met *gestrande* walvissen samenviel met een minder zekere periode in de geschiedenis van de Republiek in haar 'gouden eeuw'. Maar het zou al te simpel zijn om te stellen dat de kosmologische bijbetekenissen van gestrande walvissen tegen de jaren zestig waren begraven onder bergen baleinen en verdronken in vaten traan. De walvis had nog een lange toekomst voor de boeg als wrekende gerechtigheid voor de hoogmoedigen in iedere cultuur die was beroerd door de eigenaardige Noordeuropese verbintenis tussen geld en geweten. Toen in de achttiende eeuw de Nieuw-Engelanders in Nantucket de industrie gingen beheersen, droegen de Nederlanders niet alleen hun winsten maar ook hun koppigheid en knagend geweten aan hen over. Het zal niemand verbazen dat Melville Nederlandse voorouders had en volgens de leer van hun Kerk was opgevoed. Zelfs tegenwoordig is de morele verontwaardiging over de commerciële slachting van walvissen van een andere orde dan de zorg om andere bedreigde diersoorten als

Anoniem, 'Luchtverschijnsel te Scheveningen', *Staatkundige Historie van Holland*, Amsterdam 1756-82. Atlas van Stolk, Rotterdam

de visarend of de tijger. Zijn logge onschuld – kracht zonder verraderlijkheid – lijkt een profetische vermaning aan de menselijke neiging tot hybris.

Naarmate walvissen vertrouwder werden, bijvoorbeeld door de zeeschilderijen van Abraham Storck en door prenten bij populaire vertalingen van Friedrich Martens' reizen naar de noordpool, fungeerden ze steeds minder als bovennatuurlijke voorspellers: ze werden onderwerp van wetenschappelijke classificatie. Maar er waren genoeg andere natuurverschijnselen om te voldoen aan de behoefte aan ongunstige voortekenen en orakels. Zo was er in 1647 een hausse van populaire prenten over de bizarre geschiedenis van de stier van Zaandam (zie p. 150).[26] Zoals bij de meeste van dergelijke prenten werd het verhaal niet verteld als een 'beeldverhaal', maar toonden de houtsneden en gravures alle voorvallen alsof ze gelijktijdig plaatsvonden, waarbij een eenvoudige tekst eronder het 'lezen' moest vergemakkelijken. Evenals de walvis brengt de stier een waarschuwing Gods bij een zonderlinge gebeurtenis die een dreigende rampspoed aankondigt. En net als in het geval van de gestrande walvis vindt ook de gebeurtenis in Zaandam niet plaats in een mythische context, maar in de volkomen normale omgeving van een plattelandsdorpje bij de zee. Op 29 augustus 1647 was de boerenzoon Jacob Egh aan het vliegeren, wat een van de stieren van de boer tot razernij bracht. Zijn vader en moeder zagen dat hun zoon in groot gevaar was en renden het weiland in om de aandacht van het dier af te leiden (opnieuw het afwenden van rampspoed). De vader werd levend verscheurd en de moeder hoog in de lucht geworpen, op welk punt het verhaal het genre van boerenvertelling verlaat en iets omineuzer wordt. Want vrouw Egh, die op dat moment hoogzwanger is, krijgt haar baby in de lucht, vanwaar het kind op wonderbaarlijke wijze veilig op aarde neerdaalt. Nadat de stier zijn werk heeft gedaan, wordt hij aan de waterkant aan stukken gehakt. De vader en moeder overleven de slachting niet, maar de baby overleeft, wordt gedoopt en leeft, zij het kort, nog tot de volgende meimaand.

Het bizarre verhaal vormde het thema van een groot aantal prenten en duikt

onrust, verscheen een heldere komeet boven Nederland, aanleiding voor Jacob Cats om angstig over de profetische waarde ervan te schrijven.²⁷ Kometen en vallende sterren veroorzaakten altijd enige opschudding en waren voor dominees aanleiding tot – zorgvuldig geënsceneerd – hoofdschudden en handenwringen. In 1624 had Pieter Janszoon Twisck zijn eerste *Comeet-boecxken* uitgegeven in Hoorn, zodat mensen met bange voorgevoelens hun eigen voorspellingen konden doen, en voor het einde van de eeuw verschenen er verschillende edities van deze specifiek astronomische almanak.²⁸ In 1664, toen Amsterdam opnieuw werd getroffen door de pest en, zoals gebruikelijk tijdens de hevigste aanvallen, de handel stagneerde, werd een vallende ster beschouwd als een stellig bewijs van Gods ongenoegen. In combinatie met een plotselinge sterfte van de linden langs de grachten na een sneeuwstorm in de nacht van 19 op 20 december leidde dit tot preken naar Jeremia en Jesaja en een officiële vasten als boetedoening en berouw (zie p. 151).²⁹ In 1577, 1651 en 1661 waren andere kometen gesignaleerd, op net zulke kritieke momenten, en ze brachten dezelfde verontrusting teweeg. Op 21 januari 1665 werd een andere vallende ster, volgens de berekeningen van dr Lubincelsus de vierhonderdzestiende na de Grote Zondvloed, bestempeld als het directe gevolg van Gods toorn 'over onze lieve Vaderlandt... door de Sonde en overtredingen'.³⁰ Zeelieden en vissers – uit diep gelovige en bijgelovige gemeenschappen – waren extra gevoelig voor bovennatuurlijke verschijningen die een dreigende vorm aannamen. Op 21 december 1651 (een kometenjaar, vlak voor de oorlog met Engeland) zagen de loodsschipper Ewoudt Arisz. Douwert en twee matrozen twaalf mijl van de monding van de Maas om negen uur in de morgen 'omtrent een manshoogte boven den horizont' een menigte ruiters en voetvolk uit het noordoosten komen en aan de schout en schepenen van Maassluis verklaarden ze onder ede dat dit waar gebeurd was.³¹ In 1661 werd een gedicht geschreven op ''t Bedreyghde Nederlandt' naar aanleiding van een visioen van 'het verschrickelyck hemellicht en vuur over Utrecht' dat zich aan de schrijver had geopenbaard. Een andere geliefd 'wonder' waren vuren op zee, zwevend langs de horizon, boven de spitsen van verdronken kerken of, zoals in een geval dat al in 1570 had plaatsgevonden, vijf heldere lichten gezien vanaf de Scheveningse kust als een voorteken van naderend onheil (zie p. 152).³² Deze gewoonte om schijnbaar buitenaardse verschijnselen te zien als een teken van de toorn Gods was zo diep geworteld dat toen Pierre Bayle er in een verhandeling over kometen kritiek op leverde, de verbolgen dominees de Rotterdamse magistraten overhaalden voor straf zijn bezoldiging in te houden.³³

De betekenis van al deze tekenen en verschijningen was zonneklaar voor degenen die er getuige van waren of dat althans dachten, of die het verhaal gehoord hadden van ooggetuigen. Maassluis, de haringvissershaven dicht bij Rotterdam, gaf een eigen almanak annex liedboek uit, *Het Maassluyssche Hoekertje*, dat het niet kon nalaten het einde van de Engels-Nederlandse vijandigheden te begroeten met een mengeling van opluchting en bange voorgevoelens. De verschijning van de onvermijdelijke vallende ster stelde de pessimisten in het gelijk en leidde tot een karakteristieke hymne in het genre van profetie en boetedoening:

> *Ach Nederland wild u verkeeren*
> *Van Zond en ongeregtigheyd*
> *En wandelen in den Weg des Heeren*
> *Eer Godt zijn slaande land uyt breyd*
> *Over Nederlanders alle*
> *Die zo tot Zonden zijn vervalle*
>
> *Wat hoord men al Vloeken en Zweren*
> *Wat speurt men dronckenschap en pragt*
> *Ziet men niet dagelijks hanteeren*
> *Veel vuyl gewin?*
>
> *Een Sterre aan des Hemels-pleyn*
> *Die men in 't Zuyd-Oost op zag komen*
> *Met veel Stralen groot en kleyn*
> *Wat is het anders als een teeken*
> *Dat Godt wil onze Zonden wreeken*
>
> *Dat was 't beduntzel van de Sterre*
> *Die met zoo vreesselijken Staart*
> *In 't Osten zo het scheen van verre*
> *een yder maakten zo vervaard*
> *Was 't niet van Oorlog, Pest en Plagen?*[34]

Deze tekenen van de natuur, deze door de voorzienigheid op het hoogtepunt van zelfgenoegzaam feestvieren toegediende klap in het gezicht, was dus een typerend facet van de Nederlandse cultuur. Jona werd in het bijbelboek Daniël gecompleteerd door Belsazar, de walvis door de vermanende vinger, beide bijbelboeken waren geknipt voor de dominees die zich eeuwig opwonden over de gruwelen van de weelde, hebzucht, lust en dronkenschap die het herwonnen vaderland hadden bezoedeld. De tekst van Daniël 5, waarin Belsazar de gouden vaten die zijn vader Nebukadnezar uit de tempel van Jeruzalem had weggevoerd, gebruikt voor de wereldse genietingen van zijn feest, werd door Borstius en Wittewrongel steeds opnieuw gebruikt in hun gcijkte donderpreken tegen 'de goden van goud en de goden van zilver' en staat vermoedelijk model voor het tafereel van Aert de Gelder.[35] Maar het was diens leermeester Rembrandt die voor zijn prachtige historiestuk de climax van het verhaal koos – het moment waarop de koning de mensenhand ziet die zijn cryptische boodschap van verdoemenis schrijft (zie p. 155). Deze momenten van wrekende gerechtigheid – steeds geduid door eerbiedwaardige en onbedorven profeten (zoals Daniël) – waren geliefde thema's voor de historieschilders. Zelfs de genrespecialist Frans van Mieris koos, in een van zijn zeldzame uitstapjes naar het historiestuk, het veelbetekenende moment dat de vrouw van koning Jerobeam de oude profeet Ahia bezoekt om diens voorspraak te gebruiken voor haar zieke zoon en te horen krijgt dat dood en vernietiging hun huis zullen treffen omdat ze beelden hebben gemaakt die Israël moest vereren (1 Koningen 14). Voor Israëlieten en Babyloniërs, maar evenzeer voor de Nieuwe Hebreeërs, was de boodschap duidelijk. In plaats van braspartijen en losbandigheid, moesten vasten en plechtige boetedoening worden verordend. In plaats van zich te verdrinken in de bekers, moesten de zondaars zich onderdompelen in tranen van berouw; in plaats van zich te hullen in zijde moesten ze het boetekleed aantrekken. Als dat gebeurde, zou het lot beschreven in MENE, MENE, TEKEL, UFARSIN hun misschien bespaard blijven. *Ninevé, niet Egypte* was de titel van een traktaat, wat inhield dat zelfs ter elfder ure vergeving mogelijk was voor degene die waarachtig berouw toonde.[36]

Wanneer een crisis werkelijk catastrofaal dreigde te worden, werden er voor de hele Republiek 'bededagen' (dagen van gebed en vasten) voorgeschreven, en hele gemeenten verootmoedigden zich zowel in hun kerken als op de openbare pleinen waar bijeenkomsten met gebed en zang werden gehouden. Op dergelijke momenten van loutering zag de calvinistische geestelijkheid, zij het voor korte tijd, haar dromen van een boetvaardige en gehoorzame kudde verwezenlijkt. Maar dergelijke trauma's kwamen uiteraard slechts sporadisch voor en duurden maar kort. In minder angstige tijden vielen de Nederlanders terug op gewoonten en tradities die hun de vruchten van hun succes lieten plukken zonder dat ze stikten in de overvloed. Feestvieren was een zeer oude gewoonte van de Nederlanders en er waren manieren om te ontkomen aan Belsazars wrekende gerechtigheid. Dus door het ontwikkelen en voorschrijven van zeden die hen in staat stelden heidense vraatzucht te onderscheiden van heilzame voeding – zoals ze ook toelaatbare welstand onderscheidden van gevaarlijke weelde – probeerden de Nederlanders hun overvloed de baas te zijn in plaats van er het slachtoffer van te worden.

2   GEBED VOOR DE MAALTIJD

Herbergiers sterven vaak populair en Gerrit van Uyl vormde daarop geen uitzondering. Zelfs gemeten naar de royale maatstaven van kleinsteedse dodenwakes was zijn begrafenis op 21 mei 1660 in het Friese Sloten een grootscheeps laatste afscheid. Volgens een tijdgenoot besloeg de stoet maar liefst zesenvijftig roeden, dus moet bijna de hele stad aanwezig zijn geweest, plus de klanten van heinde en ver – waarbij de plaatselijke vagebonden de rij sloten. Dat was een heel gezelschap, enkele honderden Friese plattelanders. Maar dankzij Van Uyls nalatenschap hadden ze goed te eten en te drinken. Het menu omvatte:

20 oxhoofden zo France als Rinse Wyn
   70 Halfvaten Bier, zo bitter als zoet
 1100 pond Vleesch waar van op 't Konings Plein gebraden is
  550 Pont Pot Harst[en]
   28 Kalf-borsten
   12 Schaapen bouten
   18 Groote Venizoenen met Witte Korsten
  200 Pont Fricadelle
       Voorts Broot, Kaas, Mostaert, Boter, en toebak in volle overvloed[37]

Geen wonder dat de bedelaars in vrolijke staat wegwaggelden.

Dat was nog eens overvloed, eerder uitzonderlijk dan normaal, een royal afscheidsgebaar van een joviale gastheer die een goede indruk wilde achterlaten bij zijn plaatselijke versie van het nageslacht. De bron waarin het banket wordt beschreven is bovendien niet helemaal betrouwbaar – het is een populaire bundel over rariteiten en curiositeiten. Maar de reputatie van de Nederlanders als flinke eters, meer geïnteresseerd in kwantiteit dan in kwaliteit, was niet helemaal uit de lucht gegrepen. Herman Melville, die was opgevoed in de soberheid van de Nederlandse Gereformeerde Kerk, was kennelijk zo verbaasd over de in *Den Koopman* opgesomde proviand voor een vloot van honderdtachtig Nederlandse walvisvaarders dat ook hij niet kon nalaten de lijst in al haar gargantueske immensheid op te sommen, het equivalent in voedsel van de grote witte walvis:

   400 000 *pond rundvlees*
    60 000 *pond Fries varkensvlees*
   150 000 *pond stokvis...*
    10 800 *vaten bier... etc.*[38]

En uit betrouwbaarder bron is bekend dat de dekens van het chirurgijnsgilde van Arnhem – hoogstens zeven man – in 1703 in één zitting veertien pond rundvlees, acht pond kalfsvlees, zes hoenders, gestoofde knollen, appels, peren, brood, krakelingen, noten, twintig flessen rode wijn, twaalf flessen witte wijn en koffie naar binnen werkten.[39]

De Nederlanders, zo meenden de meeste tijdgenoten in Europa, waren geen kieskauwers. Op karikaturen werden ze bijna altijd weergegeven als zwelgers en zuipers, even indrukwekkend in de breedte als in de lengte. De geleerde naturalist en onvermoeibare reiziger John Ray ergerde zich mateloos bij het zien van hun voortdurende geschrok, vooral 'Nederlandse mannen en vrouwen... die bijna altijd eten wanneer ze reizen, of dat nu per boot, postkoets of paard en wagen is'.[40] En wat ze aten was grof en machtig: de eeuwige sla, gestoofd vlees in *hutsepot*, 'gekookte en gehakte spinazie met boter (soms met krenten)... het gewone volk at veel cabilau [kabeljauw] en zure haring'. Jammer genoeg, voor Ray, was de kroon op de Engelse keuken, de gekookte pastei, onbekend op de Nederlandse tafels omdat ze 'dit fijne gerecht niet kenden of het niet konden bereiden'. Het meest schokkend waren de aan de balken bungelende stukken vlees in herbergen, 'die ze in dunne plakjes snijden en met brood en boter eten, waarbij ze de plakjes op de boter leggen' – het beroemde belegde broodje kan dus bogen op een langere geschiedenis dan de Engelse 'sandwich'. Nog omvangrijker en vetter waren de Nederlandse kazen, gele schijven, bollen met een rode korst rondom, gekruid met komijn: 'Groene kaas, naar verluidt gekleurd met het nat van schapemest', alles 'op beboterd brood gesmeerd en aldus opgegeten'. Geen wonder dat Ray de bevolking 'voor het merendeel fors van bouw en omvang' vond, een kenschets die uitkristalliseerde in het geijkte cliché van de lompe, zware, laconieke en gezapige Hollander, wiens hart alleen sneller ging kloppen bij het vooruitzicht van winst en zwelgen.[41]

Alleen al de schaal van de Nederlandse braspartijen deed de achttiende-eeuwse Britse bezoekers (die prat gingen op hun respectabele omvang en gezonde eetlust) kokhalzen. In de jaren zeventig van de achttiende eeuw verzuchtte Joseph Marshall dat voor een bescheiden gezelschap een gang geen acht of tien schotels maar vijfentwintig of dertig telde. Bij de geringste aanleiding tot een groot feestmaal – de geboorte van een kind, de terugkeer van een familielid of een vloot uit Indië – werden alle remmen losgegooid. 'Ik was aanwezig bij een dergelijk feestmaal in Amsterdam,' schreef hij vol verbazing, meer op de toon van een overlevende dan van een feestvierder, 'waar, dacht ik, acht tafels vier maal werden gedekt en iedere gang uit meer dan honderd schotels bestond.'[42] Tot zover de calvinistische soberheid.

Het was algemeen bekend, zoals de achttiende-eeuwse 'spectatoriale' moralisten klaagden, dat de Republiek in wat zij zagen als de decadentie van haar pruikentijd, was vervallen in allerlei zonden, waaronder de beestachtige vraatzucht nog geenszins de laakbaarste was.[43] Maar overdaad aan voedsel – de overladen keuken – was een oud thema in de Nederlandse cultuur dat terugging tot de beroemde middeleeuwse gildefeesten in Vlaanderen en de plattelandskermissen. Ondanks de tegenstand van zowel hervormingsgezinde katholieken als fanatieke calvinisten bleef gedurende de hele periode van de Republiek de oude afwisseling van feesten en vasten in het volksgebruik bestaan, zij het in talloze variaties. In de wereldlijke en religieuze feestkalender van voor de Reformatie was in ieder geval een soort zelfregulerend gastrisch evenwicht ingebouwd, waarbij de uitspattingen van carnaval werden afgewisseld met het strenge regime van de vasten, en de twee stemmingen kwamen samen op Vastenavond, waarna de as van Aswoensdag werd verstrooid over de puinhopen van zijn vette voorganger. De strijd der zeden – heidens slempen en godvruchtige boetedoening – werd geschilderd door Bruegel in zijn *Strijd tussen carnaval en vasten* (zie p. 155). Carnaval zit schrijlings op het feestvat, zijn vleespen vol kapoenen, en duelleert met magere Vasten die als wapen een kookplaat heeft waarop de haring van de boetedoening ligt. Hans Worst was de aardse incarnatie van vlees, afval en bloed, allemaal samengeperst in een omhulsel van vel, de heer van de winterse warmte en orgiën, ingeluid op Sint-Maarten, de elfde november,

Jan Steen, *De vette keuken*, 29,8 × 39,4 cm. Municipal Art Gallery, Cheltenham

Jan Steen, *De magere keuken*, 29,2 × 38,7 cm. Municipal Art Gallery, Cheltenham

Feesten, vasten en tijdige boetedoening

Joachim Beuckelaer, *De welvoorziene keuken, met op de achtergrond Jezus bij Martha en Maria*, 1566. Rijksmuseum, Amsterdam

midden in de slachtmaand, als de vetgemeste os onder het mes gaat. Hij leidde een dialectisch dubbelleven met de pekelharing, de zilte zot onder de vissen: grillig, beweeglijk, pseudo-plechtig, vlegelachtig wrang. Op dezelfde manier waren de Vette en de Magere keuken aan elkaar gekoppeld in een complementaire tegenstelling, steeds opnieuw weergegeven in houtsneden, etsen en gravures van Bruegel en zijn leerlingen, zoals Dirk Hogenberg, Pieter van der Heiden en Hieronymus Cock.[44] In de zeventiende eeuw deden de Hollandse erfgenamen van Bruegels komisch-ernstige ethos, zoals Jan Steen en Adriaen van Ostade, de Vette en de Magere keuken herleven, en er is wel beweerd dat ze hun definitieve metamorfose vonden in Hogarths provocerende combinatie van de vette pensen uit *Beer Street* (Bierstraat) en de uitgeteerde kadavers van *Gin Lane* (Jeneversteeg).[45] (Beer Street is St. Martin's in the Fields op de verjaardag van George II; Gin Lane de stinkende steegjes van St. Giles.)

Het genre maakte een lange ontwikkeling door van Bruegels imaginaire *mise-en-scène* van kerk en herberg en zijn visuele bloemlezing van symbool en folklore tot Hogarths topografische en sociale onondubbelzinnigheid. In de tussentijd, en vooral toen de 'tweede generatie' humanistische schilders van geloofs- en volksthema's als Pieter Aertsen en Joachim Beuckelaer schilderijen met keukentaferelen en marktkramen maakten, was de grens tussen beschrijven en voorschrijven lang niet zo scherp. Veel van hun werk bestrijkt een dubbelzinnig cultureel gebied waar humanistische moralisering wordt geplaatst in de alledaagse drukte van het eigentijdse leven. Terwijl Venetiaanse schilders als Carpaccio en Paolo Veronese een overvloed aan stillevendetails verwerkten in gepaste onderwerpen als *De Emmaüsgangers* en *Christus in het huis van Martha en Maria* (zo profaan dat Veronese voor de inquisitie moest verschijnen), keerde Beuckelaer deze prioriteiten in feite om in een maniëristische behandeling waarbij het schijnbare verhalende naar de achtergrond verdween en het stilleven prominent op de voorgrond verscheen. Veel van die de-

Hendrick de Kempenaer naar David Vinckboons, *Vette keuken*, ets, Atlas van Stolk, Rotterdam

tails werden, althans in de zestiende eeuw, nog geassocieerd met vroomheid en vooral de eucharistie. Maar zijn mengeling van moraal en vermaak kwam evenzeer voort uit de noordelijke humanistische vereenzelviging met de ethische worsteling van het dagelijks leven, als uit een rabelaisiaans plezier in de opeenhoping van grote bergen voedsel. De levendigheid van zijn schilderijen is te danken aan de overstelpende hoeveelheid figuren waarmee hij ze bevolkt, maar ook aan de piramiden van vissen die over de tafels glibberen, de manden die uitpuilen van het fruit of de bergen groenten in de marktkramen.

Hier wordt een *topos* beschreven: niet een materieel, maar een cultureel verschijnsel. De overvloed van de Vette keuken, in alle extravagante visuele overdrijving, was niettemin een steeds terugkerend thema in de Nederlandse cultuur, een thema dat nooit geheel vrij was van de dubbelzinnigheden van de lust.[46] Deze dubbelzinnigheden kwamen uitvoerig aan de orde in een ets van Hendrick de Kempenaer naar een tekening van Vinckboons, vermoedelijk gemaakt in het eerste decennium van de zeventiende eeuw. In het decor van een keuken van een Nederlands stadshuis zijn de voorbereidingen voor een overdadig feestmaal weergegeven. De keuken puilt uit van alle denkbare eetwaren. Eén bediende haalt een pastei uit de

Feesten, vasten en tijdige boetedoening

Claes Jansz. Visscher, *Gebed voor de maaltijd*, gravure, 1609. Rijksprentenkabinet, Amsterdam

oven terwijl een andere een vogel zit te plukken, half bedolven onder wild: zwanen, ganzen, hazen en konijnen. Een koksjongen draait een spit met gevogelte, terwijl de vrouw des huizes (herkenbaar aan haar sleutels) een opgemaakte kapoen vasthoudt. In de achtergrond wordt de laatste hand gelegd aan de versiering van een kalkoenpastei. Maar terwijl dit alles er uitziet als een studie in overheerlijke rabelaisiaanse genietingen, vertoont de compositie overal onmiskenbare symbolen en signalen van ernstiger bedoelingen. Uiterst rechts in het venster kijkt een arme man, hoogst waarschijnlijk Lazarus, naar de in chique kleren gestoken meester Dives, wat in ieder geval een variatie is op het thema dat in de zestiende en het begin van de zeventiende eeuw erg populair was in Nederland. Of misschien is hij 'magerman' die in het stel prenten van Bruegel en de schilderijen van Jan Steen probeert binnen te dringen in de Vette keuken. De gebruikelijke symbolen van de vergankelijkheid der aardse geneugten bevinden zich op strategische plekken: de half opgebrande kaars en snuiter links boven, de bijl in het houtblok rechts, het pauw-embleem van de ijdelheid en wereldse trots in de achtergrond. De ravage die de kat en de hond hebben aangericht onder het haast achteloos over de vloer verspreide voedsel in de voorgrond, loopt vooruit op de verschijning ervan in de Nederlandse genrestukken

165

als symbool voor ondeugd, vraatzucht en hebzucht.

Ondanks alles blijft de ets raadselachtig. De figuur in het midden die duidelijk een vermanende houding zou moeten hebben, mist die volledig. Vormen zijn uitdrukking en gebaar met de roemer een teken van afkeuring of van verlokking? Is hij met zijn overvloedig afgebiesde kostuum, het soort kleding dat werd bespot door humanisten en calvinisten als Huygens, de personificatie van de wereldse ijdelheid en ledigheid, of van de kritiek daarop? Is de roemer waarschuwing of verleiding?

De prent is veelzeggend, niet omdat deze bekende tegenstellingen erin worden opgelost, maar omdat ze zo opeengehoopt worden weergegeven. Of de prent nu goedkeurend of afkeurend is bedoeld (en ik neig tot de laatste interpretatie), het onderwerp is onmiskenbaar *overdaad* met de bijbehorende geneugten en gevaren. In die zin staat de prent lijnrecht tegenover een gravure van Claes Jansz Visscher (zie p. 165) uit dezelfde periode, waarin een liederlijke, chaotische opeenstapeling van voedsel wordt ingedamd door het gebed voor de christelijke maaltijd in de huiselijke kring. De hectische bedoening van de Vette keuken heeft plaatsgemaakt voor de serene sfeer die past bij het sabbatsmaal. Waar de kelder bij De Kempenaer bezaaid lag met vis, gevogelte en kolen waartussen de dieren scharrelden en schooiden, zijn bij Visscher zowel de woonkamer waarin het gezin zit te eten, als de keuken die door de open deur te zien is (nog een motief dat in de genreschilderkunst een conventie zou worden), voorbeeldig in hun ordelijkheid, soberheid en zindelijkheid. De dienstmaagd, even fatsoenlijk als het gezin dat ze bedient, brengt het gebraden vlees binnen en in de kamer hangen bijbelse schilderijen die de lof zingen van de gewijde in plaats van de profane maaltijd. Zo hangt boven de deur een schilderij van het Laatste Avondmaal, terwijl in het venster de tondo met Abraham bezocht door de engelen, het thema verbindt met het huiselijke complement: de vruchtbaarheid van de echtelijke vereniging. De wijnranken rond de deur die het huis zijn binnengedrongen, zinspelen op dit thema van de lust, geheiligd door christelijke legitimiteit, want ze verwijzen naar verzen van Psalm 128:

> *Want gij zult eten den arbeid uwer handen;*
> *welgelukzalig zult gij zijn, en het zal u wèl gaan.*
> *Uwe huisvrouw zal wezen als een vruchtbare wijnstok*
> *aan de zijden uws huizes, uwe kinderen als olijfplanten rondom uwe tafel.*
> *Zie, alzóó zal zekerlijk die man gezegend worden die den Heere vreest.*

Vlak boven de *pater familias* is een venstermedaillon met de geschiedenis van Izaäk en Rebekka; hij zelf houdt de zachte vaderschapsmuts vast, terwijl zijn kind in de wieg naast het ouderlijk bed ligt te slapen. Het is letterlijk het ogenblik van het gebed, maar het is ook het huiselijke Arcadië van de humanist waar de overvloed is beteugeld door christelijke matigheid. De beloning voor het afwijzen van immorele uitspattingen is duidelijk te zien: vrede en veiligheid voor degenen die zich bevinden in de tempel Gods.

Het opwerpen van een dam van vrome manieren tegen de overvloed werd een standaardthema in de Nederlandse handboeken voor het gezin, zoals dat al het geval was geweest in het Italië van de renaissance en het humanistische Vlaanderen. De produktieve en immens populaire arts-schrijver Johan van Beverwijck volgde in zijn *Schat der Gesontheyt* het spoor der zedenmeesters terug tot Seneca, met zijn pleidooi voor matig eten als de beste manier ter voorkoming van pest, dysenterie, pokken, reuma, koortsaanvallen en slapeloosheid.[47] Het standaardkookboek voor het middenstandshuishouden, *De Verstandige Kok of Sorghvuldige Huyshouder*, bracht eveneens een ordelijk, regelmatig en uitgebalanceerd dieet (minstens één keer per week vers vlees, veel kaas en brood, voedzame stamppotten en verse groenten) in verband met een moreel heilzaam en voorspoedig gezinsleven.[48] *Het Leerzaam Huisraad* van Jan Luiken, een populair boek uit het eind van de zeventiende en begin van de achttiende eeuw dat vele drukken beleefde, begon zijn opsomming van vijftig godvruchtig becommentarieerde huiselijke taferelen met de tafel (zie p. 168). Luiken verzorgde zowel de tekst als de gravures van deze kleine etiquetteboeken, en zijn versie van de vredige gezinsmaaltijd met een aantal goede vrienden was niet alleen geïnspireerd op het prototype van Visscher, maar op vele andere Nederlandse verhandelingen met voorschriften voor de ideale maaltijd als een vorm van sociale omgang.

> *De Tafel dagelyks toebereid,*
> *Met overvloed van voedzaam Eeten,*
> *Alwaar men in gemeenzaamheid,*
> *Met Vrede en Rust is aangezeten,*
> *Wyst op den Honger, en de lust,*
> *Die uitgaat, tot het Eeuwig leven...*[49]

Deze gulden middenweg, dit voorzichtig laveren tussen gebrek en overdaad, was het humanistische ideaal en heeft evenveel invloed gehad op de keukens als op de garderobes en de kantoren van de eerste generatie vrije Nederlanders. Hij moet niet worden verward met de strengere calvinistische voorschriften van onthouding en sobere ascese, die, de materiële omstandigheden van de gouden eeuw in aanmerking genomen, volkomen onrealistisch waren. Ascese kon, zoals de arts Heijman Jacobi stelde, even ongezond zijn als pure overdaad, waarbij het eerste zou leiden tot slapeloosheid en uitputting, en het laatste tot apathie en inertie. Voor een goed doorvoed maar sterk lichaam en een gelukkig leven adviseerde hij 'zoete melk, vers brood, goed schapevlees en rundvlees, verse boter en kaas'.[50] Een gezonde matigheid berustte op het stillen van de honger, om deze des te beter binnen morele perken te kunnen houden. Wat de humanistische artsen het meest bewonderden was de schoonheid van een duurzaam evenwicht.

Is dat het soort schoonheid dat we aanschouwen in de stillevens, met name in de typisch Nederlandse 'banketjes' of ontbijtstukken van de jaren twintig en dertig?[51]

Jan Luiken, 'De tafel', uit *Het Leerzaam Huisraad*, Amsterdam, 1711. Houghton Library, Harvard University

Bestaat er een verband tussen de weinig verfijnde Nederlandse keuken, waarover zo veel reizigers klaagden, en het gemak waarmee die eenvoudige kost in een kunstwerk werd omgezet? Wat je ook kunt zeggen van de Haarlemse 'monochrome' studies van Pieter Claesz. en Willem Claesz. Heda, het waren zeker geen studies in overdaad (zie p. 156). Ze getuigen eerder van het Nederlandse vernuft om uit weinig veel te maken. De ingrediënten van een eenvoudig maal (niet per se een ontbijt): een stuk kaas, een brood, een haring, de alomtegenwoordige citroen, wat noten en fruit, een roemer Rijnwijn of een pul bier – alles uiterst efficiënt gerangschikt, zowel qua kleur als qua compositie. De banketjes zijn even sober en precies als de latere pronkstillevens van Willem Kalf (zie p. 156) en Abraham van Beyeren in de jaren vijftig en zestig flamboyant en weelderig zijn.[52] Kalfs kreeften hebben een vermiljoenen glans, die weerkaatst in zilveren kannen of porseleinen schalen; het geschubde licht van de haringen van Pieter Claesz. glinstert net voldoende om af te steken tegen de monochrome achtergrond van het tin. Van Beyeren speelde met de transparantie van glas en de fonkelende diepte van de wijn erin; Heda schilderde varkenskluif en roemer in een zelfde bruingroene transparantie. Kalf plaatste zijn kostbare objecten wel op een karmozijnrood Turks tapijt; Pieter Claesz. en Floris van Schooten plaatsten hun bruin gebakken pasteien en broden over het algemeen op gesteven wit linnen. De monochrome banketjes zijn studies in bespiegelende eenvoud, die men tot zich moet nemen op de ongehaaste, contemplatieve wijze van de humanistische geleerde, en niet met de schrokkerige zinnelijkheid van de 'pronker'. Ze zijn volmaakt uitgebalanceerd. Vooral in Willem Heda's schilderijen zijn de voorwerpen zo subtiel gerangschikt, en is hun onderlinge relatie zo afgewogen dat bij de geringste verschuiving de boel in elkaar stort. De knappe manier waarop hij een omgekeerd glas of een achteloos omgegooide schenkkan invoegt,

Feesten, vasten en tijdige boetedoening

Embleem uit Johan de Brune, *Emblemata ofte Sinnewerck*, Amsterdam, omstreeks 1624, 86,4 × 102,2 cm. Houghton Library, Harvard University

Embleem, 'Vroeg rijp, vroeg rot', uit Roemer Visscher, *Sinnepoppen*, Amsterdam, 1614. Houghton Library, Harvard University

'Maagdewapen' uit Jacob Cats, *Maeghdenplicht*, Middelburg, 1618. Houghton Library, Harvard University

versterkt het gevoel dat dit wonderbaarlijke evenwicht uiterst kwetsbaar is.

De analogie tussen de behoefte aan evenwicht van de humanist en de aandacht voor esthetische harmonie van de kunstenaar moet niet te ver worden doorgedreven. Er is met reden gesteld dat veel van deze schilderijen bovendien studies zijn in de 'kunst van het beschrijven': evenzeer het product van de drang om de uiterlijke verschijningsvorm in kaart te brengen als om de innerlijke essentie te onthullen.[53] En het zou verkeerd zijn ze voor te stellen als clichés van de eetlust, los van hun substantie, smaak en aroma, alleen gericht op de verschijningsvorm. In dat geval is het oog slechts het zintuig dat andere lustorganen prikkelt. En stillevens met half opgegeten voedsel zijn veel meer dan een visueel menu dat de ervaring van eten moet oproepen. De hier beschreven 'kaart' is die van de smaak, reizend van het zoute vlees van de vis naar het compacte zetmeel van het brood, de wrangheid van de citroen en de geurige frisheid van de Rijnwijn. In de meest rigoureuze schilderijen van Clara Peeters of Floris van Dijck zijn kazen van verschillende substantie naast elkaar geplaatst: eerbiedwaardige, gouden, overjarige Goudse naast groene Texelaar of jonge Edammer.[54]

Er is wel gesteld, misschien met meer ijver dan wijsheid, dat deze kazen niet zijn wat ze lijken. De beschouwer bij wie de schilderijen de gedachte aan een hapje oproepen, moet daarbij eigenlijk bedenken dat de kazen het getranssubstantieerde lichaam van Christus symboliseren. En zo heeft een al te enthousiast speuren naar de betekenis van deze composities geleid tot een zeer formele verzameling symbolische associaties die in de verschillende soorten voedsel besloten zouden liggen. De amandelen in het *Stilleven* van Nicolaes Gillis uit 1611, bijvoorbeeld, zouden Numeri 17:1-8 in herinnering moeten brengen, waarin de staf van Aäron bloesemt en amandelen draagt; de aardbeien vertegenwoordigen de volmaakte gerechtigheid en als meest fantastische voorbeeld verwijzen de walnoten naar de tweeledige aard van Christus, waarbij het vlees van de noot zijn goddelijke natuur is, de dop zijn menselijke natuur en de oneetbare tussenschil het houten instrument van de kruisiging.[56]

Dit lijden van Christus in een notedop levert weliswaar een prachtige erasmiaanse grap op, maar dat kan onmogelijk de bedoeling van de stillevenschilders zijn geweest. Want als stillevens didactisch bedoeld zijn, wat zeker zo is in het geval van bijvoorbeeld *vanitas*-schilderijen, zijn de religieuze betekenissen expliciet, direct herkenbaar en vertonen ze bovenal een theologische en morele samenhang. Een compositie volstouwen met willekeurige verwijzingen naar de Pentateuch, het evangelie en teksten van de kerkvaders heeft didactisch geen enkele zin. Zoals E. de Jongh het treffend stelde: 'Kaas werd in de zeventiende eeuw zelden op allegorisch niveau genuttigd'.[57]

Ondanks deze iconografische overvoering kan voedsel in de Nederlandse cultuur zeer wel gebruikt zijn om onaardse gedachten op te roepen, er is alleen geen bewijs dat dit de voornaamste bedoeling was van de stillevenschilders die speelden met de relatie tussen gezichtsvermogen, tastzin en smaak. In het rijke repertoire van Nederlandse spreekwoorden, volkswijsheden en emblemata bestond al sinds lang een voorkeur voor inheemse gemeenplaatsen boven de klassieke esoterica van renaissance-emblemata. Jacob Cats gebruikte in zijn *Christelicke Self-Stryt* een boterkarn om de ambivalentie tussen lichaam en ziel te tonen, en zijn graveur gebruikte de bij dit werk vereiste volharding als analogie voor de arbeid van de christelijke zelfstrijd.[58] Johan de Brune, een andere calvinistische moralist, toonde in zijn *Emblemata* een wormstekige kaas om, zoals gebruikelijk in deze didactische combinaties, het beeld op te roepen van twee moralen, één in de *inscriptio* en een andere in de *subscriptio*.[59] Het embleem luidt letterlijk: 'Al te scherp maeckt schaerdig.' De primaire les heeft betrekking op het verval waaruit het krioelende ongedierte voortkomt, maar de secundaire, belangrijkere les behelst een waarschuwing tegen de slechte ideeën die voortkomen uit verzuurde grote geesten. Ook ander voedsel werd

Gravure uit J.H. Swildens, *Vaderlandsch AB Boek*, Amsterdam, 1781. Houghton Library, Harvard University

op die manier gebruikt. Het overrijpe fruit in *Sinnepoppen* van Roemer Visscher draagt het voor zichzelf sprekende onderschrift: 'Vroeg rijp, vroeg rot.' Elders kon de krab staan voor averechtse, onchristelijke of ongeregelde opvoeding en manieren, oesters voor lust, uien voor tranenverwekkende pekelzonden, en aan de steel vastgehouden druiventrossen zowel voor voorechtelijke kuisheid als voor echtelijke trouw (zie p. 169).[60]

Dat deze emblemata veelal bedoeld waren als voer voor de geest, verhinderde niet dat er niet alleen ernstig maar ook humoristisch en speels werd gemoraliseerd. De emblemata vormden ook geen sterk samenhangende verzameling huiselijke gedragsregels, hetzij calvinistisch, hetzij humanistisch, maar veeleer een mengelmoes van beide. Visschers fruitembleem was immers een waarschuwing voor vroegrijpheid; in een bepaalde vorm was kaas een waarschuwing voor overrijpheid en verval. Maar beide brachten de gebruikelijke kritiek tegen onmatigheid op opzettelijk aardse en begrijpelijke wijze over. De moralisten moeten hebben gehoopt dat met het verorberen van dit boodschappenrijke voedsel vanzelf ook de lessen werden opgenomen. Het woord 'voedsel' heeft dezelfde stam als 'voeden' en 'opvoeden'.

De nieuwe kinderen Israëls waren dus, net als de oude, wat ze aten. Er bestonden geen spijswetten, maar aan sommige eetwaren werden algemene zedelijke eigenschappen toegedicht die de Nederlanders, naar ze graag geloofden, collectief belichaamden. Zo was kaas (evenals haring) de grote nivelleerder, want omdat iedereen kaas at gingen rangen en standen op in de nationale gemeenschap. Maar kaas en boter sámen werden afgekeurd als een overvloed aan zuivel. Volgens een apocrief verhaal dat, typerend genoeg, over standsbesef versus de egalitaire kaas gaat, kregen prins Maurits en een schipper ruzie omdat de stadhouder het waagde om kaas en boter samen te eten.[61] De neerbuigende grappen van met name de Fransen en Engelsen over de 'natie van kaasboeren' konden in de vaderlandse overlevering in hun tegendeel verkeren. Volgens een ander, beroemder voorbeeld van nationale overlevering zag een Spaanse gezant (volgens sommigen Spinola) hoe een groep mannen brood met kaas zat te eten in het gras langs de dijk en zou hij, nadat hem verteld was dat het 'Hunne Hoogmogenden de Staten van Holland' waren, besloten hebben hun maar hun vrijheid te laten. En dat is typerend voor het doorzichtige soort omgekeerde eigendunk waarvan de vroege Nederlandse cultuur bol stond. Jacob Westerbaen, die van voedselverzen min of meer zijn specialiteit had gemaakt, stelde de fatterige, patrijs peuzelende Tijs tegenover de eerlijke, kaas kauwende Kees, in ieder opzicht het zout der aarde:

> Kees eet maer kaesenbrood, en zeyt 't heeft roock en smaeck:
> Tijs eet patrysen, en 'ten geeft hem geen vermaeck.
> Kees arbeydt, en dat maeckt hem staegh en leegemaeg:
> Tijs is altyds verzaedt en voelt sich nimmer graegh.
> Daer is geen beter saus als honger tot spijs:
> Daer om smaeckt Kees syn kaes en Tysen geen patrijs.[62]

'Jan Kees' was de gebruikelijke bijnaam voor een lamme goedzak (al werd het naderhand een geringschattende term voor onverholen stompzinnigheid). Hier is het duidelijk dat Kees/kaas lijnrecht stond tegenover de slappe patriciër/patrijs. Zo was de haring de vaderlandse vis bij uitstek, de grondslag van de nationale rijkdom. Hij was het onderwerp van de ode *Lof van den Pekelharingh* van Westerbaen, en het gedicht en de vis werden door Jozef de Bray samengebracht in een geschilderde hommage (zie p. 173).[63] In de leerboeken voor kinderen, zoals het *Vaderlandsch AB boek* van J. H. Swildens uit de achttiende eeuw, werd jongetjes nog steeds de haring voorgehouden als voorbeeld van de grote dingen (en winsten) die uit een bescheiden begin voortkwamen (zie p. 171).[64]

Er waren echter ook etenswaren die de moralisten en met name de calvinisten niet alleen afkeurenswaardig, maar ook uitgesproken gevaarlijk vonden. Uitheemse, met name Oostindische specerijen als kaneel en foelie, met hun bedwelmende aroma en heidense oorsprong (in tegenstelling tot de inheemse wortels en groenten) moesten worden gewantrouwd omdat ze iemand wel eens konden weglokken van de huiselijke keuken en sobere zeden. Sausen, bereid om eerlijke vlees- en groentegerechten te verhullen of te garneren, werden met dezelfde woorden afgekeurd als cosmetica en geverfde pruiken. Maar de grote vijand en onvermoeibare handlanger van de duivel was suiker. Braziliaanse suiker die in zo grote hoeveelheden de Republiek binnenstroomde dat de prijs omlaagging zodat hij ook de tafels van de 'brede middenstand' bereikte, kwam tegemoet aan de inmiddels wijdverbreide Nederlandse behoefte aan suikerwerk en lekkernijen.[65] Tegen 1740 waren er in Amsterdam al meer dan vijftig suikerraffinaderijen, en traditionele lekkernijen als wafels, pannekoeken en poffertjes konden worden bestrooid met poedersuiker of bedekt met lagen suikerglazuur. Taarten en koekjes die tevoren niet werden gekruid behalve met wat honing of, in de rijke keuken, met saffraan en anijs, bevatten nu soms schijfjes gekonfijt fruit of tevoren onbekende combinaties van oosterse gember en westerse stroop. De waakzaamste dominees zagen in deze cultus van de

Jozef de Bray, *Stilleven met gedicht, 'Lof van den Pekelharingh'*. Gemäldegalerie, Dresden
Foto: Gerhard Reinhold, Leipzig

Frans Hals, *Maaltijd van de officieren van de St. Jorisdoelen te Haarlem*, 1616. Frans Halsmuseum, Haarlem. Foto: A. Dingjan

lekkerheid – de zucht naar zoetigheid – een morele bedreiging van angstaanjagende proporties. Dominee Belcampius klaagde

> De leckerheyt en overdaet is huyden ten dage soo groot dat de menschen wel souden een Academie oprechten indien sy haer niet en schaemden, om alle kocks en pastey-backers daer heenen te senden in de studie, om doch leeren alle spijsen, alle gheback, alle sausen meesterlyck te bereyden op dat se mochten smaeckelijck zyn. De tongen zijn soo lecker dat er nauwlijcks saussen konnen gevonden werden, die haer smaecken. De menschen van nu souden wel die kocks en andere dienaars van haer gulsigheyt uytblassen met trompetten van eere, ja kroonen met lauw'rieren...[66]

Als Belcampius had geweten wat Harvey en Sheldon Peck – twee museumbezoekende tandartsen uit de Verenigde Staten – ontdekten, zou hij het genoegen hebben gesmaakt te zien dat pijn de prijs van de zoetigheid was. Want uit het onderzoek van de Pecks naar de toestand van de gebitten en het tandvlees van de Nederlanders op zeventiende-eeuwse portretten, blijkt dat dit kleverige goed voor malende kiezen een gaatjesplaag en ontkalkingsepidemie tot gevolg had. Rembrandt, zo stelden ze mistroostig, 'was in tandheelkundig opzicht een invalide', gedoemd nog verschrikkelijker pijnen te lijden dan enige calvinistische zielenherder maar had kunnen bedenken.[67]

Het onderscheid tussen werkelijk noodzakelijk voedsel en moreel verwerpelijke luxe sleet op de lange duur net zoals andere soorten zelfopgelegde culturele grenzen. Tegen de tijd dat Kalf en Van Beyeren hun bloeitijd beleefden, waren alle remmingen om de verrukkingen van fruit, hoe exotisch ook, of edele metalen uit te beelden verdwenen en bestond er een behoefte aan steeds exquisere en verfijndere decoratieve effecten. Schilderijen begonnen te schitteren als juwelen dankzij het spel van licht op glas en goud; porselein of parelmoer diende voor weerspiegelingen van stralende doorschijnendheid. De groeiende populariteit van het pronkstilleven, vooral onder de rijken die de betrekkelijk hoge prijzen konden opbrengen, betekende echter niet dat het oude 'ontbijtstuk' verdween. Willem Claesz. Heda en Jan Jansz. den Uyl werden beiden opgevolgd door hun zonen en door de zwager van Den Uyl, Jan Jansz. Treck, die tot in de jaren vijftig en zestig van de zeventiende eeuw 'banketjes' bleven vervaardigen.[68] Soms werd de oude formule gevarieerd door de toevoeging van mooie porseleinen schalen, zilveren in plaats van tinnen kannen of 'berkemeiers' en rijk bewerkte zoutvaten, maar de traditionele elementen – brood, citroenen, wijn, kaas, oesters, krabben en vissen – bleven, evenals de overheersend bruine, groene en grijze tinten. En er waren typische stillevenschilders, meer schilderend in de Spaanse dan in de Nederlandse traditie (hoewel er veel punten van overeenkomst waren, zoals er ook veel persoonlijke contacten en bezoeken over en weer waren),[69] die grote bossen groenten tegen een eenvoudige of zwarte achtergrond plaatsten. De beroemde *Asperges* van Adriaen Coorte in Cambridge zijn in geen enkel opzicht typisch 'moralistisch' of zelfs maar symbolisch; asperges waren volksvoedsel en geen luxe, en er lag een wereld van verschil tussen de eenvoud van dit schilderij en de extravagantie van de 'fijngeschilderde' bloemen en vruchten. Bovendien waren er gelegenheden waarbij met de traditionele eenvoud van 'vaderlands voedsel' een patriottisch gebaar werd gemaakt tegen de vloed van ongezonde buitenlandse lekkernijen. Tijdens een banket in de achttiende eeuw, gegeven door een Amsterdams burgemeester, werd het gezelschap onthaald op gangen die overeenkwamen met de geschiedenis van de 'vaderlandse' zeden. Zo bestond de eerste gang, opgediend in een eenvoudig tinnen servies, voornamelijk uit vis, brood en bier, en de tweede gang (die stond voor de bloeiperiode) uit vlees en fijn fruit op porselein. Het symbool van de capitulatie van de vaderlandse gastronomie voor de buitenlandse smaak ten slotte was voedsel, overgoten met de wijnsaus waaraan de zielenherders en zedenprekers zo'n aanstoot namen, en opgediend op prachtig bewerkte schalen.[70]

Het is de vraag of de gasten dit onthaal (of in ieder geval de eerste gang) waardeerden. Maar halverwege de achttiende eeuw kreeg de patricische weelde steeds meer het stigma van iets wat buitenlands was en symbolisch voor de afstand tussen heersers en overheersten, belastingpachters en belastingplichtigen, wat een groeiend aantal rellen en oproeren veroorzaakte.[71] Gedurende het grootste deel van de zeventiende eeuw echter maakten de dominees en moraliserende schrijvers geen maatschappelijk onderscheid in hun aanvallen op de verdorven zeden. Zij gingen ervan uit dat overvloed een algemeen, zij het ongelijk verdeeld erfgoed was, en dat de mensen uit de middenstand en de laagste klassen net zo goed gewaarschuwd moesten worden voor de gevaren van drank- en vraatzucht als de elite.

Was dat eigenlijk een redelijke veronderstelling? Was de meerderheid der Nederlandse buiken wel zo goed gevuld als de buitenlandse bezoekers beweerden? Was er niemand die honger leed in Nederland?

Het zou weliswaar een vergissing zijn te veronderstellen dat alle Nederlandse steden in een Vermeer-achtig licht van ongestoorde rust baadden, maar het is een feit dat tot het laatste decennium van de zeventiende eeuw nauwelijks voedsel- of belastingoproeren voorkwamen. De meest recente studie van dergelijke oproeren, die aan het einde van de eeuw en in de achttiende eeuw veel vaker voorkwamen, kan slechts vier van dergelijke oproeren noemen in Leiden en één in Gouda, alle vijf in het hongerjaar 1630.[72] Er waren ook oproeren in 1628 en 1662, waarvan die in Den Bosch nogal ernstig waren. Maar deze moeilijkheden waren grotendeels plaatselijk en eerder sporadisch dan chronisch. Er waren wel jaren van schaarste, vooral in het begin (1601 was een moeilijk jaar) en aan het eind van de eeuw. En tijdens de depressie van de jaren vijftig werden alle sectoren van de economie getroffen. Toch verandert dit niets wezenlijks aan de indruk dat Nederland een opvallende uitzondering vormde in een Europa dat werd geteisterd door voortdurende schaarsten, sterk verlies aan koopkracht onder loonarbeiders en endemisch geweld in de steden en op het platteland. Maar pas door het briljante onderzoek van Jan de Vries naar lonen en prijzen is de historicus in staat de clichés over een gouden eeuw voor zowel arbeiders als welgestelden te toetsen.[73] De gegevens van De Vries bevestigen in feite de observaties van al die buitenlanders over de relatieve welvaart van de werkende bevolking in de Republiek der Nederlanden. Paradoxaal genoeg blijkt dat *ongeschoolde* arbeiders een eeuw lang, van 1580 tot 1680, altijd even goed als of zelfs beter af waren dan hun buitenlandse tegenhangers, en dat de geschoolde arbeiders een nadelige uitgangspositie hadden vergeleken met hun tijdgenoten in Engeland, Frankrijk of de Zuidelijke Nederlanden, maar deze achterstand in het midden van de zeventiende eeuw op spectaculaire wijze inliepen. In de periode tussen 1650 en 1679 verdiende een gezel, die in de zuidelijke graafschappen van Engeland (met uitzondering van Londen) het equivalent van 16,5 en in Keulen 15,5 stuiver zou verdienen, 27 stuiver in Amsterdam, 25 in Alkmaar en 22 in Arnhem.[74] 'Het lijkt onweerlegbaar,' concludeert De Vries, 'dat de reële lonen stegen terwijl ze elders in Europa daalden.'[75]

De koopkracht moet natuurlijk niet alleen worden afgemeten aan de voedselprijzen. En het meest onstabiele element bij het bepalen van het reële inkomen was, zoals bekend, de huur, die in overbevolkte industriesteden als Leiden bijzonder snel steeg. Maar de belastingdruk per hoofd van de bevolking, voornamelijk accijnzen op eerste levensbehoeften en voedsel, werd in de eerste helft van de eeuw exact gecompenseerd door loonsverhogingen, en in het derde kwart van die eeuw schijnt die belastingdruk zelfs minder te zijn geworden. Pas na de geldverslindende oorlogen tegen Lodewijk XIV veranderde de situatie drastisch, zoals De Vries aangeeft. En in de laatste tien jaar van de zeventiende eeuw ontstonden met die veranderingen, voorspelbaar, de eerste ernstige golven van oproer.[76]

Zelfs degenen die door ouderdom of ziekte hun werk verloren, konden voor hulp en eerste levensbehoeften terugvallen op de ontelbare liefdadigheidsinstellingen. Natuurlijk was niet alles voor iedereen even rooskleurig. Vrouwen en meisjes, die in Leiden ongeveer dertig procent van de werkende bevolking uitmaakten, moesten harder werken voor minder geld. Een bleekster in Haarlem verdiende in 1610 slechts acht stuiver per dag, en in de dichter bevolkte industriesteden, zoals Leiden, was avondwerk tegen stukloon nodig om een huishouden in stand te kunnen houden.[77] Niettemin schijnen de extreme nood en uitzichtloosheid, waartoe de permanente tegenspoed de overgrote meerderheid van de Europese bevolking in die tijd veroordeelde, gedurende het grootste deel van de gouden eeuw in de Republiek der Nederlanden te hebben ontbroken.

Deze betrekkelijk gunstige situatie was voor een groot deel te danken aan de sleutelpositie van de Nederlanders in de zeventiende-eeuwse graanhandel.[78] De Republiek, die zelf weinig graan produceerde, beheerste praktisch de hele tarwe- en roggeproduktie van Polen, Oost-Pruisen, Zweeds Pommeren en Lijfland, doordat ze de scheepvaart op de Oostzee domineerde. Amsterdam, Rotterdam en Middelburg hadden allemaal grote graansilo's, waarin het overschot van het ene jaar kon worden bewaard voor mogelijke tekorten in het volgende jaar. Het resultaat was dat de prijzen betrekkelijk stabiel bleven, behalve in de jaren vijftig, toen de normale voedselvoorziening werd verstoord door een combinatie van misoogsten in het oosten en zeeoorlogen met zowel Engeland als de Scandinavische landen. Een roggebrood van drie pond kostte omstreeks 1650 ongeveer viereneenhalve stuiver. De gemiddelde gezinsgrootte in Nederland – de laagste van Europa – is berekend op 3,75 personen per gezin, wat we voor het gemak, zij het demografisch weinig verantwoord, afronden op 4.[79] Als we ervan uitgaan dat een dergelijk huishouden twee van die broden van drie pond per dag nodig heeft, en dat het gangbare loon voor geschoolde handwerkslieden – een scheepstimmerman in Amsterdam bijvoorbeeld – ongeveer dertig stuiver per dag bedroeg – werd per dag ongeveer dertig procent van het loon aan brood uitgegeven.[80] Dan bleef er een redelijk maar niet rijkelijk bedrag over voor andere onkosten. En afgaande op voedselhistorici besteedde de loonarbeider geen onevenredig groot deel aan alleen zetmeel, maar is het goed mogelijk dat hij een enkel brood kocht en daarnaast de overvloedige en naar verhouding goedkope groente, vis en zuivel die te zamen het dagelijkse menu vormden.

Op zichzelf was dit een bijna unieke situatie in het zeventiende-eeuwse Europa, en reizigers maakten vaak opmerkingen over het verrassend gevarieerde menu van de arbeiders. Een eeuw later zag Diderot met verbazing hoe arbeiders in de stad, boeren op het land en vissers de hele week vlees en vis, vers, gezouten of gerookt, verse groenten en vruchten, boter, eieren en kaas aten. Makreel en rode poon, zo noteerde hij vol afgrijzen, vonden ze oneetbaar en gooiden ze weg.[81] 'De Nederlan-

Adriaen van Ostade, *De visvrouw*, 1672, olieverf op doek, 36,5 × 39,5 cm. Rijksmuseum, Amsterdam

ders die wat vis betreft fijnproevers zijn,' schreef de Engelse reiziger Nugent, 'zijn zo kieskeurig dat ze alleen levende vis kopen. En als er dode bij zitten gooien ze die weg of verkopen ze die voor weinig geld aan de armen.'[82] In Dordrecht was er zo'n overvloed aan zalm, dat volgens Nugent 'bedienden vroeger met hun meester overeenkwamen dat zij nooit meer dan twee keer per week zalm hoefden te eten'.[83] Vermoedelijk was dit een apocrief verhaal, maar het staat vast dat zowel in de zeventiende als in de achttiende eeuw een grote verscheidenheid aan verse, gerookte, of gemarineerde vis een belangrijk deel van de eiwitconsumptie van het gewone volk vormde. Verse tong, schol, schar, bot, schelvis, kabeljauw en tarbot, evenals mosselen (dat als het armetierigste voedsel werd beschouwd en een prominente plaats had in schilderijen van de 'Magere keuken'), oesters, kreeft, garnalen en krab waren goedkoop en ruim voorhanden in de kustprovincies. En door de overvloed aan gezouten en gerookte vis hadden zelfs de meest bescheiden huishoudens enige vet- en eiwitcalorieën op het menu. Een paar bokkingen of gerookte haringen kostte in de jaren vijftig van de zeventiende eeuw slechts een duit, een achtste stuiver, en verse 'groene' haring of 'Hollandse nieuwe' een halve stuiver.

Gezien de hoge opbrengsten van de Nederlandse zuivelindustrie zullen boter en kaas ook op zijn minst binnen het bereik van de gezinnen van geschoolde handwerkslieden hebben gelegen, hoewel enkele van de beste produkten werden gereserveerd voor de export. Zoetemelkse kazen als Goudse kostten in de duurste jaren ongeveer tweeëneenhalve stuiver per Amsterdams pond, en komijnekaas en groene kaas nog minder.[84] Boter was duurder en kostte vijf stuiver per pond, maar was nog geen luxe, en echte liefhebbers van het ontbijt stelden er een eer in hun gasten te onthalen op verschillende soorten boter: Delftse, Texelse en Goudse. Een echte maatschappelijke kloof bestond er tussen de huishoudens die boter alleen op brood of beschuit smeerden en de huishoudens die zich boter konden permitteren bij het koken en bakken. Net als bij brood en kaas bestond er een uitgebreide hiërarchie in kwaliteit, waardoor de huishoudens het voedsel konden kiezen dat het best overeenkwam met hun middelen, zonder gebrek te lijden en de sociale vernedering te hoeven smaken dat ze belangrijke voedingsmiddelen van hun wekelijkse boodschappenlijstje moesten schrappen. In tijden van ontbering en werkloosheid moesten ze misschien genoegen nemen met grof 'semelbrood' gemaakt van boekweit en grutten, maar in goede tijden of bij bijzondere gelegenheden konden ze zich het witte tarwebrood van de patriciërs of krentenbrood permitteren. Zeventiende-eeuwse schrijvers over voedsel en koken waren geschokt toen ze ontdekten dat in de armste streken van het platteland, in Drente en Noord-Groningen, boeren zich soms moesten verlagen brood te bakken van kastanjemeel. Maar zelfs dit was te verkiezen boven de brij van eikels, boomschors en gras die in Spanje, Zuid-Italië en het Centraal Massief als laatste redmiddel tegen de honger werd gegeten.

Vlees lag niet helemaal buiten het bereik van de Nederlandse handwerksman en was een vast onderdeel van het menu van een bescheiden burger, een kleine winkelier. In de steden en op het platteland kochten veel gezinnen in de maand oktober een os of op zijn minst een varken, en in de slachtmaand november werden deze verwerkt tot afval, worst en gerookt of gezouten vlees om de winter door te komen. Gerookt vlees – ham en spek, liefst nogal vet – was een vast onderdeel van het wekelijkse menu, maar zelfs vers vlees was in het huishouden van een geschoolde arbeider of gildebroeder niet ondenkbaar. Een kip bijvoorbeeld kostte in het midden van de eeuw elf stuiver op de markt in Delft, en een pond kalfsvlees maar vier, wat respectievelijk een derde en een achtste van het dagloon van een geschoolde handwerksman was.[85] Verse groenten, uien, witte en savooiekool, wortelgewassen als pastinaken, koolraap, bieten, wortelen en schorseneren, groenten als erwten, bonen, komkommers, andijvie, sjalotten en prei, waren allemaal goedkoop en algemeen verkrijgbaar dankzij de overvloedige tuinbouw in Holland, Zeeland en Friesland, en door het uitgebreide netwerk aan waterwegen konden ze goedkoop en efficiënt naar de markten worden vervoerd.[86] Er bestond een magische kringloop tussen stedelijke consumptie en de tuinbouw aan de rand van of buiten de stad, waarbij de door al dat geschrok geproduceerde mest de opbrengst van de velden nog groter maakte, wat weer een grotere stedelijke bevolking voedde, wat weer...

Ook fruit was er in overvloed. Boomgaarden in de nabijheid van de steden brachten appels, peren, pruimen en noten voort, en het was althans voor burgers normaal om 's zomers bij hun ontbijt in ieder geval kersen en bessen met zoete of zure room te eten. Gedroogd fruit, met name pruimen, rozijnen en vijgen, vormde een belangrijk ingrediënt van de Hollandse keuken en werd gebruikt in vleesschotels, vruchtentaarten en koek. Soep van erwten en pruimen was traditioneel een populair gerecht, evenals geroosterd varkensvlees gevuld met pruimen, en gehakte ossetong met appelmoes was een grote delicatesse. Soms werd fruit gewantrouwd. In 1655 had het idee dat blauwe pruimen, damastpruimen en morellen de oorzaak waren van een bijzonder hevige uitbarsting van de pest (vermoedelijk wegens hun gelijkenis met builen) tot gevolg dat deze tijdelijk werden geweerd van de markten in Holland. Hoe exotischer het produkt was, des te gemakkelijker ontstonden dergelijke angsten, vooral in een tijd dat medische handboeken evenzeer zedenkundige traktaten als wetenschappelijke verhandelingen waren. Verhalen over beri-beri in Indië boezemden de bewoners van de steden vrees in, en hoewel de ananas bij de elite tamelijk bekend was, met succes werd gekweekt door Paludanus in zijn tuin in Enkhuizen en door Pieter de la Court werd ontwikkeld, riep zijn enigszins afschrikwekkende uiterlijk heel wat vijandigheid op. Zo beweerde Bontius dat ananas allerlei soorten maag- en darminfecties uit het Oosten overbracht. Maar de aantrekkingskracht van exotisch fruit lag voor een deel natuurlijk in het 'gevaar' ervan, wat het voor de durfals begeerlijk maakte. Ander fruit dat altijd als luxueus werd beschouwd en dus duur was – meloenen, sinaasappelen en druiven – was in de laatste drie decennia van de eeuw in ruime mate verkrijgbaar en goedkoop. Meloensap was verrassend genoeg zelfs een van de belangrijke ingrediënten in veel Nederlandse gerechten, vooral stoofschotels die uren moesten pruttelen. In het zuiden en westen van Nederland waren asperges al een van de voornaamste gewassen, terwijl artisjokken (met hun distelige uiterlijk dat natuurlijk leek op dat van de ananas) minder gevraagd waren, door Vader Cats veroordeeld als een afrodisiacum, maar door dr Van Beverwijck aangeprezen als een wondermiddel. Wanneer de vrouw van de nietsnut in Sweerts' *De Tien Vermakelijkheden des Houwelyks* zwanger wordt, krijgt ze een onbedwingbare trek in lekkernijen, onder andere: morellen, aardbeien in wijn, blauwe en witte pruimen, perziken en abrikozen, ananas, hazelnoten, blauwe en witte druiven, gevulde koeken en hele bergen marsepein. Al deze verslavingen konden blijkbaar door de plaatselijke markt worden bevredigd, al zouden ze de echtgenoot kunnen ruïneren.[87]

De drinkgewoonten veranderden pas later in de eeuw, en alleen bij maatschappelijke groepen boven het niveau van de winkelier. Thee, geïntroduceerd door de Nederlandse reizigers en kolonisten in het Verre Oosten, werd voor het eerst door artsen en moralisten als Johannes van Helmont aangeprezen als een versterkend middel tegen het verlies van lichaamssappen ten gevolge van overmatige transpiratie en purgering. Volgens dr Tulp was het de oudste en beste kruidendrank ter wereld en was het een probaat middel tegen krampen en sufheid.[88] Maar in de eerste helft van de eeuw bleef het wondermiddel uitsluitend voorbehouden aan een kleine groep, en zelfs tegen 1660, toen er door de Oostindische Compagnie zoveel thee werd verscheept dat de prijzen van honderd gulden per pond tot tien gulden per pond zakten, bleef thee te duur om het bier als volksdrank te kunnen vervangen. Anders dan tabak, die ook werd aangeprezen om zijn medicinale werking, bleef thee bestand tegen ieder *odium theologicum*. Cornelis Bontekoe, de vurigste pleitbezorger, dacht zelfs dat thee geen kwaad kon, hoeveel je er ook van dronk. Volgens hem waren acht tot tien koppen per dag het minimum voor een goede gezondheid en waren vijftig tot tweehonderd koppen volkomen aanvaardbaar.[89] Hij zelf nam zijn eigen raad zo letterlijk dat de *Haagsche Mercurius* in 1696 berichtte dat door de thee

Gravure, 'De Thee'. Collectie: Koninklijk Oudheidkundig Genootschap, Rijksmuseum, Amsterdam

zijn 'balsamieke sappen' zozeer waren opgedroogd 'dat zijne gewrichten schenen te rammelen als castignetten'.[90] In het begin van de achttiende eeuw was het achteroverslaan van koppen thee in ieder geval zo'n karakteristieke bezigheid geworden dat het aanleiding was tot satirische komedies als *De Thézieke-Juffers*,[91] en Montesquieu stond versteld toen hij zag hoe een huisvrouw in één zitting dertig koppen achteroversloeg.[92] De volkse rijmelaars bezongen in de jaren zeventig thee ook in een minder beschaafde stijl:

> *Thee dat zuivert hals en mont*
> *Thee lest oock de dorst terstont*
> *Thee helpt hooft en herte pyn*
> *Thee is duislings medezyn*
> *Thee maakt jong dat ouwlyk is*
> *Thee herstelt de koude pis*[93]

Koffie sloeg minder snel aan, ook al beweerde de schrijver Blankaart dat het de gezondste drank ter wereld was, bijzonder goed ter voorkoming van 'bederven van bloed' en 'scheurbuik', en hij deed zijn woord gestand door niet minder dan twaalf koppen per dag te drinken. Pas in het begin van de achttiende eeuw ontstonden er in

Titelpagina, *De Verstandige Huyshouder*. Houghton Library, Harvard University

steden als Rotterdam en Amsterdam overal koffiehuizen voor mannen en vrouwen (zij het gescheiden), waar modieuze typen koffie gingen drinken die sterk was gekruid met kruidnagelen, kaneel en gember en gezoet met honing. Melk was er natuurlijk genoeg, maar zelfs in het paradijs van de koe verschilden de artsen van mening over de heilzaamheid van die drank, vooral als die niet werd aangelengd. Dr Van Beverwijck adviseerde degenen die de drank onversneden wilden drinken, naderhand hun mond met wijn te spoelen om tandbederf te voorkomen.[94] Uiteindelijk was melk waarschijnlijk beter dan het Amsterdamse grachtenwater dat gedronken werd door 'het grauw', hoewel iedereen wist dat het vervuild was en de regenten vergeefs geprobeerd hadden de kwaliteit ervan te verbeteren. Bij het ontbijt dronk men weliswaar vaak karnemelk en wei, maar de drank die vooral werd aanbevolen voor volwassenen en kinderen was bier. Dit werd meestal gebrouwen uit hop en gemoute gerst in verschillende gistingsstadia, ongeveer zoals het huidige bier. Maar voor sommige huisvariaties werden ook vruchten en kruiden gebruikt. *De Verstandige Huyshouder* noemde ten minste achttien soorten bier, waaronder bier gemaakt met marjolein en rozemarijn en een soort met pruimen, en prees ze allemaal aan als goed voor jong en oud.[95] Een kroes bier in een kroeg kostte omstreeks 1650 een halve stuiver, en bier in vaten of stenen kruiken die door rondtrekkende 'tappers' werden gevuld voor consumptie thuis, kostte nog minder. Op de schepen stonden altijd vaten waaruit de hele bemanning gratis kon nemen, want dat was een voorgeschreven onderdeel van hun rantsoen.

Op grond hiervan lijkt de conclusie gerechtvaardigd dat de meerderheid van de

Nederlanders in de zeventiende eeuw precies zo goed, maar niet zo overvloedig, at als volgens de humanistische theologen en dokters goed was voor de ziel en voor het lichaam. Het dieet van de Nederlanders vertoonde net zo min als de maatschappij de piramidale opbouw die kenmerkend was voor het grootste deel van het vroeg-moderne Europa. De maatschappelijke hiërarchie was eivormig of buikig, met aan de basis de behoeftige paupers onder wie trekkende en zwervende ongeschoolde seizoenarbeiders op het land en handwerkslieden in slecht betalende bedrijfstakken zoals de Leidse textielnijverheid, die bij periodieke werkloosheid en loonsverlagingen moesten terugvallen op de bedeling. Aan de top bevond zich een welvarende patriciërsaristocratie met sociale gewoonten die even extravagant waren als die van hun tegenhangers in Venetië of Parijs. Daartussenin, in het bolle midden, bevond zich de uitdijende brede middenstand, variërend van handwerkslieden en gildeleden die meer dan tien stuiver per dag verdienden, pachters, de verkopers en verwerkers van hun produkten zoals molenaars en brouwers (Rembrandts vader, een molenaar, beschouwde zichzelf zeker als lid van de burgerij en stuurde zijn zoon naar de Latijnse school in Leiden voor een opleiding in een vrij beroep), lagere beroepsgroepen als notarissen en apothekers tot en met magnaten in handel, industrie en bankwezen die zich niet graag als aristocraten geclassificeerd zouden zien. Het zou natuurlijk naïef zijn de enorme verschillen in middelen, opleiding en maatschappelijk gedrag die de afzonderlijke rangen binnen deze amorfe groep onderscheidden, te negeren. Maar het feit dat ze allemaal min of meer op dezelfde tijd aan de ontbijttafel zaten, waarop min of meer hetzelfde stond – brood, boter, kaas, vis, pasteien, bier en/of karnemelk en wei – suggereert een gemeenschap, een door gemeenschappelijke gewoonten gesmede band tussen mensen die anders door economische tegenstellingen gescheiden zouden zijn geweest.

Dit was geen voedseldemocratie en nog minder een culinair utopia, een Luilekkerland van het Noorden. Maar het was in ieder geval een maatschappij waarin de 'onfortuinlijke' armen (in tegenstelling tot vagebonden die gezond van lijf en leden waren) voedsel kregen dat het menu van de beter bedeelde moest benaderen en hen niet in hun ellende moest brandmerken met opvoedende karigheid. Het negentiende-eeuwse utilitaristische principe van 'loon naar werken' en de bijbehorende brijpotterreur van het werkhuis gold gelukkig nog niet in de zachtmoediger cultuur van het Nederlandse humanisme. Niet dat het eten in het armenhuis een feestmaal kon worden genoemd. Het ontbijt bestond uit twee sneden brood met melk of karnemelk. De noen of het middagmaal in het stedelijk armenhuis van Leiden verliep volgens een vast patroon: op zondag en woensdag groentesoep en een stoofschotel met vlees, of zo nu en dan gevogelte; op maandag en zaterdag een pap van gort, boter en zoetemelk; op dinsdag en vrijdag bladgroenten, bouillon en niervet en op donderdag rijst of gerst, puree van groenten en melk. Het avondmaal was meestal gelijk aan het ontbijt, maar dan met wat kaas of een groentemoes, en zieke bewoners kregen bovendien vers fruit, soep gemaakt van of met wit tarwebrood en, wat verrassender is, rode wijn.[96]

Een andere bevolkingsgroep die geen keuze had, de bursalen van het Staten College aan de Leidse universiteit, was wat beter af. Hun menu was, evenals dat van zeelieden of militaire cadetten, vastgelegd in een statuut en dat van 1631 schreef tamelijk royale porties vis en vlees voor. Bij de avondmaaltijd was er meestal brood, kaas, en bier, en bij het ontbijt was een ons boter en een kwart brood per student voorgeschreven. Door de week was er verse en gerookte vis, hachee en ham en 's zondags kregen ze hutspot en gebraden vlees. Het spreekt vanzelf dat de hoogleraren zich royaler bedeelden. De rekening van een twaalftal hoogleraren aan de Groningse universiteit over twee dagen, 24 en 25 april 1664, beloopt vijfenveertig stuiver en een cent – bijna een half jaarloon van een hard werkende arbeider. Alleen al hun maaltijd van de eerste dag bestond uit een kalkoen, een gestoofde haas, een Westfaalse ham, een schapebout, kalfsvlees aan het spit, ansjovis, brood, boter, mosterd en kaas, citroenen en twaalf kannen wijn.[97]

Het betrouwbaarste voorbeeld van wat de Nederlanders bedoelden met een 'gepaste hoeveelheid' – een menu dat het midden hield tussen de Vette en de Magere keuken – was misschien wel dat van de scheepskeuken. Scheepskost was nauwkeurig gereglementeerd volgens officiële normen, want de Nederlandse schepen werden beschouwd als kleine republiekjes, drijvende belichamingen van het gemenebest waarvan ze de vlag voerden, en onderworpen aan het drievoudige gezag van zijn vertegenwoordigers: overheid of leger (de schipper), handel (de koopman aan boord) en de geestelijkheid (de scheepspredikant). En zoals de Nederlandse vloot trots was op haar reputatie van nette en blinkend schone schepen, werd er ook op toegezien dat de scheepskost gunstig afstak bij het armetierige voedsel waartoe de meeste zeelieden waren veroordeeld, vooral op lange reizen. Het was nooit gemakkelijk bemanningen te rekruteren voor overtochten van marineschepen en koloniale schepen, ondanks de reputatie dat de Nederlanden een overvloed aan mankracht bezaten, en het zou in de loop van de eeuw steeds moeilijker worden.[98] Omdat de Nederlanders nooit hun toevlucht namen tot ronselpraktijken, was royale kost vermoedelijk een middel om zowel uit het buitenland als onder de binnenlandse zeelieden manschappen aan te trekken. De Nederlandse proviandering was de tegenhanger van de lokroep van de rekruteringsofficier: *'Voici, messieurs, la soupe du régiment'* (waar het dan ook vaak bij bleef). In 1636 bepaalde de admiraliteit van Amsterdam dat iedere man aan boord recht had op een half pond kaas, een half pond boter en een brood van vijf pond per week, en de officieren op het dubbele.[99] In 1654 had de noodtoestand tijdens de Eerste Engelse Oorlog duidelijk gemaakt dat voedsel minstens zo'n belangrijk wapen was als kruit of tuig, en de Staten-Generaal stelden rantsoeneringsvoorschriften op die aan het begin van iedere reis moesten worden voorgelezen aan de scheepsbemanning. Naar de maatstaven van die tijd en in aanmerking genomen dat het voedsel gedroogd, gerookt en gepekeld moest worden, was de scheepskost zo gevarieerd als maar mogelijk was. Het was ook opvallend voedzaam, wel 4800 calorieën per dag! Het ochtendmaal bestond uit de vertrouwde combinatie van brood en gortepap, maar het middagmaal was minder zetmeelrijk.

's Zondags was er bijvoorbeeld een half pond gerookte ham of een pond lamsvlees of pekelvlees met erwten. Op maandag, dinsdag en woensdag stond er gerookte of gezouten vis met erwten of witte bonen op het menu. Op donderdag kreeg ieder een pond rundvlees of drie ons varkensvlees; op vrijdag en zaterdag was er opnieuw vis met erwten. Dit alles betekende dat de grotere schepen gigantische hoeveelheden proviand aan boord namen om hun bemanning te voeden. Zo moest in 1636 een schip met een honderdkoppige bemanning voor *iedere maand* op zee meevoeren: vierhonderdvijftig pond kaas, vijf ton vlees (inhoudsmaat), vierhonderd pond gerookte of gezouten vis, vier ton haring, eeneneenkwart ton boter, vijfeneenhalve ton gedroogde erwten, tweeëneenhalve ton gedroogde bonen, een halve ton zout, een half okshoofd azijn, vijfendertig vaten bier in de winter (tweeënveertig in de zomer) en Franse en Spaanse wijn voor de officieren.

De Nederlandse marine zeilde dus uit in scheepsbodems met als ballast de belangrijke stapelprodukten die ze moest beschermen – dezelfde eeuwige favorieten van de schilders van banketjes – vis, boter, kaas, bier en wijn. Als op lange reizen het kort houdbare brood ontbrak, werd het vervangen door de ongelooflijk lang houdbare scheepsbeschuit, die in de dorpen van de Wormer, ten noorden van Amsterdam speciaal voor de consumptie op schepen werd gebakken.[100] De royale proviandering van de vloot werd voor de admiraliteiten van de Republiek dus een belangrijk onderdeel van de logistiek, en de succesvolste gezagvoerders, Maarten Tromp en Michiel de Ruyter, waren evenzeer regent als kapitein: magistraat, hofmeester en zielenherder, zich evenzeer bemoeiend met het morele en materiële welzijn als met de brute kracht.

Vanwege de specifieke omstandigheden aan boord van een schip ontbrak één gerecht op het scheepsmenu dat zowel studenten als hoogleraren en patriciërs aten: de beroemde hutspot, die in het midden van de eeuw tot nationaal gerecht werd verheven. In de achttiende eeuw omgaf de oudheidkundige Kornelis van Alkemade het met een sfeer van vaderlandse mystiek toen hij het een zeer oud gerecht noemde en beweerde dat het vroeger 'potvlees' en 'potharst' heette.[101] De stoofschotel van vlees en groenten werd met enige eerbied als het ware 'vaderlandse voedsel' beschouwd, zoals de 'vrijgeboren Engelsen' in de achttiende eeuw zich vereenzelvigden met lendestukken. Het was meer dan alleen eetwaar, het was voedsel dat de kwaliteiten van degenen die het aten moest weerspiegelen en hen tegelijkertijd met zijn voedingswaarde moest versterken. Als de Engelse opgefokte John Bull even viriel, rauw en bloeddoorlopen moest zijn als zijn lievelingseten, zagen de Nederlanders zichzelf misschien wel als een hutspotgemenebest: rijk gevarieerd, evenwichtig van samenstelling, stevig, gezond, krachtig, eenvoudig en duurzaam. Rosbief was het heldengerecht van de man van de daad, een combinatie van spieren en bloed, energie en kracht. De beroemde stoofschotels van de Nederlanders beantwoordden meer aan de smaak van het beschouwelijke humanisme: geduldig bereid, gevarieerd van inhoud, bescheiden gekruid, langzaam gekookt en zelfs nog bedachtzamer gegeten. Ze moeten echter niet verward worden met een gewoon mengelmoesje waarin de afzonderlijke bestanddelen een papperige brij zijn geworden. Dat was de pap voor slaven en baby's. Paradoxaal genoeg werd in Nederland algemeen aangenomen, zij het op duistere gronden, dat een uitgebreidere variatie van hutspot Spaans van origine was. Deze *olipotrigo, olypodrigo* of *olipodraga* bestond uit exotischer (gevaarlijk zuidelijke?) ingrediënten, waaronder kapoen, lam, kalfsgehakt, ramstestikels, kalfskop, hanekammen, andijvie, witlof, worst, mergpijp en bij speciale gelegenheden artisjokken, asperges en wild, dit alles vermengd met vier of vijf eidooiers en gesmoord in zure wijn of azijn en gesmolten boter.[102] Omdat het ingrediënt dat het tot een echt zuidelijk gerecht zou hebben gemaakt – olijfolie – ontbreekt, was het in feite een onmiskenbaar Nederlandse stoofschotel, die moest doorgaan voor een mediterraan gerecht. De zuiverder 'hutspot' die in zeventiende-eeuwse kookboeken veelvuldig voorkwam, was een standaardformule waarop gevarieerd kon worden al naar gelang de groente van het seizoen en de soorten vlees die verkrijgbaar waren:

> Neemt schapen-, of kalfsvleesch, wascht het schoon en hackt het fijn, en doet daar groen cruyt of pinksternakelen of gestoofde pruimen en de sap van limoenen, of arrangiën, oft citroenen toe, oft een pint stercken en claren azijn, mengtse samen ende steltse op 't vier en laet ze sieden, en doet er gingember en smeer toe ende ghij sult eenen schoonen hutsepot berijden.[103]

De rijkdommen van de Nederlandse economie op het gebied van de landbouw, handel en tuinbouw zijn allemaal in dit recept vertegenwoordigd. Zuivel, vlees en verse groenten uit Holland, specerijen uit Oost-Indië, citrusvruchten uit de Levant en wijnazijn uit het Middellandse-Zeegebied kwamen allemaal te zamen in de stevige pruttelende hutspot. De nationale stoofschotel, rijk maar niet overvloedig, bescheiden maar niet karig, was de volmaakte manier om de overvloed te rechtvaardigen zonder dat men het verwijt van gulzigheid riskeerde. De oude afwisseling van feesten en vasten, van overvloed en schaarste, van carnaval en Aswoensdag werd doorbroken door de dagelijkse voldaanheid die het waarmerk van het Nederlandse dieet was. Er waren nog wel gelegenheden waarbij er ter boetedoening gevast werd, maar dat was bedoeld als gebaar van verzoening bij uitzonderlijke crises (pest, overstroming, invasie) veroorzaakt door een tijdelijke verstoring van het morele evenwicht waarop de veiligheid van de Republiek normaliter berustte.

En er waren nog steeds feesten die niet gelijk hoefden te staan met de godslastering van Belsazar. De steden der Noordelijke en Zuidelijke Nederlanden hadden lange tijd een voorliefde gehad voor openbare of semi-openbare vieringen van gebeurtenissen of instellingen die met hun geschiedenis te maken hadden. Ondanks de strenge vermaningen van de geestelijkheid heeft de Reformatie deze feestgewoonten nauwelijks aangetast, juist omdat ze berustten op traditie en geschiedenis en niet op vreemde, heidense lichtzinnigheid. Sommige lagen echter op de grens. Zo bevatten de gildearchieven in Naarden klachten dat 'Alzoo eenige van het cleermaeckers en lakencopers gilde ten tijde van de vergaderinge [dat wil zeggen feest] seer lichtveerdiglijk des Name God zyn misbruykende; soo met sweeren, vloecken en andere blasphemie meer'.[104] Een paar van deze feesten waren van onvervalst middeleeuwse herkomst, zoals het feest van de Zwanenbroeders in Den Bosch, waar vetes tussen families en gilden werden bijgelegd terwijl de broederschap zich te goed deed aan haar patroonvogel. Veel andere feesten, zoals de Spyndaghen die in dezelfde stad werden gehouden, gingen niet verder terug dan de Bourgondische tijd, maar werden door de plaatselijke historici voorzien van een vals laagje ouderdom.[105] Zowel in de populaire als in de wetenschappelijke geschiedenis heette het dat de Bataven, evenals sommige andere Germaanse stammen, hun saamhorigheid uitdrukten in eenvoudige maar overvloedige feesten in de open lucht, en veel van de moderne broederschappen beweerden deze inheemse tradities in stand te houden. Andere feesten, zoals de jaarlijkse herdenking van Leidens ontzet in 1574, werden zowel ter ere van eigentijdse als historische gebeurtenissen gevierd met 'het voedsel der vrijheid' (brood en haring), dat alle inwoners van de stad elke 3 oktober aten.

Al deze 'legitieme' feesten werden echter gekenmerkt door veel formeel en ceremonieel vertoon, met inbegrip van plechtigheden die aangaven dat het bij de bijeenkomst om iets anders ging dan schransen: bloemrijke heildronken, verzen die speciaal in opdracht waren gemaakt of van generatie op generatie waren overgeleverd, oraties en declamaties, verhalen over de geschiedenis van de stad of het gilde, de rederijkerskamer of de schutterscompagnie, zelfs geïmproviseerde maskerades of toneelstukken gaven vorm aan dergelijke gelegenheden en verleenden ze een soort collectieve zegen. En deze sterke nadruk op het collectieve ritueel gold net zo goed voor eenvoudige als voor voorname bijeenkomsten. William Aglionby merkte op dat iedere 'wijk', de eenvoudigste van alle corporatieve instellingen waarin de Republiek was onderverdeeld, haar eigen 'meester' en 'kanselier' had. Deze gekozen functionarissen waren onder andere verantwoordelijk voor de handhaving van de verordeningen en keuren die golden voor elk feest en lazen deze bij de aanvang plechtig voor. Eén stel verordeningen verbood de aanwezigheid van kinderen en honden, en bovendien zowel godslastering als iedere vorm van religieuze twist omdat dit onenigheid zou zaaien waar saamhorigheid moest heersen. En zo moest iedereen die een ander sloeg worden verwijderd en mocht hij of zij zich pas weer bij het gezelschap voegen (deze feesten duurden drie tot vier dagen) na een nederig excuus voor deze overtreding.[106]

De onbezielde getuigen van deze riten en ceremoniën waren van essentieel belang voor de zin van feestelijke bijeenkomsten. Drinkhoorns, zoutvaten, kannen en schalen, glazen roemers, kroezen en berkemeiers werden geciseleerd en gegraveerd met de wapens van de compagnie of stad, en de rijkere versies met taferelen uit hun geschiedenis. De goudsmeden van Utrecht met hun flamboyante stijl specialiseerden zich in het graveren van hun geschiedenis en konden bijna ieder tafereel in reliëf aan de binnenkant van een schaal of beker aanbrengen.[107] Feesten ter ere van een of andere grote openbare gebeurtenis, zoals het ontzet van Bergen op Zoom in

1622, de intocht van Marie de Médicis in 1638 of de Vrede van Munster in 1648, boden aankomende of bestaande notabelen de kans hun status te tonen en overdadig versierd zilveren of gouden vaatwerk aan te bieden met toepasselijke inscripties, zodat latere generaties feestvierders herinnerd zouden worden aan de gulle gever.

Vaak werd de inhoud van de schalen bepaald door de symbolische betekenis van het voedsel – waarvan de deelnemers soms slechts een vage notie hadden. Het feit dat een bepaald gerecht op een bepaalde datum sinds mensenheugenis werd gegeten, was voldoende om het te omgeven met een gewijde sfeer. Zo luisterde het gilde der goudsmeden in Dordrecht zijn feesten onveranderlijk op met hampasteien, geroosterd speenvarken, kalfskop, wrongel, zoete vlaaien, beschuiten en wijn uit Cyprus en Bourgondië. Wee de kok die het in zijn hoofd haalde te tornen aan het aloude menu! Het maandelijkse diner van de Muzikantenkamer in Arnhem, waarbij een van de leden zijn collega's trakteerde, was minder overvloedig, maar ook zij hielden zich aan een standaardmenu: schelvis, lamsbout, erwten, appels, verse pruimen (in de zomer), gedroogde pruimen (in de winter), boter, kaas en wijn.[108]

Voedsel was echter meer dan alleen maar voer voor braspartijen. Gepresenteerd met veel vertoon werd eten een middel dat tijdens plechtigheden de feestvierders rond de tafel verenigde. Vorm en protocol waren uiterst belangrijk en stelden het geduld van buitenlandse gasten regelmatig op de proef. Théophile de Viau bijvoorbeeld klaagde bitter dat 'al deze heren in de Nederlanden zoveel regels en ceremoniën hebben om zich te bezatten, dat die me al evenzeer tegenstaan als de pure overdaad'.[109] Maar die riten waren er niet ten behoeve (of tot ergernis) van een toevallige bezoeker; het waren de mysteriën van de maatschappelijke religie der burgers. Vrouwen en kinderen waren dan ook meestal uitgesloten van deze rituelen, die zo uitgebreid werden als de rituelen van de oude Kerk waarvan de Republiek zich had afgewend. Zo was het verschrikkelijk belangrijk wie bij het jaarlijkse, twee dagen durende banket van de gildebroeders of de schutters de eer van het schenken van de wijn en het snijden van het vlees te beurt viel. De kunst van het voorsnijden werd zo ingewikkeld dat er naslagwerken als *De Cierlyke Voorsnydinge voor alle Tafelgerechten* (1664) verschenen met speciale hoofdstukken over het voorsnijden bij officiële gelegenheden. Bij de schuttersmalen hield men zich aan een strikte arbeidsverdeling. In de compagnie van Sint-Joris in Haarlem had de provoost, of onderbevelhebber, het privilege van het mes; in de compagnie van Sint-Adriaan kwam dat toe aan een van de drie regimentskapiteins, terwijl de provoost (die na 1624 'fiscaal' heette) over de drinkhoorns ging. Andere rituelen zoals de tafelschikking en de volgorde der heildronken handhaafden en versterkten zelfs de pikorde van de hiërarchie, zonder de eenheid van de broederschap aan te tasten. Bij alle schijnbaar onbekommerde spontaniteit van de schuttersmaaltijden in de beroemde Haarlemse serie van Frans Hals zijn, zoals Seymour Slive heeft aangetoond, de elf officieren strikt naar rang geordend, met ter rechterzijde van de kolonel de provoost (zie p. 174). Onder hem (dat wil zeggen ter linkerzijde) zaten de officieren van ieder vendel (oranje, wit, blauw) waaruit de compagnie bestond. Ze werden afgebeeld

Verguld zilveren bokaal met deksel in de vorm van de middeleeuwse 'burg' van Leiden, uit Kornelis van Alkemade en P. van der Schelling, *Nederlands Displegtigheden* III, Rotterdam, 1735. Houghton Library, Harvard University

met de attributen van hun rang, in aflopende volgorde: de kapiteins (met gepluimde halve pieken of spontons), luitenants, sergeants met hellebaarden en als laatste en laagste, de jonge, ongetrouwde vaandrigs, die staande met het vaandel van de compagnie werden afgebeeld. De genialiteit van Frans Hals lag onder meer in het feit dat hij de horizontale indeling die de vroegere schuttersstukken van Frans de Grebber of Cornelis Ketel kenmerkte, doorbrak door de kapiteins tegenover elkaar aan tafel te plaatsen en variaties in diepte te introduceren zonder het subtiele onderscheid in rangen op te offeren. Alois Riegl bespeurde een typisch Nederlandse preoccupatie om verbroedering en status met elkaar in evenwicht te houden, hoewel het op zijn minst betwistbaar is of de Amsterdamse schutterscultuur (met haar onderverdeling in 'korporaalschappen') in dat opzicht echt opener en 'democratischer' was dan die van Haarlem.[110]

Hoe groot het maatschappelijke en individuele onderscheid bij deze gelegenheden ook mag zijn geweest, het even sterke gevoel van collectieve integratie in een stedelijke broederschap kwam tot uitdrukking in het uitbundige vertoon waaraan alle leden (en soms zelfs de bedienden, die af en toe ook werden opgenomen in de groepsportretten) meededen. De drinkbekers die in de vroegste schuttersstukken werden afgebeeld, waren symbolen van die broederschap van burgers die de rechten van de stad verdedigde tegen feodalisme en absolutisme. In de zestiende eeuw waren deze bekers, althans in de Noordelijke Nederlanden, vaak betrekkelijk eenvoudig, maar onder invloed van een fantasierijke oudheidkunde die de geboorte van de Bataafse vrijheid in verband bracht met de primitieve riten van oude feesten in de oerbossen, ontstonden er na 1660 allerlei pseudo-Teutoonse drinkhoorns, royaal versierd en soms gegraveerd met de namen van alle aanwezige officieren of gildemeesters.[111] Zoals Claudius Civilis zijn stamgenoten zou hebben beëdigd door een rituele beker tot de rand toe gevuld met wijn (volgens sommige autoriteiten was het bloed) rond te laten gaan, zo ging bij het feestmaal de drinkhoorn van mond tot mond om het verbond van de schutters opnieuw te bezegelen. Zo kwamen ook de grote vaandels van de compagnieën met hun wapen en de kleuren van de stad of de Republiek terug in de sjerpen die de officieren verbonden in hun gemeenschappelijke burgerplicht. Oorspronkelijk was de burgerij natuurlijk respect verschuldigd aan de Haarlemse schutters om hun heldhaftige aandeel in de verdediging van de stad en hun gevangenneming nadat de Spanjaarden de stad hadden ingenomen. En ter ere van die geschiedenis waren de eerste drie vaten bier bij het feestmaal belastingvrij. Maar al in het midden van de zeventiende eeuw stond de uitbundigheid bij het festijn in schril contrast met de militaire kundigheid (en de aanwezigheid op de exercitieterreinen) van de schutters. De haakbussen waaraan sommige regimenten hun naam ontleenden, raakten steeds meer verouderd en tijdens de zondagse parades schoten ze op niets gevaarlijkers dan op houten papegaaien, wat een specifieke schutterssport was geworden.[112] Het trommelen en fluiten, en bovenal het spectaculaire zwaaien met banieren en vlaggen ging onverminderd voort, maar vormde langzamerhand een substituut van – in plaats van een bijkomstigheid bij – een serieuze militaire taak. Toen ze in 1672 werden ingezet bij de verdediging van de natie, was hun gebrekkige voorbereiding pijnlijk duidelijk. Dat wil niet zeggen dat hun bestaan – met hun feesten – helemaal geen functie had in de cultuur. Integendeel, evenals de nu nog bestaande *palio* van Siena of de *quintana* van Foligno, bleven ze het symbool van plaatselijk patriottisme en vormden ze verenigingen waartoe verschillende maatschappelijke groeperingen konden behoren. Anderzijds betekende de scheiding van het officierscorps – gedomineerd door het patriciaat – en de rest der rangen eerder een versterking dan verzwakking van de maatschappelijke hiërarchie, wat al in de jaren zeventig als een bedreiging voor de eenheid van de Republiek werd gezien. Tegen die tijd werd het de schutterscompagnieën algemeen verweten dat ze alleen voor hun braspartijen bestonden, in plaats van andersom. Toen dit eenmaal hardop was gezegd, was het ook snel gedaan met de mystiek waaraan deze feestmalen de zegen van de gemeenschap ontleenden. Zonder de verheven associatie met plaatselijk patriottisme en de bescherming van burgers leken de feestmalen maar al te gauw een voorwendsel van de patriciërs om zich over te geven aan enorme schranspartijen, terwijl eerlijke burgers het moesten doen met haring en bier. In plaats van deel uit te maken van de beschermende consensus waarmee de Nederlanders de maatschappelijke tegenstellingen verzachtten, konden de schutterijen deze juist verscherpen. Erger nog, als een schijnheilige, zogenaamde goede daad konden ze wel eens een bedreiging vormen waarvan ook de onschuldigen het slachtoffer werden. Bij de gevaren van het Jona-syndroom kwamen dan misschien nog die van het Belsazar-syndroom. En om het onwelkome teken aan de wand af te wenden vaardigden de regenten van de Nederlandse steden soms weeldewetten uit die de duur en – maar dat kwam zelden voor – de omvang van de maaltijden aan banden legden.[113]

Zoals te verwachten valt was vooral de Calvinistische Kerk gekant tegen dergelijke periodieke of jaarlijkse feestmaaltijden, al sorteerden haar vermaningen zelden enig effect. Ze zou meer succes gehad moeten hebben in het onderdrukken van deze traditionele religieuze feestdagen, die ze bestempelde tot verachtelijke overblijfselen van het paapse verleden. Maar naarmate deze volksfeesten op een lager maatschappelijk niveau plaatsvonden, maakte een godvruchtige kruistocht voor onthouding minder kans. Het feest van Sint-Maarten, op 11 november, was een typisch voorbeeld. De vuren in de open lucht en de manden met noten en fruit die erin werden gestort, duidden op een heidense oorsprong, maar het was de bisschop van Tours, de apostel van Gallië, aan wie het feest zijn naam ontleende. Sint-Maarten werd in de Nederlanden (evenals in Frankrijk, Westfalen en Zwaben) de patroonheilige van veel steden, waaronder Arnhem, Groningen, Middelburg, Sneek, Venlo, met als belangrijkste stad Utrecht, gezien haar centrale ligging in het religieuze leven van het land zowel voor als na de Reformatie. De verering van Sint-Maarten was precies het soort volksbijgeloof dat de rechtzinnige calvinistische predikanten wilden uitroeien. Maar het feest was niet alleen geworteld in de volkscultuur van de Lage Landen als overblijfsel van een hagiografisch verleden, maar ook als onderdeel van de voedsel- en gezinskalender, want het was ook de periode waarin het wintervarken (of minder vaak een os) werd geslacht en gezouten. Maar het pronkstuk van het feest in november was de sint-maartensgans, die vaak al weken tevoren werd vetgemest en volgepropt met de laatste vruchten en noten van het seizoen.[114] In Deventer gaven alle schoolkinderen gezamenlijk hun onderwijzer een gans in ruil waarvoor hij hun vrij gaf. In dezelfde stad vroeg de geleerde geestelijke en hoogleraar Schoockius zich in alle ernst af of het wel in overeenstemming was met de religieuze leer om zijn studenten gans bij het middagmaal te serveren. Nog omstredener was de feestelijke sint-maartensdrank, gemaakt uit een pittig brouwsel van most, soms aangelengd met wijn, want half november was de tijd om de wijnvoorraad aan te vullen. En hoewel de Nederlanden zelf geen wijn produceerden, sloeg bijvoorbeeld Dordrecht, als het centrum van de stapelhandel, op Sint-Maarten al zijn Franse wijn in en vierde dat met een toepasselijke martini.

Het feest van Sint-Maarten (en andere feesten) was zo diep geworteld in het volksgebruik en -geloof dat het ondanks alle hel en verdoemenis waarmee de vertoornde geestelijkheid dreigde, weinig kans liep om van de lijst van toegestane feesten te verdwijnen. In 1655 jeremieerde de Synode van Utrecht nog steeds over de 'heidense en afgodische' feesten die werden gehouden in de onmiddellijke nabijheid van de kerk.[115] Twintig jaar later beperkte de Kerk zich tot een periodieke veroordeling van de losbandigheid, zonder veel hoop op wettelijke maatregelen. Ook vastenavond, de drie feestdagen die voorafgingen aan de vasten en culmineerden in het carnaval van Vette Dinsdag, was te diep geworteld in het volksgebruik en de eettraditie om met theologische leerstellingen te kunnen worden uitgeroeid. De grote

Anonieme houtsnede: 'Februari', uit een Nederlandse almanak voor 1664. Atlas van Stolk, Rotterdam

stroom wafels en pannekoeken, worstjes, hampasteien en vastenavondtaarten die voorafging aan de onverbiddelijke afrekening van de witte bonen en haring op Aswoensdag, was een cultureel bepaald memento aan de dagen van happen en honger. Door de opeenvolging van overdaad en soberheid op een vaste tijd in het jaar en volgens strikte gewoonten te ritualiseren, kon een onverwachte bezoeking van straffende vasten worden afgewend.

Het is echter een vergissing de cultuur volkomen los te zien van de sociale groeperingen die haar vorm gaven. In feite zou geen van deze volksfeesten zijn blijven bestaan, behalve als plattelandsvermaak, als de heersende klasse er niet van overtuigd was geweest dat ze moreel ongevaarlijk, zo niet heilzaam waren. Hun eigen welwillende deelname aan de riten was een betrekkelijk veilige manier om hun verbondenheid te tonen met degenen die ze (op niet al te overtuigende theoretische gronden) regeerden. In veel gevallen was dit niet een of andere machiavellistische truc maar een authentieke uitdrukking van een feestelijke saamhorigheid die boven alle officiële instellingen uit steeg. Maar wat de redenen ook waren, de Kerk stond erg sceptisch tegenover een dergelijke inschikkelijkheid, die ze beschouwde als een ernstig plichtsverzuim. De Amsterdamse dominee Petrus Wittewrongel liet niet na de magistraat te verwijten dat hij zijn plicht de 'paapsche idolatrie' en 'Baals-buyck' te onderdrukken, verzuimde.[116] Vooral het Sinterklaasfeest op 5 december, waarbij geschenken werden uitgewisseld, marionetten en poppen werden gekocht en getoond en koekjes in klompen werden gestopt, stuitte de fanatiekelingen tegen de borst. In sommige steden hadden ze zelfs korte tijd succes met kleinzielige verboden: Delft verbood in 1607 de peperkoekpoppen en Dordrecht in 1657 een korte periode het hele feest. In Amsterdam had de Kerk twee bondgenoten onder de regenten, dr Tulp en burgemeester Temminck de Vrij, die van de kramen van de poppenverkopers op de Vijzeldam af wilden. Op 4 december 1663 vaardigde de magistraat ten slotte een proclamatie uit waarin openbare verkoop van poppen 'afgoderij' werd genoemd en op straffe van drie gulden boete werd verboden. Op koekjes en kaarsen in de vorm van beeltenissen stond dezelfde straf. Het resultaat was een schrikbarende vorm van sociale onrust: een oproer van elfjarigen. De magistraat boog voor de wil van kinderen én ouders, voerde de proclamatie niet uit en Sinterklaas heerste net als anders over zijn volgelingen.[117]

Een dergelijke bres in de feestkalender kon niet straffeloos worden geslagen, en de verwachtingen gewekt door familie- en streektradities met misplaatst vertoon van officieel fanatisme de grond inboren, was vragen om moeilijkheden. De familie en de buurt waren tenslotte de ondeelbare oercel waarop de grotere gemeenschap van stad of provincie was gebaseerd. Enkele traditionele feesten, zoals het Sinterklaasfeest, Driekoningenavond op 6 januari, Witte Donderdag (voorafgaand aan Goede Vrijdag) of Pinksterzondag, werden zowel thuis als in het openbaar gevierd. Maar er was natuurlijk een hele reeks feesten in de familie en de buurt, waarbij zo overdadig werd gebrast dat ze eerder veiligheid dan gevaar brachten voor de plaatselijke gemeenschap. Bij familiefeesten werd de levenscyclus van de familie gevierd, zoals op jaarfeesten en bij broederschapsmaaltijden de solidariteit van generaties leden van de gilden, de rederijkerskamer en van de schutterscompagnieën werd uitgedragen. De buurtfeesten die altijd in een bepaalde tijdsspanne en volgens een reeks formele regels werden gehouden, symboliseerden de orde en veiligheid op straat. En het zal geen verbazing wekken dat feestmalen werden gehouden of giften aan het feestmaalfonds werden gedaan bij gelegenheden die direct te maken hadden met het collectieve leven van de sociale groep. Zo moest iemand die in een wijk een huis kocht, een bepaald percentage van de aankoopprijs aan de penningmeester geven ten behoeve van de buurtfeesten.[118] Er waren 'kraam-maalen, verhuis-maalen, afscheid-maalen, jok-maalen, glas-maalen, bouwmalen, bruislofsmaalen, doodmalen, verlof-maalen'; feestmalen bij het bakeren van kinderen en als jongetjes hun eerste broek gingen dragen, verjaardagsmalen en naamfeestmalen (niet per se hetzelfde), feestmalen bij de eerste schooldag en het begin van de leertijd, verlovingsmalen, feestmalen bij het opzetten van een eigen huishouden, feestmalen bij vertrek voor een lange reis en feestmalen bij de terugkeer, feestmalen ter gelegenheid van de toetreding tot het stedelijke regentendom of het bestuur van een liefdadige instelling, feestmalen bij de opening van een loterij en bij de trekking, feestmalen bij de terugkeer van een belangrijke vracht of bij het sluiten van een gunstige vrede, bij de restauratie van een kerk, de installatie van een raam, orgel, orgelkast of preekstoel en bij de plaatsing van een familiegrafsteen in de kerkvloer, feestmalen bij herstel van ziekte, feestmalen bij uitvaarten en begrafenissen en het voorlezen van het testament, zelfs de 'jokmalen', omkeringsfeesten waarbij de meester en meesteres bediende speelden voor hun eigen personeel.[119] En bij elk feestmaal hoorde speciaal eten: gekruide wijn en kandeel bij het kraammaal, een ander soort kandeel van zoete wijn en kaneel bij verjaardagen. Al zal niet iedere vader met een gewatteerde vaderschapsmuts op zijn gasten de oesters, selderij en kaviaar aangeboden hebben die de geplukte echtgenoot van de *Tien Vermakelijkheden* serveerde,[120] er was op zijn minst een speciaal kraambier om de pasgeborene te verwelkomen. Bij huwelijken was het de gewoonte een kruidenwijn te drinken, meestal van aangelengde Rijnwijn, gekruid met kruidnagel en gember. En bij verlovingen werd verse marsepein gemaakt van amandelen die een etmaal waren geweekt, vervolgens geperst, gesuikerd, vermengd met rozenwater en ten slotte op een laag vuurtje gekookt.[121]

Het grootste vertoon werd weliswaar gereserveerd voor de begrafenis van hoofden van patriciërsfamilies, die onder klokgelui in een langzame processie, vaak met toortsen, naar hun graf in de kerk werden gedragen,[122] maar de langdurigste feesten vonden plaats bij huwelijksverbintenissen tussen regentendynastieën. Deze feestelijkheden konden dagen duren en enorme kosten met zich meebrengen. Toen de jonge pensionaris Johan de Witt met een telg uit het illustere Amsterdamse geslacht Bicker trouwde, moest zijn vader, die uit een bescheidener Dordts milieu kwam, een lening sluiten tegen een hoge rente om zijn deel van de kosten te betalen.[123] De Synode van Dordrecht had in 1618 aangedrongen op de instelling van weeldewetten om deze extravagante feestelijkheden in te dammen, maar zoals in zoveel zaken werd ook deze boodschap van de geestelijkheid door de magistraat genegeerd. Niet dat hij de gevaren van deze extravagante weelde niet zag, maar het strookte meer met hun humanistische instelling om de cultuur zichzelf te laten reguleren zonder ingrijpen van de wet. Paradoxaal genoeg toonden de stadsbestuurders veel minder bereidheid om weeldebeperkingen aan hun burgers op te leggen dan hun Italiaanse collega's. En als ze dat wel deden was dat, net als bij de Venetiaanse wetten, onveranderlijk in antwoord op een nijpende crisis, wat hun reactie het karakter van een zoenoffer gaf. Toen dr Tulp en burgemeester Bontemantel er in 1655 in slaagden de Amsterdamse wet tegen buitensporige huwelijksfeesten erdoor te krijgen, gebeurde dat tegen de achtergrond van een verschrikkelijke pestepidemie en een ernstige terugval van de handel veroorzaakt door de nederlagen en blokkades in de oorlog tegen Engeland. En zelfs toen was de wet minder draconisch dan had gekund: het aantal gasten moest tot vijftig beperkt blijven en het feest mocht niet langer dan twee dagen duren! Het aantal toegestane muzikanten was zes en de waarde van de huwelijksgeschenken mocht niet meer dan vijf procent van de bruidsschat bedragen (wat voordeliger schijnt te zijn geweest voor de familie van de bruidegom dan die van de bruid). Toch was dezelfde dr Tulp die waakte voor uitspattingen, de belangrijkste gast bij een luisterrijke feestmaaltijd op 28 januari 1672, in een tijd dat de Republiek er slecht voor stond. In zijn huis op de Keizersgracht, dicht bij de Westermarkt (en dus met uitzicht op de Westerkerk) werd een Bourgogne geschonken ter ere van zijn vijftigjarig lidmaatschap van de vroedschap. Er werden verzen van Jan Six voorgedragen en de tafelversiering was een gekonfijte pauw (in een boek van Cats het symbool van wereldse trots en ijdelheid!), terwijl op schalen van het fijnste porselein geparfumeerde tabak rondging.[124]

Later dat jaar, na de traumatische gebeurtenissen in Den Haag en de schijnbaar onstuitbare invasie van de legers van Lodewijk XIV, aanvaardde de Amsterdamse vroedschap een tweede weeldewet. Deze verwees naar de financiële moeilijkheden waarin de stad verkeerde in deze crisistijd (er dreigde zelfs een run op de bank), en verordende de afschaffing van alle 'onnodige en sumtueuse maaltijden', zowel die van de magistraten en de regenten van liefdadigheidsinstellingen als die van de gilden en de schutterij.[125] En de wet zelf werd afgekondigd tegen een koor van jeremiades van de Amsterdamse geestelijkheid, die de over Amsterdam gekomen rampspoed weet aan de losbandige levensstijl in de grote Nederlandse steden. Ironisch genoeg werd er felle kritiek geuit op de vermoorde pensionaris De Witt, die juist een voorbeeldig (misschien wel al te voorbeeldig) leven had geleid.[126] Maar er waren 'Baälvereërders', zoals de geestelijkheid het uitdrukte, in het hele huis van de regering, wier smerige obsessie met geld vergaren en verkwisten het vaderland had geveld. De angst voor de overvloed wegnemen met feesten was een middel dat niet opgewassen bleek tegen zo'n duidelijk vertoornde Jahweh. En hoewel die methode een betere uitlaatklep voor uitbundige maar niet losbandige, traditionele maar niet heidens-hedonistische feesten vormde dan de officiële calvinistische leer, kon juist het vage karakter van een feest (in tegenstelling tot de leerstelling) de feestvierders in moeilijkheden brengen. Het was een gevaarlijke zaak – zelfs voor dr Tulp – om de grens te trekken tussen moreel aanvaardbare, traditionele feestelijkheid en moreel verwerpelijke overdaad. Volgens de preken had een licht smakken met de lippen bij het vooruitzicht op een kapoen gevuld met abrikozen uit Hormoes, natuurlijk direct geleid tot de overgave van Utrecht aan Lodewijk XIV. Net als de walvis was Lodewijk XIV de (indirecte) boodschapper van Gods gramschap, gezonden om een dwalend volk genadeloos te straffen. En zelfs die schilderijen van Jan Steen die we vooral associëren met de Nederlandse feesttraditie, overgoten met bier en omgeven door een kabaal van jewelste, blijken bij nader onderzoek waarschuwende symbolen te bevatten: de kruk, de klepper en de roede.

Zoals ik elders al heb betoogd,[127] heeft losbandigheid noch stichtelijkheid de absolute overhand gehad in de Nederlandse cultuur, die juist werd gekenmerkt door het feit dat ze beide een rol speelden. Het zou overdreven zijn goede Nederlandse burgers voor te stellen als mensen die voortdurend gekweld werden door de vraag of een extra portie hutspot de veiligheid van de staat in gevaar zou brengen. Hoewel Willem III de reputatie had matig te zijn, hield zelfs hij van de Haagse kermis en was hij overgelukkig toen hij in 1690, bij zijn terugkeer in de Nederlanden als stadhouder-koning, uitgebreid werd onthaald. Wat in de Republiek duidelijk *niet* heeft plaatsgevonden was een 'triomf van de vasten'[128] waarbij de fanatieke calvinisten erin slaagden de feestelijke gebruiken die zij onverenigbaar met de wet van God achtten uit te bannen. Noch was de kapitalistische rationaliteit, zoals wel eens is gezegd over een zelfde proces in het achttiende-eeuwse Engeland, een bondgenoot in deze strijd. Naarmate de bloeiende economie meer goederen en hogere inkomens opleverde, werd de behoefte aan zedelijk onschuldige manieren om ze te verteren, juist groter. Natuurlijk was het uiterst efficiënt om via de zware druk van accijnzen en indirecte belastingen bij te dragen aan het algemene welzijn, maar dat was lang niet zo plezierig als verspilling in naam van de feesttraditie. En zo komen aan het eind van de zeventiende eeuw, net als aan het begin ervan, de dagen van de vastenavond eraan wanneer de corpulente feestnar, gewapend met zijn strengen worstjes en planken vol pasteien en wafels, op zijn ton de strijd aanbindt met de magere vasten. En wie kon voorspellen of het spit of de bakplaat zou overwinnen?

3   STYGISCHE VUREN EN AQUA FORTIS

'Holland,' schreef Claude Saumaise, 'is een land waar de gouddemon op een troon van kaas zetelt en een kroon van tabak draagt.'[129] Zoals vele andere immigranten in de Republiek der Letteren stond 'Salmasius' ambivalent tegenover de overvloed van zijn geadopteerde land die zich zo slecht verdroeg met zijn geloofsartikelen. Maar hoewel het een bekende gewoonte is de hand te bijten die je voedt, legde Saumaise met zijn commentaar de vinger op een belangrijk aspect van de Hollandse cultuur: de neiging vormen aan te nemen die het gevaar van ongebreidelde luxe zouden afwenden. Want de Nederlanden waren in de eigenaardige positie dat ze een welvaart voortbrachten die, gezien hun beeld van zichzelf als het Nieuwe Israël, gevaarlijke gevolgen kon hebben. De overvloed waarmee ze zo rijkelijk gezegend waren, was niet het resultaat van een gezamenlijk streven om beslag te leggen op de vruchten der aarde, maar veeleer een indirect gevolg van de oorlog die ze voerden tegen de antichrist. Het enige uitgangspunt waarover de calvinistische geestelijkheid en de humanistische magistraten het misschien eens waren, was dat de welvaart alleen in stand kon worden gehouden als de goddelijke geboden werden gehoorzaamd – al verschilden ze natuurlijk van mening over de definitie van overtredingen en onder wier jurisdictie deze vielen. Ze waren het er ook over eens dat dezelfde rijkdom die essentieel was voor de veiligheid van de Republiek, zonder het houvast van de moraal, de ondergang van de natie kon betekenen.

De Nederlanders waren niet de enigen die in een dergelijk lastig parket verkeerden. Het was een zelfopgelegd dilemma dat zich in verschillende vormen in alle opkomende kapitalistische samenlevingen voordeed, en waarvoor, dat moet nu duidelijk zijn, de theologie – de calvinistische of de katholieke – weinig uitkomst bood. In de Republiek der Nederlanden veroorzaakte de wanverhouding tussen de omvang van de rijkdom en de demografische en territoriale grenzen sterke stemmingswisselingen, variërend van euforie tot angst. De veelbetekenende vragen – Hoe sterk en toch oprecht te zijn? Hoe rijk en toch nederig te zijn? – waren per definitie onoplosbaar. Maar het was de taak van een gewetensvolle magistraat om een of andere morele *modus vivendi* met het materialisme te vinden. En net als andere beheerders van de nationale cultuur deed hij dat op zeer vernuftige wijze. Produkten die voorspoed brachten, zoals het kadaver van de walvis, konden worden geïnterpreteerd als een aankondiging van de tegenspoed die ertegenover stond. De kolossale omvang ervan kon zelfs de vluchtigheid van de aardse rijkdom suggereren door associaties met de bijbel en de volksoverlevering en bovendien met de kwelling van de zonde en de verlossing van het berouw. Het eten waarin de humanistische moraal zou kunnen stikken, kon worden verteerd tot een verzameling ethische bijbetekenissen, in woord en beeld. Het kon eerder ten voordele als ten nadele zijn van een voedselregime, waarin soberheid regel was en zowel overvloed als karigheid werden afgekeurd. Of het kon worden genuttigd in feestelijke blijdschap volgens de riten en zeden die het vrijwaarde van de verdenking van verwerpelijke genotzucht. En dat werd vergemakkelijkt door het feit dat bepaald voedsel – zoals wijn en brood – al sinds lang een gewijd karakter had. Ander eten was op het eerste gezicht waardevrij. Zelfs voor de meest prikkelbare predikant school er niets zondigs in een wafel. Dit kon niet worden gezegd van gevaarlijke en schadelijke zaken als alcohol en tabak. Waar de consumptie van voedsel een moreel doel kon dienen, leek bij alcohol en tabak onthouding de enige mogelijkheid om misbruik te voorkomen. Als dat inderdaad de enige weg naar verlossing was, zaten de Nederlanders in grote problemen, want ze waren berucht om hun collectieve verslaving aan roken en drinken – en dat gold voor alle lagen van de maatschappij. Doorgewinterde zuiplappen en paffers uit het buitenland moesten het afleggen in kroegen waar de hoeveelheden goedkoop 'kuytebier' en brandewijn die men achteroversloeg, slechts werden verhuld door de dichte mist van pijprook die op iedereen en alles neerdaalde. De geur van de Republiek der Nederlanden was de geur van tabak. In het midden van de achttiende eeuw telde de Franse reiziger Grosley driehonderd rokers in één niet al te grote herberg in Rotterdam en klaagde hij dat de Hollanders kennelijk weinig last hadden van de vergiftiging van dergelijke kleine ruimten, maar dat de rook die uit trekschuiten opsteeg de vossen uit hun holen joeg.[130] Buitenlanders waren vooral geschokt door de aanblik van de vrouwen die de rook door hun pikzwarte tanden bliezen. En toen in het begin van de achttiende eeuw de pijptabak gezelschap kreeg van pruim- en snuiftabak, maakten de morsige kwispedoors binnen en buiten het met nicotine bezoedelde landschap nog smeriger.[131] In een geestige combinatie van de Nederlandse voorliefde voor vuur en spiritualiën omschreef Diderot hen als 'levende destilleerkolven, die in feite zichzelf destilleren'.[132] En de standaardkarikatuur van een Nederlander in Engelse prenten is een ronde ton, stomdronken van de jenever, die zijn pijp vaak aansteekt met de nasmeulende resten van de vorige.

De reputatie van de Nederlanders als stevige drinkers ging minstens terug tot het begin van de zestiende eeuw, toen Lodovico Guicciardini het drinken als 'abnormaal' bestempelde. Zoals vele latere commentatoren schreef hij het toe aan de behoefte zich te beschermen tegen de koude dampen die opstegen uit de moerassen en sloten waartussen de Nederlanders huisden. Ook de Engelse reiziger Fynes Moryson veronderstelde dat omdat 'deze Verenigde gewesten tussen de wildste zeeën en wateren liggen en buitensporig veel drinken, zij gewoonlijk flegmatiek van aard zijn en meer meisjes dan jongens krijgen'.[133] Thomas Coryate bracht eveneens apathie in verband met de kroeg, en merkte op: 'Wanneer iemand een ander toedrinkt, schudt hij zijn makker de hand en wanneer de plattelandslieden een kroeg binnenkomen om te drinken, nemen ze gewoonlijk een tinnen bierpul in hun handen en blijven er een uur mee zitten, soms zelfs twee volle uren.' Het was zelfs mogelijk, zo merkten bezoekers op, om je tijd door te brengen in een enorm leeg vat, 'de Grote Ton van Amsterdam waar met gemak tweeëndertig mensen in konden voor een hele dag gezellig hijsen.'[134] Vreemd genoeg ligt de nadruk in de meeste zeventiende-eeuwse beschrijvingen van het drinkgedrag der Nederlanders meer op de plotselinge vrolijkheid en de verhitte discussies dan op de lethargie of de apathie (hoewel die twee stemmingen alcoholisch natuurlijk niet onverenigbaar zijn). In 1634 was William Brereton aanwezig bij het jaarlijkse feestmaal van de schutters in Dordrecht en mopperde: 'Ik geloof dat er amper een nuchter persoon onder hen was, noch dat het er veilig was voor een nuchter persoon, zo schreeuwden en zongen, brulden, sprongen en dansten ze.'[135] Robert Bargrave had in 1655 een nog angstaanjagender ervaring in dezelfde stad toen de gelagkamer van 'de burgerkroeg' waar hij aanwezig was bij een feest, begon te tollen. Dit was niet zozeer het gevolg van de brandewijn als wel van een uitzonderlijk mechaniek 'waarin zich, als de wijn die de kameraden drinken niet genoeg zou zijn om hun hoofd te doen tollen, een beweegbare schijf bevindt die een heel gezelschap rond de dis draait waaraan het zit'.[136] Het standaardrefrein in de litanie van de neerlandofoob was dat de *Dutch courage*, de 'Hollandse jenevermoed' die ze nodig hadden in een zeeslag, hen aan land luidruchtig, agressief en losbandig maakte. In 1675 werd in Oxford met nauw verholen minachting bericht dat de beroemde admiraal (Cornelis) Tromp, de gesel der zee en de schrik der kroegen, zo volledig was gecapituleerd voor de donkerbruine Oxfordse *porter* dat hij in een kruiwagen naar huis moest worden gereden.[137]

Hoe levendig dit ook is voorgesteld, het zijn niet meer dan vluchtige impressies die voor een historicus moeilijk zijn te bevestigen of te weerleggen. Juist de eensgezinde teneur ervan bestempelt ze tot collectieve clichés waarin de 'amfibische' aard van de Nederlanders – hun drassige, zompige en flegmatieke temperament – voortkomt uit de complementaire natheid van binnen en van buiten. In vijandige karikaturen werden ze soms afgebeeld als kikkers die wegspoelen in een stroom van jenever, en op een van de gemeenste produkten van Cruikshank uit 1749 staat een rij struise Hollandse juffers als een menselijke golfbreker langs de zee, terwijl ze stromen jenever achteroverslaan, die weer worden weggespoeld met het tij.

Fragmentarische gegevens lijken de indrukken van de bezoekers te bevestigen. Zo is het bekend dat er in 1613 alleen al in Amsterdam vijfhonderdachttien bierhuizen waren, ofte wel één op de tweehonderd inwoners. En in Haarlem werd er aan het eind van de zestiende eeuw maar liefst 12 508 liter bier per dag gedronken, een derde in de kroegen en twee derde thuis.[138] Maar het gaat er niet om de consumptie te kwantificeren, zelfs al zijn er betrouwbare bronnen. De Nederlanders consu-

Isaac Cruikshank, *Het openen van de sluizen of Neerlands laatste hoop*. British Museum Collection of Political Prints and Satires. Foto: John R. Freeman

meerden niet alleen, maar ook verhandelden en produceerden ze – misschien is het niet overdreven te zeggen dat ze gespecialiseerd waren in – juist die produkten die hun zedenmeesters zo hartgrondig verfoeiden. Want er bestaat geen enkele twijfel over dat alcoholische dranken en, in mindere mate, tabak veel bijdroegen tot de bloei van de Nederlandse economie. Iedere poging om ter wille van de gemoedsrust van de dominees de produktie, het vervoer of gebruik van deze waren met andere middelen dan de belasting te beperken, zou op zware tegenstand stuiten. Zelfs de pogingen om het drinken op zondag in te dammen konden de woede van de plaatselijke bevolking oproepen. Brereton berichtte over ene Mr. Peters, de Engelse dominee in Rotterdam, dat deze zich herinnerde dat

> een godsdienstige burgemeester twee jaar geleden de ontwijding van de sabbat probeerde tegen te gaan en boetes door beslaglegging of anderszins oplegde aan iedere man die handel dreef of werkte op die dag. Uiteindelijk kwamen de brouwers (die er in deze stad in overvloed zijn) in opstand, gingen naar het stadhuis en maakten de burgemeester op opstandige wijze duidelijk dat ze zich niet zouden onderwerpen aan zijn nieuwe wetten, waarmee ze ongedaan maakten wat tevoren was ingesteld, en er kwam niets van de gewenste hervorming.[139]

Dit verhaal gold voor de hele Republiek – en niet alleen met betrekking tot drank. Waar de stedelijke autoriteiten wel de openingstijden van kroegen aan banden legden, werd dat niet gedaan uit prohibitieve maar uit verstandelijke overwegingen.

Amsterdam stelde in de eerste helft van de zeventiende eeuw dertig van deze verordeningen en keuren in, maar ze moesten garanderen dat alleen kasteleins mochten verkopen die een officiële vergunning hadden; de opbrengsten waren bestemd voor het onderhoud van het Spinhuis, het tuchthuis voor vrouwen. Het was typerend voor de enigszins circulaire moraal waarmee de magistraten hun straatje schoon hielden, dat de opbrengsten van de drankhandel gingen naar de heropvoeding van degenen die eraan ten onder waren gegaan. En wanneer Amsterdam nog drastischer maatregelen nam, waardoor in bepaalde wijken helemaal geen kroegen waren toegestaan, gebeurde dat naar aanleiding van een openbare ordeverstoring. Zo werd in december 1629 verboden dat huizen in de Dollebegijnensteeg en in de slopjes en steegjes tussen de Oude Kerk en de Sint-Janskerk, en in de Sint-Annenstraat en het Oudezijdskerkhof – geen van alle zulke gezonde delen van de stad – als kroeg fungeerden op straffe van drie gulden boete voor iedere dag dat dit verbod werd overtreden. De reden was dat 'in de voorschrevene knijpen en kroegen groote insolentie ende moedwil bedreven wordt door degenen, die voorschreven herbergen frequenteren tot groot nadeel zoo van 't gemeene land als ons goede steden'.[140]

De fatsoenlijke brouwerij was een heel andere zaak, en van veel te groot belang om haar in naam van het vrome recht aan te tasten. In Haarlem waren er tijdens het beleg in de jaren zeventig al vijftig brouwerijen, en in 1620 twee maal zoveel. In 1590 waren er alleen al in Amsterdam honderdtachtig brouwerijen. Delft bleef de voornaamste producent van hoogwaardig bier, althans naar eigen zeggen, al deden de concurrenten hun uiterste best om de stad te onttronen. De bieren uit Weesp, Hoorn en Gouda hadden allemaal hun eigen aanhangers, maar ten tijde van Frederik Hendrik maakte het Rotterdamse bier door de vermeende superieure kwaliteit van het water aanspraak op de titel van 'het Beste Hollandse bier', beter dan dat van Delft.[141] Aangezien bier algemeen werd gedronken bij het ontbijt en in de kroeg, en bijna alle medische autoriteiten en populaire schrijvers het aanprezen, stond er veel op het spel bij deze stedencompetitie. Het was karakteristiek voor de wedijver tussen de Nederlandse steden, waarbij het ook ging om de mooiste patriciërshuizen, de bosrijkste omgeving, de lommerrijkste grachten, het meest pompeuze stadhuis, de hoogste kerkspits, het luidste carillon – allemaal plichtsgetrouw opgetekend en bezongen door de plaatselijke historicus. In dit wedstrijdcircuit was het snelle succes van de Brabantse bieren, met name die uit Breda, zoiets als een storende factor en er waren klachten dat het zijn voorsprong dankte aan oneerlijke voordelen: de aanwezigheid van betrekkelijk goedkope arbeidskrachten, de nabijheid van Vlaamse hop en de vrijstelling van de hoge stedelijke accijnzen in de Generaliteitslanden. Maar dit verwijt werd enigszins ontkracht door de betrekkelijk kleine schaal van veel van deze individuele ondernemingen. Hoe dan ook, toen men het Brabantse bier op de Hollandse markt wilde brengen, werden er alleen maar extra invoerrechten geheven om het succes ervan in te perken.

De bierbrouwerij was een belangrijk onderdeel van de Nederlandse economie en genoot als zodanig een morele legitimiteit die de destilleerderij niet had. Het merendeel van de *eaux de vie* en brandewijnen die de Nederlanders in de zeventiende eeuw dronken, kwam vermoedelijk uit Frankrijk, maar er werd wat graan- en fruitalcohol gedestilleerd, voornamelijk voor consumptie in kroegen en op schepen. Jenever, met als centrum van de produktie de havenstad Schiedam, begon zijn opmars pas aan het eind van de zeventiende eeuw; in 1650 waren daar slechts twaalf jeneverstokerijen, maar in 1775 al honderdtwintig.[142] De plaatselijke autoriteiten beschouwden de destilleerderijen als dubieuze ondernemingen, maar de accijnzen op turf, graan en consumptie leverden te veel op om ze te verbieden. In 1637 legde het turfdragersgilde zelfs een boete van zes weken loon op aan ieder lid dat betrapt werd op levering van turf aan kroegen of aan destilleerderijen waar de sterkedrank werd gemaakt, maar er is geen aanwijzing dat zelfs deze strenge maatregel enig effect sorteerde.

Terwijl de destilleerderij een tamelijk marginale industrietak was, vormde het wijntransport een van de pijlers van de Nederlandse stapeleconomie. Holland en Zeeland vormden het middelpunt van een uitgebreid handelsnetwerk dat van Cyprus tot en met Peru producenten en consumenten met elkaar verbond. De Nederlanders verscheepten Bordeaux naar Duitsland en Zweden, Rijnwijn naar Rusland in het oosten en Spanje in het westen, zoete Malaga uit Spanje en Marsala uit Zuid-Italië naar Engeland, Bourgogne naar het Oostzeegebied. De verschillende onderdelen van de stapelhandel waren zo nauw met elkaar verweven en zozeer vertakt in toeleveringsbedrijven, dat een aanval op één enkel onderdeel (al was zoiets ondenkbaar) uit morele overwegingen, de ondergang zou hebben betekend van een zwaar beladen vlot van commerciële en financiële belangen, van bescheiden handwerkslieden tot internationale ondernemers. Onder de getroffenen zouden zich kustvaarders en binnenschippers bevinden, kuipers en kruikenmakers, havenkeldermeesters en bottelaars, kurkimporteurs, die de kurk meevoerden met hun wijnladingen vanaf de Douro, en niet in de laatste plaats de alomtegenwoordige wijnkopers die soms tevens apotheker of kroegbaas (of beide) waren.

Ook tabak, weliswaar lang niet zo wijd verbreid in de handelseconomie, was te belangrijk, vooral voor de plaatselijke economische belangen, om onder druk van de Kerk te verbieden.[143] Oorspronkelijk was de droog-, snij- en spinindustrie in Amsterdam geconcentreerd, vanwaar de tabak, hoofdzakelijk tabaksblad uit Maryland en Virginia, oostwaarts naar Rusland en het Oostzeegebied werd geëxporteerd. Maar tegen 1640 was dankzij een opmerkelijk initiatief de rol van de Nederlanders op de internationale markt veranderd. Op de akkers rond Amersfoort en kort daarna in het aangrenzende gebied op de Veluwe, voornamelijk in de buurt van de plaatsen Wageningen, Barneveld, Elburg en Nijkerk, begon men een inheems tabaksgewas te telen. Het Nederlandse tabaksblad was grover dan dat uit Virginia, maar het was ideaal om in een Amerikaans dekblad te stoppen of te vermengen met materiaal van betere kwaliteit, waardoor men een veel goedkoper eindprodukt kreeg. Het produkt werd een immens succes, en het aantal telers in Amersfoort groeide van ongeveer vijftig in 1636 tot honderdtwintig in 1670.[144] Tegen 1675 werd jaarlijks vijf à zes miljoen pond tabak geëxporteerd, en tegen het einde van de eeuw had deze hoeveelheid zich misschien zelfs weer verdubbeld. In 1706 klaagden twee Engelse kooplieden in Riga, Samuel Shepheard en Joseph Martin, dat 'de tabakshandel niets oplevert en volkomen is ingestort, en wel voornamelijk door de grote hoeveelheden Nederlandse tabak die hier wordt geïmporteerd en afnemers vindt omdat hij zo goedkoop is'.[145] Het is dan ook niet verwonderlijk dat de plaatselijke en provinciale overheden de telers allerminst fiscale beperkingen oplegden, maar de tabak juist van bepaalde accijnzen onthieven en iedere morele implicatie negeerden (zoals openbare lichamen in het geval van tabak altijd schijnen te doen). In 1636 subsidieerden bijvoorbeeld de Staten van Utrecht de telers feitelijk door alle belastingen op bladtabak bestemd voor de export naar spinnerijen in Holland af te schaffen, en in het volgende decennium deden de kwartieren van Gelderland hetzelfde. Een van de belangrijkste Amersfoortse tabakstelers, Brant van Slichtenhorst, was substituut-schout van de stad – toen hij in Nijkerk woonde was hij diaken van de Gereformeerde Kerk en nog substituut-ontvanger op de koop toe.[146]

Er waren andere belangrijke economische belangen verweven met de tabaksindustrie. De Westindische Compagnie – verbonden met de fanatiekere calvinistische vleugel van de handelsgemeenschap in Holland en Zeeland – zag in de inheemse Nederlandse tabak in het algemeen geen bedreiging. Deze was eerder een aanvulling op hun eigen importen uit Brazilië, Venezuela en Virginia/Maryland en vergrootte hun markt. Van Slichtenhorst had invloedrijke relaties in de Amsterdamse kamer van de compagnie en deed zaken met de sefardisch-joodse families als de familie Dias en Fonseca die vanuit hun basis in de Sint-Antoniesbreestraat het eerste stadium van de verwerkingsindustrie domineerden.[147] Tegen de jaren zeventig van de zeventiende eeuw was de tabaksindustrie in Amsterdam enorm toegenomen. Informatie over de vooruitgang van de Amsterdamse tabakspinnerijen, die de benauwde Engelse concurrenten loskregen van de Rotterdamse firma van Van Gowder en Cock, onthulde dat er tussen de dertig en veertig bedrijven waren die werk verschaften aan ongeveer vierduizend mensen, waarbij het grootste bedrijf wel tweehonderd arbeiders in dienst had – een enorm lange loonlijst voor de zeventiende eeuw. De gezamenlijke Amsterdamse tabaksindustrie zou aan het eind van de eeuw om en nabij de zes miljoen kilo tabak hebben verwerkt, en de bekendste firma, Scholten, exporteerde naar Scandinavië, Rusland, Polen, Pruisen en zelfs de Turkse Levant.

Volledigheidshalve moeten ook nog de pijpenmakers in Amsterdam, Haarlem, Gorinchem, Alphen, Groningen en Schoonhoven – maar vooral in en om Gouda – worden genoemd. Alleen al in Gouda verschafte deze industrie werk aan vijftien- à zestienduizend arbeiders, misschien de helft van de arbeidende bevolking, en al waren sommige produktie-eenheden klein, ze waren verenigd in ondernemerssyndicaten (vaak op familiebasis) zoals die van Jan Jacobsz. Verka en van burgemeester Jan Govert Cinq, wiens gouwenaars onder aan de kop het handelsmerk 5 droegen.

Er waren dus economische redenen te over voor de functionarissen van de Republiek om een oogje dicht te knijpen bij produktie, transport en verkoop van produkten die ze, als goede calvinisten, zouden moeten afkeuren, zo niet volledig uitbannen. Als ze zich al bemoeiden met de produktie of consumptie, deden ze dat om redenen – fiscale of juridische – die verbonden waren met de verantwoordelijkheden van hun wereldlijk rentmeesterschap. Dat wil niet zeggen dat ze cynische materialisten waren. Hoezeer de Kerk ook verkondigde dat alcohol en tabak satansvoedsel waren, ze slaagde er niet in het gebruik ervan als immoreël te brandmerken. Tot ergenis van de dominees bleek uit alles dat men roken en drinken – weliswaar met humanistische mate – over het algemeen onschadelijk voor de maatschappij vond. In sommige gevallen (dr Tulps feesttabak, of de met zilver ingelegde pijpen van Govert Cinq voor trouwpartijen) verschafte het gebruik ervan zelfs eer en status. Bij het feestmaal van de Zwanenbroeders in Den Bosch waren er letterlijk vredespijpen, net als in de wigwams van de Irokezen. Hoe dan ook, wat buitenlanders zagen als een verdwaasde verslaving, was in de Nederlanden doodnormaal. Nu nog zijn de mooiste sigarenwinkels ter wereld, geurend naar sandel- en cederhout en de theesoorten die er ook worden verkocht, te vinden bij de Kneuterdijk in Den Haag en op het Rokin in Amsterdam, en men moet ze betreden met de gepaste eerbied die de waardige omgeving vereist. Een jonge Nederlander die van zijn fiets stapt om van halfzware shag een sigaretje te draaien, doet dit met een toewijding die niet te rijmen is met de komende verbranding. Niets heeft minder te maken met de kille sfeer van een sigarettenautomaat dan de hartstochtelijke controle op aroma en structuur. Misschien waren de Nederlanders niet de eerste tabaksgebruikers in Europa, maar ze waren wel de eerste connaisseurs. Niet alleen de pijpen maar ook de tabaksdozen werden gemaakt van kostbare materialen als ivoor of notehout waarin een favoriet motto of devies van de eigenaar was gegraveerd.[148] Gezien het feit dat de tabak een vaste plaats kreeg in het 'huiselijke leven' van het land, zal het niet verbazen dat er een subgenre van het stilleven werd bedacht: 'tabaksstukken'. En gezien dit duidelijke zinnelijke genot in het spul, lijkt het hoogst onwaarschijnlijk dat de beschouwer bij ieder schilderij waarop een pijp voorkwam, plechtig werd herinnerd aan de regel in Psalm 102:4 dat 'mijne dagen zijn vergaan als rook'.[149]

Net als bij het porselein en de Turkse tapijten assimileerden de Nederlanders het exotische van de tabak. Misschien is het beter te stellen dat het exotische in ieder geval geen enkel obstakel vormde voor de inlijving ervan in het leven van alledag. De tabaksproducenten streefden zelfs naar grotere variatie door de gekerfde en gesponnen tabaksbladeren te doordrenken met een melange uit kruiden en aroma's, de zogenaamde sauzen. Deze melanges bevatten citroen, anijs, tijm, saffraan, lavendel, dille, nootmuskaat, koriander, azijn, donker bier, foelie, venkel, potas, kamille, gedroogde pruimen en rozemarijn. De meest ambitieuze tabaksfabrikanten deden bijna evenveel moeite om hun gepatenteerde melange geheim te houden als de waakzame kwekers om hun hybridische bloemen geheim te houden. Het idee van een 'gesausde' tabak en de moeite die men zich getroostte om zowel de smaak als de geur ervan te verbeteren, doen vermoeden dat het begin zeventiende eeuw

Uit Johan van Beverwijck, *Schat der Gesontheyt*, Dordrecht, 1636. Houghton Library, Harvard University

niet duidelijk was of tabak medicijn, eetwaar of vergif was. Pruimtabak was pas na 1660 overal verkrijgbaar, en snuiftabak zelfs nog later. Maar zelfs als rookwaar konden aan tabak eigenschappen worden toegeschreven die misschien niet direct als voedzaam golden, maar wel als gezond in plaats van schadelijk. Een reeks humanistische artsen en botanici prezen tabak aan als wondermiddel dat zowel hielp tegen kiespijn als tegen wormen. Als het in vloeibare vorm met wat suiker werd ingenomen, zo beweerde er één, zou het koude koorts genezen en de levensduur verlengen. In de jaren 1680-1690 loofden zowel de Amsterdamse arts Stephanus Blankaart als Cornelis Bontekoe de kalmerende werking en schreven het voor tegen onder meer scheurbuik, jicht, nier- en galstenen en chronische slapeloosheid![150] Van Beintema van Peyma, de Friese schrijver van medische boeken, raadde het zelfs aan bij specifieke vrouwenkwalen, vooral bij weeën. De Nijmeegse arts Ysbrand van Diemerbroeck (wiens geloofwaardigheid enigszins wordt aangetast door het feit dat hij een zwager van burgemeester Cinq was) deelde de mening dat tabaksrook een effectieve preventie tegen de pest was en beweerde dat hij de epidemie van 1635-1636 had overleefd door urenlang een pijp in zijn mond te houden, na het ontbijt twee of drie pijpen te roken, na het middagmaal nog eens drie pijpen, en in de nabijheid van besmette lijken altijd.[151] Er was een aantal wetenschappelijke humanistische traktaten, met als belangrijkste dat van Petrus Scriverius, in het Nederlands vertaald door Samuel Ampzing, waarin gewaarschuwd werd voor de verslavende werking van *Nicotiana tabacum*.[152] Maar in de meeste gevallen voegden tegenstanders van tabak, zoals Constantijn Huygens en Roemer Visscher, het roken toe aan de lijst van ijdele gewoonten die een doorn in het oog waren van iedere aanhanger van een matig leven. De wijze waarop Visscher deze gewoonte in zijn *Sinnepoppen* hekelde, was typerend voor de betrekkelijk milde toon van deze kritiek en betrof het modieuze karakter ervan en niet een kwalijker reden om het spul te mijden (zie p. 206). Tegelijkertijd erkende hij zelfs dat tabak 'goet en medicinael is om veelderlei kranckheden te ghenesen', maar voegde daaraan toe dat alleen een manie voor het nieuwe, van het soort dat een mens een houten papegaai doet opeten als brood, iemand kon doen denken dat tabak lekker was.[153] Ook Jacob Cats, van wie een krachtiger opstelling zou mogen worden verwacht, hekelde de slechte gewoonte slechts met lichte spot. Zijn 'toebakblaezer' bekent moedeloos: 'mijn keuken is een pijp, een doos myn schapperae,/ Die draag ik altijt met, waar dat ik henen gae,/ Een blat is myn gebraet; van hier ô grage monden,/ De schoorsteen is mijn neus, is dat niet wel gevonden?/ En roock dat is myn dranck, wat pas ick op den wijn,/ Ick kan oock sonder hem gerust en vrolick sijn.'[154] En hij was niet de enige die suggereerde dat tabak een wenselijk alternatief voor alcohol kon zijn, al waren de autoriteiten het er niet over eens welke van de twee wegens zijn stimulerende of kalmerende werking de voorkeur verdiende. En zelfs onder de gereformeerde geestelijkheid moet een enkele aanhanger te vinden zijn geweest, want in 1631 voelde de Synode van Schiedam zich geroepen de vorige Synode, die van Schoonhoven, licht te verwijten dat ze, behalve nog andere proviand, voor honderden guldens aan tabak had besteed.[155] En terwijl de gouwenaars in Holland zeker niet bekendstonden als 'kerkvoogden' ('churchwarden', zoals de Goudse pijp in Engeland heette), was het niet ongewoon een diaken of koster tussen de diensten door te zien roken. Van Slichtenhorst, de eerste grote tabaksmagnaat in Amersfoort, was zelf een kerkdiaken.

Het zou echter misleidend zijn de indruk te wekken dat roken maatschappelijk aanvaardbaar werd omdat het een aanbevolen medicijn was. Volgens Roessingh, de uitstekende historicus van de Hollandse tabaksteelt, was het op zijn laatst in 1620 al een sociaal gebruik, louter als genotmiddel en niet als medische preventie of remedie.[156] En zelfs tegen de tijd dat Cornelis Bontekoe in 1686 zijn nauwgezette beschrijving gaf, waren er nog mensen die geloofden dat het gebruik zou leiden tot krankzinnigheid, impotentie en afstomping. Maar in grote trekken was het een herkenbaar onderdeel geworden van de Hollandse gewoonten. Roken, mits met mate, was voor niemand aanstootgevend, behalve voor de fanatieke dominees en voogden van instellingen, zoals de regenten van de armenhuizen in Amsterdam, die het op hun terrein verboden. De overtreder wachtte een zware straf, maar of de tabak werd verboden omdat het zonde was of genot, blijft de vraag. De patricische regenten die niet toestonden dat degenen die aan hun zorg waren toevertrouwd rookten, staken in hun eigen vergaderzalen wel een pijp op. Er waren exponenten van de nationale geest, zoals stadhouder Maurits die in zijn leger het roken verbood,

Embleem uit Roemer Visscher, *Sinnepoppen*, Amsterdam, 1614. Houghton Library, Harvard University

of Piet Hein die hetzelfde deed voor zijn vloot. Maar tegenover de associatie van een rein leven en patriottische inzet stond de vereenzelviging van nationale helden met gezellige gewoonten. Een uithangbord van een tabaksverkoper in Leiden verbond admiraal Tromps beroemde weigering ooit als eerste de vlag te strijken met zijn eigen bewering dat hij de concurrentie had overtroefd.[157] Een algemene bevinding in binnen- en buitenland was dat 'een Hollander zonder pijp te Amsterdam een nationale onmogelijkheid zou zijn, een stad zonder huis, een tooneel zonder acteur, een lente zonder bloemen, een kind zonder mark, en de Hollander zou zonder zijn pijp en tabak in den hemel niet zalig kunnen zijn'.[158]

Juist dit bagatelliseren van een zonde als een pekelzonde was de Kerk een doorn in het oog, evenals de algemene neiging alcoholische dranken af te doen als een soort voedsel. En zo werd de alcohol ook behandeld in kookboeken en handleidingen voor de huishouding als de *Verstandige Huyshouder*, waarin uitgebreide recepten voor het zelf brouwen met vruchten en kruiden, en hop en gerst, in achttien variaties, vergezeld gingen van adviezen voor het bewaren van meloen en walnoten of het bereiden van een smakelijke honingwijn.[159] Voordat koffie zo goedkoop was dat de gewone mensen hem ook konden kopen, bestond een ochtendlijke boerenkoffie uit een mengsel van warm bier, nootmuskaat en suiker. En de hele zeventiende en achttiende eeuw door gingen boeren in Friesland, Noord-Holland en Groningen in december 's morgens in de vrieskou aan het werk na een ontbijt uit een 'susenol' van bier en eieren of, voor sterkere magen, een 'wip' gemaakt van eieren, suiker, warm bier en een stevige scheut brandewijn. Dat de dagelijkse werkdag regelmatig

Jan Steen, *Prinsjesdag*, 1660, paneel, 46 × 62,5 cm. Rijksmuseum, Amsterdam

Adriaen Brouwer, *De roker*, paneel, 30,5 × 21,5 cm. Rijksmuseum, Amsterdam, in bruikleen bij het Mauritshuis Den Haag

Jan Steen, *De handtastelijke gast (De gebroken eieren)*, 1664-68, doek, 43 × 38,1 cm. National Gallery, Londen

Jan Steen, *Man die rook naar een dronken vrouw blaast*. National Gallery, Londen.

Feesten, vasten en tijdige boetedoening

werd onderbroken voor een drankje was zo normaal en vanzelfsprekend dat het voor de Kerk zeer moeilijk was om in te grijpen. Als boeren en kopers buiten de markt (en soms op de markt) een koop sloten, werd dit meestal bezegeld met een pul bier in de kroeg. In gedeelten van Noord-Holland moest een rondreizend koopman die wol wilde kopen, een kwart kan bier waarin een munt was gegooid in één teug leegdrinken. Als hij erin slaagde de kan leeg te drinken en de munt tussen zijn tanden te vangen, ging de koop door en mocht hij de munt houden. Zo niet, dan hield hij de munt waarschijnlijk ook, maar op een plek waar hij er niets aan had.[160] In sommige steden vaardigde de vroedschap keuren uit die de handelscontracten gesloten in kroegen ongeldig maakten, tenzij ze vervolgens door de partijen voor een notaris werden bevestigd. Maar op dit lage maatschappelijke niveau viel niet te zeggen wat prevaleerde, het gebruik in de kleine stad of het dorp dat voorschreef dat een koop pas geldig was na de bezegeling met een kan bier, of de officiële wet die het tegendeel voorschreef. Als de boer de verkoper was, prevaleerde het gebruik. De heildronk, zo werd al gesuggereerd, was bij het ongedwongen sociaal verkeer een belangrijk ritueel en kon variëren van een ochtendgroet in een bierhuis tot een volwaardig, in de alcohol gedrenkt bruiloftslied van honderd coupletten. De *Huweliksluiter* uit 1685, die, onder veel meer, een bloemlezing van jovialiteit was, formuleerde het op karakteristiek ongecompliceerde wijze: 'Het eerste glaasje is een glaasje voor de gezondheid, het tweede voor de smaeck, het derde is een slaapdrank, de rest kan niet dienen voor vermaeck.' Het glaasje tussendoor heette (en heet) een 'borrel', een term die onschuld en gezelligheid oproept die met het verkleinend achtervoegsel 'tje' nog ongevaarlijker klinkt. Zo bevatte het ongevaarlijke en vertroostende borrelglaasje een 'vaderlantje' (jenever), een bijnaam die zowel vaderlandslievend als vertederend klonk. En in sommige gevallen was het ook beslist onvaderlandslievend om niet mee te doen aan het algemene drinkgelag. In het 'vrolijke gezelschap' van Jan Steen (zie *Prinsjesdag*, p. 207) in het Rijksmuseum is de viering van de verjaardag van prins Willem III weergegeven, met als heildronk (te lezen op het papier op de voorgrond):

> *Op de gesontheyt van het nassaus basie*
> *in de eene hant het rapier in de andere hant het glaesie.*

En aangezien er zowel in het openbare als in het persoonlijke leven voorwendsels te over waren om een borreltje te nemen, kon de kerk in haar vermaningen moeilijk onderscheid maken tussen aangeschoten-zijn en regelrechte dronkenschap. 'Men drinckt op het geschel van een belletje, op den teerlinck, op het omblazen van een

Jan Steen, *De gevolgen van onmatigheid*. National Gallery, Londen

Willem Buytewech, *Vrolijk gezelschap*, 1617-20, paneel. Boymans van Beuningen, Rotterdam

Gravure uit *Bacchus Wonder-Wercken*, Amsterdam, 1628. Koninklijke Bibliotheek, Den Haag

meulen, met de mate ende so vullen sy haer selven sonder mate...' klaagde dominee Wittewrongel.[161]

Onder bepaalde omstandigheden waren roken en drinken dus allerminst een teken van zelfvernietiging, maar vertrouwde aspecten van de nationale cultuur – gezamenlijke algemeen vertoonde gewoonten waarin de Nederlanders hun gemeenschappelijke identiteit herkenden. Dit was slecht nieuws voor de bewakers van de vaderlandse Schrift, die in deze godslasterlijke omkering een komplot van de duivel zagen. De duivels waarden rond, gebruikten de valstrik van de verslaving, en het is niet overdreven te stellen dat de dominees geloofden dat ze met de volgelingen van de satan in een manicheïstische strijd om de zielen der Nederlanders verwikkeld waren. Op één prent ligt de duivel zelf in een immense ton die letterlijk onderwerp van dronkenmansafgoderij wordt. Vooral de onorthodoxen werden ervan verdacht hierin de handlangers van de duivel te zijn. Het waren immers de maranen (experts in list en bedrog) uit de Breestraat die het kerven en spinnen van tabak in handen hadden en die christelijke vrouwen en kinderen ertoe hadden verleid voor hun schandelijke handel te werken. Katholieken waren notoire drinkebroers, die hun schuld en kater in de biechtstoel konden achterlaten. En wat de weerzinwekkende remonstranten betreft, hun dienstbaarheid aan de satan bleek uit hun obsessieve verering voor de pijp. Vuur was tenslotte het element van de duivel. Voetius maakte zich zoveel zorgen over de verslaving van zijn studenten aan deze zonde dat hij in 1634 bij zijn inaugurele rede in Utrecht sprak van helse dampen die als even zovele Sodoms en Gomorra's naar de hemel stegen.[162] En als roken het stoken van kruiden was, waren spiritualiën *a fortiori* nog duivelser, omdat dit het stoken van twee geheiligde voedselsoorten betrof: graan en wijn. De predikanten zagen dit alles met profetische helderheid. Slechts een duivels komplot kon de turfstekers de polders doen leeghalen om te voldoen aan de onstilbare vraag naar brandstof voor de destilleerderijen en brouwerijen. Als er geen einde kwam aan hun afgravingen, zou zich op een dag onder het gewonnen land een grote onder water gelegen kloof openen die alle zondaars, die letterlijk de fundamenten van de staat hadden ondermijnd, zou verzwelgen.

Deze manicheïstische opvatting van de tegenstelling tussen kroeg en kerk, hel en hemel, leek te worden bevestigd door het feit dat zoveel bierhuizen recht tegenover het godshuis lagen. Samuel Ampzing, de predikant-kroniekschrijver van Haarlem, klaagde: 'So pleeg de Satan staegh syn hutten op te richten/ Daer God sijn lieve Kerk en heylig Woord wil stichten.'[163] En zelfs de namen van de kroegen waren veelbetekenend: de Beëlzebub in Dordrecht, een beruchte ontmoetingsplaats van dronkelappen en rouwdouws; de Duivel aan de Ketting in Amsterdam, waar het Aansprekersoproer in 1696 heette te zijn 'opgestookt' door talloze glazen jenever en brandewijn.[164] Een voor de Calvinistische Kerk belangrijke plaats, het oude kartuizerklooster in Amsterdam waar in 1566 de eerste hagepreek was gehouden, was een eeuw later veranderd in een grote herberg, De Vink geheten, en de straat was omgedoopt in de Vinkenstraat. Zuipen op zondag was hoogst verwerpelijk, en haast onverdraaglijk was de aanblik van benevelden die de heiligheid van de kerk zelf ontwijden. Ene Jacob Symonsz. werd voor de Amsterdamse kerkeraad gebracht omdat hij zo dronken was tijdens de avonddienst dat 'hij derhalven niet wel heeft connen staen, maar is in de kercke nedergevallen'.[165] Een zekere Jan Barents was zo onverbeterlijk dat hij volledig werd uitgesloten van het Avondmaal totdat hij tot inkeer was gekomen. Erger nog was het slechte voorbeeld van overheidsdienaren die zich overgaven aan schaamteloze losbandigheid en dronkenschap. Kerkeraadsverslagen staan vol gevallen van schouten, onderschouten en baljuws (beruchte kabaalschoppers) die langs de kant van de weg lagen. Hoewel bier een belangrijk deel van het schamele loon van schoolmeesters uitmaakte, werden ze vaak berispt omdat ze bierkroezen op hun lessenaar in de klas lieten staan, en zelfs kosters, aansprekers en kerkdienaars werden in hun werktijd beneveld aangetroffen. Zo nu en dan werden er grotere, nattere vissen in het zondarennet gevangen. Paulus van Dalen, de kapitein van een van de Amsterdamse schutterscompagnieën, was na een nachtwacht niet in staat de sleutels van de stadspoort aan de burgemeester te overhandigen omdat hij zijn dronkemansroes uitsliep, en Cornelis Banning, een van de drie zittende burgemeesters, raakte tijdens een banket bij de Franse ambassadeur verzeild in een dronkemansgevecht met zijn patricische rivaal Jan Boelens.[166] Helemaal onder in de poel van verderf bevonden zich de dominees die zichzelf hadden overgeleverd aan Bacchus en diens opperheer Lucifer. In 1634 werd de dominee van Erichem, Jan Swartenius, uit zijn ambt ontzet wegens aanhoudende wandaden in dronkenschap begaan (en wegens vechtpartijen in de velden, de kroegen en de straten!).[167] Dergelijke gevallen, die algemeen bekend waren, speelden de tegenstanders van de calvinistische discipline in de kaart, want ze gaven voedsel aan de valse geruchten dat de godvruchtigsten onder hen in feite stille drinkers waren en dat het vuur van hun preken recht evenredig was met het vuur van hun favoriete ondeugd. Zo werden er veel grappen gemaakt over de kleur van de neus van Jacobus Trigland, een folklore die veel weg heeft van de verhalen over 'dronken William Perkins' die in het puriteinse Cambridge circuleerden.[168]

Dit alles betekent niet dat humanistische schrijvers, artsen en magistraten kritiekloze voorstanders van losbandigheid waren. Tenslotte was Erasmus geen dronkelap. Ze waren bereid drinken op feesten te verdedigen tegen het prohibitionisme van de kerk, wanneer het kon worden voorgesteld als onderdeel van de legitieme gebruiken van het vaderland – ter herdenking of als oeroud gebruik. In weerwil van alle dramatische bravoure was Rembrandts *De samenzwering van Claudius Civilis* een opdracht om de stichtingseed tijdens een ritueel feest te verbeelden.[169] Maar zonder reden overmatig roken en drinken kon de gemeenschap ook ontwrichten in plaats van een band scheppen. Hun bezorgdheid kwam voor een groot deel overeen met die van de strengere calvinisten (en er waren natuurlijk vrome calvinisten die zitting hadden in raadzalen en rechtbanken samen met hun meer pragmatische collega's). Het verschil lag niet alleen in hun bereidheid of huiver de wereldlijke arm te gebruiken om overtredingen van de soberheid te straffen, maar ook in hun definitie van die overtredingen. Calvinisten vonden dat ieder gebruik van tabak of alcohol een stap was op het hellende vlak van de massale ondergang; humanisten beweerden dat ze een verstandelijk beredeneerd onderscheid konden maken tussen matigheid en overdaad, feesten en losbandigheid. En terwijl de calvinisten het gestage verval der zeden zagen als onderdeel van een goddelijk plan de zondaars te verootmoedigen en de natie door boetedoening herboren te laten worden, vreesden de humanisten dat de bedwelming van de zinnen zou leiden tot verlies van de christelijke vrije wil.

Zij die hun vrije wil verkwanseld hadden waren per definitie rijp voor de slavernij, en het bestempelen van zwaar roken en drinken als verraad was voor de moralisten een manier om de ontaarding der zeden gelijk te stellen met het in gevaar brengen van de staat. In de vroege medische discussie over de eigenschappen van tabak steiden Scriverius en andere tegenstanders dat roken mannen ongeschikt maakte voor de militaire dienst omdat het een diepe melancholie veroorzaakte, een opvatting die vermoedelijk werd gedeeld door de militaire optimist prins Maurits. En omdat ook werd gezegd dat tabak schadelijk was voor het voortplantingsmechanisme, zouden de verslaafden ook daarmee bijdragen tot de verzwakking van het vaderland door het te beroven van toekomstige burgers. Op een minder letterlijk niveau maakten de dronkaards zich schuldig aan het verkwanselen van de zegen van de christelijke vrijheid die ze dankzij de onafhankelijkheid van de Republiek genoten. Met '*dronken* drinken' wordt de 'Goddelike ende Menschelike Majesteit gequetst... voor soo veel de Dronkaards haare *lighamen* van der selven behoorlike Beweegingen; ende haare Sielen met enen van alle goede Reedenkavelinge beroovende *ondankbaar* zijn over het aller-grootste goed, dat God ons gedaan heeft',

Embleem uit Jacob Cats, *Alle de Werken*, Amsterdam, 1659. Houghton Library, Harvard University

luidde een motto bij een van de stichtende verhalen die aan het eind van de zeventiende eeuw werden gepubliceerd en postuum (zij het abusievelijk) werden toegeschreven aan de pijler van republikeinse rechtschapenheid, Johan de Witt.[170]

Het verraad der zinnen kon vele vormen aannemen: seksuele uitspattingen, tegennatuurlijke zonden, verdoving, doodse slaap of dronken razernij. Maar allemaal waren ze tegengesteld aan het ideaal van het renaissance-humanisme: voortdurende waakzaamheid ter verdediging van de vrijheid.

Tabak werd eigenlijk al meteen na de ontdekking in Amerika geassocieerd met seksuele losbandigheid: Zo bevatten standaardopsommingen in woord en beeld van het barbarisme van de inboorlingen in Brazilië en Florida Indianen die opgerolde bladeren rookten terwijl zich op de achtergrond steevast wilde taferelen met copulatie, kannibalisme, openlijk urineren en allerlei andere soorten beestachtigheden afspeelden.[171] De tabaksplant werd, in iets minder dramatische stijl, snel ingelijfd in de toen al omvangrijke lijst van afrodisiaca. De overigens conventionele Cupido in de gravure bij het gedicht van Jacob Cats op de futloze 'toebakblaezer' heeft zijn voorgeschreven pijlkoker al ingeruild voor een modieuze vuistvol pijpen. Stenen pijpen begonnen hun lange loopbaan als fallussymbolen in het begin van de zeventiende eeuw (en werden pas verdrongen door de freudiaanse sigaar). Er zijn zelfs voorbeelden uit die tijd (en vele uit de tijd daarna) waarin het symbool en het gesymboliseerde samenvielen in figuren in erotische poses, uitgesneden in de hardhouten of benen stelen.[172] De pijp schijnt één onuitputtelijke bron van schuine toespelingen te zijn geweest. Jan Steen maakte overvloedig gebruik van dit middel in genrestukken waarin grove vrolijkheid wordt genuanceerd door vage gevoelens van gêne, misschien zelfs schaamte. Een van de vele kroegtaferelen met een grijnslachend zelfportret (zie p. 208) is bijna een bloemlezing van de Nederlandse obsceniteit. Geen enkele obscene verwijzing naar de toestand van het meisje of de oorzaak van die toestand ontbreekt. Gebroken eierschalen, mosselen, een geopende flapkan, een gapend spongat, een nauwkeurig onderzochte nachtspiegel, en niet minder dan drie stokken en stelen vormen de insinuerende visuele pendanten van de wrede wellust van het bulderend gelach. Er is een veelzeggend oogcontact tussen het meisje en haar verleider, een studie in ranzige frivoliteit die zelfs voor Jan Steen, die dankzij zijn tweede beroep van herbergier het kroeggedrag direct kon observeren, uitzonderlijk is.[173] Zelfs hun lichaamstaal is veelzeggend en versterkt het onderscheid tussen slachtoffer en boosdoener. Terwijl het meisje haar hand op haar gezwollen boezem legt, steekt haar belager zijn pink in de kop van zijn pijp en haalt met dit obscene gebaar de oorzaak van haar ongelukkige toestand weer op. Hetzelfde gedoe met de vinger en de pijpekop komt elders voor op een wijze die suggereert dat het gebaar algemeen bekend was.[174] In een bordeelscène met soldaten en hoeren van Hendrick Pot gebruikt de aftandse koppelaarster dit symbool om haar handel aan te prijzen. Het was niet het enige platvloerse eufemisme voor de vagina. De geopende flapkan was nog zo'n vulgaire gemeenzaamheid, en in een ander schunnig rokerstafereel, met een opvallend bed op de achtergrond, gebruikte Jan Steen een strategisch geplaatste roemer met holle steel ter aanvulling van de alomtegenwoordige pijp (zie p. 209). Op grond van andere prenten lijkt het waarschijnlijk dat rook naar een vrouw blazen toen al een beledigende seksuele grap was. Zelfs tabaksdozen en -zakken konden een veelbetekenend gegniffel oproepen. Vooral de houten dozen waren versierd met een lijfspreuk van de eigenaar, en één zo'n opschrift, opgenomen in de altijd populaire bloemlezing *Koddige en Ernstige Opschriften*, bestond uit twee lagen van woordspelingen maar liet niets aan de verbeelding over. De doos behoorde toe aan een vrouw en toonde de eigenares met een mossel in haar hand terwijl ze zegt:

> *Deze mossel blijft gedurig gesloten*
> *Maar de myne die staat altyd open*[175]

Als de doos inderdaad van een vrouw was, zal ze waarschijnlijk een prostituée zijn geweest. Hoe dan ook, een van de beroemdste Amsterdamse bordelen in het midden van de eeuw heette Marie de Tabakverkoopster.[176] Geen wonder dat rook ook kon fungeren als uitdrukking van minachting. De spot op de grijnzende gezichten van de rookblazers in het kroegtafereel van Jan Steen wijst op hun lage dunk van de slapende slons. Maar in de ets van Jan van Vliet treft de verachting de roker in plaats van degene naar wie de rook wordt geblazen.

Tegen het midden van de zeventiende eeuw werd de roes een standaard-*topos* in de Nederlandse genreschilderkunst. Vermeers beroemde *Slapend meisje* van 1657 werd in 1696 in Amsterdam verkocht onder de titel *Een dronken slapende maagd aan een tafel* en niet alleen Jan Steen schilderde ontelbare variaties op dit thema, maar ook Frans van Mieris, Gabriel Metsu en Nicolaes Maes. Kunsthistorici hebben opgemerkt dat deze in diepe slaap verzonken figuren zijn beïnvloed door het klassieke prototype van de luiheid of *acedia*, maar dat de Nederlandse kunstenaars

Feesten, vasten en tijdige boetedoening

Jan van de Vliet, *Het zintuig van de reuk*, ets. Atlas van Stolk, Rotterdam

ze plaatsten in de herkenbare eigentijdse omgeving van het interieur van huis of kroeg en te midden van anekdotische details die typisch Nederlandse preoccupaties weerspiegelen. In veel van deze schilderijen rust de vrije arm losjes maar strategisch op het kruis en omklemt de hand de attributen van de dwaasheid van de slaper: een pijp of een roemer. Als de hand leeg is liggen de restanten van hun vermaak naast hen op tafel of slingeren (soms in stukken) op de vloer. Veel vaker wordt de slapende bekeken door wakkere plaaggeesten die hem of haar tot mikpunt van hun spot en slachtoffer van hun diefstal maken. In de gravure van Hendrik Bary naar een tekening van Frans van Mieris uit 1664 krijgt het thema een quasi-emblematische vorm en is de titel afkomstig uit Spreuken 20:1: 'De wijn is een spotter' (zie p. 219).[177] Hier wordt de slaper dubbel bekeken en dubbel bespot. De uil die ook als vermanende prent in het schilderij van Steen voorkomt, verwijst naar twee zegswijzen tegelijk: 'dronken als een uil' en: 'wat voor nut hebben kandelaars en brillen als de uil toch niet ziet?' Terwijl de moreel bijziende uil zo het attribuut van de bewusteloze figuur wordt, gooit de spottende nar de pispot leeg over de losbandige vrouw, waarmee hij niet alleen aangeeft dat ze blind is voor wijsheid volgens de bijbelspreuk, maar ook dat ze ontaard is.

Jan Steen, *Het dronken paar*, paneel, 52,5 × 64 cm. Rijksmuseum, Amsterdam

De Jan Steen in Londen, *De gevolgen van onmatigheid* (zie p. 210), is een van zijn vele studies van slapende onachtzaamheid en als het ware een allegaartje van huiselijk wangedrag.[178] Terwijl de meid (of moeder) ligt te slapen bij een omgevallen wijnkan en half opgegeten brood en fruit, ontvouwt zich rondom haar een tafereel van chaos en verval: de ondermijning van de huiselijke orde. Haar zak wordt gerold door één kind, terwijl drie andere de pastei aan het jonge katje voeren en het oudste meisje het voorbeeld en de lering die de basis van het huishouden zouden moeten zijn, met voeten treedt en de papegaai laat drinken uit een glas wijn waarmee ze de zonde in plaats van de deugd nabootst. Terwijl de jongen op de achtergrond een roos plukt als symbool van de ijdelheden van het aardse leven en de schending van de onschuld, zit in een prieel een paartje te vrijen, de vrouw in decolleté. De instrumenten van kastijding zijn dichtbij: de kruk van de kreupele, de klepper van de melaatse en enkele berkeroeden hangen als een onheilspellend teken aan de muur.

Deze figuren zijn niet alleen te schande gezet in hun alcoholische roes, maar lopen ook gevaar. De critici van tabak hamerden op het brandgevaar voor rokers die met een nog smeulende pijp in slaap vielen. Hun wereld was nog steeds overwegend van hout. De slapers waren echter niet alleen in materieel maar ook in moreel opzicht kwetsbaar. De vrouwen in hun decolleté worden letterlijk blootgesteld, niet

Feesten, vasten en tijdige boetedoening

Hendrik Bary naar Frans van Mieris, 'De wijn is een spotter', ets. Fogg Art Museum, Harvard University

alleen aan wellustige blikken maar ook aan diefstal en allerlei ander wangedrag dat Jan Steen op vrolijke wijze boekstaaft. In hun apathie worden ze de handlangsters van de wanorde, en met het losmaken van hun kleding maken ze ook de regels van de humanistische maatschappelijke code losser. De beschouwer wordt als hulpeloze waarnemer van deze taferelen tot een morele spion. De dingen vallen uiteen en rampen liggen in het verschiet, al staan de rokken nog niet in brand en liggen de roemers nog niet aan gruzelementen. Dreigend gevaar en harteloze uitbuiting zijn natuurlijk ook vreselijk komisch. Maar de grap in al deze genretaferelen is die van de noodklok.

Volgens de vurigste apostelen van de waakzaamheid hadden roken en drinken en de algemene lichtzinnigheid die deze gewoonten symboliseerden, fatale gevolgen. Wie als vrolijke pimpelaar begon, waarschuwden ze, eindigde stomdronken. Grimmige stichtende verhalen moesten de mensen van deze moraal doordringen. Een van de meest sinistere van deze parabels verscheen in de al eerder genoemde verzameling zedenverhalen onder pseudoniem die werd toegeschreven aan Johan de Witt[179] en misschien een versie was van de *Sinryke Fabulen* van Pieter de la Court. Het was een soort traditie in de Nederlanden (althans vanaf de tijd van Oldenbarnevelt en Hugo de Groot) dat grote staatslieden hun wijze inzichten en spreuken doorgaven aan het grote publiek. Vader Cats, De Witts voorganger als raadpensionaris, was bekender om zijn zedenpreken dan om zijn staatsmanschap, maar het genre paste uitstekend bij de typisch Nederlandse gewoonte huiselijke zeden en staatszaken met elkaar te verbinden. De staat, zo veronderstelden de Nederlanders, was ondergeschikt aan de soevereine stad, die niet meer dan een verzameling huishoudens was. De fabels van 'De Witt' waren vermoedelijk geschreven door een lid van de familie De la Court, bondgenoten van De Witt, maar hoe dan ook, hun sardonische geestigheid en ernstige somberheid strookte met de raadselachtige persoonlijkheid van de pensionaris. Het sprookje van de dronkaard – die 'Misdaad van Hoogverraad tegenover God en de mens' – bevatte beide elementen. Hij is verslingerd aan de fles en zijn rechtschapen vrouw doet een wanhopige poging hem weer op het rechte pad te brengen. Om hem te herinneren aan de christelijke weg heeft ze de beeltenis van de Verlosser aan het kruis in de bodem van zijn wijnglas laten graveren. Dit heeft het ongewenste resultaat dat de echtgenoot zijn drinktempo verdubbelt omdat hij verlangend is de beeltenis van God waar te nemen. Met haar starre logica verandert de vrouw de voorstelling van God in die van de duivel. De echtgenoot drinkt onverminderd voort met als argument dat hij zijn glas alleen maar zo vaak geleegd heeft om de duivel diens deel te onthouden. Begrijpelijkerwijs geërgerd door deze geslepenheid (die enigszins in strijd is met zijn dronkenschap) neemt de vrouw drastische maatregelen. Ze sleept de man in een ondiep, pasgegraven graf en legt er losjes zware planken op. Op de planken staande roept ze door de spleten dat ze een geest is die de zondaar komt kwellen, maar als hij berouw toont over zijn slechte gewoonten, zal ze hem vergeven en hem zelfs wat eten brengen. De echtgenoot, tot het eind toe onsportief, wil weten van bedrog noch eten, omdat hij misselijk is, maar antwoordt dat hij graag een glas wijn wil. Dat doet de deur dicht. De vrouw timmert de planken vast en laat hem in zijn gat onder de grond verrotten.

Dit was een wat al te letterlijke interpretatie van de spreekwoordelijke omschrijving van dronkenschap als een levend graf. Maar de les van deze naargeestige parabel was dat de drinkebroer in *levensgevaar* verkeerde. Dit werd nog bevestigd door favoriete verhalen uit de bijbel, zoals van Jaël en Sisera, waarin een oppassende, sterke vrouw een versufte, beschonken man verslaat, en vooral door schrijvers als Van Beverwijck die een kater omschrijven als 'de duyvel is een doodelyck nagel die door de hooft soude boren'.

Moralisten richtten zich ook op andere toestanden waarin iedere redelijkheid en christenplicht aan de zondaar verspild was. En tabak, zo dacht men, kon even gemakkelijk als alcohol zo'n gevaarlijk bedwelmende roes veroorzaken. De kunstenaars die waren gespecialiseerd in boerse of platvloerse rooktaferelen, zoals Adriaen Brouwer in de jaren twintig en dertig van de zeventiende eeuw, legden het voor de serieuze pijproker karakteristieke diepe inhaleren of verwezen puffen zorgvuldig vast (zie p. 207). Sommige van hun figuren lijken zo verdoofd en bedwelmd door de rook dat weleens is geopperd (puur speculatief) dat hun tabak misschien was vermengd met een of ander opiaat of verdovend middel.[180] De gewoonte van brouwers om hun produkten te versterken met tranceverwekkende of hallucinogene middelen als zwart malwillempjeskruid, belladonna of doornappels ging zeker terug tot de late middeleeuwen en bleef bestaan ondanks strenge verboden door Kerk en staat. Tabaksverkopers, vooral die met een volkse klantenkring, gebruikten soortgelijke

Feesten, vasten en tijdige boetedoening

Cornelis Danckertsz, *Roker*, ets. Douce Collection, Bodleian Library, Oxford

recepten voor hun produkt, maar vermoedelijk met onevenredig sterke verdovende werking. Roessingh, die de geschiedenis van de Nederlandse tabaksindustrie heeft geschreven, sluit de mogelijkheid niet uit dat een deel van de koopwaar misschien was 'gesausd' met *Cannabis sativa*, bekend bij Nederlanders die in de Levant en Oost-Indië hadden gereisd.[181]

Wat het mengsel ook geweest moge zijn, en of het nu een kalmerende of stimulerende werking had (en hierover verschilde men toen al evenzeer van mening als nu), de afbeeldingen van verdwaasde pijplurkers waren alleen maar een variatie op het oude thema van de ijdelheid: de uren in ijdelheid en lethargie doorbrengen. Rook was uitermate geschikt voor deze visuele traktaten over wereldse ijdelheid en de vluchtigheid van aardse geneugten, want rook herinnerde aan de waarschuwing uit Psalm 102:4: 'Want mijne dagen zijn vergaan als rook,' of Sartorius' versie van een oud Nederlands gezegde: 'Des menschen leven gaat als rook voorbij.'[182] Op een tekening van Abraham Diepraam hangt achter de roker met gepast subtiele nadruk een kalender aan de muur. En het opschrift onder een gravure van Danckertsz luidt: 'Om tytverdrijff.' De nietigheid van andere aardse ijdelheden ligt besloten in de extravagantie van de kleding en de aanwezigheid van eten en drinken. Misschien is het kruis dat op zijn kop aan een parelsnoer hangt (in de normale stand het symbool

Gillis van Scheyndel, gravure uit *Bacchus Wonder-Wercken*, Amsterdam, 1628. Koninklijke Bibliotheek, Den Haag

van kuisheid) als kritiek bedoeld, en het idyllische landschap (waarboven een berkemeier) vertegenwoordigt misschien het fatale moment waarop de vrouw van Lot zich omdraait voor één laatste blik op het toneel van haar aardse genietingen.

Pijpen vormden een voor de hand liggende toevoeging aan het standaardrepertoire van didactische objecten die de schilders van de *vanitas*-stillevens, zoals Harmen van Steenwijck, gebruikten. Samen met *memento mori*'s als schedels, symbolen van ijdele dwaasheid als schelpen en de voor zichzelf sprekende zandlopers, horloges en druipende of opgebrande kaarsen symboliseerden ze de vluchtigheid en nietigheid van het materiële leven.[183] Ze werden vaak geschilderd in de sombere bruine en grijze tinten die geliefd waren bij de Haarlemse monochromisten (al werkte Van Steenwijck het grootste deel van zijn leven in het calvinistische Leiden), en op een sombere ondergrond waarop de geest zijn licht kon laten schijnen. Op een soortgelijke manier hebben pijpen aan nog een belangrijk genre in de vroege geschiedenis van de Nederlandse cultuur bijgedragen. Taferelen met een 'vrolijk gezelschap' die de dwaasheden van de mode en het zinnelijke leven illustreerden, waren gedurende het hoogtepunt van de renaissance populair, maar tussen 1590 en 1620 gaven de Haarlemse maniëristen er een typisch Noordnederlands accent aan. Met name Willem Buytewech schilderde tussen 1615 en 1626 minstens vijf van dergelijke taferelen (van de slechts negen schilderijen die aan hem zijn toegeschreven).[184] Op twee ervan, waaronder het zeer aangrijpende en raadselachtige vrolijke gezelschap in Rotterdam, komen figuren met een pijp voor. Als onderwerp van grafische kunst bleven de 'rookgezelschappen', zoals we ze zouden kunnen noemen, veel langer bestaan, vaak in een vreemde kruising tussen de verfijnde stijl van Buytewech en de platte kroegtaferelen van Dirk Hals. Misschien hebben ze zelfs bijgedragen tot het ontstaan van het 'conversatiestuk' en vermoedelijk waren ze de bron voor Hogarths *Midnight Modern Conversation* uit 1734.[185] Het decor van de plattere 'vrolijke gezelschappen' was een kroeg in plaats van een prieel en diende gewoonlijk als illustratie van kritiek op buitenissige kleding, vraatzucht en andere wereldse zonden. Een typisch voorbeeld van het genre uit 1628, *Bacchus Wonder-Wercken*, dat hellevuur beloofde aan degenen die op het slechte pad waren geraakt, bevatte een gravure van Gillis van Scheyndel die het smerige kwaad van de tabak maar al te aanschouwelijk illustreerde. Modieus geklede figuren verdoen hun tijd te midden van rookkringels, met op de achtergrond een wapen met gekruiste pijpen en een schilderij van tabaksvaten. Terwijl de slachtoffers van deze gewoonte zich op de voorgrond beestachtig gedragen, wordt het hele gezelschap aangevoerd in zijn ontaarde plezier door een pijprokende aap, de vleesgeworden dwaasheid, lust en bevrediging der zinnen.[186] Bijna een eeuw later, in 1720, werd het thema van de 'luchtige' ledigheid nog verder ontwikkeld in een van de vele beeldende satires op de zwendel van de Mississippi Compagnie. De 'zeepbel' sloeg op de frauduleuze verkoop van land in het zuidelijke deel van de Amerikaanse koloniën, zogenaamd voor de tabakscultuur. Het was dus een prachtige gelegenheid voor de satirici om pijprokende Indianen te laten zien en lichtgelovige investeerders die deze 'pijpdromen' deelden terwijl hun spaarcentjes in rook opgingen.

De iconologie van de vrolijke gezelschappen bevatte nog een ander element. Hoewel het genrestukken betrof, waren het in een ruimere zin ook historiestukken, bedoeld om op zeer gestileerde wijze de dwaasheid in de laatste dagen voor de zondvloed te verbeelden. Het idee van de zondvloed als straf had, zoals ik al schreef in Hoofdstuk II, om voor de hand liggende redenen een speciale betekenis voor de Nederlanders. En het is opmerkenswaard dat Buytewech zijn prachtige serie schilderde in een tijd van bittere binnenlandse twisten, die culmineerden in de executie van Oldenbarnevelt en de gevangenzetting van Hugo de Groot en de remonstrantse leiders in slot Loevestein. Het geschil tussen de humanistische arminianen en de strengere gomaristen betrof niet alleen de nuances van de predestinatie en het supra- of infralapsarisme, maar werd ook aangewakkerd door de vraag of in de godvruchtige Republiek tolerantie of orthodoxie moest overheersen. En het was een speciale obsessie van de fanatiekelingen dat de ontaarde ijdelheid niet alleen de kern van het christendom zou aantasten maar ook het hele gemenebest in het ongeluk zou storten, een opvatting waarin ze gesteund werden door stadhouder Maurits, die de tabak verbood. Hoe raadselachtig Buytewechs toon en delicaat zijn symboliek ook waren, het lijkt zeer onwaarschijnlijk dat hij tegen deze achtergrond de geneugten van ongeregelde uitspattingen wilde propageren. Hiermee wil ik allerminst het Rotterdamse 'vrolijke gezelschap' verheffen tot een visuele preek, maar het lijkt geen al te overdreven veronderstelling dat in de milde kritiek een verwijzing

Detail van een gravure uit de serie, *Het Groote Tafereel der Dwaasheid*, 1720. Verzameling van de auteur.

besloten ligt naar de louterende/straffende zondvloed als het loon voor de ijdelheid (zie p. 210).

Deze interpretatie hoeft niet alleen op externe historische speculatie te berusten. De compositie zit tenslotte vol symbolische verwijzingen. De gebaarde figuur in het midden draagt de attributen van Hans Worst, de leidende figuur in de vrolijke vraatzucht op Vette Dinsdag. Rechts brengt de meid een schaal met artisjokken die bekendstaan om hun stimulerende werking op de sensuele lust. Links van Hans Worst zit een man met een glas wijn, terwijl uiterst links een andere figuur met een plooikraag spottend de pispot vasthoudt waarin de wijn te zijner tijd terug zal stromen. Bij de rommel van roemers, berkemeiers en kannen rechts onder houdt de prachtigst uitgedoste figuur van het hele gezelschap zijn hoed gevaarlijk dicht bij de brandende kolen.

Is dit nu een schilderij over reinheid en gevaar? Als dat zo is, dan beiert de waarschuwingsklok van Geestige Willem niet maar klingelt ze, zo laconiek beminnelijk is zijn portret van de gezamenlijke menselijke zwakheden. Dit betekent echter niet dat het schilderij neutraal, laat staan amoreel is. De toon die de noordelijke humanisten kozen was eerder ironisch dan apocalyptisch, en al was Buytewech zelf misschien geen remonstrant, zijn ouders waren dat bijna zeker wel.[187] Het meest expliciet didactische element in de compositie zou weleens het detail kunnen zijn dat bij oppervlakkige beschouwing zuiver decoratief lijkt: de landkaart achter het gezelschap. Kaarten als deze, vooral in de prachtige edities van Blaeu, waren al zeer populair bij de rijke patriciërsklasse die de vrolijke gezelschappen van Buytewech bevolken. Maar ze waren nooit alleen om zuiver picturale of documentaire redenen in het schilderij opgenomen, net zo min als een achtergrondschilderij met een bijbels of historisch thema dat was. Hier gaat het om een kaart van de provincie Holland met de uiterste punt van het Noorderkwartier links, waarbij de lijn van de Noordzeekust naar rechts loopt en uitkomt bij de rand van de hoed van de pijproker. In het midden van de kaart ligt de Zuiderzee en het drassige land ten noorden van Amsterdam. Dit was precies de periode waarin de enorme inpolderingsoperatie van de Purmer, de Schermer en de Beemster in volle gang was, en de binnenzeeën veranderden in de vruchtbare polders waarin de loeiende kudden van de landschappen van Koninck en Paulus Potter zouden grazen. Of Buytewech nu wel of niet heeft willen wijzen op deze veranderende grens tussen land en zee, een kaart van Holland was altijd een middel om het schilderij te veranderen in een verhandeling over Holland en het specifieke verband tussen vrijheid, droogheid en deugd. In de Nederlanden bestond niet zoiets als een waardevrije geografie en kon een kaart als deze in de geest van de humanistische ambivalentie dienen om het werk van de mens te tonen als een symbool van trots en tegelijkertijd de kwetsbaarheid van het resultaat aangeven. De kaart en het vrolijke gezelschap samen transponeren de klassieke betekeniswaarden van de menselijke verdwazing voor de zondvloed van Noach naar een eigentijdse Nederlandse situatie. De tekst van *Bacchus Wonder-Wercken* herinnert de lezer eraan dat dronkenschap en afgoderij, goudzucht en andere onuitsprekelijke zonden de louterende gramschap van God hadden opgeroepen. En bij deze lijst van zonden kwam nu nog de droge dronkenschap van de tabak, zoals de dominees het noemden. Hollandia en haar wakende leeuw met geheven zwaard zijn dus stille getuigen van de ijdele geneugten die zich in hun bijzijn afspelen.

De ingehouden ironie van het humanistische commentaar was niet zozeer in tegenspraak met de donderpreken vanaf de kansel, maar eerder een aanvulling daarop. Het tij van de retoriek ging op en neer met de gebeurtenissen in de oorlog of de uitbarstingen van natuurrampen als pest en overstroming. Maar net zoals er niet te ontkomen viel aan de geografie, zo kende de Nederlandse cultuur in de gouden eeuw geen enkele periode zonder voortekenen van straf wegens het behaalde succes. Juist de tekenen van voorspoed – de zwellende buik van de burger, de opsmuk waarin hij en zijn familie werden geportretteerd, de pijpen met zilverwerk ingelegd, de feestelijke pracht van een schuttersmaaltijd, de vergulde figuurtjes die de drinkhoorns van de gildes droegen – wekten op het moment van de genieting zelf associaties met de vergankelijkheid van de wereldse euforie. De walvis was zowel een drijvende bankrekening als een boodschapper van onheil, de kostbare drinkbeker zowel een vat van patriottische heildronken als de medeplichtige aan de val van Belsazar.

De grote meerderheid van de Nederlandse bevolking verkeerde natuurlijk niet voortdurend in een staat van nagelbijtende, gekwelde vertwijfeling. Net zoals de waard te Malvern uit het motto bij dit deel wist zijn Amsterdamse tegenhanger een wil van de voorzienigheid te bedenken die de onschuldige bevrediging van de lust tolereerde in plaats van haar verbood. De truc om onder dergelijke omstandigheden gelukkig te blijven was zich te houden aan de maatschappelijke conventies, waarin onderscheid werd gemaakt tussen onschuldige en schuldige genoegens, feesten die door traditie of collectief ritueel in plaats van oppervlakkig hedonisme waren gewettigd. De prenten, verzen en schilderijen die in dit hoofdstuk zijn behandeld, hielpen de Nederlander zijn weg te vinden in een leven dat overvloeide van de vruchten der welvaart zonder de gramschap Gods over zich te roepen.

Hoe subtiel en flexibel dit humanistische antwoord op de verleiding ook was, bij sommige gelegenheden leek de door de predikanten bevolen louterende zelfkastijding meer op haar plaats dan het kijken naar een *vanitas*-stilleven. In 1624 en 1626 waren er zowel in Noord- als in Zuid-Holland hevige overstromingen, en dus kon de schrijver van *Bacchus Wonder-Wercken* deze ramp toeschrijven aan de vloed van drankzucht en voor nog grotere rampen waarschuwen als de boodschap werd genegeerd.

> *Laet Dronckerts groot gebied van vaderlijcke erven*
> *Laet Dronckerts groote macht en mogentheid verwerven*
> *Het sal in korter tijd verdwynen als een snee*
> *Want wijn en stercke dranck, die spoelen als een zee*
> *Die nemen dyck en dam, die nemen in haer sluysen*
> *Paleysen, geld en schat en vaderlicke huysen*[188]

In 1651, 1653 en vooral in 1658 vonden er soortgelijke rampen plaats, zoals de enorme overstroming van de Alblasserwaard waarbij in de nacht van 30 januari 1658 de ringdijken van Zuid-Holland werden weggeslagen. In de steden en dorpen werden gebeds- en vastendagen afgekondigd; op de pleinen van Rotterdam en Dordrecht werden psalmen gezongen voor de veiligheid van de bevolking; verhalen over de verdronken kerken bij de beruchte Sint-Elisabethsvloed van 1421 deden weer de ronde. En bij die verschrikkelijke gelegenheden barstten de grote virtuozen van hel en verdoemenis uit in coloratuurpartijen en preekten ze in kerken en in de openlucht voor grote volksmassa's. Zielenherder Lydius liet zijn kudde Psalm 107:17-19 en 23-29 zingen:

De zotten worden om den weg hunner overtreding en om hunne ongerechtigheden geplaagd:

Hunne ziel gruwde van alle spijs, en *zij waren tot aan de* poorten des doods gekomen.

Doch roepende tot den HEERE in de benauwdheid die zij hadden, verloste Hij ze uit hunne angsten.

Die met schepen ter zee afvaren, handel doende op de groote wateren,
die zien de werken des HEEREN, en zijne wonderwerken in de diepte.

Als Hij spreekt, zoo doet Hij eenen stormwind opstaan, die hare golven omhoog verheft.

Zij rijzen op naar den hemel, zij dalen neder tot in de afgronden; hunne ziel versmelt van angst;

zij dansen en waggelen als een dronken man, en al hunne wijsheid wordt verslonden.

Doch roepende tot den HEERE in de benauwdheid die zij hadden, zoo voerde Hij ze uit hunne angsten:

Hij doet den storm stilstaan, zoodat hunne golven stilzwijgen.

'Dus vondt Israël genade,' luidde het verder in Lydius' *Wee-klage*, 'Als de man na Godes hert/ Sig in heete tranen bade/ Om de pestelijke smert/ Soo wierd Nineve behouden.'[189]

En de boodschap van Carpentier, die over de storm op Texel predikte als 'Tranenvloed over Jeruzalems teghenwoordige zonden en toekomende wonden', was dezelfde. Alleen een stroom van wroeging en berouw kon de stroom van goddelijke gramschap wegwassen. Toen in 1672 de ramp waarvoor de predikers onophoudelijk hadden gewaarschuwd, werkelijk over de Republiek leek te komen, en ze gedwongen werd tegen de oprukkende legers van Lodewijk XIV en de bisschop van Munster, een overstroming te creëren door de dijken van de waterlinie door te steken, leek de vreselijke symmetrie van het straffende water compleet. De overvloed aan rijkdom had de vaderlandse geest gecorrumpeerd; de overstroming van drank had de overstroming van de polders veroorzaakt. Het vergde betraande ogen van de boetvaardige zondaar om opnieuw droog land en vrijheid te aanschouwen.

> Daer is gheen krachtiger water acqua fortis het vyer van Godts toorn uyt de blusschen als het scheydt-water der boetveerige tranen, die als den wijn Godt en Menschen verheugen en als de druppelen van den wijngaert ons genesen van de geestelijcke maelaetsheyd onsere sielen. Want in deze roode zee moeten d'Egyptenaren onser sonden versmoort worden, deze wateren van Bethesda sullen onse gheestelicke lammigheid genesen. Onse boetveerdige tranen uytwendigh uytvloeynde sullen ons inwendighe afwasschen en nederdalende opklimmen als een lieflick reuckwerk en roose water voor het aengesicht des Heeren.[190]

Maar wat gebeurde er nadat de wateren zich hadden teruggetrokken van de aarde en de ark veilig terecht was gekomen op de berg Ararat? Want zelfs na het heilige verbond van de regenboog was de mens weer vervallen in zijn gebruikelijke staat van zondig zingenot. Tenslotte bleek Noach, toen hij te diep in het glaasje had gekeken, de eerste recidivist van de nieuwe tijd.

DOEN EN NIET DOEN

HOOFDSTUK IV

DE ONBESCHAAMDHEID VAN HET OVERLEVEN

De eerste aanblik van een grote supermarkt in een tijd dat er in Engeland nog schaarste heerste, wekte bij mij een vreemde mengeling van hebzucht, verachting en angst. Al deze overvloed zou ongetwijfeld duur betaald moeten worden. Je zult ervoor moeten boeten, dacht ik. Je moet altijd voor uitspattingen je boeten.
RICHARD HOGGART (een herinnering aan Amerika in 1955),
Only Connect

Vigilate Deo confidentes
MOTTO VAN HET GEWEST HOLLAND

1   TUSSEN MARS EN MERCURIUS

Republieken bewaren zelden hun oorspronkelijke onschuld. Zijn ze in eenvoud ontstaan, dan floreren ze zonder uitzondering te midden van pracht en praal.[1] Dat is dan misschien wel hun eigen soort pracht en praal: eerder statig dan koninklijk, strokend met de publiekelijke afzwering van de riten van de monarchie. Misschien is er weinig overeenkomst met de hofmystiek waarin de aura van de god-vorst gehuld is zodat de zeldzame glimp van zijn stralen zijn onderdanen des te meer imponeert. Maar de republikeinse praal is op haar eigen manier niet minder groots. Ze is openbaar in plaats van privé, bombastisch in plaats van magisch, belerend in plaats van begoochelend. Als betuiging van gemeenschappelijkheid in plaats van uiting van verdeeldheid noodt ze tot deelneming en loyale toejuiching in plaats van gebogen hoofden en eerbiedige knievallen. Maar die praal is ook een middel om macht te verwerven. De burgerij, door het heersende patriciaat van haar macht beroofd, krijgt een figurantenrol toebedeeld in het theater van de praal. En de acteurs in de republikeinse ceremoniën die gehergroepeerd zijn buiten de strikte categorieën van het sociale kastenstelsel, ontpoppen zich dan ook als troepen: vendel zwaaiende, haakbus afvurende, papegaai schietende burgerschutters, zuipende en feestende gildeleden, feestelijke broederschappen, bestiaria van carnavalsdieren, druk gebarende redenaars, ruziënde 'kloosters' van jongeren. Bij hun bezigheid horen een publiek en toejuichingen: optochten, processies, collectieve zegeningen, herdenkingsfeesten, vasten ter boetedoening, openbare terechtstellingen en de onvermijdelijke lange toespraken vanaf balkons op de stoffige stadspleinen. Sinds het Athene van Pericles zijn de aanvoerders en helden van dergelijke republikeinse praal onveranderlijk burgers, zelfs als ze ten strijde zijn getrokken. Tijdens de Tweede Engelse Oorlog verscheen De Witt aan dek van het vlaggeschip van De Ruyter in met goud en zilver afgebiesde kleding, als de verpersoonlijking van de Staten-Generaal, maar de ongerijmdheid van de piekfijn geklede burger ontlokte admiraal Cornelis Tromp slechts een luid gelach.[2] In tegenstelling tot de god-koningen van het Europa van de barok, waren dergelijke figuren geen kandidaten voor de Parnassus, al verdienen ze met hun diensten voor het vaderland soms een plaatsje in het Elysium. Eenmaal dood, schaarden ze zich in de rijen van hun voorouders en republikeinse voorbeelden: de voor de gemeenschap vleiendste versie van haar persoonlijkheid. Hun legendarische beschermengelen zijn geen dynastieke godheden maar mythische personificaties van de republiek zelf: de oom in snoepkleuren en streepjespak in Amerika, de machtige en zogende *Marianne* in Frankrijk,[3] de sinds onheuglijke tijden miraculeuze San Marco in Venetië, en de vast op haar troon gezeten en gulle Hollandse Maagd. En rond al deze van God gegeven personificaties spinnen zich de fabels en kronieken van het vaderland die het een deugdzame stamboom verschaffen en beschermen tegen toekomstige gevaren.

Op het toppunt van macht en pracht, halverwege de zeventiende eeuw, was de Republiek der Nederlanden, zo min als andere republieken, vrij van blijken van zelfvoldaanheid. De Vlaamse steden, waar haar cultuur van afstamde, hadden het Bourgondische weeldevertoon gecombineerd met hun eigen inheemse traditie van burgerlijke praal tot in het Noorden ongekend prachtige renaissance-ceremoniën.[4] En in weerwil van clichés over hun 'eenvoud' ontwikkelden de Nederlanders deze diepgewortelde zin voor openbare plechtigheden en festiviteiten nog verder.[5] Tot op de dag van vandaag schept men in Nederland genoegen in openbaar ceremonieel. Wat gewoonlijk wordt aangezien voor uitgekleed royalisme, is in wezen aangekleed republikanisme.

In 1667, toen het Engelse vlaggeschip 'The Royal Charles' door De Ruyter naar Hellevoetsluis werd gesleept, leek de Nederlandse overwinningsbeker tot de rand toe gevuld. Onder deze omstandigheden was het zelfs voor de meest voor hoogmoed beduchte predikant begrijpelijk, zij het niet verstandig, dat men zich wel eens tot grootspraak liet verleiden. Vanaf de marmeren vloer van de prachtige Burgerzaal in het nieuwe Amsterdamse stadhuis, waarop Nederland letterlijk in het cen-

Romeyn de Hooghe, 'Allegorische voorstelling van Holland', uit *Spiegel van Staat der Vereenigde Nederlanden*, Amsterdam, 1706. Houghton Library, Harvard University

trum van de *mappa mundi* was geplaatst, waren de vooruitzichten bedwelmend. In twee of drie generaties was de Republiek van een wrakke en belegerde federatie van steden en gewesten uitgegroeid tot een wereldrijk met een schijnbaar onbegrensde voorspoed en macht. 'Bijna geen onderwerp duikt zo vaak op in de gesprekken van wijze mannen,' erkende William Aglionby die zichzelf, als Fellow van de Royal Society, daar ook toe rekende, 'dan dat van de wonderbaarlijke opkomst van deze kleine staat die, in een tijdsspanne van ongeveer honderd jaar... tot een hoogte is gestegen die niet alleen die van alle oude Griekse republieken oneindig overtreft, maar in bepaalde opzichten zelfs niet veel onderdoet voor de grootste monarchieën van deze tijden.'[6] Het was inderdaad een fenomeen. Want de macht van de staat der Nederlanden was gebaseerd op federalisme in een tijd dat absolutistisch centralisme de regel was. De bevolking had zich tussen 1550 en 1650 verdrievoudigd, terwijl in de meeste andere staten het bevolkingsaantal was gestagneerd of teruggelopen door pestepidemieën, burgeroorlogen en oorlogen met het buitenland.[7] Wat tijdgenoten de 'moederhandel' noemden – in Oostzeegraan – had hun dichtbevolkte steden met betrouwbare regelmaat van voedsel voorzien, terwijl andere stedelijke centra in Europa te lijden hadden gehad van hoge prijzen en onregelmatige aanvoer. De Nederlandse vloot bevoer de hele bekende wereld en haar zeelieden bleven de grenzen van die kennis onvermoeibaar verleggen in de gebieden der tegenvoeters. Charles Davenant, geen goede vriend van de Nederlanders, erkende dat 'de handel van de Nederlanders zich tot zover uitstrekt dat je zou kunnen zeggen dat deze geen andere grenzen kent dan die welke de Almachtige bij de Schepping had gesteld'.[8] De Republiek had kapitaal vergaard en zette dat uit tegen een rente van drie procent, in een tijd dat de mercantilistische stelregel gold dat alleen bij een hoge rente het geld in omloop bleef. En het belangrijkste van alles was dat waar andere staten – Frankrijk, Engeland, Spanje, Duitsland – verscheurd waren door binnenlandse onrust, het Nederlandse bestel beter bleek opgewassen tegen spanningen, een efficiënt beleid voerde en op vernuftige wijze de minimale consensus wist te bewaren die nodig was om de geschillen niet tot een burgeroorlog te laten escaleren.[9] Het eeuwige commentaar van buitenlanders dat de clou van het Nederlandse federalisme een 'chaotische' regering was, zei iets over hun onbegrip en niets over de historische waarheid.

In al deze opzichten was de Republiek der Nederlanden dus de grote uitzondering van de zeventiende eeuw. Geen wonder dat de magistraten prat gingen op hun fortuin en dachten dat ze de lievelingen van een goedgezinde Jahweh waren. Soms konden ze de verleiding niet weerstaan om hun mededogen uit te spreken met degenen die zo ongelukkig waren elders te moeten leven. De openbare toon in de periode van De Witt in de jaren vijftig en zestig was nog plechtstatiger dan anders. Typerend waren de salomonsoordelen van de raadpensionaris over de vraag welke van de twee kibbelende ambassadeursgevolgen, het Spaanse of het Franse, formeel voorrang zou moeten hebben op de wegen van Den Haag als door een ongelukkig toeval hun koetsen elkaar zouden kruisen.[10] In de hele Republiek begonnen regenten aan ambitieuze herinrichtingsprogramma's voor stadhuizen en gildehuizen, in een pompeuze classicistische stijl die aansloot bij hun groeiende gevoel van eigenwaarde.[11] Aan veel van deze plannen werd al in de jaren dertig en veertig gewerkt, of nog eerder, maar in de periode direct na de Vrede van Munster van 1648 werden de meest buitensporige projecten verwezenlijkt. Het allergrootste was natuurlijk Jacob van Campens nieuwe monumentale stadhuis van Amsterdam, waarin de typisch humanistische deugden – stoïcisme, matigheid, onpartijdige rechtspraak en vaderlandsliefde – werden weergegeven in historieschilderingen, beeldhouwwerken en reliëfs in de zalen die daarvoor het meest geschikt werden geacht.[12] Men moet niet denken dat deze visuele traktaten getuigden van gepaste nederigheid, want op de gevelfrontons werden ze bekroond met beeldhouwwerk van Quellijn op Parthenonschaal, met aan één zijde de voorstelling van Amsterdam dat het eerbetoon van de vier werelddelen in ontvangst neemt, terwijl de Nederlandse Atlas de aardbol zelf op zijn gespierde rug draagt. En in de marmeren vloer van de Burgerzaal waren de laatste ontdekkingen van Tasman in de Stille Zuidzee opzichtig aangeduid als 'Nieuw Holland'.

Amsterdams idee dat de stad het middelpunt van een wereldrijk was, was geen loze opschepperij. Al kon de stad in laatste instantie niet overleven zonder de Republiek, de Republiek kon ook niet overleven zonder Amsterdam. De metropool, die het leeuwedeel bijdroeg aan de financiën van het gewest Holland, dat op zijn beurt weer tussen de vijfenvijftig en achtenvijftig procent bijdroeg aan de defensiekosten van de Republiek, legde vergeleken met de rest van het land een onevenredig groot gewicht in de schaal. In 1638 had de stad Marie de Médicis, de afvallige *reine-mère* van Frankrijk, verwelkomd met een retoriek die de stad zelf tot haar gelijke maakte, en alsof de stad een eigen buitenlands beleid voerde.[13] Nadien had de stad de gewapende poging van Willem II om haar mores te leren, overleefd en was ze omstreeks 1655 herrezen als aanvoerder van degenen die de Provinciale Staten weer wilden

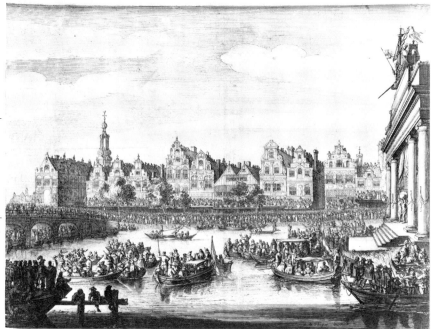

Salomon Savery, naar Simon de Vlieger, *Feestelijkheden op de Amstel ter ere van het bezoek van Marie de Médicis in Amsterdam*, gravure, 1638. Douce Prints Portfolio. Bodleian Library, Oxford

bekleden met de erfelijke ambten van het huis van Oranje. In deze periode van triomfen was het dus niet ongepast dat Amsterdam een regeringszetel (die tegelijkertijd bank, rechtbank en gevangenis was) met de allures van een paleis bouwde. In het midden van de zeventiende eeuw werd dit gebouw in schaal en luister slechts geëvenaard door de Sint-Pieter, het Escorial en het Palazzo Ducale in Venetië.

In overeenstemming met het betrekkelijk onbelangrijke karakter van nationale (tegenover stedelijke) instellingen, waren de centrale overheid van de Republiek en zelfs die van het gewest Holland in veel minder imposante gebouwen gehuisvest. Er waren enkele sierlijke bouwwerken in Den Haag, gebouwd in de nieuwe Nederlandse classicistische stijl van Pieter Post en Jacob van Campen, maar dat waren particuliere woningen, zoals die van Huygens op het Plein en van Johan Maurits op de hoek van de Hofvijver (het huidige Mauritshuis). De doolhof van zalen, zijvleugels en bijgebouwen waaruit het Binnenhof bestond, was daarentegen, net als de staat der Nederlanden zelf, een eigenaardige mengelmoes van middeleeuwse resten, renaissance-bedenksels en zeventiende-eeuwse improvisatie. Sinds de dertiende eeuw was het de zetel van de graven van Holland geweest en zij hadden de gotische Ridderzaal in het midden gebouwd. Volgepropt met wapenschilden en banieren van de zeven soevereine provincies bleef de zaal dienst doen als de voornaamste vergaderzaal van de Staten-Generaal. Op het schilderij *De Grote zaal op het Binnenhof, Den Haag, tijdens de grote vergadering der Staten-Generaal in 1651* van Dirck van Delen (zie p. 243) is de zaal ook nog versierd met buitgemaakte Spaanse vlaggen, die als trofeeën boven de afgevaardigden hingen. Het met keien geplaveide hof waarin de zaal stond, werd aan alle kanten omsloten door vleugels met ronde poorten, en aan de zuidzijde lag de Hofvijver. Deze vijver stond in verbinding met verdedigingsgrachten, zodat het Binnenhof eigenlijk een soort omgracht kasteel was geworden waarvan de administratieve functie de militaire al sinds lang had overvleugeld. Hoewel enkele van de bijgebouwen dienst bleven doen als barakken voor de wacht van de Staten-Generaal, was het complex allesbehalve een besloten, ontoegankelijke citadel. Net als nu konden de burgers in 1660 het hof in- en uitgaan, en velen zetten op het terrein kraampjes op. In de Ridderzaal zelf stonden langs alle wanden boek- en prentverkopers, zonder zich iets aan te trekken van de officiële gebeurtenissen die zich in de zaal afspeelden, hun waar aan de man te brengen.

Onder stadhouder Frederik Hendrik was bewust geprobeerd de dynastie behuizingen te geven die beter pasten bij het hof en zijn pretenties, en de hofhouding verhuisde van het Binnenhof naar de speciaal daarvoor gebouwde paleizen Huis ten Bosch en Honselaarsdijk, beide aan de rand van Den Haag. Hierdoor bleven er in de zijvleugels alleen klerken, functionarissen en secretarissen over in dienst van het gewest en de Raad van State, het voornamelijk adviserende en daarnaast besturende orgaan van de generaliteit. In tegenstelling tot Huygens die een indrukwekkende en elegante zetel voor de regering wilde, koesterde De Witt, die met een bescheiden staf in een van de kantoren aan de kant van de Hofvijver werkte, allerminst het verlangen om Olivares of Colbert te evenaren.[14] Maar in het bruisende klimaat tegen het einde van de jaren vijftig besloten de Staten van Holland om in ieder geval hun eigen vergaderzaal (nu de zaal van de Eerste Kamer) opnieuw in te richten. Hiermee wilden zij hun ideeën over het belang van Holland niet alleen voor het vaderland als geheel, maar ook voor de grote staatszaken in de rest van de wereld tot uitdrukking brengen. Vanzelfsprekend werd gekozen voor de hoogbarokke historieschilderkunst die zo kwistig was toegepast in de Oranjezaal en in Amsterdam. De afgevaardigden zouden komen te zitten tussen twee grote muurschilderingen aan weerszijden van de zaal, een van Jan Lievens met *De oorlog*, en een van Adriaen Hanneman, pas in 1669 voltooid, met de Vredesmaagd in een gelukzalige houding tegen Dorische zuilen gedrapeerd.

De grimmige, om niet te zeggen enigszins verwarde, onthutste uitdrukking van Lievens' Mars vormde een scherp contrast met de gebruikelijke verheerlijking van militaire moed die te vinden is in andere officiële opdrachten (zie p. 234).[15] Maar geen van beide muurschilderingen was in uitvoering of thema uitzonderlijk. De plafondschildering daarentegen was veel verwarrender. Want vanuit 'openingen' en van achter balustrades uitgevoerd in een verbluffend overtuigend trompe l'oeil, keken vertegenwoordigers van alle naties waarmee de Nederlanders commerciële en politieke betrekkingen onderhielden, op de Statenvergadering neer (zie p. 243). In tegenstelling tot de personificaties van Oorlog en Vrede en de conventionele weergaven van Handel, Rechtvaardigheid en Wijsheid, waren ze gekleed in gestileerde, maar herkenbaar eigentijdse kleding. De prototypen waarmee ze de meeste

Jan Lievens, *Oorlog*. Foto: Rijksdienst voor de Monumentenzorg

verwantschap vertoonden, waren de voorstellingen van de Vier Werelddelen die Le Brun zou gebruiken in de 'Ambassador's Staircase' en Laguerre in de 'Saloon' op Blenheim. In beide gevallen waren de werelddelen sterk beïnvloed door de personificaties in de bekende *Iconologia* van Cesare Ripa. Maar in Den Haag zijn de figuren duidelijker als vertegenwoordigers van landen te herkennen: de ruige Moskoviet gehuld in sabelbont die uit een van de hoeken naar beneden kijkt, de robuuste Hanzeatische visser in kamgaren met een slappe hoed in een andere hoek. Daartegenover is een Spaans-Amerikaanse don afgebeeld in feodale luister, achteroverleunend onder een door een Indiaanse bediende opgehouden parasol, Turken en Perzen met zijden tulbanden, en een extravagante, modieus geklede Fransman met een exquise pruik en muilen met linten, die met een onbetrouwbaar lachje de zaal inkijkt.

Dit was allemaal niet erg vleiend. En dat was ook niet de bedoeling. Net als het gevelfronton en de Burgerzaalvloer van het Amsterdamse stadhuis moest deze schildering de centrale plaats van de Hollanders in de wereldhandel demonstreren, als aanvulling op de boodschap van de muurschilderingen waarin hun bemiddelende rol in oorlog en vrede werd duidelijk gemaakt. Hunne Hoogmogenden kozen dus in de letterlijkste zin van het woord tussen Mars en Mercurius, de god van de handel. Het midden van de plafondschildering was echter nog wonderlijker. Het was in feite een visuele bekrachtiging van het motto van het gewest, *Vigilate Deo confidentes*, en een waarschuwing tegen onwelkome binnendringers. De figuur in een rode kamgaren broek, met één grote laars die in de romp van de zaal lijkt te wijzen, is onmiskenbaar een Engelsman. Hij en zijn bondgenoten die het Nederlandse gemenebest proberen binnen te klimmen, zijn afgebeeld als onhandige, diefachtige, hebzuchtige en incompetente wezens, gemankeerde inbrekers die alleen nog maar jaloers kunnen neerkijken op de gebeurtenissen onder hen.

Het plafond van de Statenzaal was de belichaming van de mengeling van eigendunk, getemperd door de omzichtigheid die het beleid in die jaren kenmerkte. Enerzijds was er genoeg reden tot blijdschap over het feit dat Nederland de vetste prijzen in de wereldhandel leek binnen te halen; anderzijds was er een knagende angst dat het land met geweld of list beroofd zou worden van wat het 'rechtens' toekwam. Naast rechtvaardigheid en gematigdheid werd ook de figuur van de waakzaamheid toegevoegd aan de meer dan levensgrote beeldhouwwerken op het dak van het Amsterdamse stadhuis. De meest voor de hand liggende boosdoener in zo'n geval was natuurlijk Engeland. Spanje was veranderd van een erfvijand in een eerste verdedigingslinie in het zuiden, al was niet iedereen in de Republiek daar gelukkig mee. Maar de aanwezigheid van Spanje in Vlaanderen en Brabant, ooit een *casus belli*, werd nu verkozen boven die van een zich uitbreidend Frankrijk. En om die reden bleven de Staten van Holland zich verzetten tegen ieder plan tot 'kantonnering' of verdeling van de Zuidelijke Nederlanden tussen de Republiek en het Franse koninkrijk, ondanks de pogingen van Johan de Witt ze daartoe over te halen. Zelfs de pensionaris kon niet vermoeden hoezeer Lodewijk XIV ontstemd was over deze doorkruising van zijn ambitieuze plannen.

Johan de Witt was een bekwaam rekenkundige, een serieuze wiskundige die verhandelingen schreef over de elementen van de gebogen lijn.[16] Hij was dol op statistische berekeningen over het samenvallen van deze met gene politieke situatie en kwam dan met weloverwogen plannen om dergelijke onvoorziene gebeurtenissen het hoofd te bieden. De Witt, die op de Statenvergadering soms met een telraam en altijd met een aantekenboek verscheen, was feitelijk de eerste waarschijnlijkheidstheoreticus die een grote mogendheid regeerde. En zijn waarschijnlijkheidstheorie leerde hem dat er geen sprake kon zijn van een Frans avontuur tegen de Republiek zolang de verdeeldheid tussen de Stuarts en Bourbons in stand werd gehouden, een taak die hij wel dacht aan te kunnen. Maar hij wist dat de Engelse vijandschap chronisch was en voortkwam uit het loutere feit dat de Republiek bestond, of althans dat ze floreerde. Het probleem was, zoals hij en veel van zijn landgenoten veronderstelden, dat Engelsen in handelszaken slechte verliezers waren. Omdat ze niet in staat waren de vindingrijkheid, de ijver of het technische vernuft van de Nederlanders te evenaren, waren ze bereid met geweld rijkdom te veroveren door bewust oorlogszuchtige principes te hanteren en de vrijheid van handel te negeren. Naijver had hen veranderd in een bende gewetenloze schurken die zich door niets lieten weerhouden om het Nederlandse pakhuis te plunderen, steeds onder het mom dat de soevereiniteit op een bepaald belangrijk onderdeel was geschonden. Dat was althans de boodschap van het plafond in de Statenzaal, en die werd gerechtvaardigd door opmerkingen van uitgesproken anti-Nederlandse politici als Monck, die aan de vooravond van de Tweede Engelse Oorlog botweg zei: 'Wat doet deze of gene reden er nu toe? Wij willen gewoon een groter aandeel in de handel die de Nederlanders nu beheersen.'[17]

In de ogen van de Nederlanders waren de Engelsen bereid ieder voorwendsel aan te grijpen, als het maar een einde maakte aan de normale handelscondities en ze met de vloot konden dreigen. Maar pas tijdens het bewind van Karel I was de Engelse vloot net sterk genoeg om die dreigementen waar te maken en tot de jaren vijftig moest hun tactiek wel beperkt blijven tot een mengeling van bluf, diplomatieke dreigementen, kapingen en incidentele strooptochten in de koloniën. De Nederlanders waren zich volkomen bewust van de zwakte van de Engelse positie en antwoordden dus met een reeks diplomatieke toenaderingspogingen die zich ontpopten als eindeloze vertragingstactieken, waarin zij de erkende meesters waren.

Hoe onbeduidend sommige van die geschillen ook mochten zijn, er waren ernstige principekwesties die de twee zeemachten verdeeld hielden. Al in 1608 betwistte Jacobus I de Nederlanders het recht op vrije haringvangst in wat Thomas Mun, de mercantilistische pamflettist, later 'Zijne Majesteits Zeeën' noemde.[18] De bedoeling was maar al te duidelijk: de Nederlanders te dwingen hun 'belangrijkste handel en goudmijn'[19] (waarvan de jaarlijkse opbrengst is geschat op ongeveer een miljoen pond, ofte wel de helft van de totale export van Engeland in die tijd) te delen, of anders iets van de inkomsten af te staan in de vorm van licentiegelden. De verklaring van soevereiniteit op zee ontlokte Hugo de Groot de beroemde repliek van de *Mare liberum*. Hij verwierp het idee dat het territoriale gebied zich kon uitstrekken tot de oceanen en stelde dat het een 'recht van de mensheid was volgens de wetten der natuur en naties' de onverdeelde vrijheid van navigatie en handel in stand te houden. 'Kan de uitgestrekte grenzeloze zee het vanzelfsprekende bezit van één land zijn, en niet eens het grootste land? Kan iemand het recht hebben anderen te beletten handel met elkaar te drijven?' De jurisdictie lag alleen bij de Almachtige die de wateren had gescheiden van het land.[20]

Tegenover dit humanistisch universalisme stelden Engelse polemisten als John Selden precedent en prescriptie. Juristen gespecialiseerd in gewoonterecht en oudheidkundigen doken in de oorkonden en beweerden uiteindelijk dat ze een document uit de tijd van koning Edgar (964 na Christus) hadden opgedolven waarin hij *Rex Marium Britanniae* wordt genoemd. Hoe weinig overtuigend (of vals) het document ook was, voor Selden en de strijdlustige admiraal en mercantilist William Monson was het voldoende om in *Mare clausum* (1635) te kunnen beweren dat de territoriale soevereiniteit op zee altijd al in zowel het gewoonterecht als de wet was erkend. De Nederlanders bleven dit belachelijk vinden. In de jaren zestig stelde Johan de Witt onomwonden dat ze nog eerder hun laatste druppel bloed zouden vergieten dan deze imaginaire soevereiniteit op zee erkennen, of zelfs van de Engelsen de concessie van vrije doorvaart of visvangst die hun rechtens toekomt, te ontvangen.[21]

Tijdens de regering van Karel I schreven de Nederlanders (en met name de Statenpartij, die in de clinch lag met Karels orangistische bondgenoten en verwanten) de verstoktheid in dit soort zaken toe aan de arrogantie van absolute koningen. Ze werden echter hardhandig uit de droom geholpen door de parlementen van de Britse Commonwealth. Deze combinatie van agressief mercantilisme en godvruchtig patriottisme dreef de politiek tot een oorlogszuchtiger herformulering van de oude principes.[22] Het ging nu niet meer om koninklijke eigenliefde maar om commercieel benadeelde belangengroepen die vastbesloten waren de Nederlandse hegemonie te doorbreken. Tot de verrassend brede coalitie van oorlogvoerende kooplieden behoorden de secretaris van Cromwells Committee for Trade, Benjamin Worsley, koloniale imperialisten als Maurice Thompson en William Pennoyer, die hadden gezien hoe de Nederlanders hun militaire macht hadden ingezet ter verdediging van hun monopolie in Indië, de voorstanders van protectie van de eigen industrie zoals Slingsby Bethel, sprekend voor de Engelse lakenfabrikanten die gebelgd waren over het onderbieden van de prijs door de Leidse lakenindustrie en over het feit dat de Nederlanders de wol uit Wiltshire en Gloucestershire die in Nederland werd verwerkt, verkochten als Nederlands produkt. De stedelijke handelscompagnieën waren ook voor een of andere vorm van beschermende wetgeving, zo nodig met geweld afgedwongen. De Levant Company zag haar handel op Turkije teruglopen door de concurrentie van de Nederlanders, en de Eastland Company vond altijd al dat ze geen redelijk aandeel had in de binnenlandse markt doordat de Nederlanders de vrachtvaart op de Oostzee volledig beheersten.

Paradoxaal genoeg verzette juist Cromwell zich tegen deze golf van oorlogszuchtig protectionisme. Niet omdat hij zo gesteld was op de Nederlanders, maar na de onthoofding van Karel I in 1649 vormden zij een onmisbare schakel in zijn plan voor een verbond van protestantse mogendheden. Op een minder verheven niveau waren ze ook belangrijk voor het opsporen van royalistische kapers en voor het uitwijzen van royalistische vluchtelingen die in de Nederlanden asiel zochten. De voorbereidende onderhandelingen over een voorstel tot 'alliantie en unie' leverden niet meer dan een delegatie naar Den Haag op, in 1650, waar echter duidelijk werd dat de Nederlanders in eerste instantie verbaasd en vervolgens zeer wantrouwig waren over de uiteindelijke bedoelingen van het voorstel. Ze hadden pas twee jaar tevoren hun eigen onafhankelijkheid bezegeld en waren niet van plan om deze op te geven voor een of andere bizarre diplomatieke gril van Cromwell. Evenmin waren ze bereid een compromis te sluiten over de buitengewoon belangrijke kwestie van de *mare liberum* of hun handel te beperken ten behoeve van de Engelse. Deze bezwaren leidden tot de mislukking van de onderhandelingen en een uitbarsting van verontwaardigde polemieken waarin men zich, zoals Benjamin Worsley in zijn *The Advocate*, beklaagde over het feit dat de Nederlanders 'eropuit waren om voor zichzelf de grondslag te leggen voor de Universele Handel, niet alleen in de christelijke wereld maar zelfs in het grootste deel van de bekende wereld'.[23]

De weerslag van de mislukking van Cromwells Engels-Nederlandse plan was de Akte van Navigatie van 1651. Deze verbood de import in Engeland van goederen die niet in schepen van het land van herkomst of Engelse schepen werden vervoerd. Dit was feitelijk een statutair salvo, onmiddellijk gericht op het grootste deel van de Nederlandse vrachtvaart, en van extra kruit voorzien door de eis dat de Nederlanders Britse schepen in 'Britse wateren' eerbiedig het saluut moesten geven.

Beide partijen begrepen dat achter deze schijnbaar onbenullige kwestie van scheepssaluten zwaarwegende kwesties van de soevereiniteit op zee schuilgingen. Historici zijn geneigd geweest het hele gedoe af te doen als komische aanstellerij, maar het behoeft amper betoog dat in de zeventiende eeuw de symboliek van de staat van het grootste belang was. Zowel de Britse als de Nederlandse partij begrepen heel goed dat het inwilligen van de eis het saluut te geven zou betekenen dat de Nederlanders de Engelse aanspraak op 'bezit' van de omringende wateren erkenden. En omdat de Nederlanders vasthielden aan de *mare liberum*, moest deze kwestie wel tot een oorlog leiden. Die volgde dan ook prompt in 1652, en hoewel de Nederlandse vloot op papier groter was dan de Engelse, werd al snel duidelijk dat ze slecht was toegerust voor de midscheeps-rammen-oorlog die werd ontketend door admiraal Blake. Maarten Tromp blonk uit als commandant ter zee, maar het was zeker niet bevorderlijk voor zijn vechtlust dat de vijf provinciale admiraliteiten vasthielden aan hun zuinige gewoonte terug te vallen op koopvaardijschepen die in tijd van oorlog snel konden worden bewapend in plaats van een speciaal gebouwde oorlogsvloot uit te rusten. Door de behoefte aan konvooien was ook de koopvaardij te weinig beschermd. Het resultaat was de zware nederlaag in de Driedaagse Zeeslag in februari 1653 en een reeks verdere nederlagen voordat de Staten-Generaal overtuigd raakten van de dringende noodzaak van grotere, zwaarder bewapende, speciaal gebouwde oorlogsschepen.[24]

Gezien de omvang van de Nederlandse verliezen was de Vrede van Westminster die in 1654 een einde maakte aan het conflict betrekkelijk mild. Dit was niet zozeer te danken aan grote edelmoedigheid van de Engelsen als wel aan de zware verliezen die ze zelf tijdens de oorlog hadden geleden. Maar de principes van de soevereiniteit op zee werden terzijde geschoven, en het saluut hoefde alleen maar gegeven te worden bij ontmoetingen in de 'Narrow Seas' (het Nauw van Calais). Dit betekende in feite dat de Nederlanders hun haring- en kabeljauwvisserij voor de Britse kusten konden voortzetten, en dat ze alleen op gezette tijden licenties moesten betalen. Anderzijds bleef de Akte van Navigatie volledig van kracht, en tussen 1652 en 1658 werden niet minder dan driehonderd Nederlandse schepen in Europese en koloniale wateren in beslag genomen wegens overtreding van de bepalingen. Dat de Engelsen nog steeds een bedreiging konden vormen voor de vrachtvaart bleek eens te meer toen hun marine tijdens de Engelse oorlog tegen Spanje ieder Nederlands schip aanhield dat volgens hen goederen naar of van dat land vervoerde. 'Vrij schip, vrij goed' was een bijna even heilig principe als de *mare liberum* zelf. Bovendien vormde het gemene conflictje dat uitbrak in 1658, toen de oorlogszuchtige Zweedse koning Karel X Denemarken aanviel in de hoop te kunnen delen in de lucratieve overheersing van de Sont, een wezenlijke bedreiging voor de Nederlandse handel in graan en scheepsbehoeften – de 'moederhandel'. Vanzelfsprekend steunden de Engelsen de Zweden – waarbij ze Karel X de onwaarschijnlijke rol van een protestantse held toebedeelden – terwijl de Nederlanders een vloot naar Kopenhagen en Zweden stuurden om ervoor te zorgen dat de 'sleutel tot de Sont' niet in handen van afpersers viel.

Dit alles wees erop dat de conflicten over rechten en rijkdommen nog lang niet bevredigend waren opgelost. Toen Karel II in 1660 in Scheveningen scheep ging om op uitnodiging van generaal Monck de Engelse troon te bestijgen, bestond er enige hoop dat de nieuwe koning, die als vluchteling in de Nederlanden had gewoond, meer begrip voor de Nederlandse aanspraken zou hebben. In Den Haag werden, in een doorzichtige poging hem gunstig te stemmen, voor zijn vertrek grootse banketten gegeven. Karel aanvaardde de heildronken met zijn aangeboren hoffelijkheid en behield zich het recht voor naar eigen inzicht te handelen. In ieder geval was hij de Staten geen dank verschuldigd, want deze hadden hem hun gastvrijheid onthouden om aan Cromwells vredesvoorwaarden te voldoen. En hij zette ze dit opportunisme betaald door op zijn beurt enkele van de vurigste anti-Nederlandse polemisten van de Commonwealth, onder wie George Downing, in dienst te nemen. In 1660 nam het parlement der royalisten een nieuwe Akte van Navigatie aan, die in principe niets was veranderd, maar alleen genuanceerder werd toegepast. In plaats van een onuitvoerbaar, absoluut verbod op alle door Nederlandse schepen geïmporteerde goederen, golden de nieuwe beperkingen alleen voor met name genoemde zaken zoals de scheepsbehoeften uit de Oostzee, koloniale waren, katoen uit het Midden-Oosten en dergelijke.

Maar de vraag hoe strikt deze wet zou worden toegepast bleek een geschilpunt tussen rivaliserende groepen die de politieke macht in het Engeland vanaf het begin van de Restauratie in handen probeerden te krijgen. Clarendon was geen voorstander van een confrontatie met de Nederlanders en toverde wonderlijk genoeg een verdrag uit zijn hoed in 1662, in een tijd waarin de koloniale en commerciële betrekkingen snel verslechterden. Maar met zijn val verdween ook dit verzoeningsbeleid om plaats te maken voor de confrontatiepolitiek van Downing, waarin deze werd gesteund door Arlington en de hertog van York, die beiden met spanning zaten te wachten op een of andere *action d'éclat* van de marine. Na een reeks kleine schermutselingen in Afrika, Oost-Indië en het Caribisch gebied begon de oorlog in de lente van 1665 opnieuw. In het begin bracht de Engelse vloot de Nederlanders bij Lowestoft, waar de Nederlandse admiraal Obdam sneuvelde, een zelfde zware nederlaag toe als in de eerste oorlog. De vreugde in Whitehall bleek voorbarig, want vervolgens werd duidelijk dat de Nederlanders hun dure lessen in de oorlog met Cromwell maar al te goed hadden geleerd. Hoewel ze ongeveer evenveel oorlogsschepen en manschappen hadden, was hun vloot versterkt met speciaal gebouwde, zwaarbewapende schepen en, belangrijker nog, ze hadden uitgebreide reserves om een Engelse poging tot interventie en blokkade te kunnen weerstaan. In 1666 pasten ze die blokkadetactieken zelfs op de Engelsen toe, door een poging tot plundering van een via Bergen terugkerende vloot Oostindiëvaarders af te slaan en later dat jaar zelf troepen bij Sheerness aan land te brengen. De Vierdaagse Zeeslag in juni 1666 bracht de eerste overweldigende overwinning voor de Nederlandse vloot onder aanvoering van De Ruyter en, ondanks de tegenslag in juli, de eerste tekenen dat de financieel zwaarbeproefde Engelsen bereid waren te onderhandelen. Maar de traumatische gebeurtenissen van 1667, zo vlak na de pestepidemie van 1665 en de Grote Brand van 1666, lieten hun geen andere keus dan de oorlog te beëindigen onder zo gunstig mogelijke voorwaarden. In een snelle actie en bijna zonder tegenstand te ontmoeten voerde De Ruyter een vloot van tachtig schepen naar de marinehavens aan de Medway en zelfs naar de monding van de Theems. De 'barrièreketting' was verbroken; de vloot vuurde en het vlaggeschip 'The Royal Charles' werd als buit meegenomen naar Hellevoetsluis. John Evelyn reisde naar Chatham om de triomferende Nederlandse vloot die daar voor anker lag te aanschouwen en vond het 'het vreselijkste schouwspel ooit door een Engelsman gezien, en een schande die nooit meer uitgewist kan worden'. Toen een ander eskader in juli voor Gravesend verscheen, werd het sir William Batten, *Surveyor of the Navy*, te veel. In aanwezigheid van Pepys klaagde hij: 'Ik denk dat de duivel Nederlanders schijt.'[25]

De Staten-Generaal deden hun best niet te gniffelen. Een voor De Witt typerende reactie bij het horen van het nieuws van de aanval op de Medway was opluchting: 'Godt de Heere zy gelooft ende gedanckt voor soo grooten genaede ende geve, dat den hoochmoedt der vyanden daerdoor wat ingetoomt ende den tegenwoordigen bloedigen oorloch in een eerlycke ende verseeckerde vrede verandert moge worden.'[26] De voorwaarden die in augustus 1667 in Breda door de Engelse gevolmachtigden werden aanvaard, waren tamelijk genereus. Beide staten behielden de koloniën die ze tijdens de oorlog hadden verworven, wat betekende dat de Nederlanders Suriname en Pulo Run op de Molukken behielden en de Britten Nieuw-Amsterdam (New York) en de kolonies aan de Delaware kregen. Hoewel vaststaat dat de Nederlanders volgens beide partijen er het best af kwamen bij deze uitwisseling van koloniën, had deze verstrekkende gevolgen, want hierdoor verlegden de Britten hun koloniale belangen naar Noord-Amerika en het midden van het Centraal-Caribisch gebied in het westen, en gaven ze de Indonesische archipel in het oosten op voor het fort van Job Charnock aan de monding van de Hooghly in Bengalen. In andere opzichten veranderde er niet veel. Er werden nog verdere concessies gedaan ten aanzien van de Akte van Navigatie, zodat bijvoorbeeld de stoffen uit het Duitse achterland van de Nederlanden voortaan voor deze wet als 'Hollands' gol-

De onbeschaamdheid van het overleven

H. L. Padtbrugge, *De overval op Chatham*, uit L. van den Bosch, *Leeven en Daden der Doorluchtighste Zee-Helden en Ontdeckers van landen, deser eeuwen*, Amsterdam, 1676

den, en het hele principe van de soevereiniteit en visserijrechten werden voor onbepaalde tijd terzijde geschoven. Deze voorwaarden stemden vele Engelsen somber. 'Niemand,' schreef Pepys, 'spreekt met tevredenheid of vreugde over de vrede maar allen doen er het zwijgen toe alsof ze zich ervoor schamen.'[27]

Het was juist de redelijkheid van de Nederlanders, hun grootmoedigheid in de overwinning, die zo beledigend was voor de paladijnen van het Britse handelsrijk. Hoe meer de Nederlanders prat gingen op hun edelmoedigheid en gezond verstand, des te meer werd George Downing verteerd door innerlijke woede. Hun hele houding tijdens de eerste twee oorlogen (de derde van 1672 zou heel anders zijn, omdat het toen ging om het voortbestaan van de Republiek), was er een van gekrenkte vredelievendheid. Jacob Westerbaen, de bard van de haring, verwoordde het Nederlandse gevoel van gekwetstheid en verbijstering over het oorlogszuchtige gedrag van de Engelsen in 1652 in zijn kreupelrijm:

> *Wy waren vrinden, en geswore Bondtgenoten*
> *Bey Buuren, beyde eens van Godtsdienst en geloof.*
> *Waerom stae ick by u so qualijck dan te hoof*
> *Dat ghy voor my de Zee en handel hout geslooten:*
> *Dat ghy mij aantast met Vyandelijke vlooten,*
> *En maeckt mijn Koopmanschap en Schepen tot een roof?*[28]

Anderen waren minder naïef. Een andere anti-Engelse dichter zag dat, hoe wisselvallig het Engelse beleid ook leek, het op agressieve wijze nastreven van het nationale belang zich had verhard in blijvende anti-Nederlandse gevoelens:

Anonieme gravure, *Engels-Kuiper*, 1652. Koninklijke Bibliotheek, Den Haag

't Zeeschuimend Eiland hoe vreemd in veranderingen
't Verandert nooit in wil om 't Nederland te dwingen,
Zijn eeuwig hertenleed, een doorne in zijn voet.
Zijn voorspoed neemt het op voor eigen tegenspoed.[29]

Het irritantst was de spottende minachting in Nederlandse prenten en karikaturen (die opzettelijk in Engeland werden verspreid om de patriottische wraakgevoelens aan te wakkeren) tegenover de vruchteloze pogingen van de Engelsen de 'natuurlijke' economische betrekkingen met geweld te veranderen. In de *Engels-Kuiper* van Jan de Mol, in 1652 gepubliceerd als satire op binnenlandse twisten over buitenlandse politiek, probeert een transpirerende Engelsman iets in vaten te doen wat niet van hem is: de door God gegeven rijkdom van de zee. Hij wordt hierin gedwarsboomd door de standvastige maar duidelijk goedbedoelende en vriendelijke Nederlandse leeuw, die ook nog een preek in versvorm houdt over de vruchteloosheid van de onderneming:

> *Domme kuiper werpt uw hamer*
> *Uit uw hand en word bequamer*
> *Dat men doet met onverstand*
> *Baat de meester scha en schand*
>
> *Wilt de Vrede 't zamen binden*
> *Dat de wraakzucht niet verflinde*
> *Man en paard van ieder kant*
> *Bid om vree 't staat in Gods hand*[30]

Het waren juist dergelijke hooggestemde preken die, vertaald in officiële uitspraken, de buitenlanders zo irriteerden. In Whitehall en Fontainebleau werden ze vaak opgevat als een hoop schijnheilige onzin die de opgeblazen werkelijkheid van het

De onbeschaamdheid van het overleven

Dirck van Delen, *De Grote zaal op het Binnenhof, Den Haag, tijdens de grote vergadering der Staten-Generaal in 1651*. Rijksmuseum, Amsterdam

A. de Haan en N. Wielingh, *Trompe-l'oeil*, plafondschildering voor de vergaderzaal van de Staten van Holland, Den Haag. Foto: Rijksdienst voor de Monumentenzorg

Jacob Duck, *Soldaten die zich bewapenen*, omstreeks 1635. H. Shickman Gallery, New York

Gerard ter Borch, *Ruiter op de rug gezien*, omstreeks 1634. Boston Museum of Fine Arts

Nederlandse handelsimperialisme moest versluieren. In hun ogen was de *pax Belgica* niets meer dan een achterbakse manier om de economische hegemonie te bestendigen, die des te kwetsender was omdat ze werd verdedigd in termen van de rechten der naties en godvruchtige menslievendheid. Terwijl de Nederlandse haringen door de keel gleden, bleef Hugo de Groot erin steken. Dit soort rationalisaties was des te ergerlijker omdat het alleenzaligmakende middel van de *mare liberum* dat zo gemakkelijk werd aangevoerd als het ging om de Europese wateren en de Atlantische Oceaan, volledig overboord werd gegooid in Oost-Indië, waar de Nederlanders hun specerijenmonopolie fel verdedigden tegen iedere indringer. Het 'bloedbad' in de Engelse factorij op Ambon in 1623 werd in Engelse anti-Nederlandse polemieken een synoniem voor de onrechtmatigheid van hun rijk, dat volgens de vijand was gebaseerd op gelijke delen hypocrisie, wreedheid en huichelarij.

Een deel van deze kritiek was terecht. De Nederlanders waren inderdaad geneigd zich te beroepen op de vrijheid van navigatie alsof het een bepaling van een natuurwet was waarmee alle staten vanzelfsprekend instemden. Vervolgens pasten ze deze principes toe met een wel zeer plooibare subjectiviteit. Ogenschijnlijk kon de koning van Denemarken naar eigen goeddunken tol heffen in de Sont, die de Noordzee met de Oostzee verbond. In de praktijk echter was zijn soevereiniteit beperkt. Verdragen met de Nederlanders, met name het verdrag van 1649, waarin 'bescherming' tegen agressie werd geboden, behelsden ook speciale clausules waarin de Republiek als handelspartner bevoordeeld werd. Nederlandse schepen genoten ontheffing van tol als ze jaarlijks een 'afkoopsom' voor die rechten betaalden. In dat opzicht hadden de Noordse Compagnie en de Moskovische Compagnie, waarvan de winsten halverwege de eeuw naar schatting drieënhalf miljoen gulden per jaar bedroegen,[31] een bijna even grote stem in het plaatselijke bestuur aan de Sont als de huidige kanaalmaatschappijen in Suez en Panama. Op soortgelijke wijze werd kracht bijgezet aan handelsbelangen door militaire afspraken. Als de 'territoriale' mogendheid de vermetelheid had Nederlandse schepen de doorgang te verbieden of onaanvaardbare tolgelden te heffen, zou ze door de marine aan een forse dosis overredingskracht worden onderworpen. En in de jaren vijftig – in 1656 en 1658 – zonden de Staten-Generaal twee maal een imposant expeditieleger om de Zweden ervan te weerhouden Denemarken te dwingen zijn politieke beleid een anti-Nederlandse wending te geven.

Kwesties van territoriale soevereiniteit konden met een flinke korrel pragmatisch zout worden genomen, vooral daar waar een onbestemde geografie een handje hielp. Zeeën en oceanen waren in de ogen van de Nederlanders duidelijk 'vrij' en 'open', maar hoe zat het met zeeëngten, landengten, riviermonden en archipels, veelal vitale strategische punten in ieder handelsnetwerk? Zolang het Kattegat werd beheerst door de zwakke Deense kroon, onderwierpen de Nederlanders zich zonder morren aan de Deense jurisdictie, maar de ambitieuze plannen van de Zweden onder koningin Christina en koning Karel x om hun macht uit te breiden naar de linkeroever van de Sont, dreigden de Nederlandse handel de gijzelaar te maken van

Crispijn van de Passe, *De Hollandse Bruid het hof gemaakt*, ets, 1648. Atlas van Stolk, Rotterdam

een veel minder welwillende beheerder en de hegemonie van Nederland in de handel in graan en scheepsbenodigdheden te ondermijnen. Tijdens de Oostzeeconflicten in de jaren vijftig werd dan ook veel gemakkelijker een beroep gedaan op de principes van de vrije doorvaart. Maar als het om hun eigen zeeëngten en riviermondingen ging, kwamen de Nederlanders direct op voor de principes van soevereiniteit over de omringende wateren. De forten van Staats-Vlaanderen werden gezien als eeuwige, onbetwistbare bezittingen, omdat ze de afsluiting voor onbepaalde tijd van de Schelde garandeerden en de Antwerpse vooruitzichten als stapelplaats tot nul reduceerden.

De opportunistische benadering van haar luid verkondigde principes van een *mare liberum* en 'vrij schip, vrij goed', werd door de vijanden van de Republiek natuurlijk aangegrepen om haar te betichten van hypocrisie. Terwijl de Nederlanders altijd hun mond vol hadden van vrede en vrijheid, zei men, waren ze uit op oorlogsbuit. Owen Felltham, een van de meest strijdlustige pamflettisten onder Cromwell, ging zelfs zover te stellen dat 'oorlog hun hemel is en vrede hun hel'[32] en niet in de laatste plaats omdat ze profiteerden van de conflicten tussen andere staten. De vooraanstaande positie van de Nederlanders in de wapenhandel, het Zweedse ijzer en koper waarop ze bijna een monopolie hadden, de grote winsten die het geslacht van de Trippen in die industrie maakte en de vroege professionalisering van de musketiers onder prins Maurits werden gezien als bewijs van hun voorliefde voor wapens. Het was een publiek geheim dat de betaling van de legers tijdens de Dertigjarige Oorlog (zelfs van de legers die tegen de Nederlanders vochten) door middel van wissels die verdisconteerd werden in Amsterdam, een enorme nering voor de stad betekende, en dat staatslieden en juristen weliswaar hun afkeuring uitspraken over piraterij, maar dat de Nederlandse kapers in Oost- en West-Indië floreerden ten koste van concurrerende zeemachten, met name de Spaanse en Portugese. Wat was de immense buit bij de inbeslagneming van de Spaanse zilvervloot door Piet Heyn in 1628 anders dan een zeer spectaculair voorbeeld van door de oorlog gelegitimeerde roof? Iets minder terecht was het dat onwelwillende critici de bekende Nederlandse weerzin om verwikkeld te raken in gecompliceerde bondgenootschappen, interpreteerden als een rookgordijn voor berekenende trouweloosheid. Dit was nogal krasse taal, zeker uit de pen van Engelse en Franse schrijvers die de van tevoren bekokstoofde aanval op de Republiek in 1672 verdedigden. Toch beweerde een van die polemisten dat niet zij maar de Nederlanders de ware oorlogsstichters waren en dat ze zich door hun gebrekkige republikeinse logica onmogelijk konden houden aan de verdragsbepalingen. 'De Hollanders broeden altijd op oorlog, en een echt verbond met ze is niet mogelijk, [alleen] onmacht om kwaad aan te richten.'[33]

Misschien hielden de Nederlanders er inderdaad een dubbele moraal op na door met de mond een afkeer van militaire kracht te belijden die regelmatig in strijd was met hun eigen gedrag. Maar hun wisselvallige politiek die hypocriet werd genoemd, was, zoals veel andere dingen in hun openbare leven, het gevolg van verdeeldheid en strijdige belangen. Deze interne debatten over de wenselijkheid of onwenselijkheid van oorlog betroffen echter de vraag onder welke omstandigheden oorlog gewettigd was. Dat er inderdaad een onderscheid bestond tussen wettige en onwettige oorlog (ook al was die verklaard door een prins), was een nationaal geloofsartikel. Hierin schaarden de hoogste en de laagste klassen zich achter Hugo de Groot, die onderscheid maakte tussen de immorele oorlog als een spelletje van dynastieke ambitie of als het wapen van een dogma, en de rechtvaardige oorlog ter verdediging van legitiem verworven vrijheid en bezit. Op allegorische prenten over oorlog en vrede wordt de Republiek, weergegeven als de schone Hollandse Maagd gekroond met de vrijheidshoed of als een weelderige groene tuin (of beide), verdedigd door de klimmende Bataafse leeuw, de zeven pijlen van de Unie in zijn klauw en een geheven zwaard in zijn rechtervoorpoot. Tegenover hem staat meestal een hele menagerie aan belagers: de Engelsen, tot hun ongenoegen meestal gepersonifieerd als een hond, Reinaert de Franse vos (soms de Gallische haan) en Spanje dat is weergegeven als de onverbeterlijke luipaard of de sluwe wolf gehuld in schaapskleren. Ze proberen allemaal de tuin binnen te dringen en door list of geweld het fruit te stelen, hoewel de Franse vos soms zo aardig is de leeuw terzijde te staan en de rest terug te drijven. Tussen de aanvallers en de verdedigers bevindt zich vaak slechts een fragiele omheining of afscheiding, en deze omheiningsmentaliteit bepaalde de houding van de Nederlanders tegenover oorlog in hun belegerde hof van Eden. Ze moeten gedacht hebben dat de langdurige beproevingen voor hun vrijheid als prettige bijkomstigheid een immens fortuin hadden opgeleverd. Maar in plaats van hun vrede op te leveren om van die rijkdom te genieten, had het alleen maar meer haat

Artus Quellijn, *Vredesmaagd*, Koninklijk Paleis (voorheen stadhuis), Amsterdam

en nijd gewekt en geleid tot meer oorlogen om die rijkdom veilig te stellen. Zelfs in prenten die ogenschijnlijk de vrede verheerlijken, bleef dit onbehaaglijke defensieve karakter bespeurbaar. In de 'Hollandse Hofmakerij' beschermt een jaloerse De Witt zijn pupil tegen de oneerbare voorstellen van de Franse en Spaanse vrijers.

In het euforische gedicht 'Vergrooting van Amsterdam' van Jan Vos uit 1662 spreekt Gijsbrecht van Amstel, de legendarische stichter van de stad, de hoop uit dat 'de schatten rust mogen vinden in de schaduw van de vreede', waarmee bijna zeker gedoeld wordt op de schaduw van de grote Vredesmaagd die boven op het stadhuis stond.[34] Maar in datzelfde jaar verwoordde Pieter de la Court, de Leidse lakenfabrikant en voornaamste auteur van de onder pseudoniem uitgegeven *Memoires van de Witt*, een veel pessimistischer visie op de toekomst. Hijzelf had in een hoofdstuk over buitenlandse politiek beweerd: 'Het oorlog is veel argher als een onzekere vrede, en onder alle schadelike dingen is voor Holland geen schadeliker als het oorlog... de wijl de vrede voor Holland zoo noodzakelijk is.' Maar de werkelijkheid was onheilspellend en hij kwam tot de slotsom dat 'een verzekerde vrede voor Holland *Ens rationis, chimaera*, een droom, een versiersel' is.[35]

Militaire roem werd in de Nederlanden eerder met voorzichtigheid dan enthousiasme begroet. 'Den Oorlogh,' heette het in een populair Nederlands gedicht uit de jaren veertig van de zeventiende eeuw, 'is een Pest van de Steden en van landen/ Doch meest voor haar die branden/ In 't vuur van haet en nijt.'[36] En gezien de lange, grimmige geschiedenis van de Tachtigjarige Oorlog kan dat ook moeilijk anders zijn geweest. De generaties van het midden van de eeuw, behalve die in Brabant en Gelderland, hadden weinig directe ervaring met een bezetting en de blinde slachting onder de burgers die de veertig 'moort-jaeren' na 1570 hadden gekenmerkt. Maar tijdens het stadhouderschap van Frederik Hendrik in de jaren dertig waren er in Brabant en Gelderland langdurige belegeringen en ontzettingscampagnes geweest, en zelfs de niet direct betrokkenen op het oorlogstoneel betaalden met fikse accijnzen de kosten van de campagnes. Hele gemeenschappen, zoals de Zuidhollandse en Zeeuwse vissers, waren min of meer overgeleverd aan zeerovers, en andere hadden steeds meer te lijden van goed geplaatste blokkades. Weer andere plaatsen, zoals Naarden en Gorinchem, veranderden in garnizoenssteden, met alle gemengde gevoelens die dergelijke gemeenschappen tegenover hun beschermers koesterden.

Ook al speelden beroepssoldaten – met inbegrip van de steeds grotere aantallen buitenlandse huurlingen – een hoofdrol in de verdediging van de Republiek in de zeventiende eeuw, in de vaderlandse cultuur van die tijd kregen ze opvallend weinig eer. De stadhouders zelf en hun familie in Friesland die een belangrijke rol in het leger speelden, werden niet gewantrouwd of geminacht, maar als ze zich te buiten wilden gaan aan het soort triomfale militaire kunst dat elders in Europa de openbare pleinen en binnenplaatsen zo rijkelijk versierde, moesten ze dat zelf bekostigen. Tot in de negentiende eeuw bestond er in Nederland geen ruiterstandbeeld en hoewel Hendrick de Keyser Willem van Oranje afbeeldde als bevelhebber voor zijn graftombe in de Nieuwe Kerk te Delft, is het een zittende, als in gebed verzonken figuur, op de calvinistische wijze, vaderlijk en toegankelijk.[37] Maar voorstellingen van de vrede waren er in de Republiek te over, zowel op openbare als particuliere plaatsen. In de zaal van de Staten van Holland bevond zich de *Oorlog* van Lievens naast een verwijtende *Vrede* van Hanneman. Quellijns Vredesmaagd op het Amsterdamse stadhuis was een kolossaal beeldhouwwerk van achtduizend pond, in schaal en grootsheid ongeëvenaard in de Nederlanden. Uitkijkend over de Dam verenigt ze in haar attributen – de olijftak, de staf van Mercurius en de hoorn des overvloeds – de hoofdthema's van het Amsterdamse burgerlijke ethos: vrede, handel en voorspoed. En zelfs tijdens de oorlog met Spanje bestonden er beelden die een gewenste vrede verheerlijkten. Zo krijgt in een allegorisch schilderij uit 1640 van Hendrick Martensz. Sorgh de heroïsche groep kolen en knollen meer eer dan de berg militaire uitrusting rechts onder (zie p. 250). En terwijl een wolf naast het schaap ligt en een leeuw naast het kind, knielt een geharnaste kapitein samen met een boer en diens vrouw voor de stralend verlichte figuur van de Vredesmaagd.[38]

Als de oorlog al amper een rol speelde in de Nederlandse historiestukken, de soldaten verging het nog slechter in de genreschilderijen. Er ontstond een heel genre – het 'boerenverdriet' – rond het thema van soldaten die de gehuchten van onschuldige en weerloze dorpelingen platbrandden en plunderden.[39] En dit verbindt deze eerste generatie prenten van wreedheden uit het begin van de zeventiende eeuw met de hernieuwing van het genre door Romeyn de Hooghe in de jaren zeventig.

249

Hendrick Martensz. Sorgh, *Allegorie van de Vrede*, 1640-1650. Musée des Beaux-Arts, Azay-le-Rideau

Graveurs als Goltzius en Jacob de Gheyn hadden in de beginjaren van de oorlog een haast heroïsch, althans flamboyant beeld van de gewapende man gegeven. Maar dat beeld was tegen het midden van de eeuw grotendeels verdwenen en vervangen door iets wat meer weg had van de platte burleske. Want hij figureerde veelvuldig als bordeelklant in het werk van Hendrick Pot. Zelfs de 'cortegardje'-taferelen van Pieter Codde en Jacob Duck waren genadeloos onheroïsch. In één opmerkelijk prozaïsch schilderij van Duck worden soldaten gewekt voor het ochtendappel in een sombere duisternis waar noch hun rijke uniform, noch het tafereeltje rechts, waar iemand gekieteld wordt, enige verlichting in brengt (zie p. 244).[40]

Dat wil niet zeggen dat soldaten nooit sympathiek werden afgeschilderd in de Nederlandse kunst of literatuur. Gerard ter Borch schilderde een aantal laconieke schilderijen van het soldatenleven, waarvan de sfeer misschien het best valt te omschrijven als milde spot. De buitengewone *Ruiter op de rug gezien* (zie p. 244) is zo onconventioneel en poseert zo innemend weerloos, dat het schilderij bijna een parodie is op de formele portretten in profiel van de heldhaftige ruiters uit de renaissance. (Was het misschien de bron voor de *Quichotte* van Daumier, twee eeuwen later?) Vaak komen de warmte en intimiteit van Ter Borchs visie voort uit de kunstige manier waarop hij zijn taferelen demilitariseert en demobiliseert. Ze spelen zich nooit af tijdens de veldtocht. Enkele, eigenlijk geraffineerde variaties op het kortegaard- en bordeelgenre, vertonen schreeuwerige bacchanalen of, zoals de *De onwelkome boodschap* uit het Mauritshuis, de vertrouwde wedijver tussen Mars en Venus. En als in het verhaal de roep van de wapens die van de liefde overstemt, spreekt

De onbeschaamdheid van het overleven

Gerard ter Borch, *De onwelkome boodschap*. Mauritshuis, Den Haag

de hevige weerzin om het verlies te erkennen uit de tedere sfeer die het doek vult, het deshabillé van het meisje dat contrasteert met het onbuigzame borstschild van de soldaat. Maar in de schilderijen van Ter Borch wordt de wapenrusting even vaak afgelegd als omgord. Helmen liggen op schrijftafels; zwaarden en beukelaars zijn afgelegd; kwetsbare lichamen zijn onbeschermd. In tegenstelling tot de krijgshaftige verhalen die de Zaal der Wereldrijken in Buen Retiro sieren, zijn dit kleine schilderijen in zachte tinten. In tegenstelling tot de neoclassicistische heroïsche stijl die aan het eind van de achttiende eeuw zou opkomen, zijn het taferelen waarin het intieme, huiselijke en persoonlijke belangrijker zijn dan het openbare en patriottische.

Ook de bekendste van alle pseudo-militaire schilderijen, de schuttersstukken, zijn (of ze nu in de sobere en formele stijl van de zestiende-eeuwse voorbeelden zijn geschilderd, of in de flamboyante grandeur van Frans Hals of Rembrandt) nadrukkelijk groepsportretten van burgers in een quasi-krijgstenue. Hun rang wordt bepaald door hun plaats in de patrische pikorde, en hun regimentsinsignes, emblemen en kleuren hebben meer weg van die van de burgerlijke corporaties en gilden dan van een veldtenue (waarvoor helemaal geen uniform bestond).[41] De pracht van hun kleding kwam het best uit op een stadsparade, en de doelen waren, ondanks al het vendelzwaaien en de zondagse exercitie, niet een uitbreiding van het militaire leven tot in het burgerlijke leven, maar juist het tegendeel en alternatief ervan. De schutter, de gewapende burger, was even goedaardig van aard als de soldaat kwaadaardig was. Hij behoorde tot de gemeenschap en was geen plunderende indringer of onwelkome ingekwartierde. Men kon erop vertrouwen dat hij de wapens zou opnemen als het vaderland in gevaar was, zonder ze te misbruiken en de vrijheden van dat vaderland te bedreigen. Dit was althans de algemene opvatting, hoewel het in 1672 een dubbele misvatting bleek. Tijdens de ergste crisis van de hele zeventiende eeuw bleken de deugden van de schutterij in hun tegendeel te verkeren. In weerwil van hun zondagse exercities was hun werkelijke militaire kracht bij het afslaan van de Franse invasie vrijwel nihil en De Witt betaalde een verschrikkelijke prijs voor het feit dat hij hun krachten had overschat. Het was de Haagse schutterij (weliswaar een notoir orangistische troep) die op weinig fijnzinnige wijze, gezien De Witts vertrouwen in hun republikeinse gevoelens, de gebroeders De Witt overleverde aan het gepeupel, dat hen op het plaveisel van het Buitenhof verscheurde.

Ironisch genoeg waren het op die macabere dag de troepen van het beroepsleger en niet de schutters die zich tussen de gebroeders De Witt en hun moordenaars opstelden.[42] En er zijn enige tekenen dat het burgerlijke ethos soms van invloed was op het gedrag van de reguliere troepen. Zo toonden de troepen die in de zomer van 1667 aan land waren gezet om de havens van de Medway te bezetten, een door en door Nederlands respect voor onvervreemdbaar eigendom. Pepys vermeldde dat de plaatselijke bevolking (die geen enkele reden had de vijand te verontschuldigen), verrast was door hun goede manieren: 'Ze hebben niemand van onze mensen gedood en evenmin hun huizen geplunderd.' Dit stond in schril contrast met het gedrag van de soldaten van lord Douglas die na hen kwamen. En Pepys, die een inspectietocht langs de marine maakte, voegde hieraan toe: 'De roeiers van onze sloep vertelden ons ook nog dat onze eigen soldaten veel erger zijn voor de mensen van de plattelandssteden dan de Nederlanders.'[43]

Dit gelukkige beeld van een keurig opgevoed leger dat de plaatselijke bevolking aan zich bond door onberispelijke tafelmanieren, moet niet al te letterlijk worden genomen. Vooral in Indië waren de Nederlanders even goed als (zo niet beter dan) iedere andere bende imperialistisch tuig in staat de inheemse bevolking te brutaliseren. Bij de Medway stonden de troepen – of mariniers, zoals we ze zouden moeten noemen – onder het gezag van de marine, en er waren zelfs Engelse zeelieden onder hen die krijgsgevangen waren geweest en wegens de hogere lonen en betere werkomstandigheden naar de Nederlanders waren overgelopen.[44] In Amsterdam en andere belangrijke havenplaatsen heetten zeelieden in de volksmond een wilde en wanordelijke bende, die als ze aan land gingen vreselijk de beest uithingen en het best alleen in gebieden van de stad toegelaten konden worden waar een eerzaam burger niet kwam. Maar het is ook een feit dat de marine als geheel en als instelling minder afschrikwekkend en meer vaderlandslievend werd geacht dan het leger. Maar dat hing natuurlijk af van hoe je het bekeek. In de binnenlandse gewesten waar veel soldaten werden gerekruteerd en in steden met een lange militaire traditie als Utrecht, Amersfoort en Coevorden, werd het leger niet als iets vreemds beschouwd. Een aanzienlijk deel van de plaatselijke bevolking in de garnizoensplaatsen leefde van hen. Hetzelfde gold voor de marine in de kustprovincies Holland, Zeeland en Friesland. Daar werden de Nederlandse schepen meer gezien als een onontbeerlijke uitbreiding van de plaatselijke economie dan als georganiseerde oorlogsinstellingen. Tenslotte waren de eerste schepen die ingezet werden tegen de Spanjaarden, in Den Briel, afkomstig van de bewapende vissersgemeenschappen van de eilanden en havens in Zeeland en Zuid-Holland (ook al waren de officieren afkomstig uit de betere standen) en de vissersdorpen langs de Zuiderzee en in het Noorderkwartier. De eerste Nederlandse oorlogsschepen waren provisorisch omgebouwde graanschepen, vliebooten en zelfs kustvaarders, en ze waren bemand met zeelieden die hun eigen vak weer zouden opnemen als de zee weer veilig zou zijn. Zelfs toen de oorlog bleek aan te houden, bleven die dorpjes manschappen leveren voor de vloot van de Republiek, waarbij sommige 'kortverbanders' afwisselend dienst deden en naar huis gingen als de gezinseconomie dat vereiste. In Holland en Zeeland waren geen ronselaars nodig. De marine ontwikkelde zich niet als gevolg van het staatsbeleid maar uit de spontane behoeften van de zeevarende gemeenschappen en misschien uit hun diepe calvinistische gevoel dat het vaderland hen riep. Ook het konvooisysteem was typerend want het was een defensief wapen, veeleer bedoeld ter bescherming van de handel dan ter bevordering van de oorlogsstrategie. Zelfs het kapen, dat in de ogen van de slachtoffers niets anders was dan gelegitimeerde piraterij, was een uitdrukking van deze vage grens tussen oorlog en overleven.

De Nederlanders hadden dus een defensief en patriottisch beeld van hun eigen vloot. Bijna alsof het een schutterij ter zee betrof (en in de eerste tijd was dat ook zo). De schepen waren, zoals al in een eerder hoofdstuk werd vermeld, drijvende replica's van de ideale Nederlandse stad, compleet met zielenherder, koopman en schipper-magistraat. En dit gevoel dat ze in een 'huis-ver-van-huis' zaten, verminderde nauwelijks de toeneming van het aantal buitenlanders, dat meer dan vijftig procent van het geheel vormde, vooral na de uitbreiding van de vloot die volgde op het Britse succes in de Eerste Engelse Oorlog. Historische leugens verkeren gemakkelijk in culturele gemeenplaatsen. Dus al bestond de vloot in werkelijkheid uit Scandinaviërs en Duitsers, de marine werd als een minder vreemd instituut beschouwd dan het leger. De heldenfeiten van de marine waren dan ook een veel geliefder onderwerp voor schilders, graveurs en zelfs zilversmeden, tegelschilders en glasgraveurs. Het is niet overdreven te stellen dat de marineheroïek een 'publiek' had dat aan land volslagen ondenkbaar was. Want tijdens sommige slagen zoals die bij Ter Heide en Kijkduin stroomde de bevolking van de dorpen en steden aan zee

Romeyn de Hooghe, 'Victorieus zee gevecht der Nederlanders tegens de Franse en Engelse vloot den 21 Augusti Anno 1673', uit *Hollandse Mercurius*, herdrukt in L. van den Bosch, *Het Leven en Bedryf van Willem de Darde* [sic], Amsterdam, 1694. Verzameling van de auteur.

naar de kust om de rookwolken aan de horizon te zien en vermoedelijk met een mengeling van angst en opwinding het zware gebulder van de kanonnen aan te horen. Degenen die er niet zelf bij konden zijn, konden indirect deelnemen dankzij de vroege Nederlandse pers, die niet alleen volledige verslagen van de gevechten maar ook prachtige, paginagrote gravures met verklaringen van belangrijke momenten en de helden van de dag leverde.[45]

Zeehelden kwamen bovendien vaker voort uit het gewone volk dan uit de aristocratie, althans zo werd verondersteld. Piet Heyn en Maarten Tromp genoten een totaal andere populariteit dan de prinsen van Oranje en de kapiteins-generaal, met uitzondering van Willem van Oranje. Evenals de eerste prins werd Tromp geëerd als een vaderfiguur – 'Bestevaer' (een titel die werd geërfd door De Ruyter) – en hem viel de uitzonderlijke eer te beurt om na zijn dood in de slag in 1653 te worden begraven in de buurt van Willem, in de Oude Kerk te Delft. Maar Tromps vaderlijke imago was niet bedoeld als onstoffelijke incarnatie van een vader des vaderlands. Noch betekenden de grootse staatsbegrafenis die hij kreeg en de bombastische tombe ontworpen door Rombout Verhulst dat Tromp eenvoudigweg een officieel goedgekeurde elitefiguur was. Want net als De Ruyter, Piet Heyn en Jacob van Heems-

De onbeschaamdheid van het overleven

Piet Heyn, gravure uit L. van den Bosch, Leeven en Daden van de Doorluchtighste Zee-Helden. Houghton Library, Harvard University

kerk was het als man van vlees en bloed dat hij zo immens populair was bij alle lagen van de bevolking. Boeken als *Doorluchtighste Zee-Helden* van Lambertus van den Bosch verschaften het lezerspubliek spannende levensbeschrijvingen van de grote mannen, en beklemtoonden allemaal hoe dicht ze zelfs op het toppunt van hun roem en fortuin bij de gewone man stonden.[46] Hun carrières, verwerkt in grappen, liedjes, op gegraveerde roemers, in heildronken en prenten, moesten tonen wat voor de Nederlanders een karakteristieke nuchtere waarheid over henzelf was: dat men met moed, noeste arbeid, durf en vastberadenheid in rang en rijkdom kon opklimmen en roem kon vergaren. In werkelijkheid waren er niet veel marine-officieren die op deze manier opklommen. Velen, zo niet de meesten, waren zonen van regenten, notarissen of van andere officieren. Maar de legenden over sociale mobiliteit waren bruikbare patriottische mythen. Er waren verhalen over Joachim Swartenhondt die van Bristol naar Londen liep om aan Engelse rovers te ontsnappen, over Jan van Galen, die begon als een nederige bootsman en op zijn zesentwintigste kapitein was, over Piet Heyn wiens vader door de Spanjaarden op de galeien was gezet. Maar vooral over Michiel de Ruyter, die op elfjarige leeftijd naar zee ging en die 'van een laegen trap tot de hoogte van Eer en Staet opgeklommen' was.[47] De Ruyter was na Maarten Tromp het voorbeeldigste voorbeeld en zijn vroege heldendaden als jong bemanningslid van een walvisvaarder in het hoge noorden vertoonden een griezelige overeenkomst met de leertijd van dé achttiende-eeuwse Engelse held Horatio Nelson. Hun reputatie als het zout der aarde werd versterkt door de (niet altijd terechte) nadruk op hun gepaste nederigheid, soberheid en onbaatzuchtigheid. De gezagvoerders weerspiegelden in hun politieke en religieuze ideeën juist vaak de verdeeldheid die de hele Republiek teisterde. De Tromps, zowel Maarten als zijn zoon Cornelis, hadden als vurige orangisten een hekel aan De Ruyter, die als republikein onwankelbaar trouw bleef aan de Statenpartij, en dit antagonisme betekende in 1672 bijna het einde van de Nederlandse vloot. De persoonlijke ruzies en oneningheden die het gezag van de marine aantastten, werden vermoedelijk alleen maar verergerd door de eigenliefde die samenging met de roem, maar op de kritiekste momenten prevaleerde het nationale belang.

Het ethos dat in de kustprovincies algemene bewondering oogstte, was bewust populistischer dan dat van het leger, dat het odium van wangedrag onder de burgerbevolking nooit kwijtraakte. De marine kon zelfs anti-aristocratisch worden genoemd, want de enige echte edelman, admiraal Van Wassenaer van Obdam (op passende wijze vereeuwigd met een grafsteen in de Nieuwe Kerk te Amsterdam), ging de lucht in bij de slag bij Lowestoft. Het strookte ook met de anti-oligarchische sfeer bij de marine dat zowel scheepsvolk als officieren (behalve De Ruyter) zich bij een ernstige binnenlandse crisis veel eerder achter de prins schaarden dan de patriciërs. Na de nipte ontsnapping van 1650 waren Amsterdam en de Hollandse steden vastbesloten de kracht van de marine nooit meer op te offeren aan een versterking van het leger, dat naar ze vreesden opnieuw ingezet kon worden om hun politieke overgave af te dwingen. Paradoxaal genoeg maakte De Witt de meeste kans om fondsen los te krijgen voor een grootscheepse versterking van de marine door te betogen dat deze een onmisbare voorwaarde voor commerciële voorspoed was. Om te voorkomen dat Britten en Fransen de vrijheid van handel zouden aantasten, was het noodzakelijk dat een dergelijke arrogantie hun duur zou komen te staan. Dat moest de les zijn van de aanval op de Medway en de Vrede van Breda. Jammer genoeg voor Johan de Witt en voor het land was zijn veronderstelling dat de zeemacht preventief kon werken – een algemeen conflict voorkomen in plaats van veroorzaken – te optimistisch. Het evenwicht, waarbij een bepaalde sterkte van de marine garant stond voor een inperking van de groei van het leger, bleef een wensdroom. Bij deze optimistische calculatie ging het De Witt natuurlijk om meer dan alleen financieel beleid. Hugo de Groot en Johan van Oldenbarnevelt waren ten onder gegaan door hun oppositie tegen een oorlogspolitiek en waren verdreven door het leger dat wilde vechten. Net als deze voorgangers vermoedde de raadpensionaris dat grote legers en langdurige oorlogen in een soort corrupte symbiose verkeerden, waarbij de laatste de eerste de grond verschafte voor de binnenlandse macht. In die klassieke visie van de Statenpartij waren de oorlogen tegen Spanje niet gevochten opdat een eindeloze dynastieke verwikkeling een voortdurende staat van beleg in stand zou houden. Voor De Witt en De la Court voerde een republiek die haar naam waardig was alleen oorlogen om te overleven. De hamvraag was dan natuurlijk om wat voor oorlog het ging. De Witts tegenstander, leerling en opvolger Willem III ontleende zijn legitimiteit als stadhouder en later als koning tenslotte aan het feit dat hij kapitein-generaal van het verzet tegen de aanmatigende Apollo van Versailles was.

De kwintessens van de Nederlandse veiligheid was dus het handhaven van voldoende kracht om agressie af te weren, maar niet zo veel dat de vrijheid van binnenuit werd bedreigd. Hoeveel kracht voldoende was, was echter onderwerp van een oude discussie. Het beleid dat de Statenpartij onder Oldenbarnevelt bekritiseerde als overhaast en overdreven, werd door haar tegenstanders amper voldoende geacht voor overleving of zelfs maar het behoud van de waardigheid van de Republiek. De 'oorlogspartij' in het tweede decennium van de zeventiende eeuw, onder aanvoering van prins Maurits, uitte felle kritiek op het bestand met Spanje dat volgens haar gelijkstond met verraad. Het was niet alleen een akkoord met de antichrist, maar ook een lichtzinnige manoeuvre die de vijand alleen maar de kans gaf zich op te maken voor een hernieuwde aanval. Er moesten, zo stelde ze, in het zuiden, in Vlaanderen en Brabant, minimale veiligheidsgrenzen liggen als Nederland enig duurzaam respijt wilde krijgen. En in dit opzicht werd de strategie ondersteund door vroomheid. Sinds de overwinning van de orthodoxe gomaristen tijdens de Synode van Dordrecht hadden hun felste predikanten de stadhouder opgeroepen de verloren provincies in het zuiden te 'verlossen'. Enkelen onder hen die zowel hun beurs als hun stem voor dit doel leenden, waren zelf fanatieke calvinisten uit Antwerpen, Gent en andere Vlaamse steden en leverden bovendien een bijdrage aan de stichting van de Westindische Compagnie als instrument om de vijand in zijn rijksdelen te bestoken. En figuren als Willem Usselincx betoogden zelfs dat de Republiek niets te verliezen had en in economisch opzicht garen zou spinnen bij een hervatting van de vijandelijkheden, want die zou onder meer de Nederlandse schepen de mogelijkheid geven om de Portugezen in West-Afrika en Oost-Indië aan te vallen.[48]

Ondanks de door de 'Spaanse furie' aangerichte verwoesting in het zuiden en de levendige herinneringen aan de bezettingen en belegeringen van de jaren zeventig van de zestiende eeuw, was het natuurlijk een feit dat de oorlog tussen 1590 en 1612 samenviel met een spectaculaire opbloei van de Nederlandse economie. De rampspoed van Antwerpen was tenslotte de kans voor Leiden, toen kapitaal en vakmanschap van de textielnijverheid daarheen werden overgeplant. Zelfs Pieter Hooft, die beslist niet tot de militante 'oorlogspartij' behoorde, moest erkennen (daarmee aanspraak makend op goddelijke bescherming) dat 'in plaats daar de nature van 't oorlog doorgaans is landen en luiden te verderven, deze landen ter contrarie daarbij merkelijk zijn verbeterd'.[49]

Maar als er al hooggestemde verwachtingen van oorlogswinsten en ongelimiteerde oorlogsbuit uit het Spaanse rijk waren, werden die gedurende de twintig jaar na het volledige en definitieve einde van het bestand in 1621 totaal de bodem ingeslagen. Olivares' sluwe politiek van strategisch gerichte economische oorlogvoering tegen de Republiek (naast de meer conventionele vorm) maakte maar al te goed duidelijk hoe kwetsbaar het handelsnetwerk van de Republiek was voor systematische sabotage.[50] De onderlinge afhankelijkheid van de vrachtvaart, die in gunstige tijden de grote kracht van de Nederlanders was, bleek juist een extra risico, want als er één schakel wegviel, kon gemakkelijk de hele keten uiteenvallen. Met blokkades en militair geweld ontnam de Spaanse regering de Nederlanders niet alleen de handel op Cádiz, maar ook twee essentiële handelsgoederen in hun lange-afstandsnetwerk van noord naar zuid en van oost naar west: zout uit Setúbal voor het pekelen van vis en merinowol voor de Leidse en Haarlemse textielnijverheid. Erger nog was dat de aanvoer van scheepsbenodigdheden waardoor de Nederlandse reders en daarmee de vrachttarieven concurrerend konden zijn, zwaar werd getroffen door de marineaanvallen en kapingen op de Oostzee. De prijs voor het verschepen van Noors hout naar Nederland steeg tussen 1625 en 1645 met vijftig procent en in de moeilijkste jaren met bijna honderd procent, waardoor de stukprijs voor het uitrusten van de vrachtvaart schrikbarend steeg. De gesel van de kapingen, met name vanuit Duinkerken, en van de georganiseerde Spaanse marineacties, bedreigde tevens de belangrijkste stapelprodukten van de 'moederhandel', graan en vis. Vooral de Nederlandse vissersboten waren kwetsbaar voor aanvallen. In 1625 werd de hele haringvloot van de Maas en van Goeree bij de Hebriden aangevallen door Spaanse oorlogsschepen en er werden tachtig boten vernietigd. De Staten-Generaal waren verplicht dure konvooien beschikbaar te stellen, maar zelfs dat hielp niet altijd. In 1627 vernietigden de Duinkerkers nog eens negenentachtig boten en namen bijna duizend vissers gevangen. Tussen 1631 en 1634 verloor alleen al Maassluis, een van de belangrijkste havens aan de Maas en de Vlie, honderdtweeënzestig boten – een ramp die tweeduizend mensen trof en over zeven jaar ongeveer een miljoen gulden aan inkomsten scheelde.[51]

Ook de belangrijker onderdelen van de Nederlandse handel bleven niet gespaard. In 1642 ging het hele konvooi naar Archangelsk en Moskovië met zijn rijke lading aan sabelbont, grijze amber, walvistraan en ijzer verloren. En ook de oorlogsbuit en veroverde koloniën waren niet voldoende compensatie voor deze verliezen. Pas na de Vrede van Munster en het einde van de vijandigheden kon de vrachtvaart op Oost-Indië belangrijk groeien. Het Atlantische strijdtoneel bood een nog teleurstellender aanblik. Zelfs nog voor de Portugese opstand in Brazilië, die eindigde met de verdrijving van de Nederlanders, was de Westindische Compagnie een twijfelachtige onderneming gebleken. Ze was gedwongen meer dan een miljoen gulden per jaar te besteden aan de verdediging van de steunpunten in Recife en Pernambuco, terwijl de slavenhandel en de suiker- en verfhoutplantages waar de slaven werkten, slechts vierhonderdduizend gulden winst opleverden.[52] Al sinds haar oprichting was de compagnie bij de behoudender Amsterdamse handelsgemeenschap met enig wantrouwen bekeken. Omdat ze meer investeringen aantrok uit de Zeeuwse steden en de nieuwere kringen van kapitalisten in het noorden, onder wie zich veel Vlaamse uitgewekenen bevonden, rees de verdenking dat ze in de eerste plaats bedoeld was om de godsdienstoorlog in het Atlantische gebied te voeren en pas in de tweede plaats als handelsonderneming. De voortdurende geldnood tijdens haar hele bestaansperiode kon de indruk niet wegnemen dat het een ondoordachte en kostbare speculatie was die een molensteen om de nek van de Republiek kon worden. Het feit dat de Nederlanders bereid waren de verdrijving uit Brazilië te accepteren terwijl ze de Westafrikaanse bezittingen die ze op de Portugezen hadden buitgemaakt en de strategische stapelplaatsen op de Antillen en op Curaçao wilden behouden, wijst erop dat het heersende patriciaat af wilde van de verliezen die de avonturen in de West opleverden.[53]

Afgezien van de extra last om Nederlands Amerika te verdedigen moesten er toch al schrikbarend oplopende bedragen worden besteed aan het Europese strijdtoneel. De kosten om alleen maar pas op de plaats te maken stegen van jaar tot jaar. Los van de konvooieringskosten voor de geteisterde haring- en handelsvloot van de Levant tot de Witte Zee had het uitgebreide programma ter versterking van de periferie van de nieuwe Nederlandse staat in de jaren 1620-1630 – van 's-Hertogenbosch in Brabant via Gorinchem, Woerden en Naarden in Midden-, tot Zutphen en Coevorden in Oost-Nederland – enorme sommen gelds opgeslokt. Alleen al het in stand houden van een leger en marine die voldeden aan de minimale behoeften van de Republiek, was een zware last geworden. De kosten waren gestegen van 3,2 miljoen gulden voor de veldtocht van 1591 tegen Parma tot 13,4 miljoen voor de campagnes van 1622, en in 1640 was de rekening gestegen tot 18,8 miljoen gulden toen stadhouder Frederik Hendrik verstrikt raakte in menig zinloos beleg, minimale opmarsen en contramarsen. Het gevolg was een enorme fiscale druk op een bevolking van rond de anderhalf miljoen en belastingen die een veel zwaardere straf waren dan Alva's beruchte tiende penning, een belangrijke aanleiding tot de opstand in de eeuw daarvoor. Het was een blijk van de kracht van het Nederlandse patriottisme dat de Republiek haar burgers zo lang en zo zwaar kon belasten zonder dat men er veel bezwaar tegen maakte, laat staan in opstand kwam. Maar de heren van Holland waren zich maar al te goed bewust van de onevenredig grote rol die ze speelden in de balans van de boekhouding van de Republiek. Hun gewest droeg meer dan de helft van de totale revenuen van de Republiek bij en verreweg het grootste deel daarvan kwam uit indirecte belastingen: invoerrechten en binnenlandse accijnzen op allerlei consumptiegoederen, van steur tot zwarte tabak, van ivoor tot zeep. De vaak uitgesproken hoop dat de handel na de Vrede van Munster misschien verlost zou zijn van veel van zijn lasten, was een goed voorbeeld van de wensgedachten die halverwege de eeuw in de handelssteden van Holland en Zeeland opgeld deden.

Zowel om praktische als om principiële redenen was men in de Republiek der Nederlanden de oorlog gaan beschouwen met een mengeling van afkeer en verbijstering. Dit is natuurlijk een voor de hand liggende opmerking over een stedelijke samenleving in de ellendige nasleep van de Dertigjarige Oorlog, toen de beschaving van de Middeneuropese steden allerminst vernietigd was. In 1648 bestond er geen enthousiasme voor de Vier Ruiters. Maar de duidelijke aversie van de Nederlanders om het oorlogszuchtige ethos enige eerbied of status te geven in hun cultuur, was niet het enige dat hen deed verschillen van de absolute monarchieën, waar aan het hof de grillen van ridderlijke heldhaftigheid en goddelijke onkwetsbaarheid konden worden botgevierd (en soms van maskerade in beleid veranderden). Het onderscheidde de burgerlijke Republiek ook van de renaissancistische stadstaten met hun voorliefde voor bloedige conflicten en plezier in de *carozze delle trionfi* (triomfwagens). Het is een feit dat oorlog in Italië altijd was beschouwd als iets wat niet los stond van de vruchten van de handel, maar er direct mee te maken had. Pisa en Genua waren in de middeleeuwen oppermachtig geworden door de kruisvaarders te bevoorraden en hun diensten te verkopen, en de vierde kruistocht van 1204, die in een plundering van Constantinopel was ontaard, had het Venetiaanse rijk in het Midden-Oosten gevestigd. Of het nu klopte of niet, de Nederlandse opvatting over hun eigen commerciële macht was dat deze onafhankelijk van en ondanks militair ingrijpen opereerde. En in dit opzicht school er enige waarheid in de laatdunkende bewering van hun vijanden dat hun politiek niet was afgestemd op de beleidscriteria die golden voor een grote macht, maar op die van een handelsonderneming in het groot. In het bijzonder hoopte men dat aanleiding en doel van een oorlog beperkt konden blijven tot twee zaken: de bescherming van de grenzen (zoals die waren vastgesteld bij de vrede van 1648) en het garanderen van de voorwaarden waaronder de handel van de Republiek ongehinderd kon floreren.

Deze hoop bleek ijdel, niet in het minst omdat wat in de ogen van de Nederlanders een sobere en bescheiden houding was, in de ogen van hun rivalen een eeuwige voortzetting van de Nederlandse economische suprematie was. Kort geleden heeft een historicus deze overheersing zelfs omschreven als een wereldwijde 'hegemonie',[55] en al was dat objectief niet waar, het is wel een herhaling van de propaganda uit de jaren vijftig van de zeventiende eeuw. 'Philopatria' Worsley beweerde in *The Advocate* niet alleen dat de Nederlanders hadden geprobeerd de handel in de hele bekende wereld in handen te krijgen, maar ook dat ze dat deden met het boosaardige doel *'de Zaken van alle staten om hen heen onzeker te maken'* (cursivering van mij).[56] De Nederlanders waren misschien niet schuldig aan dergelijke gemene samenzweringen, maar ze hadden wel een volkomen verkeerd beeld van hun eigen machtspolitiek. Geweld van anderen werd consequent bestempeld als een schending van de wetten der natuur; hun eigen geweld was echter een verdediging van de vrijheid. Dit is helaas de drogreden van elk nationalisme dat denkt door God uitverkoren te zijn. Evenals andere commerciële en industriële wereldrijken die hen in dit morele isolationisme volgden, weigerden ze met de rest van de wereld zaken te doen op haar eigen, enigszins onzuivere voorwaarden. Maar door zich in plaats daarvan te houden aan principes die hen, naar ze dachten, onderscheidden van de 'Oude Wereld', dachten ze dat ze boven het minderwaardige gesjacher van de staatsraison konden uitstijgen. Maar in tegenstelling tot het negentiende-eeuwse Engeland of het twintigste-eeuwse Amerika was de Republiek der Nederlanden door haar geografische ligging niet het eiland, laat staan het geïsoleerde continent dat nodig was om deze hovaardige illusies in stand te houden. De waterlinie vormde een soort verdedigingsschild tegen toekomstige aanvallen, maar dat bleek bij de opmars van

Lodewijk XIV uit het zuiden en oosten in 1672 al snel meer fantasie dan werkelijkheid. De onontkoombare werkelijkheid was dat de Republiek zowel geografisch als economisch aan de rest van Europa vastzat en dat ze juist aan deze verbondenheid, en niet aan het isolement, haar grote kracht ontleende.

Het was dan ook geen wonder dat toen de Nederlandse staatslieden de mogelijke alternatieven voor de traditionele strategieën van de staatsraison overwogen, zij onmiddellijk werden geconfronteerd met een groot aantal netelige dilemma's. Stel dat er algemene overeenstemming heerste over de opvatting van Pieter de la Court in *Interest van Holland* (wat niet zo was) dat oorlogen alleen gevochten mochten worden als het ging om economisch of politiek te overleven, wat was dan het criterium? De la Court dacht dat het verstandig was te 'wachten tot dat de ander ons den oorlog eigentlik directelik en dadelik aandeed', maar een dergelijke defensieve houding vereiste dat men zich moest kunnen voorbereiden op alle eventualiteiten, te land en ter zee, wat alleen al door een vluchtige blik op de moeizame, in een ruzieachtige sfeer verlopen mobilisatie werd gelogenstraft. Voor anderen was het een roekeloze dwaasheid om een crisis pas tot *casus belli* te verklaren wanneer legers zich aan de grenzen van de Republiek hadden opgesteld. Hoe zat het dan met handelsoorlogen tegen de Engelsen of de Fransen, die geen enkele poging deden om hun hebzucht te verhullen, noch in de Europese, noch in de koloniale wateren? De la Court veronderstelde naïef dat, aangezien de doeltreffende en duidelijk zichtbare voorbereidingen van de Nederlanders als afschrikking zouden werken, en aangezien iedere agressor represailles tegen zijn handel kon verwachten, niemand zo dom zou zijn een avontuur te riskeren. Ze zouden juist 'zeer haast leeren, dat van ons veel meer voordeels in vrede en goede commercie, als in oorlog en verstooringe der negotie te halen is'.[57] Voor het gemak vergat hij even de ernstige schade die de Spanjaarden in de jaren dertig en veertig aan de vitale Nederlandse handelsroutes en grondstoffenaanvoer hadden toegebracht. Andere mogendheden zouden dus gemakkelijk kunnen concluderen dat handelsoorlogen vruchten afwierpen die vreedzame concurrentie (op Nederlandse voorwaarden) niet opleverde. De lessen van de Eerste Engelse Oorlog en de uitvoering van de Akte van Navigatie waren uiterst ontmoedigend. Enerzijds dachten de Nederlanders dat ze het zich niet konden permitteren een schending van principes die uiteindelijk het einde van hun commerciële overwicht kon betekenen te negeren. Anderzijds was de oorlog zelf een slopende confrontatie geweest. Uiteindelijk was het allesbehalve duidelijk welk soort oorlog de Republiek kon vermijden omdat ze niet in haar bestaan werd bedreigd. Een oorlog tussen de Turken en Hongaren? (Maar hoe zat het dan met de handel op de Levant?)

Het was de stelregel van de Statenpartij, verwoord door De la Court, dat bondgenootschappen en verdragen vermeden moesten worden, behalve wanneer ze (zoals met Denemarken) een economisch voordelige regeling veilig moesten stellen. Ook dit was een misvatting, zowel met betrekking tot het verleden als tot de toekomst. De Republiek zou misschien wel nooit hebben bestaan als ze in slechte tijden geen steun had gekregen van de Franse en Engelse monarchieën – die haar daar ook voortdurend aan herinnerden. Hoe hooghartig de Nederlanders ook weigerden zich te laten meeslepen door verouderde dynastieke of religieuze *idées fixes*, het was naïef te veronderstellen dat ze een mogelijke coalitie van alle landen die een reden hadden om hen een toontje lager te laten zingen, konden overleven. Misschien deelde De Witt de scepsis van Hugo de Groot en De la Court ten aanzien van met koningen gesloten verdragen – een omgekeerde versie van de stelregel van monarchieën dat republieken zich per definitie niet konden houden aan ere-afspraken. Hij koesterde echter niet de illusie dat ze hun bespaard zouden blijven. Het was van meet af aan zijn voornaamste doel om als actief deelnemer te profiteren van het systeem van allianties tussen de Europese staten om van tevoren het risico uit te sluiten dat de Republiek in een gevaarlijk isolement zou geraken. En uit zijn standpunt bezien leek de Triple Alliantie van 1668 inderdaad een waterdichte combinatie. Als hij zich ooit al zorgen had gemaakt over een komplot, hoefde hij alleen maar te bedenken hoe dwaas een Frans-Britse overeenkomst zou zijn, die immers het enige belangrijke obstakel voor hun beider streven naar hegemonie zou wegnemen. De moeilijkheid was dat er in zijn cartesiaanse wereld geen plaats was voor het soort irrationaliteit dat wel degelijk ten grondslag kon liggen aan politiek beleid. In Nederland werd geen rekening gehouden met geheimgehouden, doortrapte samenzweringen.

 Het plan van De Groot ging ook mank aan het feit dat een stel internationaal erkende principes dat het bestaan van de Republiek wettelijk zou garanderen, onmogelijk te vinden was. De hoop leefde voort als een humanistisch dwaallicht en als een dierbare herinnering van de staatslieden die zichzelf zagen als de erfgenamen van Hugo de Groots uitspraken. Ze hóópten dat hun Republiek mettertijd gezien zou worden als een uitvloeisel van de natuurwet, maar vooral De Witt was niet erg optimistisch. Zelfs De la Court vond een dergelijk uitgangspunt en de vrede die het met zich mee zou brengen 'een droom, een versiersel, en dat die daar mede spelen, zijn Sirenen, Meerminnen, die met haren zoeten zang, van een lieflike vaste vrede, de onnozele Hollanders zullen doen schipbreuk lijden'.[58] Bovendien kon men zich bij geschillen niet wenden tot een gerechtshof, behalve tot dat van de Almachtige in de hoge. En calvinisten geloofden natuurlijk dat het verloop van de geschiedenis zelf door de voorzienigheid was bepaald en dat alleen een dwaas of heiligschenner zich ertegen kon verzetten.

 De patriottische veronderstelling dat de geschiedenis van het vaderland getuigde van een speciale beschikking die bleek uit zijn macht en rijkdom en die het land de ijdele besognes van gewone monarchieën zou besparen, kwam de Nederlanders uiteindelijk duur te staan. De Calvinistische Kerk, die stelde dat God als voogd optrad, en het patriciaat, dat ervan uitging dat het huis van de Republiek te sterk was om door vorstelijk gesnuif en gepuf omver te worden geblazen, vonden elkaar in het bedrieglijke idee dat Nederland een uitzonderingspositie innam. Dit idee weerhield zelfs verstokte empiristen als De Witt ervan de harde waarheid onder ogen te zien:

dat de eigenheid waar de Nederlanders zo prat op gingen vaak de oorzaak was van de vijandigheid die ze in de buitenwereld ontmoetten. Het is nauwelijks verwonderlijk dat dit onderwerp werd ontweken, want ook al had men het onder ogen gezien, wat had men eraan kunnen doen? Moesten de Nederlanders hun nationale identiteit opgeven om kortzichtige vijandigheid? Moesten ze zich bescheiden opstellen onder de naties om een minder in het oog lopend doelwit te zijn? Als de rest van de wereld hun bestaan als een onbeschaamdheid wilde zien, moesten de anderen zich maar aanpassen aan de onwrikbare werkelijkheid van de Nederlandse macht en rijkdom. De moeilijkheid met deze overigens redelijke houding was dat, zoals een vluchtige blik op de uitspraken over Holland uitwijst, de reactie van andere Europeanen helemaal niet rationeel was. De onrust die haar plotselinge en overdonderende entree in de gemeenschap der staten had veroorzaakt was zo groot dat men de Republiek was gaan beschouwen als een monsterachtige koekoek die in een bescheiden nest was uitgebroed en vervolgens zijn pleegouders van huis en haard verdrongen had. De benadeelden maakten nu front om het dier van zijn tak te gooien. In het traktaat *Treasure by Foreign Trade*, geschreven in 1624 maar veertig jaar later gepubliceerd, gebruikte Thomas Mun ook de ornithologische beeldspraak om te wijzen op de kwetsbaarheid van de Nederlandse vrachtvaart. De Verenigde Provinciën waren, zo schreef hij, 'als een mooie vogel met geleende veren, maar als alle vogels hun veren zouden terugnemen, zou deze vogel bijna naakt achterblijven'.[59] Downing zei in de voor hem gebruikelijke bruuske bewoordingen ongeveer hetzelfde: 'Als Engeland ooit een scheepvaart zou hebben die zo goedkoop was als die van dit land [Nederland], welterusten Amsterdam.'[60]

Deze wenken bleven niet volledig onopgemerkt aan het thuisfront. Midden in hun zelfverheerlijking konden de afgevaardigden in de Staten van Holland naar hun plafond omhoogblikken en het rode been van de Engelsman ontwaren dat hun onheilspellend boven het hoofd hing.

2 'DAT ONVERTEERDE BRAAKSEL VAN DE ZEE'

In de laatste week van september 1665 oogstte de pest zevenduizend lijken voor de knekelhuizen in Londen en had Samuel Pepys een buitenkansje. Een mislukte poging om de Nederlandse Indiëvloot te onderscheppen had een troostprijs opgeleverd in de vorm van twee rijkbeladen Oostindiëvaarders. 'Verheug u, o Engeland,' ging een populair lied, 'Dans en zing/Het is een slechte wind die niemand brengt gewin.'[61] Verheugd over de meevaller had de bevelhebber van de aanvalsexpeditie, lord Sandwich, volgens de oude elizabethaanse gewoonte de buit direct onder de bemanning verdeeld. Kennelijk bedienen de mannen zich gretig, want er werd gerapporteerd dat de schepen na de eerste plundering vijf voet hoger in het water lagen.⁶² Zelfs in haar hoge onfatsoenlijkheid vond de Restauratieregering dit ongepast, te meer daar de regering zelf dringend geld nodig had. De nieuwe Surveyor-Victualer (opper-proviandmeester) van de Royal Navy, Samuel Pepys, werd naar Erith in Kent, waar de schepen lagen, gestuurd om toe te zien op een ordelijker verdeling van de buit. Maar deze officiële opdracht sloot een persoonlijk handeltje niet uit. En samen met een zekere kapitein Cocke nam Pepys de kans waar om tegen spotprijzen grote hoeveelheden zijde en specerijen op te kopen, veel daarvan van 'armzalige, smerige zeelui' die hij ontmoette in obscure kroegen.⁶³ Naarmate de zaken, zowel de officiële als de onofficiële, vorderden, gingen er visioenen van plunderingen door zijn hebzuchtige brein. Maar zelfs Pepys was niet voorbereid op wat hij zag toen hij op 16 november het ruim van een van de Nederlandse schepen bezocht. Op de dekken lag een oriëntaalse hoorn des overvloeds, en Pepys werd prompt bevangen door die oude occidentale koorts: het *delirium imperialis*. Het was, zo schreef hij, 'het mooiste dat ik ooit in mijn leven heb gezien, de grootste wanorde aan rijkdommen die een mens kan aanschouwen in de wereld. Peper in alle hoeken en gaten. Je trapte erop en ik liep tot aan mijn knieën in de kruidnagelen en muskaatnoten, hele ruimen vol. En balen zijde en kisten koperplaat, waarvan ik er één opende.'⁶⁴ Hij voelde zich als een kind dat de sleutel van een snoepwinkel heeft gekregen: het was te veel en toch niet genoeg. Tot heuphoogte door de kruidnagelen wadend en peperkorrels onder zijn voeten krakend was Pepys enigszins onthutst door de verbluffende aanblik van deze overvloedige buit. Er waren echter enkele ontnuchterende feiten. Er gingen al geruchten dat hooggeplaatste lieden zichzelf hadden toegeëigend wat de koninklijke schatkist toebehoorde, en het idee dat deze twee schepen voor de Nederlanders slechts de kruimels van de tafel waren, daar het grootste deel van de vloot veilig de thuishaven had bereikt, was nog ontmoedigender. En voor een regering die zo verlegen zat om fondsen voor de voortzetting van de oorlog, moet de hoeveelheid middelen die de vijand in de strijd kon werpen ontzagwekkend zijn geweest.

Pepys' mengeling van blijdschap en vrees bij het zien van de Nederlandse buit was typerend voor de reactie van zijn tijdgenoten op de Nederlandse overvloed. De bekende clichés over de Nederlanders bereidden de bezoekers en concurrenten in geen enkel opzicht voor op de pure weelde van de cultuur, noch op het kinderlijke plezier waarmee ze met die weelde pronkten. Omhooggevallen handelsimperia waren natuurlijk niets nieuws. De noorderlingen werden al heel lang geconfronteerd met de pracht en praal van Venetië, en de grote Vlaamse lakencentra als Brugge hadden tijdens de Bourgondische bloeiperiode een haast onvoorstelbare weelde gekend. Maar de gemeenplaatsen over de 'sobere' Nederlanders werden door de werkelijkheid op hun kop gezet. Hun handelsprinsen heetten spaarzaam en ascetisch: ze droegen bombazijn en aten eenvoudig. Het waren de kaasventers, de haringinleggers, de lompe *Hogan Mogans* (Hoogmogenden) die huisden in wat Owen Felltham 'een totaal moeras' noemde en Charles Molloy 'een plek alsof God die bedoeld had om er alleen maar turf te steken'.⁶⁵ Voor hofculturen, toegewijd aan georganiseerde verkwisting, was het onontkoombare feit van de Nederlandse rijkdom alleen verdraaglijk als het werd gekoppeld aan het geruststellende stereotype van vrekkige hebzucht. De Nederlanders werden dan ook alleen getolereerd zolang ze een slecht figuur sloegen – komisch in hun aspiraties tot de hogere dingen, maar verteerd door winstbejag. Als ze het in hun hoofd haalden met buitensporig vertoon de hoofse stijl te overtroeven, reageerden de overtroefden met een mengeling van woede en verbijsterde minachting. Het doopgeschenk van de Staten-Generaal aan prinses Elisabeth, een nauwsluitend snoer met zesendertig diamanten en tweeënvijftig parels (een voor iedere week van het jaar), werd met beleefde eerbied in ontvangst genomen. Maar een andere 'pillegift', eveneens aangeboden op het hof van Jacobus I aan Hendrik, de prins van Wales, was meer bedoeld om het huis Stuart te herinneren aan de macht van de pure rijkdom: een massief gouden kistje tot de rand toe gevuld met obligaties getrokken op de Amsterdamse markt. Deze mengeling van vleierij en plutocratische vulgariteit kwetste de delicate gevoelens van een hof dat gewend was aan mensen doorkneed in de exquise charmes van italianofielen als Inigo Jones. Toen een van de Nederlandse gezanten de kist toonde aan een hoveling en deze reageerde met een laconiek 'puf', werd hij streng terechtgewezen. '*Non puf est*,' luidde de berisping, '*sed aurum purum.*'[66]

Een deel van de rancune die bij het kwaadaardige temperament van Downing of Colbert onredelijke, buitensporige proporties kon aannemen, kwam denk ik voort uit het feit dat de Nederlanders niet beantwoordden aan het geruststellende cliché van gierigheid. Zolang ze alleen maar lombarden in kamgaren waren, bankiers van de mogendheden in plaats van zelf een mogendheid, kon men hun enorme rijkdom aanvaarden als een treurige noodzaak. Maar als dit het middel werd waarmee de Nederlanders zich konden doen gelden in het gezelschap der monarchen, was hun rijkdom niet langer een grap maar werd ze een onaanvaardbare bedreiging.

Misschien was er ook nog een troebeler bron van ergernis. De scheidslijn tussen schaamteloos materialistische en ogenschijnlijk antimaterialistische culturen in het Europa van de barok was veel minder duidelijk dan men op grond van de officiële grenzen zou denken. De contrareformatorische pausen waren even belust op gewin als de calvinistische bankiers in Genève. Degenen aan de Europese hoven die het meest aanstoot namen aan de rijkdom der Nederlanders, van Olivares tot Colbert, waren niet degenen die het minst maar juist degenen die het meest om geld gaven. Is het denkbaar (en ik opper dit met de nodige voorzichtigheid) dat de Nederlanders tot de zondebokken werden gemaakt van de schuldbewuste Europese gewetens, geplaagd door de eigen groeiende fixatie op klinkende munt? Een dergelijk collectief afschuiven van de schuld – het afwentelen van de schuld op een buitenstaander die vervolgens de zonde waarvan men zichzelf verdacht moest belichamen – zou zeker geen uniek historisch verschijnsel zijn geweest. Het lag bijvoorbeeld ten grondslag aan veel jodenhaat in de moderniserende maatschappijen van de negentiende eeuw. Iets van het stigma van de Duits-joodse burgers in het wilhelminische tijdperk, op wier patriottisme niets viel aan te merken, kwam paradoxaal genoeg voort uit hun weigering de inhaligheid te vertonen die de kapitaalhongerige Junkerklasse van hen verwachtte. In de bizarre circulariteit van het antisemitische denken werd juist de verslaving van de Weense en Berlijnse joden aan de verheven waarden van *Bildung* en *Kultur* het symptoom van hun aangeboren oneerlijkheid, het joodse opperkleed van de jood Süss dat door de overjas van de burger heen altijd zichtbaar bleef.

Hoe dan ook, de Nederlanders moesten in een veel duidelijker zin boeten voor het feit dat ze werden gebruikt in het eeuwige debat over de snelste weg naar de voorspoed. In dat debat ontbrak het hun natuurlijk niet aan pleitbezorgers, en zelfs niet aan bewonderaars, hoe schoorvoetend ook. Voor John Keymer, Thomas Culpeper en Henry Robinson in het midden van de eeuw, en later voor Josiah Child en William Petty waren ze een voorbeeld dat eerder navolging dan verachting verdiende.[67] Hun succes leek in tegenspraak met de geloofsartikelen van het mercantilisme dat deze schrijvers bestreden. Tenslotte ging in de Republiek der Nederlanden een overvloed aan klinkende munt gepaard met een lage rente, terwijl het een mercantilistische vuistregel was dat een rente van drie of vier procent zeker 'de rijkdom zou verjagen'. En wat nog verbluffender was, bij hen leek een grote bevolkingsgroei gepaard te gaan met hoge reële lonen. Hun succes in het vinden van nieuwe aanvoerbronnen, het creëren en bevredigen van de vraag, en het verbinden van nieuwe markten met de verwerkingsindustrieën van het Amsterdamse entrepot, leek (vooral voor Josiah Child, die pleitte voor het belang van Oost-Indië) in tegenspraak met het axioma van een vaste omvang van de wereldhandel, een nulsom-concurrentie.[68] Mensen als Roger Coke die dweepten met het Nederlandse succes, veronderstelden ook dat het berustte op een verfrissend onbekommerde benadering van de praktische wereld: het ethos van politieke en sociale rekenkunde. Men was vol verbazing over het talent – en de kennis – van Nederlandse vrouwen in zakelijke aangelegenheden. Coke noemde zelfs achttien kenmerken van deze nieuwe cultuur, met inbegrip van de scholing van beide seksen in meetkunde en toegepaste wiskunde, de instelling van vrijhavens en het loslaten van het zinloze protectionisme.[69] Dit alles was koren op de molen van degenen die zichzelf zagen als de bevorderaars van een handelsethos, maar tot 1690 bleven ze een kleine groep met betrekkelijk weinig invloed in de staatsraden van Engeland en Frankrijk. Juist door het onverbloemd praktische karakter van hun adviezen werden deze niet geaccepteerd door hoven die nog steeds hechtten aan de conventionelere onderscheidingstekens van macht en status – vooral land. Als, zoals in het beroemde geval van Colbert, een minister een vurig pleitbezorger van de handel en zeevaart was, mocht daar niet uit worden afgeleid dat hij iets wilde opsteken van de ervaring der Nederlanders. Het typerende antwoord was: meer en niet minder protectie tegen concurrerende invoer, hogere invoerrechten, subsidies om geoctrooieerde koloniale ondernemingen te bevorderen en stimulering van de binnenlandse scheepsbouw. Wat de lage rente betreft, die was, zo zeiden de koppige mercantilisten, niet het zaad maar de vrucht van de voorspoed, en als de Nederlanders hun kapitaal wilden verspillen aan buitenlandse investeringen, was dat hun zaak. Zelfs tegen de eeuwwisseling, toen een

Nederlandse stadhouder de Engelse koning Willem III was geworden, toen de band tussen Greenwich en de Royal Society was geïnstitutionaliseerd en politieke rekenaars als Lowndes en Blathwayt zich hadden ingegraven in de administratie van de rijksmiddelen, was de overwinning van een 'Nederlandse' partij in de politieke economie verre van zeker. Voor iedere Defoe die bereid was voorzichtig in te stemmen met het Nederlandse model, was er een tegenbeweging die hen nog steeds afschilderde als inhalige monopolisten van de buitenlandse handel. Tijdens de lange Spaanse Successieoorlog bleven Tory-pamflettisten doorzeuren over de Nederlanders die de vijandelijkheden uit bekrompen eigenbelang voortzetten en beschuldigden ze de pleitbezorgers van de Nederlanders ervan dat ze lakeien van de Amsterdamse Wisselbank waren, die maar al te graag de landadel wilden plukken voor een 'Nederlandse' oorlog. 'Ik kan de rekeningen van Nederlanders niet vertrouwen,' klaagde Harley in 1704, 'je kunt van hen geen eerlijkheid verwachten in een zaak van deze aard, waarbij ze, als ze de waarheid spreken, onvermijdelijk zichzelf moeten veroordelen.'[70] Charles Davenant, die heen en weer werd geslingerd tussen vijandschap en bewondering, geloofde ook dat de Nederlanders van de oorlog hadden geprofiteerd om zichzelf te verrijken, en extremere Tory-polemisten als Robert Ferguson bleven schrijven over hun 'onlesbare dorst naar geld' en de rol die de argeloze Engelsen hadden gespeeld in de 'expansie van die ondankbare natie'.[71] In het bestiarium van de populaire xenofobie was de Nederlander nog steeds de lompe en komische Nick Frog, 'de zoon van het slijk die Mammon vereert' en die regelmatig een pak rammel nodig had om hem te herinneren aan zijn lage positie onder de machtigen der wereld.[72]

De ironie van dit gezeur over de inhaligheid van de Nederlanders was dat de nietaflatende gewetenswroeging over de fatsoenlijkheid van het kapitalisme zoiets als een nationale eigenschap was. De discussie in Frankrijk en Engeland (en zelfs in Spanje) over de relatieve prioriteit van winst en macht was slechts een variatie op een identieke, steeds terugkerende discussie in de Republiek zelf. En in die debatten was het nooit een uitgemaakte zaak, zelfs niet in Amsterdam, dat degenen die het handelsbelang vooropstelden altijd zouden zegevieren over de calvinistische geestelijkheid of de facties van de orangistische adel die uit waren op een landoorlog. De kwestie werd versluierd door het stereotype van de Republiek als een pseudo-staat die alleen was bedacht en werd beheerd in het belang van het Nederlandse geld. Zelfs de naaste adviseur van Willem III, Willem Bentinck (de eerste earl van Portland), die gedurende het grootste deel van zijn loopbaan in de clinch had gelegen met het handelspatriciaat, werd door zijn critici gebrandmerkt als een typisch Nederlandse, gierige oplichter. Propaganda voedt zich met dergelijke simplificaties: de gevreesde en gehate Ander wordt gereduceerd tot een paar eenvoudig herkenbare ondeugden. Wat zo opviel aan de neerlandofobische propaganda was dat ze veel verder ging dan de oude katholieke manier van ketters vervloeken, zelfs dan de gebruikelijke laat-barokke scheldpartijen, en meer sinistere vormen aannam. In de meest venijnige vorm impliceerde ze dat de aanspraken van de Nederlanders op vrijheid en soevereiniteit ongerechtvaardigd waren, dat hun aanspraken op een bestaansrecht als natie twijfelachtig waren en dat hun bondgenoten en beschermers daar in hun misplaatste grootmoedigheid al te veel aan hadden toegegeven. Uit hun krachten gegroeid en ondankbaar als ze waren, was hun 'reductie' – tot iets wat onheilspellend vaag bleef – nu een noodzakelijke voorwaarde voor de waardigheid en voorspoed van alle waarachtige (lees: dynastieke) staten.[73]

Hoewel de Nederlanders in een groot deel van deze polemiek niet meer zagen dan theatraal gedoe, konden ze het zich niet veroorloven het te negeren. Het kwam tenslotte neer op een ontkenning van hun onafhankelijkheid nog maar kort nadat ze deze hadden bevochten. Typerend genoeg vluchtten ze niet in een onopvallender vorm van bestaan, zoals de langdurige neutraliteit die hun politiek in het midden van de achttiende eeuw zou kenmerken.[74] Omdat ze zich als een belegerd volk zagen, verdedigden ze des te hartstochtelijker de uitzonderingspositie die nu juist ergernis had gewekt. Hun 'joodse' gevoel door de voorzienigheid beschermd te worden en de 'profane' motieven van hun buurlanden en tegenstanders beïnvloedden elkaar in negatieve zin. Hoe meer de laatsten dreigden en intimideerden, des te koppiger en prekeriger werden de dominees van de Republiek der Nederlanden. De gevolgen waren voorspelbaar en rampzalig. Ze zouden uitmonden in de ramp van 1672 maar hadden een lange voorgeschiedenis. Al tijdens de kwestie van de *mare liberum* in 1609 had Hugo de Groots benadering van internationale conflicten als geschillen die moesten worden getoetst aan een of ander universeel waarneembaar en erkend corpus van natuurwetten, daden van zuiver machiavellistische wetteloosheid uitgelokt. Dergelijke conflicten betroffen onveranderlijk macht, autoriteit, religie, dynastieke eigenliefde en invoerrechten – juist de kwesties die voor Hugo de Groot geen voldoende aanleiding waren voor een rechtvaardige oorlog.[75] Oldenbarnevelt, die in zijn juridische hoedanigheid van landsadvocaat een hoge functie had gehad, werd zelf het slachtoffer van gerechtelijke moord en maakte het staatsbelang ondergeschikt aan de meer voorspelbare belangen van Kerk en vorst. En hoe meer Johan de Witt zich verliet op cartesiaanse statistische berekeningen van diplomatieke eventualiteiten, des te kwetsbaarder hij werd voor de publieke redeloosheid. Ook hij werd vermoord in de nasleep van een schijnproces dat zijn broer werd aangedaan.[76] In hun streven naar de best mogelijke uitgangspunten voor de betrekkingen met andere staten slaagden de Nederlanders er alleen maar in het slechtste in alle betrokkenen boven te brengen. De wereld waarin zij gedoemd waren te leven was een wereld waarin hun publieke moraal op zijn kop was gezet.

Het viel dan ook te verwachten dat de eis van de Nederlanders om als soevereine staat ernstig genomen te worden, het liefst belachelijk werd gemaakt met een ironische omkering van de hoedanigheden die deze aanspraken kracht bijzetten. Zo werd hun amfibische geografie het mikpunt van spot in plaats van een bekrachtiging van hun nationale legitimiteit. 'Nederland was vanaf de schepping van de wereld geen woonplaats voor de mensen,' stelde de auteur van *Observations Concerning the Present Affairs of Holland*. Alleen *land* dat 'brood om te eten en hout en stenen om te bouwen opleverde', was geschikt om te bewonen, en wie dit principe negeerde, was een 'usurpator die de vissen van hun woonplaats beroofde'.[77] Hun hele stofwisseling was aangepast aan deze onnatuurlijke omgeving, dacht een ander, want 'als ze adem haalden, moesten ze noodzakelijkerwijs water binnenkrijgen, wat op de lange duur al hun organen uit hun neus, oren en ogen naar buiten dreef, wat hen zo smoorde en verstikte dat het hun de adem benam'.[78] Nederlandse kroniekschrijvers en apologeten hadden (achteraf) betoogd dat het feit dat hun voorouders geen slaven waren, gedeeltelijk te danken was aan het terugwinnen van 'verdronken land'. Als de scheiding van het droge en natte niet door God was beschikt, zou dit een daad van zondige hovaardij zo niet godslastering zijn geweest. Maar als onderdeel van Gods landbelofte en zegening verleende dit het land een directe soevereiniteit (zoals bij het verbond met het joodse volk) die geen menselijke tussenkomst erkende. Buitenlandse critici, voor wie de verovering en het bezit van land in het verleden het wezen van nationaliteit vormden en voor wie territorium zonder persoonlijke trouw volkomen onbegrijpelijk was, vonden deze aanspraken leugenachtige onzin. Waterig land of land uit water was in hun ogen even abnormaal als het politieke bouwsel dat op deze zwakke constructie was gebouwd. In het propagandagedicht *The Character of Holland* van Andrew Marvell, dat oorspronkelijk was gemaakt voor Cromwell in 1651, maar als herdruk in 1665 weer van pas kwam voor de Tweede Engelse Oorlog, ondermijnt de sedimentaire aard van het land zijn aanspraken op zelfstandigheid:

> *Holland, dat amper de naam verdient van land,*
> *Dan alleen als weggespoeld Engels zand...*
> *Dat onverteerde braaksel van de zee,*
> *Viel de Hollanders terecht ten deel.*[79]

Dat soevereiniteit niet op zand kon worden gebouwd, was een refrein dat iedereen zong die de Nederlandse nationaliteit niet serieus nam. Napoleon, die deze nationaliteit in 1810 volledig afschafte, beschreef de Nederlanden als alleen maar 'slib, daar afgezet door enige van de belangrijkste rivieren van mijn rijk'.[80]

Zo goed als modderig afval niet het kenmerk van het ware vaderland kon zijn, veroordeelde het degenen die erop leefden tot een onwaardig bestaan. 'Gedegenereerd ras!' bazuinde de vijandige auteur van *The Dutch Deputies*, 'Ontsproten aan modder en slijk/En als een paddestoel gerijpt in korte tijd.'[81] Nederland met zijn korte geschiedenis en al te snel verworven fortuin kwam er dus slecht af in vergelijking met eeuwenoude rijken met authentieke aristocratieën, dynastieën en landadel, een bewijs te meer dat de Nederlanders uit de toon vielen. Pierre le Jolle, een van de broodschrijvers van Louvois, die in 1672 de inval in de Republiek sarcastisch begroette met een figuurlijke zwaai van zijn hoed, 'Vostre Illustrissime Saleté' herinnerde ook iedereen die zich liet imponeren door de metropool eraan dat

Amsterdam, quoi qu'on loue
Est faite de merde et de boue.[82]

Het idee dat de Nederlanders waren voortgekomen uit vuiligheid was weer zo'n omkering van hun veelgeroemde passie voor properheid. In een pamflet uit 1653, *The Dutch-mens Pedigree as a Relation, Showing how They Were First Bred and Descended from a Horse-Turd* [paardevijg] *which Was Enclosed in a Butter-Box* – exemplarisch voor dat genre – heetten ze voortgekomen uit 'mest, waaruit... in negen dagen mannen, vrouwen en kinderen ontsproten, van wie het nageslacht leeft tot op de dag van vandaag en bekendstaat onder de naam Nederlanders'.[83]

Aan de zeventiende-eeuwse hoven vierden de grapjes over de laagheid van Hunne Hoogmogenden, het lage peil van de *Pays-Bas*, hoogtij. Een typerende grap was die van de auteur van *The Dutch Boare Dissected*, geschreven ter gelegenheid van de Tweede Engelse Oorlog in 1665: 'Een Hollander is geen Hoog-Lander, maar een laaglander, want hij wentelt zich graag diep in de modder.'[84] Maar de kikker stak het varken naar de kroon in de geijkte neerlandofobische karikaturen: lelijk, glibberig, keelklanken producerend en met de komische aanspraak op een hogere status in het heraldieke bestiarium. 'Kikkers bij de vleet/Hun land in leed/En hoor ze eens kwaken,' heette het in dezelfde tirade. Pas aan het eind van de achttiende eeuw, toen Frankrijk de status van de Republiek als Engelands belangrijkste tegenstander op zee had overgenomen, richtten hun satires en spotternij zich op de kikkereters in plaats van de kikkerimitators.[85]

Een ander vast thema waren de kwalijke gevolgen van het lage leven in de nabijheid van de schimmen der onderwereld. De duidelijke paradox van het hellevuur in de nabijheid van zoveel water werd door commentatoren ondervangen met de opmerking dat de Nederlanders hun wateren uitbaggerden voor de turf die ze als brandstof gebruikten. Laagheid kon dus een verbond met goddeloze machten inhouden. De schrijver van de *Observations* concludeerde in 1622 dat de Republiek 'van de hele christenheid in de beste positie voor rebellie verkeerde', want door 'de extreme laagheid van hun land wonen ze van alle naties op aarde het dichtst bij de duivel'.[86] Owen Felltham, de polemist van het Britse Gemenebest, wiens *A Brief Character of the Low Countries* (1652) het basisarsenaal leverde voor de xenofobische polemieken die de zeventiende en begin achttiende eeuw eindeloos werden herhaald, bleef eveneens stilstaan bij de duivelse slijmerigheid van de Nederlanders. 'Er is in hen,' schreef hij, 'zo'n evenwicht van modder en water; hun rijkdom toont aan dat ze tot het rijk van Pluto behoren, en u weet allemaal welke rol de Dichters uit de Oudheid hem toedichtten.'[87] Het was dus het 'totale moeras', 'het achterwerk van de wereld, vol aderen en bloed maar zonder botten'. Hun onvermogen een vaste grens aan te geven (in tegenstelling tot de geruststellende, door kliffen omgeven eilandvorm van Albion) zou het land ten slotte te gronde richten, want er was 'zo'n evenwicht tussen aarde en water dat een krachtige aardbeving ze tot een chaos zou schudden'.[88]

De onbeschaamdheid van het overleven

James Gillray, *Het openen van de sluizen of de geheime expeditie*, 1799. British Museum Collection of Personal and Political Prints and Satires. Foto: John R. Freeman

Het was deze weerzinwekkend amfibische habitat die hun afstotelijke sociale gewoonten verklaarde. Koud bloed veroorzaakte apathie en indolentie, stelden veel buitenlandse reizigers vast die zich erover ergerden en opwonden dat het zo lang duurde voor ze een maaltijd of glas bier kregen. Zowel aan Dr Johnson als aan Heinrich Heine wordt de uitspraak toegeschreven dat als ze wisten dat het einde van de wereld nabij was, ze naar Holland zouden afreizen omdat daar alles tien minuten later gebeurde. Dezelfde koude lichaamssappen zouden de oorzaak zijn van de ongemanierde omgangsvormen, boerse lompheid, slechte maaltijden bestaande uit groenten, kaas en gezouten vis en de beroemde verslaving aan alcohol, nodig om de hartstocht voor liefde en oorlog op te wekken. 'Een Nederlander,' schreef de auteur van de *Dutch Boare*, 'is een vraatzuchtige, Vette Kaasworm op Twee Benen. Een Schepsel dat zo verslaafd is aan het eten van Boter, het Drinken van Vette Drank en Schaatsen, dat hij in de hele wereld bekendstaat als een Glibberige Vent.'[89] En erger nog, door deze botte ongevoeligheid voor de verfijnde omgangsvormen van beschaafd gezelschap – wat Marvell hun 'mestvaaltziel' noemde – waren ze onverschillig voor de regels van rang en eer waaraan de rest van de wereld zich hield. En dat maakte de Nederlanders onbetrouwbaar en zelfs gevaarlijk. Wat verbintenissen betreft konden ze zo glad zijn als de alen die ze aten. In een parodie op hun Israëlitische ambities noemde Henry Stubbes, pamflettist ten tijde van koning Karel I en II, de Republiek 'een Kanaän, maar gelegen in een moeras en overvloeiend van melk en water, in plaats van honing'. 'Ze kunnen net zo goed de inwoners van het Beloofde Land worden genoemd,' voegde hij eraan toe, 'want ze waren beter in het doen dan in het houden van beloften.'[90]

In statuskwesties waren ze amper geïnteresseerd, zo niet uitgesproken onverschillig. Felltham interpreteerde de fixatie op heraldiek (die ook nu nog diep geworteld is) en het algemene gebruik van wapenschilden scherpzinnig als een teken van het verwateren van de maatschappelijke hiërarchie. 'Het aantal wapenschilden is even groot als het aantal edelen klein is.'[91] En zowel de hiërarchie in officiële kleding als die van meester en personeel in de huishouding werden in de nivellerende praktijk van alledag met voeten getreden. 'Ze zouden goede rechters zijn, want ze letten op persoon noch kleding. Een pummel in zijn drankovergoten kiel is evenveel waard als een hoveling in vol ornaat.'[92] En 'in hun gezinnen zijn ze allemaal gelijk en om te weten wie de meester en meesteres zijn moet je ze samen in bed aantreffen'.[93] Marvell keerde terug tot zijn dijken-en-slotenparodie om de Nederlandse opvatting van een overheidsfunctie te bespotten:

> *Wie zo'n lek land het best weet droog te malen,*
> *Is Heer en Landsvader in hun verhalen.*
> *Een dijk te maken was een groots plan van staat;*
> *Vind een schop uit en wees magistraat.*[94]

Deze laagheid en roeping zouden hen (hoewel de geschiedenis anders uitwees), zo zei men, ongeschikt maken voor de eervolle kunst van het oorlogvoeren. In een van zijn minder goede observaties over het land merkte de Franse ambassadeur in juni 1665 op: 'Oorlogvoeren is tenslotte niet het *métier* van kooplieden; [want hiervoor] moet men beschikken over goede leiders, goede officieren en moedige soldaten en betrouwbare zeelieden. De Nederlanders hebben geen van allen.'[95]

De maatschappelijke nivellering was een bewijs van de onverbeterlijke onwaardigheid van de Republiek, maar haar aanmoediging tot religieuze vrijzinnigheid werd gezien als een directere bedreiging voor het decorum van de Europese orde. Paradoxaal genoeg leek het strijdbare calvinisme van de Synode van Dordrecht zelfs voor de contrareformatorische katholieken minder subversief dan het nonconformisme dat in Nederland onder het mom van principiële tolerantie een vrijplaats vond. In het eerste geval vielen zelfs ketters tenminste onder de macht van het gevestigde gezag: prins en synode. In het laatste geval kon een hele horde dissidente nonconformisten – die vijandig stonden tegenover alle mogelijke gevestigde godsdiensten – hun ketterse onzin ongehinderd verspreiden. 'Is er een bastaardsekte in het christendom,' klaagde een andere propagandist van Cromwell, 'die niet kwaakt en kuit schiet en floreert in hun broeierige moerassen?' Volgens iemand anders waren ze 'de grootste scheurmakers ter wereld'.[96] Voor sommige van deze schrijvers lag de wortel van het kwaad in de lichtzinnige minachting voor het gezag, die leidde tot een gevaarlijk pluralisme, wat des te gevaarlijker was omdat het een schijn van vroomheid had. 'Over het algemeen zijn ze zo geschoold in de bijbel,' stond in een ander pamflet, 'dat bijna iedere Schoenlapper een Nederlandse doctor in de godgeleerdheid is... maar deze innerlijke verlichting heeft vaak zo'n verschillende uitwerking dat in één familie soms zeven religies voorkomen.'[97] Andere commentatoren meenden dat deze verdorven chaos van geloven verklaard kon worden uit de verslaving aan de ordinaire handel. Amsterdam mocht zich dan voordoen als een vrijplaats, zijn principe om alle mogelijke sekten te herbergen, werd in werkelijkheid ingegeven door het eigenbelang van een handelsgemeente.

> *Zo werd Amsterdam, Turk-christen-heiden-jood,*
> *Stapel van sekten en munt van schisma, groot;*
> *Die bank van geweten waar geen mening*
> *Te gek was voor krediet en lening.*[98]

Marvells beschrijving van de marktplaats van geloven, een stapelplaats van kerken, verwoordde misschien wel de algemene mening van zowel orthodoxe protestanten als katholieken. Zelfs degenen die zelf asiel genoten waren geschokt en ontzet over de ketterse bazaar waarin ze terecht waren gekomen. Felltham noemde het 'de slangekuil' waarin 'je iedere duivel mag zijn die je maar wilt, zolang je de staat niet met je horens treft'. 'Het is de markt van alle sekten, waar alle religieventers hun stokpaardjes, oneerbiedige praat en fanatiek geklets kunnen verkopen.'[99]

Het was die vrijheid, die tolerantie, die de absolute monarchieën van Europa zo tegenstond. Als de these van het absolutisme van de barok de onderwerping van de menselijke en materiële chaos aan de hiërarchische orde van de hofidolen was, was de moedwillig chaotische, willekeurig geordende, prozaïsche Republiek de antithese. Erger nog, het was onbegrensde chaos, iets sluipends, besmettelijks, een krioelende gruwel. De verontwaardiging die ze wekte werd dus niet alleen veroorzaakt doordat ze de esthetische symmetrieën en apollinische harmonieën van de barokstaat schond. De laconieke verdraagzaamheid van de Republiek was veeleer onaanvaardbaar omdat ze als besmettelijk werd beschouwd. Het was dus een organische bedreiging, het 'pestiduct van Europa' waardoor het vergif van de individualistische scepsis de staatslichamen van de Europese monarchieën zou binnendringen.[100] Net als bij de latere, vergelijkbare antisemitische hysterie werd de neerlandofobie ingegeven door een panische angst. Het vergif van het ongeloof werd, zo veronderstelde men, door de handel overgebracht via een oneindig aantal leidingen en kanalen, grachten en buizen: onstuitbaar, ongrijpbaar en dodelijk. 'Ze zijn als schadelijk ongedierte,' schreef een andere Engelse polemist, 'dat zich over de aarde zal verspreiden als het giftigste onkruid.'[101] Als parasieten teerden ze op rebellie en leefden ze van winst. Nog in 1712 werd de parasietenmetafoor gebruikt. De Nederlanders, zei een Tory-pamflettist, waren 'de schaamluizen van Europa die zouden blijven zitten totdat ze Engeland hadden leeggezogen'.[102]

Dat ze de vijanden van de orde bescherming boden was al erg genoeg, maar dat ze vrijheid in woord en geschrift toestonden en propageerden, veroorzaakte zoveel ergernis dat in 1672 zowel de Franse als de Engelse vorst het een van de officiële oorzaken van de oorlog noemde. Het werd het duidelijkste voorbeeld van de achterbaksheid der Nederlanders genoemd. Terwijl ze deden alsof ze een neutrale vergaarbak waren voor mensen die door hun buren en bondgenoten waren verstoten, gebruikten ze hen in werkelijkheid om kwaad aan te richten en hun waardigheid naar beneden te halen. Zowel Karel II als Lodewijk XIV waren zich (net als eerder Cromwell en Mazarin) terdege bewust van de publikatie van blauwboekjes, schotschriften waarin hun regeringen werden aangevallen, en ze stelden de Nederlandse autoriteiten verantwoordelijk voor de verspreiding ervan. Zo ontving Downing, de Engelse ambassadeur in Den Haag, op 2 februari 1662 een bericht van Whitehall waarin stond: 'We hebben onlangs [inlichtingen] ontvangen over een nieuwtjesjager in Utrecht, een zekere Van Haecht, die zich kort geleden in zijn wekelijkse blaadje schaamteloos over Zijne Majesteit en diens Regering uitsprak.' Het was de wens van Mr. Secretary dat 'u hem alstublieft opzoekt en bij gelegenheid eist dat het wordt rechtgezet'.[103] Dat Nederland ook het publikatiecentrum van satirische prenten en gravures was, die niet alleen in opdracht van Nederlandse politici werden gemaakt, maar net zo goed voor de verbannen vijanden van de regeringen thuis, maakte die grieven alleen maar groter. Maar de dagbladen vormden de belangrijkste bron van ergernis. In Frankrijk, maar evengoed in Zweden, Spanje of Brandenburg, was het de controle op informatie over staatszaken die bepaalde wie tot de regerende elite behoorde en die haar onderscheidde van de meerderheid van niet-geïnformeerde onderdanen. Met hun fictieve verslagen in de derde persoon en de gretige publikatie van geruchten wekten de nieuwsbladen (vanaf de jaren vijftig van de zeventiende eeuw) de verontrustende indruk van ironische observatie. Ze veranderden staatszaken in openbare zaken door de gewone lezer op de hoogte te houden van het doen en laten der machtigen. Voor de uitvinder van Versailles was dit dubbele majesteitsschennis.

Het hielp de Nederlanders niet dat ze beweerden geen opzettelijke onruststokers te zijn en dat bij hun gedecentraliseerde rechtspraak een apparaat voor de onderdrukking van meningsuiting onmogelijk was. De Staten-Generaal, laat staan de raadpensionaris, konden de schepenen van Haarlem of Amsterdam niet opdragen een publikatie te verbieden en de schrijver ervan te arresteren wegens eventuele belediging van een buitenlandse mogendheid. Als dat inderdaad de institutionele stand van zaken was, antwoordden de misnoegde diplomaten, dan pleitte dat niet voor die instituties. In hun ogen was het hoog tijd dat ze werden gewijzigd, zodat ze beter tegemoet zouden komen aan de fatsoensnormen die tussen staten golden. Terwijl een wijs en objectief waarnemer als William Temple volledig inzag dat dit hetzelfde was als de Republiek verzoeken zichzelf te verloochenen, was de algemene opinie (en natuurlijk zeker die van George Downing) dat deze verwarrende instituties zelf een voorwendsel waren om lasterlijke propaganda te bedrijven. Erger nog, het voortdurend afschuiven van de verantwoordelijkheid voor daden die de internationale overeenkomsten schonden, zag men als een rookgordijn waarachter de Nederlanders hun eigen gang konden gaan. Eén voorbeeld van dit syndroom moet voldoende zijn. In 1658 vernam Cromwells resident in Den Haag dat het vermoeden dat Hollandse schepen in weerwil van het Engels-Nederlandse verdrag van 1654 in het geheim munitie naar de Spanjaarden in Oostende vervoerden, bevestigd was doordat admiraal Goodson een dergelijk konvooi, dat toebehoorde aan Michiel van Diest uit Rotterdam, *in flagrante delicto* had betrapt. De procedure verliep toen als volgt. De resident verwittigde de raadpensionaris, die de Staten-Generaal verwittigde. Maar de Staten-Generaal waren alleen maar gemachtigd om (via de gedeputeerden) de Staten van Holland van deze zaak te verwittigen. De Staten konden op hun beurt de Rotterdamse magistraat vragen de zaak te onderzoeken, met dien verstande dat iedere beperkende of bestraffende maatregel door hun eigen gerecht zou worden opgelegd. De zaak werd naar behoren onderzocht, de schipper die de overtreding had begaan, werd beboet en zijn goederen werden in beslag genomen. Maar de procedure duurde eindeloos wegens formele nuances die de Engelsen als een uiterst irritante vorm van vertraging beschouwden. Hun ergernis veranderde echter in woede toen een tweede kapitein, een zekere Tysen, die in Amsterdam was gearresteerd, ervan afkwam met een lichte boete en een verbanning.[104] Toen de Engelse resident een verklaring voor deze opvallend milde straf eiste, kreeg hij te horen dat het de Amsterdamse autoriteiten bij nader onderzoek was gebleken dat Tysen een Vlaming was en dus niet gebonden aan enige zeeovereenkomst tussen Engeland en de Nederlanden. In die situatie waren boete en verbanning de aangewezen maatregelen. Dit alles nam de indruk niet weg dat Amsterdam opnieuw het verdrag schond in het belang van de eigen handel. En wat nog onverdraaglijker was, de magistraat verschanste zich achter de heiligheid van de wet om zich te rechtvaardigen.

Door tal van dit soort geschillen, meestal onbetekenende maar soms serieuze, werden de betrekkingen tussen de Nederlanders en hun buurlanden in de tweede helft van de eeuw steeds slechter. Waren het niet meer dan de gebruikelijke schermutselingen tussen rivaliserende mogendheden, die in wantrouwen naast elkaar leefden? Of vormden ze te zamen de symptomen van een fatale onverenigbaarheid die in 1672 tot een dramatische uitbarsting zou komen? De scheldwoorden voor de Nederlanders getuigden van een fobie die niet alleen te maken had met rivaliteit in de handel. De bittere haat tegen het omhooggevallen Nederland en de herhaalde beschuldiging dat de Nederlanders de rijkdom van de wereld hadden 'gemonopoliseerd', kwamen neer op een totale ontkenning van hun collectieve persoonlijkheid. Dit verwrongen beeld van de Nederlandse maatschappelijke identiteit gaf weer voedsel aan een vijandige stemming die haast niet meer te onderdrukken was, behalve door een afgedwongen verandering van die identiteit. En dat was een van de doelen van de oorlog van 1672. Op voorhand werd aangenomen dat de Nederlanders deden wat ze deden omdat ze waren wie ze waren. En ze waren laag en eerloos. Franse propagandisten betoogden dat de Republiek in 1648 een afzonderlijke vrede met Spanje had gesloten, omdat ze geen begrip had van ereplicht. 'Vorsten kennen het onderscheid tussen goed en kwaad, terwijl de Nederlanders alleen het onderscheid tussen voordeel en nadeel kennen,' schreef Stubbes in 1672.[105] En een ander pamflet herhaalde de beschuldiging dat hun onbetrouwbaarheid voortkwam uit hun natuurlijke gebrek aan majesteit. 'De Nederlanders hebben niets koninklijks onder hen; Hunne Hoogmogenden zijn geen vorsten en ze hebben andere *iura majestatis* zoals ze ook andere doelstellingen hebben dan het edelmoedige en oprechte deel der mensheid.'[106]

Achteraf lijkt het bijzonder oneerlijk dat de woordvoerders van de staatsraison – de schrijvers in dienst van Richelieu, Mazarin, Downing en Albemarle – de Nederlanders ervan beschuldigden te leven in een wereld van diplomatieke vrijbuiterij, of erger nog, van onverbloemde hobbesiaanse berekening. Net als bij het leedvermaak van de commerciële hebzucht werden de Nederlanders tot de zondebokken gemaakt van onvolledig ontkerstende, slechte gewetens. Want in werkelijkheid werden ze gestraft om hun tekort in plaats van hun teveel aan machiavellisme. Ondanks al het gezeur over de afzonderlijk gesloten vrede met Spanje was dit niet een echte *casus belli* voor de Fransen, want het was algemeen bekend dat ze destijds precies hetzelfde hadden overwogen. Ze waren eerder gepikeerd omdat ze er niet aan te pas waren gekomen dan omdat ze verrast waren. Een nog veel stekender kwestie was de *noli me tangere*-houding van De Witt toen hij door de ministers van Lodewijk XIV werd benaderd over de mogelijkheid van een onderlinge verdeling van de Spaanse Nederlanden. Het verstandige principe *Gallicus amicus sed non vicinus*, waarmee duidelijk de voorkeur werd gegeven aan een verzwakt Spanje boven een expansief Frankrijk aan hun grenzen, leek per definitie een aantasting van de waardigheid van de koning en zijn plannen op de lange termijn.

Hoe troebel deze mengeling van doorkruiste ambities en gedwarsboomde plannen ook was, het is duidelijk dat tegen 1660 zowel de Franse als de Britse polemisten de geloofsbrieven introkken waarmee ze, naar ze beweerden, eerder de soevereiniteit van de Republiek hadden erkend. Er werden versies van de Tachtigjarige Oorlog geschreven waarin de nadruk niet meer lag op de door de voorzienigheid beschermde zelfhulp, zoals in de Nederlandse geschiedenissen, maar op een vrijheid die volledig afhankelijk was geweest van de onbaatzuchtige steun van Frankrijk en Engeland. In die beschrijvingen figureren vooral de Engelsen als altruïstische mentors, die de Nederlanders redden van een zekere ondergang en vervolgens iedere politieke gunst als beloning voor hun militaire steun minzaam van de hand wijzen. Er zat een kern van waarheid in dit verhaal, want Elizabeth had inderdaad de soevereiniteit die de Staten-Generaal haar na de dood van Willem van Oranje in 1584 aanboden, geweigerd. Haar motieven hiervoor waren echter even opportunistisch als haar motieven om Leicester naar de Lage Landen te sturen.[107] Een eeuw later werden de Nederlanders voorgesteld als ondankbare en brutale pleegkinderen. De schrijver van *An Exhortation to the Love of our Country* (met de ondertitel *The Obligations of the Dutch to England and their Continual Ingratitude*) noemde de Republiek een 'dwaze, ziekelijke provincie, die we grootmoedig uit de modder en het slijk hebben getrokken en die we hebben gekoesterd, gevoed en grootgebracht, alleen maar om na al onze inspanningen en diensten bedrogen en gedwarsboomd te worden'.[108] 'Ze zijn zo overladen met de vriendelijkheid van de Engelsen,' aldus een ander commentaar, 'dat ze als een zieke milt zo opzwellen dat Europa erbij in het niet valt.'[109] In Jean Racines beschrijving van de oorlog tussen Nederland en Frankrijk was het de fout van de Republiek geweest dat 'ze, verblind door de welvaart, de hand die haar zo vaak kracht gaf en ondersteunde niet herkende. In een verbond met de vijanden van Frankrijk schreef ze liever de wet voor aan Europa en ging ze er prat op dat ze de veroveringen van de koning beperkte.'[110]

Tekenend voor het feit dat latere historici de Republiek reduceerden tot een voorbeeld van 'vroeg kapitalisme', is dat ze aannamen dat de oorzaken van deze oorlog in eerste instantie economisch waren.[111] Oude economische grieven vormden natuurlijk een belangrijk element in de vijandige driehoeksverhouding en werden vermeld in de propaganda van de twee bondgenoten. Colbert was ongetwijfeld ontstemd over de poging de import van Franse wijnen en alcohol in de Republiek te verbieden als represaille voor zijn protectionistische toltarief van 1667. Maar ondanks al zijn agressiviteit en zijn ambitieuze toekomstplannen voor Antwerpen lijkt het onwaarschijnlijk dat hij van meet af aan een oorlog overwoog om Frankrijk een economisch overwicht te bezorgen. De erbarmelijke toestand van de koninklijke financiën en het ontnuchterende vooruitzicht van een binnenlandse concurrentie door een nieuwe bevolking van Vlaamse of Nederlandse kooplieden weerhielden hem van plannen voor een grootscheepse annexatie.[112] De koloniale conflicten tussen Engeland en Nederland in Suriname, Afrika en Oost-Indië hadden zich opgestapeld tot een berg verbitterde geschillen, maar die betroffen evenzeer status en soevereiniteit als handelsvoordelen en spitsten zich vaak toe op kwesties van buitenterritoriale jurisdictie en de 'vervolging' of 'foltering' van koloniale 'indringers'. In wezen ging het in 1672 om een ereschuld die moest worden ingelost, en de *casus belli* werd geformuleerd in heraldieke en niet in mercantilistische taal. 'De koning die deze beledigingen moe was, besloot ze af te straffen,' luidt het begin van de beschrijving van Racine, en Stubbes was zelfs nog directer in zijn tirade over koninklijke waardigheid: 'Als een vorst in zijn eer wordt aangetast, en zijn strijdmacht wordt gekleineerd; als zijn succes afneemt en schande toeneemt; als pogingen worden gedaan om de glans van zijn grootheid en rechtvaardigheid te verduisteren, en zijn macht in de ogen van vreemdelingen wordt vernietigd... is dit een aanleiding tot een rechtvaardige oorlog.'[113]

In een tweede, even agressief pamflet dat een jaar later, in 1673, werd gepubliceerd, geeft Stubbes een gedetailleerde opsomming van de 'scheldpartijen, wandaden en onbeschaamdheden van de Nederlanders [die] Engeland meer schade hebben berokkend dan hun schepen of kanonnen'.[114] Ze hadden, zo beweerde hij, de Engelse vlag 'bezoedeld met drek', door de straten van hun steden gesleept en haar ondersteboven aan de achtersteven van hun schepen gehangen. Erger nog, ze hadden de Engelsen 'in hun leugenachtige prenten en schotschriften als vulgair en belachelijk' voorgesteld, zodat 'de schurk was gaan denken dat we een geruïneerde natie zijn'. In de *Further Justification* nam hij zelfs enkele nogal primitief weergegeven voorbeelden op van de 'spotprenten en hatelijke penningen' die aanstoot hadden gegeven: een leeuw met een tot een bloedend stompje afgehakte staart, dromend van omgekeerde kronen; Engeland gepersonifieerd als een adder waarvan de staart zal worden afgehakt door een Nederlandse boer; de Britse faëton die door de Verenigde Provinciën tot stoppen is gebracht; en Britannia zelf liggend aan de voeten van de Hollandse Maagd en vertrapt door de Hollandse rijksolifant. Al deze 'schaamteloosheden en vernederingen' waren zo schokkend en grof dat het volgens Stubbes nog een wonder was dat Zijne Majesteit ze zo lang had geduld voor hij uiteindelijk de oorlog verklaarde.

De aanval van 1672 ging dan ook evenzeer om de 'gekwetste eer' als om de gemiste winsten. In die zin was het de oorlog van Hugo de Groots nachtmerries. Juist de trivialiteiten van de dynastieke eigenliefde die voor hem niet voldoende aanleiding voor het vergieten van christelijk bloed waren, werden nu tegen zijn landgenoten in het geweer gebracht. 'God behoede de wereld voor zulke Christelijke Vorsten,' had De la Court geschreven, 'die er geen been in zien wegens een afbeelding of penning de gemoederen in het Christendom te verhitten en zo veel onschuldig bloed te doen vloeien.'[115] En als de Britten al gevoelig waren voor nationale eer, in Versailles was die helemaal belangrijk. Ook de Fransen hadden onaangename verhalen gehoord over de aanstootgevende Nederlandse afbeeldingen. Het gerucht ging dat de Nederlandse ambassadeur in Parijs, Van Beuningen, speciaal een penning had laten slaan waarop hijzelf was afgebeeld als Jozua die de zon bij Ai in zijn baan stopt. Er bestond inderdaad een dergelijke penning waarop Engeland, de Republiek en de keizer waren afgebeeld met het beledigende motto *Ecquis Cursum Inflectet* (Wie zal haar baan afbuigen?). Maar die was in 1668 in Duitsland geslagen en had er, zo bezwoer Van Beuningen, absoluut niets mee te maken.[116] Het belangrijkste element was echter eerherstel voor de koning. Lodewijk XIV was vastbesloten persoonlijk ten strijde te trekken, ook al betekende dit dat hij het Parijse parlement moest verzoeken de koningin het regentschap te verlenen. Hij was van plan zich in de volle

Anoniem, anti-Nederlandse propagandaprenten van Henry Stubbes, *A Further Justification of the War*, Londen, 1673, een weergave van de Hollandse satires tegen Engeland. Kress Library of Business and Economics, Harvard University

pracht van zijn majesteit aan die verachtelijke Hollanders te vertonen, zoals Le Brun hem had weergegeven op de gobelins: Apollo in wapenrusting, Caesar aan de Rijn. Tronend in zijn paviljoen te Zeist liet hij gezanten van de Staten-Generaal weten dat een van zijn vredesvoorwaarden was dat ze in de toekomst jaarlijks een afvaardiging naar Versailles moesten sturen met een penning waarop uitdrukking werd gegeven aan hun diepe berouw, hun onderwerping aan zijn koninklijke gezag en hun eeuwige dankbaarheid voor zijn welwillende barmhartigheid. Alleen deze bruuske degradatie tot schatplichtige status zou de smet van hun aanmatiging kunnen uitwissen. De propagandist van Karel II, Stubbes, stelde minder barokke voorwaarden, maar de teneur was gelijk. De ware oorzaak van de oorlog was, meende hij, 'de onvermijdelijke noodzaak deze onbeschaamde, verraderlijke Hollanders in een positie te dwingen dat ze niet alleen de koning de verschuldigde onderdanigheid betonen en hem in zijn eer herstellen, maar ook door een verdrag verplicht worden dit in de toekomst te blijven doen. Ze hebben geen eer die ze kunnen verliezen, geen

Anoniem, 'Het bloedbad in Ambon'. Uit Stubbes, *Further Justification*. Kress Library of Business and Economics, Harvard University

geweten dat ze kunnen bevlekken, geen vaste principes waarvan ze zich kunnen afkeren.'[117]

Ondanks alle tirades werd noch uit het geheime verdrag van Dover, waar de agressieoorlog was uitgebroed, noch uit de besprekingen tussen de betrokken mogendheden daarna duidelijk hoe ver ze moesten gaan in deze heilzame afstraffing. Zelfs de grimmige woordspeling die hun ambities weergaf – '*Il faut réduire les Provinces-Unies et les faire les provinces désunies*'[118] – kon letterlijk of minder letterlijk worden opgevat. Maar zoals dat bij roofzuchtige gulzigheid gaat, nam tijdens het eten de eetlust toe. Toen Utrecht eenmaal was bezet en de *Te Deums* in de opnieuw gewijde dom werden gezongen, luisterde Lodewijk steevast naar de meest onverzoenlijke partij in zijn raad, die werd aangevoerd door de minister van oorlog Louvois. Hoe streng ook de voorwaarden, stelde deze, de Republiek moest wel capituleren aangezien de helft van het land onder de voet was gelopen, het leger van de koning binnen schootsafstand van Amsterdam lag en ze zowel te land als ter zee oorlog moest voeren. Uit betrouwbare bron was vernomen dat de Staten van Holland, ook al hadden ze zich verschanst achter de waterlinie, bereid waren iedere voorwaarde te accepteren. En de voorwaarden waren dan ook draconisch – de wreedste en wraakzuchtigste die één mogendheid ooit in de geschiedenis aan een andere mogendheid heeft opgelegd. De Republiek moest niet alleen de 'Generaliteitslanden' (Brabant en Staats-Vlaanderen) die ze al hadden aangeboden, aan de Franse koning afstaan, maar alle gebieden die hij veroverd had: dat wil zeggen, de drie landprovincies Gelderland, Overijssel en Utrecht. De Nederlandse versterkte garnizoensplaatsen moesten worden ontmanteld en bemand worden met Franse garnizoenen. In economisch opzicht moesten de Nederlanders alle retorsierechten die ze sinds 1667 oplegden intrekken, en de schadeloosstelling die ze moesten betalen was zo hoog dat ze min of meer zelf voor hun eigen bestraffing betaalden. Maar dat was niet wat het meest stak, misschien zelfs niet de versnippering van hun grondgebied, wél echter de verpletterende vernietiging van hun soevereiniteit en hun nationale zelfrespect. Franse onderdanen moesten voortaan vrij door de Republiek kunnen reizen, in feite slechts onderworpen aan de jurisdictie van hun eigen koning. Het katholieke geloof moest niet alleen worden getolereerd, maar priesters moesten worden betaald door de gemeenschap. De verminkte Republiek zelf moest een proclamatie van toekomstige afhankelijkheid zijn, maar de inkwartiering van Franse troepen in Maastricht en Grave en de nabijheid van een enorm gegroeide monarchie vormden de keiharde garantie daarvan.

Wat er over was van de Republiek moest bovendien een heel ander land worden. De oorlogszuchtige mogendheden gingen ervan uit dat als men zich eenmaal had ontdaan van pensionaris De Witt en zijn regentenkliek, het overwicht van de prins van Oranje een staat zou scheppen die zich beter zou voegen naar hun belangen. Eenmaal onschadelijk gemaakt zou deze staat een kruising moeten zijn tussen een dienstbare bankiersstaat naar het voorbeeld van Genua en een Sauerkrautvorstendom als Hannover of Brunswijk. De prins zelf zou in deze nieuwe constructie een belangrijke rol spelen, en zijn eventuele verontwaardiging over de inlijving van het oude vorstendom Orange in Zuid-Frankrijk moest worden weggenomen met territoriale compensatie elders. De veronderstelling dat Willem III een betrouwbare dienstknecht van de Engelse en Franse monarchieën zou zijn, was misschien wel de meest lachwekkende hersenschim van alle hersenschimmen in de luchtspiegeling van de Pyrrusoverwinning van de Zonnekoning. Ze was gebaseerd op de huwelijksverbintenis tussen de huizen Stuart en Oranje, en op Willems hartgrondige afkeer van zijn cipier-voogd De Witt, die geprobeerd had om zijn geslacht de ambten van admiraal- en kapitein-generaal te ontnemen.[119] Dit was allemaal wel waar, maar van weinig betekenis naast Willems onvoorwaardelijke aanvaarding van het Nederlandse principe dat het stadhouderschap, ook al was het pas in ere hersteld, iets anders was dan een koningschap. In feite was het een republikeins ambt en ontleende het zijn legitimiteit aan het vermogen van de prins de wil van het vaderland te belichamen, en niet aan gehoorzaamheid van het volk aan de wil van de prins. In 1672 stond orangisme gelijk met verzet, en niet met defaitisme, te meer daar de landgoederen van veel orangistische edellieden in gebieden lagen die door troepen van de koning van Frankrijk en de bisschop van Munster waren bezet.[120] Patriottisch verzet bleef natuurlijk niet beperkt tot de traditionele aanhangers van de dynastie. Toen de macht van de gebroeders De Witt eenmaal was gebroken, raakten vroegere tegenstanders van de prins, zoals Caspar Fagel uit Haarlem, ervan overtuigd dat hij het onmisbare vaderlandse symbool was waarachter de twijfelaars zich konden scharen. En in de wanhopige toestand van het rampjaar was er een – zij het tijdelijke – verzoening tussen oude vijanden. Cornelis Tromp en Michiel de Ruyter legden hun ruzies lang genoeg bij om het nooit vertoonde gevaar van een gecombineerde Engels-Franse aanval op zee het hoofd te bieden. Orangistische ministers en de enkele magistraten van de Statenpartij die de oproeren in de Nederlandse steden hadden overleefd, verenigden zich in een beroep op de symbolen van het gemenebest. Er werd gebeden tot de Almachtige Beschermer der 'Nederkinderen', herinneringen aan het oude verbond werden nieuw leven ingeblazen. Willem zelf openbaarde zich, ondanks al zijn zwijgzame ondoorgrondelijkheid, als een ijveriger leerling van de dode pensionaris dan van zijn overleden vader, die de Republiek inderdaad enigszins had behandeld als een erfelijk leen. De voorbeelden van de nieuwe stadhouder waren ouder en eerbiedwaardiger. De prins-vader-kapitein en de straffende-helende-verlossende zondvloed waren in 1572 het oude testament en honderd jaar later werden ze het nieuwe testament.

Zo en op nog vele andere manieren werd de eigen identiteit van de Nederlandse natie door de beroering van 1672 juist versterkt – in plaats van verzwakt, althans op de korte termijn. Zelfs de wrede moord op de gebroeders De Witt kan misschien beschouwd worden als een loutering waarbij de integriteit en samenhang van de gemeenschap tegen de verdrukking in bewaard bleven. De bloedschuld, die de dominees meedogenloos de tol voor het wereldse leven noemden, werd aldus afgewenteld op de hoofden van zondebokken. Het verschrikkelijke lot van de pensionaris nam de schande van zonden weg die anders op de hele natie zou rusten. En tegelijkertijd werd de verschrikking van de collectieve en individuele dood afgewend door een figuur te vermoorden die had gepretendeerd het stadhouderloze gemenebest, het vaderloze vaderland, te belichamen. En als Johan de Witt en zijn broer Cornelis werden geofferd op het politieke altaar opdat de natie kon overleven, is dat offer kennelijk niet voor niets geweest. Want toen ze eenmaal verdwenen waren, maakte de angst voor een collectieve straf met een bijna harteloze snelheid plaats voor een enorme golf van patriottisme die zich concentreerde rond de figuur van de in zijn ambt herstelde prins.[121]

De taal waarin het nationale bewustzijn de gebeurtenissen van 1672 goot, was niet die van nuchtere cartesiaanse logica, maar veeleer die van schreeuwerige tirades gereserveerd voor traumatische nationale momenten. Zelfs iemand als Coenraad van Beuningen, collega van De Witt en ambassadeur in Frankrijk, die de personificatie van het nuchtere afwegen van belangen was geweest, zocht na de schok van de invasie zijn heil in geëxalteerde vormen van mystiek geloof. In preken en gedichten werd georeerd over het einde der tijden en over het zevenkoppige monster met tien hoorns.[122] Het bijbelboek Ezechiël veranderde Engeland en Frankrijk in Gog en Magog (Ezechiël 38); Daniël 4 maakte van Lodewijk XIV Nebukadnezar.[123] Een van de meest bizarre voorbeelden was een visioen van Van Beuningen, de oude vriend en diplomatiek vertegenwoordiger van De Witt, die zich in de crisis van hem had afgekeerd en zich achter de prins van Oranje had geschaard (en zelf later mysticus werd, gevangen in chiliastische visioenen). In het pamflet kreeg Lodewijk XIV de gedaante van Nebukadnezar, terwijl de hemel brandde, de aarde rook uitbraakte en

De onbeschaamdheid van het overleven

Romeyn de Hooghe, 'De dijkbreuk bij Coevorden', gravure, het eerst gepubliceerd in *Hollandse Mercurius*, 1673. Douce Prints Portfolio, Bodleian Library, Oxford

de koning schreeuwde: 'Doodt, doodt, want de jacht is goed.'[124] Andere zieners liepen door de straten en riepen de zondaars op tot berouw, en toen de verdrijving van de zittende magistraten de toorn en vrees van het gewone volk had weggenomen, kastijdden de menigten in de straten van Holland en Zeeland hun lichaam met vasten en boetvaardige gebeden.

Toen het tij enigszins was gekeerd en de Nederlanders hun eigen geschiedenis weer onder ogen durfden te zien, werden hun gevechten te land en ter zee opnieuw opgetekend als de daden van Jozua en Gideon – van wie vooral de laatste de voorkeur genoot omdat hij tegen een zware overmacht had standgehouden. De beroemde en spectaculaire prent van de dijkdoorbraak bij Coevorden waardoor het leger van de bisschop van Munster verdronk – en zeshonderd boeren en soldaten ten onder gingen – werd door Romeyn de Hooghe overladen met toepasselijke faraonische bijbetekenissen die herinneren aan zijn vroegere prenten van Leidens ontzet.

> *Hij [de bisschop] breecke sijn hoge Eedt*
> *Godt breeckt sijn hoge Dijck...*

Bij Groningen was 't Vuyr, na 't Water sonder vrucht
...Bisschop strijdt niet meer, oft strijdt met Aerdt en Lucht

En in dezelfde geest werd de eb die had verhinderd dat de Franse en Britse vloot zich samenvoegden zodat ze afzonderlijk aangepakt konden worden, toegeschreven aan een wonderbaarlijk ingrijpen van een verzoende Jahweh.

Zowel in tekst als in beeld stegen de kronieken en de propagandabladen van de oorlog tot nieuwe theatrale hoogten. Geïnspireerd door de oude gruwelprenten uit de geschiedwerken over de Tachtigjarige Oorlog, pasten schrijvers als Abraham Wicquefort (later gearresteerd als spion voor de Fransen!), Tobias van Domselaer, Lambertus van den Bosch en niet in de laatste plaats Romeyn de Hooghe zelf oude thema's aan de nieuwe omstandigheden aan.[125] De bloeddorstige en genadeloze Spaanse plunderaars werden vervangen door de Fransen, en Bodegraven en Swammerdam werden het toneel van hun wreedste uitspattingen, zoals Naarden en Oudewater dat een eeuw tevoren waren geweest. Maar de verteltrant vertoonde opvallend veel overeenkomsten. De verhalen kregen een sterk persoonlijk en plaatselijk karakter, en de geheiligde totems van het gezin – ouderdom, kuisheid, ouderliefde – werden allemaal met voeten getreden. In Bodegraven werd een tachtigjarige vrouw uitgekleed, verkracht en met een achteloos over haar heen geworpen lap achtergelaten om te sterven; in Woerden werden een blinde vrouw en haar vier kinderen levend verbrand en werden de genitaliën van een andere vrouw tot aan de navel uitgescheurd.[126] Het element van seksuele gruweldaden werd bij de Franse 'Zwarte Legende' zo mogelijk nog grondiger geëxploiteerd dan bij de Spaanse. Het verhaal van een meisje in Bodegraven dat door achtentwintig soldaten werd verkracht, dook steeds weer op, en dat van een ander meisje, bij wie nadat ze verkracht was, borsten, neus en oren werden afgesneden en peper in de wonden werd gewreven, werd bevestigd door een zieke Franse soldaat die aan zijn Nederlandse dokter in Nijmegen bekende dat hij had deelgenomen aan de marteling. En er waren dezelfde troostbrengende heldinnen, zoals de jonge vrouw die, liever dan haar kuisheid te verliezen, zichzelf levend verbrandde.[127]

Terwijl Leiden de martelaarsstad van de jaren zeventig van de zestiende eeuw was geweest, leverde Utrecht – bezet, geschonden en geplunderd (tegelijk met de garnizoensplaats Woerden) – de trieste geschiedenis van een vrome stad die onderworpen werd aan alle mogelijke vormen van onrecht. Er was echter een subtiel verschil in de manier waarop de twee steden werden beschreven. In Leiden had de persoonlijke moed van burgemeester Van der Werff de uitgehongerde en verzwakte bevolking gesterkt in haar vastberadenheid, maar de Utrechtse regenten werden vaak knielend aan de voeten van de Zonnekoning afgeschilderd, terwijl de gewone burgers de prijs voor zijn intocht moesten betalen. En tegen die gijzelaarspositie van Utrecht richtte zich de vurigste specifiek protestantse propaganda. Het Franse besluit in 1673 – het jaar waarin de kansen keerden – om op 22 april een 'Heilige Sacramentsdag' rondom de dom te houden, speelde de schrandere Nederlandse pro-

De onbeschaamdheid van het overleven

Romeyn de Hooghe, 'Tafereel van de Franse tirannie in Nederlandse dorpen', gravure, oorspronkelijk in *Hollandse Mercurius*, 1672, herdrukt voor A. de Wicquefort, *Advis Fidelle*, Amsterdam 1673. Houghton Library, Harvard University

pagandisten dus direct in de kaart. Mariavaandels, vergulde lelies, engelen, processies met triomfbogen die de motto's van *Ludovicus Triomphans* droegen en goede vaderlandse kinderen die werden onderworpen aan walgelijke katholieke rituelen, zeiden in feite de waarheid en moesten het vaderlandse hart wel raken en de vaderlandse tanden wel doen knarsen. En zo veranderden de Nederlanders van een gedemoraliseerde, verscheurde en geteisterde natie dankzij propaganda die even effectief was als die van de twintigste-eeuwse oorlogen, in een volk dat zich achter zijn prins en zijn zeehelden schaarde om het tij te keren. De virtuoos van de patriottische prentkunst was Romeyn de Hooghe.[128] Terwijl zijn voorgangers van de Spaanse 'Zwarte Legende' waren onder te verdelen in gewone illustratoren van de wreedheid en oproer enerzijds, en maniëristische graveurs die zich voornamelijk bezighielden met allegorische voorstellingen anderzijds, combineerde De Hooghe in zijn prenten deze twee stijlen in een uitzonderlijke uitbarsting van flamboyante barok. De vaste taferelen van heroïsche veldslagen, ontwijde kerken, vermoorde

Romeyn de Hooghe, gravure uit L. van den Bosch, *Tooneel des Oorlogs, opgerecht in de Vereenigde Nederlanden...*, 1675. Houghton Library, Harvard University (zie volgende pagina)

gezinnen en brandende steden verschenen weer in zijn werk, maar kregen een directheid en polemische kracht die amper werden geëvenaard door de eenvoudiger prenten in de oude vaderlandse stijl. Als op een gravure in *Het Ontroerde Nederlandt* van Tobias van Domselaer de regenten van Utrecht de sleutels van hun stad overdragen, maken ze met hun handen onderdanige gebaren voor de wapperende vaandels van de overwinnaar Lodewijk. In de verschrikkelijkste afbeelding van allemaal, oorspronkelijk gegraveerd door De Hooghe voor Wicqueforts *Advis fidelle aux véritables hollandais* (1673), ontvouwt zich een ware massaslachting in Bodegraven, met zuigelingen, doorboorde naakte vrouwenlichamen en tot een bloederige brij geslagen hoofden van boeren. Op de semie-allegorische prenten wordt niets ontzien, en de tegemoetkoming aan de conventie versterkt alleen maar het beeld van de door een monsterlijke macht gefolterde mensheid. Op één tamelijk karakteristieke prent uit *Tooneel des Oorlogs* (1675) van Van den Bosch heeft het bondgenootschap van de vijandige staten de gedaante van een driekoppige hond met een halsband waarop *Delenda Carthago* staat. Dit was het devies van de overwinnaars in hun aanvankelijke euforie, in 1672 in het Hogerhuis uitgesproken door Shaftesbury (geen vriend van absolute monarchen).[129] In plaats van de krijgshaftige Apollo zit er op het beest een weerzinwekkende Gorgo, met een haardos van trossen kronkelende slangen. Aan haar voeten liggen verminkte lichamen en in de achtergrond worden kinderen afgevoerd door soldaten met een toepasselijk barbaarse uitdrukking op het gezicht. Nog verder in de achtergrond, tussen de vlammen en de rook, zien we op spiezen gestoken hoofden en aan galgen bungelende lichamen, terwijl troepen met het vaandel van de Franse lelie oprukken. Links in de achtergrond wordt onder de tent van *Ludovicus Triumphans* de mis gevierd voor een laffe, knielende gemeente, terwijl de bijl in een calvinistische kansel wordt gezet. Op een sokkel daarnaast staat een figuur behangen met kaarten waarop 'Biljet', 'Taxaties' en 'Contributies', en aan de voet daarvan probeert een uitgemergelde moeder haar kind te voeden uit een uitgedroogde en verschrompelde borst.

Geen wonder dat deze beelden van de Franse bezetting – evenals de werkelijkheid (die ook niet bepaald een pretje was) – zich in het historische geheugen van de Nederlanders griften. Het litteken van die wond werd open en rauw gehouden door een nieuwe generatie kroniekschrijvers als Basnage en Leclerc, die als *Huguenots réfugiés* hun eigen exodus onder hun eigen meedogenloze farao hadden meegemaakt. En op het niveau van de volksverbeelding droegen niet alleen de dorpelingen die gezucht hadden onder de Franse troepen (of, erger nog, onder de huurlingen van de bisschop van Munster), maar ook de Nederlanders die bij de waterlinie woonden, en wier land en kudden onder water waren gezet om de invallers op een afstand te houden, hun verbittering over op de volgende generaties. Na Willem van Oranje en Maurits werd Willem III de volgende volksboekenheld. En zoals de Spaanse beproeving het een tweede (betrekkelijk onbedreigde) generatie mogelijk maakte in de jaren twintig van de zeventiende eeuw een langdurige oorlog te hervatten, zo verschafte de Franse beproeving een groot deel van de emotionele, om niet te zeggen fiscale drijfkracht, nodig voor de dertig jaar durende oorlog tegen Lodewijk XIV die in het verschiet lag.

Om al deze redenen vormt het jaar 1672 een ander soort cesuur in de Nederlandse geschiedenis. Historici die de gouden eeuw traditioneel tussen 1570 en 1670 plaatsten, zaten er misschien toch niet zo ver naast. De Republiek was in de laatste decennia van de zeventiende eeuw waarschijnlijk al over het hoogtepunt van haar economische bloei, koloniseringsdrift en bevolkingsgroei heen, maar ik ga me hier niet bezighouden met het lokaliseren van het keerpunt, dat geliefde tijdverdrijf van economische historici. Het is veeleer een kwestie van een veranderd besef in de Republiek van haar eigen plaats in Europa. Want dat de Republiek op het nippertje had overleefd, had misschien wel haar neiging zich te isoleren versterkt, maar op de lange duur leek herintegratie in een systeem van betrouwbare bondgenootschappen noodzakelijk om te kunnen overleven. Het resultaat was dat de eigen identiteit van de Republiek verwaterde, en daarmee verdwenen de jaloezie en achterdocht die haar tot het toppunt van haar bloei hadden achtervolgd. Natuurlijk behield ze haar eigenaardige, gedecentraliseerde instellingen, maar in het tijdperk van de rede werden ze eerder onderwerp van nieuwsgierig medelijden dan woedende verbijstering. Het bestaan van de Republiek leek niet langer een 'werktuig van de rebellie', ook al stond ze boeken toe die elders door strengere censors werden verboden. De hoogmoed van de Republiek was niet helemaal verenigbaar met haar filosofisch minder verheven staatsinrichting, en ze leek een ongevaarlijke anomalie die al wegzonk in een geruststellend gezapige aftakeling. Vergelijkingen met Venetië waren niet langer misplaatst.

In welke opzichten werd de natie gewoner en acceptabeler? De metamorfose van de stadhouder tot koning Willem III in Westminster was op zichzelf een onberaamd antwoord op de problemen die Cromwells streven naar eenwording hadden gedwarsboomd. De twee staten bleven volledig gescheiden maar waren verbonden door persoon en belang. Hoewel hij duidelijk niet erg geliefd was (behalve bij de presbyterianen in Ulster), werd 'King Billy' gerespecteerd wegens zijn militaire doorzettingsvermogen en zijn afwijzen van vriendjespolitiek. Belangrijker dan dit alles was dat hij zich presenteerde als de belichaming van constitutioneel fatsoen, zodat hij ondanks zijn koppige karakter zorgvuldig vermeed de grenzen van het koninklijk prerogatief, dat door de latere Stuarts zo werd misbruikt, te overschrijden. Binnen het verbond tegen Lodewijk was de beslissende factor (die ook na het overlijden van Willem III een rol bleef spelen) niet zozeer de Engels-Nederlandse toenadering, als wel de tussenkomst van de Habsburgse keizer. De ironische symmetrie kon niemand ontgaan. Die dynastie, waartegen de Republiek in de beginperiode haar vrijheden had bevochten, werd nu de garantie van haar overleving. Nu het keizerrijk, zijn jongste huis van Savooie en allerlei andere krijgsheren op oorlogspad (zoals de keurvorst van Brandenburg) zich in de strijd tegen Lodewijk XIV wierpen, kwam het zwaartepunt tot genoegen van de Republiek te liggen op het algemenere belang van het Europese machtsevenwicht, en niet meer op de Republiek zelf. De Nederlanden werden nu alleen maar beschouwd als een vroeg slachtoffer van de onuitroeibare expansiedrift van de Franse koning, en in het bijzonder van zijn manipulatie met dynastieke aanspraken. Al doorploegde de strijd zelf de Vlaamse velden, de Republiek fungeerde meer als een vaste partner in een algemene coalitie dan als de staat die op leven of dood moest strijden.

En er bestonden ook geen illusies meer over een specifiek republikeinse oorlog. De Witt had geen groot staand leger gewild uit angst dat het traditiegetrouw ten gunste van de stadhouder in de politiek zou ingrijpen. Maar door deze begrijpelijke politieke voorzichtigheid had de Republiek in de crisis een ernstig gebrek aan troepen. In 1671 nog maakte hij de jammerlijke misrekening dat de Republiek in uiterste nood kon terugvallen op allerlei quasi-burgerlijke reserves om het gewone leger aan te vullen. Maar de milities van waardgelders, en nog minder de fantastische hersenschimmen van een Zwitsers-protestants vrijwilligersleger of een bewapende burgerwacht bestaande uit vijftien- tot twintigduizend boeren, konden een leger van goed getrainde en bewapende beroepssoldaten vervangen. Van 1688 tot aan de Vrede van Utrecht vocht de Republiek in de Spaanse Successieoorlog (1702-1713) eigenlijk precies zoals haar bondgenoten: met een groot leger (vaak meer dan honderdduizend soldaten) dat voor het grootste deel uit huurlingen bestond. De Nederlandse marine moest nu haar Nederlandse bemanning aanvullen met nog grotere aantallen buitenlanders, voornamelijk Scandinaviërs, Schotten en Duitsers.[130] Het was zelfs mogelijk om de nog steeds aanzienlijke financiële middelen van de Republiek aan te wenden voor steun aan bondgenoten die zich in de strijd wilden werpen. Dit alles betekende een verdere verwatering van de mythe van republikeinse onafhankelijkheid, maar de pensionarissen uit die tijd, zoals Heinsius, zagen de wereld en de plaats van de Nederlanders daarin met meer bezonnenheid en bescheidenheid dan De Witt.

De Nederlanders deden nog op andere, subtielere manieren afstand van het idee dat ze als natie een uitzonderingspositie innamen. In dezelfde tijd dat ze zich verzetten tegen de militaire macht van Frankrijk, capituleerden velen van de heersende elite voor de Franse cultuur. In feite had het classicisme altijd al een belangrijke rol gespeeld in de Nederlandse literatuur en vooral in de architectuur.[131] Maar Jacob van Campen en Pieter Post hadden de Italiaanse stijl door de zeef van de Nederlandse traditie gehaald en iets eigens en unieks gecreëerd. Tegen het eind van de zeventiende eeuw werd de neiging tot imiteren veel groter, vooral in de literatuur en beeldende kunst, wat nog eens werd versterkt door de komst van hugenootse grafici als Daniel Marot. Voor het eerst waren er tekenen dat men zich schaamde voor de Nederlandse taal – bijna driekwart eeuw nadat Bredero haar zeggingskracht had bejubeld. Het dichtgenootschap Nil Volentibus Arduum stelde zich op als de waakhond van de verfijnde smaak (als een onofficiële Académie royale), om de taal te zuiveren van volkse smetten en gemeenzame uitdrukkingen. Onder de jongere leden van het patriciaat, die moeizame pogingen deden de harmonieën van het alexandrijnse vers te evenaren in het onhandelbare stedelijke Nederlands, raakte

Anonieme gravure, Het ondergrondse fort St.-Pieter bij Maastricht. Douce Prints Portfolio, Bodleian Library, Oxford

een 'elegante stijl' van groeten en converseren, vol Franse galanterieën, in de mode. De Amsterdamse schouwburg nam zelfs Franse klassieke tragedies op in zijn repertoire. Gerard de Lairesse deed ongeveer hetzelfde in de schilderkunst en entte de formele strengheid van het Franse classicisme op de uitbundiger tradities van de Nederlandse historieschilderkunst. [132] Het resultaat was echter eerder pompeus dan monumentaal. En het aankweken van een *bon ton à la Versailles* reikte van de manier van lopen en gebaren tot de kleding en een hang naar weelderige interieurs en behangsels.

Al deze ontwikkelingen vergrootten de afstand tussen het meest 'gecultiveerde' deel van de elite, dat geschoeid en gepruikt was volgens de internationale hofstijl, en de grote massa onderdanen, die zich hield aan de meer traditionele inheemse gewoonten. En omdat de periode tussen 1690 tot 1740 tevens een tijd was waarin het moeilijker werd om tot de patriciërskringen door te dringen, menen historici dat men in die tijd kan spreken van een 'aristocratisering' van de Republiek. Tegen 1730 was de cultuur die ooit alle sociale geledingen had doorsneden, inderdaad uiteengevallen in de subculturen van die sociale geledingen. Waar eens de regentenelite haar machtsmonopolie legitimeerde op grond van het feit dat ze dezelfde zeden, taal en overtuigingen had als de geregeerden, redeneerde ze nu precies omgekeerd. Niet de overeenkomst maar juist het contrast met de volkse gebruiken bewees haar recht te regeren. Dit kwam neer op een herdefinitie van de patriciërsmoraal, die nu meer overeenkwam met die van andere Europese aristocratieën. Maar het was tevens een opmerkelijke en gevaarlijke afwijking van de Nederlandse traditie. Het duurde dan ook niet lang voor leden van de heersende klasse zelf – evenals degenen die buiten deze geprivilegieerde kring vielen – werden geconfronteerd met 'patriottische' kritiek. Al tegen 1740 werd in de 'spectatoriale' tijdschriften kosmopolitisme gelijkgesteld met een te grote verwijdering van de brede middenstand, en beide met een verraad aan het nationale erfgoed.

Het jaar 1672 vormde de tweede belangrijke breuk in de geschiedenis van de onafhankelijke Nederlandse natie. En toen de pijn minder werd, volgde een vreemde uitwisseling van waarden. Omdat de Republiek niet langer het onderwerp van gesprek in de Europese politiek vormde en ze als mogendheid minder opviel, werd ze ook minder als een bedreiging ervaren en meer als een onontbeerlijke partij in de algemene pacificatie van Europa. Tegen het einde van de Spaanse Successieoorlogen was de Republiek 'ingeburgerd' als lid van de gemeenschap der mogendheden. De drie belangrijke vredesverdragen in de oorlog met Lodewijk XIV – Nijmegen, Rijswijk en Utrecht – waren allemaal ondertekend op Nederlandse bodem, maar dat was voor het laatst in de geschiedenis van Europa. En naarmate de Republiek minder eigenaardig, en dus minder bedreigend werd gevonden, begon ze zich ook minder bedreigd te voelen. De Nederlandse staatslieden van het begin van de achttiende eeuw, zoals Heinsius en Van Slingelandt, zochten minder riskante methoden dan die van De Witt om de Nederlandse integriteit te bewaren. Geen vertrouwen meer in waardgelders als versterking van de geregelde troepen, geen fantasieën meer over protestantse vrijwilligers, minder angst voor wederzijdse troepenverbindingen met buitenlandse mogendheden en minder neiging om voor het corps diplomatique de opperrechter te spelen in internationale geschillen. In plaats van de principiële waakzaamheid die de stijl van De Witts beleid was geweest, waren er concrete maatregelen – zoals grensversterkingen in de Zuidelijke Nederlanden – en verdragsgaranties die de belangen van de Republiek verbond met, en niet scheidde van, die van andere mogendheden. De doelstellingen waren nu bescheidener: een economischer gebruik van zowel middelen als principes dat meer in overeenstemming was met het nieuwe besef van de beperkingen van het land.

Ook de historici gingen de geschiedenis van de Republiek in een wat breder perspectief zien en vergelijken met die van andere, katholieke en protestantse, republieken. De overeenkomst tussen haar precaire positie in 1672 en bijvoorbeeld de aanval op Venetië door de Liga van Kamerijk in 1508 was al opgemerkt door schrijvers in beide staten.[133] Zelfs de commentaren van buitenlandse bezoekers waren minder vertekend door afgunst; dit gold zowel voor de bewonderaars als de verguizers. Downings gemelijke irritatie had plaatsgemaakt voor Addisons zekere besef (in navolging van Temple) in 1707 dat de Nederlanders wegens de oorlogen ondanks de 'schijnbare voorspoed van de Verenigde Provinciën, naar wij weten vele miljoenen meer schuldig zijn dan hun hele Republiek waard is, en als we kijken naar de veelheid aan belastingen en heffingen waaronder zij gebukt gaan... zouden we de omstandigheden van het volk niet zo benijdenswaardig vinden als sommigen onder ons willen doen voorkomen'.[134] En toen het verheerlijken van de handel minder omstreden werd, gold dat ook voor het loven van de meest spectaculaire belichaming daarvan. En toen de smalle wig van de verlichte waarden – zoals religieuze verdraagzaamheid en wetenschappelijke nieuwsgierigheid – dieper doordrong in de cultuur van het aristocratische Europa, veranderde de Republiek van een koekoek in het nest, of een 'werktuig van de rebellie' in een historisch *exemplum*. Kunstenaars en letterkundigen die naar de Republiek kwamen als bezoekers, voor uitgeverszaken of zelfs als immigranten, toonden een beleefde waardering die grensde aan meewarigheid. En de met linden omzoomde grachten, de Hortus Botanicus in Leiden en de grote steenmassa van het Amsterdamse stadhuis of het Oostindisch Huis, die ooit zo imposant en ergeniswekkend tegelijk hadden geleken, vormden nu bezienswaardigheden op een route door een levend museum van de vroege Verlichting. Dat waren de therapeutische bekoringen van het onbeduidende.

Betekent dit alles dat er een ongewilde verwantschap bestond tussen paranoia en patriottisme, tussen onveiligheid en nationale kracht? Of, omgekeerd, dat de bevrijding van de spanningen die de uitzonderingspositie met zich meebracht een cultuur deed ontstaan waarin gezapige middelmaat de norm werd? Inderdaad.

Niet dat dit van de ene op de andere dag gebeurde, of in de eindeloze periode van oorlogen en verbroken bestanden die in 1672 begon en pas in 1714 eindigde. In het begin van de achttiende eeuw duurde het bij spanningen niet lang of beide partijen keerden terug tot de geijkte tegenstellingen en wederzijdse verdenkingen uit het klassieke tijdperk van hun rivaliteit. Weliswaar waren de kwaadaardigste manifestaties van neerlandofobie – 'Ze haten ons omdat we voor monarchie en paus zijn, 't verdomde Ambon gaat altijd door mijn hoofd, en Chatham en de visserij'– nu *parodieën* die door een Whig-pamflettist in de mond van een ouderwetse Tory-jonker werden gelegd,[135] maar de oorspronkelijke versie was niet zo gemakkelijk uit te roeien. Tegen het einde van de oorlog, toen de Tory's aandrongen op een snelle schikking met de Fransen en zich beriepen op de banden van de jaren zeventig, bleven hun polemisten, zoals Swift en de redacteuren van The Examiner, het oude liedje zingen: 'We blijven erbij dat de Nederlanders onze rivalen zijn, en de enige echte rivalen voor de Britse handel; we blijven erbij dat ze nog geen kans voorbij hebben laten gaan om door slinks bedrog of openlijk geweld onze factorijen te vernietigen en onze handel te ruïneren: voor de waarheid hiervan beroepen we ons op het verleden...'[136]

En ook de Nederlandse traditie om zich af te zetten tegen de wereld en ongegeneerd de eigen historische identiteit te verkondigen, was niet helemaal onderdrukt door het behoedzame pragmatisme. In 1703 werd het apocriefe *Morele en politieke fabels*, onder pseudoniem verschenen en postuum toegeschreven aan De Witt, voor het eerst in Engelse vertaling gepubliceerd. Het lijkt aannemelijk dat het was bedoeld als wapenarsenaal voor de Whig-pamflettisten die er meer aan hadden het

Nederlandse voorbeeld te prijzen in plaats van te veroordelen. Te zamen vormden de fabels een lexicon van de natuurlijke deugden. Zo is de derde fabel het verhaal over 'Een Fransman ende een *Neder-lander* in den *Koninkryke* der *Aepen*'.[137] De apenkoning nodigde beiden uit op een hofbal en na de inleidende rituelen van jacht 'ging het op een brassen, suipen, hoereeren, tuissen ende speelen, met veele vermengingen van vloekken, sweeren, ende ontugtige woorden...' Toen vroeg de koning zijn bezoekers wat ze van zijn rijk vonden. De vleiende Fransman die zag hoe ijdel de apen waren, besloot zijn antwoord daaraan aan te passen en zei hem dat hij versteld stond van 'sijne groote wijsheid, welsprekentheid, ende beleid, als ook bequaamheid ten oorlogen' en dat 'de kleeding pragtig, het opdissen der tafele ende anderen toestel sonder weergaa was: dat hy noit diergelijke Paarden, Jagtvogels, nog Honden had gesien; waar by nog quam dat heerlik vrouweeren, danssen ende speelen,' kortom dat hij zich in een paradijs op aarde waande en niets liever wilde dan opgenomen worden in de grote groep allernederigste dienaren van Zijne Majesteit. Het gevolg was dat de Fransman onmiddellijk werd opgenomen in 's konings geheime raad.

De Nederlander echter was uit ander hout gesneden en dacht 'veel meer eere te sullen in leggen met de ronde waarheid te seggen...' Hij zei daarom ronduit tegen de aap dat hij geen sikkepitje goed bestuur had gezien, en dat het hele land hem niets anders te zien had gegeven dan 'sotte pragt ende praal, suipen, brassen, hoereeren, ende alle andere vuiligheid', en hij wist nu dat apen gewoon apen waren en al hun daden 'Aapery' en dat hun leven niet te vergelijken was met dat van redelijke wezens. Het gevolg was dat de eerlijkheid van de Nederlander onmiddellijk werd beloond met de dood.

En voor het geval de moraal van het verhaal nog niet duidelijk was, werd in de 'uitleg' de laffe vleierij van de slaafse Fransman afgezet tegen de oprechte vrijheidsliefde van de Nederlander: met Hollanders bedoelde men mensen die zijn geboren en getogen onder een vrije regering en die niet gemakkelijk zijn af te brengen van hun oude manieren van leven en spreken, ook al is het hun ongeluk dat ze uit de rijken van koningen en soevereine vorsten worden verwijderd.[138]

Dit was agressieve taal, de bezem van Tromp zat weer aan de boegspriet. Maar al deed dit het oude vaderlandse gevoel goed, het was ook een voorzichtige waarschuwing voor toekomstig onheil. De Nederlander van de fabel stierf weliswaar als een eerlijk mens, maar hij stierf.

HOOFDSTUK V

OVERVLOED EN ONBEHAGEN

Want het gebeurt maar al te vaak dat rijkdom genotzucht brengt, en te veel genoegens leiden tot weekheid zoals we kunnen zien in rijke gebieden en steden (waar kooplieden zijn). Nu zijn zij die naar verre streken reizen niet langer tevreden met de gemakken van thuis en brengen ze ongekende luxe mee terug. Omdat weelde in het algemeen de moeder van extravagantie is, noemt de profeet hier het kostbare huisraad, waarmee hij bedoelt dat de joden het oordeel Gods over zichzelf afriepen door de verkwistende wijze waarop ze hun huizen inrichtten. Want met beelden bedoelt hij ook kostbare tapijten als Frygisch borduurwerk en kunstig gevormde vazen.
CALVIJN *Commentaar op Jesaja 2:12-16*

Laat een Coopman die maxime vasthouden: eere voor gout
GODEFRIDUS UDEMANS *Geestelijk Roer van 't Coopmans Schip*

Hier legt begraeven sr. Isaac le Maire, coopman, die geduierende sijn handelinge op meest alle quartieren van de weerrelt van Godt den Heere soo ryckelick gesegent is geweest, dat hy in 30 jaren tijts (behoudens eer) verloren heeft over de 150 000 guldens, is in den Heere gerust op den 20en September anno 1624
Grafschrift

1 EEN HOORN DES OVERVLOEDS

Tussen de lengende schaduwen van de namiddag speelt zich een rustig afscheid af. Een prachtig vergulde en beslagen koets wacht voor de poort van een Nederlands landhuis op haar passagiers. De rokken van een elegante japon worden opgenomen als de draagster aanstalten maakt om de treden van de koets op te gaan en ze haar metgezel met een uitdrukking van ontroostbare teleurstelling achterlaat. Mannen nemen langzaam afscheid, een liefdevolle arm wordt om een vertrekkende schouder geslagen. De zaken wachten, maar net als de jonge bediende die onzeker staat te wachten met een laatste verfrissing in een kruik, zijn ze geduldig.

Wat het ook is, het conversatiestuk van Ludolf de Jonghe (zie p. 309) is nauwelijks een voorbeeld van calvinistische cultuur te noemen. Het arbeidsethos is aangenaam ver te zoeken. Het stuk is op zijn minst een ode op het Nederlandse vrijetijdsethos: een compositie van Corinthische pilasters, ritselend satijn, glanzende honden en een namiddagbriesje. Het doek baadt in een verzaligde tevredenheid met de materiële wereld. Calvinistische dominees zullen het wel veroordeeld hebben als epicurisme, maar kennelijk kwamen dergelijke onschuldige bucolische geneugten tegen 1660 in zwang onder de welgestelden.[1]

De Engelse reiziger William Aglionby ontdekte deze wereld van kleine geneugten toen hij Leiderdorp ontdekte. Het dorp lag, zoals de naam al zegt, aan de rand van Leiden, dat toen op het toppunt van zijn roem en welvaart was.[2] Met een groep andere nijvere gehuchten – Oegstgeest, Zoeterwoude en Achthoven – leverde het al sinds lang zuivelprodukten en groenten aan de stad (inmiddels uitgegroeid tot achtduizend zielen), en het was een tussenhalte op de drukke binnenvaartroute oostwaarts naar Gouda en Amsterdam. Maar toen Aglionby Leiderdorp in de zomer van 1660 bezocht, was het zijn nederige status als kool-en-biergemeente al aan het ontgroeien. Van tuinderij veranderde het in tuinstad, een bosrijk toevluchtsoord, waar uitgebluste stadse lichamen en zielen, op aanraden van humanistische doktoren als Johan van Beverwijck, weer op krachten konden komen. Tussen uiterwaarden en iepen- en beukenbosjes stonden fraaie villa's als die op het schilderij van De Jonghe, gebouwd voor de patriciërs en lakenfabrikanten uit Leiden. In vorm en functie vertoonden ze de invloed van de voorbeelden van Palladio in Veneto, maar ze waren aangepast aan het populaire Nederlandse classicisme van Pieter Post en Jacob van Campen, en hadden dan ook meer roze baksteen en Bentheimer zandsteen dan marmer. Net als de Italiaanse villa's moesten ze een aangename, landelijke illusie geven zonder de ongemakken van het platteland: ze waren licht, ruim en harmonieus van verhoudingen. Lommerrijke parken boden gelegenheid voor weldadige wandelingen met honden die speciaal getraind waren voor deftig gezelschap en een enkele jachtpartij. Goed onderhouden pachthoeven gaven de zakenman de kans landjonker te spelen, overeenkomstig de titel 'Heer' die hij met het land had gekocht en het wapenschild dat hij boven de toegangspoort had laten aanbrengen. Bovenal was de

Overvloed en onbehagen

Anonieme gravure, 'Ockenburg', uit Jacob Westerbaen, *Gedichten*, 's-Gravenhage, 1672. Houghton Library, Harvard University

'buitenplaats' een louterende verpozing van de zakelijke beslommeringen in de stad.

Leiderdorp was de eerste noch de voornaamste nederzetting van elegante landhuizen. De rijkste en meest gecultiveerde patriciërs waren al in de jaren dertig hun overbevolkte steden ontvlucht op zoek naar een bucolisch arcadia, al nam het bouwtempo na 1650 enorm toe.[3] De Haarlemse elite besloot zich terug te trekken in de zuivere lucht van de duinen, waar een vermogende suikerbakker in 1634-35 failliet ging aan de bouw van het pompeuze Elswout, dat pas twintig jaar later voltooid werd voor de nieuwe eigenaar, Gabriel Marcelis, wapenhandelaar en consul van de koning van Denemarken. De familie Coymans, die haar wortels had in Haarlem maar ook bloeiende takken in Amsterdam had, bouwde in de jaren veertig De Kruidberg, eveneens midden in de duinen. Maar het waren de Haagse hovelingen rond de stadhouder en de Staten-Generaal met hun geaffecteerde afkeer van het hof die de belangrijkste impuls gaven aan de uittocht naar het platteland. De vlucht uit de stad werd bevorderd door invloeden uit Italië, hartstocht voor tuinieren en de mode om de decadentie van het hofleven af te zetten tegen de morele verjonging die het platteland bood. Constantijn Huygens, de secretaris van stadhouder Frederik Hendrik, en Jacob Cats besteedden heel wat geld en nog meer dichtregels aan respectievelijk Hofwijk (weg van het hof) en Sorghvliet (weg van de zorg). Cats, die een groot voorstander was van het genezen van stadskwalen op het platteland, had ook een huis, De Munnikenhof, bij het dorp Grijpskerke in zijn geboorteland Zeeland. Sorghvliet was veel grootser, en er zijn wel aanwijzingen dat dit zijn calvinistische geweten parten speelde. Hij verspreidde het gerucht dat het midden in een kale zandvlakte lag (terwijl het in werkelijkheid aan een waterrijk beekje stond) en dat alle plezier dat het bezit hem mocht verschaffen de vrucht was van noeste landarbeid.[4]

Niemand verontschuldigde zich echter voor de villa's aan de Vecht tussen Amsterdam en Utrecht, waar de prachtigste huizen elkaar verdrongen. Joan Huydecoper, een van de machtigste en langst zittende regenten, gaf vermoedelijk in 1639 Philips Vingboons opdracht tot de bouw van wat een blikvanger werd langs de 'Zegepralende Vecht': Goudestein.[5] In 1640 verwierf Huydecoper de titel 'Heer' van het naburige dorp, Maarsseveen, en liet hij ter gelegenheid van deze bevordering een koepel op zijn huis zetten. In 1674 schilderde Jan van der Heyden het huis aan de rivier, compleet met de urnen op de poort en de reliëfbuste van de heer des huizes in het fronton van de façade (zie p. 309).

De huizen in Leiderdorp waren slechts bescheiden onderkomens vergeleken bij de pracht en praal langs de Vecht. Aglionby was echter niet alleen getroffen door de elegantie van de huizen, maar ook door het onverhulde plezier waarmee de eigenaars ermee pronkten. Het dorp, zo schreef hij, heeft 'meer paleizen dan boerenhuizen. Hier kan men de rijkdom van de burgers bewonderen, want men zou haast denken dat ze met elkaar wedijveren wie door zijn uitgaven de meeste tekenen van rijkdom kan laten zien.'[6] In dezelfde trant schreef hij over andere steden in Holland, want de opvallende weelde van mensen en plaatsen maakte duidelijk diepe indruk op hem. Leiden vond hij uitzonderlijk omdat het zo rijk was begiftigd met geleerdheid en geld. Den Haag was een 'plaats die door haar brede straten, statige gebouwen, lommerrijke bomen en beschaafde burgers met recht aanspraak kan maken op de naam de aangenaamste plaats ter wereld te zijn en die alle mensen afgunstig kan maken op het geluk van hen die er wonen'. En wat Amsterdam betreft: 'Algemeen wordt beweerd dat deze stad veel lijkt op Venetië. Ik voor mij geloof dat Amsterdam veel rijker is...' En het ging niet alleen om een vergelijking tussen aristocratieën, want Aglionby meldde dat tekenen van welvaart en comfort in alle lagen van de bevolking te vinden waren. En scherpzinnig merkte hij op dat de luister van ornamenten goed uitkwam tegen een sobere achtergrond. De plattelanders die hij in het hart van Holland tegenkwam droegen weliswaar zwart bombazijn, maar hun vrouwen pronkten met gouden ringen en hoedespelden. 'Niet zelden,' meende hij (met een overdrijving die hem vergeven zij), 'ontmoet men boeren die tienduizend pond bezitten.'[7]

Uit dit alles mag worden afgeleid dat William Aglionby een nagenoeg kritiekloze bewonderaar van de Republiek was, zij het dat hij evenals vele van zijn tijdgenoten enigszins verbijsterd was over haar bestuurlijke instellingen. Ongetwijfeld zal zijn hoofd getold hebben van wat hij zag en meemaakte, maar niettemin is zijn beschrijving opmerkelijk omdat hij niet alleen de nadruk legt op de rijkdom van het land maar ook op het genoegen waarmee de Nederlanders hun geluk tentoonspreidden.

Overvloed en onbehagen

Adriaen van de Venne, gravure uit Jacob Cats, *Ouderdom, Buyten-Leven, en Hofgedachten, op Sorgh-vliet.* Houghton Library, Harvard University

Tegen de tijd dat Joseph Marshall een eeuw later, in de jaren 1760-1770, ongeveer dezelfde route volgde, leken de welgestelden verslaafd aan het geld uitgeven. Hij merkte op:

> Ik ken eigenlijk geen land waar ze hun geld gemakkelijker uitgeven om hun tijd aangenaam door te brengen en te genieten van alles waar rang en fortuin hun recht op geven. Overal zie je degelijke, rijk ingerichte huizen, goed voorziene en elegante tafels, talloze bedienden, equipages zo veel als elders, rijke kleding... en voor de opvoeding van hun kinderen worden kosten noch moeite gespaard. Kortom, je ziet niet alleen de gemakken des levens, maar ook de verbeteringen, de verfijningen, die alleen rijke en weelderige tijdperken kennen.[8]

Deze kijk op de Nederlandse elite als geldverkwisters lijkt in tegenspraak met het meer gebruikelijke beeld van hen als de krenterigste burgers van Europa. Representatiever voor de meeste buitenlandse commentatoren was Josiah Child toen hij schreef over 'hun sobere en zuinige levensstijl die zo ver gaat dat een koopman met een vermogen van honderdduizend pond per jaar nauwelijks zo veel uitgeeft als een koopman met een vermogen van vijftienhonderd pond in Londen'.[9] Volgens dit cliché, dat steeds weer opdook in de zeventiende eeuw, dankten de Nederlanders hun economische succes voornamelijk aan een aangeboren afkeer van geldverkwisting. 'Ze zijn zo zuinig dat ze zelfs een eierdop bewaren,' schreef Owen Felltham met zijn gebruikelijke mengeling van afgunst en spot.[10] Maar als de getuigenissen van reizigers, vooral in de tweede helft van de eeuw, het cliché van een eenvoudige en ascetische manier van leven leken te logenstraffen, was die tegenstrijdigheid te verklaren, zoals Sir William Temple dat deed, uit een tragische verwording van een oudere, strengere levenswijze.[11] Tegen 1660, zo heette het, werden spaarzaamheid

DE KOREN-BEURS
La Bourſſe aux grains

1. Veenhuijzen, *De Korenbeurs*. Verzameling van de auteur.

en soberheid, oorspronkelijk de basis van de Nederlandse welvaart, verruild voor uiterlijk vertoon en weelde. Dit was slechts de zoveelste versie van de Romeinse stoïcijnse jammerklacht over de ondergang van de republikeinse deugd in de wellust. Dat deze klacht de hele zeventiende en achttiende eeuw vaak werd herhaald door de Nederlandse zedenmeesters, lijdt geen twijfel, maar of de kudden zich ooit iets aantrokken van hun Jeremia's (behalve wanneer de natie in gevaar was) is minder zeker. De collectieve persoonlijkheid die van de kansel donderpreken tegen Koningin Geld en Vrouw Wereld aanhoorde, pronkte in huis en op straat maar al te graag met haar macht. Lodovico Guicciardini in het begin en Thomas Coryate tegen het eind van de zestiende eeuw hadden zo veel bewondering voor de aanblik van de Nederlandse steden dat men zou denken dat er nooit een gouden eeuw van goudhaat heeft bestaan. In Gorinchem raakte Coryate in vervoering over 'de bekoorlijke ligging, de fraaie gebouwen, de prachtige straten; ik was zo buitengewoon verrukt over alles dat ik, toen ik in een van de langere straten kwam, dacht dat ik in het tijdperk van Thessalië of het tijdperk van Antiochië was'.[12] En de meerderheid van de zeventiende-eeuwse economische schrijvers mag dan hebben betoogd dat er een verband bestond tussen spaarzaamheid en welvaart, er waren in ieder geval enkelen (zoals Nicholas Barbon, John Houghton en Dudley North)[13] die uiterlijk vertoon – of de bevrediging van behoeften – zonder meer verenigbaar achtten met de nationale rijkdom.

Er was destijds een minderheid in Engeland die gekant bleef tegen het manipuleren van de vraag ter wille van de economische produktiviteit. Maar het zou uiterst merkwaardig zijn geweest als ze ter verdediging van dat standpunt hadden gewezen

Overvloed en onbehagen

Houtsnede. Titelpagina van de *Groote Comptoir Almanach* voor 1664, met een gezicht op de Amsterdamse Beurs. Atlas van Stolk, Rotterdam

op de Nederlanders. De speelse geest van Bernard de Mandeville had echter geen last van dergelijke remmingen. Mandeville, die was geboren in Dordrecht en gedoopt in Rotterdam, kende zijn voormalige landgenoten beter dan hun verklaarde bewonderaars, en in *The Fable of the Bees* noemde hij het cliché van hun zogenaamde soberheid eersteklas onzin. 'Als de Nederlanders dat willen,' schreef hij, 'mogen ze hun huidige grootheid toeschrijven aan de deugd en zuinigheid van hun voorouders, maar wat dat verachtelijke stuk grond zo'n belangrijke positie onder de Europese mogendheden heeft gegeven, is hun wijze politiek om alles ondergeschikt te maken aan de handel, zeevaart [en] de onbegrensde gewetensvrijheid die ze genieten...'[14] Volgens hem lag het antwoord eerder in de geschiedenis dan in de vroomheid, in rationaliteit dan in fanatisme, in humanisme dan in calvinisme. Als er al zuinig werd gedaan, ging hij voort, was dat niet zozeer een bewuste keuze als wel het gevolg van de 'ontberingen en rampen van de oorlog'. Als in vredestijd deze onvrijwillige last van hen afviel, neigden ze van nature naar zinnelijkheid en genotzucht:

> schilderijen en beelden hebben ze in overvloed; hun gebouwen en tuinen zijn extravagant tot op het dwaze af. In andere landen kunt u statige hoven en

301

paleizen zien die niemand mag verwachten in een gemenebest waar zo veel gelijkheid heerst als in Nederland, maar in heel Europa zult u geen particuliere gebouwen vinden van zulk een weelderige luister als vele huizen van kooplieden en andere herenhuizen in Amsterdam, en in enkele grote steden van dat kleine gewest, en over het algemeen besteden degenen die daar bouwen een groter deel van hun vermogen aan de huizen waarin ze wonen dan enig ander volk ter wereld.[15]

Maar de Nederlanders moeten niet als luxefetisjisten worden voorgesteld. Mandeville – die graag tegen heilige huisjes aan schopte – beweerde niet dat Versailles in vergelijking met het Amsterdamse stadhuis een armoedige bouwval was, en ik ook niet. De Nederlandse geldverspilling meten naar de royale standaard van een koninklijk hof is, zoals hij opmerkte, appels met peren vergelijken, met het gevolg dat bewezen wordt wat evident is. Maar als we willen achterhalen of de godsdienst het door Max Weber gepostuleerde bijzondere effect had, moeten we een andere, veel gedurfder vergelijking maken. Het betekent dat we moeten vaststellen of de Nederlanders, in vergelijking met andere handelsculturen, in het bijzonder niet-calvinistische culturen als Venetië of Antwerpen, een ander persoonlijk consumptiepatroon hadden. Op de theoretische Europese zuinigheidsindex waar de meeste informele beschrijvingen zich op baseren, lijkt Nederland na Genève maar voor Venetië te komen. Dit komt misschien doordat retoriek wordt verward met realiteit, preek met maatschappelijke praktijk. Want ondanks de felle polemiek tegen wereldlijkheid en weelde lijkt er geen enkele reden om aan te nemen dat de 'kern'-groeperingen in de Nederlandse samenleving, van het patriciaat aan de top tot de geschoolde ambachtslieden en handelaars onderaan, extra geneigd waren consumptie te vermijden om te kunnen sparen en investeren. Dus wat de calvinistische aanvallen op Vrouw Wereld ook hebben uitgehaald (en daar komen we nog op terug), ze hebben klaarblijkelijk niet kunnen verhinderen dat kapitaal werd besteed aan consumptie in plaats van produktieve ondernemingen. Dit wil niet zeggen dat er in de overvloed aan kapitaal halverwege de eeuw geen grote kapitaalsvermeerderingen voorkwamen, maar alleen dat het moeilijk is dit direct of indirect aan de protestantse leer toe te schrijven.[16]

Hoe dan ook, er waren Nederlandse schrijvers die er niet voor terugschrokken de Republiek te roemen als een consumentenparadijs: het grote *emporium mundi*. Het aanprijzen van de attracties van een Nederlandse stad – niet alleen de openbare monumenten en kerken, maar ook handelsgebouwen en particuliere woningen – werd een verplicht onderdeel van de lofzangen op de stad. Deze werden vanaf het eerste decennium van de zeventiende eeuw besteld en uitgegeven met als enig doel de stad op te hemelen; ze zijn min of meer vergelijkbaar met de wervende teksten van de huidige kamers van koophandel. Stadsnotabelen waren graag het onderwerp van overdreven opdrachten, net zoals ze zich graag in groepsportretten lieten schilderen als officieren van de schutterij of regenten van het stedelijke weeshuis. En aan broodschrijvers die daar gaarne toe bereid waren, was geen gebrek. Hun voorbeelden waren de stadsbeschrijvingen en lofredes die tijdens de renaissance in Italië, Vlaanderen en Brabant werden gemaakt. Hun bloemrijke hyperbolen op rijm deden er niet voor onder, maar ze waren vaak minder antiquarisch en schaamtelozer in hun vulgaire euforie. Ze waren bijna allemaal geschreven in het Nederlands, en in een moeizaam rijm dat even geschikt was voor plaatselijke mythologie en geschiedenis (vooral heroïsche martyrologieën uit de Tachtigjarige Oorlog) als voor biografieën van stedelijke hoogwaardigheidsbekleders en nauwkeurige topografische beschrijvingen. De meeste van deze 'lof en beschryving'-boeken, zelfs de goedkope kwarto- en octavoformaten, bevatten kopergravures die wisselend van kwaliteit waren, met panorama's in vogelvlucht en afzonderlijke stadsgezichten. De meer pretentieuze en gedetailleerde prenten, zoals die van Simon de Vlieger, Jan van de Velde II en Claes Jansz. Visscher, werden zowel voor boekillustraties als voor de losse verkoop gemaakt. Meer alledaagse gravures en houtsneden, zoals de prenten die Veenhuijzen in de jaren vijftig produceerde voor de *Beschryving der stat Amsterdam* van Tobias van Domselaer, behoorden gewoonweg tot het vaste repertoire dat uitgevers telkens opnieuw gebruikten voor allerlei boeken en uitgaven in klein formaat. Niet zelden bevatten deze topografische gidsen praktische informatie voor de reiziger, zoals de openingstijden van de Beurs, verwachte vertrek- en aankomsttijden van koopvaardijschepen, locaties van de kerken van verschillende gezindten (behalve van de officieel verboden katholieke schuilkerken), en in sommige gevallen zelfs de vertrektijden van de trekschuiten die passagiers van en naar de stad vervoerden.[17]

De bekendste van de vroege lofzangen waren *Rerum et Urbis Amstelodamensium Historia* (1611) van Johannes Pontanus, in 1614 in het Nederlands vertaald, en *Beschryvinge ende Lof der Stad Haarlem* (1628) van de predikant Samuel Ampzing, maar al snel volgden andere over Leiden, Delft, Dordrecht en Rotterdam.[18] Tegen het midden van de zeventiende eeuw waren het, zoals te verwachten viel, de Amsterdamse lofredenaars die het meest lyrisch werden over hun woonplaats. Wanneer steden uit de oudheid werden aangehaald door de verzenmakers, konden ze nog niet in de schaduw staan van het stralende Amsterdam van die tijd. Een beroemde grootspraak over de Beurs kwam herhaaldelijk voor op prenten, plaquettes, penningen:

> *Roemt Ephesus op haer kerk*
> *Tyrhus op haer markt en haven*
> *Babel op haer metzel werk*
> *Memphis op haer spitze graven,*
> *Romen op haer heerschappy*
> *Al de werelt roemt op my*[19]

En als het al niet meer nodig was eer te betuigen aan de oudheid, de dichters en redenaars bogen evenmin voor koninklijk bloed. Toen Marie de Médicis, de Franse

303

reine mère, in 1638 haar beroemde intocht in Amsterdam maakte, stelde de humanistische geleerde en redenaar Caspar Barlaeus in zijn toespraak 'de kwaliteit van haar bloed en dat van haar voorvaderen' nadrukkelijk gelijk met 'de grootheid van deze stad in de handel, en de welvaart en het geluk van haar burgers'.[20] De grootse festiviteiten die ter ere van haar waren georganiseerd, waaronder watertoernooien, banketten, vuurwerken en spectaculaire allegorische maskerades op drijvende eilanden verankerd in het IJ, moesten die les van de nieuwe gelijkheid er goed in hameren. Zelfs wat gigantische verkwisting betreft konden de aristocratieën Amsterdam niets leren.

Barlaeus, Vos en Joost van den Vondel, die lange lyrische lofredes schreef op de bouw van het nieuwe stadhuis en de 'Vergrooting' van Amsterdam, vertegenwoordigden de geestdrift van de beschaafde cultuur. Aan het andere uiteinde van het spectrum bevond zich de *Beschryvinge der Wijdt-Vermaarde Koop-Stadt Amstelredam* van Melchior Fokkens, dat in sommige opzichten representatiever was voor de smaak van het volk. Dit boek, een succesvolle historische annex topografische gids die al direct na verschijning in 1662 drie herdrukken beleefde, was het literaire equivalent van Quellijns triomfale sculptuur in het fronton van het stadhuis: een klaroenstoot van zelfgenoegzaamheid.

> Zoo is Amsterdam nu hedendaags, door de handt Gods, op den top der welvarentheyt geklommen, en wat wonder dat de Volkeren van overal hier na toe zakken, ja de heele Wereld verwondert zig over Amsterdams welvaart en om zulks te bezichtigen komen van Oost en West van 't Noordt en Zuyden allerhande slag van menschen na deze stat om zijn zeldzaamheden te bezien...
>
> En zoo heeft het den grooten en oppersten Heerscher belieft deze stat boven andere steden te zegenen, ja hy heeft andere steden ontrokken den scheeprijkke koophandel op de West en Oost-Indien, want gelijk Antwerpen en Lissebon eertijts hebben bloeyt, en vermast van overrijkke koopmanschappen, zoo heeft den goeden Hemel dus mildelijk alle deze schatten Amsterdam in den schoot gestort. En ô wonder! daar andere steden zijn door den oorlog uytgeput, daar is deze stat onder 't geraas en donderen des geschuts, by bebloede zwaart, en droevig geschal van trommels en trompetten verrijkt, en onder alle de treurige toevallen in den verwoeden tachtigjarigen Krijg heeft Amsterdam gebloeyt.

Dat had de stad ook verdiend, want van het begin af aan had ze haar poorten wijd geopend voor de vervolgden en onderdrukten van buurstaten. In de loop van de tijd werd ze eenvoudigweg 'de grootste en machtigste koop-stat van Europa... Warelijck een verwonderenswaardige ding dat men ook zeggen mag dat Amsterdam van een kindt schielijck en eer zy oudt wierdt in haar jonkheyt tot een Man is geworden zoo dat onze Na-gebuuren en Vreemdelingen (de Stat beziende) zijn met verwon-

Overvloed en onbehagen

Anonieme gravure. Titelpagina van Philipp von Zesen, *Beschreibung der Stadt Amsterdam*, 1664. Houghton Library, Harvard University

deringe als opgenomen dat Amsterdam in zoo korte Jaren tot zulk een heerlijke rijkdom is aangegroeyt'.[21] Er zijn heel wat geschriften met dit soort puberaal gepoch en vaak ligt de nadruk op het magische karakter van de transformatie van 'moeras en slijk' in 'parels en goud'. De Amsterdammers genoten (en genieten) blijkbaar van het paradoxale karakter van hun habitat, verwoord in Huygens' beroemde oxymoron in verzen 'Averechte Masten Wout, Wonder weelde van ons dagen, Veen vol steene, zak vol Gout' (de 'averechte masten' zijn de palen waarop de stad was gebouwd).[22] Ook mochten ze graag stilstaan bij de overvloedige opbrengsten van hun handel:

> Wat isser dat hier niet zou zijn?
> Of koren, france of spaanze wijn?
> Al 't Indiaanze goet te hoop
> Men vindt in Amsterdam te koop
> Hier's niet gebrek, schoon 't land is schraal
> Het landt is vet, al schijnt 'et kaal
> Zoo schaft den Hemel ons vol op
> En d'Amstel' na der Starren top.[23]

AMSTERDAM VAN DE WATER KANT AAN 'T YE.

Het was natuurlijk een beloofd land, 'dat vloeyde van honig en melk, waarlijk het is ons Hollandt, en hier in Amsterdam, waar is een landt en stat daar de melk en kaas zoo goet en overvloedig is als hier?'

Dit alles is de gebruikelijke retoriek, maar het werkelijke belang van Fokkens' boek ligt in de zeer gedetailleerde beschrijving van de wereldse genoegens die Amsterdam bood. Naast het gebruikelijke overzicht van openbare gebouwen en monumenten geeft hij een opsomming van straten en wijken die gespecialiseerd waren in bepaalde goederen, alsof hij zich tot een potentiële koper richtte. (Een nieuwigheid bij het bezoek van Marie de Médicis was haar tocht langs Amsterdamse winkels, waar ze, naar verluidde, deskundig met de winkeliers marchandeerde.) Op de Nieuwe Brug, zo vertelt Fokkens ons, bevinden zich boekwinkels en handels in zeekaarten, landkaarten, kompassen, sextanten en dergelijke. In dezelfde buurt zijn ijzerhandels, verfwinkels en apotheken met kostbare en mysterieuze geneesmiddelen uit Palestina, Griekenland en Egypte. Op het Bickerseiland in het IJ bevinden zich leveranciers van scheepsbenodigdheden en zoutziederijen, aan het Singel is de markt waar de boeren per schuit hun tuinbouwprodukten brengen en leggen de kustvaarders uit Vlaanderen en Zeeland aan. In de Nes zijn de beroemde brood- en

'De haven van Amsterdam gezien vanaf het IJ', uit Caspar Commelin, Olfert Dapper en Tobias van Domselaer, *Beschryving der stat Amsterdam...*, ed. 1664. Houghton Library, Harvard University

banketbakkers; in de Kalverstraat prentwinkels en zaken in garen en band; in de Halsteeg schoen- en laarzenmakers. In de Warmoesstraat, het oude middeleeuwse hart van de stad dat de oude dokken en werven op het IJ verbond met de Dam en het Rokin, wemelde het van de winkels en winkeltjes voor textiel en huisraad. Op de tweehonderd huizen, merkte Fokkens op, zijn er tweehonderddertig uithangborden (het uithangbord was in Nederland zo'n populaire decoratieve kunst geworden dat er hele boeken met bloemlezingen aan waren gewijd).[24] In de hoorn des overvloeds van de Warmoesstraat kon de kooplustige klant Neurenbergs porselein, Italiaans majolica of Delftse faience, Lyonse zijde, Spaanse taf of oogverblindend wit gebleekt Haarlems linnen kopen.

Hoe mooier en weelderiger de waar, des te lyrischer de beschrijving van Fokkens. Hij noemt één ambachtsman met name, Dirk Rijswijk, vanwege zijn prachtige tafels uit donkere 'toetssteen', ingelegd met paarlemoer. Rijswijks paarlen tulpen en rozen waren zo fijn, pocht hij, dat zelfs de beste schilder hem niet kon evenaren in detail en glans.[25]

De luchtige vulgariteit van Fokkens' winkelgids wordt nog eens versterkt door zijn gewoonte om zo nu en dan prijs en waarde te noemen. Kennelijk was hij even sterk geïnteresseerd in de harde geldwaarde als in de esthetische schoonheid, en noemde hij die om zijn lezers in de provincie te imponeren en misschien om de gangbare prijzen voor de meest gewilde Amsterdamse woonhuizen bekend te maken. Het huis van Wouter Geurtsen op het Rokin was zo mooi dat het toen zestienhonderd gulden huur opbracht. Verderop, op de Prinsengracht, werden huizen doorgaans voor twaalf- tot vijftienhonderd gulden verhuurd. Maar de allerhoogste lof bewaarde hij voor de allerchicste huizen, die aan de Herengracht:

> ... men ziet hier geen huyzen met open winkkels, alle de gebouwen zijn hier hoog, en net als uyt een handt gebouwt, zommige twee, andere drie en vier vierkanten hoogen, de huyzen boven met groote Pak-zolders, onder Pak-kelders, die veeltijdts vol van alderhande koopmanschappen gepropt leggen... de huyzen zijn hier van binnen met overkostelijkke vercierzelen gemaakt, dat eer Koninks Palleyzen dan Koopluyden huyzen gelijkken; veel zijnder met heerlijkke Marmere-muuren, Albaste-posten, en vloeren; daar zijnder die tusschen de naden der Marmere-vloeren met gout deurwrocht·zijn, de kamers veel behangen met overkostelyken Tapitzeryen, of met Gout en Zilver-leer, veele doen hier wel duyzent gulden ook wel twalef hondert gulden van huur...
>
> Men vindt hier huyzen zo overkostelijke van huysraat als schilderyen en oost-Indize vercierzelen voorzien, dat de waarde van dien als onwaardeerlijk is, ja zommige zijn wel vijftig duyzent, andere wel hondert duyzent en tweemaal zoo veel aan 't kostelyk huysraat waardig.

Eén kamer alleen al kon, zo schatte hij, voor drie- of vierduizend gulden aan voorwerpen bevatten.

Deze schattingen moeten met een forse korrel zout genomen worden, want ze waren eerder het produkt van Fokkens' naïeve enthousiasme dan van een zorgvuldige inventarisering. Maar het belang van zijn opsomming van huiselijke schatten ligt niet zozeer in de betrouwbaarheid van de beschrijving als in wat hij onthult over de houding van de Nederlanders tegenover de wereldse goederen en geneugten die hun dominees afkeurden. Deze houding valt alleen te omschrijven als consumptiedwang, waaraan niet alleen de Amsterdamse, maar ook de Delftse en Haarlemse nijverheid zo veel mogelijk tegemoetkwam.[27] Weliswaar was het verlangen naar ornament en versiering niet in alle streken van het land even groot: in de marktsteden van Friesland en Zeeland zou men het goddeloos hebben gevonden wanneer iemand met zijn rijkdom te koop liep op een manier die in Amsterdam niet zou opvallen. Maar ondanks deze verschillen is duidelijk dat dit in niets leek op de strenge, tegen genot gekante cultuur van het historische cliché. In feite bestond er in Nederland omstreeks 1650 waarschijnlijk een grotere markt voor decoratieve en toegepaste kunsten dan elders in Europa. Venetiaanse spiegels, Turkse tapijten, Perzische zijde en Japans lakwerk werden weliswaar ook weer uitgevoerd, maar er

Overvloed en onbehagen

Ludolf de Jonghe (ook toegeschreven aan Pieter de Hooch), *Afscheid voor een buitenhuis*, tegen 1670. Voorheen Galerie P. de Boer, Amsterdam

Jan van der Heyden, *Goudestein*. Wellington Museum, Apsley House, Londen.

Pieter de Hooch, *Musicerende familie*, 1663. Cleveland Museum of Art.

was wel degelijk een levendige handel op de binnenlandse markt, vooral in de tweede helft van de eeuw. De vraag bleef zelfs niet beperkt tot de rijke elite, zodat werkplaatsen in Amsterdam tegen lagere prijzen imitaties fabriceerden, vooral van spiegels en lakdozen. Op de *Musicerende familie* van Pieter de Hooch uit 1663 is het dure goed niet te onderscheiden van de Amsterdamse produkten, al is de salon in andere opzichten een verbeelding van een van Fokkens' beschrijvingen. Op de eikehouten kast staan vazen van Kang-hsi-porselein; en het tafelkleed is zo te zien een Transsylvanisch kerkweefsel.[28] De achterwand is behangen met tapijten, en links is een marmeren schoorsteenpartij met Corinthische zuilen en Ionische voluten. Het kind dat door de open deur zichtbaar is, draagt een kopie van haar moeders prachtige, dure jurk. En omdat dit ongetwijfeld een in opdracht geschilderd familieportret

Overvloed en onbehagen

Claes Jansz. Visscher naar Hans Vredeman de Vries. Uit *Verscheyden Schrynwerck*, Amsterdam, ed. 1630. Douce Prints Portfolio, Bodleian Library, Oxford

is, wordt weinig moeite gedaan de rijkdom te verhullen.

Zelfs minder voorname huishoudens hadden geen eenvoudige of sobere smaak op het gebied van het interieur. De Nederlanders hadden al vanaf het begin van de zeventiende eeuw zonder meer een verlangen naar overvloed, ornament en fijn detail ontwikkeld. Voordat kunstenaars die in de stijl van het Italiaanse classicisme werkten, zoals Salomon de Bray en Pieter Post, met hun strengere harmonieën de Nederlandse kunst gingen overheersen, hadden hun maniëristische voorgangers, zoals Lieven de Key en Hendrick de Keyser, de oude 'Vlaamse' stijl tot in het extreme kunnen ontwikkelen. De begaafde familie Vredeman de Vries vormde de schakel tussen het zuidelijke en het noordelijke maniërisme. Hans Vredeman de Vries publiceerde in 1560 in Antwerpen zijn *Variae Architecturae Formae*, en dat werd al snel het handboek voor extravagante architectonische detailleringen en profielen die van de Nederlanden via Noord-Frankrijk naar Engeland oversloegen. Het boek was bedoeld om de elementen van de Italiaanse architectuur te introduceren, maar in feite werden waar mogelijk fantastische variaties aangebracht, frontons doorbroken, de gebruikelijke zuilorden vervangen door bizarre, vreemdsoortige sculpturen en werd overvloedig gebruik gemaakt van het groteske. In 1608 betreurde Karel van Mander het dat 'desen toom so ruym en dit verlof by onse Nederlanders soo misbruyckt [is] dat metter tijdt in de Metselrije een groote ketterije onder hun ghecomen is met eenen hoop raserije van cieraten en brekinge der Pilasters in 't midden en op de Pedestalen voeghende hun aenghewende grove puncten van Diamanten en derghelijkcke lammicheyt seer walghelijkck om aen te sien'.[29]

Veel ontwerpen van Hans Vredeman de Vries bleven in het rijk van de fantasie, werden niet meer dan oefenmateriaal voor tekenaars of leidden een kortstondig bestaan in het theater. Maar dankzij *Verscheyden Schrynwerck* dat in 1630 door zijn zoon Paul in Amsterdam werd gepubliceerd, maakten schrijnwerkers tot ver in het tweede kwart van de eeuw aftreksels van Vredeman de Vries' ontwerpen voor buffetten, bedden, kabinetten en schoorsteenpartijen. Op het familieportret van De Hooch uit 1663 is een mooi voorbeeld te zien van de rijk gebeeldhouwde Nederland-

Gravure voor een loterijkaart. Douce Prints Portfolio, Bodleian Library, Oxford

se kleerkasten. En in tuinen, waar men de fantasie meer de vrije loop kon laten, werden grillige poorten, bogen en tempeltjes nog steeds van zwaar rol-, profiel- en schulpwerk voorzien. Ook de goudsmeden van Amsterdam en Utrecht fabriceerden verbazend extravagante kannen en zoutvaten, in de golvende vormen van de 'kwabvormstijl' die de Nederlandse kunstnijverheid in deze periode kenmerkt. Zelfs toen in de jaren zeventig de maniëristische decoratiestijl in de toegepaste kunst uit de mode raakte, werd de zware ornamentering geenszins uit de salons en huiskamers van de welgestelden verbannen. De gravure met de prijzen van een door Henricus van Soest georganiseerde loterij, die potentiële kopers van loten moest trekken, toont goedgeklede burgers die zich verdringen rond een schitterende verzameling luxeartikelen. Volgens de wervende tekst van de prent was dat onder meer een kamer met 'Tappijten, behelsende de 12 Maenden van het Iaer, seer Constigh met Goudt door werckt, en een vijt-nement Schoon Ledecant met fijne fruweele behangsels seer Costelijck geborduert, met noch vele andere Ligh-steden, van diverse Garnissementen, Costelijck Palleer-Taefel Voor Dames, Rare Bureaux, oft Schrijf Cabinetten, diverse fraije Cleederen, Sadels, Scabbernacken, en ander Peerde Getuijg, met Silver en Goudt in Gewerckt, en veel meer andere Rariteijten'.[30] En al deze schatten, suggereerde de tekst, vormden nog maar een deel van de prijzen.

Loterijprijzen vormen een indicatie voor het soort luxegoederen dat de Nederlandse burgerij het meest begeerde. De loterij zelf was een van de zeldzame gelegenheden om die schatten te verwerven zonder dat men de schande op zich laadde die gewoonlijk verbonden was aan de zucht naar goud- en zilverwerk. Het waren publieke aangelegenheden, meestal georganiseerd door de plaatselijke magistraat

Gillis Coignet, *Loterij ten bate van het Dolhuis*, 1593. Amsterdams Historisch Museum

om geld in te zamelen voor een liefdadig of openbaar doel. Zo werd in 1601 in Amsterdam een loterij gehouden om een nieuw gekkenhuis te bouwen; in 1606 organiseerde de rederijkerskamer van de Pellikanisten in Haarlem met hulp van collegarederijkers een loterij om een nieuw oudemannenhuis te bouwen. De hele onderneming was officieel goedgekeurd door de Staten van Holland, en had als vorm van liefdadigheid de zegen van de Kerk.[31] Er waren ook strikte regels en openbare controles, en om iedere vorm van fraude te voorkomen werden speciale commissies ingesteld die erop moesten toezien dat de prijzen ook werkelijk bij de goudsmeden waren besteld. Ook de trekking zelf, die soms wekenlang, overdag en 's avonds, doorging, werd gehouden op een prominente, openbare plaats, waar de burgerij het verloop nauwlettend kon volgen. Het was een briljante uitvinding, die typerend was voor de Nederlanden (en waarvan de oorsprong terugging tot het vijftiende-eeuwse Vlaanderen), want de meest schaamteloze wereldse hebzucht werd aangewend voor vrome doelen. Zelfs het principe van de trekking zelf voldeed aan de humanistische en calvinistische criteria voor goddelijke beschikking, want de trekking weerspiegelde ofwel de grillen van Fortuna, ofwel de voorbeschikte toewijzing, al naar gelang iemands religieuze gezindte. Een prent van Claes Jansz. Visscher verbeeldt dit wankele morele evenwicht tussen godsvrucht en hebzucht. De gravure was vermoedelijk gemaakt om in Haarlem en Amsterdam intekenaars te werven voor de loterij die in 1615 werd georganiseerd voor de bouw van een nieuw armenhuis in Egmond aan Zee. Zoals bleek uit de brochure bij de 'loterij-kaart' had het vissersdorp te lijden gehad van de dubbele ramp van oorlog en stormvloed, die een aantal arme en behoeftige weduwen en wezen zonder voldoende middelen van bestaan had achtergelaten. Visschers prent toont dan ook twee van die behoeftige vissersmensen in een gepast bescheiden en nederige houding. In onze ogen is het gênant – maar voor de zeventiende-eeuwse Nederlander was het dat kennelijk niet – dat de toekomstige ontvangers van de liefdadigheid de prent binnen de prent tonen: de lotterij-kaart zelf, met een afbeelding van het gasthuis boven een grote verzameling prijzen: gegraveerde bokalen, zoutvaten, drinkbekers en kroezen. En ofschoon het niet ongebruikelijk was om naast de meer tastbare prijzen jaargelden of zelfs aandelen in geoctrooieerde maatschappijen te verloten, vormde dit soort kostbaarheden gewoonlijk het leeuwedeel van de prijzen. Zo waren er bij de loterij die in 1662 voor de armen van Veere werd gehouden, zes grote en 828 kleinere prijzen, en extra prijzen voor 'het beste en kortste Advijs in rijm', waarbij 'oneerlycke, lasterlicke ofte schandelicke gedichten' ten strengste verboden waren.[32] Dit waren de zes grote prijzen:

de eerste: een zilveren tafelservies van schotels, tailloren [borden], lampetten, beckens, kandelaers, vurchetten [vorken], ende anders daartoe behoorende 't samen weerdigh vier duysent caroli guldens
de tweede: een gouden ketting ter waarde van f1000 met nog f2000 in geld
de derde: een zilv. lampet en kan waardig f600, met f1400 in geld
de vierde: een zilv. broodmand, ter waarde van f300, met f1000 in geld
de vijfde: drie zilver tafelkandelaars ieder waard f100 en f500 in geld
de zesde: twee spiegels, ieder waard f100, en f200 in geld

De kleine prijzen waren: twaalf zilveren gevesten, allerlei wijnbokalen en drinkbekers, zilveren oliekruiken, zoutvaten, zoutstrooiers, ijsemmers en onderrokken (24 gulden per stuk).

Dit voorbeeld is tamelijk representatief voor de prijzen die in de kleinere loterijen werden uitgeloofd. Bij de grote evenementen in Amsterdam en Middelburg – en het allergrootste dat de eeuw tevoren in Antwerpen had plaatsgevonden – liep het aantal loten in de honderdduizenden en was er een hele waslijst van prijzen. Tegen het einde van de zeventiende eeuw schijnen de eigenlijke Nederlandse loterijen te zijn verdwenen, en ze werden later geïnstitutionaliseerd als een normale, extra bron van inkomsten voor de schatkist, maar de vroege prijzenlijsten zijn het sprekende bewijs van het wijd verbreide enthousiasme voor door de voorzienigheid gegeven weelde. Ogenschijnlijk bood de loterij natuurlijk een kans op een eerlijke, door het lot bepaalde verdeling van kostbaarheden. Maar omdat iedereen ongelimiteerd loten mocht kopen, hadden de rijken een veel grotere kans om rijker te worden dan de armen. Maar uit de intekenboeken, die van sommige loterijen nog bestaan, blijkt dat mensen uit alle rangen en standen verwoed probeerden zo veel mogelijk loten te bemachtigen, en voor een forse partij niet alleen in contanten betaalden, maar ook met allerlei bezittingen. De schilder Maarten van Heemskerck – voor wie het onderwerp rijkdom een obsessie was – ruilde een van zijn schilderijen, een *Overspel van Mars met Venus*, voor honderd loten van de grote Middelburgse loterij van 1553.[33] Anderen brachten andere zaken in, al naar gelang hun beroep. Boe-

Overvloed en onbehagen

Claes Jansz. Visscher, Loterijkaart voor Egmond-aan-Zee, 1615 (19de-eeuws facsimile). Verzameling van de auteur

ren kwamen met vee, kazen, paarden en karrevrachten turf. Kooplieden gebruikten wollen en linnen stoffen, vaten bier of wijn, of, in één geval, een zak vol haar om series loten te kopen. Wapens, laarzen en andere kledingstukken werden allemaal geaccepteerd. En sommige dingen waarmee loten werden gekocht – juwelen of tapijten bijvoorbeeld – doen vermoeden dat de loterij voor de welgestelde kopers een weloverwogen gok was, waarbij ze in ruil voor minder waardevolle luxegoederen waardevollere hoopten terug te krijgen.

Uit dit alles blijkt dat de Nederlanders niet beter bestand waren tegen de verleidingen van de overvloed dan andere culturen uit de renaissance en de barok. Calvinistische preken schijnen hen er niet van te hebben weerhouden royaal geld te spenderen aan chique kleding en juwelen om hun lichaam, en chic meubilair en kunst om hun huis mee te versieren, al was het laatste goedkoper dan het eerste. Zo schilderde Pieter Stael, een schilder in Delft die tot de meer strijdbare gomaristische calvinisten in de stad behoorde, in 1612 een *Sodom en Gomorra* in ruil voor een koraalrood gestreepte broek, versierd met passementwerk.[34] Een eeuw later vermeldde de inventaris van het huis van de Amsterdamse handelaar Remmert Clundert, opgemaakt voor de Desolate Boedelkamer, als duurste voorwerp een blauwe damasten kamerjas, geschat op vijfennegentig gulden.³⁵ En zelfs wanneer de kleding zwart en wit was zoals de predikanten dat voorschreven, was het zwart vaak satijn of fluweel, en soms onopvallend afgezet met bont. Het wit was dan kant of hagelwit gebleekt Haarlems linnen. Als hun vloeren in een zwart-wit ruitpatroon waren gelegd, werden meestal twee verschillende soorten marmer gebruikt. Dit was natuurlijk voorbehouden aan de rijken, maar niets wijst erop dat zij die lager op de maatschappelijke ladder stonden, anders hadden gehandeld als ze over de middelen hadden beschikt. Als een winkelier koopman werd, of een koopman landbezitter en rentenier, nam hij gretig de levenswijze van de voornamere groep over en stemde hij zijn uitgaven daarop af.

Als de Nederlanders over het algemeen niet als geldverkwisters worden beschouwd, komt dat misschien doordat geldverkwisting in renaissance en barok wordt vereenzelvigd met de hofcultuur of met de Italiaanse stijl van officieel vertoon. Maar in feite heeft er in de Nederlanden altijd een rijke traditie van geldverslindende ceremoniën bestaan, die in de vijftiende en zestiende eeuw nog werd versterkt door de invloed van de Bourgondische cultuur. Het zestiende-eeuwse Antwerpen, waar de Nederlandse stijl van vormelijk vertoon tot volle bloei kwam in de 'ommegangen' (processies) op heiligedagen en in de landjuwelen (wedstrijden van de rederijkerskamers), deed in pracht en praal niet onder voor zijn zuidelijke tegenhangers.³⁶ Amsterdam heeft deze passie voor publiek vertoon weer geërfd, en kon die botvieren in de wekelijkse parades van de schutterijen, of in de banketten, vuurwerken en openluchtvoorstellingen ter gelegenheid van historische gebeurtenissen.

Maar het belangrijkste toneel waarop de Nederlandse patriciër het doeltreffendst zijn rijkdom tentoon kon spreiden, was zijn eigen huis. Aan het interieur van de grachtenhuizen kan de historicus beoordelen of de hyperbool van Fokkens en Mandeville klopte of niet. Maar zelfs hun algehele verhoudingen en exterieur vertonen enige gelijkenis met hun Italiaanse en Franse tegenhangers. Bij Venetiaanse palazzi echter is de voorgevel meestal de langste zijde van het huis, parallel aan de gracht, terwijl de langste zijde van de Nederlandse huizen haaks op de gracht staat. Dat de huizen niet breed maar diep waren kwam ten dele door het ruimtegebrek in dichtbevolkte steden als Leiden en Amsterdam. Maar de Nederlandse smaak en de erfenis van de veel minder pretentieuze laat-middeleeuwse woonverblijven leidden tot een voorkeur voor versiering van het interieur in plaats van het exterieur. Zelfs toen Amsterdam begon met de aanleg van de radiale grachten, voor de bouw van dure huizen, liet de 'royale maat', voorgeschreven door de stadsfabriekmeester en de vroede vaderen, slechts een front van een meter of tien toe, tegenover een diepte van zestig meter.³⁷ Als architecten en hun opdrachtgevers per se wilden, waren er natuurlijk talloze manieren om deze beperkingen te omzeilen. Philips Vingboons specialiseerde zich in de bouw van huizen met een eigenaardige trapeziumachtige plattegrond, zoals dat aan Herengracht 138 uit 1638, waar het huis aan de linker kant naar achter toe breder werd. Aan de tuinzijde was het perceel bijna een derde breder dan aan de voorkant. Families die per se een façade van imposante afmetingen wilden, konden met elkaar samenwerken in een vroege vorm van appartementenbouw, waarbij achter één façade, gewoonlijk ontleend aan palladiaanse stijlboeken, twee afzonderlijke woonhuizen lagen. In 1642 bouwde Jacob van Campen een dergelijk huis voor de gebroeders Balthasar en Johan Coymans, en in 1662 bouwde Justus Vingboons een nog groter huis voor de gebroeders Trip aan de Kloveniersburgwal. Het Trippenhuis (of de Trippenhuizen) had twee afzonderlijke voordeuren maar één doorlopende façade, verenigd door kolossale Corinthische pilasters, zware en uniform versierde raamkozijnen en één geveltop met fronton.

Ook bij bescheiden façades was het mogelijk de gevel tussen de ramen te versieren, en in het bijzonder de geveltop, waarop zich een orgie van gebeeldhouwde of gestucte details kon afspelen. De versierde geveltop was het blazoen van de burgerkoopman, en op de daken verschenen allerlei emblemen waarmee de huiseigenaren reclame voor zichzelf maakten. Er kwamen wapenschilden, toespelingen op de handel of zelfs emblemen uit astrologische bestiaria, met name toen de oudere trapgevel plaats maakte voor de gedetailleerder en overdadiger versierde halsgevel van het midden van de eeuw. Voor de gebroeders Trip had Justus Vingboons in het fronton gekruiste mortieren gebeeldhouwd als symbool van de wapenhandel waarmee het geslacht zijn gigantisch fortuin had vergaard. Soms kregen architecten die ook metselaars en beeldhouwers waren, de opdracht om het beeldhouwwerk voor de exterieurdecoratie te verzorgen; zo maakte De Keyser de borstbeelden voor het huis van Nicolaas Soyhier aan de Keizersgracht en de overvloed aan ornamenten voor het huis Bartolotti aan de Herengracht.

Het huis Bartolotti is het schitterendste voorbeeld van de statige patriciërshuizen uit het begin van de zeventiende eeuw (1617-1618) dat bewaard is gebleven. De Italiaanse naam wijst niet op buitenlandse, mediterrane invloeden aan een gracht in het hoge noorden, de rijke versiering van het huis was een zuiver Nederlandse aangelegenheid. Naar het schijnt is De Keyser eraan begonnen voor een speculant die Keteltas heette, maar het huis werd uiteindelijk ontworpen en gebouwd voor Willem van den Heuvel, een directeur van de Westindische Compagnie en handelaar op de Levant, die naar de wens van zijn schoonmoeder de naam van haar overleden calvinistische echtgenoot, afkomstig uit Bologna, had aangenomen in ruil voor een aanzienlijk legaat.[38] In die tijd was het huis het nieuwste op het gebied van statigheid in drie verdiepingen.

Het is bovendien mogelijk exterieur en interieur van het huis te reconstrueren aan de hand van een inventaris, opgemaakt voor de belasting bij de dood in 1665 van Jacoba van Erp, de schoondochter van Van den Heuvel/Bartolotti.[39] En uit dit opzienbarende document blijkt dat de mooiste interieurs van Metsu en De Hooch eigenlijk maar zwakke afspiegelingen waren van de kwaliteit en kwantiteit van de meubels en goederen waarmee het Nederlandse patriciërshuis vol stond.

Anders dan in de Venetiaanse huizen – en ook anders dan in de meeste grachtenhuizen uit het tijdperk van Van Campen en Vingboons – bevonden de imposantste

317

Hendrick de Keyser, het huis Bartolotti. Foto: W. Smieder, met dank aan dr Gustav Leonhardt

kamers van deze patriciërshuizen zich niet op de *piano nobile* maar op de begane grond. Het Toscaanse portaal van De Keyser, met een gebroken boog met rustiekwerk, leidde naar een ruime, bijna vierkante ontvangkamer in het voorhuis, waar twee kaarten van de bezittingen in West-Indië hingen, ten teken van Bartolotti's relatie met de Compagnie. In dezelfde kamer hingen nog een groot landschap en twaalf andere schilderijen, een overdaad aan picturale versiering die kenmerkend was voor het hele huis. De bescheiden slaapkamer van de weduwe Van Erp bijvoorbeeld bevatte twaalf schilderijen, en zelfs in een van de dienstbodenkamers hingen er zeven – maar die waren naar de schatting van de taxateur bij elkaar slechts één gulden waard.[40]

Het voorhuis was spaarzaam gemeubileerd, zoals dat hoorde voor een wachtkamer: een spiegel, een houten bank, een eiken buffet en acht roodleren stoelen. Een zijkamer links was comfortabeler. Deze was behangen met goudleren behang, en bevatte een Oostindisch kabinet, een ronde notehouten tafel in typisch Nederlandse stijl bedekt met een Turks tapijt, een buffet van notehout, twaalf stoelen en nog een kabinetje. Er was ook een clavecimbel, wat een aanduiding kan zijn dat dit de huiskamer was, gebruikt voor muziekavonden. Op het leren behang hingen nog eens vijftien schilderijen en een grote spiegel met ebbehouten lijst. In de rechter zijkamer hingen tapijten getaxeerd op negenhonderd gulden (ongeveer de prijs van een heel huis van een kleine handelaar). In dezelfde kamer bevonden zich twaalf tapijtstoelen, waaronder vier armstoelen met dezelfde bekleding, een ronde ebbehouten tafel, nog een grote spiegel en een ebbehouten buffet, '... daer in bevonden dit volgende linnen, zijnde alle van het fijnste en beste tafelgoedt', zodat dit misschien de 'eetsaal' is geweest, een functie die in het Nederlandse huishouden al was gescheiden van de andere sociale activiteiten. Achter en rechts van het voorhuis lag de grote zaal, 'het groote steene salet', van het huis, die werd gebruikt voor meer formele en feestelijke ontvangsten, met een lange eikehouten tafel, twaalf stoelen bekleed met rood fluweel, nog een spiegel met ebbehouten lijst en gordijnen van rode serge. Boven de schouw hing een schilderij met de Geboorte van Christus, aan weerszijden twee houten engelen en eronder bevond zich een grote ijzeren haardplaat. Aan de wanden hingen schilderijen van de kinderen en verscheidene portretten van de prinsen van Oranje. De kamer van de weduwe, uit zorgzaamheid eveneens op de begane grond gelegen, was ouderwetser van inrichting maar niet minder gezellig. Er waren drie gordijnen tot op de grond, een lange eiken tafel, een andere rechthoekige tafel bedekt met een gestreept kleed, vier armstoelen, nog vier houten stoelen, een lezenaar voor de bijbel, een kabinetje, een achthoekige spiegel met een lijst van schildpad en ebbehout, een grote ruststoel met ijzeren rollen 'onder de voeten', een ledikant en een klein clavecimbel.

Dit is een zeer kleine keuze uit een zeer lange inventaris. De lange gang die op deze verdieping over de breedte van het huis loopt, is niet eens in de lijst opgenomen; daar bevonden zich eikehouten kasten en notehouten stoelen, vogelkooien, kaarten, prenten en tekeningen van Amsterdam. Op de bovenverdiepingen waren

Fonteintje, eind 17de eeuw.
Foto: met dank aan dr Gustav Leonhardt

al even weelderige ontvang- en privé-vertrekken, gevuld met massieve meubelen, kostbare stoffen, overdadig bewerkte ledikanten en karrevrachten kunstwerken. Het huis Bartolotti was natuurlijk alleen representatief voor de rijke elite, al zullen de huizen van de meeste grote regentenfamilies nauwelijks een bescheidener inrichting hebben gehad. Het huis van de Huydecopers op het Singel, het monumentale herenhuis dat Vingboons bouwde voor Joan Poppen op de Kloveniersburgwal met zijn twaalf meter diepe 'staatsievertrek', de huizen van Van Nijs aan de Keizersgracht, van de Bickers, de Corvers, de Backers en de Valckeniers staken elkaar naar de kroon in vorstelijke grandeur. Religieuze overtuiging scheen niet van invloed op de levensstijl der patriciërs. Poppen werd katholiek en veranderde zijn staatsievertrek in een kapel; Bartolotti/Van den Heuvel, residerend in zijn burgerpaleis, behoorde tot de fanatiekere calvinistische groepering in de stad en liet een gevelsteen met het opschrift *Religione et Probitate* op zijn huis aanbrengen. Mensen van elkaar bestrijdende partijen kwamen elkaar tegen bij de drapenier of de goudsmid.

Veel moeilijker is het om met enige zekerheid uitspraken te doen over de 'brede middenstand' – handelaars, lagere ambtenaren, notarissen – die een comfortabel maar geen luxueus leven leidde. In de notariële archieven van de meeste Nederlandse steden bevinden zich boedelinventarissen bij testamenten en huwelijkscontracten, maar als de identiteit van de partijen niet bekend is, zijn ze berucht moeilijk te gebruiken.[41] Lijsten van goederen (soms met prijzen) uit failliete boedels die werden geveild, zijn eveneens een waardevolle bron, maar ze vertegenwoordigen misschien een spilzieke levensstijl die niet representatief is. Hoewel het onderzoek naar al deze archiefbronnen nog in de kinderschoenen staat, is het mogelijk om op grond van de bekende documenten een voorlopige indruk van het middenstandshuishouden te geven. Deze groep moet niet worden verward met alle beroepsgroepen, want binnen één beroepsgroep kwamen zowel zeer rijke als zeer arme mensen voor. Zo was Frans de Vicq, een Amsterdamse geneesheer, rijk genoeg om tegen 1670 een spectaculair italianiserend huis aan de Herengracht te laten bouwen, terwijl een arts-chirurgijn uit een kleine stad min of meer op dezelfde voet en in hetzelfde soort huis leefde als een drapenier of meester-brouwer. Huishoudens met een inkomen van tussen de vijftienhonderd en drieduizend gulden per jaar waren in goeden doen; een meester-timmerman in Amsterdam daarentegen verdiende in het midden van de eeuw rond de vijfhonderd gulden.[42] Een welvarende handelaar zal een huis gekocht hebben, als hij er niet een had geërfd, voor misschien duizend gulden en richtte het in voor nog eens duizend gulden. De inrichting omvatte minstens twee bedden, twee of drie tafels, twee of drie kleerkasten of kabinetten, zware draperieën en gordijnen, enkele kanten gordijnen, het obligate Delftse aardewerk en de dito tegels, een tiental bronzen of zilveren kandelaars, tinnen schotels en kroezen, veel schilderijen, enkele boeken – in ieder geval de Statenbijbel en de werken van Cats – en een buitensporige hoeveelheid linnengoed, voor tafel en bed.

Een kleermaker aan de Prinsengracht, een zekere Ter Hoeven wiens boedel in het voorjaar van 1717 werd verkocht, was, denk ik, tamelijk representatief voor zijn maatschappelijke klasse. Hoewel zijn huis midden in een rijke buurt van de stad lag, had hij zijn zaak aan huis en bewoonde hij vermoedelijk slechts een gedeelte van het huis. De lijst van zijn bezittingen is het documentaire equivalent van een interieur van Jacob Duck of Quiringh Brekelenkam. Ze telde onder meer vijf schilderijen (in totaal vijf gulden waard), drie tafels, een wieg en een kinderstoeltje, verschillende boeken, Delfts aardewerk en Delfts-blauwe tegels, tinnen kroezen en vaatwerk, een spinnewiel, zeven kanten gordijnen, twee bedden en een slaapbank met matras, een eikehouten kast, een linnenkast, verscheidene kussens, twee spiegels (één gebroken), meer dan twintig stoelen (sommige voor het werk), zes stellen beddegoed, eenenveertig servetten en een vogelkooi.[43] Een soortgelijk huishouden, dat van Jan van Zoelen en Neeltje Zuykenaar, wier gezamenlijke bezittingen minder dan duizend gulden opbrachten, was nog beter uitgerust. Er waren onder meer vier tafels, achttien stoelen voor het gezin en een stel voor het werk, achttien stellen beddegoed, twaalf tafellakens en vijfendertig servetten, het onvermijdelijke Delfts blauw en een heel arsenaal aan lepels, vorken, koperen pannen en ketels. Naar het schijnt was er maar één boek, maar dat had zilverbeslag en was negen gulden waard.[44]

Dat er in deze betrekkelijk bescheiden huishoudens zo veel meubilair te vinden was, kwam doordat het in Nederland vergeleken met andere Europese steden tame-

321

lijk goedkoop was. Kleding, een ander onderdeel van de gezinsuitgaven, was veel duurder.[45] Een stoel met rechte rug was al te koop voor twintig stuiver, een eenvoudige tafel voor iets meer dan een gulden. Verreweg het duurste meubelstuk in huis was doorgaans het bed. Een eenvoudig bed kostte tussen de vijftien en twintig gulden, terwijl een rijk bewerkt, vrijstaand hemelbed, met inbegrip van de draperieën, wel honderd gulden of meer kostte.[46] Eenvoudiger huishoudens behielpen zich met één bedstee en een rustbank met matrassen of planken voor de kinderen en/of een dienstmeid. Die kostten het huishouden maar drie tot vijf gulden. De andere dure artikelen in de categorie zwaar meubilair waren kabinetten en kasten. Eiken kasten waren al te koop voor tien gulden (twee weken loon voor een ambachtsman), maar praktisch alle burgerhuishoudens verlangden naar (of, wat meer voorkwam, erfden) de grote, houten, gebeeldhouwde kabinetten en kleerkasten die een teken van solide welvaart waren. Een fatsoenlijke linnenkast (er was immers veel linnen op te bergen) kostte nieuw misschien twintig gulden en op een veiling vijftien, een fraai gebeeldhouwde versie van notehout wel vijftig of zestig. Met één zo'n stuk en een kast behoorde een gezin tot de middenklasse, al is het niet ongewoon om in heel bescheiden inventarissen drie of vier aan te treffen.[47] Het meest gebruikelijke 'luxeartikel' in de middenstandshuishoudens was de spiegel, die door de dominees werd afgekeurd omdat hij tot duivelse ijdelheid zou aanzetten. Spiegels waren goedkoop en overal aanwezig, vooral toen de Nederlandse glazeniers en timmerlieden eenmaal kopieën naar Venetiaanse voorbeelden begonnen te produceren. Een kleine spiegel kostte maar zo'n drie gulden; een met ebbehouten of schildpadden lijst of van een ongewoon model (halverwege de eeuw waren achthoekige lijsten in de mode) zal tien of vijftien gulden hebben gekost.

De keuken en huiskamer van de Nederlandse middenstand waren misschien nog het best uitgerust. Potten en pannen waren vrij duur en vormden vaak een belangrijk onderdeel van de bruidsschat. Een grote ijzeren stoofpan, voor de 'hutsepot', kostte anderhalve of twee gulden, een ketel of taartvorm ongeveer drie. Zelfs op veilingen brachten de grootste pannen nog vijf gulden op. In de middenstandshuishoudens was koper een iets deftiger materiaal; het werd bijvoorbeeld gebruikt voor beddepannen, die rond de zeven gulden kostten, of voor theeketels (na 1680), die zo'n vijf gulden kostten. Koper werd ook gebruikt voor vaten die niet te zwaar mochten wegen; doofpotten bijvoorbeeld, waren van koper en de prijs kwam daarmee overeen. Een ander onmisbaar artikel was het strijkijzer, dat rond de drie gulden kostte. Het gewone eet- en drinkgerei was van goedkoop tin. Een stel van vier kommen en lepels was voor vier gulden verkrijgbaar, terwijl acht tinnen kroezen van een halve pint maar één gulden vijfendertig kostten op een veiling (misschien waren ze gedeukt). Zilveren lepels waren natuurlijk veel duurder, en het bezit van zilvergoed in welke vorm dan ook betekende een flinke stap omhoog in de hiërarchie van binnenshuis vertoon. Zilveren lepels kostten in het midden van de eeuw wel zeven gulden per stuk, en een stel van zes lepels was verkrijgbaar voor veertig gulden. Glaswerk varieerde nogal in prijs. Normale roemers, de groene, gouden of blauwe, met framboosmotieven versierde bokalen met holle steel die zo populair waren bij stillevenschilders, waren verrassend goedkoop. Ze waren te vinden in iedere kroeg en kostten niet veel meer dan een gulden per dozijn. Maar dat solide tinnen kroezen veel vaker voorkomen in inventarissen van de middenstand, komt misschien omdat tin zo'n sterk en duurzaam materiaal was. Glazen bokalen die speciaal gegraveerd waren voor verlovingen, verjaardagen of historische gebeurtenissen, brachten hogere prijzen op. Ze konden wel vijf gulden kosten; wijn- of waterkruiken waren bovendien wel eens versierd op de Duitse wijze, met zilveren handvatten en voeten. Voor kandelaars werd meestal brons gebruikt, al was er voor de armere huishoudens ijzer en voor de rijkere koper. Na het midden van de eeuw komt Delfts aardewerk steeds vaker voor, hoewel het feit dat inventarissen naast porselein vaak tinnen serviezen noemen, doet vermoeden dat het eerste meer voor de sier of feestelijke gelegenheden dan voor dagelijks gebruik diende. Delfts-blauwe tegels waren natuurlijk een goedkope vorm van interieurdecoratie. In het begin van de eeuw waren de polychrome imitaties van Italiaans majolica nog betrekkelijk duur – anderhalve tot vier stuiver per stuk – of vijfenzeventig tot honderd gulden per duizend. Maar toen in plaats daarvan het standaardproduct een goedkope imitatie van Mingporselein werd, uitgevoerd in het beroemde blauw en wit, werd het snel populair in alle (behalve de armste) huiskamers en keukens. Tegen 1660 kostten ze vijfentwintig gulden per duizend stuks, zodat het betegelen van een grote keuken – beginnend vanaf de grond om het vocht te weren – een geschoold ambachtsman ongeveer drie weeklonen kostte.[48]

Ten slotte waren er nog de schilderijen waarmee de huizen van de middenklasse volhingen en die buitenlandse bezoekers zo veel verbaasd commentaar ontlokten. De opmerking van John Evelyn uit 1641 is zo vaak geciteerd dat er twijfels zijn gerezen of zijn commentaar wel representatief was. Maar ook veel andere reizigers – Peter Mundy, Jean de Parival, William Aglionby – hebben geconstateerd dat 'schilderijen hier heel gewoon zijn, en er is amper een gewone handwerksman wiens huis er niet mee is versierd'.[49] In de goedkoopste hoek van wat in feite de eerste Europese kunstmarkt voor massaconsumptie was, waren gravures te koop voor een paar stuiver per stuk, of vaker nog in series. Ook emblematoboeken en geïllustreerde geschiedenissen waren betrekkelijk goedkoop, met uitzondering van de allergrootste folio-edities. (Zie Bijlage 2.) De allermooiste, de Schipper-editie uit 1659 van *Alle de Werken* van Cats, bracht in 1687 op een veiling in Zeeland zeven gulden en vijftien stuiver op. De prijzen op een eerdere veiling in Middelburg, in 1658, waren misschien representatiever: een exemplaar van De Brunes *Emblemata* met platen bracht niet meer dan twee gulden op, en een los exemplaar van Cats' *Self-Stryt* slechts vijftien stuiver.[50]

De prijs van etsen wisselde nogal, maar Rembrandts 'Honderdguldenprent' was een grote uitzondering. Ook de prijs van olieverfschilderijen op paneel of doek varieerde enorm, en belastingtaxateurs en veilingmeesters hielden bij hun schattingen rekening met de afmeting en kwaliteit van de lijst. Een 'zeeslag' en een 'man met kind en vogeltje', die in 1681 in Amsterdam op een veiling werden verkocht, brachten respectievelijk twintig en vijfentwintig gulden op, hoogst waarschijnlijk omdat volgens de omschrijving de lijsten verguld waren.[51] Bij de meeste schilderijen was dit niet het geval, en het feit dat in veel, zo niet de meeste inventarissen met een totale boedelwaarde van duizend gulden of zelfs minder schilderijen voorkwamen, lijkt een bevestiging van de veel gehoorde stelling dat het voor burgerfamilies in de Nederlandse Republiek gebruikelijk was om kunstwerken te bezitten. Waarschijnlijk werden ze meer als ambachtelijke produkten beschouwd, zoals de schilders zelf als ambachtslieden werden beschouwd en dienovereenkomstig werden betaald.[52] De wanden van de huizen waren bedekt met schilderijen van spelende kinderen, winterlandschappen, schepen en bijbelse taferelen, zoals ook de tegels op de muren van de huiskamer taferelen van soortgelijke anekdotische of licht moraliserende strekking vertoonden. Zoals de meeste kunsthistorici terecht veronderstelden, waren schilderijen met boerse taferelen, kortegaardstukken en bordeeltaferelen, interieurs en 'dienstmeisjes' waarschijnlijk het goedkoopst. Op een veiling in 1682 bracht een landelijk 'slagtyd'-tafereel twee gulden en tien stuiver op, terwijl een bordeelscène (als zodanig omschreven) voor maar één gulden tien werd verkocht.[53] (In dezelfde inventaris leverde een spiegel met ebbehouten lijst tien gulden op!) Kleine landschappen konden ook goedkoop zijn. Een gezicht met watermolens – misschien in de stijl van Van Ruisdael/Allart van Everdingen – bracht maar één gulden op en een stadsgezicht twee. De gemiddelde prijs voor een landschapje schijnt tussen de drie en vier gulden te hebben gelegen, en hetzelfde gold voor een zeegezicht (met uitzondering van schilderijen van grote zeeslagen). In de jaren zeventig en tachtig waren landschappen in grootsere stijl en van grotere afmeting, de 'italianiserende' doeken van Cuyp of de modieuze jacht- en valkejachttaferelen van Wouwerman, in trek op de chique hoek van de markt en deze konden veel duurder zijn. Zo bracht bij een andere verkoping in 1681 een 'Bruegelachtig' landschap – waarmee eerder Jan dan Pieter de Oude bedoeld zal zijn – dertig gulden op. Ook stillevens varieerden al naar gelang hun grootte en onderwerp sterk in prijs. Uiterst gedetailleerde 'fijnschilder'-werken van het soort dat door Kalf en Van Beyeren populair werd, konden zes of zeven gulden opbrengen, en kleinere schilderijen van vissen of bloemen drie of vier. Portretten en historieschilderijen (die na het midden van de eeuw minder vaak voorkomen) waren, zoals te verwachten valt, het duurst, en in opdracht geschilderde *portraits historiés* het allerduurst. Maar zelfs in de jaren tachtig was het nog mogelijk bescheiden historiestukken te kopen voor minder dan de prijs van een elegante spiegel en veel minder dan die van een eiken buffet. Een 'Romeinse geschiedenis' bracht op een verkoping in 1682 maar vijf gulden op, terwijl een 'landschap met Jacob [Isaac?] en Rebecca' uit de grote collectie van François van der Noordt voor slechts negen gulden wegging.

In vergelijking met keukengerei, kleine meubelstukken en ornamenten waren kleren veel duurder. Een tinnen schaal kostte een paar stuivers, terwijl een vrouwenhemd ongeveer een gulden kostte. Te oordelen naar de inventarissen schijnen middenstandshuishoudens niet veel verschillende artikelen maar wel veel per soort te hebben aangeschaft. Zo was het niet ongebruikelijk dat een huisvrouw dertig of meer mutsen bezat. Gesteven linnen was het belangrijkste artikel in het Nederlandse huishouden. Twaalf of veertien stellen beddegoed voor twee of drie bedden, dertig of veertig servetten en zelfs een dozijn zakdoeken (nadrukkelijk 'neusdoeken' geheten) waren heel gewoon. De garderobe van de vrouw van Remmert Clundert uit Amsterdam in het begin van de achttiende eeuw telde dertien hemden, vijf rokken en drie onderrokken, en twee fijne damasten jurken, een zwarte en een blauwe, voor speciale gelegenheden. Terwijl de gewone rokken per stuk rond de twee gulden kostten, vertegenwoordigden de jurken een aanzienlijk bedrag: de prijs was vastgesteld op respectievelijk twintig en vijfennegentig gulden. Voor mannenkleren gold hetzelfde. Overhemden kostten ongeveer een gulden per stuk, een kamerjas ongeveer tien gulden; en aan het eind van de eeuw kostten een jas en vest, fijn afgewerkt (maar zonder brokaat), wel veertig of vijftig gulden.[54] Uit de Amsterdamse inventarissen valt voor deze inboedelklasse van tussen de duizend en tweeduizend gulden op te maken dat ongeveer twee derde van de roerende goederen bestond uit huishoudelijke artikelen en meubilair, en ongeveer een derde uit kleren. Voor de meerderheid in de Nederlandse middenstand werden status en fortuin voornamelijk uitgedrukt in huiselijk comfort.

Zoals we bij de inventaris van het huis Bartolotti hebben gezien, beknibbelden de rijken niet op de inrichting van hun huizen. En de luxeuzere stoffering die aan het einde van de zeventiende eeuw in de mode kwam, bood nieuwe mogelijkheden geld uit te geven voor het huis. Men ging bedrukte leren behangsels geleidelijk vervangen door beschilderde zijde of door papieren behang met soms taferelen van een landelijk arcadia à la Wouwerman. Weefsels als moiré en satijn vervingen fluweel en saai. Maar hoe rijk het huis of hoe schitterend de inrichting ook was, als een zekere weeldedrempel eenmaal was overschreden, moest men andersoortige uitgaven doen om de status hoog te houden. Cornelis de Jonge van Ellemeet had in de beginjaren van zijn ambtsperiode als ontvanger-generaal van de Republiek, van 1685 tot 1689, een inkomen van ongeveer twintigduizend gulden per jaar, waarvan hij de helft spendeerde aan allerlei persoonlijke uitgaven. Tien jaar later verdiende hij meer dan zéstigduizend gulden (een zelfs voor Nederlandse begrippen uitzonderlijke vooruitgang), waarvan zo'n zeventienduizend werd uitgegeven aan consumptieartikelen. Zijn gemiddelde jaarlijkse uitgaven aan meubels alleen verdubbelden van ongeveer duizend tot tweeduizend gulden. In 1699 gaf hij twee maal zo veel uit voor één tapijt als aan een heel jaarloon voor een klusjesman die toezicht hield op zijn land.[56] Ondanks zijn kwistigheid stegen zijn inkomsten altijd sneller dan zijn uitgaven: terwijl hij in 1685 ongeveer de helft overhield, was dat in 1704 al twee derde. In dit laatste jaar verdiende hij fl. 93 342, gaf hij fl. 19 886 uit en betaalde hij fl. 10 688 aan directe belastingen. Dit spaarsucces heeft echter minder te maken met een calvinistische afkeer van geldverspilling dan met de onbegrensde mogelijkheden om woekerwinsten te maken in een tijd van inflatie en grote vraag naar geld wegens de oorlog – hij was immers ontvanger-generaal van de Verenigde Provinciën. Vanaf de jaren tachtig, toen hij en zijn al even welgestelde vrouw Maria Oyens hun huis van vijftienduizend gulden aan de Lange Vijverberg in het centrum van Den Haag betrokken, gaven ze ongelimiteerd geld uit aan praktisch alles wat maar hoorde bij de levensstijl van patriciërs. Het schijnt dat ze alleen bezuinigden op huispersoneel, een schamele vier personen in totaal, hoewel deze regelmatig in nieuwe livreien werden gestoken.

De uitgaven van De Jonge van Ellemeet waren van een andere orde dan die van de Amsterdamse burgers. Ook zijn schilderijen waren veel duurder. Constantijn Netscher kreeg de opdracht om voor drieënzestig gulden zijn kinderen te schilderen, en op het gebied van historieschilderijen ging zijn voorkeur uit naar zestiende-eeuwse noordelijke meesters. Een kruisiging van Frans Floris kostte hem negenentwintig gulden. Alleen al de aanschaf van gordijnen voor de 'bovenste eetkamer' in 1690 kostte driehonderd gulden, en twee armstoelen in 1713 tweehonderd. Toen hij in 1702 uiteindelijk besloot dàt zijn hoge status een vierspan vereiste, kostte hem dat fl. 2593, een voor die tijd vorstelijk bedrag. Serviesgoed en juwelen werden even grif gekocht, onder meer een stel van twaalf zilveren schalen dat meer dan achthonderd gulden kostte. Maar De Jonge van Ellemeet had een speciaal zwak voor diamanten. De bloeiende slijp- en polijstindustrie in Amsterdam en het feit dat Holland de aanvoer van edelstenen beheerste – niet alleen van diamanten, maar ook van Braziliaanse smaragden en Oostindische saffieren – hadden de Republiek tot het centrum van de internationale juwelenhandel gemaakt, en voor patriciërs als De Jonge van Ellemeet was het moreel noch materieel een probleem om collecties aan te leggen. In 1687 kocht hij voor zijn vrouw (die als deel van de bruidsschat een aantal juwelen had ingebracht) een diamant voor fl. 487. In 1691 betaalde hij bijna tweeduizend gulden voor een snoer van eenentwintig stenen, in 1696 de povere som van vijfhonderd gulden voor een hart en elf kleine stenen en drie jaar later fl. 1115 voor één kolossale 'bloksteen'. Gouden voorwerpen werden haast achteloos gekocht. Toen zijn gouden beurs op de Haagse kermis werd gestolen, kocht hij naar het schijnt zonder een spier te vertrekken een nieuwe voor ongeveer tweehonderd gulden.

De pracht en praal die De Jonge van Ellemeet tentoonspreidde, was natuurlijk precies wat de dominees en zedenmeesters als losbandig gedrag hekelden. Geldverkwisting en zucht naar weelde konden, zo waarschuwden ze, maar op één ding uitlopen: een materiële en morele verzwakking die onvermijdelijk zou uitmonden in verval. De straffen voor deze ijdelheden waren de oude, vertrouwde gruwelen: oorlog, bezetting, slavernij en een nieuwe, verwoestende zondvloed.[57] Als profetische rem op de consumptiedrift van de Nederlanders speelden deze vermaningen een belangrijke rol in hun cultuur. Maar dat door geldverkwisting het nationale erfgoed werd verkwanseld, is een veronderstelling die meer thuishoort in preken dan in economische voorspellingen. Ze was gebaseerd op de oude mercantilistische stelregel dat er een vaste hoeveelheid kapitaal bestond die ofwel aan produktieve ofwel aan niet-produktieve doeleinden kon worden besteed. Een hoge consumptie zou ten koste gaan van middelen die anders door investeringen produktief konden worden gemaakt. Maar zoals de scherpzinnige Mandeville al begreep, konden vroeg-moderne economieën ook op andere manieren floreren. Een hoge consumptie zou de omzet van kapitaal en arbeid zelfs kunnen stimuleren en juist kunnen samengaan met kapitaalvorming in plaats van deze uitsluiten. Dat hing natuurlijk voor een groot deel af van de algehele economische groei, en zonder schattingen van het bruto nationaal produkt is het tempo van die groei moeilijk te bepalen. Maar in overeenstemming met de 'pessimistische' opvatting dat niet-produktieve ondernemingen steeds meer kapitaal opslorpten, is van oudsher gesteld dat de Nederlandse economie op het gebied van de handel en de industrie al in de jaren tachtig begon te stagneren.[58] Dit lijkt nu een belachelijk voorbarig oordeel. Wat de Nederlanders tegen het einde van de eeuw begonnen te verliezen, was hun voordeel ten opzichte van andere naties in de kosten van de scheepsbouw en het vrachtvervoer, maar de handel op de Atlantische Oceaan, de Levant en Oost-Indië bleef de hele achttiende eeuw floreren. En toen de Nederlandse economie de concurrentie ging voelen, had dat minder te maken met een decadente levensstijl dan met externe factoren: oorlog en de hoge kosten van de bescherming van het imperium.[59]

In weerwil van de heersende stereotypen dreef de Nederlandse economie in haar eerste bloeiperiode niet op zuinigheid. We kunnen haar met evenveel recht een spendeer-en-floreer-economie als een spaar-en-floreer-economie noemen, want sparen en spenderen sloten elkaar geenszins uit. Door de voor Europese begrippen hoge reële inkomens – in maatschappelijke klassen van geschoolde vaklieden tot en met rentenierende patriciërs – was ook het besteedbare inkomen hoog. Maar paradoxaal genoeg gold, dat naarmate er absoluut meer aan consumptie werd besteed, het relatieve aandeel ervan in de totale activa kleiner was. De timmerman die zeshonderd gulden per jaar verdiende, gaf (volgens Posthumus) vermoedelijk de helft ervan uit aan eten, terwijl Cornelis de Jonge van Ellemeet, die bijna honderdduizend gulden verdiende, een derde daarvan aan eten voor zijn huishouding besteedde![60] Daartussen wisselden de verhoudingen nogal, al naar gelang positie en voorkeur. Bij een van de door Michael Montias bestudeerde Delftse kunstenaars bestond slechts tien procent van de activa uit roerende goederen als juwelen en meubels, terwijl Boudewijn de Man (eveneens ontvanger-generaal) en een verzamelaar bijna een derde in 'duurzame gebruiksgoederen' bezaten.[61] In de huwelijkscontracten en inventarissen van de voorname Amsterdamse geslachten uit het midden van de eeuw maakten juwelen, contanten en persoonlijke bezittingen tussen de twaalf en vijfentwintig procent van het totale vermogen uit. Zo had Cornelis Backer, toen hij in 1660 zijn tweede vrouw Catherine Raye huwde, evenveel geld belegd in juwelen als in aandelen in handelsondernemingen (respectievelijk fl. 6000 en fl. 7000) en slechts fl. 3000 in andersoortige effecten.[62] Feitelijk was zeer veel geld belegd in zaken die, afhankelijk van het morele standpunt, als produktief of niet-produktief beschouwd konden worden: grond in de stad of op het platteland (er werd zelfs gespeculeerd in veen met het oog op drooglegging of turfsteken), jaargelden, provinciale en stedelijke obligaties en promessen, wissels en vooral leningen met korte of middellange looptijd afgesloten voor niet nader gespecificeerde doelen. Een gemiddelde kapitalist in Amsterdam had al deze investeringen in portefeuille, waarbij de verhoudingen van jaar tot jaar en van sector tot sector wisselden al naar gelang persoonlijke behoeften en inzichten. Zo zette Louis Trip in de jaren vijftig en zestig eerst kapitaal van handelsondernemingen om in bedrijfsaandelen, maar vervolgens in steeds grotere hoeveelheden in betrekkelijk risicoloze staatsleningen en onroerende goederen.[63]

Eén deel van Max Webers beroemde stelling dat de protestantse ethiek de consumptie beperkte ten gunste van de kapitaalaanwas, schijnt dus niet op te gaan voor Nederland, een land met het indrukwekkendste kapitalisme dat de wereld tot dan toe had gekend. Louis en Hendrick Trip – zo ongeveer de prototypen van zeventiende-eeuwse handels- en industriebaronnen – spendeerden een kwart miljoen gulden aan hun vorstelijke huis van Vingboons. Maar dit wil niet zeggen dat het calvinisme zich gedwee neerlegde bij excessief epicurisme. Het tegendeel was waar. De stem van het calvinisme, die het onrecht van Vrouw Wereld en de goddeloosheid van Koningin Geld hekelde, kon je tot in de uithoeken van de Republiek van de kansels horen bulderen. Maar waartoe, en met welk gevolg? Het calvinisme vermaande, maar leek niet in staat te beteugelen. En als het niet kon beteugelen, sanctioneerde het dan, zoals Weber ook betoogde, de groei van de rijkdom als een uiterlijk teken van verlossing?

2   IN HET RIJK VAN KONINGIN GELD

Hoeveel welvaart was goed voor de Nederlanders? Op het eerste gezicht was dit, in de ellendigste omstandigheden die Europa sinds de veertiende eeuw had gekend, een absurde vraag. De Republiek was een eiland van overvloed in een oceaan van gebrek. Haar ambachtslieden en zelfs haar ongeschoolde arbeiders en boeren hadden een hoger reëel inkomen, beter eten en een veiliger leven dan waar ook op het vasteland. De enige tegenspoed die ze gemeen hadden met hun gelijken elders, was de pest, en zelfs die leek minder huis te houden in Amsterdam dan in Londen. In de ergste week van de plaag in 1664 waren er in Amsterdam 1041 begrafenissen, tegenover 7000 aan het einde van de zomer van 1665 in Londen, een stad die tweemaal zo groot was.[64] Bovendien werd de bevolking van Amsterdam aangevuld door immigratie, zodat ze niet dezelfde malaise kende als Venetië, dat tijdens de verschrikkelijke pestepidemieën van de jaren dertig een derde van zijn bevolking verloor. De rijkdommen van het land leken onkwetsbaar voor de plagen waardoor de rest van de wereld werd bezocht. Met verbluffend gemak bracht kapitaal kapitaal voort en kapitalisten ontzegden zich geenszins de vruchten ervan, maar genoten van het materiële comfort dat ermee gekocht kon worden. Halverwege de eeuw leken er geen grenzen, zeker geen geografische grenzen, aan het bereik van haar vloot en aan de vindingrijkheid van haar ondernemers. De markt voor een bepaald materiaal was nog niet verzadigd of uitgeput, of er werd een nieuwe veelbelovende grondstof ontdekt, de aanvoer gemonopoliseerd, de vraag gestimuleerd en werden markten in binnen- en buitenland geëxploiteerd. Zou het tij van de welvaart ooit keren?

En dat was nu juist het probleem. Als de Nederlanders al visioenen van hun eigen ondergang hadden, was dat een ondergang die niet door een agressief buurland maar door eigen hand werd bewerkstelligd. Ze konden zichzelf ondermijnen door te overdrijven. Hun dominees bleven daarop hameren, en wezen op het voorbeeld van Israël, waar de Baälverering onheil had aangekondigd. Calvijn waarschuwde in zijn commentaar op Jesaja's veroordeling van Tarsis dat de joden zich van hun rijkdommen moeten ontdoen als ze zich aan God willen onderwerpen.[65] En het idee dat als hun beker ooit zou overlopen, het een wrekende zondvloed zou worden, was diepgeworteld in de nationale overlevering. Naar aanleiding van een bezoek aan de welvarende dorpjes van de Betuwe, merkte William Aglionby, die deskundige op het gebied van de Nederlandse weelde, op dat de boeren over de grote overstromingen van de vijftiende eeuw spraken alsof ze de dag tevoren hadden plaatsgevonden. In alles wat ze zeiden klonk angst door, een landelijke versie van het humanistische pessimisme. Aglionby luisterde aandachtig, al vond hij met zijn baconiaanse Royal-Society-verstand de komische irrationaliteit ervan wel grappig: 'Zoals we vaak, wanneer we ergens de oorzaak niet van kennen, geneigd zijn het toe te schrijven aan een onzichtbare, bovennatuurlijke macht, zoals onze zonden Gods toorn opwekken, zo hebben sommigen gezegd dat deze dorpen verdronken omdat ze hun grote rijkdommen misbruikten, alleen maar gouden sporen wilden dragen en in grote luister leefden.'[66]

Rijkdom leek dus onbehagen op te roepen, en overvloed ging gepaard met angst. Dit syndroom, dat ons vreemd en vertrouwd tegelijk voorkomt, vond niet zijn oorsprong in de Reformatie en was evenmin typisch voor de Nederlanden. Zowel de kritiek van de Romeinse stoïcijnen op luxe en hebzucht (vanaf de dertiende eeuw neergelegd in de Italiaanse weeldewetten) als de herhaalde aanvallen der franciscanen op kerkelijke en wereldlijke rijkdom waren in het noordelijke humanisme opgenomen. Maar toen Erasmus in de aanval ging tegen de ijdelheid van wereldse rijkdom en macht, had hij zich afgekeerd van de quiëtistische retraite-traditie die hij persoonlijk had ervaren in het augustijner klooster in Steyn. En hij was allerminst aangetrokken tot de louterende bedeltraditie van de franciscanen. In de erasmiaanse benadering van de weelde moest men geen bescherming en toevlucht zoeken voor de beproevingen van de materiële wereld, maar de confrontatie juist aangaan. De nieuwe *miles christianus*, de christenstrijder, moest in het strijdperk van alledag zijn vijanden – begeerte, lust, trots en ijdelheid – onbevangen tegemoettreden. De wereld ingaan om haar ijdelheden des te beter de baas te worden was de dagelijkse

Gravure. *Nieuwe kerk op de Botermarkt te Amsterdam*. Douce Prints Portfolio, Bodleian Library, Oxford

Philips Galle naar Maarten van Heemskerck, *Divitum Misera Sors*, 1563. Kress Library of Business and Economics, Harvard University

beproeving waaraan de erasmiaanse humanist zich moest onderwerpen. Het vreselijke gevaar dat de dingen van de wereld hem daarbij de baas zouden worden, was altijd aanwezig, vooral voor mensen als More, die hoge ambten bekleedden, maar het was een gevaar waaraan ze zich niet mochten onttrekken.[67]

De houding van de Vlaamse kapitalisten in de zestiende eeuw – en hun satellieten in het noorden, in Haarlem en Leiden – was dus tweeslachtig. Ze gaven grote sommen geld uit aan formele, ceremoniële aanvallen op geld. In 1561 was de jaarlijkse processie door Antwerpen, de 'ommegang' van het Feest van de Besnijdenis, georganiseerd door een van de Vlaamse rederijkerskamers, gewijd aan de *circulus vicissitudinis rerum humanorum*, de fatale cyclus van wereldlijk fortuin.[68] De kunstenaar (en loterijspeculant) Maarten van Heemskerck heeft ontwerpen nagelaten voor de acht allegorische praalwagens en hun gevolg. In 1564 werden er gravures van gemaakt, en samen met de nog bestaande 'ordinantien' voor het feest vormen ze een gedetailleerde beschrijving van de gebeurtenis. Voorop gaat de triomf van de wereld en dan volgen respectievelijk rijkdom, trots, afgunst, oorlog (een belangrijk breekpunt), gebrek, deemoed en vrede, en in de laatste 'triomf' begint de cyclus veelzeggend genoeg opnieuw als de vrede de rijkdom baart.[69] Alleen Gods Laatste Oordeel kan de fatale cyclus doorbreken – en het is interessant dat Van Heemskerck geen ontwerp daarvoor maakte. Het was al sinds lang een favoriet thema van het humanisme, maar de directe betekenis voor hun eigen belangen en bezigheden kon de burgers van Antwerpen onmogelijk zijn ontgaan. Een eeuw later verpakten do-

Overvloed en onbehagen

Jan Galle naar Pieter Bruegel de Oude, *De slag van de brandkasten en geldbuidels*. Kress Library of Business and Economics, Harvard University

minees en zedenmeesters nog steeds vermaningen en voorspellingen in dezelfde bewoordingen.

In deze christelijke humanistische cyclus speelde rijkdom duidelijk een allesoverheersende rol. Op de tweede praalwagen berijdt Opulentia Roem, vergezeld van de gebruikelijke ongunstige gevolgen van haar overwinning. Haar wagenmenner was Verraad, haar paarden Bedrog en Roof, haar begeleiders Woeker, Misleiding en Wellust. Achteraan, vóór IJdel Genot (Vana Voluptas) loopt de figuur van Bedrieglijke Vreugde die de zeepbellen van haar vluchtigheid blaast. Ze zou ook dwars door de iconografie van de kapitalistische speculatie, die kermis van de uiteenspattende zeepbel, lopen.

Ilja Veldman heeft overtuigend aangetoond dat er een nauwe samenhang bestaat tussen deze thema's en de moralistische literatuur van Dirk Volckertszoon Coornhert.[70] Coornhert was inderdaad een van de belangrijkste schakels tussen het moralistische humanisme in Vlaanderen, de sociale zorg van de magistraat in de Nederlanden en de overbrenging ervan naar het noorden, naar Haarlem en Amsterdam. Zijn *Comedie vande Rijckeman*, die in 1582 verscheen, en de dringende vermaningen in zijn *Zedekunst dat is Wellevenskunst* – na de werken van Erasmus de bijbel van de Nederlandse humanisten – pasten volledig in de traditie van de rituele polemieken tegen de weelde. De aanvallen op de overvloed bleven vaak niet beperkt tot kritiek op excessieve weelde of hebzuchtige woeker, maar kritiseerden de hele houding tegenover geld. In Coornherts *Roerspel vande ketterssche werelt* (1590) is Elck gekleed als een rijke koopman, en bekeert Geld hem tot het geloof dat rijkdom lichamelijke en geestelijke verlossing kan brengen. Bedrog leert hem dan dat men rijk wordt door middel van (vanzelfsprekend) misleiding, woeker en diefstal.[71] Deze aanval op de verfoeilijkheid van de rijkdom keert nog ondubbelzinniger terug in een andere serie prenten van Van Heemskerck, geïnspireerd op Coornherts lessen, de *Divitum misera sors* (Het trieste lot der rijken), die in 1563 door Philips Galle werd gegraveerd (zie p. 332). Ook deze serie vertoont een optocht, en is misschien als zodanig opgezet door een rederijkerskamer tot lering van het volk. Ze begint met een rijke man die vergeefs de hemelpoort probeert binnen te gaan, terwijl een kameel in de rij staat om door het oog van de naald te gaan. Op de derde prent staan figuren die het kwaad van de rijkdom personifiëren – Lucullus, Crassus, Croesus en Midas – met de respectievelijke attributen van hun dwaasheid. En op de vierde laat Koningin Geld, Regina Pecunia, haar wagen trekken door Angst en Gevaar, terwijl ze Roof onder haar mantel verbergt. Achter haar kijkt de nar recht in de ogen van Pandemia – de figuur van 'het gehele volk', die op haar hoofd de wereldbol met omgekeerd kruis en op haar schouders de hoorn des overvloeds draagt, terwijl Diefstal haar verlost van haar geldbuidel.

Veel van deze symbolische thema's – de vergankelijkheid van de zeepbel, de beroving van de ijdelen en dwazen, de dwaasheid van Vrouw Wereld en de tirannie van Koningin Geld – zouden een buitengewoon lang leven leiden in de verbale en beeldende cultuur van de Nederlanden. En deze emblemen waren ondanks hun allegorische rijkdom niet louter gekunstelde metaforen voor een geletterde en bevoorrechte elite die zich kon veroorloven begerigheid af te keuren. Coornhert wilde, net als Erasmus voor hem, dat kinderen van alle rangen en standen zijn zedenlessen leerden, en stelde nadrukkelijk dat de *Zedekunst* niet voor geleerden bedoeld was, maar voor ongeschoolde personen die leergierig zijn.[72] Andere prenten met gelijksoortige thema's, zoals *De slag van de brandkasten en geldbuidels* van Pieter Bruegel de Oude (zie p. 333) en de houtsneden over *Het misbruik van de welvaart* van de noordelijke kunstenaar Cornelis Anthonisz., waren duidelijk voor een groot publiek bedoeld.

Natuurlijk is niets van dit al in strijd met de opvatting dat de protestantse ethiek ruimte gaf aan de kapitalistische waarden, terwijl het humanistische katholicisme de vestiging ervan bleef tegengaan. Maar zelfs als calvinistische dominees dit *onbedoeld* toelieten, zoals Weber stelt, blijkt dit allerminst uit hun opmerkingen over de plaats van het geld in het christelijke leven. Er lijkt zelfs helemaal geen cesuur te bestaan in de stroom polemieken tegen de weelde die van Vlaanderen naar Nederland, van Antwerpen naar Amsterdam vloeide. Hoewel er voor Coornhert uiteindelijk geen plaats was in de gereformeerde Republiek, hadden zijn lessen hun stempel gedrukt op de zeden van het volk, ook al was dat volk druk bezig rijkdom te vergaren. En het is niet aannemelijk dat de calvinistische dominees neutraal tegenover de zaak stonden, en de heilige 'roeping' en de twijfel of men tot de uitverkorenen behoorde het werk voor het kapitalisme lieten opknappen. De predikanten zouden niet werkeloos toezien hoe het gouden kalf te midden van Israëls tenten werd opgericht. In plaats van het financieringskapitalisme stilzwijgend te steunen, deden de Nederlandse generale synoden juist hun uiterste best hun afkeuring te laten merken. Door een besluit uit 1581 werden bankiers van de Avondmaalsviering uitgesloten, waarmee ze in gezelschap kwamen te verkeren van andere mensen met schimmige beroepen – pandjesbazen, acteurs, goochelaars, acrobaten, kwakzalvers en bordeelhouders – die Gods genade niet deelachtig mochten worden. Hun echtgenotes mochten wel deelnemen aan het Avondmaal, maar alleen op voorwaarde dat ze publiekelijk het beroep van hun echtgenoten afkeurden! De smet rustte ook op de gezinsleden, die pas aan het Avondmaal mochten deelnemen nadat ze openlijk hun afkeuring van de geldhandel hadden beleden. Pas in 1658 konden de Staten van Holland de Kerk ertoe overhalen om dit vernederende verbod op 'lombarden' op te heffen.

Hoewel op bankiers de verdenking van woekerpraktijken bleef rusten, bezon men zich binnen het Nederlandse calvinisme op de mogelijkheid dat een christelijke koopman geen contradictio in terminis was. Van alle speciaal aan de verzoening van handel en godsvrucht gewijde traktaten was het *Geestelijk Roer van 't Coopmans Schip* van de Zeeuwse predikant Godfried Udemans het belangrijkste. Aangezien dit grote werk ging over de goddelijke zending in Oost-Indië, het gedrag van matrozen en officieren op zowel koopvaardijschepen als oorlogsbodems en over de christelijke benadering van ongelovigen als de Turken, sloeg de woordspeling in de titel zowel op des koopmans schip als op zijn koopmanschap. Oppervlakkig gezien lijkt dit boek geschreven ter bevestiging van de stelling van Weber, met zijn frontispice van een tetragram dat een heilzaam licht werpt op de Amsterdamse beurs en met zijn onmiskenbare bedoeling het bezwaarde geweten van de koopman te verlichten door hem de Rechte weg te wijzen.[73] Maar de definitie van 'rechtschapen' handelspraktijken werd zo ingeperkt door verboden en traditionele scrupules dat het boek in economisch opzicht uiteindelijk even weinig tolerant was als de klassieke humanistische teksten – Cicero, Seneca en de stoïcijnen – die even uitvoerig werden geciteerd als de Schrift. Er was bijvoorbeeld geen plaats voor maatschappelijke mobiliteit: de kleine koopman mocht niet wedijveren met de 'groote koopman', opdat hij zich niet schuldig zou maken aan de zonde van de afgunst. En afgunst, het hoeft nauwelijks betoog, was de motor van de concurrentie. Het nemen van overdreven risico's werd kapitaalverkwisting genoemd; termijnhandel werd beschouwd als immoreel gokken; en onder bepaalde omstandigheden mocht een rechtgeaard christen helemaal geen winst maken, zoals op de doorverkoop van een huis.[74] En juist de meest ondernemende en succesvolle praktijken van het Nederlandse kapitalisme – monopolievorming, prijsregulering, speculatie in onroerend goed, internationale wapenhandel enzovoort – werden als onchristelijk gebrandmerkt en ingedeeld bij het domein van de hebzucht in plaats van de echte handel. Dat Udemans monopolievorming afkeurde, betekende niet dat hij het individualisme wilde bevorderen. Integendeel, in zijn gulden regels voor de koopman volgde hij geheel en al de traditionele christelijke en humanistische leer: behandel een ander gelijk uzelve; 'eere voor gout'; houd u aan uw woord; werk altijd in het belang van het vaderland, want de mensen moeten ook weten dat ze voor elkaar zijn geboren, aangezien hun wordt geleerd dat het gemenebest moet worden bevorderd door de uitwisseling van goederen en door hun kennis, bekwaamheid en ijver.[75]

Dus rechtschapenheid en de gemeenschap, en niet het individu en nog minder diens twijfel of hij tot de uitverkorenen behoorde (over dit onderwerp werd niets gezegd in Udemans' zeshonderd pagina's tellende boek), waren het criterium voor juist gedrag in de handel. En zelfs in zaken als armoede volgde dit volmaakt calvinistische werk een volmaakt humanistische lijn. 'Laat een Coopman die maxime vasthouden: eere voor gout,' want het is beter een arm man te zijn dan een leugenaar. Want een eerbaar man is en zal altijd zijn een burger zelfs als hij arm is, maar als hij zijn eer overleeft, is dat de levende dood.[76] Voor veel calvinistische geestelijken was een waarlijk christelijk kapitalisme een hersenschim. En ze besteedden veel meer tijd aan het afkeuren van winst dan aan het prijzen ervan. Een regen van preken waarin de heidense hebzucht explicit tegenover de ootmoed der uitverkorenen werd gesteld, daalde neer over de welgestelde gemeenten. Maar het effect bleef altijd twijfelachtig. In 1655 laakte de Haagse predikant Simonides schijnheilige zakenlieden wier vroomheid eindigde bij de kerkdeur. 'Besiet eens wat de koopman verricht! Als hij uit de kerk te huis komt, neemt hij den Gods-boeck om de predicatie te herkauwen? Neen hij doet het schuldtsboek voor den dagh halen en is besigh met liquideren en rekenen. Och 't was beter dat hij wat meer bekommert was om in dien grooten dagh des Heeren reckenschap aan sijn rentmeesterschap te geven; hij is besigh om sijn geld te tellen. O telde hij sijne sonden.'[77] Ook Jacobus Lydius voer uit tegen 'gelt-honden': 'Wat list en slimmigheid, wat bedrogh en duivelarij wordt er bij de huidendaegsen coopman niet gevonden! Sij sondigen op den ouden naam van eerlyckheyt maer de boecken en de luyden seggen 't wel aers.'[78] Anderen ergerden zich aan de vloed van goud die de kerkgebouwen binnenstroomde in de vorm van rijk versierde bijbelbanden of uitbundige decoraties op de banken. Zelfs orgelgalerijen werden kritisch bekeken op ongewenste verfraaiingen.[79] Vooral Trigland in Amsterdam was gebeten op lichtzinnig uiterlijk vertoon in zijn gemeente, waarbij sieraden zijn hevige gramschap wekten. 'Hoe zijn sij met gouwt ende zilver behangen, hoe zijn sij verciert, soude dat Godts volk zijn?' vroeg hij retorisch, en hoe konden fatsoenlijke Amsterdammers kerkdiensten bijwonen, '... op-getoit ende op-gesmokt met borduersels, seer kostelijk gewrocht, met kleederen van satijn, fluweel, damast end' andere stoffen, behangen sijnde gouwt, zilver, coralen ende ik weet niet wat vercieringen end' vremde fatsoenen van opsmockingen'. Amsterdam, zo waarschuwde hij, moest denken aan het lot van Antwerpen en moest gekastijd worden. Zijn favoriete tekst was Zefanja 1:11: 'Jammert gij inwoners der laagte, want al het volk van koophandel is uitgehouwen, al de met geld beladenen zijn uitgeroeid.'[80]

Naast de leer van de Kerk bleef de humanistische kritiek op wereldse weelde en hoge levensstandaard bestaan als geleerde geschiedenis en als folklore. Een typerende uitgave voor die tijd was *Gedachten op Gelt*, waarin in een paar bladzijden een bloemlezing van spreekwoorden en gezegden over geld werd gegeven. De meeste waren, natuurlijk, ongunstig:

> *Om dat men Rycke vlegels eert*
> *Is 't Geldt by sotten meest begeert*
>
> *Daarom is't Geldt zo hoogh in prys*
> *'t maeckt schelmen vroom en buffels wys.*[81]

In de *Wereldt-hatende Noodtsaeckelyck* van Jan Krul was hetzelfde liedje te horen en werd het 'snoode geld' gehoond dat de trouw verraadt, het recht aantast en een eind maakt aan de liefde tussen de geslachten. In prenten en schilderijen kwam het thema van het geld dat de liefde aantast steeds terug, meer in de geest van het paar van Quinten Massys dan van *Het bruidspaar Arnolfini* van Van Eyck.[82] Een huwelijkscontract tussen een rijke weduwe en haar minnaar wordt bezegeld door een vrouwelijke incarnatie van de geld spuwende duivel, met de borsten van de gierigheid. Krul legt in zijn tekst een nauw verband tussen geld en wereldse dwaasheid:

> *Ey! wat is doch 't aes der werelt,*
> *Goude Kroonen rijck beperelt?*
> *'t Sijn maer wurmpjes, anders niet:*
> *Daer men ons meed' soect te locken*
> *Daer wy werden door getrocken,*
> *in de strick van 't Helsch verdriet.*
> *Wat sijn Werelds hovaerdye?*
> *Sijn 't geen snoode toverye,*
> *Duyvels listen, ziels torment:*
> *Die ons so verr' doen vergeten*
> *Dat men (door het boos vermeten)*
> *Gode noch sijn delven kent.*[83]

En steeds weer verscheen Koningin Geld aan de zeventiende-eeuwse Hollanders, zoals ze aan de zestiende-eeuwse Vlamingen en Brabanders was verschenen, als de personificatie van ijdelheid en vergankelijk genot. In *Opulentia* van Abraham Bloemaert, uit 1611, is ze weer omgeven door de bekende attributen van haar rijk: zeepbellen, vervliegende rook en vele kostbaarheden als munten, gedreven bekers en kroezen (zie p. 338). In een naargeestig schilderij van Hendrick Pot (zie p. 343) verschijnt ze weer als de Gierigheid, in haar witte knokelige handen klemt ze een zoutvat als in een godslasterlijke parodie op het gebed. Haar ingevallen wangen contrasteren met de bolle geldzakken. Binnen zien we munten, zilverwerk en dood;

W. Swanenburgh naar Abraham Bloemaert, *Opulentia*. Kress Library of Business and Economics, Harvard University

Gelt doet gewelt.

Adriaen van de Venne, embleem 'Gelt doet gewelt', uit Jacob Cats, *Spiegel van den Ouden en den Nieuwen Tyd*. Houghton Library, Harvard University

buiten licht, bomen en verrijzenis. In een meer populaire bron uit 1630, een van de emblemen van Cats, laat Adriaen van de Venne Mevrouw Geld de hele mensheid de wet voorschrijven (zie p. 338). Ze is gezeten op een troon met baldakijn, draagt de kroon en parels die Krul verafschuwde en is omgeven door de gebruikelijke regalia: zakken en kasten die uitpuilen van het geld. In haar rechterhand houdt ze een weegschaal waarin, zo wordt gesuggereerd, niet alleen de goudstukken worden gewogen maar ook de zielen van allen die haar slaaf zijn. Om haar heen verdringt zich een abjecte menigte die allerlei vormen van kruiperigheid en pure hebzucht vertoont. Deze figuren verbeelden de handelsnaties van de wereld; de elegante Italiaan, de Turk met tulband en de opgeblazen Hanzeaat zijn gemakkelijk te herkennen. In de achtergrond, op het gebruikelijke schilderij in het schilderij met secondair commentaar, ontvangt Danae haar minnaar, Jupiter, in de vorm van een gouden regen.

Dus zowel volgens de officiële leer van het calvinisme als die van het humanisme was gewin smerig en was winstbejag een bezoedelende afgoderij. In de extreme vorm van begeerte en hebzucht kon winstbejag iemand van zijn geweten en verstand beroven en vrije geesten in kruiperige slaven veranderen. Dit sterke besef dat geld verdienen afkeurenswaardig was, bleef bestaan, ook al vergaarden de Nederlanders ondertussen hun persoonlijke en collectieve fortuin. Deze discrepantie tussen principes en praktijk had het eigenaardige gevolg dat men om de schijn van hebzucht te vermijden geld uitgaf in plaats van spaarde. Weliswaar moesten de uitgaven collectief worden goedgekeurd en zowel door geestelijken als leken moreel toelaatbaar worden geacht, maar ze konden variëren van onmiskenbaar deugdzame giften voor filantropische doelen tot minder onbaatzuchtige gebaren, zoals leningen met lange looptijden en tegen lage rente aan openbare instellingen of het scheppen van een gerieflijke huiselijke omgeving waarin een patriottisch christelijk gezin kon worden gesticht. Op deze wijze wist Louis de Geer, die ongetwijfeld zowel een vurig calvinist als een energiek ondernemer was, een waardige levensstijl te verenigen met godvruchtige uitgaven. Hij kocht het Huis met de Hoofden aan de Keizersgracht van de familie Soyhier en voorzag het van duur notehouten meubilair, veelal geïmporteerd uit Frankrijk en Italië. Maar het was alom bekend dat hij zich ter compensatie tienden oplegde voor de armen en welgemeende hulp bood aan de calvinistische vluchtelingen uit Midden-Europa tijdens de Dertigjarige Oorlog. Toen hij in 1646 een testament voor zijn kinderen en erfgenamen opmaakte, waarschuwde hij hen: 'Vreest Godt, houdt sijne geboden, gedenckt den Ermen en de bedruckten; soo sult ghij Godes seghen over U en U posteriteijt haelen.' En hij herinnerde hen eraan dat hij, toen hij in benarde tijden naar de Republiek was gekomen, God had gezworen om voor elk van zijn kinderen tweehonderd gulden per jaar aan de armen te geven. God had zijn gebed verhoord en hem voorspoed geschonken, en hij had op zijn beurt zijn belofte gestand gedaan. Hij droeg zijn kinderen op hetzelfde te doen.[84]

In bepaalde opzichten benadert De Geer Webers 'ideale type' van de vrome ondernemer. Het is echter van belang te beseffen dat zijn godsdienst hem niet steunde in zijn zaken maar juist veel moreel onbehagen gaf. Dat onbehagen werd pas draaglijk door buitensporig veel uit te geven aan vrome en persoonlijke doelen. Dus religieuze scrupules hoefden de consumptie niet in te perken (wat ongetwijfeld de bedoeling was), maar konden net zo goed de winst en kapitaalaanwas beperken en indirect het uitgeven van geld bevorderen. Deze stelling is misschien wel uiterst paradoxaal, maar niet paradoxaler dan Webers vernuftige formulering.

Volgt hieruit dat men de vermaningen van de Calvinistische Kerk tegen de verderfelijkheid van geld, ondanks alle holle tirades en zedenpreken, naast zich neerlegde, afgezien van een incidenteel filantropisch gebaar ter compensatie? Of was al het hellevuur in feite slechts een rookgordijn waarachter de Kerk, zoals gewoonlijk, gemene zaak maakte met de handel? Niet helemaal. Het bleef de officiële leer dat geld de wereld meer kwaad dan goed deed en dat rijkdommen noch goede werken verlossing brachten. Maar de Kerk werd ernstig belemmerd in haar pogingen om in sociale en economische kwesties haar dogma op te leggen. De stukken van de plaatselijke en provinciale synoden staan vol felle kritiek op het werken op zondag, dat de dag des Heren onheiligde onder de neus van de magistraat. In het alfabetisch gerangschikte *Swart Register van duysent Sonden* vermeldde de Hoornse predikant onder de A: 'alle soodaanige Ambachtslieden en Arbeydts-lieden, die ledematen zijnde nochtans yet van haer ambacht of arbeyt selve doen of andere laten doen op den Sabbath-dag teghen het Goddelijck Gebodt sonder dringende noot,' en somde onder B tot en met D (onder anderen) op: bakkers, blekers, 'blick-slagers', chirurgijns, diamantslijpers enzovoort.[85] Maar de overtreders werden slechts zelden serieus of consequent vervolgd door de plaatselijke magistraat. Dus de Kerk kon de zondaars slechts met kerkelijke disciplinaire maatregelen treffen. Het effect daarvan moet echter niet worden onderschat, maar was natuurlijk afhankelijk van de vraag of de boosdoener lid was van een bekende gereformeerde gemeente, en het was lang niet zeker dat hij lid was van een bepaalde gemeente of een vaste verblijfplaats had. Als de overtreder wel tot een bepaalde gemeente behoorde, kon hij worden onderworpen aan een reeks disciplinaire maatregelen die opliep in zwaarte. Bij de eerste melding van een overtreding werd de verdachte persoonlijk bezocht door twee leden van de kerkeraad voor een 'broederlijke samenspreking'. Als de melding werd bevestigd, volgden een waarschuwing en een berisping. Als de overtreder geen berouw toonde, kreeg hij een tweede bezoek van de diaken of de dominee zelf; na een hoorzitting in een voltallige vergadering van de kerkeraad, werd hij voor bepaalde of onbepaalde tijd van de Avondmaalviering uitgesloten. De laatste straf voor onverbeterlijke overtreders was het volle gravamen van de 'censuur': een openbare uitstoting en een officiële publikatie van de ban. Wanneer er ook maar enige hoop op berouw bestond, werd een intimiderende ceremonie georganiseerd, waarbij rechtschapenen (gewoonlijk de kerkeraad) zich rond de zondaar schaarden en deze voor de laatste maal vroegen tot inkeer te komen, zodat de uitstoting hem bespaard zou blijven.[86] Dit klinkt misschien grimmig, maar het grote aantal prominente en rijke figuren (om nog maar te zwijgen van de onbekende en arme) dat in de ban werd gedaan, duidt erop dat de procedure niet alle gelovigen afschrok. Zo berispten de Amsterdamse kerkeraden de ondernemer en speculant Isaac le Maire, de secretaris van de Admiraliteit van Amsterdam, Jacob Laurenszoon Reael en zeker twee grondleggers van de Oostindische Compagnie.[87]

In enkele gevallen kon een 'vrome' factie binnen een regerende elite stedelijke wetten en keuren doordrukken die beantwoordden aan de kerkelijke leer ten aanzien van maatschappelijke vraagstukken. Maar deze 'Geneefse' calvinistische stijl kon alleen doordringen tot de pragmatisch ingestelde bestuursmilieus van grote handelscentra als Amsterdam en Haarlem, wanneer door abnormale omstandigheden de consensus was verstoord. Zoals we gezien hebben wisten Tulp en Bontemantel hun weeldewetten in 1655 alleen aangenomen krijgen in een periode van pestepidemieën, nederlagen in de oorlogen met Engeland en een economische depressie.

Gewoonlijk beschikte de Kerk alleen over eigen tuchtmaatregelen om haar leer in maatschappelijke en economische kwesties af te dwingen. Bij gebrek aan zwaardere sancties moest ze zich beperken tot de ondergeschikte rol van het hekelen van overtredingen die het gerecht op eigen gronden vervolgde. Hierbij ging het om economische wanpraktijken die humanistische magistraten in de Nederlanden al lang voor Calvijn, en zelfs voor de Reformatie, als misdrijven hadden beschouwd en met strenge wettelijke straffen hadden bestreden. Op valsemunterij en het besnoeien van munten, of op het verlagen van munten met tin of lood in plaats van zilver (een wijdverbreide gewoonte in een land waar een overvloed aan munten munten muntte), stond de doodstraf. De Amsterdamse magistraat werd door de Kerk bijgestaan in het tot de orde roepen van overtreders die naar men meende aan de grenzen van de Republiek, in Roermond of Emmerik, valse munten sloegen en deze naar de Nederlandse handelscentra transporteerden. Andere overtredingen van de normen van kerk en staat (die Udemans opnam als de hoofdzonden van de handel)[88] waren: verduistering, frauduleuze verkopen, stelen van voorraden of handelswaar, vervalsing van contracten of notarieel bekrachtigde documenten (die allemaal gepaard gingen met valse eden), 'lorrendraijerij' (handel drijven met de vijand), heimelijk vertrekken zonder huur te betalen, een lening niet terugbetalen of woekerrente vragen, monopoliepraktijken, 'arch-listige' contracten, smokkelen, belastingontduiking, bewust schulden laten oplopen en vluchten bij bankroet (in tegenstelling tot een onopzettelijk faillissement). Aangezien de Nederlandse Republiek was onderverdeeld in talloze rechtsgebieden, elk met eigen accijnstarieven en grote verschillen in maten en gewichten, was smokkelen uitgegroeid tot een kleine bedrijfstak in allerlei waren, maar vooral consumptieartikelen en etenswaren. De Kerk probeerde boter- en suikersmokkelaars hard aan te pakken en etablissementen waar onbelast bier werd gedronken, op te sporen. In minstens één geval berispten ze een zekere Dirk Martens, die in Haarlem relatief goedkope zeep liet maken en deze in ter plaatse gemaakte en verzegelde vaten naar Amsterdam smokkelde.[89]

In al deze gevallen fungeerde de Gereformeerde Kerk als geestelijke wachtmeester voor het wereldlijk gezag. Maar dat wil nog niet zeggen dat ze een instrument in handen van het marktkapitalisme was. Want zowel dominees als magistraten waren voor een systeem van strikte regels om de wereld van het geld van de ergste smetten schoon te wassen. Doorgaans betekende dit dat ze de christelijke gemeenschap probeerden te beschermen tegen de gevaren van een vrije kapitaal- of arbeidsmarkt. Zo stelde zowel het kerkelijke als het stedelijke gezag zich heftig te weer tegen iedere poging het gildestelsel met uitheemse werkkrachten te ondermijnen. In het geval van de lakenscheerders in de Nederlandse steden bestond er een speciale belangenovereenkomst, want het was algemeen bekend dat ze 's zondags werkten. Velen van hen waren afkomstig uit de zuidelijke provincies en probeerden zich aan het einde van de jaren twintig te verenigen in 'synoden', die vrij konden onderhandelen met textielfabrikanten waar maar voldoende werk en loon te vinden waren. In 1638 werden dergelijke verenigingen door het wereldlijke en kerkelijke gezag officieel veroordeeld als 'complotterye'.[90] De Kerk was ook gekant tegen hoge rente. Hierbij kon ze zich beroepen op de volmaakt achtenswaardige autoriteit van Calvijn zelf, die de rechtmatigheid van een rente hoger dan vijf procent sterk in twijfel trok.[91] Binnen de Kerk zelf werd uitgebreid gediscussieerd over de juiste houding tegenover rente, waarbij sommige dominees betoogden dat álle rente moest worden beschouwd als immorele winst uit andermans ongeluk. De Leidse godgeleerde en schrijver over economie Johannes Cloppenburgh verwees herhaaldelijk naar Leviticus 25:37: 'Uw geld zult gij hem niet op woeker geven, en gij zult uwe spijs niet op overwinst geven,' of Ezechiël 18:8-9: '[Wanneer nu iemand] niet op woeker geeft noch overwinst neemt... die rechtvaardige zal gewis leven...' Maar in *De Foenore et Usuri* probeerde hij wel een tarief te bepalen op grond van de omstandigheden waaronder de lening werd verstrekt en de sociale status van de lener.[92] Dit was in strijd met de marktprincipes (maar in overeenstemming met de leer van Calvijn), want de rente moest lager zijn naarmate de lener armer en zijn onderpand onbeduidender was. Terwijl het dus gewettigd was kooplieden acht procent te berekenen voor relatief riskante projecten, mocht men boeren nooit meer dan vier procent en de echte behoeftigen helemaal niets berekenen.[93] Dit was het uitgangspunt van de magistraten en regenten die in 1614 de Bank van Lening stichtten, speciaal voor kleine leningen en om mensen uit de klauwen van de pandjesbazen te houden. Het reliëf in de gevel van het bankgebouw toont een arme vrouw die geholpen wordt, en het opschrift geeft de welgestelden de raad elders heen te gaan.

De meest verstokte kapitalisten (en de meest sceptische historici) zien hierin misschien nog altijd een handige verdediging van de wereld van het geld die de Kerk beweerde te verachten. Maar mijns inziens was het niet zozeer een rationalisering van een bikkelhard kapitalisme als wel een manier om zich ertegen te wapenen. Voor wereldlijke en kerkelijke bestuurders was het ook een manier om te leven met wat anders een onduldbaar waardenstelsel zou zijn geweest, een eeuwig durende strijd tussen inhaligheid en ascese. Met dit praktische compromis erkenden de regenten de noodzaak van een of andere antifinanciële ethiek die moest voorkomen dat het kapitalisme ontaardde in misbruik en anarchie, en erkende de Kerk dat de Nederlandse welvaart, met alle gevaar voor een godvruchtige Republiek, nu eenmaal een feit was en voor het goede doel kon worden aangewend. Bij gebrek aan beter viel de calvinistische sociale leer terug op haar humanistische oorsprong. Terwijl de Kerk zich zo fel mogelijk bleef verzetten tegen het idee dat men zich door goede werken kon verzekeren van Gods genade, keurde ze deze niettemin goed als een verplicht onderdeel van een goed leven. De erasmiaanse *via media* heeft misschien de slag om de leer verloren, maar ze slaagde er wel in het criterium te worden waarnaar het gevaarlijke rijk van Koningin Geld werd beoordeeld.

Deze praktische samenwerking met de patriciërs die de economie reguleerden, was niet zonder problemen. Soms moest de Kerk haar eigen aanhangers kapittelen wegens overtreding van de economische fatsoensnormen. Isaac le Maire, een van de opmerkelijkste uit het zuiden naar het noorden geëmigreerde kapitalisten, was berucht om het overtreden van die regels. In 1604, en opnieuw in 1605, was hij het onderwerp van een onderzoek door het Amsterdamse consistorie naar persoonlijke aangelegenheden en zwendel; voor de duur van het onderzoek mocht hij niet aan de Avondmaalviering deelnemen en hij kreeg een boete opgelegd. Hij was een van de eerste aandeelhouders van de Oostindische Compagnie, voor de lieve som van zes-

Hendrik Pot, *De vrek*. Rheinisches Landesmuseum, Bonn

tigduizend gulden, maar werd gedwongen zich terug te trekken en de belofte te ondertekenen dat hij geen eigen expedities naar Kaap de Goede Hoop of de Straat van Magallanes zou ondernemen. Le Maire, geweerd uit de magische kring van de handel en de koloniale ondernemingen, organiseerde een combine van baissiers tegen de Oostindische Compagnie, onder wie andere gewezen Antwerpenaren, zoals Reinier Lems, en aangetrouwde familie. Een nog onorthodoxer zet was dat hij op de beurs *in blanco* ging handelen in waardepapieren van goederen die hij nog niet bezat, wat in feite het begin van de termijnhandel was. Dit bracht Le Maire populariteit noch respect, en als strategie om zich economisch te wreken was het eveneens een mislukking. De baissiers gingen zelf failliet, sommige werden veroordeeld wegens fraude, Le Maire werd verbannen naar Egmond en de schepen die voor zijn 'Australische Compagnie' voeren, werden op last van de Oostindische Compagnie

Judith Leyster, 'Gheel ende Root van Leyden', uit *Tulpenboek*. Frans Halsmuseum, Haarlem

door Coen in Batavia geconfisqueerd. Le Maires pogingen.het traditionele koloniale stelsel te doorbreken, hebben hem vermoedelijk rond de anderhalf miljoen gulden gekost. Maar voor de eindafrekening met de Hemelse Boekhouder, kon men beter een groot kapitaal verliezen dan vergaren, mits men, om zo te zeggen, in het juiste geloof failliet was gegaan. Zo kon Le Maire in 1624 in zijn curieuze grafschrift vol trots beweren:

> *Hier legt begraeven sr. Isaac le Maire, coopman, die geduierende sijn handelinge... soo ryckelick gesegent is geweest, dat hy in 30 jaren... verloren heeft over de 150 000 [een nul was weggelaten] guldens, is in den Heere gerust op den 20en September anno 1624*[94]

De afvallige individualist, de aartskapitalist, overtrad dus zowel de commerciële als de kerkelijke fatsoensregels. Ook geloofden de ouderlingen van het Amsterdamse kapitalisme niet dat geloofsijver iemand het recht gaf hun strenge regels te overtreden. Het optreden van de 'roervinken' (opruiers), zoals burgemeester C.P. Hooft hen geringschattend noemde, was om verschillende redenen onwelkom. Ze dreigden het wankele evenwicht tussen de verschillende gemeenten in Amsterdam te verstoren, een evenwicht dat, zoals van oudsher werd aangenomen, de basis van de Amsterdamse welvaart was. En de vurigste zuiderlingen, zoals Usselincx, waren niet alleen sterk gekant tegen het bestand met Spanje, maar koesterden ook het idee om de opbouw van het wereldrijk in dienst te stellen van een groots zendingswerk voor geloof en kolonisatie. Nog in de jaren veertig probeerden de overgebleven aanhangers van dat idee genoeg aandelen in de Oostindische Compagnie te kopen om de slag te winnen, daarin gesteund door het dringende beroep van een reeks gouverneurs-generaal in Batavia, van Coen en Van Goens tot Speelman en Van Diemen. Paradoxaal genoeg was het de minst strenge calvinistische groep patriciërs die de meest zuivere handelsprincipes van maximale winst bij minimaal risico aanhing en die het verafschuwde dat de handel werd gebruikt voor een duister fanatiek doel. In deze eigenaardige situatie moest de Kerk voorzichtig te werk gaan. Het is dan ook niet verwonderlijk dat haar in het nauw gedreven dominees in Amsterdam het hardst om een godvruchtige politiek riepen, en ze vonden bondgenoten in de militante partij onder de regenten, aangevoerd door de familie Pauw. Maar de synoden gingen voorzichtiger te werk, niet in het minst omdat sommige dominees zelf participanten en aandeelhouders van de Oostindische Compagnie waren. Plancius, die behalve een groot cartograaf ook theoloog was, investeerde ruim zesduizend gulden, wat hem een 'hoofdparticipant' maakte. Hij fungeerde ook als agent voor andere predikanten die belanghebbende investeerders waren maar met het oog op het kerkelijk belang geen actieve rol in het bestuur van de kamers wilden spelen.[95] Agenten van de Franse kroon beraamden plannen om Plancius weg te halen bij de Compagnie en met het immense kapitaal van De Moucheron, Le Maire en Usselincx een concurrerende compagnie op te richten die onder bescherming van de Franse koning zou opereren. Het was ondenkbaar dat deze toenaderingspoging ooit van Nederlandse zijde beantwoord zou worden, te meer daar de militante calvinisten nauw verbonden waren met de zaak van de stadhouder. En het was nog ondenkbaarder dat de Kerk zich zou lenen voor iets dat kon worden opgevat als een ondermijning van een compagnie die door de Staten-Generaal was geoctrooieerd. Maar alleen al het feit dat zo'n plan uitvoerbaar leek, geeft aan hoe ver de partij van de zuiderlingen buiten de werkelijkheid leek te staan.

De zuiderlingen, op afstand gehouden door de meer gevestigde, conservatieve pijlers van de Amsterdamse handelsgemeenschap met hun vaste greep op de goudmijn van de stapelprodukten uit het Oostzeegebied, concentreerden zich als vanzelf of bij gebrek aan beter op de riskantere, speculatieve marges van de Nederlandse economie. Zo speelde De Moucheron een belangrijke rol in de onroerend-goedspeculatie (waarbij omkoperij onvermijdelijk was) in Utrecht en in clandestiene onderhandelingen voor militaire contracten. Toen hij en zijn vrienden de kans kregen deel te nemen aan een legitiemer onderneming – de Westindische Compagnie – stortten ze zich daarop met een roekeloosheid en vuur die hun vijanden absurd onzakelijk vonden.[96] Vooral De Moucheron bleef hardnekkig geld stoppen in de tot mislukken gedoemde onderneming in Brazilië, waar de kosten voor het handhaven van een militaire bezettingsmacht tegen de Portugezen in geen verhouding stonden tot de verwachte winsten. Het eindigde met zijn ondergang, een grote financiële krach en heel wat zelfgenoegzaam hoofdschudden van de betweters op de grachten. Want de Bickers en de Hoofts, die godvruchtige plutocraten met hun opzichtige geloofsijver en plutocratische hardheid, waren ook twijfelachtige figuren: minder louche dan de Marraanse joden misschien, minder sektarisch dan de doopsgezinden, maar als zakenlieden in principe onbetrouwbaar.

Dus hoe vuriger calvinist een ondernemer was, des te minder paste hij in de oudere *modus operandi* van het Amsterdamse kapitalisme. Men moet niet al te licht in deze anti-weberiaanse trant generaliseren. Op andere gebieden van de Nederlandse economie – de textielnijverheid van Leiden bijvoorbeeld – hadden de industriëlen van zuidelijke origine minder moeite hun godsvrucht te verzoenen met hun winstbejag. In feite kwamen de Leidse ondernemers met hun vrouwen- en kinderarbeid en hun 'geïntegreerde' aanpak van de arbeidskrachten – van het verschaffen van slechte huisvesting tot steun aan de zwakken – heel dicht in de buurt van Webers ideale type, en trouwens ook van het archetype van de bikkelharde kapitalist van de industriële revolutie. Verder naar het zuiden, in Rotterdam en Zeeland, waar een iets vuriger geloofsopvatting hand in hand ging met een algemene afkeer van de Amsterdamse monopolisten – en een natuurlijke oriëntatie op de Atlantische Oceaan – konden bondgenoten voor de ijveraars van de Westindische Compagnie worden geworven. Udemans bijvoorbeeld was een invloedrijk propagandist voor de Braziliaanse zaak, die op instorten stond. Maar ondanks alles is het een feit dat de economische activiteiten die rond Amsterdam en Noord-Holland waren geconcentreerd, werden bepaald door zeer pragmatische regelingen. Vele ervan waren helemaal niet naar de zin van de Kerk, die echter weinig anders kon doen dan passief instemmen.

De belangrijkste voorbeelden van dat soort praktijken waren monopolies en combines. De Kerk maakte er geen geheim van dat ze dergelijke constructies afkeurde. Petrus Wittewrongel brandmerkte ze als een 'schandelyck en schadelyck ongerechtigheit, by de werelt maer al te gemeen doch in den Woorde Gods veroordeelt'.[97] Niet dat de Kerk of de zuidelijke tegenstanders van monopolies vroege voorstanders van het *laissez-faire* waren. De Kerk vond gewoon dat syndicaten, of contracten, die bedoeld waren om de aanvoer van een bepaald artikel te monopoliseren of de prijs kunstmatig hoog te houden, in wezen samenzweringen tegen de consument en dus onrechtmatig waren. De zuiderlingen (met name Usselincx) waren verontwaardigd over dergelijke misstanden, maar als ze de kans hadden gehad zouden ze naar alle waarschijnlijkheid hetzelfde hebben gedaan.

Of het nu in principe wenselijk was of niet, in de praktijk bestond het Nederlandse kapitalisme bij de gratie van een uitgebreid en ingewikkeld systeem van protectie. Violet Barbour stelde terecht dat deze afhankelijkheid eerder overeenkwam met het handelsethos van middeleeuwen en renaissance dan dat ze vooruitliep op modern economisch gedrag (al blijft het de vraag of enig modern economisch stelsel dankzij zuivere concurrentie tot bloei is gekomen). Maar buffervoorraden, aangelegd met het vooropgezette doel de prijzen te reguleren en de concurrentie uit te schakelen, waren een essentieel onderdeel van de stapelmarkt. P. W. Klein, wiens studie over de familie Trip de beste beschrijving van de Nederlandse ondernemersgeest is, stelt terecht: 'het algemeen aanvaarde idee van ondernemers die altijd bereid zijn risico's te nemen, lijkt twijfelachtig. In werkelijkheid deden ze altijd alles om risico's te vermijden.'[98] Risico's waren tenslotte inherent aan hun bestaan als natie, en het streven om zich verder zo veel mogelijk tegen risico's te beschermen was diepgeworteld in de mentaliteit van de Nederlanders. Ondanks alle bravoure en ontdekkingsgeest van de grote zeevaarders en kolonisators hielden ze zich strikt aan het Nederlandse gebod om op het juiste moment met het minste risico toe te slaan. Dit gold altijd, of het nu ging om het vernietigen van kruidnagelbomen in Oost-Indië teneinde een prijs in Amsterdam te beschermen, of om contante betaling in klinkende munt voor de exclusieve rechten op een compleet bos in Noorwegen. Doel was altijd de uitschakeling van de concurrentie, monopolisering van het aanbod en beheersing van alle handelscondities: van de produktie van de grondstof tot de verkoopprijzen in binnen- en buitenland. De Trippen waren hier meesters in. Ze wisten het exclusieve recht op de import van Zweeds teer te krijgen door te onderhandelen met een firma die zelf het exportmonopolie had. Maar die firma werd gefinancierd door de Trippen, hun belangrijkste afnemer, die ook het vervoer regelde. De hele zaak had dus meer weg van handel tussen de dochtermaatschappijen van een internationaal bedrijf dan van een transactie tussen twee echt verschillende partijen.[99] Waar mogelijk werd een beroep gedaan op familie om een zaak nog beter tegen vreemde concurrentie te beschermen. Het was algemeen bekend dat de gebroeders Trip de wereld hadden verdeeld tussen hun respectievelijke bedrijven (voornamelijk ijzer en de stapelprodukten uit het Oostzeegebied voor wapens) met vertakkingen in de handel op de Levant en Moskovië. En hun huwelijksalliantie met de De Geers was bedoeld om de noordelijke wapenmarkt nog steviger in handen te krijgen. De enige bedreiging was Louis de Geers vastbeslotenheid om op zijn eigen voorwaarden te concurreren.

Het ging de Nederlandse handel dus voor de wind, niet dankzij een spontane harmonisering van individuele ondernemingen, maar dankzij een zorgvuldig en grondig gecontroleerd systeem van gereguleerde praktijken. Hoezeer de Kerk ook gekant was tegen monopolies, ze heeft ze nooit willen aantasten in naam van een of ander vrijer of rechtvaardiger economisch principe. Integendeel, om te kunnen waarschuwen tegen de gevaren en verleidingen van het geld, kon ze maar beter de handlanger dan de bestrijder van de regelgevers zijn. Ze hadden tenslotte een gemeenschappelijke vijand: het geld. Eenmaal bevrijd van haar bewakers kon Koningin Geld verschrikkelijke verwoestingen aanrichten in een godvruchtige Republiek. Ze kon broers tegen elkaar opzetten, de wijzen van hun verstand beroven en de deugdzamen verleiden. De wapens die ze daartoe gebruikte, waren de lage instincten van gierigheid, afgunst en hebzucht – de vloek van *pandemia*. Grof, ongebreideld geld had, meenden regenten en predikanten, een duivelse kracht.

3   ONGEBREIDELD GELD: 'IK INVESTEER, HIJ SPECULEERT, ZIJ GOKKEN'

Van alle gebeeldhouwde reliëfs die het interieur van het Amsterdamse stadhuis sieren is dat boven de ingang van de Desolate Boedelkamer wel het meest opzienbarend. Net als de motieven die gekozen zijn voor andere kamers – de Zwijgzaamheid voor de Secretarie, het oordeel van Salomo voor de Vierschaar – is het een allegorische verwijzing naar de functie van de kamer. Het reliëf vertoont een bekend humanistisch thema: de val van Icarus, symbool van wat ambitieuze hoogvliegers en dwazen te wachten staat. Maar de versiering boven het reliëf is minder gebruikelijk. Hier wordt het symbool belaagd door de realiteit, want in guirlandes hangen de echte in plaats van de symbolische attributen van financiële rampspoed. Lege geldkisten, onbetaalde rekeningen en waardeloze aandelen liggen kriskras door elkaar, en tussen het puin van een fortuin scharrelt een familie hongerige ratten.[100]

Zoals zoveel andere dingen in het stadhuis is deze opvallend letterlijke vermaning eerder een humanistisch dan calvinistisch document. De val van het bankroet zelf was verwant aan een wenteling van het rad van fortuin, een herstel van het redelijke evenwicht. De reeks waardeloos geworden activa veronderstelde een vrije

Overvloed en onbehagen

Artus Quellijn, reliëf boven de deur van de Desolate Boedelkamer. Koninklijk Paleis (voorheen stadhuis), Amsterdam. Foto: Rijksdienst voor de Monumentenzorg

wil die door de gulden middenweg te bewandelen het noodlot kon afwenden. Ook het langdurige en ingewikkelde proces van het bankroet zelf was een weg naar vereffening en herstel via tentoonspreiding van zelfverkozen tegenslag. Het doel was niet zozeer bestraffing van de delinquent, als wel zijn of haar rehabilitatie en het herstel van het economische evenwicht van de stad. Er moest een evenwicht worden bewaard tussen spilzucht en gierigheid, tussen risico en zekerheid, en het uiteindelijke doel van het faillissementsproces was, in juridische termen, een verzoening tussen de schuldenaar en zijn schuldeisers. Die bestond uit een schikking, een overeengekomen percentage van de uitstaande schulden na aftrek van de opbrengsten van een openbare verkoop van in beslag genomen eigendommen. Bij het opstellen van de voorwaarden hielden de curatoren rekening met de aard van de schulden, hoe ze waren ontstaan en de totale middelen van de schuldenaar, met inbegrip van mogelijke toekomstige inkomsten. Familiefortuinen – zoals bruidsschatten – werden als persoonlijk bezit beschouwd en werden buiten beschouwing gelaten bij een bankroet van de echtgenoot, tenzij in een huwelijkscontract uitdrukkelijk anders was beschikt. De bepalingen van schikking liepen sterk uiteen, van zeer zware heffingen (voor de verkwisters) tot symbolische percentages voor degenen aan het armste einde van het sociale spectrum. Hoewel de schuldeisers wel eens ontevreden waren over de in hun ogen nadelige bepalingen, was dit hun enige mogelijkheid verhaal te halen, zodat na juridisch gemarchandeer de curatoren het laatste woord hadden. Uiteindelijk volgde een officiële ceremonie waarin de schuldenaar en de schuldeisers ten overstaan van een notaris achter de deur met de ratten en de lege geldkisten hun 'verzoening' ondertekenden.[101]

De functionarissen die deze arbitrage verrichtten waren zowel rechter als rentmeester; net als de schout of de regenten van het weeshuis waren zij voogden. Ze waren niet alleen verantwoordelijk voor de handhaving van het recht maar ook van de openbare orde, en dat betekende dat ze de humanistische regel van de gulden middenweg altijd voor ogen moesten houden. En voor de oligarchen in de vroedschap door wie ze werden benoemd, bestonden er overeenkomsten tussen politiek en financieel beleid. Het machtsevenwicht vereiste dat niet één partij de ambten monopoliseerde en dat geen enkele groepering (hoe afkeurenswaardig haar opvattingen in de ogen van de meerderheid ook waren) volledig vervreemdde van de heersende elite. En het economisch evenwicht vereiste dat de hoeders van de openbare orde een voorzichtige koers uitstippelden tussen de 'veilige' en 'onveilige' zones van de economie. Zonder zekerheid geen blijvende voorspoed, maar zonder risico's geen groei.

Wat waren de 'veilige' en 'onveilige' zones? Veilig waren de activiteiten die door het openbare gezag werden gereguleerd of beschermd tegen al te grote risico's. Onveilig waren ondernemingen met hoge risico's en hoge winsten – de handel op Oost- en West-Indië of de termijnhandel op de beurs. De Assurantiekamer voor de scheepvaart – een paar deuren verder dan de Desolate Boedelkamer in de noordgalerij van het stadhuis – was een goed voorbeeld van een zwaarbewaakte veilige zone. Maar de allerveiligste plek in Amsterdam was de Wisselbank, gesticht in 1609 (nota bene, het eerste jaar van het bestand met Spanje). De bank was opgericht om het betalingsverkeer in Amsterdams snel groeiende buitenlandse handel te vergemakkelijken.[102] Maar het succes waarmee ze kooplieden in binnen- en buitenland ertoe wist over te halen hun betalingen via bankwissels te doen, berustte voornamelijk op het feit dat men de bank niet zag als een particuliere maar als een overheidsinstelling. In dit opzicht stond het onpersoonlijke en corporatieve karakter ervan in schril contrast met dat van de particuliere banken van het Venetiaanse Rialto of de dynastieke hofbanken van Genua en Augsburg. Ze was zelfs een bolwerk van eerlijk humanisme: bemiddelen en bewaren, en haar voortbestaan hing direct samen met de integriteit van de magistraat zelf. De commissarissen hielden dan ook kantoor in het stadhuis, en de deposito's en speciereserves werden in de kelders bewaard. De bank lag dus letterlijk en figuurlijk aan de basis van de macht van de stad. Ze fungeerde vooral als strikt behoudende instelling die geen geld in omloop bracht of leende voor speculatie. Het hoofddoel was het agio – het verschil tussen de notering van het bankgeld en het muntgeld in omloop – zo hoog mogelijk te houden, zo nodig door een beroep te doen op welwillende en het algemeen belang dienende syndicaten om geld te storten als geld dreigde te worden teruggetrokken. Hoewel de bank over de hele wereld betalingen deed, had ze zelfs aan het eind van de zeventiende eeuw slechts tweeduizend rekeninghouders. En aangezien haar werk alleen bestond uit overmakingen tussen rekeningen, kon er nooit sprake zijn van banktekorten door geldopnemingen zonder dat daar voldoende reserves tegenoverstonden. Juist deze onbetwijfelbare betrouwbaarheid maakte het Amsterdamse bankgeld zo aantrekkelijk voor zakelijke geldtransacties, al kóstte het depositeurs geld om een rekening te hebben en kregen ze geen rente. (De kosten die voor het openen van een rekening en voor overmakingen in rekening werden gebracht moesten de kosten van de administratie en diensten dekken.) 'De enige reden waarom mensen bereid zijn hun geld op dergelijke voorwaarden in deposito te geven,' schreef de Engelse commentator Onslow Burrish, 'is ongetwijfeld het vaste vertrouwen dat het veilig is, niet wordt aangeroerd of gebruikt voor enig doel. De magistraten van Amsterdam, al degenen die te maken hebben met het bestuur van de bank en over het algemeen de hele staat der Zeven Provinciën, doen hun best deze opvatting te propageren en lijken die ook zelf toegedaan.'[103] En deze solide zekerheid was zelfs bestand tegen de meest alarmerende crises in publieke aangelegenheden. Toen in 1672 niet zonder reden algemeen werd gevreesd dat er al een stormloop op de bank was begonnen, namen de verontwaardigde commissarissen resolute stappen om een paniek te voorkomen. In een ostentatief vertoon van gekwetste eer werden de cliënten uitgenodigd als ze dat wilden de kelders te controleren en na te gaan of de rekeningen niet tot de laatste stuiver voldaan konden worden in klinkende munt. Dit publieke gebaar had het gewenste effect, maar de magistraten gingen in het offensief tegen nerveuze sceptici en verklaarden: 'degenen die hen bleven wantrouwen, en hun vertrouwen bij het publiek bleven ondermijnen door hun geld op te eisen in een tijd dat de Staat in zo'n grote nood verkeerde, moesten worden aangemerkt als slechte onderdanen en hun moest niet worden toegestaan hun geld weer op de Bank terug te storten als de storm was overgewaaid.'[104]

De bank was de waakhond van het kapitalisme in Amsterdam. Haar belangrijkste taak was niet fondsen te verschaffen voor ondernemingen, maar juist toezicht uit te oefenen op de omstandigheden waaronder deze konden worden gewisseld – vandaar haar naam. Haar bestaan op zichzelf getuigde van een vastbeslotenheid de ergste kwaden van de ongebreidelde wereld van het geld – woeker, wanbetaling, vervalsing en andere soorten oplichterij – op te heffen. Haar motto was eerlijkheid, niet profijt. Maar hoe loffelijk ook, de hoeders van de economie konden zich niet veroorloven zodanig strenge regels op te stellen dat iedere prikkel tot ondernemen gesmoord zou worden. En al waren de magistraten nog zo verontrust over de amoraliteit van het geld, ze waren niet ongevoelig voor een tegenstrijdig element in de cultuur: bewondering voor heroïsch materialisme. Die werd vooral geuit (en onschadelijk gemaakt) als het ging om een of andere spectaculaire geografische ontdekking, met het gevolg dat koloniale ondernemingen de gewetensvolle vroede vaderen voor speciale problemen stelden. Enerzijds brachten ze de stad en het vaderland onmiskenbaar enorme rijkdommen en winsten, en bovendien oorlogsbuit van de Iberische vijand. Anderzijds maakten de onzekere aanvoer en de hoge kosten van de koloniale aanwezigheid in Oost- en West-Indië of Brazilië deze handel zo niet uitgesproken onveilig dan toch onzeker. Dit viel vooral op in vergelijking met de betrouwbare handel in stapelprodukten uit het Oostzeegebied die over betrekkelijk korte afstanden tegen lage stukprijzen werden vervoerd.

Voor calvinistische dominees en zedenmeesters werden de gevaren niet zozeer gerechtvaardigd door het vooruitzicht van hoge winsten, als wel door de mogelijkheid de horden van de antichrist uit verre wateren te verjagen en de inboorlingen het ware evangelie te brengen.[105] Maar zelfs zij deelden het wantrouwen van de magistraten jegens de lage status en motieven van degenen die door Indië werden aangetrokken. Paradoxaal genoeg had juist de glans van de beroemdere reizen naar de Oost koloniale wapenfeiten een legendarisch aura en de lichtgelovigen visioenen van onvoorstelbare rijkdom gegeven. Die rijkdom werd regelmatig uitgestald op de werven en in de pakhuizen van de Compagnie en in detail opgesomd in de Amsterdamse kranten, als om de ogen uit te steken en het water in de mond te doen lopen. Zo kwam op 27 juni 1634 de vloot die in de lente was weggevaren in het vaderland terug (God zij gedankt) en volgens de krant werden de volgende produkten uitgeladen: 326733,5 Amsterdams pond Malakka-peper; 297446 pond kruidnagelen; 292623 pond salpeter; 141278 pond indigo; 483028 pond sappanhout; 219027 stuks Chinees porselein; 52 kisten Koreaans en Japans porselein; 75 grote vazen en potten geconserveerd suikerwerk, waaronder veel gember; 660 pond Japans koper; 241 stukken fijn Japans lakwerk; 3989 ruwe diamanten van een hoog karaat; 93 dozen paarlen en robijnen (van verschillend karaat); 603 balen geprepareerde Perzische zijde en grossen; 1155 pond ruwe Chinese zijde; 199800 pond ongeraffineerde kandijsuiker.[106]

Hoewel de opsomming van deze immense overvloed misschien de begeerte van de hebzuchtigen heeft gewekt, vormde de lading voor de behoudenden niet het enige 'gevaar' van de onderneming. Het was veeleer het visioen van ongekende overvloed verkregen zonder arbeid, en van rijkdom die alleen de ijdelheid of mode diende. Het leek een magische in plaats van methodische weg naar rijkdom en vormde

Overvloed en onbehagen

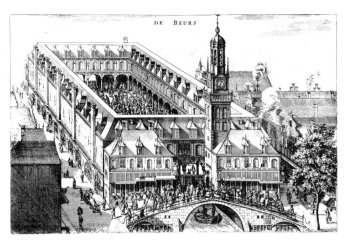

'De beurs', gravure uit Commelin, Dapper en Van Domselaer, *Beschryving der stat Amsterdam...*, ed. 1665. Houghton Library, Harvard University

als zodanig een slecht voorbeeld voor burgers die zich gemakkelijk op het slechte pad lieten brengen door de dwaasheden van de wereld. Bovendien veroorzaakte het een handel in Oostindische aandelen op de beurs die berucht was om zijn speculatieve grilligheid.

De Amsterdamse beurs was de morele tegenpool van de bank. Ze was even riskant als de bank veilig was. De enige plaatsen waar het geld nog onveiliger was, waren de musico's en speelholen in de sloppen en stegen waarmee de beurs voortdurend werd vergeleken. Als de bank het bolwerk van verstandige behoudzucht was, was de beurs het toneel van ongebreidelde hartstocht en roekeloze avonturen. De bank was de Kerk van het Nederlandse kapitalisme, de beurs de kermis. Zoals veel andere zaken in Amsterdam waren zowel de architectuur als de handelspraktijken overgenomen van Antwerpen. De Vlaamse stad was in haar tijd beroemd geweest om haar goklust, en ook hierin volgde haar Hollandse stiefkind haar voorbeeld. Om alles werd gewed, om de afloop van een beleg of om het geslacht van een ongeboren kind. Dat gebeurde op straat, in de kroeg, thuis, op het schip. De inzet kon een huis compleet met inboedel zijn of een kroes bier. Het was misschien het rijk van Fortuna, dat stand hield tegen alle doctrines over predestinatie die de Kerk in stelling bracht. De grens tussen onsystematisch gokken en georganiseerde aandelenhandel was niet altijd even scherp. De velen die inschreven op een bepaald handelsproject (vaak in kleine aandelen, soms maar één vierenzestigste deel), hadden een werkelijk belang in de terugkeer van de vracht, maar wie handelde op papier, gokte niet zozeer op het feitelijke resultaat van een reis en de winst die de producten maakten, als wel op korte-termijnprijsschommelingen op de beurs. Nieuws was van het grootste belang in deze vlottende transacties, en de regelmatig verschijnende kranten verstrekten politieke en militaire informatie op grond waarvan de investeerders gefundeerde beslissingen konden nemen. Strategisch gesitueerde familieleden of correspondenten in havens over de hele wereld verschaften ook belangrijke informatie, maar de beroepsspeculanten op de beurs maakten vaak gebruik van koeriers, afluisteraars en spionnen in de koffiehuizen in de Kalverstraat om nieuwtjes over de vooruitzichten van een bepaalde onderneming te vergaren, of zelfs optimistische of pessimistische geruchten te verspreiden, al naar gelang hun belang vereiste.

Dit alles werd door de vroede vaderen met schijnvroomheid bekeken. Ze beschouwden de beurs als een poel van verderf, maar begrepen maar al te goed dat ze onmisbaar was voor de handel van de stad. Al in de eerste jaren na de oprichting van de Verenigde Oostindische Compagnie in 1602 (al werd op de beurs natuurlijk in allerlei soorten aandelen gehandeld), was duidelijk dat de oude informele manier van handel op markten in de openlucht in de Warmoesstraat en bij de Oude Kerk niet langer zou voldoen. De nieuwe beurs werd in 1608 gebouwd op het Rokin, op nog geen steenworp afstand van het stadhuis en de Waag, dé symbolen van de vaderlijke jurisdictie over de economie. In het fraaie binnenhof met zijn colonnades in Vlaams-maniëristische stijl kon de beurs min of meer haar eigen gang gaan. De stad bepaalde niet zozeer de regels voor de beurs, maar wierp wel een barrière op tussen de beurs en de rest van de handel in de stad. Het waren barrières van tijd en plaats. De beurs was de enige plaats met een vergunning voor dergelijke transacties, en dan alleen tussen twaalf en twee uur 's middags. De openings- en sluitingstijden werden precies aangegeven door de grote klokketoren die hoog boven het hof uittorende, en leden die na de afgesproken tijd binnenkwamen konden een boete krijgen. Hoewel de bijeenkomsten op schilderijen als die van Job Berckheyde en Emanuel de Witte heel kalm verlopen, geven de geschreven verslagen meer de indruk van een exotische drukte op de beurs. Ze lijken ook vooruit te lopen op de opgewonden vertoning die kenmerkend is voor effectenbeurzen door de eeuwen heen en waar ook ter wereld. De levendigste beschrijving is de *Confusion de Confusiones* van de maraan Joseph de la Vega, die de beurs kennelijk zeer goed kende.[107] Hij beschreef de wonderlijkheid van deze handel, het dwangmatige gedrag van de leden, hun irrationaliteit als ze onder druk stonden en het potsierlijke zelfbewustzijn dat ze zich voor hun zaken aanmaten. De beurs stond zelfs zozeer bekend als een onwaardige bazaar dat de hoge heren van het kapitaal, die zelf een aanzienlijk inkomen uit dividend uit de aandelenhandel genoten, zich niet verwaardigden er een voet over de drempel te zetten en het ordinaire kopen en verkopen overlieten aan effectenmakelaars. Omdat de rente op de staatsobligaties zo laag was – meestal tussen de drie en vijf procent – en kapitaal zo veel kon opbrengen, was er een duidelijke behoefte aan korte-termijninvesteringen met hoge opbrengsten. En de effectenmakelaars stelden hun deskundigheid in dienst van veel klanten tegelijk, voor wie ze door hun permanente aanwezigheid op de beurs in commissie konden handelen. Kortom, ze deden toen zo ongeveer hetzelfde als de effectenmakelaars nu doen, ze leefden van hun kennis, niet alleen van de waar die de aandelen vertegenwoordigden, maar ook van de finesses van de handel op de beurs zelf. Ze hadden er zelfs belang bij om het enigszins onfrisse waas van mystiek dat om de beurs hing in stand te houden, en te beweren dat zij dat konden doorgronden.

De transacties van de effectenmakelaars, het kopen en verkopen van grote partijen 'actien' voor belangrijke klanten, bepaalden de schommelingen van de dagkoersen. Maar in hun kielzog dreef een heel ander soort investeerder: de kleine speculant, die alleen voor zichzelf handelde en hoopte zijn slag te slaan door te anticiperen op de prijsschommelingen. Zijn opzichtige gedrag schiep de zonderlinge sfeer van verhitte handel zoals die in de *Confusion* werd beschreven. Dit werd nog versterkt door de korte tijd waarin de handel was toegestaan, vooral in het laatste half uur, want om half twee begon de kassier de koersen van de grote aandelen van die dag te berekenen. Het tamelijk vormelijke ritueel waarbij een verkoper zijn hand uitstak en een koper deze schudde, en een tweede steviger handdruk die de prijs bevestigde, ontaardde in een onstuimig vertoon van druk en snel handgeklap. 'Handen rood van de klappen... handdrukken gevolgd door geschreeuw, beledigingen, onbeschoftheid, geduw en getrek.'[108] De beurs was geen plaats voor verlegen mensen of voor mensen die niet het spelletje wilden spelen dat hun status als 'contramineurs' of 'liefhebbers' vereiste. De bedreven acteurs vestigden opzettelijk de aandacht op zich, alsof ze een ondraaglijk geheim koesterden. Een doorsnee speculant 'bijt op zijn nagels, trekt aan zijn vingers, sluit zijn ogen, doet vier stappen, en spreekt vier keer in zichzelf, brengt zijn hand naar zijn wang alsof hij kiespijn heeft en laat dit alles vergezeld gaan van een geheimzinnig gekuch'.[109] Dergelijke verzenuwde speculanten waren gespecialiseerd in het verhandelen van kleine partijen aandelen of pakketten gesplitste aandelen tegen lage prijzen. En ze leefden meer van gescharrel dan van eerlijke handel, want het werd gewoonte om aandelen aan te bieden die ze of nog niet in bezit hadden of nog niet betaald hadden, ervan uitgaande dat ze met winst van de hand konden worden gedaan tegen de tijd dat hun oorspronkelijke termijn verviel. Dit was wel heel scherp aan de wind zeilen – het werd dan ook windhandel of handel *in blanco* genoemd – en het wekte de verontwaardiging van de magistraat en de Kerk die het veroordeelden als een vorm van oplichterij. Maar pas toen Le Maire deze praktijken op grote schaal ging toepassen, gingen de Staten van Holland over tot een formeel verbod. In feite schijnt deze praktijk hervat te zijn (zij het heimelijk) zodra de opschudding over een berucht schandaal weer was geluwd.

Windhandel werd door de tegenstanders omschreven als een ontoelaatbare afwijking van de regels voor correct kopen en verkopen van effecten. Het was, vonden ze, een uitnodiging tot spilzucht en bedrog. Maar ondanks al dit gemoraliseer was het eigenlijk alleen een extreme vorm van de praktijken die als vanzelfsprekend ontstonden in een economie waarin de levertijden lang of onzeker waren. Het was beslist niet onfatsoenlijker dan wat regeringen deden die geld uitgaven (meestal aan gebouwen of veldtochten) door 'te anticiperen' op inkomsten in de komende jaren (dat wil zeggen, deze te gelde maken uit welke bron ze ook afkomstig waren). In een internationale stapelplaats als Amsterdam, waar een kapitaalstroom een bestemming zocht, en waar geruchten en roddel een fortuin konden maken of breken, was het vrijwel onmogelijk om spontane speculatie te onderdrukken. Als deze van de

355

beurs werd verdreven, was de kans groot dat ze elders weer de kop op zou steken. Want de lange periode tussen het 'in zicht krijgen' van een handelsartikel en de feitelijke verschijning ervan, vormde een onweerstaanbare verleiding voor degenen die positieve en negatieve verwachtingen konden manipuleren. Hun vindingrijkheid en het ongeduld van de kleine speculant die zijn fortuin op magische wijze vergroot wilde zien, veroorzaakten de grote speculatierages van de zeventiende en het begin van de achttiende eeuw. Meer dan welk verschijnsel ook openbaarden ze de opgeschrikte elite hoe breekbaar hun systeem van beperkte aanvoer en bufferfondsen kon zijn als het onder druk van de spontane vraag van de markt kwam te staan. Speculatie was de wraak van Koningin Geld op haar bewakers. Hoewel ze door regels gebreideld werd, kon ze worden losgelaten door de onstuimige toeloop van duizenden vereerders, die hun hele inkomen graag wilden verspillen aan de irrationele hoop op plotselinge rijkdom. Vaak waren het niet zulke rijke mensen – kleine boeren of handwerkslieden – en dat maakte hun dromen voor het patriciaat des te gevaarlijker. Hun dwaasheden werden in traktaten en prenten niet slechts als wensdromen weergegeven, maar als een soort economische anarchie die het hele, zorgvuldig overeind gehouden bouwwerk van regels dreigde te vernietigen.

De spectaculairste en in ieder geval alarmerendste speculatiegolf was de grote tulpomanie van 1636-1637. Deze was onderwerp van veel verbaasde en verwonderde geschriften, misschien omdat de alledaagsheid van de bloem zo duidelijk in strijd was met de bijzondere behandeling die haar ten deel viel.[110] Alleen een intens burgerlijke cultuur zou de nederige tulp – in plaats van, bijvoorbeeld, smaragden of Arabische hengsten – als speculatietrofee kiezen. Maar tulpen hadden niets kleinburgerlijks in de zeventiende eeuw. Zeker in het begin waren ze exotisch, betoverend en zelfs gevaarlijk. Juist op het moment dat de zeldzame bloem rijp leek voor de massamarkt kon een op hol geslagen vraag ontstaan. De verandering van een verzamelaarsobject in een algemeen verkrijgbaar produkt maakte de manie mogelijk. En bepaalde andere eigenschappen van de bol beïnvloedden de overgang van een exotisch object naar een alledaags verschijnsel in de cultuur. De sleutel was de reproduceerbaarheid. Ook Chinees porselein en Turkse tapijten zorgden voor een verrijking van het aanbod aan de consument, waarbij dure zeldzaamheden in het land zelf werden geproduceerd en daarmee geschikt gemaakt voor een algemene markt. Maar het Delfts-blauw en de Vlaamse tapijten waren op zijn hoogst een benadering en geen reproduktie van de originelen. Door dit verschil ontstonden twee soorten goederen voor twee verschillende klantenkringen: de originelen voor de gefortuneerde elite en de imitaties voor de rest. De democratisering van de smaak in de toegepaste kunst hield ook een zekere vulgarisering in, die de Nederlanders blijmoedig accepteerden.

De tulp was echter een ander geval. Ook zij was een geïmporteerde luxe, afkomstig uit Turkije, maar ze kon zonder moeite letterlijk worden overgeplant en eindeloos worden gereproduceerd door de uitlopers te splijten. Waardevolle variëteiten – gevlamde en gestreepte bloemen als Semper Augustus – werden angstvallig tegen

356

imitatie beschermd. Maar het zorgvuldig bewaren van buffervoorraden om prijsverschillen te handhaven mislukte voortdurend door de handel in uitlopers en de pogingen van de kwekers zelf om nieuwe en mooiere variëteiten te produceren. In deze omstandigheden had geen enkel denkbaar kwekersgilde de produktie kunnen beheersen zoals andere fabrikanten of kooplieden dat wisten te doen. Hun eigen belang bij experimenten met oneindig veel kleurschakeringen, vorm en grootte van de bloemblaadjes schiep een enorme reeks variëteiten, bedoeld om niet alleen de rijke kenner aan te trekken, maar ook duizenden kleine kopers. De verkoopeenheden bevorderden deze uitbreiding van de markt. Aanvankelijk, toen de handel in handen was van de herentuinders en hun hoveniers (tussen 1600 en 1630), werd alleen verkocht in grote en dure eenheden: hele bedden, of per gewicht van duizend 'azen' (1/20 gram). Toen aan het eind van de jaren twintig en het begin van de jaren dertig de markt snel groeide werd het mogelijk om per Amsterdams pond, per mand of klein aantal azen te kopen. Dit maakte weer een handel in de 'vodderij' mogelijk, dat wil zeggen de tot dan toe verachte 'vodden' van het gewonere soort. In tegenstelling tot andere 'decoratieve' goederen was er dus een ononderbroken keten van de duurste bloemen aan de top van de markt tot de meest bescheiden rode en gele tulpen, zoals de Gouda, die het hoofdbestanddeel van de massahandel gingen uitmaken. Men bleef de tulp associëren met een kostbaar kleinood, maar de bloem kwam tegelijk binnen het bereik van de gewone man. Met een kleine inzet kon hij terechtkomen in de keten van kopen en speculeren, die, zoals alle gokspelen, snel verslavend was.

Er was nog een ander aspect aan de produktie van de tulpebollen waardoor ze tot een ideaal speculatieobject werden: hun seizoengebondenheid. Voor echte amateurs liep het koopseizoen vanaf het uitgraven in juni tot het planten in oktober. Het zou geen enkele zin hebben gehad te kopen als de leverantie nog maanden op zich liet wachten. Maar toen de kwekers eenmaal zover waren dat ze uitlopers verkochten om aan de stijgende vraag te voldoen, konden deze pas gescheiden en afgeleverd worden na een wachtperiode van minstens een paar maanden. Daardoor werd het aanvaardbaar om in de winter in te kopen voor levering op termijn, en al zeer snel – waarschijnlijk rond 1634 – werd dit uitgebreid tot de verkoop op 'termijn' van hele bloembollen. Nu er zo'n lange tijd lag tussen koop en levering kwamen de kopers onvermijdelijk in de verleiding tussentijds te handelen: of ze met winst doorverkopen, of hun eigen aandelen opwaarderen. Dat deden ze natuurlijk zonder ooit iets te zien van de bloemen of bollen, en al snel benaderden kopers potentiële verkopers van wie ze wisten dat ze ze niet eerder hadden gehad. Op hun beurt boden dezen de verkopers een 'papieren' prijs te betalen bij aflevering, met de bedoeling hun 'papieren' koop weer aan een derde partij door te verkopen. Omdat de op verwachtingen gebaseerde prijzen stegen bij het naderen van de lente, versnelde de omzet van wat in wezen een handel in termijntulpen was. Begin 1637, op het hoogtepunt van de speculatie, betrof de aankoop al lang niet meer een tulpebol, maar een verhandelbaar stukje papier met daarop een theoretische leveringsdatum, als een zeer twijfelachtige wissel. Hoe korter voor de leveringsdatum de koop werd gesloten, des te groter was het risico voor de koper dat hij tot overeenstemming moest komen met de kweker, maar des te groter ook de mogelijkheid om winst te maken op prijzen die per dag en per uur stegen. Op dit punt had de rage een te hoge vlucht genomen en het openbare gezag moest eraan te pas komen om haar weer terug op aarde te brengen – met een enorme smak.

Deze uitzonderlijke geschiedenis bestaat dus uit vier fasen: de fase van de kenners en geleerden, de fase van de professionalisering der kwekers, de massale toeloop van speculanten en, ten slotte, het ingrijpen van regelaars die Koningin Geld (verkleed als Flora) weer in het gareel wilden brengen. De komst van de tulp naar West-Europa heeft niets geheimzinnigs. Ze kwam naar Nederland in de zestiende eeuw, in een tijd dat er veel commerciële en culturele contacten waren tussen de Ottomaanse Levant en het Habsburgse keizerrijk, hoewel deze officieel met elkaar in oorlog waren. Ambassadeur Busbecq zag de tulp in Adrianopolis en agenten, diplomaten en kooplieden brachten de bollen in de jaren zestig naar de tuinen der hovelingen, geleerden en bankiers in Antwerpen, Brussel en Augsburg.[111] Joris Reye, botanicus en koopman, kweekte variëteiten in Mechelen, en in de jaren negentig had de tulp haar intrede gedaan in de tuinen van het noorden, misschien zelfs in de Hortus Botanicus van de Leidse universiteit, waar Clusius en Johan van Hooghelande experimenteerden met verschillende kleurschakeringen en grootten. In deze beginperiode was de kweek in hoofdzaak een liefhebberij van aristocraten – een nieuwtje dat aansloeg van Parijs tot Praag, waar de hartstochtelijke vernieuwer keizer Rudolf II overal het zijne van wilde weten. Zowel Boisot, de admiraal van de geuzenvloot, als Philips van Marnix van Sint-Aldegonde uit het gevolg van Willem van Oranje waren liefhebbers, maar pas na de publikatie van de eerste uitgebreide catalogus verspreidde de bewondering voor de bloem zich van hoven en humanistische kringen naar een grotere groep enthousiastelingen. *Florilegium* van Emmanuel Sweerts, dat in 1612 in Frankfurt verscheen, bevatte ongeveer honderd platen van de variëteiten die hij al verkocht in Amsterdam. Maar het was Crispijn van de Passe die met zijn *Hortus Floridus*, in 1614 zowel in het Nederlands als in het Latijn uitgegeven, de faam van de bloem verspreidde over de Nederlandse en Duitse steden aan de Nederrijn.

Tegen 1620 was de tulp in heel Noord-Frankrijk, de Nederlanden en westelijke delen van Duitsland de onbetwiste modebloem. In een tijdperk waarin men zich sterk bewust was van hiërarchieën, duurde het niet lang voordat de variëteiten informeel naar rang waren geclassificeerd, van de edelste tot de gewoonste. Een hoge rang duidde niet per se op zeldzaamheid (al was dat vaak wel zo), maar meer op de schoonheid en subtiliteit van de kleurencombinaties. De gevlamde en onregelmatig gestreepte soorten waren het meest in trek en werden naar de hoofdkleuren ingedeeld in drie aristocratische standen: de roze (rood en roze op een witte ondergrond), de violette (lila en purper op een witte ondergrond) en 'bizarden' (rood of violet op een gele ondergrond). Boven aan deze adel stonden de vorstelijke zeld-

'Weduwe', embleem uit Jacob Cats, *Houwelijck*, 1658. Houghton Library, Harvard University

zaamheden, de Semper Augustus (rood gevlamd op witte achtergrond) en de succesvolle kloon, de Parem Augustus. Er waren ook onderkoningen, maar in de Nederlanden, waar het koningschap uit de gratie was, bedachten inventieve kwekers passende heroïsche namen voor hun bloemen waarvan de patriottische glans op hen afstraalde. Zo ontsproten overal admiraals en generaals (want de tulp werd altijd als mannelijk voorgesteld). Generaal Bol en admiraal Pottebacker waren niet genoemd naar militaire helden, maar waren admiraals- en generaalstulpen genoemd naar de kwekers Pieter Bol uit Haarlem en Hendrik Pottebacker uit Gouda. De tulpen konden dichters zelfs nog tot fantastischer vergelijkingen inspireren, zoals de dichter die de *Tulipa clusiana* met haar van buiten karmijn getinte, witte bloemen vergeleek met de 'lichte blos op de wang van de kuise Suzanna'.[112] In dit stadium van haar debuut in Noord-Europa werd de tulp ofwel bewonderd ofwel verguisd als een elegante extravagantie. De critici (vooral calvinistische predikanten) die afgaven op buitenissigheden als extravagante kragen, pofbroeken met ruches of overdadige ledikanten, zagen de tulp als het zoveelste gevaar op de lange lijst van ijdelheden die de godvruchtige Republiek ondermijnen. De iconografie van moraliserende teksten is echter niet altijd vijandig. Eén embleem lijkt de oosterse soefi-associatie van tulpen met de eeuwigheid te hebben overgenomen. Het is meer een beeld van deugd dan van zonde: een oude weduwe die op haar einde wacht met haar attribuut van eerbare ijver, de spinstok, en dat van de trouw, haar (eveneens oude) hond. Haar ophanden zijnde overlijden wordt gesymboliseerd door de knokige hand van de dood die de steel van de tulp grijpt. De associatie met rechtschapen berusting komt echter zelden voor. De tulp werd veeleer geassocieerd met wereldse dwaasheid.

Claes Jansz. Visscher, embleem uit Roemer Visscher, *Sinnepoppen*, Amsterdam, 1614. Houghton Library, Harvard University

Roemer Visscher gebruikte haar in zijn *Sinnepoppen* voor het motto 'Een dwaes en zijn gelt zijn haest gescheijden' bijna twintig jaar voor de speculatiemanie begon.[113] In een tijd dat één bol van de Semper Augustus gemakkelijk duizend gulden opbracht, was dit goed te begrijpen.

Zelfs tegen 1630 was de tulp nog een kostbare bloem, die amateur-botanici voor zichzelf of beroepskwekers voor hun patricische klantenkring kweekten. Adriaen Pauw, direct na de dood van Oldenbarnevelt de pensionaris van Amsterdam, was een typerend voorbeeld: kort na de aankoop van zijn buitenplaats in Heemstede in 1633 plantte hij bedden tulpen, werd zelf een liefhebber en kweekte nieuwe rood-met-wit gestreepte hybriden. De vindingrijkste en produktiefste beroepskwekers, zoals Abraham Catoleyn in Amsterdam en Pieter Bol en Jan Quackel in Haarlem, maakten naam als specialisten, zowel door de bollen in de catalogus die naar hen vernoemd waren als door hun klanten met goede relaties. Maar in het begin van de jaren dertig maakte een nieuwe generatie hoveniers zich los van deze betrekkelijk voorname en beperkte kring en begon de verkoop en distributie te veranderen. Sommigen waren als tuinier in de leer geweest bij de oudere beroepskwekers en begonnen nu voor zichzelf op gepachte percelen en met ambitieuze ondernemingszin. Barent Cardoes bijvoorbeeld was eerste tuinman bij Pieter Bol en werd toen hij in de dertig was zelfstandig kweker in Haarlem.[114] Het platteland rond die stad met zijn rijke alluviale grond werd het centrum van de bollenkwekerij en in Haarlem zelf, aan de Houtweg, zetten veel nieuwelingen zoals Jan van Damme een zaak op voor de directe handel. Tegelijkertijd pachtten ze meer land (in het geval van Jan van Damme van een plaatselijk aalmoezeniershuis) om te kunnen voorzien in de nieuwe vraag. Er golden geen gildebeperkingen voor hun handel, produkten en prijzen. Kleine ondernemers die moeilijk toegang zouden hebben gekregen tot de oudere ambachten en beroepen, konden met hun specialistische kennis snel succes hebben onder de bollenmannen. De Portugese jood Francisco Gomez da Costa bijvoorbeeld was een belangrijke kweker in Vianen, gespecialiseerd in de schitterende, bontgekleurde bizarden.

De nieuwe handelaars kwamen met een veel groter aanbod, van kostbare hybriden tot opzichtiger effen soorten als de Switsers en de Geele Croonen die een paar stuiver per aas deden. De verschillen in gewicht en prijs waren enorm, zodat potentiële klanten al naar gelang hun middelen konden kiezen. De Gheel ende Root van Leyden (zie p. 344) was niet duur per aas, maar kon wel vijfhonderd azen (vijfentwintig gram) wegen. De Generalissimo, een van de specialiteiten van Da Costa die snel populair werd, was een kleine bol die ongeveer tien azen woog, maar wel negen gulden per aas kostte. Door de verkoopeenheden te variëren, zodat de bollen per mand, per pond of zelfs afzonderlijk konden worden verkocht, werd de markt nog groter. En de kwekers, nog niet tevreden met de verkoop op de kwekerij of in winkels, lieten rondreizende verkopers de dorpsmarkten en ver van de belangrijkste bloembollencentra in Holland en Utrecht afliggende markten afgaan. Vanaf de winter van 1635 kwamen de kopers van tulpen uit alle lagen van de bevolking, van kooplieden en winkeliers tot geschoolde arbeiders en ambachtslieden. Er is wel geopperd dat een tekort aan arbeidskrachten na een zware aanval van de pest tussen 1633 en 1635 plotseling de lonen had opgedreven, zodat er wat geld overbleef voor 'luxeaankopen'. Hoe dan ook, kennelijk werden nu ook wevers, timmerlieden, molenaars, smeden en binnenschippers meegesleurd in de tuinbouwmanie.

De uitgekiende vernieuwingen en de uitbreiding van de produktie om goedkopere variëteiten te kunnen leveren hadden in de loop van 1634 en 1635 een soort explosie van de vraag veroorzaakt. Met de popularisering van de tulp was in Nederland een diepliggende bron van consumptiedrang aangeboord waaraan slechts kon worden voldaan door kleurige nieuwe variëteiten en duurdoenerij thuis. De successen van de kwekers gingen hun wildste verwachtingen te boven. Ze hadden een nationaal cliché uitgevonden. Het effect op de prijzen was enorm. Aanvankelijk, in 1634, had de introductie van veel nieuwe variëteiten een prijsverlagend effect, zodat ze binnen het bereik van het gewone volk kwamen. De plotselinge stijging van de vraag dreef ze abrupt in tegenovergestelde richting. Doordat de tulpen buiten het seizoen niet verkrijgbaar waren en de produktie onder druk stond om aan de vraag te voldoen, ging de prijs nog sneller omhoog. In de rooitijd van 1636 waren veel variëteiten – zelfs de heel gewone – drie maal zo duur geworden. Een Gouda die in

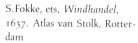
S. Fokke, ets, *Windhandel*, 1637. Atlas van Stolk, Rotterdam

Windhandel, dwaaze drift uit dartle weeld geboren!
Kan dan een purpre bloem zo 't oog en hart bekoren,
Dat men beroep verlaat, zyn goed, en huis en land
Om een verwelkbre bloem, een tulp, verkoopt, verpandt?

december 1634 nog dertig stuiver kostte, bracht twee jaar later meer dan drie gulden op. Een Admiraal De Mans die 15 gulden kostte werd na diezelfde twee jaar verkocht voor 175 gulden. Een Centen van 40 gulden kostte een paar maanden later al 350 gulden; een Scipio van 800 gulden kostte enkele weken later 2200 gulden. Er er zijn legio andere voorbeelden.[115]

Het duurde niet lang of er werd in natura betaald, gedeeltelijk doordat de klanten van het armste deel van de markt meer te bieden hadden in de vorm van roerend goed dan baar geld om koopjes op de kop te tikken. Vaak moesten ze bij de aankoop afstand doen van hun goederen en beloofden ze dan de rest in contanten te betalen bij de levering van de bollen. Zo werd een kwart pond Witte Kronen gekocht voor vier koeien direct en 525 gulden bij levering. Een pond Centen werd betaald met

1800 gulden en de directe overdracht van een 'weerschijne rock, een oude rosenobel, ende een penninckxken met een silvere kettingtje om aen een kints hals te hanghen'.[116] Een Viceroy die was gekocht voor 900 gulden werd, terwijl hij nog in de grond zat, verkocht voor 1000 gulden bij aflevering en de directe betaling van een pak en een jas. Uit de verschillende soorten aangeboden goederen blijkt dat de kopers uiteenlopende beroepen hadden en tot allerlei maatschappelijke groepen behoorden. Hoogstwaarschijnlijk was het een boer die voor één enkele Viceroy 2500 gulden betaalde met twee lasten tarwe en vier lasten rogge, vier vette runderen, acht varkens, een dozijn schapen, twee okshoofden wijn, vier tonnen boter, duizend pond kaas, een bed, wat kleren en een zilveren beker.[117] Vaak werden gereedschappen aangeboden. Zoals Maarten van Heemskerck zijn loterijbriefje met een schilderij had betaald, betaalde Jan van Goyen – aan de vooravond van de krach – een Haagse burgemeester 1900 gulden voor tien bloembollen en beloofde bovendien een schilderij van Salomon van Ruysdael en een historiestuk met Judas van hemzelf. In 1641, vier jaar later, had hij het schilderij nog niet geleverd noch zijn schulden vereffend, en hij stierf als insolvente schuldenaar.[118] Aan de top van de speculantenmarkt werden opmerkelijke transacties gesloten, die allemaal zorgvuldig notarieel bekrachtigd werden. Een Semper Augustus van 193 azen werd gekocht voor 4600 gulden, een koets en een span appelschimmels (die zelf al ongeveer 2000 gulden waard waren).[119] De weinige bollen van die uiterst kostbare variëteit moesten op het hoogtepunt van de manie per stuk 6000 gulden opbrengen. Grote stukken land, huizen, zilveren en gouden vaatwerk en kostbare meubels werden allemaal verhandeld bij de steeds koortsachtiger transacties.

De hysterie rond de bollen was zeer reëel. Kleine kwekers getroostten zich veel moeite om hun investering dag en nacht te beschermen. Een tuinder in Hoorn monteerde een struikeldraad in zijn tuin waaraan hij een alarmbel bevestigde om te waarschuwen voor indringers.[120] Maar het punt waarop de speculatie zowel de beroepskwekers als de stadsmagistraat zorgen ging baren, werd bereikt in 1636, toen de speculatie omsloeg in pure windhandel, een papieren gok. Aangezien de ontwaardingstijd van iedere bol voortdurend korter werd (de prijzen verdubbelden of verdrievoudigden per week of per dag) was het devies nu het opkopen van leveringscontracten om deze vervolgens weer voor een fiks hogere prijs van de hand te doen. De omzetsnelheid werd bepaald door de vraag of de speculant dacht dat zijn contract nog zou aanslaan of dat hij zijn winst beter zo snel mogelijk kon incasseren. Dat laatste was niet altijd even eerlijk, want veel kopers deden een bod op voorwaarde dat ze later konden betalen, zodat de verkopers in wezen effecten verhandelden die ze nog niet bezaten en tegen prijzen die ze niet konden waarmaken. Niet alleen hun effecten maar ook hun winst was papier 'in de wind'.

Zoals blijkt uit vele satirische gedichten, dialogen en prenten die na de krach werden gemaakt, zag de elite met lede ogen toe – en de Kerk natuurlijk met onverhulde afkeer – hoe de handel verwerd tot gokken. Het was het *pandemia*-virus: de goedgelovige horden die tot dwaasheid en ondergang werden gedreven door hun honger naar onverdiende winst. In hun ogen was het op drift geraakte geld een vorm van anarchie waarbij alle conventies en regels voor rechtschapen en sober gedrag in zaken-doen overboord waren gegooid. Maar wat echt opvallend is aan deze speculatieve fase in de tulpomanie, is hoe snel er hoogst geritualiseerde en formele normen ontstonden voor deze handel. De transacties werden niet afgesloten onder louche informele omstandigheden op straatmarkten of paardenmarkten, maar in formeel georganiseerde groepen die Colleges heetten en op bepaalde tijden en in bepaalde kroegen samenkwamen. Uit de *Samen-spraeck tusschen Waermondt ende Gaergoedt* blijkt dat ze in het leven werden geroepen door mensen voor wie officiële notariële contracten nodeloos duur zouden zijn geweest en die niet gehinderd wilden worden door officiële regels. Maar de regels die ze zelf in eigen collegevergaderingen opstelden waren bijna even uitgebreid. De overeenkomst met gilderituelen en de inwijdingstraditie van ambachtslieden versterkt de indruk dat het echte volkse instellingen waren waarin het gewone volk de effectenhandel kon nabootsen.

Nieuwkomers – potentiële kopers en verkopers – moesten worden geïntroduceerd bij een firma waar, zo blijkt uit de *Samen-spraeck*, 'sommighe sullen segghen: een nieuwe hoer in 't bordeel, ende soo voorts; maer daer moet ghy u niet aen steuren, dat gaet daermee deur'.[121] Er waren drie manieren om te kopen. De eenvoudigste was via verkoop bij afslag, waarbij de verkoper begon met een hoge prijs en naar beneden ging tot iemand een bod deed. De meer gebruikelijke manier was echter ofwel 'met de borden' ofwel 'in het ootje'. In het eerste geval gingen houten schijven rond waarop waarden stonden aangegeven en wie er een ontving moest een bod doen. Verkopers mochten hun eigen goederen niet direct aanbieden, maar moesten via een vreemde omslachtige manier te kennen geven dat ze voor een geboden prijs zouden verkopen. Als er een zekere overeenstemming werd geconstateerd, zonderden de twee partijen en gevolmachtigden zich af om verder te marchanderen, waarbij ze de overeengekomen prijs met krijt op de schijven aangaven. Als de koop werd gesloten, bleven de krijttekens staan; zo niet, dan werden ze door een van beide partijen uitgewist. Wie zich terugtrok betaalde ter compensatie een kleine som aan de andere partij. Bij 'in het ootje' moest de verkoper een schema op een lei tekenen en er een geldbedrag op leggen als premie voor degene die bij de veiling het hoogste bod deed.

Welke procedure ook werd gevolgd, de transacties gingen gepaard met veel verplichte gezelligheid. Er bestond een vast wijngeld van een halve stuiver per gulden van de transactie – met een maximum van drie gulden. Bij een succesvolle verkoop was het wonderlijk genoeg de koper die de rest van het gezelschap trakteerde. Als de transacties elkaar snel opvolgden (wat het geval moet zijn geweest), moeten deze kleine bedragen tot een flinke som zijn opgelopen, zodat Gaergoedt berichtte: 'Ick ben verscheyden reysen gheweest, dat ick veel meerder gelt thuys gebrocht hebbe dan ick in de herberghe bracht, ende hadde wel ghegeten ende ghedroncken wijn, bier, toeback, ghesoden, ghebraden, visch, vlees, jae hoenderen ende conijnen, ende noch suyckerbancquet toe, ende dat van des morghens tot des nachts drie oft vier uyren.'[122] Zelfs in de ondergrondse economie van de speculantencolleges manifesteerde zich de Nederlandse neiging om de grilligheid van verlies en winst te compenseren met gemeenschappelijke feesten en gedeelde verplichtingen. Het 'wijngeld' werd niet alleen betaald voor voedsel, maar ook voor verwarming, licht en 'de meysens' (vermoedelijk serveersters). In een uit de toon vallend vroom terzijde schreef Gaergoedt dat het ook werd gebruikt om 'de armen te ghedencken'. Zelfs een wever op een nachtelijke vrijage met de gevaarlijke vrouwen Pecunia en Fortuna voelde de behoefte zijn heil veilig te stellen met een liefdadig gebaar.

Dit alles maakte het verschijnsel niet minder verontrustend voor de heersende klasse. Echte tulpenliefhebbers hielden zich verre van de windhandel in de colleges, en toen het tempo van de transacties steeds waanzinniger werd, begonnen de kwekers zich zorgen te maken dat een krach hen zou opzadelen met waardeloze bloembedden. Het moet niet makkelijk voor hen zijn geweest om te beoordelen of ingrijpen zo'n ramp meer of juist minder waarschijnlijk zou maken. En het is nog steeds niet duidelijk of de ramp, toen die inderdaad plaatsvond, het gevolg was van geruchten over ingrijpen van officiële zijde of omgekeerd. Hoe dan ook, de eerste waarschuwende geluiden klonken in Haarlem, vermoedelijk op 2 of 3 februari, toen de mensen werd geadviseerd niet meer te kopen. Op 4 februari, te midden van een algemene paniek in Haarlem, gingen de bollenprijzen per uur omlaag en aan het eind van de week was er sprake van onverkoopbare effecten. De termijntulpen waren waardeloos geworden op het moment dat de prijsdaling inzette. Het is dan ook niet verwonderlijk dat de eersten die iets ondernamen de kwekers zelf waren, die werden geconfronteerd met het vooruitzicht te blijven zitten met een slechte naam als pseudo-speculant en een in waarde gedaalde voorraad. Toen ze eenmaal waren opgeschrikt, gingen ze naar Nederlandse maatstaven bliksemsnel te werk. Op de zevende werd in Utrecht een eerste vergadering belegd, waar uit alle belangrijke kwekerscentra weer afgezanten werden aangewezen voor een conferentie op 24 februari in Amsterdam. Onder hen bevonden zich Gomes da Costa uit Vianen, Barent Cardoes uit Haarlem, Jacques Baalde uit Leiden en François Sweerts uit Utrecht. Op die bijeenkomst werd (tegen de zin van Amsterdam) besloten dat alle verkopen van vóór november 1636 als bonafide beschouwd moesten worden. Wie na die datum voor tien procent van de vraagprijs had gekocht, mocht zich onttrekken aan het contract. In feite was dit een preventieve zet die de kwekers een redelijke mate van bescherming moest bieden in het geval van op papier verkochte maar nog niet geleverde goederen. Maar de overeenkomst kon alleen maar worden geëffectueerd als de overheid ermee instemde. Het Hof van Holland, waarnaar de Staten deze zaak verwezen, had veel minder consideratie met mensen die door de publieke opinie verantwoordelijk werden gehouden voor het ontstaan van de manie en die nu probeerden de ergste schade te ontlopen. Eind april 1637 negeerde het Hof het Amsterdamse besluit door alle transacties vanaf de planting van 1636 ongeldig te verklaren, terwijl het ieder omstreden contract aan de jurisdictie van de afzonderlijke stadsbesturen overliet. De tien-procentsbepaling werd ingetrokken, maar de kwekers mochten proberen de wegkwijnende voorraad aan derden te verkopen voor risico van de klanten die de bollen in theorie hadden gekocht. In een situatie die praktisch neerkwam op een opschorting van de betalingen, hadden de kwekers bij dergelijke pogingen weinig kans gretige kopers te vinden. Dus kwam een groot deel van de financiële schade bij de krach neer op de kwekers, want die konden geen nieuwe afzetmarkten vinden en evenmin konden ze de schade verhalen op de klanten van de herfst van 1636. In januari 1638 was duidelijk dat er, wilde de tuinbouw ooit weer normaal kunnen functioneren, verdere regulering nodig was. De regels die in de lente van dat jaar in Haarlem werden ingesteld, waren min of meer representatief voor die van andere steden en werden goedgekeurd door de Staten van Holland. Er werd een commissie van vijf ingesteld om partijen in geschillen over contracten te dagvaarden en bemiddelend op te treden. Aanvankelijk was het doel de partijen te verzoenen, maar al snel was het nodig bindende uitspraken te doen, hoe onbevredigend die ook voor beide of een van beide partijen konden zijn. Uitstaande contracten konden ongedaan worden gemaakt door betaling van drieënhalf procent van de oorspronkelijke koopprijs. Dit mag veel minder zijn geweest dan de kwekers eisten – ze betoogden dat ze werden gestraft voor de lichtzinnigheid van de massa – maar het was toch een vorm van compensatie. En de kwekers hielden de bollen in eigen bezit, die, toen de manie eenmaal was geluwd, weer terugkeerden tot het oude prijsniveau, gedicteerd door de reële in plaats van de kunstmatige marktwaarde.

Hoe dan ook, voor de magistraten van de Nederlandse steden waren de juridische finesses minder belangrijk dan de behoefte de tulpomanie te bezweren. Ze grepen snel in wegens de dringende noodzaak om de speculatiegeest in de fles, waaruit hij was ontsnapt, terug te duwen, en de kurk er stevig op te drukken om herhaling te voorkomen. Tot op zekere hoogte konden ze tevreden zijn dat de onverbiddelijke bemoeienis van Fortuna de roekelozen al had gestraft door hen in korte tijd van armoe naar rijkdom en weer terug te voeren. Maar ze voelden zich nog steeds gedwongen in traktaten, preken en prenten een opvoedingscampagne te voeren tegen de dwaasheid die het gewone volk van het rechte pad had afgebracht. Voor de humanistische oligarchen had de tulpomanie al hun heiligste principes geschonden: matigheid, voorzichtigheid, beleid, redelijkheid en het principe van loon naar werken. Ze had het angstaanjagende schouwspel te zien gegeven van de massa's die hun kudde-instincten volgden zonder te worden ingetoomd door de wijze hand van orde of lering. Dus omschreven ze het als een soort economische alchemie waarbij dwazen zich verbeeldden dat ze doodgewone uien (de bollen) in goud konden veranderen. Aan het eind van de *Derde Samen-spraeck* tussen Gaergoedt en Waermondt zegt de opschepperige Gaergoedt dat de bloemen 'gout ende silver, jae alle paerlen en de kostelijcke ghesteenten' overtreffen. De nuchterder Waermondt waarschuwt dan: 'Het is waer, so men haer schoonheyt, terwijl sy in wesen zijn, ende by wien de koopmanschap ghedreven wordt, reeckent; maer soo men op haer verganckelijckheydt ende by wien silver ende gout, paerlen ende ghesteenten ende konstighe

Overvloed en onbehagen

Pieter Nolpe, ets over de tulpomanie, *Floraes Geks-kap*. Atlas van Stolk, Rotterdam

hantwercken gheacht werden, niet, want dese worden by de grooten gheacht, d'andere by de ghemeene.'[123] Voor de 'grooten' had een verschijnsel dat mensen zo van hun verstand kon beroven, iets angstaanjagends. In sommige traktaten werd het omschreven als een soort ketterse maatschappelijke Kerk, met eigen bezweringen, primitieve overtuigingen en rituele praktijken. Eigenlijk was het een op zijn kop gezette economische wereld, een Beurs van Dwazen.

In overeenstemming met het traditionele Nederlandse idioom hekelden veel opvoedende geschriften de ambitie en misleide ijdelheid van de dwazen die dachten dat tulpen hun financiële positie op magische wijze zou verbeteren. In navolging van Erasmus legde de auteur van de *Samen-spraeck* Gaergoedt de zotheden in de mond die de humanisten het meest laakbaar vonden. Hij pocht dat hij zijn huis heeft verhypothekeerd om kapitaal voor zijn speculaties te krijgen, dat hij zijn leven als wever achter zich laat, dat hij uitkijkt naar comfort en luxe. Waermondt (de naam zegt het al) is voorzichtiger en scheldt op degenen die dachten dat ze die zomer rijk zouden zijn en die zich al uitspattingen veroorloofden, zoals het bestellen van koetsen en paarden. Maar ondanks zijn scepsis is de kans op snel gewin ook voor hem onweerstaanbaar.

> Wel tevergeefs heb ick tot noch toe dan soo sueren arbeydt ghedaen, ofte veele ouders soo ghewroet ende gheslooft; wat behoeven dan de kooplieden eenigen stijl, ofte haer goet over zee te pericliteeren? wat behoeven de kinderen eenich ambacht te leeren? wat schipper behoeft soo schrickelijcken en de danghereusen zee over te seylen? wat soldaet behoeft om soo kleen ghewin zijn leven te hasarderen, soo men soo ken winnen?[124]

Met andere woorden, alles wat fatsoenlijk was in het leven der Nederlanders – loon naar werken, de opofferingen van ouders voor hun kinderen, de ondernemingen van kooplieden, de beproevingen die de kern van de humanistische levensbeschouwing vormden – zouden onvermijdelijk worden ondermijnd door de verdorven speculatie. En de armen die een dergelijke morele begeleiding het meest nodig hadden, liepen het meeste gevaar om door de dwaasheid te worden meegesleept. Vandaar de gravure waarop het gevaar wordt afgebeeld in *Floraes Gecks-kap* van Nolpe, een van de vele prenten uit 1637 die de nieuwe stijl van documentair verhaal verenigde met de oudere traditie van geïllustreerde dwaasheden en zonden (zie p. 367). Terwijl de op een ezel gezeten Flora wordt weggejaagd 'om haar hoereering', zoals de tekst eronder uitlegt, doen haar aanhangers in het gezelschap van de tulpenliefhebbers hun zaken in een bovenmaatse zotskap die doet denken aan de mutsen die de bizarre wereld van Pieter Bruegels prent over *Hoogmoed* bevolken. Om aan te geven dat het een herberg is wappert aan de mutstent een kermisvlag waarop 'In de 2 Sottebollen' staat, een woordspeling op dikkoppen of gekken en dwaze bloembollen, onder twee worstelende figuren. Boeren in lompen dragen bollen weg in kruiwagens of manden, terwijl een fat lukraak bollen op de weinig belovende bodem eronder laat gooien. Links van hem zit een duivel – de kwade geest van de manie – die een leeggelopen zandloper ophoudt, en boven het hoofd van de fat houdt hij een stok met nog een zotskap, contracten en leveringsbonnen. In de achtergrond staat een geruïneerd en verlaten gebouw. En voor het geval dit alles de lezer zou ontgaan, is de ondertitel: 'Afbeeldinge van't wonderlijcke Iaer van 1637 doen d'eene Geck d'ander uytbroeyde, de Luy Rijck sonder goet, en Wijs sonder verstant waeren.'

Het moraliserende symbool van de zotskap kwam in veel andere spotprenten over de tulpomanie voor. Op de beroemdste, *Floraes Mallewagen*, toegeschreven aan Crispijn van de Passe II, dragen drie van haar begeleiders – Leckebaerd, Graagryck en Leegwagen – het met bloemen versierde narrenpak, terwijl ook de kap weer te zien is op de vlag achter de wagen: de 'zeilwagen' van Simon Stevin, die omstreeks 1602 zelf ook onderwerp van satirische en omineuze prenten was geweest.[125] Niets was toepasselijker voor een satire op de windhandel – de luchtige handel of speculatie – dan de windwagen. Maar de prent behoorde ook tot de traditie van de Antwerpse 'ommegang', een triomfstoet van de ondeugden en deugden, die hier echter niet met behulp van allegorie een algemene humanistische moraal over de gevaren van rijkdom en hebzucht illustreert, maar een specifieke en actuele gebeurtenis vertelt (ongeveer op de wijze van de prenten met de gestrande walvissen).

Overvloed en onbehagen

Crispijn van de Passe de Jonge, *Floraes Mallewagen*, 1637, ets. Kress Library of Business and Economics, Harvard University

Floraes Mallewagen is in feite representatief voor de zwaar symbolische prentjournalistiek waar de Nederlanders een voorliefde voor hadden en die de grondslag legde voor de politieke prenten en karikaturen van de volgende generatie.[126] De geschiedenis van de tulpomanie is weergegeven in de cartouches op de vier hoeken van de prent, met links boven de kwekerij van Pottebacker in Haarlem en links onder een gezelschap tulpenliefhebbers bijeen in een kroeg in dezelfde stad, terwijl in de achtergrond twee vrouwen zitten te drinken en een al loeiend vuur oprakelen. Geen van deze overduidelijke toespelingen zal de symboolbeluste Nederlanders, die deze prenten eerder 'lazen' als een krant dan als schone kunst zagen, zijn ontgaan. Rechts zien we de snelle ontaarding van de handel: boven een gezelschap uit Hoorn dat de handel in bollen combineert met een drinkgelag, en rechts onder wordt de speculanten de rekening gepresenteerd, terwijl een van hen op zijn hoofd krabt als hij mistroostig bij zinnen komt. Het middengedeelte van de prent zit vol verwijzingen naar dwaasheid, rampspoed en ijdele mode als ook specifieke verwijzingen naar de tulpomanie. Boven het hele tafereel is aan de mast van Flora's wagen – want het betreft een Nederlandse zeilwagen waarmee men door de duinen reed – de kermisvlag bevestigd, de 'verkeerde wereld', de wereld op zijn kop, met een naar beneden gericht kruis onder aan de wereldbol. De omhoogklimmende aap is een toespeling op een gezegde over dwaze ambitie – hij die klimt moet met de billen bloot – terwijl de 'kak' die op de mensen onder hem valt geen nadere verklaring behoeft. Flora zelf

Gravures uit de serie *Het Groote Tafereel der Dwaasheid*, 1720. Verzameling van de auteur

is net als haar ordinaire collega Crijn, met de 'geks-kap', gekleed als een courtisane, en draagt als attribuut de meest gewilde tulpen – Generael Bol, Semper Augustus en Admirael van Hoorn. Andere variëteiten die het meest in prijs gedaald waren, zoals de Viceroy, Spinnecop Verbeterde en Admirael de Man, liggen verspreid op de grond onder de wagen. De stad in de achtergrond is door de toren van de Sint-Bavo herkenbaar als Haarlem, en uithangborden van herbergen als de Witte Wambuis en 't Haentien op de wagen verwijzen naar de bekendste kroegen van de tulpenliefhebbers in de stad. In het gezelschap van Flora bevinden zich Graagryck die met zijn geldbuidels zwaait en Leckebaerd die op de lichtgelovigen drinkt. De twee vrouwen zijn Ver gaer al, die bloembollen weegt, terwijl Ydel hope de vogel Ydel hope ontflogen loslaat, een symbool dat ook stond voor het verlies van de onschuld. Achter de wagen lopen modieus geklede burgers, bezorgd over het 'valete der Bloemisten', smekend om aan boord te mogen, terwijl verderop in de branding het wrak van de onderneming is weergegeven met een bemanning die de zinkende wagen verlaat terwijl een Zandvoortse boer toekijkt en de schout nadert.

Ondanks de overdadige beeldspraak zal niets hiervan onduidelijk zijn geweest voor het Nederlandse publiek dat op de hoogte was van de gebeurtenissen van zijn tijd en de symboliek ervan. Zoals veel spotprenten was deze bedoeld tot lering en vermaak, maar vooral als een waarschuwing voor een herhaling van deze dwaasheid. Toen in de jaren dertig van de achttiende eeuw met de plotselinge populariteit van de mooie hyacinten even een hernieuwde manie dreigde, werden de oude tulpensatiren herdrukt voor een nieuwe generatie speculanten.[127] De beeldspraak van

Overvloed en onbehagen

de speculantenverdwazing die was begonnen met de eerste kiem van het Nederlandse kapitalisme, verdween nooit helemaal. En ze bleef ook niet beperkt tot bloemen. In 1720, toen duizenden kleine investeerders hun kapitaal zagen vervliegen in de zwendel met de Mississippi Compagnie – de Nederlandse versie van de South Sea Bubble – kwam er weer een stroom moraliserende prenten op gang, gebundeld als *Het Groote Tafereel der Dwaasheid*.[128] Net als bij de tulpenprenten werd hierin allegorie gecombineerd met actuele satire om de lichtgelovigen te bespotten, de oplichters te bekladden en, als contrast, aan te prijzen wat in het licht van het humanisme de degelijke economische gedragsnormen waren. In een stel prenten met de muzen van de schilderkunst en Roem/Geschiedenis zijn veel van deze inmiddels bekende *topoi* verwerkt. Terwijl een tafereel (lees valse voorstelling van zaken) wordt geschilderd van een beladen vrachtschip dat aankomt in een haven die Mississippi heet, blazen putti zeepbellen (vluchtigheid) terwijl ze zich over de aandelen ontfermen. Onder de kruk van de boekhouder scharrelen de ratten van het bankroet, en de klauwpoten onder de troon van de schilderes herinneren aan de gespleten hoef van de speculatieduivel. Buiten het ovale kader zien we de werkelijkheid waarin de 'goudmijn' letterlijk in rook opgaat in de pijp van een Mississippi-Indiaan – de oplichterij betrof land dat zogenaamd een fortuin aan tabak zou opleveren. In de tekening eronder verdeelt een makelaar waardeloze aandelen en poept zijn paard munten. Het proces is omgekeerd in de pendant waarop links boven een effectenmakelaar geld eet, maar aandelen, met de namen van de stadskamers waar ze verkocht waren, poept, zodat 'kopers zich kunnen verrijken met kool, wortelen, ha-

Gravure uit de serie *Het Groote Tafereel der Dwaasheid*. Verzameling van de auteur

ring'. Omgeven door boeken waarin de schulden genoteerd zijn, zinken de schepen van de Compagnie in de woeste baren terwijl links onder investeerders tot de bedelstaf zijn geraakt. Rechts boven weer de Ydele hope ontvlogen, terwijl daaronder een vissersvrouw een vis tegen een varken wil ruilen met iemand die op grond van de stereotiepe Nederlandse antisemitische beledigingen herkenbaar is als 'smous' een jood.

De *carrozze delle trionfi* – de zegewagens van de optocht van Van Heemskerck – bleven de duurzame symbolen van het kapitalisme dat zijn verrukte gelovers vernietigt. In een veel eenvoudiger prent ment Jan Wet de wagen en staan tussen de dissels niet Van Heemskercks Leugen en Bedrog maar twee Gallische hanen (zie boven). Een belegger staat op een 'luchtkasteel' en zijn pruik wordt samen met zijn geld weggeblazen door de wind waarin hij handelde. De wagen draagt de naam van de bestemmingen der investeerders – het armenhuis en het hospitaal – een thema dat terugkeert in de windhandelprent met de meeste details, die van Bernard Picart. Achter de wagen trekken de massa's naar het ziekenhuis, het gekkenhuis en het armenhuis, met de wapens van Amsterdam – het centrum van de speculatie. De menigte links in de voorgrond verbeeldt de rijken en dwazen onder hun verleiders – één van hen draagt een toverlantaarn – terwijl ze rechts uit het koffiehuis van de rue

Overvloed en onbehagen

Bernard Picart, *Monument gewijd aan het nageslacht*, 1721, gravure. Verzameling van de auteur

Detail uit Picart, *Monument gewijd aan het nageslacht*. Verzameling van de auteur

Quinquenpoix in Parijs stromen, waar de speculatie de wagen van Fortuna op gang bracht. Die is veranderd in een soort bakbeest, dat wordt getrokken door de symbolische figuren van het imbroglio – onder hen Oost- en West-Indië, de bank en de Mississippi-Indiaan – en dat zowel het kasboek van de Compagnie als degene die het vasthoudt verplettert onder zijn wielen, waarvan de spaken de verschillende kamers vertegenwoordigen. Het heraldieke bestiarium van de Nederlandse leeuw, de Franse haan en de Britse leeuw op de wagen van Fortuna is tot lachwekkende proporties teruggebracht. De wagen wordt gemend door Dwaasheid in de vermomming van (de onkuise) Diana, compleet met een hoepelrok met baleinen – nog zo'n dwaze mode van onze tijd, zoals de tekst zegt. In de wolken boven het tafereel blaast Faam haar hoontrompet, terwijl de duivel bellen blaast en de naakte Fortuna zelf haar gunsten – de effecten – schenkt aan de menigte onder haar.

Ondanks, of misschien dankzij de vernietigende spot was Picarts prent een enorm succes. Hij werd in een Engelse versie gemaakt tegen de achtergrond van Change Alley waarbij rue Quinquenpoix werd vervangen door Jonathan's Coffeehouse, en het Amsterdamse gekkenhuis door Bedlam. Andere prenten in het *Tafereel* hebben duidelijk model gestaan voor Engelse satiren en schotschriften over de South Sea Bubble. Hogarth heeft zich voor zijn *Who'll Ride* misschien laten inspireren door het martelrad op *Grandes Misères de la Guerre* van Callot, maar een veel voor de hand liggender bron was *Mallemoolen* van Picart, met de duivel op een draaimolen-paard terwijl een schip vertrekt naar het luilekkerland Peperlandia.

'Des Waereld's doen en doolen/Is maar een Mallemoolen,' luidt het opschrift, een wijsheid die in 1720 inmiddels zo oud was als de weg naar Rome. In werkelijkheid was het zoiets als Erasmus die naar de effectenbeurs wordt gesleept om het vreselijke spektakel van de menselijke hebzucht en domheid te aanschouwen. Niets zou hem minder hebben verbaasd. Maar de ononderbroken traditie van morele commentaren op de waanzin van het geld – van Bruegels oorlog om brandkasten en geldzakken tot Picarts gedetailleerde barokke taferelen van massamisleiding – bevat twee lessen die enigszins tegenstrijdig zijn. Enerzijds blijkt uit de regelmaat waarmee werd teruggegrepen op de adagia in deze kapitalistische iconografie, hoe zwak de greep van de humanistische regels op het economische en financiële leven was. Maar anderzijds blijkt er ook een grote mate van vastberadenheid uit om het economische gedrag binnen de perken van 'veiligheid' en fatsoen te houden. Als op veel andere gebieden van de Nederlandse cultuur werden tegengestelde tendensen in de praktijk op harmonieuze wijze met elkaar verzoend. De onverbeterlijke materiële genotzucht en de prikkel van riskante ondernemingen die in de Nederlandse handelseconomie waren ingebakken, riepen zelf al deze waarschuwende geluiden en plechtige veroordelingen op van de aangewezen hoeders van de oude orthodoxie. Het was hun taak de Nederlanders te beschermen tegen de gevolgen van hun eigen economische succes, zoals het de taak van het volk was om te zorgen dat er genoeg succes was waartegen ze beschermd moesten worden. Dit morele touwtrekken mag misschien tot tegenstrijdigheid hebben geleid, het had weinig invloed op de hand-

Overvloed en onbehagen

Gravure uit de serie *Het Groote Tafereel der Dwaasheid*. Verzameling van de auteur

werker, koopman of bankier bij zijn dagelijkse werk. Ze verwachtten van hun cultuur niets anders dan deze vreemde coëxistentie van schijnbaar tegengestelde waardesystemen. Het gaf hun de ruimte om tussen het heilige en het profane te laveren al naar gelang de behoeften of het geweten geboden, zonder het risico van een keiharde keuze tussen armoede en verdoemenis. En ze hadden het calvinisme niet nodig om hun te vertellen dat overvloed weliswaar onbehaaglijk was, maar hun nog niet de verlossing hoefde te kosten. Die les hadden ze ingedronken met de moedermelk van het kapitalisme, in de vroegste afrekening tussen de noordelijke handel en het christelijke evangelie. En er was geen verheven wijsheid voor nodig om te zien dat de wereld niet verscheurd werd tussen onthouding en onmatigheid. Iedere dwaas kon zien dat dezélfde mensen op verschillende plaatsen en tijden de waarden belichaamden die bij hun vergankelijke rol hoorden, of het nu ging om commercieel ingestelde dominees als Sylvius, of godvruchtige grootindustriëlen als De Geer (toen hij zijn testament maakte), dat de gehekelde speculanten direct verwant waren aan de getolereerde effectenmakelaars, en dat alleen een gril van Fortuna de bankier onderscheidde van de bankroetier. Dit was het tegendeel van predestinatie. En dat is misschien een troost geweest voor hen die, op de drempel van die kille Desolate Boedelkamer, naar boven keken en marmeren ratten zagen knagen aan marmeren rekeningen. In Nederland lagen plechtigheid en klucht niet ver uiteen en misschien waren die ratten voor de oneerbiedigen wel geruststellend komisch.

/ DEEL DRIE

LEVEN EN GROEIEN

HOOFDSTUK VI

HUISVROUWEN EN HOEREN: HUISELIJKHEID EN WERELDSHEID

1   PROPERHEID EN GODSVRUCHT

Gewin mocht dan smerig zijn, geldgebrek had de reddende eigenschap dat het schoon was. In het Nederlands heette bankroet 'schoon-op'. En althans etymologisch gezien was schoon ook mooi. Zowel een geschuurde pan als een sterrennacht konden 'zuiver schoon' worden genoemd. Bij een mooi landschap had en heeft men het vaak over 'natuurschoon'.[1] Iedere bezoeker, van Fynes Moryson tot Henry James, vermeldde de moeite die de Nederlanders zich getroostten om hun stoepen, huizen en zichzelf (al was niet iedereen het daarover eens) brandschoon te houden. De propere steden blonken van het uren onvermoeibaar vegen, schrobben, schuren, poetsen, dweilen, boenen en wassen. Ze vormden een pijnlijke tegenstelling met de brij van vuil en afval die de keien van de meeste andere zeventiende-eeuwse Europese steden bedekte. 'De straten zijn zo buitengewoon mooi en schoon,' aldus een Engelse beschrijving, 'dat personen van alle rangen en standen niet aarzelen, er zelfs plezier in lijken te hebben, om over straat te lopen.' Als ze dat wilden, konden vrouwen op muiltjes lopen zonder angst ze vies te maken, 'want de straten zijn geplaveid met bakstenen en zo schoon als de vloer van een kamer'.[2] Zelfs de onwilligste bewonderaars moesten toegeven dat de Nederlanders veel waarde hechtten aan een smetteloze omgeving. Hun bedsteden waren zo angstwekkend hoog, merkte de schrijver van *The Dutch Drawn to Life* op, dat je gevaar liep je nek te breken als de natuur je dwong 's nachts het bed te verlaten. Maar als zo'n ongeluk je overkomt, 'zal het een troost voor je vrienden zijn dat je tenminste in schoon beddegoed bent gestorven'.[3] Owen Felltham, de propagandist van Cromwell en dus geen vriend van de Hollanders, vond hun gevels zo opgepoetst dat 'iedere deur met diamanten beslagen lijkt. De nagels en scharnieren glimmen altijd alsof ze niet van ijzer zijn.'[4]

Ook in huis heerste een bijna militaire schoonmaaktucht volgens een uiterst gedetailleerd en strak tijdschema – een heel domein van menselijke activiteit dat tot in de details was omschreven. In de populaire handleiding voor de huishouding, *De Ervarene en Verstandige Hollandsche Huyshoudster*, was een heel hoofdstuk gewijd aan het heilige ritueel, met strikte aanwijzingen over de wekelijkse taken.[5] De stoep voor het huis, het pad naar het huis, als dat er was, en de hal moesten iedere ochtend worden geschrobd. Op woensdag moest het hele huis worden gedaan. De maandag- en dinsdagmiddag waren voor het stoffen en boenen van de ontvangstkamers en de slaapkamers. De donderdag was de schrob- en schuurdag en de vrijdag was gereserveerd voor de onaangename taak van het schoonmaken van keuken en kelder. Naast deze vaste taken moesten na iedere maaltijd de borden grondig worden afgewassen en moest iedere dag de was worden gedaan. Dit regime vereiste zelfs dat de lakens zo gevouwen werden dat het voeteneind nooit per ongeluk voor het hoofdeind kon worden gebruikt. De kussens moesten iedere dag worden opgeschud en een uur rechtop staan zodat de veren konden ademen en niet gingen samenklitten. Stoelen en tafels moesten grondig worden schoongemaakt, 's zomers moesten spinnewebben worden verwijderd, de vloer moest centimeter voor centimeter worden onderzocht op sporen van insekte-eitjes of -poepjes, en er moesten de voorgeschreven maatregelen worden genomen tegen torren en luizen: loog op de vloeren of een mengsel van kalk en terpentijn op de muren. Motten konden worden verdreven met kamfer, en vliegen en wespen konden worden weggelokt met een strategisch opgestelde pot honing. Er bestond zelfs een hele procedure voor het schoonmaken van huisdieren. Katten werden al te smerig voor een net huishouden gevonden en honden hadden weliswaar ook onsmakelijke gewoonten, maar daar stond tegenover dat ze een belangrijke taak bij de bewaking van het huis hadden.

Dit is allemaal doodgewoon in de twintigste eeuw. Maar in de zeventiende eeuw leek het een beetje te veel van het goede: eerder een obsessie dan een redelijke zorg voor de gezondheid. En het leek met name bizar als de normale maatschappelijke omgangsvormen voor deze drift moesten wijken. Het was nog tot daaraan toe (hoewel lastig) dat spugen absoluut verboden was, zowel vóór als in het huis 'alsof het een onvergeeflijke misdaad was'.[6] Maar dat men voor men werd ontvangen, in de hal zijn schoenen moest uittrekken en verruilen voor sloffen die met een resoluut gebaar werden aangereikt, ging toch wel te ver.[7] Sir William Temple was geamuseerd door het verhaal over een magistraat die een huis bezocht waar de 'struise Hollandse meid... die zag dat zijn schoenen niet erg schoon waren, hem bij beide armen nam, over haar rug gooide, onder aan de trap neerzette, zijn schoenen uittrok en hem een paar klaarstaande sloffen aandeed, dit alles zonder een woord te zeggen; maar toen ze klaar was, zei ze hem dat hij naar boven mocht gaan naar mevrouw die in haar kamer was.'[8] Dit werd, met lichte zelfspot, door een Nederlander verteld, maar het ging deel uitmaken van een reizigersmythologie waarin de Nederlanders de beschaafde omgangsvormen maar al te gemakkelijk overboord gooiden vanwege een schone vloer. En terwijl reizigers verbaasd het dagelijkse ritueel van het schrobben van niet alleen de stoep maar ook de straat voor het huis bekeken, gaf het ze ook een onbehaaglijk gevoel. Die obsessie met netheid leek niet normaal. De Blainville beschouwde de Noordhollandse gewoonte om 'verscheidene malen per dag' de koeiestallen te schrobben en de staarten van de koeien aan palen te binden 'zodat ze zich niet met urine en mest bevuilen' als het zoveelste voorbeeld van de 'extravaganties' van 'buitensporige netheid' die hij bizar en onbegrijpelijk vond.[9]

Als tijdgenoten zich al afvroegen waarom de Nederlanders, zoals Thomas Nugent het in *Grand Tour* formuleerde, zulke 'volmaakte slaven van de properheid waren', kwamen ze soms tot dezelfde functionalistische verklaring als de hedendaagse historicus. Volgens een andere schrijver was het 'de extreme vochtigheid van de lucht... want zonder deze gewoonten zouden er niet zo veel mensen in hun land kunnen wonen en zou de lucht in ieder warm seizoen bederven en de inwoners blootstellen aan... besmettelijke ziekten'. En diezelfde vochtigheid 'maakt dat alle metalen snel roesten en hout snel rot, waardoor ze [de Nederlanders] voortdurend moeten poetsen en schuren om dit te voorkomen en te herstellen'.[10] Er valt wel iets te zeggen voor deze eenvoudige, nuchtere verklaring. De Nederlanders probeerden inderdaad besmetting en verval tegen te gaan. Maar opvallend genoeg ontbreekt in hun eigen verklaringen iedere aanwijzing dat hun vochtige klimaat de drijfveer was achter het eeuwige schoonmaakritueel. In feite was hun klimaat niet vochtiger dan dat van vele naburige streken in Duitsland, Vlaanderen of zelfs Noord-Frankrijk en Engeland, waar de mensen notoir onverschillig leken voor de properheidscultus.

Het ging dus om iets meer dan materiële overwegingen bij deze massale devotie voor reinheid. En de scherpzinniger commentaren over de gewoonten van de Nederlanders stuitten daarop, zoals dat van Parival die zinspeelde op de *'idolâtre excessif'* van huisvrouwen met betrekking tot properheidsrituelen.[11] Want het waren niet zozeer materiële als wel morele wetten die de Hollanders dwongen hun wasrituelen strikt na te leven. En die wetten waren diep geworteld in de collectieve mentaliteit, met de uitersten van trots en schaamte, saamhorigheid en isolement. In 1702 merkte Samuel Paterson op dat 'het kleinste vuiltje in de straten werd beschouwd als een blamage... voor een ieder die het voor zijn deur zou laten liggen.'[12] De schaamtedrempel voor het bevuilen van de buurt was wel zeer laag in Holland. In sommige steden waren de buurten verantwoordelijk voor het schoonhouden van de straten en soms van de grachten. Omdat hun jurisdictie tot zo'n klein gebied beperkt en hun toezicht zo grondig was, was het betrekkelijk eenvoudig om overtreders van de gemeentelijke regels aan te wijzen. En er waren wettelijke sancties tegen bezoedeling van de buurt. Wie gewond of bevuild raakte door afval of vuil dat uit het raam op de openbare weg werd geworpen, kon voor de rechter dubbele schadeloosstellingen eisen. (In een zijstraat was de waarschuwingskreet 'garde à l'eau' voldoende om een gezinshoofd te vrijwaren van dergelijke eisen.[13]) En in de achttiende eeuw beschuldigden zedenmeesters de vervuilers van grachten en straten in feite van een soort maatschappelijk verraad: ze zouden samenspannen met de volksvijand, de besmetting, die voor de poorten stond. Vies zijn betekende het binnensluipen van ziekte en het rondzwervende ongedierte dat deze naar verluidde zou overdragen, mogelijk maken. Een dode kat in de gracht gooien, onderdak verlenen aan een illegale immigrant of de plicht van het stoepschrobben verzaken stond gelijk aan een misdaad – alsof je de poorten had geopend voor een leger van besmette plunderaars.

Omgekeerd betekende schoon vaderlandslievend zijn, waakzaam zijn in de verdediging van land, stad en huis tegen de inval van vervuilers en de vervuiling van invallers. De Nederlanders konden het niet laten om dreigend met hun zwabbers te zwaaien naar smerige, heidense mensen. In 1667 vermeldde Samuel Pepys hoe de Nederlandse eigenaar van een buitgemaakt schip dat in een Engels dok was opgelegd, 'aan boord komt en alle hoeken en gaten inspecteert en opmerkt dat ze niet zo schoon is als ze vroeger was, hoewel ik vond dat ze zeer schoon was'.[14] Ook was het geen toeval dat admiraal Maarten Tromp een bezem aan de boegspriet van zijn vlaggeschip had bevestigd. Tromp was een vurig calvinist, die zich erop toelegde 'de zeeën schoon te vegen' van tirannen, papen, kapers en (in de Engelse oorlog) vechtersbazen. Het gebruik van schoonmaakgerei als symbool van patriottische bravoure was een bewuste calvinistische metafoor om de vijand te hekelen en de zuiverheid van de eigen nieuwe roeping te beklemtonen. De borstel in *Sinnepoppen* van Roemer Visscher heeft als opschrift 'afkomst seyt niet' en veegt de lei van de geschiedenis schoon van overgeërfde verplichtingen. De borstel gold als heraldisch embleem voor het nieuwe gemenebest, dat was gezuiverd van de smetten van het verleden. Slaaf te zijn geweest betekende smerig te zijn geweest. Vrij zijn betekende schoon zijn. De Dordtse dichter en schoolmeester Pieter van Godewijck legde de dochter van een magistraat een gedicht in de mond waarin een hele wapenrusting van huishoudgerei de zuiverheid moet verdedigen:

> *Myn stoffer is myn swaerd, myn bussem is myn wapen*
> *Ick kenne geene rust, ick weete van geen slaepen*
> *Ick denck aen geen salet, ick denck niet aen myn keel,*
> *Geen arbeyt my te swaer, geen zorge my te veel,*
> *Om alles gladdekens en sonder smet te maken*
> *Ick wil nyet dat de maegd myn pronckstuck aan zal raken;*
> *Ick selve wrijf en boen, ick flodder en ick schrob,*
> *Ick aes op 't kleinste stof, ik beef niet voor den tob.*
> *Gelijck de pronckmadam...*[15]

Toen Jan Luiken in zijn emblematabundel van het godvruchtige huishouden, *Het Leerzaam Huisraad*, 'De raagbol' afbeeldde, ontleende hij de conventie van de Hollandse Maagd aan talloze historieprenten en penningen, waarbij hij haar gebruikelijke attributen, de speer met de vrijheidshoed, verving door de ragebol.[16] In de achtergrond marcheren twee soldaten of schutters langs de open deur, wat niet toevallig zal zijn.

Strijdbaar schoon zijn betekende een manifestatie van de eigenheid. Wat werd weggewassen was het vuil van de wereld dat de speciale betekenis van de Neder-

Afkomſt feyt niet.

Claes Jansz. Visscher, embleem uit Roemer Visscher, *Sinnepoppen*. Houghton Library, Harvard University

landse geschiedenis en de uitverkorenheid van het Nederlandse volk had bedekt. Vuil maakte alles algemeen en amorf; schoonmaken bracht de verschillen aan het licht. Abraham Bloemaerts eigenaardige keuze van het thema van de rituele loutering voor zijn tekening uit 1606 kan, met het oog op de speciale betekenis van de Nederlandse exodus, alleen maar een toespeling zijn op hun collectieve wijding als het nieuwe uitverkoren volk.

Schoonmaken was onderscheiden en uitsluiten. De antropologe Mary Douglas behandelt in haar essays in *Purity and Danger*[17] de joodse spijswetten als een classificatiesysteem dat door een scherp onderscheid tussen reine en onreine diersoorten de eigenheid van het joodse volk bevestigde. Eén criterium voor onreinheid was abnormaliteit. Schepsels met andere lichaamsdelen dan de bij de schepping gegeven lichaamsdelen om zich in hun natuurlijk element (lucht, water, aarde) voort te bewegen, werden als abnormaal en dus onrein beschouwd. Zeedieren die geen vinnen of schubben hadden of kropen in plaats van te zwemmen, zoals schaaldieren, waren dus taboe.[18] In een ander essay uit dezelfde bundel wordt vuil antropologisch gedefinieerd als 'materie op de verkeerde plaats'.[19] Hoewel de Nederlanders hun metaforische identificatie met de kinderen Israëls niet zover doorvoerden dat ze een dwingende code van spijs- en kledingvoorschriften oplegden, probeerden met name de strengere calvinisten wel godvruchtige normen voor sociaal gedrag in te voeren die passend waren voor het nieuwe uitverkoren volk. Naleving van die normen was

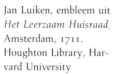
Jan Luiken, embleem uit *Het Leerzaam Huisraad*, Amsterdam, 1711. Houghton Library, Harvard University

een waarborg voor het voortbestaan van het verbond: overtreding betekende het einde van het gemenebest. Hun kudde werd dan ook steeds weer gewaarschuwd zich te hoeden voor bezoedeling van hun geheiligde normen en gebruiken, en onreinheden waar die maar voorkwamen, te verdelgen. Johan de Brune waarschuwde in zijn *Emblemata* voor onkuisheid (zowel in gedachte als in daad) door te herinneren aan de vermaningen aan de kinderen Israëls de 'reynigheyd en heiligheyt des levens' altijd hoog te houden.[20] Naast Luikens embleem van de 'luiwagen' stond de tekst uit Jacobus 4:8: 'Naaket tot God, en hy zal tot u naaken. Reinigt de handen, gy zondaars, en zuivert de herten, gy dubbelhertige.'

Wat waren de vervuilende krachten die door de Nederlanders moesten worden onderdrukt en uitgeroeid? Hoewel de calvinisten een monopolie op strijdbare deugdzaamheid beweerden te hebben, bleken die krachten in feite de oude tegenstanders van de erasmiaanse christen-strijder te zijn: de lusten des vlezes, de verlokkingen van de weelde en de dwaasheden van de wereldse ijdelheid. In een van de vele misogyne satires uit het eind van de zeventiende eeuw, *De Beurs der Vrouwen*, zijn verschillende typisch vrouwelijke ondeugden en dwaasheden bijeengebracht in hun respectievelijke hoeken in de zuilengalerij van de Amsterdamse Beurs (zie p. 386). Opmerkelijk genoeg worden alleen de schoonmaaksters met hun borstels en emmers onder het motto 'Opwacht' als uitgesproken deugdzaam afgeschilderd.

Jan Luiken, embleem uit *Het Leerzaam Huisraad*. Houghton Library, Harvard University

'Dit Vrouwvolk, net en kuis van buiten, raagt en vaagt, En schrobt, en boent, en schuurt en wascht en plast de wanden, de balken, pylers en wat meer 't Gebouw dus schraagt, Terwyl heur hart en ziel schynt tot dit werk te branden. Maar of men raagt en vaagt en schrobt en schuurt om strijdt, *'t Onzuiver hart wordt nooit van vuiligheit bevryd.*'[22]

Volgens de normen der moralisten waren er twee soorten vervuilers: interne en externe. De externe bedreiging kwam van vreemde culturen, vooral de heidense, die de onoplettenden tot zondigheid konden verleiden, of die, zoals de paapse tirannen, konden proberen hun heidense afgoderij aan de godvruchtigen op te dringen. (In de volkstaal stond de ragebol ook bekend als paapse of Turkse kop.) Maar in sommige opzichten waren de interne bedreigingen veel verraderlijker, juist omdat ze zo onschuldig leken. 'Maar ziet ook na suptiele dinge,' luidde Luikens motto bij de ragebol, 'Voor morsige oogen slechts geringe, en raagdze uit met zyne hand. Het weefzel van de snoode Spinnen, dat hangt en zit in al de zinnen, daar stof en vuilis in vergaard.'[23]

Het is natuurlijk dwaas te veronderstellen dat een Nederlandse huisvrouw, telkens als ze een zwabber of een bezem opnam, moest denken aan de eeuwige waarheden of de toestand van de ziel der natie. Maar het zou ook onhistorisch zijn te veronderstellen dat de huishoudelijke taken onbelangrijk waren, niet beladen met morele associaties. Ik wil niet beweren dat door emblemen en aforismen de twee overigens

Anonieme gravure uit Publius Felicius, *De Beurs der Vrouwen*, Amsterdam, 1690. Koninklijke Bibliotheek, Den Haag

Anonieme houtsnede uit Jacob Cats, *Proteus ofte Minne-beelden*, Amsterdam, 1628. Houghton Library, Harvard University

losstaande en ver van elkaar gelegen domeinen van het heilige en het wereldse met elkaar werden verbonden. Integendeel, de moralisering van het huishoudelijke weerspiegelde een cultuur waarin deze werelden al op gelukkige wijze met elkaar verweven waren. Het was een oude traditie in de Nederlanden, vastgelegd in de prentkunst van het begin van de zestiende eeuw en in de nog achtenswaardiger overlevering van spreekwoorden, dat de moralist de keuken en de huiskamer binnendrong.[24] Maar het waren de strengere calvinistische zedenmeesters uit de eerste eeuw van de Nederlanden als natie die de rijkdommen van hun gemenebest verbonden met de naleving van de regels. Ook gingen ze systematischer te werk bij het vervangen van een symbolisch vocabulaire dat door en voor een ontwikkelde elite was gemaakt, door een op gewone woorden gebaseerd vocabulaire dat al voor mensen met slechts een minimum aan geletterdheid toegankelijk zou zijn. Jacob Cats, de pensionaris van Holland en ongekroonde koning van de vrome rijmelarij, was de succesvolste zedenpreker die zich zowel tot de nederigen als tot de machtigen richtte. In het voorwoord bij *Proteus* noemde hij de specifieke kwaliteiten van de Hol-

Huisvrouwen en hoeren: huiselijkheid en wereldsheid

In de rommelingh ist vet.

Embleem uit Cats, *Proteus ofte Minnebeelden*, 1628. Bodleian Library, Oxford

Embleem uit Roemer Visscher, *Sinnepoppen*. Houghton Library, Harvard University

landse emblemataliteratuur. Als iemand hem zou vragen wat emblemata zijn, zou hij het volgende antwoorden: '... dat het zijn stomme beelden, ende nochtans spreeckende: geringe saken, ende niet te min van gewichte: belachelijcke dingen, en nochtans niet zonder wijsheyt: *In dewelke men de goede zeden als met de vingers wijsen, ende met handen tasten kan* [cursivering van mij].'[25]

In deze concrete symboliek was dus een groot deel van de klassieke en allegorische vormen die waren overgenomen van Alciati en de Italiaanse emblemataschilders, door een repertoire van meer alledaagse beelden vervangen. Om de matigheid te prijzen en licht de spot te drijven met de valse ijver van ongeloofwaardige bekeerlingen gebruikte Cats het embleem van de slonzige dienstmeiden die gewonnen waren voor de nieuwe methoden en de onderkant van de pannen schuurden.[26] En terwijl de symbolische botanie van emblemata van de 'hoge cultuur' bestond uit poëtische dingen als wijnranken en rozen, verwerkte Cats in zijn waarschuwing tegen de gevaren van het decolleté (*Nuda movet lacrimas*) de ui die bij het pellen tranen opwekt.[27] In beide versies van de prent verwees het vermanende mes naar de moraal. Juist deze ongecultiveerde letterlijkheid, de domesticatie der zinnen, gaf de Hollandse emblemataheelden hun algemene aantrekkingskracht. Waar de lichamelijke huishoudelijke arbeid gebruikt kon worden om morele kracht uit te drukken, werd dat in gravures ook gedaan. Roemer Visscher gebruikte het beeld van de boterkarn om zware arbeid aan te bevelen als enige weg tot succes: 'In de rommelingh ist vet.' Adriaen van de Venne gebruikte ditzelfde beeld voor het frontispice van

Cats' *Christelicke Self-Stryt*, een uitstekende vondst omdat het goed duidelijk maakte dat vleselijke lust alleen maar kon worden overwonnen door volharding en kracht. Het was een onverwachte combinatie van de Schrift en de keuken; hét *exemplum* van die wilskracht was Jozefs afwijzing van de seksuele avances van de vrouw van Potifar. Het was kenmerkend voor Cats dat hij de zuivelmetafoor volledig uitmolk. De room, zo verklaarde hij, was de geest, terwijl de wei stond voor vleselijke lust. De twee gingen per definitie hand in hand: 'De geest is niet alleen, het Vlees is niet bysonder.' Ze gaan hand in hand in de ziel.[28]

Het waren bewust huiselijke beelden (het embleem van Cats is duidelijk in een bescheiden keuken geplaatst), omdat het huis doorslaggevend was in de bepaling van het morele lot, zowel van individuen als van de Nederlandse samenleving als geheel. Terwijl de zeden van andere zeventiende-eeuwse staten waren opgebouwd rond de aura van een vorstenhuis, of de historische privileges van een stadsgemeenschap, was in de Nederlanden de gezinshuishouding de 'fonteyne en oorspronck' van gezag, zoals dr Johan van Beverwijck het formuleerde.[29] Met andere woorden, het huis was de ondeelbare, primaire cel waaruit uiteindelijk het hele weefsel van het gemenebest was opgebouwd. 'De eerste gemeenschap,' schreef Van Beverwijck, Cicero citerend, 'is in het houwelick; daer na in de kinderen; dan een huys, ende alles gemeen. Ende dat is het beginsel van een stadt, ende als een zaeyeling van een Gemeene sake.'[30] En de analogie was zowel economisch als politiek, want de kunst van het huishouden werd algemeen gezien als een elementaire oefening voor economische vaardigheden op een breder gebied. 'Deeze Kunst,' schreef de auteur van de populaire handleiding *De Ervarene en Verstandige Hollandsche Huyshoudster*, 'heeft de grondslag van de voorspoed onzes Vaderlands gelegd, en is nog hedendaags het Fondament waar op den Welvaart van ieder huisgezin moet gebouwd worden.'[31] Een domicilie verleende iemand de attributen van het burgerschap: lidmaatschap van een kerkelijke gemeente, van een gilde, verkiesbaarheid voor de schutterij en de mogelijkheid liefdadigheid te geven en te ontvangen. Het bezit van het poorterschap, het bewijs dat men ingezetene was van een stad, was veel meer dan een votum, namelijk het onmisbare kenteken van een actieve rol in het leven van een Nederlandse stedelijke gemeenschap.

Het huis was dus zowel een microkosmos als een voorwaarde voor toelating tot het goed bestuurde gemenebest. De Nederlandse kunst was in de zeventiende eeuw uniek om haar interieurs van kerkelijke en wereldlijke openbare gebouwen, die de afstand tussen regeerders en geregeerden, tussen herders en kudde ophieven. In Pieter de Hoochs interieurs van het Amsterdamse stadhuis (zie p. 394) wandelen gezinnen door de vertrekken alsof ze van hen zijn, wat in zekere zin ook zo was. In ieder geval in informele zin kan het gezag in de Republiek worden beschouwd als oneindig afdalend of gedelegeerd. Holland en Zeeland bestonden (de delegatie van de adel uitgezonderd) uit soevereine steden, die weer bundelingen waren van buurten. De buurten of wijken met hun gekozen ambtsdragers, ceremoniën en feesten die van de buurtpenningen werden gegeven, bestonden zelf uit aaneengesloten

Sinne-Beeldt Openende de heymeniſſe ende rechten aert des
CHRISTELICKEN SELF-STRYTS.

Embleem uit Jacob Cats, *Self-Stryt* in *Alle de Werken*, 1655. Houghton Library, Harvard University

straten van huizen.[32] En in meer formele zin berustte het gezag van de stad op haar plicht de huishoudens te beschermen en de voorwaarden te scheppen waaronder ze het best konden groeien en gedijen.

Ook in demografisch opzicht was het huisgezin uitzonderlijk scherp afgebakend in de Nederlanden. Voor zover de cijfers die er zijn een reconstructie mogelijk maken, lijkt het erop dat Nederlandse huisgezinnen gemiddeld kleiner en strakker georganiseerd waren en losser van de familie stonden dan elders in het zeventiende-eeuwse Europa.[33] Terwijl de gemiddelde gezinsgrootte volgens de Cambridge Group for the History of Population in die tijd in de regel 4,75 was, was ze bijvoorbeeld in Gouda in 1622 4,3 en in 1674 3,6.[34] Het gemiddelde aantal kinderen in zo'n huishouden zou dan twee zijn en het aantal huizen met inwonende familieleden lag slechts rond de vijf tot zes procent. De cijfers vielen nog lager uit doordat in de zeventiende eeuw het huishouden vaak werd bestierd door ofwel een weduwe of weduwnaar, ofwel een ongehuwde man of vrouw – in het Noorderkwartier ongeveer veertig procent.

Het gezin was dus het maatschappelijke en politieke fundament en het werd in de moraliserende literatuur regelmatig vergeleken met een klein koninkrijk waarin de vader als heer des huizes gehoorzaamheid mocht verwachten, míts hij wettelijk regeerde en zich rechtvaardig gedroeg. De hiërarchie en werkverdeling waren gebaseerd op een wederkerigheid van taken en plichten met als doel een vruchtbare christelijke vrede en de stichting van meer deugdzame huishoudens. In die zin lijkt het verkeerd te spreken van het bourgeoishuishouden als de bakermat van het individualisme. Want het werd nooit ingesteld als een uitbreiding van de patriarchale wil of het patriarchale belang, maar als een gemeenschap met een eigen collectieve persoonlijkheid, of, zoals Cats zou hebben gezegd, een eigen ziel. Als het de fundamentele moleculaire structuur vormde waaruit het politieke lichaam was opgebouwd, waren er niettemin binnen ieder molecuul onlosmakelijk met elkaar verbonden atomen.

Een goed bestierd huisgezin met een hechte basis was de redding van de Nederlandse cultuur, die anders onherroepelijk door materialisme bezoedeld zou zijn. Het was de smeltkroes waarin ruwe grondstof en beestachtige begeerte konden worden omgezet in verlossende heilzaamheid. Eetlust, wellust, gemakzucht, luiheid of ijdele weelde, onderdrukt door de huiselijke deugden – ingetogenheid, spaarzaamheid, vroomheid, nederigheid, leerzucht en trouw – waren van hun vuil ontdaan, dat wil zeggen, van het vermogen kwaad te doen of de ziel in gevaar te brengen. Het gezin was het moreel gezuiverde en zorgvuldig bewaakte terrein waar bezonnenheid de losbandigheid inperkte en de grillige gewoonten van dieren, kinderen en ongebonden, ongetrouwde vrouwen werden getemperd tot een staat van harmonie en genade. '...Verbergd uw aangezicht van myne zonden... schept my een rein herte ô God,' luidt de tekst uit Psalm 51 bij Luikens wastobbe. Maar het bewaren van de ongerepte heiligheid van het huisgezin vereiste eeuwige waakzaamheid. In het Nederlandse denken vormde het 'huis' een soort dialectische tegenstelling met de 'wereld', en met name de straat, die het slijk der aarde, letterlijk, tot op de drempel bracht. De plicht de straat voor het huis te schrobben was dus niet alleen maar een wettelijke burgerplicht, dat wil zeggen een maatschappelijke verplichting, maar een manier om de drempel van het heilige der heiligen te beschermen. Het gedicht bij de borstel van Luiken spreekt van 'de treeden van de vuile voet, doen 't, dat de Schrobber zuiv'ren moet'. Maar in het open huis van het hart kan alles worden gebracht:

> Met Modder, Drek en kladdery,
> Van ongebaande en diepe wegen;
> Van Oost, van West, van hier en daar,
> Den gantzen dag zo voor en naar,
> Van Markt, van straaten en van steegen.
> En niet alleen van 's werelds wyk,
> Maar voeten uit het helse ryk.[35]

De strijd tussen wereldsheid en huiselijkheid was slechts de zoveelste variant van de klassieke Nederlandse tegenstelling tussen materialisme en moraal. Om de kost te verdienen waren de Nederlanders gedwongen te reizen, van dorp naar marktstad, of van Amsterdam naar Malakka. In de zeventiende eeuw waren ze zonder meer 's werelds belangrijkste reizigers en breidden ze het bekende deel van de aardbol uit

Huisvrouwen en hoeren: huiselijkheid en wereldsheid

Embleem uit Jan Luiken, *Het Leerzaam Huisraad*. Houghton Library, Harvard University

Anoniem, uit Johan van Beverwijck, *Van de Wtnementheyt des Vrouwelicken Geslachts*, Dordrecht, 1643. Houghton Library, Harvard University

van de Poolzee tot het land der tegenvoeters, Tasmanië en Nieuw-Zeeland. Maar in hun streven een wereldrijk te vestigen werden ze gehinderd door hun notoire tegenzin om kolonist te worden. Terwijl kolonisten uit andere naties de armoede of vervolging of beide graag wilden ontsnappen om naar deugdzame utopia's of denkbeeldige eldorado's overzee te gaan, gold voor de Nederlanders het tegengestelde. Hun koloniale buitenposten in Oost-Indië stroomden vol door wat de bestuurders van de Compagnie klagend het schuim der natie noemden.[36] Alleen de minst bedeelden in de Nederlandse samenleving (en daarvan waren er misschien meer dan soms wordt erkend) hadden een motief om van huis weg te gaan. Thuis was waar in het ideale geval vrede, deugd en voorspoed heersten. Het is dan ook niet verwonderlijk dat de figuur van Vrouw Wereld die op de globe staat in *Wtnementheit des Vrouwelicken Geslachts* van Van Beverwijck, is veranderd in een embleem van huiselijke zegen. In zijn ogen kon de ideale echtgenote worden vergeleken met de schildpad, omdat ze de spanning tussen huis en wereld overwon door middel van een mobiel huis. In de achtergrond van de prent is Adam buiten aan het spitten terwijl Eva binnen zit te spinnen. Ook Cats gebruikte de schildpad als embleem van 'zedigheid' voor zijn *Vrysterwapen*, redenerend dat de deugdzame echtgenote, als ze al genoodzaakt was het huis te verlaten, zich altijd moest gedragen alsof het huis bij haar was. In het embleem van Roemer Visscher is dit uitgangspunt in slechts een paar woorden samengevat: '[Oost, West] T'Huys Best.'[37]

Het goed onderhouden huis was de plaats waar de smerige wereld werd onderworpen aan eindeloze morele en lichamelijke zuiveringen. Eenmaal over de drem-

T'huys beſt.

Embleem uit Roemer Visscher, *Sinnepoppen*. Houghton Library, Harvard University

Z 3   Z z.
Zout geeft ſmaak aan alle ſpys; *Zeep* waſcht alles rein.
Kind, denk dat Verſtand en Deugd ook zo noodig zyn.

Uit J.H. Swildens, *Vaderlandsch AB Boek*, Amsterdam, 1781. Houghton Library, Harvard University

pel kon de meest cynische, gewiekste handelaar het morele equivalent van sloffen verwachten: de vertroosting van smetteloze deugd. Bovendien hoefde die drempel niet letterlijk een drempel te zijn. Zeer veel, zo niet alle zaken en handel vonden nog plaats binnen de muren van het huis, maar de scheiding tussen woon- en werkruimte in middenklasse-huishoudens-stond niettemin duidelijk vast en werd angstvallig bewaakt.[38] De overgang van werk aan huis naar de cultus van huishoudelijk werk die in veel handleidingen werd aanbevolen en beschreven, kwam niet alleen de calvinisten goed van pas met hun obsessie met het wegwassen van de kleinste smetten in de menselijke natuur. Het zou ook niet misstaan hebben in de oudere, erasmiaanse humanistische traditie die stelde dat de materiële wereld wel aanvaard moest worden om de standvastigheid van het christelijke principe beter op de proef te kunnen stellen. In een achttiende-eeuws ABC-boek staan zout en zeep naast elkaar, niet alleen omdat ze allebei met een z beginnen, maar omdat ze bij elkaar horende aspecten van de menselijke conditie zijn. Het zout staat voor wereldse kennis, waarzonder ervaring flauw en onstichtelijk zou zijn, de zeep voor de deugd die alles schoonwast (wanneer kennis de ziel op gevaarlijke wegen heeft gebracht?).[39]
. In de Nederlandse kunst werd voor het eerst de lof gezongen van deze ideale indeling van het huisgezin en de spot gedreven met de ontwrichting ervan. Als katholiek (en herbergier) was het voor Jan Steen misschien makkelijker dan voor andere kunstenaars om beide tegelijk te doen. Terwijl zijn bedoelingen berucht vaag blijven (en het soort plechtstatige geleerdheid – inclusief die van mij – hebben opgeleverd dat hij onweerstaanbaar grappig zou hebben gevonden), schilderde Steen het ene genretafereel na het andere over huiselijke chaos.[40] Een van de be-

P. van den Bosch, *Dienstmeid met potten en pannen*. National Gallery, Londen

Jan Steen, *Het wanordelijk huishouden*, 1668. Apsley House, Londen

Pieter de Hooch, *Het Burgemeestersvertrek in het Amsterdamse stadhuis*, omstreeks 1670, 112,5 × 99. Thyssen-Bornemisza Collectie, Lugano, Zwitserland

Pieter de Hooch, *Moeder en kind bij een open raam met een vegende vrouw*, omstreeks 1665. Wernher Collectie, Luton Hoo, Bedfordshire

Pieter de Hooch, *Binnenkamer met een moeder die het haar van haar kind reinigt*, bekend als 'Moedertaak' 1658-1660. Rijksmuseum, Amsterdam

Gerard ter Borch, *De scharensliep*, omstreeks 1653. Gemäldegalerie, Berlijn

kendste is *Het wanordelijk huishouden* (zie p. 393) Het schilderij is in feite een opsomming van huiselijke ondeugden, het deugdzame huishouden op zijn kop gezet, en iedere denkbare overtreding is met onbeschaamd genoegen weergegeven. In het midden hebben degenen die het huis op orde moeten houden, zich overgegeven aan zinnelijke geneugten. De vermoedelijke moeder ligt te slapen voor een schaal oesters, hét bedwelmingsmiddel van Eros, terwijl de vader zijn rood gekouste kuit in de schoot van een 'lichtmis' legt, wier lichte zeden worden aangeduid door de veer in haar haar, haar schoonheidsvlekjes en uitdagende decolleté. Zoals in zo veel van dit soort genrestukken fungeert de handeling (of het ontbreken van handeling) als een typisch tableau, als een verbeelding van een bloemlezing van spreekwoorden en epigrammen waar de Nederlanders zo verzot op waren. Johan de Brune waarschuwde in zijn *Emblemata* 'een hoeren schoot is duyvel's boot'[41] en zowel de duivelse grimas als zijn vijf opgeheven vingers – die de vijf zintuigen symboliseren – zijn een aankondiging van de triomf van het werelds genot over de huiselijke reinheid. Zij die tegen de wereld beschermd zouden moeten worden, zijn dan ook haar instrument geworden. Eén kind houdt blij een munt omhoog; een ander kind steelt een beurs. Een aap is (zoals in het spreekwoord) 'de dief van de tijd' terwijl de hoed, 'voor de deur gegooid', het epigram van de lichtzinnigheid voorstelt. Boven dit tafereel van nalatige chaos hangen echter de symbolen van straf – de klepper van de leproos, de kruk van de kreupele en de tuchtigende roede. In de voorgrond liggen opzettelijk achteloos naast elkaar de kaarten (waaronder hartenaas), symbolen van losbandigheid en de heidense Vrouwe Fortuna, en de lei waarop met krijt de stand of 'rekening' wordt bijgehouden.

Als bij veel van dit soort taferelen nam Steen ook een zelfportret op in het schilderij en, gezien zijn verschillende beroepen, is zijn eigen huis misschien wel het toneel geweest van het soort ongedwongen janboel, geschilderd in vrolijke stukken als *De eierdans* of de schilderijen met het Sint-Nicolaasfeest in Amsterdam. Maar wat de bedoeling van Steen ook was, zeker geen picareske autobiografie. (Vergeet niet dat hij ook de schilder was van bijbelse taferelen, onder meer een *Mozes slaat water uit de rots* en een *Feest van Belsazar*.) Maar voor de cultuurhistoricus maakt het geen verschil of hij een moralist of een pretmaker was, noch of het tweede inherent was aan het eerste. De komische schok van zijn chaotische huishoudens was dat ze de grens tussen huizen van plezier en huizen van deugd ophieven. Het vuil van de wereld is het gewijde huis binnengedrongen terwijl de hoeders van dat huis zuipen of in een dronkemansroes verzonken zijn. Bij verminderde waakzaamheid kan de zonde 'materie op de verkeerde plaats' doen belanden (zoals lord Palmerston het formuleerde) en tucht vervangen door losbandigheid, reinheid door vuil. Men is bijna geneigd dit schouwspel een erasmiaanse nachtmerrie te noemen, ware het niet dat Erasmus zelf virtuoos de moraal predikte door de duidelijke triomf der zotheid te tonen.

Zoals Jan Steen in staat was ondubbelzinnig vrome historieschilderijen te produceren, was ook Pieter de Hooch de schilder van vrolijke gezelschappen met meer of

Pieter de Hooch, *Binnenhuis met vrouwen bij een linnenkast*, 1663. Rijksmuseum, Amsterdam

minder ernstige zonden, maar ook van het geïdealiseerde volmaakte huisgezin. Bij sommige, zoals de welgestelde groep in *Musicerende familie* in het Cleveland Museum, fungeerde de conventie van een muzikaal gezelschap als symbool van het harmonieuze gezin. De weelde van de kleding en de pracht van het meubilair worden zorgvuldig gecompenseerd door het beeld van bescheiden deugd in de achtergrond, het kind dat een fruitmand brengt en het eenvoudig geklede kindermeisje dat de zuigeling vasthoudt. Minder formeel geposeerde genrestukken sloten meer aan bij de conventies van huiselijke vrede en properheid. *Binnenhuis met vrouwen bij een linnenkast* in het Rijksmuseum liep vooruit op Luikens lofprijzingen op schoon linnen en deugdzaam leven, en maakte de neutraliserende werking van een net huishouden op gevaarlijke weelde volmaakt duidelijk. Precies op de grens tussen huis en wereld, op de bovendorpel van de deur, staat Mercurius, de god van de handel, met een geldbuidel. Het interieur met een iets nederiger achtergrond in Luton Hoo combineert alle deugden, terwijl Steens taferelen een verzameling van alle zonden zijn. Het zonlicht stroomt een smetteloze, maar sobere kamer binnen; de haard is versierd met Delfts-blauwe tegels en boven een zogende moeder hangt een bijbels tafereel. In de voorgrond veegt een meid een vloer die al brandschoon lijkt. Er hangt een gewijde, huiselijke sfeer: godsvrucht in het zonovergoten gezicht

Jan Luiken, embleem uit *Het Leerzaam Huisraad*. Houghton Library, Harvard University

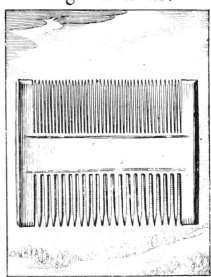

Embleem uit Roemer Visscher, *Sinnepoppen*. Houghton Library, Harvard University

en de smetteloze, kale, houten vloer. En boven het hoofd van de zogende moeder werpt het raamkozijn de schaduw van het kruis. En direct daarboven hangt het ultieme embleem van een gelouterde wereld: Christus aan het kruis.

Het zijn vaker moeders dan vaders die in Nederlandse schilderijen en prenten fungeren als de hoeders van het zuivere huisgezin. Cats en de schrijvers van de handleidingen stelden zelfs dat dit de roeping van een moeder was. Zij was het die de gevaarlijke grens tussen de vuile straat en het propere huis bewaakte, die de meiden aan het schrobben zette of zich zelf op het dagelijkse ritueel stortte en het compromitterende vuil van het erf verwijderde. Maar haar zorg strekte zich ook uit tot de gezinsleden die (in hun onschuld of in hun onverbeterlijke lichtzinnigheid, al naar gelang het soort Nederlandse moralist je was) vuil met zich mee zouden brengen: de kinderen.

Tot de ontroerendste gezinstaferelen in de Hollandse genreschilderkunst behoren die moeders die de hoofden van hun kinderen op neten en luizen inspecteren. Gerard Ter Borch schilderde er twee: het ene evenzeer een beeld van huiselijke deugd als van een kantkloster of een spinster, het andere in de veel ongebruikelijker omgeving van het erf van een verarmde scharenslijper (zie p. 396). Dit is des te ongewoner omdat het zelfs in de verte niet lijkt op het geïdealiseerde beeld van de keurige bourgeois-huishouding. Het is een van de weinige authentieke beelden van de krotten in de Nederlandse steden waarin veel van de armste handwerkslieden en halfgeschoolde arbeiders woonden. En toch, ondanks alle verval en vervuiling, is het ook onmiskenbaar een verbeelding van huiselijke deugd. Op één doek zijn de deugd van het werk en van het huishouden samengebracht; het slijpen van messen roept het universele beeld van zware, onafgebroken arbeid op, en in de voorgrond vervult de moeder, op de drempel van de woning, haar moedertaak, haar liefdewerk (zie p. 395). *Purgat et Ornat*, 'Hij maakt schoon en maakt mooi', luidt het motto bij de kam van Roemer Visscher, waarbij het laatste niet mogelijk is zonder het eerste.[42] In het tafereel van De Hooch in het Rijksmuseum wordt onbezoedelde huiselijke rust niet bedreigd door de ellende die Ter Borch zo waarheidsgetrouw verbeeldt. In het hier weergegeven soort beschutte huishouding is het huis inderdaad een christelijk arcadia: het bed is smetteloos, glad en zonder een vlek of maar de schijn daarvan, de koperen beddepan is glanzend opgepoetst, de Delfts-blauwe tegels zijn eenvoudig en schoon. En, bij wijze van uitzondering, bevat het tafereel een voorbeeldig poesje dat net zo min de maagdelijke reinheid van de vloer zou bevuilen als in de gezel van de duivel veranderen.

2 DE HEROÏSCHE HUISVROUW

Ick wensch een wijf, van middelmaat,
Van hoogen, noch van laegen staet,
Een wijf, niet fier op haer geslacht,
Doch van de goede voortgebracht;
Een wijf niet hoog, of machtig rijk,
Maer my in goet en bloet gelijck;
Een wijf niet trots of byster hoogh,
Maer kleyn, doch in haer eygen oogh
Een wijf tot alle deughr gewent,
Maer dat hare reden sout
En datmen op het oire trout...

Geen slons in huys, geen popp' op straet
Een wijf dat hare beste draght
De deugt, en niet haer baggen, acht.
Een wijf dat haer gebueren eert,
Maer weynig buytens huys verkeert.

Een wijf, een stil, een rustig wijf,
Een vyandinne van gekijf:
Een wijf dat noyt den vrede breekt,
En hooger niet als deftig spreekt.
Een wijf dat liever schade lijt,
Als datze schelt en tegen krijt
Een wijf dat sonder knorren eet
En oock van pruylen niet en weet...[43]

Huisvrouwen en hoeren: huiselijkheid en wereldsheid

Anonieme houtsnede. Titelpagina van Jacob Cats, *Houwelijck*, Amsterdam, 1655, twaalfde editie. Houghton Library, Harvard University

Dit was Jacob Cats' recept voor huiselijk geluk, uiteengezet in *Houwelijck*, zijn lange lofdicht op de huwelijkse staat. Het vinden van zo'n modelvrouw was, zo erkende hij, niet eenvoudig, maar wel de moeite van het zoeken waard. Zelf was hij eens door hartstocht bevangen bij het zien van zo'n parel van deugdzaamheid in de kerk. Maar zijn hartstocht bekoelde direct toen hij ontdekte dat ze van een niet al te 'goede geslacht' was, want haar vader was ooit failliet gegaan. Een bona fide bruid die de toets van de kritiek kon doorstaan, was beslist van onschatbare waarde. Want het *Christelyke Huyswijf* was onder andere:

> *Sy is een soete plant, een rechte vygboom,*
> *Sy is een klare lamp, een gulde kandelaer,*
> *Die al het huys verlicht doch meest haer echte paar;*
> *Sy is een wijngaert-ranck, die met haer koelen blaâren*
> *Hem die hare ziele mint, van hitte kan bewaren;*
> *Sy is de wijnstock selfs, vol vrucht en soete vreugt;*
> *Sy is een stille ree, een haven voor de jeugt;*
> *Sy is een schoon juweel, dat glinstert in der nacht*
> *Sy is een rijcke steen, maer echten wonder sacht...*[44]

Jan Miense Molenaer, *De vijf zintuigen: het gevoel*, 1637. Mauritshuis, Den Haag

En nog veel meer.

Zo gaat de lijst van superlatieven verder tot alle renaissance-clichés aan de beurt zijn geweest. Ongetwijfeld vormde de raad van 'Vader Cats' aan toekomstige bruiden een goed bedoeld ideaalbeeld waaraan ze zich konden spiegelen. Maar hoe pijnlijk moet het zijn geweest te denken dat je te kort schoot in de genoemde desiderata als de geest van Sara, de deugd van Ruth en de nederigheid van Abigail.[45] Dat was de zware last van het verwachtingspatroon, geschapen door mannelijke stereotypen van de deugdzame echtgenote waarmee de Nederlandse vrouwen werden opgezadeld. Dit verwachtingspatroon bestond natuurlijk niet alleen in de Nederlanden, maar het huisgezin was daar zo belangrijk dat het een sterke en diepe uitwerking had op de Nederlandse cultuur. Omdat de gebruikelijke mannelijke kentekenen van patriarchaal dynasticisme, de resten van een feodaal krijgsethos of de uitbreiding van landbezit in de Republiek minder belangrijk waren, werden als vanzelf de aura en de status van een huisgezin evenredig belangrijker. En binnen dat huisgezin werd de vrouw verantwoordelijk gesteld voor het welslagen of de ontwrichting van het huishouden. Zoals het thuis zelf de buitenwereld moest reinigen van haar smetten voor deze de drempel over mocht, zo was de echtgenote in huis de belangrijkste schoonmaakster, de morele en de aardse wasvrouw. De zorgen en twijfels van de mannen over het morele gehalte van hun wereldse aangelegenheden waren juist een bevestiging van hun idee dat het het werk van de vrouwen was het huis tot een veilige haven voor christelijke deugd te maken. Ze eisten dat hun vrouw de pijn van de handel verzachtte maar ook de praktische kanten ervan kende. Ze eisten eigenlijk het onmogelijke.

Als vrouwen van vlees en bloed (en niet Cats' dichterlijk geïnspireerde modelvrouwen) niet aan deze hoge eisen konden voldoen, werd de teleurstelling vaak geweten aan het moeilijke karakter van de grondstof. Want de zedenmeesters betoogden met zoveel vuur dat het huwelijk en huisvrouwschap het enige geschikte doel vormden voor de vrouw, omdat ze, als ze aan zichzelf werd overgelaten, een uiterst zwak vat was. Zonder het keurslijf van huwelijk en echtelijke plichten zou de vrouw een samenstel van dierlijke instincten zijn: grillig, onbetrouwbaar, snel tot ijdelheid te verleiden, geneigd tot sensueel genot en licht ontvlambaar, kortom, iemand die nergens voor deugt en zeker niet voor het behoeden van het gezin.

De grenzen tussen wereld en huis, straat en haard niet strikt in acht nemen was vragen om moeilijkheden. De vrouw was volgens dr Van Beverwijck anatomisch geschapen voor 'innerlijke' of huiselijke dingen, haar lichaam was zachter en haar spieren waren zwakker dan die van de man. De man daarentegen had sterkere spieren en botten om de uitersten van hitte en kou en het wel en wee van handel en reizen beter te kunnen verdragen.[46] In *Vrouwe* sprak Cats zich onomwonden uit voor deze scheiding der domeinen:

> *De man moet op de straat om sijnen handel gaen;*
> *Het wijf moet in het huys de keucken gade slaen...*
> *Het vlytigh straet-gewoel wort in den man gepresen*
> *Maar in een teere vrou een stil en sedig wezen*
> *Gy, reyst dan, neerstigh man en past op uw gewin,*
> *Gy, set u, jonge vrou en let op uw gesin.*[47]

Zij die zich van deze scheiding der sferen niets aantrokken, werden gebrandmerkt als 'uithuizige vrouwen', vrouwen van de wereld, zo niet van de straat. En waarschijnlijk vertoonden ze alle kenmerken van de ongeremde vrouw: koopzucht, de neiging tot kwaadspreken, een grillig temperament, een onbetamelijk verlangen naar zwaar, zoet eten en sterkedrank (of zelfs tabak) en misschien nog meer niet nader te noemen zwakheden des vlezes. Zodat er naast het cliché van de ingetogen, verstandige en kuise huisvrouw een tegengesteld beeld bestond, het al even onwerkelijke beeld van de zondige feeks, de allesetende, bandeloze vrouw. Terwijl genretaferelen van vrouwen aan het spinnewiel – het eeuwige embleem van huiselijke deugd – de sereniteit van het ene type verbeelden, wordt de familievrede een eeuw na Pieter Bruegel nog steeds verstoord door de aardse traditie van zijn *Dulle Griet*, waarop een leger van feeksen met de wapens van de keuken 'een roof voor de helle doet'.[48] Jan Miense Molenaer (getrouwd met de schilderes Judith Leyster) maakte een serie studies van de vijf zintuigen, ontleend aan het huiselijk leven, die weliswaar kluchtig waren, maar ook te grof om gewoon leuk te zijn. In *De vijf zintuigen*:

gevoel bijvoorbeeld wordt een echtgenoot, die de broek van zijn gezag inlevert, door een vrouw keihard met een schoen op het hoofd geslagen.

Deze tegengestelde clichés, die ter hoogte van de heup samenkomen, leidden een uiterst taai leven in de Nederlandse cultuur, hoewel de sociale werkelijkheid – een veel subtieler verschijnsel – er steeds doorheen brak. Ook buitenlandse bezoekers werden erdoor beïnvloed, want ze gingen vaak in op het feit dat deugd en zonde in de wereld van de Nederlandse vrouw zo dicht bij elkaar lagen. John Ray bewees lippendienst aan hun reputatie van huisvrouwelijke matigheid, maar merkte ook op: 'Het gewone slag [om niet te zeggen alle] vrouwen lijkt meer verzot op en genoegen te scheppen in wellust en obscene praat dan de Engelse of de Franse.' Maar hij veronderstelde net als Cats dat de onbeschaafden door de huwelijksgelofte in rechtschapenen zouden veranderen, want 'men zegt dat de vrouwen als ze ongehuwd zijn, zich weinig bekommeren om kuisheid, maar eenmaal gehuwd is niemand kuiser en trouwer aan haar echtgenoot dan zij'.[49] Anders dan men na lezing van de moralisten zou verwachten, kon de grens tussen fatsoen en onfatsoen heel vaag zijn. Het was Thomas Nugent niet duidelijk wie immoreler waren: de hoeren die ter verbetering in het Amsterdamse Spinhuis waren gezet, of hun bewakers die voor 'een luttel bedrag' toegang verleenden – via een getraliede afscheiding – 'waarbij het gebruikelijk is dat ze hun bezoekers onthalen op afschuwelijke taal en onwelvoeglijke gedragingen die voor een man van verstand en moraal schokkend zijn'.[50] De tepronkstelling was door de humanistische vaders natuurlijk bedoeld als heilzame schande. Maar tegen de tijd van Nugents bezoek in 1737 was het duidelijk een kwestie van ontuchtig genot geworden, waar hun zogenaamde bewakers op schandelijke wijze aan meewerkten.

Nog verwarrender was de kennelijke vrijheid die duidelijk eerzame Nederlandse vrouwen genoten vergeleken met hun tijdgenoten elders. Zoenen in het openbaar, vrijmoedige taal, wandelingen zonder begeleiding troffen vreemdelingen, en met name de Fransen, als schokkend en ongepast, al werden ze nog zo vaak verzekerd van de onaantastbare kuisheid van de getrouwde vrouw. John Ray was ontdaan toen hij zag dat 'zelfs de vrouwen van de betere soort niet aarzelen oppervlakkige kennissen met een kus te begroeten; en onderling doen ze dat allemaal, of uit speelsheid of bij vertrek en terugkeer, maar nooit kort'.[51] Coste d'Arnobat dacht dat zoiets alleen mogelijk was omdat de Nederlandse vrouw volkomen ongevoelig voor de hartstochten was, al voegde hij er niet (zoals vele anderen) aan toe dat dit te wijten was aan het vochtige klimaat en hun koele bloed.[52] Aglionby ontdekte in het Noorderkwartier een zeer vrije vorm van nachtelijke hofmakerij die 'kweesten'[53] heette, waarbij 'een jongeman een hele nacht naast zijn geliefde blijft zitten en niets zegt dat haar op enige manier in haar eer aantast'.[54] Deze gewoonte behoorde niet tot de nieuwe vrijheid maar tot een oude traditie van toetsing en beproeving door de gemeenschap, die in de meer afgelegen delen van Noord-Holland, Friesland en vooral op de eilanden Texel, Vlieland en Ameland lang standhield. En hoewel het zogenaamde *bundling* (geheel gekleed in hetzelfde bed slapen), het equivalent hiervan in Wales en delen van Engeland, ook bekend moest zijn bij de zeventiende-eeuwse waarnemer der zeden, leek het een nodeloos riskante test van de deugdzaamheid. Buitenshuis gedroegen vrouwen zich vrijer dan goed voor hen leek. Aan het einde van de zestiende eeuw was Fynes Moryson ontzet over Friese vrouwen die in het openbaar zoenden en hun behoefte deden, gewoonlijk het huishoudgeld beheerden, 's avonds schaatsten tot de stadspoorten dicht gingen en, wat nog het meest verbazende was, de hele nacht door feestten in herbergen die twintig of dertig kilometer van huis lagen.

> Dit doen ze zonder ook maar de schijn van onkuisheid op zich te laden, want de gastvrouwen zorgen voor onderdak en letten op de vrouwen. Zo laten moeders van goede reputatie hun dochters, als ze zelf al naar bed zijn gegaan, thuis het grootste deel van de avond met jongemannen doorbrengen, etend en pratend, en zelfs met of zonder permissie 's avonds met jongemannen op straat lopen. En dit alles doen ze in een traditie van vrijheid waaraan ze gewend zijn zonder dat het hun reputatie schaadt, terwijl de Italiaanse vrouwen die kort gehouden worden, het dwaasheid vinden een kans om iets slechts te doen voorbij te laten gaan.[55]

Voor jaloerse katholieken en repressieve puriteinen was het allemaal buitengewoon verwarrend. De Nederlandse (uitsluitend mannelijke) moralisten leken ervan overtuigd dat hun gemenebest stond of viel met de onbezoedelde deugd van hun vrouwen. Maar ze leken dat te willen bereiken door de vrouwen meer in plaats van minder vrijheid te geven dan elders. Alleen de vroege apostelen van de achttiende-eeuwse cultus van ongekunstelde gevoelens vonden dit gedrag begrijpelijk en voorbeeldig. Want zij zagen de vrijheid en onbevangenheid van de Nederlandse vrouwen als onschuldige eerlijkheid, niet als roekeloze losbandigheid. Die ongekunsteldheid was juist een teken dat ze gelukkig ontkwamen aan de uiterst stijve en geaffecteerde manieren waartoe vrouwen in beschaafde kringen nog werden opgevoed. Joseph Shaw, die in 1709 door het land reisde, was verrukt van wat hij zag. 'Ik heb nog nooit,' zo schreef hij, 'zo'n bescheidenheid in het openbaar gezien... met zo veel wijsheid betracht als door hun vrouwen, die het inzicht van engelen bezitten.' Ze leken begiftigd met 'een wonderbaarlijke hoeveelheid gezond verstand zonder geaffecteerdheid; een uiterst vriendelijk karakter en toch een uitzonderlijke Kuisheid die slechts te overwinnen is door de meest heftige, sterke, onstuimige en onweerstaanbare opwellingen der natuur'.[56] Dit moest wel indruk maken op iemand die afkomstig was uit een cultuur waarin esprit angstwekkend dicht bij losbandigheid lag. En in tegenstelling tot de Franse commentatoren veronderstelde Shaw niet dat deze vrolijke omhelzing van de deugd voortvloeide uit een gebrek aan charme. (Diderot zou later opmerken dat de rest van de Nederlandse vrouw hem de lust benam om uit te vinden of ze werkelijk een grote boezem had, zoals haar reputatie wilde.[57]) Shaw daarentegen stelde dat er 'nergens zulke mooie gezichten te zien [zijn] en toch zijn ze geheel vrij van ijdelheid'. Ze mochten zich dan simpel gedragen en geen 'moesje noch verf' gebruiken, ze richtten zich wel direct tot het hart 'en ze kennen geen andere manier om hartstocht op te wekken of aan te wakkeren, of hun geliefden te bekoren, dan door hun bewonderenswaardige vroomheid, vriendelijkheid, onschuld, eerlijkheid en rechtschapenheid'. Dit stond in scherp contrast met het andere, zwaarder opgemaakte gezicht van de Nederlandse vrouw dat hij in het Spinhuis zag. Daar zag hij meer dan honderd gevallen zielen 'gekleed in de vrolijke gewaden van de liefde, hun hoofd getooid met pluimen, geverfd en met moesjes, en nog steeds de begerige, bewonderende en misleide sukkels, die de fatale kunsten van bekorende en verleidende vrouwen niet kennen'.[58]

Joseph Shaw was zo getroffen door 'de eenvoudige, volmaakte eerlijkheid en oprechtheid' van de Nederlandse vrouw, dat hij dit als een van de belangrijkste oorzaken van de 'grote kracht en voorspoed' van de Republiek beschouwde. Ze waren knap zonder ijdel, ontwikkeld zonder pedant, zelfs financieel onderlegd zonder gierig of verkwistend te zijn. Toen hij in het Oudevrouwenhuis een eerbiedwaardige dame van honderdvier een gulden aanbood, weigerde ze met de woorden dat 'ik er beter raad mee wist dan zij, zelf wist ze niet wat ze ermee moest doen'.[59] Dit alles was te mooi om waar te zijn. (En dat was natuurlijk ook zo.) Maar toen Shaw zich afvroeg waarom Nederlandse vrouwen zediger én gelukkiger leken dan Engelse, schreef hij dat toe aan het feit dat ze 'beter af waren met de wetten van hun land dan in andere naties [zodat ze] hun kost niet bijeen hoefden te scharrelen noch hun toevlucht hoefden te nemen tot de meer betreurenswaardige methoden om het sterke geslacht te bedriegen en hun echtgenoten geld af te troggelen'.[60]

En als het waar is dat Nederlandse vrouwen de voorboden waren van de nieuwe wereld van het 'gevoel' die de opkomst van het 'kameraadschappelijke gezin' [61] inluidde, lijkt die institutionele vrijheid hen zeker op weg te hebben geholpen. Er stak geen hervormingsdrang in dit alles. Sommige wettelijke regelingen die bepaalden dat vrouwen zelf bezit konden erven of nalaten, gingen terug tot de middeleeuwen.[62] Maar het humanistische en protestantse ethos, dat vaak verantwoordelijk is gesteld voor het grimmige en onbuigzame patriarchaat, blijkt zowel in Nederland als in Duitsland en Zwitserland de oorzaak te zijn geweest van de betere behandeling van vrouwen.[63] Er bestond natuurlijk wel veel officiële onderdrukking – vrouwen waren uitgesloten van alle politieke ambten – maar binnen deze beperkingen slaagden ze er toch in om individueel en collectief deel te nemen aan het openbare leven. Ze speelden met name een belangrijke rol in liefdadigheidsinstellingen, als regentessen van weeshuizen, gasthuizen, oudemannen- en oudevrouwenhuizen en tuchthuizen. In deze hoedanigheid vormden ze netwerken van familieverbintenissen en ambten, overeenkomstig maar niet per se identiek met de regentencoalities van hun echtgenoten.

Formeel waren ze misschien onderworpen aan het wettige gezag van hun echtgenoot en ging hun bruidsschat op in het gezamenlijke bezit, maar ze behielden in het algemeen het recht die onder bijzondere omstandigheden terug te krijgen. Zo was het gebruikelijk dat bij de dood van de echtgenoot de weduwe haar deel volledig terugkreeg plus de persoonlijke bezittingen (zoals kleren) die ze tijdens het huwelijk had verworven, en ook de geschenken die ze bij het huwelijk van de familie van de echtgenoot had gekregen. Toen Christina Gillon in 1655 met de Amsterdamse regent Cornelis Backer trouwde, werd in hun huwelijkscontract de 35 286 gulden die zij had ingebracht (op een totaal gezamenlijk vermogen dat op 77 030 werd geschat) nauwkeurig gespecificeerd, een fortuin dat bestond uit juwelen, baar geld, wissels en jaargelden. Het idee was dat als haar echtgenoot eerder zou sterven dan zij, dat geld onmiddellijk aan haar zou terugvallen.[64] Gewoonlijk werd bezit dat gedurende het huwelijk was verworven, zoals onroerend goed, meubels en dergelijke, als gezamenlijk bezit beschouwd. De wet bepaalde dat bij een huwelijk zonder kinderen als erfgenamen de weduwe volledig recht had op haar eigen bezit plus de helft van het gezamenlijke bezit. Bij sommige paren stelde de bruid – en haar familie – nog hogere eisen. Toen Sara Hinlopen, de weduwe van Albert Geelvinck, in 1695 met Jacob Bicker trouwde, bracht ze al heel wat bezittingen en obligaties in, zowel van haar kinderen uit haar eerste huwelijk als van haarzelf. In hun contract stond dat het bezit gescheiden zou blijven en dat in geval van scheiding of dood zonder erfgenamen het bezit zou toekomen aan de respectievelijke bloedverwanten. Winst en verlies van hun respectievelijke bezit zouden worden gedeeld, maar hun aanspraken bleven gescheiden. Jacob Bicker moet wel heel graag hebben willen trouwen, want hij ging akkoord met nog gedetailleerder regelingen voor onvoorziene gebeurtenissen ten gunste van de bruid. Zou hij eerder overlijden dan zij, zonder gezamenlijke erfgenamen, dan zou een bepaald deel van het bezit plus twaalfduizend gulden (geen klein bedrag) opzij worden gezet voor Sara's *nieuwe* bruidsschat. Maar Bicker zelf was niet geheel weerloos, want op zijn beurt stipuleerde hij dat als zijn vrouw eerder zou sterven, de juwelen ter waarde van zesduizend gulden die hij haar als huwelijkscadeau had geschonken, rechtstreeks teruggingen naar zijn kant van de familie.[65]

Behalve de dood waren er nog andere omstandigheden waarbij een echtgenote haar deel van het huwelijksbezit kon opeisen. Als ze meende dat haar echtgenoot haar deel onverantwoordelijk over de balk smeet of op een andere manier misbruik maakte van zijn recht van wettig voogdijschap, kon ze via het gerecht hun bezit formeel laten scheiden met volledige teruggave van de bruidsschat.[66] Vrouwen konden een proces aanspannen, en deden dat ook, maar als ze ongehuwd waren en de meerderjarige leeftijd van vijfentwintig nog niet hadden bereikt, hadden ze een voogd van stand nodig die hen vertegenwoordigde. Het Nederlandse rechtssysteem stond niet afwijzend tegenover vrouwen die klachten over misbruik door mannen indienden. Ongehuwde zwangere vrouwen of moeders bijvoorbeeld konden de vermeende vader laten vervolgen in 'vaderschapsacties'.[67] Daarmee wilde men de boosdoener dwingen de benadeelde partij te huwen of, als hij al getrouwd was, voor een bruidsschat te zorgen, de kosten van de bevalling te betalen en in sommige gevallen in het onderhoud van het kind te voorzien. Een vrouw die zo'n eis indiende tegen een man van ongeveer dezelfde maatschappelijke status, had een grote kans van slagen. Zo wonnen in Leiden tussen 1671 en 1795 zevenenvijftig vrouwen hun proces, terwijl eenentwintig hun zaak verloren.[68] Er waren natuurlijk veel vrouwen – voornamelijk dienstboden – die door hun baas of door andere leden van het gezin zwanger waren gemaakt, en hun kansen op schadeloosstelling via de rechter waren veel geringer. Zelfs al was de aangeklaagde niet getrouwd, dan nog was het veel realistischer te vragen om een bruidsschat, de betaling van de kosten van de bevalling (misschien twee tot vijf gulden) en een toelage van twintig tot dertig stuiver per week. De grootte van de bruidsschat was afhankelijk van de middelen van de verdachte en de maatschappelijke verwachtingen van de klaagster. Jonge dienstmeisjes konden een paar honderd gulden krijgen, terwijl burgerdochters die de rechter ervan konden overtuigen dat hun trouwbeloften wreed misbruikt waren, royaler werden bedeeld: tussen de vijfhonderd en duizend gulden. Voor de armere meisjes was iedere bruidsschat natuurlijk meegenomen en soms werden dienstmeisjes er dan ook van beschuldigd dat ze omwille van de bruidsschat de zonen van hun werkgevers opzettelijk hadden gestrikt.[69] Vaak was alleen al het dreigement een achtenswaardige familie openlijk in de rechtszaal te schande te zetten genoeg voor een gepaste vergoeding. En voor een vrouw die vastbesloten was haar recht te krijgen, stonden nog andere wegen open. Ze kon dreigen het kind de naam van de vader als doopnaam te geven, of de vrouwelijke versie ervan als het een meisje was. En een uiterst moedige of wanhopige vrouw kon zelfs dreigen het kind naar het huis van de vader te brengen.[70] Een klaagster had pas alles tegen als de beschuldigde boosdoener een hoge functionaris in de stad was. En zelfs dan konden, door de gebruikelijke partijconflicten onder de Nederlandse regenten, jaloerse rivalen soms een schandaal te baat nemen om de naam van hun vijand zwart te maken. Zo werd Johan van Nispen, die zestig jaar lang lid van het regentencollege van Vlissingen was geweest, door de stadsschout vervolgd wegens overspel met zijn meid, en hij werd prompt door de schepenbank veroordeeld. Maar Van Nispen ging in beroep bij het Hof van Holland op grond van het feit dat het proces was aangespannen uit politieke naijver, en werd prompt in het gelijk gesteld.[71] Maar over het geheel genomen was de situatie van een seksueel misbruikte vrouw niet volkomen hopeloos. Bij alle zaken die in diezelfde periode (1671-1795) in Leiden voorkwamen, wonnen vrouwen twee maal zoveel zaken als ze verloren.

Vrouwen wie in het huwelijk onrecht werd aangedaan, konden ook rechtsbijstand krijgen. In gevallen van overspel of 'opzettelijke verlating' konden ze vragen om 'scheiding van tafel en bed', wat neerkwam op een beëindiging van het huwelijk. Kerkeraden die zich over de klacht bogen, vonden overspel gewoonlijk een voldoende ernstige zonde om scheiding en hertrouwen toe te staan. 'Opzettelijke verlating' kon natuurlijk ook bigamie betekenen, en er waren nog andere gronden voor scheiding, bijvoorbeeld als de echtgenoot aan een geslachtsziekte leed of de echtgenote ernstig lichamelijk mishandelde. Het blijft moeilijk om te achterhalen hoeveel van dergelijke rechtszaken in de zeventiende eeuw werden aangespannen. De eeuw daarop kende een explosie van scheidingszaken wegens overspel,[72] maar tot die tijd waren het er verbazingwekkend weinig: tussen 1671 en 1680 in Leiden in totaal negen, en negentien in het daaropvolgende decennium. Of dit wijst op minder echtelijke onenigheid of op grotere aarzeling bij onrechtvaardig behandelde echtgenotes om een proces aan te spannen, valt onmogelijk te beoordelen.

Vrouwen konden ook handelscontracten afsluiten en notariële documenten laten opstellen en ze hadden dus alle officiële kwalificaties om actief aan de handel of het zakenleven deel te nemen, wat vele ook deden. Shaw merkte op dat ze 'in het algemeen evenveel leerden over boekhouden, zaken en werk als hun echtgenoten'.[73] Met name weduwen, vooral in de grote handelsfamilies als de Trippen en de Bickers, stonden bekend om hun goede beheer van het familiebezit. Maar ook lager op de maatschappelijke ladder – op het niveau van bijvoorbeeld winkeliers – was het heel gewoon dat echtgenotes zaken deden en geldzaken afhandelden. In Sweerts' misogyne satire *De Biegt der Getroude*[74] is het de vrouw die de baas wordt, eerst over het huishoudgeld, dan van een manufacturenwinkel, terwijl de ongelukkige echtgenoot steeds verder wegzinkt in machteloze losbandigheid. Ze voert zelfs aan dat het huwelijk is gebaseerd op haar fortuin, dat zij dan ook moet beheren. In 1742, bij een algemene belastingschatting was vijftien procent van alle belastbare ondernemingen in Amsterdam en vierentwintig procent in Leiden in het bezit van vrouwen. Maar het schijnt ook dat dit voor het grootste deel inkomens van weduwen waren en niet van gehuwde vrouwen die handel dreven. Het is nog steeds zo dat Nederland weliswaar de oudste en grootste feministische traditie van Europa kent, maar het is ook een van de landen met het laagste percentage werkende moeders, een stuk lager dan bijvoorbeeld in Italië of Frankrijk.

Bescherming tegen onrecht (waaronder mishandeling) en schadeloosstelling bij verkwisting van bruidsschatten maakten de Nederlandse vrouw nog lang niet tot de gelijke van haar man. Noch was het gevaar groot dat een weduwenkartel de door mannen gedomineerde handelshuizen zou binnendringen. In feite toonden echtgenotes en weduwen zich van hun hardste kant als ze de familiebelangen – bij huwelijkscontracten, testamenten en dergelijke – verdedigden tegen de aanspraken van rivalen. De voorwaarde voor de extra zekerheid en onafhankelijkheid die ze misschien genoten (en die hun positie in de ogen van buitenlanders superieur maakte aan die van hun tijdgenotes in Engeland of Frankrijk) was dat ze zich tot het domein van het huishouden beperkten. Maar binnen die officiële beperkingen deden Nederlandse vrouwen zich zo sterk gelden dat ze op subtiele wijze verandering wisten te brengen in de ongelijke balans tussen de seksen. De keuze van een andere bezigheid dan die van huisvrouw werd hun opgelegd door de echtgenoot, een noodsituatie of beide. Toch kon dat hun een eigen status en reputatie (en inkomen) opleveren. Catharina Schrader was achtendertig en moeder van zes jonge kinderen toen haar echtgenoot, een chirurgijn, in 1692 overleed. Ze kon alleen maar terugvallen op de rudimentaire verloskundige praktijken die haar maar al te vertrouwd waren en die ze dankzij haar echtgenoot had kunnen beoefenen. Maar deze sombere omstandigheden waren het begin van een loopbaan als vroedvrouw in de Friese marktstad Dokkum, waar ze een vermaard figuur werd en zowel diensten verleende aan de gezinnen van de adel als van arme boeren. En hoewel ze officieel ondergeschikt was aan de 'meester'-geneesheren met wie ze werkte, was Vrouw Schrader, en niet de artsen, onmisbaar bij het kraambed.[75]

En er waren nog andere mogelijkheden om naam te maken, hoe begrensd ook. In 1655 deed de eerste actrice haar intrede in de Amsterdamse schouwburg, wat de geestelijkheid sterkte in de mening dat deze een poel van verderf was. Toch maakte Adriana Nozeman een schitterende carrière.[76] En in de hoogste kringen kon een heel geslacht van begaafde vrouwen zich onderscheiden als geleerden en dichter-muzen. Roemer Visscher, de koopman en auteur van de *Sinnepoppen*, maakte in het tweede decennium van de eeuw van zijn huis aan de Engelsekaai in Amsterdam een soort literaire en filosofische salon, waarover zijn dochters Anna en Maria ('Tesselschade') de scepter zwaaiden. Ook dit was een oude humanistische traditie, waartoe Visscher, een oude vriend van erasmianen als Coornhert en Laurens Spiegel (en net als zij katholiek en tegenstander van zowel de Contrareformatie als de calvinistische leer) behoorde. De klassieke opvoeding die de meisjes Visscher hadden genoten, deed denken aan de platonische lessen die Thomas More zijn dochters had gegeven. Net als zij waren Anna en Tesselschade (er was nog een derde zuster, Geertruy, die minder begaafd was en daarom waarschijnlijk was uitgesloten van deze intellectuele spelletjes) opgevoed om bezoekende grootheden te verblinden die vervolgens onveranderlijk naar hun hand dongen en de meisjes bedolven onder lofzangen. Maria wist de gezocht geestige bijnaam Tesselschade waarmee haar vader haar had opgezadeld af te schudden (hij noemde haar naar de Texelse 'schipbreuk' die hem op de dag van haar geboorte grote schade berokkende). Want volgens alle beschrijvingen was ze niet alleen buitengewoon mooi maar was ze ook begiftigd met een talent voor viool, luit, klavecimbel en zang. Evenals haar zuster was ze een vaardig vertaalster en commentatrice van Latijnse, Griekse en Italiaanse teksten (Tasso in het Nederlands vertalen is geen kleinigheid) en was ze ook zelf een goed dichteres. Toen enkele van de oudere rederijkerskamers in Amsterdam in 1630 besloten samen te gaan, won Tesselschade de dichtwedstrijd ter viering van hun vereniging in de nieuwe Academie van Coster. Het is dan ook niet verwonderlijk dat haar lijst van bewonderaars eruitziet als een inventarisatie van de Nederlandse letterkunde in de eerste helft van de eeuw: Bredero, Heinsius, Barlaeus, Vondel, Constantijn Huygens en Hooft, om slechts de beroemdsten te noemen. Na de dood van hun vader werden beide zusters ingelijfd in (en werden ze onmisbare leden van) Hoofts literaire kring op het Muiderslot. Nadat Tesselschade weduwe was geworden, keerde ze in de jaren veertig terug naar Amsterdam, waar ze zich weer opwierp als de leidende douairière van de kunst, eenogig (ze was getroffen door een vonk van het aambeeld van een smid), uitzonderlijk en imposant. Toen ze in 1649 stierf, schreef Huygens over haar 'onwaerdeerlickheit' en vergeleek haar met de zon.

Waar Tesselschade schoonheid en brille heette te belichamen, was het Anna's

Experiens Silleman, gravure, 'Maeghde-Wapen' uit Jacob Cats, *Alle de Werken*, 1655, folio-editie. Houghton Library, Harvard University

taak, en daar was ze zich maar al te zeer van bewust, de rol van deugdzaamheid en wijsheid te spelen. Maar in Zeeland, waar ze was opgescheept met de slaafse bewondering van de verliefde Cats, ging ze haar eigen weg. Cats droeg zijn *Maeghde-Plicht* aan haar op in een zelfs voor die tijd gênant overdreven lofrede, waarin de delicate gevoelens zaten opgesloten in de loodzware laarzen van zijn moeizame metrum. Een gravure van het frontispice toonde het 'Maeghde-Wapen' met daarop het lam (eenvoud) en het jonge hondje (talent) als de heraldische dragers van een schild met nijvere bijen. Voor Cats was Anna Roemer Visscher de belichaming van die gaven, al volgde ze zijn advies voorzichtig te zijn met haar maagdelijkheid al te letterlijk op door hem op grote afstand te houden. En Anna veroverde de meer provinciale (en veel calvinistischer) kringen van Middelburg stormenderhand. In 1622 kreeg ze een grandioze officiële ontvangst, georganiseerd door de stadssecretaris, Simon van Beaumont, die (zoals gebruikelijk scheen te zijn) voor deze gelegenheid een gedicht had gemaakt. Voor de vleierij greep hij terug naar de oude humanistische metafoor van een man en vrouw, gewogen op een balans:

> *Want hoe! sal dan een maeght, die korter is dan ick,*
> *Die smal van middel is, van leden niet te dick,*
> *Van handen wonder teer, van aensicht heel besneden,*
> *Die nau het gras en kroockt daer op sy komt ghetreden*
> *Die met haer net ghewaet verciert is, niet belaen,*
> *De schael, daer in een man gheset is, op doet gaen?*

Als onderlegd lid van Hoofts Muiderkring kostte het Anna weinig moeite deze moeizame maar goed bedoelde eerbewijzen te pareren en in een mum van tijd had ze een antwoord klaar waarmee ze het compliment in dank aanvaardde en tegelijk tegemoetkwam aan het mannelijke gevoel van eigenwaarde.

> *Ick slaep gerust de Nachten lanck*
> *Ick nut met smaeck myn spys en dranck.*
> *Verwondert u dan daar niet van*
> *Dat ick wat meer weech als een Man*
> *Die staech met sorgen is belaan...*[77]

De charme hiervan valt niet te ontkennen. En hoewel de talentvolle meisjes Visscher zich ver buiten de conventionele paden van het Nederlandse huisvrouwschap begaven, vormden ze geen echte bedreiging voor de mannelijke overheersing. In sommige opzichten versterkten ze die zelfs, want al waren ze de oogappels van hun vader, hij liet hen niet vergeten van welke stam ze afkomstig waren. Weliswaar hield hij minder onwrikbaar vast aan de mannelijke 'heerschappij' over de huishouding dan Cats in zijn *Houwelijck*, maar niets in de *Sinnepoppen* stimuleert de emancipatie van een waarachtig onafhankelijke vrouwelijke geest. Zowel Tesselschade als Anna schikten zich in eerzame huwelijken – de gezochte schoonheid trotseerde haar naam door met een zeeofficier uit Alkmaar te trouwen. Anna, die als geen ander had genoten van de hoofse sfeer van Muiden, deed de familie nog sneller in aanzien stijgen door met Dominicus Boot te trouwen, literair een nul, maar schout en dijkgraaf van de Wieringerwaard in het noordelijkste puntje van het Noorderkwartier. Hun onofficiële loopbaan als geleerde vrouw bleef dus grotendeels een ornament om mannen te behagen. In dit opzicht stonden ze misschien dichter bij de salonintellectuelen van de achttiende eeuw dan bij de echt onafhankelijke schrijfsters van de negentiende eeuw. En het is niet toevallig dat het eerste groepsportret van de Muiderkring waarop de gezusters Visscher naast mannelijke kopstukken staan (met Tesselschade zelfs als de meest prominente figuur), een anekdotisch schilderij van J. C. Kruseman uit 1852 in het Rijksmuseum is.[78]

Er was in ieder geval één onafhankelijke vrouwelijke geest die door haar uitzonderlijke gaven ver buiten de conventies van literaire genootschappen ter wederzijdse bewondering trad. Dat was Anna Maria van Schurman, 'de geleerde en meest nobele maagd' van Utrecht. In sommige opzichten is de vergelijking met de gezusters Visscher niet eerlijk, want Anna Maria was van een latere generatie die ongetwijfeld profiteerde van de erkenning van de gezusters Visscher. Hoewel ze in intellectuele kringen bekendheid genoot – onder andere bij Descartes – en haar portret werd geschilderd door de populaire schilder Michiel van Miereveld, bleef ze zich meer bezighouden met innerlijke waarheid dan uiterlijke faam. Ze werd geboren in Keulen, maar haar familie vestigde zich in Utrecht als religieuze vluchtelingen en dankzij de aanwezigheid van de universiteit en de gemeenschap van geleerden

Quiringh Brekelenkam, *Vertrouwelijk onderhoud*, 1661, 47 × 36 cm. Rijksmuseum, Amsterdam

Judith Leyster, *Zelfportret*, 1635. National Gallery of Art, Washington, D.C.

Frans Hals, *Huwelijksportret van Isaac Abrahamsz. Massa en Beatrix van der Laen*, 1622. Rijksmuseum, Amsterdam

Jan de Bray, *De Haarlemse uitgever Abraham Casteleyn en zijn echtgenote Margarieta van Bancken*, 1663. Rijksmuseum, Amsterdam

eromheen kon Anna Maria alle kennis verwerven waartoe haar enorme talent haar in staat stelde. Ze deed de conventionele dingen, zoals glas graveren en dichten in het Latijn en Italiaans, en minder conventionele dingen als portretschilderen en koper graveren, en wel met zo veel talent dat ze in 1641 werd toegelaten tot het Sint-Lucasgilde in Utrecht. Ze sprak vloeiend Hebreeuws, Grieks, Arabisch en Oudsyrisch en schreef in een vlijmscherpe, sobere Latijnse stijl, die Erasmus zeker zou hebben gewaardeerd. Haar gepubliceerde geschriften betroffen ethische en metafysische vertogen, vaak volgens een strikte syllogistische logica. Maar later in haar leven verruilde ze formele bewijzen voor een naar binnen gerichte piëtistische leer, en toen ze Jean de Labadie had leren kennen, trouwde ze in 1661 in het geheim met hem, op vierenvijftigjarige leeftijd, zeventien jaar voor haar dood.

Het was onvermijdelijk dat haar roem en talenten de hartstocht van Cats wekten, die zich onweerstaanbaar voelde aangetrokken tot briljante blauwkousen. En even onvermijdelijk dat ze zijn aanzoeken versmaadde, waarna Cats zich troostte met de gedachte dat het struikelblok haar onwankelbare maagdelijkheid was. In intellectueel opzicht echter was Cats geen partij voor Anna Maria, die niets moest hebben van mannen die vrouwen minzaam permissie gaven kennis op te doen. Haar korte, bondige Latijnse verhandeling in 1659 in het Engels vertaald, was voor die tijd een uitzonderlijk moedig, logisch pleidooi voor het vanzelfsprekende recht van vrouwen om hun intellect te gebruiken. De verhandeling werd ook gekenmerkt door een flinke dosis maatschappelijk realisme; ze erkende de onontbeerlijkheid van bepaalde 'noodzaken'; 'een evenwichtig goed vernuft' en de tijd en middelen om dat te gebruiken. 'Want sommige maagden zijn vernuftig, andere niet, sommige zijn rijk, andere arm, sommige zijn druk met huiselijke zorgen, andere zijn vrij.'[79] Ze wilde ook wel toegeven dat bepaalde onderwerpen geschikter waren dan andere, vooral de onderwerpen die bevorderlijk waren voor de morele deugden, al was het aantal mogelijkheden dan nog groot: grammatica, logica, retorica, natuurkunde, metafysica, geschiedenis, Hebreeuws en Grieks. Wiskunde, muziek en schilderen werden ook fatsoenlijk geacht en waren in ieder geval te verkiezen boven de 'mooie versieringen en vernuftige ontspanningen' die nu doorgingen voor passend tijdverdrijf voor jonge vrouwen. Militaire en juridische aangelegenheden kwamen voor Schurman op de laatste plaats, maar, niet geneigd de mannelijke tegenstanders terrein te laten winnen, betoogde ze dat 'we op geen enkele manier toegeven dat onze maagd zou moeten worden uitgesloten van de schoolse kennis of theorie hiervan, vooral niet van de meest verheven leer van de politiek en het burgerlijk bestuur'.[80] Ook had ze geen goed woord over voor degenen die stelden dat de geest van vrouwen op een of andere manier niet bestemd was voor boekenwijsheid, of dat vrouwen in enig opzicht inferieur waren aan Adam omdat ze uit een rib van hem geschapen waren. 'God heeft de vrouw ook geschapen,' stelde ze, alsof ze weigerde haar ogen neer te slaan in respectvolle zedigheid, 'met een sublieme en rechtopstaande houding' en 'alles wat het intellect van de mens vervolmaakt en siert is passend en fatsoenlijk voor een christelijke vrouw.'[81]

Portret van Anna Maria van Schurman uit Jacob Cats, *Alle de Werken*, 1655 folio-editie. Houghton Library, Harvard University

Schurmans kleine verhandeling vormde dus het eerste teken van een werkelijk onafhankelijke vrouwelijke geest in de Nederlandse cultuur, en misschien kan wel gesteld worden dat in de jaren 1650-1660 alleen in de Republiek zo'n stoutmoedig werk had kunnen verschijnen. Niet dat de Nederlanders hun vrouwen met zo veel woorden aanmoedigden om voor hun rechten op te komen. Zoals we hebben gezien en nog zullen zien maakte het hele idee van de onafhankelijke vrouw zelfs de meest ruimdenkende types bepaald zenuwachtig. Maar in de republiek der letteren konden dergelijke onorthodoxe standpunten zonder kans op vervolging, zij het niet zonder bestrijding (Schurman had veel vijanden) naar voren worden gebracht. En ook elders in de Nederlandse cultuur, misschien vooral in de kunst, zijn er aanwijzingen dat men vrouwen kon zien zoals ze waren en niet zoals ze moesten zijn.

De calvinistische beeldenstorm had er al toe bijgedragen dat althans één voorbeeld van de geïdealiseerde vrouw uit de kunst van de Noordelijke Nederlanden werd verbannen: de heilige Maagd. Andere voorbeelden bleven echter, want bijbelse heldinnen en allegorische incarnaties waren nog steeds een belangrijk onderwerp van de historieschilderkunst die in de Republiek naast meer inheemse genres floreerde. De publikatie in 1644 van een Nederlandse editie van de *Iconologia* van Cesare Ripa met een uitgebreid repertoire aan allegorische personificaties van de menselijke eigenschappen, heeft de typologie van vrouwen misschien zelfs een nieuw scala aan symbolische associaties gegeven. En er bestonden plaatselijke patriottische versies van die typen, geleend voor gebeeldhouwde ornamenten of historieprenten, variërend van de traditionele Hollandse Maagd en haar zes zusters tot de Vredesmaagd die rond 1648 populair werd en die bij Quellijn zo'n prominente plaats kreeg op het dak van het Amsterdamse stadhuis. Bij de iconografische interpretatie van Nederlandse genrestukken is veelal uitgegaan van Ripa's symbolische voorbeelden, naast die van Cats en andere emblemataschrijvers, als bron voor de betekenis van kennelijk anekdotische of beschrijvende composities. En hoewel deze methode heeft geleid tot veel discussie onder kunsthistorici, strookt ze volledig met het onmiskenbare streven van het noordelijke humanisme om klassieke en christelijke wijsheden in het dagelijks leven te integreren. Paradoxaal genoeg hing het succes van de moraliserende schilderkunst dus juist af van de gave van de kunstenaar om de dagelijkse werkelijkheid weer te geven. Dit delicate evenwicht tussen noodzakelijke middelen en beoogde doeleinden maakt het zo moeilijk de motieven in de genreschilderkunst te beoordelen. Het maakt ook de tweedeling tussen een descriptieve en een prescriptieve interpretatie overbodig.[82] Uit schilderijen van vrouwen die hun huiselijke plichten doen, brieven lezen of het hof gemaakt worden, blijkt duidelijk dat de kunstenaars hun uiterste best doen om gelaatsuitdrukking, houding en gebaar van de vrouw weer te geven met een ongedwongen helderheid die in de conventies van de classicistische of barokke schilderkunst buiten Nederland ontbreekt. Het kan zijn (maar dat denk ik niet) dat het prachtige *Vertrouwelijk onderhoud* van Brekelenkam in het Rijksmuseum (zie p. 413) vol zit met toespelingen op de 'levenstrap', de perioden in het leven van de vrouw die ook voorkomen in het frontispice van *Houwelijck*. Maar het schilderij ontleent zijn levendigheid en intimiteit eenvoudigweg aan de oprechtheid en precisie waarmee het vrouwelijke gebaar in drie variaties is uitgebeeld: kalme aandacht (in profiel), de minder beschaafde hand van de meid op haar heup en het nadrukkelijke gebaar van de oude dame – de drie verenigd in een driehoek van gekeuvel.

Er waren dus tekenen dat er een kijk op Nederlandse vrouwen bestond die niet zo sterk beïnvloed was door culturele stereotypen. De eeuwige gepreoccupeerdheid met deugd en zonde bepaalde nog steeds de onderwerpkeuze van de genreschilders, maar de schilders bepaalden zelf in hoeverre het onderwerp het meer picturale aspect overheerste. En men moet bedenken dat de afkeer van beelden in de Gereformeerde Kerk de meeste schilders ervan weerhield hun werk vol te stoppen met bewust calvinistische gevoelens. Het is gemakkelijker de katholieken, remonstranten, collegianten en dergelijke in de broederschap van de Hollandse kunstenaars aan te wijzen dan de fanatieke orthodoxen.[83]

Of afbeeldingen van Nederlandse vrouwen nu wel of niet door dit soort overwegingen werden bepaald, ze waren natuurlijk voornamelijk door mannen gemaakt. Bestond er een tegenhangster van Anna Maria van Schurman in de beeldende kunst, een authentiek vrouwelijke visie op de eigen sekse? Er waren in de Republiek natuurlijk wel vrouwelijke schilders, maar zoals er voor schrijfsters en dichteressen alleen maar mogelijkheden waren zolang ze beantwoordden aan de ideeën van mannen over wat vrouwen sierde, zo beoefende een aanzienlijk aantal succesvolle kunstenaressen de genres die het dichtst bij zuivere decoratie lagen. Het was maar een kleine stap van glas graveren en handwerken naar de schitterende bloem- en fruitstillevens waarmee Maria van Oosterwijck en Rachel Ruysch naam maakten. Maar er waren ten minste twee opvallende uitzonderingen op de regel dat vrouwen zich met ongevaarlijke zaken bezig moesten houden, de een later gevierd en de ander ten onrechte nog steeds praktisch onbekend. Lange tijd is de carrière van Judith Leyster – waarover we nog steeds weinig weten – bijna volledig onbekend gebleven. Wat wel bekend is, vormt een volslagen verrassing. Ze was de dochter van een bierbrouwer en had dus niet de mogelijkheden van de gezusters Visscher; Leyster schijnt zich op min of meer dezelfde manier als mannelijke schilders te hebben ontwikkeld, en wat indrukwekkender is, ze deed dat in het tweede of derde decennium van de zeventiende eeuw. Ze werd in 1633 toegelaten tot het Haarlemse Sint-Lucasgilde op ongeveer de gebruikelijke leeftijd (ze was begin twintig) en ze had leerlingen in haar atelier, onder wie Willem Wouters. Drie jaar later trouwde ze met de schilder Jan Miense Molenaer, en net als zijn werk wordt een deel van het hare gekenmerkt door een soort milde ironie ten aanzien van de gevaren en geneugten van het gezinsleven. Sommige van haar vrolijke studies van drinkebroers en muzikanten zijn, toen ze nog niet als schilder was geïdentificeerd, aan Frans Hals toegeschreven. De stijlen komen sterk overeen, maar meer nog dan Hals paste Leyster de caravaggistische stijl van grote, het doek vullende figuren in dramatische belichting en heroïsche houding toe op onheroïsche en anekdotische voorvallen uit het dagelijks leven. Maar was haar sekse van invloed op wat ze schilderde en hoe ze schilderde? De antwoorden op deze vraag kunnen hoogstens intrigerend en speculatief zijn. Frima Fox Hofrichter heeft overtuigend aangetoond dat haar *Het voorstel* uit 1631 afwijkt van de traditionele schilderijen in dit genre (die in het Utrechtse caravaggistische idioom ondubbelzinnig corrupt waren) doordat de vrouw van deelnemer in de samenzwering veranderde in 'verlegen slachtoffer'.[84] Leyster schilderde haar vrouw onmiskenbaar als de belichaming van de huiselijke deugden die worden bedreigd door wereldse zonde, en het heldere licht dat de kaars op haar gezicht werpt was meer dan alleen een oefening in caravaggistisch clair-obscur. Maar het meest zelfbewuste werk, waarin de vrouwelijke schilder ons uitnodigt om dat prachtige kleine wonder te aanschouwen, is haar zelfportret (zie p. 413). De ongedwongen vrolijke houding vertoont geen spoor van bescheidenheid. Integendeel, Leysters woordspeling op 'leid-ster' in haar signaturen, die namelijk voorzien zijn van een sterretje, vestigde extra aandacht op haar eigen identiteit. En de studie van de 'vrolijke violist' die voor haar op de ezel staat en de verrassende combinatie van elegante kleding en vakmanschap ademen een onschuldig en aanstekelijk soort zelfingenomenheid waarvoor de beschouwer zich, door de vrolijke toon van het stuk, wel gewonnen moet geven.

In tegenstelling tot Judith Leyster die onverschrokken verklaarde: 'Ik ben wat ik ben', is Geertruyt Roghman bijna onopgemerkt gebleven in de geschiedenis van de Nederlandse kunst. Men is er zelfs nog niet zeker van of ze de zuster, dochter of nicht van de bekendere landschapschilder Roelant Roghman was. Maar halverwege de eeuw maakte ze een serie gravures over huishoudelijk werk die ongeëvenaard zijn in de Nederlandse kunst of welke kunst dan ook van voor de negentiende eeuw (zie p. 420-421). Natuurlijk zijn ze in overeenstemming met de moraliserende conventies, want althans op sommige prenten komen de standaardmetaforen van de deugd voor: het spinnewiel voor de ijver en de herinneringen aan het *vita brevis*: schedel, boek, kaars, snuiter en klok. Maar anders dan bij de gewone genrestukken is het zware en intensieve karakter van de arbeid het overheersende element in de composities. De jongere vrouwen bejegenen de werkende oudere vrouwen met een plechtig, vanzelfsprekend respect dat verre van luchthartig is. En terwijl een moralist als Cats de prent van een vrouw, gebogen over haar pannen, waarschijnlijk net zo stichtend zou hebben gevonden als de karnton in de *Self-Stryt*, drukt juist de anonimiteit van dat brede lichaam dat we op de rug zien, iets veel ernstigers en zwaarders uit dan de taken die verricht worden om te voldoen aan de mannelijke desiderata van de deugdzame vrouw. En er is geen enkele overeenkomst met de vrolijke taken en spirituele lessen in Luikens *Leerzaam Huisraad*. Huishoudelijk werk moest de echtgenoot het gevoel geven dat er voor het comfort, de gezelligheid van zijn huis werd gezorgd, maar deze prenten geven de man een scherp gevoel van onbehagen. In dit ene geval kunnen we misschien stellen dat ze alleen door een werkende vrouw gemaakt hadden kunnen worden. Want het zijn voorstellingen die het huiselijk leven, de gedienstige therapie voor het mannelijk materialisme en schuldgevoel, de morele vanzelfsprekendheid ontnemen en demonstreren dat de verdeling van zware lichamelijke arbeid oneerlijk is.

Vrij dicht onder het schijnbaar kalme oppervlak van huiselijkheid valt misschien iets als een heroïsche trek in het leven van de Nederlandse vrouw te bespeuren. En niet alle Nederlandse mannen waren daar blind voor. De volksgeschiedenis en de vaderlandse overlevering kennen verschillende verhalen die de moed, kracht en vastberadenheid van vrouwen bezingen. Veel van die verhalen, zoals de beroemde episode van de vrouw van Hugo de Groot die hem in de uiterst toepasselijke boekenkist uit de gevangenis in slot Loevestein smokkelde, waren koren op de molen van degenen die trouw en toewijding van de vrouw boven alles stelden. Maar in andere verhalen werd de nadruk gelegd op de grote onverschrokkenheid en lichamelijke moed van vrouwen, waarbij de demonologie van het manwijf veranderde in de moed van de patriottische heldin. Zo wordt in de prent van Kenau Simonsdochter Hasselaer, die een leger van huisvrouwen aanvoert tijdens het Spaanse beleg van Haarlem, gebruik gemaakt van dezelfde indrukwekkende *batterie de cuisine* als die van de grimmige *Dulle Griet*, maar voor een uiterst loffelijk doel (zie p. 99).

Dr Van Beverwijck twijfelde niet aan de kracht van de vrouw. In zijn *Van de Wtnementheyt des Vrouwelicken Geslachts* staan verschillende voorbeelden van hun krijgshaftige heroïek – en niet alleen in Haarlem: de vrouwen van Utrecht, aangevoerd door 'Trijn van Leemput' (Catharijna Bergen), de echtgenote van een van de magistraten van de stad, die in 1577 ook een vrouwenlegioen op de been bracht om het gehate bolwerk Vredenburg te slechten, en de vrouwen van Dor-

Geertruyt Roghman, gravure, *Spinnende vrouw*, 1650-1660. Atlas van Stolk, Rotterdam

Geertruyt Roghman, gravure, *Een verstelster*, 1650-1660. Atlas van Stolk, Rotterdam

drecht die in de vijftiende eeuw de kanonnen afvuurden vanaf de stadswallen. Maar het boek is veel meer dan een opsomming van vrouwelijke heldenmoed; het is een buitengewone lofzang op alle goede eigenschappen van dat geslacht. Het was zelfs zo overdreven dat Anna Maria van Schurman, aan wie de dokter het natuurlijk wilde opgedragen, het nodig vond hem van die loftuiting te weerhouden. Kennelijk voelde ze zich enigszins verantwoordelijk voor de pijnlijke situatie omdat ze hem had aangemoedigd tot de aanstootgevende vergelijkingen. Met haar karakteristieke charme probeerde ze niet onbeleefd te lijken want 'ik bewonderde oprecht de overdadige vriendelijkheid waarmee u zo goed was niet alleen met uw elegante stijl dat te beweren, wat ik pas kort geleden aan u heb gevraagd, de pracht van geleerdheid en wijsheid voor onze sekse, maar ook onze zaak een gunst te bewijzen door ons overal met mannen te vergelijken, om niet te zeggen boven hen te stellen'.[85] Maar ze was bang, zei ze, dat ze de zaak van de dokter geen goed zou doen als ze werd opgevoerd als de belichaming van het beste van haar sekse.

Van Beverwijck negeerde Schurmans bescheiden klacht natuurlijk en het boek verscheen dan ook prompt met haar portret op het frontispice. Ondanks alle ontleningen aan en bloemlezingen uit de Schrift, de klassieken, populaire reisliteratuur en dergelijke was het werk van Van Beverwijck niet alleen bedoeld voor de geletterden. Er was een editie in octavo met eenvoudige houtsneden en één in kwarto met fraaie gravures. En Van Beverwijck zelf was een machtig en invloedrijk man, die als

Geertruyt Roghman, gravure, *Een vrouw bezig met braden*, 1650-1660. Atlas van Stolk, Rotterdam

Geertruyt Roghman, gravure, *Twee naaisters*, 1650-1660. Atlas van Stolk, Rotterdam

bron van volkswijsheden in vele opzichten Cats evenaarde. Zoals veel artsen had hij naast het gezag dat hij ontleende aan zijn beroep ook enige politieke macht. Hij was een Dordts regent, lid van de regerende kring van de 'Veertigraad' en een van de afgevaardigden van Holland in de Staten-Generaal. Zijn *Schat der Gesontheyt en Ongesontheyt* was het standaardwerk voor huisartsenij en klinische geneeskunde met morele uiteenzettingen over de lichaamssappen, de relatie tussen een 'deugdzaam' dieet, levensstijl en een lange levensduur, en gedetailleerde anatomische aanwijzingen voor de verzorging van wonden of de bestrijding van bepaalde kwalen en ziekten.

Wat hij te zeggen had over vrouwen, zou dus wel gehoor vinden, en wat hij te zeggen had was, zacht uitgedrukt, onorthodox en getuigde van onverdeeld enthousiasme. Eerst rekende hij af met het voornaamste argument waarop degenen die stelden dat vrouwen minderwaardig waren, zich altijd beriepen: dat de vrouw was geschapen uit Adams rib. Huizen, redeneerde hij, zijn gebouwd van hout en steen, maar als huis worden ze onvergelijkelijk veel groter dan hun afzonderlijke delen, of zelfs de som daarvan. Zo bestond de vrouw niet louter uit vlees, maar had ze ook een ziel gekregen, die haar in ieder opzicht tot de gelijke van de man maakte.[86] Hij haalde historische en eigentijdse voorbeelden aan om te bewijzen dat vrouwen even geleerd konden zijn als mannen (Sappho en de 'Hollandse Sappho', Anna Visscher) en bovendien heel wat trouwer en standvastiger waren. Hoewel Van Beverwijck de huisvrouw niet minder hoog prees dan wie ook, ontkende hij dat het huisvrouwschap de enige passende bezigheid was voor vrouwen. 'Ende soo yemant mochte seggen, dat de Vrouwen pas tot de Huyshoudinge bequaem zijn, ende niet verder daer op antwoorde ick, datter by ons vele Vrouwen sonder haer huys te vergeten, neringhe, ende koopmanschap doen ende andere oock haer in konsten ende wetenschappen oeffenen. Laet maer de Oeffeninge komen by het verstant der Vrouwen, sy sullen tot alle dingen bequaem wesen.'[87] En degenen die betoogden dat vrouwen lichamelijk ongeschikt waren voor wereldse zaken, antwoordde hij, in Montaignes sceptisch relativerende stijl, met een citaat van Herodotus waaruit bleek dat er in de geschiedenis van Egypte perioden waren geweest waarin de vrouw verantwoordelijk was voor handelszaken terwijl de man thuis zat te spinnen. 'De Mans dragen de packen op haer hooft, de Vrouwen op haer schouderen,' en als doorslaggevend argument: 'De Mans maken al sittende haer water, de Vrouwen al staende... Waer uyt blijckt, dat niet de Nature, maar de Gewoonte, de Vrouwen af-hout, om yet wel uyt te voeren.'

Ongetwijfeld was de vrouw, zo schreef Van Beverwijck, van de twee geslachten het vroomst en waardigst, het zedigst en eerzaamst. Maar, zo voegde hij eraan toe, uit zijn ervaring als arts wist hij dat vrouwen ook meer pijn konden verdragen, waarvan de grootst denkbare pijn die van de bevalling was. En bij al dat lijden waren de spontane liefde en toewijding van een moeder voor een kind bijna wonderbaarlijk, wat kennelijk elke herinnering aan de kwellingen van de bevalling uitwiste. En de natuurlijke genegenheid tussen moeder en kind was fysiologisch bewezen, meende hij, door het feit dat zuigelingen bij dieren onder de buik van de moeder hangen, terwijl een vrouw haar kind hoog aan de borst zoogt, zodat ze de baby kan knuffelen en zoenen.[88]

Hoe invloedrijk en gerespecteerd Van Beverwijck ook geweest mag zijn, het zou onzin zijn te beweren dat zijn feminisme kenmerkend was voor zelfs verlichte opvattingen van zijn tijd. Het opvallende van zijn boek was dat hij speelde met de gedachte van rolwisseling, wat indruiste tegen de humanistische én de calvinistische orthodoxie. Toch waren er elementen in zijn betoog die in de context van het huwelijk voor het traditionele denken volstrekt aanvaardbaar waren. In het nogal hypocriete handboekje *Deughdelijcke Vrou* bijvoorbeeld stemde hij ermee in dat vrouwen moesten worden gestimuleerd om te lezen en te leren, maar met het uiteindelijke doel goede vrouwen en moeders van hen te maken.[89] Niet alle boeken, 'maar alleen goede boeken' (boeken die godvrezende deugd zouden bevorderen) mochten worden toegestaan en alle curiositeiten moesten zorgvuldig worden vermeden. De bedoeling van lezen was de vergroting van het morele bewustzijn van de vrouw, want juist onder de meest onwetende vrouwen leek het schaamtegevoel het minst ontwikkeld.

Ergens tussen de twee uitersten van Van Beverwijcks enthousiaste feminisme en de strenge doctrines van de calvinistische leer ontstond een soort 'burgerlijke' consensus over het huwelijk en de relatie tussen de geslachten. In dit boek heb ik geprobeerd te laten zien hoe de culturele normen die de hele Nederlandse samenleving als uitgangspunt nam, voortkwamen uit de confrontatie van schijnbaar onverenigbare geboden. De twee soorten principes – de humanistische en de calvinistische, de kerkelijke en de wereldlijke – bleven theoretisch gescheiden en onaangetast. Maar onvermijdelijk ontstond een compromis tussen morele geboden en sociale verplichtingen, wat een veel flexibeler code voor het dagelijks leven tot gevolg had. Een Nederlandse burger mocht niet goddeloos of hulpeloos zijn. Zo werd het gebod om nuchter te zijn verzacht door de fortuinen die in de wijnhandel te verdienen waren. Maar het dilemma werd opgelost met feesten die toegestaan waren omdat ze het vaderland of de gemeenschap dienden (zie hoofdstuk III). Geld verdienen, waaraan de Calvinistische Kerk zo'n hekel had, werd acceptabel door een onderscheid te maken tussen fatsoenlijke en onfatsoenlijke manieren om rijk te worden, en door rijkdom te zien als rentmeesterschap. Rijk zijn betekende tonen dat je graag je rijkdom wilde weggeven (zie hoofdstuk V). Zo werd ook het idee dat de man heerste over zijn vrouw en huis, en dat huis en wereld strikt gescheiden waren, genuanceerd door het inzicht dat een sterke huishouding een sterke meesteres vereiste en niet gediend was met patriarchale dwingelandij. Het slaan van vrouwen werd, tot grote verwondering van sommige buitenlandse bezoekers, afgekeurd en er zijn talloze commentatoren die zich ertegen hebben verzet. Aglionby ontdekte op zijn reis dat de buurt daar zo haar eigen maatregelen tegen had: notoire vrouwenmishandelaars werd een boete (in natura, bijvoorbeeld een ham) opgelegd (en vrouwen die hun man afrosten een dubbele boete!).[90] De definitie van slaan als een ordeverstoring was slechts één voorbeeld van het feit dat de Kerk, nu ze het huwelijk niet meer als een sacrament beschouwde, haar autoriteit op dit gebied had overgedragen aan het wereldlijk gezag (maar de kerkeraden behielden het recht toezicht te houden en vermaningen uit te spreken).

De Kerk zelf was in feite minder fanatiek op het punt van ondergeschiktheid van de vrouw dan sommige van haar puriteinse tegenhangsters in Engeland.[91] Naast de voortplanting en voorkoming van ontucht was er voor de Kerk nog een derde reden voor het instituut huwelijk, namelijk 'gemeenschap' (kameraadschap). De Amsterdamse predikant Petrus Wittewrongel, wiens *Oeconomia Christiana* een standaardvoorbeeld is van de calvinistische leer over het huwelijk, was heel duidelijk over dit onderwerp. Met een beroep op Genesis 2:18 concludeerde de predikant dat God de vrouw speciaal gemaakt had als hulp van de man en dat 'gelijck een hooft niet wel en kan zijn sonder het lichaem, soo mede niet een Bruydegom sonder Bruydt'. Ze zouden net als Ruth en Boaz bij elkaar moeten blijven en nooit mogen scheiden. Wittewrongel legde grote nadruk op het vertrek uit het ouderlijk huis en het opzetten van een nieuw echtelijk huis als een wezenlijk element van een nieuw gedeeld leven.[92] Cats, met zijn ontwapenende neiging ieder abstract idee (hoe eenvoudig ook) om te zetten in een huiselijk, tastbaar beeld, zei hetzelfde toen hij een echtgenoot en echtgenote vergeleek met twee molenstenen die noodzakelijkerwijs samen moesten malen om hun doel in het leven te vervullen.[93] Het huwelijk was:

Gemeenschap in de sorg, gemeenschap in de lust,
Gemeenschap in 't gewoel, gemeenschap in de rust,
Gemeenschap in verlies, gemeenschap in het winnen,
Gemeenschap in het lijf, gemeenschap in de sinnen,
Gemeenschap in vermaek, gemeenschap in den druk,
Gemeenschap in 't gevaer gemeenschap in 't geluk.[94]

De kern van de huwelijksband was genegenheid, tedere gevoelens, liefde. De humanisten dachten er al lang zo over. Hugo de Groot stelde dat *non enim coitus matrimonium facit sed maritalis affectio* (het huwelijk bestaat niet alleen door de coïtus maar ook door echtelijke genegenheid).[95] Het calvinisme leerde, althans in Nederland, dat liefde in het geheel niet ondergeschikt was aan gehoorzaamheid, maar verheerlijkte haar juist als het onmisbare kenmerk van een godvruchtige echtvereniging. Wittewrongel stelde '...dat Man ende Vrouwe moeten door een seer teere Houwelicks-liefde, aen malkanderen verbonden ende verknocht worden, sy moeten tot ontsteeckinge der liefde in alle minnelickheydt ende vriendlickheydt met malkanderen leven'; de conjugale liefde moet onderlinge het herte verwarmen'.[96] Deze band moest zowel hart als lichaam verenigen, want trouw in genegenheid garandeerde waarachtige zuiverheid in de echtelijke woning. De frontispicegravure van een representatieve huwelijkshandleiding voor pasgehuwden toonde dan ook een bruid en bruidegom die brandende harten uitwisselen.[97] De ware toetssteen van hun liefde was dat ze niemands gezelschap meer op prijs stelden dan dat van hun partner. En veel buitenlandse bezoekers waren met verbazing en gêne getuige van de uiterlijke tekenen van huwelijkse vriendschap. De la Barre de Beaumarchais dineerde bij een burgemeester van Alkmaar die zijn vrouw zelfs complimenteerde over de maaltijd, waarop zij antwoordde met een kus. Voor deze mensen was het huwelijk, zo concludeerde de Fransman, 'even bekoorlijk als heilig'.[98]

Echte en duurzame gevoelens moesten wederzijds zijn. Werd de echtgenoot misschien vaak vergeleken met een koning in zijn kleine koninkrijk, een deel van de soevereiniteit over het huis kwam ook zijn vrouw toe. Een trouwliedje in een van de bundels met volksliedjes, *Het Klein Hollands Goud-Vinkje*, bezong 'een Huisvoogd met zijn huis vriendin/verbeelden te gelyk/Een Koning en een Koningin/ Hun huis versterkt een rijk'. En de kinderen zijn hun gelukkige onderdanen.[99] In een ander liedje werd de vrouw vergeleken met een onderkoning, belast met de huiselijke aangelegenheden, zodat de man zich om zijn zaken kon bekommeren. Het werk van de een moest dat van de ander aanvullen, 'de Man moet het winnen en maaken dat niemand gebrek heeft; en de Vrouw moet het uitgeven na haar goedvinden'.[100] Het gezag van de echtgenoot werd gesymboliseerd door zijn taak als bewaker: 's avonds alles afsluiten, zorgen voor wapens tegen indringers, een lantaarn klaarzetten voor het geval er 's nachts iets gebeurde en de deuren en ramen controleren als er storm op komst was. De vrouw daarentegen was de bewindvoerder die toezicht had op de bedienden, het wekelijkse kook-, schoonmaak- en inkoopschema opstelde en uitvoerde, meubels en keukengerei controleerde en zonodig verving, zorgde dat de kinderen goed en netjes gekleed waren, erop lette dat er een behoorlijke voorraad medicijnen, kruiden en geneeskrachtige planten in huis was voor allerlei medische problemen, vooral die van de kinderen, voorbereidingen trof voor de feestdagen van het hele jaar met het bijbehorende eten en bier, en ook nog de planten en bollen verzorgde als het huis een moes- of bloementuin had.[101]

Alsof dit nog niet genoeg was, fungeerde de echtgenote ook nog als particulier adviseur: zij was het aan wie de echtgenoot onmiddellijk raad en hulp moest vragen in alle belangrijke kwesties, binnenshuis of buitenshuis. Deze wederzijdse verplichtingen werden gesymboliseerd in het oude verlovingsgebruik van het uitwisselen van medaillons, penningen, of lepels, vaak gegraveerd met het symbool van de wederzijdse liefdesband. De vrouw moest weliswaar gehoorzaam zijn, maar niet onvoorwaardelijk. 'Maar is de Man het Hoofd, dan is de Vrouw de Hals, die het Hoofd weet te draaijen,' was de ietwat sombere vaststelling in een boek.[102] Maar die nek hoefde niet gebogen te worden in deemoedige onderdanigheid. Gewelddadig, dronken of anderszins onbetamelijk gedrag van de echtgenoot moest de trouwe echtgenote liefdevol corrigeren met vrome voorbeelden en respectvolle berispingen. Vrouwen die het ongeluk hadden pas na de bruiloft te ontdekken dat hun bruidegom bezoedeld was met de smet van zondigheid, werden getroost met de gemeenplaats dat menige zondaar die zijn leven aan 'wijntje en trijntje' had vergooid, na zijn bruiloft door de trouw en liefde van een goede vrouw was bekeerd.[103] Dat zij boog voor zijn wil moest dus niet worden gezien als onderwerping maar als eervolle plicht, met als doel het huis tot een aangenamere plaats te maken dan de kroeg of het bordeel. Als de vrouw zorgde voor een welvoorziene dis, zelfs als de man onaangekondigd gasten meebracht, en voor een schoon huishouden en geborgenheid, zou zelfs de meest verstokte zondaar zich laten vermurwen door deze overvolle beker van echtelijk geluk. Als de boosdoener ondanks dit alles doof bleef voor de smeekbeden van zijn vrouw en werkelijk onverbeterlijk was, konden zijn fouten onder de aandacht van de kerkeraad of de magistraat of beide worden gebracht. En het was niet ongebruikelijk dat een wanhopige vrouw de problemen met haar man aan de kerkeraad voorlegde in de hoop dat hij zijn levenswandel zou beteren voordat hun huisgezin te gronde ging. Onder normale omstandigheden was het de plicht van de vrouw respect en beleefdheid te tonen, altijd 'met zagtmoedigheid en vriendlijkheid' tegen haar man te spreken en zich te onthouden van woede of bitterheid. Maar een vrouw hoefde zich nooit door haar man te laten tiranniseren. 'Men hoeft (God sy gelooft) in onse Nederlanden,' schreef Cats, 'geen boeyen voor de vrou, geen slavelicke banden, geen kluysters aen het been.'[104]

Niemand betwijfelde dat echtelijke liefde ook lichamelijke tederheid inhield. Maar de schrijvers waren het niet helemaal eens over de gevaren en geneugten des vlezes, zelfs die in het echtelijk bed. De strengere calvinisten dachten dat het mogelijk was het bed te bezoedelen met uitspattingen des vlezes en spraken een scherp

'Het Houwlicks bedt zy onbesmet' uit Johan de Brune, *Emblemata ofte Sinnewerck*, Amsterdam, 1624. Houghton Library, Harvard University

oordeel uit over onnatuurlijk geachte huwelijken. Ze meenden zelfs dat er al sprake kon zijn van overspel bij zondige gedachten of onorthodoxe standen. Zo was copulatie van achteren verwerpelijk omdat dieren op die manier paarden. Eén boek, waarin die mening werd verkondigd, bevatte niettemin de wulpse informatie dat de Hoer van Cyrene twaalf standen opsomde die de duur van het genot konden verlengen.[105] Maar de orthodoxe echtelijke seksualiteit werd als 'kuis' beschouwd, als een soort verlengde maagdelijkheid. 'Het houwlicks bedt en is geen goot' van vuyle lusten,' waarschuwde Johan de Brune, 'maer daer, die 't wel gebruyckt, elck een in maeghdom blijft.'[106] Het werd zonder meer erkend dat seksualiteit of 'vleeschelijke conversatie', zoals het eufemistisch luidde, niet alleen diende voor de voortplanting maar ook voor de lichamelijke uitdrukking van echtelijke liefde (en om ontucht te voorkomen). Later werd het zelfs een redelijke grond voor 'scheiding van tafel en bed' als een van beide partners te kort schoot bij de consummatie van het huwelijk. Van Beverwijck stemde daar natuurlijk van harte mee in en noemde een 'zekere dokter' wiens eigen vrouw hem gevraagd had of het beter was 's morgens of 's avonds met elkaar naar bed te gaan. (In een verhandeling had Van Beverwijck zich zorgelijk afgevraagd welke gevolgen inspannende activiteiten voor de spijsvertering hadden.) Hij antwoordde dat het in de voormiddag weliswaar gezonder, maar in de namiddag leuker was, dus waarom niet 's morgens voor de gezondheid en 's avonds voor de lol?[107] Het kon natuurlijk overdreven worden. Het buitengewoon openhartige handboek over de seksualiteit *Venus Minsieke Gasthuis*, een Nederlandse versie van het *Tableau de l'Amour Considéré dans l'Estat de Mariage* door de arts Nicolas Venette, dat werd gepubliceerd in 1687 en tegen 1715 al zes maal herdrukt was, waarschuwde dat vier of vijf zaadlozingen per nacht voor de gezondheid en de produktie van vruchtbaar zaad het maximum was.[108] Alleen al het bestaan van dit boek in een betrekkelijk goedkope, geïllustreerde kwarto-editie, met zijn gids voor gezonde seksualiteit, genot en de voorkoming van ziekte, is een treffend bewijs dat het lezende publiek kennis kon nemen van de voortplantingsbiologie – natuurlijk binnen de traditionele grenzen van de zeventiende eeuw. In de galenisch-aristotelische traditie heette het dat zowel mannen als vrouwen 'ballekens' hadden: de mannelijke testikels werden keurig vergeleken met granaatappels, vol zaad, en de eierstokken waren de vrouwelijke pendanten. Maar de uitwendige anatomie werd in ieder geval wel objectief beschreven en men was er kennelijk van op de hoogte dat de clitoris een genotsorgaan was. De schrijver kwam met de sensationele bewering dat hij had gehoord over een achtjarig meisje met een clitoris zo groot als 'een halve pink'.[109]

De meeste moderne gezinshistorici postuleren een evolutie van een 'patriarchale' naar een 'kameraadschappelijke' huwelijksvorm en proberen de geschiedenis van de beleving langs deze lijn tussen dat uitgangspunt en de uiteindelijke bestemming te traceren.[110] In dit licht gezien lijken de zeventiende-eeuwse Nederlanders ware pioniers van het vriendschappelijke, liefdevolle huwelijk te zijn geweest. Maar misschien zijn deze categorieën wel te beperkt om ruimte te laten voor de complexe combinatie van zowel 'patriarchale' als 'kameraadschappelijke' gevoelens. Nederlandse schrijvers – en ook de vroegere humanistische hervormers en protestantse moralisten voor hen in het zestiende-eeuwse Noord-Europa – hadden er uitdrukkelijk op gewezen dat aan de echtgenoot als heer des huizes alleen eerbied was verschuldigd, als hij van zijn kant de bestiering van het huishouden aan zijn vrouw overliet en elk gedrag dat het huis en het gezin kon schaden, vermeed. Kortom, het huwelijk was al een echt partnerschap geworden.

Misschien was het niet zo uitzonderlijk dat de Nederlandse burgerij het huwelijk op deze manier zag, maar de Nederlanders waren wel de eersten die er uitdrukking aan gaven in hun prenten en schilderijen. Zoals op zoveel andere gebieden van maatschappelijke activiteit biedt het beeldmateriaal een sprekender bewijs van een nieuwe informele tederheid en wederzijdse vriendschap dan de literatuur. Er waren natuurlijk al voor de zeventiende eeuw huwelijksportretten gemaakt, maar in Noord-Frankrijk en Vlaanderen werd het pendant-donorportret binnen één lijst vervangen door dit genre. Vanaf het beroemde *Arnolfini*-portret van Van Eyck en gedurende de hele zestiende eeuw bevatten dergelijke portretten een schat aan symbolische toespelingen op specifiek christelijke huwelijksplichten, conform de katholieke leer dat het huwelijk een heilig sacrament is. Zelfs toen de Reformatie daar een eind aan had gemaakt, behielden dubbelportretten de symboliek, ontdaan van de specifiek sacramentele associaties. Handschoenen, ringen en bij de steel vastgehouden druiventrossen werden het symbool van huwelijkstrouw en standvastigheid[111] en verhuisden van emblematische frontispices, zoals Van de Venne's druiven in *Houwelijck*, naar de rekwisietenkast van dubbelportretten. Tot vroeg in de zeven-

Huisvrouwen en hoeren: huiselijkheid en wereldsheid

Frans Hals, *Isabella Coymans*. Particuliere verzameling, Parijs. Foto: J. Willemin
Frans Hals, *Stephanus Geraerdt*. Koninklijk Museum voor Schone Kunsten, Antwerpen

tiende eeuw werden de geportretteerden nog weergegeven in plechtstatige houdingen. Want, zoals David Smith heeft opgemerkt, bij gebrek aan een duidelijk model voor wereldse huwelijksposes werden de formele gebaren en houdingen van de Italiaanse hofportretten overgenomen voor burgerlijke opdrachten.[112] Als gevolg daarvan hebben veel werken uit het eind van de zestiende eeuw en het begin van de zeventiende eeuw een plechtig en formeel karakter. Dergelijke zelfbeelden tonen eerder de rituele kant van het huwelijk dan de intimiteit ervan: het zijn meer dynastieke voorstellingen dan huiselijke herinneringen.

Tegen het midden van de zeventiende eeuw was dit alles drastisch veranderd. Al in de jaren dertig experimenteerden Rembrandt en Frans Hals met dynamischer en ongedwongener poses. Anekdotische elementen slopen het dubbelportret binnen, vooruitlopend op de echte conversatiestukken die aan het eind van de zeventiende en in de achttiende eeuw het waarmerk van het 'kameraadschappelijke' huwelijksportret zouden worden. Echtgenoten werden afgebeeld terwijl ze in hun werk werden gestoord, nu eens voorzichtig, dan weer speelser, zoals bij Jan de Brays glimlachende Margarieta van Bancken die de uitgever Abraham Casteleyn lokt (zie p. 414).[113] De sfeerverandering voltrok zich heel geleidelijk. Veel dubbelportretten, vooral die van de top van de elite, behielden de vormelijkheid van de vroegere stijl. En de zinnebeelden van echtelijke toewijding bleven ook behouden in de informelere composities. Soms ging de ene stijl ongemerkt in de andere over. Frans Hals' beroemde dubbelportret van Isaac Massa en Beatrix van der Laen toont het paar in een informele pose tegen de achtergrond van een park, dat bij nadere bestudering een renaissancistische liefdestuin compleet met fontein blijkt te zijn (zie p. 414).[114] Andere emblematische motieven – klimop en distel – zijn toespelingen op de juiste rolverdeling in het huwelijk. Het schijnbaar terloopse, liefdevolle gebaar van de vrouw die haar arm op de schouder van haar man legt, is in feite een bewuste herhaling van de symbolische wijnrank rond de sterke boom. Ondanks alle formele, symbolische visuele verwijzingen blijven de liefde en vreugde van de echtelijke kameraadschap het opvallendste element in dit schilderij. De warmte en spontaniteit van het paar lijken eerder versterkt dan verzwakt door de fysieke uitdrukking die de schilder aan de huwelijksidylle geeft. En terwijl steeds vrijer werd weergegeven hoe man en vrouw elkaars rechterhand vasthielden – strelend, met verstrengelde vingers, of de ene hand beschermend op de andere – maakte de symboliek plaats voor de subtiele toespelingen van de lichaamstaal. (Buitenlanders signaleerden het stuitende schouwspel van paren die, hoewel ze uit een fatsoenlijk milieu afkomstig leken, elkaar streelden of hand in hand liepen.) Het duurde niet lang of er waren talrijke en complexe manieren om liefhebbende kameraadschap uit te drukken. Paren poseerden in *portraits historiés* als bijbelse echtparen – Izaäk en Rebekka waren favoriet – of als figuren uit de klassieke oudheid. Maar het frappante van die verandering is dat door de informaliteit het onderscheid tussen de rollen van de beide partners als vanzelf vervaagde. En langzamerhand drong de tedere, kameraadschappelijke stijl zelfs door tot de oudere traditie van de pendantportretten. Zo hadden Frans Hals noch, vermoedelijk, Stephanus Geraerdt en Isabella Coymans er tegen de tijd dat hij hen schilderde bezwaar tegen dat de figuren in halfprofiel werden weergegeven, zodat ze elkaar aankeken (zie p. 428 en 429). Ze hebben geen uitdrukking van plechtige ernst op hun gezicht maar verlustigen zich met welbehagen in elkaars aanblik. Dat is zeker een nieuw moment in de geschiedenis van het Europese huwelijk, deze neiging om de lof te zingen van de warmte van echtelijke vriendschap.

3 VERLEIDINGEN EN VERSCHRIKKINGEN

Naar de Nederlandse kunst te oordelen waren er geen rimpels als de Nederlandse rimpels. Nooit eerder hadden schilders met zo veel scrupuleuze aandacht gekeken naar de geplooide en gelooide gezichten van oude vrouwen. Noch hadden graveurs ooit met de burijn in platen gekrast om de groeven en plooien, de putjes en vouwen van de vrouwelijke gelaatstrekken te tekenen. Meedogenloos markeren kraaiepoten de jukbeenderen, doorklieven fronsen het voorhoofd, plooit en trekt de huid over de ingevallen kaken. Hun kunst was een verkenning van de geografie van het oude gezicht, maar zoals gewoonlijk in de Nederlandse cultuur was het een morele topografie. Want vooral de genreschilderkunst toonde rimpels van zonde en van deugd. Oude vrouwen zijn niet langer alleen maar *exempla* van de vergankelijkheid van ijdele schoonheid, zoals in *Col Tempo* van Giorgione, of voorbeelden van hoe dicht chic en lelijkheid bij elkaar liggen, zoals in de groteske figuren van Leonardo da Vinci en Quintijn Metsys. In plaats daarvan gingen ze een rol spelen in de sterke Nederlandse obsessie met lust en vuil. *Goore Besje* van Frans van Mieris is verachtelijk, want nu ze haar eer heeft verloren, gooit ze haar eigen vuil op 'eerb're hoofden'. Maar haar laagheid staat duidelijk in haar 'rimp'lend vel' geschreven (zie p. 432).

Twee soorten oude vrouwen kwamen het meest voor in genrestukken: de eenzame oude vrouw die dankt voor een eenvoudige maaltijd, en de liederlijke koppelaarster (zie p. 447) die een seksuele transactie sluit. Ze symboliseren natuurlijk het vrome en het zondige leven, maar ze belichamen ook tegengestelde normen van vleselijke lust. De oude vrouw van Nicolaes Maes wacht, net als alle anderen van haar type, deugdzaam op de dood, ontdaan van de bedrieglijke dwaasheid der dingen (zie p. 432). Haar maaltijd is karig, het sobere en heilige voedsel van haring en brood. En deze douairières zijn arm. Evenals het voedsel of de last van hun eigen zinnelijke leven is het geld hun gelukkig ontvallen. Ze zijn klaar voor het leven van de geest.

De koppelaarster wordt soms weergegeven als een verdorde en verschrompelde vrouw, maar dan wel in het kwaadaardige verval (en niet het deugdzame uitdoven) van haar lust. En terwijl de oude deugdzame vrouw de materie uit haar leven bant,

Hendrik Bary naar Frans van Mieris de Oude, *Goore Besje*, gravure. Atlas van Stolk, Rotterdam

Nicolaes Maes, *Oude vrouw in gebed* (*Gebed zonder einde*). Rijksmuseum, Amsterdam

vergaart de oude feeks (als type nauw verwant aan de gierigaard) die juist. In het Oudnederlandse idioom zijn slechte vrouwen zowel onverzadigbaar als gierig. Als hun eigen sensuele begeerte eenmaal is gedoofd, verlegt hun drift zich van de lust naar de handel, van seks naar geld. Het schilderij van de Vlaming Pieter Huys (zie p. 447) is slechts een van de voorbeelden uit het einde van de zestiende eeuw waarop Ira (toorn) staat afgebeeld met het embleem van zowel hebzucht als seksuele lust (de open kruik), die samenvallen in de wijd open succubusmond. De bordeelhoudster van Hendrick Pot, die toekijkt hoe haar hoeren met soldaten flirten, stopt haar pijp – het gebruikelijke obscene gebaar voor copulatie – terwijl haar hond de vuile vingers van een onderuitgezakte klant likt. In andere bordeeltaferelen stelen en roven de hoeren of hun bordeelhoudsters (zoals de Dulle Griet): neemsters vermomd als geefsters.

Deze tegenpolen kregen in de Nederlandse kunst een vaste gedaante in de tegengestelde typen van oude vrouwen. Jonge vrouwen zijn daarentegen niet zo duidelijk geclassificeerd. Er zijn natuurlijk voorbeelden waarbij het werk dat ze doen – aan het spinnewiel of met klos en kant – staat voor hun huiselijke deugdzaamheid. En er zijn voorbeelden waarbij het decolleté, het gebaar met een wijnglas dat onder aan de

Hendrick Pot, *Bordeelscène*. National Gallery, Londen

steel wordt vastgehouden, de hoofdtooi met veren of de zichtbare rode kous, het tegendeel aanduiden. Maar er zijn ook zeer veel voorbeelden van jonge vrouwen in genrestukken – vooral die waarbij de kleding een hoge sociale status verraadt – die behoren tot een veel ongrijpbaarder en dubbelzinniger domein: dat van de verleiding. Metsu, Ter Borch, De Hooch, Maes, Netscher en Dou drongen allen door tot de schemerzone tussen onschuld en wereldwijsheid. Het is een rijk waarin de zekerheid van de tegenstelling tussen reinheid en bezoedeling niet meer bestaat, waarin de eerste indiscretie wordt gewaagd, de eerste zwakheid beproefd. In de salons van de verleiding kijkt men in spiegels, leest men dromerig in brieven, glanst het fruit verleidelijk, bekoort de muziek en noden roemers om tot de rand toe gevuld te worden. Vrijages, bedekte toespelingen en dubbelzinnigheid zijn er in overvloed en de geboden kansen breken het harde licht van de moraal.

Het verschil tussen openlijke en verhulde erotiek wordt duidelijk uit de toon en behandeling van het onderwerp in Steens zogenaamde '*La Ribaude*' (Bordeelscène; zie p. 448) in Saint-Omer en in Ter Borchs *De galante krijgsman* (zie p. 449) in het Louvre.[115] Een opvallend element in beide schilderijen zijn de munten in de palm van een hand, maar bij Steen zijn ze een eis van de vrouw en bij Ter Borch een bod van de man. De aanwezigheid van de grijnzende hoerenwaardin bij Steen laat niets aan de verbeelding over, getuige het uitpuilende lijfje van het meisje dat met gespreide, blote benen op bed zit. Hoewel op het schilderij van Ter Borch de gebruike-

Embleem uit Jacob Cats, *Spiegel van den Ouden en den Nieuwen Tyd*, Rotterdam, 1627. Houghton Library, Harvard University

Embleem uit Jacob Cats, *Spiegel van den Ouden en den Nieuwen Tyd*, Rotterdam, 1627. Houghton Library, Harvard University

lijke erotische toespelingen niet ontbreken – de schaal oesters, het rijpe fruit en de lege bokaal die gevuld moet worden – is veel minder duidelijk waar de handeling op uitdraait. De knie van de soldaat raakt de satijnen jurk van het meisje, wat contrasteert met het lichtzinniger contact in de bordeelscène van Steen. Haar ogen zijn gericht op de munten maar er is verontwaardiging noch hebzucht in te lezen; Steens meisje kijkt met een blik van verstandhouding naar de beschouwer. In het ene schilderij is het een uitgemaakte zaak, die alleen nog zijn beslag moet krijgen, in het andere blijft het onduidelijk. Daar worden de twee figuren eerder gescheiden dan verenigd door het hemelbed. In de wereld van Steen is er keuze maar geen tweestrijd. In die van Ter Borch is de zinnelijkheid van de uiterlijke wereld – van stof, fruit en vlees – in conflict met de bespiegeling van de innerlijke wereld.

Voor de Nederlandse moralisten waren jonge vrouwen een gemakkelijke prooi van de duivel. Door hun bekoorlijkheid, zwakheid en vurige driften stonden ze dagelijks bloot aan beproevingen. Op den duur zou het huwelijk wel een veilige haven bieden, maar in het Amsterdam van de zeventiende eeuw was de gemiddelde leeftijd waarop vrouwen voor het eerst trouwden vierentwintig tot achtentwintig jaar (hoewel in het begin van de eeuw de helft van alle bruiden tussen de twintig en de vierentwintig was) en vermoedelijk was de leeftijd waarop ze seksueel volwassen werden geacht achttien.[116] Voordat de maagd de veilige haven van het echtelijk geluk bereikte, was er dus een lange periode van groot gevaar. Alle moralistische schrijvers erkenden hoe moeilijk het was om een goed huwelijk te sluiten, maar hun royaal verstrekte, zij het tegenstrijdige adviezen konden een bezorgde ouder niet geruststellen. Enerzijds, zo meende Cats, was het van wezenlijk belang om niet met de eerste de beste huwelijkskandidaat te trouwen (snel getrouwd, lang berouwd), of om te denken dat kalverliefde echte liefde was. Anderzijds was, zoals hij het plastisch uitdrukte, een huwbare maagd als een kastanje in het vuur – op het punt te exploderen als ze niet werd afgekoeld – want het huwelijk werd steeds beschreven als koel water dat over de gloeiende hitte van de lust werd gegoten. In een ongelukkiger beeldspraak vergeleek Cats de vleselijke drift met 'de groote Zee-lamprey' die in water brandt.[117] Misschien wilde hij de associatie met grote hitte van de uitdrukking 'het ijzer smeden als het heet is' vermijden, maar zijn beeld voor slagvaardig optreden als de ware Jakob zich aandiende, was een andere zilte metafoor: die van een meeuw die de golven afspeurt op de volmaakte vis.[118]

Voor de maagd zelf waren er vermaningen bij de vleet, veelal met een trieste ondertoon. Pas op voor de ijdele geneugten van de jeugd, vermaande het ene embleem, want ze zijn als de ruikers aan de feestos: achter de bloemenkransen en de trommels wacht de grimmige afrekening met het slagersmes. Wees niet ijdel in uw schoonheid, want ze is een vluchtig, zomers ding, als de blaadjes van de roos:

> Sie vrysters, met den snellen tijt,
> Die staegh en ongevoelick glijt,
> Soo worden blonde vlechten grys,
> Soo worden blyde sinnen vys,
> Soo worden roode lippen blaeu,
> Soo worden schoone wangen graeu,
> Soo worden rappe beenen stram,
> Soo worden vlugge voeten tam,
> Soo worden vette leden schrael,
> Daer leyt de schoonheyt t'eenemael.
> Daer komt de rimpel in het vel,
> Ach wegh is dan het minne-spel.[119]

Met deze deprimerende waarheden in het achterhoofd moest het meisje zoeken naar de duurzame deugden in haar aanstaande, en niet naar onbestendige hartstocht. Liefde kon zijn als het web van de spin, vlieg er dus niet overhaast in, als je er weer uit wilt komen. En bovenal: houd je verre van alles wat gewaagd is, zoals een lage halslijn, modieuze kleding of vrijmoedige liefkozingen. Ook charmante attenties en vleiende sonnetten moesten met de grootst mogelijke omzichtigheid tegemoet worden getreden ('Met soet te spreken is 't hart te breken'). *Maeghde-Plicht* bevatte het stichtende verhaal van de smidsdochter die zich liet meeslepen door de mooie woorden en hartstocht van een jonge student: 'Hy komt er by des avonds laet/wanneer se voor de deur staat/Hy jockt en speelt al wat te vry/Hy blijft er gansche nachten by.'[120] Zelfs als de jongeman zo hartstochtelijk en tragisch leek dat zijn hart zou breken, was het voor een maagd die haar kostbaarste schat wilde bewaren van het grootste belang hem op een afstand te houden.

Een meisje dat was voorbestemd voor een goed huwelijk, kon beter niet alleen door de stad lopen, opdat het vuil van de wereld haar goede naam niet zou bezoedelen. Een van de zieligste sletten die Cats ten voorbeeld stelde, was de 'Franse vryster' die haar bevuilde rok en aangetaste eer betreurt (zie p. 434). De negentiende-eeuwse moralist en rijmelaar Robert Fairlie (natuurlijk een groot bewonderaar van Cats) gaf haar monoloog een echte preektoon:

> *Wat heb ik mijn jurk beklad*
> *Met dit stappen door de stad,*
> *Hoe vuil zijn toch mijn rokken*
> *Van het door de vieze stegen sjokken.*
> *Kom hier, meisjes, allen die ik ken,*
> *Mijn makkers, geef me raad en*
> *Toon me hoe ik de smetten wis,*
> *Opdat mijn jurk weer zuiver is,*
> *Want waar ik ook zal gaan,*
> *De mensen staren me zo aan*
> *En denken misschien: ze is niet rein,*
> *Ik ben niet wat ik hoor te zijn.*[121]

In hoeverre hielden jonge Nederlandse mannen en vrouwen zich aan deze troosteloze beperkingen? De weinige gegevens lijken erop te duiden dat het aantal onwettige kinderen in het zeventiende-eeuwse Nederland zeer klein was. In Rotterdam en Maassluis was omstreeks 1700 minder dan één procent van de gedoopte kinderen onwettig. En zelfs toen dat percentage steeg, gelijk opgaand met het algemene Europese percentage bastaardkinderen, bereikte het amper de drie procent in de jaren 1770-1780 en zes procent in de economisch slechte jaren 1790-1800.[122] Deze cijfers zeggen natuurlijk niet veel over het totale aantal bastaardkinderen, het betreft alleen een percentage van de gedoopte kinderen. En als we uitgaan van voorechtelijke bevruchtingen – kinderen die minder dan zeven maanden na het huwelijk werden geboren – ontstaat een heel ander beeld. In de Gelderse gemeente Duiven, bijvoorbeeld, is er in 14,3 procent van alle huwelijken tussen 1666 en 1730 sprake van 'vroege' geboorten; in Maasland (Zuid-Holland) stijgt het percentage in de latere periode van 1730 tot 1795 tot 19,8 procent. Er kunnen dus meer 'vuile bruiden' zijn geweest, ook in de 'betere' kringen, dan de propaganda van de deugd doet vermoeden. In zeker één interessant geval was het bruidsportret, waarop de echtgenote als het gebruikelijke toonbeeld van christelijke zelfbeheersing werd voorgesteld, in strijd met de feiten. Want toen Reynou Meynertsdr. Semeyns uit Enkhuizen in 1595 voor haar bruidsportret poseerde, was ze al vier maanden zwanger van haar aanstaande tweede man, de zeevaarder-ontdekkingsreiziger Jan Huyghen van Linschoten.[123]

Al lijken speculaties op grond van zo weinig bewijsmateriaal misschien wat voorbarig, deze bevindingen lijken wel overeen te stemmen met de indrukken van buitenlandse bezoekers: een opvallend vrij, speels verkeer tussen de seksen, dat gepaard ging met een strikte huwelijkstrouw. Toen Reynou Semeyns zich verloofde, was ze eenendertig en moeder van drie kinderen. Het is heel goed mogelijk dat het reizende bestaan van haar minnaar de consummatie van hun huwelijk heeft bespoedigd. Jonge Nederlandse burgers waren dus eerder geneigd tot flirten dan tot promiscuïteit. En pas in de achttiende eeuw werd (evenals elders in Europa) de grens tussen speelse omgang en seksueel experiment door verloofden overschreden. In de vroegere periode was de schijnbaar roekeloze vrijheid – zoals de nachtelijke hofmakerij in Brabant, Holland en Friesland – gewoonlijk een door de gemeenschap goedgekeurde ontmoeting waarbij duidelijk vastlag wat wel en wat niet geoorloofd was. En in de provinciesteden in het Noorderkwartier schijnen tal van algemeen erkende mogelijkheden voor hofmakerij bewaard te zijn gebleven. In Schermerhorn bestond volgens de (niet geheel betrouwbare) Oost-Indiëveteraan en etnograaf Piet Neyn nog een gebruik dat wel iets weg had van de Franse *veillée*: op een vastgestelde dag vormden huwbare vrijgezellen en meisjes een rij aan weerskanten van een ruimte – misschien een schuur of waaggebouw – en tussen de rijen door liep een huwelijksmakelaar die de goede eigenschappen van beschikbare partners opsomde en huwelijken tot stand probeerde te brengen. Wanneer hij daarin slaagde, betaalde de toekomstige bruidegom de verteringen voor die avond, waaronder gewoonlijk suiker, gekruide bieren, kandeel en rijstebrij met saffraan en kruiden. Neyn beweerde zelfs dat dit een soort wettige verloving was, en dat het paar kort daarna ging samenwonen nog voor het huwelijk officieel gesloten was.[124] Soortgelijke 'markten' voor vrijgezellen en ongehuwde vrouwen zouden zijn gehouden in andere kleine provinciestadjes zoals Schagen, waar op de dag van de kermis gegadigden een rij vormden op het kerkplein, en een toeziend 'functionaris' iedereen die te oud of te jong was of van buiten kwam eruit haalde.[125]

De individualisering van de vrijrituelen verontrustte de hoeders van de moraal nog het meest. Want het bruisende stadsleven in de handelssteden van Nederland bood talloze gelegenheden voor onderling contact tussen de seksen, ver van de onheilspellende blikken van de ouderlingen van de kerk. De eventuele schade kon nog enigszins worden beperkt als de stadsbrink toevallig ook het 'kerkplein' was. Maar het was de dominees een doorn in het oog dat er toch allerlei schandalige spelletjes konden plaatsvinden, waarbij men zich kennelijk niet stoorde aan de dreigende aanwezigheid van de kerktoren. En er waren heel wat andere, nog gewaagder pleziertjes, die meestal op zondag plaatsvonden: schaatspartijen, papegaaischieten of uitstapjes op het land. Aan de Noordzeekust werden strandfeestjes gehouden, waarbij de jongemannen de meisjes hoog optilden en de golven in droegen. Le Francq van Berkhey noemde met name de vrije manier van hofmaken in de kustdorpjes, wat er volgens hem toe leidde dat "'t aan onze stranden zeer gemeen is een Bruid bezwangerd te zien voor den Trouwdag, en men rekent haar zulks tot geen schande omdat zy zig verzekerd houden dat de Gelieven elkander getrouw en standvastig beminnen, ook treffen zy gemeenlyk zeer goede Huwelyken'.[126] Schijnbaar onschuldige spelletjes konden in feite zinnenprikkelend zijn, zoals hoofd-in-schoot, waarbij een jongeman zijn hoofd in de schoot van een meisje legde en dan de identiteit probeerde te raden van degenen die hem speels op zijn achterste sloegen. Maar de dansscholen waar de jonge mensen nota bene les kregen in onwelvoeglijk gedrag, waren de Kerk een gruwel. Zij herinnerde de gemeente eraan dat de Schrift vol stond met waarschuwingen tegen de gevolgen van dansen: de dochters van Jefta, Salome en Diana. De Synode van Gorinchem van 1652 had grote bezwaren tegen het 'Lichtveerdich wechloopen der jonge luyden' en vestigde de aandacht op de morele gevaren van het ganstrekken[127] (een tijdverdrijf waarbij mannen te paard een ingevette gans die met de kop naar beneden aan een dradenkruis hing, moesten proberen te pakken). Het spelen van muziek en voordragen van gedichten waren de beschaafdere alternatieven op het meer verfijnde niveau van het patriciaat en we weten dat in minstens één galante kring de jonge vrouwen een even belangrijke rol speelden als de mannen: de 'Ordre de l'Union de la Joye', waarvan de jonge Johan de Witt in 1653 lid werd.[128] Al deze activiteiten gaven jonge mensen de gelegenheid bijeen te komen, vaak zonder dat daar ouders bij aanwezig waren, maar zelden als paar alleen. Deze vrijheid kon natuurlijk misbruikt worden – vooral later in de eeuw toen de gedragsregels vrijer werden – als tactiek bij het hofmaken die evenzeer op de ouders was gericht als op de partner. De klacht op de Synode van Schiedam van 1651 was dat 'bij vele jonge luyden gepractiseert werd met malkanderen wech te lopen, om hare ouders ofte voochden daerdoor tot consent van 't huwlick of aendersins te dwingen'.[129] Sommigen sliepen zelfs met elkaar om hun ouders te dwingen de schande te verhullen met een huwelijk. Zeven jaar eerder klaagde de Synode van Den Haag dat deze schandelijke vrijheid 'in sommige plaetsen soo breet ende grof gaet, dat naulijx van veertich personen vier behoorlijck tot een echten staet comen'.[130]

Dit sloeg natuurlijk een bres in het verweer van de Kerk tegen gruwelijke lust, want hoewel elke vorm van onkuisheid werd beschouwd als de meest walgelijke zonde, gaf men nog altijd de voorkeur aan een huwelijk met een smet boven de grotere schande van onwettig samenwonen. Al in 1581 was op de Synode van Middelburg besloten dergelijke zondaars weliswaar ernstig te berispen maar het huwelijk door te laten gaan ook als vaststond dat er sprake was van seksueel wangedrag.[131] Dat was het geval wanneer beide partijen meerderjarig waren (twintig jaar voor de vrouw en vijfentwintig voor de man) en beiden weigerden de affaire te beëindigen. Maar de kerkelijke en wereldlijke moralisten vonden dat voorkomen beter was dan genezen. En dat lukte weer beter met een zachte dan een harde aanpak. Volgens de Politieke Ordonnantie van 1580, die de grondslag vormde voor de huwelijkswetten van de daaropvolgende twee eeuwen, was voor een huwelijk tussen minderjarigen de toestemming van de ouders nodig, en aangezien de meeste mannen en vrouwen kort voor of kort na hun meerderjarigheid trouwden, spreekt het voor zich dat de mening van de ouders een beslissende rol in hun beslissing speelde. Terwijl weglopen volgens de wet van voor de Reformatie *raptus* of ontvoering was en onder het strafrecht viel, golden dergelijke huwelijken niet als onwettig. De wetgeving van 1580 was strenger inzake deze overtreding, maar niet alle gevallen van ontvoering kregen dezelfde behandeling; dit hing af van de leeftijd van de beide partijen en in hoeverre er sprake was van dwang. Friedrick Conincx, een ex-vaandrig die in 1646 was weggelopen met een minderjarig meisje, kreeg slechts een lichte straf, terwijl Willem Rosenberg die in 1653 een clandestien huwelijk had gesloten met een dienstmaagd, veroordeeld werd tot verbanning 'op straffe van de dood'. En in mei 1664 werd Roelof Colstenstede zelfs veroordeeld tot de strop wegens ontvoering met geweld.[132] Het laatste redmiddel van gedwarsboomde minnaars was te vluchten naar de enclaves met een semi-feodale of stedelijke jurisdictie, die niet onder het gezag vielen van de provincies waarin ze lagen. Zo bestond er in Ravenstein, Culemborg en Vianen, dankzij de onenigheden tussen ouders en opstandige kinderen, een bloeiende huisindustrie voor instanthuwelijken. In één geval, opgetekend door Haks, weigerde een onboetvaardige dochter, Cornelia van Velthuysen, die was weggelopen met Aernout van Craeyvanger, ondanks haar vaders aandringen uit Culemborg naar huis terug te keren, tenzij hij schriftelijk toestemming gaf voor het huwelijk.[133] En er waren ook gevallen waarin de wet 'ontvoering' door de ouders strafbaar stelde, bijvoorbeeld wanneer stiefvaders probeerden hun stiefdochters tegen hun wil uit te huwelijken omwille van het geld. Zo probeerde Roeland van Leemputten, de tweede echtgenoot van Anna van Swanenvelt, in 1626 zijn stiefdochter uit te huwelijken zonder de voogden die in het testament van haar overleden vader waren genoemd daarin te kennen en uitdrukkelijk tegen de voorwaarden van het testament in. Het huwelijk werd nietig verklaard en de stiefvader aan de schandpaal gegeseld nadat hij de beledigde voogden op zijn knieën om vergiffenis had moeten vragen.[134]

Uit de processtukken wordt niet duidelijk wie in dit geval als de benadeelde partij werd beschouwd, het meisje of de voogden, maar bij de verloving moest het paar, in de woorden van de ban, 'zonder dwang of bedrog' tot elkaar komen. Ouders konden weliswaar hun veto uitspreken over de keuze van hun kinderen, maar er zijn aanwijzingen dat ze huwelijken die naar beste inzichten geschikt waren niet mochten verhinderen. Wat achtte men beslist ongeschikt? Een huwelijk waarbij het standsverschil tussen de partners als compromitterend werd opgevat, bijvoorbeeld met een bediende of een predikant. Een van de beroemdste pogingen tot zo'n *mésalliance* vond plaats in 1653, toen Agatha Welhoeck, de zestienjarige dochter van een Delftse regent, verliefd werd op de predikant en weduwnaar Arnoldus Bornius, die vierentwintig jaar ouder was dan zij.[135] Haar vader weigerde niet alleen botweg zijn toestemming, maar verbood haar er zelfs maar over te spreken, en omdat Bornius zelf zich terdege bewust was van zijn kwetsbare maatschappelijke positie in de stad en van het feit dat haar vader de wet aan zijn zijde had, had het daarmee kunnen eindigen. Maar Agatha, zo jong als ze was, had een sterke wil en begon een vastberaden campagne tegen haar onverzettelijke vader. Toen deze een heilige eed zwoer dat hij geen zielerust zou hebben als hij ooit toestemming gaf voor het huwelijk, overreedde Agatha Arnoldus om een preek te houden over de geldigheid van eden.

439

Geraldo, de vader, sloeg terug met een poging over te stappen naar de Waalse Kerk en zijn dochter dag en nacht onder een vernederend toezicht te houden. Toen hij probeerde haar in huis op te sluiten en te weerhouden van bezoeken (die een toonbeeld van deugdzaamheid waren), ondernam Agatha juridische stappen om een einde te maken aan haar vaders tegenwerking – want ze was nu over de twintig – en vluchtte ze naar Den Haag om haar zaak direct aan het Hof van Holland voor te leggen. Op 1 mei 1662 schreef Agatha een roerende brief aan de rechters van het Hof, verklarend dat ze alle plichten van een kind jegens haar vader had vervuld en hem had gebid en gesmeekt zijn vaderlijke toestemming te geven. Maar ondanks haar smeekbeden en die van vrienden, burgemeesters van Delft en zelfs predikanten, wilde hij zijn eed gestand doen. Vervolgens verzocht ze het Hof 'naer 's lands wetten myn houwelijck [te] consenteren' met 'een geleert en godsalich man waar in ick het groetste contentement hebben sou kunen begaven so wel accorderende met mijn humeur als ick geloof ooit twe[e] echte lieden geleefd hebben'.[136]

Het Hof bleef kennelijk onbewogen onder deze innige smeekbeden, want het oordeelde ten gunste van haar vader en behandelde haar als voortvluchtige in overeenstemming met de Delftse verordening, waardoor ze haar actieve verzet moest staken en weer werd onderworpen aan het ouderlijk gezag. Agatha bleef zich passief verzetten tot de dood van Welhoeck in 1665, hoewel hij haar nog vanuit het graf achtervolgde door zijn weduwe te laten beloven zich te houden aan zijn harde verbod. En in datzelfde jaar verscheen een pamflet met Welhoeck seniors versie van het verhaal om zo iedere nieuwe poging onder zijn verbod uit te komen in de kiem te smoren.[137] Agatha's ouders konden haar er niet van weerhouden van Delft naar Alkmaar, dat buiten de ban van de Delftse kerk en jurisdictie lag, te verhuizen. Maar pas in 1670, zeventien jaar nadat ze verliefd was geworden op haar predikant, trouwden ze eindelijk in Schermerhorn – toen hij zevenenvijftig en zij drieëndertig was – en ze hebben in ieder geval nog negen jaar kunnen genieten van het huwelijk waarvoor Agatha zo hard en lang had gewerkt.

In dergelijke familieruzies ging de sympathie van het volk weliswaar vaak uit naar de gedwarsboomde jonge liefde (Welhoeck senior werd in Delft op straat uitgescholden), maar uit dit geval Welhoeck blijkt dat de instanties meestal niet bereid waren individuele klachten, hoe goed gefundeerd en hardnekkig volgehouden ook, te laten prevaleren boven de regel van ouderlijke toestemming. Er waren uitzonderingen op deze regel. Er was in Amsterdam een advocatenkantoor, De Wilde, Molijn en Coningh, dat was gespecialiseerd in de verdediging van de rechten van jonge, wettelijk meerderjarige paren die op onredelijke wijze door de ouders in hun wensen werden gedwarsboomd. Hun beroemdste succes betrof Coninghs eigen zuster, Alida, die niemand minder dan de magnaat Andries Bicker trotseerde. In 1656 trouwde ze met diens zoon Gerard ondanks de minachting van de Bickers voor hun schoonfamilie, waartoe een herbergier en een dansmeester hadden behoord![138] Maatschappelijke ongelijkheid was misschien meer een kwestie van persoonlijk dan van officieel oordeel, maar er waren ook minder willekeurige criteria voor een ongeschikt huwelijk. Gemengde huwelijken waren zowel onwettig als onconventioneel, en huwelijken met joden of moslims bleven tot de Bataafse Revolutie onwettig. Het gemengde huwelijk, waarschuwde dominee Hondius, leidde tot onrustige huishoudens en Dusseldorp citeerde zelfs Leviticus 20:15 om aan te tonen dat het gelijkstond met sodomie![139] Andere redenen waarom een ouder druk kon blijven uitoefenen – en waarom een notarieel bekrachtigde verloving in redelijkheid kon worden afgebroken – waren de ontdekking van overspel met een derde, de ontdekking van een lichamelijk gebrek of een besmettelijke ziekte (raad eens welke?) of, kwalijker nog, een geheimgehouden bankroet of geruchten over onbetaalde schulden. Maar alle materiaal dat Donald Haks voor steden in Holland heeft verzameld, wijst erop dat in veel gevallen binnen dezelfde maatschappelijke en religieuze groep werd getrouwd.[140] Meestal was de meer bemiddelde partner de man en bij negenendertig procent van de huwelijken waren de partners ongeveer even bemiddeld. In de meeste zedenromans en andere fictie werd nog steeds uitgegaan van het humanistische standpunt dat trouwen om geld in plaats van uit liefde een misdaad tegenover God en de natuur was, en dat de jonge mannen of vrouwen die zich aan oude vrekken bonden, zichzelf veroordeelden tot een 'leevende graf'. Een van de vier tekeningen van de menselijke dwaasheden van Karel van Mander was een aanval op een 'huwelijkshandel' waarbij de ouders hun toekomstige schoonzoon letterlijk wegen en te licht bevinden. En uit de zorg waarmee men bruidsschatstrategieën uitstippelde en notariële huwelijkscontracten opstelde, blijkt duidelijk dat verenigbaarheid van vermogen een essentiële voorwaarde was voor een bevredigende huwelijksovereenkomst, te meer daar pasgehuwden in Nederland veel sneller geneigd waren een eigen huishouden op te zetten dan in andere Europese samenlevingen. Een minnaar die zichzelf 'declasseerde' door beneden zijn of haar stand te trouwen was weliswaar geen volslagen onbekend verschijnsel, maar zeker niet gangbaar. Hoewel het huwelijk op genegenheid, zelfs op liefde gebaseerd moest zijn, kon deze hartstocht worden gesmoord in economische beletselen.

Jacob Cats' jonge jaren in Zeeland vormen een van de beste voorbeelden van hartstocht gebreideld door verstand. In zijn memoires in verzen verhaalt hij hoe hij als jong advocaat in Middelburg tijdens een preek in de Waalse Kerk een meisje zag:

> *Ick sag een jonge maegt, terwijl ick hoorde preken,*
> *En stracx is in mijn hart een minnebrant ontsteken;*
> *sy docht my wonder schoon en uyttermaten soet,*
> *Dies voeld ick als een vier tot in myn innig bloet.*[141]

Hoewel het romantische gevoel volgens sociaal historici een uitvinding van de achttiende-eeuwse sentimentele roman is, ontbreekt in Cats' beschrijving van zijn verliefdheid bijna geen enkel cliché uit dat repertoire. Het meisje zette niet alleen zijn zinnen in vuur en vlam, maar 'my docht dat voor mijn ziel den Hemel open ging'. En als antwoord: 'daer bragt ick aen den dagh niet als flueele woorden,/geboort aen

Gegraveerd portret van Jacob Cats op de titelpagina van *Alle de Werken*, Amsterdam, 1658. Houghton Library, Harvard University

allen kant met goud en sijde koorden.' Het meisje deed geen enkele poging om Cats' koortsachtige hofmakerij te weerstaan en stemde erin toe hem te ontvangen. Maar toen hij ontdekte dat haar vader bankroet was, was zijn hartstocht even snel bekoeld als ze was opgelaaid, hem achterlatend met gedachten over de triestheid van het leven – en het abrupt verlaten onderwerp van zijn affecties met heel wat bitterder conclusies! Uiteindelijk trouwde hij met Elizabeth van Valckenburg, de dochter van een rijke en vrome, uit Antwerpen naar Amsterdam verhuisde familie die meer beantwoordde aan zijn idee van de ideale vrouw: vroom, geleerd, mooi en rijk.

Hoewel bezit soms voor hartstocht ging – althans onder de burgerij – werden tedere gevoelens onontbeerlijk geacht voor een goed huwelijk. De renaissancistische conventies van hofmakerij werden gepopulariseerd in boeken met bruiloftsliedjes, en de uitwisseling van gegraveerde geschenken (soms dooplepels), geborduurde kussens en veel andere tekenen van genegenheid geven aan dat gevoelens een belangrijke rol dienden te spelen in de echtelijke liefde. En de geliefden moesten een vast verkeringsprogramma afwerken, zodat hun gevoelens konden opbloeien zoals dat nu ook gebeurt. Na een eerste kennismaking of ontmoeting – vaak in de familiekring of via kennissen uit de buurt – vroeg een huwelijkskandidaat aan de familie van het meisje toestemming om haar in haar eigen huis te bezoeken. Dergelijke bezoeken vonden alleen plaats onder het waakzaam oog van oudere familieleden, hoewel Nederlandse romans en gedichten uit het eind van de zeventiende eeuw en uit achttiende eeuw bol staan van de streken die werden uitgehaald als er alleen een meid als chaperonne aanwezig was. Nadat een gepaste tijd was verstreken vertoonde het paar zich 'in het openbaar' volgens de etiquette: ze gingen samen naar de kerk of maakten samen met de rest van het gezin een zondagse wandeling. Daarna volgde een officiële verloving, met uitwisseling van penningen of andere gegraveerde aandenkens, soms met een 'acte van trouwbelofte' die notarieel bekrachtigd kon worden en, een enkele keer, ondertekend met het bloed van de geliefden! Eenmaal veilig verloofd kreeg het paar heel wat meer vrijheid, vooral in burgerlijke kringen, onder het voorbehoud dat vóór het huwelijk officieel was voltrokken de hartstocht niet al te veel de vrije teugel werd gelaten.

Als zoiets rampzaligs zou gebeuren of als een van beiden om welke reden dan ook de verbintenis zou verbreken, kon de benadeelde partij in het uiterste geval naar het gerecht stappen om het huwelijk af te dwingen. Vaderschapsacties hadden, zoals we hebben gezien, de meeste kans van slagen. Maar verlovingsovereenkomsten, notarieel bekrachtigd of niet, werden niet per se als bindend beschouwd, en rechters leken ze niet graag af te dwingen als er geen sprake was van zoiets drastisch als seksuele ontering. In een ernstig geval als dat van Zacharias Vatelet in Leiden die een notarieel vastgelegd contract had getekend, een kind had erkend, de vader om de hand van het meisje had gevraagd en toen in een opwelling besloot dat het toch niet zo'n goed idee was, hield de rechter voet bij stuk.[142] Van de tweeëntwintig door Haks aangehaalde vonnissen die tussen 1671 en 1795 in Leiden werden gewezen, moest slechts in zeven gevallen het huwelijk doorgang vinden.[143] Het feit dat vaderschapsacties veel vaker ontvankelijk werden verklaard voor de rechter, lijkt erop te wijzen dat men niet graag een huwelijk afdwong als de kans op echtelijk geluk niet groot leek. Ook dit is een teken dat wederzijdse affectie onontbeerlijk werd geacht voor het welslagen van een huwelijk.

Niet dat men dacht dat tedere gevoelens een geslaagd huwelijk garandeerden. Maar zonder een flinke dosis kameraadschappelijke warmte en liefde, zo waarschuwden de schrijvers, verkeerde het bed van rozen al gauw in een spijkerbed. En het zou een vergissing zijn te veronderstellen dat mannen zich niet meer zouden bekommeren om de plaats van vrouwen in en buiten het huis als het echtelijk geluk eenmaal begonnen was. Er bleef het knagende gevoel – een erfenis van de rijke voorraad misogynie uit de renaissance – dat het huishouden een te broos vat zou zijn voor het vleselijk vuur dat naar men wist in het vrouwenlichaam zinderde. Het huis was niet de veilige haven die beschutting bood tegen de wereldse zorgen, maar zou die juist vermeerderen en verergeren; in plaats van de huiselijke hemel zou een ongelukkig huwelijk 'een gedurige hel' zijn, om met een van de felste critici van het huwelijk te spreken. Naast de boeken met een gelukkige afloop bestond er ook een bloeiend genre, zowel zedenschetsen als fictie, met een ongelukkig begin, een hele

LEVEN EN GROEIEN

Door de hier beloofde Trouw, / Word Jan en Griet tot Man en Vrouw.

Nu ter Bruiloft, het word tyd, / Wyl den Disch reeds staat bereid.

Jan, wat doet gy? ruilt ge uw Broek / Voor uw Griet haar Schorteldoek?

Hier moet Jan al les ontfangen / Om het Eeten op te hangen.

Nu het Eeten is bereid, / Jan een ander vuur aanleid.

't Eeten word door Jan gebragt, / Daar hem Griet reeds meê verwagt.

Na den Maaltyd Vaaten wasschen, / Dit toch zou uw Vrouw meer passen.

Ook 't opscheppen van de Asch, / Geeft de Vrouw veel beter pas.

't Glaasen wasschen wil niet lukken, / Want hy spuit ze al in stukken.

't Schrobben schynt hem niet te vlyen, / Maar hy moet, om straf te myen.

Nu aan 't Veilen, om dat Griet / Straks uw werk volkomen ziet.

Door dit werk dat gy verricht / Weet men ook uw eernaam licht.

Griet en Jan met de Lantaaren, / Gaan ter Volewyk toe vaaren.

Jan in 't Kraambed, Griet met 't Kind / Dit is 't klugtigst dat men vind.

Heeft hy 't Baakren nooit geleerd, / Griet dit toch van hem begeerd.

' Schreijend jonggeboren bloed, / Word door Jan met Pap gevoed.

Hier vaar Griet haar Man kastyen, / Dat hy 't Kind heeft laaten schreijen.

Om zyn Griet en 't Kind te streelen, / Moet hy met het Popje speelen.

Hier zal Jan, daar hy 't leert loopen, / Snoepgoed voor zyn Kindje koopen.

Jan, vermoeid van 't Kind te draagen, / Ryd het buiten in een Waagen.

In die hand het jonge Wigt, / Of het zyn behoeft verrigt.

Om het kwaad van 't Kind te stuiten, / Doet het Jan tot straf besluiten.

Maar de Zweepslag is hier 't loon, / Voor het straffen van zyn Zoon.

Hier beraadslaagt men te zaam, / Waar toe 't Kind wel is bekwaam.

Gedrukt te Amsterdam, bij de Wed. C. KOK, geb. VAN KOLM, Tuinstraat.

Huisvrouwen en hoeren: huiselijkheid en wereldsheid

Anonieme houtsnede, 'De vernieuwde Jan de Wasscher'. Atlas van Stolk, Rotterdam

Detail uit 'De vernieuwde Jan de Wasscher'.

traditie van ontwrichte huwelijken. Vooral (hoewel niet uitsluitend) na het midden van de zeventiende eeuw richtten volksschrijvers als de veelzijdige Jeroen Sweerts, 'Hippolytus de Vrye', hun prozaïsche talent op de huwelijksellende. Hun boeken werden in goedkope octavo-edities, geïllustreerd met eenvoudige kopergravures of houtsneden, verspreid en afgezet op het minder beschaafde deel van de markt – het publiek dat nog steeds genoot van de ouderwetse kluchten over het huiselijke en landelijke leven. En hun inhoud was gebaseerd op een bepaalde formule, waarbij oude anekdoten werden vermengd met de gebruikelijke verhalen van beetgenomen en bedrogen echtgenoten en verkwistende vrouwen die het familievermogen verspilden aan grillen en modes. Cats had in *Vrouwe* gewaarschuwd dat

> *Al wat de man vergaert, dat kan het wijf verstrooyen;*
> *Al wat de man verspaert, dat kan het wijf vermooyen:*
> *Al wat de man bejaeght door lastigh hant-bedrijf;*
> *Al wat de man bekoomt, dat spilt een quistigh wijf.*[144]

De 'staatvoerende, verquistende en modesche vrouwen' rond de eerste pilaar in *De Beurs der Vrouwen* arriveerden in prachtige koetsen, piekfijn gekleed en met een groot gevolg van bedienden in schitterend livrei. Zelfs hun dochters, 'acht of negen jaaren', waren behangen met juwelen en andere ongeschikte versierselen zodat 'men zou ook zeggen dat het een groote Dame was'.[145] Andere huiselijke verschrikkingen waren de onverzadigbare veelvraten die hun man de oren van het hoofd aten, de slonzen die het huis verwaarloosden om zich in de kroeg over te geven aan de alcoholische roes en die roddelpraatjes als gif in de buurt verspreidden, en de feeksen die met vermoeiende regelmaat het aardewerk door de kamer lieten vliegen.

Veel van deze produkten weerspiegelden de oude antifeministische clichés van renaissance en Reformatie. De strijd om de broek was zo'n genre waarin de mannelijke angst voor rolomkering tot uitdrukking kwam, en in de een of andere vorm komt het in bijna alle Noordeuropese volksliteratuur van de zestiende en zeventiende eeuw voor.[146] Maar de verdeling der werelden was van zo'n groot belang in de Nederlandse cultuur en de rolverdeling tussen de seksen werd zo vaak bedreigd door rolvervaging en dubbelzinnigheid dat ze bijzonder diepe sporen hebben nagelaten in de geest van de Nederlandse man. Hoe dan ook, de cultuur paste de oude thema's handig aan nieuwe huiselijke omstandigheden aan. De *Vernieuwde Jan de Wasscher* is in wezen de strijd om de broek in moderne kleren maar daarom des te veelzeggender. Het is het bekende verhaal van een pasgetrouwde man die al snel tot vernederende machteloosheid wordt gebracht door een dominerende 'broek-dragende' vrouw. Jan en Griet zijn nog niet terug van de trouwpartij of de man verruilt gedwee zijn broek voor het schort van zijn vrouw. Eenmaal onderworpen neemt hij alle huishoudelijke taken op zich: vuur maken, eten koken en zijn ongeduldige vrouw bedienen. Het ware teken van de omkering is zijn bereidheid het huis schoon te houden, de borden af te wassen, vloeren te schrobben en ramen te lappen, bevend van angst voor Griets straf. ''t Schrobben schijnt hem niet te vlyën/Maar hij moet, om straf te myen.' Maar de rolwisseling strekt zich ook uit tot de verzorging van het kind. Jan ligt in het kraambed, verzorgt en voedt de baby, speelt ermee en duwt de kinderwagen om zijn snoepgoed te kopen. De smaad van de broekloze Jan culmineert in een omgekeerde hiërarchie van bestraffing: het kindje huilt, en Jan wordt geslagen omdat hij het laat schreeuwen. Maar als hij het kind een klap op de billen geeft, wordt die vermetele daad door zijn vrouw afgestraft.

In andere satires doorloopt de vrouw een aantal fasen van onderwerping tot verzet en machtsovername. In *De Biegt der Getroude* toont ze haar eigenzinnigheid door ongebreidelde uitgaven bij het winkelen. Allengs wordt de vlag van opstand symbolisch gehesen als de vrouw 'de bezem uitsteekt' en eist haar vrienden te mogen uitnodigen zo veel en zo vaak ze maar wil en door de aanwezigheid van haar man daarbij te eisen maakt ze zijn beproeving nog groter. Zo ontstaat wat de schrijver noemt 'de oorlog van chocolade tegen tabak'. Maar de rolwisseling voltrekt zich zowel op economisch als op sociaal gebied. Als de man niet meer in staat is zich te verzetten of genoeg te verdienen om aan haar eisen te voldoen, vordert ze het beheer over het huishoudgeld. Hij zinkt onverbiddelijk weg in gelaten lethargie in de kroegen en triktrakholen, kan zijn wissels of rente op schulden niet meer betalen, en de eens zo spilzieke vrouw verandert in een verstandig, ijverig gezinshoofd. Terwijl haar man vergetelheid zoekt in drank en dellen, houdt zij de zaak draaiende. En dan wordt de omgekeerde orde bezegeld door de onvermijdelijke overdracht van het mandaat van de broek: 'De vrou heeft de broek aan.'[147]

Gaat het te ver in deze huiselijke nachtmerries de oude angst voor castratie te zien: Dulle Griet in de leer bij Judith? En in andere voorbeelden werpt de mannelijke nachtmerrie van het manwijf een onthullend licht op innerlijke angsten. Op het frontispice bij *De Beurs der Vrouwen*, waarop ook de vrouwelijke attributen van de slang der verleiding en de aap van de dwaasheid voorkomen, vertoont het voetstuk van het standbeeld een reliëf van een vertoornde vrouw die een liggende man slaat (zie p. 451). Van de Venne's gravure *Toneel der Vrouwelijcke Wraakgierig-*

Dirck van Baburen, *Koppelaarster*. Museum of Fine Arts, Boston

Pieter Huys, *Vertoornde vrouw*. Uitgeleend aan het Worcester, Mass., Art Museum, met dank aan Alexis Audette, voorheen verzameling Julius S. Held

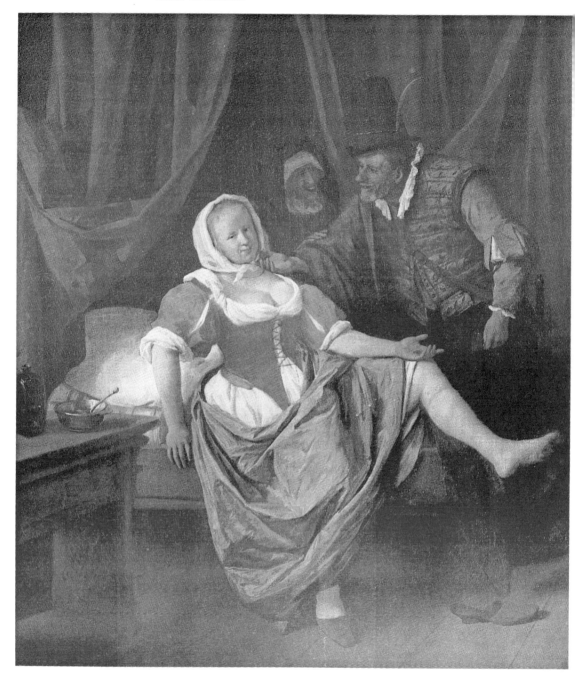

Jan Steen, 'La Ribaude', 1660-1662. Hôtel Sandelin, Saint-Omer. Foto: Lauros-Giraudon

Gerard ter Borch, De galante krijgsman, 1662-1663. Musée du Louvre, Parijs. Foto: R.M.N

Huisvrouwen en hoeren: huiselijkheid en wereldsheid

Jan Steen, *De oestereetster*, 1658-1660. Mauritshuis, Den Haag

Nicolaas Maes, *De luistervink*, 1656. Rijksdienst voor Beeldende Kunst, Den Haag

Houtsnede uit [Jeroen Sweerts,] *De Biegt der Getroude*, Amsterdam, 1679. Koninklijke Bibliotheek, Den Haag

Titelpagina, *De Beurs der Vrouwen*, 1690. Koninklijke Bibliotheek, Den Haag

heid verscheen voor het eerst in een van Cats' vermaningen tegen het flirten (zie p. 452). Maar de gravure werd zo populair dat ze werd uitgegeven als beeldverhaal, met de verschillende episoden in kleine cartouches in de vier hoeken van de hoofdprent. Het is het verhaal van een bedrogen echtgenoot die, als zijn vrouw hem om vergeving vraagt, afziet van zijn recht haar wegens haar misdaad te laten terechtstellen. Wanneer hij later zelf betrapt wordt, laat zijn wraakgierige vrouw hem niet alleen onthoofden maar hanteert ze vrolijk zelf het zwaard.

Op een minder pathetisch niveau is de angst om door een berekenende of gewetenloze vrouw voor een huwelijk te worden gestrikt, een veel voorkomend motief in fobische literatuur. *Huwelijks Doolhof* van Jan Mol[148] of *De Biegt der Getroude* waren opsommingen van de listen en lagen waartoe beminde en getrouwde vrou-

Theodoor Matham naar Adriaen van de Venne, *Toneel der Vrouwelijcke Wraakgierigheid*. Douce Prints Portfolio, Bodleian Library, Oxford

wen in staat waren. Zowel in het frontispice van Sweerts' boekje (het vervolg op de *Tien Vermakelijkheden des Houwelyks*) als in Van de Venne's drukke gravure *Afbeeldinghe des Huwelyx onder der Gedaante van een Fuik* wordt het beeld van een visse- of kreeftefuik gebruikt om de machteloosheid van de misleide minnaars aan te geven (zie p. 454 en 455).[149] Sweerts' frontispice toont ook nog een droeve man die een val met een muis erin vasthoudt – nog zo'n vaste metafoor – terwijl de duivel (op de fuik gezeten) de verloving tot stand brengt. Rechts onder bevinden zich de twijfelachtige zegeningen van het huwelijk: gemaskerd bedrog, tranen met tuiten en een huis vol kinderen. De veel vroegere gravure van Van de Venne was een bloemlezing van de kwaden van echtelijke en onechtelijke liefde. Een bruidsstoet in het midden, begeleid door de muzikanten die de traditionele symbolen waren van gezinsharmonie, beweegt zich naar de fuik – die al vol gezinnen zit – waaruit een vrouw met geweld door een soldaat wordt weggevoerd. Veelbetekenend genoeg zijn buiten de fuik allerlei buitenechtelijke complicaties te zien, waaronder de gestalte van een hoer met een lamp ('Al heeft een hoer een schoon gesicht/'T is een lanteerne sonder licht,' luidde het spreekwoord) en een in de steek gelaten moeder die de misdadige vader een huwelijksbelofte voorhoudt (rechts onder). In de voorgrond zit een eenzame (en verlaten?) wenende Venus met een mirretak, de totem der geliefden, en links van haar strooien putti – één met de huwelijksvlag waarop het symbool van de twee verstrengelde handen – en maagden met rozeknoppen. Ver in de achtergrond jaagt een van Griets volgelingen haar man het huis uit, terwijl rechts voor de dood, omringd door de symbolen van het verstrijken van de tijd – een gevleugelde zandloper, rook en een grafkrans – het paar opeist.

Die voorstelling, een restant van de schaduwzijde van de noordelijke renaissance, herinnert eraan dat zowel de oudere als de modernere aanvallen op echtelijke genegenheid behoorden tot de traditie der Dwaasheden, waarin eeuwige zonden werden weergegeven in eigentijdse vermomming. Maar terwijl de oudere satires voor hun opvoedende werk veelvuldig gebruik maakten van allegorische middelen, concentreerden de latere kunstwerken zich op het dagelijks leven. Het was dezelfde soort evolutie die plaatsvond in de stilleven- en genreschilderkunst, waarin na omstreeks 1660 de morele symboliek geleidelijk plaats maakte voor de stoffelijke wereld. In de *Tien Vermakelijkheden des Houwelycks* werd de kalender van het huwelijksleven – met name de feesten en partijen – bijzonder kunstig verwerkt om de opeenvolgende stadia van verval aan te geven. De pracht van het trouwfeest, het schitterende gewaad van de bruid en de weelde waaraan ze kennelijk gewend was – Venetiaanse spiegels, goudlederen behangsels, ebbehouten tafels en zilveren borden – zijn allemaal voorboden van de vreselijke uitspattingen die zullen volgen. Na een periode waarin de vrouw denkt dat ze onvruchtbaar is en zich laat oplichten door 'Franse' kwakzalvers, die het huis vullen met de stank van brandend ondergoed gedrenkt in urine (de gebruikelijke 'zwangerschapstest'), ontwikkelt ze uiteindelijk een onverzadigbare behoefte aan alleen de zoetste (en vaak duurste) dingen: asperges, ananas, aardbeien in wijn en suiker, amandelgebak en vruchtentaartjes, verse marsepein, witte perziken en morellen. Als de baby eindelijk komt, wordt de man bevolen eerst een kraamfeest aan te richten met kaviaar, oesters en zoete Rijnwijn ('...hy siet dat het allemaal maar geldquistigen en wijve-aperij is... wat is hy bezig met Kraamkoekjes en met suyckerde Karwee, met Osse-tong met Rook-vleesch, met oude kaas...'[150]) en naderhand, als het kind de broek aan krijgt, een kindermaal.

Hoewel de schrijver het huwelijk begon te beschrijven als 'so dwaaslijk dat haar beter een kap met bellen' kan worden opgezet, is het over het geheel genomen een vrij milde satire. Maar de epiloog is plechtiger van toon en geeft commentaar op de 'veele [huwelijken] die so dwaes en contrarie van humeur zijn, als 't licht tegen de duysternisse is strijdende; daar een gedurige hel van oneenigheyt, vloecken, knorren en morren, ja vechten en smijten wort'.[151] Wat waren de oorzaken van zo'n ongelukkige afloop? Deze werd niet uitsluitend aan de vrouw geweten, want in de verhalen werd ook erkend dat vele mannen 'droncke beesten', 'tyrannen en vrouwenvillers' zijn zonder dat hun wederhelft daartoe aanleiding gaf.

Trouwlustige vrouwen werden gemaand: 'haat een spelder als de Pest; want deze

Titelpagina van *De Biegt der Getroude*. Koninklijke Bibliotheek, Den Haag

Adriaen van de Venne, *Afbeeldinghe des Huwelyx onder der Gedaante van een Fuik*, uit Jacob Cats, *Alle de Werken*, 1658. Houghton Library, Harvard University

consumeren alles. Ja zelfs haar winst is verlies. Verfoeyt een lediggager en straatsleyper, want deze zyn tot alles onbequam.'[152] Maar eenmaal aanbeland bij de opsomming van de typisch vrouwelijke ondeugden kwam de schrijver pas goed op gang. 'Meestal' was een slecht huwelijk te wijten aan 'de wrevelachtige, heerschzugtige, geldquistige, eygenzinnige, hovaardige en tomelooze natuur van vele der vrouwelijcke sex... Behalven datter een groot getal onder loopt (daarmede van zwijgen) die alles toeleggen om andere te behagen en haar mans met hoorns te bekaperen. En veele anderen die haar in brandewijn en andere stercken wateren verfoeylijke vergeten en schier den heelen dag met een nat zeyl loopen.'[153]

Volgens deze misogyne satires waren alle vrouwen in staat tot wangedrag, maar sommige waren daar sterker toe geneigd dan andere. In al deze verhalen en eigentijdse parabels komt een subgroep voor van slechte vrouwen die het als hun levenstaak zien de huiselijke orde zoveel mogelijk te verstoren. En het ergste was dat ze zich daartoe in een uitstekende positie bevonden, want zij hielden met hun arbeid en diensten het huishouden draaiende. Dienstmeisjes vormden door hun aanwezigheid in huis de grootste bedreiging, maar vaak werden ze gesteund door handlangsters in het kwaad, die omdat ze op kritieke momenten in het huiselijk leven hun opwachting maakten, extra kans hadden kwaad aan te richten: in het bijzonder vroedvrouwen en minnen. De meeste van die vrouwen – en vooral dienstmeisjes – kwamen uit de lagere standen, en de bourgeoissatires suggereerden dat het te gronde richten van een huis of misbruiken van vertrouwen een verhulde vorm van maatschappelijke rebellie was, met de prettige bijkomstigheid dat het tegelijkertijd gericht was tegen mannen en tegen de bezittende klasse.

Vroedvrouwen en minnen figureren als bewakers van vrouwelijke geheimen en als handlangsters in het misbruik daarvan. Ze waren automatisch verdacht door hun intieme kennis van een wereld waarvan de man weliswaar niet geheel uitgesloten was, maar toch op een zekere afstand werd gehouden, en doordat ze in de positie waren om dynastieke fraude te plegen. En in *De Beurs der Vrouwen* delen zwangere vrouwen en hun twee soorten handlangsters een 'pilaar' (dit is immers de effectenbeurs) waar ze tegen vaders en echtgenoten komplotteerden. Vroedvrouwen werden vaak gekenschetst als de belangrijkste handlangsters bij intriges tegen de echtgenoot of bij het uitzoeken van de meest wenselijke vermeende vader wanneer een ongetrouwd meisje met veel vrijers had geslapen. Ze werden er ook van verdacht kinderen te verwisselen of de ontrouw van een echtgenote te verhullen. (Zoals blijkt uit het uitgebreide 'piskijk'-genre werden ook kwakzalvers verdacht van betrokkenheid bij de amoureuze komplotten van echtgenotes, want zij waren als eerste op de hoogte van de gevolgen.)[154] Vroedvrouwen kregen ook het verwijt dat ze bazig waren, het gezag van het gezinshoofd ondermijnen door aanstaande moeders allerlei rare dingen te laten eten, eerst om de bevruchting te bevorderen en vervolgens om een veilige bevalling te garanderen. Minnen waren een minder 'geleerde' en daardoor minder bedreigende groep, en omdat zowel dokters als dominees aandrongen op borstvoeding door de moeders, is het moeilijk te achterhalen of ze een normaal verschijnsel in het burgerlijke huisgezin waren. Maar vaak heette het dat ze de snoeplust van de jonge moeder bevorderden en zelf snoepten terwijl ze de zuigeling verwaarloosden. 'Dese hier voor ons... was zo morsig en slof,' zei de schrijver van *De Beurs*, 'dat ze alles liet verstinken en vervuilen.'[155] Door hun reputatie dat ze baby's met onzuivere pap voedden of met sterkedrank in slaap kregen, leken ze de gezondheid van de volgende generatie te bedreigen. 'Zoek de min,' luidde een populair gezegde, 'en u zult haar in de kelder vinden.' Griezelverhalen van in het vuur verbrande of in bad verdronken baby's deden de ronde, en deze versterkten hun reputatie van plichtsverzuim.

Maar al dit wangedrag verbleekte bij de misdaden en vergrijpen waartoe de dienstmeiden in staat zouden zijn. Ze werden unaniem beschouwd als de allergevaarlijkste vrouwen, want zij vertegenwoordigden het ongebondene in huis. De meiden, ongehuwd maar huwbaar, aan wie belangrijk huishoudelijk werk werd toevertrouwd (hoewel ze notoir onbetrouwbaar waren) werden beschouwd als een soort vijfde colonne van het wereldse, gestationeerd in het hart van het echtelijk huis. Ze vormden ongetwijfeld een belangrijk element in de Nederlandse stedelijke samenleving. Volgens Haks maakten bedienden ongeveer zes procent van de hele

Hollandse bevolking uit en in het midden en het einde van de zeventiende eeuw hadden tussen de tien en twintig procent van alle Hollandse huishoudens ten minste één bediende.[156] Maar vaak was het dienstmeisje de enige bediende. In de Zeeuwse stad Goes had in 1642 zeventig procent van de huishoudens maar één meid; in 1682 was dat in Veere tachtig procent.[157] De grote meerderheid van deze bedienden waren vrouwen en ze schijnen gemiddeld twee tot drie jaar in één dienst te zijn gebleven.[158] Hun arbeidsvoorwaarden waren zo belangrijk dat in een aantal steden officiële dienstbodereglementen werden uitgevaardigd en een arbitrage werd ingesteld om geschillen tussen meesters en bedienden te beslechten. Verrassend genoeg gaf dit de bedienden althans een schijn van bescherming tegen willekeur. Want ze moesten weliswaar degelijke referenties hebben voor een legale dienstbetrekking, maar de werkgever mocht een bediende niet zonder goede reden ontslaan voor het einde van de afgesproken termijn (van gewoonlijk zes maanden). Rond de eeuwwisseling waren er in Zeeland acht gevallen waarin de rechter de kant van de bediende koos.[159] Deze officiële inmenging kon de ergernis over dienstmeisjes niet temperen, want de wetenschap dat ze onbetrouwbaar en tegelijk onmisbaar waren, stond aan de wieg van een typische bourgeoisneurose.

De literatuur van de slinkse, luie of ongehoorzame bediende bleef natuurlijk niet beperkt tot Nederland en ook niet tot de zeventiende eeuw. Het was een van de rijkste en grofste komische genres van sociale spot, en een variant op de nog oudere narrenfolklore. In die uiterst gestileerde komedies mag de nar zijn meester uitschelden en beschimpen, niet om een algemene en ongeoorloofde aanval op de hiërarchie uit te lokken, maar juist om die te vermijden. De nar speelt de rol van de zichzelf bekritiserende meester en sluit daarmee buitenstaanders uit van werkelijk brutale kritiek. Maar toen narren in bedienden veranderden, werd het twijfelachtiger of hun oprechtheid nog wel loyaal was en vervaagde de grens tussen opbouwende eerlijkheid en ondermijnende brutaliteit.

In de Nederlandse literatuur wemelt het van dienstmeisjes die hun baas en bazin met kennelijk plezier hun mening geven. En in schilderijen met huiselijke taferelen is hun houding allesbehalve onderdanig. Je zou misschien verwachten dat bourgeoishuishoudens precieze grenzen stelden aan het gedrag van bedienden tegenover hun meesters opdat deze laatsten hun hogere maatschappelijke positie beter konden handhaven. Bij de grootste patriciërshuishoudens, die een staf van wel drie tot vijf bedienden hadden, bleef iets van Europese conventies bewaard. Maar bij de meeste huisgezinnen, waar een of twee bedienden regel waren, stonden de grenzen op het gebied van kleding, eetgewoonten of kamers minder duidelijk vast. Het duidelijkste teken van integratie in de familiekring is wel dat op veel familieportretten het kindermeisje nauwelijks van de moeder te onderscheiden is, of alleen al dat een bediende als vanzelfsprekend in het schilderij werd opgenomen. Oudere bedienden waren evenzeer huisgenoten als werknemers van de familie en traditioneel verwachtten ze een soort grove familiaire bejegening maar zonder de bijbehorende vooronderstelling dat ze het vee van hun meester waren. Bedienden die jarenlang

Anonieme prenten uit S. de Vries, *De Seeven Duyvelen Regeerende en vervoerende Hedendaaghsche Dienst-Maeghden*. 4de druk, Amsterdam, 1682. Koninklijke Bibliotheek, Den Haag

trouw hadden gediend en in de vertrouwelijke omgang geen gevaar meer opleverden, waren natuurlijk ideaal. Maar jongere vrouwen bleven een risico, en juist het feit dat ze inwonend waren kon misbruik van vertrouwen met zich meebrengen. Handleidingen voor de huishouding schenken veel aandacht aan de verantwoordelijkheid van de huisvrouw om de risico's te minimaliseren door de dienstmeisjes goed in de gaten te houden. Neem er nooit een in huis zonder onberispelijke referenties, stond in *De Ervarene en Verstandige Hollandsche Huyshoudster*.[160] Geef ze behoorlijk te eten, maar vermijd koffie en thee, die slechte gewoonten kweken, geef ze liever het gezondere bier. Als ze per se 'de moderne manier' willen, stel ze dan tevreden met een beetje koffie in de morgen en een kopje thee in de middag. Zorg ervoor dat ze het eten van het gezin niet verspillen door hammen en kazen te laten beschimmelen, of boter ranzig en brood oud te laten worden. Geef ze eerst een bescheiden (maar niet al te karig) loon en aan het eind van het jaar, als blijkt dat ze voldoen, een paar gulden extra. Zorg altijd voor een gedetailleerd programma van

huishoudelijke werkzaamheden en let erop dat de juiste taken op de juiste tijden worden uitgevoerd. Wees niet kortaangebonden, maar druk brutaliteit en geroddel, achterklap en kruiperigheid de kop in. Verbied bovenal alle ongewenste vertrouwelijkheid tussen mannelijke en vrouwelijke bedienden, want dergelijke intimiteiten bevatten de kiem van huiselijke onrust.

De gedachte achter al deze waarschuwingen is dat zonder toezicht de kwaadaardige instincten van het dienstmeisje naar boven zouden komen en het hele huishouden op zijn kop zouden zetten. Die opvatting is het meest aanschouwelijk weergegeven in een andere misogyne satire uit de jaren tachtig van de achttiende eeuw, *De Seeven Duyvelen Regeerende en vervoerende de Hedendaagsche Dienst-Maeghden*.[161] Het was een verontwaardigde verhandeling over het verval der zeden en het naäpen van Franse gewoonten en modes, die ervan uitging dat het een duivelse samenzwering betrof om het vaderland van binnenuit te vernietigen door demonen de huizen binnen te smokkelen en Nederlandse vrouwen te verleiden tot allerlei onzedelijkheden. En de dienstmeisjes waren natuurlijk de vertrouwelingen en handlangsters van de duivel bij dit werk. Dan volgt een opsomming van alle zonden die gewoonlijk aan de meiden werden toegeschreven: ongehoorzaamheid, luiheid, babbelzucht, onverzadigbare eetlust en drankzucht. De ergsten waren zelfs in staat een plichtsgetrouwe en rechtschapen huisvrouw tot slechte gewoonten te 'bekeren', door haar bijvoorbeeld op te hitsen om dure kleren of tierelantijnen voor het huis te kopen tegen de uitdrukkelijke wens van haar man in. Maar de twee duivels die het meest voorkwamen en het meest succes hadden, waren de diefachtige en de hoerachtige duivel in eendrachtige samenwerking. De stelende meid had een heel repertoire aan diabolische listen en lagen om haar sporen uit te wissen. Flessen in de kelder die heimelijk waren geopend, werden met water aangevuld en zorgvuldig voorzien van een nieuwe kurk. Bedienden wezen er zelf op dat een zilveren lepel op onverklaarbare wijze was verdwenen en vroegen de bazin geld om een nieuwe te kopen. Dan kochten ze op de markt een goedkope vervanging en staken het verschil plus de oorspronkelijke lepel in eigen zak.[162] Maar als instrument van de lustduivel waren de dienstmeiden praktisch onstuitbaar. Tenslotte hadden ze de huwbare leeftijd, waren ze vaak manziek en konden ze zich met opzet verleidelijk maken door hun boezem of kuiten te ontbloten terwijl ze deden of ze aan het werk waren, luchtige kleren te dragen of midden in de nacht met het verhaal aan te komen dat ze waren geschrokken van dieven of spoken en getroost moesten worden. Met dat soort duivelse listen strikten ze ontvankelijke jonge zonen, verleidden ze echtgenoten of brachten ze een jonge weduwnaar tot een overhaast tweede huwelijk. In Zeeland stond in het dienstboderegelement van 1673 dat ieder huwelijk tussen kinderen van het huis en bedienden ongeldig was en werden de laatsten zelfs uit de provincie verbannen als bewezen kon worden dat de kinderen 'verleid waren' door de bedienden.[163] Volgens de schrijver van *De Seeven Duyvelen* was de door liefde verblinde weduwnaar vooral in Holland een veel voorkomend verschijnsel, een verdwazing die hij op subtiele wijze vergeleek met 'de vaders [die] in de hoed kakken en die dan op het hoofd zetten'.[164]

Ondanks de misogyne hysterie weerspiegelde dit boekje de trieste werkelijkheid van het verband tussen werken als bediende, kleine criminaliteit en seksueel wangedrag. Dienstmeisjes waren meestal het slachtoffer in plaats van de opportuniste, en omdat ze de mindere waren van hun werkgevers hadden ze vaak geen verweer tegen de beschuldigingen dat ze mannen tot onwettige seksuele handelingen zouden hebben verleid. Er moest sprake zijn van *in flagrante delicto* wilde de wet hen te hulp komen, zoals in 1646, toen buren het geschreeuw hoorden van Anneke, de meid van Matthijs Pietersen, die door hem in de kelder van zijn magazijn werd verkracht.[165] In 1622 bekende de predikant Tobias Herkenius dat hij de liefde had bedreven met zijn meid (terwijl hij verloofd was met een andere vrouw) en de Edammer kerkeraad dwong hem met haar te trouwen. Maar dat zou nooit aan het licht zijn gekomen als de predikant het niet zelf bekend had, zonder te weten dat hij misschien gedwongen zou worden het meisje te trouwen![166] En voor ieder geval dat voor het gerecht kwam, moeten er legio gevallen zijn geweest waarin de meid te zeer geïntimideerd was om bij de wet hulp te zoeken. Soms werden er nog drastischer pogingen gedaan om het kwaad te verhullen, want het waren vaak ongelukkige bedienden, zoals Barbara Jansdochter in 1659, die terecht moesten staan in de weinige rechtszaken wegens poging tot kindermoord.[167] Op de vierentwintig gevallen van kindermoord die tussen 1680 en 1811 voor de Amsterdamse schepenen kwamen, waren tweeëntwintig van de beschuldigden dienstmeisjes.[168] Maar heel zelden hadden ze de middelen of het sociale zelfvertrouwen hun verleiders een vaderschapsactie aan te doen, want daarmee liepen ze het risico dat de morele schande op hun schouders in plaats van op die van de man terechtkwam. Niet al dit soort wanhopige situaties liep slecht af. Sommige dienstmeisjes gingen samenwonen met hun baas en soms trouwden ze uiteindelijk met hem, zoals in het geval van Descartes, of bleven, zoals Hendrickje Stoffels in het geval van Rembrandt, als concubinepartner bij hem, waarbij ze het beheer over het huishouden deelden en de veroordeling door de kerkeraad wegens ontucht trotseerden.

Of er nu wel of niet een sociaal verschil bestond tussen de in ongenade gevallen dienstbode (wegens een kruimeldiefstal of zwangerschap of beide), die zonder referenties uit het huis was gezet, en de gewone prostituée, er bestond in ieder geval een culturele mentaliteit die achter de pseudo-onderdanigheid van de meid de nauw verhulde schaamteloosheid van de hoer zag. (Wulpse dienstmeisjes werden er onder andere van beschuldigd dat ze jongemannen op een levenspad van onverbeterlijk hoerenlopen en drinken brachten.) In de volksliteratuur kreeg de andere partij soms de schuld, maar zelfs dan werd het meisje afgeschilderd als een willige partner in het illegale genot. Bredero's hoer, 'Bleecke An', die bekent: 'Ja al van mijn vierthien jaar zoo raackten ick op 't wilt,' en zegt dat ze 'stoeyden... altijts met de knechsens, met de sonen':

> *Mijn Miesters ouwste seun die tasten staach mijn borsten,*
> *Ick weerde my niet seer, ick lietet hem al doen:*
> *Want siet hy hadme lief, en ick was oock zoo groen*
> *Dat ick hem tockelde as hy mijn niet aanraackten.*
> *'tGhebeurden zoo ick eens zijn bedde wat vermaeckten,*
> *Hy greep mijn in zijn arm, en smeet my op het bet,*
> *Ick kantje niet kallen, wat hadd' de knecht een pret*
> *Eer hy quam tot zijn wil. ó mijn! hy kon zoo prachen.*[169]

Slachtoffer of willige partner, zeker is dat dienstmeiden sterk vertegenwoordigd zijn in de gevallen van kruimeldiefstal in de Amsterdamse *Confessie Boeken* en dat velen banden hadden in de onderwereld van heling en hoererij. Hun eerste vermelding was bijvoorbeeld een kleine misstap die hen in het Spinhuis bracht, waar ze in contact kwamen met meer doorgewinterde misdadigsters. Zo werd in 1673 Grietje IJsbrandts, veertien jaar oud, veroordeeld tot twee jaar opsluiting wegens het stelen van drie lepels.[170] En anderen die rond dezelfde tijd werden veroordeeld, waren niet veel ouder: Neeltje Reynders, achttien, veroordeeld wegens het stelen van de jas van haar werkgever; Lysbet Barent, in 1671, wegens het wegnemen van eigendommen van haar meester, een apotheker. Sommige vrouwen eindigden hun loopbaan zoals ze die begonnen. In juli 1646 werd Barbara Jansdochter, vierenvijftig jaar oud, veroordeeld wegens het stelen van hemden, nachthemden en broeken van een Portugese jood, hoewel ze zwoer dat ze ze op de Nieuwmarkt had gekocht.[171] Haagse dienstmeiden hadden een ander, indrukwekkender specialisme: gevangenen (vaak hun broers of minnaars) helpen ontsnappen uit de Gevangenpoort, waarvoor een hele stoet in het Spinhuis of aan de schandpaal terechtkwam.[172]

Dienen in de huishouding werd dus beschouwd als een soort Trojaans paard van wereldsheid, dat een illegale bres in de morele vesting van het burgerhuishouden sloeg. Dat wil natuurlijk niet zeggen dat geen enkel dienstmeisje doorging voor trouw, betrouwbaar, ijverig en rein. Maar de voorbeeldige bediende kwam in de hele literatuur, volks of beschaafd, (of in de beeldende kunst) niet voor. Ze werden vaker afgeschilderd als kwaadstichters, grensoverschrijders, die de buitenwereld naar binnen haalden en de binnenwereld de straat op brachten.

In de genreschilderkunst zijn dienstmeisjes vaak in de gedaante van kwelduiveltjes weergegeven. Ze staan in de achtergrond grijnzend toe te kijken als piskijkers (dokters) de urine van flauwvallende jonge vrouwen onderzoeken op tekenen van liefdeskoorts. Ze stoeien met fiedelaars of flirten in de kelder terwijl het huishouden om hen heen ineenstort. Vooral Nicolaes Maes (zie p. 450) plaatste ze graag in moreel dubbelzinnige situaties. In de twee hier afgebeelde voorbeelden staan de meiden op strategische plaatsen, bij de bocht van de 'levenstrap', en wenden zich rechtstreeks tot de beschouwer, waarmee ze deze betrekken in de genietingen van de verleiding. In beide gevallen is de keuze duidelijk: verhevenheid of laagheid, gewijde of heidense verlangens, de wereld van het lichaam (geaccentueerd door globes en zwaarden) of die van de in een zuiver daglicht geplaatste ziel. In beide gevallen scharrelt een kat, het symbool van de losbandigheid, tussen het vaatwerk terwijl het huishouden in wanorde verkeert.

Deze huiselijke wanorde was volgens de zedenmeesters maar al te gemakkelijk te bereiken. Want de verleidingen scholen in de meest onwaarschijnlijke plaats: in het huis zelf. Iconografisch onderzoek van de Nederlandse genreschilderkunst heeft uitgewezen dat er erotische bijbetekenissen schuilen in schijnbaar saaie dingen als vuurtangen, dood gevogelte of kaarsen. Het is niet met absolute zekerheid vast te stellen of de symbolische lading van deze alledaagse dingen altijd van emblematabboeken naar schilderijen werd overgebracht. Maar als van ons wordt gevraagd te denken dat deze symbolen direct zinspelen op wellust en tegelijk kritisch visueel commentaar leveren, lijkt de zaak veel verder te worden doorgedreven dan nodig is. De werkelijk sterke kant van het genre – vooral bij de 'kleine meesters' Frans van Mieris de Oude, Gabriël Metsu en Gerard Dou – was, zoals we al gezien hebben, dubbelzinnigheid, toespeling en verleiding. En zelfs bij de schunnige verwijzingen

Huisvrouwen en hoeren: huiselijkheid en wereldsheid

Nicolaas Maes, *Het luisterende meisje*, 1656. Wallace Collection, Londen

van Jan Steen ligt de vrolijkheid die hij oproept vaak dichter bij een insinuerende por tussen de ribben dan een homerisch gelach. De erotiek voedt zich per slot van rekening eerder met mogelijkheden dan zekerheden – en zowel zedenmeesters als vrijzinnigen hadden er belang bij stil te staan bij de gevaren (of geneugten) van het prikkelen der zinnen. Het feit dat het lokaas van de bekoring steeds weer met verleidelijke pracht is geschilderd, moet ons dan ook niet verbazen: fonkelende glazen witte wijn, in een uitnodigend gebaar bij de steel vastgehouden; de geopende oesterschelpen, roze en vochtig (zie p. 450); de half afgezakte rode kous aan een uitgestoken kuit; een blouse die openstaat en een volle boezem toont.

De potentiële ondeugd van de onschuld – honden figureren als symbool van

Eglon van der Neer, *Galant paar in interieur*, omstreeks 1680. Particuliere verzameling, bruikleen aan het Museum of Wales, Cardiff

trouw en kwaad – deed de morele contouren van de huishouding vervagen. En als we ons afvragen of we nu naar een schilderij van een huis of een kroeg kijken, of wat er als een kroeg uitziet misschien een bordeel is, komt dit misschien niet doordat het ons ontbreekt aan harde gegevens over de ondubbelzinnige bedoeling van de kunstenaar, maar doordat het zijn bedoeling was dat we het niet zeker zouden weten. Het huis van Jan Steen was tenslotte een kroeg (althans een tijd lang). Het heeft geen zin onderscheid te maken tussen taferelen van nette huiselijke pret en frivool kroegvertier, want zinnebeeld en werkelijkheid werden opzettelijk met elkaar vermengd. Als de handeling plaatsvindt in het huisgezin of, omgekeerd, als kinderen vrolijk en wereldwijs rondrennen in een kroeg, is de kans groot dat het schilderij de vermenging van onschuld en verval behandelt.

Zowel in de weergave van het 'verheven' als van het 'lage' leven werden de morele grenzen vervaagd. De oude renaissancetraditie van vrolijke gezelschappen, liefdestuinen en *fêtes galantes* in schilderkunst en poëzie had mode tot een eeuwig eufemisme voor amoureus vermaak gemaakt. Zelfs wanneer het genre uitgeput leek, ontdekte een nieuwe generatie weer dat bespotten van modieuze manieren uit naam van de huiselijke deugden opvoedkundig nut kon hebben. In 1680, toen extravagante 'Franse' modes de eenvoudiger inheemse stijl heetten te ondermijnen, plaatste Eglon van der Neer minnekozende paren in balletachtige, *contrapposto*-houdingen te midden van zilverwerk en barokke natuurstenen galerijen, onder het toeziend oog van de obligate, grijnzende cupido.[173] Andere, soortgelijke werken van Van der Neer waren duidelijker te herkennen als scènes in chique bordelen, maar dit schilderij beweegt zich vrij in het onbestemde morele gebied tussen verfijning en decadentie. Wie ze verder ook mogen zijn, de opzichtig geklede saletjonkers van Van der Neer zijn onmiskenbaar typen van laag allooi in haute couture.

Dezelfde morele onbestemdheid kwam tot uiting in het eerbiedwaardige genre van de courtisaneliteratuur. De *Spiegel der Vermaarde Courtisanen*, voor het eerst uitgegeven in 1630, was slechts één voorbeeld uit een rijk renaissancegenre dat met bloemlezingen uit de bekende biografieën en portretten van courtisanes inspeelde op een speciaal soort seksueel snobisme. Weinig van deze portretten in proza of prent waren duidelijk obsceen. De grens tussen het fatsoenlijke en het onfatsoenlijke hofleven werd juist nog vager doordat deze portretten in veel gevallen overeenkomsten vertoonden met conventionele gravures van hertoginnen en prinsessen. En als de courtisane uit het gewone volk kwam (zoals Nell Gwynn), leken de verzen die haar geschiedenis beschrijven, het maatschappelijk opportunisme van haar loopbaan eerder toe te juichen dan te betreuren. De Franse verzen waren vooral neutraal. Zo is *La Belle Marotte de Nancy* alleen bedoeld als beschrijving van haar curriculum vitae – met bovendien een onnadrukkelijk respect voor aristocratische koketterie:

> *Un beau prince de Dandemont*
> *Rempli d'ardeur et de courage*
> *Ravit ma fleur et pucellage*
> *Et m'emmena dans le piemont*[174]

Het behoeft nauwelijks betoog dat in de Nederlandse verzen geprobeerd wordt iets van deze morele twijfel op te heffen. 'La Belle Angloise' bedenkt zich: 'Waar 't gout begint,/Is deugd maar wind.' Maar juist de uitgave van dit kennelijk populaire boekje en veel soortgelijke boekjes was natuurlijk een teken van achterbaksheid.

Het morele schemergebied tussen modieuze gemainteneerde vrouwen en gewone hoeren werd, althans aan het einde van de zeventiende eeuw, opgevuld door de literatuur van de 'zalet-juffers'. Deze 'demi-mondaines' kwamen voor in verhalenbundels of enigszins schuine komedies naar het voorbeeld van de deftige vrouwen van lichte zeden uit libertijnse produkten van de Engelse restauratie, door en voor zedeloze welgestelden gemaakt. (Aan het einde van de eeuw was er een explosie van Nederlandse Ariosto-herdrukken.) In hun Nederlandse incarnatie werden ze voorgesteld als kritiek op het kwaad van een hoge levensstandaard, losse zeden en buitenlandse modes – vooral de Franse. De levendige details van de vele listen en lagen waarmee 'saletprinsessen' mannen dupeerden en bedrogen en misbruik maakten van hun onnozelheid, grepen terug op de oudere traditie van de sluwe maîtresse. Eén boek bedacht hele 'gilden' en geheime genootschappen met codes en praktijken 'die zy gestrikter hielden als die van 't Oude of Nieuwe Testament'.[175] Op hun geheime bijeenkomsten vertelde ieder lid van haar laatste triomfen over die ongelukkige, imbeciele mannen, tot vermaak van het hele gezelschap. Speciale lof ging naar de eerste pogingen van veelbelovende novicen, zoals 'Bonnatrice', die gefeliciteerd werd met het openbreken van de kluis van haar vader en het stelen van vijftienhonderd gulden, en die vervolgens de verdenking op de onschuldige dienstbode wist te schuiven.[176] Met duivels genot beschrijft ze hoe de dienstbode bij haar haren naar de gevangenis werd gesleept. Als de buit op was, viel er meer te halen met een kort verblijf in een bordeel of vals spelen met kaarten of dreigen de identiteit van rijke bordeelklanten te onthullen.

De wereld in *Het Leven en Bedrijf van de hedendaagsche Haagsche en Amsterdamsche Zalet-Juffers* was niet helemaal fictief. Er was wel degelijk een hele groep deftige hoeren die een rijkere clientèle hadden en die, net als hun opzichtiger zusters, connecties hadden met helers en allerlei kleine diefstallen pleegden. Het is zelfs niet onmogelijk dat figuren als de machiavellistische Artesia, die het met haar seksuele en criminele talenten tot hogepriesteres van het zusterschap had gebracht, hun carrière eigenlijk waren begonnen met het bankroet van een rijke maar verkwistende vader. En misschien waren er wel flamboyante figuren als de mysterieuze 'Hertogin Emma', die Frans sprak, kon bogen op prachtige rijtuigen en bedienden in livrei en in werkelijkheid 'Mooy Agt' de koppelaarster was. Maar veel picareske anekdotes over de vernedering van ongelukkige mannen overgeleverd aan duivelse en harteloze vrouwen, kwamen voort uit de oude paranoia van mannen met betrekking tot de succubusvrouw, en niet zozeer uit een streven de maatschappelijke werkelijkheid te documenteren. De overtuiging dat vrouwen erop uit waren mannen van hun vitale sappen te beroven, lag ten grondslag aan boeken als *Venus Minsieke Gasthuis* waarin een man voorkwam die door twee hoeren werd verleid vaker dan de toegestane vier keer te ejaculeren en bij de vijfde keer met zijn eigen bloed klaarkwam.[177]

Maar zowel de calvinistische zedenpreken als de vrouwvijandige satires registreren de fixatie van de Nederlandse man – gedeeltelijk fantasie, gedeeltelijk realiteit – op poelen des verderfs die nietsvermoedende mensen bedreigen. Voor de altijd waakzame Cats was deze bedreiging welhaast een obsessie en hij gaf in een van zijn werken niet minder dan vijf emblemen die allemaal betrekking hadden op de verschrikking van ziekten vermomd als schoonheid. De schoonheid van courtisanes en hoeren was 'een lanteerne sonder licht', een lamp die verbranding en misvorming bracht.[178] En diezelfde obsessies en angsten – en dubbele moraal – speelden een rol in literatuur over ordinaire prostituées. In sommige opzichten waren de bordeelverhalen net als de bordeelschilderijen minder gecompliceerd en minder bedrieglijk dan de nauw verwante fantasieën over dienstmeiden en 'zalet-juffers'. Terwijl de sluwe dienstmaagd en haar wereld het ontwrichtende element in huis vertegen-

Adriaen van de Venne, 'Al heeft een hoer een schoon gesicht, 'T is een lanteerne sonder licht', uit Jacob Cats, *Spiegel van den Ouden en den Nieuwen Tyd*, Rotterdam, 1627

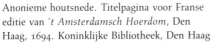

Anonieme houtsnede. Titelpagina voor Franse editie van *'t Amsterdamsch Hoerdom*, Den Haag, 1694. Koninklijke Bibliotheek, Den Haag

woordigden en dus voortdurend gecontroleerd en bewaakt moesten worden, was het bordeel duidelijk een antihuis, een tegenhuis, zoals de kroeg in dit systeem van morele tegenstellingen altijd werd beschouwd als de tegenkerk. De bordeelhoudsters waren de antimoeders: hun rimpels vertegenwoordigden het kwaad en niet de vroomheid, hun gebeden waren tot de duivel en niet tot God gericht. En de meisjes zelf vormden een soort antigezin, gehuisvest in een antihuis waar ze alle lessen afleerden die het bonafide huis hun juist leerde. (Tot voor kort viel het toeristen op dat de zaken in de rosse buurt van Amsterdam eigenaardig knusse etablissementen waren, karikaturen van het burgerlijke Nederlandse huishouden of de snuisterijenwinkel, vol prullaria, kanten gordijnen, en kamerplanten, met een geheel eigen soort bonte gezelligheid.) Volgens de normen van de zeventiende-eeuwse zedenmeesters waren 'musico's' en 'speelhuizen' de leerscholen der zonde, zoals het huis de belangrijke leerschool der deugd was. Daar vormden smerigheid, diefstal, misère, bedrog, dronkenschap en buitensporigheid de tegenpool van de humanistische huiselijke normen: properheid, eerlijkheid, geborgenheid, soberheid en matigheid.

Alleen Bernard de Mandeville (die naar Engeland was verhuisd) kwam tot de schokkende conclusie dat deze twee schijnbaar tegenstrijdige morele werelden in wezen functioneel met elkaar verbonden waren. De morele gezondheid van een zeehaven als Amsterdam berustte, betoogde hij in *A Modest Defence of Publick Stews* (1724), op het feit dat bordelen officieus getolereerd werden, zodat de reine en onreine buurten duidelijk waren afgebakend en eerzame huisvrouwen geen last hadden van de anders ongebreidelde losbandigheid van de zeevarende bevolking. Als courtisanes en snollen even streng werden vervolgd als sommige domme mensen zouden willen, klaagde hij, hoeveel sloten en grendels zouden we dan niet nodig hebben om de eer van onze vrouwen en dochters te beschermen? Sommige mannen zouden zich niet meer kunnen beheersen en verkrachting zou een veel voorkomende misdaad worden.[179] Maar in ditzelfde licht gezien waren de magistraten, die dit instituut van stedelijke hygiëne oogluikend toelieten (net zoals de schoutsdienaren die steekpenningen van de huizen aannamen), gedwongen voorbeelden te stellen, enkele vrouwen in een tuchthuis (het Spinhuis) te stoppen en in de wijk te patrouilleren alsof ze het verschijnsel wilden uitroeien. Dus door op die manier onlaakbaar te schijnen, stelde Mandeville nog eens in *The Fable of the Bees*, behouden de handige magistraten hun goede naam bij de zwakkere mensen die denken dat de overheid altijd probeert, maar er niet in slaagt, om wat ze feitelijk tolereert te onderdrukken.[180] Dit opzettelijk slechte toezicht, betoogde Mandeville, was in ieders belang en kwam neer op een soort opbouwende publieke hypocrisie die gunstig afstak bij het schijnheilige idealisme van de humanisten. In theorie leek dit misschien inconsequent, maar in de praktijk werden de normen van de stad in stand gehouden, hoewel niet zo absoluut dat ze in strijd waren met wijs bestuur.

Mandevilles openhartigheid was de Nederlandse magistraten, en de Engelse, ongetwijfeld een doorn in het oog. Maar hij stelde volkomen terecht dat de werelden van deugd en zonde in de praktijk in een soort symbiotische onderlinge afhankelijkheid tot elkaar stonden, althans in havensteden als Amsterdam en Rotterdam. (Den Haag had, zoals men kan verwachten, een andere vorm van prostitutie, in de demimonde rond het hof en wat men de dienstverlenende bedrijven zou kunnen noemen: muziekhuizen, theaters en dergelijke.) En de geografie van veile seks had nog een ander, veel traditioneler aspect dat Mandevilles nuchtere idee van een *de facto* officiële medewerking schraagde. Want de massa's hoeren die op bazaars, jaarmarkten en kermissen hun diensten aanboden, waren opvallende verschijningen en voor niemand een verrassing. Overeenkomstig de onuitgesproken gedachte dat deze bijzondere gelegenheden die vaak aan de rand van de grote steden of in provinciale marktplaatsen werden gehouden, morele uitzonderingen waren,[181] werd zedelijk wangedrag daar minder streng vervolgd. En bepaalde gelegenheden, zoals de paardenmarkt in Valkenburg, stonden bekend om hun hoeren, die als seksuele zigeuners met grote groepen tegelijk in de geïmproviseerde kroegen en stallen neerstreken. In 1611 ging een zekere Willem Mouring zelfs zo ver dat hij de baljuw van Wassenaar tachtig gulden aanbood voor officiële toestemming om zijn troep Amsterdamse meisjes bij de paardenmarkt te installeren, wat hem aanvankelijk werd

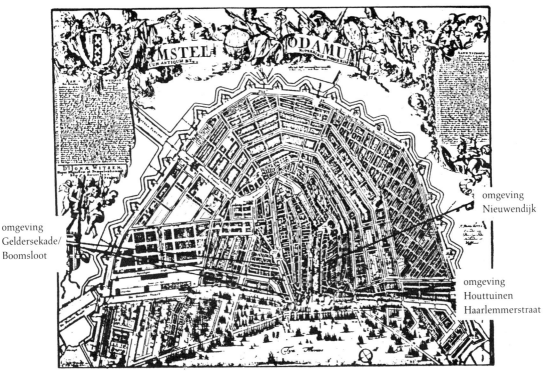

Kaart van de prostitutie in zeventiende-eeuws Amsterdam

geweigerd, alleen maar omdat het een te schamel bedrag leek voor zo'n lucratieve licentie!¹⁸²

Deze heilzame schijnheiligheid correspondeerde met andere varianten van moreel pluralisme waarbij inconsequentie van principes door de vingers werd gezien (zij het niet volledig onderdrukt) ten behoeve van een doeltreffend maatschappelijk beleid. Een bordeel vergelijken met een loterij, een doelenfeest of de beurs (en er waren dominees die dat deden) is niet de laatste drie in een kwaad daglicht stellen, maar attenderen op de vele – maar samenhangende – manieren waarop de Nederlanders morele regels wisten te handhaven te midden van een anderszins onbeheersbare zinnenprikkelende wereld. Want, zoals de anonieme schrijver van 't Amsterdamsch Hoerdom het bondig formuleerde: 'de weereld is met de Bybel in de hand niet te regeren.'¹⁸³

Als het zigzagbeleid van de Amsterdamse magistraten voor wat we een preventieve benadering van de publieke moraal zouden kunnen noemen, met een volslagen amoreel oogmerk werd geparodieerd of op zijn kop gezet, was dat, denk ik, hun verdiende loon. 't Amsterdamsch Hoerdom, het prototype van het populaire achttiende-eeuwse genre van hoerengidsen, was een boekje dat in 1681 voor het eerst in Amsterdam verscheen en later in verschillende talen grote populariteit genoot. Het was een parodie op de officiële moraal, een zogenaamde 'tour' van een Rotterdamse schout langs de zelfkant van Amsterdam. Zelfs de oude literaire truc van een 'onzichtbare aanwezigheid', die Vondel had gebruikt om Gijsbrecht van Amstel naar de metropool van het midden van de zeventiende eeuw over te brengen, was hier overgenomen voor een veel minder verheven produkt. Uit de belerende toon van de inleiding (weggelaten in de Franse edities!) zou je kunnen opmaken dat dit een voorbeeld van erasmiaans humanisme of calvinistische prekerij zou zijn. 'De menigvuldige rampen en ongelukken, die dagelijks komen t' ontstaan uyt den ommegang met Hoeren.' En wat volgt is bedoeld om 'de domme en onbedagte Jeugd d'oogen t'openen' voor de vreselijke gevolgen van het bezoek aan musico's en speelhuizen. [184]

Ondanks deze weinig overtuigende poging een fatsoenlijke toon aan te slaan, is onmiddellijk duidelijk dat het werk in feite geen moreel traktaat maar een hoerenlopershandleiding is, een gedetailleerde en kennelijk goed geïnformeerde gids over de Amsterdamse prostitutie. De waarschuwingen waren eerder praktisch dan ethisch van aard, eerder gericht op de veiligheid van de beurs van de klant dan op de staat van zijn ziel. Als gids voor de seksuele zelfkant had *'t Amsterdamsch Hoerdom* heel wat te bieden. Uit het duodecimoformaat, de grove gravures en de combinatie van obscene humor, verhalende toon en quasi-documentaire stijl blijkt duidelijk dat het mikte op een groot publiek – misschien provincialen (net als de pseudo-verteller) die de verdorven stad bezochten en niet zeker wisten of ze hun seksuele lust direct of indirect wilden bevredigen. (In de kiosken van het Amsterdamse Centraal Station zijn tal van hedendaagse equivalenten verkrijgbaar.) Het zal u misschien verbazen dat veel beschrijvingen worden bevestigd door de bijzonderheden over het doen en laten van prostituées die zijn af te leiden uit de gerechtelijke bronnen van de *Confessie Boeken*. De geografie van de prostitutie in zowel de gids als de gerechtelijke verklaringen correspondeerden (geen wonder) met de havengebieden van de stad. Een van de eerste dingen die een arriverende reiziger zag, of hij nu per trekschuit uit Haarlem of per schip in de haven binnenkwam, waren de samenscholingen van snollen in de straten en stegen bij de havens. Sir William Brereton, die in juni 1634 uit het westen aankwam, was gewaarschuwd voor het gevaar direct aangeklampt te worden, praktisch op de stadsgrens. 'Omstreeks negen uur passeerden we de Haarlemmer Poort en kwamen in een mooie straat waar tot voor kort de meest onbeschaamde hoeren rondzwermden, die als ze een vreemdeling zagen midden op straat naar hem toe liepen, hem aan zijn jas trokken en hem in hun huis noodden.'[185] Hem bleef deze beproeving bespaard want drie maanden tevoren was er een zuivering gehouden die het gebied scheen te hebben verlost van de meest onverhulde tippelarij.

Die verandering moet echter slechts tijdelijk zijn geweest, want de archiefstukken staan vol meisjes die als adres de Houttuinen, de Haarlemmerdijk en de Haarlemmerstraat opgaven – allemaal in het westen van de zeventiende-eeuwse stad, dicht bij de havens en de invalroutes voor karren en schuiten. Dit was in feite een van de drie belangrijkste prostitutie-assen in Amsterdam. De andere twee hadden

Huisvrouwen en hoeren: huiselijkheid en wereldsheid

Anonieme houtsnede, uit *'t Amsterdamsch Hoerdom*. Koninklijke Bibliotheek, Den Haag

ook sterk te maken met het havenleven van de stad en haar vlottende, tijdelijke bevolking van meisjes en hun klanten. De gebieden komen ook opvallend overeen met de rosse buurt van nu, waardoor de prostitutie zich, als een van de weinige Amsterdamse bedrijvigheden, in de zeventiende-eeuwse omgeving heeft gehandhaafd. Het is misschien een kleine troost voor de vrouwen die onderworpen waren aan de strenge tucht van het Spinhuis, dat de nu overbodige, groezelige façade nog steeds wordt belegerd door de hordes paraderende hoeren die nu nog aan de Achterburgwal hun zaken doen. Eén as van de zeventiende-eeuwse hoerenbuurt liep langs de Geldersekade, loodrecht op het oostelijk havengebied van het IJ, terwijl de Zeedijk toen, net als nu, vol zat met kleine drink- en rookholen waar met de regelmaat van de klok gevechten uitbraken zodat de mannen van de schout nauwelijks de moeite namen te surveilleren. Deze as liep helemaal door tot de straat van Rembrandt, de Sint-Antoniesbreestraat, die volgens een beschrijving van achttien musico's en speelhuizen uit 1660 drie van dit soort establissementen telde.[186] Ten oosten van de Nieuwmarkt, rond de Boomssloot en de Montelbaanstoren, schijnt nog een hoerenbuurtje te zijn geweest, maar de derde belangrijke as was de 'centrale' buurt tussen het Damrak en het Singel, langs de Nieuwendijk, waar in stegen als de Suikerbakkerssteeg, Hasselaerssteeg en Haringpakkerssteeg enkele van de armste 'straathoeren' zich verdrongen in de deuropeningen van kleine, smerige krotten en kroegen. Ten slotte waren er kleinere buurtjes (waarschijnlijk met iets minder smerige etablissementen) midden in het centrum van de stad, bij de schouwburg, de Munt en op de drempel van het tuchthuis (voor mannen), bij de Heiligewegpoort, en in de Nieuwe Spiegelstraat.

Deze etablissementen waren zelden bordelen in de huidige betekenis van het woord – plaatsen waar klanten speciaal voor de seks komen en de zaken ter plekke afhandelen. Meestal ontmoetten klant en prostituée elkaar in een musico (of in het Amsterdamse bargoens op een 'menistenbruiloft'!), een drink-, amusements- en dansgelegenheid die bekendstond om de meisjes en werd gedreven door een koppelaarster annex waardin. Ook spelen – kaarten, triktrak of dobbelen – vormden een belangrijk onderdeel van het vermaak, zodat de waardin direct verdiende aan de drank en het gokken en indirect aan de seks, want de meisjes moesten een bedrag betalen voor het gebruik van haar etablissement om contact te leggen en voor hun kamers (ongeveer vijfentwintig stuiver, of als ze ook bij haar inwoonden een hoger tarief van rond de vier gulden). Maar of de meisjes in- of uitwonend waren, ze waren onmiskenbaar de protégées van de hoerenwaardin, meestal zelf een ex-hoer die genoeg had gespaard om naar de ondernemerskant van de zaken over te stappen. Zoals in alle grote metropolen van Europa in de vroeg-moderne tijd werd dit vak door vrouwen beheerst. Uitzondering schijnen mannen als Mouring te zijn geweest, die reizende hoeren – mobiele troepen – leverden voor markten en kermissen in het land, in het kielzog van kwakzalvers, venters, waarzeggers en acrobaten. Het ging de hoerenwaardinnen in de stad voor de wind dankzij allerlei semi-criminele activiteiten: helen, smokkelen – vooral zout naar het schijnt – organiseren van muziek- en dansfeesten, verkoop van drank en tabak en natuurlijk de koppelpraktijken zelf. De meisjes moesten niet alleen een deel van de verdiensten van de seks en geld voor kost en inwoning aan haar afdragen, maar ook voor de extravagante kleren die voor het werk onmisbaar werden geacht. In sommige gevallen bood de hoerenwaardin een veilig onderdak aan de meisjes die ver weg op het platteland waren geboren of uit steden in Duitsland of Jutland kwamen. Maar meestal kwamen de prostituées uit het gewest Holland en het is heel goed mogelijk dat veel van hen naar Amsterdam waren getrokken om een fatsoenlijk of onfatsoenlijk middel van bestaan te zoeken.[187]

Net als bij hun huidige barkrukcollega's verwachtte de hoerenwaardin van toen dat haar 'gastvrouwen' voordat ze begonnen aan hun eigen seksuele handel, hun klanten zoveel mogelijk lieten drinken van het berucht smerige bocht. En in *'t Amsterdamsch Hoerdom* werden toekomstige klanten gewaarschuwd voor de verschillende listen die hun in de musico's te wachten stonden. Sommige 'wijn' was gewoon kandijsiroop (voor twaalf stuiver per kan); soms was de wijn versneden. Onder de lange tafels waaraan de hoeren en de mannen zaten te brassen, stonden de tonnen zand en zaagsel waarin een handige hoer haar glas leegde, opdat haar 'gastheer' haar een nieuw glas zou aanbieden en ze zelf niet laveloos werd. Als de klant dan te dronken werd voor seks, compenseerde de prostituée haar verlies aan inkomsten gewoonlijk door hem van zijn beurs te verlossen, of ten minste van het deel dat haar diensten haar zouden hebben opgeleverd. De meest succesvolle hoeren waren dan ook tegelijk volleerde zakkenrollers die met verleidingskunsten de aandacht van hun klanten wisten af te leiden van hun tweede beroep. In *'t Amsterdamsch Hoerdom* werd (in aanschouwelijke, obscene taal) beschreven hoe één hoer haar werk deed, zich onderwijl de beurs toeëigenend van een doorsneeklant, een boer die naar de stad was gekomen om zijn produkten te verkopen en was gebleven om een deel van de winst te verdrinken voor hij naar huis terugkeerde.

> Kom, Maetje lief, zey de Hoer tegen deze Boer, die sy by haar had, wil je me nouw eens voelen en besie dan eens of ick een braaf Mossel aen myn buick heb. De Boer syn hand onder haar rocken stekende, bevoelde haar eens en hy met syn twee vingers in haar genengtheit peuterende, seide hy gu zyt al redelyck wel begaaft, ick heb van myn leven geen groter kwedio in myn hand gehad. Dat wil ick wel gelooven, hernam de hoer, daarom word ick oock Beeltje met de groote Kont genoemd en ick wil oock wel met u wedden dat er geen vrouwmensch in de gantsche stadt van Amsterdam en is die sulck een braven klouwer van een vod heeft, als ick, want ick kan sonder kant te raken daar een pints tinne kan in verbergen sonder dat gy eens sien soude waar dat de kan gebleven is. Wel wat duyvelsche vervloekte kont is dat sei de Boer, ick moet den voor de tweede maal noch eens voelen... Wat dunckt u nu zei de hoer, is dat niet een braave... Kom sei de Hoer, laat ick je nouw oock eens voelen, of je oock zoo wel begaeff zyt als ick, en stack haar een hand in syn voorbroeck en met de anderen luisde sy syn beurs, dat se soo leeg was, dat hy ter naauwer noot syn gelag kan betalen; gy hebt me een brave Zandert aen jouw gat wy sullen malkander heel wel gelyker. Dat sal alle wel te doen staen sei de Boer.[188]

Dan gaat de hoer haar behoefte doen en dat was het laatste dat de boer van haar en zijn beurs zag.

Deze komische voorstelling van zaken is voor een groot deel rechtstreeks afkomstig uit de Amsterdamse toneeltraditie van het grove kluchtspel, waarin hoerenwaardinnen en koppelaarsters de standaardtypen van doortraptheid en hebzucht waren. En het boek putte bovendien uit de oudere 'bandieten- en zwervers'-literatuur. *'t Amsterdamsch Hoerdom* is met alle kluchtige schunnigheid toch geen fictie. De beschrijving van het vulgaire vermaak dat de musico's boden, is onmiskenbaar waarheidsgetrouw. In de betere etablissementen waren draailieren, harmoniums of zelfs kleine orgels, en de zaken vochten om de diensten van asjkenazisch joodse violisten – die op de sabbatdagen vrijdag en zaterdag verstek lieten gaan. Deze muzikanten werkten hard – van vier uur in de middag tot elf uur 's avonds – zonder veel rust, want de klanten, zeelieden of boeren, wilden steeds op hun favoriete melodieën dansen. De meest gevraagde liedjes aan het einde van de zeventiende eeuw waren *Breda's Biertje, d'Oostindische Roozeboom* en *Een Posje met een Pietersijltje*. De scheepslieden en Duitse matrozen hielden vooral van het gehos en gestamp op liedjes als *De Haagsche Kermis* en *Koolslaatje*.[189]

Als de klanten te ruw en te dronken werden en de hoeren en hoerenwaardin bedreigden (zoals vaak gebeurde), had men een paar mannen achter de hand die dat oplosten – hoewel in meer dan één geval de dame van het huis duidelijk in staat bleek zelf als uitsmijter te fungeren. Pooiers, de 'pluggen', kwamen veel minder voor dan in de huidige prostitutie, en ze waren vaker de beschermers van de gewone straathoertjes dan van de meisjes in de musico's, maar in alle speel-, drink- en hoerenhuizen waren enkele bedienden om moeilijkheden op te lossen. Is het sentimenteel om in hun gemeenschappelijke beroepsgewoonten – en -risico's iets van solidariteit te zien? (Eer onder de eerlozen?) Deze voorzorgsmaatregel kon natuurlijk niet voorkomen dat er zo nu en dan vechtpartijen uitbraken na een bijzonder heftige woordenwisseling of beschuldigingen van kruimeldiefstal of het afpikken van klanten. 'Dan sal je bakkus vliegen vangen,' riep een van de meisjes in *'t Amsterdamsch Hoerdom*, ''k schijt eens in je, Marry, en ik veeg mijn gat aan je trony.'[190] Ze had ook het fraaie scheldwoord 'mockegout' kunnen gebruiken, afkomstig uit het platte privé-bargoens dat prostituées net als andere halfcriminele types onderling gebruikten en dat eigen was aan hun zusterschap. Het vocabulaire kon van plaats tot plaats verschillen. In Amsterdam was 'mighelen' dansen, een 'plug' was een pooier, een 'plugge-kit' een hoerhuis en 'muyl-peeren' waren de hoerenlopers of klanten. Elders, met name langs de weg en op markten, maakten de dieven het bargoens en heetten hoeren 'wederhaen' of 'glyden', en heette de hoerenkast een 'glydebosch' of 'sonnenbosch'. Geld was 'bucht' of 'monye' en de hoerenloper een 'smalkage' of 'hoerejager'. Ze gebruikten wachtwoorden om klanten bij het kaarten op te lichten of hun beurs te lichten en ze waarschuwden elkaar voor de komst van baljuws door een glas wijn – rode of witte – leeg te drinken of op een bepaalde manier vast te houden.[191]

Deze saamhorigheid was een zeer schrale troost in een hard en onzeker bestaan. In de 'stille huyzen' van de prostituées een soort goedkope imitatie van het 'burgerlijke huis' te zien, zou een naïeve overdrijving zijn, maar de musico was wel een soort reddingsboei voor vrouwen die anders niet hadden kunnen overleven. Ontworteld, ontheemd, zelfs verdreven uit hun slavenbestaan in de huishoudens van de welgestelden, niet in staat te leven – zelfs niet als ze geen kind hoefden te onderhouden – van het schamele loon dat ze met verstellen of wassen verdienden, kwamen ze terecht in een eigenaardige wereld die met name tegemoetkwam aan de behoeften van degenen die ver van huis waren. Het was, zoals Mandeville moet hebben begrepen, de Nederlandse huiscultuur op zijn kop gezet.

Dit is geen romantisering in de trant van ruwe bolster, blanke pit, van een duidelijk beestachtig en onterend leven. En nog minder een toegeven aan het soort historisch wensdenken dat van de prostitutie een eiland van professionele vrouwelijke onafhankelijkheid in een voor de rest patriarchale cultuur maakt.[192] De indruk die de trieste beschrijvingen in de *Confessie Boeken* vooral nalaten, is die van een provisorisch, ontworteld, tijdelijk en angstig onzeker bestaan. Zij die de jaren van hard hoereren tussen de achttien en de dertig overleefden, betaalden daarvoor met littekens door regelmatige besmetting met geslachtsziekten, verblijven in het Spinhuis, herhaalde verbanningen en clandestiene terugkeren. De in 1649 gearresteerde Taartie Aerssens was negenentwintig jaar en werd beschreven als een pokdalige hoer en een dievegge, die al uit de stad verbannen was onder de bedreiging van verdere straffen.[193] Waarschijnlijk stond haar een geseling of de schandpaal te wachten plus een straf in het Spinhuis. Als prostituées dankzij een hardnekkige drang tot overleven zelf hoerhuis-houdster werden, in het bezit van een klein bedrag voor de oude dag (boven de vijftig jaar), hadden ze nog steeds te maken met dezelfde, zo niet nog strengere gerechtelijke straffen en de grillige gunsten van de onderschout en zijn brute baljuws, die allemaal te vriend gehouden moesten worden met giften, gratis bier en meisjes zodra ze erom vroegen.

Enkele meisjes probeerden hun toekomst veilig te stellen door een huwelijk met een klant die enige kans op zekerheid bood. Een soldaat of matroos uit Oost-Indië was, ondanks zijn beruchte spilzucht en verslaving aan 'arrak' een mogelijkheid en in *'t Amsterdamsch Hoerdom* is sprake van een meisje dat een kind van haar varende echtgenoot had en terwijl die nog weg was zwanger werd van een tweede! De geldigheid van deze verbintenissen was hoe dan ook uiterst twijfelachtig, want de wereldlijke autoriteiten zouden ze hoogstwaarschijnlijk niet hebben geregistreerd. In tegenstelling tot de gewone leden van een kerkelijke gemeente had een in de steek gelaten prostituée geen wettelijke of morele middelen om haar ontrouwe partner op zijn ouderlijke plichten te wijzen.

Is het mogelijk een profiel te schetsen van de gemiddelde Amsterdamse prostituée uit de tweede helft van de zeventiende eeuw? De *Confessie Boeken* bevatten zo veel biografische details dat ze althans een soort algemene indruk geven. De gemiddelde prostituée is tussen de achttien en dertig jaar oud, hoewel als ene uiterste het geval van een elfjarige bekend is die wegens hoererij tot het Spinhuis werd veroordeeld, en als andere uiterste de arrestaties van trieste, geruïneerde 'nagtlopers' (zoals de rechtbank ze beschreef) van veertig of zelfs vijftig.[194] Terwijl ze naar alle waarschijnlijkheid uit een dorp of een stad in het gewest Holland kwam, kende ze vermoedelijk een van de vele buitenlandse meisjes die naar Amsterdam waren gekomen om werk te zoeken. Een in 1672 gearresteerde, tamelijk representatieve groep van zes bestond uit een zesentwintigjarige uit Zwartsluis en een vierentwintigjarige uit Rotterdam, een vierendertigjarige – waarschijnlijk hun hoerenwaardin – uit Amsterdam, nog een vierentwintigjarige van het Friese platteland, een zesentwintigjarige uit Brugge in de Spaanse Nederlanden en een negentienjarige uit Bremen.[195] En het rekruteringsgebied voor de prostitutie strekte zich nog verder uit – grotendeels langs de door Hollanders gedomineerde handelswegen – tot Scandinavische havens als Bergen, Stavanger en Kopenhagen, de Noordduitse havensteden Kiel en Hamburg en een ring van naburige Westfaalse steden als Duisburg en Keulen, Lippstadt, Gulik en Osnabrück.[196] Net als deze immigranten van verre kwamen de meeste hoeren uit de Hollandse steden en dorpen naar Amsterdam in de hoop werk te vinden als naaister, breister, kantwerkster of lintweefster, en velen gaven dat op als beroep (met wasvrouw als reserve), ook wanneer ze wegens prostitutie waren gearresteerd. En dit hoeft helemaal geen loze dekmantel te zijn geweest, maar zou heel goed de werkelijkheid van hun werkende leven kunnen weerspiegelen. Vijf prostituées die in 1696 werden gearresteerd, voornamelijk tieners of vooraan in de twintig, werden alle vijf geregistreerd als naaister én hoer.[197] Sommigen die zich vestigden als bordeelhoudster behielden hun 'fatsoenlijke' handelsnaam om hun huis een betere naam te geven. Daarom staan in een opsomming van hoeren uit het begin van de achttiende eeuw Tryn de Copster, Lys 't Wafelwyf, Catryn de Naaister en Maritie de Besteedster naast Madame de la Touche en Brechie met eere.[198]

Anderen waren als dienstboden uit de gratie geraakt, zoals Bredero's Bleecke An, en waren prostituée geworden om hun kindertjes te onderhouden. Bij één inval in 1654 werd een Noors meisje gepakt dat liep te bedelen met haar kind, terwijl een ander uit Hamburg als verzachtende omstandigheid aanvoerde dat ze was verlaten door de Haagse jongeman die haar zwanger had gemaakt.[199] Veel anderen waren tevens wegens diefstal gepakt. Meestal ging het om kleinigheden als lepels, een zakdoek of een laken. Weinigen waren zo ambitieus als de drieëntwintigjarige Jannetje Lamberts uit Haarlem, die gepakt werd met een grote diamant op haar kamer.[200] Meestal gingen ze na hun ontslag uit het Spinhuis of hun verbanning, die velen na een paar weken (of zelfs dagen) overtraden, terug naar de vrouwen die al voor hen geheeld hadden. Enkelen schijnen hun kennis van de sluipwegen in en uit de stad te hebben gebruikt om te smokkelen, met name zout en bier.[201]

Sleutelfiguren in deze bedrijfstak waren de koppelaarsters. In de noordelijke kunst werden ze traditioneel afgebeeld als gerimpelde oude wijven, zodat het uiterlijk verval hun moreel verval beter deed uitkomen. De werkelijkheid was anders. De meesten waren maar iets ouder, in de dertig of veertig, dan de drie tot vijf hoeren die ze onder hun hoede hadden, en sommigen waren zelfs jonger. 'Cathalyn', die verschillende schuilnamen had en in 1634 samen met zes andere vrouwen werd opgepakt, had naar de maatstaven van die tijd een tamelijk oude menage. Zelf was ze vierenveertig en ze had drie hoeren die midden of eind twintig waren, van wie er een haar persoonlijke dienstmeid was; een andere, 'Anna met de Jas', was zesendertig en de derde was zelfs een veteraan van vijftig. Een representatiever voorbeeld was 'Rebecca Frans' uit Delft die pas vijfentwintig was maar twee andere hoeren had die een paar jaar jonger waren.

Waarschijnlijk kreeg de nieuwe prostituée bij haar intrede in een musico of 'stil huis' een bijnaam, soms een die aangaf waar ze vandaan kwam, zoals Catryn Davids uit Kopenhagen die Noordse Kaat werd genoemd, en soms een schilderachtige naam, zoals Annetje Hendricx die bekendstond als Anna in de Stal, en soms een grove naam als Krentecut of, zoals de vijftigjarige hoerenwaardin Catalyn Laurens, Soetecut.[202] Deze namen bleven ze dragen zolang ze in de eindeloze cyclus zaten van verbanning, overtreding, opsluiting en – als ze onverbeterlijk werden geacht – drastischer en bruter straffen als brandmerken en geselen. Er zijn enkele buitengewone gevallen van recidive die twijfel oproepen over de zin van straffen voor prostituées en hun bazinnen, behalve dat daarmee op gezette tijden werd bewezen dat de stad officieel het zedelijke fatsoen hooghield. Jannetje Hendricx, alias Jeanne dans le Coin, werd in 1673 op drieënveertigjarige leeftijd gearresteerd, precies dertig jaar na haar eerste arrestatie wegens een kruimeldiefstal. Destijds was ze net als andere jonge meisjes die de magistraat hoopte te verbeteren voordat ze te zeer gewend waren geraakt aan een leven van zonde en kleine criminaliteit, naar het Spinhuis gestuurd, voor drie jaar – een strenge straf – en al een jaar na deze straf werd ze verbannen wegens laster. Kennelijk onttrok ze zich al snel aan haar verbanning, want al een jaar later, in 1648, is ze weer terug in het Spinhuis. Weer een jaar later, met haar achttien jaren al een tamelijk hardleers geval, werd ze veroordeeld tot geseling aan de schandpaal, maar dit bleef haar bespaard omdat ze zwanger was. Daarvoor in de plaats werd ze voor vier jaar verbannen, nadat ze aan de schandpaal had gestaan met op haar borst een bord waarop haar misdaad stond geschreven. Maar dit was nog lang niet het einde van haar strafblad, er volgde een verbanning van drie jaar in 1656, een geseling in 1659 en 1663, weer een verbanning in juni 1665, gevolgd door een geseling (bij een tweede arrestatie) in juli van datzelfde jaar, nog meer geselingen in 1668 en 1669 en ten slotte nog eens zes jaar in het Spinhuis, een plaats die ze inmiddels vrij goed moet hebben gekend. Toen ze in 1672 vrijkwam werd ze verbannen; ze trok zich al meteen niets aan van de uitspraak en stal een mand van een vrouw in de Westerkerk, waardoor ze zich weer een geseling en nog eens drie jaar in het Spinhuis op de hals haalde.[203]

Het moet gezegd dat Jeanne dans le Coin een uitzondering was omdat ze haar leven van kleine criminaliteit en hoererij koppig volhield, en het hele repertoire aan straffen haar niet leek te kunnen stoppen, laat staan verbeteren. Kennelijk kende ze geen ander leven of gezelschap en zou ze niet in staat zijn geweest zich staande te houden als naaister of wasvrouw in een klein Hollands stadje ver van de Amsterdamse onderwereld die letterlijk haar lust en haar leven was. Hetzelfde gold voor Jannetje Jans, de breister die een soortgelijke carrière als hoer en heelster doorliep en die in een periode van vijftien jaar, tussen 1680 en 1695, elf keer werd gearresteerd.[204] Soortie Torsens uit Monnickendam was zesentwintig toen ze in 1671 werd gearresteerd, en ze kon bogen op tien eerdere veroordelingen en een reeks verbanningen en geselingen.[205] Het was niet altijd even gemakkelijk moeilijkheden met de autoriteiten te vermijden. De beste schatting van het aantal Amsterdamse prostituées aan het eind van de zeventiende eeuw kwam uit op het (verdacht ronde) getal duizend.[206] En in 1680, het jaar waarin 't *Amsterdamsch Hoerdom* was geschreven, werden er honderdvijfentwintig, twaalf procent, gearresteerd. Dit cijfer lijkt te hoog om representatief te zijn en het aantal arrestaties varieerde dan ook sterk van jaar tot jaar. Prostituées die werkten in musico's en stille huizen, zoals het huis met de spotnaam Hof van Holland of het Rottenest aan de Binnen Amstel, hun lichaam verkochten en opvallende misdaad of ongeregeldheden vermeden, hadden een redelijke kans uit handen van de mannen van de schout te blijven, vooral als hun hoerenwaardin de mannen regelmatig paaide met de noodzakelijke zoethoudertjes. Pas als zij in gebreke bleef, werden invallen georganiseerd, zodat bijvoorbeeld Tryntje Barents, beschreven als een vierenvijftigjarige hoer en lintweefster – maar in werkelijkheid een hoerenwaardin – in 1673 werd gearresteerd tegelijk met Clara (Claertje) Adriaans, een 'schoonmaakster' die tien jaar tevoren al eens in het Spinhuis had gezeten en sindsdien afhankelijk was geweest van haar oudere collega. Een dergelijke inval vond in de lente van dat jaar plaats aan de Boomssloot, waar een 'slaapvrouw' genaamd Mari Potters een huis dreef, en al haar meisjes – een van zeventien, een van achttien en een van twintig – werden afgevoerd naar het Spinhuis.[207] En opvallend genoeg is bij deze arrestaties, net als bij die van Machtelt Harman, de veertigjarige hoerenwaardin uit de Boomstraat die in 1668 werd opgepakt, herhaaldelijk sprake van de 'groote insolentie en moedwil' van de beschuldigden. Dat duidde meestal op vloeken en vuile taal tegen de mannen van de schout die hen al te zeer hadden geprovoceerd.[208]

Maar hoe voorzichtig ze ook waren, het was niet altijd gemakkelijk om te ontkomen aan de vele ongeregeldheden in de wereld van sterkedrank en messetrekkerij van de Amsterdamse hoerenkasten en speelholen. De meisjes die in dienst waren van een gevestigde hoerenwaardin maakten meer kans er goed van af te komen dan hun zusters in de stegen, die hun zaken vaak op straat afhandelden om niet te hoeven betalen voor bed en onderdak. En het waren de vrouwen van dertig tot veertig, onder de 'Spaanse pocken', het lichaam vanbuiten getekend door het geselen en brandmerken en vanbinnen door ongenadig slechte alcohol, vrouwen die door iedereen werden gemeden behalve door de meest wanhopige mannen op doorreis – het slib van een zeventiende-eeuwse zeehaven – die de meest trieste slachtoffers van een handelscultuur waren.

Hoewel de gedachte alleen al een gruwel zou zijn geweest voor de preutse predikanten die iedere zondag hel en verdoemenis over Amsterdam afriepen als straf voor haar hoeren en hoereerders, was de seksuele stapelmarkt van de stad in sommige opzichten een vertekend spiegelbeeld van haar meer legale handel. Zoals de handel zich afspeelde rond de havens, werven, veren en pakhuizen, zo volgden ook de kopers en verkopers van seksuele diensten de geografie van het handelsnetwerk van Amsterdam op de voet: de vaste inkomsten kwamen uit de handel op het Oostzeegebied en het achterland van de Duitse rivierbekkens, met periodieke uitschieters als de royale, maar notoir onbetrouwbare Oost-Indiëvloten terugkeerden. In de morele economie van de Nederlandse Republiek was de hoerenkast, met zijn eigen familiehiërarchie, taal en gewoonten, een soort antihuis, waarin de sturende mechanismen van de huiselijkheid op hun kop waren gezet. In plaats van een huis dat het vuil van de wereld zuiverde, wat alle waarachtige burgers probeerden te

Detail, Hendrick Pot, *Bordeelscène*. National Gallery, Londen

doen, was het bordeel een plaats waar de wereld (en haar duivel, zeiden de dominees) vertroosting bracht. En of de orthodoxe theorie, zowel de humanistische als de calvinistische, nu ook stelde dat de gezondheid en het welzijn van het gemenebest vroegen om de totale zuivering van die gruwel, de iets minder voortvarende praktijk wijst op de juistheid van Mandevilles observatie. Deugd kon niet zonder ondeugd als een publieke preventie, een spons die alle vuil opzoog dat anders in het reinere lichaam van de gemeenschap zou doordringen. En deugd kon niet zonder ondeugd omdat er grenzen moesten worden gesteld, juist omdat haar eigen contouren zo onbehaaglijk vaag waren. In het schemerduister van een slecht commercieel geweten konden de rimpels van vrome overpeinzingen op het voorhoofd van de bijbellezende oude vrouw maar al te gemakkelijk veranderen in de verdorde groeven van de kwaadaardige oude feeks.

HOOFDSTUK VII

IN DE REPUBLIEK DER KINDEREN

KLEINE DEUGNIETEN

Het beeld van het aardse kind is niet in de Nederlandse kunst bedacht maar het kind werd in de Nederlandse cultuur wel voor het eerst onzindelijk gemaakt. Putti kunnen per definitie geen vieze billetjes hebben. In dezelfde tijd dat Rubens zijn historiestukken met mollige, roze, worstige kinderlijfjes sierde, schilderde Dou het door en door aardse detail van een afgeveegd achterwerk in zijn geestige en veelomvattende genreschilderij *De kwakzalver*.[1] Niet dat dit ook maar iets te maken heeft met oprechte liefde voor het kind, met poep en al. Want bij Dou – die bekendstaat als een uiterst minutieuze schilder[2] – was de hele handeling misschien wel in afkeurende zin bedoeld te midden van een hele reeks beelden die associaties opriepen met het bedrog van de wereld, de minderwaardigheid achter al het moois. Misschien was het wel een citaat van het embleem van de Zeeuwse calvinist Johan de Brune uit 1624, waarin het afvegen van het achterwerk in nog aanschouwelijker details is weergegeven. De *inscriptio* van het embleem is echter vreselijk mistroostig: 'Dit lijf wat ist/als stanck en mist?'[3]

Maar zoals bij zoveel van dit soort emblemen ondermijnt het letterlijk liefdevolle detail van de gravure de weerzin in het motto. En het opvallende van dit embleem, overigens niet het enige babyembleem in het boek van De Brune, is niet zozeer de gebruikelijke calvinistische verachting van de wereld, als wel de frappante huiselijkheid van het beeld dat die verachting moet weergeven. Evenmin is dit het enige voorbeeld van een dergelijke verrassende en aardse handeling. Jan Miense Molenaer, een kunstenaar die kinderen op allerlei, niet al te vleiende manieren heeft geschilderd, gebruikte het thema weer in zijn *De vijf zintuigen: de reuk*, een rabelaisiaanse parodie op de bekende renaissanceserie over de vijf zinnen.

De scatologische pret van Molenaer, de kennelijke gestrengheid van De Brune en de dubbelzinnigheid van Dou vertegenwoordigen allemaal een kijk op de baby die je de neus doet dicht knijpen (zie p. 481, 482 en 485). Maar het is niettemin een visie die ondubbelzinnig aards is. Er zijn geen engelenvleugeltjes en het blijft niet bij cupido-pijltjes als er streken worden uitgehaald. Het is een visie die ons vertelt van

Detail van Gerard Dou, *De Kwakzalver*, 1652. Museum Boymans van Beuningen, Rotterdam

een cultuur waarin baby's vergezeld gingen van vieze geuren en vuil linnen – in plaats van de goudvinken, granaatappelen en andere attributen van het kindeke Jezus. Als ze aan de borst zuigen, staren ze de toeschouwer niet aan met eschatologisch verordineerde beslistheid, zoals het Jezuskind, maar kruipen ze diep weg in de boezem van hun Nederlandse moeders. De verbeelding van kleine kinderen in de Nederlandse kunst onttrok zich dus vaak aan de symbolische kinderkamer van de beschaafde conventies van christendom en renaissance. Het zou een vergissing zijn te veronderstellen dat ze daarmee iedere symbolische betekenis verloren.[4] Want zoals het feit dat afbeeldingen van de voedende moeder niet meer gekoppeld waren aan het beeld van de Maagd Maria, niet op een zuiver seculier, objectief naturalisme wees, was ook de visie van de Nederlandse cultuur op haar kinderen beladen met allerlei morele vooronderstellingen en vooroordelen.

Embleem uit Johan de Brune, *Emblemata ofte Sinnewerck*, Amsterdam, 1624. Houghton Library, Harvard University

Niettemin confronteert de Nederlandse kunst ons plompverloren met de alledaagse werkelijkheid van kleine bengels. Wie in een willekeurig museum uit een zaal vol Nederlandse landschappen komende een zaal binnenloopt waar de herrieschoppertjes van Jan Steen de scepter zwaaien, gaat van een wereld die hoogstens wordt verstoord door het ruisen van zomers gebladerte linea recta de chaos binnen. En als Rubens' putti in oorlog zouden komen met Steens reltrappertjes, zouden ze op de vlucht slaan voor het uitgebreide arsenaal aan gruwelen dat in het ene na het andere schilderij wordt toegepast. Hun repertoire van kattekwaad is volkomen reëel: niet alleen gekke bekken trekken, met borden slaan, snateren, gillen, krijsen, een hels kabaal schoppen, maar ook vrolijk een trek aan een pijp nemen of een paar teugen uit een kroes bier of een roemer Rijnwijn drinken. Geen zak van een slapende volwassene blijft ongerold, geen zwakte onbespot. Kamervloeren zijn bezaaid met de eeuwige resten van stukgeslagen speelgoed, gebroken eieren en kapotgetrapt aardewerk. Toch worden dezelfde kinderen door dezelfde kunstenaar soms tot de orde geroepen en tot rust gemaand op momenten van simpel dagelijks leven (zie p. 483).

Dat veel van deze schilderijen beladen zijn met boodschappen over de dwaasheden van de wereld en dat, zoals in de vele schilderijen met het thema 'zoals de ouden zongen, piepen de jongen', de kinderen door wangedrag van de ouders op het slechte pad worden gebracht, verandert niets aan het feit dat de vaste voorstellingen van de jeugd die deze moraal moesten uitbeelden, een radicale verandering hadden ondergaan. Dus het moment dat de putto werd vervangen door een kleine deugniet, is van groot belang, niet alleen in de geschiedenis van de kunst maar ook in die van het kindbeeld in de westerse cultuur. En de historicus ontkomt niet aan de vraag of dit de aankondiging is van de 'nieuwe wereld van het kind' die een eeuw later in Engeland zou zijn opgekomen.[5] Was dit het moment waarop de kinderen zowel bevrijd

In de republiek der kinderen

Jan Steen, *Gebed voor de maaltijd*. National Gallery, Londen

Dirck Hals, *Kaartspelende kinderen*, 1631. Privé-collectie. Sterling and Francine Clark Art Institute, Williamstown, Massachusetts

Hieronymus Bosch, *Kindje dat leert lopen*, Kunsthistorisches Museum, Wenen

Jan Miense Molenaer, *De vijf zintuigen: de reuk*, 1637. Mauritshuis, Den Haag

werden van hun 'middeleeuwse onzichtbaarheid', zoals Philippe Ariès het kenschetste,[6] als van de patriarchale, evangelische intimidatie die de prijs scheen te zijn voor hun zichtbaarheid in renaissance en Reformatie? Betekende het dat kinderen nu niet meer werden beschouwd als kleine volwassenen, noch als tot de rand met zonde gevulde vaten die moesten worden geleegd en gevuld met de melk van christelijke deemoed en gehoorzaamheid? Werden ze nu gezien en gekoesterd zoals ze waren, met vuile luiers en al?

Bezoekers van de Republiek waren zonder meer verbaasd en onthutst over de zachte aanpak van kinderen. Er werd naar het gevoel van mensen als Robinson en de pelgrims in Amsterdam en Leiden veel te veel gekust en geknuffeld. De heersende gewoonte kleine kinderen voor het naar bed gaan een nachtkusje te geven, was voor de strengere calvinisten stuitend, maar zelfs voor minder bekrompen zielen als William Aglionby waren Nederlandse ouders veel te toegeeflijk voor hun kinderen. Hij stelde zelfs dat ze ervoor gestraft werden 'want velen van hen komen in opstand tegen hun ouders en vertrekken uiteindelijk naar Indië'. En wat hem nog meer schokte was dat ze niet bang waren ze te verwennen: 'Wanneer iemand met hen over hun liefde voor kinderen praat, zeggen ze direct: "Kan iemand zijn eigen gezicht bederven of zijn eigen neus afhakken?"'[7]

Dit zijn natuurlijk oppervlakkige en fragmentarische indrukken. De alomtegenwoordige kinderen van alle leeftijden en rangen in de Nederlandse kunst in aanmerking genomen, ligt de conclusie voor de hand dat de Nederlanders inderdaad gefixeerd waren op hun kinderen, sterker en anders dan in andere Europese culturen. Maar het kan niet genoeg gezegd worden dat fixatie nog niet hetzelfde is als weldadige bevrijding — en mijns inziens ook niet als de liefdevolle verwennerij die de peuter in het hannoveriaanse Engeland zou hebben ondervonden.[8] En al geloof ik

Detail uit Jan Steen, *Het wanordelijk huishouden*, 1668. Wellington Museum, Apsley House, Londen

wel dat de behandeling van Nederlandse kinderen ze van veel benauwende stereotypen verloste, de manier waarop dat gebeurde zadelde ze direct op met allerlei andere stereotypen. Wat ontbreekt, is een heerlijke nieuwe wereld waarin de domeinen van de volwassenen en van de kinderen scherp zijn afgebakend, en de eersten hun best doen de bijzondere behoeften en gevoeligheden van de laatsten te begrijpen. Onze gids voor de Nederlandse Republiek der kinderen moet nog steeds eerder Erasmus dan Dr Spock zijn.

2   TUSSEN MOLENTJE EN LOOPWAGEN

In het Kunsthistorisches Museum in Wenen hangt een *Kruisdraging* van Hieronymus Bosch. Oorspronkelijk was dit het linkerpaneel van een drieluik waarbij de andere panelen vrijwel zeker een *Kruisiging* en een *Bewening* zijn geweest.[9] Het is een vroege versie van een thema dat Bosch nog veel vaker heeft geschilderd, en de stijl ervan was bepalend voor latere versies: een volgeschilderd paneel met zijn beangstigende menselijke dierentuin, waarop in ieder gebaar en iedere uitdrukking idiotie, wreedheid, stompzinnigheid en kwaadaardigheid zijn gelegd. De dreigende menigte die naar Golgotha optrekt, is zo angstaanjagend dat men dit verschrikkelijke gewoel het liefst de rug zou toekeren. Maar het paneel heeft een achterkant die even schokkend is, maar op een andere manier. In een zwarte tondo tegen een bloedrode achtergrond zien we een naakt kind zijn eerste stappen zetten, met de ene hand steunend op een loophek, en in de andere een molentje (zie p. 484).

In eerste instantie valt het mysterieuze gebrek aan verband tussen de eenvoud van de figuur alleen en de hysterie van de massa het meest op. Maar de twee kanten van het paneel zijn in werkelijkheid met elkaar verbonden door een theologische symmetrie. Beide gaan in wezen over Christus' onschuld en zijn voorbestemming als Verlosser, en ze worden met elkaar verbonden door de ontroerende onmisbaarheid van wereldse ervaring om dat messiaanse doel te bereiken. Want dit is niet zomaar een kind, maar het Christuskind dat op het punt staat de wereld in te gaan – de actieve incarnatie, de manier waarop de verlossing zou worden verwezenlijkt, in vlees en bloed. En in overeenstemming met die 'incarnatietheologie', zoals Leo Steinberg zo briljant uiteenzette,[10] wordt het hele lichaam van het Christuskind getoond, ook de penis, terwijl (anders dan bij andere kinderen op onvaste beentjes) zijn gezicht de ernstige uitdrukking van voorkennis draagt. Want in zijn begin is het einde geschreven, en als in zoveel van deze drieluiken moet het luik de innerlijke Schrift suggereren of verkondigen. Daarom is het speelgoed van het Christuskind niet bedoeld om zorgeloos mee te spelen. Het molentje dat hij tijdens zijn kindertijd bij zich draagt is een voorbode van het kruis dat hij zal dragen, het lichte en luchtige ervan een contrast met de zware last aan het einde. In een paneel uit het midden van de zestiende eeuw in Utrecht, waarop de werken van barmhartigheid – aalmoezen geven en zieken bezoeken – zijn afgebeeld, houdt een Christuskind net zo'n molentje vast als attribuut van zijn incarnatie en lot. De windmolen werd door Nederlandse kunstenaars in hun landschappen al lang gebruikt als visuele metafoor voor het kruis. Zo is de windmolen zeer duidelijk aanwezig in de *Kruisiging* van Pieter Bruegel de Oude. Kinderen gebruikten het molentje als een lans, schijnbaar om toernooien te spelen; in zijn *Kinderspelen* geeft Bruegel twee kinderen weer die hun molentjes op die manier gebruiken. In deze pseudo-ridderlijke functie zie je het onwillekeurig als een kleine versie van de *miles christianus*, de christenstrijder, de schepping van Erasmus in zijn *Enchiridion* en de belichaming van het strijdvaardige godvruchtige humanisme. In deze combinatie vervult de windmolen – evenals zoveel andere symbolen uit die tijd – een dubbele functie als een embleem van droefenis en triomf, verbonden in de overwinning van het lijdensverhaal.[11]

Maar hoe zit het met het loophek? Hierover is de iconografische traditie veel minder duidelijk, maar misschien is het de steun van de Vader, zowel aan het begin als het einde, aan het Christuskind dat kwetsbaar is voor de kwellingen van het menselijke vlees. Hoe dan ook, de teksten die de piëtist Jan Luiken twee eeuwen later bij zijn embleem van het loophek voegde, lieten niets aan de verbeelding over.

Hieronymus Bosch, *Kruisdraging*, Kunsthistorisches Museum, Wenen

Het opschrift erboven luidt 'Vereist de zwakheid leunen,/God geeft zijn ondersteunen' en het onderschrift luidt:

> Dus moet het kindje leren gaan,
> Wyl 't op zyn voetjes niet kan staan:
> Zo onderschraagt ons ook de Heere,
> Op dat wy, als een zwak gestel,
> Niet vallen zouden in de Hel,
> Maar zo den gang ten Hemel leeren.[12]

In de republiek der kinderen

Jan Luiken, *'De Loopwagen'*, uit Jan Luiken, *Des Menschen Begin, Midden ende Einde*, Amsterdam, 1712. Verzameling van de auteur

Het gebruik van alledaagse voorwerpen als attribuut van het christelijke leven en hun veelvuldige toepassing in bijbelse voorstellingen werden door het humanisme van de renaissance niet alleen toegestaan maar zelfs aangemoedigd. Het is niet verwonderlijk dat handelsculturen als Vlaanderen en Venetië graag een heel scala van bezielde en onbezielde voorwerpen een christelijke functie schijnen te hebben toegedicht die veel verder ging dan de iconografische conventies van de middeleeuwse kunst. En het plezier waarmee ze dit domein van het symbolische vocabulaire uitbreidden, weg van het esoterische naar het vertrouwde en eigene, was niet willekeurig of zonder meer sensueel. Het was ook een teken van de humanistische wil om de meest banale dingen van het wereldse leven een christelijke ethiek op te leggen, zodat deze letterlijk onontkoombaar zou worden. Zo zouden de gescheiden werelden van Thomas van Aquino, een onuitsprekelijk heilig mysterie boven en een kenbare wereld daaronder, weer één worden. Zo zou de eenheid van Gods schepping met haar Schepper worden verkondigd. En deze nieuwe bestemming van de stoffelijke wereld tot een gewijd doel kwam overeen met de opvatting dat Christus' verschijning als mens de hoogste openbaring was van Gods vertrouwen in het door Hem geschapen universum. Maar zelfs al was dat niet zo, dan nog waren de lotgevallen van de Messias in de wereld onontbeerlijk voor het programma van boetedoening en verlossing. En op eenzelfde manier gingen de humanisten, vooral in het noorden, ervan uit dat zij en hun medechristenen alleen maar verlost konden worden door wereldse beproevingen.

Zo wordt het Christuskind, dat onmiskenbaar kinderlijke dingen doet, efficiënt weergegeven in alle onschuld van zijn kindheid, wat zijn eenheid met het sterfelijke vlees benadrukt, maar tegelijkertijd is het van ons gescheiden door zijn voorkennis van zijn lot als gekruisigde Messias. En zijn attributen op het paneel van Bosch hebben een dubbele functie: de uitdrukking van speelse ontdekking en het symbool van zijn eschatologische gevangenschap. Zoals blijkt uit Luikens herhaling en variatie van deze thema's, is dit een thema waaraan christelijke culturen, en zeker de Nederlandse, niet gemakkelijk konden ontkomen. Zelfs al is in het stichtelijke embleem het zwaartepunt van de boodschap ongetwijfeld van de tekst naar de prent verschoven, en dus van het opvoedkundige naar het speelse, de veronderstelling dat de moraliserende motto's alleen bedoeld waren als obligate lippendienst aan de protestantse orthodoxie zou al te gemakkelijk zijn. Luiken zelf nam ze wel degelijk serieus – zelfs op het dwangmatige af – en ook al voelden veel van zijn lezers zich bij dit en andere emblemataboeken meer aangetrokken tot het gedetailleerde naturalisme van zijn gravures en hun anekdotische raadgevingen, dan nog kon hun de moraal die eraan vastzat niet ontgaan. Zeker de helft van de zin, zo niet het plezier, van emblemataboeken bestond uit het ontrafelen van de vernuftige (of ingewikkelde) analogieën tussen de voorstellingen van de uiterlijke wereld en hun betekenis voor het innerlijk leven.

Het evenwicht, of de spanning, tussen lering en vermaak, onschuld en begrip, bescherming en vrije wil, in het paneel van Bosch maar ook in het embleem van Luiken had niet alleen te maken met godsdienstige geboden. Iedere ouder kent de tegenstrijdige neigingen tot overmoed en zekerheid, beweging en veiligheid, het molentje en het loophek die zich bij kinderen al op een verbazend jonge leeftijd voordoen. En hun reactie daarop is weer een verscheurdheid tussen het aanmoedigen van het ontluikende verlangen naar onafhankelijkheid en de angst voor de gevaren die eraan verbonden zijn. Veel van dit soort emblemen van Luiken vestigden de aandacht op die gevaren – in een wereld waar de volgende straat vol grachtwater stond – en op de beschermende rol van zowel aardse als hemelse ouders. Op een prent met een peuter die in een gracht dreigt te vallen, zwemt een zwaan voorbij die haar jongen beschermt, een van Luikens typerende en weinig subtiele toespelingen op het hoofdthema.[13] Op een van de vele tekeningen naar het leven die Rembrandt maakte in de jaren dertig, toen hij net zelf vader was geworden, wist hij het moment, tussen gretigheid en aarzeling, waarop de eerste stappen worden gezet, met een griezelige precisie te treffen. Terwijl het kind, compleet met 'valhoed' om het bij valpartijen te beschermen, voortschuifelt, spoort de jongere vrouw – misschien de moeder – het aan terwijl de oudere vrouw – een grootmoeder of een kindermeid – het tegenhoudt (zie p. 492).

In de republiek der kinderen

Wat is zy vaardig!

Jan Luiken, embleem uit *Des Menschen Begin, Midden ende Einde*, Amsterdam, 1712. Houghton Library, Harvard University

Hoewel het Rembrandt er (in tegenstelling tot Luiken) waarschijnlijk niet om ging om aan de hand van het gedrag van peuters en waakzame ouders een bespiegeling over het menselijk bestaan te geven, was het wel zo dat deze spanning tussen veiligheid en vrijheid (huis en wereld) in het centrum stond van al wat Nederlands was. Zonder de analogie te overdrijven kunnen we vaststellen dat de impuls om de wereld in te trekken, geld te verdienen en rijk te worden, te verkennen en te begrijpen, diep verankerd was in de mentaliteit van de jonge Republiek. Maar we kunnen eveneens vaststellen dat die impuls zijn kwetsbaarheid kende, en gehoor gaf aan de dominees die stelden dat de enige ware veiligheid bij de God lag die de Republiek omhoog had gestuwd en haar even gemakkelijk weer kon laten vallen als Zijn geboden werden genegeerd. De vergelijking berust niet op fantasie. In meer dan één historisch traktaat werden de Nederlanders Nederkinderen genoemd, naar analogie van de kinderen Israëls in wier kleed ze zich hadden gehuld. Deze vleiende metafoor van een vitale kindertijd was ook typerend voor andere protestantse staten die het verleden hadden verloochend – met name het puriteinse Britse Gemenebest – en zou model staan voor zowel de revolutionairen van Amerika als die van Frankrijk. Maar in de zeventiende eeuw was dit zelfbeeld niet per se republikeins. De republiek Venetië bijvoorbeeld koesterde zich in een soort van Methusalemcomplex,

Rembrandt, tekening, *Twee vrouwen en een kind*. British Museum, Londen

hechtte de grootst mogelijke waarde aan haar oudheid en lange bestaan en de hoogste macht was dan ook voorbehouden aan een exclusieve kaste van gerontocraten. In de angstige begindagen had de jeugdige Republiek zich trouwens tot een opeenvolging van vaders, *patri patriae*, Willem van Oranje en Oldenbarnevelt, gewend om hulp in de zwaarste tijden. Cats was zeer verguld met zijn bijnaam 'Vader' pensionaris en zedenmeester. Maar kort na het midden van de zeventiende eeuw was De Witt, een jonge man van in de dertig, pensionaris en was de prins nog maar een kind. En zeker een deel van de tragische gebeurtenissen die zich tussen hen afspeelden, betrof de opstand van de leerling tegen zijn leermeester, en van de jonge prins die de nagedachtenis aan zijn dode vader, Willem II, verhaalde op zijn pseudo-stiefvader, De Witt.

Zowel de specifieke deugden als de tekortkomingen van de Republiek hadden dus te maken met het jeugdige zelfbewustzijn. Volgens de dominees was de Republiek bij haar geboorte onschuldig aan de zonden van het verleden (zelfs die van protestantse heersers) en stond ze argwanend tegenover staten die zich beriepen op voorschriften. Maar in tegenstelling tot Peter Pan konden noch de natie, noch de individuen waaruit deze bestond, vermijden dat ze volwassen werden. En zo werd het probleem wereldse ervaring op te doen zonder de onschuld te verliezen, een onderdeel van de humanistische opvoeding van kinderen en van de publieke zaak van het gedrag van de staat. Het voorwoord van Luikens boek bevatte de opdracht:

> Gy Jonge Dochtertjes en Knaapjes,
> Eenvoudige en onnooz'le Schaapjes,
> Die op des werelds Speelbaan treed,
> Mogt gy u simpelheid behouden,
> Bevryd van 't looze arg der Ouden
> De opvoeding was aan u besteed.[14]

De kunst van een degelijke Nederlandse opvoeding bestond eruit om op een of andere manier het onderscheid tussen rijpheid en decadentie te handhaven. En telkens als de jeugdige deugd van de Republiek gevaar heette te lopen door de ontaarde zeden van de volwassenheid – een thema dat vooral geliefd was bij achttiende-eeuwse Nederlandse zedenmeesters – werd het verjongingsthema weer uit de kast gehaald. Omgekeerd werden in leerboeken voor kinderen, zoals Swildens' AB-boek (1775), kinderactiviteiten consequent verbonden met burgerplichten (zie p. 494). Zo wordt bij de E van Eendracht de rondedans van de kinderen een uitdrukking van de eenheid der verschillende delen van het gemenebest. Ze dansen rond de klimmende Nederlandse leeuw die de omheinde Republiek bewaakt, staande op een sokkel met de vrijheidshoed. Aangezien het de kinderen zijn die de republikeinse deugd zullen opbouwen, wordt een bak met bakstenen naar een gebouw gedragen met een figuur van de Vrijheidsmaagd vergezeld van Godsdienst en Voorspoed. En in een nog openlijker poging de wereld der kinderen te verbinden met hun toekomst als deugdzame republikeinse burgers, toont bij de letter N van Nederland een vader zijn kind het vaderland (met rechts onder de koloniën!), met de geruststellende boodschap: 'Nederland is uw Vaderland. *Veilig* [cursivering van mij] woont ge 'er in./Als gy groot zyt, hebt gy dáár ook uw huisgezin.'[15]

En het kan geen toeval of artistieke gril zijn dat op afbeeldingen van monumenten en graftomben van patriottische betekenis, zoals De Witte's schilderij van het graf van Willem van Oranje in de Nieuwe Kerk te Delft of Pieter de Hoochs schilderij van de Burgemeesterskamer in het Amsterdamse stadhuis, altijd familiegroepen voorkomen waarin kinderen een belangrijke rol spelen. Tenslotte waren zij de *spes patriae*, de hope des vaderlands, en hun aanwezigheid voor het graf van de vader des vaderlands was een soort les voor alle generaties over het belang van het historische erfgoed en de toekomstige opdracht. Wilde de Republiek overleven en bloeien, dan moesten de lessen van de patriottische katechismus er bij de kinderen ingehamerd worden. 'Om de Republijcke goede Borghers te geven, is meest gheleghen aan de opvoedinghe der kinderen,' schreef Van Beverwijck, en omgekeerd, 'de verdorventheyd van de Republijcken, komt door onachtsaemheydt ende versuym van goede opvoedinghe.'[16]

Ee   Ee

Eendragt is onze eerste Deugd, is ons dierste pand:
Daar door bloeit elk Huisgezin, en het gantsche Land.

Uit J.H. Swildens, *Vaderlandsch AB Boek*, Amsterdam, 1781. Houghton Library, Harvard University

Nn   Nn

Neêrland is uw Vaderland. Veilig woont ge 'er in.
Als gy groot zyt, hebt gy daar ook uw huisgezin.

Uit J.H. Swildens, *Vaderlandsch AB Boek*, Amsterdam, 1781. Houghton Library, Harvard University

Uit deze wirwar van analogieën, metaforen en symbolische overeenkomsten komen twee belangrijke waarheden naar boven. Ten eerste, de grenzen tussen de wereld der volwassenen en die van de kinderen aan wie ze zoveel tijd en aandacht schonken, waren uiterst vaag. Dus wanneer we kinderen keet zien trappen of een ogenblik rustig een of ander huishoudelijk karweitje zien doen, zijn dat niet alleen momentopnamen uit een familiealbum, maar ook taferelen uit het interieur van de Nederlandse denkwereld. Al projecteren we de angsten en innerlijke conflicten van de ouders op de kinderen, dan is het natuurlijk nog niet uitgesloten dat de Nederlanders, als cultuur, echt dol waren op hun kinderen. Er zijn trouwens vrij veel aanwijzingen dat ouders (en kindermeisjes) zowel meespeelden met de kinderen als hun mentors waren. Maar het wil wel zeggen dat gezien de alomtegenwoordigheid van het kind in de Nederlandse kunst – niet als allegorische putto of als het kindje Jezus – de verklaring van het verschijnsel veel complexer is dan dat de wereld van het kind plotseling 'wordt erkend'.

De tweede conclusie is dat het overheersende thema in de behandeling van kinderen – in kunst en letteren – de polariteit was tussen het opvoedende en het speelse, tussen lering en vermaak, tussen gehoorzaamheid en vrijheid, tussen veiligheid en onafhankelijkheid. En omdat dit thema geworteld was in de wereld der volwassenen, betekende het dat de beproevingen van een opgroeiende Nederlander misschien wel groter waren dan de beproevingen van iemand die elders opgroeide. Want het betekende in feite dat de volwassenheid (om van de Republiek nog maar te zwijgen) waar men naar toe groeide, werd beheerst door dezelfde dilemma's als de dilemma's die kenmerkend voor de jeugd heetten te zijn. Nederlands zijn betekende, althans in de zeventiende eeuw, gevangen zijn in een staat van wording: een soort eeuwige politieke adolescentie. Pas in de achttiende eeuw werden de Nederlanders daarvan bevrijd door het vroegtijdige verval van hun Republiek, alsof het gemenebest van jeugdige kracht zonder een tussenperiode van volwassenheid in zwakke ouderdom was overgegaan. En het werd er niet beter op toen in de jaren tachtig van de achttiende eeuw degenen die deze situatie betreurden op hun beurt als remedie opriepen tot een verjongingskuur, zodat de revolutie die ze aanstichtten zo aannemelijk was als een oude man met luiers om.

Maar dit betekent in ieder geval niet dat de overvloed aan kinderschilderijen in het zeventiende-eeuwse Nederland niets te betekenen had, dat het onveranderlijk codes waren voor die eerbiedwaardige humanistische obsessie: de dwaasheid met kennis overwinnen. Er zijn nu twee chronologische lijnen die de historici in de evolutie van het kind-zijn hebben gevolgd, vanaf de 'onzichtbaarheid' in de middeleeuwen tot de geliefde aanwezigheid in de achttiende eeuw. Philippe Ariès heeft betoogd dat kinderen pas werden losgemaakt uit hun volledige integratie in de middeleeuwse wereld, nadat ze het object van de opvoedkundige obsessie van de humanisten of dat van de vermakelijke manipulatie door de aristocratie waren geworden. De implicatie was dat ze onzichtbaar eigenlijk beter af waren dan zichtbaar, of althans dat de voordelen van de opkomst van de kindertijd als een afzonderlijke fase niet opwogen tegen de nadelen daarvan. Lawrence Stone en anderen na hem hebben de middeleeuwse periode van 'onzichtbaarheid' ontdaan van haar sentimentele karakter door te stellen dat het in feite een onverschilligheid uit zelfbescherming was met het oog op de vreselijke kindersterfte. De onverschilligheid werd opgevolgd door de scherpe controle van de 'patriarchale' maatschappij, waarna deze in de achttiende eeuw ontdooide tot het tedere sentiment van het kameraadschappelijke gezin.

Beide soorten beschrijving gaan enigszins mank aan een ongerechtvaardigde voorkeur voor een geologische classificatiewijze, die de periode van onzichtbaarheid laat volgen door de patriarchale cultuur en deze weer door de periode van affectie, zoals het Krijt gevolgd wordt door het Siluur, dat weer gevolgd wordt door het Cambrium. Want het antwoord op de vraag hoe kinderen in de Nederlandse cultuur worden weergegeven en wat dat ons zegt over hun betekenis voor die cultuur, valt moeilijk in de beschikbare tijdsindeling in te passen. Enerzijds is het, zoals we al zagen, ontegenzeglijk waar dat de angsten van volwassenen op kinderfiguren werden geprojecteerd. Dat betekende echter niet dat de wereld van het Nederlandse kind werd opgeslokt door de stereotiepe beelden van hun ouders. Stel nu eens dat juist het tegendeel het geval is – namelijk dat volwassenen hun eigen angsten en genoegens tot kinderafmetingen verkleinen, zoals Mr. Bultitude in de edwardiaanse zedenfantasie *Vice Versa* van Anstey – dan volgt daaruit dat in sommige omstandigheden het kinderspel in plaats van de vaderlijke vermaning overheerste. Dat is ook precies wat er gebeurde. Hoewel het vertalen van volwassen zaken in een kinderlijke vorm tot lering strekte, ging daarbij de ernst verloren. Zo ontstaat er een enorme verwarring van categorieën. In menig chaotisch huishouden van Jan Steen zijn de kinderen wereldwijs en klaarwakker, terwijl de volwassenen worden geplukt, in de olie zijn of zijn weggezakt in een toestand van verdoving. Hoe diep de frons ook was op het belerende gezicht van het christelijk humanisme of calvinisme over de dwaasheden van de jongeren, in de omgezette werkelijkheid moest ze wijken voor de ruwe kracht van het spel.

3   EX NUGIS SERIA: KINDERSPEL?

Uit niets blijkt de typische voorliefde van de Nederlandse cultuur voor kinderen en hun wereld beter dan uit de compendia van kinderspelen op doek, op papier en zelfs op muurtegels. Het genre schijnt in de Nederlanden te zijn uitgevonden, want hoewel er veel voorbeelden zijn van losse spelletjes die als anekdotisch of allegorisch detail zijn opgenomen in andere schilderijen uit de middeleeuwen en de renaissance, was de systematische, encyclopedische nauwgezetheid van de Vlaamse en Hollandse voorstellingen ongeëvenaard. De ijver waarmee men in elk spelletje en in de algehele compositie een specifieke opvoedkundige betekenis legde, moet ons niet blind maken voor het puur rabelaisiaanse genoegen in het compileren – de opsomwoede van de verzamelaar – dat zo kenmerkend was voor humanistische culturen. De drang om behalve flora en fauna ook menselijk gedrag te catalogiseren en classificeren teneinde de rijkdom en variatie van natuurlijke verschijnselen te ordenen, kwam in de beeldende kunst tot uitdrukking in de 'overvolle' bloemlezingen van Pieter Bruegel de Oude. Op een minder duizelingwekkend virtuoos niveau getuigden de prenten van Hieronymus Cock en Frans Hogenberg, die zich beiden in dezelfde Antwerpse kring van humanistische geleerden en verzamelaars bewogen als Bruegel, van deze obsessie met overdaad in wat tenslotte een zeer dicht bevolkt hoekje van het humanistische universum was.

Maar de serie *Kinderspelen* was meer dan gewoon maar een van de onderwerpen van taxonomische obsessie met het *theatrum mundi*, behorend bij de bloemlezingen van feestgewoonten in *De strijd tussen carnaval en vasten* en die van inheemse spreekwoorden in *De Blauwe Huik*. Je kunt deze onderwerpen nu eenmaal niet begrijpen alsof ze op zichzelf staan, zonder een tweede betekenislaag. We zijn nog niet beland in de wereld van de Verlichting waarin de materiële verschijnselen op (betrekkelijk) objectieve wijze worden geclassificeerd. Voor de verzamelaar uit de renaissance was het ordenen van kennis onlosmakelijk verbonden met het opzetten van normatieve hiërarchieën en onderscheiden in categorieën van deugd en van zonde, wijsheid en dwaasheid, goed en kwaad.

De schilderijenserie *Kinderspelen*, die op deze algemene regel geen uitzondering vormt, is door en door ambivalent ten opzichte van het schijnbare onderwerp. Het kinderspel is scherp geobserveerd, maar daarin worden somberder gedachten over de dwaasheid van de wereld uitgedrukt. Recente kunsthistorische interpretaties

In de republiek der kinderen

Delfts-blauwe tegel uit een serie met kinderspelen. Verzameling van de auteur

pleiten sterk voor ofwel een moraliserende ofwel een speelse interpretatie,[17] maar er is geen reden waarom die twee elkaar zouden uitsluiten. Het was aantoonbaar de essentie van de noordelijke renaissancestijl om geestigheid en lering bij elkaar te brengen. En in Rabelais' eigen opsomming van spelletjes in *Gargantua en Pantagruel* gaat het plezier van de humanist in het drukke verschijnsel samen met zijn passie de spontaniteit te onderdrukken door classificatie.[18] Evenzo belichamen de *Kinderspelen* de eeuwige conflicten tussen lering en vermaak, tussen gehoorzaamheid en vrijheid, tussen veiligheid en onderzoek, die de kern vormden van de houding tegenover het kind in die tijd. Door de spelen niet in een of ander denkbeeldig vacuüm van tijd en ruimte te plaatsen, maar in een topografisch betekenisvolle – en soms herkenbare – context, bijna altijd met een openbaar gebouw, een stadhuis of gildehuis, herinneren ze aan de burgerlijke en publieke deugden die een goede opvoeding het kind moest bijbrengen. Het is bijna of die openbare gebouwen – de abdij van Middelburg of het Binnenhof in Den Haag – de functie van opvoedkundige waakzaamheid vervullen, een woordloze schoolmeesterachtige aanwezigheid die toezicht houdt, het spektakel van ongeremde dwaasheid kritisch gadeslaat. Maar ze vormen een onbezielde aanwezigheid, bijna overstemd (vooral bij Bruegel) door allerlei bezielde dingen. En wanneer men van emblematische prenten overstapt naar het dubbelzinniger domein van schilderijen, kan men zich onmogelijk aan het gevoel onttrekken dat de ernst vaak door kattekwaad en vrolijkheid teniet wordt gedaan. Het werk van Jan Steen, maar ook dat van Jan Miense Molenaer en dat van diens vrouw Judith Leyster, heeft een schalkse innemendheid die alles eerder omlaaghaalt dan verheft, zodat het oorspronkelijke erasmiaanse model waarin vrolijkheid tot ernst moest leiden – *ex nugis seria* – zich tegen de auteurs keert als volwassenen worden gereduceerd tot peuters. En onmiskenbaar sloop in de relatie tussen leraar en leerling, die het humanistische en het calvinistische ideaal van het gezinsleven was, de meer kameraadschappelijke en ontspannen toon van een conversatiestuk binnen.

De klare taal van Jacob Cats bij zijn *Kinderspel*, die hij als voorwoord voor *Houwelijck* en sommige edities van *Silenus Alcibiadis* gebruikte, moest elke twijfel wegnemen dat deze drukke taferelen als meer dan beeldende compilaties waren bedoeld. 'Gy lacht,' zegt de dichter, 'en denkt, 't en is maer kinder-werk. Wel lacht...'

> ...Maer t' wijlje met de kinders lacht,
> So woud' ick dat je vorder dacht,
> Als datj' oock in dit eygen beelt
> Al mede met de kinders speelt.
> 'k En weet niet dat' er iemand leeft,
> Die niet sijn kintsche poppen heeft,
> Die niet by wijlen eens en malt,
> Die niet by wijlen eens en valt,...
> Dit spel, al schijnt'et sonder sin,
> Dat heeft een kleyne werelt in;
> De werelt en haer gantsch gestel
> En is maer enckel kinder-spel.[19]

Dit is volkomen in overeenstemming met de geest (zij het een zwakke echo) van het erasmiaanse intellectuele vernuft dat serieuze waarheden op geestige wijze voorstelt als het tegengestelde beeld: vrolijke dwaasheid. En het masker (let wel, dat van de tragedie, niet van de komedie) dat op Bruegels schilderij uit de bovenverdieping links hangt, de figuren die exact op het kruispunt van de diagonalen op hun kop hangen én de zeer opvallende figuur die links in het midden op zijn kop staat, vormen allemaal precies het soort oxymoronische visuele aanwijzingen dat het waarmerk was van wat de erasmiaanse figuurlijke stijl zou kunnen worden genoemd. Het is misschien anachronistisch om een zeventiende-eeuwse, bewust emblematische tekst te gebruiken om een zestiende-eeuws schilderij te ontcijferen, maar afgezien van het feit dat Bruegels schilderijen golden als het prototype van alle latere prenten met kinderspelen, lijkt het hoogst onwaarschijnlijk dat het humanistische Antwerpen zich niet zo aangetrokken zou hebben gevoeld tot de beeldraadsels en symbolische bloemlezingen die zeker tot in de eerste helft van de daaropvolgende eeuw populair bleven.

Hoe dan ook, het is niet aan mij om nog een interpretatie van Bruegels schilderijen te geven en daarmee bij te dragen aan een snel groeiende literatuur van interpretaties. Misschien is het wel een voorstelling van de stadia uit het leven van de mens of het kalenderjaar, of een commentaar op 'de rol van het toeval in het leven van de mens'. Als we de Bruegels vergelijken met de twee prenten van Adriaen van de Venne bij Cats' gedicht, met het gezicht op het Binnenhof in Den Haag, waarschijnlijk van Jan van de Velde II, en met andere emblemen en prenten als die van Roemer Visscher en, veel later, van Luiken, wat vertelt de hele *topos* ons dan over de Nederlandse houding ten opzichte van kinderen? Ten eerste zijn de kinderen van

In de republiek der kinderen

Pieter Bruegel de Oude, *Kinderspelen*, 1560. Kunsthistorisches Museum, Wenen

Bruegel weliswaar wat kleding betreft niet letterlijk volwassenen in het klein, maar de grens tussen volwassen en kinderlijk gedrag is opzettelijk vaag, zozeer dat sommige gezichten wel als vroeg wijs zijn beschreven. Die reactie is op zichzelf misschien te wijten aan een al te modern (of op zijn minst negentiende-eeuws) stereotype van het leuke kind, maar in andere studies van kinderen, waarin hun gelaatstrekken zeer goed uitkomen, levert dat een allesbehalve onwereldse jeugdigheid op. En dit is niet simpelweg een kwestie van beschrijvende conventies. De kinderen op de prenten van Jan Luiken zijn duidelijk de 'onschuldige lammetjes' van zijn tekst en zijn dan ook geïdealiseerd. Nederlandse schilders, misschien met name Jacob Gerritszoon Cuyp, die zich min of meer had gespecialiseerd in baby's met grote ogen, konden in opdracht hetzelfde geruststellende beeld reproduceren. Maar de kinderen van Molenaer, Dirck Hals en ten minste sommige van Jan Steen hebben blozende gezichten, rimpels rond hun ogen, gaten in hun tanden en weten over het geheel genomen meer dan goed voor ze is (zie p. 484).

Als Bruegel de bedoeling had de grens tussen volwassenheid en kindheid dubbelzinnig te verbeelden, kan dat alleen een manier zijn geweest om de moraal van elk spel kracht bij te zetten, precies als in zijn *Nederlandse spreekwoorden*, die bedoeld

Experiens Silleman naar Adriaen van de Venne, *'Kinderspel'*, uit Jacob Cats, *Houwelijck*, Amsterdam, 1628. Douce Prints Portfolio, Bodleian Library, Oxford

In de republiek der kinderen

Embleem uit Roemer Visscher, *Sinnepoppen*, Amsterdam, 1614. Houghton Library, Harvard University

waren om de dwaasheden van de volwassenen in kinderkleren te tonen. Met andere woorden, de verkleining, of liever projectie, was niet letterlijk maar figuurlijk. En terwijl Bruegels compendium van spelen nooit in volledigheid is geëvenaard – er zijn er eenennegentig geteld – werden de opvallende spelen ook steeds weer in prenten herhaald, en ze leenden zich ook het best voor herhaald moraliserend commentaar. Dus toen Cats zijn lijst van 'instructieve' spelletjes opstelde, dunde hij Bruegels overvolle tableau uit tot de spelletjes die iedereen direct aanspraken: hoepelen, steltlopen, bellenblazen, kopjeduikelen, blindemannetje, hobbelpaardrijden, spelen met molentjes, bikkelen, knikkeren en tollen, zowel met een zweep als met een koord. Er was ook het imitatiespel, speciaal voor meisjes – huisvrouwtje spelen en met poppen spelen – en in een versie van de prent door iemand met een prachtige naam, Experiens Silleman, een namaakparade van de schutterij. Cats voegde ook nog een belangrijk tijdverdrijf toe dat in Bruegels compendium ontbreekt – vliegeren – wat de hoogmoed symboliseerde, een symbool dat in de latere prent werd versterkt door de 'voor en na'-techniek, waarbij zowel het hoogvliegen als de daaruit voortkomende ramp van het gebroken koord werden afgebeeld.

Typerend voor Cats is dat hij niemand in twijfel liet over de emblematische betekenis van elk van de spelletjes, en zijn spelenderwijs leren maakt alle raadgevingen vreugdeloos en soms verbazend inconsequent. Zo symboliseerden de tollen, die pas draaiden als de zweep erover ging, de pijn en moeite die het kostte om iets te bereiken in het leven. Anderzijds symboliseerde het molentje, dat alle kanten op draait

Uit J.H. Swildens, *Vaderlandsch AB Boek*, Amsterdam, 1781. Houghton Library, Harvard University

J j   J j
Jeugd, gy ziet u zelve hier. Leer by deze print,
Welke spelen 't nutste zyn voor een Neêrlands kind.

om de juiste wind te vinden, een ongewenste ongedurigheid. Sommige spelletjes, zoals steltlopen en hobbelpaardrijden, waren zo onmiskenbaar verbonden met een bepaalde moraal – die van opklimmen op de sociale ladder en aanmatiging -- dat verwarring uitgesloten was. Ballonnen en blaasballen stonden voor de opgeblazen leegte van aardse zaken, en zo symboliseerden zeepbellen al sinds mensenheugenis de kortstondigheid van de schoonheid en/of de vluchtigheid van de kindertijd. Maar de zedenmeesters waren het even vaak oneens over de betekenis van bepaalde tijdverdrijven. De hoepel bij Roemer Visscher symboliseerde de nietigheid van het leven, terwijl de hoepel voor Cats het symbool was van eeuwige voorspelbaarheid en de omwenteling van de hemellichamen.

Wat valt er nu uit al deze moralen op te maken? Een groot aantal weerspiegelt wel degelijk het thema dat, zoals ik al zei, een blijvende preoccupatie van de humanistische en trouwens ook calvinistische lessen over het kind vormde: de spanning tussen lering en vermaak en tussen gehoorzaamheid en vrije wil. Het vliegerende kind dat ziet hoe zijn 'hemelbestormer' in de modder valt en, om met Cats te spreken, niets meer dan wat papier wordt, de verwaandheid en ijdelheid van de steltloper, de bravoure van de haasje-overspringer en de eigenzinnigheid van een kopjeduikelaar of van iemand die op zijn hoofd staat, duiden allemaal op overtredingen van de gulden regel van de humanisten: matigheid. Voor calvinisten zullen ze het symbool zijn geweest van een verdorven vastberadenheid om tegen Gods gebod in te gaan of, zoals de blindemannetjespelers, van de dwaasheid van in het duister tasten.

In hun negatieve betekenis moeten de spelletjes dus tot lering strekken door naar hun tegendeel te verwijzen, hoewel spelletjes die golden als voorbeeld voor correct gedrag een positieve moraal hebben: discipline en volharding zoals bij het tollen en

In de republiek der kinderen

Jan Steen, *Zoals de ouden zongen, piepen de jongen*. Philadelphia Museum of Art

touwtjespringen. Ook Swildens gebruikte het thema nog eens in zijn AB-boek en vroeg van het lezende kind om – met enige hulp van de graveernaald – onderscheid te maken tussen spelletjes die ''t nutste zyn voor een Neêrlands kind' en de spelletjes die dat niet waren.

Het inzicht dat deze verwarring van volwassen dwaasheid en kinderlijk vermaak zeer dubbelzinnig is, maakt ons niet veel wijzer. Er is hier zonder meer sprake van twee volkomen verschillende commentaren, maar door hun gemeenschappelijke symbolische vocabulaire zijn ze zeer moeilijk te ontwarren. In de eerste opvatting is de kindertijd een voorspel tot de volwassenheid, dat echter onmisbaar en van vitaal belang is en waarin, als het goed gaat, alle noodzakelijke eigenschappen van een deugdzaam burger kunnen worden gevormd en bestendigd. Het commentaar heeft dan ook een sturende en opvoedende toon; spelletjes zijn pedagogische leermidde-

Leert het u kinderen niet.

Embleem *'Leert het u kinderen niet'*, uit Roemer Visscher, Sinnepoppen, Amsterdam, 1614. Houghton Library, Harvard University

len in 's werelds grote morele leslokaal. In de tweede opvatting zijn spelletjes slechts de spiegel van de onverbeterlijke dwaasheid der volwassenen. En die opvatting is laconiek, stoïcijns en satirisch, terwijl de tegenovergestelde opvatting enthousiast en daadkrachtig is. Ze houdt zich meer bezig met ondeugden dan met deugden en ziet de kindertijd niet als een mogelijkheid tot vorming maar als het onvermijdelijke samenraapsel van onverbeterlijke menselijke dwaasheden. 'Zoals de ouden zongen, piepen de jongen', dat beroemde Vlaamse spreekwoord, werd steeds opnieuw in beeld gebracht, en door één kunstenaar, Jan Steen, verschillende keren. Waar de eerste opvatting vooruitkijkt met optimistisch hervormingsgeloof, kijkt de tweede opvatting met pessimistische aanvaarding uit de volwassenheid terug.

Deze twee verschillende, maar niet geheel losstaande opvattingen van de kindertijd komen natuurlijk overeen met de twee temperamenten die, net als Heraclitus en Democritus, samenkomen in het vrolijke en het sombere mombakkes van het noordelijke humanisme. Spelletjes als vorm van stichting horen bij de Erasmus van *De civilitate morum puerilium libellus*. Spelletjes als spiegel van de dwaasheid der volwassenen behoren tot de stemming en stijl van zijn *Encomium moriae*. En zoals beide temperamenten kenmerkend waren voor het gedachtengoed en de literatuur van het noordelijke humanisme, zijn beide ook weergegeven in de spelletjesseries

Schoon voor-doen is half verkocht.

Embleem uit Jacob Cats, *Spiegel van den Ouden en den Nieuwen Tyd* in *Alle de Werken*, Amsterdam, 1659. Houghton Library, Harvard University

op schilderijen en prenten, ook al ging dat soms ten koste van samenhang en duidelijkheid. Want zowel de belerende als de satirische richting gaan ervan uit dat de dwaasheid onvermijdelijk en verbeterbaar is – 'dit is wat kinderen doen, we hebben het zelf ook gedaan' – en als het nóóit werd gedaan, hadden we ook geen tegenvoorbeeld nodig om ons gedrag te corrigeren. De strengste moralisten van de renaissance, zelfs Calvijn, vertelden graag over hun eigen dwaasheden in hun jeugd, natuurlijk om des te beter een lichtend voorbeeld te kunnen zijn voor een zuiverder weg, maar met de implicatie dat toekomstige generaties de fouten van het verleden zouden herhalen.

Niets in de Nederlandse weergave van kinderspelen in de zeventiende eeuw – in schilderijen, in prenten of zelfs in de teksten van emblematabocken – verheldert deze ongerijmdheden, tegenstrijdigheden en dubbelzinnigheden. Het lijkt vruchteloos te zoeken naar, laat staan te geloven in een uitsluitend morele of speelse inter-

Kinderspel uit Cats, *Alle de Werken*, Amsterdam, 1650. Bodleian Library, Oxford

pretatie van deze voorstellingen, ook al zijn er voorbeelden die nadrukkelijk in een van beide richtingen lijken te wijzen. Neem het schilderij van twee kaartende kinderen van Dirck Hals (zie p. 484). Zo te zien lijkt het een klassiek voorbeeld uit Visschers emblematische kleine zedenles waarin het kaartspel en de dobbelsteen fungeren als een soort contrapedagogie.[21] En het staat ook vast dat men speelkaarten en dobbelstenen – nog afgezien van de associatie met slechte milieus, geldzucht en geweld – bijzonder gevaarlijk vond omdat ze verslavend werkten en mensen van hun wil en verstand beroofden, waardoor de duivel, in de gedaante van Fortuna, de macht kreeg over de christelijke weg. Terwijl die weg rechttoe rechtaan was, kruipt de weg van Fortuna als een kreeft, kronkelig en zijwaarts. En desondanks is het kattekwaad van de kinderen in het schilderij zo vertederend en zo zonder enige dreiging of vervloeking weergegeven, dat de levensechtheid de morele verantwoordelijkheid weer op de schouders van de volwassene legt. Dus de bedoeling mag opvoedkundig zijn geweest, het effect is licht satirisch.

En zelfs de onvermoeibaar belerende Cats ontkwam er niet aan speelgoed te gebruiken als een volkomen onschuldige lofzang op kinderplezier. Want een van de weinige gebiedende in plaats van verbiedende emblemen is geïllustreerd met een marktkraam overladen met allerlei speelgoed, molentjes en hobbelpaarden, trommels en poppen. En in dit geval behoort de moraal, *Schoon Voortgedaen is half Vercocht*, niet tot de wereld van de gekastijde ziel maar die van primitieve verkooptechnieken. Voor één keer vooronderstelt de moraal niet de schuld maar de onschuld van kinderlijke voldoening.[22]

Als er zelfs in de emblemataboeken dubbelzinnigheden voorkomen, is het morele gehalte van schilderijen dan niet nog veel onzekerder? In veel kunstwerken met speelgoed, heel of kapot, wordt de morele betekenis verdrongen door de speelse uitvoering. Als er nog sprake is van lering, geldt die niet de kinderen maar de volwassenen. Terwijl het kattekwaad dat kinderen uithalen niet geheel wordt goedgepraat, wordt het meer voorspelbaar en minder laakbaar. Het besef dat de kinderen het slechte voorbeeld van de volwassenen volgen maakt het des te erger. En terwijl bij de kleintjes schelmenstreken misschien onvermijdelijk zijn, zo wordt in de schilderijen gesteld, zijn ze bij u absoluut laakbaar.

Ook is het niet eenvoudigweg een kwestie van persoonlijke moraal. Want het feit dat de spelletjes in een openbare context zijn geplaatst, schept nog een doelbewust contrast tussen het kinderspel en de ogenschijnlijke *gravitas* van de wereld der volwassenen. Bruegels tafereel schijnt tegen de achtergrond van een archetypisch gildehuis te zijn geplaatst, maar in het geval van de prenten hoeven we niet te gissen. Alma Tadema, kennelijk iemand met een scherp oog en een goed geheugen, heeft voor de onwetenden met potlood op het folio-exemplaar in de Bodleian Library geschreven: 'Dit is het stadhuis van Middelburg' en om te voorkomen dat iemand anders de eer zou opeisen, heeft hij het bijschrift gesigneerd! Hij zat er net naast, want het tafereel op de vroegere prent is gesitueerd op het Abdijplein waar Cats en Van de Venne hun vroege jaren doorbrachten – te midden van Zeeuwse kringen die een buitengewoon vrome mengeling van calvinisme en humanisme aanhingen. Het tafereel van Silleman (zie p. 500) is gesitueerd in Den Haag dat, interessant genoeg, Cats' bestemming zou worden als raadpensionaris van Holland onder stadhouder Frederik Hendrik. Het is een gezicht op het door bomen omzoomde Voorhout vanaf de Kneuterdijk, zodat de imposantste, met hof en staat geassocieerde gebouwen van het Binnenhof rechts buiten de lijst vielen. De prent van Jan van de Velde II daarentegen, in het gebruikelijke liggende formaat van stadsbeschrijvingen en lofzangen, biedt wel een uitzicht op de Hofvijver en het Binnenhof (p. 508-509).

Het is natuurlijk mogelijk dat deze stadsgezichten topografisch kloppen. Het is een feit dat op openbare plaatsen spelletjes werden gespeeld – bijvoorbeeld op het Neude in Utrecht – en soms klaagden kerkeraden zelfs dat er kaatsballen en windballen tijdens de zondagsdienst voor de kerk heen en weer vlogen. Maar zelfs de meest fervente aanhanger van de naturalistische interpretatie moet het opvallen dat er uitsluitend kinderen op deze plekken voorkomen – in tegenstelling tot bijvoorbeeld een winterlandschap van Avercamp waarop kinderen en volwassenen, van alle rangen en standen, min of meer realistisch op hetzelfde schilderij zijn weergegeven. Openbare ruimten zijn echter juist met opzet voor kinderen gereserveerd, omdat hun gedrag, positief en negatief, wordt geanalyseerd in het licht van hun beginnende burgerschap in het gemenebest. In de prent van Jan van de Velde moeten de kinderen de ruimte wel delen met volwassen figuren, zoals ruiters en wandelende paartjes. Maar die zijn alleen toegelaten als onderdeel van het opvoedkundige schema. Zo staat de opvallendste ruiter verdacht dicht bij een bellenblazend jonge-

tje en een armetierige zwerver richt zich tot een jongen op stelten, een symbool van ijdele eerzucht. Het zijn niet zomaar kleine bruidjes of kleine soldaatjes, maar vooral kleine burgertjes, in de meest letterlijke zin van het woord. Vandaar de belangrijke plaats van de schuttersparade in de prent (zie detail p. 510) en de duidelijke indeling naar geslachten. 'Siet hoe de mensch seyn eygen aert oock in de kintsheyt openbaert.'[23] Het feit dat de opvoeding van meisjes van generatie op generatie wordt doorgegeven, komt tot uitdrukking in de aanwezigheid van zowel een moeder of kindermeisje met een echte baby als een jong meisje dat met een pop speelt, een speelgoedwieg, keukengerei en andere attributen van haar onontkoombare bestemming als een van de heroïsche huisvrouwen van Cats. En dit voorbeeld van de scheiding der geslachten op grond van hun respectievelijke bestemming werd een vast motief in familieportretten, vooral in de uitgesproken calvinistische familiegroepen. Terwijl de meisjes zich bekommeren om hun eigen domeintje, krijgen de mannetjes te horen wat hun plichten zijn in de verdediging van het gemenebest.

> Het meysje speelt met poppe-goet,
> Het knechtje toont een hoger moet;
> Het meysje doet de wiege gaen,
> Het knechtje laet den trommel slaen;
> Het meysje speelt met kleyn beslag

In de republiek der kinderen

Jan van de Velde II (?),
Het Hof van Hollandt.
Douce Prints Portfolio,
Bodleian Library, Oxford

Dat tot de keucken dienen mag;
Het knechtje met een swacke lans
Naer wijse van de rouwe mans
Het weet dog dat'et Hollants bloet
Het lant met wapens houden moet.[24]

Deze taferelen verbeelden dus evenzeer burgerzin als persoonlijke moraal, maar zeker niet een begripsmatig onafhankelijke kinderwereld die losstaat van de beslommeringen van de volwassenen, met een eigen 'schouwtoneel'. Zoals Cats ze formuleert vormen ze een sterk pleidooi voor het feit dat de ruimte en tijd van kinderen door de wensgedachten van volwassenen zouden zijn gekoloniseerd. Maar er waren ook spelletjes die universeler en eeuwiger waren dan die met speelgoedtrommels en keukengerei en die nooit hun speelse en opvoedkundige symboliek verloren. Ze behielden die symboliek zelfs zo goed dat ze tegen de tijd dat de westerse cultuur de speciale *waarde* van het kind-zijn als een *uitstel* van de volwassen verantwoordelijkheden – met andere woorden de betekenisloze, zorgeloze speelsheid – ging zien, in precies de tegenovergestelde zin van die van de renaissancepedagogie kon worden gebruikt.

Er moet een soort paradox in zitten dat het meest blijvende beeld van onschuldig spel de zeepbel was. Oorspronkelijk had de bel ook gefungeerd als een ander beeld,

Detail van afbeelding p. 500

dat van onbestendige vergankelijkheid en leegheid – *speculum fallax* – de bedrieglijke spiegel als metafoor van het bedrog van de wereld, geen solide maar een lege en vluchtige bol. Soms komt de zeepbel voor naast andere beelden van de wereldse ijdelheid, zoals in Molenaers bellenblazer bij de blondgelokte Vrouw Wereld. En in dit opzicht hadden zowel de symbolische functie als de concrete verschijningsvorm direct te maken met de ballon en opblaasbare blaasbal die ook voorkomen in de serie *Kinderspelen*. Op het hoogtepunt van de renaissance ontbrak op geen enkele voorstelling van de lichtzinnige jeugd de bellenblazer, blazend in een mossel of vaker nog in een sint-jakobsschelp, zodat de iriserende schoonheid en ijle vluchtigheid van de bel bijna een embleem voor de kindertijd zelf werd.[25] Frans Hals gebruikte het beeld in talloze variaties op het thema als attribuut van zijn roodwangige jongetjes, die nu eens bellenblazen, dan weer in een bel zitten, en soms wordt de bel alleen gesuggereerd door de tondovorm en de naar de bolvormige lijst wijzende vinger.[26] En in overeenstemming met de door ons telkens weer geconstateerde dubbelzinnigheid van dat beeld bekoorde de bel niet alleen door haar schoonheid maar wekte ze ook een sterk voorgevoel van het abrupte einde ervan. Cats had een bijzonder talent voor het omzetten van een poëtische observatie in een prozaïsche gemeenplaats:

> Let op het kint dat bobbels blaest,
> En siet hoe seer het is verbaest,
> Om dat het opgedreven quijl
> Alleen maer duurt een korte wijl.[27]

In de republiek der kinderen

Jan Miense Molenaer, *Vrouw Wereld*, 1640. Toledo Museum of Art

Andere zedenmeesters zagen in navolging van de *Adagia* van Erasmus de bel niet zozeer als symbool van het kortstondige plezier van de kindertijd als wel van de vergankelijkheid van het aardse leven. De remonstrantse godgeleerde Uytenbogaert maakte er een ietwat gewaagde toespeling op in een preek voor het hof van de stadhouder, toen hij zei dat de mens niets anders is dan een bel die kinderen met een mosselschelp blazen, die rondom glanst... maar die in een ogenblik verdwijnt en weg is.[28] En het was bijna zeker deze standaardvroomheid die het model van het portret van Cornelis Ketel uit 1574 ertoe bracht zich op de achterkant als bellenblazer te laten schilderen.

De bel was dus een volmaakt symbool voor de Nederlandse opvatting van de kindertijd: een beeld dat zowel lichtheid als gewichtigheid weerspiegelde, dat zweefde als kinderdromen en uiteenspatte zoals ook de kindertijd zelf tot een einde moest komen. Het was een metafoor van kindertijd en volwassenheid, van lering en vermaak. En de bijbetekenissen moeten zo bekend zijn geweest dat Molenaer de jong-

Frans Hals, *Bellenblazende jongen*. Plaats onbekend

ste zoon in een familiegroep (met gelaatstrekken en een houding die sterk doen denken aan die van de *Vrouw Wereld*) met een sint-jakobsschelp-bellenvanger kon afbeelden zonder nadere visuele aanduiding. In een schilderij dat zowel eerdere als toekomstige generaties wilde aanduiden, was het een heel toepasselijk, zij het niet bijzonder opwekkend beeld.

Hoeveel van deze semantische dubbele bodems gehandhaafd bleven in de beelden, is moeilijk te schatten. De beelden die bleven, met name in de tweede helft van de zeventiende eeuw, lijken meer ondubbelzinnig gericht op de dromerige, ontspannen, speelse aspecten van bellen, ballen en ballonnen, op lucht en iriserende schittering dan op de somberder bijbetekenissen. Het kan zijn dat een bellenblazer van Gerard Dou de korte duur van zijn jeugd en schoonheid overdenkt, maar de stemming van het portret lijkt verre van weemoedig. In een soortgelijke studie voegt Netscher aan de engelachtige schoonheid van zijn zoon Constantijn in het palet van de jongen het element toe van een geijkt commentaar op de vluchtigheid van geschilderde schoonheid. Toen ongeremd plezier in materiaal en textuur de morele bespiegelingen die de schilderijen ooit hadden opgewekt, gingen overheersen en ten slotte verdrongen (zowel in stillevens als in genreportretten), werden de achttiende-eeuwse bellenblazers verlost van de morbide melancholie die hun voor-

Dirk de Bray, *De maand mei*, houtsnede naar Jan de Bray, Almanak voor 1666. Gemeentearchief Haarlem

gangers verbonden. In overeenstemming met de achttiende-eeuwse sentimentele opvatting van de kindertijd als een toestand van onbezoedelde onschuld stijgen de bellen uit die periode niet op in de moraliserende emblemata maar in de fantastisch lichte en luchtige houtsnede van Dirk de Bray. Daar zweven de bellen, tot verrukking van de kinderen, weg over een idyllisch meilandschap als een beeld van onbegrensde vreugde dat bijna vooruit lijkt te lopen op de victoriaanse wensdromen over de eeuwigdurende kindertijd.

Tegen de tijd dat de bel verder zweefde door de bedwelmende stratosfeer van de victoriaanse weeïge sentimentaliteit had ze niet alleen haar renaissancesymboliek verloren maar zelfs de omgekeerde betekenis gekregen. Ze was niet meer het symbool van de kortstondigheid, ontroering en gedoemde gratie van de kindertijd, maar juist van de bestendigheid ervan, van een zorgeloze idylle à la Peter Pan: het sprookjesland waar geen enkele bel uiteenspat. De laat-negentiende-eeuwse Haagse schilder Jacob Maris wijzigde de formule enigszins door in een aquarel van twee jonge meisjes iedere associatie met de sterfelijkheid achterwege te laten. Voor Millais en voor de zeepfabrikanten, de gebroeders Lever, die het beeld exploiteerden, en voor de liedjeszangers die 'Ik blaas voor altijd bellen' kweelden, waren de frisse engelachtige kindertjes (want ze hadden bijna weer vleugeltjes) precies het tegendeel van de zestiende- en zeventiende-eeuwse erasmiaanse originelen. Hun bellen hadden *contemptus mundi* uitgedragen: kennis van de ijdelheid van de wereld, maar evenzeer een voorbeeld van de onontbeerlijkheid van wereldse kennis om tot dit inzicht te komen. De victoriaanse 'bellen' – want hier was het kind één met zijn speeltje – bleven voor eeuwig onaangetast door de bezoedelende wereld. En toen de zeep van bellen in sneeuwwitte vlokken veranderde, konden de reclamemakers over een kant-en-klare traditie van het onbezoedelde kind beschikken. 'Hoe zalig nog een kind te zijn!' dweept de Lux-advertentie. Laat de kinderen naar hartelust ravotten, Lux maakt de vuilste kleren weer brandschoon.

Deze kennelijk volmaakte scheiding tussen idyllische jeugd en wereldse werkelijkheid had niet verder af kunnen staan van de zeventiende-eeuwse kijk op kinde-

Advertentie voor Pears-zeep met J.E. Millais' *Bubbles*. Verzameling van de auteur

Advertentie voor Lux-zeep, jaren 1930-1940. Verzameling van de auteur

ren in Nederland. Als hun kinderen meer gekoesterd werden dan ooit in enige andere Europese cultuur, kwam dit voort uit een bepaald zelfbeeld dat hen obsedeerde: een beeld waarin ze zichzelf zagen als kinderen die zich een weg door het leven proberen te banen. Maar waar de Nederlanders althans probeerden iets te doen aan de moeilijkheden van kinderen geplaatst in een harde wereld (in plaats van opgesloten in een kinderkamer), sloot de ernst waarmee ze dat deden gevoel en affectie niet uit. En Nederlandse kunstenaars die wilden weergeven hoe baby's aan de borst lagen of geliefkoosd en bewonderd werden, hoefden voor deze vrijmoedigheid niet terug te vallen op de Heilige Familie. Het is duidelijk dat de Nederlanders in de gezinsliefde hun beste eigenschappen belichaamd zagen, en daarin schuilt een belangrijk raadsel van hun familiecultuur.

4   VEILIG(E) KINDEREN MAKEN: HET DAGBOEK VAN EEN
     NEDERLANDSE VROEDVROUW

Wat was de definitie van een nachtmerrie voor een zeventiende-eeuws Nederlands gezin? Een houtsnede uit een van de eenvoudigste en meest populaire gezondheidshandleidingen in duodecimo voor het gezin, *Schat der Armen* van Heijman Jacobi, geeft hierop het antwoord (zie p. 516). We zien de grimmige gestalte van de Dood die, terwijl de moeder slaapt, een gebakerde pasgeboren baby uit de wieg haalt. De goede dokter staat niet stil bij de inhoud van de nachtmerrie, maar gaat opgewekt over op de verschillende oorzaken (vet en ziek makend voedsel) van 'diepe dromen' en de aangewezen remedies. Maar de prent zelf is veelzeggend in haar ontroerende eenvoud. Want in een klein kader vertelt ze ons over een wereld van familieliefde: over moeders wier baby's gewoonlijk naast hun bed sliepen, over hun grootste angsten. De figuur in de kleine prent is een demon, een naar spookbeeld, maar de wiegedood was in het vroeg-moderne Europa maar al te reëel.

Met name Lawrence Stone heeft erop gewezen dat ongehoord grote kindersterfte leidde tot een soort gevoelloosheid uit zelfbescherming bij ouders en kinderen, die zich uitte in een stoïcijnse berusting of zelfs onverschilligheid.[29] En het feit dat ze zich tederheid ontzegden, stond meer kameraadschappelijkheid tussen ouders en kinderen in de weg. In het zeventiende-eeuwse Nederland, net als in het puriteinse Engeland, zijn er bewijzen te over voor deze trieste machteloosheid tegenover de ondoorgrondelijke wegen des Heren. Toen de neef en nicht van de vrouw van Johan de Witt in 1660 hun dochtertje dreigden te verliezen, schreef hij de ouders dat ze zich moesten verlaten op hun liefde, geloof en standvastigheid in het aanvaarden van Gods wil en moesten begrijpen dat het zeer onredelijk zou zijn om ons eigen kleine plezier in kinderen te verkiezen boven het eeuwige geluk dat hun ten deel valt als ze ons verlaten. Toen zijn eigen Catharina in 1667 op zevenjarige leeftijd stierf, schreef hij zijn familieleden: 'Wy weten dat het ons toestaet in dese ende in alle andere toevallen ons gewillichlijck te onderwerpen de dispositie van Godt Almachtich.'[30] Maar – en ik denk dat dit een groot maar is – een dergelijke reactie had eerder te maken met een calvinistische theologische regel dan met een demografische bepaaldheid en, wat belangrijker is, betekende allerminst dat het verdriet bij het verlies van deze 'onnozele schaapjes', zoals ze steeds werden genoemd, niet werd geuit. De brief waarin De Witt zijn familieleden troost en de brieven waarin hij de dood van zijn eigen 'dochterken' bekendmaakt, waren formele uitingen van standvastigheid en christelijke gehoorzaamheid. Maar het feit dat er talloze condoléancebrieven werden verstuurd en ontvangen wijst niet bepaald op een algemene onverschilligheid tegenover kindersterfte. Historici leiden uit variaties in ceremoniële vormen al te gemakkelijk een emotionele inhoud af. En het is een feit dat de Calvinistische Kerk voor de begrafenis van een kind het eenvoudigst mogelijke begrafenisritueel voorschreef. In de gravure bij de uiteenzetting over begrafenissen

Anonieme houtsnede uit Heijman Jacobi, *Schat der Armen*. Houghton Library, Harvard University

toont Le Francq van Berkhey een minimum aan treurenden bij de kleine kist, een frappant contrast met de pracht en de lengte van de begrafenisstoet van een patriciër.[31] Maar deze formele zuinigheid hield niet in dat de dode kinderen in de collectieve herinnering van de familie naar een soort therapeutische vergetelheid werden verwezen. In sommige gevallen werden ze vereeuwigd op een wijze die bepaald preromantisch of sentimenteel lijkt. Op schilderijen van familiegroepen, van Maes en Jan Mijtens bijvoorbeeld, werden de 'verloren zielen' van overleden baby's herdacht door ze als engelen in de hemel boven de levenden te laten zweven.[32] En kleine kinderen kregen in veel andere opzichten dezelfde uiterlijke en innige uitdrukking van verdriet als degenen die langer hadden geleefd. Zelfs in 'gezellige' genretaferelen, zoals Netschers *Moeder met kinderen*, dringt de angst om de veiligheid van kinderen door, want de kunstenaar heeft, niet zonder opzet, op de achterwand een *Kindermoord te Bethlehem* afgebeeld (zie p. 519).

Misschien vormt een literaire bron wel het meest opmerkelijke getuigenis van de angst van ouders dat hun kindertjes zullen sterven. In 1632 en 1633 verloor de dichter Vondel eerst een eenjarig zoontje en vervolgens een achtjarig dochtertje. Over beide gebeurtenissen schreef hij gedichten, die voor hemzelf en zijn vrouw evenzeer een therapie als herinnering waren. In beide komt de emotie en smart opmerkelijk direct tot uiting. Maar nog verrassender is (ervan uitgaande dat de ouders zich tegen deze verliezen wapenen met emotionele onverschilligheid) dat in beide gedichten wordt verondersteld dat de moeder van de kinderen gebukt gaat onder een haast ondraaglijk verdriet. De gedichten zijn als troost bedoeld, maar in beide worden de tranen en weeklachten van de moeder duidelijk vermeld en ontbreekt iedere toespeling op een stoïcijnse aanvaarding van de ondoorgrondelijke goddelijke wil. Het eerste gedicht, 'Kinder-Lyck', een gruwelijke woordspeling, was gericht aan zijn zoon 'Constantijntje, 't zaligh kijntje'. En het was nog oorspronkelijker doordat het kind vanuit de hemel tot zijn treurende moeder sprak.

Nicolaas Maes, *Een koopman uit Dordrecht met vrouw en kinderen*, 1659, 112 × 154,5 cm. North Carolina Museum of Art

Moeder, zeit hy, waarom schreit ghy?
Waarom greit ghy, op myn lijck?
Boven leef ick, boven zweef ick,
Engeltje van 't hemelrijck.[33]

In onze ogen is dit misschien walgelijk sentimenteel, maar juist dit 'moderne' of 'victoriaanse' element in de sentimentaliteit is zo opvallend en duidelijk in tegenspraak met alle ideeën over christelijk fatalisme bij de dood van kinderen. Vondel was weliswaar geen calvinist, en zou later katholiek worden, maar zijn ethiek en gevoelens waren volkomen representatief voor de Nederlandse burgerij die opdrachten gaf om hun dode baby's als cherubijntjes aan de hemel te schilderen.

Het tweede gedicht van Vondel, 'Uitvaert van mijn dochterken', is nog onthutsender. Om het verlies van zijn kleine meisje beter te kunnen verdragen verdringt Vondel de herinnering aan haar en haar persoonlijkheid niet, maar gebruikt precies de tegenovergestelde emotionele strategie: loutering door totale herinnering. Het gedicht is voor een groot deel een getrouwe en realistische herinnering aan het kind dat lacht, hinkelt en op straat of met haar popjes speelt. Afgezien van de sentimentaliteit is het bijna te schrijnend om te lezen, culminerend in het levendige beeld van de rouwkrans uit groene en gouden bladeren op haar dode voorhoofd. Dit was hoe dan ook geen gevoeligheid die zich door sublimatie tegen de dood wapende.

Omdat we er redelijkerwijs van uit kunnen gaan dat de demografische werkelijkheid van leven en dood in de Republiek even grimmig was als elders in het stedelijke

Europa, en dat de overheersende, althans gepropageerde houding tegenover kinderen eerder zachtaardig dan hardvochtig was, lijkt de twijfel aan de morbiditeit van de cultuur gegrond. In feite zijn er veel aanwijzingen dat de levens van kleine kinderen, hoe kwetsbaar ook voor ziekte en epidemieën, eerder veel dan weinig waard waren voor de Nederlanders. Met de geboorte van een kind kwam het gelukkige gezin in een soort toestand van burgerlijke zegen. Er werd een 'kraamkloppertje', van papier en kant op de deur bevestigd om het geslacht aan te duiden en het kloppertje werd het zoveelste decoratieve object waarin talloze plaatselijke variaties bestonden: even verfijnd en gedetailleerd uitgewerkt als andere huiselijke en burgerlijke fetisjen, zoals de drinkhoorn of de hoedespeld. Bovendien luidde het kloppertje, samen met de vaderschapsmuts, een periode in waarin het huisgezin was vrijgesteld van bepaalde belastingen en accijnzen.[34] De geboorte was dus een half-openbare aangelegenheid, waarbij de buurt betrokken was en talloze feesten en partijen de eerste hoogtijdagen van het kind markeerden.[35]

De plaatselijke gemeenschap stond dus allerminst onverschillig tegenover het lot van haar schatjes. Zoals we zagen op de prenten van Jan Luiken, vormden ongelukken een even grote bron van angst voor de ouders als nu. En soms werden voermannen of koetsiers die kinderen verwondden, streng gestraft, zelfs al konden ze bewijzen dat de kinderen voor hun wielen waren gelopen. In 1664 reed Joost Hendricksz., een voerman in Den Haag, een jongetje aan waarvoor hij drie dagen op water en brood werd gezet in het cachot van de stad en bovendien een aanzienlijk bedrag moest betalen voor de leertijd van de jongen.[36] Kindermoordenaars – die weliswaar zelden voorkomen in de verslagen van het gerechtshof – werden met ontsteltenis en afschuw bejegend en, behalve in de schaarse gevallen met verzachtende omstandigheden, altijd aan de schandpaal gezet en terechtgesteld.[37] Kinderziekten werden niet met gelatenheid aanvaard. De arts en schrijver Stephanus Blankaart bijvoorbeeld schreef een voor iedereen leesbare verhandeling over de diagnose en behandeling van kinderziekten.[38] En alle boeken over huishoudkunde bevatten adviezen over geneeskrachtige planten en huismiddelen voor het maar al te waarschijnlijke geval dat een kind ziek werd of een ongeluk kreeg. Zo gaf *De Ervarene en Verstandige Hollandsche Huyshoudster* uitgebreide adviezen hoe koortsen moesten worden behandeld met tincturen uit rozenwater en azijn op het voorhoofd, buikpijnen met cichoreiwortel en honing of als alternatief een lepel anijswater of warm bier op een doek terwijl de navel bestreken diende te worden met gedestilleerde komijn en alsemolie. Stuipen werden toen, net als nu, beschouwd als een crisis die om de professionele zorg van een arts vroeg, evenals elke verdachte uitbarsting van rode vlekken, vooral als die gepaard ging met grote dorst.

Behandeling door een arts wijst natuurlijk niet per se op bezorgdheid bij de ouders. Maar in de Nederlandse genreschilderkunst – de kunstvorm die de gewone burgers niet alleen tot onderwerp heeft maar die ook door hen werd gekocht – ontstond het ontroerende beeld van het zieke kind, met als gedenkwaardigste voorbeeld het hartverscheurende werk van Gabriël Metsu in het Rijksmuseum (zie p.

Caspar Netscher, *Moeder met kinderen*. National Gallery, Londen

533).³⁹ Ook al zou er verder geen spoortje bewijs zijn geweest, dan nog was het schilderij van Metsu alleen al het overtuigendste bewijs van de tedere bezorgdheid die de volwassenen in de Nederlandse cultuur koesterden voor hun bedreigde 'schaapjes'. Afgaand op een ander soort indirect bewijsmateriaal lijken de armste gezinnen in de Nederlanden hun kinderen niet even gemakkelijk op openbare plaatsen te hebben achtergelaten als elders in Europa. In Parijs bijvoorbeeld waren in de jaren tussen 1670 en 1680 meer dan driehonderd kinderen te vondeling gelegd, terwijl dat cijfer voor Amsterdam, dat half zo groot was, in 1700 rond de twintig lag.⁴⁰ (Pas tegen het einde van de achttiende eeuw evenaarden de Amsterdamse cijfers de algemene 'Verelendung' in de rest van Europa.⁴¹) Bovendien schijnt hetzelfde te gelden voor de cijfers van kindermoord.⁴² Misschien hebben deze twee bewijzen van de betrekkelijke goedaardigheid van de Nederlanders iéts te maken met de stabielere positie van arbeidersgezinnen en hun huishoudbudget en met hun kennelijke vermogen – door middel van celibaat of minder huwelijken – de bevolkingsgroei te stabiliseren en de gemiddelde gezinsgrootte te handhaven op het laagste niveau van West-Europa. En deze trieste cijfers werden duidelijk gedrukt door de opvallende rijkdom en verspreiding van weeshuizen en andere liefdadigheidsinstellingen – zelfs voor kinderen wier ouders tot geen enkele Kerk hadden behoord. Niettemin lijkt het even waarschijnlijk dat het contrast met andere Europese steden iets te maken had met een in de cultuur besloten afkeer van het te vondeling leggen van kinderen.

Het beschermende instinct dat, zoals ik suggereerde, een van de regulerende sentimenten van het gezinsleven was, richtte zich sterk op het voortbrengen van nakomelingen. Zo handelden veel populaire medische werken over de optimale omstandigheden waaronder kinderen moesten worden gemaakt, voldragen en, eenmaal veilig gebaard, gevoed teneinde ze de berucht gevaarlijke periode van de vroege kindertijd door te slepen. Cats adviseerde natuurlijk in zijn eigen stijl hoe men een vrouw moest kiezen die hoogstwaarschijnlijk vrucht zou dragen, en hij bedoelde dat bijna letterlijk, want de wijnstokken op de gravure bij het frontispice van *Moeder* waren zwaar van de barstensvolle druiven. En zijn gedetailleerde beschrijving van de potentieel vruchtbare vrouw had iets van een landbouwkundige verhandeling. Zo'n vrouw moest zijn:

> *Van leden wel gemaekt, en van een vleessig lijf,*
> *Van aangename verw en suyver aen de tanden,*
> *Geboren in den ring van onse Nederlanden,*
> *Niet root ontrent de neus, niet elders ongesont,*
> *En die geen vuyle stanck, en aesemt uyt den mont,*
> *Niet al te byster schrael, niet al te seer geswollen,*
> *Met brassen niet gewoon haer leden op te vollen,*
> *Niet in haer eerste jeugt, niet al te seer bejaert,*
> *En die voor dese mael een soontjen heeft gebaert.*

Vooral begeerlijk waren vrouwen met:

> *Haar tepels root en gaef; haar borsten blaeu geadert,*
> *En van een vaste stof en ront in een vergadert;*
> *Haer sogh van soete geur, niet schrael en niet te vet.*[43]

De ideale combinatie was volgens Cats een achtentwintigjarige man en een eenentwintigjarige vrouw. De schrijver van *Venus Minsieke Gasthuis*, 'I. V. E., Medicinae Doctor' (waarschijnlijk de Franse arts en schrijver van populaire verhandelingen over seksualiteit Nicolas Venette uit La Rochelle), wist dat een meisje op de leeftijd van twaalf of zelfs tien jaar zwanger kon worden, 'wanneer sy grof is en sterk', hoewel achttien tot twintig de normale leeftijd van seksuele rijpheid werd genoemd, en vijfendertig de uiterste grens voor vruchtbaarheid. Er waren enkele zeldzame gevallen bekend van vrouwen van over de veertig die nog een kind kregen, maar tussen de vijfenveertig en de vijftig werd dit 'onnatuurlijk' geacht en boven de vijftig niet minder dan een wonder.[44] Veel auteurs van populaire medische verhandelingen waren geneigd de gebruikelijke middelen tegen steriliteit en impotentie te onderschrijven: truffels, asperges, eieren, cantharellen, oesters, wijn met amberolie en dergelijke. Van Beverwijck geloofde dat de conceptie eenvoudigweg afhing van het opvolgen van zijn algemene voorschriften voor een gezond leven: frisse lucht, veel vers voedsel, regelmaat en matigheid.[45] De populairste handleiding voor voortplanting en verloskunde, *Het Kleyn Vroetwyfs-boeck*, ging bovendien over de biologische oorzaken van onvruchtbaarheid bij de man. Het zaad kon op zijn tocht van de testikels naar de penis geblokkeerd zijn, dacht men, en dit kon verholpen worden door massage met eieren en olie, door de testikels in koud water te hangen of door grote hoeveelheden gevogelte, vlees en koemelk naar binnen te werken – allemaal uitnemende middelen om de testikels te voorzien van de nodige energie voor het transport van vruchtbaar zaad naar de juiste plaats op het juiste tijdstip.[46]

Het Kleyn Vroetwyfs-boeck, met zijn eenvoudige, goedkope formaat en prachtige houtsneden, was volkomen traditioneel in die zin dat het de middeleeuwse en zelfs klassieke voortplantingsbiologie trouw bleef. Plinius, Aristoteles, Galenus en Avicenna en de theorie van de vier lichaamssappen werden aangehaald. Aangezien men er veel belang aan hechtte het geslacht van het kind voor de geboorte te kunnen vaststellen, werd in populaire boeken de oude veronderstelling herhaald dat de bevruchting plaatsvond wanneer het warmere mannelijke zaad hitte veroorzaakte in het koude, vochtige vrouwelijke zaad. De temperatuur tijdens deze verbranding was dan bepalend voor het geslacht van het embryo, waarbij meisjesfoetussen een zwangere vrouw zouden afkoelen en mannelijke foetussen haar zouden verwarmen.[47] Hoewel er na de bevruchting weinig kon worden gedaan om het resultaat te beïnvloeden, kon het eten van warm en droog voedsel vooraf de kans op een jongen vergroten. Dezelfde schrijver beweerde ook dat als de seksuele activiteit werd beperkt tot drie of vier keer per maand, het zaad van beide partners 'beter gekookt, vry dikker en meerder vol geesten' zou zijn en daarmee de kans op een jongen zou vergroten!ature[48] In andere werken werd gesteld dat de stand van de maan essentieel was, en er was ook geen gebrek aan kwakzalvers die voor dit doel wondermiddelen aanboden. De Witt dreef de spot met de oom van zijn vrouw Wendela, de magnaat Cornelis de Graeff, omdat deze vertrouwen had gesteld in zo'n superkwakzalver, Franciscus Josef Borri, die beweerde dat hij het geslacht van een foetus kon vaststellen door de toediening van een mysterieus poeder.[49]

Van Beverwijck, Blankaart en *Het Kleyn Vroetwyfs-boeck* gaven advies hoe men zich na de bevruchting moest gedragen, opdat de bevalling op tijd zou plaatsvinden.

In *Het Kleyn Vroetwyfs-boeck*, waarin men koppig vasthield aan de verloskunde van de lichaamssappen, werd gesteld dat de baarmoeder van oudere vrouwen (in de dertig) was uitgedroogd en daarom verfrissing behoefde met warme en waterige substanties om haar zachter te maken voor het voeden van de foetus. Hiervoor werden jonge, vette kapoentjes, ganzevet, olijfolie, wijn en water, vette vis en natuurlijk bovenal grote hoeveelheden boter aangeraden.[50] Zoals het een bewust 'moderne' adviseur betaamde, wist Van Beverwijck wat meer van voeding en hij meldde dat die zowel op de grootte van de baby als op de gezondheid van de moeder van invloed zou zijn. Zwangere vrouwen moesten verstandig eten, maar niet te veel, en zorgen voor regelmatige beweging van de darmen. Aanbevolen werden gestoofde appels en pruimesap 's morgens, of rabarber met voedsel waar (onvermijdelijk) veel boter in verwerkt was.[51] (Zuivelprodukten waren trouwens zo'n belangrijk onderdeel van het menu van de Nederlanders dat ze weinig kans liepen te weinig melk en kalk binnen te krijgen.) Zware purgeringen en lavementen en alles wat het gestel in de war kon brengen moesten vooral worden vermeden. Dus moest men scherpe specerijen (zelfs in het belang van een mannelijke erfgenaam) en schadelijke dampen van bedorven kaas en rotte eieren of de geur van muskus of civet vermijden. Ook dansen, springen, paardrijden en al te zware lichaamsbeweging golden als schadelijk. Kenmerkend genoeg werd in *Venus Minsieke Gasthuis*, dit compendium van seksuele kennis, opgemerkt dat vrouwen tijdens de zwangerschap zowel meer seksuele lust als meer eetlust hadden en de meeste autoriteiten waarschuwden dat een teveel aan seks de ontwikkeling van de foetus kon schaden. 'Al die maer vunstigh zaet in haren acker zayen, en kunnen anders niet als snoode vruchten maeyen.'[52]

Dat men kinderen onder optimale omstandigheden ter wereld wilde brengen duidt op zichzelf natuurlijk nog niet op een ontluikende liefdevolle zorg voor kinderen, vooral wanneer het bewijsmateriaal uitsluitend uit handleidingen voor gezonde seksualiteit of populaire geneeskunde komt. Maar er is zeker één eigentijdse getuige van de verschrikking én de euforie van de bevalling in de vorm van een opmerkelijk dagboek, dat gedurende tweeënvijftig jaar werd bijgehouden door een vroedvrouw uit de kleine Noordfriese marktstad Dokkum.[53] Zoals al dergelijke zeldzame bronnen is het een eiland in een zee van documentair stilzwijgen, en het feit dat alles zo gewetensvol is vastgelegd, maakt het misschien juist minder representatief. Maar zo ervaart de lezer het niet. Integendeel, juist het alledaagse van het dagboek en de merkwaardige combinatie van kasboek en bekentenisjournaal geven het het waarmerk van absolute geloofwaardigheid. Het is in de eerste plaats een persoonlijk document, en er is dan ook geen enkele reden om te veronderstellen dat de schrijfster uit overwegingen van goede smaak iets heeft achtergehouden. Sommige details die ze optekent zijn zo vreselijk dat het moeilijk voorstelbaar is dat ze voor het nageslacht bewerkt zijn. Nog opvallender is de vrome en stijlvolle manier waarop ze de tragedies van het kraambed beschrijft. Als de stoïcijnse berusting of ongevoeligheid uit zelfbescherming ergens uit zou moeten blijken, dan wel in het dagboek van iemand die regelmatig getuige was van ellende in het kraambed. Maar het dagboek verraadt juist een uitzonderlijke emotionele en morele betrokkenheid bij de geboorteperikelen, dag in, dag uit, week in, week uit, tot 1745, toen Vrouw Schrader negentig was en haar laatste baby verloste en haar inmiddels bevende hand de laatste aantekening in haar boek maakte.

De gevoeligheid die uit deze bladzijden spreekt, is nog frappanter in het licht van de slechte reputatie die vroedvrouwen in de zeventiende eeuw hadden. Artsen als Van Beverwijck en Blankaart hadden hun bedenkingen over hun beruchte amateurisme, onbevoegdheid, gebrek aan kennis van anatomische details en vertrouwen op huismiddeltjes. In de officieuze medische hiërarchie, waarin academisch gevormde artsen bovenaan stonden en in de praktijk gevormde chirurgijns een heel stuk daaronder, stonden vroedvrouwen nog lager. Nog lager aangeschreven stonden de semi-legale en illegale medische praktijken van kwakzalvers en aderlaatsters, barbiers en botzetters die floreerden onder de arme en werkende bevolking.[54] En in die 'medische onderwereld' – die door de kerkelijke autoriteiten en de gilden der chirurgijns fel werd bestreden – bestond een verdere arbeidsverdeling waarbij overwegend vrouwen gespecialiseerde handelingen als aderlaten of blaren trekken (een activiteit waaronder ook waarzeggerij, witte magie en abortus vielen) en klisteren verrichtten.[55] Vroedvrouwen hadden weliswaar een hoger inkomen en een betere clientèle en reputatie, ze waren toch het mikpunt van de afgunst van de chirurgijns die iedere afkalving van hun monopoliepositie wilden tegengaan door gilderegels. De zeventiende eeuw gaf ook een geleidelijke groei te zien in de vergaring van experimentele verloskundige kennis, op schokkende wijze vastgelegd in de *Anatomische les van professor Frederick Ruysch*, waarop een dood kind door de chirurgijn wordt ontleed terwijl de zoon van de anatoom, rechts, de mysteries van het sterfelijke vlees en de onsterfelijke wetenschap overpeinst (zie p. 524). Een van zijn collega's, Hendrik van Roonhuysen (1625-1672), die een verloskundige 'hevel', de voorloper van de verlostang, had uitgevonden, werd in 1648 de officiële stadsvroedmeester van Amsterdam en was een verklaard tegenstander van 'empirische' verloskunde met haar veronderstelde primitiviteit.[56] In Dordrecht, Van Beverwijcks eigen stad, was een ordonnantie uitgevaardigd die vroedvrouwen alleen toestond te werken in aanwezigheid van een erkend arts.[57] Hij merkte ook op dat hun oorspronkelijke taak in het dorp evenzeer maatschappelijk als medisch van aard was geweest, vooral gericht op het tot stand brengen van huwelijken en een grof onderzoek naar de vruchtbaarheid van het paar. Ze waren alleen maar bij het kraambed aanwezig om het kind te 'halen' en zich daarmee te kwijten van hun laatste taak die was begonnen met het huwelijk. In zekere zin waren ze getuige-deskundigen of verloskundige notarissen die toezagen op het juiste verloop van een huwelijk – op de huwelijksovereenkomst en de geslaagde consummatie (want vaak werd hun gevraagd om vast te stellen of een vrouw zwanger was) – en op een goede verlossing van de echtelijke nakomelingen. En hun strategische positie bij deze cruciale gebeurtenissen in de geschiedenis van een huwelijk leidde tot misbruik, of in ieder

Johan van Neck, *Anatomische les van professor Frederick Ruysch*, 1683. Amsterdams Historisch Museum

geval tot een bloeiende overlevering van oplichting en bedrog, verwisseling met vondelingen of het laten verdwijnen van 'monsters'.[58] Niet dat vroedvrouwen alle specifieke kennis en vaardigheid misten. Als zich complicaties voordeden moesten ze natuurlijk aanwezig zijn en ze moesten de vaardigheid – de 'kunst', zoals ze het zelf noemden – bezitten om in te grijpen. En ze waren verantwoordelijk voor de directe postnatale zorg: het wassen en bakeren van het pasgeboren kind.

Hoewel Catharina Schrader uit heel ander hout was gesneden dan deze oude stereotypen, deelde ze wel iets van het wantrouwen van de artsen jegens vroedvrouwen die meer op oude overleveringen dan op praktijkervaring vertrouwden. En ze maakte vaak opmerkingen over het achterlijke bijgeloof waarmee de Friese dorpelingen iets onthutsends als een bevalling omgaven. Maar de chirurgijns vormden in haar ogen een nog grotere bedreiging voor het leven van moeder en kind. De meeste vroedvrouwen onderwierpen zich aan de autoriteit van de chirurgijns, omdat het mannen waren en omdat ze althans enige kennis bezaten, maar wanneer Vrouw Schrader hen soms tegensprak, deed ze dat ongetwijfeld met een zelfvertrouwen dat ze ontleende aan het feit dat ze goed op de hoogte was van hun werk doordat haar man chirurgijn was geweest. Ze verzette zich vooral tegen de mengeling van onkunde en dogmatisme, met name bij voorbarige diagnose van de dood van de foetus. (Afgezien van onmiskenbare symptomen als de vroege uitdrijving van placenta en navelstreng, gebruikten chirurgijns zeer primitieve methoden om dit vast te stellen: een navelstreng die niet klopt, een foetus die niet aan een in de mond gestoken vinger zuigt.) In februari 1711 bijvoorbeeld moest de vroedvrouw in het dorp Nijkerk in de grietenij Oostdongeradeel helpen bij een boerenvrouw die al drie dagen barensweeën had en was behandeld door een andere vroedvrouw en een vroedmeester, een zekere Van den Berg, die tevens chirurgijn schijnt te zijn geweest. Volgens hem was het kind al dood en moest hij het halen om het leven van de moeder te redden. Het lag kennelijk zo ongelukkig in het geboortekanaal dat dit alleen kon door amputatie *in utero* van de armen en benen. Een dergelijke chirurgische ingreep zou zeer waarschijnlijk (zo niet zeker) het overlijden van de moeder tot gevolg hebben gehad, nog afgezien van het verdriet dat boven op de ellende van een langdurige en kennelijk vruchteloze bevalling kwam. Op dat moment verscheen Vrouw Schrader en stuurde de vroedvrouw, de chirurgijn en de buren weg (vooral in landelijke gemeenschappen waren geboorten nog bij uitstek openbare aangelegenheden). De moeder werd in een nieuw opgemaakt, warm bed gelegd en kreeg een kop slappe bouillon ter versterking. Na een uur begonnen de weeën weer en de moeder beviel van een springlevend dochtertje.

'En ick seude tot dyn den dockter: syn hyr u doode kint, tot beschaminge van hem. Hey docht dar hondert gull[den] an te verdienen. De vrinden en buren waren seer verwondert. De moeder en het kint waren seer wel in staat.'[59] Bij een eerdere gelegenheid, in 1706, waren de rollen van de vroedvrouw en de dokter omgekeerd (hoewel ook toen de eerste triomfeerde over de tweede). Een dokter, in moeilijkheden gebracht door een bevalling met een *placenta praevia*, hield vol dat het kind leefde, terwijl Vrouw Schrader binnen korte tijd aantoonde dat het kind al enige tijd dood was en zich terstond concentreerde op de moeder.[60]

Haar eigengereidheid en scepsis ten aanzien van het kennismonopolie van chirurgijns kwamen dan ook waarschijnlijk voort uit persoonlijke ervaring. Haar echtgenoot Ernst Willem Cramer kwam uit Lingen aan de overkant van de rivier de Eems en was een praktijk begonnen in een afgelegen streek van Friesland tegenover de Waddeneilanden, in een dunbevolkt gebied met doopsgezinde gehuchten en dorpen van arme zeelui en vissers. Voor 1723 bestond er in het noorden van Friesland geen medische school en zelfs geen gilde van meester-chirurgijns die regels voor het beroep voorschreef. Dus mogelijk was Cramer zelf ook een door ervaring gevormd dokter in plaats van een officieel opgeleid en bevoegd arts. Maar als dat zo was, dan nog had het werk dat zijn weduwe deed niets amateuristisch. We kunnen gerust stellen dat zij zich beschouwde als meesteres in een bepaald beroep en dat ze ernaar streefde dat uit te oefenen met de grootst mogelijke toewijding en kunde.

Maar de manier waarop Catharina haar loopbaan als vroedvrouw begon had niets met roeping te maken. Het was bittere noodzaak een middel van bestaan te zoeken voor haarzelf en haar zes kinderen toen de vader in 1692 overleed.[61] Op achtendertigjarige leeftijd begon ze als rondreizende vroedvrouw in de verarmde en geïsoleerde gehuchten aan de kust en de eilanden bij Hallum. De fysieke omstandigheden van haar werk – de lange afstanden, het slechte vervoer en de lage beloning – moeten ontmoedigend zijn geweest. En haar allereerste visite was bijna haar laatste. Want op Vastenavond 1693 maakte ze in een snijdende sneeuwstorm een reis van drie uur op een slee naar het dorpje Wijns om een jonge vrouw in grote barensnood te verlossen. Toen ze eindelijk aankwam was ze halfdood van de bittere kou. 'Men drog mij int hus en bracken mij de mont open [hij was met ijs bedekt], goeten mij brandewin in de mont. Dar was een goet fur.' Toen ze weer bijgekomen was toog ze energiek aan het werk en na een zware en langdurige bevalling verloste ze haar patiënte van een gezonde dochter.

Hoe moedig en flink ze zich ook betoonde in die begintijd, door gebrek aan ervaring stelde ze zich, als ze alleen werkte, enigszins defensief op. En haar dagboekaantekeningen uit die tijd verraden enige onzekerheid: ze vroeg advies aan andere, oudere vroedvrouwen en voegde zich gehoorzaam naar chirurgijns die het honorarium dat zij van de familie vroeg met een klein bedrag verhoogden. Beide tarieven werden berekend naar de lengte van de bevalling en de uren van haar aanwezigheid, maar een gemiddelde bevalling van twee dagen kwam op zo'n twee gulden – ongeveer het weekloon van een geschoolde arbeider. Het honorarium stond natuurlijk los van de afloop van de bevalling, die niet altijd voorspoedig was. In haar beste tijd, van 1696 tot 1712, bedroeg haar jaarinkomen tussen de twee- en driehonderd gulden, lang geen fortuin – meer dan een schoolmeester of een plattelandsdominee, maar minder dan een welvarende winkelier verdiende – maar wel voldoende om haar gezin goed te huisvesten, te voeden en te kleden. Haar inkomen en misschien ook haar status waren gelijk aan die van een voogd van een stedelijk weeshuis of armenhuis.[62] Hoe dan ook, omstreeks 1695 had ze zoveel ervaring, zelfvertrouwen en vermoedelijk spaargeld verzameld dat ze naar de marktstad Dokkum kon verhuizen, waar ze vijftig jaar zou blijven.

In Dokkum schijnt Vrouw Schrader al snel een indrukwekkende reputatie te hebben opgebouwd en in haar eerste jaar verloste ze tachtig baby's. Het was opvallend hoezeer geboorten aan bepaalde seizoenen gebonden waren: hoogtijdagen waren in juli en augustus (negen maanden na de slacht van het huisvarken of de huisos). Maar ze werkte het hele jaar door in een afmattend tempo dat om een buitengewoon uithoudingsvermogen vroeg. Alleen al in augustus 1696 was ze aanwezig bij veertien kraambedden en verloste ze in een hectische periode op de zeventiende, de achttiende, de eenentwintigste, de drieëntwintigste, de vijfentwintigste, de zevenentwintigste en de achtentwintigste van de maand! Tegen 1698 was het aantal verlossingen gestegen tot honderddrieëntwintig, waaronder die van Kaat van Aylva, de vrouw van de grietman (hoofd van rechtspraak en bestuur in een grietenij) van Westdongeradeel, waarvoor ze het aanzienlijke honorarium van zesenzestig gulden ontving. De Aylva's waren tevens het machtigste en invloedrijkste adellijke geslacht van de streek en vanaf die tijd hoefde ze geen klanten meer te werven. In 1730, toen ze kennelijk patiënten begon te verliezen, bleef de familie Aylva haar trouw want ze hielp bij de geboorte van een zoon uit een huwelijk tussen deze familie en een ander zeer machtig geslacht, de Burmania Rengers, en ontving deze keer vijftig gulden voor haar diensten. In de tussentijd behandelde ze de vrouwen van legerofficieren, burgemeesters en advocaten in Dokkum, maar haar klanten waren beslist niet alleen afkomstig uit de elite. Het Dokkumse patriciaat zou zeker niet groot genoeg zijn geweest om in haar levensonderhoud te voorzien, zelfs niet om aan haar bescheiden behoeften te voldoen. Dus werkte ze voor de vrouwen van kooplieden uit de stad, predikanten van de Gereformeerde Kerk en doopsgezinde dominees, schoolmeesters, geschoolde handwerkslieden als metselaars en timmerlieden, maar ook voor de vrouwen van de armere landarbeiders, touwslagers, wevers en zeelui uit de kustdorpen. In het drukste jaar, 1706, hielp ze bij honderdzevenendertig bevallingen en verdiende driehonderd gulden – geen slechte prestatie voor een weduwe in een provinciestadje. En vermoedelijk was ze in Dokkum zelf tot een soort instituut geworden, zowel bekend bij de plaatselijke notabelen als bij het gewone volk, blijkbaar onvermoeibaar en een vroom en achtenswaardig lid van de Kerk.

Op het hoogtepunt van haar carrière, in 1713, toen ze achtenvijftig was, hertrouwde ze met een goudsmid en burgemeester van Dokkum, Thomas Higt. Misschien om hem een plezier te doen of waarschijnlijker nog om het zelf wat rustiger aan te doen gaf ze haar praktijk bijna geheel op, maar vermoedelijk hield ze haar vak wel bij, want haar dagboek vermeldt vijfenzestig verlossingen tussen 1714 en 1722. Deze periode waarin ze een rustig gezinsleven leidde, gaf haar ook de gelegenheid goede huwelijken te regelen voor haar dochters; één trouwde met een neef van haar tweede man en een andere met een plaatselijke predikant. Zeven jaar na het huwelijk stierf haar tweede man en toog ze, ver in de zestig, weer aan haar zware werk. In een korte bloeiperiode aan het begin van de jaren dertig steeg haar inkomen weer naar tweehonderdzestig gulden en toen ze achtenzeventig was berekende ze met enige voldoening dat ze tot dan toe tijdens haar leven ongeveer vijfentachtighonderd gulden had verdiend met haar levenswerk. Maar ondanks deze vitaliteit in de nadagen van haar leven – waarin ze ook haar eigen kleinkinderen ter wereld hielp (onder wie een kleinzoon die in 1726 als een koppige stuitgeboorte ter wereld kwam en naar Ernst Willem werd vernoemd) – heeft ze haar eerste bloeiperiode nooit meer geëvenaard. Op haar oude dag mopperde ze over kleinzielige naijver die haar haar klanten kostte en misschien stond ze huiverig tegenover het gebruik van de verlostang die zelfs in het afgelegen Friesland ingeburgerd raakte. De reden waarom haar praktijk achteruitging was natuurlijk dat ze het moordende tempo van het werk gewoon niet meer kon volhouden, met misschien wel twee keer per week zware bevallingen die twee of drie dagen duurden. Maar ze was niet klein te krijgen en zelfs in 1741, op haar zesentachtigste, hielp ze bij achtentwintig bevallingen. Toen ze achter in de tachtig was werd haar handschrift zo iel en zwak dat het een wonder lijkt dat ze er in 1743 (op achtentachtigjarige leeftijd) nog in slaagde twintig kinderen te halen of zelfs de twee geboorten die ze optekende, zonder honorarium, in 1744 en 1745. Het jaar daarop, in 1746, stierf ze met drieduizend kinderen op haar naam, zoals we weten uit haar zorgvuldig bijgehouden lijst.

Vrouw Schrader verdiende weliswaar meer dan vijftig jaar de kost met kinderen, maar ze betekenden voor haar meer dan alleen werk. Want hoewel haar dagboekaantekeningen routineus zijn als alles goed gaat, zijn er uitvoerige, gedetailleerde beschrijvingen van geboorten met complicaties, en het is duidelijk dat deze traumatische ervaringen haar emotioneel en lichamelijk uitputten. 'Lieve Heer, bewaare me verder van sulke ongelukkige geboorten' is een van haar vaste reacties op deze rampen. En daarbij dacht ze ook niet louter aan zichzelf, want vaak schrijft ze over de 'martelende' of 'seer schrikkelijke' weeën – en het ergste vond ze onhandige of onkundige vroedvrouwen die de kwelling nog erger maakten.

Het staat buiten kijf dat het Vrouw Schrader grote voldoening gaf als ze baby's bij moeilijke en gevaarlijke bevallingen kon verlossen. En misschien was het aan haar kundigheid in deze situaties te danken dat het sterftecijfer onder pasgeborenen naar zeventiende-eeuwse maatstaven betrekkelijk laag lag, zeker voor het platteland. Of misschien is hier een herziening van de schattingen – gebaseerd op notoir schaarse gegevens – op zijn plaats.[63] Vrouw Schrader geeft er in haar persoonlijke document, dat ze duidelijk consciëntieus bijhield, geen blijk van gegevens te willen vervalsen. In haar langere en meer aanschouwelijke aantekeningen vestigt ze juist de aandacht op de tragische rampen. Maar in haar hele loopbaan was het gemiddelde aantal doodgeborenen – met inbegrip van de kinderen die al dood waren voordat de weeën begonnen of tijdens de bevalling stierven – ongeveer een op de dertien of veertien en kwam zelden boven de vijftien procent. Dit vormt een contrast met de aantallen die Flandrin geeft voor dezelfde periode in Noord-Frankrijk, namelijk een op vier, en in Zuid-Frankrijk een op acht, en Lebrun noemt een op drie voor het platteland van Anjou.[64] In 1696, haar eerste jaar in Dokkum, telde ze zes doodgeborenen en één kind dat tijdens de bevalling stierf (bovendien twee hazelippen en drie te vroeg geboren kinderen, die allemaal bleven leven) op een totaal van eenentachtig verlossingen. Naar huidige maatstaven is dit natuurlijk niets om trots op te zijn (en dat was ze ook niet), maar gezien de primitieve hulpmiddelen en het feit dat ze alleen praktijkervaring en geen wetenschappelijke kennis bezat, was het wel een prestatie.

Rond de eeuwwisseling was de geboorte zowel voor de vroedvrouw als voor de moeder een maar al te 'natuurlijke' gebeurtenis. Vrouw Schrader leefde eigenlijk in een periode van overgang tussen de meest onwetende praktijken van de oude verloskunde, die haar grotendeels tegenstonden, en het begin van een georganiseerde, formele verloskundige opleiding, waarvoor zij te vroeg werkte om er baat bij te hebben. Dus terwijl ze enkele van de ergste traditionele praktijken vermeed – het onophoudelijk purgeren van vrouwen in barensweeën, in de foute veronderstelling dat dat de weeën zou versnellen, of overvoeding, waarna braakmiddelen werden toegediend – was haar standaarduitrusting gebrekkig. Haar medische hulpmiddelen bestonden alleen uit een schaar voor het doorknippen van de navelstreng, haken om kinderen die in een onhandige positie lagen te draaien of foetussen die *in utero* waren gestorven te verwijderen, en een catheter. Haar dagboeken bevatten geen aanwijzingen dat ze de betrekkelijk nieuwe Hollandse hulpmiddelen kende: de ijzeren hand van Palfijn of de meer geavanceerde hevel van Hendrik van Roonhuysen. En hoewel de verlostang in de eerste decennia van de eeuw geleidelijk ingeburgerd raakte, schijnt Vrouw Schrader deze niet snel als een duidelijke verbetering ten opzichte van haar eigen handen te hebben geaccepteerd. Het is ook onwaarschijnlijk dat ze de gewaagde suggestie in een boek dat moeders gemakkelijker zouden bevallen op handen en knieën kende, laat staan de toepassing daarvan stimuleerde.[65] Het Kleyn Vroetwyfs-boeck bleef blijmoedig vasthouden aan de traditionele kraamstoel zonder voorkant – waarop de vrouw kon zitten of hurken – zodat de vroedvrouw er gemakkelijk bij kon, en met gordijnen om de eerbaarheid van de barende moeder te beschermen.[66] Bij deze stoel kon men ook gemakkelijk de positie veranderen met kussens, wat in de traditionele verloskunde sterk werd aanbevolen (en natuurlijk in de 'nieuwe' verloskunde van de twintigste eeuw werd herontdekt). Haar medicijnen – 'moederskruiden' – waren praktisch dezelfde als die van de 'oude' verloskunde, stammend van Paracelsus en nog ouder: tincturen van mirre, aloë en aaluwe, gebruikt als middel om te betten en te spoelen wanneer, zoals vaak gebeurde, de bilnaad uitscheurde tijdens de verwoede strijd om de foetus te halen of in de laatste heftige uitdrijving uit het geboortekanaal.[67] Saffraan en anijswater werden toegediend als lichte pijnstiller en waarschijnlijk gebruikte ze op advies van 'Doctor I. V. E.' warme wijn voor het verzachten van ontstoken of verwonde organen.[68] Een van de traditionele middelen die waarschijnlijk niet al te goed waren, was het toedienen van voedsel, zij het meestal in de vorm van bouillon, om de moeder kracht te geven tijdens de bevalling. En plattelandsvroedvrouwen dienden nog royaler alcohol toe omdat ze dachten dat dit de weeën zou versnellen. Vrouw Schrader schreef af en toe alcohol voor – waarschijnlijk aangelengde brandewijn om tijdens een zware en langdurige bevalling de spieren te ontspannen[69] – en soms gesmolten boter als glijmiddel om de komst van het kind te vergemakkelijken.[70] Maar ze stond versteld van de onwetendheid met betrekking tot overmatig drinken tijdens bevallingen, die sommige van haar zusters ten toon spreidden. In 1708 haastte ze zich naar een vrouw die drie dagen weeën had en 'desperaat en brandig' was, en gewoon dronken bleek te zijn. Naast haar bed stond een enorme kan bier, '...dar ick de vrotvrouw over bestraffte, dy mij antworde: sij willde het hebben. Ick sey dat haar blaas berrsten moste als het kint gebooren wyrde. Sey antworde mij: sey hade in een karrtir een rinckelmantie byr opgedroncken.'[71]

De belangrijkste hulpmiddelen van Catharina Schrader waren echter haar eigen handen, die formidabele instrumenten moeten zijn geweest, soepel en ontzettend sterk. Ze wist uit ervaring dat manipulatie met brute kracht, zoals de foetus bij de oren pakken of een hand in zijn mond stoppen en trekken, vreselijke schade en verminkingen kon aanrichten. Als haar eigen manipulatietechnieken verfijnder waren, was dat niet zozeer te danken aan officiële instructie als wel aan gezond verstand. Ze wist hoe ze de foetus onder de kaak kon trekken en hoe ze de foetus voorzichtig bij de schouder kon keren. Ze begreep ook hoe belangrijk de mate van ontsluiting was om de vordering en het tempo van de bevalling vast te stellen, hoe gemakkelijk de placenta tijdens een poging een stuitligging te corrigeren kon loskomen en hoe gevaarlijk een uitgezakte navelstreng kon zijn (bijna altijd fataal, ofwel door verstikking, ofwel door infectie, wat vaker voorkwam). De meeste crisissituaties die ze meemaakte hadden te maken met deze problemen, het gevolg van abnormale of gevaarlijke liggingen. In juli 1696 bijvoorbeeld kreeg Marijken, de vrouw van een touwslager, een tweeling, de een in een stuitligging en de ander dwarsgelegen. Door 'de konst' (dat wil zeggen de kunst van manipulatie) slaagde ze erin de stuitligging te verlossen met de voeten eerst, het was 'seer swaar' en ze dacht dat de placenta op het punt stond los te laten. Niettemin lukten beide verlossingen en overleefden moeder en kinderen de beproeving ongedeerd.[72] Als het nodig was kon ze nog meer succes hebben: in 1727 haalde ze een drieling, van wie één een stuitligging was, en in 1742, toen ze zevenentachtig was, leverde ze een twee uur durend heroïsch gevecht om een baby te verlossen die met zijn voeten eerst naar buiten was gekomen. 'En het ginck so swar to als het mij wel in veertig jaar nit gebört war,' schreef ze – toch overleefden moeder en kind ongedeerd.[73]

Hoewel het aantal stuitverlossingen indrukwekkend was, stonden daar altijd mislukkingen tegenover. Gescheurde en losgelaten *placentae praeviae* tijdens de bevalling waren bijna altijd fataal; soms stikte het kind, soms werd het gewurgd door de navelstreng voordat het kon worden bereikt. En het gevecht om een foetus te halen zonder de moeder aan stukken te scheuren – die ondertussen natuurlijk voortdurend verschrikkelijke pijn leed – duurde soms dagen. Aantekeningen over geboorten die drie, vier of vijf dagen duurden komen ten minste één maal per maand voor en vaak is de strekking van haar opmerkingen dat hoe langer het duurde, des te minder hoop er was om zowel moeder als kind te redden. Keizersneden kwamen uiterst zelden voor en werden nooit op een levende moeder toegepast, maar Vrouw Schrader kon ze wel uitvoeren op een dode of stervende moeder als er aanwijzingen waren dat de foetus nog leefde.[74] En heel vaak gaf de vroedvrouw zichzelf de schuld van een tragedie, zelfs als ze er weinig aan had kunnen doen. In 1701 stierf een kind in het geboortekanaal na een langdurige bevalling waarbij de armen moeizaam werden geboren en het hoofdje tegen het schaambeen geklemd zat, en ze schreef: 'Most van een gude geborrte een qwade macken.'[75] Er waren andere verschrikkelijke gevallen, zoals in 1703 toen het kind voor de geboorte stierf maar het haast onmogelijk bleek het te extraheren zonder gebruik te maken van de haak en het ruw uit het geboortekanaal te rukken. Ze wist ook maar al te goed dat kinderen na een voorspoedige bevalling gemakkelijk in de eerste dagen en weken na de geboorte konden sterven, en ze geloofde dat ernstige complicaties zich binnen negen of tien dagen na de bevalling zouden voordoen. Deze complicaties bestonden bijna altijd uit dysenterische stoornissen of spijsverteringsstoornissen en -infecties, en de vroedvrouw of de chirurgijn kon weinig doen behalve het soort eenvoudige tonicums geven die Blankaart en soortgelijke schrijvers voorschreven. Hoewel gedetailleerde aantekeningen over nazorg ontbreken, zijn veel aantekeningen waarin staat dat het moeder en kind goed ging, gemaakt na die kritieke periode, vooral na een zware bevalling.

Geboorteafwijkingen kwamen helaas maar al te vaak voor en Vrouw Schraders reactie daarop verschilde al naar gelang de omstandigheden. Soms toonde ze een afstandelijke, klinische belangstelling; zo noteerde ze in februari 1710 dat ze een kind had verlost (dat een halfuur leefde) met een gapend gat tussen onderbuik en maag, 'zo grott als een gouwt gullden', waardoor men in de buikholte kon kijken en de lever, het hart en de longen kon zien.[76] Op andere momenten toonde ze meer vroomheid en emoties, God dankend dat hij een misvormd kind tot zich riep dat de familie alleen maar verdriet had kunnen brengen. In januari 1727 schreef ze dat dankzij Gods almacht een harde baarmoeder de dood had betekend voor een kind dat hoe dan ook zonder neus of mond zou zijn geboren. 'En kan ick mij nit genogsam verwonderen over Godes wonderwercken in desen geschiet. En vart de vrouwe well,'[77] schreef ze vol opluchting. Ze wist ook dat onwetende en bijgelovige dorpelingen vreselijk wreed konden zijn tegen een misvormd wezen dat bleef leven. In november 1708 had de vrouw van een landarbeider in Oostrum een stuitligging met de rug achter, waarbij de voetjes moeizaam ter wereld kwamen, het hoofd bleef steken in de baarmoederhals en het kind niet geboren kon worden. Toen het dode kind werd onderzocht schreef ze: 'Een soon met een verkensmont, gen verhemelte noch nosben, gen beenen achter int hoft, seer myserabel. 3 Vingers met een nagel an een hant; de ander vingers an malkander gegroyt. Ser elendig. De Heere bewar alle mensen.'[78] Wat deze vreselijke gebeurtenis nog erger maakte, was de roddel van de dorpelingen, die bij het zien van het 'monster' zeiden dat de moeder tijdens haar zwangerschap zoveel varkens om zich heen had gehad dat er één toen ze aan tafel zat onder haar rokken ging. Schrader was geschokt door dit soort 'zotterijen' maar was nooit verbaasd.

Terwijl ze altijd medelijden had met de moeders in deze afschuwelijke omstandigheden, kon ze door haar vroomheid sommige vrouwen die in moreel verdachte omstandigheden een kind kregen alleen maar veroordelen. Als alles goed ging noteerde ze slechts dat er geen echtgenoot was en voegde er soms de opmerking aan toe: 'Heer die-en-die's meisje,' met de voor de hand liggende conclusie. Maar één keer althans meende ze dat een zondaar vreselijk bestraft werd. In de zomer van 1709 bracht de portiersdochter van de herberg De Drie Pijpen, voor de vroedvrouw 'eene onterrde vrijster', een kind met misvormde handen en voeten en verschrompelde armen ter wereld. Gelukkig stierf het kind binnen drie weken, maar Vrouw Schrader schreef: 'De Heere strafte haar om datse haar sellven so versworen hadde, datse nit craamen moste, dar sij beter wiste.'[79]

Maar een dergelijk gebrek aan mededogen toonde ze slechts zelden. Over het algemeen is Catharina Schraders dagboek een zeldzaam gevoelig document, geschreven onder omstandigheden die varieerden van uitgeputte voldoening tot de kwellendste angsten en zorgen. De vroedvrouw zelf komt naar voren als een vrouw met verbazingwekkend groot uithoudingsvermogen, bijna ongelooflijk kalm en koelbloedig in wanhopige situaties, maar ook iemand die haar patiënten nooit leek te behandelen als menselijk vee. En gezien haar zes kinderen en vele kleinkinderen om haar heen school achter dit alles duidelijk de vurige wil kinderen ter wereld te brengen zonder de verschrikking, verminking en het verdriet die maar al te vaak met hun geboorte gepaard gingen. Kortom, jegens moeders en kinderen lijkt ze een 'sentiment' en 'genegenheid' te tonen die van alle tijden en alle culturen zijn. Toch had ze als vrome Nederlandse calviniste altijd het gevoel dat ze een zware verantwoordelijkheid tegenover God en haar medechristenen droeg. In 1706 luidde het gebed waarmee ze de aantekeningen van een nieuw jaar altijd begon:

> Hyr vangt het jar 1706 wer an, int 50 jar mijnes ouwderdoms. Gefft, Here, nu ick affklimme van de jaren, ick opklimme tot hemelse trapen en al nadere kome tot myn Heylant en sallygmacker Jesus Christus de Heere. Mijn Godt, geff mij doch wederom met dit niwe jar niwen seegen, niwe krachten, op dat ock mijn evennasten dor mij in sijn sware noodt mag geholpen worden. Dar to, Heere, gef mij, U arme dinstmagt, kracht en sterck[te]. En beware mij vor qwade logen en lastermonden. Op dat ick doch nit mag flauwmodig worden onder sulcken swarwichtig werck. Here, west dan nit ver van mij, als Uwe hulpe van noden is, op dat Uwen grotten en herlicken Nam dar dor met danckseginge gepreesden worden. Aamen, ja amen.

Het is moeilijk om in de literatuur van de handboeken of de beschrijvingen van directe praktische ervaring zoals het dagboek van Schrader aanwijzingen te vinden voor het soort 'hardheid uit zelfbescherming' dat historici hebben geassocieerd met de hoge kindersterfte in de zeventiende eeuw. Weliswaar aanvaardden de Nederlanders het verlies van hun zuigelingen en kleine kinderen als de wil van de almachtige God, troostten ze elkaar met die harde waarheid en beurden elkaar op met de schrale troost dat de kleintjes beter af waren in het paradijs dan in het aardse tranendal, maar deze standaardbetuigingen van deelneming sloten een groot verdriet niet uit.

Het idee van een cultuur waarin men de grimmige man met de zeis en zijn voorkeur voor kleine kindertjes met passieve berusting aanvaardde, moet althans in zoverre worden bijgesteld dat in diezelfde cultuur een voorspoedige bevalling van het grootste belang werd geacht. In die zin werden de postnatale zorg en het welzijn van het kind in de eerste weken en maanden uiterst belangrijk geacht om de overlevingskansen van de baby te vergroten. Aangezien het algemeen bekend was dat het kind in deze periode het bevattelijkst was voor de talloze dodelijke infecties en besmettelijke ziekten, legden de schrijvers van medische boeken grote nadruk op elementaire kennis van voeding, hygiëne en praktische huismiddelen bij het gezin. Het idee dat kinderen op een of andere manier zelf maar moesten zien te overleven in een omgeving van vuil, onwetendheid, slechte voeding en regelmatige mishandeling is gebaseerd op de veronderstelling dat de slechtst denkbare situatie de regel was – een misvatting die voor de twintigste eeuw even goed (of slecht) zou opgaan als voor de zeventiende eeuw.

In feite verschillen de meeste adviezen in de populaire literatuur over zuigelin-

Gabriël Metsu, *Het zieke kind*, omstreeks 1660, 32,2 × 27,2 cm. Rijksmuseum, Amsterdam

Pieter de Hooch, *Vrouw die een kind de borst geeft met kind dat een hond eten geeft*, 1658-1660. M.H. de Young Memorial Museum, San Francisco

Jacob Ochtervelt, *Familieportret*, 1663. Fogg Museum of Art, Harvard University

Pieter de Hooch, *Huiselijk interieur*, 1661-1663, 92 × 100 cm. Gemäldegalerie, Berlijn

Jacob Gerritszoon Cuyp, *Portret van een kind*. Privé-collectie, Cambridge

Judith Leyster, *Twee kinderen met een jong katje en een aal*. National Gallery, Londen

genzorg nauwelijks van wat tegenwoordig nog steeds gebruikelijk is. Zo was het boekje over kinderziekten van Stephanus Blankaart in een eenvoudig, begrijpelijk Nederlands geschreven en niet in het Latijn, de vaktaal, en werd het gepubliceerd in betrekkelijk goedkope edities.[80] Zoals de meeste populaire medische handboeken en verhandelingen was het aantrekkelijk gemaakt met afbeeldingen, waaronder enkele die tegemoetkwamen aan de weerzinwekkende belangstelling voor klinische wangedrochten en misvormingen: het 'geschubde kind', het 'kind geboren sonder anus', het 'kind met darmen buiten leven' en andere verschrikkingen. Maar voor het grootste deel ging het over de alledaagse problemen bij het grootbrengen van kinderen en het bestreek een verrassend breed terrein. Het behandelde niet alleen de belangrijkste kwalen van zuigelingen en peuters, maar gaf ook advies over borstvoeding en andere vormen van voeding, omgang met zuigelingen, driftaanvallen en emotionele problemen, eerste hulp, zindelijk maken en zelfs over de eerste spelletjes en lessen. (Zoals veel humanistische artsen vond Blankaart dat men kinderen geen traditionele spook- en griezelverhalen moest vertellen en hield hij een ernstig pleidooi voor waar gebeurde verhalen of avonturen.[81]) Met andere woorden, zijn advies was bijna precies hetzelfde als het gebruikelijke advies in de meeste huidige boeken over kinderverzorging. Sommige uitdrukkelijke aanbevelingen – bijvoorbeeld over de verzorging van de navel: twee of drie maal daags schoonmaken met alcohol en dan verbinden met een schone, zachte doek – zijn letterlijk hetzelfde als de raad die jonge ouders (mijn vrouw en ikzelf) kregen in de 'postnatale les' twee jaar geleden.[82] Van Beverwijck gaf een speciaal recept voor een drankje van viooltjessiroop en boter met honing om de darmpek uit de darmen van een pasgeboren baby te verwijderen.[83] *Het Kleyn Vroetwyfs-boeck* schreef voor de oogjes van het kind te verzorgen met een schone linnen of zo mogelijk zijden doek en fel zonlicht dat de baby's van streek maakt (wat inderdaad zo is) te vermijden. En in Blankaarts handleiding staan heel wat tips die moderne ouders direct zullen herkennen: neem de baby niet in bed, hoe verleidelijk dat ook is, want te veel kinderen zijn al gestikt doordat de ouders op hen gingen liggen; maak u geen zorgen over berg, maar gebruik een beetje olie (of boter) om zo nodig de hoofdhuid wat te bevochtigen; de hik is niets onrustbarends en gaat over zonder dat het kind er erg in heeft (hoewel hij niet kon nalaten het verhaal te vertellen van een elfjarig jongetje dat langer dan een jaar onafgebroken de hik had); laat baby's niet te lang met een vuile luier liggen, want dan krijgen ze een geïrriteerde huid en uitslag; laat ze niet te lang huilen zonder te kijken wat er aan de hand is. Het wassen van een pasgeboren kind – het hele lichaam, ook oren, neus en ogen – werd niet gevaarlijk maar heilzaam voor baby's geacht, hoewel ze naderhand moesten worden ingevet met boter, amandelolie of rozenwater. Na zes tot acht maanden zouden de tandjes doorkomen en een bijtring van ivoor of een langwerpige harde biscuit zou de pijn iets verlichten en de tandjes sterk maken. De remedies waren eenvoudig en verstandig. Als de hik lang duurde schreef Blankaart tinctuur van saffraan, munt of anijswater voor, bij te grote winderigheid een regelmatiger voedingspatroon, bij diarree een drankje van kaneel, krokus en een beetje opium om de maag tot rust te brengen. Voor nachtmerries bij oudere kinderen door onregelmatige voeding of doorkomende tanden werden 'slaapdrankjes' van *Diascordium mithridatis*, anijs en, wat dubieuzer was, krabbeogen gegeven, maar Blankaart vond troost en tederheid van de ouders en een verandering van de slaaphouding de beste remedie. Bij gewone hoest en verkoudheid raadde hij aan het kind 's nachts goed warm te houden, zodat het de koorts uitzweette, en om alle zoetigheden waarmee het kind ten onrechte werd getroost, te vermijden.[84] Ernstige aandoeningen waar een dokter bij moest worden gehaald, waren mazelen – waarvan men wist dat ze een dodelijke afloop konden hebben –, ieder teken van epilepsie, herhaalde en spontane neusbloedingen en ernstige spruw of mondblaartjes.

Maar net als Van Beverwijck legde Blankaart grote nadruk op een uitgebalanceerd en voedzaam dieet als de beste manier waarop een kind gezond bleef en weerstand tegen ziekte opbouwde. Zelfs nog voor er in de Europese medische wetenschap iets bekend was over de gevolgen van vitaminegebrek, wist hij dat rachitis het best kon worden behandeld door het kind meer vers fruit en verse groenten te geven. En rozebottelsiroop werd algemeen erkend als een versterkend middel voor kleine kinderen. Evenals alle medische autoriteiten van zijn tijd en zelfs van voor zijn tijd vond hij borstvoeding door de moeder onmisbaar voor de gezondheid van het kind. Maar voor baby's met tandjes maakte hij onderscheid tussen de traditionele kindervoeding en de voeding die volgens hem het meest geschikt was voor de tere darmpjes van het kind. De gebruikelijke 'pappen' van water, oud witbrood, suiker en wijn keurde hij af, net als pap van melk, beschuit en suiker, of bier, brood en siroop. Dit alles vond hij te zwaar, te vet of in andere opzichten schadelijk, en daarvoor in de plaats adviseerde hij een zachter brouwsel van half water, half melk en oud bruinbrood of beschuiten. Als het kind aan vast voedsel toe was, moest sterk gezouten vlees als ham, gerookt spek en varkensvlees (natuurlijk het standaardvlees voor arme boerenfamilies) worden afgeraden, evenals te zuur of te wrang fruit.

Historici die zich bezighouden met de kindertijd hebben aanbevelingen voor het bakeren wel opgevat als een teken van een pre-moderne houding ten opzichte van het kind.[85] Het bakeren is beschouwd als het soort gemakzucht dat eerder duidt op onverschilligheid en egoïsme van de ouders dan op een liefdevolle en vriendelijke houding tegenover het kind. En het is zeker een feit dat bezwaren tegen bakeren tot gevolg hadden dat de windsels in de achttiende en negentiende eeuw geleidelijk verdwenen (hoewel het in Rusland tot in het begin van de twintigste eeuw gebruikelijk bleef). Maar natuurlijk is er bakeren en bakeren. Het hing ervan af hoe strak de kinderen werden gebakerd en hoelang ze moesten worden gebakerd. In Nederland volgden (en citeerden) de meeste autoriteiten de adviezen van Aristoteles, Plato en Galenus ten gunste van het bakeren. Maar de klassieke reden, namelijk de bevordering van de gezonde groei van de ledematen, werd vaak verdrongen door de noodzaak het kind tegen de kou te beschermen en het het beschermde gevoel te geven dat het nodig had in de periode na de geboorte, zodat het beter sliep. Niettemin werden kinderen ongetwijfeld overdreven dik ingepakt: linnen doeken werden zorgvuldig rond het lichaam gewonden, van vlak onder de hals tot de voetjes, zodat het kind nauwelijks nog enige bewegingsvrijheid had. Toch moeten moderne autoriteiten niet al te snel concluderen dat gemakzucht het voornaamste motief was van de ouders die dan niet meer naar het kind hoefden om te kijken of het pakketje zelfs aan een keukenhaak konden hangen.[86] Niets van die harteloze onverschilligheid is terug te vinden in de Nederlandse literatuur of schilderkunst over kinderen. De manier waarop de babytweeling die op het schilderij van Esaias Boursse wordt gevoed, is gebakerd, lijkt precies op het strak inwikkelen in een dekentje van heel kleine baby's – een nabootsing van de baarmoeder – dat tegenwoordige moeders wordt aangeraden om ze te sussen. In deze periode van hun leven was veiligheid van veel groter belang dan vrijheid en er is ook geen bewijs dat het kind na de eerste weken, hoogstens de eerste twee maanden, nog werd gebakerd. Zo blijkt uit het schilderij van Thomas de Keyser van een moeder met kind bij de wieg duidelijk dat de oudere baby – misschien zes of acht maanden oud – niet meer is gebakerd en schoenen draagt.

Over het andere standaardcriterium voor 'moderne' kinderverzorging bestond geen meningsverschil. Bijna alle autoriteiten vonden borstvoeding door de moeder onontbeerlijk voor de gezondheid van de baby. Blankaart, Cats en Van Beverwijck beschouwden het zelfs als hét kenmerk van ware moederliefde. 'Want het is geen moederlijk hart de Kinderen sonder eenige reden van andere te laten suigen, en sijn eigen borsten op te droogen,' schreef Blankaart.[87] In *Moeder* schreef Cats een lyrisch loflied op de overvloedige schoonheid van de voedende borst:

> *Gebruyk, ô jonge vrou, gebruyk uw weerde gaven,*
> *Gebruyk het edel soch om uwe vrucht te laven:*
> *Niet dat een eerlijck man te werelt liever siet,*
> *Als dat een lieve vrou haar kint den tepel biedt.*
> *De boesem dieje draegt, soo geestigh opgeswollen,*
> *Soo kunstigh uytgewrocht, gelijck yvore bollen,*
> *En dienen niet alleen tot ciersel van het lijf,*
> *En minder tot de pronck van eenigh dertel wijf:*
> *Gewis die weerde schat, die lieffelicke bergen,*
> *Die knoppen van de roos is ander dienst te vergen.*[88]

Noch 'de sware bieren' noch 'de rynsche druif' waren goed voor de 'vrucht', maar alleen 'u reyne melk kan stillen haer geschrey'. Van Beverwijck onthaalde zijn lezers op allerlei gruwelverhalen over minnen die tijdens het voeden voor het vuur in slaap vielen, anderen die de hun toevertrouwde kinderen in hun dronkenschap in tobbes verdronken of ze heimelijk verwisselden voor zieke kinderen. Minnen konden ziek zijn of geen melk hebben (en hun toevlucht nemen tot smerige pap). 'Wat moeder en soude dan niet veel liever haer wat pijnighen om haer kindt selver te soghen, ende also een geheele moeder te wesen: als het onnoosel schaep al dese perijckelen te onderworpen?'[89] Alleen als de moeder ziek of dood was, mocht men aan een min denken. En dan moest men erop letten dat de melk van de min goed van kleur en samenstelling was: 'Men moet ook sien of de Melk van de goede koleur en dikte is, want een brakkende en lichtvergorende Melk deugt niet. Se moet soet zijn en liefelyk van smaak, welriekende, een weinig dikker dan Wey...'[90]

Maar men vond unaniem dat borstvoeding onvervangbaar was. 'De reden daarvan is klaar,' schreef Blankaart: 'omdat het kind, reeds van binnen het moederlyke voedsel gewoon is,' zou iedere overgang op een andere voedselbron deze natuurlijke eenheid verstoren.[91] Voorts schreef hij, zoals een huidige arts dat ook zou doen, een speciaal leefpatroon voor de zogende moeder voor. Ze moest zich warm kleden, inspanningen vermijden (ook geslachtsverkeer, want men dacht dat de copulatie de kwaliteit van de melk beïnvloedde) en zich onthouden van wijn en brandewijn. Bier daarentegen, vooral bruin bier uit Rotterdam of Weesp, werd als voedzaam aanbevolen. Karnemelk en wei, al te zoute of zure etenswaren en adellijk wild werden afgekeurd omdat ze winderigheid veroorzaakten of anders de melk verzuurden. Goedgekeurd werden daarentegen vers vlees, zoals kip, lam en kalf, verse melk en gestoofde groenten. Rauw fruit en bepaalde groenten zaten echter vol 'menigvuldige suur' – vooral fruit als appels, kersen en peren – en konden het best worden vermeden. Als er ondanks dit tamelijk flauwe dieet winderigheid optrad, die via de melk aan het kind kon worden doorgegeven, was anijs- of venkelwater een goede remedie. De tepels moesten zeer goed worden verzorgd en bij pijn of kloofjes voorzichtig worden ingesmeerd met lanoline of madonnalelieolie. Als het probleem juist was dat het kind niet wilde drinken, adviseerden sommige boeken honing als lokmiddel op de tepels te smeren.[92]

Er bestaat dus geen twijfel over het ideale postnatale beeld: een gezonde, liefhebbende moeder die haar eigen baby zoogt en geleidelijk bijvoeding gaat geven in de vorm van pap. Maar volgden de Nederlandse moeders het doktersadvies ook op? Minnen schijnen op het platteland en in de steden inderdaad zeldzaam te zijn geweest en hun hulp werd meestal alleen ingeroepen als de moeder ziek of gestorven was. Als er bovendien een min nodig was, dan kwam deze in de regel naar het huis om te voeden, waar de familie en de baker een oogje op haar konden houden, en werd het kind niet weggestuurd. Zelfs de bakers – die een vertrouwde figuur waren in de kinderkamer van de burgers, totdat de moeder de kerkgang deed of het kind gespeend was – kwamen iedere dag en woonden niet in huis.[93] Op die manier konden de ergste misstanden, geassocieerd met bakers en minnen, worden voorkomen. Dat minnen alleen werden gebruikt in geval van medische noodzaak, schijnt te hebben gegolden voor alle lagen van de bevolking, althans tot ver in de achttiende eeuw, toen een paar moeders uit de regentenelite een min namen om status te verwerven. Ook deze gewoonte was geen lang leven beschoren want al snel daarna werden de aristocratische pretenties verdrongen door de rage van de 'natuurlijke' voeding, die populair was gemaakt door Tronchin, Rousseau en de sentimentalistische Nederlandse schrijfsters. Maar het grootste deel van de bevolking had de preken van de achttiende-eeuwse gezinsmoralisten niet nodig want voor hen was het altijd een elementaire familieplicht gebleven dat de moeder het kind zoogde. We hoeven maar te kijken naar een van de meest elementaire onderdelen van het traditionele Nederlandse meubilair, de eenvoudige, uit stro gevlochten bakermat – in veel boedelbeschrijvingen te vinden – om te begrijpen dat het voeden door de moeder in de Nederlandse samenleving eerder regel dan uitzondering was.

Misschien was het zelfs meer dan dat. Want op talloze Nederlandse genrestukken, tekeningen en prenten komen zogende moeders voor als uitdrukking van liefde en toewijding in het gezin. Voordat het een geliefd thema werd in de Nederlandse kunst, was er alleen de voorstelling van de Heilige Maagd die het Christuskind voedt. Maar, zoals Leo Steinberg terecht opmerkt, daarbij was de theologische symboliek per definitie belangrijker dan de eenvoudige waarneming, zodat het kind op sommige afbeeldingen zuigt terwijl het naar de toeschouwer kijkt of zelfs rondloopt.[94] Een van de frappantste omkeringen van beeld en onderwerp in de hele Europese religieuze kunst is de verwijdering van de Madonna met Kind uit de Nederlandse kerken, terwijl ze als zogende moeders langs een omweg weer in schilderijen van kerkinterieurs werden geïntroduceerd. In veel voorbeelden van Emanuel de Witte en Gerard Houckgeest is de Mariaverering teruggebracht tot moederliefde (zie p. 542). Zelfs bij zuiver huiselijke zoogtaferelen, zoals in de beroemde serie van Pieter de Hooch, moet het ons niet verbazen dat ze vlak onder gewijde voorstellingen zijn geplaatst. Want het zogen door de moeder was niet alleen een verplichte, maar ook een gewijde handeling. Eenvoudige handelingen als het dichtmaken van een lijfje worden door De Hooch in een bijna bovennatuurlijk zuiver licht gezet (zie p. 533 en 535). Dus als we het huisgezin voor de Nederlanders een persoonlijke kerk kunnen noemen, was de zogende moeder het eerste avondmaal.

Nauw verwant aan de schilderijen met zogende moeders zijn de bijna even gevarieerde en talrijke wiegtaferelen. Op sommige is het kind rustig slapend afgebeeld – een visuele echo van het grote aantal zeventiende-eeuwse Nederlandse slaapliedjes als *Suja, suja, slaap*.[95] Op andere ligt het kind wakker in zijn bedje. Het schilderij van De Hooch in deze trant is bekend geworden als *Moedervreugd*, en karakteristiek genoeg suggereert het licht dat over de gezichten van moeder en kind en over de wieg strijkt een huiselijk paradijs van rust en veiligheid. Dit, en niet een of ander fantastisch idee van onzedelijkheid of het al bijna even vergezochte idee van ouderlijke onverschilligheid, is het ware ethos van het Nederlandse burgerlijke huishouden. Het is het eerste consequent volgehouden beeld van ouderliefde dat de Europese kunst ons biedt en dat is op zichzelf geen onbelangrijk moment in de geschiedenis van het gezin.

De harmonie in het gezin was niet alleen het resultaat van de moederliefde. Want een ander nieuw en opvallend aspect in de familietaferelen is de 'domesticatie' van de vader en zijn integratie in de huiselijke kring. Met het opzetten van de vader-

Gerard Houckgeest, *De Sint Jacobskerk te Den Haag*, 1651. Verloren gegaan, voorheen in het Kunstmuseum, Düsseldorf

schapsmuts-kroon toonde de vader zijn blijdschap over zijn nageslacht. Nog verrassender is het misschien dat vaders soms worden afgebeeld terwijl ze meehelpen bij de verzorging van kleine kinderen. Van Ostade laat een boerenvader een kind met de lepel voeren – een beeld dat hij vaak heeft gebruikt – terwijl de moeder een zuigeling de borst geeft. Ook Willem van Mieris heeft een dergelijk tafereel geschilderd. En een nog overtuigender beeld, een gravure voor Johan de Brune's *Emblemata*, is dat van een vader met muts die 's nachts met zijn baby op en neer loopt terwijl hij slaapliedjes zingt – een genre waar Nederland rijk aan is – terwijl zijn vrouw wat nachtrust krijgt. Dit tafereel is voor tegenwoordige huishoudens zo vertrouwd dat een vroeg-zeventiende-eeuwse voorloper ervan je verbaasd doet staan. Maar de verrassing is gedeeltelijk zo groot door de stereotiepe verwachtingen omtrent het vroeg-moderne vaderschap: het 'patriarchale' gezin, geregeerd door een strenge, afstandelijke en op de voortzetting van het geslacht gefixeerde vader. Misschien gaat dit idee wel op voor aristocratische huisgezinnen of zelfs voor bourgeoisgezinnen in andere culturen, maar voor de Nederlandse burgerlijke samenleving is het beslist misleidend. Het is overigens wel zo dat boven de intrigerende prent van

Schreeuw, in de nood, naer s'hemels brood.

Embleem uit Johan de Brune, *Emblemata ofte Sinnewerck*, Amsterdam, 1624. Houghton Library, Harvard University

De Brune een tekst staat waarin de hulp van God de *Vader* wordt ingeroepen: 'Schreeuw, in de nood, naer s'hemels brood' (waarbij 'brood' 'troost' betekent). En in het onderschrift wordt gewezen op de analogie tussen de afhankelijkheid van een kind van zijn vader hier beneden en onze broze afhankelijkheid van onze Vader hierboven, die ons eveneens 'zooght met zijn woord, zijn gunst wy haest gevoelen. Hy neemt ons op de hand, en zingt een vrolick lied. Het leven van de dood, de dood van al verdriet.'[96] Maar de metafoor doet nauwelijks iets af aan het feit dat het een nieuw beeld is en veel onthult over de gedeelde (zij het niet verwisselbare) rollen in het huisgezin. Want zoals de kindachtige engel een engelachtig kind werd, werd de vaderlijke God, zonder een spoortje blasfemie, de godvruchtige *pater familias*. Dat betekende een drastische verandering in de relatie tussen hetgeen betekenis gaf en hetgeen betekenis kreeg, namelijk van bovenaardse in aardse zaken.

Hoewel de gedomesticeerde vader voor het eerst optreedt in de Nederlandse kunst, zou het een anachronisme zijn hem de voorvader van de twintigste-eeuwse huisman te noemen. Het frontispice van Cats' *Moeder* is een volmaakt beeld van de huiselijke harmonie waarin ieder lid van het gezin tevreden is met de hem of haar toebedeelde rol. Maar het is evenzeer duidelijk dat de rolpatronen van de ouders bepaald zijn door hun geslacht. Het is dan ook de vader met muts die zijn zoon onderricht volgens de klassieke humanistische voorschriften, terwijl de zogende moeder het voorbeeld is voor haar dochtertje dat haar pop een pak op de billen geeft. Dit is het ideale gezin volgens het huishoudelijke evangelie van Cats. Het actieve

Adriaen van de Venne, *Moeder*, uit Cats, *Houwelijck*, Amsterdam, 1632

principe van onderricht, de lessen om de wereld in te kunnen gaan, komt van pappa. Het passieve principe, de lessen in de voortplanting en verzorging van het huisgezin (de antiwereld), komt van mamma. Samen vormen ze een veilige haven waar de twee sleutelprincipes, vrijheid en bescherming, volmaakt in evenwicht zijn.

Dat was althans het idee. Maar kinderen hadden de irritante gewoonte grootse ideeën in de war te schoppen, vooral als volwassenen die voor hun bestwil bedachten.

5   DE KRAKELING EN HET JONGE HONDJE

Wat doet het kleine meisje met de veel te grote krakeling (zie p. 534 en 545)?

Het lijkt onwaarschijnlijk dat ze gewoon wat rondwandelde met de kolossale koek – en haar jonge hondje – en dat Jacob Cuyp het tafereel zo snoezig vond dat hij haar precies zo liet poseren, in de stijl van Rembrandts kindertekeningen naar het leven. Een spontane opwelling is het zeker niet. Cuyp was een specialist in onder meer dit soort dromerige kinderen met ogen als schoteltjes en appelwangetjes, 'gras et joufflus' (mollig en met bolle wangen) zoals Grosley ze zou typeren.[97] Zijn bekoorlijke kinderen waren veredelde versies van de schepsels met vollemaansgezichten op

Jacob Gerritszoon Cuyp, *Portret van een kind*. Privé-collectie, Cambridge, Engeland

Bruegels stampvolle doeken. Maar ze waren ontdaan van de problematische aspecten van de kinderpersoonlijkheid – onschuldig en lichtzinnig tegelijk, uit op plezier en morele rampspoed – die in de zestiende-eeuwse voorstelling belichaamd werd. Dergelijke dubbeltypen bleven bestaan in Nederlandse afbeeldingen. Zowel Dirck Hals als Jan Miense Molenaer schilderden kinderen die ze opzettelijk provocerende spelletjes lieten spelen, grijnzende schooiertjes met vieze wangen en knobbelneuzen (zie p. 546). En dat is het begin van de lange traditie van antitypen die in de hele Europese cultuur is blijven bestaan. Deze 'Haarlemse' kinderen zijn wat de volwassenen vrezen: stoute donderstenen met wereldwijsheid, een genadeloos instinct en een onuitputtelijke energie. Hun portretten praten terug. Voor de echte bangeriken zijn het letterlijk kleine duivels. Hun tegenpool moet dus dat zijn waar volwassenen van dromen: kleine engeltjes. Cuyps exemplaren zijn zo volmaakt dat ze van poeder en rozenwater lijken: het type met blonde krullen en een wipneus dat via het dal van pseudo-Renoirs onstuitbaar zijn weg vond in de lagere regionen van de op pasteltinten gefixeerde burgermanssmaak. Van miljoenen moederdagkaarten staren ze je nog steeds aan met ontmoedigende snoezigheid. De stoute en de schone zijn natuurlijk allebei emblematische typen, en al even fantastisch, bedacht ter belichaming van de tegenstrijdige trekken die ouders in hun kroost zien.

We moeten dan ook niet verwachten dat het meisje van Cuyp even monter is als haar victoriaanse afstammelinge: slechts uitdrukking gevend aan de ontroerende zorgeloosheid van de kindertijd, vrij om weg te zweven naar een of ander licht para-

Dirck Hals, detail van afbeelding p. 484.

Detail van afbeelding p. 17. Houghton Library, Harvard University

dijs. Zoals bellen blazen in de zeventiende eeuw een serieuze aangelegenheid was, zo moeten we niet verwonderd zijn dat we in het portret soortgelijke voorboden en angsten over de kwetsbaarheid van de kinderlijke onschuld tegenkomen. Deze symbolische bagage was niet verplicht. Het is niet moeilijk – vooral niet voor het laatste deel van de eeuw, als de zwaarwichtigheid van de kinderen plaats maakt voor een lichter en 'gemoedelijker' beeld – schilderijen van kinderen zonder sombere attributen te vinden. Maar in dit geval is het volstrekt ondenkbaar dat Cuyp alleen om het decoratieve effect of de vreemde charme zulke merkwaardige rekwisieten heeft gekozen. Om de compositie te begrijpen moeten we door het oppervlak van de picturale beschrijving heen prikken. En bij nader onderzoek blijkt dat niets in het schilderij toevallig is. Wat bijkomstige details lijken, zijn symbolische boodschappen die berichten over de zorg van volwassenen om het lot van de kinderzieltjes. De boodschappen zijn verpakt in enveloppen van uiterlijke schijn, maar daarin zitten teksten over immateriële angsten. Op grond van bepaalde uiterlijke kenmerken lijkt het waarschijnlijk dat het schilderij is gemaakt voor een godvruchtige, zo niet calvinistische familie, want de ketting van koraal is lange tijd de talisman geweest die de drager beschermde tegen kwaad en meer in het bijzonder tegen duivelse krachten. De kleding van het kind is, net als in andere duidelijk godvruchtige familieportretten als dat van Michiel Nouts in Londen, een miniatuur van de voorbeel-

In de republiek der kinderen

Pieter Saenredam, *Interieur van de Buurkerk te Utrecht*, 1644. National Gallery, Londen

dige godvrezende calvinistische moeder, de veilige haven van haar geslacht.

Het hondje symboliseert christelijke 'leersucht', en behoort tot een traditie waarin de lering van het kind wordt geaccentueerd door de visuele analogie van honden die gehoorzaamheid wordt bijgebracht.[98] (Interessant genoeg schijnen jonge katjes juist te fungeren als symbool van onwilligheid of hardleersheid: dus als Jan Steen kinderen schildert die een katje leren dansen, kunnen we ervan uitgaan dat hij dat als parodie bedoelt, niet als voorbeeld van waarachtig onderricht.) Het thema keert steeds weer terug in de Nederlandse kunst, in details die op het eerste gezicht anekdotisch zijn maar bij nadere beschouwing belangrijke sleutels blijken voor begrip van hele composities. Zo leert een van de twee jongens op Pieter Saenredams *Het*

Soo langh de Roe wanckt. Embleem uit Roemer Visscher, *Sinnepoppen*. Houghton Library, Harvard University

Jan Luiken, *De leiband*, uit *Des Menschen Begin, Midden ende Einde*. Houghton Library, Harvard University

interieur van de Buurkerk te Utrecht een jong hondje op te zitten en wel onder een schilderij van Mozes met de tien geboden.

Bovendien werd het oefenen van jonge honden bijna altijd met meisjes in verband gebracht. In de gravure voor Cats' *Houwelijck* wordt het hondje geïdentificeerd als 'leerzugtigheid', naast het lam dat staat voor eenvoud. In de meest expliciete transpositie naar de schilderkunst neemt de hond een bedelende houding aan, zittend op de achterpoten, zoals in Ochtervelts schilderij van een domineesgezin (zie p. 535). Maar het riempje op het schilderij van Cuyp moest zonder meer herinneren aan de leiband waarmee het jonge kind de eerste wereldse ervaring opdeed. Jan Luikens leibanden zouden de parallel met de godvruchtige lering en gehoorzaamheid natuurlijk expliciet maken. En het is niet verwonderlijk dat in het embleem *De leiband* in de achtergrond een hond is te zien.

Dus we hebben nu de twee vaste motieven in de Nederlandse behandeling van kinderen – bescherming en lering – in de compositie gezien. Maar hoe zit het met het meest opmerkelijke en extravagante attribuut dat het kind van Cuyp vasthoudt, de krakeling? Als zoet gebak is de vorm al zeer oud, misschien van middeleeuwse Italiaanse origine, hoewel ze al in de middeleeuwen internationaal bekend was en voorkwam in verluchte manuscripten en houtsneden uit de Reformatie. Volgens een primitieve functionalistische overlevering (te vinden op de achterkant van pakken krakelingen en in meer esoterische bronnen) is de krakeling ontstaan uit de stukken deeg die overbleven wanneer de kloosterbakkers een brood hadden opgemaakt en versierd, en die dan in een krul werden gelegd en met elkaar verbonden in de vorm van handen in gebed. Maar krakelingen hadden ook een specifieke associatie met kinderen. Uit Duitse bronnen blijkt dat kinderen ze op Allerzielen als armbanden – *Brezeln* – droegen als een amulet tegen duistere machten. Dus zelfs in deze betekenis sluiten ze uitstekend aan bij de talisman van koraal en bij de oude waarschuwing dat de duivel zich meester kon maken van kinderzieltjes.

Ook in de Nederlandse iconografie komen ze voor: bij de kinderoptocht achter de

Des menfches leven is een ftrijd,
Die noyt als met den menfch' en flijt.

Embleem uit Johan de Brune, *Emblemata*, 1624. Houghton Library, Harvard University

krachten van de Vasten in Bruegels *Strijd tussen carnaval en vasten* en in *In weelde sie toe* van Jan Steen in Wenen. In het laatste geval is de koek gebroken en lijkt hij met de andere bekende rommel – vooral eieren – te behoren tot Steens kabinet vol beelden van kattekwaad. Als we nader ingaan op de term 'krakeling' (verwant met het Oudengelse *cracknel*) wordt het verband tussen Bruegel en Steen, tussen strijd en breken, duidelijker. De stam van 'krakeling' is 'krakeel', ruzie of gevecht, en als we op grond van oude bronnen weten dat kleine kinderen aan de uiteinden van grote krakelingen trokken in een krachtmeting der pinken, valt nog een stuk van de puzzel op zijn plaats: het verband tussen spelen en vechten. Dit alles zou ons nog niet tot een bijzonder indrukwekkende conclusie hoeven te leiden, als er niet nog een beeld van de krakeling bestond: de gravure in de *Emblemata* van de calvinistische Johan de Brune die, zoals we al hebben gezien, veel aan de kinderwereld ontleende om tamelijk duistere en dreigende uitspraken te doen over de mestvaalt van de wereld. Op deze prent houden twee handen de uiteinden van de krakeling vast als in het kinderspel. Maar dit is een opvoedkundig, geen speels beeld, want de tekst zegt ons dat het leven van de mens slechts strijd is, en de strijd gaat natuurlijk tussen de machten van het goede en het kwade, verlossing en verdoemenis.[99] In enkele andere prenten wordt dit nog eens bevestigd doordat de ene hand die van God en de andere die van de duivel is.

De iconografische puzzel is nu compleet. En het is redelijk te veronderstellen dat Cuyp zijn portret schilderde voor een godvruchtige familie die het kleine meisje wilde laten weergeven als een strijdtoneel van de machten van het goede en van het kwade, zoals de dominees hen voortdurend voorhielden. De overwinningstrofee van dat toernooi was haar onsterfelijke ziel. De zwakte van het onnozele schaapje werd gesymboliseerd door de breekbare koek, in De Brune's *subscriptio* vergeleken

Embleem uit Johan de Brune, *Emblemata*. Houghton Library, Harvard University

met de breekbaarheid van de menselijke geest, hard geworden door de levenservaring. Ze zou bescherming genieten – de talisman van krakeling en koraal – maar er was ook een positievere kracht nodig: als een jong hondje geleid te worden, door de juiste lering, tot een christelijk leven.

In die tijd meende men dat kinderen, zoals het meisje van Cuyp, gevaar liepen, aangezien ze vanaf de geboorte de kiemen van zowel goedheid als slechtheid, een gezegend of een vervloekt leven, in zich droegen. Een keuze, of preciezer: een onderlegde keuze maken zou een essentiële rol spelen in de uitkomst van deze morele strijd. De Reformatie had het belang van die beproeving vergroot door de smet van de erfzonde af te schaffen. Maar het calvinisme had deze vervangen door de leer van de predestinatie die een even zware morele last op de schouders van het kind legde. Maar in Nederland was de invloed van humanistische ideeën over de opvoeding en van de erasmiaanse leer die in de landstaal via Valcooghs *Den Reghel der Duytsche Schoolmeesters*[100] werd doorgegeven, echter zo groot dat in het onderwijs aan kinderen ook ruimte was gelaten voor de vrije wil. Dus ook al hing verlossing niet langer af van dat onderwijs, het werd nog altijd essentieel geacht om het kind het onderscheid tussen goed en kwaad, tussen deugd en ondeugd bij te brengen.

Algemeen werd aangenomen dat kinderen meer kattekwaad in zich hadden dan goed voor ze was. Een ander embleem van De Brune toont een kind dat een driftbui heeft te midden van over de hele vloer verspreide stukken speelgoed. De werkelijke aanstichter van deze hele boze chaos is de duivel, die op het schilderij of in de spiegel in de achtergrond is weergegeven. Maar voorstellingen van kinderlijke duivelse streken van het soort dat er volgens de meest harde puriteinse leer uit moest worden geslagen, zijn zeer zeldzaam. Vaker wordt de ondeugendheid van kinderen voorgesteld als naäpen van de zonden der volwassenen – zoals in Jan Steens taferelen van 'Zoals de ouden zongen, piepen de jongen' – of anders als vrolijk geplaag. Molenaer en zijn vrouw Judith Leyster maakten beiden een opvallend groot aantal schilderijen van – vermoedelijk hun eigen – kinderen in deze kenmerkende stemming tussen plagen en pesten in. Als we Leysters dubbelportret met het poesje als embleem van speelsheid en de aal (de spreekwoordelijke glibberigheid van het leven) beschouwen als de zoveelste verhandeling over instinct versus lering, natuur die cultuur behoeft, leggen we misschien meer nadruk op 'lezen' dan op kijken (zie p. 536). Want in overeenstemming met hun wortels in de Haarlemse bravourestijl van Hals, heeft het schilderij een onmiskenbare komische ondertoon: het meisje maakt het 'getikt'-gebaar naar haar broertje waarmee ze elk plechtig gemoraliseer volledig ondermijnt.

In deze schilderijen van spelende kinderen wordt de gewichtigheid dus vaak door de hilariteit op losse schroeven gezet. Terwijl in de prenten bij emblematateksten de humor van het beeld soms wordt overstemd door de ernst van de tekst, is in schilderijen de morele plaats van de lichtzinnigheid veel minder grijpbaar. Neem Molenaers vreemde en verwarrende schilderij van kinderen en dwergen, bijna een compendium van de dubbelzinnigheden rond het gedrag van kinderen en volwassenen tegenover elkaar. Een strikt 'morele' lezing van het schilderij zou als boodschap de straf voor treiteren opleveren: de mannelijke dwerg keert zich tegen zijn achtervolgers. Een 'komische' lezing zou hieraan de grap toevoegen dat de kinderen worden gestraft door een volwassene die kleiner is dan zij – een toespeling op Bruegels *topos* van kleine mensen met een onbestemde status – en dat, zoals in veel komische stukken van Steen, het gelach niet komt van de toeschouwer buiten het doek maar van een volwassene erin. Diens onomwonden plezier in het tafereel, vooral tegenover de onbestemder uitdrukking van de vrouw naast hem, dwingt ons na te denken over ons eigen plezier. En een extra complicatie is de figuur van een bejaarde met baard – Januarius in de zomer? – die ineengedoken bij de muur staat en geen oog heeft voor het tafereel. Op het uithangbord boven de kroeg staat 'De verdoofde boer', wat misschien een echo is van zijn kille stoïcisme. Maar wie is er verdoofd? De kinderen die geraakt zijn door de stenen van de dwerg, de gevoelloze, zeer jonge volwassene – amper groter dan de kinderen – die van het tafereel geniet, of de oude man tegen de muur? Zien we hier de stadia uit het leven van de mens in combinatie met zijn temperamenten? Hoe het ook zij, de stemming van het werk verandert als men deze figuren bekijkt uit het oogpunt van wreedheid en medelijden in plaats van vermaak. Eigenlijk is het verhaal een opsomming van drie voorbeelden van slechtheid: die van de kinderen tegen de dwergen, de wraak van de dwerg, en de onverschilligheid van de volwassene tegenover beide.

In dergelijke wrede komedies over de kindertijd is het bijna een natuurwet dat kwaad wordt vergolden. Maar de humanistische pedagogen en de familieraad pleitten voor actiever ingrijpen om de balans tussen stoutheid en goedheid definitief in de goede richting te laten doorslaan. Anderzijds bestonden er verschillende opvattingen over de manier waarop dit het best kon worden bereikt. De strengheid van de opvoeding van kinderen hing af van de strengheid van het geloof dat het gezin aan-

Jan Miense Molenaer, *Scène met dwergen*, 1646. Stedelijk Van Abbemuseum, Eindhoven

hing.[101] Zoals de verhoudingen tussen echtgenoten kon variëren van streng patriarchaal tot informeel en liefdevol, zo manifesteerde zich een verscheidenheid aan sentimenten in de cultuur. De familieportretten van Nouts (zie p. 553) en Frans Hals (zie p. 553) illustreren deze verscheidenheid: het ene vertoont vooral een letterlijk zwart-withouding tegenover familieverhoudingen, het andere is veel ontspannener en informeler qua compositie en stemming. Op het schilderij van Nouts is (evenals in de gravure bij *Moeder* van Cats) het onderricht van de vader aan de zoon gebaseerd op de Schrift en veronderstelt het geleerde vroomheid. Hoewel er schilderijen zijn, zoals *Moeder met kinderen* van Netscher (zie p. 519), waarop de moeder haar dochter leert lezen, is het strenge model van Nouts van de moederlijke huiselijkheid, nagebootst in een pop die identiek is gekleed, representatiever, althans voor 'devote' huishoudens. In het schilderij van Hals zijn de gezinsleden vrolijk door elkaar heen geplaatst en zijn de geslachten niet zo strikt gescheiden. Ook al zijn er de plichtmatige verwijzingen naar een moraliserende symboliek in de roos die de kortstondigheid van wereldse schoonheid aanduidt, de toespelingen zijn niet prekerig maar subtiel. En andere attributen – druiventrossen die bij de steel worden vastgehouden als symbool van maagdelijke kuisheid,[102] een perzik als symbool van de overeenstemming tussen hart en tong (de waarheid zeggen) – overstemmen zel-

Toegeschreven aan Michiel Nouts, *Familieportret*. National Gallery, Londen

Frans Hals, *Familieportret*. National Gallery, Londen

Jan Steen, *De school*, omstreeks 1670. National Gallery of Scotland, Edinburgh

Nicolaas Maes, *De wortelschraapster*, 1655. National Gallery, Londen

In de republiek der kinderen

Jan Miense Molenaer, *Dankzegging*. Rijksmuseum, Amsterdam

den de intimiteit en ongedwongenheid van dit soort groepsportretten.

Gezinnen van één en hetzelfde geloof konden dus meer of minder toegevend staan tegenover de speelse neigingen van hun kinderen. Hoewel sommige zedenmeesters adviseerden dat de roede niet moest worden gespaard om te voorkomen dat het kind zou worden verwend, werden lijfstraffen, zoals veel reizigers opmerkten, in het algemeen afgekeurd. Blankaart, die erkende dat kinderen soms kleine duivels konden zijn, was tegen een dergelijke straf omdat kinderen er hard en koppig door zouden worden: 'maar met een soete vermaninge leidende haar gedagten tot iets hooger en beter'. Van Beverwijck stemde ermee in dat angst voor de roede beter was dan het gebruik ervan, want ze kon het kind stijven in zijn wreedheid en slechtheid.[103] Anderzijds vond men het dwaas de eigenzinnigheid van kinderen niet in te tomen en af te straffen. Maar het humanistische pleidooi om enige ruimte te laten voor de natuurlijke instincten van het kind en het met zachte drang te laten leren, was zo sterk dat ideeën als 'het breken van de wil', kennelijk sterk aanwezig in meer puriteinse en evangelische culturen, in de Nederlanden bijna geheel ontbraken.

Zelfs op de gebieden van het menselijk leven waar drastisch ingrijpen geboden

Jan Luiken, *De speelstoel* uit *Des Menschen Begin, Midden ende Einde*, Amsterdam, 1712. Houghton Library, Harvard University

Jan Luiken, *Des Menschen Begin, Midden ende Einde*. Houghton Library, Harvard University

leek, was de leer tamelijk gematigd. Met betrekking tot het zindelijk maken hadden de zeventiende-eeuwse schrijvers niets te leren van Dr Spock. De algemene regel luidde: zet het kind niet te vroeg op de kakstoel en dwing het niet door het angst aan te jagen op bevel zijn behoefte te doen. Maak van de hele zitting een muzikaal spelletje en geef het speeltjes als een klepper, tamboerijn of fluit, maar maak het kind niet zenuwachtig.[104] Bedwateren? Geen zorgen, ze maken het allemaal door: 'Pisse, pisse, kak, kakke/En eer men na haar siet, so is 't te laat.' Plast hij op school als hij zeven of acht is, nog in zijn broek? Geen weerspannige blaas maar de angst om door zijn meester gestraft te worden, zei Blankaart, en hij voegde er de geruststellende opmerking aan toe dat het veel erger zou zijn als hij níet kon plassen.[105]

'In dese opvoeding en onderwijzing,' schreef Van Beverwijck, 'moet men de kinderen niet al te naeu houden, maar haer d'oeffeninghe van de kintheyt toelaten, opdat wy niet en schijnen de nature te willen beschuldighen (die de jonckheyt swack gelaten heeft) en met ontijdelijck zaet den onbereyden acker des verstants bederven. Laet haer vryelijck spelen, en het School meer gebruycken tot verandering van spel als tot teghenheydt: anders werden sy het leeren tegen, eerse weten wat leeren is!'[106] De ideale opvoeding van het kind dat nog niet naar school ging (onder de zeven), was dus het onderscheid tussen lering en vermaak op te heffen en de natuurlijke energie van het kind aan te wenden voor de lange-termijndoelstelling van maatschappelijke deugd. Bij Constantijn Huygens maar ook in eenvoudiger handleidingen was het ideaal van lering-door-spel, of speels leren, een vast gegeven.

De aangewezen plaats voor dat leren was thuis. Alleen als kinderen hun kattekwaad hadden afgeleerd dankzij het deugdzame voorbeeld thuis, kon officiële scholing het gewenste effect hebben. En in dit opzicht is het geen toeval dat de meeste genreschilderijen van schoollokalen, die weer gemaakt zijn naar het voorbeeld van Bruegels gravure *De ezel op school*, juist parodieën op onderricht zijn. De twee schilderijen van Jan Steen (zie p. 554, boven) tonen op erasmiaanse wijze – door een dwaas tegenvoorbeeld – het soort onderwijs dat vermeden moest worden. De uil die onnaturalistisch rechts op een stokje aan de muur zit, duidt eerder op dwaasheid dan op wijsheid (zie p. 219), kinderen bespotten hun meester in plaats van ontzag voor hem te hebben en het lokaal is een toonbeeld van dierlijke chaos in plaats van menselijke gehoorzaamheid. En het enige dat de meester rest, is lijfstraffen uitdelen. Het is een omgekeerde wereld van het onderwijs en een wereld waarin lering en vermaak niet samengaan, maar tegenover elkaar staan, met alle kwalijke gevolgen van dien.

Toch waren Jan Steen en Jan Miense Molenaer ook in staat precies een tegenovergesteld tafereel te schilderen: de wildheid van kinderen thuis gedresseerd en beteugeld. Vooral in het schilderij van Steen in Londen (zie p. 483) wordt de speelsheid van het kind, benadrukt door de gebruikelijke rommel van kapot speelgoed op de vloer, ingetoomd door de dankzegging. Maaltijden waren, alweer volgens de aanbevelingen van Erasmus, bij uitstek gelegenheden voor lessen in goede manieren.[107] Het woord 'opvoeding' is per slot van rekening etymologisch afgeleid van 'voeden', en als leren deugd moest voeden, moest voeding zelf een vorm van leren zijn. Een latere anonieme prent toont hetzelfde soort onderricht, vermoedelijk tijdens het middagmaal, waarbij een klein kind in een kinderstoel naast een veelbetekenend hondje de eerste beginselen van het eten wordt bijgebracht. Ook de bereiding van voedsel – groenten schoonmaken, zoals de wortels bij Maes (zie p. 554) – kon soortgelijke lessen in huishoudelijke deugdzaamheid behelzen.

Dit waren niet de enige manieren om kinderen van kattekwaad af te houden. Goed opletten moest worden gecombineerd met meer actief ingrijpen om natuur en cultuur met elkaar in harmonie te brengen. Luiken benadrukt dit in zijn boek door in de prenten het speelgoed te tonen dat het meest appelleert aan de natuurlijke nieuwsgierigheid en energie van het kind. De 'speelstoel' was een mobiel speelhok en op de prent zit hij vol met de speeltjes voor de peuter. Op de prachtige prent bij Cats' *Spiegel van den Ouden en den Nieuwen Tyd* (zie p. 505) is te zien dat er al kramen en winkels waren die alleen speelgoed verkochten, zoals de gebruikelijke tijdloze voorraad stokpaarden, poppen, trommels, tinnen fluiten en dergelijke. Luiken had de grootste moeite uit de trompet en de trommel een positieve moraal te destilleren en gebruikte in feite het kabaal dat de laatste maakt om een algemene moralistische opmerking over de goedgelovigheid van de bevolking te maken.[108]

Soms, zoals in Cats' *Kinderspel*, werden de trompet en trommel gebruikt als symbolen van de vaderlandse verantwoordelijkheden van de volwassen man. En het poppenhuis had dezelfde functie voor het meisje: door nabootsing werd ze doordrongen van de huiselijke deugden die haar veilig van de kindertijd via haar huwbare jaren naar het huwelijk zouden leiden. Hetzelfde gold voor de miniatuurpotten en -pannen die gebruikt werden om 'huisje te spelen' zoals in de prent *Poppegoed* van Luiken. Poppenhuizen waren in alle soorten en maten verkrijgbaar in de Republiek. En daarmee konden meisjes via eindeloos nadoen precies het soort geïdealiseerd huishouden scheppen waartoe ze, in voor- en tegenspoed, bestemd waren.

Nog afgezien van alle andere functies en verantwoordelijkheden die het Nederlandse huisgezin had, werd het geacht een ideale leerschool voor de wereld te zijn. Dit gold zowel voor werk als spel en op genretaferelen die zich in bescheidener huishoudens afspelen, zoals die van Van Ostade, zijn vaak jongere kinderen te zien die nauwkeurig toekijken en oudere kinderen die zelf bij het werk helpen. Deze ambachtelijke lering binnen het gezin stemde overeen met het idee dat het huis boven alle andere soorten werkplaatsen (de school inclus) te verkiezen was als vormende kracht in het leven der kinderen. Nederlandse gezinnen schijnen het gezag over hun kinderen veel minder snel uit handen te hebben gegeven dan gezinnen in andere culturen uit die tijd. Vandaar dat jongetjes die ten slotte de leeftijd (van veertien) hadden bereikt om in de leer te gaan, meestal niet bij hun meester gingen inwonen. Ze keerden iedere avond na hun werk terug in de schoot der familie. In meer patricische gezinnen kwam het moment van scheiding pas als de jonge vrouwen trouwden of de jonge mannen naar de universiteit gingen.

De machtige invloed die van de huiselijke haard – letterlijk de wieg der deugden – uitging, is de rode draad in het boek van Luiken, waarin de jonge man nauwelijks volwassen is geworden of hij zet zelf de vaderschapsmuts op en de cyclus begint opnieuw. Want alleen dankzij deze continuïteit kon de kunst om Nederlands op te groeien, waarbij de onschuld van de pasgeborenen samen met de wijsheid van de ouderen behouden bleef, blijven bestaan. En maar heel af en toe sluipt er iets van afkeer van deze allesomhullende huiselijke gezelligheid in de verhoudingen tussen de gezinsleden door. Toen de vrouw van Cornelis de Witt haar zwager Johan wilde verwijten dat hij te veel invloed uitoefende op haar echtgenoot, kon ze niets beters bedenken dan te zeggen dat Johan hem in de luiers hield.[109]

DEEL VIER

WATERSCHEIDINGEN

HOOFDSTUK VIII

BINNEN, BUITEN

Kan van deze stukjes en beetjes cultuur één samenhangend geheel worden gemaakt? Of zijn het niet meer dan losse voorbeelden, een aantal willekeurig met elkaar in verband gebrachte attitudes, die je in een willekeurige combinatie kunt wegbergen als de curiosa in een Nederlands rariteitenkabinet? Misschien is het wel mogelijk deze verzameling gewoonten, gevoelens en gebruiken die ik een cultuur heb geprobeerd te noemen, te schilderen. Het interieur van de Nieuwe Kerk in Delft van Emanuel de Witte (zie p. 571) met groepen burgers rond Hendrick de Keysers graf van Willem van Oranje was, onbedoeld, precies zo'n collage van inheemse zelfbeelden. In het middelpunt, maar diep in het middenplan van het schilderij, ligt in vrome rust het historische referentiepunt, de *Princeps Patriae* zelf, Mozes/David, voorvader en martelaar. Maar in de groep toeschouwers wordt stille eerbied (de vrouwen links) afgewisseld met levendige belangstelling (het gebaar van de goed geklede figuur in de voorgrond). Het graf zelf weerspiegelt dat evenwicht tussen het heroïsche en het ascetische, het flamboyante van de late renaissance staat tegenover de witgepleisterde zuiverheid van de eenvoudige zuilen en het zuivere licht dat door de ongekleurde ramen binnenvalt. Dezelfde subtiele contrapunten zijn in kleur vertaald, waardoor de overheersende monochromie van zwarte, witte en grijze vlakken de vermiljoene pracht van de mantel van de man extra goed doet uitkomen. Er is dus praal en ingetogenheid, zwier en soberheid, familiezin en vaderlijke waakzaamheid, het genot van weelde en de bijbehorende plichten, aangeduid met de munt die in de hoed van de bedelaarsjongen wordt geworpen. Het is het gemenebest in het klein, geschaard rond de *pater familias*.

Het schilderij van De Witte is dus een beeld van maatschappelijk patriottisme, van algemene niet-afgedwongen trouw. Maar was het niet eerder een beschaafde fictie, een overeengekomen mythe in plaats van werkelijkheid? En als de culturele identiteit die ik in deze hoofdstukken geprobeerd heb te kenschetsen een stel gemeenschappelijke overtuigingen was, kan de scepticus met recht vragen wie deze dan gemeenschappelijk hadden. Waren die gedragspatronen en collectieve zelfbeelden in werkelijkheid niet het cultuurgoed van een elite, en nog een kleine ook, opgelegd aan de meerderheid van de bevolking? Is dus wat voorgesteld wordt als een consensus van vaderlands gevoel in feite een maatschappelijk machtsmiddel? En worden het schoffie en de *grande dame* in het schilderij van De Witte niet eerder verenigd in hun wederzijdse erkenning van de ongelijkheid dan in de christelijke naastenliefde? Onbehagen over overvloed veronderstelt het bezit ervan, een fetisj maken van het huishouden vooronderstelt het bezit van een huis.

Het bezwaar is terecht in die zin dat het collectieve beeld van zichzelf en de rest van de wereld, dat ik heb geclassificeerd als typisch Nederlands, niet spontaan ontstond maar bewust bedacht werd, en dat de bedenkers voornamelijk behoorden tot het ontwikkelde, bezittende deel van de natie. Van Beverwijck, Cats, De Groot en veel andere exponenten van de nationale verbeelding waren zeker geen mensen uit het gewone volk. En zij waren het die vorm, perspectief en betekenis gaven aan de stroom van historische ervaringen die de Nederlanders overvielen. In zekere zin waren zij de uitvinders van de onafwendbare vaderlandse lotsbestemming: het idee dat er onder het oppervlak van de Europese geschiedenis een specifiek Nederlands lot besloten lag, wachtend op een of andere voorbestemde eruptie die het zou bevrijden uit de oude en onnatuurlijke omsluiting. Dit was natuurlijk een invloedrijke mythologie, die echter een kort leven beschoren zou zijn geweest als ze niet meer dan de baatzuchtige hersenschimmen van een paar humanistische intellectuelen en leidersfiguren had vertegenwoordigd. De kracht ervan lag in de bekoring van het ontluikende zelfbewustzijn. Om vrij te zijn en Gods bijstand te verdienen, hoefden de Nederlanders, zo werd hun verteld, alleen maar zichzelf te zijn en trouw aan zichzelf te blijven.

Voor die tijd was het opmerkelijk dat bijna alle rangen en standen aan de Nederlandse cultuur deel hadden. Een winterlandschap van Avercamp met welgestelden die naast boeren en eenvoudige burgers schaatsen, is ongetwijfeld een idylle, maar ook weer niet zo heel ver bezijden de waarheid. Het was beslist meer dan een komplot om een vals bewustzijn te creëren, een serie sociale fabels, bedacht om het monopolie van de bezittende klassen op maatschappelijke macht te legitimeren. Natuurlijk deed het hun ook geen kwaad. Maar onder de lakmoesproef van trouw en opoffering, de moordende en verschrikkelijke oorlog, de last van hoge belastingen en de eeuwige angst en paniek die de Nederlandse diplomatie omgaven, bleef hun geloof in zichzelf als één stam overeind.

Ik erken dus dat ik ertoe neig meer aandacht te geven aan de sociale en mentale eigenschappen die de Nederlandse mannen en vrouwen met elkaar verbonden dan aan de eigenschappen die hen verdeelden. Ik geloof niet dat dit slechter is dan de alternatieve indelingen in 'elite'- en 'volks'-cultuur op basis van sociale verschillen. Mijn opvatting mag dan enigszins idealistisch zijn, de tegengestelde opvatting is vaak ondoordacht materialistisch. Waar moeten we Cats, die volgens alle cultuurhistorici een sleutelfiguur is, dan bij indelen? Als rijk regent die het machtigste ambt bekleedde in de machtigste provincie van de Republiek behoorde hij onmiskenbaar tot de elite. Maar zijn werken waren bestemd voor alle Nederlanders en er zijn aanwijzingen dat hij bij hen ook weerklank vond. In termen van het aantal, de gevarieerdheid en de verspreiding van het aantal oplagen was geen enkele zeventiende-eeuwse schrijver, Vondel, Bredero noch Hooft, populairder. Als hij inderdaad 'Vader' Cats was, moeten we zijn gehoor misschien zien als een uitgebreide familie.

Was Cats een 'bourgeois'? Wie was dat niet? Bedelaars, prostituées en hovelingen op Honselaarsdijk waren dat niet, maar dan blijven nog heel wat mensen over. Elders in Europa geldt de term voor zo weinig maatschappelijke typen dat hij genoeg zegt. In de Nederlanden is de term zo veelomvattend dat hij absoluut niets zegt. Hij behoort per slot van rekening tot het classificatievocabulaire van de negentiende- en twintigste-eeuwse materialistische sociale wetenschap waarin men ervan uitging dat geloofssystemen aanhangsels waren van maatschappelijke macht. Dergelijke schema's van culturele analyse zijn notoir omdat ze alles reduceren tot een maatschappelijk continuüm dat zich uitstrekt van de arbeidsverdeling tot de eindbestemming van de ziel. En zo heeft een gemakzuchtige tautologie zich, als een soort intellectueel patina, vastgezet op culturele beschrijvingen die beginnen (en maar al te vaak ook eindigen) met een beroep op het 'bourgeois'-ethos. Zelfs een diepzinnig historicus als Huizinga koppelde 'bourgeois' aan 'onheroïsch' alsof die begrippen een vanzelfsprekende eenheid vormden, terwijl hij met het laatste 'onfeodaal' leek te bedoelen.[1] Wat kon immers duidelijker heroïsch zijn dan een vloedcultuur? Wat was heldhaftiger dan de wereldomvattende grootspraak, ingelegd in de vloer van de Burgerzaal van het Amsterdamse stadhuis, waarin de stad, net als het middeleeuwse Jeruzalem, in het geografische en symbolische middelpunt van het heelal ligt? Wat was fantastischer dan de tulpomanie, weelderiger dan de schuttersfeesten, flamboyanter dan de gevel van het huis Bartolotti, bacchanalischer dan een kermiskeuken van Jan Steen? En ik som deze flagrante afwijkingen van de gemeenplaatsen van soberheid, ascese en kapitalistische rationaliteit die kenmerkend zouden zijn voor de Nederlandse 'bourgeois'-cultuur, niet op uit een pervers genoegen het tegendeel te suggereren. Ik probeer de beschrijving van een vroeg-moderne cultuur juist te bevrijden van de ketenen van de negentiende-eeuwse terminologie, met name de terminologie die de maatschappelijke paradoxen, tegenspraken en asymmetrieën reduceert tot het gladde oppervlak van een economisch model. In het Nederland van Rembrandt waren meer mysteries van het lichaam en van de geest dan het sociologische cliché toelaat.

Maar wat voldoet dan wel? Door 'bourgeois' met 'burgerlijk' te vertalen verandert er meer dan de linguïstische vorm. 'Proto-kapitalistisch' wordt 'civiel'. Dat lijkt veel toepasselijker. Want de mentaliteit die Nederlandse mannen en vrouwen verenigde in een gemeenschappelijk gevoel voor gezin, natie, vrijheid en materiële welstand, was burgerlijk in de klassiek republikeinse zin van het woord, toegepast op hun eigen historische omstandigheden. Maar ook dit voldoet niet helemaal als beschrijvende term. Want 'bourgeois' mag beladen zijn met negentiende-eeuwse vooronderstellingen, 'burgerlijk' is misschien wel beladen met achttiende-eeuwse vooronderstellingen. De term werd in ieder geval een van de belangrijke strijdkreten van de patriottenbeweging van de jaren tachtig van de achttiende eeuw en bijna synoniem met een uitbreiding van de vertegenwoordiging, het einde van de oligarchie.[2] Bestaat er wel een zinnige verzamelnaam die het denken en de taal van tijdgenoten niet in anachronistische vormen wringt? Hoe beschreven zijzelf hun zeden en gewoonten? Wanneer men pamfletten en handboeken, brieven en 'iconen' op gegraveerde bokalen bekijkt, komt er één term boven, net als de leeuw van Zeeland die de golven trotseert, namelijk vaderlandse standvastigheid.

Waarmee we weer terug zijn bij het begin. Want in mijn ogen logenstraft, of liever gezegd transcendeert, een dergelijke overkoepelende gemenebestmentaliteit de werkelijke verdeling van bezit en zelfs kennis. Meer in de geest van Durkheim dan van Weber, kan de cultuur dus het best worden beschouwd als een soort maatschappelijke kerk, en wel een flexibeler kerk dan de officieel overheersende kerkelijke gezindte. Zij die de uiteenlopende maatschappelijke groeperingen liever ontdaan zien van hun mystificerende overeenkomsten en teruggebracht tot hun 'objectieve' tegenstellingen, hebben er misschien moeite mee, maar dergelijke transcendente banden kunnen zeer sterk zijn. Evenals het lidmaatschap van een kerk of supporterschap van een voetbalclub scheppen ze een instinctieve stamverwantschap, compleet met totems en gebaseerd op uiteenlopende en ingewikkelde verzamelingen symbolische uitdrukkingsvormen.

Dat wil zeggen dat niet alleen de maatschappelijk superieure leden van de cultuur, de bedenkers ervan, er baat bij hebben. Zou het alles bij elkaar in een bepaalde normatieve zin 'beter' zijn geweest voor de geschoolde ambachtslieden van Nederlandse steden als ze in een toestand van voortdurende opstand tegen gildeorganisatie waren geweest of als de gelederen van de schutters een mars op de stadhuizen hadden gehouden om de oligarchische regentschappen te ontmantelen (waarop in 1786 en 1787 werd aangedrongen)? De vraag is hoe dan ook *mal posée*, zoals de *Annales* zouden zeggen. Want de Nederlandse Republiek was, net als de stadstaat Venetië, op haar hoogtepunt grotendeels vrij van het soort tumult en chaos dat in andere Europese samenlevingen chronisch was. De laatste tijd hebben historici die niet tevreden zijn met deze kennelijk succesvolle consensus, gewezen op voedsel- en belastingoproeren in enkele grote steden in de Republiek.[3] Maar op één uitzondering na, toen de Zweedse legers dankzij hun successen in Pommeren in 1638 de vitale verbindingslijn voor de graanaanvoer uit het Oostzeegebied afsneden, wat met name in Leiden oproer tot gevolg had, kan de zeventiende-eeuwse Republiek moeilijk worden gezien als een natie geplaagd door een dergelijke chaos in de steden, vooral niet in vergelijking met de volksoproeren in Frankrijk en Spanje. Bovendien hoeft Leiden niet representatief te zijn. Van de Hollandse steden had Leiden tenslotte de meest gedetailleerde sociale stratificatie met een omvangrijke laagste klasse van textielarbeiders die in kleine huizen woonden en bijzonder kwetsbaar waren voor loonsverlagingen en plotselinge prijsstijgingen. Wat opvalt in het waardevolle onderzoek van Rudolf Dekker naar voedsel- en belastingoproeren, is dat tempo en frequentie van de oproeren na een betrekkelijk rustige en eensgezinde gouden eeuw toenamen in de veel sterker gepolariseerde en gevaarlijker pruikentijd. In dit opzicht lijken de traditionele chronologische scheidslijnen door nieuw onderzoek eerder te worden bevestigd dan ontkend. Bovendien hadden de woede en gewelddadigheid van de stedelijke volksmassa's in de vroege periode geen oorzaken die in de maatschappij besloten lagen. Veel vaker, zoals in 1672, wekten de traumatische omstandigheden van een oorlogspaniek angst- en haatgevoelens jegens de heersende groep die met de ramp werd geassocieerd. Bovendien werden deze gevoelens aangewakkerd en gestuurd door een andere regentengroep die zou profiteren van de politieke verschuiving. Dus de volkswoede was in feite een instrument van de onderlinge wedijver binnen de elite en niet een verschijnsel dat ingrijpende veranderingen teweeg zou brengen. En de strijdkreten en symbolen waren altijd die van een vermeende vaderlandse nostalgie: de zaak van de prins van Oranje, de strijdvaardige Kerk, de verdediging van het vaderland of het uitbannen van vreemde demonen uit de staat. Een van de misvattingen die de generatie Bataafse revolutionairen aan het eind van de achttiende eeuw zo kwetsbaar zouden maken, was hun idee dat de volkswoede zich richtte tegen de cultuur en haar maatschappelijke waarden in plaats van tegen de tijdelijke politieke belichamingen ervan.

Dit alles wil niet zeggen dat de Nederlandse cultuur in haar bloeitijd zo alomvattend was dat ze ruimte bood aan allen die in de tenten van Jakob woonden, zoals de predikanten graag zeiden. 'Burgerlijk en vaderlijk' bestreek misschien een breed terrein – van kleine pachters en vissers aan de basis tot aan de Trippen en Bickers aan de top – maar er waren ook enkele duidelijke uitzonderingen. En één manier om de grenzen van de cultuur zelf te definiëren, is achterhalen wat ingewijden onderscheidde van buitenstaanders.

1   DEUREN

Een van die grenzen was de voordeur. In de jaren na 1660 schilderde Jacob Ochtervelt (zie p. 572) een reeks studies van voordeuren en hallen die in bijna dwangmatige herhaling het delicate karakter van die grens uitdrukte.[4] De schilderijen vertonen allemaal dezelfde opzet: venters of straatmuzikanten die in de deuropening van de hal staan en worden ontvangen door de goed geklede vrouw des huizes, soms met haar meid of (veelzeggend genoeg) dochtertje. Ingewijden en buitenstaanders zijn dus verenigd binnen de lijst van het schilderij maar gescheiden door de drempel van het huis. En die scheiding varieert van schilderij tot schilderij. De *Vishandelaar* in het Mauritshuis mag nog net de hal betreden, maar de handelaar in gevogelte blijft buiten de deur. Op een schilderij in Antwerpen valt een zacht licht op de schouder van een oude kersenverkoopster, maar ze blijft buiten, hoewel haar kersen naar binnen mogen. En terwijl Ochtervelt zijn straatmuzikanten op het schilderij uit 1665 buiten liet, liet een zelfde groep van moeder, dochter en meid ze tegen 1670, op een schilderij in het Rijksmuseum, zelfs de drempel over en mogen ze in de hal zelf spelen.

In al deze schilderijen, behalve misschien in het laatste en meest ongedwongene, wordt die scheiding tussen huis en wereld, tussen veiligheid binnen en onbekende dingen buiten, nadrukkelijk aangegeven door een opvallende deurlijst. Maar ook is op al deze schilderijen de buitenwereld, vertegenwoordigd door kijkjes op mooie straten of bakens van de burgerlijke wereld zoals kerken, allerminst bedreigend. En de buitenstaanders zijn dat evenmin. Want ondanks het scherpe contrast tussen de elegante interieurs en kleding enerzijds en de nederige kleding van de bezoekers anderzijds is er niet de minste twijfel dat de twee groepen verenigd zijn in hun aanvaarding van de maatschappelijke hiërarchie. De kooplieden en straatmuzikanten zijn onderdanig, het huisgezin reageert minzaam met muntstukken. En achter die transactie ligt de wetenschap dat die activiteiten – straathandel of zelfs straatmuziek – toegestaan zijn, letterlijk door de stad en figuurlijk door de cultuur. Dit specifieke genre sluit dus probleemloos aan bij Ochtervelts gebruikelijker patricische onderwerpen, want het is een gevestigde en welgestelde versie van buitenstaanders. Of anders gezegd, het zijn de buitenstaanders van de ingewijden.

In sommige van deze werken lijkt er eerder sprake te zijn van een smeekbede dan van een handelstransactie. Ze staan ver af van het in de zestiende eeuw door Joachim Beuckelaer ontwikkelde en door De Witte nieuw leven ingeblazen 'marktgenre', met zijn schitterende stillevendetails en heroïsche behandeling van de handelaar. In de taferelen bij de voordeur daarentegen is met bravoure verkopen teruggebracht tot op de wenken bedienen. En in de ongelijkheid van de ontmoeting lijken ze nauw verwant aan een ander genreonderwerp: de ontmoeting tussen rijk en arm. Bij dergelijke confrontaties zou hoe dan ook de barrière tussen smekeling en weldoener op de meest directe manier blijken: de enige band tussen deze maatschappelijk ongelijken zou het gemeenschappelijke besef van hun verschil zijn – wat we een filantropische oxymoron zouden kunnen noemen. Dat verschil ligt vooral in een ingezetenschap. De wezen of lepreuze kinderen die minzaam door de regenten en regentessen van het gesticht worden geïnspecteerd, krijgen een domicilie, vaak gesymboliseerd door de eenvoudige kleding die ze al aan hebben of zullen aantrekken. Wanneer een onverwachte ontmoeting tussen een begunstiger en een smekeling op de drempel van een domicilie plaatsvindt, mogen we dus een extra nadruk op de natuurlijke ongelijkheid der maatschappelijke rollen verwachten.

De complicaties van deze onbehaaglijke overvloed waren echter zodanig dat deze schilderijen uiteindelijk het verzachtende karakter van filantropie evenzeer ondermijnden als bekrachtigden. Jan van der Heyden symboliseerde met zijn prachtig belichte beeld van een grootse palladiaanse villa de meest onbeschaamde epicureische pracht (zie p. 574). Maar bij de toegangspoort van het landgoed – precies op de grens tussen aristocratische fantasie en dagelijkse werkelijkheid – staat als een openlijke aanklacht een bedelares. De reactie van de zich onbehaaglijk voelende patriciër is echter dat hij twijfelt tussen twee even verwerpelijke handelingen: onver-

Binnen, buiten

Jacob Backer, *Regentessen van het Burgerweeshuis te Amsterdam*, 1633-1634. Amsterdams Historisch Museum

schilligheid tegenover de aanspraken van de armen of willekeurige (in tegenstelling tot geïnstitutionaliseerde) steun.

Dit dilemma komt nog duidelijker tot uitdrukking in Jan Steens prachtige schilderij dat bekendstaat als de zogenaamde *Delftse burgemeester* (*Portret van heer en meisje*; zie p. 573). Vermoedelijk was het schilderij, evenals de voordeurtaferelen van Ochtervelt, besteld om de menslievendheid van de geportretteerde te prijzen. Toch is het schilderij vol gespletenheid en onzekerheid. De drie figuurgroepen – meisje, man en bedelaars – zijn op haast onnatuurlijke wijze van elkaar gescheiden. Hoewel de bedelares zich direct tot de burger richt, reageert hij niet door op haar verzoek in te gaan of een menslievend gebaar te maken. Zijn 'dochter' op haar beurt negeert de beide andere hoofdfiguren en vestigt alle aandacht van de toeschouwer op zichzelf. De pracht van haar kleding is niet zozeer een teken van een familieband met de centrale figuur als wel een emblematische weergave van de wereldse ijdelheid, iets dat kenmerkend genoeg nog eens wordt geaccentueerd door het luisterrijke bloemstuk dat didactisch op de vensterbank naast haar is geplaatst. En de vergankelijkheid van die schoonheid staat misschien zelf weer in contrast met de wereld van onvergankelijke waarden, vertegenwoordigd door de Oude Kerk die achter de Delftse gracht opdoemt. Zo'n combinatie van nauwkeurige waarneming en symbolische betekenis zou precies passen in de Delftse stijl van die tijd.

Alles wijst er dus, wat al te nadrukkelijk, op dat de burger zich had moeten laten afbeelden als rentmeester in plaats van bezitter van rijkdom, door iets ervan aan de armen te geven. Maar het opvallende van het schilderij is dat hij dat nu juist niet doet. Hij aarzelt en in zijn hand houdt hij een document dat, denk ik, verklaart dat de vrouw en het kind zelf ingezetenen waren, dat wil zeggen dat de vrouw een plaatselijke Delftse arme is die een speciale vergunning heeft om om liefdadigheid te vragen. De met gevoel geobserveerde relatie tussen moeder en zoon (in opmerkelijk contrast met de non-relatie tussen de welgestelde 'vader en dochter') lijkt dit te bevestigen. Onze 'Delftse burgemeester' reageert dus op het onbehagen van zijn overvloed – huis, dochter en rijke kleding – door letterlijk in het zicht van de kerk rechter te zijn, beoordelaar van de fatsoenlijke armen, de figuur voor wie ze aan de poort mogen staan.

Dit soort thema's en ideeën komt in veel andere verwante schilderijen terug, zoals in *Rijke familie bezoekt arme mensen* van Hendrick Sorgh of *Regentessen van het Burgerweeshuis te Amsterdam* van Adriaen Backer. Het contrast van de pracht van het geborduurde tafelkleed en de kapsels met krullen van de regentessen met de deerniswekkende toestand van de kinderen is voor ons zo schokkend dat het een soort verwijt lijkt. Maar ook dat is weer een moderne en geen contemporaine perceptie. Hoogst waarschijnlijk hing het schilderij in het weeshuis als een onbeschaamd stuk filantropische eigendunk.

Deze schilderijen, en het ethos dat ze uitdrukken, geven weer hoe de armen en ellendigen waren opgenomen in het geheel van de Nederlandse cultuur en haar waardensysteem. Het was een manier om buitenstaanders naar binnen te halen – letterlijk binnen de vaak mooie armenhuizen en in een regime waar ze, zoals we uit overvloedig bronnenmateriaal weten (zie hoofdstuk III, p. 137-227), goed gevoed en fatsoenlijk gekleed werden. Deze overal aanwezige voorzieningen voor armen en zieken in Nederland oogstten veel bewondering van de bezoekers, zelfs wanneer ze uit landen als Engeland kwamen, waar van oudsher liefdadige instellingen bestonden. Vooral de grootte van de schenkingen riep jaloerse commentaren op. Parival tekende in 1662 op dat het Amsterdamse gasthuis een inkomen van achtduizend livres genoot en dat jaarlijks 'achttien tonnen goud' opzij werden gezet voor de verdeling van brood onder de armen, 'een immense som die wordt opgebracht door de grote rijkdommen van de stad, de vele kooplieden en de grote weelde van de mensen, en die getuigt van de neiging tot liefdadigheid van de Nederlanders'.[5]

Huidige historici hebben de gulheid en generositeit van Nederlandse liefdadigheidsinstellingen, net zoals die van andere Europese landen in de barok, bestempeld als een vorm van 'sociale controle'.[6] En de impuls ervan kwam ongetwijfeld voor een deel voort uit verstandelijke overwegingen. Voor een elite die regeerde door overreding in plaats van dwang, waren grote en verplichte filantropische schenkingen een lage prijs om zich te vrijwaren van de dreiging van volksoproeren. Een dergelijke manipulatieve beschrijving veronachtzaamt echter evenveel als ze verklaart. Zo gaat de verklaring voorbij aan de bijna vurige aansporingen aan de Ne-

Binnen, buiten

Emanuel de Witte, *Interieur van de Nieuwe Kerk te Delft*, 1656. Musée des Beaux-Arts, Lille
Foto: Cliché Malaisy.

Jacob Ochtervelt, *Straatmuzikanten aan de deur*, 1665. St. Louis Art Museum

Binnen, buiten

Jan Steen, *De zogenaamde Delftse burgemeester*, 1655. Penrhyn Castle.

Jan van der Heyden, *Een architectuurfantasie*, omstreeks 1670. National Gallery of Art, Washington, D.C.

Adriaen Backer, *Regentessen van het Burgerweeshuis te Amsterdam*, 1683. Amsterdams Historisch Museum

Anoniem reliëf van *Dives en Lazarus*. Janskerk, Gouda. Foto van de auteur

derlanders zich hun geluk waardig te tonen door iets ervan te delen met de minder bedeelden. In de Gereformeerde Kerk werd dit natuurlijk een heilige plicht van haar leden – en in 1675 noemde Jacobus Hondius in zijn *Swart Register van Duysent Sonden* het verzuimen van liefdadigheid een van de gruwelijkste zonden.[7] Maar het gebod bestond al voor de Reformatie en was een van de belangrijkste preoccupaties van het katholieke humanisme.[8] De rechtvaardiging van rijkdom door liefdadigheid die Parival in Amsterdam waarnam, was diep geworteld in de Nederlandse cultuur en verschilde volledig van bijvoorbeeld de franciscaanse moraal van afstand doen. Het was meer een morele evenwichtsoefening die de Nederlanders veroorloofde rijkdommen te behouden in plaats van ze te verzaken, op voorwaarde dat ze werden gegeven aan gemeenschappelijk bepaalde doelen. Geen wonder dat Dives- en Lazarusmotieven zo vaak voorkomen in zowel de katholieke als de protestantse cultuur – zoals op het reliëf boven de deur van een van de aanbouwen van de Janskerk in Gouda. En op deze oude leerstellingen werden de moderne zorgen van de humanistische maatschappelijke hervormers voor de geestelijke en lichamelijke gezondheid van hun steden geënt. En aangezien de Gereformeerde Kerk nooit het monopolie verwierf op liefdadigheidsinstellingen, konden de sociale instellingen zich vanaf 1580 met de zegen van het stedelijke en kerkelijke gezag snel uitbreiden. Er werden Heilige-Geesthuizen opgericht om te zorgen voor de armen – onder wie natuurlijk zeer veel wezen – buiten de Gereformeerde Kerk en zonder religieuze connecties die voor hen zouden zorgen. Deze verzorgingsdrift moet dus niet uitsluitend geïdentificeerd worden met de Kerk: ze vormde de kern van de burgerlijke legitimiteit.

De liefdadige verplichtingen strekten zich uit van de gewijde brooduitdeling, uitgebeeld in prenten en in Werner van den Valckerts uitzonderlijke verzameling kreupelen, deugnieten en gewoon hongerig volk,⁹ tot wezen en zieken, gekken en leprozen, ouden en zwakken. En de mogelijkheden om aan de armen te geven waren dan ook talrijk in de Nederlandse samenleving: in 'zondagbussen' die in de kerk werden doorgegeven of aan huis werden gebracht, in plaatselijke accijnzen op artikelen als bier, die bestemd waren voor een weeshuis of gasthuis, in loterijen die speciaal werden uitgeschreven om geld in te zamelen voor de stichting van een nieuwe instelling of de verbetering van een oude. Iemand kon bijna niet lid zijn van deze samenleving zonder zijn deel bij te dragen. Zodat men, rijk of arm, onvermijdelijk verbonden was door deze keten van liefdadigheid, en de Kerk herhaalde steeds: 'Geeft, want eens bent u misschien behoeftig als dat God behaagt.'

Maar aan het ontvangen van liefdadigheid waren twee voorwaarden verbonden. De eerste was dat de ontvangers hun dankbaarheid toonden aan hun weldoeners door binnen de grenzen van de burgerlijke cultuur te blijven: dat wil zeggen, door vroom en gehoorzaam te zijn en zich zo mogelijk te voegen bij het gevende in plaats van het ontvangende deel van de bevolking zodra de omstandigheden dat toelieten. Maar dit melioristische optimisme was gebaseerd op het idee dat de ontvangers oorspronkelijk uit de gemeenschap stamden en slechts tijdelijk in moeilijkheden zaten – of dat ze in ziekte of ouderdom recht hadden op de liefdadigheid van een gemeenschap waarvoor ze hun hele leven gewerkt hadden. Hoe arm ook, deze mensen bleven burgers en de betrekkelijke heilzaamheid van hun verblijf in armenhuizen bevestigde die respectabele status. Natuurlijk waren ze afhankelijk en stonden ze onder voogdij van de stad of de Kerk, maar als zodanig maakten ze deel uit van haar publieke ethos: ze waren symbolen van de vrijgevigheid van de stad, even duidelijk zichtbaar als een openbaar monument of de schuttersparades. Ze hadden zelfs hun eigen ceremoniën, zoals de omgang van de leprozen in Amsterdam op Koppermaandag, waaraan bepaalde dignitarissen van het gilde en het leprozenhuis deelnamen om deze onverbroken *communitas* te accentueren. Zo kregen de kinderen van het Amsterdamse burgerweeshuis als voogdijkinderen van de stad speciale zitplaatsen op boten. Dus de armen en behoeftigen mochten de liefdadigheid van de rijken duidelijk nodig hebben, evenzeer is het een feit, zoals predikanten en humanistische magistraten met klem stelden, dat de rijken de armen nodig hadden voor hun zielerust.

De filantropische bekrachtiging van maatschappelijke afhankelijkheid werd op vreemde wijze herhaald in het gewone volk. De visvrouwen op de Amsterdamse markt bij de Dam bijvoorbeeld stonden erom bekend dat ze jongens – van wie velen afkomstig uit de weeshuizen – rekruteerden en hun voedsel, kleren en onderdak verschaften in ruil voor gestolen goederen. Dit was natuurlijk een karikatuur en

Binnen, buiten

Werner van den Valckert, *Uitdeling van brood door de regenten van het Amsterdamse Aalmoezeniers-Weeshuis*, 1627. Amsterdams Historisch Museum

geen imitatie van de officiële liefdadigheid, waarbij behoeftigen werden opgenomen in een misdadige in plaats van een opvoedende instelling. En de autoriteiten waren ook op hun hoede voor valse aanspraken op hun liefdadigheid door mensen die armoede voorwendden of valse verzoeken deden. In 1680 probeerde een vrouw uit Bergen op Zoom die getrouwd was met een soldaat gelegerd in Zwolle, steun te krijgen van de Gereformeerde Diaconie in Amsterdam met papieren, voor haar geschreven door een beroepsvervalser die ze had ontmoet bij de Haarlemmerpoort. Toen ze door de mand viel, werd ze veroordeeld tot de schandpaal, waarbij een papier met dé aard van haar misdaad op haar borst werd gespeld.[10]

Een buitenstaander die zich voordeed als een ingewijde, pleegde dus een misdaad. Niets weerhield de vrouw er natuurlijk van steun te zoeken in haar eigen gemeenschap, Bergen op Zoom, maar door te proberen in een andere gemeenschap binnen te dringen, had ze zichzelf bestempeld tot een verdachte landloper, een bedelaar die zich uitgeeft voor een burger. Zoals in iedere andere vroeg-moderne Europese samenleving waren de ontheemden, de werklozen en de wettelozen, de vijanden van

Adriaen van de Venne, uit *Tafereel van de Belacchende Werelt*, Den Haag, 1635. Houghton Library, Harvard University

een burgerlijk systeem van maatschappelijke regels. En Adriaen van de Venne tekende hun vogelverschrikkerstrekken in een serie fantastische en buitenissige grisailles en somde in zijn picareske gedicht *Tafereel van de Belacchende Werelt* tweeënveertig typen schurken en vagebonden op. Wat Van de Venne ons laat zien zijn natuurlijk beelden uit de nachtmerries van de bezitters en geen betrouwbaar sociaal document. De groteske bundels botten, gestoken in lompen en vodden, die ons van zijn voorstellingen dreigend aankijken of onheilspellend toekrijsen, zijn sociale monstruositeiten. Ze kwamen voort uit de diepten van de vagebondoverlevering en werden aangedikt met een maniëristische fascinatie voor opvallende misvormingen en duivelse geslepenheid. Ze kwamen met hun minutieuze details tegemoet aan de honger van respectabele burgers naar kennis over de gemene trucs, listen en lagen van de uitgestotenen. Sensationeel was ook dat ze hun toevlucht namen tot zelfverminking of bizarre oogsmeersels om blindheid voor te wenden, opdat ze als 'zieke' in plaats van gezonde bedelaars milder behandeld zouden worden.[11] Zoals in alle daaropvolgende criminele demonologieën[12] waren de groteske figuren van Van de Venne eigenlijk gedrochten in een kermisattractie voor bourgeois. Ze waren tot in het extreme vertekend om de grens tussen burgers en uitgestotenen te accentueren, en ze boden een kleine *frisson* van angst zonder de geruststellend grote maatschappelijke afstand te verkleinen.

Welke werkelijkheid ging schuil achter deze fantastische angst? In de meest dwangmatig sedentaire cultuur van Europa was landloperij per definitie een bedrei-

Binnen, buiten

Adriaen van de Venne, *'t Zijn ellendige benen die Armoede moeten dragen*, Grisaille Museum Boymans van Beuningen, Rotterdam

ging van de maatschappij. Wie geen vaste verblijfplaats had, gedroeg zich afwijkend en werd als zodanig behandeld. Een belangrijk onderscheid moet worden gemaakt tussen immigratie en zwerven, want de Republiek was terecht beroemd om haar gastvrijheid voor vervolgden uit andere landen, vooral natuurlijk protestanten uit de Zuidelijke Nederlanden en Frankrijk die zich er wilden vestigen. Maar vestiging was het sleutelwoord. Een termijn van een aantal jaren, vijftig gulden of een huwelijk met iemand die er gevestigd was, leverde het poorterschap op dat nodig was om een vak uit te oefenen en lid te worden van een gilde. Immigranten konden dus met betrekkelijk weinig moeite toetreden tot de gelederen van de ingewijden en, als ze dat wilden, Nederlander worden. En al is het een feit dat aan het eind van de zeventiende en in de achttiende eeuw wel twintig procent van de gearresteerden in Amsterdam van Duitse oorsprong was (in een tijd dat de immigratie in de stad was toegenomen), er zijn geen aanwijzingen dat ze om hun buitenlandse afkomst extra in de gaten werden gehouden.[13]

Maar degenen die werden aangemerkt als zwervers of landlopers waren voor de gemeenschap onaanvaardbaar. Ook bedelaars waren een soort van anti-arbeiders en de kruiperige achterbaksheid die ze cultiveerden werd door zowel Kerk als magistraat als een soort morele godslastering beschouwd. De Gereformeerde Kerk wier plaatselijke kerkeraden en provinciale synoden ook gekenmerkt werden door een besef van religieus ingezetenschap, decreteerde dat bedelen een ernstige zonde was. En het door de humanisten ingestelde stelsel van sociale zorg dat de hele inlijvende machinerie van liefdadigheid opleverde, zorgde ook voor instellingen die moesten afrekenen met 'beroeps'-lanterfanters en -deugnieten. De wettelijke basis voor die behandeling was het edict van 1595, uitgevaardigd door de Staten van Holland. Onder deze bepalingen kregen gezonde bedelaars een korte periode (meestal een maand) de tijd om werk te vinden en daarna moesten ze worden verbannen. De zieken of bejaarden moesten terugkeren naar hun geboorteplaats om daar aalmoezen te krijgen of ze mochten bedelen met een vergunning voor drie maanden. Op overtreding van deze bepalingen stonden zweepslagen of, bij nog meer overtredingen, brandmerken.

Het doel van dit officiële beleid was de zwerver onzichtbaar te maken of althans te transformeren in een ingezetene, bij voorkeur werkzaam in zijn eigen geboorteplaats. Maar in afwachting van deze wonderbaarlijke morele en sociale transformatie kon tijdelijke onzichtbaarheid worden bewerkstelligd door opsluiting. En terwijl de ingezeten 'fatsoenlijke armen' werden ingelijfd, werden de rondtrekkende, ontheemde landlopers ingesloten. Aan het eind van de zestiende eeuw ontstonden overal in Holland verbeterhuizen, naar het model van het Amsterdamse tuchthuis, hoewel er tegen 1648 nog maar vier over waren (een teken dat het probleem onder controle was), namelijk in Haarlem, Alkmaar, Gouda en Amsterdam.[14] De meest optimistische opvatting was dat het regime van hard werken in deze huizen de smet van landloperij, de gevaarlijke en opvallende zichtbaarheid ervan, zou wegnemen door eerst schaamte en vervolgens een drang tot zelfverbetering op te wekken, zodat de heropgevoede zwerver of kleine misdadiger als een nieuw mens te voorschijn zou komen. Hij zou van een buitenstaander zijn veranderd in een ingewijde die graag wilde werken. Als deze wonderbaarlijke maatschappelijke alchemie door een of ander ongelukkig toeval mislukte (zoals, naar de magistraten al snel inzagen, met de grote meerderheid het geval was) kon wat de stad betrof onzichtbaarheid worden bewerkstelligd door verbanning. En de vaste straf voor landlopers die veroordeeld waren wegens bedelarij, kruimeldiefstallen of andere betrekkelijk kleine vergrijpen, was dan ook verbanning. Om te voorkomen dat ze terugkwamen (wat tallozen deden) werden ze soms gebrandmerkt of verminkt als een zichtbaar teken dat ze weer de onzichtbaarheid in moesten worden gestuurd.

Er waren nog drastischer versies van burgerlijke onzichtbaarheid dan verbanning. Gedurende een korte periode aan het eind van de zestiende en het begin van de zeventiende eeuw stuurde de Republiek in navolging van de Venetianen 'vagebonden en andere onwaardige personen' uit de gevangenissen van Dordrecht en Vlaardingen naar twee galeien. De rode galei had als kapitein een zekere Bartholomeus van Buren, die met dezelfde meedogenloosheid en ondernemingszin als de latere Dievenwacht in het hannoveriaanse Engeland op vagebonden joeg. Dat de galeien die, hoe onwaarschijnlijk het ook klinkt, over de huizehoge, door stormen opgezweepte golven van de Noordzee werden geroeid, met genadeloos harde hand werden geregeerd, blijkt uit het feit dat in 1601 op de rode galei, waar plaats was voor tweeëntachtig roeiers, ongeveer achtentwintig roeiers op hun bank waren gestorven en nog eens achttien tot twintig ernstig ziek waren.[15] Maar in 1631 was op zijn minst nog een van de galeien operationeel, want toen werd Gillaum Bink door het Hof van Holland wegens diefstal in Den Haag tot de galei veroordeeld.[16]

Vergeleken met andere Europese culturen waren de massale bedelarij en landloperij eerder een spookbeeld waar de Nederlanders zich druk om maakten dan de werkelijkheid, zoals blijkt uit Van de Vennes vogelverschrikkerachtige geestverschijningen. Reizigers uitten herhaaldelijk hun verbazing over het feit dat ze 's nachts veilig over straat konden gaan of althans zeker wisten dat als ze overvallen werden, de boosdoener snel gepakt en veroordeeld zou worden.[17] Ze waren al even verbaasd over de afwezigheid van de horden bedelaars die de meeste Europese steden bevolkten. Het verrassend lage aantal arrestaties in beide categorieën delinquenten, zelfs in Amsterdam – de dichtstbevolkte stad van Holland en met de meeste criminaliteit – wijst erop dat dit niet de optimistische fantasie van toeristen was. Het feit dat de politiemacht nog even primitief georganiseerd was als overal elders, maakt dit des te frappanter.

Vagebonden die op misdaden werden betrapt, kregen een soort symmetrische straf die de aard van hun misdaad weerspiegelde. Zo was een misdadiger in 1589 in Schoonhoven terechtgesteld omdat hij de handen en voeten van het kind van een boerenvrouw die hem de toegang tot haar huis weigerde, had afgehakt.[18] En in 1634 zag Brereton voor Haarlem het rechtopstaande stoffelijk overschot van een landloper aan wie ook gastvrijheid was geweigerd. Omdat hij het huis dat voor hem gesloten bleef in brand had gestoken, werd ook hij verbrand.[19] Anderen die zich niet hielden aan eerdere verbanningen en betrapt werden, konden vijftig tot zestig stokslagen krijgen volgens de Engelse arts Edward Brown die in 1668 in Haarlem zo'n afschuwelijke afstraffing zag.[20]

Maar over het geheel genomen schijnen de steden van de Republiek der Nederlanden inderdaad de schoolvoorbeelden van orde en rust te zijn geweest die ze volgens hun bewonderaars ook waren. Er waren in de steden en tussen de steden natuurlijk wel gevaarlijke plaatsen. In de havengebieden van Amsterdam, zo schrijft Sjoerd Faber, werden veel arrestaties verricht en de Zeedijk was toen evenals nu een van de onveiligste plekken.[21] De kroegen en eettenten rond de Turfmarkt in Den

Haag waren al even berucht. En in beide steden vonden in het centrum, voor handige zakkenrollers de aangewezen plek om onoplettende en rijke reizigers te bestelen, vaak overvallen plaats. De Dam en het Leidseplein in Amsterdam waren vruchtbare werkterreinen voor dieven en het Voorhout, op nog geen steenworp afstand van de Staten-Generaal op het Binnenhof, was ook een gevaarlijke omgeving. In de zomer van 1666 maakte een advocaat, Roseboom genaamd, vroeg in de avond met zijn nichtje een wandeling op het Voorhout, waar ze overvallen werden door twee gewapende mannen: de advocaat werd in elkaar geslagen en beroofd, terwijl het meisje over de grond werd gesleept met een touw rond haar nek.[22] En de bossen die Den Haag tot zo'n luisterrijke residentie maakten, maakten bepaalde buurten ook gevaarlijk. In 1643 werd vlak bij Huis ten Bosch een afgehakt hoofd gevonden en in 1661 werden twee notarisdochters overvallen door (en dit werd met nadruk vermeld) Franse huisbedienden die hen eerst diep het bos in brachten en daarna in een herberg opsloten, totdat een van de vrouwen door een open raam ontsnapte en alarm sloeg op Huis ten Bosch zelf.[23]

'Arrestatie door burger', de spontane aanhouding van boosdoeners nadat iemand 'houd de dief' had geroepen, was een normaal verschijnsel in een samenleving die nog nauwelijks beschermd werd door een professioneel politieapparaat. De 'rakkers', de assistenten van de schout, waren in feite zo berucht om de willekeur en inhaligheid waarmee ze 'compositie-geld' (losgeld) eisten, dat een bezoek van hen met evenveel achterdocht als opluchting werd begroet. Een nog aanschouwelijker illustratie van de onafhankelijke geest van de burgers was een boekje dat de eerste stedelijke handleiding voor zelfverdediging moet zijn geweest, de *Klare Onderrichtinge der Voortreffelijcke Worstel-Kunst*. Het werd in 1674 gepubliceerd onder de naam van de beroepsworstelaar Nicolaas Petter, die een vechtschool had in Amsterdam. In werkelijkheid was het gemaakt door zijn leerling en opvolger Robbert Cors, die een even grote ondernemingszin als lichaamstechniek aan de dag legde. Met een volmaakt gevoel voor een gat in de markt speelde Cors in op de angst van de burgers – vooral in Amsterdam – dat ze niet veilig waren voor gewelddadige overvallen in de steden en op de hoofdwegen. In de ondertitel van het boek werd het met zoveel woorden gezegd: 'Seer nut en voordeligh tegen alle slaensiecke twisten ofte die met een Mes ymaendt dreygen of trachten beledigen.' Als om het eerzame publiek waarvoor het boek bestemd was, gerust te stellen gaf het zelfs de strafmaat die in Amsterdam op alle vormen van bedreiging stond: zes weken water en brood in het cachot voor het dragen van een mes, het dubbele als er iemand verwond werd; een boete van drie gulden voor een aanval met de vuisten; zes maanden voor het gooien van een ijzeren projectiel dat iemand raakte. Vermoedelijk hoopte Cors zijn voordeel te doen met de naam van Petter en een ander soort clientèle aan te trekken voor zijn school in de Gustavusburgh bij de Prinsengracht. Zijn meesterzet in deze poging om via de handleiding reclame voor zichzelf te maken was Romeyn de Hooghe de opdracht te geven de spectaculaire serie platen te maken die de elementaire kunst van de zelfverdediging plastisch en nauwkeurig illustreert.

Romeyn de Hooghe, gravure uit N. Petter, *Klare Onderrichtinge der Voortreffelijcke Worstel-Kunst*, Amsterdam, 1674. Houghton Library, Harvard University

Het boek kan op één niveau gelezen worden als een vroeg sporthandboek. Maar voor sommigen was het tevens een document van republikeinse ideologie. Het exemplaar van Harvard College, geschonken door de bibliofiel Thomas Hollis, bevat de volgende radicale aanbeveling van Cors: 'mannelijke oefeningen kunnen niet genoeg worden aangemoedigd door eerlijke, dat wil zeggen vrije Naties,' een idee dat later door Rousseau plechtig werd beaamd. Maar het is duidelijk dat Cors een breder en eerzamer publiek zocht dan de beroepsboksers en -worstelaars, die vanouds optraden op hofpartijen, jaarmarkten en kermissen. Op de schitterende gravures van De Hooghe staan goed geklede burgers, compleet met pruik en afgebiesde broek, die allerlei gerichte bewegingen maken tegen angstaanjagende ordinaire types die hen met messen of vuisten belagen. In Petters boek ontbreken maar weinig handelingen uit het moderne repertoire van de oosterse vechtkunst: de omhooggerichte trap, de rechtse directe op de neus, de schouderworp. Hij behandelt het vuistenwerk, gezichts-en lichaamsdekking, vechten met voeten en benen en elke soort tweehandige aanval en verdediging tegen een aanval met een mes. En de technieken worden in de tekst met dezelfde onaangedane ernst en aanschouwelijke details besproken als in vergelijkbare handleidingen voor het kruisen van vee, de diagnose van galstenen of de classificatie van weekdieren: 'Plaats voet (b) in kruis (e)' luidt de letter van de lessen. Maar de geest van het boek is die van burgerlijke waakzaamheid tegenover buitenstaanders die het hart van steden, waar ze niets goeds in de zin

Romeyn de Hooghe, gravure uit N. Petter, *Klare Onderrichtinge der Voortreffelijcke Worstel-Kunst*, Amsterdam, 1674. Houghton Library, Harvard University

hebben, van binnenuit bedreigen. De held is die betreurenswaardige moderne figuur, de burger als straatvechter.

Misdadigers, bedelaars, zwervers, kortom mensen zonder beroep of verblijfplaats, waren per definitie buitenstaanders tegen wie de gemeenschap zich moest verdedigen. Maar waren er ook groepen die om hun etnische afkomst niet volledig en echt tot de gastcultuur werden toegelaten? Ik heb al betoogd dat immigratie zelf totaal geen beletsel voor integratie vormde, en gedurende de laatste vijfentwintig jaar van de zestiende eeuw namen de Noordelijke Nederlanden zeker 150 000 mensen op die gevlucht waren na de Spaanse veroveringen in het zuiden. Zoals ik eerder heb betoogd veroorzaakte die grote migratie ernstige spanningen in de gaststeden, waar de opvallende zonde der zuiderlingen hun onmatigheid was: ze waren te rijk of te arm, te vrijzinnig of te fanatiek in hun calvinisme.[24] Maar hun integratie in de noordelijke samenleving – en niet te vergeten hun verrijking ervan, zowel in materieel als in cultureel opzicht – was slechts een kwestie van tijd. De Nederlandse geschiedenis van het midden van de zeventiende eeuw wemelt van de machtige en invloedrijke figuren van zuidelijke oorsprong, zoals ook de elites van het midden van de achttiende eeuw, ondanks hun reputatie dat ze een meer gesloten patriciaat vormden, genoeg mogelijkheden openlieten om rijke hugenoten binnen te laten. Als migranten slecht werden behandeld in Nederlandse steden, hing dat niet zozeer samen met hun buitenlandse afkomst als wel met hun behoeftigheid of, in het geval van de Scandinavische en Duitse zeelieden die steeds weer opduiken in de *Confessie Boeken* in verband met kroeg- en straatgevechten, met het feit dat ze zich altijd ophielden in de ruige buurten van de stad. En Sjoerd Faber heeft overtuigend aangetoond dat niets erop wijst dat het poorterschap in Amsterdam enig verschil maakte voor de kans op borgtocht in afwachting van een proces. Of iemand in de 'Boeien', de gevangenkelder van het stadhuis, werd vastgehouden en ondervraagd of op borgtocht werd vrijgelaten, hing uitsluitend af van de ernst van het misdrijf.[25]

Hoe zit het met een andere groep immigranten die ook nog eens een ander geloof had: de joden?[26] Traditioneel heeft men de reactie van de Nederlanders op joden in hun midden als de *locus classicus* van een weldadig pluralisme beschouwd: een uitzonderlijk voorbeeld van tolerantie in een christelijk Europa dat hen verdreef of onder vernederende en onterende omstandigheden in getto's opsloot. Er is veel dat deze positieve voorstelling van zaken bevestigt. Amsterdam kende geen getto, geen davidster, gehoornde hoed of verbod zich na zonsondergang buiten de muren en poorten te begeven. De kleding van met name de sefardim, afkomstig van het Iberisch schiereiland, was niet te onderscheiden van die van niet-joodse Amsterdammers en, heel belangrijk, uit de weergave van joden door Rembrandt en Lievens verdwijnt de demonologische overdrijving van uiterlijke kenmerken. De semitische trekken werden juist gebruikt om de zeggingskracht van bijbelse taferelen te vergroten, zodat Rembrandt niet alleen David maar ook een heilige Mattheus en een Jezus de gelaatstrekken van zijn joodse buren in de Breestraat geeft.

Dit was een radicale breuk met de iconografische traditie. Maar niet minder veelzeggend was de vanzelfsprekendheid waarmee joden werden opgenomen in de standaardgenres van de Nederlandse cultuur. Tegen de tijd dat Johan Leusden en Jan Luiken hun serie gravures van de joodse riten en gebruiken maakten, konden taferelen als de besnijdenis, het bakken van matses voor Pesach, of de *shiva* worden getoond zonder sinistere associaties met esoterische praktijken. Luikens *Joodse besnijdenis* wijkt in niets af van andere taferelen uit de etnografische werken die in de tweede helft van de eeuw populair waren geworden, en stond inmiddels volkomen los van de demonologie en van de gewoonte joodse gebruiken af te zetten tegen de christelijke mysteriën (zie p. 586).[27]

En ook de synagoge was niet langer synoniem met 'de valse kerk'. In prenten, zoals Veenhuijzens kleine gravure van de sefardische synagoge aan de Houtgracht in Tobias van Domselaers *Beschryving der stat Amsterdam*, figureert de synagoge

Jan Luiken, 'Joodse besnijdenis' uit Leo Modena, *Kerk-zeden ende Gewoonten Die heden in gebruik Zijn onder de Jooden*, Amsterdam, 1683. Houghton Library, Harvard University

louter als een van de opvallende stadsgezichten, zoals de beurs of het Oostindisch Huis (zie p. 587). En aangezien de beroemde synagoge die er in 1675 voor in de plaats kwam veel van de gebruikelijke pracht van de christelijke kerkarchitectuur vertoonde – donkere eikehouten kerkbanken, sierlijke koperen kandelaars en dergelijke – werd ze precies zo geschilderd door Emanuel de Witte, die onder andere gespecialiseerd was in kerkinterieurs. Het gidsproza van Melchior Fokkens is al even weinig sensatiebelust. De schrijver wijst slechts op de fontein waar de gelovigen zich wassen voor ze de synagoge betreden, de galerij waar de vrouwen zitten, de ark met dubbele deur waarin de wetsrollen worden bewaard 'bedekt met rijke versieringen' en de gewaden van rabbi Haham:

> Haar Sabbath begint op de Vrijdag aan den Avont als de Zon onder gaat dan steken zy elk in zijn huys hare Lampen aan als ook in haar Kerk die branden tot op Zaturdag aan den Avont dan is haar Sabbath uyt... op zommige groote Feesten hebben zy in haar Kerk de Kroonen en groote Kandelaars van zilver dat een groote schat aan gelt is; op hare Sabbathen gaan zy prachtig gekleedt doen in 't minst geen werk.

De toon van dergelijke beschrijvingen getuigt van nieuwsgierigheid (en in de opsomming van kostbaarheden en opsmuk zelfs van bewondering) en niet van angst en haat. En deze zichtbaarheid zonder vrees of vernedering was voor joden in een

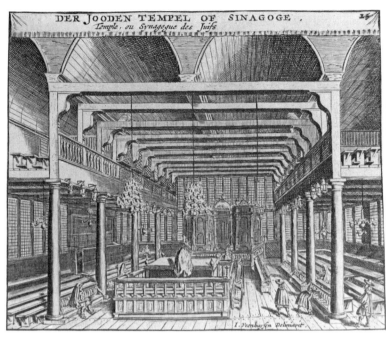

I. Veenhuijzen, *De Joodse Synagoge aan de Houtgracht* Verzameling van de auteur

christelijke samenleving een nieuwe ervaring. Al in 1616 kon rabbi Uziël aan een correspondent melden dat zijn volk nu vreedzaam in Amsterdam leefde. De inwoners van deze stad maakten, indachtig de bevolkingstoename, wetten en verordeningen waardoor de vrijheid van geloof kon worden gegarandeerd. Ieder mocht zijn eigen geloof aanhangen maar niet openlijk laten zien dat hij van een ander geloof was dan de inwoners van de stad. In een tijd dat in Frankfurt moorddadige oproeren tegen joden werden ontketend, was dit land met zijn betrekkelijke vrijheid een wonderbaarlijk toevluchtsoord.

Niet al deze tolerantie, hoe indrukwekkend ook, vloeide voort uit de melk van christelijke naastenliefde, zelfs niet in de zeer sterk aangelengde vorm in Amsterdam. De joodse aanwezigheid werd zo snel aanvaard omdat ze zo discreet en marginaal was en niet omdat ze zo wijdverbreid was en zo onmisbaar voor de economie van de stad. In 1672, drie jaar voor de opening van de grote synagoge, waren er in deze stad van bijna 200 000 inwoners 7500 joden, of maar 3,75 procent van de bevolking. Wel is het zo dat ze in bepaalde sectoren van de economie relatief over- of ondervertegenwoordigd waren – ze maakten bijvoorbeeld dertien procent uit van de depositohouders van de Amsterdamse Bank. Maar in de grote stapelhandel van goederen als graan uit het Oostzeegebied, pelzen uit Moskovië of ijzer en koper uit Zweden was hun rol nog marginaal. Zelfs in de handel op de Levant, waar ze, naar men zou verwachten, door hun contacten met de Maraans-Spaanse wereld in het oostelijke Middellandse-Zeegebied gemakkelijk entree zouden hebben, was hun aandeel betrekkelijk klein.

En de gildestructuur maakte de Amsterdamse beroepen en ambachten ook niet toegankelijker. Vlaamse diamantslijpers die het ambacht uit Antwerpen hadden meegebracht, begonnen een campagne tegen de komst van joden in hun beroep en tot aan het einde van de zeventiende eeuw hadden ze daarmee succes. Ook de suikerraffinadeurs stonden vijandig tegenover hen en voorkwamen door gerechtelijk ingrijpen dat de firma van Pereira en Pina het produkt direct op de markt bracht. Alleen in de tabaksverwerking konden de joden dankzij de 'Braziliaanse connectie' (via Portugese familiebanden) zich vestigen in een winstgevend en veilig economisch hoekje.

De uitsluiting van het gildelidmaatschap werd slechts geleidelijk opgeheven en in sommige ambachten helemaal niet. Na 1668, toen de gilde-uitsluitingen officieel werden vastgelegd, was het boekverkopersgilde de enige uitzondering, want daarin vormden de joden, gespecialiseerd in het drukken van Hebreeuws, Spaans, Ladino en Jiddisch, geen bedreiging voor de inheemse uitgevers. Omstreeks het midden van de eeuw werden ze toegelaten tot het gilde van artsen en apothekers en kregen ze speciale vergunningen om het ambacht in hun eigen gemeenschap uit te oefenen. De gilden van de makelaars en de chirurgijns lieten enkele joden toe en om een of andere onverklaarbare reden schijnt het gilde van de visverkopers helemaal geen belemmeringen te hebben gekend. Maar deze restricties stonden een gezonde diversificatie in de joodse economie niet in de weg, wat altijd een teken is van stabiele vestiging. Tegen het begin van de achttiende eeuw was hun economische basis breder en gevarieerder geworden en hadden joden zaken in garen en band, koosjere slagerijen, porseleinhandels, kroegen, zilver- en goudsmederijen en zelfs kaasmakerijen. Maar tot de gelijkstelling der gezindten en de erkenning van de joden als burgers in de Bataafse Republiek in 1796 vormden ze de enige groep in de stad voor wie het poorterschap niet tegelijk toegang gaf tot allerhande ambachten. Omgekeerd vond men dat joden onevenredig sterk vertegenwoordigd waren in zeer riskante economische branches, illegale speculatie in termijnhandel, of de beruchte 'windhandel' met dubieuze aandelenuitgiften. Het schandaal dat op het falen van deze ondernemingen volgde, was weliswaar geen herhaling van het middeleeuwse woekersyndroom, maar kon nog wel terugslaan op de joden en hun reputatie van dubieus gedrag versterken. Zo zijn joodse stereotypen maar al te sterk vertegenwoordigd in een van Bernard Picarts bekendste satirische prenten van de windhandel van 1720. En in hun nog clichématiger rol van diamantsjacheraars konden ze het slachtoffer worden van gewetenloze bullebakken als de schouten, die altijd uit waren op een makkelijke prooi.

Zo ontving in 1674 een joodse juwelier uit Amsterdam een oproep zich te begeven naar een huis in Den Haag om aldaar aan een hooggeboren dame diamanten te verkopen. Hij was nog niet aangekomen of de baljuw en zijn mannen gingen het huis binnen, rukten de juwelen uit zijn handen en beschuldigden de jood ervan een getrouwde dame te willen misbruiken. Onder dreiging met het schavot en het tuchthuis kon de jood zijn vrijheid kopen voor een 'compositie' van zesduizend gulden, ongeveer de waarde van de diamanten die hem ontstolen waren![28]

Er werden nog andere grenzen gesteld aan de integratie van joden in de Nederlandse cultuur, het felst door de dominees van de Calvinistische Kerk. Paradoxaal genoeg stemde de gewoonte van die Kerk om de eigen kudde te beschrijven als herboren Hebreeërs, haar niet gunstig jegens de echte Hebreeërs. Het was zelfs extra aanleiding om onderscheid te maken tussen louter Semieten in joods opperkleed die op een of andere manier in het christelijke tijdperk waren beland en de ware kinderen van het Verbond: zijzelf. En hoe gewoner de joden leken – in kleding, spraak en manieren – des te dwingender werd dit onderscheid. Het resultaat was soms een monsterlijke retoriek. In 1609 publiceerde Abraham Costerus zijn *Geschiedenis der joden* waarin veel oude karikaturen over het 'onzuivere ras' werden opgepoetst. Hoewel de meer humanistische en sceptische magistraten deze laster nooit in wetgeving zouden hebben omgezet, stelden ze wel een lijst van voorwaarden op waaronder joden verblijf mochten houden. Deze werden in 1614 en 1615 onder drie hoofden ingedeeld. Ten eerste: joden mochten op geen enkele manier het christelijke geloof en zijn Verlosser belasteren of bekladden. Ten tweede: bekeringsactiviteiten waren hun verboden. Dit was een zinloos verbod want het rabbinaat mocht traditioneel al geen bekerlingen maken en zelfs spontane afvalligen accepteerde het niet graag. En in 1651 kreeg Menasseh Ben Israel, om te voorkomen dat hij christenen onbedoeld zou strikken, van de Amsterdamse kerkeraad alleen toestemming om in andere talen dan het Nederlands te publiceren! Anderzijds was de Kerk onvermoeibaar in haar pogingen bekerlingen te winnen, want voor zover de joden getolereerd werden, was dat in de eschatologische hoop dat hun bekering de Jongste Dag zou aankondigen. Zo stelde in 1677 de classis van Gouda een predikant aan die over de Hebreeuwse talmoed kon discussiëren. Ook de universiteit van Leiden had een hoogleraar met als speciale opdracht vrome disputen aan te gaan met de koppige Hebreeërs.

De derde en laatste beperking was dat er strenge straffen stonden op iedere seksuele of echtelijke relatie tussen een joodse man en een christelijke vrouw (maar natuurlijk niet andersom). Kennelijk waren de Nederlanders nog zozeer in de greep van de middeleeuwse demonen en de angst voor bloedbederf dat ze nog steeds vreesden dat christelijke dienstmeisjes zowel lichamelijk als geestelijk het slachtoffer zouden worden van de gewetenloze listen van joodse werkgevers. De gerechtelijke archieven bevatten veel aanklachten tegen joden die werkneemsters zouden hebben gedwongen zich te bekeren, nadat ze hen van hun onschuld hadden beroofd. Al in 1614 stond een ex-doopsgezinde die zelf in Constantinopel jood was geworden, toen getrouwd was en naar Hoorn was teruggekeerd, terecht omdat hij een leerling had verplicht zich te bekeren. Hij werd schuldig bevonden en veroordeeld om levend te worden verbrand en zijn vrouw werd tot de dood door verdrinking veroordeeld. Maar in dit geval was het het wereldlijke gezag dat met alle geweld wilde straffen en was het de Kerk die met succes voor strafverlichting pleitte. Een eeuw later echter werd er minstens één ultracalvinistisch traktaat gepubliceerd waarin seksuele relaties tussen joden en niet-joden (naast sodomie en zoöfilie) als tegennatuurlijk werden omschreven.

De Nederlandse cultuur reageerde echter niet alleen met calvinistische argwaan en angst op joden en alles wat joods was. Humanistische geleerden, onder wie vele die het Hebreeuws nieuw leven inbliezen als een van de drie onmisbare klassieke talen, wisten de tegenstellingen tussen het ene en het andere geloof te verzachten in het belang van de wetenschap. En het verbluffendste voorbeeld van wat wel culturele ruimdenkendheid genoemd zou kunnen worden, was het voorwoord bij *De Creatione Problemata* (1635) van Menasseh Ben Israel, geschreven door de Amsterdamse redenaar, schrijver en docent aan het Athenaeum Illustre Caspar Barlaeus. In dit voorwoord gaf hij te kennen dat christenen niet per se het monopolie op vroomheid en deugdzaamheid bezaten en dat joden en christenen met elkaar zouden kunnen leven als 'vrienden voor God'. Zoals ik een zoon van Christus ben, zo bent u een zoon van Abraham, luidde zijn analogie die, zoals te verwachten viel, een storm van kritiek op Barlaeus ontketende.

Dergelijke relativerende en welwillende toenaderingspogingen waren echter zeldzaam. De integratie van joden in de Republiek – vooral van de opvallender, minder rijke en minder goed geschoolde asjkenazim die aan het eind van de eeuw toestroomden – berustte in wezen meer op passieve dan actieve voordelen. Samen met andere minderheden – inclusief de in naam clandestiene katholieken – profiteerden de joden indirect van de sterk gefederaliseerde politieke instellingen van de Republiek. In theorie hadden de Staten van Holland het gezag om in te grijpen in kwesties aangaande 'vreemdelingen', maar het was aan een stad om uit te maken wie wel en wie niet binnen haar muren mocht verblijven. In 1600 verzochten christelijke kooplieden, beducht voor joodse concurrentie, de stedelijke autoriteiten van Amsterdam de vestigingsmogelijkheid van joden te beperken tot bepaalde buurten van de stad. Het verzoek werd niet ingewilligd, niet zozeer op humanitaire gronden, als wel omdat de regenten het onjuist vonden de ingezetenen te beknotten in hun recht te wonen waar ze wilden. De enige uitzondering daarop was natuurlijk als een deel van de bevolking beschouwd kon worden als een soort vijfde colonne. En gedurende een korte periode waren de Iberische connecties, taal, namen en gebruiken van de sefardische en marraanse joden aanleiding tot bezorgdheid. Op grond van dit soort verdenkingen werd in 1603 hun rabbi, Uri Halevi, gearresteerd en tijdelijk gevangengezet in het gebedshuis. Maar al snel bleken de speciale kennis die de joden van de Spaanse vijand hadden en hun handelscontacten in het Iberische rijk eerder een voordeel dan een nadeel.[29] Hetzelfde gold voor hun even uitgebreide en belangrijke netwerk van handelscontacten in het Ottomaanse rijk. Het was dan ook geen wonder dat de joden op één belangrijk gebied de officiële status van Nederlands burger verwierven. In 1657 bepaalden de Staten-Generaal dat Nederlandse joden die in het buitenland woonden of over land of over zee handel dreven, hetzelfde recht op bescherming moesten krijgen als andere burgers van de Republiek.

We kunnen dus beter spreken van een onafhankelijke Nederlandse joodse wereld

Romeyn de Hooghe, *Hof van den Baron Belmonte*. Rijksprentenkabinet, Amsterdam

die zich in de loop van de eeuw ontwikkelde dan van volledig in de inheemse Nederlandse cultuur geïntegreerde joden. Deze maatschappelijke synthese was niet alleen het produkt van Nederlandse terughoudendheid en onzekerheid, ze was ook de keuze van de joden zelf, die niet wilden opgaan in de gastsamenleving. Zelfs de elite onder de Amsterdamse sefardim behield iets exotisch en buitenlands. Sommigen – bijvoorbeeld Moses Curiel (Jeronimo Nuñez da Costa), die de eerste steen legde van de grote sefardische synagoge, of Isaac Palache, de ambassadeur van de sultan van Marokko, die begraven werd op het sefardische kerkhof in Ouderkerk, en de illustere Manuel, baron van Belmonte, resident van Spanje in Amsterdam, die in grote weelde aan de Herengracht resideerde – waren in feite naar de Nederlanden gekomen als agenten van buitenlandse vorsten.

Direct onder deze sefardische aristocratie kwamen families die in Amsterdam aardden maar zonder voorbehoud terugkeerden tot het judaïsme, terwijl ze hun kennis van het Spaans en Portugees behielden evenals de zinnelijke culturele stijl die hun erfgoed was. Tot deze groep behoorden de families Pereira en De Pinto, en Miguel Barrios, wiens wisselvallige loopbaan zigzagde over religieuze en zelfs nationale grenzen (hij diende een tijdje als kapitein in de Spaanse cavalerie) voor hij met een vrouw uit de familie Pina trouwde en een soort rituele boetedoening deed in de synagoge. Gaspar Duarte, uit dezelfde kring, die oorspronkelijk uit Antwerpen kwam, werd een vriend van Constantijn Huygens en was een van degenen die door het hof van de stadhouder werden benaderd om geld in te zamelen voor diens dynastieke politiek. Zijn dochter werd lid van de dichterskring rond Hooft op het Muiderslot. Veel van deze joden woonden in mooie huizen, gebouwd in de modieuze classicistische stijl, en lieten Romeyn de Hooghe gravures van hun woningen maken. Hun sociale gewoonten verschilden niet veel van die van de rijkste christelijke patriciërs. Ook zij hielden weelderige ontvangsten, muziekpartijen, en kochten schilderijen en duur oosters porselein. Ze organiseerden toneelvoorstellingen, gingen gekleed in kostbaar satijn en besteedden veel tijd aan het beramen van huwelijksverbintenissen, precies zoals de gewoonte was in de hoogste regentenkringen. Wanneer ze overleden werden ze in extravagante stijl begraven en hun grafstenen in Ouderkerk waren rijk gebeeldhouwd. Die van de familie Texeira, met een overvloed aan vogels, harpen en bijbelse taferelen, gaan rechtstreeks terug op de lyrische stijl van het Moors-joodse Spanje.

Maar tegen 1690 werd dit delicate culturele evenwicht bedreigd door de komst van veel grotere aantallen asjkenazische joden. Onder de 7500 joden in Amsterdam in die tijd bevonden zich 5000 immigranten uit Duitsland, Polen, Bohemen en Litouwen. Deze nieuwkomers bouwden natuurlijk hun eigen synagoge tegenover de sefardische tempel en stichtten hun eigen autonome onderwijsinstellingen, begrafenisondernemingen, voedselvoorzieningen en een Jiddische pers. Maar ze vielen veel meer op als 'vreemdeling' dan de sefardim. Ze woonden dicht opeen in straten als de Leprozenburgwal, de Nieuwe Kerkstraat en de Nieuwe Houtmarkt, die bekend kwamen te staan als arme joodse buurten, ze waren opvallend anders gekleed dan Nederlandse mannen en vrouwen en spraken een onbegrijpelijk brabbeltaaltje. En ze specialiseerden zich in nederige 'gettoberoepen', die de sefardim te min achtten, zoals venten, straathandel en de handel in lompen (meestal zonder stedelijke vergunningen). Het is zo goed als zeker dat de joodse violisten die volgens *'t Amsterdamsch Hoerdom* in de musico's speelden, asjkenazim waren uit deze generatie immigranten.

De toevloed van de asjkenazim maakte de joden in sommige opzichten dus weer tot een randgroep in de Nederlandse cultuur. Of liever, hierdoor bestonden een tijd lang twee soorten joden: degenen die in de eerste plaats jood waren en dan pas Nederlander, en de kleinere, oudere gemeenschap waarvoor het tegendeel gold. Maar in beide gevallen was de mate van acceptatie en assimilatie toch uniek in de overigens ellendige geschiedenis van de joden en niet-joden in het vroeg-moderne Europa. En zoals de verslaving van de gastcultuur aan huiselijkheid gezien kan worden als de specifieke kleur van haar identiteit, zo weerspiegelt de geruststellende alledaagsheid van het joodse leven in Amsterdam – die prenten waarop het huis wordt schoongemaakt voor Pesach, doden worden begraven en kinderen onderwezen – de synthese van de cultuur van een Nederlandse en een joodse wereld. Tegen alle verwachtingen in bleek het mogelijk, althans in de tamelijk toegankelijke, veeltalige wereld van Amsterdam, ingewijde en buitenstaander tegelijk te zijn zonder een acute aanval van sociale schizofrenie te krijgen of er regelmatig van beschuldigd te worden twee heren te dienen.

In de Nederlanden stopten de joden voor een tijd met wandelen – ze wandelden althans niet meer of minder dan de Nederlanders zelf. Maar er was één andere groep die een zwerversbestaan leidde dat hun leven definieerde en hen tegelijk ongeschikt maakte voor iedere vorm van ingezetenschap in de Nederlandse samenleving: de zigeuners.[30] Hun aparte status werd bekrachtigd door een edict uit 1595 waardoor ze nog meedogenlozer werden behandeld dan alle andere soorten zwervers. In tegenstelling tot de vagebonden die voor ze werden verbannen enig respijt kregen om werk te vinden, of de zieke bedelaars die naar hun geboorteplaats konden terugkeren, moesten zigeuners – die niet konden werken noch een geboorteplaats hadden – gegeseld en zonder vorm van proces verbannen worden; en als ze werden betrapt op overtreding van dat vonnis, werden ze gebrandmerkt en kregen nog een portie zweepslagen. Het embleem van armoede in de *Iconologia* van Cesare Ripa was, zoals Ivan Gaskell opmerkte, een zigeuner met een omgekeerde kwikstaart ten teken dat de nestloze vogel niets restte dan het beroven van de nesten van andere vogels. De zigeuner was dus de grootst denkbare vijand van deze cultuur van ingezetenen. Omdat integratie onmogelijk was, was een bijna militaire verdediging de enige verstandige reactie.

Als hun gewoonten hen al tot antilichamen in de Nederlandse samenleving maakten, hun overtuigingen maakten hen tot antichristenen. Want als bedelaars volgens de kerkelijke leer zondaars en joden onwetenden waren, waren zigeuners gewoonweg heidenen, en zo werden ze dan ook genoemd.[31] De zigeunerachtige abracadabra die gedijde op het kermisterrein en in de volksoverlevering, gaf alleen maar een extra sinister tintje aan hun exotische en onchristelijke karakter. Omdat ze onverschillig stonden tegenover geloof, zagen ze er geen been in de christelijke leer en gewoonten te misbruiken. Vooral kerkeraden waren op hun hoede voor de gewoonte van zigeuners om, als ze in een nieuwe streek aankwamen, kinderen ten doop aan te bieden, in de hoop dat ze via peetouders die geen zigeuners waren enige bescherming en voorspraak in die plaats zouden krijgen. Synoden vestigden de aandacht op de schandalige list om kinderen aan te bieden die al gedoopt waren, kinderen uit gezinnen die zelf niet gedoopt waren of niet van plan waren het kind een christelijke opvoeding te geven. In tegenstelling tot echte joodse bekeerlingen die hartelijk verwelkomd werden in de Kerk, werden zigeuners die wel degelijk pogingen deden om in de Nederlandse christelijke samenleving te worden opgenomen, honend afgewezen.

Buiten kermissen en markten leken zigeuners een betrekkelijk onbelangrijk verschijnsel in de stedelijke gebieden van het hart van Holland en Zeeland en vormden de meer beboste en ongecultiveerde gebieden in het binnenland, in Overijssel en Gelderland, meer hun natuurlijke milieu. De autoriteiten daar waren minder goed toegerust om hen te achtervolgen en zo werd het bijna de gewoonte deze provincies te gebruiken als een soort stortplaats voor de ongewenste zigeuners. Zo weten we dat in 1695 driehonderd zigeuners naar Gelderland werden verjaagd. En toen in de achttiende eeuw de drempel voor de hysterie over maatschappelijk ongewenste lieden lager werd, werd de zigeunerbevolking extra hard getroffen door dit soort georganiseerde wreedheid. Terwijl uit de Habsburgse landen verbannen en in Polen vervolgde joden zich blijvend in Nederland konden vestigen, werden de zigeuners behandeld als een soort maatschappelijke pest of vijandelijke stam. In 1725 bepaalden de Staten van Holland dat zodra ergens zigeuners waren gezien, de noodklok moest worden geluid om alle gezonde mannen boven de zestien op te roepen zich te wapenen.[32]

2   WORMEN

Het vlies dat de Nederlandse cultuur meer dan een eeuw bijeenhield was een wonder van elasticiteit. In reactie op de juiste uitwendige stimuli kon het uitzetten of inkrimpen, al naar gelang de bestaansvoorwaarden veranderden. Onder druk kon het samentrekken om de Nederlanders te verenigen in een gevoel van ondeelbare eenheid. In expansiever tijden kon het ontspannen en uitdijen, interne differentiatie mogelijk maken en een heel scala van overtuigingen, geloven en zelfs talen opnemen. Een alwetend soort maatschappelijk filter slokte die vreemde substanties op en spuugde ze weer uit als nuttige burgers en betrouwbare ingezetenen. In laatste instantie kon de cultuur zich verdedigen door een spontane breuk. Maar op een bepaald punt, zo moet iedere historicus erkennen, kreeg deze veerkrachtige bundel samenhangende cellen een opgeblazen karakter. Het is echter onmogelijk en bijna zeker irrelevant vast te stellen wanneer dit precies gebeurde. Het zou prachtig zijn als alle historische processen het draaiboek volgden voor een filmacteur in de jaren vijftig van onze eeuw, die, als Michelangelo (wie anders?), triomfantelijk aan een wachtende menigte verkondigde: 'Volk van Florence, de renaissance is aangebroken.' Maar zo'n behulpzame aankondiging was er niet aan het einde van de gouden eeuw of het begin van de pruikentijd die erop volgde. Het onderscheid tussen deze twee perioden is niet meer dan een historiografisch hulpmiddel, want de ene soort cultuur ontwikkelde zich bijna onmerkbaar uit de andere.

Maar de cultuur veranderde wel. Want hoewel de grenzen van de culturele tijd nog vager zijn dan die van de sociale ruimte, bestonden ze wel en de gemeenschap der Nederlanders overschreed ze op een bepaald moment tussen het eind van de zeventiende en het midden van de achttiende eeuw. Het was natuurlijk niet een of andere grote trek naar het tijdperk van de Verlichting of een uitstapje op die lange zomerdag waarop, volgens Huizinga's beschrijving, de Nederlandse achttiende eeuw zich doezelig in de late middagzon koesterde. Sommige maatschappelijke groepen verdwenen opvallender en sneller van het toneel dan andere. Het grootste deel van het gegoede patriciaat streefde, getuige hun portretten, naar een internationalere stijl van kleding, taal, eetgewoonten en architectuur, bepaald door Franse manieren en Engelse romans en journalistiek. Aan de andere kant van de maatschappelijke ladder schrompelden de verschillen die de Nederlandse ambachtslieden en arbeiders een voorsprong hadden gegeven op hun buitenlandse collega's – grotere geletterdheid, betere lonen en voeding – ineen tot marginale voordelen. In de achttiende eeuw emigreerden geschoolde arbeiders in bepaalde bedrijfstakken voor het eerst naar uiteenlopende landen als Spanje en Rusland, terwijl de achterblijvers, in traditionele bolwerken als de scheepsbouw en de textiel, zich tevreden moesten stellen met contractarbeid en een arbeidsmarkt die verslechterde door de concurrentie van arbeiders van het platteland en uit het buitenland. Boven- en onderaan in de maatschappij werd de Republiek dus minder uitzonderlijk in Europa. Net als de oligarchieën in het Engeland van Walpole of het Frankrijk van de Régence stond het patriciaat niet meer zo open voor nieuwe rijken. Hoewel het nog geen maatschappij van onderling vervreemde sociale blokken was – de pruiken en paupers van de moralistische retoriek – stond de grote 'familie' van de Nederlandse cultuur op het punt uiteen te vallen in een arme en een rijke tak. Sommige commentatoren hadden het zelfs over een heimelijke samenzwering tussen de maatschappelijke uitersten (zoals de manipulatie van dronken menigten door ambitieuze patriciërs) tegen de brede middenstand.

Paradoxaal genoeg vond deze verwijdering niet in roerige maar in rustige tijden plaats. De spanningen die in de zeventiende eeuw zo'n stormachtige energie hadden ontketend, leken in de achttiende eeuw althans tijdelijk tot rust te zijn gekomen. Voorzichtigheid, pragmatisme en matigheid was het streven van de grote staatslieden uit de gouden eeuw, zoals De Witt, maar ze vormden de ijzeren ring waarin de briljanten van de welvaart van het rijk waren gezet. De rentmeesters van de achttiende-eeuwse Republiek, de erfgenamen van bijna veertig jaar uitputtende oorlog tegen Frankrijk, werkten in een gematigder stemming. Simon van Slingelandt, de raadpensionaris van Holland, durfde in de jaren twintig van de achttiende eeuw het pijnlijke probleem van de grenzen aan de Hollandse macht onder ogen te zien en hij deed dat oprecht en intelligent. Gezien de financiële uitputting van het land en de onevenredig hoge belasting van Holland in de Republiek kon hij deze belangrijke kwesties van doel en middelen moeilijk uit de weg gaan. Het was zijn taak en die van zijn opvolgers, zo dacht hij, om vanuit een sterke positie te bezuinigen en om manieren te bedenken om dat minimum aan kracht dat nodig was om de veiligheid en welvaart van de staat te waarborgen, met de minste risico's en kosten te financieren. De traditionele doelstellingen, uiteengezet door Pieter de la Court in *Interest van Holland* – handel in vrede, geen complicerende bondgenootschappen – bleven gehandhaafd, maar vanuit een verdedigende in plaats van een aanvallende positie. Dit was een moeilijke zaak. De ministers van de Republiek wisten dat *de facto* afzien van de status van grote mogendheid gelijkstond aan diplomatieke zelfmoord. Dus hun opzet om de risico's te verkleinen leverde juist iets op dat je een verstandige adhocverdediging zou kunnen noemen: grensvestingen in de Oostenrijkse Nederlanden bemand door de troepen van de Republiek, wederzijdse veiligheidsverdragen met de Britse regering, en een politiek van 'vrije schepen, vrije goederen' die in oorlogstijd handel door de niet-oorlogvoerende partijen toestond, in plaats van het luid verkondigde universele principe van de *mare liberum*. Wat de pensionarissen en patriciërs het liefst wilden was dat door een wonder de in de directe nabijheid gelegen landen en zeeën niet meer het belangrijkste strijdtoneel van de grote mogendheden zouden zijn. En toen Frankrijk en Engeland hoog spel gingen spelen ver weg op de Atlantische Oceaan en als aasgieren vochten om het kadaver van Mogol-India, werd hun dit respijt voor korte tijd gegund.

Dit waren de uiterlijke kenmerken van culturele verandering. Innerlijk eindigde de gouden eeuw misschien toen ze het onderwerp van wetenschappelijk onderzoek werd. Want het werk van de eerste generatie etnografen, zoals Le Francq van Berkhey en Kornelis van Alkemade, dat halverwege de achttiende eeuw begon te verschijnen, had een weemoedig antiquarisch karakter. Een halve eeuw eerder, aan het einde van de zeventiende eeuw, hadden hun voorgangers een publiek gevonden voor beschrijvingen van de zeden en gewoonten van inboorlingen in verre en barbaarse landen.[33] Hoewel ze in de eerste plaats een wetenschappelijke inventarisatie van gegevens van de gebruiken, voeding, kleding, taal en sociale zeden van de Nederlanders wilden geven – wat men een ecologisch encyclopedisme zou kunnen noemen – had hun werk toch een ondertoon van heimwee naar het verleden. Le Francq van Berkhey, de opmerkelijke arts en wetenschappelijke en literaire virtuoos, wiens immense *Natuurlyke Historie van Holland* ieder denkbaar organisch verschijnsel, van schalie-afzettingen tot de anatomie van de ingewanden van koeien en de regels van het kaatsspel beschreef, was altijd opgetogen als hij boeren- of vissersgemeenschappen vond die zich nog op de traditionele wijze kleedden of voedden. Zo ontdekte hij rond het dorp Goedereede op het Zuidhollandse eiland Goeree vrouwen die nog steeds de oude mutsen en zware koperen spelden droegen, maar uit de manier waarop hij dit beschreef blijkt dat dit al enigszins een curiositeit aan het worden was.[34] Dit gold ook voor zijn illustraties van de kraamkloppertjes, de stoffen, kanten en papieren deurversieringen die het geslacht van een pasgeboren baby aanduidden, en voor de schitterende gravures van drinkhoorns, feestbokalen en ceremoniële zoutvaten die Van Alkemade verzamelde in *Nederlands Displegtigheden*.

Zelfs voor degenen die de hoeders van een ononderbroken traditie van Nederlandse sociale zeden pretendeerden te zijn, had het voortbestaan van de 'vaderlandse geest' iets defensiefs, zelfs gekunstelds. De Amsterdamse burgemeester die zijn gasten onthaalde op een banket bestaande uit de 'gangen' van de Nederlandse geschiedenis – bokking en kaas (ontwikkeling), gevolgd door eenvoudige pasteien en gebraad (bloeitijd), gevolgd door Franse wijn en delicatessen (verval) – speelde al in op de honger (vooralsnog figuurlijk en niet letterlijk) naar vaderlandse nostalgie.[35] Hetzelfde gold voor de 'spectatoriale' journalistiek van de jaren tussen 1730 en 1760 en de sentimentalistische romans van Aagje Deken en Betje Wolff die, op uiteenlopende manieren, allemaal appelleerden aan traditionele inheemse deugden als eenvoud, onschuld, zuinigheid en eerlijkheid. Dat ze zich daarbij duidelijk baseerden op de Engelse zedenkundige romans à la Richardson, was in strijd met hun pretentie van Nederlandse authenticiteit. Kortom, er was een wereld van verschil tussen Bredero's verheerlijking (in het voorwoord van de *Spaansche Brabander*) van zijn 'slecht gherijm,... 'tghebloemt van Hollandt kleyn,... 'tis Amsterdams, daar gaat-et veur'[36] en de onzekere pogingen van de taalhervormers uit de pruikentijd. Het feit dat ze iets hadden om nieuw leven in te blazen wijst op een nostalgisch element in hun streven.

De berichten over de dood van de traditionele Nederlandse cultuur waren, daar ben ik zeker van, sterk overdreven. De grote stedelijke centra – overbevolkt en vervuild Amsterdam, in jenever gedrenkt en bedrijvig Rotterdam of het elegante Den Haag – gaven de moraliserende Spectators misschien reden tot bezorgdheid. En andere centra, zoals Leiden en Utrecht, universiteitssteden met een concentratie van geleerde commentatoren, waren in een gezapig verval geraakt. Veel kleine plaatsen in de Zaanstreek die hun welvaart aan de scheepsbouw hadden ontleend, stagneerden tot spookachtige achterafwatertjes en hun geschoolde arbeiders werden geloosd in de reeds overlopende emmer van Amsterdam. Maar de taal, kleding, eetgewoonten en de typisch Nederlandse viering van de hoogtijdagen van het gezin waren in gehuchten en steden in de hele Republiek praktisch niet veranderd. Le Francq van Berkhey en Van Alkemade hebben misschien deze zeden en gewoonten bestudeerd alsof het de *animalculae* van Van Leeuwenhoek waren, maar de onderwerpen van hun onderzoek verkeerden in zalige onwetendheid omtrent deze nieuwsgierigheid. Dit gold vooral voor de landelijke gebieden, traditionele vissersgemeenschappen, de eilanden van de delta of de Zuiderzee en binnenlandse steden als Deventer of Enschede en Tilburg die tot bloei kwamen doordat de textielindustrie naar het platteland verhuisde. Dergelijke ononderbroken gehandhaafde gewoonten waren natuurlijk een troost voor de schrijvers en predikers die bang waren dat de traditionele Nederlandse zeden zouden verwateren. Maar voor het eerst (hoewel niet voor het laatst) werden ze beschreven als iets schilderachtigs, alsof het sociale fossielen betrof die door een gelukkig historisch toeval bewaard waren gebleven, in weerwil van de wisselvalligheden en veranderingen van het heden.

De achttiende-eeuwse moralisten twijfelden er dus niet aan dat in het hart van het land het specifiek Nederlandse erfgoed van gebruiken, taal en zelfs eetgewoonten bewaard was gebleven. Maar ze vroegen zich af of dat culturele hart kon standhouden tegen de onstuitbare opmars van vreemde zeden en gewoonten die in hun ogen de bovenste en onderste lagen van de bevolking, vooral in de steden, hadden veroverd. Hun angstdroom was dat de buitenstaanders de ingewijden zouden overvleugelen, zodat de twee niet meer van elkaar te onderscheiden zouden zijn. Een Republiek die buitenlandse huurlingen in haar leger had, buitenlandse zeelieden in haar marine, Frans sprak bij intellectuele bijeenkomsten, de Engelse manier van kleden naäapte, normen voor artistieke kwaliteit (in schilderkunst, architectuur en theater) op halfslachtige wijze van het buitenland overnam, die zelfs haar godsdienst bediefd met modieuze kosmopolitische vrijzinnigheid, die dit alles nog eens verergerde door de bloem van haar jeugd te exporteren naar Indië dat berucht was om zijn verderfelijke invloed op gezonde lichamen en kwetsbare zielen – een dergelijk land zou al snel niet meer te onderscheiden zijn van iedere andere stedelijke mestvaalt in Europa. En aangezien hun idee van de Nederlandse eigenheid gekoppeld was aan hun verbond met God – het pantser van hun vrijheid – dreigde het verlies van het ene de vernietiging van het andere met zich mee te brengen.

Al dit morele geknies pruttelde in een kookpot van institutionele continuïteit. Stadhouders kwamen en gingen, oppositionele facties binnen de oligarchie verdrongen zittende facties om de oproerige massa's tot bedaren te brengen zonder ooit iets fundamenteels te veranderen. Maar soms vloog het deksel van de pan en kwamen de angst en hysterie onder de keiharde korst van de Nederlandse classicistische tijd met geweldige kracht tot uitbarsting. Gewelddadige oproeren in de steden kwamen steeds vaker voor en de magistraten namen even vaak hun toevlucht tot tegengeweld. De regent Jacob Bicker Raye beschrijft in zijn dagboeken een grimmig stadsgezicht van een Amsterdam van galgen en schavotten waarop hoeren zweepslagen krijgen en ongelukkige misdadigers, die op hun borst een bord met hun misdaad dragen, worden blootgesteld aan de jouwende menigten. Bicker Rayes voorliefde voor het macabere en obscene is op zichzelf al tekenend voor een bedenkelijk maar typerend karakter. Maar nog afgezien van zijn eindeloze opsomming van schandalen en gruwelijke misdaden is het duidelijk dat de onofficiële, onuitgesproken consensus waaraan de Nederlandse cultuur haar verbazingwekkende vrijwillige samenhang ontleende, sterk onder druk kwam te staan. In 1748 kwamen de Hollandse steden in de greep van een algemene opstand tegen de belastingen en de regerende elites die ze hieven of verpachtten. Voor het eerst sinds Hugo de Groot zonder noemenswaardige tegenstand had betoogd dat de 'Ware Vrijheid' bestond uit het delegeren van de soevereiniteit aan regerende oligarchieën, was gehoorzaamheid aan het patricische gezag (in tegenstelling tot specifieke groepen) niet meer een vanzelfsprekendheid.[37]

Maar evenals de crisis van 1672 was die van 1748 veroorzaakt door een soort oorlogspaniek. De moeilijkheden van Nederland in de pruikentijd hadden echter niet allemaal oorzaken van buitenaf, want in de jaren tussen 1730 en 1732 werd Nederland ook getroffen door andere crises, die voortvloeiden uit de diepste wateren van hun collectieve zelfbewustzijn. Nu de sociale geschiedenis van 'randgroepen' in de mode is, hebben historici veel aandacht geschonken aan de meest spectaculaire verschuiving in de maatschappelijke consensus: de hysterische vervolging van homoseksuelen in een cultuur die praktisch geen traditie kende van heksenjachten sinds de wederdopers tweehonderd jaar tevoren aan de galgen bungelden. Omdat historische geografie minder populair is, heeft een meer elementaire zondvloed weinig aandacht gekregen: de volledige instorting van de zeedijken langs een groot deel van de Noordhollandse kust in de winter van 1731. (Er was zelfs sprake van een hele serie rampzalige overstromingen in die tijd: in 1726, 1728 en de ergste in 1740.) Maar in de geesten en preken van de predikanten stonden de twee verschijnselen in nauw en causaal verband met elkaar, want de vloed was gezonden (zoals de vloed naar Noach en het vuur naar Sodom) als straf voor de vloed van zonde die over het land was gekomen. Zoals we hebben gezien werd water in de retoriek van de vloedcultuur beschouwd als iets dat louterde en onderscheidde. Het kon de rechtschapenen van de goddelozen scheiden, het vuil en de afgoderij wegspoelen en de verstokten tot berouw brengen. En als het water zich eenmaal had teruggetrokken, kon het bezoedelde en verbroken verbond worden hernieuwd.

Beide verschijnselen – de zonde en de straf – werden gemarkeerd door de invasie van vreemdelingen die de morele en fysieke kern van de Republiek binnendrongen en uitholden. Volgens de 'Carolina'-strafwetten van 1532 was 'onnatuurlijke zonde' een halsmisdaad en de Staten van Holland hadden nog meer decreten, met name in 1570, uitgevaardigd waarin de officiële afkeuring in allerlei vormen van terechtstelling tot uitdrukking kwam: wurging, verbranding en verdrinking met een gewicht van tweehonderd pond om de nek. Uit de zeventiende eeuw zijn maar heel weinig vervolgingen bekend: in Breda in 1629, Utrecht in 1676 en Amsterdam in 1686, toen een kapitein ervan beschuldigd werd zijn scheepsjongens te hebben onteerd.[38] En in 1702 bleek uit de ondervraging van een zekere Gabriel de Berger, die was opgepakt tijdens een relletje in Den Haag, dat de Vijverberg, letterlijk op een steenworp afstand van het Hof van Holland, de Staten en de regering op het Binnenhof, een plaats was waar homoseksuelen tippelden. Hun wereld was niet bijzonder clandestien. Tijdens speciale verhoren waarin een heel netwerk van homoseksuele contacten in de stad aan het licht kwam, bekende De Berger dat hij twee dagen voor zijn arrestatie bij een vechtpartij met drie mannen die hem naar zijn zeggen tot seks wilden dwingen, 'uijt plaisier vercleet' *in transvestito* had rondgewandeld.[39] Maar hoewel deze onthullingen voor de Haagse magistraat beslist nieuw waren, waren ze niet zo schokkend dat deze overging tot grootscheepse arrestaties van vermeende 'sodomieten'.

De gebeurtenissen van 1730-1732 hadden een geheel ander karakter. Want zowel door de frequentie als de publiciteit die aan de misdaden werd gegeven, en door de stortvloed van moraliserende literatuur en apocalyptische voorspellingen die ze opriepen, namen ze al snel de proporties aan van een klassieke heksenjacht. Na de eerste rechtszaken in de 'kernsteden' Utrecht en Amsterdam in het begin van het jaar 1730 verspreidden ze zich over de hele provincie, naar Den Haag, Leiden, Rotterdam en zelfs naar kleine steden als Vlaardingen. Andere provincies wisten al gauw hun eigen schuldigen aan het *crimen nefandum* te vinden, vooral in de uitgestrekte noordelijke gebieden van de Republiek, waar de calvinisten misschien het meest ontvankelijk waren voor aanbrengingen. De allerschandaligste praktijken vonden plaats in het Groningse Westerkwartier waar de schout van Faan, Rudolph de Mepsche, en de plaatselijke dominee van het nabijgelegen dorp Oldekerk, Carel van Bijler, gezamenlijk een schrikbewind voerden onder de adolescenten van hun gemeenschap. Nadat achttien jongens onder foltering hadden bekend, werden sommige van hen, onder wie veertienjarigen, schuldig verklaard en terechtgesteld, terwijl voor twee kinderen die men minderjarig achtte, het vonnis werd verzacht tot slechts levenslange opsluiting in het tuchthuis.[40] Er deden zich nog andere kwalijke gebeurtenissen voor rondom weeshuizen in Amsterdam en Utrecht. Een bediende in het Aalmoezeniersweeshuis in Amsterdam werd ervan beschuldigd jongens te onteren, hoewel het tot 1740 duurde voor de jongens zelf voor de rechters werden gesleept en onder druk bekenden. In Utrecht werd de wijnhandelaar Blomsaed veroordeeld op grond van de getuigenis van vijf jongeren tussen de veertien en de zeventien als zou hij ze 's nachts uit het weeshuis hebben laten ontsnappen om zich in ruil voor horloges en andere snuisterijen te prostitueren.[41]

Afgezien van de sadistische praktijken in Groningen, gearrangeerd door De Mepsche, werden er niet veel doodstraffen uitgesproken. Terwijl er in 1730 en 1731 ongeveer tweehonderdvijftig zaken voorkwamen, waarbij haast iedereen werd veroordeeld, werd het doodvonnis in maar ongeveer tien procent van de gevallen uitgevoerd.[42] In een edict van de Staten van Holland uit mei 1730 werden de oude maatregelen van vuur en water tegen de 'execrabel misdaad van sodomie' weer van stal gehaald, maar in de praktijk werden veel vonnissen verlicht en was een combinatie van lijfstraf, openbare vernedering en levenslange verbanning de gebruikelijke straf. Maar er waren wel zo veel executies dat de magistraten hun doel, afschrikwekkende voorbeelden stellen, bereikten. Conform de harde termen van de wetsbepaling werden de veroordeelden gewurgd, verbrand en verdronken, al garandeerde het tijdperk van de Verlichting dat de wurging dodelijk was voordat de andere straffen werden uitgevoerd. Voor wie niet getuige kon zijn van deze riten, bestonden er populaire prenten, zoals die van het lot van Anthony van Bywege in Den Haag, en voor de hogere culturele klasse de gebruikelijke combinatie van allegorie en feitelijk verslag van het lot van het moderne Sodom en Gomorra.

Zowel in sociaal als geografisch opzicht werd het net ver uitgeworpen. Hoewel de meerderheid van alle veroordeelden en bestraften uit het gewone volk afkomstig was – boden, leerlingen, zeelieden, koetsiers, huisbedienden, huisschilders, specerijenhandelaars, leerlooiers, kuipers, kroegbazen, wijnhandelaars, bloemkwekers, wevers – waren mensen uit de vrije beroepen en zelfs de elite niet gevrijwaard. Chirurgijns, boekhouders, de schout van Buren, een schepen van Delft en zelfs een burgemeester van Leiden werden ontmaskerd als leden van de broederschap, van wie sommige actief waren terwijl ze ogenschijnlijk fatsoenlijk getrouwd waren. De voorzitter van de Ridderschap van de Staten van Utrecht, Frederick Adriaen van Renswoude, een van de rijkste en machtigste magnaten van de provincie, werd aangeklaagd en ontkwam alleen aan een veroordeling door permanent in ballingschap te gaan. Anderen kwamen er minder goed van af.[43] Een predikant in Vianen, Emmanuel Valck, werd veroordeeld en pleegde zelfmoord in zijn gevangeniscel. Desondanks moest hij de riten van uitbanning en loutering ondergaan, want zijn stoffe-

Binnen, buiten

Anoniem, *De Geregtigheid Verheerelykt door het Ondekken en Straffen der Hoog-gaande Zonde*, 1731. Rijksprentenkabinet, Amsterdam

lijk overschot werd, net als dat van andere criminelen, verbrand en vervolgens met de voorgeschreven gewichten in de rivier gegooid.

De maatschappelijke verspreiding van de homoseksualiteit was niet het enige onthutsende aspect dat uit de vloed van processen naar voren kwam. Er was bovendien de kwestie van de zichtbaarheid. Men krijgt de indruk dat (afgezien van de morele walging van de vromen) de heersende klassen nog het meest geschokt waren door de onthulling dat 'onnatuurlijke praktijken' niet in een of ander stiekem en geheim conventikel plaatsvonden maar in het hart van Nederlandse steden, in de buurt van hun juridische of zelfs geestelijke centra. Het was de koster van de Utrechtse dom (waarvan de toren aanleiding was tot fallische grappen) die als eerste homoseksuele schandalen onder de aandacht van de magistraten bracht. Zijn zoons waren getuige geweest van schandelijke handelingen achter een raam tegenover hun huis. De stegen en straten rond de dom waren al lang berucht om hun dronkemansruzies, maar pas door de bekentenissen van sodomieten en de onthulling van een heel netwerk van homoseksuelen, inclusief een bende jonge mannelijke prostitués die hun diensten in het centrum van de stad aanboden in ruil voor snuisterijen, drong de schok van de nabije zondigheid volledig door.[44] De oude kloostergang naast de dom die bekendstond als de academie en dienst deed als wandelgebied, werd door de vaste bezoekers aangewezen als een belangrijke ontmoetingsplaats, net als de Vijverberg in Den Haag. In Amsterdam bleken de geheimste ontmoetingsplaatsen van de homoseksuele gemeenschap zich onder bepaalde bruggen te bevinden, maar ook daar werd rond het stadhuis zelf getippeld. De vismarkt aan het eind van het Rokin, die al bekendstond als een trefpunt van helers, was niet alleen een ontmoetingsplaats voor mensen die vervolgens naar herberg In 't Serpent op de vismarkt konden gaan voor hun seks, maar volgens de getuigenis van Maurits Schuring werd in de zijstraten zowel overdag als 's nachts sodomie gepleegd.[45] Een andere verdachte, Hendrik Voogd, bekende op klaarlichte dag zijn broek te hebben laten zakken bij een tuinhek voor twee mannen 'dat de kleynste hebbende afgestreeken en mey sy hooft tegenste schutting gebukt terwijl de grootste hem van agtere tragte gebruyken'.[46]

De onthulling dat homoseksuelen de bekendste openbare plaatsen van Nederlandse steden schaamteloos gebruikten voor hun zaken, stijfde de fanatieke sodomietenjagers in hun overtuiging dat het hart van de Republiek vergiftigd werd door een invasie van buitenlandse schunnigheid. Hun samenzweringsdemonologie werd nog eens bekrachtigd door de onthulling dat homoseksuelen uit verschillende steden elkaar kenden, schreven en zelfs bezochten en dat ze tot een soort federatie van sodomitische geheime genootschappen behoorden. De hoofdgetuige, die het interlokale souteneurschap onmiskenbaar tot zijn beroep had gemaakt, was een zekere Zacharias Wilsma; en deze slaagde erin zijn eigen proces te rekken door voor rechters in verschillende steden te verschijnen om letterlijk talloze ongelukkigen te beschuldigen. Als ongeregelde huursoldaat, dienend bij een compagnie van de cavalerie, was hij de aangewezen persoon om relaties te leggen tussen groepen homoseksuelen 'van Leeuwarden tot Breda, van Alkmaar tot Maastricht', met Den Haag als zijn hoofdkwartier.

Het was dus niet al te moeilijk kleine groepen homoseksuelen verspreid over bijna iedere grote stad en provincie van het land voor te stellen als schakels in een keten van saboteurs van de moraal: een seksuele vijfde colonne in de republiek der rechtschapenen. Ze schenen tenslotte een soort duivels *imperium in imperio* te vormen, een gemenebest in travestie met een eigen geheimtaal. Sommige woorden leken een parodie op hun respectabele oorsprong, zoals het woord nicht dat ze onder elkaar gebruikten als term voor homoseksueel. In de overspannen verbeelding van de opsporingsbeambten en rechters leken ze bijna een pastiche-republiek met een eigen sociale hiërarchie, gilden, 'academies' en geheime genootschappen. Was het louter toeval dat ze belangrijke openbare plaatsen – wandelplaatsen bij kerken, stadhuizen – hadden bezoedeld? Dat ze onschuldige liefdadige instellingen als de weeshuizen waar Gods werk gedaan zou moeten worden, hadden geïnfiltreerd? Zoals duidelijk werd uit de getuigenis van Wilsma was zelfs het leger (en zeker de marine) het slachtoffer van hun invasie en waren veilige plaatsen – de nachtwachten en stadsmuren – in gevaar gebracht door het *crimen nefandum*. In overeenstemming met deze theorie van vreemde invasie werd zelfs gesuggereerd dat de oorsprong van de epidemie – want daar begon het op te lijken – kon worden teruggevoerd op de diplomatieke onderhandelingen in Utrecht die uiteindelijk hadden geleid tot het einde van de oorlogen tegen Lodewijk XIV en waren geculmineerd in de Vrede van Utrecht. Degenen die deze mening toegedaan waren, gingen ervan uit dat het seksuele verderf het vaderland was binnengebracht met het gevolg van diplomaten, en met name van Franse diplomaten, die – aangezien dit de bloeitijd van de Régence

B. de Bakker, *Tydelyke Straffe*, 1731-1732. Rijksprentenkabinet, Amsterdam

was – naar men dacht onherroepelijk tot perversie en decadentie waren vervallen. De Zonnekoning had, langs deze verraderlijke weg, postuum bijna tot stand gebracht wat zijn legers in veertig jaar oorlog niet hadden kunnen bewerkstelligen: de instorting van het godvruchtige gemenebest. En als het ware om de buitenlandse demonen uit te bannen hield het Hof van Utrecht zijn tribunaal in hetzelfde gebouw, het Huis van Hasenberg, waar zeventien jaar tevoren de vredesonderhandelingen waren gevoerd.

De heksenjachten op homoseksuelen in de jaren tussen 1730 en 1740 zijn misschien het best te beschouwen als een afwijkende variant van patriottisme. In dit licht gezien is het minder raadselachtig dat ze in vredestijd plaatsvonden en niet op een kritiek moment, zoals het drama van 1672. Want hoezeer de Republiek ook dorstte naar juist het soort vrede dat ze in het begin van de achttiende eeuw had gekend, ze was de oude angsten en onzekerheden nog niet te boven. En zonder de vanzelfsprekende bondgenootschappen waartoe oorlog noodzaakte, hadden de Nederlanders de tijd en de ruimte om te piekeren over hun eigen identiteit en over de verontrustende discrepantie tussen een heroïsch verleden en een prozaïsch heden. De processen waren een louterende overgangsrite, een grotendeels zelfopgelegde beproeving waarin de integriteit en solidariteit van de nationale gemeenschap opnieuw werden bevestigd tegenover een denkbeeldige vijand. Het was een extreem voorbeeld van het onderscheiden van ingewijden en buitenstaanders, het vreemde en het inheemse, het authentieke en het valse, het vrome en het duivelse en het natuurlijke en het perverse. Bij alle hysterische beschuldigingen van de predikanten betekenden de gebeurtenissen zelf (behalve misschien in Groningen) niet dat de heersende oligarchieën hun koelbloedigheid verloren. Ze namen hun toevlucht tot foltering om bekentenissen af te dwingen, maar dat was niet ongebruikelijk in de Nederlandse Republiek, in weerwil van haar reputatie dat haar rechtspraak rechtvaardig was. In hun uitspraken probeerden ze nuances van schuld aan te geven en soms werd zelfs iemand vrijgesproken. Dat de processen, hoe afschuwelijk en onrechtvaardig ze ook waren, binnen de reguliere rechtsinstellingen plaatsvonden – en niet voor een messiaans, door de geestelijkheid gedomineerd tribunaal – versterkte juist de legitimiteit van de heersende klasse.

Dit wil nog niet zeggen dat de fanatiekelingen van de Gereformeerde Kerk de verantwoordelijkheid voor het uitroeien van de horden van satan zomaar overlieten aan de wereldlijke macht. Zij zagen de onthulling van een homoseksueel gemenebest alleen maar als het ergste voorbeeld van een vloed van verdorvenheid die de Republiek dreigde te overspoelen. En ze waarschuwden hun kudden dat geen enkele straf voor de misdadigers zwaar genoeg zou zijn om Gods toorn af te wenden. Het werd onomwonden gesteld in *Sodoms Zonde en Straffe* van Leonard Beels: welke genade kon het nieuwe Sodom verwachten van een toornige Jahweh?[47] En een prent met hetzelfde onderwerp, een combinatie van allegorie, analogie met het Oude Testament en eigentijds verslag, gaf een nog levendiger beeld van de komende verschrikkingen. Terwijl een regen van vuur neerdaalde op de zondige stad – die er ongeveer uitzag als een Nederlandse stad – overspoelde de Dode Zee de puinhopen. Links zonk een schip in de diepte. Vuur en water zouden dus de vergelding zijn – net zoals vuur en water waren voorgeschreven in de bestraffing van de sodomieten zelf, de verzengende hitte en de louterende vloed.

Die vloedgolven kwamen min of meer op tijd, tot de grote voldoening van hun grimmige profeten. En met de gelijktijdige uitbreking van een vreselijke veeziekte die hele kudden in Zuid-Holland wegvaagde en in de jaren veertig het grootste deel van de Friese veestapel zou uitroeien, leek een hele serie plagen over de zondigen te zijn afgeroepen. Maar het was natuurlijk de vloed die, hoe vertrouwd ook, onmiddellijk door de godvrezenden werd gezien als de gesel Gods. In de winter van 1731 stortte een groot deel van de dijken langs de Noordzeekust in, zodat dorpen onder water kwamen te staan.

Bovendien waren dit geen gewone vloedgolven. Want toen de resten van de vernielde zeedijken werden onderzocht, bleken de houten palen vol gapende gaten te zitten. Deze waren gemaakt door een tot dan toe onbekend weekdier, nu geclassificeerd als de boor- of paalworm, met een buitengewone boorkracht en een kennelijk onverzadigbare eetlust. Wat voor de gefascineerde natuurvorsers *Teredo navalis* werd, was voor de bevolking van de kustprovincies en de predikanten die dit zagen, een instrument van goddelijke tuchtiging. De worm was, volgens de schrijvers van *De wurm, een waarschuwing voor de zwakke en zondige Nederlanden* en *De vinger van God, of Holland en Zeeland in grote nood door deze ongehoorde wurmenplaag*[48] expres door de almachtige gemaakt om een koppige, in zonde en verderf

Binnen, buiten

Jan Ruyter, *Drie Stukken Eiken hout van het Paalwerk aan de Zee-Dyken, getekent naar het leven zoo als het zelve van de Wurmen doorboord is*, 1731. Rijksprentenkabinet, Amsterdam

verzonken bevolking te straffen. In deze retoriek werden Lot, Noach en Jona allemaal aangeroepen en op wonderlijke wijze door elkaar gehaald, maar de boodschap was niettemin kristalhelder. Zoals de Heer hen uit de diepten der zee had gehaald, hun de macht om land en water te scheiden had gegeven en hen rijk en machtig had laten worden door hun beheersing van de zeeën, zo kon Hij hen even gemakkelijk weer overleveren aan de verwoestende zondvloed. Populaire prenten van de worm kwamen tegemoet aan deze onheilsverwachting. En de reactie was zo verhit dat het een tijd duurde voor de geleerde classificators de hele gebeurtenis durfden terug te brengen tot de proporties van een verklaarbaar biologisch verschijnsel. Intussen werden speciale vastendagen (één grapjas hoopte dat de worm ook zou vasten) en openbare collectieve boetedoeningen, zoals speciale schenkingen voor de armen, afgekondigd. En wat voor andere straf er nog komen zou, er was altijd nog het nare vooruitzicht dat er voldoende belastingen vergaard moesten worden om te betalen voor de Noorse natuursteen, het enige dat sterk genoeg geacht werd om verdere verwoestingen door de angstwekkend omnivore worm te weerstaan.[49]

De apocalyptische symmetrie van de twee rampen kon niemand ontgaan. De vreemde worm was gezonden om zijn weg te knagen en te boren in de materiële fundamenten van de Nederlandse vrijheid en welvaart, als een symbolische veroordeling van de afschuwelijke zonde waarvan de boosaardige kern ook bestond uit boren en knagen. De natuur was gezonden om de on-natuur uit te roeien. Maar in plaats van Sodom weg te vagen door het vuur of de onboetvaardigen te veranderen in zoutpilaren, had de Heer de beproeving gekozen die voor de Nederlanders de aangrijpendste en duidelijkste herinnering was aan hun speciale lotsbestemming in zijn plan. En als de wateren zich hadden teruggetrokken, was er altijd nog de kans dat het slib verlossing zou brengen en het verbond zou worden hernieuwd.

Jacobus Vrel, *Straattafereel*. Wadsworth Atheneum, Ella Gallup Sumner en Mary Catlin Sumner Collection

LUCTOR ET EMERGO

Zo eindigen we waar we begonnen: bij de morele geografie van de Nederlandse geest, zwalkend tussen de angst voor de zondvloed en de hoop op morele redding, in de eb en vloed tussen wereldlijkheid en huiselijkheid, tussen bevrediging en onderdrukking van de lust, tussen de voorwaardelijke zegening van de rijkdom en de verdoemenis van de overvloed. In het kleine land dat tot zijn eigen verrassing toonaangevend in de wereld was geworden, konden deze dilemma's per definitie niet met elkaar worden verzoend. Niemand, behalve de enkeling die geheel tot het rijk van het heilige of het profane behoorde, heeft dat ook ooit verwacht. Nederlander zijn was, daar werden de Nederlanders keer op keer aan herinnerd door het onbestemde karakter van hun habitat, leven in een eeuwig tegenwoordig deelwoord, leven met het onbestendige. Maar terwijl de historische omstandigheden van generatie op generatie veranderden, was de eeuwige terugkeer van deze dilemma's op zichzelf al een teken van continuïteit. Nederlander zijn betekent nog steeds leren leven met de morele dubbelzinnigheden van het materialisme op een typisch Nederlandse maar onontkoombare manier: door dit dagelijks te ervaren, in de zondagse preken over kernwapens en de maandagse rituelen van het stoepschrobben.

Grenzen definiëren. In de jongste grens van hun geschiedenis, de IJsselmeerpolders waar Friese koeien de haringbuizen van de Zuiderzee hebben vervangen, zijn twee steden geplant. Maar het is een 'voortplanting', een nederzetting die verschillende spruiten heeft voortgebracht. Lelystad in het noordoosten, uitkijkend op de koude, grauwe bedwongen zee. Het is de vrucht van een element dat leeft in de Nederlandse cultuur: dat wat de materie lijkt te overwinnen; dat wat hunkert naar zuiverheid en eenvoud. Lelystad is een voorbeeld van technisch en maatschappelijk vernuft, de wiskunde van de ruimte, en is toepasselijk genoemd naar de grote waterbouwkundige Cornelis Lely, die als minister in de jaren 1913-1918 het grootse inpolderingsplan voor de Zuiderzee bedacht.[50] Lelystad is in de jaren zestig gebouwd als een slaapstad voor Amsterdam en Utrecht, maar draagt het stempel van een oudere maatschappelijke esthetiek: dat van de Stijl. Zoals de stoel van Rietveld of de schilderijen van Mondriaan is Lelystad een stad van rechte lijnen, van gehoorzame geometrie, van opgeheven chaos, van stedelijke onderwerping aan de wetten van de horizontale natuur. Waar in de oude Hollandse landschappen kerkspitsen en gevels van kleine stadhuizen en wagen de horizon markeren, zijn in Lelystad de daken plat en ligt de stad uitgestrekt, alsof ze zich voorbereidt op de slaap van de forens die haar *raison d'être* was. Koeien lijken lager te liggen dan je zou verwachten. Chaos is natuurlijk niet zo gemakkelijk te beteugelen. De kleine abri's waar forensen geduldig op de altijd stipte bussen wachten, zijn bedekt met een palimpsest van graffiti die zelfs het onvermoeibare gepoets van de plaatselijke hoeders van de

properheid weerstaan. Brommers knetteren over de eindeloze wegen langs de kanalen naar een mistige einder en roepen met hun gescheur de wetteloosheid op. Lelystad leeft, in weerwil van de architectuur.

En dan is er voor de weifelende pioniers nog Almere, in de zuidelijkste punt van de Flevopolder. Het ligt zo dicht bij Amsterdam dat je bij een zomers IJsselmeerbriesje de vreemde geuren van die stad kunt ruiken, en het werd met heel andere uitgangspunten aan het eind van de jaren zeventig gebouwd. Hoewel de stad in schaal nog ambitieuzer is opgezet dan Lelystad, vertegenwoordigt ze in wezen de andere karaktertrek van de Nederlandse cultuur: die van de gezelligheid. Als in een reactie op de enorme anonieme torenflats in de voorsteden van de Randstad, is er sinds kort een terugkeer naar de intimiteit van de buurt. Een Engelse architect op bezoek in het gebouw van Centraal Beheer in Apeldoorn karakteriseerde het als 'een kleine verzameling nestkastjes met balkons die uitzicht naar boven en onder bieden – zodat je met de bovenburen kunt praten – als een ladenkast waarvan de laden open staan'.[51] En voor een stad die 200 000 mensen moet herbergen is Almere een aanvaardbare poging terug te keren tot het principe van de buurt, doordat de huizen rond woonerven zijn gerangschikt. Dit ziet er onvermijdelijk wat gekunsteld uit, en uit de lucht lijkt Almere meer op een vestingplaats, zoals Naarden, dan op een natuurlijk gegroeid conglomeraat van huizen. Maar er is veel gebruik gemaakt van baksteen en dakpannen, schuine daken en kleine binnenpleinen, en in een reactie daarop hebben de inwoners hun eigen natuurlijke hang naar gezelligheid botgevierd, naast de voordeur hangen klompen; koperen deurkloppers worden ritueel gepoetst; ramen zijn brandschoon, voor de ramen staan talloze planten en erachter zijn met snuisterijen volgestouwde kamers te zien, en in het verrassend gezellige winkelcentrumpje begraven kindergezichtjes zich in zakken friet overgoten met mayonaise.

Dat zowel Almere als Lelystad getuigen van de voortzetting van typisch Nederlandse werelden, is misschien moeilijk te begrijpen. Maar als er één Nederlandse

Luctur et emergo

Straattaferelen in Almere. Foto: Dienst voor de IJsselmeerpolders, Lelystad

cultuur bestaat, telt die vele kamers. Zoals een schilderij van Avercamp kan die cultuur overstromen van de diversiteit, en toch een samenhangend geheel vormen. En dergelijke raadsels zijn vermakelijk. Ze kunnen ook leerzaam zijn. Of, zoals Henry James het fraaier formuleert: 'Al deze aspecten van het totaalbeeld in dit onderhoudende land betekenen op zijn minst een stimulerende doorbreking van je vaste denkgewoonte en geven je het gevoel dat je te maken hebt met een oorspronkelijke geest.'[52]

Laatste embleem, 'Elck heeft de zijn/Dit is de mijn', uit Roemer Visscher, *Sinnepoppen*, Amsterdam, 1614. Houghton Library, Harvard University

BIJLAGEN

DE PRIJZEN VAN DE CULTUUR

I   DE BIBLIOTHEEK VAN EEN ZEEUWS PATRICIËR
II   DE SCHILDERIJEN VAN TWEE AMSTERDAMSE BURGERS
III   DE INBOEDEL VAN EEN AMSTERDAMSE HERBERG
IV   HET INKOMEN VAN EEN FRIESE VROEDVROUW

BRONNEN:
I   Collectie veilingcatalogi in de Bibliotheek Vereeniging ter Bevordering van de Belangen des Boekhandels, Amsterdam.
II en III *Gemeentelijke Archiefdienst, Amsterdam*, Archief van de Desolate Boedelkamer.
IV   Bibliotheek van de Universiteit van Amsterdam, *Dagboek van verlossingen van Catharina Geertruid Schrader 1693-1745*.

Prijzen in guldens en stuivers

Enkele prijzen ter vergelijking   (omstreeks 1650)

een kroes bier:	1/2 stuiver
10 pond roggebrood	6 à 9 stuiver
weekloon van geschoold arbeider	fl. 2,80
klein huis in de stad	fl. 300,—
jaarinkomen van schoolmeester/predikant	fl. 200,—

BIJLAGE I

DE BIBLIOTHEEK VAN EEN ZEEUWS PATRICIËR

De vroegste prijslijst in het archief van de Vereeniging ter Bevordering van de Belangen des Boekhandels is van 1658 en versterkt de indruk dat de gemiddelde prijs van wetenschappelijke werken drie tot vijf gulden was en dat pamfletten voor tien tot vijftien stuiver werden verkocht. Een Mercatoratlas uit de bibliotheek van Leonard Cats, een Middelburgs patriciër, kostte vijf gulden en de *Emblemata* van De Brune twee gulden. Over het algemeen waren atlassen veel duurder dan verluchte boeken.

De lijst hieronder omvat niet de hele collectie, maar is een representatief voorbeeld. Een belangstelling voor het Nederlands en de klassieke geschiedenis, en beschrijvingen van ontdekkingsreizen en humanistische teksten die niet onverenigbaar waren met de klassieke calvinistische (en remonstrantse) godsdienstige werken, waren kenmerkend voor de cultuur die deze bibliotheek vertegenwoordigde.

De Bibliotheek van D. Guilielmi, verkocht in 1687 te Goes:

		PRIJS
Boxhorn	*Chroniek van Zeeland*	2,18
Deductie (1654)	2,00	[Grotius]
Scriverius	*Oude en Nieuwe Beschryving van Holland*	3,10
Carpentier	*Histoire géneaologique des Pays Bas* (1664)	3,10
Grotius	*De antiquitate Respublica Batavae* (1610)	2,00
Aitzema	*Historie of verhaal van saken van staat en Oorlog* (1657, 17 dln.)	45,00
Tjassen	*Zeepolitie der vereenigde Nederlanden* (1652)	1,10
Valckenier	*'t Verwerde Europa* (1675)	5,00
[Domselaer]	*Het Ontroerde Europa* (1674, 2 dln.)	4,15
	Het Oude Goudse Chronijxen	2,00
Theodor de Bry	*Crudelitas Hispaniorum*	1,00
Sandys	*Voyages*	1,04
	Reisen van Ian Somer	3,00
	La Geographie de la France et de la Suisse	7,00
Hotman	*Francogallia*	1,00

Milton	Pro Populo Anglicano defensio secunda (1654)	1,18
Aubrey	Mémoires	1,16
Van Mander	Schilderboeck	6,10
Vossius	Ars Historica	3,30
Boissardi	Emblemata (grav. De Bry)	1,18
Cats	Alle de Werken (1659, Schipper-ed.)	7,15
	Trou-ring	0,20
Vollenhoven	Poésie (1686)	2,00
Lipsius	Werken (Plantijn)	20,00
Grotius	Bewijs van de Waare Godsdienst (1648)	0,12
Vondel	Poezie (1644, octavo)	0,16
Heinsius	Lofsangh van Iesus Christus (1650)	0,14
Ovidius	Metamorphose (Franse ed.)	0,18
Beda	Historia	40,00
Josephus	De Bello Judaeorum (versie Scaliger)	27,00
Dionysus Halicarnassus	Concilia Generalia et Provincialia (9 dln.)	69,00
Petrus Bor	Nederlandse Oorlogen (1621, 6 dln.)	33,00
[Commelin]	Leven en Bedrijf van Willem en Maurits, Prinsen van Oranje (1651)	8,00
	Leven en Bedryf van Frederik Hendrik	4,00
Van Meteren	Historien (1614 folio)	4,00
Hooft	Neederlandsche Histoorien (1642)	4,00
Sully	Mémoires	8,05
Polydorus Vergilius	Historia Anglica (1570)	3,05
Buchanan	Historia Scotica (1581)	6,10
Garcilaso Inca	Historia general del Perú (1617)	6,19
Montanus	Gedenkwaardige... der Oostindische Maatschappij aan de Keiser van Iapan	9,05
Van Linschoten	Schipvaart	3,00
C. de Witt	Lands Vloot (1668)	1,00
	Plakaat-Boek van de Staten-Generaal(1644-?)	3,00
Graswinckel	Naspooring van de magt der Staten-Generaal in Holland (1667)	6,18
	Nederlandse Bybel (1637)	11,05
	La Bible de Genève (1588)	9,10
Calvijn	Institutes (1654)	5,10
Melanchthon	Opera (1567, 4 dln.)	6,15
Perkins	Opera theologica (2 dln.)	3,08
Uytenbogaert	'van 't Ampt ende Authoriteyt eener Christelyke Overheyt (1610)	1,00
Cocceijus	Onderzoek des Sabbaths	1,00
Van Beverwijck	't Begin van Holland in Dordrecht	
Erasmus	Adagia	

BIJLAGE II

DE SCHILDERIJEN VAN TWEE AMSTERDAMSE BURGERS

1 UIT DE BOEDELINVENTARIS VAN FRANÇOIS VAN DER NOORDTS FAILLISSEMENTSVERKOPING

(8 februari 1681)

Ter vergelijking zijn ook enkele meubelstukken uit de kamers opgenomen. Vergelijk het kennelijk zeer grote bed van 125 gulden met de dertig gulden voor het duurste landschap in dezelfde kamer. De afmetingen van het schilderij en de lijst waren van groot belang voor de waardebepaling, althans voor de officiële taxatie. Veel schilderijen moeten minder waard zijn geweest dan hun lijst.

VOORHUIS
2 stoelen	5,00
Landschap	10,00
Landschap met Jakob en Rebekka	9,00
Zeeslag in vergulde lijst	20,00
Zeegezicht met vuur (op zee?)	4,00

ZIJKAMER
Spiegel in zwarte (ebbehouten?) lijst	2,10
Schilderij van een man, een kind en kleine vogel in vergulde lijst	25,00
Schilderij	15,00
Twee landschappen	12,00
'Bruegeliaans' landschap	30,00
Landschap	6,00
Bed	125,00
Schilderij van boerderij	10,00

ENKELE SCHILDERIJEN EN MEUBELS UIT EEN ANDERE VERKOPING
(27 maart 1682)
Landschap	3,00
Landschap	3,10
Winterlandschap	4,00
Stilleven met roemer	6,00
Stilleven	6,00
Groot stilleven	10,00
Twee kleine landschappen	7,00
Spiegel in zwarte lijst	10,00
Schilderij van Slachttijd (doden van de sint-maartensgans)	2,10
Bordeelscène	1,10
Schilderij van een vrouw	
Schilderij van zigeuners	2,00
Schilderij van meisje	6,00
Tekening	4,00
Schilderij van een Romeins tafereel	5,00
Schilderij van een kasteel	2,10
Schilderij van watermolens	1,10

BIJLAGE III

DE INBOEDEL VAN EEN AMSTERDAMSE HERBERG

Uit de boedeltaxatie wegens faillissement van Jan van Zoelen en Neeltje Zuykenaar, 1717. De hele boedel bracht niet meer op dan fl. 971,13; hun huishouden mag dus tot de tamelijk bescheiden huishoudens gerekend worden. Het aantal tafels en stoelen, servetten en kroezen duidt erop dat het een soort bierhuis of herberg betrof.

Tafel en twee stoelen en een bank	3,15	gordijnen	2,15
12 stoelen	9,15	servetten en zakdoeken	3,10
3 tafels	9,05	9 lakens	3,15
6 stoelen	3,10	9 lakens	3,15
Delfts-blauw aardewerk	5,10	9 lakens	3,15
2 ijzeren potten en tinwerk	3,05	9 lakens	3,15
een verzameling potten en pannen	2,02	12 tafellakens	(ongeprijsd)
2 spiegels	7,00	18 servetten	18,00
3 schalen en 3 kandelaars	6,05	17 servetten	17,00
8 kwartliterkroezen	6,15	13 stuks linnengoed	(ongeprijsd)
nog eens 8 kwartliterkroezen	6,15	7 gordijnen	(ongeprijsd)
lepels, vorken	9,15	boek met zilver ingelegde band en mes	9,15
koperen doofpot en ketel	11,00	bed en kussens	16,10
2 kandelaars	5,00	matras	7,00
porselein en enige stukken Delfts-blauw	6,05	turf en brandhout	31,00
2 tafels met pijpen	7,05	kast	6,10
7 kussens	8,05		

BIJLAGE IV

HET INKOMEN VAN EEN FRIESE VROEDVROUW, 1696-1745

Vrouw Schrader begon haar werk als vroedvrouw in 1693 in het Friese kustgebied. Maar pas vanaf 1696, toen ze een praktijk vestigde in de marktstad Dokkum, hield ze een systematisch verslag bij. (Zie hoofdstuk VII, 522-532.)

JAAR	VERLOSSINGEN	INKOMEN (guldens)	JAAR	VERLOSSINGEN	INKOMEN (guldens)
1696	80	197±	1724	35	122
97	?	204	25	59	157
98	123	310	26	57	148
99	109	225	27	73	188
1700	115	291	28	41	?
01	140	278	29	79	232
02	114	257	1730	74	260
03	117	230	31	99	260
04	130	260±	32	95	?
05	113	164	33	78	236
06	137	300	34-35	?	?
07	105	214	36	53	164
08	130	277	37	14	33
09	107	239	38-39	31	67
1710	122	267	1740	13	35
11	130	325	41	28	?
12	120	?	42	18	23
1714-22	(getrouwd, werk opgegeven)		43	20	?
1722	18	60	44	1	?
23	17	?	45	1	?

NOTEN

AFKORTINGEN

ARA   Algemeen Rijksarchief
Den Haag

GA   Gemeente Archief
Amsterdam

KN   W.P.C. Knuttel
Catalogus van de pamflettenverzameling berustende in de Koninklijke Bibliotheek

INLEIDING

1. Henry James, *Transatlantic Sketches*, Boston, 1875, 386.
2. In het bijzonder: A.Th. van Deursen, *Het kopergeld van de Gouden Eeuw*, 4 dln., Assen, 1978-1980; Herman W. Roodenburg, 'The Autobiography of Isabella de Moerloose: Sex, Childrearing and Popular Belief in Seventeenth Century Holland', in *Journal of Social History*, voorjaar 1985, 517-539; Rudolf Dekker, *Oproeren in Holland gezien door tijdgenoten*, Assen, 1979, idem, *Holland in beroering, Oproeren in de 17de en 18de eeuw*, Baarn, 1982.
3. Immanuel Wallerstein, *The Modern World System*, dl. 2, *Mercantilism and the Consolidation of the European World Economy 1600-1750*, New York, 1980, 65.
4. 'Of we hoog of laag springen, wij Nederlanders zijn allen burgerlijk, van den notaris tot den dichter en van den baron tot den proletariër.' J. Huizinga, *Nederland's geestesmerk* in *Verzamelde werken*, 9 dln., Haarlem, 1948-1953, VII, 287.
5. Zie bijvoorbeeld Maurice Aymard, red., *Dutch Capitalism and World Capitalism*, Cambridge, New York, Parijs, 1982; Fernand Braudel, *The Perspective of the World*, New York, 1984.
6. Margaret Mann Philips, *The 'Adages' of Erasmus*, Cambridge, 1964, 211.
7. 'Comedie van de Rijcke-man', Haarlem, 1582, in *Het Roerspel en de Comedies van Coornhert*, P. van der Meulen, red., Leiden, 1955, 23-24.
8. Alexis de Tocqueville, *Democracy in America*, New York, 1840, dl. 2, Boek 2, 147.
9. Kornelis van Alkemade, *Nederlands Displegtigheden*, 3 dln., Rotterdam, 1732-35; zie ook zijn gids voor begrafenisrituelen, *Inleidinge tot het Ceremonieel, en de Plegtigheden der Begraavenissen*, Delft, 1713.
10. J. le Francq van Berkhey, *Natuurlyke Historie van Holland*, 4 dln., in 7 boeken, Amsterdam, 1769-79.
11. Mary Douglas, *Cultural Bias*, Londen, 1978, 14.
12. Emile Durkheim, *The Division of Labour in Society*, vert. G. Simpson, Londen, 1933, 79-80.
13. William Bürger [Théophile Thoré,] *Les Musées de la Hollande*, dl. 1, Parijs, 1958, 323.
14. Ibid., 37.
15. Zie Seymour Slive, *Jacob van Ruisdael*, New York, 1982, 66-67.
16. Paul Claudel, 'L'Oeil écoute', *Oeuvres Complètes*, dl. 17, Parijs, 1960, 31-32.
17. Marcel Proust, 'Sur la Lecture', woord vooraf bij *Sesame et les Lys*, red. Jean Autret en William Burford, New York, 1971, 44-45.

HOOFDSTUK I
MORELE GEOGRAFIE

1 Zie W.J. Brouwer-Ancker, 'Het rasphuispoortje te Amsterdam en zijne geschiedenis', *De Navorscher*, 44, 1894, 565-70; A.W. Weissman, 'Het Tuchthuis en het Spinhuis te Amsterdam', *Oud Holland*, 26, 1908, 335-340.

2 Tweede akte, vijfde tafereel. Zie M. Boas, 'De spreuk van de Rasphuispoort', *Jaarboek Amstelodamum*, 1917, 15:121-29.

3 Het Tuchthuis in 1595 en het Spinhuis in 1597. Voor een voortreffelijke geschiedenis van beide inrichtingen, zie Thorsten Sellin, *Pioneering in Penology: The Amsterdam Houses of Correction in the Sixteenth and Seventeenth Centuries*, Philadelphia, 1944; A. Hallema, *Geschiedenis van het Gevangeniswezen Hoofdzakelijk in Nederland*, 's-Gravenhage, 1958, 117-86.

4 Voor de theorie en de praktijk van deze hervorming in een andere stad, zie Natalie Zemon Davies, 'Humanism, Heresy and Poor Relief in Sixteenth Century Lyon', in *Society and Culture in Early Modern France*, Londen, 1975; ook A.Th. van Deursen, *Het kopergeld van de Gouden Eeuw*, dl. 1, *Het Dagelijks Brood*, Assen/Amsterdam, 1978, 71-89.

5 A. Hallema, 'Merkwaardige Voorstellen tot Oprichting van het Eerste Nederlandsche Tuchthuis te Amsterdam', *Jaarboek van het Genootschap Amstelodamum*, 24, 1927, 89.

6 Dirk Volckertsz. Coornhert, *Boeventucht ofte Middelen tot vermindering der schadelyke Ledighangers*, 1573.

7 Zie A. Hallema, 'Jan van Hout's Rapporten en Adviezen over het Amsterdamse Tugthuis', *Bijdragen en Mededelingen van het Historisch Genootschap*, 48, 1927, 69-98.

8 Sellin, *Pioneering*, 43.

9 Hallema, *Geschiedenis*, 120, n. 1.

10 Richard Carnac Temple, red., *The Papers of Thomas Bowrey, 1669-1713*, Londen, 1927; Hallema, *Geschiedenis*, 128.

11 Sellin, *Pioneering*, 58.

12 Ibid., 68.

13 J. de Parival, *Les Délices de la Hollande*, Leiden, 1662, 96-97.

14 Martin Szombor, *Europa Varietas*, Kaschau, 1620, geciteerd in Rustem Vambery, 'Das Amsterdammer Zuchthaus in ungarischer Beleuchtung', *Zeitschrift für die gesamte Strafwissenschaft*, 37, 1915-16, 106-09.

15 Robert Davies, red., *The Life of Marmaduke Rawdon of York*, Londen, 1863, 100; Edward Brown, *A Brief Account of Some Travels in Diverse Parts of Europe*, Londen, 1685, 70.

16 Robert Bargrave, *A Relation of Sundry Voyages and Journeys made by Robert Bargrave (1652-53)*, Rawlinson MSS. 79, Bodleian Library, Oxford; William Aglionby, *The Present State of the United Provinces of the Low Countries*, Londen, 1669, 270; Maximilien Misson, *A New Voyage to Italy*, 2 dln., Londen, 1739 (maar een vertaling van de Haagse editie uit 1691), 29; William Montague, *The Delights of Holland, or a three months travel about that and other provinces*, Londen, 1696, 38; Thomas Nugent, *The Grand Tour; or A Journey through the Netherlands, Germany, Italy and France*, Londen, 1738, 81; Joseph Marshall, *Travels through Holland... in the Years 1768, 1769 and 1770*, Londen, 1772, 65.

17 Pieter Spierenburg, *Spectacle of Suffering: Executions and the Evolution of Repression from a Pre-Industrial Metropolis to the European Experience*, New York, 1984. Jan Wagenaar, *Amsterdam, in zyne opkomst, aanwas, geschiedenissen...*, Amsterdam, 1760, 2, 253. Wagenaar vervolgde zijn ontkenning met het commentaar: 'en is er *naar alle waarschijnlykheid* nimmer geweest' (cursivering van mij), een formulering die zeker ruimte voor speculatie laat.

18 Tobias van Domselaer e.a., *Beschryving der stat Amsterdam van haar eerste beginselen oudtheydt vergrootingen en gebouwen... tot op den jare 1665*, Amsterdam, 1665, 102 e.v.

19 *Historie van de Wonderlijcke Mirakelen, die in menichte ghebeurt zijn, ende noch dagelijks ghebeuren, binnen de vermaerde Coop-stad Aemstelredam: in een plaats ghenaempt het Tucht-huys, ghelegen op de Heyligheweg*, Amsterdam, 1612. In hetzelfde jaar werd te Leiden een Franse vertaling uitgegeven. Zie A. Hallema, 'Een merkwaardig pamphlet betreffende het Amsterdamse Tuchthuis in de 17de eeuw', *Nieuwe Rotterdamsche Courant*, 27-28 oktober, 1931; ook Robert von Hippel, *Die Entstehung der modernen Freiheitstrafe und des Erziehungs-Strafvollzugs*, Giessen, 1931; Sellin, *Pioneering*, 70.

20 Sir John Carr, *A Tour Through Holland... in the Summer and Autumn of 1806*, Londen, 1807, 298-99; M. De Blainville, *Travels Through Hol-*

land, Germany, Switzerland, 2 dln., Londen, 1809, 1:36.
21 Sellin, *Pioneering*, 5.
22 Voor verdere details over deze episode, zie Hoofdstuk 8, 600 e.v.
23 J. Lydius, *'t Verheerlijckt Nederland*, 1668, 28.
24 Ibid., 49, 50.
25 Zie bijvoorbeeld Gerardus van Loon, *Beschryving der Nederlandsche Historipenningen*, dl. 2, 's-Gravenhage, 1725, xx.
26 Over dit plan en de inundaties rond Leiden, zie G. 't Hart, 'Rijnlands Bestuur en Waterstaat Rondom het Beleg en Ontzet van Leiden 1570-1580', *Leids Jaarboekje*, 66, 13-33.
27 Jacob Duym, *Belegering der Stad Leyden*, 1606; zie ook bijvoorbeeld [Baudartius W.,] *Waarachtige Beschrijvinghe ende Levendighe Afbeeldinghe vande Meer dan onmenschelijke ende Barbarische Tyrannije bedreven by den Spaengiaerden in de Nederlanden*, Amsterdam, 1621, 155 e.v.
28 J.J. Orlers, *Beschrijvinge der Stad Leyden*, Leiden, 1641, 520-22.
29 Zie Frederik Muller, *Populaire Prozaschrijvers der XVIIe en XVIIIe Eeuw*, Amsterdam, 1893; G.D.J. Schotel, *Vaderlandsche Volksboeken en Volkssprookjes van de Vroegste Tijden tot het Einde der 18de Eeuw*, 2 dln., Haarlem, 1873-1874, 2, 154.
30 Muller, *Populaire Prozaschrijvers*.
31 *Ongeluckige Voyagie van 't Schip Batavia Nae de Oost-Indien Gebleven op de Abrolhos van Frederick Houtman...*, Amsterdam, 1647.
32 Voor Engelse kritiek, zie Violet Barbour, 'Dutch and English Merchant Shipping in the Seventeenth Century', *Economic History Review*, 1930, 261-90. Over zeewaardigheid en kortere levensduur voor Nederlandse schepen, zie Richard W. Unger, *Dutch Shipbuilding to 1800*, Assen/Amsterdam, 1978, 44.
33 Willem Ysbrantsz. Bontekoe, *Journael ofte gedenckwaerdige beschrijvinghe van de oost-indische reyse van Willem Ysbrantsz. Bontekoe van Hoorn*, Hoorn, 1646, 14-15. Zie ook de Engelse vertaling en inleiding door C.B. Bodde-Hodgkinson en Pieter Geyl, Londen, 1929.
34 Ibid., 24.
35 Voor een Engelse vertaling en een beschrijving van de reis van Pelsaert, zie H. Drake-Brockman, *Voyage to Disaster: The Life of Francisco Pelsaert*, Londen, 1963.
36 Ibid., 40-41.
37 Het spreekwoord en de verklaring ervan komen van de Vlaamse historicus Marcus van Vaernewijck, geciteerd in Walter Gibson, *Pieter Bruegel*, Londen, 1977, 196.
38 Bontekoe. *Journael*, 13.
39 Ibid., 28.
40 Ibid., 17.
41 Ibid., iii.
42 Dit was de stelling van Pieter Geyl, *Revolt of the Netherlands, 1559-1609*, Londen, 1958, 179. Voor een goede samenvatting van het debat en een kritisch commentaar op Geyls betoog, zie Geoffrey Parker, *The Dutch Revolt*, Londen, 1977.
43 Dit was ook de mening van Huizinga, *Dutch Civilization in the Seventeenth Century*, vert. Arno Pomerans, Londen, 1968, 16.
44 Andries Vierlingh, Hullu, J. de, en A.G. Verhoeven, red., *Tractaet van Dyckagie*, 's-Gravenhage, 1920, 18.
45 Voor deze opvatting van vroeg-zionistische aanspraken op land, zie Simon Schama, *Two Rothschilds and the Land of Israel*, Londen/New York, 1979.
46 Zie Audrey Lambert, *The Making of the Dutch Landscape*, Londen/New York, 1971, 123 e.v. M.K.E. Gottschalk, *Stormvloeden en rivieroverstromingen*, Assen, 1974.
47 Sebastian Munster, *Cosmographia universalis*, Liber VI, Bazel, 1552, 516. Voor volksherinnering aan de Sint-Elisabethsvloed, zie H. van de Waal, *Drie Eeuwen Vaderlandsche Geschied-Uitbeelding*, 2 dln., 's-Gravenhage, 1952, 1, 255-57; Lambert, *Landscape*, 123.
48 Het vroegste verslag was van Chrysostomus van Napels in zijn *De situ et de moribus Hollandiae*, 1514, later door Petrus Scriverius verwerkt in *Batavia Illustrata*, Leiden, 1609. Zie Van de Waal, *Drie Eeuwen*, 256.
49 Lambert, *Landscape*, 215-216.
50 Pieter Corneliszoon Hooft, *Neederlandsche Histoorien*, Amsterdam, uitgave van 1703, Boek VI, 217.
51 Ibid., 218.
52 Zie J. de Vries, *The Dutch Rural Economy in the Golden Age*, New Haven, Conn./Londen, 1974; Lambert, *Landscape*, 216 e.v. Voor de geschiedenis van landwinning en de inrichting van het landschap in deze periode, zie de voortreffelijke artikelen in *Het Land van Holland*, Amsterdams Historisch Museum, 1978.

53 Over de relatie tussen institutionele macht en de bijzonderheden van het Hollandse landschap, zie H. van der Linden, 'Iets over wording, ontwikkeling en landschappelijk spoor van de Hollandse waterschappen', in *Het Land van Holland*, 101-113; S.J. Fockema Andreae, *Overzicht van de Nederlandse waterschapsgeschiedenis*, Leiden, 1952; Th.F.J.A. Dolk, *Geschiedenis van het Hoogheemraadschap Delfland*, 's-Gravenhage, 1939; C. Dekker, 'The Representation of the Freeholders in Drainage Districts of Zeeland west of the Scheldt during the Middle Ages', *Acta Historiae Neerlandica*, 8, 1975, 1-30.

54 Andries Vierlingh, *Tractaet van Dyckagie*, red. J. de Hullu en A.G. Verhoeven, 's-Gravenhage, 1920, 22. In latere passages hekelt Vierlingh mensen die het ambt van dijkgraaf als sinecure beschouwen en 'die nojit zee, ebbe, water ofte vloet gezien en hebben, geen winden kennen ofte en weten te noemen...', ibid., 49. Zie ook 218-219 en passim voor commentaar in dezelfde trant.

55 Vierlingh, *Tractaet*, 342.

56 Ibid., 396.

57 Ibid., 105.

58 Ibid., 9.

59 Ibid., 395.

60 Ibid., 308, 309 en 301.

61 Ibid., 22.

62 Ibid., 161.

63 [Owen Felltham,] *A Brief Character of the Low Countries under the States. Being Three weeks observations of the vices and virtues of the inhabitants*, Londen, 1660, 90-91.

64 Lydius, *'t Verheerlijckt Nederland*, 1668, i.

65 Petrus Cunaeus, *De Republyk der Hebreen*, Amsterdam, 1693, 4 verso ('voor-reden' van W. Goeree).

66 J. Hartog, *Geschiedenis van de Predikkunde en de Evangelieprediking in de Protestantsche kerk van Nederland*, Amsterdam, 1865, 91.

67 [Jac. Lydius,] *Wee-klage over den inbreuk van den Alblasser-waard*, 1659; zie ook *Generale Beschryvinge van ons Tegenwoordige ingebroken Alblasser-waert in Zuyt Hollandt* en de *Straf-predikaties* van J. van Oudenhoven over deze gebeurtenis.

68 J. Krul, *Werelt-hatende Noodtsaeckelijcke*, Amsterdam, 1627, 49.

69 Zie Peter Sutton e.a., *Masters of Seventeenth-Century Dutch Genre Painting*, Philadelphia, 1984, 307-308.

70 Goethe, *Faust. Twee*, vertaling Nico van Suchtelen, Amsterdam, 1982, 444, 445.

HOOFDSTUK II
DE VADERLANDSE SCHRIFT

1 Romeyn de Hooghe, *Spiegel van Staat des Vereenigde Nederlands*, Amsterdam, 1706, 2, 57. Voor een overzicht van De Hooghes propagandistisch werk, zie Harry T. Wilson, 'The Art of Romeyn de Hooghe', Ph.D. diss., Harvard University, 1974.

2 Zie bijvoorbeeld de sterke verwantschap tussen de *Spieghel der Spaanse Tyrannie*, ook gepubliceerd in het Frans, Amsterdam, 1620, en [Abraham de Wicquefort,] *De Fransche Tyrannie*, Amsterdam, 1674. De Hooghes gruwelijk levensechte gravures van de Franse wreedheden in zijn eigen *Schouwburg van Nederlandse Veranderinge*, Amsterdam, 1674, zijn ongetwijfeld sterk beïnvloed door de vroegere generatie anti-Spaanse prenten.

3 De Hooghe, *Spiegel*, 12.

4 Ibid., 5-6.

5 In hoeverre de achttiende-eeuwse oproeren samenhingen met een verscherping van de oligarchie, blijft een punt van discussie. Over de belastingoproeren, zie Rudolf Dekker, *Holland in beroering. Oproeren in de 17de en 18de eeuw*, Baarn, 1982.

6 Over de 'nostalgische' stijl van patriottische polemieken, zie Simon Schama, *Patriots and Liberators: Revolution in the Netherlands 1780-1813*, Londen/New York, 1977, 21; hfdst. 2.

7 De Hooghe, *Spiegel*, 4-6.

8 Over het gebruik van de oude Bataven als prototypen van een nationale identiteit, zie het briljante essay door I. Schöffer, 'The Batavian Myth during the Sixteenth and Seventeenth Centuries', in P.A.M. Geurts en A.E.M. Janssen, red., *Geschiedschrijving in Nederland*, 2 dln., 's-Gravenhage, 1981, II, 85-109.

9 Zie S. Groenveld, 'Beeldvorming en realiteit. Geschiedschrijving en achtergronden van de Nederlandse Opstand tegen Filips II', in Geurts en Janssen, *Geschiedschrijving*, II, 55-84. Hetzelfde beeld komt naar voren uit de uitgebreide bloemlezing van documenten, gebundeld door E.H. Kossmann en A.F. Mellink, *Texts Concerning the Revolt of the Netherlands*, Cambridge/New York, 1974.

10 Maar Amsterdam werd in deze kwestie door geen enkele andere Hollandse stad gesteund, met uitzondering van Delft, en van Rotterdam, dat een *langer* bestand wenste. Zie Jonathan I. Israel, *The Dutch Republic and the Hispanic World 1606-1661*, Oxford, 1982, 30-31.

11 Ibid., 62-64. In de polemieken tegen Oldenbarnevelt werd hij er onder meer van beschuldigd een instrument van Spanje te zijn geweest bij het sluiten van een bestand dat zo schadelijk voor de Hollandse belangen heette.

12 Zie Herbert H. Rowen, *John de Witt, Grand Pensionary of Holland*, Princeton, N.J., 1978, 282-85, 474-76, Hfdst. 31.

13 Vermeers weduwe bracht het schilderij naar haar moeder, die in 1677 naar het schijnt bezwaar maakte tegen de pogingen van de gevolmachtigde van haar dochter het te laten veilen. Zie Albert Blankert, *Vermeer of Delft*, Oxford, 1978, 163.

14 Over de kaart, zie James A. Welu, 'Vermeer: His cartographic sources', *Art Bulletin*, 57, 1975, 529-547.

15 Al in 1920 bestreed Geyl het autonomisme van het Belgische historicisme (vooral bij Pirenne) met het argument dat er aan het begin van de opstand tegen Spanje een gemeenschappelijke Nederlandse cultuur bestond, verenigd door de taal. Zie P. Geyl, *Holland and Belgium: Their Common History and Their Relations*, Leiden, 1920. Het was een standpunt waarvan hij in zijn hele loopbaan nooit is afgeweken en dat hij nog in 1964 herhaalde in *History of the Low Countries: Episodes and Problems*, Londen, 1964, 6. Over de geschiedenis van de Nederlandse taal, zie het klassieke werk van J. te Winkel, *Geschiedenis van de Nederlandse Taal*, Culemborg, 1901.

16 Het duidelijkst in *Spaanschen Brabander*. Zie ook het beroemde 'tot den leser', waarin Bredero over het Nederlandse vers zegt: 'Het Nederlantsche doffe kruydt/Gheeft voor ditmaal niet soeters uyt/ Als ghy en siet', *De Werken van G.A. Bredero*, Culemborg, 1974, 141.

17 Kamer 'In Liefde Bloeyende', [H.L. Spiegel,] *Twe-spraack van de Nederduytsche Letterkunst*, Leiden, 1584, 105.

18 Ibid., 105.

19 Vondel, *Werken*, 10 dln., Amsterdam, 1927-1937, v, 485.

20 D. Nauta, *Het Calvinisme in Nederland*, Franeker, 1949, 50-51.

21 G. Groenhuis geeft in zijn voortreffelijke studie van de calvinistische geestelijkheid, *De Predikanten*, Groningen, 1977, 37, een schatting van ongeveer twaalfhonderd dominees voor de hele Republiek rond het midden van de eeuw.

22 Over de beeldenstorm van 1566, zie J. Scheerder, *De Beeldenstorm*, Bussum, 1974; A.J.M. Beenakker, *Breda in de eerste storm van de opstand. Van ketterij tot beeldenstorm 1545-1569*, Tilburg, 1971; A.C. Duke en D.H.A. Kolff, 'The time of troubles in the county of Holland', in *Tijdschrift voor Geschiedenis*, 89, 1976, 394-442.

23 Deze opvatting komt althans naar voren in enkele recente geschriften over de Nederlandse Opstand, met name in A.Th. van Deursen, waarin nieuwe nadruk wordt gelegd op het, om zo te zeggen, kwalitatieve belang van de calvinistische verbondenheid in plaatselijke noodsituaties.

24 Zie O. de Jong, 'Unie en religie', in S. Groenveld en H.L.Ph. Leeuwenberg, red., *De Unie van Utrecht. Wording en werking van een verbond en een verbondsacte*, Den Haag, 1979, 155-81.

25 Groenhuis, *Predikanten*, 26 e.v.

26 'Paapsche stoutigheden' was een van de meest voorkomende klachten op de vergaderingen van de provinciale synoden. Zo was er op de Synode van Leiden in 1639 een klacht over de algemene verspreiding van paapse boeken en de stichting (in de heerlijkheid Culemborg) van een jezuïetenseminarie! In Rotterdam was er in 1641 een klacht over hun brutaliteit bij begrafenisrituelen, in Gorinchem in 1642 over de dringende behoefte aan zendingspreken tegen paapse afgoderij, enz. enz. Zie W.P.C. Knuttel, red., *Acta der Particuliere Synoden van Zuid Holland, 1621-1700*, II, 1634-45, 's-Gravenhage, 1909, 216-18, 331, 376-77 en passim.

27 Zie J.J. Poelhekke, *Frederik Hendrik, Prins van Oranje*, Zutphen, 1978, 166.

28 Ibid., 164.

29 J.G. van Dillen, 'De Politieke en Kerkelijke Twisten te Amsterdam in de Jaren 1620 tot 1630', in idem, *Mensen en achtergronden*, Groningen, 1964, 457-65.

30 Constantijn Huygens, *Gebruyck of Ongebruyck van 't Orgel in de Kercken der Vereenigde Nederlanden* (Eng. vert. *The Use and Non-use of the Organ in the Churches of the United Netherlands* van Ericka E. Smit-Vanrotte, Brooklyn, N.Y., 1964). Over het debat tussen Huygens en de militante calvinisten, zie H.A. Bruinsma, 'The Organ

Controversy in the Netherlands Reformation to 1640', *Journal of American Musicological Society*, 7, 1954, 205-12; A.J. Servaes van Royen, 'Huygens contra Calckman en vice-versa', *Tijdschrift voor Nederlandse Muziekgeschiedenis*, 9, 1914, 170-73.

31 Johan Janszoon Calckman, *Antidotum Tegengift van't gebruyck of ongebruyck van 't orgel*, 's-Gravenhage, 1641.

32 Calckman was niet ingenomen met het besluit van de synode. Het betekende natuurlijk dat de prachtige orgels in de grote kerken van Amsterdam, Haarlem, Gouda, Delft en Utrecht niet alleen een decoratieve functie hadden, maar ook op de door Huygens aanbevolen stichtelijke wijze werden gebruikt.

33 Groenveld, *Beeldvorming*, 64. Zie ook idem, 'Natie en nationaal gevoel in de zestiende-eeuwse Nederlanden', in *Scrinium et Scriptura. Opstellen betreffende de Nederlandse geschiedenis aangeboden aan J.L. van der Gouw*, Groningen, 1980, 372-387. Zie ook E.H. Kossmann, 'The Dutch Case: A National or Regional Culture?', in *Transactions of the Royal Historical Society*, 1979, 155-168.

34 In het Voorwoord bij *The Rise of the Dutch Republic*, 3 dln., Londen, 1889, schreef Motley: 'De handhaving van het recht, door de kleine provincies van Holland en Zeeland in de zestiende eeuw, door Holland en Engeland te zamen in de zeventiende eeuw en door de Verenigde Staten van Amerika in de achttiende eeuw vormt slechts één hoofdstuk in het grote boek van het menselijk lot, want de zogenaamde revoluties van Nederland, Engeland en Amerika zijn allemaal schakels in één keten.' Over de gelijkluidende mening van John Adams, uiteengezet in zijn 'Memorial' voor de Staten-Generaal, zie Schama, *Patriots*, 60.

35 De term is afkomstig uit de voortreffelijke inleiding bij E.H. Kossmann en A.F. Mellink, *Texts Concerning the Revolt of the Netherlands*, Cambridge, 1974, 40. Zie ook Charles Wilson, *Elizabeth I and the Revolt of the Netherlands*, Londen, 1970.

36 Van Deursen karakteriseert de Unie als de 'grondwet' van de Republiek en beklemtoont, in afwijking van andere interpretaties, het overkoepelende gezag ervan. Maar hij wijst er terecht op dat de twee hoofddoelen – de gezamenlijke verdediging tegen de buitenlandse vijand en de handhaving van plaatselijke privileges – vaak moeilijk te verzoenen waren, in ieder geval op de korte termijn.

Zie A.Th. van Deursen, 'Tussen eenheid en zelfstandigheid', in Groenveld en Leeuwenberg, *Unie*, 136-54.

37 Artikel v van de Unie van Utrecht, dat over de rijksmiddelen ging, noemde de soorten indirecte belastingen en heffingen die geschikt werden geacht – een lange lijst die varieerde van bier en zout tot vee en textiel –, maar die moesten, zo werd nadrukkelijk gesteld, met algemene instemming geheven worden. Zie Groenveld en Leeuwenberg, *Unie*, 32.

38 Over Honselaersdijk, zie D.P. Snoep, 'Honselaersdijk: restauraties op papier', in *Oud Holland*, 84, 1969, 270-294. Zie Beatrijs Brenninkmeyer-de Rooij, 'Aansien doet ghedencken. Historieschilderkunst in openbare gebouwen en verblijven van de stadhouders', in Albert Blanken e.a., *God en de goden. Verhalen uit de bijbelse en klassieke oudheid door Rembrandt en zijn tijdgenoten*, Amsterdam/Den Haag, 1981, 65-76.

39 Ibid.

40 Gerard van Loon, *Beschryving der Nederlandsche Historipenningen*, 4 dln., 's-Gravenhage, 1723-31.

41 Ibid., 1, 172-73.

42 Ibid., 1, 201.

43 Voor een gedetailleerde beschrijving van deze belangrijke prent, zie Egbert Haverkamp-Begemann, *Willem Buytewech*, Amsterdam, 1959, 170-171; Clifford S. Ackley, *Printmaking in the Age of Rembrandt*, Boston, 1980, 89-90.

44 Van Loon, *Beschryving*, 2, 55.

45 H. van de Waal, *Drie Eeuwen Vaderlandsche Geschied-Uitbeelding, 1500-1800*, 's-Gravenhage, 1952, dl. 1, 62.

46 Over de *Divisie-kroniek* en andere vroege historiekronieken, zie de onmisbare beschrijving van H. Kampinga, *De Opvattingen over Onze Oudere Vaderlandsche Geschiedenis*, 's-Gravenhage, 1917; Van de Waal, 1, 127-56.

47 Ibid., xvi.

48 [Wouter van Gouthoeven,] *d'Oude chronijke ende historien van Holland*, 's-Gravenhage, 1636 (Dordrecht, 1620).

49 G.D.J. Schotel, *Vaderlandsche Volksboeken en Volkssprookjes van de Vroegste Tijden tot het Einde der 18de Eeuw*, 2 dln., Haarlem, 1873-74, 2, 19-21 e.v.

50 Petrus Scriverius, *Beschrijvinghe van Oudt-Batavien met de Antiquiteyten van dien Mitsgaders d'Afcomst ende Historie der Edelen Hooggeboren graven van Hollant, Zeelant en Vrieslant*, Am-

51 Gouthoeven, *d'Oude chronijcke*, 3.
52 Van de Waal, *Geschied-Uitbeelding*, 1, 258-80; Brenninkmeyer-de Rooij, 66; zie ook de versie uit 1657 van Nicolaes van Galen, in *God en de goden*, cat. nr. 59, 220.
53 Scriverius, *Beschrijvinghe*, A4, voorwoord. Scriverius gebruikt het prachtige woord 'blaesbalcken' ter illustratie van de luchthartige dwaasheid van deze verhalen.
54 Kampinga, *Opvattingen*, 25 e.v.
55 Vaenius (Van Veen) begon in 1612 met het uitgeven van een serie van zesendertig etsen van Antonio Tempesta, met de bijbehorende passages uit het verhaal van Tacitus, en maakte de serie schilderijen een jaar later. Zie Van de Waal, *Geschied-Uitbeelding*, 1, 210-15; idem, 'The iconographic background to Rembrandts *Claudius Civilis*', in *Steps Towards Rembrandt*, Amsterdam/Londen, 1974; zie ook Barbara Buchbinder-Green, 'The Painted Decoration of the Town Hall of Amsterdam', Ph.D. diss., Northwestern University, 1974, 188. Ook ben ik Margaret Carroll, die werkt aan een monografie over de *Claudius Civilis* en de historische achtergrond ervan, erkentelijk voor veel verhelderend commentaar.

Bovenaan pagina: sterdam, 1636. Dit was de derde editie van een werk dat voor het eerst was verschenen in Arnhem, 1612, en weer een uitbreiding was van Scriverius' *Oudt-Batavien* uit Leiden, 1606. Zie Kampinga, *Opvattingen*, 29; Schöffer, *Batavian Myth*, 97.

56 Scriverius, *Beschrijvinghe*, A5.
57 Hugo Grotius, *Liber de antiquitate reipublicae Batavicae*, Leiden, 1610. In de Nederlandse vertaling, *Tractaet vande Oudtheyt vande Batavische nu Hollandsche Republique*, 's-Gravenhage, 1610, p. 13, legt De Groot de nadruk op 'gelijkheid van reght'in de oude 'Republijk der Batavieren' en stelt hij dat de 'Verghaderingh der Batavieren' karakteristiek was voor een 'vrye Republijk'.
58 Zie bijvoorbeeld Marcus Boxhorn, *Spiegeltjen, vertoonende 't lanck hayr ende hayrlocken, by de oude Hollanders ende Zeelanders gedragen*, Middelburg, 1644; Knuttel, *Acta der Synoden*, 5, 466-69; Borstius, *Predikatie tegen lang hayr*, Dordrecht, 1644; Florent Schuyl, *Raedt voor de Schier-siecke Hayr cloovers*, 's-Hertogenbosch, 1644.
59 Gouthoeven, *d'Oude chronijcke*, 5-6.
60 Het is vermeldenswaard dat verwijzingen naar 'oudts ghebruyckelyk' gebruikelijk werden in eigentijdse geschiedenissen, zodat de laagheid van het Spaanse bewind, dat die gebruiken met voeten trad, duidelijk werd. Zie bijvoorbeeld Joh. Gysius, *Oorsprong en Voortgang der Neder-landtscher Beroerten ende Ellendicheden*, 1616, 26.
61 De Groot, *Tractaet*, 24.
62 Ibid., 22-23.
63 Over de theorie van het verzet, zie Quentin Skinner, *The Foundations of Modern Political Thought*, 2 dln., Cambridge, 1978, 2, 189-348.
64 De Groot, *Tractaet*, 25.
65 Ibid.
66 Gysius, *Oorsprong*, 411.
67 [Wilhelmus Baudartius,] *Waarachtige Beschrijvinghe ende Levendighe Afbeeldinghe vande Meer dan onmenschelijke ende Barbarische Tyrannije Bedreven by de Spaengiaerden in de Nederlanden*, Amsterdam, 1621, 276. Zoals vele van de felste propagandisten van de Spaanse 'Zwarte Legende' was Baudartius een zuiderling, die voor Parma's opmars uit Gent was gevlucht.
68 [Jan Everhardt Cloppenburch,] *Le Miroir de la Tyrannie Espagnole*, Amsterdam, 1620, bevat bijzonder aanschouwelijke en gruwelijke beelden van de Bloedraad en de inquisitie, met, veelzeggend genoeg, bijschriften in het Nederlands die waren ontleend aan Nederlandstalige edities van hetzelfde werk.
69 Pieter Corneliszoon Hooft, *Neederlandsche Histoorien*, Amsterdam, editie van 1703, 473-74.
70 Ibid., 474.
71 Geciteerd in Schotel, *Vaderlandsche Volksboeken*, 1, 257.
72 Over de Reformatie, zie Robert Scribner, *For the Sake of Simple Folk*, Cambridge, 1981.
73 Hooft, *Neederlandsche Histoorien*, 390.
74 Gysius, *Oorsprong*, 309-10; Baudartius, *Waarachtighe Beschrijvinghe*, 136-37.
75 Gysius, *Oorsprong*, 309.
76 De vissersgemeenschappen en kustdorpen die in 1641-1642 zwaar te lijden hadden van kapers en Vlaamse 'armada'-aanvallen, zagen dat anders en wilden meer bescherming en vergeldingsaanvallen op de Vlaamse vissershavens. Zie Israel, *The Dutch Republic*, 325; ook idem, 'A Conflict of Empires: Spain and the Netherlands, 1614-48', *Past and Present*, 76, augustus 1977, 34-74.
77 Jacob Duym, *De Belegering der stad Leyden*, Leiden, 1600.
78 Zie de beschrijving van de analogie tussen Nederland en Israël in Groenhuis, *Predikanten*, 77-102.

Zie ook H. Smitskamp, *Calvinistisch nationaal besef in Nederland voor het midden der zeventiende eeuw*, 's-Gravenhage, 1947. Net als Groenhuis ben ik hoogst verbaasd over E.H. Kossmanns opvatting (in *In Praise of the Dutch Republic: Some seventeenth-century attitudes*, Londen, 1963, 12) dat 'voor de zeventiende-eeuwse calvinisten hun eigen land nooit het nieuwe Israël, een door God uitverkoren natie, heeft vertegenwoordigd'. Een overweldigende hoeveelheid bewijsmateriaal, voor een groot deel geciteerd door Groenhuis, weerspreekt deze stelling.

79 Het was vooral belangrijk in Engeland en Nieuw-Engeland. Zie Harold Fish, *Jerusalem and Albion: The Hebraic Theme in Seventeenth Century Literature*, New York, 1964.

80 Cromwell had pragmatische redenen voor het uitzonderlijke voorstel: voorkomen dat de prins van Oranje in de toekomst aanspraak zou maken op het stadhouderschap of de Engelse troon. Zie Rowen, *De Witt*, 49-50.

81 Zie Mark Kishlansky, *The Rise of the New Model Army*, Cambridge, 1979.

82 A. Valerius, *Neder-landtsche Gedenck-Clanck*, Haarlem, 1626; het gebed werd ook gepubliceerd als *Nederlands Dank-Offer over de Behoudenis haarer Vryheid bij een plegtige Dank-dag gehouden*, Cat. Muller, 1432. Over Valerius en de *Gedenck-Clanck* zie de artikelen van P.J. Meertens en N.B. Ten Haeff in hun facsimile-editie, Amsterdam/Antwerpen, 1947.

83 *Gedenck-Clanck*, Amsterdam, uitgave 1947, 275-277.

84 Everhard van Reyd, *Oorspronck ende Voortganck vande Nederlantsche Oorloghen*, Amsterdam, 1644, 122.

85 Jac. Lydius, *'t Verheerlijckt Nederland*, 1668, 1.

86 Zie Albert Blankert, *Kunst als Regeringszaak in Amsterdam in de 17e eeuw*, Amsterdam, 1975, 43-46; *God en de goden*, Cat. nr. 39.

87 'Jozef en de vrouw van Potifar' was de voorstelling op het frontispice en het hoofdthema van Jacob Cats' *Self-Stryt*; een belangrijk verhaal in *Joseph in Egypten* van Vondel; het onderwerp van een gedicht van Jan Vos; en dat van twee schilderijen en een verbluffende ets van Rembrandt. Schotel, *Vaderlandsche Volksboeken*, 2, 249, citeert een populair liefdesliedje met hetzelfde onderwerp. Jefta was een controversiëler onderwerp, zonder sympathie behandeld door Vondel in zijn *Hymnus of Lofzangh van de Christelycke Ridder* uit 1614.

88 Zie het catalogusartikel van Susan Donahue Kuretsky, *God en de goden*, 85, 282.

89 Van Loon, *Beschryving*, 1, 192.

90 Vondel, *Hierusalem Verwoest*, in *Werken*, II, 77-78.

91 Van Loon, 1, 241; zie ook Van de Waal, 1, 22; P.A.M. Geurts, *De Nederlandse Opstand in de pamfletten 1566-1584*, Utrecht, 1983, 289.

92 G.D.J. Schotel, *Het Oude Volkslied Wilhelmus van Nassouwen*, Leiden, 1880.

93 Schotel, *Vaderlandsche Volksboeken*, 2, 251.

94 Michael Walzer, *Exodus and Revolution*, New York, 1985.

95 Voor het *Nieuw liedeken*, zie D.F. Scheurleer, *Van Varen en Vechten*, 's-Gravenhage, 1914, 27. Voor het zilver, zie Fredericks, *Dutch Silver from the Renaissance to the End of the Eighteenth Century*, 's-Gravenhage, 1952-61, 4, 29.

96 Joost van den Vondel, *Pascha ofte Verlossinge Israels wt Egypten* (1612), in *Werken*, I, 261.

97 Zie Pieter J.J. van Thiel, 'Het late Hollandse maniërisme', in *God en de goden*, 79. Ik dank Julie McGee van Bryn Mawr College, die werkt aan een monografie over Cornelis van Haarlem, voor een nuttige discussie over zijn werk in het Prinsenhof.

98 Over Coornhert, zie Ilja M. Veldman, *Maarten van Heemskerck and Dutch Humanism in the Sixteenth Century*, Maarssen, 1977, 55-93 en passim.

99 Walter Strauss, red., *Hendrik Goltzius 1558-1617: The Complete Engravings and Woodcuts*, 2 dln., New York, 1977, 1, 222.

100 Ibid., 324 e.v.

101 Ibid., 282.

102 Ibid., 144-46.

103 Het was gebaseerd op Exodus 19:10-14, waarin de Kinderen Israëls, na Mozes' eerste afdaling van de berg Sinaï, worden geheiligd door het wassen van hun kleren. Zie Franklin Robinson, *Seventeenth Century Dutch Drawings from American Collections*, Washington, D.C., 1977, 5-6. Ik dank Ronni Baer voor de bevestiging van het onderwerp van deze tekening.

104 Geurts, *Pamfletten*, 289.

105 Vondel, *Pascha*, in *Werken*, I, 263.

106 Voor een behandeling van dit onderwerp, zie Simon Schama, 'A Different Jerusalem: The Jews in Rembrandt's Amsterdam', in *The Jews in the Age of Rembrandt*, Rochville, Md., 1981, 3-17.

107 Blankert, *Kunst als Regeringszaak*, 23. Zie ook Buchbinder-Green, 'Painted Decorations', 153-56.

108 W. Kuyper, *Dutch Classicist Architecture*, Delft, 1980, 70; Katharine Fremantle, *The Baroque Town Hall of Amsterdam*, Utrecht, 1959, hfdst. 1 en 2.

109 Zie J.J. Poelhekke, *Geen Blijder Maer in Tachtigh Jaer*, Zutphen, 1973.

110 Vondel, *Werken*, VII, 757. Blankert, *Kunst als Regeringszaak*, 35.

111 Jan Vos, *Alle de Gedichten*, Amsterdam, 1720, 1, 395.

112 Geurts, *Pamfletten*, 289; Knuttel, *Catalogus*, 320.

113 Jacob Lydius, *'t Verheerlijckt Nederland*, 1668, verwees naar de moed en standvastigheid van de oude Bataven (p. 27) en citeerde Cicero die stelde dat de staat meer werd geregeerd door de hulp van de goden dan de wijsheid van de mens, maar als predikant legde Lydius de grootste nadruk op het feit dat God zijn volk beproevingen had gezonden om te testen of het de uitverkiezing waardig was.

114 De Engelse Acte van Navigatie werd zozeer afgezwakt dat werd toegegeven aan de oude Nederlandse eis van vrije scheepvaart op volle zee. Zie Rowen, *De Witt*, 632-33.

115 Pieter de la Court, *Interest van Holland, ofte Gronden van Hollands-Welvaren*, Amsterdam, 1662.

HOOFDSTUK III
FEESTEN, VASTEN EN TIJDIGE BOETEDOENING

Engelse versie van het derde motto:

Here lies the landlord of The Lion
Who died in lively hopes of Zion
His son keeps on the business still
Resigned unto the Heavenly will

1 H. Grotius, *The United States of the Netherlands* (ch), *(De Rebus Belgicis/Nederlandtsche Jaerboeken en Historien*, Amsterdam, 1681, p.327), 532-33. Zie ook A. E. K., 'Een beeld van waarheid. Rond de stranding van een potvis', *Teylers Museum Magazijn* (Lente 1984), 1-4. Ik ben de heer Boyd Hill van het Kendall Whaling Museum zeer erkentelijk voor het feit dat hij me op dit artikel wees en voor veel nuttige gegevens over Hollandse walvisprenten.

2 Ibid.

3 E. van Meteren, *Belgische ofte Nederlantsche Historie, van onsen tijden*, Delft, 1605, 536. Pieter Bor, *Oorsprongk, begin en vervolgh der Nederlandsche Oorlogen, beroerten, en borgerlyke oneenigheden, beginnende met d'opdracht der selve Landen, gedaen by Keyser Karel den Vijfden*, 4 dln., Amsterdam, 1679-84, IV, 433.

4 Er is enig verschil van mening over wat er precies was gestrand en gemeten op de gravure van Goltzius van 1594. Walter Strauss, *Goltzius*, 2, 579, suggereert dat een 'tonijn was aangespoeld', en Linda A. Stone-Ferrier, *Dutch Prints of Daily Life*, Lawrence, Kan., 1983, 189-90, heeft het over een bruinvis. Maar het is geen van beide, want het dier is ongehoord groot en lijkt voor een bruinvis wel heel sterk op een griend, zodat de benaming in Frederik Muller, *Nederlandsche Historieplaten*, Amsterdam, 1863-70, dl. 1, nr. 1033, van 'gestrande walvis' zo moet blijven. Zie ook M.V. en Dorothy Brewington, *Kendall Whaling Museum Prints*, Sharon, Mass., 1969, nr. 529.

5 Voor de prent van Matham, zie ibid., nr. 531. Over het iconografische thema gestrande walvissen, zie W. Timm, 'Der gestrandete Wal, eine Motivkundliche Studie', in *Forschung und Berichten Staatliches Museum Berlin*, 1961, 76 e.v.

6 Zie de opmerkingen van E. Gombrich, *Art and Illusion*, Londen, 1960, 80-81. Andere versies van de gravure werden gemaakt door Gillis van der Gouwen en later door Bernard Picart voor de Hollandse uitgave van Jean Leclerc, *Geschiedenissen der Vereenigde Nederlanden*, 3 dln., Amsterdam, 1730, 1, 233-34.

7 Bor, *Historie* dl. IV, 433.

8 *Catalogue of all the Chiefest Rarities in the Publick Theater and Anatomy Hall*, Leiden, 1691, ongepagineerd. Mathams gravure van de walvis van 1598 werd eveneens tentoongesteld in het Leidse Anatomische Theater, en wel als een *memento mori*.

9 Bor, *Historie* dl. IV. 433.

10 Ibid., 'seer groot getier en misbaer'.

11 Frederik Muller, *Beredeneerde beschrijving van Nederlandsche Historieplaten, zinneprenten, en historische kaarten*, 4 dln., Amsterdam, 1863-82, 1, nr. 1253a, *Prosopopeia*.

12 Grotius, *Nederlandtsche Jaerboeken*, Amsterdam, 1681, 327.

13 *Walvisch van Berckhey*, Rijksmuseum voor Natuurlijke Historie, Leiden.

14 A.B. van Deinse, 'Over de potvisschen in Nederland gestrand tusschen de jaren 1531-1788', *Zoölogische Mededelingen*, Leiden, 1918, 4, 22-50; zie

ook E.J. Slijper, *Whales*, vert. Arno Pomerans, New York, 1961.
15 Pierre Belon, *De aquatilibus*, Parijs, 1553; Guillaume Rondelet, *Libri de piscibus marinis*, Lyon, 1554-55.
16 Het volledige opschrift luidt: 'Wanneer ons 't Vierde Licht van 't nieuwe jaer quam groeten/Is hier dees wallevisch lang drie en zestig voeten/ Bij Noordwijk op de See na Sandvoort weg gestrand/ God Wende 't Quaed van ons en 't Lieve Vaderland' (cursivering van mij).
17 *Letters From and To Sir Dudley Carleton Knight, during his Embassy in Holland from January 1615/6 to December 1620*, Londen, 1757, 89.
18 Kendall Museum, nr. 535; Egbert Haverkamp-Begemann, *Willem Buytewech*, Amsterdam, 1959, 29-30; Clifford S. Ackley, *Printmaking in the Age of Rembrandt*, Boston, 1981, 97.
19 Haverkamp-Begemann, *Buytewech*, 30; zie ook idem, *Willem Buytewech, 1591-1624*, Rotterdam/Parijs, 1975, nr. 124.
20 Zie Muller, *Historieplaten*, 1, 1160; Ackley, *Printmaking*, 44-46; Kendall Museum, nr. 533; Stone-Ferrier, *Dutch Prints*, 192-94.
21 Van de Waal, *Drie Eeuwen*, 1, 20 en 2, 8. Voor een uitgebreidere toelichting, zie Arthur Eijffinger, 'Zin en beeld bij twee historieprenten', in *Oud Holland*, 93, 1979, 251-69, waarin het beeld van de aarde op wielen in verband wordt gebracht met de verschijning van de zeilwagen van Stevin omstreeks dezelfde tijd. Theodorus Schrevelius' vers verwijst met zoveel woorden naar het bedreigde 'Bataafse Vaderland en volk' en vraagt de Almachtige om 'vergiffenis en vrede'.
22 Als boven, 31.
23 Gibson, *Bruegel*, 197.
24 Haverkamp-Begemann; zie ook J. Richard Judson, 'Maarten de Vos' Representations of "Jonah cast over the Side"'. *Miscellanea I.Q. van Regteren Altena*, Amsterdam, 1969, 1, 82-87.
25 Zie C. de Jong, *Geschiedenis van de oude Nederlandse Walvisvaart*, 1972.
26 'Stiers Wreedheydt', Atlas van Stolk, *Katalogus der Historie-, Spot- En Zinneprenten betrekkelijk De Geschiedenis van Nederland*, Amsterdam, 1887, dl. 2, nrs. 1938-40; zie ook Frederik Muller, *Historieplaten*, Suppl, nr. 1932a. J. Honig Jr., 'Stiers Wreedheid', in *De Navorscher*, 1869, 131-51.
27 *Aenmerckinge op de tegenwoordige staert-sterre*, Middelburg, 1618.
28 Schotel, *Vaderlandsche Volksboeken*, 124-25; over de hardnekkigheid van soortgelijke overtuigingen in Engeland, zie Keith Thomas, *Religion and the Decline of Magic*, Londen, 1971, 90-132.
29 KN 8937, *Afbeeldinge en Beschrijvinge van de drie aënmerckenswaerdige Wonderen in den Jare 1664 t'Amsterdam*, Amsterdam, 1664.
30 Schotel, *Vaderlandsche Volksboeken*, 1, 123.
31 Ibid., 120.
32 Zie bijvoorbeeld Atlas van Stolk, *Katalogus* 18 (82), 'Luchtverschijnsel te Scheveningen en overstroming', ets van Bernardus Mourik, *Staatkundig historie van Holland*, Amsterdam, 1756-82.
33 Van de Waal, *Drie Eeuwen*, 1, 19.
34 'Een Nieuw Lied van de Sterre met de Staart, die in Nederland is gezien in 't jaar 1661', in *Het Tweede Deel van 't Maas-sluysche Hoekertje*, 66-68.
35 Zie Arthur K. Wheelock in *Gods, Saints and Heroes (God en de goden)*, 178, over het problematische karakter van het schilderij van De Gelder.
36 Zie voor een herhaling van het thema ook een pamflet uit 1625 over de op handen zijnde instorting van het Spaanse rijk, *Mene Mene Tekel Upharsin*, Atlas van Stolk, nr. 1609. De voorstelling dook ook op in de de grafische kunst, met name in de gravures van Van de Venne bij *Doodskist* van Cats, en op zilveren plaquettes en kannen van Van den Hecken.
37 *Koddige en Ernstige opschriften op luyffels, wagens, glazen, uythangborden...*, 1682, 2, 58.
38 Herman Melville, *Moby Dick; or, The Whale*, Londen, 1972, 557.
39 L. Burema, *De Voeding in Nederland van de Middeleeuwen tot de Twintigste Eeuw*, Assen, 1953, 137-38.
40 Ray, *Observations*, 50.
41 'De mensen zijn allemaal gek op geld, zeer inhalig en bewust op gewin.' Ibid., 53.
42 Marshall, *Travels*, 342.
43 Zie J. de Hartog, red., *De Spectatoriale Geschriften van 1741-1800*, Utrecht, 1872.
44 Zie Konrad Renger, 'Fat and Thin Kitchens in Dutch Art', in Christopher Brown, red., *Images of the World: Dutch Genre Painting in its Historical Context*, binnenkort te verschijnen.
45 Ronald Paulson, *Hogarth: His Life, Art and Times*, New York, 1971, 103.
46 Over deze tweeslachtigheid zie Simon Schama, 'The Unruly Realm: Appetite and Restraint in Holland in the Golden Age', *Daedalus*, 108:3,

103-23.

47 J. van Beverwijck, *Schat der Gesontheyt*, Dordrecht, 1656, een standaardwerk dat nog sterk is gebaseerd op de traditionele galenische grondbeginselen van de lichaamssappen, en hoofdstukken bevat over liefde, afgunst, jaloezie als typische verstoorders van het evenwicht.

48 [Petrus Nijland,] *De Verstandige Kok of Sorghvuldige Huyshoudster*, Amsterdam, 1669. Aftreksels en sauzen op wijnbasis werden vooral ontraden, evenzeer om hun morele en vreemde aard als om intrinsieke culinaire redenen. De handleiding voor het huishouden *De Verstandige Huyshouder voorschryvende de Alderwijste wetten om profijtelijck, gemackelijk en vermakelijk te leven, so inde stadt als op 't landt*, Amsterdam, 1661, legde zelfs nog nadrukkelijker verband tussen het morele en materiële welzijn van het huisgezin.

49 Jan Luiken, *Het Leerzaam Huisraad*, Amsterdam, 1711, 3.

50 Heijman Jacobi, *Schat der Armen*, Amsterdam, 1603. 15.

51 Voor de 'banketjesstukken' zie N.R.A. Vroom, *De schilders van het monochrome banketje*, Amsterdam, 1945; *A Modest Message as Intimated by the Painters of the 'Monochrome Banketje'*, 2 dln., Schiedam, 1980. Het standaardwerk over stillevens is nog steeds het boek van Ingvar Bergstrom, *Dutch Still-Life Painting in the Seventeenth Century*, Londen, 1956.

52 Over Kalf en Van Beyeren en de weelde, zie E. de Jongh in *Still-Life in the Age of Rembrandt*, Auckland, 1982, 79-82, 92-94. Zie ook Lucius Grisebach, *Willem Kalf, 1619-1693*, Berlijn 1874.

53 Svetlana Alpers, *The Art of Describing*, Chicago, 1983, hfdst. 3.

54 Over Peeters en schilderijen van kaas, zie De Jongh, *Still-Life*, 65-69.

55 Jos. Lammers, 'Fasten und Genuss', in *Stilleben in Europa*, Münster/Baden Baden, 1979, 406-407.

56 Ibid., 411-12

57 De Jongh, *Still-Life*, 67. Voor een belangrijke kritiek op de uitwassen van symbolische interpretaties van stillevens, zie idem, 'The Interpretation of Still-Life Paintings: Possibilities and Limits'.

58 Cats, *Self-stryt*, in de folio-uitgave van 1655 van *Alle de Werken*, 28. Roemer Visscher gebruikte in zijn *Sinnepoppen*, Amsterdam, 1614, nr. 9, 131, eveneens het embleem van de boterkarn om een andere moraal te suggereren – '*In de rommeling ist vet*' – namelijk dat in de handel winst (*vet*) alleen behaald werd door inzet en de bereidheid de 'dingen te roeren'.

59 Johan de Brune, *Emblemata ofte Sinnewerck*, Amsterdam, 1624, 51-52. Onder de andere voorbeelden die De Brune geeft van mooie dingen waarachter verderf schuilgaat, zijn bordelen volgestouwd met mooie vrouwen (uit Marcus Aurelius) en oneerlijke handelspraktijken die fraude en bedrog verbergen onder een vernis van ondernemerschap.

60 Voor veel van deze emblematische verwijzingen, zie *Tot Lering en Vermaak*, Amsterdam, 1976; over druiven, zie E. de Jongh, 'Grape Symbolism in paintings of the 16th and 17th centuries', in *Simiolus*, 1974, 166-91.

61 Geciteerd in De Jongh, *Still-Life*, 68.

62 Geciteerd in *Stilleben in Europa*, 587, n. 11. Zie Jacob Westerbaen, *Gedichten*, 's Gravenhage, 1657, 538.

63 *Stilleben*; zie ook K. Jagow, *Kulturgeschichte des Herings*, 412-14.

64 J.H. Swildens, *Vaderlandsch AB Boek voor de Vaderlandsche Jeugd*, z.p., 1781.

65 Zie C. Salmasius, *Bericht von 1663 aus Paris: Uber den Zucker*, Manuskript-fragment aus dem Nachlass des Claudius Salmasius, Berlijn, Institut für Zuckerindustrie, 1977; voor het dagelijkse gebruik van suiker, zie ook P. Zumthor, *La Vie Quotidienne en Hollande au Temps de Rembrandt*, Parijs, 1959, 93.

66 Geciteerd in R.B. Evenhuis, *Ook dat was Amsterdam*, 4 dln., Amsterdam, 1967, 2, 136.

67 James Gorman, 'Sweet Toothlessness', *Discover*, oktober 1980, 50 e.v.

68 Vroom, *Schilders*, 126-88.

69 Over de Spaanse traditie, zie William B. Jordan, *Spanish Still-Life in the Golden Age 1600-1650*, Kimbell Art Museum, Fort Worth, 1985.

70 De beschrijving van dit diner staat in een fragment van een Engelse krant (niet geïdentificeerd), waarschijnlijk uit de jaren 1780-90 dat wordt bewaard in de Kress Library, Harvard Business School. Maar het verhaal deed een tijdje de ronde als een parabel van een patriottisch reveil. Met dank aan Ruth Rogers die mij hierop heeft geattendeerd.

71 Er waren belastingoproeren in verschillende delen van het land in 1711, 1714, 1728, 1731, 1733, 1747, 1748, 1750, 1759 en 1763. In Rotterdam vond in de zomer van 1740, na een extreem strenge winter, ook een echt voedseloproer plaats. Zie

72 Dekker, *Holland in beroering*, 28, en over 1748: 36. Zie ook P. Geyl, *Revolutiedagen te Amsterdam*, Den Haag, 1936.
72 Dekker, *Beroering*, 28.
73 Jan de Vries, 'Labor in the Dutch Golden Age' (artikel voor de American Historical Association), 1980, in gewijzigde vorm herdrukt onder de titel 'An Inquiry into the Behavior of Wages in the Dutch Republic and the Southern Netherlands, 1580-1800', in Maurice Aymard, red., *Dutch Capitalism and World Capitalism*, Cambridge/Parijs, 1982, 37-62.
74 Ibid., tabel 5.
75 Ibid., 13. Voor een veel globalere berekening van de looncijfers in de verschillende beroepen zie Van Deursen, *Kopergeld*, dl. 1, *Het Dagelijks Brood*, 13-17, die tot pessimistischer conclusies komt dan De Vries.
76 De Vries, *Labor*, 12. Voor de oproeren in de jaren 1690-1700, in het bijzonder 'het Aansprekersoproer' van 1696, zie Dekker, *Oproeren*, 37-117.
77 Van Deursen, 18-20.
78 Zie De Vries, *Rural Economy*; F. Snapper, *Oorlogsinvloeden op de overzeese handel van Holland 1551-1719*, Amsterdam, 1959; A.M. van der Woude, *Het Noorderkwartier*, 3 dln., Wageningen, 1972, 1, 203. Voor schommelingen in de graanprijzen, zie de tabellen in N.W. Posthumus, *Nederlandse Prijsgeschiedenis*, Leiden, 1964, 2, 440-820. Over de problemen van de graanhandel aan het einde van de zeventiende eeuw, zie J.G. van Dillen, 'Dreigende hongersnood in de Republiek in de laatste jaren der zeventiende eeuw', in *Mensen en Achtergronden*, Groningen, 1964, 193-226. Voor nauwkeurig statistisch onderzoek dat deze 'optimistische' voorstelling bevestigt, zie J.A. Faber, 'Death and Famine in Pre-Industrial Netherlands', *Low Countries Yearbook*, 13, 1980, 51-63.
79 A.M. van der Woude, 'Variations in the size and structure of the household in the United Provinces of the Netherlands in the seventeenth and eighteenth centuries', in Peter Laslett en Richard Wall, red., *Household and Family in Past Time*, Cambridge, 1974, 299-319.
80 Deze cijfers zijn gebaseerd op Van Deursen, *Kopergeld*, 15.
81 Denis Diderot, 'Voyage de Hollande', *Oeuvres Complètes*, Parijs, 1876, 17, 420-21.
82 Nugent, *Grand Tour*, 115.
83 Ibid., 131.

84 Zie voor deze prijzen, Burema, *Voeding*, 121. Zie ook de prijslijsten gebaseerd op archiefstukken van vergelijkbare liefdadigheidsinstellingen te Leiden, Utrecht en Amsterdam, in Posthumus, *Nederlandse Prijsgeschiedenis*, 2, 440 e.v.
85 Deze prijzen komen uit Michael Montias, *Artists and Artisans in Delft*, Princeton, N.J., 1982, 112.
86 De Vries, *Rural Economy*, 155-164.
87 'Hippolytus de Vrye' [H. Sweerts], *De Tien Vermakelijkheden des Houwelyks*, Amsterdam, 1678, 75.
88 G.D.J. Schotel, *Letterkundige bijdragen tot de geschiedenis van den tabak, koffij en thee*, 's Gravenhage, 1848, 187; zie ook S.C. Blankaart, *Gebruik en misbruik van de thee*, Amsterdam, 1686.
89 Cornelis Bontekoe, *Tractaat van het Excellente Kruyd Thee*, Amsterdam, 1678.
90 Schotel, *Tabak*, 190-91.
91 Ibid., 192.
92 Montesquieu, 'Voyage en Hollande', in A. de Montesquieu, red., *Oeuvres et Vie de Montesquieu*, Bordeaux, 1896, 2, 224.
93 J. Jonker, *De vrolijke bruidlofsgast, bestaande in boertige bruidlofsversjes...*, Amsterdam, z.j., 423.
94 Burema, *Voeding*. Johan van Beverwijck, *Schat der Gesontheyt*, Dordrecht, 1652, 146.
95 *De Verstandige Huyshouder voorschryvende de Alderwijste wetten om profijtelijck, gemackelijk en vermakelijk te leven, so inde stadt als op 't landt*, Amsterdam, 1661, 18-30.
96 Burema, *Voeding*, 108-110.
97 Ibid., 99.
98 Zie J.P. Bruyn, 'Men on Board 1700-1750', in *Acta Historiae Neerlandica*, 1975.
99 Ibid.; zie ook Burema, *Voeding*, 109.
100 Van der Woude, *Noorderkwartier*, 505-507.
101 Kornelis van Alkemade en P. van der Schelling, *Nederlands Displegtigheden*, dl. 2, Rotterdam, 1732, 17, n. 17.
102 Zie het nogal ongewone recept voor *olypodrigo* in *De Volmaakte Hollandse Keukenmeid*, Amsterdam, 1761, waarin drie zwezeriken en niet minder dan tien hanekammen verwerkt moesten worden! De *Verstandige Kok* geeft naast het basisrecept een 'Kostelijke' *olypodrigo* waarin kastanjes, asperges, artisjokken en mergpijpjes zijn verwerkt.
103 Burema, *Voeding*, 96.
104 Geciteerd in A.C.J. de Vrankrijker, *Het Maatschappelijk Leven in Nederland in de Gouden Eeuw*, Amsterdam, 1937, 75.
105 Van Alkemade, *Nederlands Displegtigheden*, 2,

10-15.
106 Aglionby, *Observations*, 227.
107 Frederiks, *Dutch Silver*, dl. IV, Den Haag, 1921-1961; zie ook de prachtige tentoonstellingscatalogus van A.L. den Blauwen, *Nederlands zilver*, 's Gravenhage, 1979.
108 Schotel, *Maatschappelijk Leven*; Zumthor, *Vie quotidienne*, 193.
109 Ibid.
110 Alois Riegl, *Das Holländische Gruppenporträt*, 2 dln., Wenen, 1931, 1, 224 e.v.; zie ook Seymour Slive, *Frans Hals*, 3 dln., Londen, 1970, 1, 39-49.
111 Van Alkemade, *Nederlands Displegtigheden*, 1:4, 125, 147; zie ook Van de Waal, *Drie Eeuwen*, over het belang van openluchtfeesten en drinkrituelen voor de geschiedschrijving van het Bataafs verleden. Drinkhoorns waren ook belangrijke ceremoniële schatten voor de schuttersgilden.
112 Zie E. Haverkamp-Begemann, *Rembrandt: The Nightwatch*, Princeton, N.J., 1982, 42.
113 Hoewel (of misschien omdat) de Synode van Dordrecht ze had aanbevolen, waren weeldewetten niet erg gebruikelijk in de Nederlanden. De belangrijkste werd in 1655 in Amsterdam aangenomen ter inperking van huwelijksfeesten, en in november 1672 werd opnieuw in Amsterdam een algemener keur tegen 'onnodige en overdadige banketten' uitgevaardigd. Beide werden uitgevaardigd in tijden van crisis: 1655, het jaar van de pest en van ernstige economische teruggang ten gevolge van de Engelse Oorlog; de tweede veroorzaakte natuurlijk een militaire noodsituatie. Zie Burema, *Voeding*, 104-105.
114 W. van der Poll, *Nederlandsche Volksfeesten*, Leiden, z.j.; zie ook Schotel, *Maatschappelijk Leven*.
115 Zie artikel 34, genoemd in Knuttel, *Acta*, 's Gravenhage, 1910, 3, 536.
116 Zie Evenhuis, *Ook dat was Amsterdam*, 2, 119.
117 Ibid., 116-119.
118 Aglionby, *Observations*, 226.
119 Voor een uitputtende opsomming van deze vieringen, zie Van Alkemade, *Nederlands Displegtigheden*, 1, 192-350. Het boek noemt het Huis van Warmond als een landgoed waar eens per jaar een 'jokmaal' werd gehouden, waarbij de heer en zijn vrouw het personeel bedienden.
120 [Sweerts,] *Tien Vermakelijkheden*, 112 e.v. In het verslag wordt uitdrukkelijk gesteld dat de *Verstandige Kok* al deze gerechten behandelt.
121 Zie het recept voor 'hypocras' in *De Volmaakte Hollandse Keukenmeid*.
122 Zie Le Francq van Berkhey, *Natuurlyke Historie*, 3, 1935.
123 H. Rowen, *John de Witt*, Princeton, 1978, 102.
124 Van Alkemade, *Nederlands Displegtigheden*, 1, 193.
125 Burema, *Voeding*, 104-105; Besluit van de Amsterdamse vroedschap, 11 november 1672.
126 Zie D.J. Roorda, *Het Rampjaar: 1672*, Bussum, 1971; Rowen, *De Witt*, Princeton, 1978.
127 Schama, 'Appetite and Restraint', 103-23.
128 Voor een uitstekende behandeling van de officieel georganiseerde campagne van de Vasten tegen traditionele carnavals, zie Peter Burke, *Popular Culture in Early Modern Europe*, Londen, 1978.
129 Geciteerd in R. Murris, *La Hollande et les Hollandais aux XVIIème et XVIIème siècles, vus par les Français*, Parijs, 1925, 256.
130 Ibid., 131.
131 Over kwispedoors, zie Georg Brongers, *Pijpen en tabak*, Bussum, 1964, 109 e.v.
132 Diderot, *Voyage*, 375.
133 Fynes Moryson, *An itinerary containing his ten yeeres travel*, 4 dln., Glasgow, 1907-1908, 4, 468-69.
134 Thomas Coryat, *Coryat's Crudities*, 1905, 2, 360. Peter Mundy, *Travels*, Londen, 1925, 78.
135 Brereton, *Travels*, 11-12.
136 Bargrave, *Relation of Sundry Voyages*, Bodleian Ms., Rawlinson Collection, 1652-53; 1655.
137 Geciteerd in Jan Morris, *Oxford*, Oxford, 1978, 120.
138 A.Th. van Deursen, *Het kopergeld van de Gouden Eeuw*, Assen/Amsterdam, 1978, dl. 2, *Volkskultuur*, 40. Jacques van Loenen, *De Haarlemse Brouwindustrie voor 1600*, Amsterdam, 1950, 59. Ik dank Richard Unger voor deze bron en voor veel nuttige informatie over de Hollandse brouwerijen.
139 Brereton, *Travels*, 10.
140 H. Zeeman, *Drank en Drinkwinkels in Nederland van de Vroegste Tijden tot op heden*, Amsterdam, 1866, 10. Voor de periode daarvoor, zie de uitstekende monografie van Bernardus H.D. Hermesdorf, *De Herberg in Nederland: een blik in de beschavingsgeschiedenis*, Assen, 1957.
141 Ibid., 5-7; zie ook Schotel, *Het Oud-Hollandsch Huisgezin*, 305-307.
142 Zie Simon Schama, *Patriots and Liberators*, 40.
143 Over de kritiek van de Kerk zie Schotel, *Maatschappelijk Leven*, 1, 47. het belangrijkste werk, met veel gegevens over alle aspecten van de tabak-

sproduktie en -consumptie en de discussie over het gebruik ervan, is H.K. Roessingh, *Inlandse tabak, expansie en contractie van een handelsgewas in de 17de en 18de eeuw*, Wageningen, 1976.
144 Ibid., 208.
145 Ibid., 413.
146 Ibid., 512.
147 Ibid., 200-201; voor de rol van de joden in de tabaksindustrie, zie H. I. Bloom, *The Economic Activity of the Jews of Amsterdam*, Williamsport, Pa., 1937, 60-64.
148 Brongers, *Pijpen en tabak*, 39 e.v.
149 Voor het meest evenwichtige en erudiete commentaar op de problemen van het interpreteren van 'rookrekwisieten' in stillevens, zie De Jongh, *Still-Life*, 101-105; *Tot Lering en Vermaak*, 54-57.
150 Cornelis Bontekoe, *Verhandeling wegens de deugden en kragten van de tabak*, Amsterdam, 1686; Blankaart, *Gebruik en misbruik*; zie ook Van Beverwijck, *Schat der Gesontheyt*, 136.
151 Roessingh, 91.
152 Petrus Scriverius, *Saturnalia ofte Poëtisch Vasten-Avondspel vervattende het gebruyk en misbruyk van den Taback*, vert. Samuel Ampzing, Haarlem 1630.
153 Visscher, *Sinnepoppen*, nr. 10. Voor het gedicht van Huygens, J.A. Worp, red.,'*De gedichten van Constantijn Huygens*, Groningen, 1895, 5, 298.
154 Cats, *Minne-en-Sinnebeelden*, in *Alle de Werken*, Amsterdam, 1700, 26.
155 *Acta der Particuliere Synoden*, 1, 405-406.
156 Roessingh, *Inlandse tabak*, 63.
157 Schotel, *Maatschappelijk Leven*.
158 Ibid., 48-49.
159 *Verstandige Huyshouder*.
160 Schotel, *Maatschappelijk Leven*.
161 Evenhuis, *Ook dat was Amsterdam*, 2,98.
162 L. Knappert, 'Het Huiselyk Leven', in H. Brugmans e.a., *Het Huiselyk en Maatschappelyk Leven onzer Voorouders*, Amsterdam, 1931, 1, 167.
163 Samuel Ampzing, *Beschryvinge ende Lof der Stad Haarlem in Holland*, Haarlem, 1628, 48.
164 Zeeman, *Drank en Drinkwinkels*, 10, 25.
165 Evenhuis, *Ook dat was Amsterdam*, 2, 97.
166 Ibid., 96.
167 Knuttel, *Acta der Particuliere Synoden*, 6 dln., 's Gravenhage, 1908, 1916, 1, 507-508, 2, 13
168 H.C. Porter, *Reformation and Reaction in Tudor Cambridge*, Cambridge, 1958, 272.
169 Zie H. van de Waal, *Steps Towards Rembrandt*, Londen/Amsterdam, 1974, 28-43.
170 'John de Witt', Fabel 85 'De Dronkerd ende zijn Wijf', in *Sinryke Fabulen*, 1658, 573-74.
171 Zie bijvoorbeeld de houtsneden in André Thevet, *Les singularitez de la France Antarctique autrement nommee Amerique*, Parijs, 1557.
172 Brongers, *Pijpen*, 35 e.v.
173 Jan Steens vader was brouwer en hijzelf dreef een kroeg ter aanvulling van zijn schildersinkomen.
174 Zie bijvoorbeeld de karakteristieke toespeling in het portret van Frans van Mieris. Otto Naumann, *Frans van Mieris the Elder 1635-1681*, Doornspijk, 1981, 2, 24, cat. nr. 21.
175 *Koddige en Ernstige opschriften*, Amsterdam, 1685, 134.
176 Slobbe, 30.
177 E. de Jongh e.a., *Tot Lering en Vermaak*, 246-49.
178 Zie Schama, *Daedalus*, 1979, 103-107.
179 'De Witt' [Pieter de la Court?], 'The Drunkard and His Wife', in *Fables*, nr. 45.
180 Gerard Knuttel, *Adriaen Brouwer: The Master and His Work*, 's Gravenhage, 1962, 26.
181 Roessingh, *Inlandse tabak*, 85.
182 Zie voor deze onderwerpen met name de tentoonstellingscatalogus *IJdelheid der ijdelheden. Hollandse vanitasvoorstellingen uit de zeventiende eeuw*, Leiden, Stedelijk Museum De Lakenhal, 1970.
183 Zie bijvoorbeeld de rokende pijp naast een schedel, een zandloper en een perkamenten rol met daarop *quis evadet* op een tekening van David Bailly, afgedrukt in De Jongh e.a., *Still-Life*, 191.
184 Zie E. Haverkamp-Begemann, *Willem Buytewech 1591-1624*, Parijs, 1975, 5-12.
185 Zie Ronald Paulson, *Hogarth's Graphic Works*, New Haven, Conn., 1970, 1, 152.
186 [D. Pers?,] *Bacchus Wonder-Wercken waar in het recht Gebruyck en misbruyck des Wijns door verscheyden vermaeckelijcke eerlijcke en leerlijck historien wort afgebeeld*, Amsterdam, 1628. Over apen als symbool van lust en dwaasheid, zie H.W. Janson, *Apes and Ape Lore in the Middle Ages and the Renaissance*, Londen, 1952.
187 Zie de biografische opmerking in de tentoonstellingscatalogus *Willem Buytewech 1591-1624*, 3.
188 *Bacchus*, 91.
189 [Jac. Lydius,] *Wee-klage over den inbreuk van den Alblasser-waard*, Dordrecht, 1658; zie ook 'strafpredikatie' van Jacobus van Oudenhoven en anderen in *Generale Beschryvinge van der Tegenwoordige ingebroken Alblasser-Waard in Zuyt-Hollandt*, 1658.

190 Geciteerd in Evenhuis, *Ook dat was Amsterdam*, 2, 39-40.

HOOFDSTUK IV
DE ONBESCHAAMDHEID VAN HET OVERLEVEN

1. Over Hollandse openbare triomfen en ceremoniëen, zie D. P. Snoep, *Praal en propaganda. Triumfalia in de Noordelijke Nederlanden in de 16de en 17de eeuw*, Alphen aan de Rijn, 1975. Er bestaat inmiddels een uitgebreide literatuur over burgerlijke en republikeinse rituele feesten, met name van Edward Muir, *Civic Ritual in Renaissance Venice*, Princeton, N.J., 1981, en voor de Franse Revolutie, Mona Ozouf, *La fête révolutionnaire 1789-99*, Parijs, 1976.
2. Rowen, *De Witt*, 582. De pracht van de kleding van De Witt en Constantijn Huygens ontlokte Cornelis Tromp overigens een bulderend gelach.
3. Over de Franse republikeinse personificatie zie Maurice Agulhon, *Marianne au combat: l'imagerie et la symbolisme républicaine 1789 à 1880*, Parijs, 1979.
4. Over de zestiende-eeuwse ceremoniën zie met name Sheila Williams en J. Jacquot, 'Ommegangs anversois du temps de Bruegel et de van Heemskerck', in J. Jacquot, red., *Les fêtes de la Renaissance*, Parijs, 1916, dl. 2.
5. Snoep, *Praal en propaganda. Triumfalia in de Noordelijke Nederlanden in de 16de en 17de eeuw*, Alphen aan de Rijn, 1975.
6. Aglionby, *Present State*, A4.
7. Zie voor deze bevolkingscijfers J. A. Faber e.a., 'Population changes and economic developments in the Netherlands', in *AAG Bijdragen*, 12, 1965, 47-113.
8. Geciteerd in Douglas Coombs, *The Conduct of the Dutch: British Opinion and the Dutch Alliance during the War of Spanish Succession*, Den Haag, 1958, 6.
9. Over de Europese crisis in het midden van de zeventiende eeuw zie Geoffrey Parker en Lesley M. Smith, red., *The General Crisis of the Seventeenth Century*, Londen/Boston, 1978; Trevor Aston, red., *Crisis in Europe 1560-1660*, New York, 1967. Er was in het midden van de eeuw natuurlijk een crisis in de republiek, en wel in de vorm van militaire veldtocht van Willem II tegen Amsterdam, maar ook al was de stadhouder niet vroegtijdig overleden, dan nog is het onwaarschijnlijk dat deze veldtocht op een burgeroorlog was uitgelopen.
10. Rowen, *De Witt*, 280-81.
11. Elizabeth Onians schrijft op het ogenblik een boek over dit onderwerp. Zie ook Beatrijs Brennink-meyer-de Rooij, 'To Behold Is to Be Aware: History Paintings in Public Buildings', in *Gods, Saints and Heroes*, 65-76.
12. Katharine Fremantle, *The Baroque Town Hall of Amsterdam*, Utrecht, 1959, 30-56.
13. Zie Barlaeus [Kaspar van Baerle], *Marie de Médicis, entrant dans Amsterdam: ou Histoire de la Réception faicte à la Reine Mère... par les Bourgmaistres et Bourgeoisie de la Ville d'Amsterdam*, Amsterdam, 1638; zie ook F. J. Dubiez, 'Marie de Médicis, het bezoek aan Amsterdam in Augustus 1638', in *Ons Amsterdam*, 1958, 266-77; Snoep, *Praal*; P. Henrard, *Marie de Médicis dans les Pays Bas*, Parijs, 1876.
14. Het midden van de zeventiende eeuw was een belangrijk breukvlak in de geschiedenis van de regeringsgebouwen. Oudere paleizen midden in de steden, zoals Whitehall, het Louvre en het Escorial, waren te kwetsbaar voor de stedelijke oproeren van die tijd. De reden van de verhuizing naar landelijker omgevingen als Versailles, Kew of het Buen Retiro was een combinatie van politieke wijsheid en de genoegens voor het koninklijk hof. Colbert, die een vroeg voorstander was van Versailles, ging het uiteindelijk betreuren dat het Louvre niet meer de centrale zetel van hof en regering was.
15. Zie bijvoorbeeld de uitstekende bespreking van de reeks strijd- en overgavetaferelen in de Zaal van de Wereldrijken in het Buen Retiro in Jonathan Brown en J.H. Elliott, *A Palace for a King*, New Haven, Conn., 1982.
16. Zie Rowen, *De Witt*, 413-16. De Witts verhandeling werd uitgegeven als *Elementa Curvarum Linearum*, Amsterdam, 1659.
17. Geciteerd in Charles Wilson, *Profit and Power*, Londen, 1957, 107.
18. Ibid., 20; zie G. Edmundson, *Anglo-Dutch Rivalry during the First Half of the Seventeenth Century*, Oxford, 1911.
19. Wilson, *Profit*, 12.
20. Hugo Grotius, *The Freedom of the Seas or the Right Which Belongs to the Dutch to Take Part in the East Indies Trade*, vert. en red., R. van Dernan Magoffin, New York, 1916, 30, 36.
21. De Witt aan Van Beverningk, 24 juni, 1661; zie

ook Wilson, *Profit*, 105.

22 Zie J.E. Farnell, 'The Navigation Act of 1651, the first Dutch War and the London Merchant Community', in *Economic History Review*, 1964, 439-54.

23 Een karakteristieke passage uit Worsleys propaganda luidde dat 'onze buren (nadat ze hun Vrijheid veilig hadden gesteld en een tijd lang aangemoedigd waren door Voorspoed) op dezelfde manier enkele jaren lang voor zichzelf de basis hadden willen leggen voor de monopolisering van de Universele Handel, niet alleen in de christelijke wereld, maar in het grootste deel van de bekende wereld'. [Benjamin Worsley,] *The Advocate; Or A Narrative of the State and Condition of Things between the English and Dutch Nations, in relation to Trade...*, Londen, 1651.

24 Over deze veranderingen in het ontwerp zie Unger, *Dutch Shipbuilding Before 1800*, Assen/Amsterdam, 1978; zie ook Johan E. Elias, *De vlootbouw in Nederland in de eerste helft der 17de eeuw, 1596-1665*, Amsterdam, 1933, 88 e.v.

25 Samuel Pepys, *Diary*, onder redactie van Robert Latham en William Matthews, Londen, 1974, dl. 8, 1667, aantekening van 19 juli.

26 N. Japikse, red., *Brieven van Johan de Witt*, Amsterdam, 1912, deel III, 306 (Aan Cornelis de Witt, 27 juni 1667).

27 Pepys, *Diary*, aantekening van 23 augustus 1667.

28 'Klinkdicht van de Heer Jacob Westerbaen; Holland aen Engelandt', in D.F. Scheurleer, *Van Varen en Vechten: Verzen van tijdgenooten op onze zeehelden en zeeslagen, lof en schimpdichten, mehozen, liederen*, 3 dln., 's Gravenhage, 1914, 2, 85-86.

29 Ibid., 62.

30 Jan de Mol, *Engels-Kuiper*, Middelburg, 1662; Knuttel, *Catalogus*, 7330.

31 Zie Charles E. Hill, *The Danish Sound Dues and the Command of the Baltic*, Durham, N.C., 1926, 154-55; N.F. Noordam, *De Republiek en de Noordse Oorlog 1655-1660*, Assen, 1940, 88 e.v.

32 Owen Felltham, *A Brief Character of the Low Countries*, Londen, 1627.

33 *The Interest of England in the Present War with Holland*, 1672, 13-14.

34 Jan Vos, 'Vergrooting van Amsterdam', in *Alle de gedichten*, 2, 124; ook afzonderlijk uitgegeven, Knuttel, *Catalogus*, 8666, 'De schatten vinden rust in de schaduw van de vrede'.

35 Pieter de la Court, *The True Interest and Political Maxims of the Republick of Holland and West-Friesland*, Londen, 1702, vert. van de Amsterdamse editie van 1662, 206. Hij voegde er nog kritischer aan toe dat als Holland uit vrees voor oorlog een oorlog zal beginnen, het uit vrees voor de rook in het vuur moet springen.

36 Scheurleer, *Van Varen en Vechten*, 2, 193. Voor de levendigste uitdrukking van dit soort gekwetste gevoelens, zie de propagandagedichten van Jacob Westerbaen, zoals 'Hollands Vloeck aen het Parlementsche Engeland', in *Gedichten*, 's Gravenhage, 1672, 1, 328 e.v.

37 Voor de graftombe van De Keyser, zie R.F.P. de Beaufort, *Het Mausoleum der Oranjes te Delft*, Delft, 1931.

38 B. Lossky, 'La Bénédiction de la Paix, chef d'oeuvre rétrouvé de Hendrick Martensz. Sorgh', in *La Revue des Arts*, 1956, heeft betoogd dat de knielende figuur Maximiliaan van Beieren is, die in 1641 een einde zag komen aan de Dertigjarige Oorlog, maar het bewijs hiervoor is zeer zwak. Zie ook de catalogus *Hollandse Schilderijen uit Franse musea*, Rijksmuseum, Amsterdam, 1971, 70.

39 Zie Jane Susannah Fishman, *Boerenverdriet: Violence between Peasants and Soldiers in Early Modern Netherlands Art*, Ann Arbor, Mich., 1983.

40 Zie Peter Sutton e.a., *Masterpieces of Dutch Genre*, Philadelphia, 1983, 189-90.

41 Voor een bespreking van de weergave van soldaten in de Hollandse kunst, zie de bijdrage van J.W. Smit aan Christopher Brown e.a., *Images of the World*, Londen, 1986.

42 De commandant van de Haagse schutterij die aanvankelijk bang was dat zijn mannen de agressieve menigte niet in bedwang zouden kunnen houden, riep de hulp in van drie cavaleriecompagnieën van het staande leger die voor de gevangenis werden opgesteld waarin de gebroeders De Witt zaten. De cavalerieofficier die het commando had, De Tilly, werd vervolgens naar de bruggen aan de rand van Den Haag gestuurd om de stad te verdedigen tegen een niet-bestaande opstand van boeren, maar hij weigerde zijn mannen te verplaatsen zonder schriftelijk bevel. Toen hij dit kreeg nam hij zijn mannen mee en kon de schutterscompagnie het Blauwe Vaendel de massa ophitsen om de gebroeders De Witt te vermoorden. Zie Rowen, *de Witt*, 878-79.

43 Pepys, *Diary*, 309, aantekening van 30 juni 1676.

44 Zie de uitstekende beschrijving van de bestorming van de Medway in P.G. Rogers, *The Dutch in the*

Medway, Londen/New York, 1970.
45 Zie bijvoorbeeld de prachtige prenten in Pieter Casteleyns maandblad de *Hollantsche Mercurius*, dat vanaf 1651 werd uitgegeven in Haarlem. Casteleyn zelf was schilder en graveur en zag het belang in van gegraveerde illustraties bij nieuwe verslagen.
46 [Lambertus van den Bosch,] *Leeven en Daden der Doorluchtighste Zee-Helden*, 1683; zie ook de vele gedichten verzameld door D.F. Scheurleer, *Van Varen en Vechten*, dl. 2.
47 [Van den Bosch,] *Leeven en Daden*.
48 Willem Usselincx, *Grondich Discours over desen aenstaenden Vrede-handel*, 1608.
49 Geciteerd in Geoffrey Parker, 'War and Economic Change: The Economic Costs of the Dutch Revolt', in J.M. Winter, red., *War and Economic Development. Essays in Memory of David Joslin*, Cambridge, 1975, 60.
50 Zie Israel, *The Dutch Republic and the Hispanic World*, 93-95, 149-52, 285-93; zie ook idem, 'A Conflict of Empires: Spain and the Netherlands, 1618-48', in *Past and Present 76*, augustus 1977, 37-74.
51 Ibid., 46-47.
52 Ibid.; zie ook Geoffrey Parker, 'Why did the Dutch Revolt Last Eighty Years?', in *Transactions of the Royal Historical Society*, 1976, 53-72.
53 Zie W.J. Hoboken, 'The Dutch West India Company: The Political Background of Its Rise and Decline', in J.S. Bromley en E.H. Kossmann, red., *Britain and the Netherlands*, Den Haag, 1960, 1, 41-61; Parker, 'Economic Costs', 64.
54 Ibid., 58-59.
55 Immanuel Wallerstein, *The Modern World System*, dl. 2, New York, 1980, 35-71.
56 *The Advocate*, 3.
57 De la Court, *Interest*, 207.
58 Ibid., 243.
59 Geciteerd in Wilson, *Profit*, 12.
60 Geciteerd in Violet Barbour, 'Anglo-Dutch Shipping...', in *Economic History Review*, 1929, 290.
61 *The Dutch Storm, or It's an Ill Wind*, British Museum, Luttrell Collection, dl. 8, folio 87.
62 F.R. Harris, *The Life of Edward Montagu, Earl of Sandwich*, Londen 1912, 2:4.
63 Pepys, *Diary*, aantekening van 24 september 1665.
64 Ibid., aantekening van 16 november 1665. Voor een verslag van de manier waarop sommige bemanningsleden 'tekeergingen en dingen vernielden om bij de kostbare goederen te komen, met als gevolg veel verliezen en schande'. Zie *Diary*, aantekening van 12 oktober 1665; ook Pepys, *Shorthand Letters*, 62-64,
65 Felltham, *Brief Character*, 2; [Charles Molloy,] *De Jure Maritimo et Navali*, 1676, 4.
66 G.D.J. Schotel, *Het Oud-Hollandsch Huisgezin der Zeventiende Eeuw*, Leiden, z.j., 56.
67 Zie voor deze schrijvers de uitstekende bespreking in Joyce Oldham Appleby, *Economic Thought and Ideology in Seventeenth-Century England*, Princeton, N.J., 1978, hfdst. 4. Keymers geschriften dateerden van het begin van de eeuw, maar werden pas in de jaren 1660-1670 gepubliceerd.
68 Zie met name Josiah Child, *A Treatise Concerning the East India Trade*, Londen, 1681, 3, waarin Child openhartig begint te verklaren: 'Ik ben van mening dat de Hollanders, nationaal gesproken, het verstandigste volk zijn dat nu bestaat wegens het opzetten en bedrijven van hun handel in het algemeen belang van hun land.'
69 Appleby, 77. Zie Roger Coke, *A Discourse of Trade*, Londen, 1670, 49-51.
70 Coombs, *Conduct of the Dutch*, 92.
71 Robert Ferguson, *Account of the Obligations the States of Holland Have to Great Britain*, Londen, 1711; Coombs, *Conduct*, 289.
72 *The Dutch Deputies, A Satyr*; zie ook Coombs, *Conduct*, 308. *The Bottomless Pit: Lawsuit of John Bull and Nicholas Frog against Lewis Baboon*: 'Nick Frog was een doortrapte, sluwe bastaard, in veel opzichten het volmaakte tegendeel van John [Bull]: gierig, spaarzaam... zou zijn maag te kort doen om zijn beurs te sparen.'
73 Zie bijvoorbeeld *The Dutch Displayed*, een van de vele traktaten over het 'bloedbad' van Ambon. 'Het is berucht in de hele wereld dat Engeland de onafhankelijkheid van de Staten van Holland heeft mogelijk gemaakt... [En als dank]... schonden ze onze kusten en ondersteunden hun vissers met geweld...'; [Henry Stubbes,] *A Justification of the Present War against the United Netherlands... the Obligations of the Dutch to England and their Continual Ingratitude*, Londen, 1672, 78: 'Hoe bewaren ze hun vrijheid anders dan door geweld? Zijn dat de principes van de vredelievende Hollanders? Leidt dit er niet toe dat de hele wereld in bloed wordt gedrenkt?'
74 Zie Alice Carter, *Neutrality or Committment; The Evolution of Dutch Foreign Policy, 1667-1795*, Londen, 1975.
75 Grotius, *De Iure Belli ac Pacis*, onder redactie van

Fr. Barbeyrac, Amsterdam, 1733, Boek 2, hfdst. 22: 'De Causis Iniustis' en 23: 'De Causis Dubiis'
76 Cornelis de Witt werd beschuldigd op grond van de valse getuigenis dat hij een barbier-chirurgijn een onbelangrijke straf zou kwijtschelden als deze de prins van Oranje zou vermoorden. Zie Rowen, *De Witt*, 861 e.v.
77 *Observations concerning the present Affayres of Holland and the United Provinces*, 1622, 1.
78 *The English and Dutch Affairs Displayed to the Life*, Londen 1664, 19.
79 Andrew Marvell, 'Holland that scarce deserves the name of land/As but th'off-scouring of the British sand... /This indigested vomit of the sea/Fell to the Dutch by just propriety.' Uit 'The Character of Holland', in *Poetical Works*, Boston, 1857, 171-77.
80 Geciteerd in B.H.M. Vlekke, *The Evolution of the Dutch Nation*, New York, 1945, 1.
81 *The Dutch Deputies*.
82 Pierre le Jolle, *Description de la Ville d'Amsterdam, en vers burlesque. Selon la visite de six jours d'une semaine*, Amsterdam, 1666, 317.
83 *The Dutch-mens Pedigree*, 1653.
84 *Catalogue of Prints and Drawings in the British Museum: Political and Personal Satires*, 1320-1689, nr. 1028.
85 Tijdens de Vierde Engelse Oorlog van 1780-84, en zelfs tot in de jaren negentig, bleven spotprentenmakers en karikaturisten als James Gillray de Hollanders als kikkers weergeven, een beproefde methode van xenofobische spot. Zie bijvoorbeeld M.D. George, *Catalogue of Political and Personal Satires Reserved in the Department of Prints and Drawings in the British Museum*, dl. 7, nr. 7181, 9414, 9421 etc.
86 *Observations*, 3.
87 Felltham, *Brief Character*, 2-3. Fellthams onweerstaanbaar beledigende traktaat werd in 1652 onder zijn eigen naam uitgegeven, maar was al eerder verschenen in een piratenuitgave in 1648. Het werd herdrukt in 1659, 1676 en 1699 onder zijn eigen naam en in de achttiende eeuw vele malen onder andere titels als *A Voyage to Holland or the Dutchman Described*, Dublin, 1746, of *A Trip to Holland*, Londen, 1786.
88 Ibid., 2.
89 Wilson, *Profit*, 126.
90 [Stubbes,] *Justification*, 5.
91 Felltham, *Brief Character*, 17.
92 Ik heb de term overgenomen uit de ongepubliceerde verhandeling 'The Vestimentiary Hierarchy in Early Modern England', 1978, van Keith Thomas. Felltham, *Brief Character*, 30.
93 Ibid., 48.
94 Marvell, 'Who best could know to pump an earth so leak,/Him they their Lord and Country's Father speak,/To make a bank was a great plot of state;/Invent a shov'l and be a magistrate.' In 'Character'.
95 H.T. Colenbrander, *Bescheiden uit de Vreemde Archieven omtrent de groote Nederlandsche Zeeoorlogen, 1652-76*, 2 dln., 's Gravenhage, 1919, 1, 217-19.
96 Coombs, *Conduct*, 324.
97 *Observations*, 4.
98 Marvell, 'Hence Amsterdam, Turk-Christian-Pagan-Jew,/Staple of sects and mint of schism grew;/That bank of conscience, where not one so strange/Opinion but finds credit, and exchange.' In 'Character'.
99 Felltham, *Brief Character*, 45.
100 Coombs, *Conduct*.
101 Ibid.
102 *The Dutch Won't Let Us Have Dunkirk*, 1712. Het vervolgde in dezelfde hatelijke trant: 'Iedere Hollander in dit antimonarchale gemenebest heeft meer gif in zijn hart en tussen zijn tanden jegens majesteit en monarchie dan een slang onder zijn tanden.'
103 Beresford, *Downing*, 183.
104 Ibid., 89-90.
105 [Stubbes,] *Justification*, 76.
106 Ibid., 53.
107 Zie Charles Wilson, *Elizabeth I and the Revolt of the Netherlands*, Londen, 1970.
108 *An Exhortation to the Love of our Country*.
109 *The Interest of England in the Present War*, 25.
110 'Précis historique des campagnes de Louis XIV', in *Oeuvres*, red. P. Mesnard, Parijs, 1887, 5, 244.
111 Zie bijvoorbeeld Pierre Goubert, *Louis XIV and Twenty Million Frenchmen*, New York, 1970, 127.
112 Zie het overtuigende betoog van Paul Sonnino, 'Colbert and the Dutch War of 1672', in *European Studies Review*, jan. 1983, 1-11.
113 [Stubbes,] *Justification*, 39.
114 [Henry Stubbes,] *A Further Justification of the War with the United Provinces*, Londen, 1673, 3 e.v.
115 John de Witt [Pieter de la Court,] *The True Interest and Political Maxims of the Republic of Holland and West-Friesland*, Londen, 1702.

116 Van Loon, *Beschryving*, III, 1732, 17.
117 [Stubbes,] *A Further Justification*, 10.
118 *Les Moyens de la France pour Ruiner le Commerce des Hollandais avec ses intérêts à l'égard des étrangers*, Brussel, 1671, 33.
119 Zie Pieter Geyl, *Oranje en Stuart*, Utrecht, 1939, passim.
120 Zie D.J. Roorda, *Het Rampjaar 1672*, Busssum, 1971.
121 Zie bijvoorbeeld de Orangistische propaganda in Knuttel, *Pamfletten* nr. 10199, *Spiegel van State en Recht van Burghers*, 1672; zie ook *Toets-Steen voor de Herten der Bataven tot onderscheydt van de Goede en de Quade*, 1673.
122 Knuttel, *Pamfletten* nr. 10237, *Beklagh over den Bedroefden Toestant in de Nederlantse Provintien*, Amsterdam, 1672.
123 Zie bijvoorbeeld in deze profetische trant, Knuttel, *Pamfletten* nr. 9932, *Eenige Prophetien en Revelatien Godt's Aengaende de Christen Werelt in dese Eeuw*, 1672.
124 Over de 'droom' van Van Beuningen, zie P.J.W. van Malssen, *Louis XIV d'Après les Pamphlètes Répandus en Hollande*, diss., Amsterdam, 1936, 77.
125 [Tobias van Domselaer,] *Het Ontroerde Nederlandt*, Amsterdam, 1674; [A. de Wicquefort,] *De Fransche Tyrannie...*, Amsterdam, 1674; *Advis Fidelle aux Véritables Hollandois*, Den Haag, 1673; *Journael of dagelijksch verhael van de handel der Franschen*, Amsterdam, 1674; Lambertus van den Bosch, *Tooneel des Oorlogs, Opgerecht in de Vereenigde Nederlanden*, 4 dln., Amsterdam, 1675; Romeyn de Hooghe, *Schouwburg van Nederlandse Veranderinge*, Amsterdam, 1674.
126 [De Wicquefort,] *De Fransche Tyrannie*, 86.
127 Knuttel, *Pamfletten* nr. 13375; Van Malssen, *Louis XIV*, 53; De Hooghe, *Schouwburg*, 24.
128 Over de gegraveerde illustraties van De Hooghe zie John Landwehr, *Romeyn de Hooghe as Book Illustrator, a Bibliography*, Amsterdam, 1970; Harry T. Wilson, 'The Art of Romeyn de Hooghe', Ph.D. diss. Harvard University, 1974.
129 De beroemde toespraak van Shaftesbury werd gehouden in het Hogerhuis bij de stemming over een bedrag van een kwart miljoen pond voor de oorlog.
130 Bruyn, 'Men on Board', in *Acta Historiae Neerlandica*, dl. 7, 1974, 93-94.
131 Zie D.P. Snoep, 'Classicism en History Painting in the Late Seventeenth Century, in *Gods, Saints and Heroes*, 237-39. (Zie ook Nederlandse vertaling 'Classicisme en historieschilderkunst in de late 17de eeuw', in *God en de goden*, Amsterdam/Den Haag, 1981, 237-252.
132 Zie Gérard de Lairesse, *Groot Schilderboeck*, Amsterdam, 1707.
133 Over de culturele en politieke vertakkingen van de oorlog om de Liga van Kamerijk, zie Felix Gilbert, 'Venice in the Crisis of the League of Cambrai', in J.R. Hale, red., *Renaissance Venice*, Londen, 1973, 274-92.
134 Joseph Addison, *Present State of the War and the Necessity of an Augmentation*, Londen, 1707; zie ook Coombs, *Conduct*, 185.
135 Coombs, *Conduct*, 307.
136 Ibid., 364-65.
137 'De Witt', *Fables Moral and Political*, nr. 3.
138 Ibid., 12-13.

HOOFDSTUK V
OVERVLOED EN ONBEHAGEN

1 De belangrijkste lofzang op de landhuizenmode, in verzen en beelden, was de *Zegepralende Vecht*, 1719, van Lukas Rotgans. Maar de hele zeventiende eeuw door schreven de trotse eigenaars van dergelijke huizen lofdichten op het landleven in het algemeen en hun landgoed in het bijzonder, of gaven anderen de opdracht daartoe. Joan Huydecoper, koopman, rentenier, patriciër, diplomaat en opdrachtgever van Rembrandt liet Jan Vos zo'n lofdicht maken op Goudestein. De mode van deze lofdichten is, zoals die van villa's zelf en de bucolische waarden die ze moesten vertegenwoordigen, ongetwijfeld sterk beïnvloed door de Italiaanse villa's van het cinquecento. Ook was het geen zuiver laat-zeventiende-eeuwse gril. Huydecoper had in 1627 het boek *Palazzi Antichi e Moderni* gekocht, hoewel Philip Vingboons pas rond 1639 aan Goudestein begon te bouwen. Jacob Cats en Constantijn Huygens genoten in de eerste helft van de eeuw beiden van hun liefde voor het buitenleven en schreven ellenlange lyrische verzen waarin ze de weldadige natuur bezongen. Zelfs Jacob Westerbaen werd 'Heer van Brandwijk' en zong de lof van zijn eigen huis, Ockenburgh. Zie ook zijn *Lands-Levens Lof* in *Alle de gedichten*, 's-Gravenhage, 1672, 2, 491.
2 Jean de Parival, *Les Délices de la Hollande*, Leiden, 1662, 81, beschreef Leiderdorp als het dorp

waar de magistraten en patriciërs van Leiden een wijkplaats hadden gevonden en waar dientengevolge *'plus de palais que de cabannes rustiques'* waren.
3   Over de bouwstijlen en enkele belangrijke voorbeelden, zie Kuyper, *Dutch Classicist Architecture*, Delft, 1980, 153-64; zie ook H.W.M. van der Wijck, 'Country Houses in the Northern Netherlands', *Apollo*, november 1972.
4   Kuyper, *Classicism*, 160-161; Zie Cats, *Ouderdom, Buyten-Leven, en Hof-gedachten, op Sorghvliet*, Amsterdam, 1656.
5   Kuyper, 129-30; zie ook Lukas Rotgans, 'Gezang op Goudestein', *Poezy van Verscheide Mengelstoffen*, Amsterdam, 1735, 253-64.
6   Aglionby, *Present State*, 266.
7   Ibid., 267.
8   Marshall, *Travels through Holland*, 347.
9   Josiah Child, *Brief Observations Concerning Trade*, Londen, 1668, 4. Zie ook William Letwin, *Sir Josiah Child, Merchant Economist*, Cambridge, Mass., 1959.
10 Felltham, *Brief Account*, 62.
11 Temple merkte op dat 'er de laatste jaren onder de kooplieden van de stad een ongekend grote zucht naar weelde en verkwisting is ontstaan dan ooit gekend is; wat werd opgemerkt en veroordeeld...'. Sir William Temple, *Observations Upon the United Provinces of the Netherlands*, onder redactie van Sir George Clark, [herdruk], Oxford, 1972, 124.
12 Thomas Coryate, *Coryate's Crudities, hashly gobled up in five months travells in France, Savoy, Italy, Rhetia commonly called the Grisons country, Helvetia alias Switzerland, some parts of High Germany and the Netherlands*, Londen, 1611, 639.
13 Zo betoogde Barbon in 1690 dat de natie 'nooit welvarender is dan wanneer rijkdommen van hand tot hand gaan'. Over deze schrijvers, zie Appleby, *Economic Thought and Ideology in 17th Century England*, Princeton, N.J., 1978, 169 e.v.
14 Bernard de Mandeville, *The Fable of the Bees; or, Private Vices, Publick Benefits*, onder redactie van D. Garman, Londen, 1934, 144.
15 Ibid., 148-49.
16 Dit is natuurlijk het klassieke argument van Max Weber in *Protestant Ethic and the Spirit of Capitalism*. Er is geprobeerd de 'stelling van Weber' te onderbouwen met Nederlands bewijsmateriaal, maar dat is in mijn ogen niet erg overtuigend. Zie E. Beins, 'Die Wirtschaftsethik der Calvinischen Kirche der Niederlande 1565-1650', *Nederlands Archief voor Kerkgeschiedenis*, 1951, 24; en J.H. van Stuijvenberg, 'The Weber Thesis: An Attempt at Interpretation', *Acta Historiae Neerlandica*, 1975, 55-66; Nils M. Hansen, 'Early Flemish Capitalism: The Medieval City, the Protestant Ethic and the Emergence of Economic Rationality', *Social Research*, 1967, 226-48; Jelle C. Riemersma, *Religious Factors in Early Dutch Capitalism 1550-1650*, Den Haag, 1967. Riemersma onderzoekt een deel van de religieuze literatuur en komt tot de volgende verrassende conclusie: 'de algemene indruk die de uitspraken van de Nederlandse dominees geven, is dat zij zich niet erg druk maakten over economisch wangedrag,' een conclusie die beslist in tegenspraak is met veel preken en traktaten.
17 De bekendste was G.J. Saeghman, *Groot Comptoir Almanach*, Amsterdam, vanaf de jaren vijftig. De almanak was zo beroemd dat hij voorkomt op stillevenschilderijen, met name op de verbluffende *Vanitas* van Gerard Dou, nu in de Gemäldegalerie te Dresden. Over almanakken uit kleine steden, zie Schotel, *Vaderlandsche Volksboeken*, 1, 31 e.v. Over aankomst- en vertrektijden van schuiten, zie Jan de Vries, *Dutch Rural Economy*, 205-209, en idem, 'Barges and Capitalism: Passenger Transportation in the Dutch Economy, 1631-1839', in *AAG Bijdragen*, 21, Wageningen, 1978, 33-361.
18 Samuel Ampzing, *Beschryvinge ende Lof der Stad Haarlem in Holland*, Haarlem, 1628. Dit was een combinatie van verzen, proza, prachtige gravures en kaarten, in alle opzichten de eerste grote Nederlandse *laudatio* die deze naam waardig was, maar met een typisch Nederlandse dosis bijbelse vroomheid om de humanistische panegyriek te temperen. Het was Ampzing die Ovidius aanpaste aan een volledig calvinistische stijl en met de volgende zinsnede kwam: het Vaderland der vromen. De belangrijkste lofprijzing-annex-gids van de eerste generatie was [Olfert Dapper en] Tobias van Domselaer, *Beschryving der stat Amsterdam van haar eerste beginselen oudtheydt vergrootingen en gebouwen... tot op den jare 1665*, Amsterdam, 1665. Voor andere lofschriften-annex-gidsen zie in de Bibliografie.
19 De penning, met dichtregels van Jan Vos, was geslagen ter gelegenheid van de bouw van de nieuwe Amsterdamse beurs in 1611; zie Van Loon, *Beschryving*, 1, 81.

20 Casparus Barlaeus, *Marie de Médicis, entrant dans Amsterdam: ou Histoire de la Réception faicte à la Reyne Mère du Roy très-Chrétien... par les Bourgmaistres et Bourgeoisie de la Ville d'Amsterdam*, Amsterdam, 1638, Voorwoord.

21 Melchior Fokkens, *Beschrijvinge der Wijdt-Vermaarde Koop-Stadt Amstelredam...*, 3de druk, Amsterdam, 1664, 333.

22 'Doorluchtige Stichteren van 's Werelds Achtste Wonder/Van soo veel steens om hoogh, op soo veel Houts van onder/Van soo veel kostelicks soo konstelick gewrocht.' Constantijn Huygens, *Koren-bloemen*, Amsterdam, 1672, II, 282.

23 Fokkens, *Beschrijvinge*, 351.

24 Zie [Jeroen Sweerts,] *Koddige en Ernstige Opschriften op luyffels, wagens, glazen, uythangborden*, Amsterdam, 1682-89. Dit was een jaarlijks gepubliceerde bloemlezing van opschriften, sommige schuin, vele komisch, sommige ernstig, die voorkwamen op allerlei objecten, waaronder uithangborden. Voor de geschiedenis van uithangborden in de Nederlanden, zie J. van Lennep en J. ter Gouw, *Het boek der Opschriften*, Amsterdam, 1869.

25 Fokkens, *Beschrijvinge*, 396.

26 Ibid., 395.

27 Over de kunstnijverheid in Delft, zie de uitvoerig gedocumenteerde beschrijving in Michael Montias, *Artists and Artisans in Delft: A Socio-economic Study*, Princeton, 1982, vooral hfdst. 9; zie ook Peter Thornton, *Seventeenth-Century Interior Decoration in England, France and Holland*, New Haven, Conn./Londen, 1978.

29 Karel van Mander, *Schilder-boeck*, Amsterdam, 1618, fol. 95v. (de eerste editie is van 1604).

30 Bodleian Library Oxford, Douce Prints Portfolio, 136, nr. 95.

31 G.A. Fokker, *Geschiedenis der Loterijen in Nederland*, Amsterdam, 1862, 76.

32 Ibid., 89-92.

33 Ibid., 30. Fokker merkt op dat de officiële prijzencatalogus van de Middelburgse loterij drieëntachtig pagina's telde!

34 Montias, *Artists and Artisans*, 192.

35 Gemeentelijke Archiefdienst, Amsterdam, Desolate Boedelkamer (hierna GAA/DBK), juli, 1726. De blauwe damasten kamerjas was kennelijk van het meest luxueuze soort en hij was getaxeerd op 95 gulden, een exorbitant hoog bedrag voor een kledingstuk.

36 Sheila Williams en J. Jacquot, 'Ommegangs anversois...' in *Les fêtes de la Renaissance*, Parijs, 1969, dl. 2, 359-88.

37 Over de uitbreiding van Amsterdam en andere Nederlandse steden in de zeventiende eeuw en de manier waarop 'planning' een eufemisme voor chaotische commerciële ontwikkeling werd, zie de uitstekende beschrijving van E. Taverne, *In 't land van belofte: in de nieue stadt. Ideaal en werkelijkheid van de stadsuitleg in de Republiek, 1580-1680*, Maarssen, 1978; voor een gedetailleerde beschrijving van afzonderlijke huizen, zie R. Meischke en H.J. Zantkuyl, *Het Nederlandse Woonhuis van 1300-1800*, Haarlem, 1969.

38 Gustav Leonhardt, *Het Huis Bartolotti en zijn bewoners*, Amsterdam, 1979.

39 Ibid., 91-99; Meischke en Zantkuyl, *Woonhuis*, 407-11.

40 Ibid., Dit is een buitengewoon lage prijs en ik ken geen enkele andere inventaris waarin een *schilderij* van minder dan een gulden voorkomt, al waren vele iets hoger geprijsd. Waren er onder de schilderijen in de Bartolotti-inventaris misschien prenten, die inderdaad het 'kopergeld' van de kunstmarkt vormden?

41 Voor een inleidende beschrijving van Nederlandse boedelinventarissen, zie Johannes Faber, Thera Wijsenbeek en Anton Schuurman, red., 'Probate Inventories', *AAG Bijdragen*, 23, Wageningen, 1980, 149-89.

42 Zie De Vries, 'Wages'.

43 GAA/DBK 2 maart, 1717.

44 GAA/DBK 1717. De genoemde prijzen zijn prijzen die op veilingen zijn opgebracht.

45 Zo bracht in 1720 een partij van tien stoelen uit de boedel van Barent Meynders van Lee drie gulden en tien stuiver op, terwijl één enkel stuk, omschreven als 'Japon en rok', vermoedelijk wel van eerste kwaliteit, voor acht gulden werd geveild. GAA/DBK 17 september 1720. Twaalf stoelen, toebehorend aan Jan van Zoelen en Neeltje Zuykenaar, brachten in 1717 samen minder dan tien gulden op, en drie tafels samen net negen gulden. Over de ontwikkeling van het Nederlandse huisraad, zie K. Sluyterman, *Huisraad en Binnenhuis in Nederland in Vroeger Eeuwen*, 's-Gravenhage, 1918.

46 Over bedden, zie Thornton, 149-73.

47 Over linnenkasten zie G.T. van Ysselstein, *Van Linnen en Linnenkasten*, Amsterdam, 1946. Eén linnenkast in de inventaris van Hendrick ter Hoeven in 1717 bracht 16 gulden op.

48 Zie 23-24; Montias, *Artists and Artisans*, 312.
49 E.S. de Beer, red., *The Diary of John Evelyn*, 2 dln., Oxford, 1955, 2, 239. *The Travels of Peter Mundy*, Londen, 1925, 4, 70-71; Jean de Parival, *Délices*, 25; Aglionby, *Present State*, 224-25.
50 MSS veilingcatalogi, Bibliotheek Vereeniging ter Bevordering van de Belangen des Boekhandels, Amsterdam.
51 GAA/DBK 386, 8 februari 1681, inventaris van François van der Noordt.
52 Montias, *Artists and Artisans*, toont op grond van overvloedig bewijsmateriaal uit archieven aan dat er binnen de kunstenaarsgemeenschap grote verschillen in status en inkomen waren, van hoog betaalde en in hoog aanzien staande portretschilders als Michiel Miereveld tot arme sloebers als Evert van Aelst, die op kamers woonde bij een kleermaker en bankroet was toen hij stierf. De prijzen die Montias noemt (p. 213-14) van de Delftse handelaar Abraham de Cooge in 1680, variërend van een Tintoretto voor 250 gulden tot een *Doortocht door de Dode [sic, moet zijn Rode?] Zee* van Schoonhoven voor 30 gulden, maar niet minder dan 20 gulden voor een landschap van Cuyp, zijn totaal niet representatief voor de prijzen die in dezelfde periode in de Amsterdamse faillissementsveilingen voorkomen, waar de schilderijen veel minder duur zijn en veel meer genres vertegenwoordigen.
53 GAA/DBK 386, 27 maart 1682.
54 In de inventaris van Remmert Klundert (GAA/DBK, juli 1726) brachten zes mannenhemden fl. 8,15 op, zeven vrouwenhemden fl. 7,10 en één zwarte damasten japon fl. 19,15.
55 B.E. de Muinck, *Een Regentenhuishouding omstreeks 1700*, 's-Gravenhage, 1955, 342. De beschrijving en de gegevens zijn ontleend aan De Muincks voortreffelijke monografie.
56 Ibid., 180, 198.
57 Dit was de boodschap van het *Beklagh over den Bedroefden Toestant in de Nederlandse Provintien*, KN 10237, en van vele gelijksoortige strafpredikaties uit het Rampjaar 1672.
58 Voor de discussie over 'relatieve en absolute achteruitgang' zie Joh. de Vries, *De economische achteruitgang der Republiek in de achttiende eeuw*, Amsterdam, 1958.
59 Zie Carter, *Neutrality or Commitment*; Schama, *Patriots*, 26-45.
60 De Muinck, *Regentenhuishouding*, 312 e.v.
61 Montias, *Artists*, 263.
62 GAA, Familiearchief Backer, nr. 75, Huwelijkse voorwaarden, en inventaris van huwelijksgoed van Cornelis Backer en Catharina Raye, 1660.
63 P.W. Klein, *De Trippen in de 17de eeuw. Een studie over het ondernemersgedrag op de Hollandse stapelmarkt*, Assen, 1965, 176-80.
64 Tobias van Domselaer, *Beschryving der stat Amsterdam*, 442, spreekt van 16727 doden voor 1655 en 24148 doden voor 1664, tegenover 'normaliter' een gemiddelde van circa 4500 doden halverwege de jaren twintig. Het jaar 1664 was een van de ergste pestjaren in de stad, maar zelfs het hoge sterftecijfer van dat jaar steekt relatief gunstig af bij de Londense cijfers voor de zomer van 1665. In Amsterdam waren in 1664 in de ergste week (de 36ste) 1041 begrafenissen, tegenover 6000 tot 7000 begrafenissen in Londen, een stad die twee keer zo groot was.
65 John Calvin, *Commentaries and Letters*, vert. en red. J. Haroutanion en L. Pettibone Smith, Philadelphia, 1958, 350.
66 Aglionby, *Present State*, 291.
67 Dit was natuurlijk het thema van Erasmus' *Enchiridion*, dat werd overgenomen door een aantal Nederlandse humanisten, met name Dirk Volckertszoon Coornhert in *Zedekunst Dat is Wellevenskunst*. Over het thema van de 'dagelijkse beproevingen' in het leven van bekende humanisten, zie de goede biografie van Alistair Fox, *Thomas More: History and Providence*, New Haven, Conn., 1983.
68 Williams en Jacquot, 'Ommegangs anversois', art. cit. 359-88.
69 Over Heemskercks gravures voor de cyclus, zie Ilja Veldman, *Maarten van Heemskerck and Dutch Humanism in the Sixteenth Century*, Maarssen, 1977, 133-41.
70 Ibid., vooral hfdst. 4, 'Dirk Volckertsz. Coornhert and Heemskerck's Allegories', 55-93.
71 Zie P. van der Meulen, red., *Het Roerspel en de Comedies van Coornhert*, Leiden, 1955, 81 e.v. Geld komt in het stuk ook voor als het instrument van schandelijke en kwalijke praktijken.
72 Veldman, *Maarten van Heemskerck*, 93.
73 G. Udemans, *Geestelijk Roer van 't Coopmans Schip*, Dordrecht, 1640. De opdracht; aan de bewindhebbers van de Oost- en Westindische Compagnie, noemt de 'gevoelige conscientien...' in de wereld van de handel (p. 4).
74 Ibid., 5.
75 Ibid., fol. 19.
76 Ibid., fol. 15.

77 Simonides, *Vier Boecken van Godt's Oordeel*, Rotterdam, 1655.
78 Jacobus Lydius, 'Een gelt-hont', in *Vrolycke Uren ofte der Wijse Vermaeck*, Dordrecht, 1650; *Weeklagh*.
79 Zie Evenhuis, *Ook dat was Amsterdam*, dl. 2, 12, 15-17.
80 Ibid., 36-37.
81 *Gedachten op Geldt*.
82 Over dit onderwerp, zie Simon Schama, 'The Sexual Economy of Genre Painting', in Christopher Brown, red., *Images of the World: Dutch Genre Painting in its Historical Context*, Londen, nog te verschijnen.
83 J. Krul, *Wereldt-hatende Noodtsaeckelijck*, Amsterdam, 1627, 91. Een andere typerende versregel luidde: 'Wilt u tot matigheydt, niet d'overvloet begheven, want vluchtigh vliedt de tijdt van 't sterffelijcke leven'.
84 Evenhuis, *Ook dat was Amsterdam*, dl. 2, 80.
85 Jacobus Hondius, *Swart Register van Duysent Sonden*, Hoorn, 1675, Amsterdam, 1724.
86 Evenhuis, dl. 2, 84 e.v.
87 Over de disciplinaire maatregelen van de Kerk tegen Le Maire, zie J.G. van Dillen, 'Isaac le Maire et le Commerce de la Compagnie des Indes orientales', in *Revue d'Histoire moderne*, 16, 1935, 7-8. Zie ook 'Isaac le Maire en de handel in actiën der Oost-Indische Compagnie', *Economisch Historisch Jaarboek*, XVI, 1930, 1-165.
88 Udemans, *Geestelijk Roer*.
89 Evenhuis, dl. 2, 117-18.
90 Ibid., 2, 156.
91 Johannes Calvijn, *Consilia, De Usuri*, in G. Baum e.a., red., *Opera*, 1863-1906, dl. x.
92 Johannes Cloppenburgh, *De Foenore et Usuris brevis institutio*, Leiden, 1640.
93 Voor de kerkelijke opvatting over rentetarieven, zie ook Evenhuis, dl. 2, 156.
94 Over Le Maires 'combine' tegen de Oostindische Compagnie in 1609, zie Van Dillen, 'Isaac le Maire et le Commerce de la Compagnie des Indes orientales', in *Revue d'Histoire moderne*, 17, 1935, 121-137.
95 Evenhuis, dl. 2, 158, 316-21.
96 Over de Westindische Compagnie, zie W.J. Hoboken, 'The Dutch West India Company: the Political Background of Its Rise and Fall', in J.S. Bromley en E.H. Kossmann, red., *Britain and the Netherlands*, dl. 1, Londen, 1960
97 Evenhuis, dl. 2, 157.
98 P.W. Klein, 'The Trip Family in the 17th Century', in *Acta Historiae Neerlandica*, 208.
99 Idem, *De Trippen in de 17de eeuw. Een studie over het ondernemersgedrag op de Hollandse stapelmarkt*, Assen, 1965, 429.
100 Zie Katharine Fremantle, *The Baroque Town Hall of Amsterdam*, Utrecht, 1959, 73.
101 Voor een bruikbare gids voor de faillissementsprocessen in Amsterdam, zie de inleiding bij het archief van de Desolate Boedel Kamer, Gemeentearchief, Amsterdam.
102 Zie J.G. van Dillen, 'Oprichting en functie der Amsterdamse wisselbank in de zeventiende eeuw', in *Mensen en Achtergronden*, 336-84.
103 Onslow Burrish, *Batavia Illustrata; or, A View of the Policy and Commerce of the United Provinces*, Londen, 1728, 288.
104 Ibid., 292.
105 Dit is zeker de opvatting van Udemans, *Geestelijk Roer...* fol. 166, die vooral geïnteresseerd is in het zendingswerk, en de zendingsscholen op Ambon beschrijft als voorbeeld van de geslaagde zendingspolitiek in Indië.
106 *Courante uyt Italien en Duytschland*, 27-28 juni 1634. (Dezelfde courant, van 23 juli 1633, maakt melding van een tijger en een olifant in de lading uit Oost-Indië.)
107 Joseph de la Vega, *Confusion de Confusiones*, 1688, in *Portions Descriptive of the Amsterdam Stock Exchange*, onder redactie van H. Kellenbenz, Boston, 1957.
108 Ibid., 21.
109 Ibid., 11.
110 Verreweg de beste verhandelingen over de tulpomanie zijn: E.H. Krelage, *Bloemenspeculatie in Nederland*, Amsterdam, 1942; N.W. Posthumus, 'The Tulip Mania in Holland in the Years 1636 and 1637', in *Journal of Economic and Business History*, 1:4, augustus 1929, 434-66.
111 Krelage, *Bloemenspeculatie*, 17 e.v.
112 Ibid., 31.
113 Roemer Visscher, *Sinnepoppen*, onder redactie van L. Brummel, 's Gravenhage, 1949; Amsterdam 1614, nr. vc, 5; Johan de Brune, *Emblemata*, Middelburg, 1624.
114 Krelage, *Bloemenspeculatie*, 42.
115 Ibid., 51.
116 'Samen-spraeck tusschen Waermondt ende Gaergoedt nopende de opkomste ende ondergangh van Flora', 1637, in *Economisch Historisch Jaarboek* XII, Haarlem, 1926, 79.

117 Krelage, *Bloemenspeculatie*, 67.
118 Ibid., 66.
119 Ibid., 65.
120 [Pieter Jansz. van Campen,] *Geschokerde Blom-Cap...*, Hoorn, 1637; zie ook Krelage, *Bloemenspeculatie*, 65.
121 Posthumus, 'Tulip Mania', 451 (passage uit de eerste 'Samen-spraeck tusschen Waermondt ende Gaergoedt nopende de opkomste ende ondergangh van Flora', in *Economisch Historisch Jaarboek* XII, Haarlem, 1926, 23; dezelfde dialoog geeft een gedetailleerd verslag van de manier van verkopen van de tulpenondernemingen).
122 Ibid.
123 Posthumus, 'Tulip Mania', 459; 'Samen-spraeck tusschen Waermondt ende Gaergoedt...', *Economisch Historisch Jaarboek* XII, Haarlem, 1926, 88-89.
124 Ibid. 29.
125 Zie A. Eijffinger, 'Twee Historie-prenten...'
126 [Crispijn van de Passe jr.?,] *Floraas Mallewagen, behoorende bij de prent De Mallewagen alias het Valete der Bloemisten*, 1637.
127 Krelage, *Bloemenspeculatie*, 142-96; *Flora's Bloem-Warande in Holland...*, 3 dln., Amsterdam, 1734-36.
128 Zie A.H. Cole, *The Great Mirror of Folly (Het Groote Tafereel der Dwaasheid): An Economic-Bibliographical Study*, Boston, 1949.

HOOFDSTUK VI
HUISVROUWEN EN HOEREN:
HUISELIJKHEID EN WERELDSHEID

1 Behalve 'schoon' werd ook 'rein' gebruikt, vooral als men doelde op zuiverheid. Zindelijk heeft als afgeleide van net of opgeruimd ook de betekenis van schoon. Jacob Campo Weyerman, de geestige achttiende-eeuwse scepticus en vrijdenker, schreef een satire op de huishoudelijke obsessie, *Hollands Zindelijkheid*, Amsterdam, 1717.
2 *The Present State of Holland; or, A Description of the United Provinces*, London, 1765, 211.
3 *The Dutch Drawn to Life*, 1665.
4 Felltham, *Brief Character*, 27.
5 *De Ervarene en Verstandige Huyshouder*, 2de druk, 1743, 30 ev.
6 Antoine de la Barre de la Beaumarchais, *Le Hollandois, ou Lettres sur la Hollande ancienne et moderne*, Frankfurt, 1738, 158

7 [Aglionby,] *Present State*; Parival, *Délices*, 29; de la Barre de la Beaumarchais, *Le Hollandois*, 274.
8 *The Works of Sir William Temple Bart*, 4 dln., New York, 1815; New York, 1968, 2, 472-73.
9 De Blainville, *Travels Through Holland...*, 43.
10 Bargrave, *Sundry Relation*, 13.
11 Parival, *Délices*, 29; [Alexandre-Jean-Joseph de la Poupelinière,] *Journal du voyage en Hollande*, Parijs 1730, 88; de la Barre de la Beaumarchais, *Le Hollandois*, 274, sprak van *'l'attachement presque superstitieux'* ('de bijna bijgelovige gehechtheid') van Nederlandse vrouwen aan schone kamers en huizen.
12 Samuel Paterson, *An Entertaining Journey to the Netherlands*, London, 1782, 150.
13 Joost van Damhouder, *Practycke in Crimineele Saecken*, Rotterdam, 1618, 334.
14 Pepys, *Diary*, aantekening van 28 maart 1667.
15 Geciteerd in Schotel, *Het Oud-Hollandsch Huisgezin*, 3.
16 Jan Luiken, *Het Leerzaam Huisraad*, Amsterdam, 1711, 78.
17 Mary Douglas, *Purity and Danger: An Analysis of the Concepts of Pollution and Taboo*, Londen, 1966, 7-57.
18 Ibid., 'The abominations of Leviticus', 41 e.v.
19 Ibid., 35.
20 Johan de Brune, *Emblemata*, 11.
21 Luiken, *Huisraad*, 78-79.
22 'Publius Felicius' [Joh. Strander?], *De Beurs der Vrouwen op Tien Pilaaren*, 4de druk, 1690, 273-77.
23 Luiken, *Huisraad*, 79.
24 Zie hoofdstuk III, p. 166 e.v.
25 Jacob Cats, *Proteus ofte Minnebeelden*, Amsterdam, 1628, i-ii.
26 Ibid., 'Huiselijke Zaken', 171.
27 Ibid., xxviii.
28 Cats, *Self-Stryt dat is Krachtige Beweeginge van Vlees en Geest*, 28-29.
29 Johan van Beverwijck, *Van de Wtnementheyt des Vrouwelicken Geslachts*, 2de druk, Dordrecht, 1643, 206-12.
30 Ibid.; zie ook idem, *Schat der Gesontheyt*, 192-93.
31 *De Ervarene en Verstandige Huyshouder*, xv.
32 Over de organisatie van de buurt, zie de contemporaine beschrijving van Aglionby in *Present State*, 226 e.v.; zie ook Donald Haks, *Huwelijk en Gezin in Holland in de 17de en 18de eeuw*, Assen, 1982, 60-69.
33 Zie A.M. van der Woude, 'De omvang en samen-

stelling van de huishouding in Nederland in het verleden', in P.A.M. Geurts en F.A. Messing, red., *Economische ontwikkeling en sociale emancipatie, 18 opstellen over economische en sociale geschiedenis*, 2 dln., Den Haag, 1977, 1:200-239; zie ook Donald Haks, *Huwelijk en Gezin*, 143-50.

34 A.M. van der Woude, 'Variations in the Size and Structure of Households in the United Provinces of the Netherlands in the Seventeenth and Eighteenth Centuries', in P. Laslett, red., *Household and Family in Past Time*, Cambridge, 1972, 315.

35 Luiken, *Huisraad*, 75.

36 C.R. Boxer, *The Dutch Seaborne Empire 1600-1800*, Londen/New York, 1965, 70-73.

37 Van Beverwijck, *Wtnementheyt*, 206; Cats, *Christelyke Huyswijf*, 366; Visscher, *Sinnepoppen*, 98.

38 Zie Tirtsah Levie en H. Zantkuyl, *Wonen in Amsterdam*, Amsterdam, 1984.

39 Swildens, *Vaderlandsch AB Boek*, Embleem '2'.

40 Zie Schama, 'Unruly Realm'; Peter Sutton, 'The Life and Art of Jan Steen', in *Jan Steen: Comedy and Admonition*, Bulletin of Philadelphia Museum of Art, dl. 78, nr. 337-38, 3-7.

41 De Brune, *Emblemata*, 231.

42 Visscher, *Sinnepoppen*, 9. Hier zij tevens vermeld dat Visscher het embleem van de kam gebruikte als symbool voor de zuivering van de Republiek!

43 Cats, *Alle de Werken*, Amsterdam/Utrecht, 1700, 1, 284, 'Vrouwen Voordicht toegeeygent alle ware Huys-moeders'. *Houwelijck* werd apart gepubliceerd in 1628 met gravures van Adriaen van de Venne, en bleef de populairste en invloedrijkste van al zijn preken. In het voorwoord bij de editie van 1665 beweerde de uitgever, Schipper, dat er meer dan vijftigduizend exemplaren verkocht waren – voor zeventiende-eeuwse begrippen een enorme hoeveelheid. In de gebruikelijke combinatie van aforismen, didactische dialogen en stichtende vertellingen verdeelde het boek de levens-odyssee van de vrouw in 'Kindertijd', 'Meisjestijd', 'Bruid', 'Vrouw' en 'Moeder', hoewel op Van de Vennes gravure op het titelblad van de 'Levensladder' ook een oudere vrouw en een weduwe waren afgebeeld, beide een belangrijk verschijnsel in het Nederlandse leven.

44 Ibid., *Christelyke Huyswijf*, 323.

45 *Houwelijx-Spiegel aen de Nieuw Getroude*, Haarlem, 1686.

46 Johan van Beverwijck, *Schat der Gesontheyt*, Dordrecht, 1652, 160.

47 Cats, *Vrouwe*, 317.

48 Zie Jan Grauls, *Volkstaal en volksleven in het werk van Pieter Bruegel*, Antwerpen/Amsterdam, 1957, 19-76.

49 Ray, *Observations*, 55.

50 Nugent, *Grand Tour*, 81.

51 Ray, *Observations*, 55.

52 Geciteerd in Murris, *La Hollande*, 82.

53 Over 'kweesten' in Holland, zie P. Neijn, *Lust-hof des Houwelycks*, Amsterdam, 1697; Le Francq van Berkhey, *Natuurlyke Historie*, 3, 993; Schotel, *Oud-Hollandsch Huisgezin*, 216-217 (die ook het vergelijkbare gebruik van 'winternevens' in Noord-Brabant noemt); Haks, *Huwelijk en gezin*, 111-12.

54 Aglionby, *Present State*, 32.

55 Moryson, *Shakespeare's Europe*, 385.

56 Joseph Shaw, *Letters to a Nobleman from a Gentlemen Travelling through Flanders and France*, Londen, 1709, 43-44.

57 Diderot, *Voyage de Hollande*, in *Oeuvres*, Parijs, 1819, dl. 7, 41.

58 Shaw, *Letters to a Nobleman*, 46.

59 Ibid., 39. In de reisliteratuur bestaat een overvloed aan verhalen over de onverschilligheid van de gewone mensen, met name de oude, tegenover geld – naast de even onuitroeibare clichés over de Hollandse geldzucht. Sir William Temple, *Observations*, 88, bezocht een tehuis voor oude zeelieden in Enkhuizen waar hij een oude zeerot een muntstuk aanbood, waarop de man, die het weigert, vraagt, 'wat hij met dat geld moest doen, want alles wat ze nodig hadden werd door het huis verschaft'.

60 Shaw, *Letters to a Nobleman*, xii.

61 De klassieke gelijkstelling van de groei van de affectie aan de modernisering van het gezinsleven wordt beschreven door Lawrence Stone in *Sex, the Family and Marriage in England 1500-1800*, Londen, 1977, met name hfdst. 3, 93-116, en hfdst. 6 en 8.

62 Voor een verhelderend verslag van de wettelijke rechten van Nederlandse adellijke vrouwen, zie Sherrel Marshal Wyntjes, 'Survivors and Status: Widowhood and Family in the Early Modern Netherlands', in *Journal of Family History*, winter 1982, 396-405.

63 Wat ik uit Nederlandse contemporaine literatuur en officieuze bronnen heb gehaald, strookt over het algemeen met het Duitse en Zwitserse materiaal in Steven Ozment, *When Fathers Ruled: Family Life in Reformation Europe*, Cambridge, Mass., 1983, hoewel we de accenten verschillend

64 GA. Familiearchief Backer 75.
65 GA. Familiearchief Bicker 79.
66 Zie I.J. Apeldoorn, *Geschiedenis van het Nederlandse Huwelijksrecht voor de invoering van de Fransche wetgeving*, Amsterdam, 1925.
67 Haks, *Huwelijk en gezin*, 88 e.v.
68 Ibid., 94.
69 Ibid., 89-90. In de Zeeuwse huwelijkswet van 1673 worden met name dienstboden genoemd die zonen aanzetten tot onkuisheid, in de hoop op een goed huwelijk. Zie het uitstekende artikel van Marlies Jongejaan, 'Dienstboden in de Zeeuwse steden 1650-1800', in *Spiegel Historiael*, mei 1984, 214-21.
70 Ibid., 87.
71 Ibid., 94.
72 Zie de tabellen in ibid., 185, 188-9, 192.
73 Shaw, *Letters to a Noblemen*, 46.
74 [H. Sweerts?,] *De Biegt der Getroude*, dl. 2 of *De Tien Vermakelijkheden des Houwelyks*, Amsterdam, 1679, 53 e.v.
75 Catharina Geertruid Schrader, Dagboek van de verlossingen 1693-1745, Universiteitsbibliotheek, Amsterdam.
76 Knappert 'Huiselijk Leven', 155; Evenhuis, *Ook dat was Amsterdam*, 2, dl. 3., 1971, 38.
77 Voor de volledige tekst, zie de inleiding van C.W. de Kruyter op *Letter-Juweel;* facs., Amsterdam, 1971, 12, en gedicht nr 1.
78 C168 in Pieter van Thiel e.a., *All the Paintings of the Rijksmuseum in Amsterdam*, Amsterdam/Maarssen, 1976, 331.
79 Anna Maria van Schurman, *The Learned Maid*, Londen, 1659, 2.
80 Ibid., 5.
81 Ibid., 8, 15.
82 Voor de iconografie van het genre, zie vooral E. de Jongh, *Zinne- en minnebeelden in de schilderkunst van de zeventiende eeuw*, Amsterdam, 1967; en tevens Christopher Brown, *Dutch Genre Painting*. Svetlana Alpers heeft een ander gezichtspunt in *The Art of Describing*, 229-33 en passim. Voor een beschrijving van het debat, zie Linda A. Stone-Ferrier, 'Pretty Ornaments and Clever Images: Interpretations of Dutch Art', in idem, *Dutch Prints of Daily Life*, Lawrence, Kan., 3-35.
83 Zie Seymour Slive, 'Notes on the Relationship of Protestantism to Seventeenth Century Dutch Painting', in *Art Quarterly*, XIX, 1956.

84 Frima Fox Hofrichter, 'Judith Leyster's *Proposition* – Between Virtue and Vice', in Norma Broude en Mary D. Garrard, *Feminism and Art History: Questioning the Litany*, New York, 1982, 173-81. Voor schilderijen met oneerbare voorstellen, zie ook Simon Schama, 'The Sexual Economy of Genre Painting', in Christopher Brown, red., *Images of the World: Dutch Genre Painting in its Historical Context*, Londen, nog te verschijnen.
85 Brief aan Van Beverwijck, gepubliceerd in Van Schurman, *The Learned Maid*, 37-40.
86 Van Beverwijck, *Wtnementheyt*, 21.
87 Ibid., 211.
88 Ibid., 161.
89 [I.H. Glazemaker,] *Deughdelijcke Vrou*, Amsterdam, 1642, 5, 49, 136.
90 Aglionby, *Present State*, 229.
91 Voor een vergelijking van attitudes, zie Alice Clare Carter, 'Marriage Counselling in Seventeenth-Century England and Holland', in J. van Dorsten, red., *Ten Studies in Anglo-Dutch Relations*, Leiden, 1974.
92 Petrus Wittewrongel, *Oeconomia Christiana ofte Christelicke Huyshoudinge*, Amsterdam, 1655, 12, 127, 137-39.
93 Cats, *Vrouwe*, 315.
94 Ibid., *Alle de Werken*, I, 1712, 289.
95 Geciteerd in Apeldoorn, *Huwelijksrecht*, 9.
96 Wittewrongel, *Oeconomia*, 174, 280-81.
97 *Houwlijx-Spiegel aen de Nieuw Getroude*, Haarlem, 1686.
98 Murris, *La Hollande*, 105.
99 'Het Klein Hollands Goud-vinkje'.
100 *De Ervarene en Verstandige Hollandsche Huyshoudster*, 2de dr., Amsterdam, 1743, 3, 8-9. *De Verstandige Huyshouder*, Amsterdam, 1661, 2, was strikter en stelde dat 'de Oeconomia is een Monarchia/dat is sulcken regiment/daar maer een persoon in regeert/namelijck den Huys-vader'.
101 Ibid., 10 e.v.
102 Ibid., 4.
103 Ibid., 7.
104 Cats, *Vrouwe*, 367.
105 'I.V.E.' [Nicolas Venette,] *Venus Minsieke Gasthuis*, Amsterdam, 1687, 261.
106 De Brune, *Emblemata*, 9.
107 Van Beverwijck, *Schat der Gesontheyt*, 168.
108 *Venus Minsieke Gasthuis*, Amsterdam, 1687, 213.
109 Ibid., 21.
110 Stone, *Family*, passim. Zelfs Donald Haks vindt het in zijn baanbrekende en scherpzinnige werk

111 E. de Jongh, 'Grape symbolism in paintings of the 15th and 17th centuries', *Simiolus*, 7, 1974, 166-91.
112 David R. Smith, *Masks of Wedlock: Seventeenth-Century Dutch Marriage Portraiture*, Ann Arbor, Mich., 1982. Hfdst. 3 en 4.
113 Zie ibid., 126 e.v., voor het thema van de in het werk gestoorde echtgenoot.
114 Voor een dieper gravende emblematische interpretatie, zie E. de Jongh, 'Frans Hals voortzetter van een emblematische traditie', in *Oud Holland*, 78, 1961.
115 Over het contrast tussen deze twee schilderijen van oneerbare voorstellen zie 'Sexual Economy'.
116 Haks, *Huwelijk en gezin*, 128-129.
117 Cats, *Sinne en Minnebeelden*, 93.
118 Ibid., 21.
119 Idem, *Spiegel van de Oude en Nieuwe Tyt*, Rotterdam, 1627, 22-23; *Alle de Werken*, 1712, 118.
120 Idem, *Maegdeplicht*.
121 Idem, *Spiegel van den Ouden en den Nieuwen Tyd*, 42, in *Alle de Werken*, 3-4; vert. door Richard Pigot, uit Cats en Robert Fairlie, *Moral Emblems*, Londen 1865. Het Engelse versje luidt: 'How I've splashed and soiled my gown/With this gadding through the town/How bedraggled is my skirt/Traipsing through the by-streets' dirt.../ Come girls here, come all I know.../Playmates mine, advise me, show/How shall I remove the stain/And restore my gown again?/For wherever I may go/People will look at me so/And think, perhaps, such dirt to see/*I'm not what I ought to be* [cursivering van de auteur].'
122 Haks, 102.
123 Ibid., 97; D.J. Noordam, 'Ongehuwde moeders en onwettige kinderen in Maassluis', in *Holland*, 9, 1977, 165-78.
124 Pieter Neyn, *Lust-hof des Houwelycks*, Amsterdam, 1697, 155.
125 Schotel, *Oud-Hollandsch huisgezin*, 226-28.
126 Le Francq van Berkhey, 3, 856.
127 Knuttel, *Acta der Synoden*, 3, 300.
128 C.A. van Sypesteyn, 'Johan de Witt in zijne betrekking tot den veldmaarschalk Brederode, tot de freule Margaretha van Nassau en tot ''l''Union de la Joye'' (1635-55)'', in *Vaderlandsche Letteroefeningen – Historie en Binnenlandsche Bibliografie*, 109, 1869, 419-38, 483-96.
129 Knuttel, *Acta der Synoden*, 3, 237.
130 Ibid., 2, 469.
131 Zie Apeldoorn, *Huwelijksrecht*, 151 e.v.
132 ARA, Hof van Holland, Index van Crimineele Sententien, 21 december 1646; april 1653; mei 1664.
133 Haks, *Huwelijk en gezin*, 127.
134 ARA, Hof van Holland, Index van Crimineele Sententien, 13 maart 1626.
135 Voor een volledige beschrijving van de zaak Welhoeck, zie G. Renier, *The Dutch Nation*, Londen, 1944, 161-80.
136 ARA, Hof van Holland 5270-8.
137 KN 9197, 3 maart 1665.
138 Zie Evenhuis, *Ook dat was Amsterdam*, 2, 101.
139 Zie Apeldoorn, *Huwelijksrecht*, 165. Het moet gezegd dat hoewel de Kerk sterk gekant was tegen gemengde huwelijken in het christelijke gezin, dit voor haar nooit een reden is geweest voor nietigverklaring van een huwelijk.
140 Haks, *Huwelijk en gezin*, 132.
141 Cats, *Twee-en Tachtig jarigh leven*, in *Gedachten op Slapeloose Nachten*, Amsterdam, 1700, 43. Zie ook G. Derudder, *Etude sur la vie et les Oeuvres de Cats*, Calais, 1898. 45-48.
142 Haks, *Huwelijk en Gezin*, 124.
143 Ibid.
144 Cats, *Alle de Werken*, 1712, 317.
145 'Publius Felicius' [Joh. Strander?,] *De Beurs der Vrouwen*, 1690, 87-88.
146 David Kunzle, *The Early Comic Strip*, Berkeley, Cal., 1973, 245-249; zie ook Natalie Zemon Davis, 'Women on Top', in *Society and Culture in Early Modern France*, Londen, 1975, 124-51.
147 [H. Sweerts?,] *De Biegt der Getroude zijnde het tweede deel van de Tien Vermakelijkheden des Houwelyks*, Amsterdam, 1679, 88 (6de Vermaak).
148 Jan de Mol, *Huwelijks Doolhof*, z.p., 1634.
149 Atlas van Stolk, Supplement 1600-1650.
150 'Hippolytus de Vrye' [Hieronymus Sweerts,] *De Tien vermakelijkheden des Houwelyks*, Amsterdam, 1684, 118.
151 Ibid., 156.
152 Ibid., 85-88.
153 Ibid., 156.
154 Zie J.B. Bedaux, 'Minnekoorts, zwangerschaps- en doodverschijnselen op zeventiende-eeuwse schilderijen', in *Antiek*, 10, i, 1975, 17-42; voor bedrieglijke samenzweringen zie *De Listigheid der Kraamvrouwen*, Amsterdam, 1709; *De Verreezene Hippolytus*, 1711, 34.
155 *Beurs der vrouwen*, 1690, 103: 'Zwangere vrou-

wen, vroemoers en bakers'.
156. Haks, *Huwelijk en gezin*, 167-68.
157. Marlies Jongejaan, 'Dienstboden in de Zeeuwse steden 1650-1800', in *Spiegel Historiael*, mei 1984, 210.
158. Haks, *Huwelijk en gezin*, 171.
159. Jongejaan, 'Dienstboden', 220.
160. *Ervarene en Verstandige Hollandse Huyshoudster*, 17.
161. [S. de Vries,] *Seeven Duyvelen Regeerende de Hedendaagsche Dienst-Maeghden*, 4de druk, Amsterdam, 1682.
162. Ibid., 71.
163. Jongejaan, 'Dienstboden', 221.
164. *Seeven Duyvelen*, 177.
165. GA/Rechterlijk Archief, *Confessie Boeken*, 1646.
166. Van Deursen, *Kopergeld*, dl. 2, *Volkskultuur*, 24.
167. ARA, Hof van Holland, Index van Crimineele Sententien, 21 februari 1659.
168. Sjoerd Faber, 'Kindermoord, in het bijzonder in de achttiende eeuw te Amsterdam', in *Bijdragen en mededelingen betreffende de geschiedenis der Nederlanden*, 93, 1978, 224-40. Zie ook Haks, *Huwelijk en gezin*, 84.
169. G.A. Bredero, *Spaanschen Brabander*, in *Werken*, Culemborg, 1974, p. 212.
170. GA/RA 588.
171. GA/RA *Confessie Boeken*, 370, 1671.
172. ARA Hof van Holland, Index van Crimineele Sententien. Zie bijvoorbeeld de rechtszaken van Catherina van der Dussen en Maria Gerrits in 1646; Agneta Barteldr. in 1660, Judith Niemand (sic) in 1668, etc. etc.
173. Zie *Masterpieces of Seventeenth-Century Dutch Genre Painting*, cat. nr. 82, 270.
174. *Spiegel der Vermaardste Courtisanen*, 3de druk, Amsterdam, 1710, 60. Klaarblijkelijk zijn deze versies en werken van Aretino tegen het einde van de eeuw in Nederland populair geworden: zie ook de vertaling van Aretino, *Het Leven en Listen der Geriefelycke Courtisanen te Romen*, 1680.
175. *Het Leven en Bedryf van de hedendaagsche Haagsche en Amsterdamsche Zalet-Juffers*, Amsterdam, 1696, 224.
176. Ibid., 226.
177. *Venus Minsieke Gasthuis*' Amsterdam, 1687, 214.
178. Cats, *Spiegel van den Ouden en den Nieuwen tyd*, in *Alle de Werken*, 539; zie ook 540, 542.
179. Bernard de Mandeville, *A Modest Defence of Publick Stews*, London, 1724; zie ook Richard I. Cook, 'The Great Leviathan of Lechery: Mandeville's *Modest Defence of Publick Stews*', in Irwin Primer, red., *Mandeville Studies*, Den Haag, 1975, 95-96.
180. Idem, *The Fable of the Bees*, 83-85.
181. Zie van Deursen, *Kopergeld*, dl. 2, *Volkskultuur*, 34-38.
182. Ibid., 36.
183. *'t Amsterdamsch Hoerdom behelsende de listen en streecken, daar sich de Hoeren en Hoere-Wardinnen van dienen; benevens der selver maniere le ven, dwaaze bygeloovigheden en in 't algemeen 't geen by dese Juffers in gebruyk is*, 's-Gravenhage, 1694. Een Franse uitgave bevindt zich in de Bibliothèque Nationale, Parijs: *Le Putanisme d'Amsterdam*, Brussel, 1883, 114.
184. Ibid., 2.
185. Sir William Brereton, *Travels in Holland... 1634-35*, Londen, 1844, 55.
186. Deze opsomming staat in J.F. van Slobbe, *Bijdrage tot de Geschiedenis en de Bestrijding der Prostitutie te Amsterdam*, Amsterdam, 1937, 31.
187. Zie Lotte van de Pol, 'Vrouwencriminaliteit in de Gouden Eeuw', in *Ons Amsterdam*, november 1982, 266-68. Mw. Van de Pol wees mij erop dat mijn generalisering in Schama, 'Wives and Wantons', dat veel prostituées uit buitenlandse havens en landelijke gebieden rondom de Republiek kwamen, ongerechtvaardigd was. Hoewel er in de *Confessie Boeken* wel sprake is van dergelijke vrouwen, heeft ze volkomen gelijk als ze stelt dat de meeste meisjes uit Hollandse dorpen en steden en veel uit nabijgelegen gebieden in Holland kwamen. Ik ben haar dankbaar voor haar genereuze kritiek. Zie ook Lotte van de Pol, 'Van speelhuis naar bordeel? Veranderingen in de organisatie van de prostitutie in Amsterdam in de 18-e eeuw', in *Documentatieblad van de Werkgroep Achttiende Eeuw*, XVII, 1, 1985, 153-66 en 'Beeld en werkelijkheid van de prostitutie in Nederland in de zeventiende eeuw' in Gert Hekma en Herman Roodenburg, red., *Soete Minne en Helsche Boosheit. Geschiedenis van seksuele voorstellingen in Nederland 1300-1850*, Nijmegen; verschijnt in 1988.
188. *'t Amsterdamsch Hoerdom*.
189. Ibid., 29.
190. Ibid., 206.
191. Voor het bargoens en de dieventaal van de onderwereld, zie *Historie ofte Practijke der Dieven Bestaande in aengehoorde wreeten en schelmerijen*, z.j., maar bijna zeker 1680-90; *'t Amsterdamsch Hoerdom*.

192 Dit is de verrassende conclusie van het onderzoek van Lotte van de Pol in de *Confessie Boeken*.
193 GA/Rechterlijk Archief 581. In *'t Amsterdamsch Hoerdom*, 18, was sprake van een hoer die 'vier malen binnen de tijd van twee jaaren uitgebrand is' vanwege Spaanse pokken, maar toch goede zaken deed, met vier of vijf mannen per avond.
194 Zo werden Lysbet Jacobs uit Delft, negentien jaar oud, en Laentje Huysberg uit Harderwijk (drieëntwintig), gearresteerd in 1673, omschreven als 'nagtlopers' ('infame nagtloper' in het geval van de eerste vrouw), terwijl van Tryntje Henderick uit Hamburg, zeventien jaar oud en tegelijk gearresteerd, werd gezegd dat ze taveernes en hoerenkasten bezocht. GA/RA 371.
195 GA/RA 370.
196 Zie voor Hamburg GA/RA 318, 1669, Anna Maria Rechters, zakkenrolster en hoer; Lippstadt: RA 326, 1679, Annetje Tymons, drieëntwintig, musico-meisje; Kopenhagen: Mary Pieters en Catryn Davids 1681, RA 326; Keulen: Grietje Henrix (vijfentwintig) in een hoerenkast aan de Achterburgwal, 1673, RA 588; Kiel: Anna Mayers, negentien, kousenbreister en hoer, één kind, zwanger van een tweede, 1696; Gulik: Maria Smits, achtentwintig, naaister en hoer; Stavanger: Barbara Roelofs; 'Noorwegen': Margriet Gover, vijfentwintig, bedelend met een kind en hoer, beiden 1654, RA 310. Zij vormen willekeurige maar zeker representatieve voorbeelden.
197 Leeftijd: 17, 17, 20, 21 en (vrijwel zeker de bordeelhoudster) 28. GA/RA 599.
198 Zie Van Slobbe, *Bijdrage*, 12.
199 GA/RA CB 310.
200 GA/RA CB 326, 1679.
201 GA/RA CB 320, 1671.
202 GA/RA CB 320, juni 1672. Soetecut was twee maal uit Amsterdam verbannen omdat ze bordeelhoudster was, de laatste keer in 1665, en ze wist dus zeven jaar uit de moeilijkheden te blijven.
203 GA/RA 588, 1673, fo. 119.
204 GA/RA 599, 1697.
205 GA/RA CB 320, 1671.
206 Sjoerd Faber, *Strafrechtspleging en Criminaliteit te Amsterdam, 1680-1811. De nieuwe menslievendheid*, Arnhem, 1983, 78. In feite liggen de cijfers van Faber hoger, want in datzelfde jaar werden ook nog eenendertig pooiers en bordeelhoudsters gearresteerd. Maar in de achttiende eeuw daalde het aantal arrestaties drastisch.
207 GA/RA 588, april 1673. Dit was een huis aan de Boomssloot waar drie hoeren, Margriet Aarse, zeventien, Lysbet Antonissen, achttien, en een andere, van eenentwintig jaar oud, bij hun 'slaapvrouw' woonden.
208 GA/RA CB 318, 1669.

HOOFDSTUK VII
IN DE REPUBLIEK DER KINDEREN

1 De Jongh e.a., *Tot Lering en Vermaak*, 86-87; Ivan Gaskell, 'Gerrit Dou, His Patrons and the Art of Painting', in *Oxford Art Journal*, 5, 1, 1982, 18, geeft een interessante interpretatie van het schilderij: het hoofdthema is een commentaar op de schilderkunst zelf, wat wordt gesuggereerd door het zelfportret van Dou in de achtergrond. In deze opvatting wijst de 'viezigheid' van de billen van de baby 'op de uitwerpselnatuur van de praktijken van de kwakzalver' en wordt daarmee een minachtend commentaar op de 'laagheid' van artistiek bedrog. Ik ben niet helemaal overtuigd door deze interpretatie, maar de verdorde boom en een hele reeks andere details wijzen inderdaad op een bepaald moreel commentaar op de praktijken van de kwakzalver.
2 De Duitse kunstenaar Joachim von Sandrart, *L'academia Tedesca... oder Teutsche Academie der edlen Bau-, Bild- und Mahlerey-Kunste*, Neurenberg, 1675, beschreef Dou's obsessieve zorg voor afwerking (en juist hierom werd zijn werk zo hoog geprezen) en zijn angst voor stof dat zich zou vastzetten op zijn kleurstoffen, penselen en schilderijen, die zover ging dat hij een Chinese parasol erboven zette (vermoedelijk de parasol die op *De Kwakzalver* te zien is). Zie ook W. Martin, *Gerard Dou*, Londen, 1902, 85.
3 De Brune, *Emblemata*, 17.
4 Margarita Russell heeft in 'The Iconography of Rembrandt's *Rape of Ganymede*', in *Simiolus*, 1977, 5-18, over Rembrandts beroemde plassende *Ganymedes* duidelijk gemaakt dat een als 'schokkend' of vulgair realistisch beschouwd beeld was ontleend aan conventionele klassieke en iconografische bronnen. De plassende peuter moet dan ook niet de viezigheid maar zowel de zuiverheid van het kind als Aquarius de waterdrager verbeelden. Dat kan wel zijn (al heb ik mijn twijfels daarover), maar het blijft van belang in te zien dat Rembrandt zich wel degelijk kon baseren op een onorthodox beeld (want dat is de *Ganymedes* in ieder geval) om zijn beeldverhaal een intensiteit en di-

rectheid te verlenen die ontbreken in conventionelere versies.
5. Zie J.H. Plumb, 'The New World of Children in 18th-Century England', in *Past and Present*, 65, mei 1975, 64-95.
6. Philippe Ariès, *Centuries of Childhood*, vert. Robert Baldick, Londen, 1962, hfdst. 1 en 2.
7. Aglionby, *Present State*, 230.
8. Zie Plumb, 'New World'; zie ook Philip Greven, *The Protestant Temperament: Patterns of Child Rearing, Religious Experience and the Self in Early America*, New York, 1977, die opvattingen over kinderopvoeding onderverdeeld in strenge (evangelisch-calvinistisch), gematigde (burgerlijk humanistisch) en tolerante (achttiende-eeuws liefdevol).
9. Zie Walter Gibson, 'Bosch's Boy with a Whirligig: Some Iconographical Speculations', in *Simiolus*, 8, 1975-76, 9-15. Zie voor een andere opvatting Mary Frances Durantini, *The Child in Seventeenth-Century Dutch Painting*, Ann Arbor, Mich., 1983, 245-49.
10. Leo Steinberg, *The Sexuality of Christ in Renaissance Art and in Modern Oblivion*, New York, 1983.
11. Frances Durantini, *The Child*, 233-45, heeft argumenten aangevoerd tegen de identificatie van het molentje met windmolens en, in bredere zin, met iedere verwijzing naar de incarnatie en kruisiging van Christus. Ze verzet zich tegen zo'n identificatie in het geval van het paneel van Bosch. Haar stelling is gebaseerd op het misplaatst letterlijke argument dat aangezien het moeite kost om speelgoedmolentjes te laten draaien en geen moeite om windmolens te laten draaien, de twee niet met elkaar kunnen worden vergeleken. Ze stelt ook dat het schilderij van Bosch het enige voorbeeld is waarin een kind dat Christus zou kunnen zijn, is afgebeeld met zo'n molentje. Dit is niet waar. Op een triptiek uit het midden van de zestiende eeuw in het Centraal Museum in Utrecht met *De werken der Barmhartigheid* staat duidelijk een Christuskind met speelgoedmolentje terwijl hij het werk van het bezoeken van de zieken en aalmoezen geven zegent. In dit geval was het duidelijk niet bedoeld als een embleem van dwaasheid.
12. Jan Luiken, *Des Menschen Begin, Midden en de Einde vertoonde het Kinderlyk Bedryf en Aanwas*, Amsterdam, 1712, 13, 'De Loopwagen'. Het boek was opgedragen aan zijn zoon Caspar ter lering van zijn kleinzoon.
13. Ibid., 17, 'De Valhoed'.
14. Luiken, *Des Menschen Begin*, voorwoord.
15. Swildens, *Vaderlandsch AB Boek*, z.p.
16. Van Beverwijck, *Schat der Gesontheyt*, 2, 193.
17. Zie met name de bijdragen van Sandra Hindman, 'Pieter Bruegel's *Children's Games*: Folly and Chance', in *Art Bulletin* september 1981, 448-75; en de bewust 'anti-iconografische' benadering van Edward Snow: 'Bruegel's *Children's Games*: The Limits of Iconographic Interpretation', in *Representations*, 2, 1983, 25 53. Voor de Nederlandse context van het schilderij van Bruegel, zie H.F.M. Peeters, *Kind en jeugdige in het begin van de moderne tijd 1500-1650*, Amsterdam, 1975, 92-126; Johanna Drost, *Het Nederlandsch kinderspel voor de zeventiende eeuw*, 's-Gravenhage, 1914. Over de betekenis van spelletjes in de geschiedenis van het kind, zie Ariès, *Centuries of Childhood*, 60-97. Voor een uitputtend overzicht van het thema spel, zie Durantini, *The Child*, 177-296. De bruikbaarheid van Durantini's compendium van spelletjes wordt enigszins beperkt door een kritiekloze en theoretisch chaotische aanpak van de interpretatie. Volgens mij zijn de emblematische thema's van de dood en het verstrijken van de tijd lang niet zo sterk vertegenwoordigd in schilderijen van kinderen. Ze worden zeker zo vaak uitgedrukt in de tegengestelde en welwillender kijk op kinderlijke onschuld, geestdrift en gezonde vitaliteit.
18. François Rabelais, *Gargantua en Pantagruel*, hfdst. 25.
19. Cats, *Alle de Werken*, 237.
20. 'Kinderspel', in Cats, *Houwelijck*.
21. Visscher, *Sinnepoppen*, 40.
22. Cats, *Spiegel van den Ouden en den Nieuwen Tyd*, in *Alle de Werken*, 496.
23. Cats, *Alle de Werken*, 238.
24. Ibid.
25. Zie het uitstekende stuk in de catalogus van Peter Sutton, *Masterpieces of Dutch Genre*, 262-62; zie ook *Tot Lering en Vermaak*, 177-79 en over het thema *homo bulla* in het algemeen, *Tot Lering*, 45-47; Durantini, *The Child*, 91-204.
26. Zie John Knipping, *Iconography of the Counter-Reformation in the Netherlands*, dl. 1, Nieuwkoop, 1974, 86-89.
27. Cats, *Houwelijck*, 235-36.
28. Geciteerd in Durantini, *The Child*, 192.
29. Stone, *The Family, Sex and Marriage*, 70.
30. Rowen, *De Witt*, 496-97.
31. Le Francq van Berkhey, *Natuurlyke Historie van Holland*, dl. 3, 1958-64.

32 Robinson, 'Family Portraits of the Golden Age', *Apollo*, december, 1979, 490-97.
33 Vondel, *Werken*, III, 388.
34 Voor de 'kraamkloppertjes', zie Le Francq van Berkhey, *Natuurlyke Historie*, dl. 3, Leiden, z.j., 1244 e.v. Schotel, *Oud-Hollandsch Huisgezin*, 35-38.
35 Ibid., 41-50; zie voor 'kraam- en kindermalen' Van Alkemade, *Nederlands Displegtigheden*, 1: 243-49.
36 ARA, Hof van Holland, Index van Crimineele Sententien, mei-juni 1664.
37 Sjoerd Faber, 'Kindermoord, in het bijzonder in de achttiende eeuw te Amsterdam', in *Bijdragen en mededelingen betreffende de geschiedenis der Nederlanden*, 93, 1978, 224-40; zie ook Lily E. van Rijswijk-Clerkx, *Moeders, kinderen en kinderopvang...*, Nijmegen, 1981, 30. (Ik dank Frances Gouda voor deze verwijzing.)
38 S. Blankaart, *Verhandeling van de opvoeding en Ziekten der Kinderen*, Amsterdam, 1684.
39 Zie Franklin Robinson, *Gabriel Metsu, 1629-1667: A Study of His Place in Dutch Genre Painting of the Golden Age*, New York, 1974, 62.
40 Van Rijswijk-Clerkx, *Moeders*, 30; H. ter Schegget, *Het kind van de rekening. Schetsen uit de voorgeschiedenis van de kinderbescherming*, Alphen aan de Rijn, 1976, 19, spreekt van negenentwintig vondelingen in Amsterdam in 1700 en zeventien in 1714 – maar aan het eind van de eeuw in 1795 stijgt het aantal drastisch naar vierhonderd!
41 Zie voor cijfers over te vondeling leggen in Frankrijk, Claude Delasselle, 'Abandoned Children in Eighteenth-Century Paris', in R. Forster en Orest Ranum, red., *The Deviant and the Abandoned in French Society: Selections from the Annales*, dl. 4, Baltimore, Md./Londen, 1978, 47-82.
42 Sjoerd Faber, 'Kindermoord, in het bijzonder in de achttiende eeuw te Amsterdam', in *BMGN*, 93, 1978, 224-40.
43 Cats, *Alle de Werken* ('Moeder'), 395. Deze beroemde passage werd ook met instemming geciteerd door Van Beverwijck, *Schat der Gesontheyt*.
44 [Nicolas Venette,] *Venus Minsieke Gasthuis*, Amsterdam, 1687, 118.
45 Van Beverwijck, *Schat der Gesontheyt*, 173-75.
46 *Het Kleyn Vroetwyfs-boeck of vermeerden Rosengaert der bevruchte Vrouwen, ende hare Secreeten Ontfanginge Baring, Vrouwen ende Mannen raedt te gheven*, 1645, Bijvoegsel, 9.
47 Ibid., 3-8.
48 [Nicolas Venette,] *Venus Minsieke Gasthuis*, 472.
49 Rowen, *De Witt*, 508.
50 *Kleyn Vroetwyfs-boeck*, 9.
51 Van Beverwijck, *Schat*, Boek 2, 164-75.
52 *Venus Minsieke Gasthuis*, 132; Cats' gedichten geciteerd in Van Beverwijck, *Schat*, Boek 2, 164.
53 Catharina Geertruida Schrader, Dagboek van verlossingen 1693-1745, Universiteitsbibliotheek, Amsterdam.
54 Zie het fascinerende materiaal, onderzocht door Florence W.J. Koorn en H. Roodenburg, 'Kopsters: Vrouwen in de marge van de gezondheidszorg', in *Spiegel Historiael*, maart 1984, 125-29.
55 Ibid., 125. Er bestaan ten minste twee voorstellingen van 'kopsters' aan het werk, maar ze bedienen zeer verschillende klanten: Quiring Brekelenkams fraaie schilderij uit 1650 in het Mauritshuis, waarin het een tamelijk achtenswaardig gebruik voor vrouwen lijkt, en Cornelis Dusarts prent uit 1695 in de Bruegeliaanse traditie van de menselijke dwaasheden. Voor een bespreking van de prent van Dusart, zie Linda Stone-Ferrier, *Dutch Prints of Daily Life*, Lawrence, Kan., 1983, 92-94.
56 Zie Hendrik van Roonhuysen, *Heelkonstige aanmerkingen betreffende de gebreken der vrouwen*, Amsterdam, 1663. Voor de conflicten tussen 'officiële' en 'empirische geneeskunde', zie M.A. van Andel, *Chirurgijns, Vrije Meesters, Beunhazen en Kwakzalvers. De chirurgijnsgilden en de praktijk der heelkunde 1400-1800*, Den Haag, 1981.
57 Van Beverwijck, *Schat der Gesontheyt*, 181.
58 Zie bijvoorbeeld *De Listigheid der Kraamvrouwen*, Amsterdam, 1709.
59 Schrader, Dagboek, 10 februari 1711.
60 Ibid., 1 augustus 1706.
61 Zie voor deze biografische details de 'Levenschets' die aan het Dagboek is toegevoegd.
62 Zie Bijlage 4, p. 618.
63 Er bestaan nog heel wat vragen over de kindersterfte bij de bevalling of in de eerste dagen daarna. Het staat vast dat het sterftecijfer in het eerste jaar varieerde van vijftien tot dertig procent, maar dat was voor een groot deel te wijten aan het milieu – ondervoeding, dysenterie en buikziekten – en niet aan slechte verloskundige praktijken. Hoe dan ook, de stelling dat het aantal doodgeborenen in het preïndustriële Europa hoger lag dan in het industriële Europa mag zeker niet als vanzelfsprekend worden aangenomen.
64 Jean Flandrin, *Familles*. Zie ook François Lebrun,

Les Hommes et la Mort en Anjou au XVIIe et XVIIIe *siècles*, Parijs/Den Haag, 1971, 182.
65 *Venus Minsieke Gasthuis*, 265.
66 *Kleyn Vroetwyfs-boeck*, 9.
67 Zie bijvoorbeeld het geval van 14 juni 1711 en haar aantekening over 'moederskruiden' op 1 augustus 1709. De medicijnen die Vrouw Schrader gebruikte kwamen overeen met de farmacopee in de verloskundige handboeken van Rueff en Roesslin.
68 *Venus Minsieke Gasthuis*, 75.
69 Schrader, 'Dagboek', 10 juli 1697.
70 Ibid., 3 januari 1727.
71 Ibid., 19 juli 1708.
72 Ibid., 7 augustus 1696.
73 Ibid., 26 april 1742.
74 Ibid., 'jaarverslag' 1703.
75 Ibid., 2 juli 1701.
76 Ibid., 5 februari 1710.
77 Ibid., 3 januari 1727.
78 Ibid., 15 november 1708.
79 Ibid., 9 juni 1709.
80 Blankaart, *Verhandeling van de opvoeding en Ziekten der Kinderen*, Amsterdam, 1684.
81 Ibid., 32. Blankaart gaf ook het advies kinderen pas seksuele voorlichting te geven als ze groot genoeg waren om hun de biologie van de seksualiteit op verantwoorde wijze uit te leggen – al was hij er, net als alle volwassenen toen en nu, niet helemaal zeker van wanneer dat het geval was.
82 Ibid., 22-23.
83 Van Beverwijck, *Schat der Gesontheyt*, 2, 183.
84 Blankaart, *Verhandeling*, 173 e.v.
85 Bijvoorbeeld Stone, *The Family*, 424-26.
86 Ibid., 425. Voor de duidelijkheid: Stone citeert hier een achttiende-eeuwse autoriteit op het gebied van kinderverzorging, William Cadogan. Hij neemt terecht aan dat Engeland voorop liep in de afschaffing van het bakeren in die eeuw, al is minder duidelijk of, behalve in Rusland, het *strak* bakeren in de rest van Europa wel zo strikt werd uitgevoerd. Zie voor de Hollandse opvatting in de achttiende eeuw, Le Francq van Berkhey, *Natuurlyke Historie*, 2, 1219.
87 Blankaart, *Verhandeling*, 3.
88 Cats, 'Moeder', in *Houwelijck*, 391.
89 Van Beverwijck, *Schat der Gesontheyt*, 2, 187.
90 Ibid., 188.
91 Blankaart, *Verhandeling*, 2-3.
92 Ibid., 6-8.
93 Schotel, *Oud-Hollandsch Huisgezin*, 27; Knappert, 'Het Huiselijk Leven', 125.
94 Steinberg, *Sexuality of Christ*, 5-6.
95 Schotel, *Vaderlandsche Volksboeken*, 2, 261.
96 De Brune, *Emblemata*, 75.
97 Murris, *La Hollande*, 110.
98 Voor de hond en andere dieren als opvoedkundige metafoor, zie J.B. Bedaux, 'Beelden van "leersucht" en tucht. Opvoedingsmetaforen in de Nederlandse schilderkunst van de zeventiende eeuw", in *Nederlands Kunsthistorisch Jaarboek*, 33, 1983.
99 Voor een korte bespreking van de emblematische betekenis van de krakeling, zie E. de Jongh e.a., *Tot Lering en Vermaak*, Amsterdam, 1976, 69-71.
100 Dirck Adriaensz. Valcoogh, *Regel der Duytsche Schoolmeesters*, onder redactie van G.D.J. Schotel, 1875.
101 Voor een bruikbare typologie van 'rekkelijke' en 'precieze' protestantse opvattingen over de vroege opvoeding, zie Philip Greven, *The Protestant Temperament*, New York, 1977.
102 Over de symboliek van de druif, zie De Jongh, 'Grape Symbolism', 1974.
103 Blankaart, *Verhandeling*, 30-32; Van Beverwijck, *Schat der Gesontheyt*, 190.
104 Blankaart, *Verhandeling*, 28.
105 Ibid., 135-58.
106 Van Beverwijck, *Schat der Gesontheyt*, 2, 192-93.
107 Zie Norbert Elias, *The Civilizing Process*, New York, 1978.
108 Luiken, *Des Menschen Begin*.
109 Rowen, *De Witt*, 506.

HOOFDSTUK VIII
BINNEN, BUITEN

1 Johan Huizinga, *Dutch Civilization in the Seventeenth Century*, vert. Arno Pomerans, Londen/New York 1968, 112-13.
2 Schama, *Patriots*, 50-51, 74-88.
3 Rudolf Dekker, *Holland in beroering. Oproeren in de 17de en 18de eeuw*, Baarn, 1982, hfdst. 1 en 2.
4 Zie Susan Kuretsky, *The Paintings of Jacob Ochtervelt, 1634-1682*, Montclair, N.J., 1979, 34-39.
5 Parival, *Les Délices de la Hollande*, Leiden, 1662, 98.
6 Bijvoorbeeld in Catharina Lis en Hugo Soly, *Poverty and Capitalism in Pre-Industrial Europe*, Atlantic Highlands, N.J., 1979, 93.
7 Jacobus Hondius, *Swart Register van Duysent Sonden*, Amsterdam, 1724, 1.
8 Zie W.P. Blockmans en W. Prevenier, 'Armoede

in de Nederlanden van de 14de tot het midden van de 16de eeuw: bronnen en problemen', in *Tijdschrift voor Geschiedenis*, 88, 1975, 501-38; voor een uitstekende beknopte beschrijving van zowel filosofie als praktijk van de armenzorg in Holland, zie Van Deursen, *Kopergeld*, dl. 1, *Dagelijks Brood*, 90-103; zie ook de tentoonstellingscatalogus *Arm in de Gouden Eeuw*, Amsterdams Historisch Museum, 1966.

9   De verbeelding van liefdadigheid en de regenten van de armenhuizen is voortreffelijk behandeld in Sheila D. Muller, *Charity in the Dutch Republic: Pictures of Rich and Poor for Charitable Institutions*, Ann Arbor, Mich., 1985. Het mooie boek van Muller, een voorbeeldige synthese van sociale geschiedenis en kunstgeschiedenis, is voor mij te laat verschenen, zodat ik de interessante conclusies niet in mijn boek heb kunnen verwerken.

10 Geciteerd in Sjoerd Faber, *Strafrechtspleging en Criminaliteit te Amsterdam, 1680-1811*, Arnhem, 1983, 258.

11 Adriaen van de Venne, *Tafereel van de Belacchende Werelt*, Den Haag, 1635.

12 Zie bijvoorbeeld Louis Chevalier, *Laboring Classes and Dangerous Classes in Paris During the First Half of the 19th Century*, vert. F. Jellinek, Londen, 1973, 359-72.

13 Faber, *Strafrechtspleging*, 258.

14 Van Deursen, *Kopergeld*, dl. 1, *Dagelijks Brood*, 84.

15 Zie A. Hallema, 'Vlaardingen en Dordrecht als oudste galeidepots', in *Tijdschrift voor Geschiedenis*, 1955, 69-94.

16 ARA, Hof van Holland, Index van Crimineele Sententien, 1631.

17 A. Boussingault, *La Guide universelle de tous les Pays-Bas...*, Parijs, z.j. [ca. 1660,] 43, noteerde bijvoorbeeld dat men 'vrijelijk, over land of over water' kon reizen, 'zonder angst om te worden gemolesteerd of in slecht gezelschap te geraken, want de Staten zorgen ervoor dat de grote wegen veilig zijn voor alle verkeer'. Het moet gezegd dat de veiligheid van bepaalde buurten die door buitenlanders werden bezocht, vooral in het centrum van Den Haag, rond de eeuwwisseling snel achteruitging. Voor enkele gevallen van aanranding en geweldpleging bij de Vijver, zie R.C. Bakhuizen van den Brink, L. van den Bergh en J.K.J. de Jonge, 'De Baljuwen', in *Het Nederlands Rijksarchief*, 1857, 235-303.

18 Van Deursen, *Kopergeld*, dl. 1, *Dagelijks Brood*, 74.

19 Brereton, *Travels*, 49.

20 Edward Brown, *A Brief Account of Some Travels in Divers Parts of Europe*, Londen, 1685, 95.

21 Faber, *Strafrechtspleging*, 232.

22 Bakhuizen van den Brink e.a., 'De Baljuwen', 244.

23 Ibid., 243-44.

24 Zie de uitstekende bespreking in Van Deursen, *Kopergeld*, dl. 1, *Dagelijks Brood*, 53 e.v.

25 Faber, *Strafrechtspleging*, 263.

26 Voor een vollediger bespreking, zie M. Gans, *Memorbook; platenatlas van het leven der Joden in Nederland van de middeleeuwen tot 1940*, Baarn, 1971; Simon Schama, 'A Different Jerusalem: The Jews in Rembrandt's Amsterdam', in *The Jews in the Age of Rembrandt*, Rockville, Md., 1981, 3-17.

27 Voor besnijding in christelijke iconologie, zie Leo Steinberg, *Sexuality of Christ*, 49-65.

28 Bakhuizen van den Brink e.a., 'De Baljuwen', 255-56.

29 Jonathan Israel, 'Spain and the Dutch Sephardim, 1600-1660', in *Studia Rosenthaliana*, 12, 1978, 1-61; idem, 'The Changing Role of the Sephardim in International Trade, 1595-1715', in Jozeph Michman en Tirtsah Levie, red., *Dutch Jewish History. Proceedings of the Symposium in the History of the Jews in the Netherlands*, Jeruzalem, 1984.

30 Veel van wat volgt heb ik ontleend aan het nauwgezette onderzoek en de inzichten van Ivan Gaskell, die zo vriendelijk was me zijn ongepubliceerde manuscript over zigeuners in de Nederlandse kunst te laten lezen. Zie ook Ivan Gaskell, 'Transformations of Cervantes's "La Gitanilla" in Dutch Art", in *Journal of the Warburg and Courtauld Institutes*, 45, 1982, 263-70. Het standaardwerk over Nederlandse zigeuners is O. van Kappen, *Geschiedenis der Zigeuners in Nederland*, Assen, 1965.

31 Zie het stuk van Voetius in *Disputatio de Gentilissimo et de Vocatione Gentium*, in *Secularum Disputationum Theologicarum*, dl. 2, Utrecht, 1665, 652-59.

32 Van Kappen, *Zigeuners*, 419.

33 Bijvoorbeeld Pieter Neijn, *Lust-Hof des Houwelycks* (zwaar veracht en gecorrigeerd door Le Francq van Berkhey, *Natuurlyke Historie*, 1131.

34 Le Franck van Berkhey, *Natuurlyke Historie*, dl. 2, 745-767.

35 Een verwijzing in de Engelse pers naar het feest

heb ik te danken aan Ruth Rogers, bibliothecaresse van de Kress Library, Harvard Business School. Deze verwijzing was gevoegd bij een prent uit de jaren tachtig van de achttiende eeuw en moet natuurlijk geschikte propaganda zijn geweest voor de patriottenbeweging in die tijd. Maar ik heb veel vroegere verwijzingen naar de culinaire allegorie gezien en vermoed dat ze deel ging uitmaken van een repertoire aan verhalen over patriottische spijt die rond het midden en later in de eeuw de ronde deden.

36 Bredero, *Spaanschen Brabander*, in *Werken*, Culemborg, 1974, 140.
37 Voor de wraking van De Groots definitie van de 'Ware Vrijheid', zie de uitstekende bespreking in I. Leonard Leeb, *The Ideological Origins of the Batavian Revolution: History and Politics in the Dutch Republic 1747-1800*, Den Haag, 1973, 29-39.
38 A.H. Huussen jr., 'Strafrechtelijke vervolging van "sodomie" in de Republiek', in *Spiegel Historiael*, november 1982, 547-52. Dit nummer van het tijdschrift was gewijd aan de geschiedenis van de homoseksualiteit in de Nederlanden en bevat een nuttige bibliografie. Verreweg de belangrijkste bijdrage aan de geschiedenis van de vervolging van homoseksuelen in Amsterdam is het uitstekende werk van Theo van der Meer, *De Wesentlijke Sonde van Sodomie en Andere Vuyligheden, Sodomietenvervolgingen in Amsterdam, 1730-1811*, Amsterdam, 1984. Zie ook L.J. Boon, 'De grote sodomievervolging in het gewest Holland 1730-31', in *Holland* 8, 1976, 140-52; M.A. de Vrijer, 'De storm over *crimen nefandum* in de jaren 1730-32', in *Nederlands Archief voor Kerkgeschiedenis* 25, 1932, 193-238. Ik ben Kent Gerard van de University of California, Berkeley, uiterst dankbaar voor zijn vele zeer nuttige bibliografische en inhoudelijke commentaren op dit verschijnsel.
39 Huussen, 'Strafrechtelijke vervolging', 549.
40 Zie G.M. Tervaert Cohen, *De grietman Rudolf de Mepsche. Historische beschouwingen over een reeks crimineele processen*, Den Haag, 1921; C. Kooy, 'Rudolf de Mepsche en de Faanse processen', in *Spiegel Historiael*, 6, 1979, 358-64.
41 Huussen, 'Strafrechtelijke vervolging', 557-58.
42 Ibid., 550. Voor een volledige opsomming van de straffen in alle Amsterdamse zaken, zie Van der Meer, *Wesentlijke Sonde*, Appendix 1, 201-209.
43 Zie over Renswoude het uitstekende artikel van L.J. Boon, '"Utrechtenaren": de sodomieprocessen in Utrecht, 1730-1732', in *Spiegel Historiael*, november 1982, 553-58.
44 Ibid., 554-55.
45 GA Rechterlijk Archief, *Secreet Confessie Boek*, mei 1730.
46 Ibid.
47 Leonard Beels, *Sodoms zonde en straffe of streng wraakrecht over vervloekte boosheidt, en Loths vrouw verandert in een zoutpilaar*, Amsterdam, 1730.
48 KN 16857, vert. uit het Engels; Louis D. Petit, *Bibliotheek van Nederlandsche Pamfletten* 6087.
49 Alice Carter, 'Amsterdam and the "Een Onbekende Soort van Worm" in 1730', in *Jaarboek Amstelodamum*, 1978, 239-49.
50 Voor een vergelijking van Lelystad en Almere als opvatting van stadsplanning, zie het schitterend geïllustreerde nummer van *Abitare* dat gewijd is aan Nederland, 236, juli-augustus 1985, 31-38.
51 Geciteerd in 'Focus on Business Property', *Highlife Magazine*, maart 1985, 37.
52 Henry James, *Transatlantic Sketches*, 384.

EEN BIBLIOGRAFISCHE GIDS BIJ DE GESCHIEDENIS VAN DE NEDERLANDSE 'MENTALITÉ'

Een conventionele, alfabetisch gerangschikte bibliografie van alle voor dit boek geraadpleegde werken zou iedereen afschrikken door haar lengte en ze zou van weinig nut zijn voor iemand die nader onderzoek wil doen naar de verschillende aspecten van de Nederlandse 'mentaliteit' die in dit boek behandeld worden. In plaats daarvan geef ik een selectie van de primaire en secundaire bronnen die het nuttigst zijn voor onderzoekers van de culturele en sociale geschiedenis van Nederland. Hieronder volgt een lijst van inleidingen (paragraaf 1-4), waarbij de titels voor het grootste deel zijn gerangschikt in groepen die met mijn hoofdstukken corresponderen.

1
GESCHIEDENISSEN VAN DE NEDERLANDSE CULTUUR

Er is het magistrale essay van Huizinga, Johan, 'Nederlands beschaving in de 17de eeuw', in *Verzamelde Werken*, 9 dln., Haarlem, 1948-1953, II, 412-507, en het voortreffelijke overzicht van Price, J.L., *Culture and Society in the Dutch Republic During the 17th Century*, Londen, 1974 (*Nederlandse cultuur in de Gouden Eeuw*, Utrecht/Antwerpen, 1976). Aspecten van de Nederlandse cultuur worden behandeld in twee uitstekende inleidende geschiedwerken: Haley, K.H.D., *The Dutch in the Seventeenth Century*, Londen, 1972; en Wilson, Charles, *The Dutch Republic*, London/New York, 1968. Burke, Peter, *Venice and Amsterdam: A Study in 17th Century Elites*, Londen, 1974, is in wezen een maatschappij-vergelijking, maar er staat veel in over de opvoeding en de denkwereld van het Amsterdamse patriciaat. Nog recenter, Regin, Deric, *Traders, Artists, Burghers: A Cultural History of Amsterdam in the 17th Century*, Assen, 1976, is in veel opzichten een scherpzinnige en zorgvuldige beschrijving van het onderwerp en heeft de verdienste de formele grens tussen 'maatschappij' en 'cultuur' niet al te scherp te trekken. Het betoog van het boek wordt helaas beheerst door niet nader onderzochte vooronderstellingen over wat een 'bourgeoismaatschappij' is.

In veel opzichten is het prachtige overzicht van de Nederlandse schilderkunst in de zeventiende eeuw door Haak, B., *Hollandse schilders in de Gouden Eeuw*, z.p., 1984², de meest bevredigende gids over de Nederlandse cultuur. En veel aspecten van de politieke en sociale geschiedenis worden behandeld als een wezenlijk onderdeel van de meest recente (en beste) studie over Rembrandt: Schwartz, Gary, *Rembrandt: zijn leven, zijn schilderijen*, z.p., 1984, 1987².

2
BIBLIOGRAFISCHE GIDSEN VOOR DE GESCHIEDENIS VAN DE 'MENTALITÉ' IN DE NEDERLANDSE REPUBLIEK

Dronckers, Emma, red., *Verzameling F.G. Waller: Catalogus van Nederlandsche en Vlaamsche populaire Boeken*. 's-Gravenhage, 1936. (Dit is een van de belangrijkste verzamelingen populaire literatuur in de Koninklijke Bibliotheek in Den Haag.)
De la Fontaine Verwey, Herman, *Copy and Print in the Netherlands: An Atlas of Historical Bibliography*, Amsterdam, 1962.
Knuttel, W.P.C., *Catalogus van de pamflettenverzameling berustende in de Koninklijke Bibliotheek*, 9 dln., 's-Gravenhage, 1888-1920 (herdruk Utrecht, 1978).
Landwehr, John, *De Nederlander Uit en Thuis. Spiegel van het dagelijkse leven uit bijzondere zeventiende-eeuwse boeken*, Alphen aan de Rijn, 1981.

Muller, Frederik, *Populaire Prozaschrijvers der XVIIe en XVIIIe Eeuw*, Amsterdam, 1893.
Schotel, G.D.J., *Vaderlandsche Volksboeken en Volkssprookjes van de Vroegste tijden tot het einde der 18de Eeuw*, 2 dln., Haarlem, 1873-1874.

3
KUNSTHISTORISCHE BRONNEN EN POPULAIRE VOORSTELLINGEN

Er is de laatste tijd zoveel onderzoek gedaan naar de geschiedenis van de Nederlandse kunst dat de belangrijkste analyses en interpretaties (waarvan veel in het Engels) van de Nederlandse cultuur en samenleving al zijn gegeven. Ik noem hier de voornaamste werken die van belang zijn voor het historisch onderzoek. Vele andere werken over specifieke onderwerpen en kunstenaars worden in de noten aangehaald.

Het Rijksbureau voor Kunsthistorische Documentatie in Den Haag heeft de onmisbare gids voor historisch onderzoek naar de Nederlandse kunst voortgebracht: de *Decimal Index to the Art of the Low Countries* (D.I.A.L.) op thema's en onderwerpen uit de Nederlandse kunst. Dit moet het eerste hulpmiddel zijn voor iedere historicus die de sociale aspecten van de Nederlandse cultuur onderzoekt.

PRENTEN
Er bestaan twee grote prentenverzamelingen in Nederland die van fundamenteel belang zijn voor de geschiedenis van de Nederlandse cultuur, samenleving en politiek. De catalogi zijn respectievelijk:
Atlas van Stolk, *Katalogus der Historie-, Spot- En Zinneprenten betrekkelijk De Geschiedenis van Nederland*, 10 dln., Amsterdam, 1895-1931.
Muller, Frederik, *Beredeneerde beschrijving van Nederlandsche Historieplaten, zinneprenten en historische kaarten*, 3 dln., Amsterdam, 1863-82. (De verzameling bevindt zich in het Rijksprentenkabinet, Amsterdam. Herdruk Amsterdam, 1970).

Twee andere verzamelingen van prenten zijn rijk aan materiaal dat betrekking heeft op de maatschappelijke en culturele geschiedenis van Nederland:
De verzameling van het Koninklijk Genootschap voor Oudheidkunde, eveneens bewaard in het Rijksprentenkabinet, Amsterdam.
The Douce Collection, Bodleian Library, Oxford.

Het elementaire werk over Nederlandse prenten en andere beelden als bron voor de mentaliteitsgeschiedenis is Waal, H. de, *Drie Eeuwen Vaderlandsche Geschied-Uitbeelding*, 2 dln., 's-Gravenhage, 1952. Voor populaire voorstellingen zie Heurck, E.M. van, en G.J. Boekenoogen, *Imagerie Populaire des Pays-Bas*, Parijs, 1930.
Ackley, Clifford S., *Printmaking in the Age of Rembrandt*, Boston/New York, 1981, is een prachtige tentoonstellingscatalogus met een belangrijk essay van William Robinson over verzamelen en kennerschap en een uitgebreide bibliografie.
Stone-Ferrier, Linda, *Dutch Prints of Daily Life: Mirrors of Life or Masks of Morals?*, Lawrence, Kans., Spencer Museum of Art, 1983, bevat een stimulerend essay door de schrijver over het hedendaagse debat over de interpretatie van de Nederlandse kunst en bevat veel interessant materiaal voor de cultuurhistoricus.

GEÏLLUSTREERDE BOEKEN
Nederlandse geïllustreerde boeken vormen, zoals algemeen erkend, zo'n ontzaglijk rijk repertoire aan literatuur dat het onzinnig is te onderscheiden tussen cultuur van het 'volk' en cultuur van de 'elite'. Hoewel deze boeken een hele bibliografische geschiedenis achter de rug hebben, bestaat er vreemd genoeg niets dat een serieuze kritische geschiedenis mag heten. Noch bestaan er serieuze monografieën over de grootste illustrators: Van de Venne, Crispijn van de Passe, Claes Jansz. Visscher en (later in de eeuw) Jan Luiken en Bernard Picart. Romeyn de Hooghe wordt wat summier behandeld in Landwehr, John, *Romeyn de Hooghe (1645-1708) as Book Illustrator*, Amsterdam/New York, 1970. Zie ook Langedijk, G., *Aesopus in Europa. Bemerkingen zur politisch-satirischen Graphik des Romeyn de Hooghe (1645-1708)*, diss., Wilhelms-Universität, 1972; Wilson, Harry T., 'The Art of Romeyn de Hooghe', Ph.D. diss., Harvard University, 1974.
Voor een inleiding tot geïllustreerde boeken zie:
Benesch, Otto, *Artistic and Intellectual Trends from Rubens to Daumier as Shown in Book Illustration*, Cambridge, Mass., 1943. Zie 20-39.
Bol, L.J., 'Adriaen van de Venne as an Illustrator', *Tableau* 56, 1984.
De la Fontaine Verwey, Herman, 'De Gouden Eeuw van Nederlandse boekillustratie, 1600-1635', in idem, *Uit de wereld van het boek*, dl. 2, *Drukkers, liefhebbers en piraten in de zeventiende eeuw*, Amsterdam, 1976. Zie 49-76.

EMBLEMATABOEKEN
Het is aangetoond dat emblemataboeken van wezenlijk belang zijn geweest voor de visuele en de verbale cultuur van het zeventiende-eeuwse Nederland, en de

meest beroemde boeken (die van Cats, De Brune en Visscher) wijken in vorm en visuele toespeling vaak radicaal af van het standaardrepertoire van het renaissance-humanisme, zoals vastgelegd in Alciati. (Andere boeken, zoals die van Daniel Heinsius en Otto Vaenius, bleven dichter bij de klassieke norm.) Als instrument om de betekenis te achterhalen van enkele geestige en enkele ernstige genreschilderijen zijn ze van essentieel belang, maar ze moeten met grote voorzichtigheid en zorg gebruikt worden. Wijze woorden over dit onderwerp zijn te vinden in:

De Jongh, E., 'The Possibilities and Limits of Interpreting Genre Paintings', in Brown, Christopher, red., *Images of the World: Dutch genre Paintings in Their Historical Context*, Londen, verschijnt binnenkort.

Zie ook:
Landwehr, John, *Dutch Emblem Books: A Bibliography*, Utrecht, 1962.
Praz, Mario, *Studies in Seventeenth-Century Imagery*, Rome, 1964.
De Vries, A.G.C., *De Nederlandsche Emblemata*, 's-Gravenhage, 1889.
Zijderveld, A., 'Cesare Ripa's *Iconologia* in ons land', *Oud Holland* 64 (1949):117-18.

De belangrijkste emblemataboeken die uitgebreid gebruikt worden in deze studie zijn:
De Brune, Johan, *Emblemata ofte Sinnewerck*, Amsterdam, 1624 (facs. Soest, 1970).
Cats, Jacob, *Alle de Werken*, Amsterdam, 1659 (facs. Utrecht [1978] van de ed. Amsterdam 1712).
Heyns, Zacharias, *Emblemata*, Rotterdam, 1625.
Luiken, Jan, *Het Leerzaam Huisraad*, Amsterdam, 1711 (facs. Leiden, 1967).
–, *Spieghel van 't menschelyk bedryf*, Amsterdam, 1694 (facs. Utrecht, 1977).
–, *Des Menschen Begin, Midden ende Einde...*, Amsterdam, 1712 (facs. Utrecht, 1977).
Visscher, Roemer, *Sinnepoppen*, Amsterdam, 1614 (facs. 's-Gravenhage 1949).

SCHILDERIJEN

Drie recente grote tentoonstellingen hebben de kennis en de interpretatie van de Nederlandse kunst fundamenteel veranderd. Er zijn ook catalogi uit voortgekomen die van het grootste belang zijn voor de cultuurhistoricus, alle drie met uitvoerige bibliografieën.
Rijksmuseum, *Tot Lering en Vermaak*, E. de Jongh, Amsterdam, 1976.
National Gallery of Art, *Gods, Saints and Heroes: Dutch painting in the Age of Rembrandt*, A. Blankert e.a., Washington, D.C., 1980 (De Nederlandse titel is Albert Blanken e.a., *God en de goden. Verhalen uit de bijbelse en klassieke oudheid door Rembrandt en zijn tijdgenoten*, Amsterdam/Den Haag, 1981.)
Philadelphia Museum of Art, *Masters of Seventeenth Century Dutch Genre Painting*, Peter Sutton, 1984. Over dit uiterst belangrijk onderwerp zie ook Brown, Christopher, *Dutch Genre Painting*, Londen, 1984. E. de Jongh, *Portretten van echt en trouw. Huwelijk en gezin in de Nederlandse kunst van de zeventiende eeuw*, Haarlem, 1986, is een schitterende catalogus van de tentoonstelling in het Frans Hals Museum, gewijd aan familie- en huwelijksportretten. De inleiding is van groot belang voor zowel historici als kunsthistorici. Helaas verscheen dit werk te laat om de vele inzichten ervan in dit boek te kunnen verwerken.

Ook moeten nog twee belangrijke catalogi over de Nederlandse stillevenschilderkunst worden genoemd:
Stilleben in Europa, Münster/Baden-Baden, 1979-1980, gaat voor een groot deel over Nederlandse stillevens, maar boet in aan geloofwaardigheid door een streng symbolische benadering van deze schilderijen.
Still-Life in the age of Rembrandt, E. de Jongh e.a., Auckland, Nieuw-Zeeland, 1982, geeft essays met belangrijke correcties.
Ten slotte is, hoewel ik het niet met alles in het boek eens ben, Alpers, Svetlana, *The Art of Describing: Dutch Art in the Seventeenth Century*, Chicago, 1983, uiterst belangrijk voor iedereen die serieus de Nederlandse kunst en Nederlandse geschiedenis bestudeert.
Het meest recent is: Kuile, Onno ter, *Seventeenth-Century North Netherlandish Still Lifes*, Den Haag/Amsterdam, 1985.

ANDERE VISUELE BRONNEN

Uithangborden en opschriften
Van Lennep, J., en J. ter Gouw, *Het Boek der Opschriften*, Amsterdam, 1869.
Sweerts, Jeroen, *Koddige en Ernstige Opschriften op luyffels, wagens, glazen, uythangborden*, Amsterdam, 1682-89.

Munten en penningen
Bizot, P, *Medallische historie der Republyk van Holland*, Amsterdam, 1690.
Loon, Gerard van, *Beschryving der Nederlandsche Historipenningen*, 4 dln., 's-Gravenhage, 1723-31.
Roovers, O.N., 'De Noord-Nederlandsche

triumpfpenningen', *Jaarboek van het Koninklijke Nederlandsche Genootschap voor Munt- en Penningkunde*, 1953, 1-49.

Gelegenheidsarchitectuur en triomfale intochten
Barlaeus, C., *Marie de Médicis, entrant dans Amsterdam: ou Histoire de la Réception faicte à la Reyne Mère du Roy très-Chrestien par les Bourgmaistres et Bourgeoisie de la Ville d'Amsterdam*, Amsterdam, 1638.
Dubiez, F.J., 'Maria de Medicis, het bezoek aan Amsterdam in Augustus 1638', *Ons Amsterdam*, jg. 10, 1958, 266-77.
Snoep, D.P., *Praal en Propaganda. Triumfalia in de Noordelijke Nederlanden in de 16de en 17de eeuw*, Alphen aan de Rijn, 1975.

Gegraveerd en gedreven zilver
Frederiks, J.W., *Dutch Silver*, 4 dln., Den Haag, 1961, vooral deel 4, *Embossed Ecclesiastical and Secular Plates from the Renaissance to the End of the 18th Century*.
Gans, M.H., en Th.M. Duyvené de Wit-Klinkhamer, *Dutch Silver*, Londen, 1961.

Glas
Boom, A. van der, *Monumentale Glasschilderkunst in Nederland*, 's-Gravenhage, 1940.
Regteren Altena, J.Q. van, e.a., *De Goudsche Glazen, 1555-1603*, 's-Gravenhage, 1938.
Rijksen, A.A., *Gespiegeld in Kerkeglas*, Lochem, 1947.

Verwijzingen naar andere kunsthistorische werken zijn te vinden bij de specifieke onderwerpen hieronder.

4
REISBESCHRIJVINGEN EN VERSLAGEN VAN BUITENLANDSE BEZOEKERS

Dit is een waardevolle en vruchtbare bron voor de geschiedenis van de Republiek, al mag men veel van deze verslagen niet zonder meer geloven of zelfs aannemen dat een zogeheten 'reis naar Holland' (vooral in het Engels) dat ook werkelijk is. De nijvere neerlandofobische industrie in Engeland en Frankrijk zorgde voor vele herdrukken, roofdrukken en formulaire bewerkingen van traktaten uit 1650 tot 1670 (zie Hoofdstuk VI). Bovendien waren veel welwillende beschrijvingen gebaseerd op geruchten en standaardteksten in plaats van persoonlijke getuigenissen. Het is duidelijk dat men veel moet weten over de auteur voordat men de betrouwbaarheid van deze beschrijvingen kan vaststellen. Maar alleen al het aantal is verbluffend groot.

De nuttigste gidsen bij deze uitgebreide literatuur zijn:
Jacobson Jensen, J.N., *Reizigers te Amsterdam. Beschrijvende lijst van reizen in Nederland door vreemdelingen voor 1850*, Amsterdam, 1919.
Murris, R., *La Hollande et les Hollandais aux XVIIème et XVIIIème siècles, vus par les Français*, Parijs, 1925.

5
ZEDEN EN GEWOONTEN

De beste gids in de Engelse taal blijft Zumthor, Paul, *Daily Life in Rembrandt's Holland*, Londen, 1962 (oorspronkelijk Frans, Parijs, 1959), die veel ontleent aan de compilatie van Franse reizigersverhalen door Murris, maar uiterst gedetailleerd en scherpzinnig is.

Het grote achttiende-eeuwse werk over zeden en gewoonten (en over fysische en economische geografie) is Le Francq van Berkhey, J., *Natuurlyke Historie van Holland*, 4 dln., Amsterdam, 1769-79.

De negentiende en het begin van de twintigste eeuw droegen hun eigen bloemlezingen van zeden en gewoonten bij, waarvan de interessantste zijn:
Brugmans, H., red., *Het Huiselijk en Maatschappelijk Leven Onzer Voorouders*, Amsterdam, 1931. In het bijzonder de bijdrage van Knappert, L., 'Het Huiselijk Leven', 100-210.
Schotel, G.D.J., *Het Oud-Hollandsch huisgezin der zeventiende eeuw*, Arnhem, 1903.
–, *Het maatschappelijk leven onzer vaderen in de zeventiende eeuw*, Arnhem, 1905.
Vrankrijker, A.C.J. de, *Het maatschappelijk leven in Nederland in de Gouden Eeuw*, Amsterdam, 1937.

6
MORELE (EN FYSISCHE) GEOGRAFIE

Voor beschrijvingen van het 'waterhuis' en meer algemeen van het Amsterdamse Tuchthuis zie Sellin, Thorsten, *Pioneering in Penology: The Amsterdam Houses of Correction in the Sixteenth and Seventeenth Centuries*, Philadelphia, 1944. Zie ook Hallema, A., *Geschiedenis van het Gevangeniswezen Hoofdzakelijk in Nederland, 's-Gravenhage, 1958.

De beproeving van Bontekoes schipbreuk vindt men in *Journael ofte gedenckwaerdige beschrijvinghe van de oost-indische reyse van Willem Ysbrantsz. Bontekoe van Hoorn*, Hoorn, 1646. Er zijn verschillende uitgaven van, onder meer een fotomechanische herdruk van de eerste editie; ook herdrukt in *Spectrum van de Nederlandse letterkunde*, dl. II, Utrecht/Antwerpen, 1971. Een ander belangrijk rampverhaal is Pelsaert, Francisco, *Ongeluckige Voyagie van 't schip Batavia*, Amsterdam, 1648. Veel meer van dit soort verhalen worden opgesomd in Muller, *Populaire Prozaschrijvers*, en Schotel, *Vaderlandsche Volksboeken*. Een van de populairste (en typerende) was *Kort Verhael van d'Avontuerlijcke Voyagien en Reysen van Paulus Olofsz. Rotman*, Amsterdam, 1657.

Over overstroming en landwinning, zie Lambert, Audrey, *The Making of the Dutch Landscape*, Londen/New York, 1971. Zie ook het uitstekende essay door Borger, G.J., 'Vorming en Verandering van het Hollandse landschap', in *Het Land van Holland: Ontwikkelingen in het Noord- en Zuidhollandse landschap*, Amsterdam, 1978. De uitvoerigste beschrijving van overstromingen in de middeleeuwen en renaissance is Gottschalk, M.K. Elisabeth, *Stormvloeden en rivieroverstromingen in Nederland*, 3 dln., Assen, 1975-1977. De belangrijkse beschrijving van de waterschappen in Nederland is Fockema Andreae, S.J., *Studiën over de Nederlandse waterschapsgeschiedenis*, 8 dln., Leiden, 1950-1952. Voor de consequenties van de landwinning voor de Nederlandse landbouw, zie Vries, Jan de, *The Dutch Rural Economy in the Golden Age*, New Haven, Conn./Londen, 1974.

Voor mythen en legenden van de Sint-Elisabethsvloed, drijvende katten en wiegen, zie Waal, H. van de, *Drie Eeuwen*. Het traktaat van Andries Vierlingh is uitgegeven door Hullu, J. de, en A.G. Verhoeven, red., *Tractaet van Dyckagie*, 's-Gravenhage, 1920.

7
DE VADERLANDSE SCHRIFT

(Vroege geschiedenissen, hebraïsme en nationaal besef)

CONTEMPORAINE GESCHIEDENISSEN EN KRONIEKEN

Een overzicht van alle geschiedenissen en kronieken geeft Haitsma Mulier, E.O.G. en G.A.C. van der Lem, *Repertorium van geschiedschrijvers in Nederland (van de 16de tot en met de 18de eeuw)*, te verschijnen in de Bibliografische Reeks van het Historisch Genootschap.

{Baudartius, W.,} *Waarachtige Beschrijvinghe ende Levendighe Afbeeldinghe vande Meer dan onmenschelijke ende Barbarische Tyrannije bedreven by de Spaengiaerden in de Nederlanden*, Amsterdam, 1621.

Baudartius, W., *Morghen-wecker der Vrye Nederlantsche Provintien*, Danswick, 1610. Een bewerking hiervan in vraag- en antwoordvorm voor de jeugd: *Spieghel der Jeught*, Amsterdam, 1614; het boekje beleefde tientallen drukken.

Gouthoeven, Wouter van, *d'Oude chronijke ende historien van Holland*, 's-Gravenhage, 1636, een voortzetting van de zogenaamde 'Divisie-kroniek' van Cornelius Aurelius, *Die cronycke van Hollandt, Zeelandt ende Vrieslandt*, Leiden, 1517.

Grotius, Hugo, *Tractaet vande Oudtheyt vande Batavische nu Hollandsche Republike*, 's-Gravenhage, 1610.

–, *Nederlandtsche Jaerboeken en historien, sedert het jaer MDLV tot het jaer MDCIX*, Amsterdam, 1681.

[Gysius, Joannes,] *Oorsprong en Voortgang der Nederlandtscher Beroerten ende Ellendicheden*, [Leiden,] 1616, Delft, 1626^2 (de eerste druk anoniem).

Hooft, P.C., *Neederlandsche Histoorien*, Amsterdam, 1642.

Hooghe, Romeyn de, *Spiegel van Staat der Vereenigde Nederlanden*, 2 dln., Amsterdam, 1706.

Meteren, Emanuel van, *Belgische ofte Nederlantsche Historie, van Onsen Tijden*, Delft, 1595, 1605. Verschillende herdrukken, waarvan een vermeerderde: *Historie der neder-landscher ende haerder na-buren oorlogen ende geschiedenissen*, 's-Gravenhage, 1614.

Scriverius, Petrus, *Beschrijvinghe van Out Batavien... Mitsgaders d'Afcomst ende Historie der Edelen Hooggeboren graven van Hollant, Zeelant en Vrieslant*, Arnhem, 1612 (anoniem), 1614; Amsterdam, 1636, 1646.

–, *Batavia Illustrata*, Leiden, 1609.

Duym, Jacob, *Corte historische beschryvinghe der Nederlandscher oorlogen*, D.I.I.D. [Door Ionker Iacob Duym,] Arnhem, 1612 (dikwijls gebonden bij Scriverius' bovengenoemde *Beschrijvinghe van Oudt-Batavien...*, waardoor Scriverius ook vaak voor de auteur van de *Corte historische beschryvinghe* wordt aangezien), 1614, Amsterdam, 1636, 1646.

Wachtendorp, Casparus, *Oude Hollandsche Geschiedenissen*, 1645.

Het onmisbare boek over vroege Nederlandse geschiedschrijving is Kampinga, H., *De opvattingen van onze oudere vaderlandsche geschiedenis bij Hollandsche*

historici der XVIe en XVIIe eeuw. 's-Gravenhage, 1917.
Van de Waal, H., *Drie Eeuwen* is ook essentieel voor de discussie over de opkomst van een Nederlands nationaal besef. Voor het Bataafse thema zie het voortreffelijke artikel van Schöffer, I., 'The Batavian Myth during the Sixteenth and Seventeenth Centuries', in *Geschiedschrijving in Nederland*, onder redactie van P.A.M. Geurts en A.E.M. Janssen, 2 dln., 's-Gravenhage, 1981, dl. 2, 85-108. Over populaire geschiedenissen, zie Breen, Joh. C., 'Gereformeerde populaire historiographie in de 17de en 18de eeuw', *Tijdschrift voor Geschiedenis* 37, 1922, 254-273, 372-382. Over de calvinistische polemieken van Baudartius zie Broek Roelofs, O.C., *Wilhelmus Baudartius (1565-1640). Contraremonstrants predikant en geschiedschrijver*, Kampen, 1947. Over de weergave van het Bataafse thema in het Amsterdamse stadhuis, zie Buchbinder-Green, Barbara, 'The Painted Decorations of the Town Hall of Amsterdam', Ph.D. diss., Northwestern University, 1974. Voor een beschrijving van de politieke achtergrond van Bols *Mozes* in het stadhuis, zie Blankert, Albert, *Kunst als regeringszaak in de 17de eeuw: rondom schilderijen van Ferdinand Bol*, Lochem, 1975.

Voor een sceptische opvatting over de rol van het vroege nationalisme in de Nederlandse revolutie, zie Groenveld, S., 'Natie en nationaal gevoel in de zestiende-eeuwse Nederlanden', in *Scrinium et Scriptura: Opstellen betreffende de Nederlandse geschiedenis aangeboden aan J.L. van der Gouw*, Groningen, 1980, 372-87. Over propagandapamfletten gedurende de Opstand, zie de uitvoerige studie van Geurts, P.A.M., *De Nederlandse Opstand in de pamfletten (1566-1584)*, Nijmegen, 1956, Utrecht, 1983².

Over de rol van het calvinisme in de vorming van het nationaal bewustzijn, zie Smitskamp, H., *Calvinistisch nationaal besef in Nederland voor het midden van de zeventiende eeuw*, 's-Gravenhage, 1947. Over de predikanten als maatschappelijke groepering en de kerkelijke opvatting van een nieuw Israël, zie de uitstekende monografie van Groenhuis, G., *De Predikanten*, Groningen, 1977. Voor Vondels vergelijking van het Nederlandse en Hebreeuwse epos, zie zijn toneelstuk *Pascha ofte Verlossinge Israels wt Egypten*, Amsterdam, 1612. Voor vaderlandse liederen, zie Valerius, Adriaen, *Neder-landtsche Gedenck-Clanck*, red. P.J. Meertens, N.B. ten Haeff en A. Komter-Kuipers, Amsterdam/Antwerpen, 1947, herdruk. Ook herdrukt als *Nederlands Dankoffer over de behoudenis haarer Vrijheid*, Haarlem, 1626. Zie ook Alphen, H. van, *Nederlandsche Gezangen*, Amsterdam, 1779.

8
GESTRANDE WALVISSEN EN ANDERE VOORTEKENEN

Afbeeldinge en Beschrijvinge van de drie aenmerckenswaerdige Wonderen in den Jare 1664 t'Amsterdam, Amsterdam, 1665, Knuttel, *Catalogus*, 8937.
Deinse, A.B. van, 'Over de potvisschen in Nederland gestrand tusschen de jaren 1531-1788', *Zoologische Mededeelingen*, Leiden, 1918, 22-50.
Eijffinger, Arthur, 'Zin en Beeld: Enige Kanttekeningen bij twee historieprenten', *Oud Holland* 93, 1979.
Hill, Boyd, *Old World Marine Prints in the Kendall Whaling Museum, 1520-1785*, Sharon, 1986.
Jong, C. de, *Geschiedenis van de oude Nederlandse walvisvaart*, 3 dln., Johannesburg, 1979.
Kraynenga, André, 'Een beeld van waarheid; rond de stranding van een potvis', *Teylers Museum Magazijn*, voorjaar 1984, 1-4.
Niemeyer, J.W., 'Een gestrande potvis', *Bulletin Rijksmuseum*, 12, 1964, 20-25.
Timm, W., 'Der gestrandete Wal, eine motivkundliche Studie', *Forschung und Staatsmuseum Berlin*, 1961.
Twist, Pieter Jansz., *Comeet-Boeckxen*, Hoorn, 1624, 1665.
Vries, Simon de, *Wonderen soo aen als in, en Wonder-Gevallen Soo op als omtrent De Zeen, Rivieren, Meiren, Poelen en Fonteynen*, Amsterdam, 1687.
Zorgdrager, C.G., *Bloeyende opkomst der aloude en hedendaagsche Groenlandsche visschery*, Amsterdam, 1720.

Zie ook de commentaren op prenten van Goltzius, Buytewech en Saenredam in Ackley, Clifford, *Printmaking in the Age of Rembrandt*, en Stone-Ferrier, Linda A., *Dutch Prints of Daily Life*.

9
ETEN, DRINKEN, TABAK

KOOKBOEKEN

Eeghen, I. van, 'Oude Kookboeken', *Maandblad Amstelodamum*, 61, 1974, 91-93.
De Nieuw wel-ervarene Nederlandse Keuken-Meyd, Amsterdam, 1775.
[Nijland, Petrus,] *De Verstandige Kok of Sorghvuldige Huyshouder*, Amsterdam, 1668, en vijftien edities tot 1800!
Sels, Hilda L.F.C., 'Zuidnederlandse Kookboeken na de Middeleeuwen', *Spiegel Historiael*, 20.
Veer, A. van 't, *Oud Hollandse Kookboeken*, Utrecht,

1966.
De Volmaakte Hollandse Keukenmeid, Amsterdam, 1761.

GESCHIEDENIS VAN ETEN EN VOEDING

Blankaart, S., *Gebruik en misbruik van de thee*, Amsterdam, 1686.
Bruyn, J., 'Men on Board, 1700-1750', *Acta Historiae Neerlandica*, 1975.
Burema, L., *De Voeding in Nederland van de Middeleeuwen tot de Twintigste Eeuw*, Assen, 1953.
Deursen, A.Th. van, *Het kopergeld van de Gouden Eeuw*, dl. 1, *Het dagelijks brood*, Assen/Amsterdam, 1978.
Nannings, J.H., *Brood en Gebakvormen en hunne Beteekenis in de Folklore*, Scheveningen, z.j.
Pluim, T. en J.N. van Hesteren, *Schetsen uit onze Beschavingsgeschiedenis*, Purmerend, 1898.
Scholte-Hoek, C.H.A., *Het gastmaal en de tafel in de loop van tijden*, Amsterdam, 1965.
Schotel, G.D.J., *Letterkundige bijdragen tot de geschiedenis van den tabak, de koffij en de thee*, 's-Gravenhage, 1848.

OVER DRANK EN DRINKGEBRUIKEN

Alkemade, K. van, en P. van der Schelling, *Nederlands Displegtigheden*, 3 dln., Rotterdam, 1732-1735.
Deursen van, *Het kopergeld van de Gouden Eeuw*, dl. 2, *Volkskultuur*, Amsterdam/Assen, 1978.
[Pers, D.,] *Bacchus Wonder-Wercken waar in het recht Gebruyck en misbruyck des Wijns door verscheyden vermaecklijcke eerlijcke en leerlijck historien wort afgebeeld*, Amsterdam, 1628, gravures door Gillis Scheyndel.
Zeeman, H., *Drank en Drinkwinkels in Nederland van de Vroegste Tijden tot op Heden*, Amsterdam, 1866.

TABAK

Brongers, G.A., *Nicotiana tabacum: The History of Tobacco and Tobacoo Smoking in the Netherlands*, Amsterdam, 1964.
–, *Pijpen en tabak*, Bussum, 1964.
Brooks, Jerome E., *Tobacco, Its History Illustrated by the Books, Manuscripts en Engravings in the Collection of George Arents, Jr.*, 5 dln., New York, 1937-1952.
Everaerts, Gillis, *Panacea or the Universal Medicine*, Londen, 1659.
Roessingh, H.K., *Inlandse Tabak. Expansie en contractie van een handelsgewas in de 17de en 18de eeuw in Nederland*, Wageningen, 1976.
Schotel, G.D.J., *Letterkundige bijdragen tot de geschiedenis van den tabak, de koffij en de thee*, 's-Gravenhage, 1848.
[Petrus Scriverius,] *Saturnalia ofte Poëtisch Vasten-Avondspel...* Vertaald door Samuel Ampzing, Haarlem, 1630.

STILLEVENS, VANITAS- EN 'ROKERS'-SCHILDERIJEN

Bergstrom, Ingvar, *Dutch Still-Life Painting in the Seventeenth Century*, Londen, 1956.
IJdelheid der ijdelheden. Hollandse vanitas-voorstellingen der zeventiende eeuw. Tentoonstellingscatalogus, Stedelijk Museum De Lakenhal, Leiden, 1970.
Knuttel, Gerard, *Adriaen Brouwer: The Master and His Work*, Den Haag, 1962.
Schmidt-Degener, F., *Adriaen Brouwer et son évolution artistique*, Brussel, 1908.
Still-Life in the Age of Rembrandt, tentoonstellingscatalogus, Auckland, Nieuw Zeeland, 1982.
Stilleben in Europa, tentoonstellingscatalogus, Münster Baden-Baden, 1979-1980.
Vroom, N.R.A., *A Modest Message as Intimated by the Painters of the 'Monochrome Banketje'*, 2 dln., Schiedam, 1980.

10
STEREOTYPEN EN ZELFBEELDEN IN OORLOG EN VREDE

Een typerende populaire pamflettendiscussie over de voordelen van de vrede is *Den On-geveynsden Nederlantschen Patriot*, Alkmaar, 1647, Knuttel, *Catalogus*, 5506-5508; en veel soortgelijke stukken zijn te vinden onder de bijbehorende data in Knuttel, *Catalogus*. De klassieke opvatting van de Statenpartij over de plaats van de Republiek in de wereld en haar economische en politieke grondslagen is te vinden in [De la Court, Pieter,] *Interest van Holland, ofte gronden van Hollands-Welvaren*, Amsterdam, 1662. Over De la Court, zie het nuttige artikel van Tijn, Th. van, 'Pieter de la Court. Zijn leven en economische denkbeelden', *Tijdschrift voor geschiedenis*, 69, 1956, 304-70. Voor het mogelijke aandeel van De Witt in het werk, zie Fruin, R., 'Het aandeel van den Raadpensionaris De Witt aan het Interest van Holland van Pieter de la Court', *Verspreide Geschriften*, dl. 8, 42-53. Voor De Witts eigen opvattingen over de veiligheid van de Republiek, zie de definitieve biografie van Rowen, H., *John de Witt, Grand Pensionary of Holland, 1625-1672*, Princeton, N.J., 1978. Typerend voor de rechtvaardiging van de Statenpartij voor haar defensieve houding tegenover de oorlog is *Den*

Hollandschen Verre-kyker, 1671, Knuttel, *Catalogus*, 9893, waarin werd geprobeerd een dreigend militair conflict te voorkomen. Voor de theoretische discussies over de aard van de Nederlandse staat, zie het heldere en scherpzinnige werk van Kossmann, E.H., *Politieke theorie in het zeventiende-eeuwse Nederland*, Amsterdam, 1980.

De opvatting van de tegenstanders van de Statenpartij of 'dynastieke' opvatting van de plaats van het leger wordt behandeld in Geyl, P., *Orange and Stuart*, en de crisis van 1650 in Poelhekke, J.J., *Geen blijder maer in tachtig jaer. Verspreide studiën over de crisisperiode 1648-1651*, Zutphen, 1973. Over het langdurige militaire conflict van de Republiek in de eerste helft van de eeuw, zie Israel, J.I., *The Dutch Republic and the Hispanic World 1606-1661*, Oxford, 1984, en Poelhekke, J.J., *Frederik Hendrik Prins van Oranje. Een biografisch drieluik*, Zutphen, 1978.

Over de beschrijvingen van de zeeoorlog en de politieke gevolgen van de publiciteit, zie de interessante studie van Haije, Chr. F., *De Oprechte Haarlemsche Courant en Michiel Adriaansz. de Ruyter*, Haarlem, 1908; en over de vroege pers in het algemeen, Sautijn Kluit, W.P., *De Haarlemsche Courant*, Amsterdam, 1871. Voor de verheerlijking van zeehelden zie Bosch, Lambertus van den [Sylvius,] *Leeven en Daden der Doorluchtighste Zee-Helden en Ontdeckers van landen, deser eeuwen*, Amsterdam, 1676; en voor een moderne bloemlezing van poëzie over publieke gebeurtenissen, zie Scheurleer, D.F., *Van varen en vechten*, 3 dln., 's-Gravenhage, 1914. Voor patriottische liederen en gezangen, zie de prachtige bundel van Vloten, J. van, *Nederlandse Geschiedzangen*, Amsterdam, 1864. Er is nog geen werk dat het beeld van de oorlog in de Nederlandse prentkunst, zelfs niet van soldaten in de 'kortegaarde'-schilderijen, systematisch behandelt. Voor een behandeling van één aspect van het conflict tussen soldaten en burgers, zie Fishman, Jane Susannah, *Boerenverdriet: Violence between Peasants and Soldiers in Early Modern Netherlands Art*, Ann Arbor, Mich., 1983. De visuele aspecten van de Nederlandse publieke zelfverheerlijking worden het best behandeld in de penningengeschiedenis, vooral Loon, Gerard van, *Beschrijving*, en Chevalier, Nicolas, *Histoire de Guillaume III*, Amsterdam, 1692.

Over de Nederlandse economie als blikvanger, zie Appleby, Joyce Oldham, *Economic Thought and Ideology in Seventeenth-Century England*, Princeton, N.J., 1978; en eigentijdse beschrijvingen door Burrish, Onslow, *Batavia Illustrata or a View of the Policy and Commerce of the United Provinces*, Londen, 1731, en Child, Josiah, *A Treatise Concerning the East India Trade*, Londen, 1681. Voor de eeuwige conflicten die uit deze opvattingen en misvattingen voortkwamen, zie Barbour, Violet, 'Dutch and English Shipping in the Seventeenth Century', *Economic History Review*, 1930, 261-90; Farnell, J.E., 'The Navigation Act of 1651, the First Dutch War and the London Merchant Community', *Economic History Review*, 439-54; Wilson, Charles, *Profit and Power*, Londen, 1957; –, 'Cloth Production and International Competition in the 17th Century', *Economic history and the historian. Collected essays*, Londen, 1969, 94-113. Niet-Nederlands bronnenmateriaal voor de Engelse Oorlogen is te vinden in Colenbrander, H.T., red., *Bescheiden uit vreemde archieven omtrent de groote Nederlandsche zeeoorlogen, 1652-1676*, 's-Gravenhage, 1919.

Neerlandofobie als bijzonder kenmerk van de zeventiende-eeuwse politieke cultuur in Engeland en Frankrijk is nog niet grondig behandeld. Verreweg de beste beschrijving blijft Coombs, Douglas, *The Conduct of the Dutch*, Den Haag/Achimota, 1958, dat voornamelijk de achttiende-eeuwse literatuur behandelt. Het primaire bronnenmateriaal is zeer rijk, vooral in het Engels, en enkele van de opmerkelijkste werken in dit genre zijn:
[Carew, George,] *Fraud and Oppression Detected and Arraigned*, 1676.
Observations Concerning the present Affayres of Holland and the United Provinces, 1622.
[Felltham, Owen,] *A Brief Character of the Low Countries under the States Being Three Weeks' Observation of the Vices and Vertues of the Inhabitants*, Londen, 1652.
The Dutch-mens Pedigree, Or, A Relation Shewing How They Were First Bred and Descended from a Horse-Turd Which Was Enclosed in a Butter-Box, 1653.
The English and Dutch Affairs Displayed to the Life, Londen, 1664.
The Dutch Displayed, Londen, 1666.
Marvell, Andrew, 'The Character of Holland'; 'Instructions to a Painter about the Dutch Wars', *Poems*.
[Stubbes, Henry,] *A Justification of the Present War Against the United Netherlands*, 1672.
–, *A Further Justification*, 1673.
The Interest of England in the Present War with Holland, 1672.
Several Remarkable Passages Concerning the Hollanders, Londen, 1673.
The Dutch Won't Let Us Have Dunkirk, 1712.
A Search After Dutch Honesty, 1712.
The Fable of the Cod's Heads, 1712.

De militaire en politieke crisis van 1672 en de bijbehorende polemieken worden behandeld in het voortreffelijke werk van Roorda, D., *Het Rampjaar: 1672*, Bussum, 1971; en in Rowen, H., *John de Witt*. De oorzaken van de oorlog worden opnieuw besproken in Sonnino, Paul, 'Hugues de Lionne and the Origins of the Dutch War', *Proceedings of the Third Meeting of the Western Society for French History*, 68-78; en –, 'Colbert and the Dutch War', *European Studies Review*, 3-9, en 'Louis XIV and the Dutch War', *Louis XIV and Europe*, onder redactie van R. Hatton, Columbus, Ohio, 1976. De oorlog wordt op meer traditionele wijze behandeld in Elzinga, Simon, *Het Voorspel van den Oorlog van 1672*, Haarlem, 1926. Zie ook Ekberg, Carl J., *The Failure of Louis XIV's Dutch War*, Chapel Hill, N.C., 1979.

De Nederlandse tegenpropaganda wordt beschreven in Malssen, P.J.W. van, *Louis XIV d'après les Pamphlets Répandus en Hollande*, diss., Univ. van Amsterdam, 1936. De indrukwekkendste werken, zowel qua tekst als qua afbeelding, waren:
Bosch, Lambert van den, *Tooneel des Oorlogs, opgerecht in de Vereenigde Nederlanden...*, Amsterdam, 1675.
Domselaer, Tobias van, *Het Ontroerde Nederlandt...*, Amsterdam, 1674.
Hooghe, Romeyn de, *Schouburgh der Nederlandse Veranderingen Geopent in Ses Toneelen*, Amsterdam, 1674.
Journael of daghelijckse verhael van de handel der Franschen in de Steden Utrecht en Woerden, Amsterdam, 1674.
Kort verhaal rakende de oprechte Hollanders..., 's-Gravenhage, 1674.
Toets-Steen voor de Herten der Batavieren tot onderscheidt van de Goede en de Quade, 1673.
Valkenier, Petrus, *'t Verwerd Europa, ofte Politijke en Historische Beschryvinge*, Amsterdam, 1675.
[Wicquefort, A. de,] *De Fransche Tyrannie*, 2 dln., Amsterdam, 1674.
[Wicquefort, A. de,] *Advis Fidelle aux Véritables Hollandois...*, Den Haag, 1673.

Voor de Franse voorstellingen van de oorlog, zie de prachtige *Collection Hennin* in de Bibliothèque Nationale, Parijs (*Inventaire de la Collection d'Estampes relatives à l'histoire de France*), vooral frontispices van almanakken:
4598 *La France florissante*
4613 *La réjouissance des soldats français sur la déclaration de la guerre contre les Hollandois*
4615 *Les merveilleux progrès du roy*
4618 *Rhin passée à la nage par les Français*

De pamflettenverzameling in de Koninklijke Bibliotheek, Den Haag, bevat vele calvinistische preken uit de tijd dat de crisis een hoogtepunt bereikte, 1672-1673 (zie Knuttel, *Catalogus*). Typisch apocalyptische voorbeelden waren:
Beklagh, over den Bedroefden Toestant in de Nederlandtse Provintien, Amsterdam, 1672, Knuttel, *Catalogus*, 10237.
Eenige Prophetien en Revelatien Godts, Aengaende de Christen Werelt in dese Eeuw, Amsterdam, 1672, Knuttel, *Catalogus*, 9932.

11
DE CULTUUR VAN DE OVERVLOED

LOFZANGEN EN GIDSEN

Een overzicht van de stadsbeschrijvingen van voor 1795 geeft Nijhoff, Wouter, *Bibliografie van de Noord-Nederlandsche plaatsbeschrijvingen tot het einde der 18de eeuw*, Tweede druk, bewerkt en aangevuld door F.W.D.C.A. van Hattum, 's-Gravenhage, 1953.

Amsterdam
Barlaeus, C. (Van Baerle), *Marie de Médicis, entrant dans Amsterdam: ou Histoire de la Réception faicte à la Reyne Mère... par les Bourgmaistres et Bourgeoisie de la Ville d'Amsterdam*, Amsterdam, 1638.
Dappert, Olfert, *Historische beschryving der stadt Amsterdam*, Amsterdam, 1663.
Domselaer, Tobias van, *Beschryving der stat Amsterdam van haar eerste beginselen oudtheydt vergrootingen en gebouwen... tot op den jare 1665*, Amsterdam, 1665.
Fokkens, Melchior, *Beschrijvinge der Wijdt-Vermaerde Koop-Stadt Amstelredam*, Amsterdam, 1664.
Vondel, J. van den, 'Bouwzang' (op het stadhuis), *Poëzy* 1, Franeker, 1716, 374; 'Amstelredam', 2:297.
Vos, Jan, 'Vergrooting van Amsterdam', *Alle de gedichten*, dl. I, 123 e.v., Amsterdam, 1726. (Ook gepubliceerd als pamflet, Knuttel, *Catalogus*, 8666.)
Zesen, Philipp von, *Beschreibung der Stadt Amsterdam*, Amsterdam, 1664.

Over het stadhuis als burgerlijke apotheose zie:
Buchbinder-Green, Barbara, 'The Painted Decorations of the Town Hall of Amsterdam', Ph.D. diss., Northwestern University, 1974.
A Description of the City House of Amsterdam, 1751.
Fremantle, Katharine, *The Baroque Town Hall of Amsterdam*, Utrecht, 1959.

Delft
Bleyswijck, Dirck van, *Beschryvinge der Stadt Delft*, Delft, 1667.

Haarlem
Ampzing, Samuel, *Beschryvinge ende Lof der Stad Haarlem in Holland*, Haarlem, 1628.

Leiden
Hout, Jan van, *Der Stadt Leyden dienst-bouc*, Leiden, 1602.
Orlers, Jan Jansz., *Beschrijvinge der Stad Leyden*, Leiden, 1614, 1641².

Dordrecht
Balen, D., *Beschrijvinge der stad Dordrecht*, Dordrecht, 1677.

Voor de werkelijkheid van de stedenbouw achter de zogenaamde 'stadsplanning', zie de briljante studie van Taverne, Ed., *In 't land van belofte: in de nieue stadt. Ideaal en werkelijkheid van de stadsuitleg in de Republiek, 1580-1680*, Maarssen, 1978.

HET HUIS ALS BEZIT
De beste bronnen voor een reconstructie van huisraad en bezittingen van de Nederlandse huishoudens zijn de boedelinventarissen opgemaakt voor testamenten en faillissementen. Voor gegevens over de door mij gebruikte bronnen, zie de noten onder Hoofdstuk V. Voor een bruikbaar overzicht van het systematische onderzoek dat naar deze bronnen wordt gevoerd, zie Faber, Johannes A., 'Inhabitants of Amsterdam and Their Possessions, 1701-1710', in *Probate Inventories: A New Source for the Historical Study of Wealth, Material Culture and Agricultural Development*, onder redactie van Ad van der Woude en Anton Schuurman, A.A.G. Bijdragen 23, Wageningen, 1980, 149-155. Een indruk van de rijkdom van patriciërsfamilies geven ook de inventarissen bij huwelijkscontracten in de familiestukken van geslachten als de Bickers, Backers, De Graeffs, Schaeps enzovoort. (Zie de respectievelijke inventarissen, gepubliceerd door Eeghen, I.H. van, Gemeentelijke Archiefdienst, Amsterdam.)

De inventaris van de meubelen van de stadhouderlijke residentie in Den Haag is gepubliceerd door Drossaen, S.W.A., met een commentaar van C. Hofstede de Groot en C.H. de Jonge, red., 'Inventaris van de Meubelen', *Oud Holland*, 1930, 193-236.

Voor secundaire bronnen over de materiële cultuur der burgers, zie:

Kuyper, W., *Dutch Classicist Architecture*, Delft, 1980.
Leonhardt, Gustav M., *Het Huis Bartolotti en zijn bewoners*, Amsterdam, 1979.
Levie, T., en H.J. Zantkuyl, *Wonen in Amsterdam*, Amsterdam, 1983.
Meischke, R., en H.J. Zantkuyl, *Het Nederlandse Woonhuis van 1300-1800*, Haarlem, 1969.
Schotel, G.D.J., *Het Oud-Hollandsch Huisgezin der Zeventiende Eeuw*, Leiden, z.j.
Sluyterman, K., *Huisraad en Binnenhuis in Nederland in Vroegere Eeuwen*, 's-Gravenhage, 1918.
Staring, A., *De Hollanders Thuis. Gezelschapsstukken uit drie eeuwen*, 's-Gravenhage, 1956.
Thornton, Peter, *Seventeenth-Century Interior Decoration in England, France and Holland*, New Haven, Conn./Londen, 1978.

CALVINISME EN HET ONBEHAGEN VAN DE OVERVLOED
Over dit onderwerp is zeer veel geschreven, maar altijd met het doel de stelling van Weber te bevestigen of te ontkrachten. Zie bijvoorbeeld:
Hyma, Albert, 'Calvinism and Capitalism in the Netherlands, 1555-1700', *Journal of Modern History*, 1938.
Riemersma, Jelle, *Religious Factors in Early Dutch Capitalism 1550-1650*, Den Haag, 1967.
Stuijvenberg, J.H. van, 'The Weber Thesis: An Attempt at Interpretation', *Acta Historiae Neerlandicae*, 1975, 50-66.

Een minder programmatische benadering is zich direct te wenden tot het bronnenmateriaal van calvinistische preken en traktaten over handel en geld. Zie met name:
Cloppenburgh, Johannes, *Christelycke onderwijsinge van woeker, interessen, coop van renten, ende allerleye winste van gelt met gelt*, Amsterdam, 1637.
Hondius, Jacobus, *Swart Register van duysent Sonden*, Hoorn, 1675.
Krul, J., *Werelt-hatende Noodtsaeckelijke*, Amsterdam, 1627.
't Samen-spraeck voorgestelt van vier personen..., 1672, Knuttel, *Catalogus*, 10022.
Saumaise, Claude, *Dissertatio de Foenore Trapezitico*, Leiden, 1640.
Trigland, J., *Opuscula, dat is verscheyden boeken en tractaten*, 2 dln., Amsterdam, 1639-1640.
Udemans, Godefridus, *Geestelijk Roer van 't Coopmans Schip*, Dordrecht, 1640.

Voor de kritiek van de synoden op bankiers ('lombarden'), werken op zondag, woekerpraktijken enzovoort, zie Reitsma, J. en S.D. van der Veen, *Acta der Provin-*

ciale en Particuliere Synoden gehouden in de Noordelijke Nederlanden gedurende de jaaren 1572-1620, 's-Gravenhage, 1892; en Knuttel, W.P.C., *Acta der Particuliere Synoden van Zuid-Holland 1621-1700*, 3 dln., 's-Gravenhage, 1907-1910.

Voor de algemene houding van de Kerk tegenover rijkdom, woeker en geld, zie het voortreffelijke algemene overzicht van de Amsterdamse kerk door Evenhuis, R.B., *Ook dat was Amsterdam*, dl. 2 en 3, Amsterdam, 1965, 1971. En voor de behandeling van het thema in de Nederlandse kunst het tot nadenken stemmende artikel van Jongh, E. de, 'Austerity and Extravagance in the Golden Age', *Apollo*, juli 1967, 16-25. De Kress Library, Harvard University, bezit een aantal Nederlandse calvinistische polemieken tegen rijkdom, waarvan vele met gravures in de stijl van Maarten van Heemskerck, Jacques de Gheyn en Karel van Mander.

SPECULATIE: LOTERIJEN, DE TULPOMANIE

Catalogus der Tentoonstelling van Teekeningen, Schilderijen, Boeken, Pamfletten betreffende de Geschiedenis van de Bloembollencultuur en de Bloembollenhandel, Haarlem, 1935.
Cole, Arthur H., *The Great Mirror of Folly [Het Groote tafereel der Dwaasheid,] An Economic-Bibliographic Study*, Boston, 1949.
Fokker, G.A., *Geschiedenis der Loterijen in Nederland*, Amsterdam, 1862.
Krelage, E.H., *Bloemenspeculatie in Nederland*, Amsterdam, 1942.
Crispijn van de Passe, *Hortus Floridus [Den Bloemhof,]* Utrecht, 1614.
Posthumus, N.W., 'The Tulip Mania in Holland in the Years 1636 and 1637', *Journal of Economic History*, 1, 1929, 435-65.
Smith, M.F., *Tijd-affaires in effecten aan de Amsterdamsche beurs*, 's-Gravenhage, 1919.
Vega, Joseph de la, *Confusion de Confusiones, 1688: Portions descriptive of the Amsterdam Stock Exchange*, selectie, vertaling en introductie van Herman Kellenbenz, Boston, 1957.

12
HUISHOUDEN EN GEZINSLEVEN: DE VROUW EN DE RELATIES TUSSEN DE SEKSEN

In de Nederlandse geschiedschrijving is veel aandacht besteed aan de kwantitatieve en demografische aspecten van het huisgezin, maar de literatuur over de cultuur van het Nederlandse gezin is nog schaars. Voor de grootte van het huisgezin, zie Woude, A.M. van der, 'Variations in the Size and Structure of the Household in the United Provinces of the Netherlands in the Seventeenth and Eighteenth Centuries', in *Household and Family in Past Time*, onder redactie van Peter Laslett en Richard Wall, Cambridge, 1972, 299-318. Het in veel opzichten baanbrekende werk is Haks, Donald, *Huwelijk en Gezin in Holland in de 17de en 18de Eeuw*, Assen, 1982. Veel gegevens over de bezitsverhoudingen tussen man en vrouw zijn te vinden in de notariële archieven in Holland (in Amsterdam voor de jaren 1700-1710 geïndexeerd op onderwerp) en de documenten met betrekking tot huwelijkscontracten bewaard in familiearchieven. (Die van de families De Graeff, Bicker en Backer in Amsterdam zijn gepubliceerd door de Gemeentelijke Archiefdienst Amsterdam.)

EIGENTIJDSE HUWELIJKS- EN HUISHOUDHANDLEIDINGEN

Beverwijck, J. van, *Van de Wtnementheyt des Vrouwelicken Geslachts*, Dordrecht, 1643.
Cats, Jacob, *Houwelijck*, in *Alle de Werken*.
De Deughdelijcke Vrou, Amsterdam, 1642.
De Ervarene en Verstandige Hollandsche Huyshoudster, z.p., z.j., vermoedelijk begin achttiende eeuw.
Heyns, Zacharias, *Deuchden-Schole ofte Spieghel der jonghe-dochteren*, Rotterdam, 1625.
Lof des Houwelijcks, Alkmaar, 1610.
Houwelijx-Spiegel aen de Nieuw Getroude, Haarlem, 1686.
Wittewrongel, Petrus, *Oeconomia Christiana ofte Christelicke Huyshoudinge*, Amsterdam, 1655.
De Verstandige Huyshouder voorschryvende de Alderwijste wetten om profijtelijk, gemackelijk en vermakelijk te leven, so in de stadt als op 't landt, Amsterdam, 1661.

Over een deel van deze literatuur, zie Carter, Alice Clare, 'Marriage Counseling in the Early Seventeenth Century: England and the Netherlands Compared', in *Ten Studies in Anglo-Dutch Relations*, onder redactie van J. van Dorsten, Leiden, 1974, 94-127. Voor de juridische aspecten van het huwelijk gedurende en na de Reformatie, zie het belangrijke werk van Apeldoorn, L.J. van, *Geschiedenis van het Nederlandse Huwelijksrecht voor de invoering van de Fransche wetgeving*, Amsterdam, 1925. Zie ook Blécourt, A.S. de, *Kort begrip van het oud vaderlands burgerlijk recht*, Groningen, 1967, vooral 72-88. Over abortus, zie Bruyn, J., *Geschiedenis van de abortus in Nederland*, 1979.

Veel van het beste onderzoek naar de cultuur van het

Nederlandse huishouden is door kunsthistorici gedaan in verband met de interpretatie van genreschilderijen. Zie bijvoorbeeld:

Durantini, Mary Frances, *Studies in the Role and Function of the Child in Seventeenth-Century Dutch Painting*, Ann Arbor, Mich., 1982.

Hofrichter, Frima Fox, 'Judith Leyster's *Proposition* – Between Virtue and Vice', *Feminism and Art History: Questioning the Litany*, onder redactie van Norma Broude en Mary D. Garrard, New York, 1982, 173-82.

Snoep-Rietsma, E., 'Chardin and the Bourgeois Ideals of His Time', *Nederlands Kunsthistorisch Jaarboek*, 24, 1973, 147-69.

Robinson, William W., 'Family Portraits of the Golden Age', *Apollo*, december 1979, 490-97.

Schama, Simon, 'Wives and Wantons: Versions of Womanhood in the 17th Century Dutch Art', *Oxford Art Journal*, april 1980, 5-13.

–, 'The Sexual Economy of Genre Painting', in *Images of the World: Dutch Genre Painting in Its Historical Context*, onder redactie van Christopher Brown, Londen, nog te verschijnen.

–, 'Rembrandt and Women', *Bulletin of the American Society of Arts and Sciences*, 38, april 1985, 21-47.

Smith, David R., *Masks of Wedlock: Seventeenth-Century Dutch Marriage Portraiture*, Ann Arbor, Mich., 1982.

Staring, A., *De Hollanders Thuis. Gezelschapsstukken uit drie eeuwen*, 's-Gravenhage, 1956.

De geschiedenis van de kindertijd in de Nederlanden is vreemd genoeg slechts sporadisch behandeld en steeds zeer beïnvloed door Ariès, Philippe, *De ontdekking van het kind*, Amsterdam, 1987. Zie bijvoorbeeld Peeters, H.F.M., *Kind en Jeugdige in het begin van de moderne tijd*, Meppel, 1975. Louw, Gilbert van de, 'Enfant et société: l'exemple des Provinces-Unies', *Revue du Nord*, 58, 1976, 185-208, maakt zijn ambitieuze titel niet waar. Kindermoord wordt statistisch behandeld in Faber, S., 'Kindermoord, in het bijzonder in de achttiende eeuw te Amsterdam', *Bijdragen en mededelingen betreffende de geschiedenis der Nederlanden*, 93, 1978, 224-40. Voor een korte beschrijving van de vroege geschiedenis van ouders en kinderen, zie Rijswijk-Clerkx, Lily E., *Moeders, kinderen en kinderopvoeding. Verandering in de kinderopvoeding in Nederland*, Nijmegen, 1981. Over kinderspelen, zie Drost, Johanna, *Het Nederlandsch Kinderspel voor de 17de eeuw*, 's-Gravenhage, 1914.

Over kinderliteratuur, zie de voortreffelijke beschrijving in Kunzle, David, *The Early Comic Strip*, Berkeley, Cal., 1973, dat ook een interessante bespreking geeft van de populaire verhalen over de Broekenstrijd. Enkele van de mooiste vroege kinderboeken worden bewaard in de Atlas van Stolk, Rotterdam, maar het vroegste ABC-boek dat ik ken is Boddink, N., *Stichtigh ABC Tot Nut der Jeuchd*, (1639?), bewaard in de Stadsbibliotheek van Haarlem.

PROSTITUTIE

De belangrijkste primaire bronnen voor de bestudering van de prostitutie in Amsterdam zijn de *Confessie Boeken* van het Rechterlijk Archief in het Gemeentearchief. De andere belangrijke eigentijdse bron is *'t Amsterdamsch Hoerdom*, Amsterdam, 1681, ook vertaald als *Le Putanisme d'Amsterdam*, Amsterdam, 1681. Het boek is heel zeldzaam, maar er zijn exemplaren in de Bodleian Library, Oxford, de Bibliothèque Nationale, Parijs, de Koninklijke Bibliotheek, Den Haag, en de Universeitsbibliotheek, Amsterdam. Andere eigentijdse werken over 'deftige' dellen zijn:

[Aretino, Pietro,] *Het Leven en Listen der Geriefelycke Courtisanen*, 1680.

Het Leven en Bedryf van de hedendaagse Haagse en Amsterdamse Zalet-Juffers, Amsterdam, 1696.

Spieghel der Vermaarde Courtisanen deses Tyt, Amsterdam, 1630.

Voor moderne beschrijvingen zie Slobbe van, J.F., *Bijdrage tot de Geschiedenis en de Bestrijding der Prostitutie te Amsterdam*, Amsterdam, 1937, en de veel uitvoeriger, op archiefonderzoek gebaseerde publikaties van Pol, Lotte van de, met name *Vrouwencriminaliteit en prostitutie in de tweede helft der 17e eeuw in Amsterdam*, en 'Vrouwencriminaliteit in de Gouden Eeuw', *Ons Amsterdam*, november 1982, 266-68.

MISOGYNE SATIRE

Dit schijnt een zeer belangrijk genre te zijn geweest in nagenoeg alle Westeuropese culturen aan het einde van de zeventiende en het begin van de achttiende eeuw. Waarom deze periode een bloei van die bijtende antivrouwenkomedies kende, blijft een raadsel en verdient serieus onderzoek. Het Nederlandse genre, gedrukt met primitieve gravures in octavoformaat, was uiterst populair. Zie met name:

Felicius, Publius [Joh. Strander?,] *De Beurs der Vrouwen op Tien Pilaaren*, 1690.

Jonktijs, Daniel, *Heden-daagse Venus en Minerve*, Dordrecht, 1641.

–, *Toneel der Jalouzien*, Amsterdam, 1666.

Mol, Jan de, *Huwelijks Doolhof*, Amsterdam, 1634.

De Listigheid der Kraamvrouwen, Amsterdam, 1709.

De Vereezene Hippolytus, 1711.

Venus en Cupido, z.j. (eind zeventiende eeuw), een aanval op het decolleté.
Sweerts, H., *De Biegt der Getroude*, Amsterdam, 1679.
–, *De Tien Vermakelykheden des Houwelyks*, Amsterdam, 1684, vele herdrukken.
[Vries, S. de,] *Seeven Duyvelen Regeerende en vervoerende de Heedendaeghsche Dienst-maeghden*, vierde druk, Amsterdam, 1682.

GENEESKUNDE, SEKSUALITEIT EN VERLOSKUNDE

Behalve het uitzonderlijke getuigenis van het dagboek van Catharina Schrader (zie Hoofdstuk VII) wordt het archief van het Amsterdamse Collegium Obstetricum (1668-1798) bewaard in het Gemeentearchief.
Beverwijck, J. van, *Schat der Gesontheyt*, Dordrecht, 1636.
–, *Schat der Ongesontheyt*, Dordrecht, 1647.
Blankaart, S., *Verhandeling van de Opvoeding en Ziekten der Kinderen*, Amsterdam, 1684.
–, *Venus Belegert en Ontset oft Verhandeling van de Pokken*, Amsterdam, 1685.
Helmont, J.B. van, *Dageraad ofte Nieuwe opkomst der Geneeskonst*, 1659.
Het Kleyn Vroetwyfs-boeck of vermeerde Rosengaert der bevruchte Vrouwen, 1645.
Manuale Operatien zijnde een Nieuwe Ligt voor Vroedmeesters en Vroed Vrouwen, Amsterdam, 1701.
Roonhuysen, Hendrik van, *Heelkonstige aanmerkingen betreffende de gebreken der vrouwen*, Amsterdam, 1663.
Roesslin, H., *Den rhosengaert van de bevruchte vrouwen*, Amsterdam, 1616.
Rueff, J., *'t Boek van de Vroet-wijff*, vertaald door Martyn Everaert uit het Duits. Amsterdam, 1655.
[Venette, Nicolas,] *Venus Minsieke Gasthuis*, Amsterdam, 1687, tegen 1715 zeven edities, een vertaling van Venettes *Tableau de l'Amour Considéré dans l'Estat de Mariage*, oorspronkelijk gepubliceerd in het Frans met een vals imprimatur van Parma. De werkelijke plaats waar het in vele talen werd uitgegeven was Amsterdam.

13
CULTURELE GRENZEN

LANDLOPERIJ EN CRIMINALITEIT

Er is een snel groeiende moderne literatuur over het onderwerp misdaad en straf in de Nederlanden, vooral voor de achttiende eeuw, waarvoor er bronnen te over zijn. Speciale aandacht verdienen twee zeer belangrijke werken:
Faber, Sjoerd, *Strafrechtspleging en criminaliteit te Amsterdam, 1680-1811. De nieuwe menslievendheid*, Arnhem, 1983.
Spierenburg, Pieter, *The Spectacle of Suffering*, Cambridge, 1984.

Voor een eigentijdse kijk op 'zwervers en vagebonden', zie het schelmengedicht van Venne, Adriaen van de, *Tafereel van de Belacchende Werelt en desselfs geluckige Eeuwe...*, 's-Gravenhage, 1635. Er bestaat nog een fascinerend lexicon van dieventaal en scheldwoorden: *Historie ofte Practijke der Dieven Bestaende in ongehoorde wreetheden en schelmerijen...*, z.p., z.j. Voor eigentijdse normen met betrekking tot misdaad en straf, zie het handboek van Damhouder, Joost van, *Practijcke in Crimineele Saecken*, Rotterdam, 1618. En voor de Nederlandse behandeling van de vagebond en 'delinquent', zie Spierenburg, Pieter, 'The Sociogenesis of Confinement and Its Development in Early Modern Europe', *The Emergence of Carceral Institutions: Prisons, Galleys and Lunatic Asylums, 1550-1900*, onder redactie van Spierenburg e.a., Centrum voor Maatschappijgeschiedenis, Erasmus Universiteit, Rotterdam, 1984, 9-77. Ik ben dr Spierenburg zeer dankbaar dat hij deze belangrijke bundel onder mijn aandacht heeft gebracht.

Over het filantropische antwoord op armoede, zie de tentoonstellingscatalogus *Arm in de Gouden Eeuw*, Amsterdams Historisch Museum, 1965. Er bestaat een voortreffelijke behandeling van de weergave van liefdadigheid op schilderijen: Muller, Sheila D., *Charity in the Dutch Republic: Pictures of Rich and Poor for Charitable Institutions*, Ann Arbor, Mich., 1985.

Over andere aspecten van de marginalisering van de armen, zie:
Blockmans, W.P. en W. Prevenier, 'Armoede in de Nederlanden van de 14e tot het midden van de 16e eeuw: bronnen en problemen', *Tijdschrift voor Geschiedenis*, 88, 1975, 501-38.
Deursen, A.Th. van, *Het kopergeld van de Gouden Eeuw*, dl. 1, *Het dagelijks brood*, Assen, 1978.
Lenna Jansen, H.J., 'The Dutch Burgher and the Poor: a cultural history of the welfare system in Holland', Ph.D. diss., University of Chicago. 1979.
Bosch Kemper, J. de, *Geschiedkundig onderzoek naar de armoede in ons vaderland...*, Haarlem, 1851.
Mentink, G.J., 'Armenzorg en armoede in de archivalische bronnen in de Noordelijke Nederlanden 1531-1854', *Tijdschrift voor Geschiedenis*, 88, 1975, 551-61.
Oldewelt, W.F.H., 'Het Aantal Bedelaars, Vondelingen en Gevangenen in Amsterdam in Tijden van Welvaart

en Crisis', *Jaarboek Amstelodamum*, 39, 1942, 21-34.

ZIGEUNERS EN JODEN

Dillen, J.G. van, 'De Ecomische Positie en Betekenis van de Joden in de Republiek en in de Nederlandsche Koloniale Wereld', *Geschiedenis der Joden in Nederland*, onder redactie van H. Brugmans en A. Frank, Amsterdam, 1940, 561-615.

Dirks, J., *Geschiedkundige onderzoekingen aangaande het verblijf der Heidens of Egyptiers in de Noordelijke Nederlanden*, Utrecht, 1850.

Gans, M.H., *Memorboek, platenatlas van het leven der joden in Nederland van de middeleeuwen tot 1940*, Baarn, 1971.

Israel, J.I., 'Spain and the Dutch Sefardim, 1609-1660', *Studia Rosenthaliana*, 12, 1978, 1-61.

Kappen, O. van, *Geschiedenis der Zigeuners in Nederland. De ontwikkeling van de rechtspositie der Heidens of Egyptenaren in de Noordelijke Nederlanden (1420-1750*, Assen, 1965.

Michman, Jozeph en Tirtsah Levie, *Dutch Jewish History, Proceedings of the Symposium on the History of the Jews in the Netherlands*, Jeruzalem, 1984.

Morgenstein, Susan W., en Ruth S. Levine, *The Jews in the Age of Rembrandt*, Rockville, Md., 1982.

DE SODOMIEPROCESSEN VAN 1730-1732

Het novembernummer, 1982, van het populaire Nederlandse geschiedenistijdschrift *Spiegel Historiael* was gewijd aan de geschiedenis van de homoseksualiteit in de Nederlanden. Het bevat diverse baanbrekende artikelen over dit onderwerp – waarvan een groot aantal over de gebeurtenissen van 1730-1732 gaat – van Boon L.J., A.H., Huussen Jr. en J. Schenk. Over de geschiedenis van sodomieprocessen in Amsterdam in de hele achttiende eeuw, zie Meer, Theo van der, *De Wesentlijke Sonde van Sodomie en Andere Vuyligheden. Sodomietenvervolgingen in Amsterdam, 1730-1811*, Amsterdam, 1984. Voor Leiden, zie Noordam, D.J., 'Homosexualiteit en sodomie in Leiden, 1533-1811', *Leids Jaarboek*, 75, 1983. Voor Holland in het algemeen, zie Boon, L.J., 'De grote sodomietenvervolging in het gewest Holland, 1730-31', *Holland*, jrg. 8, juni 1976, 140-52. Een belangrijke oudere bijdrage was Vrijer, M.J.A. de, 'De storm van het crimen nefandum in de jaren 1730-32', *Nederlandsch Archief voor Kerkgeschiedenis*, 25/26, 1933, 193-238. Over de Groningse processen, zie Cohen-Tervaert, G., *De grietman Rudolph de Mepsche. Historisch-juridische beschouwingen over een reeks crimineele processen*, 's-Gravenhage, 1921.

De twee bekendste traktaten tegen 'sodomie' waren: Beels, L., *Sodoms zonde en straffe of strengwraakrecht over vervloekte boosheidt, en Loths vrouw verandert in een zoutpilaar*, Amsterdam, 1730.

Byler, H.C. van, *Helsche Boosheit of grouwelyke sonde van Sodomie*, Groningen, 1731.

DE PAALWORM

Carter, Alice Clare, 'Amsterdam and the "Onbekende Soort van Zee Worm" in 1730", *Jaarboek Amstelodamum*, 1978, 239-49.

REGISTER

Gecursiveerde paginacijfers verwijzen naar illustraties.

Aansprekersoproer, 213
Akte van Navigatie, 238-9, 240, 261
Ada, gravin van Holland, 91
Adams, John, 74
Addison, Joseph, 292-3
Adriaans, Claartje, 478
Aerssens, Taartie, 475
Aertsen, Pieter, 163
Aglionby, William, 34, 187, 230, 296, 298, 323, 329, 404, 423, 485
Albemarle, hertog van, 276
Albertus, aartshertog, 87
alcoholgebruik, 197-201, 203, 206-14, 216-20, 225-7
Alkemade, Kornelis van, 21, 80, *189*, 596
Alkmaar, 102; beleg van, 97; lonen in, 176; middeleeuws verleden van, 85; stadhuis, 85; tuchthuis, 580
Almere, *610*, *611*
Alphen, pijpenmakers van, 202
Alva, hertog van, 55, 75, 97-8, 107, 259, 419
Amadis de Gaule, 83
Amerikaanse Revolutie, 74
Amersfoort, militaire traditie van, 253; tabaksindustrie in, 201, 205
Ampzing, Samuel, 204, 213, 303
Amsterdam, 67, 267, 596-7, 598; Aglionby over, 298; alcoholgebruik in, 198, 200, 213; banken van, 267, 351-2; banketten in, 175; Beurs, 352-5, *353*, 384; bordelen in, 468-9; buitenhuizen bij, 298; calvinisme in, 127, 336; consumptiegoederen in, 306-10; Engels-Nederlands verdrag, 275; feestmalen in, 161, 189, 193; geestelijken in, 71; Gereformeerde kerk in, 72; gevels van grachtenhuizen in, 131; gewapende expeditie van Willem II tegen, 76, 126; graanpakhuizen in, 177; Grote Ton van, 198; en Hebreeuwse analogie, 111; homoseksualiteit in, 599-602; huizen in, 316-7, 321; huwelijksgerechtigde leeftijd in, 434; immigratie naar, 579-80; inpolderingsprojecten bij, 52-3; joden in, 123-4, 585-93; kerkeraden van, 340; koffiehuizen in, 181-2; kruimeldiefstal in, 461-2; liefdadigheid in, 575, 576; lofzangen op, 303-8; lonen in, 176; loterijen in, 312-3; misdaad in, 581, 582, 585; Nieuwe Kerk in, 256; ommegang in, 316; en oorlog met Spanje, 102; pest in, 328, Pilgrims in, 485; pijpenmakers van, 202; rederijkers in, 70; rederijkerskamers in, 410; rijkdom van, 60; stadhuis van, 59, 79, 120, 125-6, 127, *130*, 132, 229-30, 235, 248, *248*, 249, 293, 348, *349*, 417, 565; suikerraffinaderijen in, 172; tabaksindustrie in, 202, 206; als toevluchtsoord, 273; triomfantelijke intocht van Maurits, 82, tulpen in, 358, 360, 365, 366; veilingen in, 324; vrouwen als eigenaressen van zaken, 409; en walvisvaart, 150-1; weeldewetten in, 194-5; zakelijke misdrijven in, 340-7; zeelieden in, 252
Amsterdamsch Hoerdom, 't 467, 469, 470, 471, 473-5, 478
analogie met het volk Israël, 58-9, 61, 80, 103-14, 125, 128-30, 132-3; reinheid en, 383-4
Anna van Kleef, 69
Anstey, F., 495
Antoniszoon, Cornelis, 334
antisemitisme, 265-6, 274, 372
Antwerpen, 68, 257; ambivalentie tegenover rijkdom, 332-3; Franse belangstelling voor, 277; onder Habsburgers, 78, humanisme in, 498; loterijen in, 314; ommegang in, 316; en oorlog met Spanje, 95, 96, 98; regulatie van de zeden in, 105; tulpen in, 358; uitgevers in, 69-70; val van, 70
architectuur: van burgerlijke gebouwen, 231, 497; classicisme in de, 290-1, 296; van huizen, 316-9; maniërisme, 311; van nationale gebouwen, 232-34
Ariès, Philippe, 485, 495
Aristoteles, 521, 538
Arlington, Henry Bennet, 239
armenhuizen, 183-4
arminianen, 223
Arnhem, beschermheilige van, 191; lonen in, 176; Muzikantenkamer van, 188
Arnoud, graaf, 90
arrestatie door burger, 582
Assendelft, 54; heren van, 85
Athenaeum Illustre, 590
Atlas van Stolk, *150*, *152*
Augsburg: banken in, 351; tulpen in, 358
Augustus, keizer, 78
Avercamp, Hendrick, 140, 564
Avicenna, 521
Aylva, Kaat van, 526

Baalde, Jacques, 365
Baburen, Dirck van, *447*
Bacchus Wonder-wercken (gravure), *212*
Backer, Adriaen, 570, 574
Backer, Cornelis, 327, 407
Backer, Jacob, 127, 569
Backer, familie, 127, 320
bakeren, 538-9
Bakhuizen, Ludolf, 143
Bakhuizen van den Brink, R.C., 74
Bakker, B. de, *603*

667

Bancken, Margrieta van, *414*, 430
banketjes (ontbijtstukken), 167-8, 175
bankroet, 348-50
Bank van Lening, 342
Banning, Cornelis, 213
Barbon, Nicholas, 300
Barbour, Violet, 347
Barendsz, Willem, 141
Barendszoon, Dirck, 148
Barent, Lysbet, 462
Barents, Jan, 213
Barents, Tryntje, 478
Bargrave, Robert, 34, 198
Barlaeus, Caspar, 304, 410, 590
Barrios, Miguel, 591
Bartholomeusnacht, 94
Bartolotti, huis, 317-20, *318*, 320, 325
Bary, Hendrik, 217, 219, 432
Bataafse Revolutie, 441, 588
Bataven, 66, 79, 130; feestmalen van, 187, 189; geschiedenis van, 86-92; kunst gebaseerd op mythen over, 87; oorsprong van de naam, 83; Romeinse geschiedschrijvers over, 86, 100
Bato, prins, 84, 86
Batten, sir William, 240
Baudartius, Wilhelmus, 92, 93, 94
Bayle, Pierre, 157
Beaumarchais, 424
Beaumont, Simon de, 411
bededagen, 159
beeldhouwkunst: aan strafinstellingen, 26, 28; voor versiering van woonhuizen, 317, 319
Beels, Leonard, 604
Beemster, drooglegging van de, 52, 53
begrafenissen: van kinderen, 515-6; maaltijden bij, 193, 194
Beiaard (vliegend ros), 83
belasting, 54-5; hoofdelijke, 176-7; oorlogen en, 259-60; rellen tegen, 566-7, 598; Unie van Utrecht en, 76
Belgische revolutie, 39
Belmonte, Manuel, baron de, 591
Belon, Pierre, 141
Bentinck, Willem 267

Bergen, Catharijna, 419
Bergen op Zoom: liefdadigheid in, 577; ontzet van, 187
Berger, Gabriel de, 599
Berckhey, gestrande walvis te, 138-40, 142, 147, 149
Berckheyde, Job, 354
Berkhey, J. le Francq van, 21, 437, 516, 596, 597
Bethel, Slingsby, 237
Beuckelaer, Joachim, 163, *163*, 568
Beuningen, Coenraad van, 278, 282
Beurs, 351-5
Beurs der Vrouwen, De (anonieme satire), 384-5, *386*, 445, 446, *451*, 456
Beverwijck, Johan van, 180, 182, 296, 388, 403, 426, 521-3, 537-40, 555-6, 564; *Schat der Gesontheyt en Ongesontheyt*, 167, 204, 421-2; *Van de Wtnementheyt des vrouwelicken Geslachts*, 99, 391, *391*
Beverwijk, gestrande walvis te, 146
bevolkingsgroei, 230
Beyeren, Abraham van, 168, 175, 324
Bicker, Andries, 72, 126, 440
Bicker, Cornelis, 126
Bicker, Gerard, 440
Bicker, Jacob, 407
Bicker, familie, 194, 320, 346, 409
Bicker Raye, Jacob, 598
'Bickerse Liga', 126
Biegt der Getroude, De, 446, *451*, 454
Biel, Johan, 72
bier, 182
Bierman, Christoffel, 72
bijbel, 32, 131; Nieuwe Testament, 80, 104; Oude Testament, 104, 105, 110, 128, 148
Bijler, Carel van, 600
Bink, Gillaum, 581
Binnenhof ('s-Gravenhage), 232-3
Blainville, M. de, 35, 380
Blake, Robert, 238
Blake, William, 106
Blankaart, Stephanus, 181, 204, 518, 521, 523, 530, 537-40, 556
Blankert, Albert, 125, 129
Bloedraad, 95, 97

Bloemaert, Abraham, 118, *124*, 337, *338*, 383
Blomsaed (wijnkoper), 600
Bodegraven, wreedheden van de Fransen te, 284, 288
Boelens, Jan, 213
Boerenverdriet (schilderijengenre), 249
Bohemen: calvinisme in, 106; joodse immigratie uit, 592
Boisot, Louis de, 358
Bol, Ferdinand, 110, *111*, 118, *119*, 125, 129
Bol, Pieter, 359, 360
Bont, Gijsbrecht, 101
Bontekoe, Cornelis, 180, 204, 205
Bontekoe, Willem Ysbrantszoon, 40-5, *41*, 45
Bontemantel, Hans, 194, 340
Boot, Dominicus, 412
Bor, Pieter Christiaanszoon, 138
Borch, Gerard ter, 244, 250, 251, 396, 399, 433, 449
bordelen, 466-79
Bornius, Arnoldus, 439
Borri, Franciscus Joseph, 521
Borstius, Jacob, 59, 89, 106, 158
borstvoeding, 539-41
Bosch, Hiëronymus, 484, 486-7, *488*, 490
Bosch, Lambertus van den, 241, 255, *255*, 284, 288
Bosch, P. van den, *393*
Bourbon, huis, 235
Bourgondië, hertogen van, 90
Boursse, Esaias, 539
Bowrey, Thomas, 31, 34
Brabant, 102, 249
Brandenburg, keurvorst van, 289
Bray, Dirk de, 513, *513*
Bray, Jan de, *414*, 430
Bray, Joseph de, 172, *173*
Bray, Salomon de, 311
Brazilië, 346; Portugese opstand in, 258
Breda, 102; brouwerijen in, 200; homoseksualiteit in, 599; Vrede van, 110, 241, 256
Bredero, Gerbrand Adriaensz., 69, 290, 410, 461, 476, 565, 597

Brereton, sir William, 198, 199, 470, 581
Bridewell, 29
Brouwer, Adriaen, 207, 220
Brouwerijen, 200-1
Brown, Edward, 34, 581
Bruegel de Oudere, Pieter, 43, 114, 165, 545, 553; *Dulle Griet*, 403; *De ezel op school*, 557; *Hoogmoed*, 368; *Kinderspelen*, 487, 496, 498, 499, 499, 501, 507; *De slag van de brandkasten en geldbuidels*, 333, 334, 374; *De storm*, 147, 153; *Strijd tussen carnaval en vasten*, 154, 161, 549
Brune, Johan de, 169, 170, 323, 384, 397, 426, 426, 480, 482, 542, 543, 543, 549, 549, 550, 550
Brussel: onder de Habsburgers, 78; martelaren in, 97; schilderkunst in, 87; tulpen in, 358
buitenechtelijke kinderen, 436
Bunyan, John, 45
Buren, Bartholomeus van, 581
burgerzin, 17, 19, 565-6
Burrish, Onslow, 351
Busbecq, Ogier Ghislain de, 358
Buytewech, Willem, 82, 142, 143, 148, 210, 222-4
Bywege, Anthony van, 600

Calckman, Johan Janszoon, 73
Callot, Jacques, 100, 374
calvinisme, 58-9, 61, 70-5, 78, 131, 133, 143, 159, 267, 272-3, 410; in Amsterdam, 127-8; Bataafse mythologie en, 91; bijbelse analogieën van, 103-7, 109-10, 112-3, 123-4, 125, 130; drankgebruik afgekeurd door, 213-4; eetgewoonten en, 161; feesten afgekeurd door, 191, 195; fixatie op zondigheid in, 466-7; gehoozaamheid aan Gods wil in, 41; van de handelskringen, 202, 203; en historische literatuur, 96, 101-2; homoseksualiteit en, 599; huwelijk en, 423-4, 425; immigratie en, 584-5; joden en, 587-8, 590; kapitalisme en, 334-48, 375; kinderen en, 480, 485, 497, 502, 507, 508, 515, 546-7, 550; kolonialisme en, 352; loterijen en, 313; oorlog en, 256, 262-3; patriottisme en, 253; prostitutie en, 478-9; reinheid en, 382, 384-5, 391-2; triomf op rampen in, 37; en tuchthuizen, 33; tulpen en, 359; voedsel als beeldspraak in, 170, 172; vrouwelijke stereotypieën en, 415-6, 422; weelde en, 301-2, 315, 320, 325; welvaart en, 196; zondvloedbeeldspraak in, 46-7, 50, 52; en de Zuidelijke Nederlanden, 68
Calvijn, Johannes, 7, 125, 138, 295, 329, 341-2, 505
Cambridge Group for the History of Population, 389
Campen, Jacob van, 125-6, 231, 232, 290, 296, 317
Cardoes, Barent, 360, 365
Carleton, sir Dudley, 142
Carpaccio, Vittore, 163
Carr, sir John, 35
Casteleyn, Abraham, 414, 430
Cato, 56
Catoleyn, Abraham, 360
Cats, Jacob, 110, 157, 180, 196, 205, 215, 219, 297, 338, 390, 404, 411-2, 417, 421, 423, 425, 434, 436, 441-2, 445, 451, 466, 492, 498, 501-2, 506, 507, 508-10, 522, 564; *Alle de werken*, 215, 323, 411, 416, 442, 506; *Christelijke Self-Stryt*, 170, 323, 388, 389, 419; *Emblemata*, 143, 143; *Houwelijck*, 16, 17, 18, 400-3, 401, 498, 500, 544, 546; *Kinderspel*, 498, 506; *Maagdewapen*, 391, 548; *Maeghden-plicht*, 169; *Moeder*, 520, 539, 544, 554; *Ouderdom en Buitenleven*, 299; *Proteus ofte Minnebeelden*, 386, 386-7, 387; *Silenus Alcibiadis*, 498; *Spiegel van de Oude en de Nieuw Tyt*, 338, 434, 467, 557; *Vrouwe*, 445
Charnock, Job, 240
Child, Josiah, 266, 299
Christina, koningin van Zweden, 245
Christus, getranssubstantieerd lichaam van, 170
Cicero, 132, 335, 388

Cinq, Jan Govert, 202-3, 204
Civilis, Claudius, 86-90, 100, 101, 190
Claesdogter, Lambertge, 98
Claesdogter, Margriet, 98
Claesz, Pieter, 156, 168
Clarendon, burggraaf van, 239
clarissenklooster, 27-9
Classicisme, 290, 296, 311
Claudel, Paul, 22, 23
Clerck, Nicolaes de, 93
Cloppenburgh, Jan Evertszoon, 94, 98, 100, 101
Cloppenburgh, Johannes, 342
Clundert, Remmert, 315, 325
Cock, Hieronymus, 149, 496
Cockes, captain, 264
Codde, Pieter, 250
Coen, Jan Pietersz, 43, 345
Coevorden, militaire traditie van, 253
Coignet, Gillis, 313
Coke, Roger, 266
Colbert, Jean-Baptiste, 265-6, 277
collectief bewustzijn, 21
collegianten, 131
Colstenstede, Roelof, 439
Commelin, Caspar, 306-7
Compaan, Claes, 42
Conincx, Friedrick, 439
Coningh, Alida, 440
Constantinopel, plundering van, 260
Contrareformatie, 97, 410
Coornhert, Dirk Volckertsz, 20, 29-31, 56, 69, 114-5, 115, 125, 334, 410; *Boeventucht*, 29; *Comedie van Israel*, 106; *Comedie van de Rijckeman*, 20; *Divitum Misera Sors*, 334; *Wilhelmus van Nassouwe* en, 112
Coorte, Adriaen, 175
Cornelius Aurelius, 83
Cors, Robbert, 582, 583
Corvers, familie, 320
Coryate, Thomas, 198, 300
Coster, Academie van, 410
Costerus, Abraham, 589
Court, Pieter de la, 132, 180, 256, 278; *Interest van Holland*, 261-2, 595; *Memoires van de Witt*, 248; *Zinryken Fabulen*, 219
courtisanes, 465-7

Coymans, Balthasar, 317
Coymans, Isabella, *429*, 431
Coymans, Johan, 317
Coymans, familie, 297
Crabeth, Dirc, 148, *154*
Craeyvanger, Aernout van, 439
Cramer, Ernst Willem, 525
Cromwell, Oliver, 58, 106, 113, 237, 239, 269, 273, 274, 275, 379
Cronyke van Hollandt, Zeelandt en de Vrieslandt, zie *Divisiekroniek*
Cruikshank, Isaac, 198, *199*
Culpeper, Thomas, 266
Cunaeus, Petrus, 59
Curiel, Moses, 591
Cuyp, Jacob Gerritsz, 324, 499; *Portret van een kind*, 534, 544-6, *545*, 550

Dalen, Paulus van, 213
Damiate, slag van, 85
Damme, Jan van, 361
Danckertsz, Cornelis, 221, *221*
Dapper, Olfert, 34
Daumier, Honoré, 18, 250
Davenant, Charles, 230, 267
Davids, Catryn, 477
Deken, Aagje, 597
Dekker, Rudolf, 566
Delen, Dirck van, 232, 243
Delft: brouwerijen in, 200; consumptiegoederen in, 308; feesten in, 192; graf van Willem de Zwijger in, 77; homoseksualiteit in, 600; lofzang op, 303; Nieuwe Kerk in, 249; synode van, 73
Denemarken, 239, 245
Dertigjarige Oorlog, 100, 105, 246, 259, 339
Descartes, René, 412, 461
destilleerderijen, 200-1
Deutel, Jan Jansz, 40, 45
Deventer, 191
Dias, familie, 202
Diderot, Denis, 177, 197, 405
Diederick, 97
Diefdijk, 48
Diemen, Anthony van, 345
Diemerbroeck, IJsbrand van, 204
dienstbodereglement, 466
dienstmeisjes, 455-62, 466

Diepraam, Abraham, 221
Diest, Michiel van, 275
Dirk I, graaf van Holland, 85, 90
Divisiekroniek, 79, 83-5, *84*, *84*
Doetichum, Johan, 67
Domselaar, Tobias van, 34, 284, 288, 585
doodgeboren kinderen, 528
doopsgezinden, 73, 114, 131, 346, 525, 527
'Doorbraak van de Lekdijk' (anonieme ets), 60
Dordrecht, 102, 226; arrestatie van regenten van Statenpartij, 76; feesten in, 85; goudsmeden van, 188; grote kerk van, 85; lofzang op, 303; *Martelaar's Boek* van, 93; middeleeuws verleden van, 83, 85; overstroming van, 47, 50; synode van, 15, 73, 194, 257, 272; vroedvrouwen in, 523; wijnvoorraden in, 191
Dou, Gerard, 433, 462, 480, *481*, 512
Douglas, Mary, 21, 383
Douglas, lord, 252
Dousa de Oudere, Janus, 86
Dousa de Jongere, Janus, 86
Douwe, Dirck Reiniersz van, 112, *117*
Downing, George, 239, 241, 275, 276, 292
dranken, 180-2
Driedaagse Zeeslag, 238
Driekoningenavond, 193
drooggleggingsprojecten, 52-3
Drouwert, Ewoudt Ariszoon, 157
Duarte, Gaspar, 591
Duck, Jacob, *244*, 250, 321
Duitsland, 69, 230; joodse immigranten uit, 592; reformatie in, 97; tulpen in, 358; vrouwenrechten in, 406
Durkheim, Émile, 21, 566
Duym, Jacob, 38, 93, *102*
Duyvenvorde, Jan van, 98
Dyck, Floris van, 170

Eastland Company, 237
Edam, 54
Edgar, koning van, 236
Egbertszoon, Sebastiaan, 28
Egh, Jacob, 152

Egmond, Lamoraal, graaf van, 50, 97, 99
Elisabeth, prinses, 265
Elizabeth I, koningin van Engeland, 75, 86
Engeland, 235, 266-7, 595; anti-Nederlandse propaganda in, 264-73; arbeidsomstandigheden in, 176; historische identiteit van, 106; huwelijk in, 423; kinderen in, 482; kindersterfte in, 515; oorlogen tegen, 59, 106, 128, 132, 157, 177, 184, 194, 229, 236-42, 247, 269, 274-90; Restauratie in, 239, 264, 465; verovering door Romeinen van, 89; 'voogdijdschap' van, 75; vrouwen in, 406, 409; vrijage in, 404
Engels-Nederlands verdrag (1654), 275
Engelse Burgeroorlog, 75
Enkhuizen, 102
Erasmus, Desiderius, 19, 27, 31, 329-34, 367, 374, 486, 487, 557
Erp, Jacoba van, 317
Evelyn, John, 240, 323
Exodus (bijbelboek) als beeldspraak, 58-9, 113, 116-23, 125, 127
Eyck, Jan van, 337, 427

Faber, Sjoerd, 581, 585
Fagel, Caspar, 281
Faille, Jacques de la, 115, *116*
Fairlie, Robert, 436
Februari (anonieme houtsnede), *192*
feesten en feestmalen, 161, 186-96
Felltham, Owen, 58, 63, 246, 264, 270-4, 299, 379
feodalisme, 53
Ferguson, Robert, 267
Filips II, 55, 64, 73-5, 94, 97, 103, 112, 114
Floris de Dikke, graaf, *84*
Fokke, Simon, 362
Fokkens, Melchior, 138, 304-8, 586
Fonseca, familie, 202
Fonteyn, Nicolaes, 110
franciscanen, 329
Frankfurt, joden in, 587
Frankrijk, 68, 230, 235 266, 267; arbeidsomstandigheden in, 176; cal-

vinisme in, 105; destilleerderijen in, 201; doodgeboren kinderen in, 528, geweld in, 566; en godsdienstoorlogen, 94, 97; oorlog met, 63-4, 77, 177, 247, 274-89, 290, 293; Oost-Indische Compagnie en, 345; Régence in, 595, 603, tulpen in, 358, vrouwen in, 409
Franse Revolutie, 17, 75
Frederik Hendrik, stadhouder, 68, 72, 77, 81, 102, 126, 200, 233, 249, 297, 507
Fremantle, Katharine, 129
Fruin, Robert, 46, 74

galeien, 581
Galen, Jan van, 255
Galenus, 521, 538
Galle, Jan, 333
Galle, Philips, 332, 334
Gaskell, Ivan, 593
Geelvinck, Albert, 407
Geer, Louis de, 339, 348, 375
Geldenhauer, Gerardus, 84
Gelder, Aert de, 158
Gelderland, 249
Genève, calvinisme in, 105
Gent, 67; onder Habsburgers, 78; Pacificatie van, 96, 144
Genua: banken van, 351; middeleeuws verleden van, 260
George II, koning van Engeland, 163
Geraerdt, Stephanus, 428, 431
Gereformeerde Kerk, 71-3, 76, 125, 126, 127, 160, 202, 205, 341, 417, 527, 580; *zie ook* Calvinisme
Gevangenpoort, 462
Geyl, Pieter, 69, 74
Gheyn, Jacques de, 250
Gijsbrecht van Amstel, 248
Gijsius, Johan, 89, 90-3, 96, 96, 97, 98
Gijszoon, Cornelis, 101
Gillis, Nicolaes, 170
Gillon, Christina, 407
Gillray, James, 271
Giorgione, 431
Gobelins, 279
Godewijck, Pieter van, 382
Goens, Rijcklof Volckertsz van, 345
Goes, bedienden in, 457

Goethe, Johann Wolfgang von, 61-2
Goltzius, Hendrick, 69, 114-5, 118, 138-40, 144, 250; *Dirk Volckertsz. Coornhert*, 115; *Jacques de la Faille*, 116; *De Landsdrager*, 116; *Straf van het Kwaad*, 116; *Straf der Tirannie*, 116, 121; *Walvis bij Berckhey*, 139; *Willem van Oranje*, 122, 123
gomaristen, 128, 223, 257, 315
Gomez da Costa, Francisco, 361, 365
Goodson, admiraal, 275
Gorinchem, 249; pijpenmakers van, 202, synode van, 438
Gouda, 29; brouwerijen in, 200; classis van, 589; huishoudens in, 389; pijpenmakers in, 202; rellen in, 176; Sint Janskerk in, 85, 97, 112, 117, 148, 154, 575, 575
Goudhoeven, Wouter van, 84, 84, 89-90, 93
goudsmeden, 188, 313
Goyen, Jan van, 363
graanhandel, 177
Graeff, Cornelis de, 521
grafsculpturen, 85
Granvelle, Antoine Perrenot, kardinaal de, 97
graven van Holland, 90, 115, 232
's-Gravenhage, 70, 195, 597; ambassadeursgevolgen in, 231; architectuur in, 232-5, 497; calvinisme in, 73; Cromwells gezantschap naar, 106, 237-8; feesten in, 195; homoseksualiteit in, 599-600, 602; hulp bij ontsnapping uit gevangenis in, 462; misdaad in, 581, 582; in oorlog met Frankrijk, 77; patriottische schilderkunst in, 87; prostitutie in, 468; schutterij van, 252; sigarenwinkels in, 203; synode van, 438; voorsteden van, 297
gravures, 323-4; van Bataafse mythen, 87; Jonas als thema van, 148; voor lofzangen op steden, 302; voedsel als thema van, 164-6; door vrouwen, 418-9, 420, 421, *zie ook* afzonderlijke kunstenaars
Grebber, Frans de, 189
Grebber, Pieter de, 77
Greenwich, Royal Society, 267

Griseldis, Lijdzame, 83
Groen van Prinsterer, Guillaume, 74
Groeneveld, Simon, 73
Groningen: homoseksualiteit in, 599-600; pijpenmakers in, 202; universiteit van, 184
Groot, Hugo de, 66, 75, 86, 88-92, 125, 142, 219, 223, 245, 247, 256, 262, 268, 278, 419, 424, 564, 598; *Liber de Antiquitate Republicae Batavicorum*, 86; *De Rebus Belgicis*, 88, 93, 138, 140
Groot-Hollandse Waard, overstroming van, 47
Groote Comptoir-Almanach, 301
Groote Tafereel der Dwaasheid (anonieme gravure), 224, 370, 371, 371, 372, 375
Grosley, Pierre, 197, 544
Grote Brand van Londen, 240
Grote Vergadering van de Staten, 110
Guicciardini, Lodovico, 197, 300
Gwyn, Nell, 465

Haag, Den, *zie* 's-Gravenhage
Haan, A. de, 243
Haarlem, 102, 340; ambivalentie tegenover rijkdom in, 332; beleg van, 38, 97, 98, 99, 419; bestraffing van misdadigers in, 581; bierverbruik in, 198, 200, 213; consumptiegoederen in, 308; grote kerk van, 85; historische mythen over, 83-5; loterijen in, 313; maniërisme in, 69, 114-8, 222; middeleeuws verleden van, 84; pijpenmakers in, 202; schuttersmaaltijden in, 188-90; Sint-Lucasgilde, 418; textielindustrie in, 258; tuchthuis van, 580; tulpen in, 360, 365, 366; voorsteden van, 297; vrouwelijke arbeiders in, 177; zakelijke misdrijven in, 341
Haarlem, Cornelis van, 114, 118, 118
Haarlemmermeer, drooglegging van, 57
Habsburgers, 42, 54, 55, 71, 78, 87, 91, 289
Hadrianus, keizer, 78
Haecht, Willem, 144

671

Hagesteyn, beleg van, 80
Haks, Donald, 439, 441, 456
Halbwachs, Maurice, 11
Halevi, Uri, 590
Hals, Dirk, 223, *484*, *499*, *506*, *545*, *546*
Hals, Frans, 18, 251, 418, 430-1, *553*, *554*; *Bellenblazende jongen*, *512*; *Familieportret*, *551*; *Huwelijksportret*, *414*; *Isabella Coymans*, *429*; *Maaltijd van de officieren van de Sint Jorisdoelen te Haarlem*, *174*, *188-9*; *Stephanus Geraerdt*, *428*
handboeken voor het gezin, 167
handel, 230-1; Engeland en, 235-9, 241, 256; joden en, 587-8; oorlog en, 257-62; territoriale souvereiniteit en, 245-6; wisselbank en, 349-50
Hanneman, Adriaan, 77, 233, 249
Harman, Machtelt, 478
Hartgers, Joost, 39
Hasselaer, Kenau Simonsdr, 98, 99
Heck, Claes Hansz van der, 85
Heda, Willem Claesz, 168, 175
heemraadschappen, 53-4
Heemskerk, Jacob van, 141, 254
Heemskerk, Maarten van, 114, 314, *332*, *332*, *363*, *372*
Heiden, Janssen van der, 40
Heiden, Pieter van der, 163
Heilige Roomse Rijk, 78, 90
Heine, Heinrich, 271
Heinsius, Anthonie, 290, 292, 411
Helmont, Johannes van, 180
Hendricksz, Joost, 518
Hendricx, Annetje, 477
Hendrik VIII, koning van Engeland, 69
Herkenius, Tobias, 460
Herodotus, 422
Heyden, Jan van der, 298, 309, 568, *574*
Heyn, Piet, 206, 247, 254, *255*, 255
Higt, Thomas, 527
Hinlopen, Sara, 407
historieschilderijen, 397-8, 416-7; prijs van, 324, 326
Hof van Holland, 365
Hofpartij, 76
Hofrichter, Frima Fox, 418

Hogarth, William, 163, 223, 374
Hogenberg, Dirk, 163
Hogenberg, Frans, *98*, *496*
Hoggart, Richard, 228
Hollis, Thomas, 583
homoseksualiteit, 598-604
Hondius, Jacobus, 339, 441, 575
Hondslager, Claes, 101
Hongarije, calvinisme in, 106
Honthorst, Gerrit van, 77
Hooch, Anthonie de, 57
Hooch, Pieter de, 317, 388, 400, *533*, *535*; *Binnenhuis met vrouwen bij een linnenkast*, *398*, 398; *Binnenkamer met een moeder die het haar van haar kind reinigt*, *395*; *Het Burgemeestersvertrek in het Amsterdamse Stadhuis*, *394*, *493*; *Huiselijk interieur*, *535*; *Moeder en kind bij een open raam met een vegende vrouw*, *395*; *Moedervreugd*, *540*; *Musicerende familie*, 310, 311, *311*, 398; *Vrouw die een kind de borst geeft*, *533*
Hooft, Pieter Cornelisz, 28, 50, 75, 89, 90-1, 94-6, 98, 100, 106, 257, 345, 410, 565, 592; *Bato*, 86; *Nederlandsche Histooriën*, 93, *101*, 139
Hooft, familie, 346
Hooghe, Romeyn de, 63-5, 249, 283-5, 288, 592; *Allegorische voorstelling van Holland*, 230; *Allegorische voorstelling van de Zeven Provinciën*, *64*; *De dijkbreuk bij Coevorden*, *283*; *Hof van den Baron Belmonte*, *591*; *Klare Onderrichtinge der Voortreffelicke Worstel-Kunst*, 583, *583*, *584*; *Schouwburgh der Nederlandsche Veranderingen*, 286-7; *De Sint-Elisabethsvloed*, *47*; *Spiegel van Staat der Vereenigde Nederlanden*, 63; *Tafereel van de Franse Tirannie in Nederlandse Dorpen*, *285*; *Victorieus zee gevecht...*, *254*
hoogheemraadschappen, 54
Hooghelande, Clusius van, 358
Hooghelande, Johan van, 358
hoogmoed, 93
Hoorn, Filips van Montmorency,

graaf van, 93, 97, 99
Hoorn, 102; brouwerijen in, 290; tulpen in, 363
Houbraken, Arnoud van, 47
Houckgeest, Gerard, 541, *542*
Houghton, John, 300
Hout, Jan van, 29
Houwaert, Jan Baptist, 131
hugenoten, 585
huisgezin, politieke betekenis van, 486-90; rol van echtgenote in, 402
huizen, 316-21; schoonmaken van, 379-81
Huizinga, J.H., 17, 565, 594
humanisme, 61, 78, 131, 132, 489, 564; Bataafse mythologie en, 91; en drinken, 214; geschiedschrijving en, 86, 89-90; huwelijk en, 424, 441; joden en, 590; kinderen en, 498, 499, 504, 507, 537, 550; in Leiden, 69; liefdadigheid en, 575; loterijen en, 313; matigheid en, 167-70; en opstand tegen Spanje, 75; prostitutie en, 478-9; rijkdom en, 329-33, 335, 336, 341, 348; schilderkunst en, 163; Schip van Staat in, 43; tabak en, 203-5; tale Kanaäns en, 106, 107, 110, 125, 130; en tuchthuizen, 27-9, 31, 33; tulpen en, 367; voortekenen en orakels, 153; vrouwen en, 406, 410, 423; waterwerken en 55-7; welvaart en, 196
hutspot, 185-6, 195
huwelijk: echtscheidingsgronden, 408, eigendomsrechten tijdens, 406-7; feesten bij, 193, 194; kameraadschaps-, 422-30; leeftijd bij, 434; ouderlijke toestemming voor, 439-41; van prostituees, 475; satires op omkering van de rollen, 443-53; wetgeving op, 438-9; zwangerschap vóór, 436, 437
Huydecoper, Joan, 298
Huygens, Christiaan, 556
Huygens, Constantijn, 73, 166, 205, 232, 233, 297, 305, 410, 592
Huys, Pieter, 432, *447*

immigratie, 584-5; van joden, 592-3
inquisitie, 94, 163

Isabella, aartshertogin, 87
Israel, Menasseh ben, 590
Italië, 260; hofportretten, 430; hongersnood in, 179; weeldewetten in, 329

Jacoba, gravin van Holland, 85
Jacobi, Heijman, 167, 515, *516*
Jacobszoon, Adriaen, 43
Jacobus I, koning van Engeland, 77, 236, 265
James, Henry, 15, 379
Jan van Beieren, hertog, 85
Jan van Nassau, 138
Jan van Wassenaer, 85
Jans, Jannetje, 477
Jansdogter, Barbara, 461
Janszoon, Broer, 143
jeugdige delinquenten, 29-31
joden, 73, 346, 585-93; calvinistische opvattingen over, 104-5; Duitse, 266; huwelijken met, 441; als muzikanten in bordelen, 473-4; spijswetten van, 383; in tabaksindustrie, 202, 212
Johan Maurits, 233
Johnson, Samuel, 271
Jones, Inigo, 265
Jonge van Ellemeet, Cornelis de, 325-327
Jongh, E. de, 170
Jonghe, Ludolf de, 296, *309*
Jordaens, Jacob, 77
Jozef II, keizer, 78
Joyeuse entrée, 78
Julius II, paus, 118, 121
juwelen, 326, 327

Kalf, Willem, *156*, 168, 175, 324
Kamerijk, Liga van, 292
kapitalisme: een ambivalentie tegenover rijkdom, 332, 334; beurs en, 353; calvinisme en, 334-48, 375; consumptie en, 327-8; fatsoenlijkheid van, 267; ontwikkeling van, 17; theologie en, 196; wisselbank en, 351-2; zedelijke dubbelzinnigheid, 61
Karel I, koning van Engeland, 236, 237
Karel II, koning van Engeland, 239, 274, 279
Karel V, keizer, 54, 55, 90, 94
Karel X, koning van Zweden, 239, 245
katholicisme: drinkgewoonten en, 212; eetgewoonten en, 161; humanistisch, 334, 410; huwelijksgewoonten in, 427; kapitalisme en, 196; liefdadigheid en, 575; Nederlands, 68, 70, 72, 106, 131; en oorlog tegen Frankrijk, 281; Oude Testament en, 104, 120; schilderkunst en, 417; verzet tegen, 64, 97
Kempenaer, Hendrick de, 164, *164*
Ketel, Cornelis, 189, 511
Key, Lieven de, 311
Keymer, John, 266
Keyser, Hendrick de, 131, 311; graf van Willem de Zwijger, 77, 249, 563; huis Bartolotti, 317, *318*; poort van het Amsterdamse Tuchthuis, 26, 28, 33
Keyser, Thomas de, 539
Kijkduin, slag bij, 253
Kinderdijk, 48
kinderen: dood van, 515-8; geboorte van, 520-31; jonge honden en, 535, 544-8, *545*, *546*; met krakelingen, *534*, 548, *549*; postnatale zorg voor, 532-41; religieuze symboliek en, 486-91; en Republikeinse symboliek, 491-6; schilderijen van, 480, *481*, 482, *483*, *485*, *486*, 480-6; spelletjes van, 496-514; stoute, 550-8; vaders en, 541-4; vondelingen, 519
kindermoord, 461, 518, 519-20
kindersterfte, 515-8
kleding, 324-5
Klein, P.W., 347
Klein Hollands Goud-Vinkje, Het, 424
Kleyn Vroetwyfs-boeck, Het, 521-2, 529, 537
Koddige en Ernstige Opschriften, 216
koffie, 181-2
kometen, *151*, 157
Koninck, Philips, 225
Koning, Abraham de, 110
kookboeken, 167

Koster, Harmen, 93
kramerslatijn, 32
kruistochten, 83, 260
Krul, Jan, 60, 337
Kruseman, J.C., 412
Kunst: Haarlemse school, 69, 114-8; als historisch bewijsmateriaal, 21-2; krijgs-, 248-51; door vrouwen, 413, 417-9, *420*, *421*; *zie ook* beeldhouwkunst, gravures, schilderkunst en afzonderlijke kunstenaars

Labadie, Jean de, 415
Laen, Beatrix van der, *414*, 430
Lairesse, Gerard de, 291
Lamberts, Jannetje, 476
Lambertszoon, Arent, 101
Lanckaert, Joost, 39
landloperij, 577-81, 584
landschapschilderijen, 482; prijzen voor, 325
Las Casas, Bartolomé de, 94
Laurens, Catalyn, 477
Le Brun, Charles, 234
Leclerc, Jean, 139
Leeghwater, Jan Adriaensz, 52, 56, 57
Leemputten, Roeland van, 439
Leeuwenhoek, Antonie van, 141
leger, 252-3, 256, 257; kosten van instandhouding, 259
Leicester, burggraaf van, 75, 277
Leiden, 597; ambivalentie tegenover rijkdom, 332; en analogie met volk Israël, 111; armen in, 183; beleg van, 38-9, 39, 59, 97-8, 103, 112, 284; echtscheidingsprocessen in, 408, feesten in, 187; homoseksualiteit in, 599-600; Hortus Botanicus in, 293, 358; huizen in, 316; industriëlen in, 346; Latijnse naam van, 85; lofzang op, 303; Pilgrims in, 485; regulatie van de zeden in, 105; rellen in, 176, 566, textielindustrie in, 257-8; uitgeverijen in, 69; universiteit van, 96, 86, 184, 589; vaderschapsacties in, 408; voorsteden van, 296, 298; vrouwelijke arbeiders in, 177; vrouwen als eigenaressen van zaken, 409

673

Leiderdorp, 296, 297
Le Jolle, Pierre, 269
Lely, Cornelis, 609
Lelystad, 609-10
Lems, Reinier, 343
Leusden, Johan, 585
Leuven, 67
Levant Company, 237
Leven en Bedrijf van de Hedendaagsche Haagsche en Amsterdamsche Zalet-Juffers, 466
Leyster, Judith, 403, 418, 497, 553; 'Gheel ende Root van Leyden', 344; *Twee kinderen met een jong katje en een aal*, 536, 553; *Het voorstel*, 418; *Zelfportret*, 413
liefdadigheid, 567-77
Lievens, Jan, 77, 233, 234, 249, 585
Limburg, 102
Linnaeus, Carolus, 141
Linschoten, Jan Huygen van, 40, 436
Lipsius, Justus, 86
literatuur: analogie met het volk Israël, 106-9, 111-3; anti-Britse, 241-2; Bataafse mythen in, 86-7; classicisme in, 290-1; courtisanen-, 465; historische, 83-103; moraliserende, 333; rampen-, 39-45; satirische, 443-54, 460; spreekwoorden-, 85; stichtelijke, 219-20; toeristen-, 65; over voedsel, 172; in volkstaal, 69-70, 79-80; vrouwelijk personeel in, 457-60; *zie ook* afzonderlijke auteurs
Litouwen, joodse immigranten uit, 592
Lodewijk XIV, koning van Frankrijk, 64, 68, 177, 195, 227, 235, 261, 274, 276, 278-82, 284, 289, 292
lofzangen op steden, 303-8
Londen: Grote Brand van, 240; pest in, 328
lonen, 176
Loon, Gerard van, 81, *81*, *83*, 113
Loon, graaf van, 90
loterijen, 312-5
Louvois, François Michel le Tellier, marquis de, 269, 280
Lowestoft, slag bij, 256
Luiken, Jan, 398, 487-91, 493, 498, 518, 557-8; 'Joodse Besnijdenis',

585, *586*; *Het leerzaam Huisraad*, 167, *168*, 382, 384, *384*, 385, 390, 391, 399, 419; *De Loopwagen*, 489; *Des Menschen Begin, Midden ende Einde*, 491, 548, 556
lutheranen, 73
Lydius, Jacobus, 37, 58, 59, 63, 110, 226, 336

Maarten, Frederick, 42
Maassluis, 157, 258; buitenechtelijke kinderen in, 436
Maastricht, 102
maatschappelijke klasse, 16
Maes, Nicolaes, 216, 433, 462, 516; *Een koopman uit Dordrecht met vrouw en kinderen*, 517; *Het luisterende meisje*, 463; *De luistervink*, 450; *Oude vrouw in gebed*, 431, 432; *De wortelschraapster*, 552, 557
Maire, Isaac le, 340, 342-6, 355
Man, Boudewijn de, 327
Mander, Karel van, 114, 311, 441
Mandeville, baron Bernard de, 301, 327, 467-8, 474, 479
maniërisme, 114-20, 139, 222, 311-2
Marcelis, Gabriël, 297
marine, 252-6; kosten van instandhouding, 259
Maris, Jacob, 513
Marnix van St.-Aldegonde, Philips van, 112, 144, 148, 358
Marot, Daniel, 290
Marshall, Joseph, 34, 161, 299
Martens, Dirk, 341
Martens, Friedrich, 152
Martin, John, 202
Martelaarsgeschiedenis, 94-103, 112
Marvell, Andrew, 269, 272-3
Massa, Isaac, *414*, 430
Massif Central, hongersnood in, 179
Massys, Quinten, 337
Matham, Jacob, 132-40, *139*, 144
Matham, Theodoor, 452
Maurits, stadhouder, 67, 72, 81, 97, 102, 142, 143, 145, 171, 205, 214, 223, 246, 257, 288
Mazarin, Jules, 274, 276
Mechelen, plundering van, 97, 101; tulpen in, 358

Médicis, Marie de, 77, 188, 231, 303, 306
Melville, Herman, 151, 160
Mepsche, Rudolph de, 599
Meteren, Emanuel van, 86, 90, 93, 107
Metsu, Gabriël, 216, 317, 433, 462, 518, 533
meubilair, 311-2, 317-27
Michelangelo, 118
Middelburg: Anna Visscher in, 411; architectuur in, 497; beschermheilige van, 191; graanpakhuizen in, 177; loterijen in, 314; middeleeuws verleden van, 83; synode van, 438; veilingen in, 323
Miereveld, Michiel van, 412
Mieris, Frans van, 159, 216, 217, 219, 431, 432, 462
Mieris, Willem van, 542
Millais, John Everett, 513, *514*
Milton, John, 113
minnen, 456, 540-1
misdaad, 581-2, 584-5
Mississippi Company, 223, 371
Misson, Maximilien, 34
Mol, Jan de, 242, 409, 451
Molenaer, Jan Miense, 403, 418, 497, 499, 510, 511, 545, 550-3, 557; *Dankzegging*, 555; *Scène met dwergen*, 554; *Vrouw Wereld*, 511; *De vijf zintuigen: het gevoel*, 402, 403; *De vijf zintuigen: de reuk*, 480, 485
Molloy, Charles, 264
Momper, Joost de, 147, *153*
Monck, generaal, 239
Monnikendam, 102
monopolies, 347
Monson, William, 236
Montague, William, 34
Montaigne, 422
Montanus, Petrus, 70
Montesquieu, Charles-Louis de, 181
Montias, Michael, 327
Moord op Willem van Oranje in Delft (anonieme houtsnede), 98
More, Thomas, 332
morele geografie, 36, 37, 56
Moryson, Fynes, 197, 379, 405
moslims, huwelijken met, 441

Mostaert, Daniël, 64
Motley, John Lothrop, 74
Moucheron, Frederik de, 345-6
Mouring, Willem, 468, 472
Muiderkring, 412
Mun, Thomas, 236, 263
Mundy, Peter, 11, 323
Munster, Sebastian, 47, 47
Munster: bisschop van, 281, 283, 288; Vrede van, 66, 126, 188, 231, 258, 259
Mytens, Daniël, 516

Naarden, 249; gildefeesten in, 186-7; slachting in, 97, 98, 100, 101
Napoleon, 269
Narrenschip, 43
Nassau-Dietz, graaf Ernst-Casimir van, 145
Neck, Jan van, 524
Nederduytsche Academie, 82
Neer, Eglon van de, 464, 465
Nelson, Horatio, 255
Netscher, Caspar, 433, 512, 516, 519, 554
Netscher, Constantijn, 326
New Model Army, 106
Newton, Isaac, 153
Neyn, Piet, 437
Nieuw Hoorn (schip), 40-5
Nieuwe Kerk op de Botermarkt te Amsterdam (anonieme gravure), 330-1
Nijmegen, 72; Vrede van, 292
Nijs, familie van, 320
Nil Volentibus Arduum, 290
Nispen, Johan van, 408
Nolpe, Pieter, 367, 368
Noorderkwartier, drooglegging van, 52
Noordse Compagnie, 142, 143, 149
Noordt, François van der, 324
Noordwijk, gestrande walvis te, 142
North, Dudley, 300
Nouts, Michiel, 546, 551, 554
Nozeman, Adriana, 410
Nugent, Thomas, 34, 178, 381, 404
Nuñez da Costa, Jeronimo, 591

Obdam, admiraal van Wassenaer van, 239, 256

Ochtervelt, Jacob, 535, 548, 567-8, 572
Oldenbarnevelt, Johan van, 53, 66-7, 72, 92, 126, 219, 223, 257, 268, 360, 492
Olivares, Gaspar de Gunzmán, 257, 265
Onafhankelijkheidsverklaring (Verenigde Staten), 74
Ongeluckige Voyagie van 't Schip Batavia, 40, 42
Oosterwijk, Maria van, 418
Oostindische Compagnie, 44, 53, 180, 340, 342-6, 354
Oranje, huis van, 76-8, 93, 102, 126, 231, 237, 256, 267, 281
Oranjezaal, 77
'Ordre de l'Union de la Joye', 438
orgelmuziek, 73
Orlers, Jan Jansz, 38
Os, Dirk van, 53
Ostade, Adriaen van, 163, 542
Ostende, beleg van, 146
Ottomaanse rijk, 591
ouderen, Spaans geweld tegen, 101
Oudewater: brand te, 97; slachting te, 98, 100, 103
overstromingen, 45-52, 53; achttiende eeuw, 604-5
Ovidius, 56
Oyens, Maria, 326

paalworm, 604-5
Padtbrugge, H.L., 241
Palache, Isaac, 591
Palfijn, dr., 528
Parival, Jean de, 34, 323, 381, 575
Parma, 69, 97, 114, 115
Passe, Crispijn van de, 148, 246, 358
Passe de Jongere (II), Crispijn van de, 368, 369
Paterson, Samuel, 381
patriottische iconografie, 80-2
Pauw, Adriaen, 360
Pauw, Reinier, 72
Pauw, familie, 127, 345
Peck, Harvey, 137, 174
Peck, Sheldon, 137, 174
Peeters, Clara, 170
Pennoyer, William, 237
Pepys, Samuel, 240, 241, 252, 263-4, 382

Pereira, familie, 588
pestilentie, 151, 157, 179, 194, 230, 240, 263, 328, 340; tabak als voorbehoedmiddel tegen, 204
Petter, Nicolaas, 582-3, 583, 584
Petty, William, 266
Peyma, van Beintema van, 304
Picart, Bernard, 139, 372, 373, 374, 588
Pietersen, Matthijs, 460
pijpenmakers, 202-3
Pina, familie, 588
Pinksterzondag, 193
Pisa, in de middeleeuwen, 260
Plantijn, Christoffel, 69, 114
Plato, 538
Plinius, 86
Polen, joodse immigranten uit, 592, 594
Politieke Ordonnantie, 438
Pontanus, Johan, 33, 303
Poppen, Ioan, 320
portretten: familie-, met personeel, 457; huwelijks-, 427-31, 428-9; prijs van, 324, 326
Portugal: Brazilië en, 258-9; Nederlandse vrijbuiters en, 247
Post, Pieter, 77, 232, 290, 296, 311
Pot, Hendrick, 216, 250, 337, 343, 432, 433, 479
Pottebacker, Henrik, 359
Potter, Paulus, 225
Potters, Mari, 478
prostitutie, 466-79
Proust, Marcel, 23
puriteinen, 104, 105-6, 113, 423, 555

Quackel, Jan, 360
Quellijn, Artus, 126, 231, 248, 249, 304, 349, 417

Rabelais, François, 497
Rabus, Petrus, 153
Racine, Jean, 277
Radboud, koning der Friezen, 85
rampverhalen, 39-45
Rasphuis, 31, 32, 33, 33
Rawdon, Marmaduke, 34
Ray, John, 141, 160, 404
Raye, Catherina, 327
Reael, Jacob Laurensz, 340

rederijkerskamers, 69, 111-2
Reformatie, 70-1, 104, 106, 191, 329, 340, 427, 575
reinheid, bezetenheid van, 380-8, 390, 391-2
rellen, 176, 566
Rembrandt, 128, 131, 174, 183, 251, 323, 430, 461, 471, 490, 491, 565, 585; *Het eedverbond van de Batavieren onder Claudius Civilis*, 86 214; *Het feestmaal van Belsazar*, 155, 159; *Mozes met de tafelen der wet*, 118, 125, 128; *De Nachtwacht*, 22; *Twee vrouwen en een kind*, 492
remonstranten, 72, 73, 128, 131, 143, 212, 223, 417
Renswoude, Frederick Adriaen van, 600
Revius, Jacob, 110
Reyd, Everhard van, 110
Reye, Joris, 358
Reynders, Neeltje, 462
Richardson, Samuel, 597
Richelieu, kardinaal, 276
Ridder van de Zwaan, 83
Riegl, Alois, 189
Rijn, Rembrandt Harmensz van, *zie* Rembrandt
Rijswijk, Dirk, 307
Rijswijk, Vrede van, 292
Ripa, Cesare, 234, 416, 593
Robinson, Henry, 266, 485
Rodenburg, Theodoor, 48, 86
Roessingh, H.K., 205, 221
Roghman, Geertruyt, 418-9, 420, 421
Roghman, Roelant, 418
roken, *zie* tabak
Rol, Heyn, 44
Romeinse Rijk, 86, 88-90, 329
Rondelet, Guillaume, 141
Roonhuysen, Hendrik van, 523, 528
Rosenberg, Willem, 439
Rotman, Paulus Olofsz, 40
Rotterdam, 226, 597; bordelen in, 468; buitenechtelijke kinderen in, 436; graanpakhuizen in, 177; homoseksualiteit in, 599; kapitalisten in, 346; koffiehuizen in, 182; lofzang op, 303; overstroming van, 48, 50; plundering van, 97, tabaksindustrie in, 202
Rousseau, Jean-Jacques, 541
Royal Charles (schip), 132, 229, 240
Rubens, Peter Paul, 77, 125, 480
Rudolf II, keizer, 358
Ruisdael, Jacob van, 22
ruiterstandbeelden, 249
Rusland, 78, 595
Ruysch, Frederick, 523, 524
Ruysch, Rachel, 418
Ruysdael, Salomon van, 363
Ruyter, Jan, 605
Ruyter, Michiel de, 16, 38, 185, 229, 240, 254, 255, 281

saamhorigheid, 57
Sadeler, Jan, 148
Saeghman, Joost Gillis, 39-40, 42
Saenredam, Jan, 144-7, 145, 146, 547, 548
Sandwich, lord, 263
Sappho, 421
Saumaise, Claude, 196
Savery, Salomon, 232
Savoye, huis van, 289
schepenen, 31
Scheveningen, overstroming in, 50
Scheyndel, Gillis van, 222, 223
Schiedam, jeneverstokerijen in, 201; synode van, 205, 438
schilderijen: van Bataafse mythen, 86-7; van Christuskind, 484, 486-7, 487-90; classicisme op, 290; eigendom van, 319, 321, 323-4; genre-, 391-400, 403, 417, 431, 453, 462-5; van de hand van vrouwen, 413, 417-9; historische, 159, 324, 325, 397; kinderen op, 480, 481, 482, 483, 484, 485, 486, 480-6; liefdadigheid op, 567-70; van Nederlandse katholieken, 131; oorlog op, 249-51; van de Oranjezaal, 77; van oude vrouwen, 431, 432, 432-4, 433, 447; realiteit op, 22; roes op, 216-20; roken op, 215-6, 220-25; 'snoode geld' op, 337; van Spaanse furie, 102-3; stillevens, *zie* Stillevens; van voedende moeders, 541; voedsel op, 161-4; zeeschilderijen, 42, 143-4, 151

schipbreukverhalen, 39-45
Schookius, professor, 191
Schoonhoven, pijpenmaker in, 202
Schooten, Floris van, 168
schout, 31
schouwburg, 291, 410
Schrader, Catharina, 409-10, 529-32
Schrevelius, Theodorus, 146
Schuring, Maurits, 602
Schurman, Anna Maria van, 412-6, 416, 420
schutters, 251-2, 566; feesten, 187, 188-90, 198, 225, 565; parades, 315, 576
Scriverius, Petrus, 84, 86, 88, 90, 93, 204, 214; *Beschrijvinghe van Out Batavien*, 87
Seeven Duyvelen Regeerende en Vervoerende de Hedendaagsche Dienst-Maeghden, 459-60
seksueel gedrag: in het huwelijk, 425-6; tabak en, 214-6; voorechtelijk, 436-8
Selden, John, 236
Semyens, Reynou Meynertsdr., 436-437
Seneca, 28, 167, 335
Serwouter, Johannes, 111
Shaftesbury, burggraaf, 288
Shaw, Joseph, 405-6, 409
Shepheard, Samuel, 202
Silleman, Experiens, 411, 500, 501, 507
Simonszoon, Jan, 213
Sint-Antoniesdijk, 52
Sint-Elisabethsvloed, 46, 47, 48, 49, 226
Sinterklaasfeest, 192-3
Sint-Maarten (feest), 191
Six, Jan, 194
Sixtijnse kapel, 148
Slichtenhorst, Brant van, 202, 205
Slingelandt, Simon van, 76, 292
Slive, Seymour, 188
Smith, David, 430
Sneek, beschermheilige van, 191
sociale gedragsregels, 61
Soest, Henricus van, 312
Solms, Amalia van, 77
Sorgh, Hendrick-Martensz, 249, 250, 570

Register

South Sea Bubble, 371, 374
Soutman, Pieter, 77
Soyhier, Nicolaas, 317
Soyhier, familie, 339
Spaanse Sucessie-oorlogen, 267, 290, 292
Spanje, 231, 235, 267, 595; afzonderlijke vrede met, 275, 276; geweld in, 566; hongersnood in, 179; joden en, 590-2; en Nederlandse vrijbuiters, 247; oorlog met, 38, 45, 50, 55, 58, 64, 66, 68, 71, 73, 76, 80, 92, 93-103, 109, 126, 146, 257, 258, 261, 419; in oorlog met Engeland, 239; Twaalfjarig Bestand met, 72, 81, 92, 101, 114, 153, 345, 350; vredesverdrag met, zie Munster, Vrede van
Speelman, Cornelis Jansz, 345
Spiegel, Hendrik Laurensz, 56, 69-70, 410
Spiegel, Jan Laurensz, 29, 31, 32-3
Spiegel der Vermaarde Courtisanen, 465
Spilbergen, Joris van, 40
Spinhuis, 28, 33, 404, 406, 461, 468, 471, 475, 477, 478
Spinola, Ambrogio, 146, 171
spreekwoordenliteratuur, 85
Spyndaghen, 187
Staatkundige Historie van Holland, 60
stadhouder, ambt van, 76, 78, 126-7; zie ook namen van afzonderlijke stadhouders
Stael, Pieter, 315
standvastigheid, 133
Staten-Generaal, 75, 76, 184, 229, 232-3, 240, 245, 258, 265, 274-7, 280, 346, 365, 421, 590
Statenpartij, 66-7, 76, 127, 236, 237, 257, 261, 282
Steen, Jan, 22, 111, 131, 163, 165, 195, 215, 216, 392-8, 463-4, 482, 495, 497, 499, 547, 553, 557, 565; *Delftse Burgemeester*, 569-70, 573; *Het dronken paar*, 218; *De eierdans*, 397; *Esther, Ahasveros en Haman*, 117; *Feest van Belsazar*, 397; *Het gebed voor de maaltijd* (Sudely Castle), 51, 60; *Gebed voor de maaltijd* (Londen), 483; *De gevolgen van onmatigheid*, 210, 218-9; *De handtastelijke gast*, 208; *De magere keuken*, 162; *Man die rook naar een dronken vrouw blaast*, 209; *Mozes slaat water uit de rots*, 397; *De oestereetster*, 450; *Prinsjesdag*, 207; *La Ribaude* (Bordeelscène), 433, 448; *De school*, 552; *De vette keuken*, 162; *Het wanordelijk huishouden*, 393, 486; *In weelde sie toe*, 549; *Zoals de ouden zongen, piepen de jongen*, 503
Steenwyck, Harmen, 222
Steinberg, Leo, 487, 541
Stevin, Simon, 368
stillevens, 22-3, 167-70, 175, 453; prijzen van, 324; 'tabaksstukken', 203, 223
Stoffels, Hendrickje, 128, 461
stoïcijnen, 329, 335
Stone, Lawrence, 495, 515
Storck, Abraham, 143, 152
Strabo, 86, 88
strafinrichtingen, 26, 27-36, 30, 32, 33
strafpredikaties, 59
Stuart, huis, 77, 126, 235, 265, 281, 289
Stubbes, Henry, 271, 276-8, 279, 279, 280
Swanenbrugh, Isaak Nicolai van, 112, 117, 118
Swanenburgh, W., 338
Swanenvelt, Anna van, 439
Swartenhondt, Joachim, 255
Swartenius, Jan, 213
Sweerts, Emmanuel, 358
Sweerts, François, 365
Sweerts, Hieronymus (Jeroen) 180, 445, 451, 452
Swift, Jonathan, 293
Swigberdus, Sint, 85
Swildens, J.H., 171, 172, 392, 493, 494, 502, 503
Szombor, Martin, 34

taalkundige propaganda, 70
tabak, 180, 197, 201-12, 215-6, 218-223, 588

Tachtigjarige Oorlog, 249, 276, 284, 302; zie ook Spanje, oorlog met
Tacitus, 79, 83, 86-7, 100
Tasman, Abel Jansz, 231
Tempesta, Antonio, 101
Temple, William, 275, 292, 299, 380
Texeira, familie, 592
thee, 180-1, 181
Thompson, Maurice, 237
Thoré, Théophile, 21, 22
Thulden, Theodorus van, 77
Tien Vermakelijkheden des Houwelyks, 453
Tiende Penning, 55, 259
Torsens, Soortie, 477
Trajanus, keizer, 78
Treck, Jan Jansz, 175
Trigland, Jacobus, 214, 336
triomfboog, 78
Trip, familie, 317, 328, 347-8, 409
Triple Alliantie, 262
Tromp, Cornelis Maartensz, 38, 198, 229, 256, 281
Tromp, Maarten Harpertsz, 16, 185, 206, 238, 254, 255, 382
Tronchin, Théodore, 541
tuchthuis, 26, 27-36, 30
Tulp, Nicolaas, 128, 180, 192, 194, 195, 203, 340
tulpebollen, speculatie in, 356-71
Twisck, Pieter Jansz, 157
Tysen, kapitein, 275

Udemans, Godfried, 295, 335, 341, 346
Uilenspiegel, Tijl, 83
uithangbord, 307
Usselincx, Willem, 257, 345-7
Utrecht, 212, 597; beschermheilige van, 191; bezetting van, 280, 284, 288; buitenhuizen bij, 298; Dom van, 85; goudsmeden in, 187, 312; homoseksualiteit in, 599-601, 602; kinderspelen in, 507; middeleeuws verleden van, 83; militaire traditie van, 253; synode van, 191; tuchthuis in, 31, tulpen in, 365; Unie van, 66, 71, 76, 96; Vrede van, 290, 292; zakelijke misdrijven in, 346
Uyl, Gerrit van, 159

677

Uyl, Jan Jansz den, 175
Uytenbogaert, Johannes, 128, 511
Uziel, rabbi, 587

vaderlandse eenheid, 45
vaderschapsacties, 443; ingediend door dienstmeisjes, 460-1
Valck, Emmanuel, 600
Valckenburgh, Elizabeth van, 442
Valckenier, familie, 320
Valckert, Werner van de, 576
Valerius, Adriaen, 107-10, *109*
vanitas-schilderijen, 170, 222
vastenavond, 191-2
Vatelet, Zacharias, 443
Veen, Otto van, 87, *88*
Veenhuijzen, I., *300*, 585, 587
Veere, dienstboden in, 457
Vega, Joseph de la, 354
Velde, Esaias van de, 140, *142*, *142*
Velde II, Jan van de, 148, 303, 498, *507*, *508-9*
Velde de Jongere, Willem van de, 43, *43*
Veldman, Ilja, 333
Velthuysen, Cornelia van, 439
Venette, Nicolas, 426, 520
Venetië, 292; banken van, 351; galeien van, 581; oudheid van, 491-2; pest in, 328
Venlo, 112; beschermheilige van, 191
Venne, Adriaen van de, *452*, 498, *507*, 581; *Afbeeldinghe des Huwelyx onder der Gedaante van een Fuik*, 452, *455*; *Christelijke Self-Stryt*, *388*, *389*; *Houwelijck*, 427, *500*; *Moeder*, *544*; *Ouderdom en Buitenleven*, *299*; *Spiegel van de Oude en de Nieuwe Tyt*, *338*, *467*; *Tafereel van de belacchende Werelt*, *578*; *Toneel der Vrouwelijcke Wraakgierigheid*, 451, *452*; *'t Zijn ellendige benen die Armoede moeten dragen*, *579*
Venus Minsieke Gasthuis (boek), 466
verbanning, 581
verbeterhuis, 35
verdrinking als terechtstelling, 37
Verheyden, Dirck Jansz, 112, 117
Verka, Jan Jacobsz, 202
Vermeer, Johannes, 68, 131, 216

'De Vernieuwde Jan de Wasscher' (anonieme houtsnede), *444*, *445*, *446*
Veronese, Paolo, 163
Verstandighe Huyshouder, De (boek), 182, *182*, 206
Viau, Théophile de, 188
Vicq, Frans de, 321
Vierdaagse Zeeslag, 240
Vierlingh, Andries, 46, 54-7
Vinckboons, David, *164*, *164*
Vingboons, Justus, 317
Vingboons, Philip, 131, 298, 316, *317*, 320, 328
Visscher, Anna, 410-2, 421
Visscher, Claes Jansz, *165*, *166*, 303, *311*, 313, 315, 360, 383, 387
Visscher, Geertruy, 410
Visscher, Maria Tesselschade, 410, 412
Visscher, Roemer, 169, 171, 205, 206, 360, *360*, 382, 383, 387, 391, 392, 399, 400, 410, 412, 498, *501*, 502, 504, 506, 548, 611
Vlaardingen, homoseksualiteit in, 599
Vlieger, Simon de, 232, 303
Vliet, Jan van de, 216, *217*
vloedcultuur, 58
voedsel, 159-96; voor de armen, 183; aan boord van schepen, 184-5; en feestmalen, 161, 186-96; gebrek aan, 176; handboeken over, 167-8; in de kunst, 161-6, 167-71, 175; morele kwaliteiten en, 171-4; overvloed aan, 176-80; met sacrale associaties, 197
volkscultuur, 16
Vondel, Joost van den, 52, 60, 70, 86, 106, 114, 118, 131, 304, 410, 470, 516-7, 565; *Hierusalem Verwoest*, 111; *Lucifer*, 128; *Op het ontfangen van Moses wet in de kamer der heren scheepenen*, 129; *Pascha*, 114, 121; 'Uitvaart van mijn dochterken', 517
Voogd, Hendrik, 602
Vos, Jan, 129, 248, 304
Vos, Maerten de, 148
Vredeman de Vries, Hans, 311, *311*
Vredeman de Vries, Paul, 311

Vrel, Jacobus, *608*
Vries, Jan de, 176
Vries, Simon de, 44
Vries, S. de, *458*, *459*
Vrij, Temminck de, 192
vrijage, 434-43
vrijheidshoed, 81, *81*, 109
vroedvrouwen, 456, 521-32
vrouwen, 400-31; als arbeidskrachten, 177; Bataafse, 89; J. van Beverwijck over, 419-22; geweld van Spanjaarden tegen, 101; onafhankelijke, 409-16; oude, 431-3; rechten van, 406-9; reinheid en, 385; rokende, 197; sociale vrijheid van, 404-5; stereotypie van de deugdzame huisvrouw, 400-3; vrouwenhaat in satires, 443-56; zakeninstinct van, 266; zwangere, 521-2

Waalse kerk, 440, 441
waare vrijheid, 80
Wagenaar, Johan, 34
Walpole, Horace, 595
walvissen, gestrande, 138-51, *153*, 197
Walzer, Michael, 113
Watergeuzen, 93, 97; liederen van, 113
waterhuis, 35-6
waterlanders, 131
waterwerken, humanistische filosofie van de, 55-7
Weber, Max, 133, 302, 328, 334, 335, 339, 346, 566
weeldewetten, 190, 194-5, 329, 340
Weesp, brouwerijen in, 200
Welhoeck, Agatha, 439-40
Welhoeck, Geraldo, 440
Werff, Pieter Adriaensz van der, 38, 103, 284
Westerbaen, Jacob, 172, 241, 297
Westindische Compagnie, 202, 257-8, 346
Westminster, Vrede van, 238
wichelroeden, 153
Wicquefort, Abraham de, 284, 288
Wielingh, N., 243
Wieringen, Cornelis Claesz van, 85, 143
Wijngaerden, heren van, 85

wijnkopers, 201
Wierix, Jan, 143, *144*
Willem de Zwijger, 38, 55, 58, 69, 73-6, 81, 97, *98*, 103, 112-4, 115, 116, *117*, 121, 122, 123, 131, 144, 249, 254, 277, 288, 358, 492, 493, 563
Willem II, stadhouder, 76, 126, 231, 492
Willem III, stadhouder-koning, 63, 64, 77, 85, 195, 211, 256, 267, 281-2, 288, 289
Willem VI, graaf van Holland, 80
Willibrordus, Sint, 85
Wilsma, Zacharias, 602
wisselbank, 351-2
Witt, Cornelis de, 558

Witt, Johan de, 58, 68, 126, 132, 194, 195, 215, 219, 229, 231, 233, 235, 237, 240, 248, 252, 256, 262, 268, 276, 281, 282, 290-2, 293, 438, 492-3, 515, 521, 558, 595
Witte, Emanuel de, 354, 493, 541, 563-4, 568, *571*, 586
Witte Donderdag, 193
Wittewrongel, Petrus, 106, 158, 192, 211, 347, 423-4
Woerden, Franse wreedheden in, 284
Wolff, Betje, 597
Worsley, Benjamin, 237, 260
Wouters, Willem, 418
Wouwerman, Philips, 324, 325
Wttewael, Joachim, 188

Register

York, hertog van, 239
Ysbrandts, Grietje, 461

Zaandam, stier van, 152
zalet-juffers, 465-7
zeegezichten, 143, 150; prijzen van, 324
Zesen, Philipp von, 30, 32, *305*
ziekentrooster, 32
zigeuners, 593-4
Zoelen, Jan van, 321
Zutphen, slachting te, 101, *101*
Zuykenaar, Neeltje, 321
Zwanenbroeders, 187, 203
Zweden, 239, 245-6
Zwitserland, vrouwenrechten in, 406

VERANTWOORDING VAN DE AFBEELDINGEN

De illustraties zijn opgenomen met toestemming van de bruikleengevers. Het betreft de volgende instellingen; de cijfers verwijzen naar de pagina's waarop de afbeeldingen zijn gereproduceerd.

l = links r = rechts
b = boven o = onder m = midden

Amsterdams Historisch Museum 50, 111, 313, 524, 569, 574 o., 577
Art Museum, Worcester, Mass. 447 o.
Lady Ashcombe Collection, Sudeley Castle, Gloucestershire 51
Atlas van Stolk, Rotterdam 60, 109, 150, 152, 164, 192, 217, 246, 301, 362, 367, 420, 421, 432 l., 444
Bodleian Library, Oxford 221, 232, 283, 291, 311, 312, 330-331, 387 l., 452, 500, 506, 508-509
Boston Museum of Fine Arts 156 b. (geschenk van Mrs. H.P. Ahrnke ter nagedachtenis aan haar oudtante), 244 o. (Juliana Cheney Edwards Collectie), 447 b. (M. Theresa B. Hopkins Fund)
British Museum, Londen 199, 271, 492
Cleveland Museum of Art 117 b., 310
Gemeentearchief Haarlem 513
Frans Halsmuseum, Haarlem 174, 344
Harvard University, Houghton Library 17, 18, 30, 32, 33, 41, 43 l., 45, 47, 64, 84, 87, 95, 96, 98, 99, 100, 101, 143, 168, 169, 171, 182, 189, 204, 206, 215, 230, 255, 285, 286-287, 297, 299, 305, 306-307, 338 r., 353, 359, 360, 383, 384, 385, 386 r., 387 r., 389, 391, 392, 399, 401, 411, 416, 426, 434, 442, 455, 482, 491, 494, 501, 502, 504, 505, 516, 543, 548, 549, 550, 556, 578, 583, 584, 586, 611
Harvard University, Kress Library of Business and Economics 81, 83, 113, 279, 280, 332, 333, 338 l., 369
Harvard University, Fogg Art Museum 115, 116 l., 122, 123, 219, 535 b. (geschenk van Frederic F. Sherman ter nagedachtenis aan zijn broer Frank D. Sherman)
Hôtel Sandelin, Saint-Omer 448
Kendall Wahling Museum, Sharon, Mass. 142
Koninklijke Bibliotheek, Den Haag 151, 212, 222, 242, 386 l. 451, 454, 458-459, 467, 471
Koninklijk Museum voor Schone Kunsten, Antwerpen 428
Kunsthistorisches Museum, Wenen 153, 154 o., 484 o., 488, 499
Mauritshuis, Den Haag 207 o., 251, 402, 450 b., 485
Metropolitan Museum of Art, New York 121
M.I.T. Museum Cambridge, Mass., Hart Nautical Collections 139, 144, 145
Municipal Art Gallery, Cheltenham 162
Musée des Beaux-Arts, Azay-le-Rideau 250
Musée des Beaux-Arts, Lille 571
Musée du Louvre, Parijs 449
Museum Boymans van Beuningen, Rotterdam 210 o., 481, 579
Museum 'De Lakenhal', Leiden 39
Museum of Wales, Cardiff 464
National Gallery, Londen 154 m., 156 o., 208, 209, 210 b., 393 b., 433, 479, 483, 519, 536, 547, 551, 552 o.
National Gallery of Art, Washington D.C. 124, 413 o. (geschenk van Mr. en Mrs. Robert Woods Bliss), 574 b. (Ailsa Mellon Bruce Fund)
National Gallery of Scotland, Edinburgh 552 b.
New York Public Library 116 r.
North Carolina Museum of Art 517
Philadelphia Museum of Art 503

Princeton University, The Art Museum 118 (verworven met steun van Mr. en Mrs. George L. Craig jr.)
Rheinisches Landesmuseum, Bonn 343
Rijksdienst Beeldende Kunst, Den Haag 450 o.
Rijksdienst voor de Monumentenzorg, Zeist 234, 243 o.
Rijksmuseum, Amsterdam 43 r., 49, 88, 120, 163, 178, 181, 207 b., 218, 234 b., 395 o., 398, 413 b., 414, 432 r., 533 b., 555
Rijksmuseum Zuiderzeemuseum, Enkhuizen 52
Rijksprentenkabinet, Amsterdam 67, 165, 591, 601, 603, 605
Saint Louis Art Museum 572 (geschenk van Mrs. Eugene A. Perry ter nagedachtenis aan haar moeder Mrs. Claude Kilpatrick)
Shickmann Gallery, New York 244 b.
Staatliche Kunstsammlungen, Gemäldegalerie, Dresden 173
Staatliche Museen, Preussischer Kulturbesitz, Gemäldegalerie, Berlijn 128, 396, 535 o.
Stedelijk Van Abbemuseum, Eindhoven 554
Sterling and Francine Clark Art Institute, Williamstown, Mass, 484 b.
Stichting Fonds Goudse Glazen 117 o., 154 b.
Stichting Koninklijk Paleis, Amsterdam 119, 130, 348, 349
Thyssen-Bornemisza Foundation, Lugano 394
Toledo Museum of Art 511
Verzameling David Kiehl, New York 82
Wallace Collection, Londen 463
Wellington Museum, Apsley House, Londen 309 o., 393 o.
Wernher Collection, Luton Hoo, Bedfordshire 395 b.
M.H. de Young Memorial Museum, The Fine Arts Museums of San Francisco 533 o. (geschenk van de Samuel H. Kress Foundation)

SIMON SCHAMA

BURGERS

EEN KRONIEK VAN DE FRANSE REVOLUTIE

De intellectuele geschiedenis van een auteur kan soms een belangrijk licht werpen op de resultaten die hij uiteindelijk boekt. Simon Schama's belangstelling lag vanaf het eerste begin bij Frankrijk en bij de Franse revolutie. Maar terwijl hij aan een studie werkte over die turbulente jaren die het aanzien van Europa totaal zouden wijzigen, stuitte hij op de prerevolutionaire bewegingen in Nederland, die van grote invloed waren op de latere ontwikkelingen in Frankrijk. Daarover schreef Schama zijn eerste volwassen werk: *Patriots and Liberators* (1977).
Dit boek voerde hem echter nog verder af van zijn oorspronkelijke onderwerp: Schama stelde zich de vraag waarom Nederland als eerste land in Europa in opstand kwam tegen het traditionele gezag. Het antwoord zocht hij in de specifieke aard van de Hollanders die zich in de zeventiende eeuw had gevormd. De briljante beschrijving daarvan vormde het boek *Overvloed en onbehagen* (1988), dat een enorme bestseller werd.
Nu verschijnt er dan eindelijk de studie waar het Schama in eerste instantie om te doen is geweest: *Burgers. Een kroniek van de Franse revolutie*. Het getuigt, net als zijn vorige werk, van Schama's originele historische visie. Anders dan gewoonlijk wordt aangenomen, beschouwt hij de Franse revolutie niet als een beweging die leidde tot de moderne westerse samenleving, maar juist als een onderbreking in het proces naar die moderniteit. Hij laat zien hoezeer het ancien régime van het hof van Lodewijk XIV geneigd was tot innovatie en verandering.
Ook gaat Schama diepgaand in op de oorzaken van het verlopen van de revolutie. Hij zoekt die in de tegengestelde ambities die in Frankrijk leefden: enerzijds de wens om een krachtige staat te formeren met imperiale en imperialistische trekken en anderzijds het verlangen naar een nieuwe, meer democratische vorm van volksvertegenwoordiging. 'Zij die nadruk legden op "la patrie" – een woord dat al voor de revolutie in de mode was – wilden dat Frankrijk tegelijk zowel een imperium als een republiek zou zijn.' De revolutie is misschien wel te beschouwen als 'een overgang van de ene militaire staatsvorm naar de andere'.
Schama's visies maken *Burgers* zonder twijfel tot het meest originele boek over de Franse revolutie van deze eeuw.

'Het beste, het meest volledige, en – naar eensluidend oordeel – het beste boek over de Franse Revolutie'
THE SUNDAY TIMES

'Zijn boek is meeslepend geschreven en hoewel de nuance niet ontbreekt (...) is *Burgers* dankzij de ruime aandacht voor "Events and Persons" een toegankelijke introductie tot de Franse Revolutie.'
ARNOLD HEUMAKERS *DE VOLKSKRANT*

'Een verademing voor wie het geleerd gejongleer van "tophistorici" eens even voor gezien wil houden. Een wandelende encyclopedie is de auteur, maar een heerlijk onderhoudende met een pakkende, beeldende stijl.'
WILLEM FRIJHOFF *ELSEVIER*

'Schama heeft de kroniek van het drama geschreven op een aangrijpende wijze. Een "histoire des événements", dat is waar, maar dan toch met een grondige kennis van de wetenschap. Een tegenstem tegen al het finale optimisme over de zegenrijke revolutie.'
J.W. SCHULTE NORDHOLT *TROUW*

'*Overvloed en onbehagen* was een heel persoonlijk, heel ambitieus en ook heel discutabel boek. *Burgers* is veel steviger verankerd in een historiografische traditie en daardoor minder persoonlijk maar ook minder discutabel.'
N.C.F. VAN SAS *NRC HANDELSBLAD*

Het enorme succes van *Overvloed en onbehagen*, dat maanden in de verschillende top-tiens figureerde, werd ook in de pers begeleid met tal van loftuitingen:

'Niet alleen getuigt het boek van een enorme eruditie, het is ook onderhoudend en amusant en er spreekt een grote bevlogenheid en verbeeldingskracht uit.'
PROF. E. DE JONGH *NRC HANDELSBLAD*

'...een aantrekkelijk boek, van een type dat niet alleen lekenplezier voedt, maar ook het detailonderzoek rechtvaardigt en voorziet van nieuwe kaders.'
HERMAN PLEIJ *HAAGSE POST*

'...zijn erudiete en boeiende studie is zeker niet alleen van belang voor Nederlandse geschiedkundigen of kunsthistorici. Ze vormt een fascinerend panorama, even levendig bevolkt als taferelen van Avercamp of Jan Steen.'
HAROLD BEAVER *VRIJ NEDERLAND*

'*Overvloed en onbehagen* is een indrukwekkend boek. Door zijn omvang (...), door zijn inhoud (...), door zijn originele manier van benaderen, door zijn stijl, meeslepend, rijk, soms breed essayistisch, soms grondig analyzerend, met hier en daar een persoonlijke noot, een knipoogje en een vleugje (...) humor, prikkelend zonder polemisch te zijn.'
WIM VERRELST *STANDAARD DER LETTEREN*

'Schama is een groot schrijver.'
KEES FENS *DE VOLKSKRANT*

de lompe Nederlander

communicatie
humeaal
verwant
in beeld(?)
braaf/nuchter(?)
ledigheid
aan slag om de vorm houden(?)
onvedsloop(?)
muggeziften
onhuoglijk(?)
een storm bedaren
zich verkneukelen
 de visarend
een sterfte van bomen

vrek